DON JUAN JOSÉ DE AUSTRIA EN LA MONARQUÍA HISPÁNICA: ENTRE LA POLÍTICA, EL PODER Y LA INTRIGA

IGNACIO RUIZ RODRÍGUEZ

DON JUAN JOSÉ DE AUSTRIA EN LA MONARQUÍA HISPÁNICA: ENTRE LA POLÍTICA, EL PODER Y LA INTRIGA

DYKINSON
2007

Editorial DYKINSON, S.L. Meléndez Valdés, 61 - 28015 Madrid
Teléfono (+34) 91 544 28 46 - (+34) 91 544 28 69

e-mail: info@dykinson.com
http://www.dykinson.es
http://www.dykinson.com

ISBN: 978-84-9849-029-9
Depósito Legal: SE-2351-2007 Unión Europea

Maquetación:
Balaguer Valdivia, S.L. - gbalaguer@telefonica.net

Printed by Publidisa

*“Después de la tempestad,
siempre llega la calma…”.*

A Patricia

PRÓLOGO

1. Una figura clave para comprender una época poco conocida de nuestra Historia

Una obra sobre Juan José de Austria no es ya a estas alturas algo novedoso en el ámbito de nuestra historiografía. Sin embargo no está en absoluto de más que se realicen aportaciones serias como la que nos ofrece en este amplio volumen el Profesor de Historia del Derecho Don Ignacio Ruiz Rodriguez, basadas en una ingente labor de archivo, con objeto de ilustrar un período que a pesar de todo resulta aún de los menos estudiados de nuestra historia. Y es que las postrimerías del reinado de Felipe IV y la totalidad del de su hijo Carlos II constituyen una de las épocas de la historia de España que en general menos han atraído la atención de la historiografía[1]. Sin duda porque se trata de una etapa en la que la evidente decadencia política y económica contrastan con la brillantez de los 150 años anteriores en los que la Monarquía hispánica fue la potencia hegemónica europea. La crisis que en rasgos generales se extiende por los territorios hispánicos en el Seiscientos se agrava en la Península a partir de 1640 con las rebeliones portuguesa y catalana. Estas abren un proceso de desintegración territorial que lejos de limitarse a Portugal y Cataluña a punto está de extenderse a otros territorios integrados en un conjunto territorial que mantenía prácticamente intacta la peculiar estructura de unión personal de reinos forjada en la etapa medieval en el marco

[1] La obra más detallada sobre el reinado sigue siendo el libro del Duque de Maura, Gabriel MAURA GAMAZO *Vida y reinado de Carlos II* Madrid (Espasa Calpe) 1942. Hay reedición de 1990 (Aguilar) con prólogo de Pere Gimferrer. La obra de Maura resulta sin embargo difícil de leer sin duda porque, como indica el autor en el prólogo, los materiales inicialmente acumulados se perdieron en la guerra civil.

jurídico público de la Corona de Aragón, de donde se extendió a la Monarquía hispánica que se consolida a comienzos del siglo XVI en la persona de Carlos I[2]. Superada la crisis territorial con la pérdida de Portugal -salvo la plaza de Ceuta- y el Rosellón, el siguiente aldabonazo es la Paz de los Pirineos de 1659 que sanciona jurídicamente el final de la hegemonía española y el comienzo de la francesa en el ámbito europeo. El tercer elemento perturbador aparece ya en el último tercio del siglo XVII con las incertidumbres provocadas por la falta de descendencia de Carlos II, monarca que dedicó la mayor parte de sus energías a tratar de evitar la división de los dominios de la Corona española[3].

Desde el punto de vista de la historia del derecho el siglo XVII ofrece aún numerosas lagunas, no solo por lo que se refiere al ámbito esencial del derecho público de cada uno de los reinos y territorios integrados en la Monarquía hispánica, sino sobre todo por lo que respecta al aspecto esencial de las relaciones jurídico públicas entre la Corona y cada uno de sus reinos; algo tanto más lamentable cuanto la unificación del derecho público no se produce en España hasta el siglo XVIII en relación con los territorios antiguamente integrados en la Corona de Aragón, y hasta el siglo XIX por lo que se refiere a Navarra y a los distintos territorios vascos[4]. El proceso

---

[2] Las rebeliones de catalanes y portugueses fueron las más conocidas pero no las únicas pues a partir de 1640 el gobierno de la Monarquía tuvo que hacer frente a otros intentos sediciosos. Entre ellos cabe destacar la llamada "conjura de Andalucía", encabezada por el duque de Medina Sidonia quien en 1641 trató de erigir Andalucía en monarquía independiente. También hay que mencionar la rebelión aragonesa intentada en 1647 por otro grande España Don Rodrigo de Silva, conde de Salinas y Ribadeo, marqués de Alenquer y duque consorte de Híjar quien murió en la cárcel quince años después. Finalmente hay que señalar el intento separatista surgido en 1648 en Navarra, protagonizado por el noble navarro Miguel de Itúrbide, que fue condenado a muerte y ejecutado. Una visión general de estos movimientos sediciosos en J. H. ELLIOT "El programa de Olivares y los movimientos de 1640" en *Historia de España*, R. Menéndez Pidal, XXV, Madrid 1982, pp. 333-523.

[3] Entre 1665 y 1692 los dos candidatos son Luis XIV de Francia, sobrino y yerno de Felipe IV y Leopoldo I de Austria, hermano de la madre y regente Mariana de Austria y por tanto tío de Carlos II. La débil salud de Carlos II provocó la firma de un primer tratado de reparto de la herencia española suscrito entre Francia y Austria en 1668. Entre este año y 1692 las intrigas sucesorias en la Corte de Madrid estuvieron encabezadas por los dos partidos francés y austriaco. A partir de 1692 aparece un tercer partido el bávaro que defiende la candidatura de José Fernando Maximiliano de Baviera, hijo de la archiduquesa Maria Antonia hija del primer matrimonio de Leopoldo I de Austria celebrado con una hija de Felipe IV, Margarita de Austria. Carlos II tratando de preservar la unidad de su herencia hizo testamento en 1696 en el que nombró sucesor de la Corona española a José Fernando Maximiliano de Baviera, lo que provocó la suscripción de un nuevo tratado de reparto entre Francia, Holanda e Inglaterra (1698). Ello llevó a Carlos II a redactar un nuevo testamento en el que tras la candidatura bávara, nombraba sucesor en segundo lugar a Leopoldo I y sus sucesores. La muerte prematura de José Fernando Maximiliano de Baviera en febrero de 1699 provocó un nuevo tratado de reparto entre Francia, Holanda e Inglaterra (junio de 1699), que fue seguido a los pocos meses por un tercero (junio de 1700). Al final fue la obsesión de Carlos II por preservar la unidad de su herencia lo que le hizo inclinarse por la candidatura francesa en su tercer y último testamento de 2 de octubre de 1700, por entender que el poderío militar del Rey sol era el único que evitaría el desmembramiento de los dominios de la Corona española. Aunque como subraya Maura no debió ser ajena a la decisión regia la ineptitud diplomática del entonces embajador del Imperio en Madrid Alosio de Harrach; vid. G. MAURA GAMAZO *Vida y reinado de Carlos II* cit. pp. 554 y 606-607.

[4] Como estudio clásico en el ámbito histórico jurídico durante mucho tiempo el único trabajo en ofrecer una visión de conjunto de la cuestión ha sido el de Ismael SÁNCHEZ BELLA *Los reinos en la historia moderna de España* Madrid (Ateneo) 1956. El autor justificaba su obra en la necesidad de evitar

autonómico iniciado en la Segunda República y consolidado a partir de la Transición que llevaría a la Segunda Restauración de 1978 ha relanzado sin embargo el interés de la historiografía jurídica por el estudio de las relaciones jurídico institucionales entre cada uno de los reinos peninsulares y la Monarquía española. Esta circunstancia va permitiendo colmar poco a poco esta laguna historiográfica y determina que empecemos a conocer mejor las entrañas del derecho público hispánico peninsular en la Edad Moderna, tanto en el ámbito general[5] como en relación con los diversos reinos y más concretamente en relación con Castilla [6], los territorios vascos[7], la

---

la "simplificación mental que desconoce la larga etapa de transición de los Estados medievales al estado unitario y que reduce al olvido la persistencia de diversos reinos en el territorio español durante la Edad Moderna…", obr. cit., p. 9.

5 Vid. por ejemplo F. TOMÁS Y VALIENTE "El gobierno de la monarquía y la administración de los reinos en la España del siglo XVII" en *La España de Felipe IV,* t. XXV de la *Historia de España de Menéndez Pidal*, Madrid 1982, pp. 124-174, y más recientemente Christian HERMANN "Multinationale Habsbourg et universalisme chrétien" en *Le premier âge de l'État en Espagne (1450-1700),* Bordeaux (Eds. du CNRS) 1989, pp. 407-414.

6 Por lo que se refiere a la historia del derecho público de la Corona de Castilla en la Edad Moderna existen algunas monografías interesantes. Una aproximación de conjunto es la que nos ofrece Joseph PÉREZ "La Couronne de Castille" en *Le premier âge de l'État en Espagne (1450-1700),* Bordeaux (Eds. du CNRS) 1989, pp. 87-112. Sobre la decadencia del pactismo en Castilla cabe señalar con carácter general la obra de P. FERNÁNDEZ ALBALADEJO "Monarquía y reino en Castilla: 1538-1623" en *Fragmentos de Monarquía*, Madrid (Alianza Universidad) 1992, pp. 241-283. La pérdida de la autonomía jurídico pública castellana es considerada con innegable razón por diversos autores consecuencia de la rebelión de las Comunidades vid. B. CLAVERO SALVADOR "Las comunidades de Castilla y la formación del Estado" en *Sobre el Estado y la Administración de la Corona de Castilla en el Antiguo Régimen*, Madrid 1981, y B. GONZÁLEZ ALONSO, B."Las Comunidades de Castilla y la formación del Estado Absoluto" en *Sobre el Estado y la Administración de la Corona de Castilla en el Antiguo Régimen cit.* pp. 7-56, S. HALIEZER, S. "Construcción del Estado, decadencia política y revolución en la Corona de Castilla" en *Homenaje a Emilio Gómez Orbaneja*, Madrid, 1977, pp. 301-323 y J. A. MARAVALL *Las Comunidades de Castilla: Una primera revolución moderna*, Madrid 1963.

7 En relación con los territorios vascos la bibliografía es relativamente abundante aunque falte un estudio global de conjunto. Sin ánimo exhaustivo cabe citar entre otros los trabajos de G. MONREAL "Anotaciones sobre el pensamiento tradicional vasco en el siglo XVI" en *AHDE*, 50 (1980) e "Incidencias de las instituciones públicas de Álava del Medievo en el pensamiento político de los alaveses de la Edad Moderna" en *AHDE*, 54, (1984), R. GÓMEZ RIVERO "Análisis histórico-jurídico del pase foral en Guipúzcoa" en *Eusko-Ikaskuntza. Sociedad de estudios vascos*, San Sebastián 1984, "Las atribuciones de las Juntas y Diputaciones vascas en la Edad Moderna" en *Cuadernos Informativos de Derecho Histórico Público, Procesal y de la Navegación*, 8, (1988), pp. 1665-1688, "Las atribuciones de las Juntas, regimientos y diputaciones vascas en la época moderna" en *Jornadas sobre Cortes, Juntas y Parlamentos del pueblo vasco, historia y presente. Eusko-Ikaskuntza – Sociedad de Estudios Vascos. Cuadernos de sección: Derecho*, 6 (1989), pp. 73-100, "La fórmula `Obedecer y no cumplir´ en el País Vasco (1452-1526)" en *Estudios dedicados a la memoria del profesor L. M. Díez de Salazar, I. Estudios histórico-jurídicos*, Bilbao 1992, pp. 335-348; los trabajos de P. RAYÓN VALPUESTA "Competencias del Diputado General de Álava en el siglo XVI" en *Economía, sociedad y cultura durante el Antiguo Régimen*, t. III del Congreso de Historia de Euskal Herria, Bilbao 1988, pp. 85-94 y "Las Juntas Particulares de Hermandad alavesa a comienzos de la Edad Moderna" en *Jornadas sobre Cortes, Juntas y Parlamentos del pueblo vasco, historia y presente. Eusko-Ikaskuntza – Sociedad de Estudios Vascos. Cuadernos de sección: Derecho*, 6 (1989), pp 387-394; el artículo de L. M. DÍEZ DE SALAZAR FERNÁNDEZ "La Diputación de las Juntas Generales de Guipúzcoa. Sus primeros veinticinco años de historia (1550-1575)" en *Centralismo y autonomismo en los siglos XVI y XVII. Homenaje al profesor J. Lalinde Abadía*, Barcelona 1989, pp. 131-159, el de A. M. ORMAECHEA

Corona de Aragón[8], Valencia [9], Cataluña[10], Mallorca[11], Aragón[12], Navarra [13], y los territorios europeos de la Monarquía hispánica[14].

HERNÁIZ "Juntas y Diputación de Guipúzcoa en la Edad Moderna (1550-1812)" en *Historia de las Juntas Generales y la Diputación Foral de Guipúzcoa*, San Sebastián 1992, pp. 69-125, las monografías de J. L. ORELLA UNZUE *Instituciones de Guipúzcoa y oficiales reales en la provincia (1491-1530),* Diputación foral de Guipúzcoa 1995 y *Las Juntas en la conformación de Guipúzcoa hasta 1550*, dir. J. L. Orella San Sebastián, Juntas Generales 1995 y la de G. RUIZ HOSPITAL *El Gobierno de Guipúzcoa al servicio de su rey y bien de sus naturales: la Diputación Provincial de los fueros al liberalismo (siglos XVI-XIX),* San Sebastián, Diputación Foral de Guipúzcoa 1997.

8 En relación con la Corona de Aragón destacan los clásicos trabajos de J. REGLÁ CAMPISTOL, J. "La Corona de Aragón dentro de la monarquía hispánica de los Habsburgo" en *VIII Congreso de Historia de la Corona de Aragón*, Valencia 1973, pp. 131-165 y J. BENEYTO PÉREZ, J. "Las instituciones de la Corona de Aragón en el siglo XVI" en *VIII Congreso de historia de la Corona de Aragón*, I, Valencia 1973, así como el más reciente estudio de J. ARRIETA ALBERDI, J. "Un concepto de Estado y de división de funciones en la Corona de Aragón del siglo XVI" en *Estudios dedicados a la memoria del profesor L. M. Díez de Salazar Fernández*, 2 vols. Bilbao 1992, I, pp. 385-417.

9 Sobre el reino de Valencia en la Edad Moderna J. CASEY, J. *El reino de Valencia en el siglo XVII* Madrid 1982 y en relación con las cortes valencianas E. SALVADOR ESTEBAN *Cortes valencianas del reinado de Felipe II*, Valencia 1974, E. CISCAR PALLARES *Las cortes valencianas de Felipe III*, Valencia 1973, Ll. GUIA MARÍN *Cortes del reinado de Felipe IV. Cortes valencianas de 1645* Valencia 1984 y P. Mª ORTS Y BOSCH "Regalismo en el siglo XVI. Sus implicaciones políticas en la Diputación de Valencia" en *I Congreso de Historia del País Valenciano*, Valencia III 1976, pp. 219-226.

10 En relación con Cataluña sobresale el estudio clásico de I. RUBIO CAMBRONERO *La Deputació del general de Catalunya en los siglos XV y XVI*, 2 vols. , Barcelona 1950, el trabajo de V. FERRO *El dret public català. Les institucions a Catalunya fins al decret de Nova planta*, Valls 1987, el artículo de T. de MONTAGUT ESTRAGUÉS "Pactisme o absolutismo a Catalunya: les grans institucions de govern (siglos XV-XVI)" en *AEM*, 19 (1989) y el de A. IGLESIA FERREIRÓS, A. "El Estado en Cataluña y Castilla" en *Ius Fugit*, 3-4 (1996), pp. 101-120.

11 Por lo que se refiere a Mallorca la cuestión ha sido estudiada por R. PIÑA HOMS "Las tensiones entre el reino de Mallorca y el poder central en la segunda mitad del siglo XVI" en *Centralismo y autonomismo en los siglos XVI y XVII. Homenaje al profesor Jesús Lalinde Abadía*, Barcelona 1990, pp. 339-357.

12 Por lo que respecta a Aragón, además del estudio general de J. LALINDE ABADÍA, J. *El derecho y las instituciones político-administrativas del Reino de Aragón hasta el siglo XVIII*, Zaragoza 1979, hay que mencionar los trabajos de L. GONZÁLEZ ANTÓN, L. "La monarquía y el reino de Aragón en el siglo XVI. Consideraciones en torno al pleito del virrey extranjero" en *Príncipe de Viana*, 1986, Homenaje a Lacarra, pp. 251-268, J. M. PÉREZ COLLADOS *Una aproximación histórica al concepto jurídico de nacionalidad (La integración del Reino de Aragón en la monarquía hispánica)* Zaragoza 1993 y E. SOLANO y P. SANZ CAMÁÑEZ "Aragón y la Corona durante el gobierno de los Austrias. Relaciones políticas e institucionales" en *Ius Fugit*, 3-4 (1996), pp. 203-246.

13 Por lo que se refiere a Navarra hay que mencionar el estudio clásico de M. P. HUICI GOÑI, *Las Cortes de Navarra durante la Edad Moderna*, Madrid 1963, los escrupulosos trabajos de J. SALCEDO IZU, J. "Permanencia del poder del reino entre los españoles (Especialmente en el Reino de Navarra)" en *Annali della Fondazione Italiana per la Storia Administrativa*, 4 (1967), "Historia del derecho de sobrecarta en Navarra" en *Príncipe de Viana*, 116-117, (1969), "Contrafueros y reparo de agravios" en *AHDE*, 39, (1969), *La Diputación del Reino de Navarra*, Pamplona 1969, *Atribuciones de la Diputación del Reino de Navarra*, Pamplona 1974 y "El régimen político de Navarra" en *Historia del Pueblo Vasco*, 2, (1979), el artículo de F. IDOATE "La primera diputación de Navarra" en *AHDE*, 40 (1970) y la monografía de J. L. ORELLA UNZUE *Las instituciones del reino de Navarra en la Edad Antigua y Media. Las Instituciones de la Baja Navarra (1530-1620),* San Sebastián 1991.

14 En lo relativo a los territorios europeos de la Monarquía hispánica, además del clásico libro de RANKE *La Monarquía española de los siglos XVI y XVII*, (versión española Méjico 1946), centrado esencialmente

A alumbrar el período descrito responde sin duda con peculiar acierto esta biografía considerablemente exhaustiva de Juan José de Austria que nos presenta el Profesor Ruiz Rodríguez. Y es que, como comprobará el lector, el personaje sigue sorprendiendo en la medida en que su paulatino descubrimiento nos sume plenamente en una etapa crucial de la historia de nuestro Siglo de oro de la que este singular descendiente de Felipe IV fue un testigo de excepción. Del interés creciente de la historiografía por el personaje dan cuenta algunas síntesis recientes como las de Josefina Castilla Soto o José Calvo Poyato[15], cuyas conclusiones sin duda se enriquecerán con este dilatado trabajo que cuenta entre sus méritos innegables el de basarse en documentos inéditos exhumados por un investigador infatigable.

2. La hora del aprendizaje: Juan José de Austria durante el reinado de su padre

De los 12 hijos legítimos que tuvo Felipe IV de sus dos matrimonios sólo sobrevivieron tres. Dos mujeres: Maria Teresa, nacida en 1638, futura reina de Francia por su matrimonio con Luis XIV en 1660, y Margarita Maria, que vio la luz en 1651, y acabaría siendo emperatriz de Alemania por su matrimonio con Leopoldo I en 1666, y un varón, Carlos, nacido en 1661 de su segundo matrimonio con Mariana de Austria. Felipe IV, sin embargo, tuvo además, fruto de una sensualidad irrefrenable, algunos hijos ilegítimos. Entre ellos destacan Francisco Fernando Isidro de Austria, Ana Margarita de San José, quien fue subpriora del Real monasterio de la Encarnación, Alfonso de Santo Tomás, que llegó a ser obispo de Málaga, Carlos Fernando Valdés que alcanzó el rango de general de artillería y el cargo de gobernador de Navarra, Alonso Antonio de San Martin que recibió el obispado de Oviedo y Juan de Cosío que se convirtió en un famoso predicador.

El más conocido de los bastardos regios fue sin embargo Juan José de Austria (1629-1679), el único de sus descendientes ilegítimos que Felipe IV reconoció, por lo que pudo llevar el apellido regio. Motivo por el que sin duda llegó a intervenir militar y políticamente en el reinado de su padre y sobre todo en el de su hermanastro Carlos II, consiguiendo al final de su vida hacerse con el valimiento.

---

en los territorios extra peninsulares (Sicilia, Nápoles, Milán y los Países Bajos) y el clásico trabajo de L.Th. MAES, "Resumen de la historia del derecho en los antiguos Países Bajos españoles" en *AHDE*, 24, (1954), cabe destacar las recientes aportaciones de J. M. GARCÍA MARÍN *Monarquía católica en Italia. Burocracia imperial y privilegios constitucionales*, Madrid 1992, Pablo FERNÁNDEZ ALBALADEJO "De `llave de Italia´ a `corazón de la Monarquía´: Milán y la monarquía católica en el reinado de Felipe III" en *Fragmentos de Monarquía*, Alianza Universidad. Madrid 1992, pp. 185-237; y la monografía de conjunto de R. PÉREZ BUSTAMANTE *El gobierno del Imperio Español. Los Austrias (1517-1700).* Madrid 2000.

[15] Josefina CASTILLA SOTO *Don Juan José de Austria (hijo bastardo de Felipe IV): su labor política y militar* Madrid (UNED) 1992 y José CALVO POYATO *Juan José de Austria* Barcelona (Debolsillo) 2003.

Juan José de Austria nació en Madrid el 7 de abril de 1629. Fue hijo natural de Felipe IV y de una de las actrices más conocidas de su reinado, conocida con el sobrenombre de La Calderona, quien se convirtió en una monja de vida ejemplar poco después del nacimiento del niño. No fue reconocido al nacer, pues en el Registro parroquial de San Justo y San Pastor figura sin otra filiación que la contenida en la frase "Juan, hijo de la tierra", que entonces equivalía a la fórmula actual de "hijos de padres desconocidos". No obstante, recibió una educación cuidada. Amamantado en León y criado en Ocaña, tuvo por maestros a un jesuita, gran matemático y cosmógrafo, y a un inquisidor, gran teólogo y humanista y por ayos a dos caballeros de Santiago, Consejero de Hacienda el uno y ex Embajador el otro, destinándose al pupilo a revestir el hábito de una Orden militar o eclesiástica, para en el futuro ocupar dignamente alguna sede episcopal metropolitana, y quizá algún día recibir el capelo cardenalicio. Como era de inteligencia despierta, al cumplir los once años había adquirido ya considerables conocimientos de latín y matemáticas, era un correcto orador, escribía con soltura, hacía versos y hasta pintaba[16].

Juan José de Austria debió su reconocimiento por Felipe IV al Conde Duque de Olivares, quien en 1641, consciente del resquebrajamiento de su valimiento, quiso antes de abandonar el favor regio dejar su apellido y blasones a algún descendiente, pues su única hija había muerto sin descendencia y por ello quiso reconocer a un hijo ilegítimo llamado Don Julián. No obstante, para atenuar el previsible escándalo que con ello suscitaría[17], a Olivares se le ocurrió emparejar su legitimación con la de algún bastardo regio. A pesar de encontrarse el Conde Duque en el declinar de su influencia, aún consiguió Olivares vencer el ánimo del débil Felipe IV. Fue entonces cuando el monarca escogió para la ocasión al hijo de La Calderona que contaba a la sazón con 12 años y al que su regio padre concedió el apellido "Austria" y el priorato de San Juan, en una real cédula promulgada en mayo de 1642 en la que se fijaban con minuciosidad su rango y tratamiento[18].

Desde octubre de 1643 Juan José residió en Consuegra (Toledo), cabeza del Priorato, donde se dedicó a perfeccionar el latín esperando nuevos favores paternos. Allí se le dispuso una magnífica casa Serenísima, con un ayo, tres gentilhombres, otros

---

16 Sobre la relación de Juan José de Austria con las artes hay que reseñar la reciente aparición del voluminoso trabajo de Elvira GONZÁLEZ ASENJO *Don Juan José de Austria y las artes (1629-1679)* Madrid (Fundación de apoyo a la Historia del Arte Hispánico) 2005.

17 Como demuestran los siguientes versos anónimos que circulaban en el Madrid de entonces:

"Vuestra Majestad despache
a mi hijo don Julián
hoy Enríquez de Guzmán
y ayer Guzmán de Alfarache"

18 Toda su vida se le conoció como Juan de Austria, único nombre que utilizó y que aparece en los documentos de la época. No obstante la historiografía le denomina unánimemente Juan José, como reza en su acta bautismal, para diferenciarlo del hijo bastardo de Carlos V, hermanastro de Felipe II y vencedor de Lepanto.

tantos mayordomos y caballerizos, tres oficiales menores, veintiocho menores, tres médicos, un cirujano y cinco servidores de escaleras abajo, sin contar con los de puertas afuera (monteros, cocheros, lacayos, acemileros, y demás personas de servicio). Al ser armado caballero de la Orden de San Juan, dispuso a partir de entonces de cien mil escudos de renta anual.

En 1645, cuando tenía 16 años, se intentó que los flamencos lo aceptasen como Gobernador, aunque sin éxito. Al cumplir los 19 años se le concedió el rimbombante título de Príncipe de la Mar, aunque para ello hasta entonces se había limitado a efectuar un viaje de Cádiz a Barcelona al mando de seis galeras, en las que muy valerosamente recibió su bautismo de fuego en abril de 1647 al salir del Estrecho, con ocasión de la accidentada captura de un bajel francés. En octubre de ese mismo año fue enviado al frente de una escuadra de 48 naves a sofocar una rebelión que había estallado en Nápoles, avivada por los espías franceses. Allí consiguió Juan José de Austria, a comienzos de 1648, una importante victoria naval a pesar de la manifiesta inferioridad numérica de la flota de la Monarquía Católica. Un triunfo que fue decisivo para aplastar el levantamiento.

Fuerte de su recién adquirido prestigio militar Juan José de Austria fue enviado en 1651 a Cataluña en compañía del Marqués de Mortara para completar, con parte de las galeras sicilianas utilizadas en Nápoles, el sitio de Barcelona que desde tierra sostenía con un ejército de 11.000 hombres el avezado militar Marqués de Mortara. En Cataluña permanecería Juan José de Austria hasta 1656, aunque hasta el final de su vida mantuvo una casi continua relación con el Principado[19]. En 1651 la guerra con los rebeldes catalanes apoyados por Francia duraba ya desde hacía 11 años, tiempo suficiente para que se hubiese desarrollado un sentimiento anti-francés en toda Cataluña, concretado en una conspiración que tuvo su centro en Lérida. Ello iba a permitir al marqués de Mortara preparar en condiciones muy favorables el ataque contra Barcelona.

El ejército español, integrado por 11.000 hombres, inició en junio desde la capital leridana su marcha hacia la Ciudad condal. Apoyado por una flota integrada por las galeras de Sicilia se dispuso a completar el asedio de la plaza desde el mar, mandada por Juan José de Austria, a quien su padre había nombrado al efecto generalísimo del ejército sitiador. Por parte catalana, en ausencia de generales franceses se hizo cargo de la defensa de Barcelona José de Viure y Margarit, comandante de las milicias catalanas, quien ordenó como medida preliminar el cierre del puerto de la Ciudad condal con 20 galeras. Se iniciaba así un sitio que se prolongaría durante 15 meses. El año 1652 se inició con la llegada a Barcelona de importantes refuerzos franceses al mando de los generales De la Motte y Houdencourt. Lo que no impidió que las condiciones de los sitiados fueran cada vez más difíciles. Llegó a faltar la moneda y

[19] En relación con el papel desempeñado por Juan José de Austria en el complejo ámbito de las relaciones entre el Gobierno de la Monarquía y las autoridades catalanas puede verse Fernando SÁNCHEZ MARCOS *Cataluña y el Gobierno central tras la guerra de los segadores, 1652-1679: el papel de Don Juan de Austria en las relaciones entre Cataluña y el Gobierno central, 1652-1679*. Barcelona (Publicacions i edicions Universitat de Barcelona) 1983.

se acuñó con el oro y la plata tomado de las iglesias una emisión en la que aparecía la divisa: "Barcinona civitas obsessa". Llegó un momento en el que los barceloneses se mostraron dispuestos a parlamentar, pidiendo condiciones honrosas para rendirse, algo a lo que accedió Juan José de Austria. La Ciudad condal capituló el 11 de octubre de 1652, más de once años después del inicio de la guerra. Fue el primer gran éxito de la carrera militar del Príncipe de la Mar.

La toma de Barcelona provocó el sometimiento a Felipe IV de la Diputación General que se encontraba en Manresa. Los elementos independentistas más recalcitrantes, como Margarit, optaron por huir a Francia, pero la mayoría de los catalanes volvieron a aceptar la autoridad de Felipe IV. Un movimiento sin duda favorecido por el hecho de que el rey confirmó los fueros catalanes el 3 de enero de 1653. Aún hubiese podido sin duda aprovecharse lo favorable de la coyuntura militar para recuperar el Rosellón, sobre todo atendiendo al hecho de que la mayoría de los habitantes del territorio habían empezado a manifestar un claro rechazo de la ocupación francesa, por ser mucho más restrictiva la actitud de la Monarquía Cristiana respecto de los fueros tradicionales, de acuerdo con la política de reforzamiento del Estado propugnada por Richelieu. No obstante, ni Felipe IV ni Luis de Haro supieron sacar el partido adecuado de las circunstancias para tratar de reconquistar el Rosellón. Ciertamente tenían poco margen de maniobra, pues la guerra con Francia tenía también abierto el frente de Flandes y aún quedaba pendiente la cuestión portuguesa. En cualquier caso fue poco acertada la sustitución del enérgico marqués de Mortara por un Juan José de Austria que a sus 23 años era un militar mucho menos eficaz, por su menor experiencia. Ello permitió que a finales de 1652, Margarit y otros caudillos catalanistas (Dardena, Aux, Sagarra), unidos al mariscal de la Motte y a un ejército de 15.000 infantes y 4.000 caballos, cruzasen los Pirineos por Le Perthus con la esperanza de propiciar un alzamiento general de Cataluña contra Felipe IV. La ofensiva permitió a los franceses tomar Castellón de Ampurias y Figueras. No obstante, tuvieron que desistir de tomar Gerona, por cuanto la resistencia de los defensores de la plaza dio tiempo a que llegase Juan José de Austria, quien obligó a los sitiadores a levantar el campo (1653). En 1654 de la Motte fue sustituido por un hermano del gran Condé, el príncipe de Conti, quien logró tomar Puigcerdá, sin que Juan José de Austria pudiese recuperar Rosas. En 1655 una nueva ofensiva francesa, dirigida por un nuevo general francés, el conde de Merinville, no tendría tanto éxito, pues no pudo impedir la toma por los españoles de Berga, Camprodón y Solsona. En 1656, una vez que Juan José de Austria fue enviado a Flandes, se hizo cargo del Virreinato catalán el marqués de Mortara, quien dirigiría el ejército español en Cataluña hasta el final de la guerra, que aún duraría tres años.

Tras haber participado en la guerra de Cataluña y creyéndole capacitado para dirigir campañas de gran envergadura Felipe IV nombró en 1656 a su hijo el Príncipe de la Mar, que contaba ya 27 años, Gobernador de Flandes, esta vez sin que su nombramiento suscitase oposición alguna. Allí hubo de compartir el mando del ejército con estrategas tan famosos como el Marqués de Caracena y el Príncipe de Condé, vencedor de los españoles en Rocroy y aliado de su Majestad Católica desde que al protagonizar la rebelión de la Fronda se enfrentó con Luis XIV. En Flandes perdió sin embargo Juan José de Austria las virtudes que, como escribe Maura, hicieron prometedora su adolescencia "no sólo la castidad votiva, siempre quebradiza, feamente olvidada en Nápoles cuando deshonró a la hija apenas núbil del Españoleto, sino, además y sobre todo, su modestia inicial, tan necesaria a la equívoca posición que ocupaba en el mundo: hijo de Rey, pero adulterino; Serenidad que no llegaba a Alteza; ni clérigo ni seglar; profeso en una religión cuyas prebendas disfrutaba sin virtudes canónicas; Príncipe de la Mar sin Escuadra; General con mando supremo, falto de experiencia en el subalterno y poco habituado a la disciplina"[20]. Acabó Juan José enemistándose con Caracena su rector natural y con Condé que para vengarse le llamaba "Don Juanísimo". Además fue derrotado estrepitosamente frente a Dunkerke el 14 de junio de 1658, por un ejército anglo-francés. La derrota nos hizo perder las plazas de Link, Dixmude, Furnes, Oudenarde y Gravelinas. Dunkerke acabó siendo cedida a los ingleses por Felipe IV en 1661.

Ante el desastre de Dunkerke, Felipe IV picado en su amor propio trató de rehabilitar a su hijo poniéndole al mando del ejército que habría de reconquistar Portugal. Para ello llegó, 8 meses antes de firmar la Paz de los Pirineos, a obtener un salvoconducto para que Juan José atravesase Francia. Así pudo éste en marzo de 1659 entrevistarse con la Reina Madre Doña Ana en el Val-de Grâce y hasta con el propio Luis XIV que contaba 21 años y que no dirigió la palabra al de Austria en la breve entrevista que estos mantuvieron en el Louvre. Las campañas de 1661 y 1662 fueron favorables para Juan José de Austria, que llegó a entrar vencedor en Evora. Pero al año siguiente la inconcebible derrota de Estremoz malograba su avance y quebrantaba su prestigio. El revés militar intervenido el año siguiente en Castel Rodrigo, sufrido por el Duque de Osuna, subordinado nominal suyo, provocó el relevo del Príncipe de la Mar.

A partir de este momento Juan José de Austria cayó en desgracia. Felipe IV se negó a concederle el título de Infante de España, así como a nombrarle Consejero de Estado permanente. A cambio le dio a elegir entre la Archidiócesis de Toledo o el cargo de Inquisidor General que Juan José rechazó por considerar una afrenta a su condición la propuesta, despreciando el hecho de que cualquiera de los dos cargos le habrían dado entrada por derecho propio en la Junta de Regencia. En realidad el rechazo fue esencialmente provocado por el hecho de que la ambición de Juan José de Austria era ni más ni menos que la de heredar la Corona Real, para lo cual no dudó en hacer comprender al Rey su pretensión de casarse con su hermanastra la infanta Margarita, lo que acabó malquistándole definitivamente con un Felipe IV que no quiso verle más, aunque "*in articulo mortis*" el monarca pidió que se le amparase y protegiese, en la cláusula 57 de su testamento: "Por cuanto tengo declarado por mi hijo a don Juan de Austria que le hube siendo casado, y le reconozco por tal, ruego y encargo a mi sucesor y a la Reina, mi muy cara y amada mujer, le amparen y favorezcan y se sirvan de él como de cosa mía"[21].

20 Gabriel MAURA GAMAZO *Vida y reinado de Carlos II* cit. p. 69.

21 Ibídem, p. 65.

3. La hora de satisfacer la ambición: Juan José de Austria durante la Regencia de Carlos II

Tras la muerte de su padre, Juan José de Austria consideró que el inicio de la regencia de su hermano Carlos II era una ocasión propicia para satisfacer sus ambiciones. Desde entonces su única obsesión fue la de hacerse con el poder; pretensión que se vio truncada en gran parte por el grave enfrentamiento que mantuvo desde el primer momento con la Reina gobernadora[22]. Entre Doña Mariana y Don Juan José hubo desde el primer momento franca antipatía, que con el curso de los años fue convirtiéndose en odio declarado. Sus fracasos de los últimos años del reinado de Felipe IV y sus exorbitantes pretensiones le llevaron a malquistarse con casi todo el mundo y sin duda por ello al morir, Felipe IV no contó con él para el gobierno de la Monarquía hispánica. Así se vio reducido a estar en la oposición, tratando de explotar los errores de la Reina gobernadora. Al final de su vida, tras haber causado graves enfrentamientos que en algún caso estuvieron a punto de degenerar en guerra civil, llegó a alcanzar el valimiento que ejerció hasta su muerte, con escasa fortuna, durante algo menos de dos años.

La Regente Mariana de Austria eligió inicialmente como valido al padre Nithard lo que provocó el despecho de Juan José de Austria y de toda una serie de personajes que a lo largo de la minoría de Carlos II, aprovechándose de la debilidad de la Regente, trataron de hacerse con el valimiento. A pesar de ser una persona honrada de condición casi ascética Nithard no tuvo prestigio alguno como gobernante. Carecía de inteligencia y habilidad políticas, y de la suficiente información lo que en consecuencia le hacía imprevisor. Sobre todo era torpe y carecía de inteligencia psicológica. Todo ello, unido a su condición de extranjero, lo convirtió pronto en una persona tan impopular que llegaron a estallar motines callejeros contra él, si bien es verdad que en buena medida inspirados por sus enemigos políticos, entre los que destacaba Juan José de Austria, quien se consideraba la persona idónea para ejercer el valimiento e hizo todo lo posible por lograrlo.

Si Nithard nunca acertó con sus iniciativas de gobierno, sin duda inspiradas por su virtud como eclesiástico y una evidente buena fe, fue porque eran sin duda inoportunas y desde luego incomprendidas. Así cinco días después del fallecimiento de Felipe IV (22 de septiembre de 1665) el valido decretó la absoluta prohibición de las fiestas de toros y de las representaciones teatrales. No sólo de las comedias, representadas en los populares corrales de la Pacheca y del Príncipe, sino incluso de los autos sacramentales. Y lo más grave fue que transcurrido el año de luto oficial fue el propio Nithard el que aconsejó a la Reina Gobernadora que denegase la reapertura de los teatros, favorablemente informada por el Consejo de Castilla y el Concejo de Madrid. Su intento de reducir a la mitad las "sisas" (impuesto de consumo sobre las

---

22 Sobre la intervención de Juan José de Austria en esta etapa de la Regencia es indispensable la obra del aristócrata Albrecht, Graf von KALNEIN *Juan José de Austria en la España de Carlos II: historia de una regencia.* Trad. De Maria José Poyato y prólogo de Joseph Pérez 1ª ed. Lérida (Milenio) 2001.

carnes, vino, vinagre y aceite) y de reducir la desigualdad fiscal sustituyéndola por una contribución única fue también un rotundo fracaso que ni siquiera atrajo al confesor regio las simpatías de las clases más desfavorecidas a las que iba destinadas, pues los asentistas y recaudadores consiguieron a base de demagogia encauzar el descontento generalizado para paralizar una medida tan contraria a sus intereses.

Nithard se apoyaba solamente en la confianza que tenía en él depositada la Reina Gobernadora. Esta le bastó sin embargo para que a pesar de la creciente impopularidad del jesuita, Doña Mariana de Austria lo naturalizase español y tras obtener la dispensa papal de sus votos, lo nombrase consejero de Estado e Inquisidor General (10 de enero de 1666), lo que hizo que Nithard pasara automáticamente a formar parte de la Junta de Gobierno. La marcha de la infanta Doña Margarita de Austria, al contraer matrimonio con el emperador Leopoldo I, el 25 de abril de 1666, y las demás medidas que adoptó en el ámbito de la política exterior agravaron el descontento. Con la muerte de Alejandro VII (22 de mayo de 1667) perdió Nithard un importante aliado, pues Clemente IX, elegido el 20 de junio siguiente, se convirtió desde el primer momento en acérrimo adversario del valido, al que el conjunto del clero secular y de las órdenes eclesiásticas -incluida la ignaciana, por cuanto la impopularidad de Nithard empezaba a recaer sobre ella- rechazaban cada vez más abiertamente.

La intervención de Juan José de Austria en su caída sería sin embargo el factor decisivo. En el verano de 1668 fue descubierta una conjura cuyo objetivo era prender a Nithard y recluir a la Reina Gobernadora en un convento. Los conjurados pretendían también apoderarse de la persona del rey menor y nombrar a Juan José de Austria regente y gobernador. La conjura fue descubierta gracias a la denuncia de uno de los implicados, Don Pedro Pinilla. Juan José fue prevenido a tiempo y logró escapar a Aragón, tras dejar una carta dirigida a la Regente en la que le manifestaba que su única intención en todo aquello había sido la de apartar del gobierno al jesuita austriaco. La creciente impopularidad de Nithard determinó sin embargo a Juan José de Austria a seguir intrigando con el objeto de lograr la destitución del valido. En noviembre de 1668, desde Barcelona, ciudad en la que se había refugiado el de Austria, este escribió diversas cartas a la Gobernadora, a los miembros de la Junta de Gobierno, a los representantes de Cataluña, Aragón y Valencia y a las ciudades castellanas con voto en Cortes, en las que pedía la destitución de Nithard. Doña Mariana de Austria reaccionó pidiendo el parecer de los consejos de Castilla y Aragón, del de Estado y de la Junta de Gobierno. Todas las opiniones coincidieron en la conveniencia de que el Inquisidor General abandonase Madrid.

Con el objeto de aprovechar unas circunstancias tan favorables, Juan José de Austria partió de la Ciudad condal, el 4 de febrero de 1669, con 300 hombres de a caballo proporcionados por el virrey. Tras pasar por Zaragoza, donde el pueblo se amotinó pidiendo la destitución de Nithard, Juan José llegó a Torrejón de Ardoz el 23 de febrero; población en la que se incorporaron otros 300 hombres a su hueste. Mientras tanto, en Madrid empezó a cundir el pánico en Palacio, donde la Regente disponía tan solo de cuatrocientos hombres para hacer frente a los partidarios del de Austria.

Juan José de Austria no llegó a intervenir, pues se abrieron negociaciones entre él y la Gobernadora gracias a la mediación del nuncio papal Borromeo. El 25 de febrero de 1669, Mariana de Austria daba licencia a Nithard, quien fue nombrado embajador en Roma; ciudad en la que fallecería doce años más tarde. La despedida de Nithard no supuso la entrada en el gobierno de Juan Jose de Austria, a pesar de que este, en una carta dirigida a la Gobernadora (1 de marzo de 1669), había llegado a proponer un auténtico programa de gobierno[23].

Como Juan José de Austria no se atrevió a entrar con sus tropas en Madrid Doña Mariana aprovechó este intervalo para ir mermando hábilmente el número de los partidarios del pretendiente mediante el reparto de mercedes. Finalmente acabó por obtener que su gran enemigo se alejase de la Corte por la vía de ofrecerle su nombramiento como Vicario General de Aragón, cargo del que Juan José de Austria tomó posesión el 29 de junio de 1669. Con su marcha se abre un período de tres años (1669-1672) en el que ninguno de los ministros de la Junta de Gobierno accede al valimiento; aunque Peñaranda, el ministro encargado de la política exterior, y el marqués de Aytona, renombrado militar, adquiriesen un especial protagonismo entre los miembros de la Junta. Entre las iniciativas que prosperaron durante esta fase de la minoría de Carlos II destacan la creación de la "Junta de Alivio", solicitada por Juan José de Austria en su carta a la reina gobernadora de 1 de marzo de 1669, para descargar de trabajo a la Junta de Gobierno, y de la "Chamberga", regimiento armado que Mariana de Austria incorporó a los escasos efectivos de la guardia real que existían en Madrid, y que recibió dicho nombre en atención a la prenda que constituía el elemento esencial de su uniforme : la "chamberga", así llamada en honor del mariscal francés Schomberg, que había introducido la moda.

Juan José de Austria a pesar de su apartamiento aragonés no renunciaba sin embargo a dirigir los asuntos de la Monarquía. La llegada de un nuevo valido por iniciativa de Doña Mariana de Austria, Don Fernando de Valenzuela y Enciso (Nápoles 1636 - Méjico 1692), que fue unánimemente rechazado por la nobleza fue el pretexto que le permitiría conseguirlo.

Valenzuela era descendiente de otro Fernando Valenzuela que había tomado parte en 1485 en la toma de Ronda. Era el prototipo del aventurero cuya vida pública se inició a los 18 años cuando fue paje del virrey de Sicilia, en aquel momento (1654) el duque del infantado. El amor de una criada de la reina Mariana de Austria, Doña María Ambrosia de Ucedo, con quien Valenzuela casó en 1661, le situó en los aledaños reales en tiempos de Felipe IV, a quien llegó a servir en un lance de amor en el que Valenzuela resultó herido, lo que propició el agradecimiento del Rey y el encumbramiento

[23] Como pone de relieve Pedro AGUADO BLEYE la carta que dirige Juan José de Austria a la Regente el 1 de marzo de 1669 constituye un verdadero programa político de oposición en el que se proponía: "una rebaja de las contribuciones; suavidad en la cobranza; orden en la Hacienda y economía en los gastos; exaltación del ejército, buena y recta administración de justicia, y, como remedio, creación de una junta más, la llamaa Junta de Alivio. Después de esto pedía mayor cuidado en la educación del rey, y que no se diese el cargo de inquisidor ni la de confesor a extranjeros," en clara crítica a la gobernadora. Vid. *Manual de Historia de España* Madrid (Espasa Calpe) 1964, vol. II. p. 830.

del encubridor. A la muerte del rey se convirtió en el confidente de Doña Mariana de Austria a quien comunicaba cuantos secretos podía sorprender; razón por la que comenzó a llamársele el "Duende de Palacio". Tras el destierro de Nithard el favor de Valenzuela aumentó. La Regente le concedió el hábito de Santiago en 1671 y le dio el empleo de introductor de embajadores. En 1673 Valenzuela fue ascendido a primer caballerizo, momento desde el que las puertas de Palacio le estuvieron abiertas a todas horas y su influencia en la Reina gobernadora empezó a ser determinante. Lo que no dejó de provocar murmuraciones, e incluso una carta de advertencia del Cardenal de Aragón. Estas, sin embargo, no dieron resultado alguno, pues Valenzuela siguió acumulando los nombramientos que le acercaron cada vez a la intimidad regia, como los de alcaide del Pardo, de la Zarzuela y de Valsaín. El 2 de noviembre de 1675 la Reina gobernadora nombró a Valenzuela marqués de San Bartolomé de Villasierra.

Con el valimiento llegó además la prosperidad para Valenzuela, quien supo hacer valer su ascendiente sobre la Reina gobernadora para obtener pingües beneficios gracias al tráfico de influencias. Pronto la casa del valido pudo rivalizar en lujo con la de los Grandes de España. Una circunstancia que no pudo sino despertar la envidia de la nobleza, que Valenzuela inicialmente supo mitigar mediante el reparto de mercedes. Así, cuando llegó el momento de ponerle casa al Rey (noviembre de 1674) obtuvieron los puestos más importantes los Grandes de España designados por Valenzuela : el duque de Medinaceli, el de Alburquerque y el Almirante de Castilla. Igualmente repartió Valenzuela entre diversos miembros del estamento nobiliario llaves de gentilhombre, bastones de mayordomo y poltronas del Consejo de Estado. También procuró el valido distraer al Rey y al pueblo mediante la constante celebración de festejos, corridas de toros y representaciones teatrales, así como asegurar las subsistencias para evitar cualquier posible alteración del orden público.

El 6 de noviembre de 1675 Carlos II cumplió los 14 años, lo que lo convertía en principio en mayor de edad. No obstante, como ni corporal ni mentalmente había salido de la infancia Doña Mariana consideró conveniente prolongar la regencia, ante la incapacidad manifiesta de su hijo. Para ello la Reina gobernadora y su valido Valenzuela tuvieron que enfrentarse al preceptor y al confesor del Rey, Ramos del Manzano y fray Pedro Alvarez de Montenegro, que instigados por Juan José de Austria convencieron a Carlos II para que, breves días antes de su decimocuarto aniversario (1 de noviembre de 1675, comunicase a la Junta de Gobierno, a través del Cardenal de Aragón, su propósito de asumir el gobierno tan pronto como alcanzase la mayoría de edad ("el mismo dia de mi cumpleaños"). Para evitarlo la Regente presentó el 4 de noviembre a su hijo un documento en el que el Monarca se declaraba incapaz para asumir aún el gobierno por sí solo y prorrogaba por dos años los poderes conferidos por el testamento de Felipe IV a la Reina gobernadora y a la Junta de Gobierno. No obstante, ante la sorpresa de todos, Carlos II se negó rotundamente a firmar lo que le presentaba su madre.

Juan José de Austria aprovechó la circunstancia y se presentó en Madrid el mismo día del cumpleaños regio (6 de noviembre) para asistir al Tedeum que se celebró con tal ocasión, siendo vitoreado a su paso por las calles de la Capital como salvador de la Monarquía Hispánica. Doña Mariana optó por no asistir al Tedeum y se negó a recibir a Juan José de Austria. Aún trató este de presionar al rey a quien instó a que tratara de convencer a su madre. Por ello, una vez concluida la ceremonia, Carlos II se dirigió a los apartamentos de su madre en el Alcázar madrileño, donde celebró con ella una larga entrevista de la que salió con signos ostensibles de haber llorado. En aquella lid resultó claramente vencedora Doña Mariana pues el Monarca acto seguido firmó un decreto por el que ordenaba la inmediata salida de Juan José de Austria hacia Italia; requerimiento que éste ejecutó al día siguiente (7 de noviembre), al partir de Madrid con dirección a Zaragoza. La crisis se resolvió definitivamente con la convocatoria apresurada de los Consejos de Estado y de Castilla, cuyos miembros votaron no disolver la Junta de Gobierno en un período de dos años. También se decidió que durante dicho período el Rey tendría como asesores a los miembros de la Junta y a su madre, aunque firmaría todos los decretos y órdenes. Finalmente se ratificó la orden que conminaba a Don Juan José de Austria a pasar a Italia y se dispuso la salida de la Corte de Fernando Valenzuela, a quien se nombró embajador ante la República Serenísima de Venecia.

La inoperancia de la Junta de Gobierno hizo sin embargo inoperante el compromiso adoptado, lo que permitió que transcurriesen los primeros meses de 1676 sin que nada decisivo ocurriese. Así pudo regresar Valenzuela a Madrid, llamado por la Reina gobernadora, tras pasar dos meses como capitán general del Reino de Granada. Gracias a la organización de espectáculos y saraos, el valido logró ganarse la confianza de Carlos II, lo que, en julio de 1676, le valió ser nombrado gentilhombre con derecho de preferencia sobre todos sus colegas. El nombramiento exacerbó el odio que el valido ya inspiraba a la gran nobleza, tres de cuyos representantes, Medinaceli, Oropesa y Medellín, que pretendían alcanzar el poder, encabezaron un complot para apartar por la fuerza a Valenzuela del rey, con el acuerdo del cardenal de Aragón y de Juan José de Austria. El plan sin embargo fracasó porque en el último momento don Pascual de Aragón se echó para atrás. La posición de Valenzuela incluso se robusteció manifiestamente cuando el 22 de septiembre de 1676, tras la suspensión de las sesiones de la Junta de Gobierno por enfermedad del conde de Peñaranda, la no asistencia del Inquisidor General y las ausencias del cardenal de Toledo y del Condestable de Castilla. Circunstancia que determinó que el rey encomendase el despacho de los asuntos al propio marqués de Villasierra. Pocos dias después, éste era herido por el rey en una cacería en el Escorial. El accidente había sido fortuito pero fue manifiestamente provechoso para Valenzuela, quien en desagravio consiguió ser elevado por Carlos II a la Grandeza.

Considerando su situación inamovible, nada más regresar a Madrid Valenzuela disolvió definitivamente la Junta de Gobierno y se atrevió a instalarse nada menos que en el cuarto del rey (2 de noviembre de 1676); actuación sin precedentes a la que no se habían atrevido ni Lerma, ni Olivares, ni Haro, ni Nithard. No contento con ello, el marqués de Villasierra llegó a solicitar que los presidentes de los diversos Consejos de la Monarquía, con la excepción del de Castilla, despacharan directamente con él en vez de con el monarca; disposición que fue formalmente impuesta por una real cédula. Esta sería no obstante expresa y deliberadamente incumplida por el conde de Peñaranda, el de Medellín, el duque de Osuna y el príncipe de Astillano, presidentes respectivamente de los Consejos de Italia, Indias, Órdenes y Flandes. Aunque ante el plante, Valenzuela no dudó en utilizar espías para que desde una celosía siguiesen las deliberaciones de dichos órganos colegiados. La actitud de Valenzuela acabó por exasperar los ánimos, no sólo de la nobleza sino de los propios funcionarios de la Monarquía (los famosos "covachuelistas"), que amenazaron con amotinarse, indignados ante la desfachatez del valido. La Grandeza hizo público un manifiesto en el que pedían a Carlos II que apartase a Doña Mariana del gobierno, que ordenase el encarcelamiento del marqués de Villasierra y dispusiese el regreso a la Corte de Juan José de Austria. Aún consiguió Valenzuela sin embargo desviar el golpe, trayendo a Madrid 500 hombres de a caballo y repartiendo armas entre los albañiles de Palacio, lo que aplacó los ánimos.

No contaba sin embargo el valido con la decisión de Juan José de Austria quien desde Zaragoza empezó a reunir tropas con la intención de dirigirse hacia la Capital de la Monarquía. La circunstancia fue aprovechada por los Consejos de Estado y de Castilla para solicitar formalmente del Rey la prisión de Valenzuela y un requerimiento a Juan José para que se abstuviese de marchar sobre Madrid. La crisis fue finalmente resuelta por el cardenal de Aragón, quien se erigió en árbitro de la situación al avenirse a constituir, junto al duque de Medinaceli, al almirante y al condestable de Castilla, una Junta cuyo primer acuerdo fue reclamar la partida inmediata del marqués de Villasierra. Esta última intervención sería definitiva, pues Valenzuela salió inmediatamente para el Escorial a las 2 de la madrugada del 25 de diciembre de 1676. Dos días después la Junta Provisional aconsejaba al Rey que encargase el gobierno a Don Juan José de Austria. Valenzuela fue desterrado a Cavite (Filipinas) y después a Nueva España. Murió en la ciudad de Méjico quince años más tarde (1692).

Entre tanto Juan José de Austria había partido de Zaragoza al frente de un ejército de 16.000 hombres con el que pretendía entrar en Madrid. Con el fin de evitarlo, el Presidente del Consejo de Castilla, Villaumbrosa, aconsejó al Rey que se separase de su madre; extremo al que Carlos II accedió. Doña Mariana permaneció en el Alcázar y el Rey marchó al Buen Retiro. Gracias a la intervención personal del cardenal de Aragón, que se entrevistó en Hita con Juan José de Austria, este despidió a su escolta y accedió a entrar en la Capital de la Monarquía sólo con sus criados (23 de enero de 1677).

Con la llegada de Don Juan José de Austria al gobierno de la Monarquía concluye definitivamente la Regencia. Los dos primeros años de la que podríamos denominar "mayoría efectiva" de Carlos II son dominados por la figura de su hermanastro quien se convirtió en el árbitro de la política de la Monarquía hasta su muerte, ocurrida el 17 de septiembre de 1679.

Juan José de Austria dedicó sus primeras energías como gobernante a vengarse de quienes habían sido sus enemigos. En primer lugar, como era lógico, le tocó el turno al favorito Fernando Valenzuela. El marqués de Villasierra se había refugiado en El Escorial, amparándose en el asilo eclesiástico. A pesar de lo cual un grupo de nobles encabezado por los duques de Alba y Medina Sidonia quebrantaron el asilo y profanaron el templo en una ruidosa intervención para prender a Valenzuela, quien fue encarcelado en Consuegra (26 de enero de 1677). Juan José de Austria logró igualmente que el rey firmase un decreto por el que se anulaban la concesión de la Grandeza y las demás mercedes otorgadas al ex valido, y se ordenaba instruir la correspondiente investigación sobre las riquezas acumuladas por Don Fernando durante su privanza. El fiscal que instruía la causa pedía la pena de muerte y la confiscación de todos los bienes del ex marqués de Villasierra. Afortunadamente para Valenzuela los ruidosos incidentes del Escorial que acabaron con su detención determinaron que su causa fuera remitida a la Jurisdicción eclesiástica, al haber violado sus captores el derecho de asilo y haber profanado el templo. La sentencia de los jueces canónicos fue más leve y Valenzuela fue desterrado junto con su esposa al fuerte de Cavite en Filipinas (28 de febrero de 1678).

También sufrieron la ira de Juan José de Austria el almirante de Castilla, que fue desterrado a sus estados de Medina de Rioseco, el bufón Alvarado y hasta los soldados de la Chamberga que fueron enviados a Sicilia con sus jefes y oficiales. Doña Mariana de Austria tuvo que retirarse a Toledo, mientras contemplaba como su enemigo acérrimo, ahora valido real, se instalaba junto al rey en el Palacio del Buen Retiro. Por lo demás en el curso de los tres años que duró su gobierno, Juan José de Austria demostró bastante ineptitud e ineficacia. Así su figura fue haciéndose cada vez más impopular, a medida que iba acumulando fracasos en el ámbito de la política exterior y que la situación económica iba degradándose. Su muerte prematura, ocurrida en Madrid cuando contaba 50 años de edad, el 17 de septiembre de 1679, le salvó de una deposición segura. Tras su muerte Carlos II se reconcilió con su madre Mariana de Austria.

Una vida tan azarosa como la de Don Juan José de Austria merecía un estudio en profundidad que permitiese rescatar los numerosos documentos que aún yacían en nuestros archivos. Por ello es de agradecer el esfuerzo considerable que realiza el Profesor Ruiz Rodríguez en este volumen en el que aporta numerosos datos nuevos para esclarecer un período crucial de nuestra historia que gracias a trabajos como este empieza a ser cada vez más sugestivo.

Bruno Aguilera Barchet

ÍNDICE

PRÓLOGO ..... **I**

ÍNDICE **9**

ARMAS DE JUAN JOSÉ DE AUSTRIA **15**

INTRODUCCIÓN **17**

CAPÍTULO PRIMERO. UN BASTARDO REGIO EN EL LARGO REINADO DE FELIPE IV **29**

Un largo reinado 29
Un monarca licencioso y los primeros años de don Juan de Austria 34
Felipe IV y María Inés Calderón, ¿amor, pasión carnal, o la historia de un perfecto engaño? 40
La formación intelectual de don Juan de Austria: de Madrid a León, y de León a Ocaña 45
Don Juan de Austria, Prior de la Orden de San Juan en Castilla 49
Don Juan de Austria *Abad Perpetuo Comendatario de la Abadía de Santa María la Maggiore* de Palermo 54
El tratamiento reservado a don Juan de Austria 55
La constitución de la Casa de don Juan de Austria 57
Don Juan y los primeros intentos de Felipe IV de embarcarle en acciones militares 59

CAPÍTULO SEGUNDO. UNA MONARQUÍA EN CONSTANTE CRISIS. JUAN JOSÉ DE AUSTRIA Y SU PRIMER RETO MILITAR Y POLÍTICO: ITALIA 65

El *Compendio de la Historia de España* en relación a un reinado en permanente conflicto 65
Los ejércitos de la Monarquía Hispánica 68
Don Juan de Austria, *Príncipe de la Mar* 69
La Monarquía Hispánica ante la Crisis de mediados del XVII 72
Los territorios italianos de la Monarquía Hispánica (Nápoles, Sicilia y Presidios de Toscana) 74
Los antecedentes de la *revuelta* italiana 76
Don Juan de Austria en tierras de Italia. Nápoles 87
Don Juan de Austria y la familia Ribera 117
Don Juan de Austria en Sicilia 120
Los presidios de Toscana: el tercer reto italiano de don Juan de Austria y la recuperación de Piombino y Puerto Longón 124
Don Juan nuevamente en la isla de Sicilia 128

CAPÍTULO TERCERO. EL SEGUNDO DE SUS RETOS: DON JUAN EN LA CAMPAÑA DE CATALUÑA 131

Los antecedentes de la sublevación del Principado de Cataluña. El fracaso de los proyectos de Olivares 131
La guerra en el Principado de Cataluña 135
Don Juan de Austria rumbo al Principado de Cataluña 139
Don Juan de Austria, nuevo virrey del Principado de Cataluña 169

CAPÍTULO CUARTO. LA TERCERA EMPRESA DE DON JUAN AL SERVICIO DE LA MONARQUÍA: LOS PAÍSES BAJOS 179

Países Bajos: una guerra interminable 179
Don Juan de Austria en los Países Bajos 184
El reemplazo de don Juan de Austria 196
Las otras tareas realizadas por don Juan de Austria en los Países Bajos 199
Don Juan de Austria, *abad de San Glaudio* 202
La vuelta de don Juan a España y los avatares del conflicto de los Países Bajos 203
La opinión de los detractores de don Juan de Austria, en relación a su actuación en aquellas tierras 207

CAPÍTULO QUINTO. EL GRAN DESASTRE: DON JUAN Y LA CAMPAÑA DE PORTUGAL 211

Portugal: crónica de una difícil integración 211
Portugal y los efectos del *Tratado de los Pirineos* 214
Don Juan y la guerra de Portugal 217
La Batalla de Estremoz 223
Don Juan en Madrid y su designación como Capitán General de la Mar 229
Don Juan nuevamente en la Campaña de Portugal 231
Y después de la independencia del Reino de Portugal… 234
La opinión de los enemigos de don Juan de Austria sobre su campaña en Portugal 238

CAPÍTULO SEXTO. EL OCASO DEL REINADO DE FELIPE IV 241

La recta final de un dilatado reinado 241
Don Juan de Austria en los últimos años del reinado de Felipe *el Grande* 242
El matrimonio de Baltasar Carlos y Mariana de Austria 246
San Diego de Alcalá y el fallecimiento del príncipe Baltasar Carlos 248
El matrimonio entre el Rey y su sobrima Mariana de Austria 249
El nacimiento del príncipe Carlos 252
Los Tratados de partición de la Monarquía Hispánica 253
La muerte de Felipe IV, *el Grande*. 254

CAPÍTULO SÉPTIMO. LA LARGA Y DIFÍCIL REGENCIA DE MARIANA DE AUSTRIA 259

Los primeros años: entre la Junta de Gobierno y el Padre Confesor 259
El frustrado intento de enviar a Don Juan de Austria a Flandes. El comienzo del enfrentamiento directo y abierto entre el bastardo y el padre confesor 275
El *caso* José Malladas 291
De Consuegra a Barcelona. La huida de don Juan 298
1669: la primera entrada de las tropas de don Juan en Castilla. ¿El primer intento de golpe de estado de la España Moderna? 318

CAPÍTULO OCTAVO. DON JUAN EN ZARAGOZA Y EL *DUENDE* EN LA CORTE 353

Don Juan en Zaragoza 353
El *Regimiento de la Guarda del Rey*, *La Chamberga*, y su primer Coronel: el marqués de Aytona 361
Y siguió coleando el intento de envenenamiento… 365

El *caso Antonio de Montemayor y Córdoba* ... 369
La influencia negativa de don Juan sobre la Corte madrileña, y el perdón de la Reina por sus pretéritos actos contra el gobierno ... 372
Se acerca el tiempo de Valenzuela ... 375
El intento fallido de enviar a don Juan a los Países Bajos ... 381

CAPÍTULO NOVENO. LA MAYORÍA DE EDAD DEL REY CARLOS ... 393

La ansiada mayoría de edad ... 393
El viaje de don Juan a la Corte y la reunión de los dos hermanos ... 394
Don Juan nuevamente en Zaragoza ... 400
Valenzuela y su exilio ficticio ... 402
La vuelta del *Duende* a la Corte y su encumbramiento ... 405
La *Jornada* de El Escorial ... 408
La unión de nobleza y clases populares contra Fernando de Valenzuela ... 411
Y después de Fernando de Valenzuela… ... 429
Y llegó el llamamiento de Carlos II y Mariana de Austria a don Juan de Austria… ... 433

CAPÍTULO DÉCIMO. EL GOBIERNO DE DON JUAN JOSÉ DE AUSTRIA: UN MITO DEL PUEBLO ANTE UN RETO IMPOSIBLE ... 441

La conquista del poder ... 441
Las reformas de don Juan de Austria ... 449
La primera de las tres largas salidas del Rey: las Cortes de 1677 en el reino de Aragón ... 465
La vuelta a la normalidad y a los problemas de la Monarquía. Las peticiones de celebración de Cortes en Cataluña y Valencia ... 482
La política de don Juan de Austria en relación a los asuntos religiosos ... 485
Los otros problemas del gobierno de don Juan ... 488
La boda del Rey Carlos II ... 493

CAPÍTULO ONCE. UN FIN INESPERADO: LA MUERTE DE DON JUAN EN PLENO EJERCICIO DEL MINISTERIO ... 501

Los últimos días de don Juan José de Austria ... 501
La muerte de don Juan de Austria ... 506

CAPÍTULO DOCE. LA *REBELIÓN DE LOS MUERTOS*: LOS SUCESOS DEL MONASTERIO DE EL ESCORIAL 515

Los sucesos de El Escorial 515

CAPÍTULO TRECE. DON JUAN DE AUSTRIA: ¿VALIDO, DICTADOR O PRIMER MINISTRO? 529

Don Juan de Austria: ¿valido, dictador o primer ministro? 529
La figura institucional del valido en la Monarquía Hispánica 534

CAPÍTULO CATORCE. DON JUAN DE AUSTRIA EN LA HISTORIA: ENTRE LAS FILIAS Y LAS FOBIAS 539

Don Juan de Austria en la historia: entre las filias y las fobias 539

ANEXOS 549

Anexo I. Presidentes de los consejos más significativos de la monarquía hispánica en épocas de Felipe IV y Carlos II 551
Anexo II. *Grandes de España* en el antiguo régimen 555
Anexo III. Virreyes y gobernadores generales de la monarquía hispánica en tiempos de Felipe IV y Carlos II, de territorios europeos 558
Anexo IV. "Copia de una consulta que hizo el señor Inquisidor General, confesor de la Reina, Nuestra Señora, respondiendo a una carta que escribió a Su Majestad el Señor don Juan, de Consuegra, en 21 de octubre de este año, satisfaciendo a los cargos, que le hace en ella" 568

FUENTES Y BIBLIOGRAFÍA 585

CRONOLOGÍA DE LA ÉPOCA DE DON JUAN DE AUSTRIA 591

ÍNDICE ANALÍTICO 601

ARMAS DE JUAN JOSÉ DE AUSTRIA

El insigne doctor y genealogista, don Félix Martínez Llorente, profesor titular de aquella histórica Universidad de Valladolid nos indica, al respecto de las armas de don Juan de Austria, que en esta página reproducimos, lo siguiente: "Sello de placa de don Juan José de Austria, hijo bastardo de Felipe IV, con su escudo de armas. Corresponden a las armas plenas de su padre, el Rey, brisadas de traversa (pieza contraria heráldicamente a la banda, puesta en barra, y más fina), con el fin de diferenciarlas de aquellas, significando con la posición que adopta dicha brisura su condición de bastardía. Al timbre, corona abierta de cinco florines vistos (pudiera tratarse de una corona de infante, ilegítimamente asumida). Acolada al escudo se aprecia la Cruz de la Orden de San Juan, por su condición de Gran Prior de Castilla en el seno de la mencionada Orden". Recordar que en relación a su sello y armas el Rey Felipe IV había indicado, cuando decide reconocer a su hijo don Juan, lo siguiente: "Resolución de Su Majestad a la consulta de la junta que de su real orden se celebró en cinco de febrero de este año de 1647, sobre los tratamientos y cortesías que ha de usar el señor don Juan con toda suerte de personas en la manera siguiente…

38. Sello. El sello tendrá las armas reales de Su Majestad, y una barra que atraviese de esquina a esquina, de alto abajo, y esta misma llevarán los reposteros y doseles, con corona abierta con flores como lo traía el señor don Juan, su tío"[1].

[1] B.N., mss., 11.027, pp. 340-346.

INTRODUCCIÓN

Viene a resultar por todo el mundo conocido el hecho de que pocos periodos de la historia de España vinieron a resultar tan apasionantes como nuestro siglo XVII. Fue aquella una época donde se dieron la mano el esplendor y la decadencia, la exaltación de la grandeza de un Imperio en donde *no se ponía el Sol* y la más dura de las realidades para amplias capas de la población. Parte fundamental del llamado *Siglo de Oro*, pero también siglo de la crisis y decadencia[2], siglo de nuestra derrota militar y de nuestro agotamiento político y material.

En aquella Monarquía Hispánica, el vínculo común que mantenía unidos todos aquellos territorios adscritos al rey no era otro que ese, la persona del monarca. Aquellos Estados unidos bajo su dominio eran históricos territorios que habían gozado de una vida plena, independiente y separada durante siglos y, consecuencia directa de ello, habían desarrollado un derecho y unas instituciones propias. Así las cosas, cuando a partir del siglo XVI la Monarquía Hispánica dejaba de serlo y de la península Ibérica, y se extendía por todos los territorios del Mundo, el monarca seguiría siendo soberano de cada uno de ellos y no de la totalidad, como si de una misma entidad se tratara. En este sentido, cada uno de aquellos Estados que la componían vino a mantener sus propias instituciones, incluyendo al soberano, quién, por lo tanto, ostentaba títulos y poderes distintos en cada uno de aquellos como consecuencia de su particularismo jurídico.

Además, el sedentarismo en lo que se refiere a la continuidad del monarca en un mismo lugar, que encontramos perfectamente constatado a partir de Felipe II, el llamado *Rey Prudente*, quién a diferencia de su padre y con ligeras excepciones, optará por la fórmula de controlar sus territorios desde una Corte estable, tendrá su más inmediata plasmación en la potenciación de la figura de los virreyes y gobernadores, portadores

---

[2] Efectivamente en toda Europa se vinieron a producir importantes trastornos políticos y revoluciones, especialmente durante la década 1640-1650. Quizá por ello los historiadores han calificado a dicho fenómeno de "*crisis general*". Todos ellos la han descrito en términos políticos, sociales y económicos, incluso algunos la han llevado más allá del propio solar europeo, trasladándola a naciones tan distantes como Japón. Vid. Kamen, H., *El Siglo de Hierro*, Madrid, 1977, pp. 363 y ss.

de la condición de *Alter Nos* en aquellos territorios en donde el monarca se encuentra físicamente ausente[3]. Aquellos territorios históricamente habían contemplado a su monarca habitando principalmente en el reino, y ahora, sin embargo, deberán asumir que el Rey o su representante vendrá a habitar en tierras que históricamente nada o muy poco habían tenido que ver con ellos. Con todo, el sentimiento de sumisión y amor hacia el rey será muy semejante entre un súbdito italiano al que posea un catalán, o un valenciano.

La figura del virrey y del gobernador general tendría una significación muy importante en la Monarquía Hispánica, a partir del reinado de los Reyes Católicos y de su nieto, el Emperador Carlos, por la gran incorporación de territorios a aquella Monarquía, todos ellos con una caracterización básica: la significada dispersión y la imposibilidad de comunicaciones rápidas que impedían que fuese posible su gestión de forma centralizada. Tras la conocida *Guerra de las Comunidades* quedó claro que el centro vital del Imperio era Castilla y, años después con la fijación de la Corte en Madrid, con mayor justificación. El rey Carlos I, muy viajero, dejaba siempre en Castilla a un pariente cercanísimo (su propia hermana) en su ausencia. Tras él llegaría un rey mucho más burócrata y sedentario, Felipe II, a quién tras su aventura matrimonial inglesa, no le gustaba abandonar los alrededores de Madrid.

Mientras, los territorios europeos, de gran complejidad jurídica tenían la categoría institucional básica de reinos, y debían tener la presencia física del rey. Dada la imposibilidad material de estar a la vez en todos, la solución era el nombramiento de un virrey (vice-rey o vicario del rey) que cumplía sus funciones protocolarias y actuaba como cúspide local de la administración, con mayor o menor autonomía, pues las decisiones se tomaban generalmente en los Consejos que se reunían en la Corte con el Rey, o sus primeros ministros.

Los territorios ultramarinos, que eran gobernados de forma similar por el Consejo de Indias, no tenían la condición de reinos puesto que legalmente eran una prolongación ultramarina de la Corona de Castilla, de modo que la presencia en ellos de un virrey los convertía en virreinatos. La autonomía de hecho que alcanzaban, dada la distancia, hacía de ellos personajes realmente poderosos, únicamente limitados por la interinidad de su mandato.

Consecuencia directa de lo anterior sería el hecho de que el soberano tuviese una doble personalidad constitucional. Por encima y sobre estas múltiples soberanías locales, el monarca era la cabeza y el vínculo común de aquella vasta confederación de Estados. Ello no significaba ningún cargo de carácter constitucional, sino más bien personal, surgido de la coincidencia, en un solo hombre, de múltiples títulos constitucionales como soberano de cada uno de aquellos Estados[4].

---

3 Así lo vemos en Cataluña, Valencia, Aragón, Navarra, Reino de Granada, Sicilia, Reino de Nápoles, Nueva España y Perú, a través de la figura del Virrey; en el Milanesado, Países Bajos y determinadas Provincias de los reinos americanos, a través de la figura del Gobernador.

4 Vid. Koenigsberges, H.G., *La práctica del Imperio*, Madrid, 1989, pp. 16- 18.

Cuestión también a analizar sería la reunión y la consulta del monarca con los estamentos de cada territorio, a través de las Cortes. Tradicionalmente, se trata de asambleas convocadas por el Rey en el lugar y en la fecha de su elección, en principio sin una periodicidad regular. En las Cortes -que en los territorios peninsulares serían Castilla, Aragón, Cataluña, Valencia y Navarra, y en donde el monarca no actúa con idéntica discrecionalidad- se entregan peticiones sobre todos los asuntos que preocupan a cada uno de los estamentos allí representados, votándose seguidamente. A petición del monarca serán votados unos impuestos –o servicios- extraordinarios que se refieren a un cierto número de años y, sólo en las Cortes de Castilla, el encabezamiento de la alcabala[5].

En Castilla las Cortes reunían, juntamente con los grandes señores que se dignasen a asistir, a los diputados de dieciocho ciudades que poseían el privilegio de representación en Cortes, a razón de dos diputados por ciudad. Las Cortes de los restantes reinos o regiones estaban divididas en tres brazos o estamentos, exceptuando las del reino de Aragón, en donde la nobleza aparecía dividida en dos brazos distintos. Con todo, a partir de Felipe III las Cortes fueron convocadas en contadas ocasiones, siendo su decadencia de tal calibre que a lo largo del reinado de Carlos II nunca fueron convocadas en Castilla y una sola vez en el reino de Aragón, quizá respondiendo a un compromiso que don Juan de Austria pudo haber adquirido con dicho territorio.

Profundizando en ello e introduciéndonos en el período cronológico que viene a interesarnos, en aras de introducir al lector en el tema objeto de nuestro trabajo, las principales características de la segunda mitad del siglo XVII en el terreno de la política internacional, pasaban necesariamente por contemplar el ascenso de Francia a la categoría de gran potencia europea y, en menor medida, el control del Báltico por Suecia. El cuadro general de aquella época tuvo, sin lugar a dudas, uno de sus trasfondos en la herencia española, cuyo reparto era esencial en el momento de dirimir qué posición había de ser hegemónica en el Viejo Continente. El resultado de la *Guerra de los Treinta Años* en el Imperio germánico alejaría las posibilidades de una amenaza militar para Francia, procedente del noreste. Además, el ataque del Imperio Otomano en Europa central reforzaría dicha situación, obligando al Emperador alemán a concentrar sus esfuerzos en el Este.

El segundo elemento que facilitaría la hegemonía francesa durante decenios serían los problemas internos ingleses, que condicionaron parte de su política exterior, a los que hay que añadir sus guerras contra los holandeses que, curiosamente al debilitar a éstos, facilitaron la política expansionista de Luis XIV hacia el norte.

A mediados de la centuria, la política exterior de la época del dictador inglés Oliver Cromwell[6] estuvo basada en buena parte en el apoyo a los protestantes del

---

[5] La alcabala era un tributo consistente en gravar las transacciones, representando a lo largo de dilatados períodos de tiempo el ingreso más importante de la Corona de Castilla.

[6] Oliver Cromwell había nacido en Huntington (Inglaterra) en 1599. Diputado del Parlamento inglés en el momento en que éste está enfrentado al Rey Carlos por problemas políticos y religiosos. Defiende con éxito la ideología puritana y ataca el episcopalismo, formando parte en 1640 del llamado Parlamento Largo. Su habilidad política le atrae partidarios independientes, como Nye y Goodwyn, defensores de la tolerancia

continente, pero también en asegurar su propio régimen político, neutralizando las posibles ayudas que podían recibir los Estuardos exiliados, limitando su libertad de movimientos, y apoyo dado por parte de Felipe IV a la causa del rey exiliado en los Países Bajos Españoles, además de la existencia de una destacada reunión entre don Juan y el futuro Carlos II de Inglaterra, daremos la correspondiente referencia en páginas posteriores.

Durante los reinados de Carlos II y Jacobo II, Inglaterra continuaría con el itinerario iniciado por el *Rump Parliament* y Cromwell, practicando una política mercantilista contra los intereses comerciales holandeses, que le conduciría irremediablemente a tres guerras contra las Provincias Unidas (1652-1654, 1665-1667 y 1672-1674), y, además, por razones de política interior, buscaría la alianza con Francia en un intento de prescindir del parlamento y convertirse nuevamente en una monarquía de tintes absolutistas.

En efecto, tras la restauración, el monarca británico seguiría conservando en sus manos la política exterior, pero dicha independencia real chocaba con el hecho de que el dinero necesario, y todo ello tenía que ser proporcionado por el parlamento. Si, iniciada una guerra, no resultaba del agrado parlamentario, éste podía dificultar la financiación de la misma, con lo que se hacía patente aquella contradicción entre la prerrogativa regia en política exterior y las correspondientes partidas económicas para llevarla a efecto.

A estas cuestiones, diversos serían los elementos que coadyuvaron: movimientos políticos y sociales. La constante relajación del monarca en el ejercicio de sus funciones clásicas de poder, emigraciones a nuevas tierras que dejaron en numerosos lugares los campos yermos, hambrunas y otros tipos de crisis generalizadas[7]. En este sentido, Muchos y de tonos variopintos fueron estos movimientos políticos y sociales en los territorios de la Monarquía Hispánica. En el solar ibérico, en los siglos XVI y XVII destacarán las *Comunidades* y las *Germanías*, pero sin olvidar las *rebeliones andaluzas*, la *insurrección de Aragón*, la *rebelión de Cataluña* o la *separación del reino de Portugal.*

Con respecto a los grupos políticos existentes, sobre todo en la Corte madrileña, serían los encargados de ganar el favor del monarca y, fruto de ello, ocupar los más destacados puestos del poder, eliminando de paso a sus adversarios. A través de esta

religiosa, anabaptistas, que postulan una separación radical entre Iglesia y Estado, y congregacionistas, la facción puritana más extremista. En plena lucha militar, Cromwell vence a los ejércitos realistas en la batalla de *Marston Moor*, lo que le procurará un gran prestigio como estratega. Ayudado por los Comunes, consigue reunir para sí todo el poder militar, apartando de la dirección a los lores. Varias batallas victoriosas contra realistas y escoceses le suponen acaparar todo el poder, con lo que emprende una depuración en el Parlamento contra los miembros más críticos hacia su política revolucionaria. La purga alcanzará hasta el mismo Rey Carlos I, que será ejecutado el 30 de enero de 1649, dando lugar a la proclamación de una república que el mismo Cromwell presidirá con el título de lord Protector. Aquella república de Cromwell sirve, además, como una plataforma para la vuelta al poder de los Estuardo, lo que sucederá poco después de morir (1658). Así, un golpe de estado del general Mouk restaurará la monarquía con Carlos II, hijo del fallecido Carlos I, a la cabeza.

7 Vid. Kamen, H., *El Siglo de Hierro*, Madrid, 1977, pp. 64 y ss.

actividad observamos el acercamiento o enemistad con el resto de potencias europeas, las alianzas temporales, los tratados de paz que en un futuro se firmen o las declaraciones de guerra, etc., cuestiones que en el fondo venían a ser realizadas preferentemente a través del *valimiento*. Frente a un monarca laborioso y burócrata, como es el caso del Rey Felipe II, el rey prudente, sus sucesores optarán por potenciar la figura del favorito para que él sea el que asuma las riendas de la laboriosidad que suponía el ejercicio del poder. En este momento siempre nos vienen a la mente aquellas recomendaciones hechas por Felipe II a su hijo, el futuro Felipe III, cuando se encontraba en la recta final de sus días, en el sentido de que no dejase el poder en una sola persona, que lo repartiese. Pues bien, este nuevo rey lo primero que haría sería todo lo contrario, abandonando el poder en el duque de Lerma. Se había iniciado la época de los validos, que se prolongaría hasta el final de la monarquía de los Habsburgos españoles.

El abandono de la agricultura en España y la incapacidad para competir con esta actividad mucho más organizada más allá de los Pirineos condenaban a aquella a un abandono progresivo, y a la búsqueda de empresas más rentables. La posterior disminución en la llegada a tierras de España de metales preciosos procedentes de tierras americanas, ya sea como producto de los ataques de piratas y corsarios, ya sea por haberse empleado éstos en el pago de las cuantiosas deudas que había adquirido la Monarquía Hispánica, acabarían destrozando todo modelo económico que se hubiese pretendido desarrollar. Así, en el siglo XVII la crisis económica sería la principal protagonista de la vida española, planteamiento que aparece avalado por aquel célebre informe del Consejo de Castilla, de 1619, en donde se reconoce el lamentable estado del país, atribuyéndose tal problema a la excesiva presión fiscal que recaía sobre Castilla, a la despoblación y al abandono de tierras.

El descalabro económico tocaría fondo entre 1676 y 1686, coincidiendo expresamente en aquellos años de gobierno de don Juan de Austria (1677-1679), cuando las inundaciones y las sequías, que ahora aparecían nuevamente para desgracia de su gobierno, situaron a aquella ya maltrecha agricultura ante situaciones límites, y que no veía sus primeros rayos de esperanza hasta los últimos años del reinado de Carlos II. Pero dicha crisis no afectaría exclusivamente al campo, sino que la misma vino a afectar al conjunto de la sociedad española[8].

Más importante, negativamente hablando, para los intereses españoles sería el ya citado fortalecimiento de Francia. Desde 1667 a la *Guerra de Sucesión española*, transcurrirían unos cuarenta años a lo largo de los cuales Luis XIV, el *Rey Sol*, reivindicaría lo que vino a considerar las *fronteras naturales* de su Estado: el Jura, el Rin y los Alpes, a costa de las posesiones españolas en Flandes y el Franco Condado, o de territorios dependientes del Imperio alemán, tales como los arzobispados de Tréveris y Colonia, o la ciudad imperial de Estrasburgo, y en el sureste el ducado de Saboya,

---

[8] Dentro de una amplia y sugerente bibliografía que viene a narrar los distintos aspectos de esta temática, podríamos destacar aunque sin ser en ningún caso excluyente de entre otras muchas, las siguientes: Domínguez Ortiz, A., *La sociedad española del siglo XVII*; Aldea Vaquero, Q., *España y Europa en el siglo XVII*; Palacio, V., *Derrota, agotamiento y decadencia en la España del siglo XVII*; Sainz Rodríguez, P., *Evolución de las ideas sobre la decadencia española*; Elliott, J.H., *Introspección colectiva y decadencia en España a principios del siglo XVII*; etc.

con Niza. La mayor parte de estos objetivos se lograrían a lo largo de varias etapas sucesivas: *Guerra de Devolución* (1667), Guerras de 1672 y de la *Liga de Augsburgo* (1688-1679), cerradas con los *Tratados de Aix-la-Chapelle* (1668), *Nimega* (1678) y *Ryswick* (1697) respectivamente. Esta política militar gala vino acompañada de una actividad diplomática astuta, además del empleo de subsidios abundantes a las repúblicas colaboradoras, que proporcionaron a Francia beneficiosas neutralidades y oportunas sublevaciones en los dominios de sus rivales.

A la muerte de Felipe IV, *el Grande*, acaecida en 1665, Luis XIV, a la postre yerno del fallecido, y alegando una norma de derecho privado en vigor en ciertas partes de los Países Bajos, según la cual las hijas de un primer matrimonio heredarían los bienes de su difunto padre antes que los varones de matrimonios ulteriores –como era el caso del rey Carlos, nacido del segundo matrimonio del monarca con la alemana Mariana de Austria-, y declarando el impago por parte de la Corona Hispana de la dote de María Teresa, reclamó los Países Bajos españoles. Así, mientras todavía continuaba la guerra angloholandesa, Francia invadía Flandes en una operación militar dirigida por Turenne y Vauban.

Este ataque bélico vino precedido de unos hábiles movimientos diplomáticos, en donde se incluían pactos secretos con un antiguo protegido de la Monarquía Hispánica, Carlos II de Inglaterra, en abril de 1667, y con el Emperador el 19 de enero de 1668, en donde se preveía el reparto del Imperio Español cuando falleciese el enfermizo hijo de Felipe IV, el futuro Carlos II, que curiosamente en contra de la opinión de muchos acabaría viviendo hasta 1700.

Este momento histórico fue también el tiempo de la monarquía absoluta. Si en el siglo XVI los reyes ejercieron el poder de forma autoritaria, con el paso de los años el mismo alcanzó mayores cotas y unos elevados niveles de concentración en manos del soberano, quién se convirtió en la más importante fuente de poder en el conjunto de sus acepciones. De este modo, en el occidente europeo, salvo contadas excepciones como fueron Inglaterra u Holanda, se sacralizó la figura del Rey, cuya autoridad procedía directamente de la divinidad y, en consecuencia, sería a aquella misma divinidad a la única a la que se había de rendir cuentas, disponiéndose como ejemplo más significativo la figura de Luis XIV, Rey de Francia, también conocido como *Rey Sol*.

Ante este panorama, cuando lleguen las últimas décadas del siglo XVII, el Imperio que desde Madrid gobernaban los Austrias continuaba siendo un gigantesco conglomerado de territorios en los que sin lugar a dudas seguía *sin ponerse el Sol*, pero aquella impresionante estructura política se había convertido en un gigante con los pies de barro, incapaz de defender sus fronteras e incapaz de dar solución a los muchos problemas que se agolpaban ante sus órganos de poder.

Mientras, el campesinado de Castilla se veía fuertemente abrumado por los controles señoriales. El afán por conseguir la condición nobiliaria, la renuncia a ejercer un gobierno responsable y la penuria de la Corona fueron las presiones que derribaron las barreras que hasta entonces impedían el avance señorial y que habían sido erigidas por Felipe II, y gradualmente el feudalismo se extendió por el campo castellano. Ministros y validos comenzaron una loca carrera por conseguir vasallos. El duque de Lerma utilizó impunemente su influencia política, al convertirse en valido de Felipe III, para acumular señoríos, cuestión que se agravaría notablemente en época de Felipe IV, cuando las necesidades financieras obligaron al monarca a la venta de jurisdicciones y otros oficios a mayor escala. Valga, a modo de ejemplo, indicar como en el año1625, la Corona firmaba un asiento con un grupo de banqueros, que adelantaron 1.210.000 ducados al tesoro con el aval de 20.000 vasallos, que se vinieron a considerar como una propiedad cuya venta garantizaría el adelanto.

De aquella forma quedarían anulados en términos absolutos los esfuerzos que realizaran los primeros Austrias para recortar y recuperar la jurisdicción privada, contemplando los primeros años del siglo XVII lo que muchos han definido como "*una reacción feudal*", en medio de la cual millares de campesinos castellanos pasarían del control regio al de la nobleza, teniendo que soportar unos tributos y una justicia mucho más rigurosos[9].

* * *

El presente libro que ahora tienes en tus manos, querido lector, es el resultado de varios años de investigación, dedicados a profundizar en los distintos hechos que vinieron a configurar a aquella Monarquía Española del siglo XVII, desde perspectivas distintas. Tras habernos concentrado en una primera fase de nuestra investigación en la historia de las universidades hispánicas[10], preferentemente, en los siglos XVI y XVII, pronto comenzamos a abrir el abanico de nuestro estudio incorporando otros ámbitos como son el mundo político, jurídico, social, religioso e internacional.

El primer resultado de esta nueva vía de investigación fueron una serie de obras, en las que venimos a tratar temas mucho más amplios, como fueron las Ordenanzas Esmeralderas en el Nuevo Reino de Granada[11], el Tribunal de Garantías Constitucionales de la Segunda República española[12], o la codificación del derecho penal.

Más tarde, nos introducimos en el más que interesante, y no menos árduo, estudio del gobierno de la Monarquía Hispánica, y en donde el primer resultado sería nuestra aportación a la obra coordinada por el profesor José Antonio Escudero, *Los Validos*, a través de un artículo titulado "*Juan José de Austria y Aragón*". La verdad es que el resultado no pudo ser más desgraciado y desastroso, al introducirse en aquellas páginas que se publicaban las notas de una conferencia, que tiempo antes habíamos pronunciado en los cursos de verano de la Universidad Rey Juan Carlos, en Aranjuez, y cuya propiedad correspondían el profesor Ribót, al cual, antes, ahora y siempre, una

---

9 Lynch, J., *Los Austrias (1598-1700)*, Barcelona, 1993.

10 Vid. Ruiz Rodríguez, I., *Fuero y derecho procesal universitario complutense*, Alcalá de Henares, 1997; *Las universidades de Alcalá y Sigüenza*, Alcalá de Henares, 1997; *Pleitos y pleiteantes ante la corte de justicia de la Universidad Complutense*, Madrid, 1998; etc.

11 Vid. Casado Arboniés, M.; Ruiz Rodríguez, I., *Ordenanzas mineras, fiscalidad y producción de esmeraldas en el Nuevo Reino de Granada*, Madrid, 1999, etc.

12 Vid. Urosa, J.; San Miguel, E.; Ruiz, I., Marhuenda, F., *El libro de actas del Tribunal de Garantías Constitucionales*, Madrid, 1999.

vez más, pedimos disculpas por aquel imperdonable error, por más de que únicamente se trataran de unos párrafos dentro de un artículo de 60 páginas, y con casi un centenar de notas al pie, en donde citábamos numerosas obras y referencias archivísticas.

Tras ello publicaríamos nuestro primer libro sobre la figura de un importante personaje, hoy nuevamente objeto de esta monografía que tienes en tus manos, que tras numerosas vicisitudes acabaría llegando al primer ministerio, titulada *Juan José de Austria: un bastardo regio en el gobierno de un Imperio*[13]. Con todo, entendíamos que aquella figura política requería de una obra superior, de más calado, en donde se aportasen muchos más de aquellos documentos que tenemos a nuestra disposición en los distintos archivos y bibliotecas de España, además deberíamos *agradar* singularmente a *dos personajes* de opereta de la Costa del Sol de España, que demandaban honrar y restablecer cuanto antes el honor de don Juan de Austria, como si de ello supieran mucho. Y a ello nos pusimos...

En este sentido, las fuentes que venimos manejando son, fundamentalmente, archivísticas. Así, las visitas al Archivo Histórico Nacional y la Biblioteca Nacional, en Madrid; Archivo General de Simancas, en Valladolid; Archivo de la Diputación de Aragón, en Zaragoza; Archivo de la Corona de Aragón, en Barcelona; además de las obligadas visitas al archivo del Palacio Real, en Madrid, forman lo que podíamos llamar el *núcleo duro* de nuestro trabajo. Junto a ello, una seleccionada, que no extensa, bibliografía completarán nuestra tarea como investigador.

Con esta obra, al menos eso creemos, hemos profundizado en la figura de *don Juan de Austria*, al que la historiografía contemporánea ha conocido como *don Juan José de Austria*, quizá en el intento de diferenciarlo del héroe de Lepanto, puesto que en muy rara ocasión es llamado por su nombre compuesto, y para ello hemos trabajado fundamentalmente con los documentos. Además, hemos pretendido que sean estos documentos los que nos guíen en todo momento, y de ahí la gran proliferación de transcripciones que encontraremos en este libro, y en donde, simplemente, hemos intentado hacer más entendible los textos, acercándolos al lenguaje actual, pero sin tergiversar en ningún caso su contenido. Nuestra idea ha sido en todo momento hacer llegar, de manera simple, fácil de entender por todos, a un personaje histórico, incluso poético, un sujeto que desde un origen turbio, fruto de los escarceos de un monarca, acabase dirigiendo un Imperio, la Monarquia Hispánica. Eso si, sin intentar cometer el error de caer en el conocido "*Síndrome de Estocolmo*", en el que solemos caer muchos autores tras pasar largos períodos de tiempo estudiando a algunos personajes.

En síntesis, nos interesa que toda aquella persona que tenga interés pueda ahondar en quién era Juan José de Austria, no de una manera superficial o, novelada, sino con todo el rigor científico. Para ello, y fundamentalmente a través de documentos archivísticos como dijimos, iremos analizando su vida, desde su nacimiento en Madrid, hasta su fallecimiento también en la ciudad del Manzanares. Entre medias veremos su formación intelectual, sus primeras misiones, la muerte del rey, sus disputas con la regente y su confesor, o la toma del poder en el año 1677.

---

[13] Ruiz Rodríguez, I., *Juan José de Austria: un bastardo regio en el gobierno de un Imperio, Madrid*, Dykinson, 2005.

Algunas crónicas sobre los hechos de este personaje vienen a describirnos, prácticamente, sus andanzas día a día. Así lo vemos, por ejemplo, en su empresa napolitana o parcialmente en sus primeros años de formación intelectual, en donde los cronistas nos aportarán numerosos aspectos, incluso anécdotas, sobre la vida de este, en ciertos momentos de su vida, héroe para muchos. Con todo, en su trayectoria de vida habría que buscar dos espacios cronológicos diferenciados, una primera etapa que iría hasta el desastre de Portugal donde nos encontramos a un don Juan de Austria eminentemente militar, negociador, duro pero con guante de seda, incluso diplomático. En un segundo momento, ya desde la muerte de Felipe IV, nos encontraremos a un don Juan eminentemente político, instigador de muchas de las acciones que se realizarán contra aquellos que gobernaban el Imperio Hispánico desde Madrid. Pero también fue en ese momento histórico el llamado a unir sobre su persona los paupérrimos ánimos de todos, nobleza y pueblo llano, contra el desastroso estado de los territorios de la Monarquía.

Con todo, esta obra que ahora, lector, tienes en tus manos, aparece articulada en torno a catorce capítulos, unos anexos y los correspondientes índices, que se plasman del modo siguiente:

En el ánimo de ubicar a todos los lectores de esta obra, independientemente de si se trata de un especialista en esta época histórica, o simplemente una persona interesada en la cultura general, en las primeras páginas de esta obra, antes incluso de esta introducción, nos encontraremos con las Armas de don Juan de Austria, que son las mismas que las del rey.

En un primer capítulo comenzaremos a analizar el nacimiento de don Juan de Austria, primeros años, primeros nombramientos, detractores, e incluso ciertas dudas sobre la paternidad, tradicionalmente atribuida al rey Felipe IV.

Más tarde, en un segundo capítulo, haremos mención a la situación de crisis de la Monarquía Hispánica en ese momento histórico, así como a los primeros retos militares y políticos de don Juan en tierras de Nápoles y Sicilia, además de los presidios de Toscana, en Italia. Fuera de aquellos territorios citados, también quedaban en Italia otros lugares de la Monarquía, como fueron Milán o la isla de Cerdena, en donde la presencia de don Juan simplemente tuvo carácter de paso hacia otros destinos ya marcados.

En tercer lugar, veremos nuevamente a don Juan en tierras de la Península Ibérica, en concreto en la guerra de Cataluña. Su tarea, una vez pacificado el territorio, acabaría obteniendo el premio del cariño y parcialidad hacia su causa de aquellas gentes hasta el fin de sus días.

Después, en un cuarto capítulo, nos trasladaremos imaginariamente a los Países Bajos Españoles, en una sangrienta contienda que venía de antes, y se seguiría prolongando muchos años. En aquel territorio se enfrentarán las grandes potencias de Europa por el control de la hegemonía, pero también será el lugar en donde don Juan sufrirá sus primeras e importantes derrotas militares, además de generar una literatura crítica contra su gestión y actitudes personales.

En quinto lugar, nos trasladaremos a otro de los lugares en donde se desangraba la Monarquía Hispánica, a Portugal. Allí, el pueblo portugués se hallaba dividido entre los, pocos, que preferían mantenerse fieles al rey español, y los que buscaban la independencia de aquella Monarquía Hispánica, justificando su pretensión, entre otras cosas, en la ruina que esta situación provocaba para Portugal. El final ya lo conocemos todos.

Más tarde, en sexto lugar, nos ocuparemos de la situación en la cual se hallaba la Monarquía en los años finales del Rey Felipe IV. Así veremos la muerte del príncipe Baltasar Carlos, la boda del monarca con su sobrina Mariana de Austria, y el nacimiento del futuro Carlos II.

En un séptimo capítulo analizaremos, con profusión, la situación existente en la Monarquía Hispánica tras el fallecimiento de Felipe IV, su testamento, la actividad desarrollada por la Junta de Gobierno que testamentariamente crease el rey fallecido, en fin, todo lo que vino a constituir aquella larga y difícil regencia de Mariana de Austria, que se prolongaría por espacio de diez años, y en donde un personaje, que desde el primer instante se había convertido en enemigo mortal de don Juan de Austria, acabará controlando directamente los hilos del poder: el padre Nithard.

Posteriormente, en un octavo capítulo, veremos a don Juan de Austria en tierras aragonesas, en concreto en Zaragoza, mientras que en la Corte madrileña comienza a conocerse más de cerca la presencia de un personaje que a la larga sería denostado por muchos sectores, singularmente por la nobleza: el marqués de Villasierra, el que sería más conocido como el *Duende de Palacio*.

Y por fin llegaría la mayoría de edad del rey Carlos II. De ello nos ocuparemos en el capítulo noveno. Aquel acontecimiento aparecerá plasmado en sus inicios en el famoso encuentro de los dos hermanos, articulado cuando el joven rey había mandado llamar a don Juan de Austria para que se convirtiese en su primer ministro, y que la intervención directa de Mariana de Austria terminaría desbaratando. Tras ello veremos la promoción y encumbramiento definitivo de Valenzuela como primer ministro de la monarquía. Pero su caída se convertiría en la más dramática de todos aquellos que en un momento dado habían alcanzado el poder.

En décimo lugar, analizaremos la toma del poder por parte de don Juan de Austria, convertido en ese momento en un mito para muchos, así como el gobierno de éste en aquella más que complicada situación que afectaba a la Monarquía Hispánica.

Pero la muerte alcanzaría a don Juan en pleno ejercicio del primero de los ministerios de aquella Monarquía de los Habsburgos españoles. De este modo, en un undécimo capítulo analizaremos los últimos momentos de la vida de nuestro personaje, así como lo que a través de su testamento político y personal venía a disponer.

Pero no acabaría la leyenda de don Juan de Austria con su muerte, y sobre ello tratará el capítulo doce. Poco tiempo después de acaecido su fallecimiento, y como si de una película de ultratumba se refiriese, las crónicas hablan de una *rebelión de los muertos*, en una escena que supuestamente hubiese sucedido en el monasterio de El Escorial, y en donde serían protagonistas Felipe IV, Juan de Austria, y el que en ese momento hacía las veces de primer ministro: el duque de Medinaceli.

En un treceavo capítulo analizaremos el más que singular caso representado por el ministerio de don Juan de Austria. La idea es cercionarnos de si estamos ante un valido, un dictador o, simplemente, un primer ministro.

Seguidamente, en el capítulo catorce, veremos la visión histórica que sobre don Juan de Austria tienen los estudiosos de este personaje y su época, analizando las filias y las fobias que esta figura histórica ha generado en los distintos autores que han analizado su trayectoria político-militar a lo largo de su vida.

Tras ello, unos breves anexos, fuentes y bibliografía, además de la cronología, y el índice de personas y lugares, completarán este libro.

En este momento no nos queda más que agradecer el apoyo de todos cuantos nos han motivado para continuar por esta aún nueva senda investigadora, a pesar de los citados problemas iniciales. Así, el agradecimiento a los profesores Gonzalo Martínez Diez, catedrático Emérito de la Universidad Rey Juan Carlos; y José Antonio Escudero, catedrático de la Universidad Nacional de Educación a Distancia, quién, además, fue la persona que nos introdujo en este más que interesante mundo del valimiento, en general, y de don Juan de Austria, en particular. Y sobre este apasionante personaje y de otros que compartieron época, una vez más, prometemos nuevas novedades a lo largo de los años venideros. Agradecimientos sinceros a ambos por habernos brindando su amistad, sus magnos conocimientos y su permanente apoyo, desde siempre y sin pedir nada a cambio, cosa que hoy en día no es siempre fácil encontrar.

El mismo agradecimiento va dirigido a otros compañeros, que con la misma amabilidad se prestan día a día a colaborar, a sabiendas de que para ello tendrán que abandonar sus quehaceres. Profesores como Emiliano González Diez, catedrático de historia del derecho de la Universidad de Burgos; Bruno Aguilera Barchet y Rogelio Pérez Bustamente, catedráticos de historia del derecho de la Universidad Rey Juan Carlos; Félix Martínez Llorente, profesor titular de historia del derecho de la Universidad de Valladolid; José Manuel Calderón Ortega, profesor titular de historia del derecho de la Universidad de Alcalá; María Poza Peñalba, de la Universidad de Valladolid, y un largo etcétera.

Mención especial deberíamos hacer a Luis Maria Beamonte, diputado provincial, en la Diputación de Zaragoza, pero ante todo amigo desinteresado, apoyo permanente para cuantas acciones culturales ha ideado este profesor, ya fuese a través de los cursos de verano de la *Ciudad de Tarazona*, años ha, o de los actuales cursos *Villa de Malón*, convertido en un lugar paradisiaco para tratar anualmente importantes temas de historia jurídica, y en donde hemos contado igualmente con el generoso apoyo de su Ayuntamiento, representado en su alcalde, don Alberto Mesa.

A todos ellos mi gratitud infinita.

Alcalá de Henares, primavera de 2007.

CAPÍTULO PRIMERO: UN BASTARDO REGIO EN EL LARGO REINADO DE FELIPE IV

Un largo reinado

El Rey Felipe IV, que a la larga sería conocido como *el Grande*, era hijo de Felipe III y de su esposa la Reina Margarita de Austria. Había nacido en la castellana ciudad de Valladolid en 1605, cuando allí se había asentado nuevamente la Corte de la monarquía española. En 1621 alcanzó el trono, tras la prematura muerte de su padre, que fallece el 31 de marzo de ese año, dejando la Monarquía Hispánica en manos de un joven de 16 años que desconocía casi por completo el complejo mecanismo de los asuntos de Estado, aunque dicha inexperiencia sería rápidamente suplida por un personaje que le acompañaría a lo largo de muchos años de su reinado: Gaspar de Guzmán, conde de Olivares[14]. Su pronta ascensión al trono acabaría convirtiéndole en protagonista de uno de los más prolongados reinados de la historia de España, que duraría en concreto 44 años.

---

[14] Nacido en Roma en 1587, sus padres eran Enrique de Guzmán y María de Pimentel y Fonseca, condes de Olivares, pertenecientes a una rama menor del linaje Medinasidonia y dedicados a la atención del Rey. Olivares cursó estudios eclesiásticos en Salamanca desde 1601, siendo nombrado rector por sus compañeros dos años más tarde. Al morir sus dos hermanos mayores dejó las aulas de aquella Universidad y, junto a su padre, acompañó a la Corte en Valladolid y Madrid. La anterior muerte de sus hermanos y la de su padre, en 1607, le dejó al frente del mayorazgo y el título nobiliario, por lo que tendría que fijar su residencia en Sevilla. Su matrimonio con Isabel de Velasco le permitiría entrar en el círculo cortesano, al ser su esposa dama de honor de la reina Margarita. En la ciudad hispalense se dedicó al mecenazgo de artistas y literatos, pero en 1615 ingresó de nuevo en la Corte al servicio del príncipe, futuro Felipe IV. Desde su posición, protegido por su tío don Baltasar de Zúñiga, ganó poder y prestigio en el seno de la Corte, ganándose el favor del futuro Rey y observando la caída en desgracia del duque de Lerma y la salida de los Sandoval, hechos que aprovechó para sí. En 1621, ya con Felipe IV como Rey, es nombrado sumiller de corps, y un año después alcanza el cargo de caballerizo mayor, desde donde obtiene un poderoso control sobre la Corte y aprovecha su ascendiente sobre el Rey. Ya en 1623, en la visita del príncipe de Gales, Olivares aparece como valido. Además, en el ánimo de asegurar su poder y control político, se apoyó en las grandes casas aristocráticas.

El Rey se casó en dos ocasiones a lo largo de su vida, una de ellas sería con la francesa Isabel de Borbón[15], en 1615, la cual fallecería en 1644, y la otra con su sobrina, la austriaca Mariana de Austria, en 1648. De los matrimonios nacerían un total de doce hijos, de los cuales tan sólo tres sobrevivirían más allá de la adolescencia: María Teresa, Margarita y el que reinase a la muerte de *el Grande*, Carlos II.

Resulta curioso, sin embargo, comprobar como su descendencia más amplia la obtendría al margen de sus dos citados matrimonios, atribuyéndole las malas –o no tan malas– lenguas una más que destacada nómina de hijos bastardos que podría superar fácilmente las seis decenas, y de la cual, de aquellos que resultaron viables, únicamente reconocería a uno de ellos: don Juan de Austria. Con todo, y quizá para diferenciarlo del héroe de Lepanto, tradicionalmente haya sido más conocido por don Juan José de Austria, hijo legitimado por el Rey tras ser reconocido oficialmente en 1642. Sobre esta acción muchas han sido las preguntas que los historiadores se han planteado, en relación de los motivos que llevaron a ello al rey. Algunos incluso se han atrevido a introducir la duda, de si Felipe IV pretendía con ello asegurar un heredero para la Monarquía, ante la falta de otros engendrados dentro de su matrimonio. Aunque prefiero que sea el lector el que tome la última de las decisiones con respecto a ello, acorde a lo que la lectura de esta obra le aporte, simplemente indicar que don Juan es reconocido en 1642, cuando el príncipe Baltasar Carlos estaba lleno de vida, había sido ya designado príncipe de Asturias, y pronto se le buscaría esposa que le proporcionase hijos viables.

Con todo, para Alberto Risco[16], aquella nómina de hijos bastardos de Felipe IV que citábamos no resultó tan amplia, sino que este autor habla de "*tan solo*" 23 hijos naturales, aunque únicamente reconociese al hijo de *la Calderona*, "*electrizado por sus dotes físicas y morales*". Ello quizá tenga cierta justificación a tenor de cierta carta de un jesuita madrileño, fechada el 25 de marzo de 1642, en donde dice, refiriéndose al bastardo: "corre voz de que Su Majestad, con ocasión de esta jornada (la guerra de Portugal, comenzada en el año anterior), quiere reconocer a un hijo que tiene fuera de matrimonio, y le hace Prior de San Juan y le manda por Cabo a Portugal. Lo cierto es que tiene muy lindo natural, es muy apacible y hábil, y le ha criado muy bien don Pedro de Velasco, en cuya casa está hoy".

Aunque por recomendación expresa de su padre, el objeto prioritario de su reinado fuese el restaurar el poder regio, desechando el valimiento como forma de gobierno por los múltiples inconvenientes que ello acarreaba, y cuyos efectos él había padecido de primera mano, especialmente con el valimiento de Lerma, aquello pronto quedaría en el olvido. En este sentido el joven rey operaba de igual modo, a como su padre hiciese ante las recomendaciones que le realizara el Rey Felipe II, cuando estando cerca el fin

---

15 Nacida en la localidad de Fontainebleau en 1603, sería Reina de España entre los años 1621 a 1644. Hija de Enrique IV de Francia, al morir su padre, su madre, María de Médicis, interesada en estrechar los lazos con la Monarquía Hispánica, la casaría con Felipe, entonces príncipe de Asturias. Al morir Felipe III, Isabel y Felipe fueron coronados. La reina, que casi no intervino en política, unicamente ejerció alguna autoridad como gobernadora de Madrid en 1642. Moría en Madrid dos años después.

16 Risco, A., *Don Juan de Austria, Hijo de Felipe IV. Juan de la Tierra*, Madrid, 1918.

de sus días vino a llamarle, y una vez en su presencia le dijo que nunca concentrase el poder en unas solas manos, que lo repartiese en varias para así tener únicamente él el control sobre todos ellos.

Aunque en su faceta más íntima Felipe IV fue un hombre extremadamente sensual y amante de los placeres, no por ello dejaría de ser también un personaje que viniese a superar en muchas facetas a aquellos que le habían antecedido en el trono, y fundamentalmente a su padre, tanto en inteligencia como en aplicación a los asuntos públicos. A pesar del eclipsamiento de su reinado por la figura del Conde-Duque de Olivares, nunca se desentendería en términos absolutos de sus obligaciones como monarca, y conforme pasaban los años aumentó la asunción de responsabilidades. Además vino a ser un hombre de extensa cultura, aficiones literarias y gusto artístico refinado, promocionando artes y artistas, y en donde el inmortal Velázquez tendría mucho que decir.

Pero volvamos al gobierno de la Monarquía Hispánica en los primeros años de Felipe IV, donde el joven Rey no tardaría en delegar los asuntos de Estado en el que pronto sería un poderoso valido, el Conde-Duque de Olivares, con el fin de realizar un ambicioso proyecto de reforma que afectaba a buena parte de las instituciones. Cuenta el profesor Elliott, en su ya clásica obra El Conde-Duque de Olivares, con notable profusión el cursus honorum que llevaría a este personaje a encumbrarse en la dirección política de aquella monarquía, y en donde su apuesta por un joven príncipe Felipe acabaría teniendo el éxito deseado

La primera labor de gobierno del valido se centró en la Hacienda, en la que se intentó la recuperación de rentas enajenadas, el control sobre el gasto público, el ordenamiento y estructuración del sistema impositivo, etc. En el ámbito económico, se intentó importar el modelo mercantilista holandés y se presentó el proyecto de la *Unión de Armas*, cuya finalidad era ordenar y canalizar los recursos procedentes de los territorios periféricos, tan necesarios para mantener un ejército capaz de hacer frente a los conflictos abiertos y, de paso, establecer la periodicidad y seguridad de aquellas entregas a la Hacienda Real.

El Conde-Duque había llegado a la conclusión de que era necesario recibir la colaboración de todos los reinos de la monarquía, y no sólo de Castilla, un poco de Nápoles y poco más, con la clara intención de que sobre los castellanos no recayera el sostenimiento del Imperio Hispánico.

Bajo estas ideas había decidido firmemente llevar adelante este proyecto de *Unión de Armas*. Al menos desde 1621 abrigaba la idea de lograr un esfuerzo común, que iba aparejado al más general y ambicioso de conseguir la unificación de España. En tal sentido las palabras contenidas en el Gran Memorial de 1624 resultan suficientemente explícitas.

El inconveniente que planteaba el hecho de no aunar los ejércitos de los distintos territorios de la monarquía, cuestión que además no venía en ningún caso a suponer la unificación del resto de los otros ámbitos de poder y jurisdicción, venía ya gestándose desde los reinados anteriores; lo único que ocurría era que la opinión pública y la administración castellana se hallaban ahora más sensibilizadas que en aquellos tiempos pretéritos. Inclusive las mismas Cortes castellanas habían expresado en más de una ocasión, de forma clara el malestar existente. El proyecto de reformas de Olivares se completó, además, con las medidas moralizantes propuestas por la Junta de Reforma, entre los años 1618 y 1622.

Con todo, llegado el año 1624, aquellas ideologías reformadoras se veían plasmadas en el *Gran Memorial*, cuyas grandes líneas de actuación eran la consecución de una monarquía de Corte administrativo, dominada por la eficacia, y la racionalización de las acciones de gobierno, encaminadas ahora hacia el cumplimiento de objetivos y con criterios puramente ejecutivos. Sin embargo, diversos problemas darán al traste con el proyecto reformador.

Era significativa la notoria oposición que el Conde-Duque mantenía frente a los grandes de la nobleza, más concretamente de la castellana, así como la tajante opinión que le merecía la prepotencia económica de la iglesia. Esto al menos parece deducirse cuando éste valido afirmase que "el brazo eclesiástico, que puede considerarse por la piedad de religión por el primero, llegó a temer que es sin duda hoy el más poderoso en riqueza, rentas y posesiones. Y temo no solamente que es el más rico, sino que ha de reducir a traer a sí toda la sustancia de estos reinos enteramente... yo me contentaré en este papel con advertir el real ánimo de Vuestra Majestad. De este daño grande que amenaza y del no pequeño que se experimenta hoy con dolor de los que desean el bien público de estos reinos y mayor servicio de Vuestra Majestad".

Olivares trataba de llamar la atención del monarca sobre un hecho nunca cuestionado, pero sí comprometido, en torno a la amortización de toda clase de bienes en manos del clero secular y regular. Igualmente hacía referencia a la posibilidad de conseguir una mayor aportación de las rentas de la iglesia en la defensa de la Fe, lo que vendría a equivaler, a su entender, a los planteamientos políticos de la Monarquía Española.

Otro punto no menos delicado era el de la actuación que, a su juicio, el Rey debería asumir ante la alta nobleza; fundamentalmente ante los llamados *Grandes de Castilla*. En este punto daba la sensación de que los planteamientos de Olivares estaban movidos por dos circunstancias distintas: una de tipo personal, y la otra de carácter político. En la primera de ellas parece clara la desilusión que él y su linaje había sufrido al no haber alcanzado esa siempre deseada grandeza, cuando por sus servicios y por los de sus antepasados se creían con derecho y méritos más que suficientes para acceder a ella. Por otro lado, no cabe duda de que el Conde-Duque enfocaba sus planteamientos políticos mirando a la historia y mirándose personalmente en ella.

Una simple lectura de su biblioteca personal, conservada en el Archivo Vaticano, viene a demostrar su preocupación por los hechos históricos desde la Antigüedad a su tiempo. A tenor de aquella experiencia concluiría aseverando que "... llegó, señor, el poder de los grandes en tiempo de los señores reyes antecesores de Vuestra Majestad ha estado que alguna vez dio cuidado... y aunque el señor Rey don Felipe el segundo, abuelo de Vuestra Majestad, se halló en estado que pudo descuidar justamente de este inconveniente, todavía le pareció bien ajarlos más".

A pesar de dicha prevención, él como noble no podía rehuir el pensamiento de que era necesario el hecho de respetar las preeminencias de su clase, siempre y cuando no existieran especiales razones que justificasen lo contrario. El tiempo acabaría dándole la razón a Olivares: nobles tan significados como el duque de Medinasidonia y el marqués de Ayamonte en Andalucía, el duque de Braganza en Portugal o el duque de Híjar en Aragón, serían protagonistas de radicales enfrentamientos de naturaleza separatista en el mismo corazón de la Monarquía Hispánica.

Naturalmente, formar y pagar una fuerza militar de ciento cuarenta mil soldados como la que representaba la *Unión de Armas*, no era tarea fácil dadas las distintas circunstancias que concurrían. El proyecto, no obstante, se complicaría mucho más a tenor de las distintas leyes, fueros y otros privilegios vigentes en los distintos territorios. No cabía la menor duda de que las mayores reticencias habrían de suscitarse en los territorios que conformaban la Corona de Aragón, fundamentalmente en el Principado de Cataluña. Para poner en marcha dicha idea se despacharían cuatro regentes del Consejo de Aragón, con objeto de exponer en detalle el proyecto. Como cabía esperar la operación no tendría posibilidad alguna, y terminaría en el más clamoroso fracaso.

Ante el cariz que tomaba el asunto, se decidió que lo más conveniente sería convocar Cortes en los distintos territorios periféricos, como la mejor manera de atajar dichas oposiciones y recelos planteados. También se vino a considerar que el joven Felipe IV debía rendir visita a aquella parte de la Corona, tan próxima pero tan desconocida todavía por él. Todo ello terminaría en una falta de apoyo a sus pretensiones por parte de los territorios de la corona aragonesa.

Pero aquellos no serían los únicos problemas que afectasen a la monarquía hispánica. La cantidad decreciente de oro que llega al puerto de Sevilla entre 1619 y 1621, la oposición de las Cortes a los cambios en los impuestos, la oposición de las regiones a la *Unión de Armas* y el enfrentamiento de los Consejos al Conde-Duque y a sus Juntas, incidiría directamente en el hecho de declarar la primera quiebra de la monarquía en 1627, tras haber conseguido dos grandes victorias militares en 1625 como fueron las de Bahía y Breda. Además, la intervención en Bohemia en 1618 y la no renovación de la tregua de Amberes en 1621, viciaron la política exterior y supusieron un quebradero más de cabeza para el gobierno de Olivares.

Aquella situación se fue tornando de dramática a desastrosa. A pesar del beneficio que en primera instancia supuso la quiebra, por cuanto las primeras medidas – sustitución de los asentistas genoveses por portugueses, súbditos del Rey, y deflacción de 1628– dieron su fruto y enjugaron algo el déficit, las medidas y acontecimientos siguientes resultaron nefastos. Así, entre 1621 y 1626 se procedió a acuñar moneda de vellón en exceso; a la carísima intervención en Mantua, siguieron las derrotas de Matanzas en 1628, Hertogenbosch en 1629 y Pernambuco en 1630, con la pérdida de la primera de aquellas plazas.

Las medidas no hicieron sino agravar la situación: la abolición de los millones por parte de Felipe IV y el incremento excesivo del monopolio de la sal en 1631 provocaron la rebelión en Vizcaya acaecida entre los años 1631-1634; los proyectos de reforma quedaron definitivamente aparcados, instalada la monarquía en un esfuerzo bélico que implicaba a todos los territorios y que consumía los escasos recursos de la Hacienda.

En 1635 se inicia la guerra con Francia, un costosísimo conflicto que ahondará la crisis de la monarquía, obligada a recurrir a la venta de regalías y patrimonio de la Corona, al papel sellado a partir de 1636, a donativos y valimientos, y a la utilización de las Cortes para aumentar los servicios. La acuciante necesidad de fondos incrementa, además, la presión sobre una nobleza ya endeudada, sobre la que recaerá la leva de tropas y la defensa del reino, mientras que es alejada de la Corte madrileña por Olivares. Si bien el desarrollo de la guerra fue en principio exitoso (Nordlingen, 1634; Fuenterrabía, 1638), las medidas tomadas para sufragarla provocaron las revueltas de catalanes y portugueses en 1640 y costaron el puesto al Conde-Duque, que abandonaría el poder en 1643. En su lugar, se formó un gobierno de emergencia, tutelado por Felipe IV, quien ya no volverá a dar el mismo grado de poder a ningún valido. Con todo, a pesar del cambio de gobierno, los problemas continúan.

La guerra prosigue y con ella la excesiva presión fiscal, que dará lugar a una nueva quiebra en 1647. Las malas cosechas, además, provocarán revueltas en Castilla, entre los años 1647-52, y 1655-57; y en Nápoles y Sicilia en 1647. Además casi coincidiendo en el tiempo, la guerra con Francia se había vuelto insostenible, motivo por el cual se decide un cambio de política, que permitirá la firma de ciertos tratados de paz, que aunque fuesen sumamente desventajosos para la Monarquía Hispánica, darían cierto respiro a las armas y a las arcas (paz de Münster, 1648; paz de los Pirineos, 1659). Finalmente, la caída de Barcelona en 1652, en aquella larga guerra derivada de la sublevación del principado de Cataluña, permitirá al Rey recuperar parte del prestigio y confianza perdidos, y le facultará para intentar en los últimos años de su reinado la infructuosa recuperación de Portugal, representada por las batallas de Elvas, de 1658; y de Villaviciosa, de 1665. De todo ello daremos debida cuenta a lo largo de las páginas de este libro.

Un monarca licencioso y los primeros años de don Juan de Austria

Resulta curioso, e incluso sorprendente, que no hayan sido más copiosos y abundantes los trabajos científicos relativos a don Juan de Austria, conforme a la ingente documentación que los anaqueles de los distintos archivos almacenan, aunque, con todo, no se puede afirmar en ningún caso que nos hallamos ante un desconocido. En este sentido, son ya conocidas desde hace años algunas obras, ya clásicas, como las de Francisco Fabro Bremudán[17], personaje que fuera secretario personal de don Juan de

[17] *Historia de los hechos del Serenísimo señor don Juan de Austria en el Principado de Cataluña*, Zaragoza, 1673; *Viaje del Rey... don Carlos II al reino de Aragón: entrada de S.M. en Zaragoza, juramento solemne de los Fueros y principio de las Cortes Generales, el año 1677*, Madrid, 1680.

Austria y que viviese de primera mano muchos de los acontecimientos que el hijo de Felipe IV viviese; además de las obras de Alberto Risco[18] o Josefina Castilla Soto[19].

Actualmente, y con relativa novedad nos encontramos con algunas publicaciones que tratan sobre este personaje de manera específica, como son las del excelente historiador cordobés Calvo Poyato[20], o la del hispanista alemán Graf von Kalnein[21], o la que no hace mucho publicamos bajo el título *Juan José de Austria: un bastardo Rey en el gobierno de un Imperio*[22], sin olvidar la recientemente publicada por González Asenjo[23] en relación a la gran pasión de don Juan: las artes.

Más allá de estas obras que citanos, otros destacados trabajos han venido a exponer la vida y episodios en su más amplia expresión del único hijo que el Rey Felipe IV reconociese como tal[24], exceptuando, obviamente, a aquellos engendrados dentro del matrimonio. Sin embargo, el período histórico en el que nos encontramos, las vicisitudes por las que atravesaba la monarquía tanto interna como externamente, el clima de crisis social generalizada, las epidemias, etc., hicieron que el futuro guardase un lugar de sobresaliente protagonismo a nuestro personaje.

Y es que, en efecto, desde los años cincuenta del pasado siglo XX resulta frecuente referirse a esta época, el siglo XVII, como un tiempo de crisis permanente, quizá como respuesta a dos obras singulares: "*Historia General de las Civilizaciones*", dirigida por Maurice Crouzet, en donde destacaba un volumen titulado "*Los siglos XVI y XVII*", cuyo autor era Roland Mousnier, y en donde, según Lublinskaya, se contiene "una de las concepciones más tempranas y, a la vez polifacéticas, además de completa, de la crisis general en el desarrollo de los países euro-occidentales". El otro trabajo, firmado por Eric Hobsbawm, viene a plantear la tesis de una crisis general en el aspecto económico en aquella Europa del XVII.

Cuentan los autores de la época, y fundamentalmente aquellos que intentaban justificar cualquier tipo de ataque a la paternidad del Rey con respecto a don Juan de Austria, que entre las desgracias de Felipe IV, debería mencionarse en primer lugar el que le faltase la educación y dirección de su padre, además de la Reina Margarita,

---

18 *Don Juan de Austria, hijo de Felipe IV: Juan de la Tierra*, Madrid, 1918.

19 *Don Juan José de Austria (hijo bastardo de Felipe IV): su labor política y militar*, Madrid, 1992.

20 *Juan José de Austria. Un bastardo regio*, Barcelona, 2002.

21 Graf Von Kelnein, A., *Juan José de Austria en la España de Carlos II. Historia de una Regencia*, Lleida, 2001.

22 Ruiz Rodríguez, I. *Juan José de Austria: un bastardo regio en el gobierno de un Imperio*, Madrid, 2005.

23 González Asenjo, E., *Don Juan José de Austria y las Artes (1629-1679)*, Madrid, 2005.

24 Así podríamos citar como sumamente interesantes las siguientes: Barrio Moya, J.L., "Libros aragoneses, catalanes, mallorquines y valencianos en la biblioteca de don Juan José de Austria", en *Rev. De Llibreria Antiquària*, nº. 12, Barcelona, 1986; Biason, A., *Una tentativa de reforma política en la España de Carlos II: Don Juan José de Austria en los despachos de los embajadores venecianos y en la historiografía de la época*, tesis de licenciatura inédita de la Universidad de Venecia, 1988-1989; Sanz Camañes, P. Y J. San Miguel Gimeno, *El Virreinato de Juan José de Austria, tesis de licenciatura inédita*, Zaragoza, 1988; Cortés Osorio, J., *Invectiva política contra Don Juan José de Austria*, edición de M. Etreros, Madrid, 1984; etc.

fundamentalmente cuando a lo largo de su juventud, unido a su poder soberano, hubo de necesitar más a aquellos desaparecidos padres. Indican más todavía: "Entró a reinar tan expuesto a las cautelas de la ambición de su desenfrenada, que lisonjeándole el apetito, le cautivaron fácilmente la voluntad y le oscurecieron la razón. El palacio, que en vida de su padre era sagrario de la modestia, se convirtió en teatro del divertimiento; y la casa del campo, que antes servía para honesta recreación de los reyes, se trocó en licencioso abrigo de mocedades"[25].

En efecto, entre la larga lista de amoríos sostenidos por Felipe IV, ese licencioso monarca que hiciese que su palacio fuese un abrigo de mocedades, encontramos a mujeres de toda clase y condición: doncellas, casadas o viudas; damas de alta alcurnia y vulgares sirvientas; tampoco despreció el monarca a las mujeres de la vida, las conocidas, algunas entonces como "tusonas", encontrándose en todas ellas un denominador común: la escasa duración temporal de aquellas relaciones más bien sexuales que amorosas[26].

En el *Siglo de Oro*, y dentro de un afán de reglamentar algunos *oficios delicados*, se llegaría a estructurar de manera concisa la prostitución. Así las cosas, y al menos en teoría, la prostituta debería ser mayor de doce años, haber sido abandonada por sus parientes, no tener padres conocidos o huérfana, y en ningún caso proceder de una familia noble. Además, tiene que haber perdido la virginidad antes de iniciarse en aquellas labores. Por otro lado, el juez, antes de otorgar la pertinente licencia, tenía la obligación de intentar disuadir del intento a la mujer en cuestión. Tras ese permiso del magistrado, la fémina podrá ejercer la profesión. El médico de la Corte destinado a estos menesteres, será el encargado de revisar con periodicidad la salud de la prostituta. Además, llegado el viernes de cuaresma estas mujeres son llevadas por los alguaciles a la iglesia de las Recogidas, donde el sacerdote vendrá a amenazarlas con las penas del infierno, indicándoles que la salvación de sus ánimas queda en el hecho de abandonar su denigrante profesión. En Madrid, al igual que en muchas de las grandes ciudades, existía un lugar para estos fines, a donde acudían las mujeres arrepentidas. Se trataba del convento de las Arrepentidas, situado en la calle de Atocha.

Las prostitutas a la hora de ejercer su oficio se dividían en categorías, siendo las de más bajo eslabón las llamadas cantoneras, putas de encrucijada que reciben algún sueldo de la villa; el siguiente venían a ocuparlo las mujeres que recibían algún tipo de protección por un proxeneta. Luego encontramos a aquellas que vivían de manera independiente, las cuales solían recibir visitas de nobles y burgueses. Finalmente,

---

25 B.N., mss., 8.344, p. 27.

26 En efecto, el Rey Felipe IV vino a pasar a la historia como un hombre culto pero un pésimo gobernante, además de por sus amoríos. Algunos llegan a atribuirle unas cincuenta amantes conocidas y más de sesenta hijos bastardos en su *currículum vitae*. Mujeres de toda clase y condición eran sus objetivos, acabando muchas de ellas, casi de manera inevitable, en un convento, ya que aquella mujer que había sido del Rey sólo podría pertenecer a Dios. Este triste final para las féminas, provocó una curiosa anécdota cuya difusión sería generalizada: al solicitar Felipe IV reiteradamente el amor de una dama, ésta le contestó: "*Majestad, no he nacido para ser monja*".

en la cúspide de este escalafón nos encontramos con las tusonas, que eran las más cotizadas.

El oficio más antiguo del mundo se extendía por todos los lugares, esencialmente en la mayoría de las grandes urbes, en donde encontramos al menos un burdel, pero en Madrid aquella situación resultaba mucho más amplia, ya que en la villa del Manzanares eran abundantes, contabilizándose más de 80 de ellos ya a mediados del siglo XVI, situándose preferentemente en las actuales calles de Huertas, Santa María, San Juan y Amor de Dios, en Lavapies y Antón Martín. Resulta curioso observar como Felipe IV, que en alguna ocasión había acudido a este tipo de placeres carnales, emitiese algunas pragmáticas (1623, 1632, 1661) en donde prohibió las mancebías, pero con efectos prácticamente nulos.

Un viajero de la época, Gramont, nos transmite fielmente lo que ocurría en el interior de aquellos prostíbulos: "Después de las diez de la noche cada uno va allí solo, y se quedan todos hasta las cuatro de la mañana en las casas de las cortesanas públicas, que saben retenerlos por tantos atractivos, que son pocos o ninguno los que se embarcan en un galanteo con una mujer de condición. El gasto que hacen en esas cortesanas es excesivo..., la mayor parte de los grandes se arruinan con las comediantas, y he visto a una muy fea y muy vieja, a la que el Almirante de Castilla amaba furiosamente, y a la que había dado más de quinientos mil escudos, sin que ella por eso fuese más rica".

Para entender más todavía lo que acontecía en aquel Madrid del siglo XVII debemos analizar determinados datos ciertamente relevantes. El primero de ellos, quizá el más concreto si nos referimos al rápido desarrollo poblacional y urbanístico, fue el hecho de ver como se instalaba la Corte nada más iniciarse este siglo, por decisión de Felipe III –y por sugerencia del duque de Lerma, ante el más que suculento ofrecimiento económico que le hacía la localidad del Manzanares–. Así se trasladaría la Corte desde Valladolid a Madrid, caracterizándose por ser la sede de la realeza hispana, y de todo un conjunto de burócratas y órganos de la administración que necesariamente tenían que estar cerca del Rey.

En aquella monarquía de los Austrias Españoles, Corte venía a significar tanto un conjunto de personas como un específico lugar. Así, los criados, ministros y otros oficiales de la más variopinta condición que acompañaban al Rey y a su familia para servir como parte e las distintas casas reales existentes, o de aquella organización polisinodial y demás tribunales u órganos administrativos constituían la Corte regia. Pero Corte era también la concreta ciudad o villa donde el Rey se encontrase, porque se consideraba que ésta se había mudado a un nuevo lugar sólo si también se había trasladado allí el Sello regio o Sello de Corte.

Hablando con propiedad, aquella monarquía de los Austrias españoles no podía tener capital, aunque en sentido funcional así fuese, al haberse convertido Castilla –fundamentalmente tras las revueltas comuneras– en la base principal de la monarquía y, directamente relacionado con ello, el territorio donde acabaron por asentarse definitivamente.

El paso de una Corte antaño itinerante a una fija se explica, en primer lugar, atendiendo a criterios de necesidad práctica. Así, junto con el crecimiento desmesurado del aparato institucional de la monarquía, con todo lo que ello conllevaba, se incrementó el número de criados de las distintas casas reales (Rey, Reina, príncipe, infantas, etc.). De este modo, aparte de la dificultad que de por sí entrañaba el movimiento de semejante número de personas, el traslado de la Corte suponía encontrar un lugar que reuniese unas condiciones mínimas de salubridad, defensa, comunicaciones, abastecimiento, etc., aparte de encontrarse dicho concejo dispuesto a sufragar los inconvenientes que demandaba el hecho de aposentar a semejante número de personas.

El Madrid del siglo XVII también vio como su población crecía a ritmos acelerados, ya que, junto a aquellos burócratas y órganos administrativos citados, desde muchas otras zonas de Castilla las familias nobles emigraban, en parte huyendo de la pésima situación económica existente en aquellos tiempos, y en parte para asentarse cerca de donde pudieran tener influencias en la Corte. En este sentido, en 1626 la villa de Madrid contaba con más de cien mil habitantes, lo que tendría como consecuencia más inmediata la construcción de la cuarta muralla o cerca, que rodearía a la ciudad del Manzanares hasta el año 1868 y que pasaba por la actual calle de Princesa, antiguos bulevares hasta Colón, Paseo del Prado, calle Segovia, Ronda de Toledo y, por el norte, abarcaba hasta Fuencarral.

Pero volviendo al Rey y a su natural inclinación a las artes del amor, indicar que todas aquellas mujeres que pasaron por su vida, para el monarca hispano simplemente representaban un medio que le permitiría satisfacer sus instintos carnales, y en donde una vez satisfechos estos motivos que le habían movido al cortejo, aquellas no venían a dejar ordinariamente en el monarca ninguna huella de importancia. Por ello, y a diferencia de lo que con relativa frecuencia ocurrían con otros monarcas europeos, las amantes de Felipe IV no tuvieron apenas influencia en su conducta ni como hombre, ni mucho menos como monarca, salvando el elemento que nuevamente perseguiría: el carnal.

Así las cosas, ninguna de las mujeres que compartieron su lecho pudieron ser en ningún caso comparadas al papel que desempeñó, por ejemplo, mademoiselle de Maintenon, la amante del cristianísimo Rey de Francia, Luis XIV. Esta dama de la Corte del Rey galo, Françoise D'Abigné, marquesa de Maintenon, había nacido en Niort en 1635. Estaba casada con el poeta Scarron, y su salón era famoso. Tras fallecer su esposo en 1660 comenzó a frecuentar las mansiones de Richelieu[27] y Albret, encargándose

[27] Armand Jean du Plessis, cardenal y duque de Richelieu, había nacido en París en 1568, ciudad en la que también fallecería en 1642, procediendo de la nobleza de Poitou. Entró en la carrera eclesiástica para evitar que su familia perdiera las rentas del Obispado de Luçon, en el año 1606. Participó en los Estados Generales de 1614 por el brazo eclesiástico, momento en que la reina regente María de Médicis reparó en su talento y le reclutó para el servicio de la Monarquía. Fue secretario de Estado de Interior y de Guerra en 1616. Sin embargo tuvo que abandonar aquel cargo cuando el joven rey Luis XIII quiso tomar en su propia mano los asuntos de gobierno, desterrando a la reina madre María de Medicis a Blois, allá por el año 1617. Richelieu siguió a la reina a su exilio, actuando como intermediario para reconciliarla con su hijo. Fue así como se ganó la confianza del rey, que le hizo nombrar cardenal en 1622 y le tomó a su servicio como

de la educación de los hijos del Rey y de Madanme de Montespan. Un agradecido Luis XIV le haría entrega del marquesado de Maintenon, en 1674, además de hacerla dama de tocador de la delfina, en 1680. Tras la desgraciada muerte de la Reina, consiguió que el Rey, enfermo, contrajese con ella matrimonio morganático en 1684.

De este modo, y a diferencia de lo que ocurría en la Corte del Rey galo, en el seno de la Monarquía Hispánica, cuando Felipe IV necesitó un consejo para sus tareas políticas o de gobierno, o simplemente para abandonar en alguien el noble arte de gobernar, lo hizo en la persona de sus validos. Pero de todo ello se libró una fémina, y es que cuando se acercó a pedir un consejo de consecuencias amplias, vino a hacerlo en una monja con fama de santa: la priora de un convento de Ágreda, en la actual provincia de Soria, sor María Jesús. A esta mujer el monarca consultaría muchas de aquellas acciones a realizar, no sólo en el ámbito espiritual, sino que la relación que unía al Rey Felipe IV con sor María se extendería a cuestiones de Estado, o incluso tenía gusto en informarla de cuestiones que no iban más allá de la cotidianeidad.

Veamos un párrafo de aquellas misivas:

> "Sor María. De Su Majestad. Vuestra cartas recibo con mucho gusto y os aseguro me alivia mucho los cuidados en que me hallo, ver lo que me decís en ellas, y el deseo que mostráis de mi mayor bien así espiritual como temporal, bien pagáis en esto lo que os estimo, que cierto desde que os vi la primera vez, quedé con gran gusto de haberos conocido, y con esperanza de que vuestra correspondencia me había de ser de gran provecho para todo, reconozco lo que me decís de la bondad de nuestro Señor, y cuando desea favorecer a los suyos, esto es lo que en medio de mis trabajos me anima, pues aunque se lo pagamos mal en fin somos los hijos escogidos, y estos reinos en donde ha estado y espera estará siempre firme la religión católica. Y aunque esto me alienta, me congoja ver que estando por esta razón más obligados a ser buenos hijos, seamos los que irritamos a Nuestro Señor, y los que damos causa para que nos castigue, particularmente yo, que le ofendo más que todos siendo mayores mis obligaciones para no ofenderle, Job fue justo, y así mereció con su paciencia los favores que recibió..."[28].

Pero más allá *de la de Ágreda*, generalmente las mujeres que caían en los brazos del monarca español lo hacían para satisfacer sus apetitos sexuales. Y ello provocaría algún que otro escándalo, que rápidamente el Conde-Duque de Olivares, ya fuese él directamente, ya lo fuese a través de sus agentes entre los cuales llegó a encontrarse Fernando de Valenzuela, correría a tapar. En este sentido, uno de los primeros escán-

ministro principal dos años después. Durante los 18 años que transcurrieron hasta su muerte ejerció un poder omnímodo, en estrecha colaboración con el rey (circunstancia que, como era costumbre en la época, sirvió para enriquecer y enaltecer a su familia y allegados. En 1631 fue nombrado duque de Richelieu, dominio señorial que había adquirido diez años antes. Su política se dirigió en contra de la nobleza y a favor del fortalecimiento de la autoridad regia, dirigiéndose hacia el absolutismo. En política exterior enfrentado a los Austrias y a España participó activamente en la *Guerra de los Treinta Años* en virtud de la cual ocuparía el Rosellón, marcando el inicio de la supremacía de Francia en Europa.

[28] B.N., mss., 9.238, p. 86.

dalos sonados sería su romance con la hija del conde de Chirel, allá por el año 1625, cuando Felipe IV contaba con apenas veinte años. En todos los rincones y plazas de Madrid dichas aventuras ya eran la comidilla de los corrillos. Se trataba de una mujer sumamente bella y sensual, quedando el monarca impresionado por la belleza de aquella dama. Así que para evitar más complicaciones de las necesarias, enviaría al padre de la misma a tierras de Italia, en donde se le encomendó el mando de las galeras italianas.

Cuando había transcurrido un año del inicio de aquellas relaciones, nació un niño al que se impuso el nombre de Francisco Fernando de Austria, el cual fallecería al poco de nacer, no tardando tampoco mucho en seguir tal fatalidad la madre del mismo. Entristecido el monarca por dicha pérdida, aquella casa en donde se habían encomendado al amor y la pasión sería transformada en convento, y entregada por el Rey a las monjas calatravas.

Coincidiendo con aquellos días en que las religiosas tomaron posesión de aquél lugar, harían aparición por todos los lugares de la Corte unos versos que venían a hacer referencia a lo pretéritamente allí acaecido:

"Caminante, esta que ves
Casa, no es quien solía ser;
Hízola el Rey mancebía
Para convento después".

Es del todo cierto que algunos de los lances amatorios del monarca dieron lugar a versiones casi legendarias, por la forma en que se produjeron y la manera en que concluyeron, y que fueron el objeto más sabroso de las tertulias de las clases populares. Pero es que, además, esta inclinación del monarca no vino a constituir una pasión de juventud, que acabara disolviéndose con el transcurso de los años, ya que en plena madurez se produjo aquella correría, que terminó con el intento del monarca por acceder al lecho de la duquesa de Alburquerque, una de las damas más hermosas de Madrid, y que a la postre terminaría convirtiéndose en uno de los grandes fracasos, en las conocidas y muy frecuentes aventuras de faldas del monarca. En este sentido cuentan las crónicas como el Rey acabó siendo aporreado sin contemplaciones por el celoso duque de Alburquerque[29].

Felipe IV y María Inés Calderón, ¿amor, pasión carnal, o la historia de un perfecto engaño?

Entre los numerosos amores y galanteos que Felipe IV tuvo, cabría destacar por la repercusión que más adelante tendría, aquel que mantuviese con María Inés Calderón,

---

29 Vid. Calvo Poyato, J., *Felipe IV y el ocaso de un Imperio*, Madrid, 1995, pp, 56-57.

conocida popularmente como *la Calderona*, actriz que al parecer portaba grandes dotes de belleza física y artísticas, habiendo debutado en el castizo corral de La Cruz en el año 1627 cuando tan sólo tenía 16 años, como también lo hiciese su hermana mayor, Juana.

María Inés Calderón había nacido en la villa de Madrid, en el año 1611, en el seno de una familia dedicada a la farándula, por lo que ya desde muy pequeña su vida se había desarrollado en un ambiente de gentes dedicadas al teatro y a la representación[30]. El padre de *la Calderona* vino a ser un sujeto sumamente introducido en dichos ambientes teatrales, puesto que tanto se dedicaba al suministro de los materiales necesarios para poner en marcha las comedias, como a la realización de préstamos para que dichas compañías hiciesen frente a sus primeras necesidades. Es por ello lógico que de aquella vinculación con el mundo del teatro y la farándula naciese la temprana afición de su hija María Inés, hacia el mundo del arte y la interpretación, habiendo debutado –como ya hemos indicado– con tan sólo dieciséis años, y con una importante y no menos fácil obra de Lope de Vega, en el madrileño corral de la Cruz, cuando corría el año 1627.

Continuando con su carrera artística, seguiría *la Calderona* interpretando a los clásicos. La casualidad según algunos, o las artes de cierto personaje como fue el duque de Medina de las Torres, según otros, harían el resto. Lo que si es cierto que un día Felipe IV, que había acudido de incógnito a presenciar una obra teatral, como solía hacer en tantas ocasiones un personaje como él, profundamente amante de las artes, conocería a *la Calderona*.

Y de ese encuentro y la posterior relación que surgiese entre ambos, nacería un niño cuya existencia tendría unas repercusiones tremendas para el propio Rey, y para la propia institución monárquica a lo largo de muchos años. Se tratará de uno de los los más importantes personajes de la época de Felipe IV y de su hijo Carlos II: don Juan de Austria.

Pero vayamos por partes y de manera pausada. Cuentan, unos, que una vez contemplado el rostro, la figura y el arte de aquella actriz, o, simplemente la visión de *la Calderona*, este hecho vendría a causar una gran una fascinación hacia aquella mujer por parte del rey. Así, una vez concluida la representación, Felipe IV ordenó que María Inés acudiese al palco desde donde había contemplado la obra. Allí, vino directamente a proponerle entrar a su servicio en palacio. Como si de un flechazo se tratara, es a partir de ese momento cuando se iniciará una relativamente estable relación, entre aquella hermosa joven y el monarca.

Se encontraba la actriz ante unas peticiones amorosas a las que de difícil modo podía escapar tratándose del todopoderoso monarca, y todo ello a pesar de que posiblemente ya estuviese casada con un individuo, del que no se conoce mucho más que su nombre: Pablo Sarmiento[31].

Pero, como si de una obra de enredos se tratara, los amores de María Inés no habían quedado, al parecer, reservados únicamente para el monarca, puesto que la actriz, y

30 Vid. Calvo Poyato, J., *Juan José de Austria...*, op. cit., pp. 18 y ss.

31 Vid. Calvo Poyato, J., *Juan José de Austria…*, op. cit., p. 19 y ss.

antes de convertirse en una de las amantes oficiales de Felipe IV, también tuvo relaciones con el duque de Medina de las Torres, uno de los personajes más relevantes e influyentes de aquella Corte, y con el que al parecer le unía una relación sentimental, y por lo tanto no era una mera cuestión superficial. Llegados a esta complicada situación, el duque pediría al monarca permiso para abandonar la Corte y retirarse a sus dominios andaluces[32], tras, al parecer y según decían las malas lenguas, llegar el Rey a amenazar con un cuchillo al noble andaluz.

Sobre ello, cuentan algunos que:

> "La semejanza de la edad y la inclinación concilió con el Rey joven a don Ramiro de Guzmán, señor de Toral, duque ya de Medina de las Torres, este le refirió que atribuía la fama una propiedad oculta (que por la decencia no se nombra) a una mujer, que vulgarmente se llamaba *la Calderona*, y que profesaba las tablas con aplauso; tal informe le indujo lasciva curiosidad, que le movió a la experiencia, tanto más fácilmente cuanto por su profesión, y lo que muchos después han blasonado era conocido empleo de personas inferiores.
>
> Con la soberbia de tan autorizada culpa, le pareció a don Ramiro que esta mujer era digno asunto de su vanidad y sucesivamente cobró el precio de su favorable mediación con semejante licencia, y aunque se afectó el recato por la reverencia a la majestad, no se pudo ocultar a la observación maliciosa el humo de tanto fuego..."[33].

Y de ahí que entre las tertulias de muchas gentes de Madrid se hiciera famoso aquel pasquín, que denunciara unos posibles orígenes oscuros de don Juan, fruto sin duda de la mano de un enemigo suyo:

"Un fraile y una corona
Un duque y un carterista
Anduvieron en la lista
De la bella Calderona.
Parió, y alguno blasona
Que, de cuantos han entrado
En la danza, ha averiguado
Quien llevó la prez del baile;
Pero yo aténgame al fraile
Y quiero perder doblado"[34]

Muchas fueron las anécdotas que surgieron con motivo de esta relación. Valga como ejemplo aquella que se produjo con motivo una fiesta celebrada en la plaza Mayor de Madrid, en donde concurrieron al mismo fasto tanto la Reina como *la Calderona*. Al parecer esta última vino a ocupar un balcón que no le correspondía por su

---

32 Vid. Calvo Poyato, J., *Juan José de Austria*..., op. cit., pp. 19 y ss.

33 B.N., mss., 8.344.

34 B.N., mss., 8.344.

linaje y alcurnia. La Reina Isabel, que siempre se mostraría discreta y paciente con los lances amorosos de su marido, perdió en aquella ocasión la paciencia y ordenó que la actriz abandonase dicho lugar. Cuando el Rey tuvo conocimiento de aquellos hechos, y para evitar futuros problemas, reglamentó que su querida ocupase un lugar propio en las fiestas que se celebrasen en aquella plaza, asignándosele un balcón que la voz popular llamaría desde entonces "*el balcón de Marizápalos*", nombre con el cual también sería conocida esta actriz en muchos corrillos. Resulta curioso observar como a partir de aquel momento vinieron a coincidir, con apariencia de normalidad, tanto la Reina como la amante de Felipe IV en un mismo festejo que se celebrase en la madrileña Plaza Mayor.

En la primavera de 1629, cuando la relación entre *la Calderona* y el Rey duraba ya dos años, nacía fruto de aquellos amoríos un nuevo bastardo regio, ahora en la madrileña calle de Leganitos –en la que entonces era casa del duque de Medina de las Torres–, en la noche del 6 al 7 de abril de dicho año. El 21 de aquel mismo mes sería bautizado bajo la afrentosa reseña de "*hijo de la tierra*"[35] en la parroquia de San Justo y Pastor, contando como padrino con don Melchor de Vera, ayudante de cámara del Rey y por comadre Inés de Ayala. El recién nacido había heredado de su padre los ojos azules y de su madre el pelo oscuro.

Sin embargo, los enemigos políticos de don Juan de Austria tenían una versión muy distinta de todo este asunto, llevando a dudar firmemente de la autoría del Rey con respecto a la paternidad de aquel muchacho:

> "...y dejando aparte otros casi innumerables que se han visto y experimentado, referiremos solo uno de tantos que salió a luz a 6 de abril de 1629, nacido de madre farsanta, llamada *la Calderona*, y de padre (según la imputación) Rey, pero a la verdad de otro de inferior esfera no ha conocido, si bien señalado con el dedo y delineado en las facciones genio y costumbres de su hijo. Bautizáronle en la parroquia de San Justo y Pastor, con el título de hijo de la tierra, y con el nombre de Juan. Persuadieron al Rey a que le reconociese, y declárase por hijo suyo, como engañado lo hizo, dándole el glorioso renombre de don Juan de Austria..."[36].

En los escritos de sus enemigos políticos, se insistía en la semejanza física de don Juan con el duque de Medina de las Torres, introduciendo la idea de que Felipe IV hubiese reconocido a un niño cuya paternidad no le correspondía:

> "La equivocación que a los curiosos ocasionaron las noticias referidas, parece que la pretendió quitar la misma naturaleza con tan particular estudio, que así en las facciones del cuerpo, como en las habilidades e inclinaciones del ánimo, salió este niño una vivísima imagen de don Ramiro de Guzmán, semejanza que se ha ido reconociendo más claramente, al paso que ha ido adelantándose en la edad, el talle, el

---

35 Reseña usualmente utilizada para aquellos que había nacido de padres desconocidos, o que no reconocían la paternidad de sus vástagos.

36 B.N., mss., 8.344, p. 19.

> semblante, el pelo, la voz, la lascivia, la ambición, la venganza, el fausto, la fantasía, la ineficacia, y las facciones se ven, tan correspondiente en uno y otro, como la copia corresponde al original.
>
> Este es el verdadero y legítimo origen de aquel gran príncipe, que apenas cabe en el Mundo; este es el serenísimo señor don Juan de Austria, gran prior de San Juan y gobernador de Flandes, del consejo de Estado, General del mar, gobernador general de todas las armas marítimas, y vicario general de toda la corona de Aragón; y este es que el en carta de 13 de noviembre, escrita al cardenal de Aragón, pone esta cláusula, hablando del decreto real de su prisión; "acción sin ejemplar en quién nació como yo, y no tiene ni puede tener jamás culpa, que corresponda a tan desmedido y escandaloso ultraje"[37].

Continúan aquellos enemigos de don Juan de Austria, en un ataque más que directo contra su persona, indicando que:

> "Dispuso Dios, que en la oficina de la culpa se labrase el instrumento de su castigo; y habiendo *la Calderona* concebido en este tiempo, dio aviso desde el camino de Valencia (a donde iba con su compañía) a don Ramiro, para que favorable la asistiese y acreditase conforme le dictaba su empeño y obligación, y correspondiendo esta con su asistencia, la depositó en la calle de Leganitos, en la casa de Ferroche, donde a 6 de abril de 1629, dio a luz un niño"[38].

Con todo, la vida de *la Calderona* continuaría vinculada a su profesión de actriz durante los dos años en los que fue amante del monarca. Incluso parece que a lo largo de los mismos muchos fueron los que trataron de acercarse a ella con el ánimo de conseguir sus favores, ofrecimientos que acabaría siempre rechazando. Dicha situación tendría su fin cuando la propia *Calderona* suplicase al Rey, que reconociese como bastardo regio a aquel niño que había nacido fruto de sus amores. Conseguidas aquellas pretensiones, pidió permiso al Rey para retirarse a un convento y poner fin a la vida desordenada que llevaban. Parece ser que aquella petición entristeció al Rey, pero acabaría accediendo finalmente a ello. María Inés Calderón pondría de este modo punto final a su vida pretérita, ingresando en un recóndito monasterio del alcarreño valle de Utande, en la actual provincia de Guadalajara, donde pasaría el resto de sus días, llegando incluso a ser abadesa de su comunidad religiosa. Allí también profesaría como religiosa otra hija de *la Calderona*, y por lo tanto hermanastra de don Juan de Austria.

Sobre aquel retiro que hiciese la madre de don Juan de Austria a un monasterio, Alberto Risco[39], autor que no se caracterice precisamente por estar en la línea de la filia hacia don Juan, nos informa de que muchos dudaron de una marcha voluntaria de la amante del Rey a aquel lugar. La rápida vocación de esta dama, una de las piedras de escándalo de aquella Corte, es muy debatida en cuanto a sus causas impulsivas. En

37 B.N., mss., 8.344, p. 19 y ss.

38 B.N., mss., 8.344, p. 19.

39 Risco, A., *Don Juan de Austria, Hijo de Felipe IV. Juan de la Tierra*, Madrid, 1918.

este sentido indica que "...el Rey la obligó a retirarse, quieras que no, al convento de la Alcarria, y así puede verse explicado en el Diccionario Enciclopédico de España, letra C (Calderón, María), tomo X, y en el Gran Diccionario Histórico de Miravel, tomo VI, y dando también esta desfavorable interpretación se descuelga el P. Arolas con un romance, donde nos pinta a la Calderona:

Las trenzas sin alheñar,
Pálido y triste el semblante..."

Pero frente a aquella aseveración, parece ser que lo más probable fuese que el retiro respondiese a la voluntad de la madre de don Juan de Austria. Coincide con esto el autor de *La Vida de don Juan de Austria*, impresa en Génova en 1686. Este autor viene a sostener que *la Calderona*, voluntariamente y respondiendo a su propio impulso, pidió y obtuvo el beneplácito, primero del Rey y más tarde del Nuncio Panfili, que fue quien le dio el hábito de religiosa. Concluye Risco con la siguiente aseveración: "*al menos su vida, ya en el convento, fue ejemplar y arreglada*".

Pero también deja hueco este declarado antidonjuanista con otras palabras lapidarias contra el presunto responsable del reconocimiento de don Juan de Austria, el Conde-Duque de Olivares: "Años después el causante de estos deslices reales, el Conde-Duque de Olivares, caía de la privanza del monarca en 1643, y se retiraba también a llorar yerros pasados al pueblo de Loeches, leyendo, tal vez, antes de salir de la Corte, escrito en las puertas de Palacio, un pasquín, que sintetizaba en las agudas flechas de sus renglones la opinión de Madrid ante aquella ingente ruina del favorito:

"El día de San Antonio
Se hicieron milagros dos;
Pues comenzó a reinar Dios
Y del Rey se echó al demonio"[40].

La formación intelectual de don Juan de Austria: de Madrid a León, y de León a Ocaña

Pronto hubo de comenzar la formación intelectual y moral del hijo bastardo de Felipe IV, ya que ocho días después del nacimiento de Juan José de Austria, por encargo de su padre y en contra de los deseos de *la Calderona*, sería apartado del seno materno para iniciar rápidamente su educación lejos de la Corte madrileña, de hecho a los ocho días de su nacimiento el niño sería entregado a una mujer llamada Magdalena, la cual serviría a don Juan hasta su muerte. En primer lugar sería trasladado a León, en donde existe constancia de haber tenido como ama de cría a Brianda de Olivera,

---

40 Risco, A., *Don Juan de Austria, Hijo de Felipe IV. Juan de la Tierra*, Madrid, 1918.

aunque también parece ser que le crió una mujer de clase humilde, que respondía al nombre de Magdalena de Cárdenas, a la que profesaría un gran cariño don Juan.

Con todo, pocos años, cuando "*salió de la infancia y la puericia*", sería trasladado a la manchega villa de Ocaña, en torno al año 1645, en donde recibiría una esmerada educación. En dicha localidad, calificada por las crónicas como un lugar "*noble por su población... sus buenos aires, a diez leguas de Madrid*", pasaría largas temporadas don Juan de Austria dedicándose a su formación integral, en donde, al menos según las crónicas analizadas, "con familia correspondiente en el número a su Real Sangre, y al cuidado de su educación en la calidad de los sujetos escogidos y singulares en todas ciencias, artes y ejercicios corporales"[41] .

Allí serían maestros suyos un jesuita, Carlos de la Faille, docto en matemáticas, que, entre otras tareas intelectuales, era profesor en el Colegio Imperial y cosmógrafo del Consejo de Indias; y un teólogo humanista llamado Pedro de Llerena Bracamonte.

Cuentan aquellos que se encargaban de su formación que no costaba en demasía a don Juan de Austria superar su dura y prolongada formación, adquiriendo rápidamente aquellos numerosos conocimientos, tal y como nos transmiten las crónicas:

> "... pero tan poco trabajo les costaba su enseñanza, que más parecía reminiscencia que estudio, obrando en un mismo tiempo la memoria y el entendimiento de calidad, que se podía excusar el decir o explicarla segunda vez cualquiera proposición de filosofía o matemáticas, por dificultosa que fuese, felicidad que le ha acompañado todo el curso de su vida en cualquier negocio más arduo de los muchos que han corrido por su mano. Desde los años más tiernos manifestó una índole capaz y propensa a todas las grandes cosas, y a las artes de industria más exquisita. La fortificación, la pintura, la música, los instrumentos eran sus juegos y su divertimento, y tan de veras se aplicó a estas artes (sin perjuicio de sus estudios más precisos para lo político y militar) que igualó, sino pasó en todas a sus propios maestros"[42].

Aunque también, evidentemente, todo ello debería ser observado, al menos, con cierta cuarentena, al apreciarse una clara tendencia a halagar los hechos de don Juan, por muy fácil y atractivo que para él fuese dichos aprendizajes.

Con todo, continúa la crónica que nos narra aquellos momentos relativos a su formación, del modo siguiente:

> "La facilidad con que aprendió diferentes lenguas con toda propiedad declaró a un tiempo sus ansias de poder platicar con todos, y su inclinación generosa a beneficio de todos. No se contentó jamás de aprender cosa medianamente, ni de una sintura superficial de lo que se le proponía, y como sabía que el verdadero saber es conocer la cosa por sus causas y principios, examinaba hasta los más ocultos para apoderarse

---

41 B.N., mss., 2.378, p. 46v.
42 B.N., mss., 2.378, p. 47.

de raíz de lo que estudiaba. A todos estos dones razonaba una gravedad templada de modestia y vivacidad, que influía reverencia y amor en cualquier que le miraba"[43].

Cuando don Juan de Austria cumplió los diez años de edad, su formación aparecía impregnada de tintes de admiración por todos aquellos que contemplaban sus notables avances, incluso ya por los ministros de Felipe IV que recibían puntual información de la formación de este muchacho, al menos así nos la representan las crónicas:

> "Admira a los diez años de su edad en lo que decía y escribía la preridad de estilo, la fuerza y claridad del razonamiento, tan ajeno de afectación y superfluidades, que bien reconoció el acierto de la elección que había hecho de los mejores ejemplares antiguos. Lo que después mejoró en la elocuencia propia de materias políticas y militares lo saben los ministros del Rey, su padre, que en sus despachos veneran la verdadera tarea de este género de papeles"[44].

Continúa la crónica, sobre la formación que recibió don Juan en su paso por Ocaña, indicando que:

> "No paraba en la sola prosa su curiosidad: pasaban a ratos los bríos de su pluma a las amenidades del verso, con la misma felicidad y poseso que en las demás artes liberales. Todos estos ejercicios tenían sus horas fijas y limitadas. Los del cuerpo, así los que conducen a la firmeza y robustez, como los de la destreza y manejo de las armas y del caballo variaban con regla cierta sus ocupaciones"[45].

Pero, además, el autor de dicha crónica se permitía el lujo de deslumbrar en su forma de actuar acciones típicas de la monarquía:

> "Saca diales en los intervalos oportunos el divertimiento de la casa inclinación hereditaria de los príncipes de la augusta casa. En los diversos géneros y lances de esa guerra de la paz, y va asegurando nuestro Aquiles español el vigor y temperamento para otras guerras de mayor trabajo. En fin, tan atento y cuidado en no malograr los instantes de su crianza en aquel primero asomo de la adolescencia, que desmintió en todo el curso más presuroso de la naturaleza con tal asombro de toda la Corte, que le fue fácil concebir en su idea lo que poco después averiguaron los sucesos"[46].

Según González Asenjo[47], hubo dos materias en las que, por encima de las demás, destacaría don Juan: los idiomas y las ciencias matemáticas. En este sentido, se ob-

---

43 B.N., mss., 2.378, p. 47.

44 B.N., mss., 2.378, p. 47.

45 B.N., mss., 2.378, p. 47.

46 B.N., mss., 2.378, p. 47.

47 González Asenjo, E., *Don Juan José de Austria y las Artes (1629-1679)*, Madrid, 2005, p. 28.

serva a este personaje hablando y escribiendo con soltura latín, lengua clásica, y las *modernas* francés, italiano, además de algo de alemán.

Con todo ello observamos un tratamiento de enorme favor con respecto a cualquier otro hijo bastardo de Felipe IV, ya que tradicionalmente su destino, y aun conociendo que en la historia de Castilla los bastardos regios tenían gran estimación por parte de los que manejaban los hilos del poder, hubiera sido la carrera eclesiástica, como titular de alguna diócesis, como así sucedería en otros casos con otros bastardos del mismo monarca. Sin embargo el destino operó a favor de nuestro protagonista, ya que a iniciativa, al parecer, del Conde-Duque de Olivares, deseoso de legitimar a su bastardo Julián, fue reconocido por Felipe IV en abril de 1642[48] y, en 1643, se le puso casa, recibiendo el tratamiento de "*serenidad*". Este apartado, cuentan algunos que:

> "Levántole a tanta soberanía el capricho de don Gaspar de Guzmán, Conde Duque de Olivares, que para reconocer y ensalzar sin censura a su hijo don Julián, quiso que pareciese lisonja su cariño y su interés, y que empleada la admiración en otra superior novedad, no reparase en la suya, y permitiéndolo así el cielo, para que todos nuestros males tuviesen un mismo autor…"[49].

Parece ser que Olivares, y así aparece en algún que otro documento que reproducimos a lo largo de esta obra, tomó dicha decisión movido por dos razones de peso: por un lado el haberse dado por vencido en el hecho de engendrar un heredero viable en el seno de su matrimonio, así como para con ello expiar las culpas espirituales en un momento histórico que se presentaba como de especial trascendencia para aquella cada vez más maltrecha monarquía, donde a las derrotas militares externas se sumaban numerosos conflictos internos. Todo aquello venía a suceder en una sociedad como la española, en donde aquello se interpretaba como la consecuencia más directa del castigo divino, o lo que es lo mismo, Dios estaba desatando su cólera sobre los atribulados súbditos de la Majestad Católica por sus pecados cometidos y las graves ofensas a Dios.

Con todo, independientemente de cual fuese el motivo o la razón, lo que si vino a ser cierto es que el monarca terminó legitimando a su hijo, Juan José. Además, en aquella Real Cédula en donde se le reconocía como hijo del Rey también se le otorgaba la dignidad de linaje y quedaban recogidos el tratamiento y la relación que adoptarían las personas ante él, así como las del bastardo frente a ellas. Además, y al margen del ya citado reconocimiento como hijo, lo más significativo de ello sería, sin lugar a du-

---

48 "Noticias sobre el reconocimiento de don Juan José de Austria. Viernes pasado basó la mano de Su Majestad el Sr. Don Juan de Austria, y se volvió luego de La Zarzuela, donde ahora está. La Cortesía que le dan es de Serenidad, la que él da a los grandes señorías, a sus primogénitos y a los títulos merced, a los demás trata de él y de vos. Pónenle casa en todo real y pasará en breve, dicen a Extremadura, a gobernar aquellas armas, pero no se sabe que se extienda su mandato a todas las de la frontera. Allá le forman un consejo, en que presidirá Castañeda, y asistirá por algún tiempo don Nicolás Cid".

49 B.N., mss., 8.344.

das, su nombramiento como Gran Prior de la Orden de San Juan[50], cargo que marcaría a nuestro personaje a lo largo del transcurso de si vida, baste recordar que cuando su vida finalice portará algunos distintivos de dicha orden.

El reconocimiento que realizase Felipe IV de Juan José como hijo suyo, vendría a producir en más de una ocasión tensas relaciones en el seno de la familia regia. Para la Reina, Isabel de Borbón, no resultaba nada agradable el hecho de que su esposo viniese a reconocer públicamente ante todos lo que había sido una realidad a lo largo de su vida: sus continuas infidelidades, y sin embargo, según las propias palabras de don Juan, la relación con la Reina siempre serían, al menos, cordial. Con todo, una cosa sería el hecho de tener que aceptar aquella realidad, y otra el que surgiese de la Reina algún síntoma de amor filial hacia Juan José de Austria. Prueba inequívoca de todo ello sería el encuentro que cierto día tuvieron la Reina y Juan José de Austria en El Escorial, en donde si hacemos caso a los biógrafos del bastardo, la frialdad sería la protagonista más destacada[51].

Pero la vida seguía, y tras superar su difícil aprendizaje, el hijo bastardo de Felipe IV se había trasladado a la Corte, alojándose –brevemente a tenor de lo que hemos indicado anteriormente– en el palacio de la Zarzuela. El 25 de abril había acudido a besar la mano de su padre, el Rey Felipe IV.

Don Juan de Austria, Prior de la Orden de San Juan en Castilla

Pronto comenzaría a recibir dignidades e importantes cargos en aquella Monarquía Hispánica. Así, en 1645 sería designado oficialmente por su padre como Gran Prior de la Orden de San Juan de Jerusalén en Castilla y León. Dicha responsabilidad obligaba a residir en Consuegra, sede del priorato y localidad que en 1097 fuese testigo de la cruel muerte de Diego Rodríguez, el hijo del Cid Campeador, en la batalla acaecida en el cerro que se alza en dicha localidad. El nacimiento de aquella Orden de San Juan viene a remontarse al año 1050, cuando según las crónicas, algunos mercaderes de la antigua república marinera de Amalfi obtuvieron del Califa de Egipto el permiso para construir en Jerusalén una iglesia, un convento y un hospital en el que asistir a los peregrinos de cualquier fe o raza.

La Orden de San Juan de Jerusalén –la comunidad monástica dedicada a la gestión del hospital para asistencia a los peregrinos en Tierra Santa– se hizo independiente bajo la dirección del Beato Gerardo. Más tarde, a través de la bula del 15 de febrero de

[50] "Diéronle a don Juan de Austria, hijo del Rey Nuestro Señor, la Gran Cruz de San Juan. Fueron a este efecto el Bailío de Lora, el embajador de Malta y otros caballeros. Al Bailío, cuando le fue a besar la mano, le quitó el sombrero, y esto no lo hizo con ninguno de los demás. Puede ser que fuese porque la dignidad de Gran Prior le tocaba al Bailío por su antigüedad y por especial privilegio... se la había dado Su Majestad para que por esta orden se utilizase tan solamente en las Cortesías...".

[51] Vid. Leti, Juan G., *La vita di don Giovanni d'Austria, figlio naturale di Felippo, IV, Ré di Spagna*, Colonia, 1686.

1113, el Papa Pascual II aprobó la fundación del Hospital y lo puso bajo la tutela de la Santa Sede, con derecho a elegir libremente a los superiores, sin interferencia de otras autoridades laicas o religiosas. En virtud de aquella bula el Hospital se transforma en Orden exenta de la Iglesia.

La constitución del reino de Jerusalén, por obra de los Cruzados, obligó a esta Orden a asumir la defensa militar de los enfermos, de los peregrinos y de los territorios conquistados por los cruzados a los musulmanes, de este modo aquella Orden pasaría a ser religiosa y militar a la vez. Todos los caballeros eran religiosos, ligados por los tres votos monásticos, de pobreza, de castidad y de obediencia. Más tarde, sería adoptada la cruz octagonal blanca que, todavía hoy, es el símbolo sanjuanista. A la misión hospitalaria se sumó el deber de la defensa de la Cristiandad.

Con la pérdida del último baluarte en Tierra Santa en 1291, la Orden se trasladaría primero a la isla de Chipre, para luego más tarde, en 1310 y bajo la dirección del Gran Maestre Fray Foulques de Villaret, hacerlo en la isla de Rodas. Desde aquel momento la defensa del mundo cristiano exigía la existencia de una fuerza naval y la Orden construyó una potente flota que empezó a surcar los mares orientales, comprometiéndose en la defensa de la Cristiandad en numerosas y célebres batallas, entre las que destacaron las de las cruzadas en Siria y en Egipto.

Desde el inicio, la independencia de otros Estados concedida en virtud de decretos pontificios, junto con el derecho, universalmente reconocido, de mantener y armar fuerzas militares, constituyó la base de la soberanía internacional de la Orden. Los miembros de la Orden que se congregaban en Rodas procedentes de las distintas partes de Europa, así como las instituciones de la Orden en Europa, desde principios del siglo XIV fueron agrupados según sus distintas lenguas. Inicialmente era siete: Provenza, Auvernia, Francia, Italia, Aragón-Navarra, Inglaterra (con Escocia e Irlanda) y Alemania. En 1492 Castilla y Portugal se separaron de la Lengua de Aragón para constituir la octava Lengua. Cada Lengua comprendía los Prioratos o Grandes Prioratos, los Bailiajes y las Encomiendas. Con todo, jerárquicamente, la Orden era gobernada por el Gran Maestre (Príncipe de Rodas) y por el Consejo, acuñaba moneda y mantenía relaciones diplomáticas con los otros estados.

Después de seis meses de asedio y de crueles combates con la flota y el ejército del Sultán Solimán *el Magnífico*, en 1523 los Caballeros de esta Orden tuvieron que rendirse, abandonando su sede en aquella la isla de Rodas con honores militares. De este modo, la Orden quedó sin territorio durante algunos años, hasta que, en 1530, el Gran Maestre Fray Philippe de Villiers de l'Isle Adam tomó posesión de la mediterránea isla de Malta, cedida a la Orden por el Emperador Carlos V, con la aprobación del Papa Clemente VII, estableciéndose que la Orden permanecería neutral en las guerras entre naciones cristianas. En 1565 los Caballeros, a las órdenes del Gran Maestre Fray Jean de la Valette (que dio el nombre a la capital de la isla de Malta, Valetta), defendieron la isla del ataque y del Gran Asedio Turco, que duró más de tres meses. Finalmente, indicar que durante años, la flota de la Orden vendría a ser considerada como una de las más potentes del Mediterráneo, contribuyó a la destrucción definitiva del poderío naval de los otomanos en la batalla de Lepanto de 1571.

El nacimiento de aquel Priorato, con sede en Consuegra, aparece perfectamente reflejado en cierta obra que realizara el jurista hispalense don Fernando de Escaño en 1662, y que va dedicada a don Juan, titulada *Al serenísimo señor don Juan de Austria, gran prior de San Juan los reinos de Castilla, y León, y a la Sacra Asamblea de su Capítulo, memorial y compendio del libro, intitulado propugnáculo de la Sagrada Religión militar de San Juan de Jerusalén, en defensa de todos los privilegios de la Orden, e ilustración de sus Estatutos y costumbres, compendio de toda la milicia regular, obra histórica, política y jurídica, escrito por el licenciado don Fernando de Escaño, abogado titular de la misma religión en la provincia de Andalucía, y de la Real Audiencia de Sevilla*[52]. Allí vemos enunciado el devenir y organización de la Orden de San Juan, además de las prerrogativas jurisdiccionales de que gozaban los que formaba parte de la misma:

> "... el capítulo cuarto trata de los Priores de las Naciones, Bailíos Capitulares, Prior de la Iglesia de Malta, Obispo de la Isla, Comendadores, Embajadores, y Recibidores de la Orden, en treinta y nueve números. Y se reduce a que aumentándose la Orden, fue necesario dividir las lenguas, y distinguir las Provincias, y instituir Prelados de ellas, que se llamaron Priores, y adornar las Provincias con títulos, que se llamaron Bailíos Capitulares, para las Juntas, Consejo y determinación de los Capítulos. A los Priores se les añadió a algunos el título de Grandes, para denotar su grandeza, como Gran Prior de Francia Gran Prior de Alvernia, Gran Prior de Castilla, Gran Prior de Navarra, y en lugar de este nombre de Prior en Aragón se llama Castellano de Amposta.
>
> Estos Priores, así por derecho común como por Estatutos de la Orden, están constituidos en dignidad eclesiástica, y tienen jurisdicción civil y criminal en sus provincias, juntamente con el Capítulo Provincial, que se llama Asamblea, palabra francesa que significa Capítulo o Congregación en todos los religiosos de la Orden, de cualquiera calidad que sean, que se hallaren o vinieren dentro de los límites de sus Prioratos, por diferentes Bulas Apostólicas, cuya jurisdicción han reconocido muchos autores juristas, que se citan, y esta jurisdicción es cuasi episcopal, igual a la de los obispos, como la tienen los abades, exentos en sus abadías, y unos y otros se comprenden debajo de la palabra Prelados en el derecho.
>
> Son superiores los Priores a los Bailíos Capitulares, y estos son de su Consejo, y deben asistir a los Capítulos Provinciales Generales, junto con los Comendadores de la Provincia, y los Priores son del Consejo del Gran Maestre, y se les da título y nombre de Personas clarísimas, y se han de tratar como titulares en las Cortes y Palacios de los Reyes y Capilla Real, con precedencia a todos los Títulos Seglares. Tienen muchas preeminencias, porque pueden nombrar Teniente faltando del Priorato, pueden dar una Encomienda en cada quinquenio, y permutarla, y tienen cuatro

[52] B.N., Sig. 3/40760 (2).

Encomiendas de Cámara, y pueden retener quinta, y otras muchas preeminencias que refieren los Estatutos…"[53].

En aquella obra que citamos, aparecen definidas, también, las obligaciones que acarreaba su designación, entre ellas la de no poder contraer matrimonio, como persona que entraba a formar parte de una Orden, que además de militar era religiosa. Esta obligación es la causa directa de que don Juan de Austria, a pesar de conocerse de manera popular que era padre de, al menos, un hijo, no contrajera nunca matrimonio:

"El capítulo quinto trata de que el casado que hubiese consumado el matrimonio, no pueda ser admitido en la Orden, y se contiene en diez números, y se reduce a que el Estatuto prohibió en este caso el dar el hábito, así por la inconstancia, como por la dificultad de continencia en el que consumó matrimonio, y porque en cualquier caso que se considere lícito el acto, siempre es arriesgado de nota y escándalo, porque si consumado el matrimonio quieren marido y mujer entrar en religión, que lo pueden hacer entrando la mujer en clausura, el marido tomando el hábito de San Juan, se quedaba en el siglo, y así algunos autores, aun sin la prohibición del Estatuto, dicen que no cumplía, aunque otros sienten lo contrario. Y si ignorante la mujer, o contra su voluntad, el marido entra en Religión, es nula la profesión, y le puede sacar de la Orden la mujer, o si fue engañada por el marido, o consintió por miedo y fuerza. Y aunque también hay otros casos de poder tomar hábito de religioso el marido, como es celebrado divorcio por culpa de la mujer, y por adulterio deducido a juicio, en ningún caso es conveniente a la religión admitir hombre casado que consumó el matrimonio, pero si no le consumó dentro de los dos meses del desposorio, como se disuelve el matrimonio rato, no consumado, entrando en la Religión, podrá entrar en la de San Juan, en cuyo caso no procede el Estatuto, y se vio que don Gastón, duque de Medinaceli, tomó el hábito de San Juan, habiéndose casado, y no consumado, y se decidió que lo pudo hacer, y que se disolvió el matrimonio que había contraído…"[54].

En 1624, tras el fallecimiento del príncipe Filiberto, vino a sucederle en el gobierno de los Prioratos el Bailío de Lora, don Diego Brochero, el cual tan sólo ocuparía dicho cargo cuatro meses, falleciendo al cabo de dicho tiempo. Tras aquel suceso, el Rey en

---

[53] Escaño, F. De, *Al serenísimo señor don Juan de Austria, gran prior de San Juan los reinos de Castilla, y León, y a la Sacra Asamblea de su Capítulo, memorial y compendio del libro, intitulado propugnáculo de la Sagrada Religión militar de San Juan de Jerusalén, en defensa de todos los privilegios de la Orden, e ilustración de sus Estatutos y costumbres, compendio de toda la milicia regular, obra histórica, política y jurídica, escrito por el licenciado don Fernando de Escaño, abogado titular de la misma religión en la provincia de Andalucía, y de la Real Audiencia de Sevilla,* 1662, p. 7.

[54] Escaño, F. De, *Al serenísimo señor don Juan de Austria, gran prior de San Juan los reinos de Castilla, y León, y a la Sacra Asamblea de su Capítulo, memorial y compendio del libro, intitulado propugnáculo de la Sagrada Religión militar de San Juan de Jerusalén, en defensa de todos los privilegios de la Orden, e ilustración de sus Estatutos y costumbres, compendio de toda la milicia regular, obra histórica, política y jurídica, escrito por el licenciado don Fernando de Escaño, abogado titular de la misma religión en la provincia de Andalucía, y de la Real Audiencia de Sevilla,* 1662, p. 10.

lugar de usar la facultad que tenía otorgada mediante Bula Pontificia de 14 de junio de 1625[55], en donde se de otorgaba la potestad de elegir la persona que considerase idónea para el gobierno de aquellos Prioratos, requirió al Papa la promulgación de una nueva Bula, que obtendría el 31 de enero del año siguiente, en virtud de la cual se concedía el privilegio de poder designar para aquella vacante al fraile caballero de la religión a quién correspondiera por derecho de ancianidad, reservando para otra persona, expresamente designada por el monarca, los frutos de la dignidad prioral.

En virtud de todo ello, el 5 de noviembre de 1626 el monarca español nombraba al infante don Carlos como usufructuario y administrador de las rentas priorales, a la vez que para el cargo de Gran Prior designaba a don Bernardino de Zúñiga, Bailío del sepulcro de Toro.

Pero no tardarían en llegar nuevas reformas a aquellas constituciones de la Orden a petición de Felipe IV. En este sentido, el 9 de octubre de 1632 el Papa otorgaba una nueva Bula, en virtud de la cual se le concedía el privilegio de poder designar a una persona de su familia, como Gran Prior, en el caso de producirse el fallecimiento de don Bernardino de Zúñiga, tal y como así se indica expresamente en dicho documento papal:

> "... concediendo Su Santidad, desde luego, a tal persona así nombrada... que pudiese recibir el hábito regular y la Gran Cruz, y hace a su tiempo la profesión expresa y regular, y que después del nombramiento pudiese tomar la posesión del priorato, en vacando, y gozar los frutos pagando todos los derechos que se debiesen a la Religión, y que si al tiempo del nombramiento no tuviese el nombrado la edad competente, pudiese Su Majestad nombrar un caballero profeso de la Religión que le pareciere para que en nombre de la persona que Su Majestad nombrase, y hasta que tuviese edad suficiente ejerciese y administrase la jurisdicción tocante al dicho Priorato"[56].

El 14 de enero de 1634, en un documento encabezado por un miembro de esta Orden, fray Antonio de Paula, Maestre de la Casa del Hospital de San Juan de Jerusalén y de la Orden Militar del Santo Sepulcro, ratificaba y aceptaba aquella Bula de 9 de octubre, especificándose en la misma que el Gran Prior que el Rey designase tendría derecho a retener la posesión del Priorato con la totalidad de sus rentas, jurisdicciones y frutos, a excepción de los derechos debidos al tesoro de la Orden, los impuestos establecidos; y la pensión Maestral fijada en 500 ducados sobre los frutos priorales, debida al Maestre.

Estos movimientos políticos de Felipe IV tenían una importante razón de ser: el 2 de enero de 1636 el Rey había decidido el nombramiento secreto de don Juan como Gran Prior, a pesar de no tener todavía edad suficiente para ello.

---

55 A.G.S., *Estado*, Leg. 2.972.

56 A.G.S., *Estado*, Leg. 2.972. Bula de Urbano VIII, de 9 de octubre de 1632.

Seis años más tarde, en 1642, en la madrileña localidad de San Lorenzo de El Escorial nuevamente vemos al monarca designando a don Juan como Prior de la Orden, si bien no sería efectivo hasta 1645 con motivo de su decimosexto cumpleaños. Con todo, en la obra de Fernando de Escaño se indica con respecto a la edad para ingresar en la Orden lo siguiente:

> "El capítulo noveno trata de la edad que se requiere para tomar el hábito, y para profesar, y del año de noviciado, en once números, y se reduce a que antiguamente no se le daba el hábito de San Juan a quien no tenía los diez y ocho años, porque hasta esta edad no admitían los romanos a ninguno en la milicia, y porque en esta edad se considera la plena pubertad, y así el Estatuto de la Orden lo determinó, y en otro lugar tratando de las caravanas dice, que no se admita a ellas ninguno hasta que tenga los diez y ocho años, pero sin embargo de doce y de trece años se admiten ya en la religión, y en esto no hay regla cierta, porque se dispensa con facilidad el Estatuto, o ya el uso y costumbre le derogó como también la milicia no hay determinada edad, y se admiten desde que quieren servir y sin dificultad teniendo catorce años de edad..."[57].

Algunos meses más tarde su nombramiento sería ratificado por el Papa[58]. Con todo, y según los propios estatutos de la Orden, todo Prior o Bailío para poder ejercer de manera plena su dignidad debería cumplir dos condiciones básicas: tener más de 31 años, además de 15 de hábito, motivo por el cual se hizo necesario el nombramiento de un teniente que se encargase de las múltiples obligaciones que esta dignidad debía asumir, y entre las cuales se encontraban la presentación de beneficios curados y simples, el nombramiento de vicarios para administrar la jurisdicción eclesiástica, la administración de justicia, acudir al gobierno político de las trece villas de la dignidad prioral, el gobierno y nombramiento de prioras y abadesas en aquellos conventos bajo su responsabilidad, etc.[59].

Don Juan de Austria *Abad Perpetuo Comendatario de la Abadía de Santa María la Maggiore* de Palermo

También en estos años cuarenta –decreto de 31 de mayo de 1644, y bula de Inocencio X de 3 de diciembre de ese mismo año– comenzaría la vinculación de don Juan

---

[57] Escaño, F. De, *Al serenísimo señor don Juan de Austria, gran prior de San Juan los reinos de Castilla, y León, y a la Sacra Asamblea de su Capítulo, memorial y compendio del libro, intitulado propugnáculo de la Sagrada Religión militar de San Juan de Jerusalén, en defensa de todos los privilegios de la Orden, e ilustración de sus Estatutos y costumbres, compendio de toda la milicia regular, obra histórica, política y jurídica, escrito por el licenciado don Fernando de Escaño, abogado titular de la misma religión en la provincia de Andalucía, y de la Real Audiencia de Sevilla,* 1662.

[58] A.G.S., *Estado*, Leg. 3.267. Breve expedido en Roma, a 13 de junio de 1643.

[59] A.G.S., *Estado*, Leg. 2.968.

de Austria con otros territorios de la Monarquía Hispánica, y en este caso concreto con Sicilia, al ser designado por el Rey como Abad Perpetuo Comendatario de la Abadía de Santa María la Magione de Palermo[60].

Se trataba de dos abadías, que eran la Santísima Trinidad de la Maysion o Magione de Palermo, todavía hoy perfectamente visible, y la abadía cisterciense de Santa María del Arco de la antigua Noto. Las rentas que producían estarían destinadas a don Juan para el sustento de su casa, aunque debería hacerse cargo de atender a ciertas dotaciones que, en cierto modo, lastrarían aquellos ingresos. Aquel nombramiento incluía el control sobre una fundación normanda del siglo XII, dotada de terrenos de cultivo y jardines. Con todo, al encontrarse don Juan en tierras de Castilla, hubo de nombrarse un procurador que se hiciese cargo de dirigir aquellas instituciones.

El designado para todo ello fue el vicario don Hernando de Gullar, y como administradores vinieron a ejercer don Bernardo Jacinto Merelli, marqués de Montpellier, desde el 1 de marzo de 1646 hasta el 28 de octubre de 1658, siendo sustituido tras su muerte por don Francisco Ortiz Vivanco. Con todo, su primer contacto con aquella abadía debería esperar a su primera estancia en la isla de Sicilia, a finales del año 1649, cuando fuese designado por su padre como responsable de aplastar la resuelta de aquel territorio.

El tratamiento reservado a don Juan de Austria

Con respecto al tratamiento que deberían dar a don Juan, así como el que éste debía dar a terceros ocasionó más de una disputa a lo largo de toda su vida, incluida aquella idea que muchos años le persiguiese de ser designado como *Infante de España*. En relación a ello, se conservan ciertos documentos relativos al tratamiento que se le debería dispensar desde su reconocimiento como hijo legitimado del Rey en adelante a don Juan, tanto por los miembros de la familia real, como por el resto de la nobleza española, en particular, y europea, en general, así como el que debería prestar el bastardo de Felipe IV a los que entraran en contacto con él, tanto a nivel de correspondencia como de manera personal:

> "Sobre el tratamiento y Cortesías que se debían hacer a don Juan de Austria, hijo del Rey nuestro señor don Felipe 4º.
>
> En Madrid, a 29 de abril de 1642. El Consejo de Estado en que concurren el marqués de Santa Cruz, duque de Villahermosa, cardenal Espínola, duque de Nájera, y Marqués de Castañeda. Sobre la forma como se ha de tratar y poner en el sobre escrito de las cartas del príncipe nuestro señor, y de la Reina nuestra señora, al señor don Juan de Austria.

---

60 B.N., mss., 989: "*Presentación hecha en él por su padre para la Abadía de Santa María del Arco, en Sicilia*".

El escribano Pedro de Arce, ha hecho relación en el Consejo de un papel del Conde-Duque en el cual refiere que conviene se vea, como se ha de tratar y poner en el sobre escrito de las cartas del príncipe nuestro señor, y de la Reina nuestra señora, al señor don Juan, y que al Conde-Duque le parece que la Reina nuestra señora podría poder: a don Juan de Austria, mi hijo. Y el príncipe nuestro señor: a don Juan de Austria, mi hermano. Y que el ponerle señor ha de ser de aquí abajo.

El Consejo ha conferido con toda atención sobre lo que el Conde-Duque propone, y el marqués de Santa Cruz dijo que siendo Vuestra Majestad servido, la Reina nuestra señora le podía poner en el sobre escrito: a don Juan de Austria, mi hijo. Y el príncipe nuestro señor: Hermano, y parece que no se puede excusar, el ponerle el príncipe nuestro señor. En el principio de la carta, señor, pues V. Majestad le pone a los duques de Saboya, y Florencia, y a los príncipes sus hermanos.

El duque de Villahermosa se conforma con el Conde-Duque.

El cardenal Espínola se conforma con el Conde-Duque en la forma que ha declarado el marqués de Santa Cruz.

El duque de Maqueda y el marqués de Castañeda se conforman con el de Santa Cruz.

Vuestra Majestad mandáralo que fuere servido, en Madrid a 29 de abril de 1642"[61].

Pocos días después, el 2 de mayo de ese mismo año, nuevamente se trataban ante el Consejo de Estado[62] asuntos relativos a don Juan de Austria. En este caso se hacía referencia al tratamiento de Cortesía que debería dispensar el hijo bastardo del Rey a los embajadores y otros diplomáticos que vinieran a visitarle.

También vendrían a ser tratadas otras cuestiones protocolarias, tales como el lugar que deberían ocupar en su coche aquellas dignidades extranjeras, además de las patrias:

"En Madrid a 2 de Mayo de 1642. El Consejo de Estado en que concurrieron el cardenal de Borja, el conde de Oñate, marqués de Santa Cruz, duque de Villahermosa, cardenal Espínola, marqués de Castofuerte, y duque de Maqueda. Con un papel del conde duque de Sanlúcar, para el secretario Pedro de Arce, y otro de conferencias que el duque de Villahermosa y marqués de Castañeda han tenido sobre la forma en que el señor don Juan ha de tratar a los que le visitaren... podría votar sobre lo que convendría que se haga en materia de Cortesía a los embajadores y residentes de quién no se hace mención en el papel, y sobre el lugar que dará en su coche a los

[61] A.H.N., *Estado*, Leg. 2.783.

[62] El Consejo de Estado había sido creado por Carlos I en el año 1522. Dentro de aquella Organización Polisinodial que cooperaba con el monarca en el gobierno de la Monarquía, era el consejo de más amplias atribuciones, además del que peor tenía delimitadas sus funciones, aunque venía a orientarse preferentemente hacia cuestiones de política exterior, tales como alianzas, tratados de comercio, nombramientos de embajadores, etc. Tuvo gran actividad durante el reinado del emperador Carlos y su hijo Felipe II, pero vendría a decaer en los reinados siguientes, todo ello debido al protagonismo que adquirirían los validos. Durante la regencia de Mariana de Austria volvería a recobrar cierta importancia.

grandes, consejeros de Estado, y títulos, y el tratamiento que hará a los potentados de Alemania e Italia.

El Consejo confirió sobre la materia, y pareció poner en las reales manos de Su Majestad el papel del conde duque, y el de la conferencia del duque de Villahermosa y marqués de Castañeda. Y el cardenal Borja dijo que los puntos que se trataron en la conferencia del duque de Villahermosa y marqués de Castañeda se conforma con ellos, excepto en lo que toca a la precedencia de los cardenales en casa del señor don Juan, porque esto no vota por ser parte, y que por lo que toca a su persona siempre la tiene rendida a las órdenes de Vuestra Majestad, en cuanto a los residentes de potentados libres, les trate el señor don Juan como a los títulos de Castilla, que Vuestra Majestad suele honrar a alguno cuando va a caballo, que podría el señor don Juan yendo en su coche poner a su lado algún grande, y que en lo que toca a los consejeros de Estado, los honre conforme su clase de cada uno.

Los títulos en la proa del coche, no quitando el lugar a los criados mayores que les toca.

Que a los potentados de Alemania y Italia, supuesto que el señor infante don Fernando dio alteza a los duques de Saboya, Baviera y Lorena. Parece que a los electores de Alemania y potentados de Italia les habría de dar la misma Cortesía.

El conde de Oñate dijo que se conformaba con el cardenal Borja, y que en cuanto a los cardenales entiende que no se ajustarán en la precedencia de las puertas y silla, y que supuesto que el señor archiduque Alberto se trató con el cardenal Quiroga igualmente precediendo cada uno en la casa del otro, le parece que podría Vuestra Majestad manda se siguiese este ejemplar...”[63].

La constitución de la Casa de don Juan de Austria

Poco tiempo después, el 16 de mayo, el monarca firmaba una cédula en la que se daban instrucciones para ponerle Casa[64], conforme a su dignidad y rango.

A este respecto, y en muchos aspectos relativos a la Casa de don Juan, Josefina Castillo[65] nos relata con cierta profusión y detalles minuciosos todo aquello que la misma conllevaba, siendo erigida a imagen y semejanza de las casas reales.

Con todo, el Rey se reservó la potestad para designar a los criados de más elevado rango de aquella Casa, ordenando a tal efecto la constitución de una Junta encargada de la proposición de las personas más idóneas para el servicio de don Juan. Aquellas personas que servirían a su hijo vendrían a proceder de la más alta nobleza, como hubiese correspondido a cualquier otro infante regio, configurándose la Casa de Su Alteza Serenísima, y en donde encontramos un abundante número de oficiales, tal y como nos relata Castilla Soto:

---

63 A.H.N., *Estado*, Leg. 2.783.

64 En todo lo relativo al funcionamiento, criados adscritos, libranzas, gastos, etc., de la casa de don Juan de Austria, vid. A.G.S., C. y S.R., serie 4, Legs. 181-246.

65 Castillo Soto, J., *Don Juan José de Austria: su labor política y militar*, Madrid, 1992.

- 3 encargados de la capilla,
- 3 mayordomos
- 1 caballerizo mayor
- 3 gentileshombres de cámara
- 6 ayudas de cámara
- oficiales de la casa
- maestro de la cámara
- contralor y grefier
- aposentador de palacio
- 1 ayuda de furriera
- 2 ugieres desaleta
- 3 oficiales de guardarropa
- 4 oficiales de la tapicería
- 3 oficiales de la panadería
- 2 oficiales de la cava
- guardamangier, confitero y frutero
- ugier de vianda
- 2 compradores
- 2 mozos de retrete
- 4 escuderos de a pie
- 4 oficiales de la cacería y sausería
- 5 oficiales de cocina
- 3 oficiales de la caballería
- pajes
- ayo de los pajes
- maestro de latinidad de los pajes
- maestresala de los pajes
- veedor y contador de la caballeriza
- cochero mayor y fiambrera
- teniente de acemilero mayor y guardarnés
- palafrenero mayor
- furriel de la caballeriza
- librador
- lacayos
- médicos y botica[66].

Para el funcionamiento de su Casa, Felipe IV fijó, mediante una instrucción dada el 16 de febrero de 1645, el estilo y gobierno que debería ser observado por don Juan de Austria[67].

Con todo, dicha casa no vino a constituir, en lo referente a la nómina de sus criados, un elemento inmutable, siendo la realidad más bien todo lo contrario. Según Castilla

---

66 A.G.S., *Estado*, Leg. 2.965.

67 A.G.S., *Estado*, Leg. 2.964.

Soto y la documentación que hemos analizado así lo demuestra, por regla general cuando don Juan se trasladaba por el motivo que fuese, parte de sus criados quedaban en el Priorato, desplazándose junto a él tan solo una porción de aquellos, completándose aquella falta de personal con gentes que seleccionaba cuando llegaba a su destino.

Para hacer frente a aquellos gastos, en los años que don Juan se encontraba en Castilla vino a disponer, al menos hipotéticamente, de 34.031 ducados, cantidad que variaría cuando estuviese presente fuera de aquellas tierras. Ello lo veremos perfectamente reflejado en aquella carta que enviase a Mariana de Austria, cuando ésta le ofreció hacerse cargo de la defensa de los Países Bajos, ya que este dinero en Castilla, ante la necesidad de convertirlo en plata, descendía a casi la mitad. Con todo, la estrechez de su casa se prolongaría a lo largo de toda su vida, mucho más evidente en aquellos años de regencia de la madre del Rey Carlos.

Don Juan y los primeros intentos de Felipe IV de embarcarle en acciones militares

Pronto veremos al Rey Felipe con intenciones de probar los resultados, que la presencia de don Juan de Austria tendría en los frentes de batalla. Para ello probaría a otorgarle, en una primera instancia allá por el año 1641, un empleo en la guerra que acontecía desde hacía ya algunos años en tierras portuguesas, con el cargo de "*la superintendencia de toda ella y con la del socorro mediterráneo de todos los puertos de Andalucía*"[68]. Los acontecimientos que se produjeron en aquella nefasta década de los cuarenta, sin embargo, vendrían a aconsejar posponer dicho proyecto, remitiéndolo a momentos más oportunos y desembarazados[69]. Con todo, por lo que respecta al hecho de ver a don Juan en tierras portuguesas, tendremos oportunidad de analizarlo en el capítulo en donde específicamente se trata la presencia del hijo bastardo de Felipe IV en el reino lusitano.

Poco tiempo después, en el otoño de 1643 el Rey había decidido nombrarle, con la aprobación el Consejo, Gobernador y Capitán General de los territorios de Flandes, iniciándose rápidamente los preparativos para su toma de posesión, aun a pesar de la existencia de una contienda militar con Francia, y de que el bastardo apenas si tenía catorce años. El marqués de Castel Rodrigo aparecería, a su vez, designado como su lugarteniente general para los asuntos políticos y militares. Ello motivaría cierta misiva que el Rey enviase a fray Hernando Sánchez de Cuellar, confesor de don Juan de Austria, en donde venía a indicarle las líneas a seguir en referencia al comportamiento de su hijo, en aras a unas buenas formas tanto en público como en privado, y en donde el temor a Dios, la obediencia de las órdenes regias y dejarse aconsejar por el marqués venían a erigirse como objetivos básicos de los deseos de Felipe IV[70].

68 Maura, G., *Carlos II y su Corte*, t. I, pp. 175-176.
69 B.N., mss., 2.378, p. 47.
70 A.G.S., *Estado*, Leg. 2.963.

Pero también aparecerán en aquella designación las premisas marcadas por el Consejo de Estado, en forma de instrucciones que fueran dadas al marqués de Castel Rodrigo, en aras de que fuese éste el verdadero actor de cuantas acciones fuesen realizadas, a pesar de que don Juan apareciese como Gobernador General, y que podría ser resumido del modo siguiente:

a) don Juan de Austria firmaría y rubricaría los decretos, órdenes y despachos, aunque siempre serían previamente refrendados por el marqués.
b) el marqués tenía potestad para asistir a las audiencias que concediese don Juan, en asuntos relativos a la gobernación del territorio.
c) el marqués recibía como sugerencia acudir al asesoramiento de sus consejeros para asuntos políticos, de Picolomini para asuntos militares, y de Miguel de Salamanca para todo lo relativo a Estado.

Además, se informaba de que en los asuntos de la Casa de don Juan, éste debería permanecer bajo la protección y autoridad del marqués, hasta el momento en que llegase a la edad suficiente para poder obrar de manera autónoma[71].

Con todo, tanto el fracasado intento de ser destinado a tierras portuguesas como el, más que otra cosa honorífico, de serlo en los Países Bajos, aparece reflejado en las crónicas que narran sus primeros años de formación:

> "Apenas había tocado los doce años de su edad, cuando Su Majestad con el mismo conocimiento celebrado de la fama universal (gran fiador de las mayores resoluciones) tenía determinado encargarles la fuerza contra el tirano de Portugal, con la superintendencia de toda ella, y la del socorro marítimo de los puertos de Andalucía, aunque se suspendió el efecto, no permitiendo por entonces los demás negocios de la monarquía divertir el golpe de fuerzas necesario para castigar una rebelión en parte remota de los socorros y conveniencias extranjeras, y que así podía remitirse a reacción más oportuna y desembarazada. Pero habiendo vacado hacia aquellos tiempos el gobierno de las Provincias de Flandes, con la muerte lastimosa del Serenísimo señor cardenal infante don Fernando, su tío, fue proveído en él, dándose la administración al marqués de Castel Rodrigo, con título de su teniente en el ínterin, que se dispusiese su jornada a aquella parte. Mas, aunque el ejemplar del otro príncipe del mismo nombre (que con aquel puesto empezó sus empleos) y el aplauso y ansias de aquellos pueblos huérfanos (digámoslo así) del gozo de la presencia de un gobernador de la sangre real, solicitaba el pronto efecto de una provisión tan acertada, no le dio lugar a este la constitución de los tiempos de señalar las dichosas provincias de su mando por aquel camino"[72].

Tal y como indica el texto que acabamos de citar, para suplir sus carencias, el marqués de Castel Rodrigo sería nombrado como su lugarteniente, y sería el encargado de asesorarle en aquellos temas referentes a las cuestiones políticas y militares de dicho territorio del norte de Europa:

---

[71] A.G.S., *Estado*, Leg. 2.963.

[72] B.N., mss., 2.378, p. 47v.

"Y supuesto que su Señor observará esto como se le ordena el Marqués con su prudencia lo asignará todo y dispondrá suavemente. Y el Sr. Don Juan José de Austria sabe firmar y rubricar los decretos, las órdenes y despachos. La comunicación del Sr. Marqués con el Sr. Don Juan sobre las materias y vistas de consultas, memoriales y cartas parece se disponga de manera que el despacho ordinario de la guerra, la hacienda, cartas y otras cosas corrientes, se vean en presencia del Marqués para que dé su parecer en la Resolución, y que las Consultas y papeles largos (especialmente en otra lengua) se les lleve al Marqués a su aposento para verlos y después decir al Sr. Don Juan lo que parece responder... Y que en las cosas que les pareciesen las unas u otras aparte, llame al Marqués don Miguel de Salamanca para oír su parecer, y que el Sr. Don Juan asista a los Consejos y Juntas que juzgase el Marqués que conviene, advirtiendo que por ahora en ellas su Sr. no declare la resolución allí. Reservándose para pensar lo cual se abrá de saber con comunicación del Marqués y dar el Despacho por decreto..."[73].

Por cuanto a las causas militares respecta, el Rey continuaba indicando que

"se sabe que don Francisco de Melo no siempre echó mano de los mejores, que así el Marqués esté con esta atención para comunicarlo con Picolomini y tomar consejo de los mayores y más experimentados soldados. Y que... tome buenas relaciones del Barón de Beck que espera de resolver de él muchos servicios y que el Marqués y Picolomini tendrán en él mucha ayuda..."[74].

En febrero de 1646 Felipe IV instaba al Consejo de Estado a informarle sobre los beneficios que tendría el hecho de unir en una sola persona la dirección de los asuntos militares y políticos de aquellos territorios europeos, quizá en el ánimo de eliminar las constantes interferencias que se venían produciendo entre los que ejercían aquellos cargos:

"Ha muchos días que reconociendo la dificultad de pasar brevemente a esos Estados don Juan, mi hijo, y que ha sido poco favorable la experiencia que se ha hecho de estar dividido en ellos el gobierno militar y político. Cuando quiera que entre vos y el duque de Analfi haya habido buena inteligencia, y por estar los cabos de guerra con poco conformes entre sí, pareció cosa necesaria tomar luego forma para lo de adelante. Y se ha ido pensando en lo que podía ser más a propósito con deseo de acertar mi resolución mayor, con las controversias y desunión que pasa entre los que ocupan los cargos principales...

He resuelto que os encarguéis del dicho gobierno militar, junto con el político...

El duque de Analfi se ha declarado días ha que no servirá subordinado a persona que no sea de sangre real, por esto me ha parecido que no puede perseverar en esas provincias, y he acordado llamarle a España, donde tenemos necesidad de sujeto militar tan grande, para los empleos de por acá. Madrid, a 4 de febrero de 1646"[75].

---

73 A.G.S., *Estado*, Leg. 2.963.

74 A.G.S., *Estado*, Leg. 2.963.

75 A.H.N., *Estado*, Leg. 1.411.

El nombramiento para este importante cargo, en unas tierras en donde la monarquía se vio desangrada a lo largo de prácticamente todo aquel siglo XVII, sería más simbólico que otra cosa. Con todo, y aun a pesar de que todavía quedaban muchos años para que don Juan de Austria pisase por primera vez los Países Bajos, en la correspondencia con los Gobernadores se dejaba patente que ese cargo se ejercía en nombre de su efectivo propietario: el hijo bastardo del Rey. En este sentido, los archivos están repletos de escritos dirigidos a los gobernadores interinos de los Países Bajos.

Reproducimos un documento, en donde Felipe IV se dirige al marqués de Castel Rodrigo, agradeciéndole las gestiones realizadas para conseguir un canje de prisioneros con Holanda, e instándole, a su vez, a intentar realizar una acción similar con Francia:

> "El Rey. Marqués de Castel Rodrigo, primo, gentilhombre de mi cámara de mi Consejo de Estado, teniente general de don Juan de Austria, mi hijo, en el gobierno de Flandes. Hame parecido muy acertada y conveniente la negociación que se ajustó con holandeses del canje de prisioneros de una y otra parte (del que me dais cuenta en carta de 17 de junio), y así lo apruebo y os lo agradezco.
>
> Y porque es bien que enteramente se de ejecución a lo tratado, he mandado que luego se disponga la libertad de los prisioneros que hay por estas partes, en conformidad de la memoria que enviáis. Y que habiéndose hecho así en las partes donde se hallan se tiene certificación firmada de cada uno de ellos, de cómo quedan en libertad, para enviárselo y hacer constar allá de ello.
>
> También es conveniente el canje con franceses, procurad que se efectúe sin perder diligencia que le pueda adelantar, y facilitar enviando los medios y órdenes que convinieren para ello a don Vicencio Juta Villa, a quién decís habéis cometido esta misión, y avisaréis de lo que fuere obrando en ello. De Zaragoza, a 12 de agosto de 1646. Yo el Rey"[76].

Este personaje tuvo que hacer frente a numerosos enfrentamientos y revueltas en aquellas tierras que gobernaba interinamente en nombre de don Juan de Austria. Incluso en algunas ocasiones recibiría las críticas del monarca hispano como consecuencia de deserciones, campañas militares nefastas, o enriquecimientos ilícitos por parte de aquellos que controlaban las finanzas regias:

> "El Rey. Marqués de Castel Rodrigo, primo, etc. He visto lo que me habéis escrito desde que se movieron franceses para entrar en estos Estado, el mes de julio de este año, como se pusieron sobre Courtray, lo que solicitasteis su socorro, y de paso entre los cabos de mi ejército, hasta que la plaza se rindió al enemigo, cosa que no he podido dejar de sentir y extrañar mucho, cuando nuestras fuerzas se hallaron dispuestas y superiores a los de Francia (según se reconoce en los mismos despachos), y se pudieron mover y obrar tan anticipadamente, y aun más que las otras.

---

76 A.H.N., *Estado*, Leg. 1.411.

Estos inconvenientes, los antecedentes a ellos y los que adelante se pueden temer, se ve que nacen de las emulaciones que pasan en algunas de las cabezas, y que no pudo suceder aquello sin desordenes y excesos muy culpables.

Y pues el tolerarlos traerá cada día otros daños semejantes, y mayores, os encargo y mando que sin réplica ni excusa, al punto que recibáis este despacho hagáis exacta diligencia para saber quién o quienes fueron los que faltaron a su obligación en la ejecución del socorro de Courtray, y los que resultaren culpados (sin excepción) los haréis castigar luego con todo rigor, cortando cabezas, porque no se puede ni debe permitir que la reputación de las armas, y las Provincias, se pierdan sin que quién tuviese culpa en ello deje de recibir el indigno castigo en que esos pueblos también recibirán satisfacción, viendo que se administra justicia sobre estas cosas, y sin dilación de daréis cuenta de cómo hubiereis ejecutado...”[77].

Similar asunto se plantea con respecto a la rendición de Mardique, en donde el monarca inquiere al marqués de Castel Rodrigo sobre si se llegó a faltar a alguno de los términos militares:

“El Rey. Marqués de Castel Rodrigo... el superintendente de la justicia militar en esos Estados, me ha dado cuenta de las diligencias que había comenzado a hacer, para averiguar si en la rendición de Mardique se faltó a alguno de los términos militares. Esto es muy conveniente, y que en las cosas de tal calidad se proceda con brevedad y ejemplo, y aunque fio mucho de vuestro celo de mi servicio, que con estas atenciones hareis que se administre justicia, os lo he querido encargar aquí con particular advertimiento. De Madrid, a 16 de noviembre de 1646. Yo el Rey”[78].

Este personaje, don Miguel de Luna y Arellano, superintendente de la justicia militar en aquellas tierras sería una auténtica pesadilla para el gobernador Castel Rodrigo. Aparte de denunciar ante el Rey la falta de diligencia en la defensa de las plazas de soberanía de Felipe IV ante franceses u holandeses, también tuvo tiempo para informar la falta de limpieza en el manejo de los caudales de la corona, lo cual enojaría enormemente al monarca:

“El Rey. Marqués de Castel Rodrigo... por relación a boca que me ha sido hecho de persona fidedigna, y de vuestro conocimiento, he entendido que don Miguel de Luna y Arellano, superintendente de la justicia militar en esos Estados, procede con poca satisfacción y mucho escándalo en la parte de la limpieza de manos y sensualidad. Y no habiendo visto vuestra carta en tal materia, me ha hecho mucha novedad que no me hayáis dado parte de los defectos de este ministro, mayormente siendo de semejante calidad. Avisaréis me muy particularmente lo que hay, y hubiéredes

[77] A.H.N., *Estado*, Leg. 1.414.

[78] A.H.N., *Estado*, Leg. 1.411.

entendido en ello, pues ni es justo, ni conforme a mi intención y servicio pasarlo en silencio. De Madrid, a 10 de febrero de 1647. Yo el Rey"[79].

Con todo, no tardarían en llegar los retos políticos y militares para Juan José de Austria. La suma de todos ellos conformarán su currículo, además de coadyuvar a trazar las líneas maestras de su carácter, y de su personalidad, una personalidad en donde sus orígenes, las vicisitudes padecidas en varios territorios sublevados contra la Corte madrileña, y sus intentos sucesivos por el control del poder, contribuirán a fraguar la leyenda de un hijo bastardo del Rey Felipe IV que acabó sus días dirigiendo el conjunto de los territorios de la Corona Hispánica.

[79] A.H.N., *Estado*, Leg. 1.411.

CAPÍTULO SEGUNDO: UNA MONARQUÍA EN CONSTANTE CRISIS. JUAN JOSÉ DE AUSTRIA Y SU PRIMER RETO MILITAR Y POLÍTICO: ITALIA

El *Compendio de la Historia de España* en relación a un reinado en permanente conflicto

"A Mantua, a Portugal, Artois, Holanda,
En una, y otra bélica demanda,
Al Casál, Rosellón (no dije harto)
Y a Treveris perdió Felipe Quarto"

Cuenta cierta obra del siglo XVIII, con justa razón, que el reinado de Felipe IV vino a estar envuelto en continuas guerras, a lo largo y ancho de Europa... "ganó muchas batallas, y conquistó muchas plazas; pero si en todas las campañas hubiera jugado al *gana-pierde*, al fin de ellas siempre quedaba descalabrado. Conservose en paz con la Francia por largo tiempo; pero aunque las dos potencias eran amigas, no por eso dejaban de socorrer con tropas auxiliares a sus aliados respectivos: metafísica de extraña delicadeza, que inventó la política, para que los príncipes recíprocamente se dañen los unos a los otros, sin declararse el rompimiento. Con este gusto se hizo la guerra de la Valtelina, país de los Grisones, y valle dilatado, que extendiéndose de Norte a Oriente en el Milanés, acomodaba mucho a la Casa de Austria, para conservar la continuación por medio de esta línea con sus Estados de Alemania, y de Italia"[80].

La crónica continúa haciendo mención al italiano territorio de la Valtelina, situado en el valle alpino de Italia, entre las fuentes del Adda y su desembocadura en el lago Como: "apoderada España de la Valtelina desde el año de 1615, para asegura su posesión, había construido muchos fuertes; pero los Venecianos, y los Grisones se coligaron con la Francia, siendo el fin de esa Liga desalojar de aquel País a los españoles. Con efecto lo ocuparon todo las tropas francesas con las venecianas, y las grisonas; pero no pudiendo mantenerle por mucho tiempo, fueron también desalojadas por los

80 *Compendio de la Historia de España. Quarta parte. Reyno de los principes franceses de las Casas de Bigorra, y de Borgoña,* 1740.

Españoles, hasta que finalmente, después de varios flujos, y reflujos, se estipuló por el tratado de Monzón, que los grisones quedarían dueños de la Valtelina bajo la garantía de Francia y de España"[81].

Y de allí se dedica a abordar otros territorios, como es el caso de Mantua: "de la misma especie fue la guerra por la sucesión de Mantua. Carlos Gonzaga, duque de Nevers, príncipe dedicado enteramente a la Francia, era legítimo heredero de aquel Ducado. Tenía España sus razones para estorbarle la posesión, y para no permitir que introdujese guarniciones en las Plazas. Declarase la Francia por los intereses del Duque; y conduciendo el mismo Luis XIII en persona su ejército a Italia, forzó el paso de Suza, hizo levantar el sitio de Casal, batió a los Españoles en Cariñán, y obtuvo de la España, por el tratado de Quierasco, que se dice la investidura del Ducado de Mantua, y del Monferrato al duque de Nevers"[82].

Pero también resulta interesante exponer lo que esta obra narra sobre los otros frentes en donde la Monarquía Hispánica se desangraba dramáticamente, cuya consecuencia sería la pérdida de una antaña hegemonía del rey español, en beneficio de otras naciones de Europa, singularmente de Francia: "Por este tiempo se halló el Rey católico con dos sucesos tan molestos, como inopinados, manejados ambos por los artificios ocultos de la Francia, que le embarazaron acudir al socorro del condado de Artois, como lo premeditaba. Fue el primero la conmoción de Cataluña, que se entregó a la Francia, abriéndole las puertas hasta el corazón de España. El segundo fue la de Portugal, a favor de don Juan, duque de Braganza, uno de los herederos de Enrique, y de don Sebastián. Gobernase la conjura con tanta destreza, y con tanto secreto, que en pocos días fueron echados del reino todos los españoles, y aclamados universalmente por Rey el duque de Braganza. No se descuidaron los franceses en enviar grandes socorros a Cataluña, y a Portugal: diversión, que fue para ellos de suma importancia; porque mientras repartía España sus fuerzas, ocupándola en recobrar a Portugal, y en sujetar a lo catalanes, perdió el Rosellón, el Condado de Artois, la famosa batalla de Rocroy, muchas plazas de Flandes, el mismo Treveris, donde volvió a ser restablecido el elector, y en fin quedó Portugal por el duque de Braganza.

Cansáronse los aliados de Felipe de llevar el intolerable peso de una guerra tan pródiga, y de unos gastos tan inmensos. Enviaron sus plenipotenciarios a Münster, donde se concluyó la paz entre el Imperio, Francia, Suecia, y sus aliados, quedando reconocida por Estado independiente, y libre, la República de Holanda: último golpe, que al caso la arrancó de la dominación de España"[83].

Pero el monarca español no respetaría aquel tratado y continuaría con la guerra: "Gravemente perjudicado Felipe por los artículos de esta paz, se negó a acceder a ellos, y se empeñó en llevar adelante la guerra contra la Francia, no obstante de verse solo,

---

[81] *Compendio de la Historia de España. Quarta parte. Reyno de los principes franceses de las Casas de Bigorra, y de Borgoña,* 1740.

[82] *Compendio de la Historia de España. Quarta parte. Reyno de los principes franceses de las Casas de Bigorra, y de Borgoña,* 1740.

[83] *Compendio de la historia de España. Quarta parte. Reyno de los principes franceses de las Casas de Bigorra, y de Borgoña,* 1740.

y de hallarse a la sazón España lastimosamente afligida por los estragos de la peste... mantuvo pues la guerra contra España con el mayor ardimiento, sin considerar en su hermano otro respeto, que el de enemigo de Francia: no siendo fácil decidir cual de los dos hermanos adquirió más gloria en este animoso empeño. Logró Felipe grandes ventajas de los franceses en Cataluña, Italia, y Flandes, donde penetrando hasta Reims el archiduque Leopoldo, general de sus ejércitos, arrasó la Picardía, y la Champaña, tomando a San Venancio, la Quenoca, el Fuerte de la Mora-aux-Bois; y se siguieron después Gravelingas, Mardick, y Rocroy.

Fueron echados de Nápoles los franceses, después que el duque de Guisa se había apoderado de aquel reino. Tomose a Casal, que se restituyó luego al duque de Mantua; recobrose a Barcelona con otras muchas plazas de Cataluña, y en fin la victoria de Valenciens colmó las gloriosas expediciones del Rey Católico.

No fueron menos brillantes las de doña Ana de Austria. Ganó a los españoles las batallas de Arrás, Dunas, Lens, Rethel, y la Roqueta, ocupándoles por lo menos tantas plazas, como ellos la habían tomado"[84].

Finalmente el monarca español acabaría anhelando más que nunca la paz, y así aparece reflejado en esta pequeña obra que seguimos, por más conocidos que sean para los historiadores aquellos finales bélicos: "... y fatigados, suspiraban por la paz. Dejáronse convencer los corazones de ambos hermanos de unos deseos tan justos, y pensaron seriamente en consolar con la paz a sus vasallos. Efectuase ésta por el famoso Tratado de los Pirineos, mediante el matrimonio de la infanta doña María Teresa con el Rey de Francia. Pasaron ya reconciliadas las dos Cortes a las fronteras, para celebrar las bodas, compitiéndose de una y otra parte la raza, el esplendor, y la magnificencia. Hallase en estas vistas a la Reina doña Ana de Austria, rebosando consuelo y regocijo, por ver colocada en el trono de Francia a una sobrina suya, y por abrazar a un hermano, a quien veneraba, y amaba con particular ternura.

Escusándose con el Rey de la guerra, que le había hecho, Felipe la respondió: *Hermana y Señora, vos cumplisteis con vuestra obligación, y por el mismo caso os estimo más.*

Pasó Luis XIV de incógnito desde su campo a la Corte de España, por ver a la infanta doña María Teresa y habiéndole conocido Felipe por su hermosa disposición, advirtiéndolo Luis, se eclipsó, o se desapareció. Luego que se hizo la entrega de la infanta, se separaron las dos Cortes, recíprocamente satisfechas una de otra. Y en el mismo año se firmó y se publicó la paz entre España, e Inglaterra, evacuando los franceses a Cataluña, y a Italia. Cinco años sobrevivió Felipe *el Grande* a la Paz General, que había concedido a sus Estados..."[85].

---

84 *Compendio de la historia de España. Quarta parte. Reyno de los príncipes franceses de las Casas de Bigorra, y de Borgoña*, 1740.

85 *Compendio de la historia de España. Quarta parte. Reyno de los príncipes de franceses de las Casas de Bigorra, y de Borgoña*, 1740.

Los ejércitos de la Monarquía Hispánica

A lo largo de las siguientes páginas, muchas serán las ocasiones en las que hablemos de los ejércitos de la Monarquía Hispánica, de sus derrotas y sus victorias en los distintos territorios del mapa de Europa, además de las personas que venían a formarlo. Pero, ¿cuál era el número de personas que lo componían en este momento histórico? Vayamos a ello.

Tradicionalmente los efectivos de los ejércitos existentes en el continente europeo estuvieron conformados por algunas decenas de miles de soldados hasta mediados del siglo XVII. Con todo, en épocas de Felipe II y, más aun si cabe, en la de su heredero, el ejército de la monarquía hispana era el más numeroso de la cristiandad. Sin embargo, aquellos efectivos continuaban siendo modestos si lo comparamos con los actualmente existentes: cuando el duque de Alba entrega el mando a Luis de Requesens, el 18 de diciembre de 1573, se hallaba compuesto por unos 57.500 infantes, todos ellos repartidos en 269 compañías. Otro caso igualmente interesante sería citar el número de miembros que tenía aquel ejército con el que se pretendía acabar con los ingleses, *la Armada Invencible*. Dicho ejército estaba compuesto por 19.000 soldados y 11.000 marineros, mientras que el sobrino del vencedor de Lepanto, Alejandro Farnesio, había reunido en Flandes un ejército de 60.000 hombres, sumándose en total unos 90.000 hombres.

Además, la mayoría de todos aquellos soldados no eran originarios del solar ibérico, sino que más bien solía suceder todo lo contrario. A su vez, el profesor Thompson indica que nunca hubo más de veinte mil de éstos soldados combatiendo simultáneamente fuera de España durante el reinado de Felipe II, correspondiendo la mitad de ellos a Flandes.

En el siguiente documento, vemos fielmente reflejada la aseveración que citamos anteriormente, y en donde observamos las levas puestas en marcha para reclutar soldados en lugares de lo más variopinto, además de la preferencia del lugar en donde éstos deberían servir conforme a su origen, religión, etc.:

> "El Rey. Don Alonso de Cárdenas, etc… en despacho vuestro de 11 de mayo veo la leva de 2.500 infantes escoceses e ingleses que teníades concertada con intento de enviar los 1.500 de ellos a España, y los mil restantes a Flandes. Y como quiera que apruebo lo capitulado, agradezco el cuidado y celo de mi servicio, con que solicitáis estas negociaciones, teniendo yo resuelto (en algunas consideraciones) que no se introduzcan en los ejércitos de acá pie de estas dos naciones, repasando en el punto de la religión y otros inconvenientes que de ello podrían resultar. Holgaría que toda la leva de ellos pasare a Flandes, para que se llenen los tercios que allí sirven, y así los podréis disponer, y que vengan acá los irlandeses que estuviesen levantados, observando con ellos lo capitulado. Y de aquí adelante obraréis con esta noticia, procurando negociar cuantos irlandeses se pudiesen para los ejércitos de acá, pues ellos, valones, italianos y borgoñeses son los que acá prueban bien, y se juzgan por

vasallos míos, y también alemanes. Y en estas cuatro naciones se debe aplicar todo el dinero que se hubiese de gastar en gente extranjera para España, pero por si antes de llegar esta carta a vuestras manos hubieran arribado a los puertos de Cantabria los escoceses e ingleses, he ordenado que se cumpla por ahora, también con ellos lo capitulado, con la mayor satisfacción que fuese posible, porque se conserve vuestro crédito para adelante. De Madrid, a 8 de septiembre de 1647"[86].

Acercándonos a las cifras totales de los ejércitos hispánicos en el siglo XVII, indicar que en 1630, el ejército de la Monarquía Hispánica excedía, con toda probabilidad, de los 170.000 soldados, disminuyendo aquella cifra desde ese momento a causa, sin duda, del descenso poblacional y la escasez de dinero. En 1640 las tropas establecidas en Flandes ascendían a unas 90.000 personas repartidas en unidades de combate, guarniciones y presidios.

Las levas forzosas que vinieron a realizarse con el apoyo de las autoridades municipales, de reclutadores particulares y, en ocasiones, de la nobleza, vinieron a sustituir el reclutamiento voluntario en Castilla y Aragón, pero aun así tropezaron con serios obstáculos en la década de 1640, agravándose la situación a partir de ese momento. A ello habría que añadir la deserción de la nobleza. Tras la *Paz de los Pirineos* y el fin de las hostilidades con Francia, los efectivos militares se recortarían de forma drástica, manteniéndose en el reinado de Carlos II muy por debajo de las auténticas necesidades defensivas, como pudo perfectamente comprobarse en aquellas ocasiones en las que el Rey francés, Luis XIV, decidió invadir los Países Bajos españoles. Idéntica situación se daría con el ejército de Milán, compuesto en 1630 por unos 40.000 soldados y que apenas treinta años después no superaba los 10.000, quedando reducido en 1690 a un pequeño contingente.

Con todo, a lo largo de las páginas de este libro, como no podía ser de otra forma en una Monarquía que se vio envuelta en numerosos conflictos bélicos a lo largo de prácticamente todo este siglo XVII, las referencias a los ejércitos del Rey de España serán numerosas.

Don Juan de Austria, *Príncipe de la Mar*

Más allá de los dos pretéritos intentos frustrados de encomendarle tareas de peso y responsabilidad en Portugal o Flandes, el 28 de marzo de 1647 Felipe IV le otorgó el título de *Príncipe de la Mar*, cargo que llevaba implícito el mando supremo sobre todas las flotas y armadas de la monarquía. En ese momento don Juan estaba a punto de cumplir los 18 años. Aquella aún corta edad obligaría al Rey español a considerar la necesidad de que fuese amparado y asesorado a la hora de tomar sus decisiones por un grupo de personas de experiencia en asuntos de gobierno y de la mar, los cuales

---

86 A.H.N., *Estado*, Leg. 1.411.

se encargarían de prestarle los correspondientes consejos, en la forma que estimasen más conveniente.

El nombramiento se hacía efectivo y, tras la reunión de más de una hora que el monarca y Juan José de Austria mantuvieron en la madrileña localidad de Alcorcón, el bastardo partía hacia Cádiz, donde pasaría la Semana Santa y se prepararía para embarcar en la flota que se considerase conveniente, de entre todas aquellas que se encontrasen fondeadas en los puertos de las tierras de Andalucía.

Dicho Consejo asesor del príncipe don Juan, según Castilla Soto, estaría constituido por los capitanes generales de las escuadras de galeras y, en su defecto, por los gobernadores de las mismas; el capitán general de la Armada del Mar Océano; el Maestre de Campo General del Ejército, embarcado; el Almirante General de la Armada; el General de la Artillería; un representante del Consejo de Guerra; y el Mayordomo Mayor de don Juan de Austria.

Pero el cargo no era honorífico, sino que a la hora de recibir tan alto nombramiento don Juan recibiría un salario anual de 24.000 ducados, además del derecho a proponer candidatos a los distintos puestos que fuesen vacando en su Consejo, aunque no es menos cierto que dicha ratificación correspondería al monarca, el cual tendría la última palabra en todo ello.

Veamos en el siguiente documento, las interesantes reflexiones del monarca hispano, que en el mismo se contienen:

> "Por cuanto el estado a que se han reducido las cosas de la guerra, en España de algunos años a esta parte ha obligado a que yo las asista por mi real persona, en el reino de Aragón y frontera de Cataluña, y la experiencia ha mostrado cuanto conviene para la mejor defensa de estos reinos, y ofensa de los enemigos que mis fuerzas de la mar (a que no podré asistir con mi presencia) sean gobernadas por sujeto de tanta autoridad que representando mi persona pueda yo descansar en sus obligaciones, y amor a mi servicio del cuidado a que obliga el buen gobierno, de una parte, tan grande de mis armas, entretanto que Dios fuere servido de darnos la paz, procurando el mayor crédito y reputación en las cosas militares marítimas, considerando que don Juan de Austria, mi hijo, Prior de la religión de San Juan en mis reinos de Castilla y León, se halla con edad que pueden comenzar a ejercitar el valor y demás virtudes de que debe adornarse quien tiene tantas y tan grandes obligaciones como las que residen en su persona, y esperando yo que correspondiendo a quienes hará cierto el concepto y estimación en que le tengo y me pagará lo que le amo, en procurar con todo estudio de suelo y trabajo, así por mi alivio, como por su reputación, el mayor bien de mis súbditos y mejor dirección de todas las cosas que pusiere a su cargo y gobierno".

Así las cosas, indica a todos que con estos precedentes, su voluntad es designar a su hijo don Juan para aquellas importantes tareas:

"Por tanto de mi *propio motu*, y real autoridad he resuelto elegir y nombrar (como por tenor de la presente elijo, nombro y diputo al dicho don Juan de Austria, mi hijo, prior de la religión de San Juan en mis reinos de Castilla y León, para que representando mi persona y veces, tenga en las presentes ocasiones el gobierno general de todas las fuerzas marítimas, de galeras, navíos de alto bordo, y otras cualesquier embarcaciones así ordinarias como extraordinarias, que en cualesquier partes se juntaren sin excepción alguna, y para que pueda ordenar, mandar y proveer en mi nombre general y particularmente todo lo que hubiere ser necesario al buen gobierno de las dichas galeras, y armadas, en cualquiera apresto, prevención, viaje, o empresa que conviniere hacer, y que asimismo tenga y ejerza y pueda ejercer en ellas y en cada parte sobre toda la gente que fuera en ellas a mi sueldo, o sin el, toda y cualquiera jurisdicción civil y criminal, alta, baja, mero y mixto imperio, que yo tengo y podría mandar y ejercer en las dichas galeras, armadas y otros cualesquier bajeles, para lo cual (siendo necesario), pueda dar comisión a la persona o personas que le pareciere para que en su lugar, y mi nombre, conozcan de las causas de justicia y las determinen conforme a derecho".

Y de este modo y en imposición de su real voluntad, ordena a todas sus autoridades que cumplan las órdenes que diese su hijo don Juan de Austria:

"Y es mi voluntad y mando a todos los virreyes, gobernadores y capitanes generales de galeras, así de España como de Italia, que anduvieren en las dichas costas, al de mi armada del Mar Océano, almirante general de ella, y los demás capitanes generales y particulares de cualquier armada, escuadras y navíos sueltos, maestros, coroneles del campo, y demás oficiales mayores y menores, así de mar como de guerra, de cualquier título, grado, preeminencia, y dignidad, que sean obedezcan, cumplan y guarden sus órdenes, y mandatos, por escrito y de palabra, en todo lo tocante y concerniente a mi servicio y al uso y ejercicio de sus cargos (como deben guardar los míos propios), y que le acaten y respeten como a su persona, y al empleo, en que ha de asistir es debido, y que le asistan con el consejo y ayuda que les pidiere para que esto mejor pueda cumplir con lo que ha de tener a su cargo.

Y asimismo mando que siempre que convenga y le pareciere ser necesario pida a los mis veedores, contadores, proveedores, y otros oficiales ordinarios y extraordinarios, la razón que quisiere del sueldo, pagas de la gente, fletes, vituallas y otras cosas, y que le den relación de ellas firmadas de sus nombres, para que pueda saber el estado de una y otra, y del dinero que hubiere en ser y se debiere librarlo y hacerlo pagar y socorrer, como más convenga a su buena distribución y mi servicio.

Para todo lo cual cada cosa y parte de ello le concedo poder y facultad tan bastante como se requiere, y es necesario, en cuya declaración mandé despachar la presente, firmada de mi mano, sellada con mi sello secreto y refrendada de mi infra escripto secretario de estado. Dada en Madrid a veinte y ocho de marzo de mil y seiscientos y cuarenta y siete años. Yo el Rey. Pedro Coloma"[87].

[87] A.H.N., *Estado*, Leg. 1.414.

La Monarquía Hispánica ante la Crisis de mediados del XVII

Como ya hemos indicado, la Monarquía Hispánica, a diferencia de Inglaterra y Francia, carecía de unidad política y jurídica. No obstante, en los sesenta años que transcurren entre 1580 a 1640 Portugal estuvo sometida a la Corona Española, prestando una apariencia de superficial unidad de un territorio histórico, aquella España de la que siempre hablaban y soñaban los cronistas, y en donde una cabeza que sería el Rey incorporaría a ese cuerpo, a modo de extremidades, el conjunto de aquellos territorios históricos que habían compuesto la Hispania romana, o nos relatase en tantas ocasiones el humanista, cronista e historiador español Hernando del Pulgar[88].

El problema español no era un problema de federalismo; ningún otro Estado europeo de primer orden padecía este hecho en un rango comparable. Lo que si es cierto es que la revolución catalana fue desencadenada por la guerra y sus necesidades tributarias correspondientes. Cuando Olivares se convierte en valido de Felipe IV el peligro a un desafío interno a la autoridad regia era muy escaso. España era en la práctica una monarquía absoluta, donde no había un parlamento efectivo, y los ocupantes de los altos cargos de la administración eran dóciles. Pero por debajo de dicho absolutismo había importantes paradojas trágicas: la España peninsular estaba política y jurídicamente desunida, ya que en realidad el monarca únicamente era absoluto en Castilla; y la mayor debilidad de esta poderosa monarquía radicaba en lo que aparentemente constituía su fuerza, el Imperio de ultramar. Dentro de la Península el poder regio absoluto se limitaba a la corona castellana, ya que cosa distinta era la realidad jurídica e institucional de los territorios que componían la Corona de Aragón, o incluso el reino de Navarra.

Para costear los gastos crecientes, la Corona contaba con los más que inestables ingresos procedentes de América, cuya llegada quedaba supeditada a múltiples factores, entre los que se incluían los climáticos y los asaltos de piratas y corsarios. Sin embargo, dichos dineros pasaban directamente a los Países Bajos y Milán para pagar gastos militares, y con los ingresos procedentes de otros territorios, como Nápoles, se corría el riesgo de alimentar la indignación de aquellos pecheros conforme se incrementaban las exacciones que debían satisfacer, o cuando la crisis en su más amplio espectro les afectaba.

En este sentido podríamos afirmar que los acontecimientos de 1640 en la península –rebelión catalana y revuelta portuguesa– fueron reflejos de una crisis esencialmente castellana, que contaba también con ciertas influencias, a tenor de lo expuesto por los profesores Parker y Kamen, de los hechos que desde hacía ya años venían aconteciéndose en los Países Bajos. La incapacidad de Castilla para gobernar una provincia peninsular; su imposibilidad de pagar a las tropas allí estacionadas; el fracaso a la hora de reclutar tropas en Cataluña; la negativa de la nobleza castellana a prestar servicio

[88] Entre su obra cabría citar los siguientes trabajos: *Crónica de los Reyes Católicos* (1481-1490), *Glosas de las coplas de Mingo Revulgo*, *Relación de los reyes de Granada* (1482 ó 1493) *Los claros varones de Castilla* (1486).

militar; el propio fracaso de Olivares cuando quiso recabar apoyo para su política entre la clase rectora castellana; la conspiración del duque de Medina Sidonia en 1641 para instaurar una Andalucía independiente, todo ello no es más que la representación del fracaso de la autoridad[89].

El cese de Olivares restablecería, al menos en parte, los debilitados vínculos entre el monarca y una aristocracia descontenta con la actuación del valido –sentimiento que se había manifestado en 1627 y 1629 con toda clase de pasquines–. La presencia del Rey a la cabeza del ejército a partir de 1642 reforzaría más los lazos de la Corona y la nobleza, tanto como la decisión que en su día asumiese Felipe IV de gobernar sin un valido, a pesar del ascenso de Luis de Haro. Ello facilitaría la colaboración de los Consejos, los cuales recuperan ciertamente algo del protagonismo que tuvieron en épocas pretéritas, aunque el recurso a convocar juntas especiales no hubiese desaparecido.

A pesar de ello, en el interior de España las autoridades regias se veían enfrentadas a constantes focos de rebelión, que a veces también portaba tintes de separatismo: Cataluña y Portugal habían declarado su independencia, y una conspiración para declarar a Andalucía independiente fue descubierta a tiempo para evitar el desastre. Luego, en 1648, se descubriría otra, en esta ocasión para declarar independiente al reino de Aragón. En 1645 el primer ministro don Luis de Haro visitó varias poblaciones de la provincia de Córdoba en busca de tributos extraordinarios para la guerra; pero no podría obtener ninguno porque la provincia estaba en rebeldía. Dos años después, en 1647, una oleada de descontento recorrería todo el sur peninsular. En las villas de Lucena, Alcalá la Real, Alhama y otras verían como se sucedían graves levantamientos. La situación de hambruna existente en 1647 serviría de estimulante para la causa de la rebelión, y fueron el pan y los impuestos por los que se alzó el pueblo.

En la localidad de Albuñuelas del Valle los recaudadores fueron atacados y heridos. La villa rebelde de Teba fue ocupada por el gobernador militar de Granada tras una breve resistencia, y se colgó a once de los rebeldes a la vista de los lugareños[90].

Pero sería en Granada en donde tendría lugar, en mayo de 1648, la sublevación más grave potencialmente hablando, puesto que sería allí, más que en ninguna otra zona de la Península, donde la población estaba compuesta mayoritariamente por trabajadores. Aunque el invierno de 1647-48 fue testigo de una grave escasez, no hubo disturbios. Fue en 1648, cuando los precios de los alimentos bajaron como consecuencia de un mejor abastecimiento, cuando comenzó el conflicto, pues la distribución de víveres no había mejorado y sólo los ricos podían comprar pan. El 18 de mayo los pobres de la ciudad, cantando a coro "*viva el Rey y muera el mal gobierno*", iniciaron una agitación pacífica que atestó de gentío las calles[91].

Este incidente de 1648 no sería más que el anticipo de otros que seguirían en los años venideros y en muchos de los territorios de la Monarquía Hispánica. En muchos

---

89 Vid. Kamen, H., *El Siglo de Hierro*, Madrid, 1977, p. 376 y ss.

90 Kamen, H., *El Siglo de Hierro*, Madrid, 1977.

91 Kamen, H., *El Siglo de Hierro*, Madrid, 1977, p. 429 y ss.

de ellos el hijo bastardo de Felipe IV tendría que responsabilizarse del hecho de apaciguar los levantamientos.

Dicha situación obligaría a grandes masas de población a revelarse contra la situación existente, como una forma más de supervivencia, convirtiéndose en bandoleros u otras figuras análogas. Cuentan las crónicas que a partir de 1650 los viajeros presentaban la amenaza de los bandoleros como una de las principales dificultades de su viaje, tanto en el reino de Castilla como en el de Aragón, describiéndose a modo de catálogo los lugares de peligro existentes en multitud de lugares: Galicia, Castilla la Vieja, en Extremadura, las Sierras Morena y Nevada, etc., multiplicándose, de paso, las recomendaciones a seguir a la hora de emprender viaje: llevar armas cargadas a mano, viajar en convoy, etc.

Los territorios italianos de la Monarquía Hispánica (Nápoles, Sicilia y Presidios de Toscana)

Con respecto a la incorporación de la isla de Sicilia a la monarquía aragonesa, encontramos su punto de partida en el siglo XIII. A raíz del matrimonio de Pedro *el Grande* con la princesa siciliana Constanza Hohenstaufen, celebrado en 1262, este monarca se convertiría en el valedor de los derechos de su esposa a este reino mediterráneo, al ser los Hohenstaufen desposeídos en el año 1268 por Carlos de Anjou, conde de Provenza, con el sostén del Papa y del Rey de Francia. Inmediatamente después de su ascensión al trono, el aragonés maniobraría para conseguir la neutralidad de los monarcas vecinos, frente a una posible confrontación con los Anjou (su hermano Jaime, Francia, Portugal, Inglaterra…). La preparación de la ofensiva siciliana antiangevina comportaría, además, no arriesgarse innecesariamente en la política del Estrecho, donde benimerines, nazaríes y castellanos eran rivales.

El aragonés mantuvo una actitud más bien neutral que perseguía asegurar las relaciones políticas y mercantiles en la zona. Con todo, los mayores esfuerzos se hicieron en la Ifriqiya (actualmente Túnez), en donde gobernaban los hafsidas y se habían exiliado numerosos napolitanos y sicilianos, enemigos de los Anjou. Conrado Lancia, que había sido designado por el aragonés para la tarea de someter a los hafsidas y llevarlos a una alianza militar contra los Anjou, vino a fracasar en aquella empresa, motivo por el cual incitaría a la revuelta al gobernador de Constantina, al que prometió ayuda militar.

Los preparativos navales y militares que el aragonés realizó, con el propósito declarado de intervenir en el Norte de África, no tenían otro destino que el de la isla de Sicilia, desde donde se advertía al Rey Pedro de la preparación de unas revueltas antiangevina. Así las cosas, el 30 de marzo de 1282 los sicilianos, en las llamadas Vísperas Sicilianas, se levantarían en armas y acabarían expulsando a los Anjou hacia Nápoles. Puede que la idea que en ese momento tuvieran los insurrectos fuese la de formar algún tipo de gobierno independiente. Sin embargo, en agosto de 1282 los sicilianos ofrecían la corona al Rey de Aragón, el cual desembarcó en la isla.

Dicha incorporación vendría a complicar enormemente la política externa de la Corona de Aragón. Así, la intervención del Papa contra Pedro *el Grande* sería plasmada con la excomunión del aragonés en 1282, despojándole un año más tarde de todos sus reinos, ofreciéndoselos en 1284 a un hijo del Rey de Francia. La lucha en el Mediterráneo central tendría un protagonista excepcional: el almirante Roger de Lauria. Este caballero al servicio de la Corona de Aragón infringiría importantes derrotas a la flota angevina, al mismo tiempo que aprovechando la división de los hafsidas, se adueñó de la isla de Djerba, cerca de la costa de la actual Túnez, forzando al sultán a firmar un tratado de sumisión, en 1285.

Esta serie de victorias aragonesas, además de las derrotas de los Anjou, animarían a los enemigos del aragonés a actuar en el marco peninsular de la Corona de Aragón. Dicha actividad bélica contra un Rey que se encontraba excomulgado fue legitimada como cruzada. Tropas francesas, dirigidas por Felipe III *el Atrevido*, atravesarían el Rosellón con la colaboración del hermano del Rey aragonés, Pedro II, avanzando al sur de los montes Pirineos, hasta Gerona, donde se desgastarían enormemente en un asedio que duraría entre los meses de junio a septiembre de 1285, que además se complicaría enormemente por las epidemias y la derrota de la flota francesa, encargada de los suministros, infringida una vez más por el almirante Lauria.

Con respecto al segundo de los territorios italianos que verían a nuestro protagonista, Nápoles, decir que fue este un reino que ocupó la franja de la Italia meridional, y (durante algunos períodos) también la isla de Sicilia. En el año 1442 el Rey Alfonso V de Aragón conquistó Nápoles, que había sido hasta entonces un dominio de la dinastía Angevina. A su muerte, acaecida en 1458, dejó el territorio a su hijo bastardo Fernando I, reconocido Rey por Pío II, lo que provocaría la insurrección de la aristocracia meridional, en 1459, dirigida por el príncipe de Tarento y apoyada por Juan de Anjou, que Fernando lograba sofocar en 1464. La rama aragonesa de Nápoles lograría salvarse gracias a la intervención de Fernando *el Católico*, Milán, Florencia y Siena, pues los barones, al mando del príncipe de Altamira y ayudados por Inocencio II, Génova y Venecia, se hicieron con todo el territorio, y el Rey de Nápoles hubo de humillarse ante Roma, en agosto de 1486. A su muerte, Carlos VIII de Francia invadió el reino, lo que daría lugar al inicio de las guerras de Italia, convirtiéndose Nápoles en objeto de los enfrentamientos de los grandes estados.

La dinastía aragonesa sería reinstaurada a finales de 1495, aunque, sin embargo, en 1500 Francia y Aragón decidieron el reparto del reino en dos territorios sometidos a sus respectivas influencias. Pronto surgirían nuevas controversias y al fin, el *Gran Capitán* se apoderó de aquellas tierras tras las conocidas batallas de Ceriñola, de 1503; y de Garellano, acaecida en 1504. Tras ello Francia tuvo que reconocer a Aragón el dominio sobre el reino de Nápoles, formalizado a través de los tratados de Lyón de 1504, y de Blois de 1505.

Y sobre ellos estarían los primeros intentos por parte de don Juan de Austria de iniciar su carrera política y militar. La grave situación de Cataluña y las alarmantes noticias que llegaban de Nápoles y de la isla de Sicilia, lugares donde el populacho se había alzado contra la dominación española, hicieron que muy pronto iniciase su viaje a esos territorios itálicos al frente de una flota 6 galeras.

Los antecedentes de la *revuelta* italiana

Los problemas de Nápoles, y en su caso también los de Sicilia, venían a asemejarse quizá en extremo a los existentes en la península Ibérica. A los virreyes de la primera parte del siglo XVII, y concretamente a Monterrey, Medina, el Almirante de Castilla y Arcos (que vinieron a sucederse por ese orden en el cargo de 1620 a 1647), les preocupaban enormemente dos problemas: la debilidad de la administración y un sistema fiscal inadecuado. En el orden administrativo, la Corona únicamente tenía un control limitado sobre dicho reino, como quiera que en su mayor parte quedara en manos de los señores feudales, reyezuelos como el conde de Conversano o el duque de Maddaloni. La opresión sobre esta clase de nobles coadyuvó de manera muy significativa a la revuelta napolitana. Pero también la cuestión tributaria resultó un problema serio. La *Guerra de los Treinta Años* estaba suponiendo una grave sangría a los recursos de dichas posesiones españolas. Sólo en 1636 se obligó a Nápoles a enviar armamentos, soldados y dinero por un importe total de dos millones de ducados, con destino a los ejércitos que batallaban en Génova, Milán y Alemania.

Resulta curioso observar como aquel levantamiento napolitano vino, prácticamente, a coincidir cronológicamente, 1647, con el de la isla de Sicilia. La Corona Hispánica aparentaba por momentos resquebrajarse por todos los lados. En este sentido, la revuelta de Palermo vino a mostrar los tres rasgos clásicos y básicos de las revueltas urbanas de 1647-1648: la causa de la sublevación fue una escasez de alimentos, la queja fundamental se refería a los impuestos y los enemigos principales del pueblo serían los nobles, gentes que se resistían por todos los medios posibles a contribuir al sostenimiento de los gastos que requería el mantenimiento de la Monarquía. Se hace hincapié en advertir como la mayor parte de los tributos recaudados durante el virreinato del duque de Medina y de sus dos sucesores –de acuerdo con la orientación impresa a las relaciones políticas entre el gobierno y la nobleza– procedía de la capital (y dentro de ella gravó casi de manera exclusiva los ingresos de comerciantes y artesanos, además de los artículos consumidos por la población). "La ciudad, indicaba el virrey en 1638, está haciendo servicio de mayor consideración que se haya hecho jamás".

Mientras tanto en Nápoles existía la posibilidad de imponer gravámenes urbanos a las rentas nobiliarias, pero el fracaso de las tentativas que para ello se hicieron (impuesto del 1 por 100 sobre los contratos, impuesto sobre el comercio de harina entre la capital y las zonas rurales limítrofes, y obligación de utilizar el papel sellado) revela a las claras la fuerza política que dicha clase había adquirido, amén de su capacidad de resistencia frente a los poderes públicos. Los *Seggi* se reunieron entonces sin la autorización del virrey (para lo cual distribuyeron cédulas de convocatoria que eran verdaderos manifiestos de protesta), se envió una embajada "*no permitida*" a España, y casi todos los ministros napolitanos de la Sumaria y del Colateral cerraron filas contra el virrey en apoyo de las reivindicaciones nobiliarias. Los *Seggi* ponían como condiciones para aceptar aquel impuesto del 1 por 100 que no se gravasen las rentas estables, sino únicamente las derivadas del comercio; que tuviesen un carácter meramente temporal; que fueran votados en el parlamento para "*cautelar las condiciones*"; y que en contrapartida se condonasen las cantidades pendientes de los donativos exigidos a la provincia[92].

Con ello no sólo quedaba prácticamente anulado el efecto del gravamen, sino que además se dejaba el camino abierto para iniciar una nueva fase de negociaciones que, dicho sea de paso, se anunciaban especialmente difíciles y peligrosas, dada la creciente amplitud e intensidad de la agitación aristocrática. Y fue precisamente entonces cuando el virrey, al concluir una tensa reunión de la *Cámara de la Sumaria*, en el curso de la cual los consejeros napolitanos manifestaron su adhesión a las tesis aristocráticas, anunció que había decidido presentar su dimisión al Rey: ": "Se lee en el acta de la reunión celebrada el 20 de septiembre de 1639: *Brancia*: "No hay que ejecutar la orden impartida por Su Majestad. El impuesto de uno por ciento sobre todos los contratos constituye una carga casi imposible para el reino... y en cuanto al papel timbrado, teniendo en cuenta la cantidad de litigios que se producen en el reino y la infinidad de contratos que por necesidad deben registrarse en dicho papel timbrado... sería casi insoportable"; *Geleota*: "hay que hacer presente una vez más a Su Majestad las miserias y necesidades del reino... Su Majestad tiene que comprender que no ha llegado ninguna nueva flota desde las Indias para socorrernos... el arbitrio del papel timbrado destruirá todas las notarías, tanto las dependientes de la Corona como las de los Barones"; *Capace*: "hay que hacer presente el estado miserable del reino... principalmente porque está despoblado y porque sus gentes se han ido a vivir entre los infieles"; *Mercurio*: "El reino está consumido con tantas imposiciones"; *Urso*: "El reino está destruido"[93].

En la Corte madrileña la respuesta a dicho planteamiento no fue otra que la de reprocharle el hecho de haber implicado a las magistraturas del reino napolitano en la discusión sobre impuestos. De esta forma, al virrey no le quedaría otra salida que la de ceder en las pretensiones de la aristocracia, a pesar de que ello no vendría a suponer una disminución de la presión fiscal ejercida sobre dicho territorio.

El 1642, el último parlamento napolitano aprobaba un donativo de once millones de ducados, el mayor de la historia del virreinato, a pagar en siete años. Aquella decisión agravaría más si cabe la agitación de los señores, contribuyendo seriamente a

---

92 A.G.S., *Estado*, 3.261-148; A.G.S., *Estado*, 3.269, Instancia de los Electos de la Ciudad de Nápoles para que se conmute la gabela de siete granos sobre la harina por otra cosa menos sensible.

93 A.S.N., *Notamenti del Collaterale*, XXXVIII, reunión celebrada el 20 de septiembre de 1639. La nota ha sido tomada de Villari, R., *La revuelta antiespañola en Nápoles*, Madrid, 1999, p. 231.

agravar la crisis social ya existente, y que pronto estallaría por todo el territorio como un reguero de pólvora.

Con todo, y casi sin excepción, los sublevados eran firmemente monárquicos, confiados ingenuamente en el poder del Rey de España como aquella persona que se encargaría de controlar y, posteriormente, eliminar aquellos abusos que continuamente ejercían los aristócratas[94].

Y es que la revuelta no fue nunca dirigida, al menos en una proporción significativa, contra el Rey, sino que la misma se proyectaba contra unos gobernantes que eran catalogados como nefastos. En efecto, para los españoles Italia era sin lugar a dudas una continuación de su propio país. En virtud de la posición de su gobernante como Rey de Nápoles y Sicilia, contaban con los mismos derechos de ciudadanía de que gozaban en España. Por otra parte, para los napolitanos y sicilianos, Carlos V y sus sucesores eran sus propios reyes. El que fueran a la vez gobernantes de otros territorios era más bien una cuestión meramente circunstancial. Para los italianos, nada era incompatible con la lealtad a sus soberanos, siempre que éstos conservaran sus leyes locales y los privilegios contra todos los extranjeros, fueran o no vasallos del Rey[95].

A su modo de ver, el más significativo de aquellos privilegios era el de que los oficios públicos fuesen ocupados necesariamente por gentes oriundas de aquellas tierras. En tal sentido, Francesco Fortunato, presidente del Tribunal de la Sacra Conciencia, algo así como un Tribunal de Apelación siciliano, y uno de los más leales defensores del gobierno español en Sicilia, escribía que consideraba natural que todas las naciones excluyeran a los extranjeros de los oficios. En este sentido, los franceses habían fracasado en su intento de permanecer en aquellas tierras itálicas precisamente por haber descuidado el cumplimiento de esta norma considerada como fundamental[96].

En Madrid, entre los documentos que alberga la Biblioteca Nacional, podemos encontrar una relación de aquellos hechos que vinieron a provocar el levantamiento napolitano, fundamentalmente derivado de una excesiva carga impositiva que gravaba a aquellas gentes, así como las consecuencias que el mismo tuvo para la Monarquía Hispánica:

> "Relación del tumulto sucedido en Nápoles, en siete de julio de 1647. El señor duque de Arcos ha ocho meses que con intervención de los *segios* o plazas de este fidelísimo reino de Nápoles, hecho una gabela en la fruta para la cobranza de un millón, que había ofrecido a Su Majestad de servicio. Esta imposición se sintió el pueblo y yendo S.E. a la devoción que tiene de la Madre de Dios del Carmen, en el mercado le cercaron diferentes veces el coche mujeres y niños, pidiéndole lo quitase, y les ofreció hacerlo, pero quiso S.E. asegurar primero el servicio en otra cosa, y habiendo intentado cargar otras gabelas hubo algunas diferencias por continuarse la cobranza de la fruta, y quemaron la barraca que estaba en el mercado, reconociendo esto algunos religiosos y ministros persuadieron a que no se cobrase. Pero S.E. por

94 Kamen, H., *El Siglo de Hierro*, Madrid, 1977, p. 427.

95 Vid. Koenisgberges, H.G., *La práctica del Imperio*, Madrid, 1989, pp. 53 y ss.

96 Koenisgberges, H.G., *La práctica del Imperio*, Madrid, 1989, pp. 53 y ss.

remediar la necesidad de estos tiempos no vino en ello, y con el ejemplar de lo sucedido en Palermo, tan fresco y vecino, se recelaba alguna desdicha como sucedió"[97].

A partir de este momento, la crónica nos narrará día a día aquellos dramáticos acontecimientos. De este modo, el

"Domingo 7 de julio, de medio día abajo, se juntó gran cantidad en número de portarropas, pícaros y niños, y llevando las armas reales pintadas en una tabla se fueron a palacio gritando *viva el Rey nuestro señor de España*, y llegando a él, subieron a los corredores, y con gran vocería, sentido el ruido por S.E, envió al capitán de su guardia, que con él estaban, a persuadirlos que se volviese, pero no se consiguió, antes creció el fuego de manera que obligó a S.E hacerles gracia de la gabela de la fruta, dándola por escrito con que tampoco quisieron aquietarse, y con grande ímpetu empezaron a romper las puertas de su cuarto, destrozando primero la guarda tudesca y fueron entrando y arrojando por las ventanas sillas de terciopelo y cuanto hallaban, pareció porque para atajar algo se dejase verse a un balcón de la otra parte del pueblo que estaba en la plaza, dando voces, y desde allí concedió otra vez la gabela, pidiéronle la del harina, que también la concedió. Más no por eso dejaban de continuar su furia los que rompían el palacio, con haberles tocado la trompeta de señal de paz, antes continuando su atrevimiento redujeron a S.E, ministros y caballeros que se hallaron allí al último aposento"[98].

Ante aquella más que peligrosa situación, que ya parecía afectar a la propia vida del duque de Arcos y su familia,

"Y reconociendo que rompían la galería para llegar a él, abrió una puerta y se bajó por ella solo y sin sombrero, habiéndola vuelto a cerrar con gran valor. Salió a la plaza en medio del pueblo y pasó con el peligro tan grande que se deja considerar de aquella gente impía, arrojándoles algunas doblas para la diversión, con que pudo entrar libre en San Francisco de Paula, a donde se salvó. Y disfrazado por una puerta pequeña de un jardín de los frailes, se subió al castillo de Santelmo, y habiendo acudido la plebe cercaron el convento, y rompiendo una puerta por la parte de la soledad, entraron en él. Y no hallando al duque volvió a palacio y apedreó el cuerpo de guardia español, no habiendo más desgracias de dos o tres personas que murieron en esta ocasión.

En este tiempo también mi señora la duquesa, viéndose confusa por divertir algo el motín, echó cantidad de moneda por la parte de las caballerizas, con que se pudo salvar con sus hijos por el parque, en Castelnovo. Y saliendo S.E., bajó aquella noche a consolarla y se quedó en él, y los ministros y personas particulares con sus mujeres y familias también se han retirado a los tres castillos de esta ciudad, a donde no caben en pie, temerosos de algunas vísperas napolitanas"[99].

---

97 B.N., mss., 2.378, pp. 311-314.

98 B.N., mss., 2.378, pp. 311-314.

99 B.N., mss., 2.378, pp. 311-314.

Había que actuar con rapidez, así

> "para atajar por el reino estas desórdenes, S.E. despachó correos a todas las provincias, quitando todas las gabelas e imposiciones, y no obstante hay noticias en algunas tierras se empezaban algunos movimientos"[100].

Además, conforme al cariz que iban tomando los acontecimientos, pronto los sublevados vinieron a buscar líderes,

> "el día siguiente eligió el pueblo para su gobierno dos personas populares, y empezándolo hacer los tuvieron por sospechosos y los mataron. Luego empezaron a discurrir quién pudiese ser cabeza independiente, a la nobleza hallaron que el día de antes Thomás Annielo cogió un manojo de higos y se los arrojó a la cara al electo del pueblo, que es a quien todos tienen gran veneración, rabioso de que consintiese la gabela de la fruta, y reconociendo el pueblo acción tan atrevida, en hombre tan bajo, le buscó y nombró por gobernador a dicho Aniello, siendo hijo de padre y madre pescadores y de la más vil escoria del pueblo, y que él y ellos se sustentaban de vender pescado. Era de edad de 23 años, de mediana estatura, y no abultado, criado de un pescador que en su vida hizo más que tirar las javejas"[101].

Cuenta la crónica, además, los efectos que aquella revuelta estaba produciendo, y el interés latente de destruir todo, sin que nadie pudiese quedarse con nada en absoluto. En caso de hacerlo el resultado sería la rápida condena a muerte al inobservante de aquella prohibición:

> "Este gobierno con tanto imperio, que no falta más que le obedezcan las piedras y los montes, tiene tomadas las calles y cuarteles, capitanes con compañías armadas nombradas por él, envía órdenes para que se quemen casas y la ropa de ellas, siendo obedecido prontamente, y va con atención aquel fuego no haga daño a la ciudad, son de ministros asentistas y poderosos, que tienen parte en las gabelas, y de los caballeros principales napolitanos. Y son hasta ahora 30 las quemadas, y con haberse topado en ellas oro, plata y cosas muy ricas no se sabe que se haya hurtado valor de un real, y por que uno lo hizo de una salvilla, luego que lo entendió lo mandó ahorcar, y todo se entrega al fuego menos las imágenes que son cogidas, se dan a las iglesias. La nobleza está afligida y atemorizada, y muchos títulos no salen de los castillos.
>
> Cortó la cabeza a Pepe Garrafa y a otros tres o cuatro de su comitiva, y el duque de Matalón, su hermano, don Fernando Caraciolo, duque de Castel de Sangre, el príncipe de Monte Sarcheno se le escaparon, y otros muchos nobles. Y los persigue por promotores de bandidos e inquietadores de la patria. Por atender aplacar el motín ha hecho justicia de muchos bandidos y en el mercado tiene puestas sus cabezas en palos, procediendo rigurosamente *admodura velli*, sin escrito ni información alguna.

---

100 B.N., mss., 2.378, pp. 311-314.

101 B.N., mss., 2.378, pp. 311-314.

Háyanse en Nápoles y los casales más de 120.000 hombres armados, entre chicos y grandes, todos a su devoción..."[102].

Con respecto a las actividades desarrolladas por Thomas Aniello, en aras a conseguir en el apaciguamiento de aquellas gentes, muchas de ellas desesperadas como consecuencia de las excesivas cargas fiscales que soportaban, además de la carestía de los precios de los alimentos más básicos, resultado inmediato de las malas cosechas, la misma crónica indica que

"Ha quitado todas las gabelas y crecido las onzas en el pan y demás mantenimientos con que se lleva el pueblo tras sí, y ejecutado todo en nombre de Su Majestad, y siempre dice *viva el Rey de España*. Ha puesto compañías de guarda en todas las puertas de la ciudad, y en los cuerpos de guardia retratos de Su Majestad. Abaten las banderas repetidas veces. Ha mandado que chicos y grandes anden sin ferreruelos, y así todos andan en cuerpo. Y porque supo que un fraile llevaba unas pistolas mandó asimismo que religiosos y clérigos anduviesen en la misma forma. Y se ejecutó luego. Y los jesuitas y otros religiosos llevaban cañas en las manos, obedeciendo las órdenes, estando las cosas en tan espantoso término, trató de convenirse con S.E. a instancia de capuchinos y otros religiosos, y se ajustaron todas las que él pidió, y le requirió la necesidad, y cuando llegaba a capitular, él y otros no querían concluir sin ver privilegio de Carlos 5º que no se hallaba, y el vencer este punto costó gran trabajo, más se consiguió por el buen medio del cardenal de Nápoles, Filo Marino"[103].

Continúa la crónica indicando que:

"Pasose en las cosas referidas desde los 7 hasta los once de este mes, que fue el dicho Thomas Aniello al castillo, vestido de tela blanca de plata a caballo, en un caballo descalzo y con una toalla rodeada al pescuezo, con espada desnuda en la mano, y debajo del brazo los privilegios de la ciudad. Y va a su lado el electo de la ciudad que lo eligió ahora nuevamente, Genoino, sobrino del que lo fue en tiempo del duque de Osuna. Iba haciendo muchos movimientos y gritando a todas partes populares *viva el Rey de España*, y atrás de él iba el cardenal Filo Marino en su carroza, y el pueblo cercándolos a todos envió delante órdenes a los cuerpos de guardia trincheras, y los tercios de italianos no disparase nadie, pena de la vida, cuando él pasase, dejando dentro de Nápoles armados la mayor parte del pueblo, fue un ministro suyo a caballo a ejecutar esto.

Entró en el castillo con gran griterío, y S.E. salió a recibirle y él con grandes sumisiones le abrazó y dio muchos besos de paz, diciendo *viva nuestro Rey de España*. Subieron arriba y en poco rato se asomaron ambos a la ventana, y en altas voces repetía lo mismo. Respondiéndole de abajo con otras mayores en la misma forma"[104].

---

102 B.N., mss., 2.378, pp. 311-314.

103 B.N., mss., 2.378, pp. 311-314.

104 B.N., mss., 2.378, pp. 311-314.

El día doce de ese mes, indica la crónica que:

> "El día siguiente envió a S.E. un muy buen regalo de aves y nieve, por faltar en el castillo, y a la guarnición de vacas, terneras, pan y vino, y otras cosas necesarias. Ha ofrecido pagar a los castillos, infantería, caballería, entretenidos, galeras y ministros, y no se puede negar que se ha mostrado este hombre muy de parte de Su Majestad, y de los españoles.
>
> Mandó que todos los nobles y señores pusiesen sobre sus puertas de sus casas las armas de Su Majestad, y debajo las del pueblo, que es un escudo coronado con una P en medio, forma en que lo mandó estampar, y luego se ejecutó. Hasta ahora no se ha hecho agravio a ninguna persona de ninguna parte. Y habiendo preso a un principal, por haber muerto los meses pasados a un italiano a instancia de su mujer, al virrey para que lo castigue, y de allí a poco tiempo le suplicó la gracia de él, y se la concedió y tomó a su cargo Aniello la satisfacción de la viuda, acción que no pareció suya.
>
> Mientras se trató de acuerdos, mandó S.E., para estorbar la fuerza del pueblo, fortificar el palacio con el tercio de españoles y 2.000 valones, haciendo trincheras en las puertas y entradas del parque, poniendo artillería... cercando asimismo el paso de Santa Lucía en la misma forma, y también hice balcón por el balconete, y ocupado el puesto de la casa del marqués de Trevica, y el puente de Tapia, y pendes de chaia, y desde la esquila de los Ángeles hasta la casa del señorío Lezcano, se ha abierto una trinchera grande y hay en este cuartel mucha caballería" [105].

Poco después llegaba la entrevista entre Aniello y el entonces virrey del territorio, duque de Arcos:

> "Sábado 13 fue Thomas Aniello al castillo, y Su Excelencia juró allí los privilegios que conceden al pueblo hasta la confirma de Su Majestad, y estuvo asistido de todo el colateral dentro de Pize Falcón, están las compañías armadas de la gente del país, haciendo alardes públicos a devoción de Aniello. Y se puede agradecer, no haber tratado de quitar los víveres a los de las fortificaciones de palacio, por que si lo hiciera estaría acabado por el hambre, y aunque esto sabe no lo ha hecho.
>
> Ha tomado mucho oro y plata de que hace moneda y muchas cantidades de dineros de muchas partes, pide grandes donativos a religiones, y conventos poderosos, diciendo que es para satisfacer lo que se debe a este reino, y enviará a Su Majestad un gran donativo, que si esto sucediese sería gran consuelo.
>
> Muestra ya con el virrey buena correspondencia, y ha mandado que mañana lunes todos trabajen y arrimen las armas porque ha ocho días que no lo hacen, atendiendo a andar en estas inquietudes" [106].

Pero este lider napolitano comenzaba a dar muestras de ciertas dosis de enajenación:

---

105 B.N., mss., 2.378, pp. 311-314.

106 B.N., mss., 2.378, pp. 311-314.

"Va algunas veces a visitar al virrey, y a las funciones públicas, sale con el semblante endemoniado, pues hace despropósitos, y grandes disparates, de manera que ayer al salir hirió a medio del pueblo locamente, y se quiso arrojar al mar con las vestiduras que tenía, y si no lo tuvieran lo ejecutara, pero reputado fue al mercado, donde se puso en una ventana baja, dando audiencia a una multitud de gente, y su aspecto como se dice parecía diabólico, pues con verle y mirarle desde lejos daba terror, de donde se infiere que para ello le debía de asistir a este hombre algún demonio. Publicaba a voces que le acomodaría el negocio a la voluntad del pueblo, y que de allí a tres días moriría como sucedió puntualmente, y los que le vieron todavía les parece que lo sueñan.

Salvose las casas de don Juan Chacón, porque el virrey se lo pidió encarecidamente al dicho Thomas Aniello.

Mandó matar más de mil bandidos, y al general Juanetin Doria que soltase de las galeras a los forzados que hubiesen cumplido el tiempo, porque fueron condenados, que el daría bandidos para llevar en su lugar de ellos.

Manda con grandes superioridades, obedecido con tanta puntualidad que cuando va con el cardenal, cercado del tumulto y chusma, con sola una señal que hacía se apartaba un gran trecho de ellos. Y estando con el virrey con sola una palabra se ajuntó todo sin quedar un hombre.

Habiendo hecho pacto con el virrey, le hizo jurar la observancia de ellos, y públicamente fueron a la iglesia mayor, y en llegando se subió Aniello al púlpito y tomó un Cristo, exhortando al pueblo la fidelidad del Rey y otras razones dignas de ponderar, y que él veía que estaba cercano a su muerte y que iba consolado de haber hecho aquel servicio a su pueblo, y acabada esta función saliendo al claustro le tiraron algunos carabinazos de la misma turba, de que murió y luego le cortaron la cabeza y arrastraron.

Esto queda peligroso pero se espera en el auxilio de nuestro señor, ha de asistir con él para quietud de este reino, y conozca el horror en que ha caído este miserable pueblo para que adelante no conceda semejantes desórdenes. Nápoles, a 15 de julio de 1647. El cardenal arzobispo"[107].

Como hemos apreciado con notable claridad en los dos últimos documentos, incorporados en este apartado dedicado a la revuelta napolitana, aquella ira popular, harta de incrementos en sus ya altas exacciones tributarias, se había concentrado en la persona del virrey, como si realmente él fuese el responsable de todo ello, provocando el levantamiento de las clases más desfavorecidas del 7 de Julio de 1647, día en que, como se lee en el documento anterior, un tumulto iniciado en el mercado adquirió proporciones de gran revuelta, se dirigía contra una de las muchas gabelas que gravaban a los napolitanos, una de ellas el impuesto de la sal[108].

---

107 B.N., mss., 2.378, pp. 311-314.

108 Cuando el delegado de Hacienda, un tal Moschetola, se excedió en sus atribuciones por hacer pagar dicho impuesto a cierta villa, "*el pueblo de esa villa, enfurecido, vino a Nápoles, y uniéndose estos a otros marcharon a eso de la hora de comer a la plaza del mercado, donde el mencionado Moschetola tenía una casa, y tanto tumulto armaron contra él que como un gato tuvo que escapar por los tejados para ponerse*

Tommaso Aniello, más conocido como Masaniello, era un pescador analfabeto que acaudilló a los sublevados, tomaría este tributo como punto principal de su protesta, indicando que "*ha llegado la hora de liberarnos de tantos impuestos insoportables sobre la sal*". Resulta curioso observar como en la sombra de su liderazgo se encontraba un personaje que daba la verdadera fuerza a dicha revuelva: el consejero espiritual de Masaniello, un sacerdote de ochenta y seis años, llamado Giulio Genoino.

Las primeras capitulaciones del virrey de Nápoles no se harían esperar. Así el 9 de julio aparecen las primeras, que se presentan como una auténtica victoria del pueblo:

> "Capitulaciones ajustadas entre el pueblo y el virrey, a 9 de julio de 1647.
>
> Primero. Que se observen a la ciudad todos privilegios concedidos del Emperador Carlos V..., y que se de autoridad a algunos diputados de el pueblo para buscar el dicho privilegio en el Archivo de la Ciudad, en San Lorenzo, y no hallándose obligación al virrey que dentro de dos meses lo hiciese venir de España.
>
> Segundo. Que quiten las gabelas y imposiciones etian de los donativos por toda la ciudad y reino, puestas después de Carlos V hasta ahora.
>
> Tercero. Que se concediese un perdón general...
>
> Cuarto. Que los votos del pueblo se igualen a los de la nobleza, y que el electo del pueblo se pueda cada seis meses elegir y quitar a su albedrío.
>
> Quinto. Que todo esto acordado y los dichos privilegios se hayan de esculpir en piedra mármol, y levantar una columna en la Plaza del Mercado.
>
> Sexto. Que en poniéndose nuevas gabelas pueda el pueblo armarse sin incurrir *in lesa maiestatis*, y de otra persona.
>
> Ha después elegido el pueblo al Grimaldi, y ganado por asalto el puerto de San Lorenzo, conquistar las armas a las guardas, y se dice que hallado el original del dicho privilegio de Carlos V.
>
> *Philipus Dei Graçia Rex*, etc.
>
> Don *Rodericus Ponce de león, Dux Civitatis Arcos*, nos con privilegio concedido este presente día hemos concedido al fidelísimo pueblo de esta ciudad fidelísima que sean quitadas para siempre todas las gabelas y imposiciones impuestas desde tiempo de Carlos V, que está en el cielo, hasta hoy en esta fidelísima ciudad y sus arrabales, y aun el indulto de cualesquier delitos y ofensas, no obstante que no se haya obtenido el perdón de la parte ofendida, con que dentro de cuatro años se procure.
>
> Y también perdón general por lo sucedido ayer y hoy, 7 y 8 del corriente conforme nos han suplicado. Nápoles a 8 de julio de 1647 años. El duque de Arcos, con señales de los consejeros"[109].

---

a salvo. Permitieron a las mujeres salir de dicha casa, y después sacaron todos los enseres, y en la calle los prendieron fuego y redujeron a cenizas como en una especie de solemnidad; además de ricos tapices y cuadros exquisitos, dos armarios de vajilla de plata y una gran biblioteca fueron entregadas a las llamas; todo lo cual se tasaba en treinta mil coronas, y quedó carbonizado".

109 B.N., mss., 2.378, pp. 314v-315.

Únicamente ese personaje que en un principio aparece junto a Masaniello, Genoino, sabría formular una política coherente para el movimiento popular, ya que Masaniello carecía de orientación clara: por un lado dirigió un incendio sistemático de las casas de los arrendatarios de los impuestos[110] y la ejecución de varios enemigos del levantamiento, mientras que por otro lado llegaba a ese acuerdo con el virrey que anteriormente hemos citado, vestía con elegancia y, como consecuencia de aquello, perdería muchos apoyos populares. Su asesinato el 16 de Julio no puso fin a dicha revuelta popular, que al contrario se extendió rápidamente por el campo, hasta afectar a la totalidad del territorio del virreinato napolitano.

Las crónicas nos vienen a relatar lo sucedido con Masaniello tras su muerte, fundamentalmente en lo relativo al modo en el cual tuvo lugar su entierro:

> "Resolvió este fidelísimo pueblo de Nápoles, después que mataron a Thomas Aniello, de embalsamar su cuerpo y enterrarlo, como lo enterraron debajo de Nuestra Señora del Carmen, y el entierro se hizo en la forma siguiente: Salió el entierro del Carmen andando delante una tropa de soldados con las banderas arrastrando por tierra y las armas con cajas destempladas, como se usa en la milicia a los capitales reales, después iban todos los niños huérfanos de Nuestra Señora de Loreto, con velas de cera blanca, cada una que pesaba más de una libra, y luego de la misma manera el clero de la Anunciada, y el de Santo Eligio, y después la parroquia con gran multitud de sacerdotes delante del cuerpo difunto, yendo muchos soldados con banderas, con las armas en tierra y cajas destempladas, y después venía su cuerpo sobre unas anitas en algo vestido de blando de tela de plata, con el bastón en la mano y su espada, y así le llevaron por el Lavinaro... hasta Segio de Nido, y de Montaña, por Santo Domingo, por la calle de Toledo, por delante palacio y por lo largo del castillo por puerto, y por la rua Francisco, por la Conchería, y por el mercado, casi en todas las calles había un escuadrón abatiendo las banderas al pasar, y después le iba siguiendo detrás todos juntos, y el entrar en la iglesia le cantaron lo siguiente.... Después le seguía una innumerable cantidad de mujeres y de hombres cantando el Rosario y las letanías, y siete salmos por ánima, y por donde pasaba se le tocaban todas las campañas a muerto, y después al otro día muchísimos sacerdotes le dijeron la misa por su alma.
>
> Hacesele un suntuosísimo sepulcro de riquísimos mármoles y una vena de cristal, con un epitafio como libertador de la patria, de suerte que se vea siempre su cuerpo..."[111].

[110] A este respecto se indica por parte de ciertos testigos oculares, como fueron Alessandro Giraffi y el escritor inglés James Howell, lo siguiente: "*Era cosa admirable de ver el método escrupuloso que observaban en sus ejecuciones incendiarias; pues primero solían sacar todos los bienes a la plaza del mercado para allí quemarlos, gritando que era la sangre del pueblo de Nápoles, y quedarse con la menor cosa significaba la muerte; pues bastaba con que uno hurtase un pedazo de salchicha para que Masaniello le hiciera ahorcar; ni perdonaban tampoco el oro, la plata ni las joyas, sino que todo lo arrojaban a las llamas, como también carruajes y caballos quemados vivos, y tapices y cuadros riquísimos; pero salvaban los libros y pinturas piadosos, que enviaban a varias iglesias*".

[111] B.N., mss., 2.378, pp. 325-326.

Existe un más que interesante documento que viene a plasmar aquella exhortación que Genoino haría al pueblo de Nápoles, justamente cuando se vino a sublevar contra España:

"Amigos, hermanos y compañeros míos, no quiero perder tiempo en significaros mi amor, pues no ignoráis cuantos trabajos me debe vuestra libertad, aunque la prudencia española, mirando a otra luz mis acciones, y dando otro calor a mis intentos, me tuvo tantos años en el panal, porque no lograse la piedad que mereció mi desdicha a vuestro agradecimiento, pero pues piadoso el Cielo me guardó de tantos peligros para ver este día tan deseado a mi patria. Quiero que la experiencia os manifieste mis deseos en el sacrificio que hoy ofrece mi vida, mi celo o el castigo de los españoles o la venganza de los nobles por aliviaros de la opresión de aquellos y libraros de la tiranía de estos. Ya es llegada la ocasión y vosotros venturosamente la teneis asida la greña fugitiva, no la deis al viento porque duda y en pasando una vez nunca se restaura"[112].

En sus letras aparecerá la llave de una nueva vida, de una cercana libertad que llegará a todos aquellos sublevados, liberándoles del yugo que les atenaza:

"En nuestra mano está quedar para siempre libres o para siempre esclavos, si la preciosa libertad no os agrada que hace hermosa a la muerte, y dulces los trabajos a quien la busca, deponed esas armas que os la ofrecen, y cruzas las manos que los españoles os las atarán de suerte, dejando más libres las de la nobleza para afligiros que aun no las halle yo para en lugar de lágrimas que traerá continuamente bañado más el arrepentimiento de vuestra flojedad que los trabajos de vuestra dura esclavitud, que el pueblo que pretende mejorarse con las armas y las deja eternamente queda cautivo y cuando solo muy débilmente vuestro miedo del perdón de las culpas, que ciegamente cometió vuestra locura con otras mayores habéis de alcanzar, porque la justicia humana los pequeños delitos castiga, y los grandes premia, y no son tan leves los que hicisteis ayer violando groseros el sagrado de palacio, atreviéndoos sacrílegos a la persona del duque de Arcos, que representa la deidad de nuestro Rey, rompiendo atrevidos las cárceles reales, y quemando insolentes tantas casas en opinión de los nobles, que os aseguro ningún indulto, solo las armas os ha de valer y vuestra ferocidad aumentar vuestros partidos.

No os dije queridos míos que si acudís al suave jugo de España, que si por fuerza habremos de ser vasallos de quien mejor que de un Rey tan católico que gusta más de perder los reinos que consentir en ellos la energía de un señor tan benigno, que parece que desea errores en sus vasallos para tener que perdonar, y de un monarca tan poderoso que en dos mundos le besan el pie, enriquecido con los desperdicios de sus tesoros y si nos ha de gobernar alguna nación, vanidad es nuestra sujetarnos a la más noble, a la más valiente, a la más cortés y liberal del mundo, porque duerman seguras nuestras honras, de que somos tan celosos en su nobleza y cortesía, y nuestras

[112] B.N., mss., 2.378, pp. 300 y ss.

vidas en su valor todos los virreyes y ministros que vienen de España, son justos, son desinteresados, son santos hasta que la ambición y malicia de los caballeros les enseñan el camino de perdernos por comprar puestos con nuestro sudor, pues solos nosotros pagamos las imposiciones que hacen sus plazas, y ellos se llevan los premios, nosotros sin agradecimientos nos desangramos por acudir a los aprietos de nuestro Rey, y a ellos que vienen de defraudar las gabelas se atribuyen las finezas, venden nuestra sangre con sus votos y llamanse leales, quien de los otros tiene en su casa segura la hacienda, la vida, ni la honra de la crueldad, codicia y sensualidad de los nobles"[113].

Continúa este líder de los sublevados napolinatos su discurso haciendo mención a los privilegios con que contaba la nobleza, en detrimento de las empobrecidas haciendas de las clases populares:

"... quisiera yo saber que ley divina les concede estos privilegios sobre nosotros, así la naturaleza los hizo de diferente materia para hacernos sus esclavos, la verdadera nobleza que diferencia la igualdad de los primeros hombres nació de la virtud y engendra la verdad de las costumbres, la obligación del caballero no confiesan ellos mismos que es el no consentir agravios, socorrer al obligado, y defender con su propia vida al miserable de la opresión del poderoso. Si en estas falta toda virtud viven como fieros de nuestra sangre, temen al soberbio y persiguen al desdichado, ya no son caballeros que solas las riquezas no dan nobleza, aunque la conservan y si son mal adquiridas la quitan, serán los que nos libraren de la opresión de su tiranía, somoslo nosotros mismos que estemos lo más hecho que es el haber tomado las armas, no las soltéis de las manos hasta ver a vuestros pies su soberbia, sin perdonar ninguno que aunque sea, y muchos buenos a quien benignamente por sus acciones y llama el común aplauso, padres de la patria, sus hijos serán malos y enfrentados son nuestros enemigos..."[114].

Don Juan de Austria en tierras de Italia. Nápoles

El panorama que se mostraba a la Monarquía Hispánica parecía desalentador en múltiples frentes. Ello hizo que pronto comenzase a formarse la carrera militar de don Juan de Austria, marchando al frente de los ejércitos de la Monarquía Hispánica. En este momento tocaba el reino de Nápoles[115]. Dicho territorio italiano pertenecía a ese Imperio de los Austrias, que en esta época de Felipe IV comprendería:

---

113 B.N., mss., 2.378, pp. 300 y ss.

114 B.N., mss., 2.378, pp. 300 y ss.

115 Sobre aquel grave conflicto que de manera tan determinante estaba a punto de afectar a los intereses de la Monarquía Hispánica, resulta interesante el análisis que nos transmite Rosario Villari en *La revuelta antiespañola en Nápoles. Los orígenes (1585-1647)*, Madrid, 1979.

"...nell'Italia Napoli e Cecilia tenuti in feudo dilla Chiesa Apostolica per una Chinea et sei mila scudi l'anno, che l'Imperatore Carlo Quinto già ne pagava dieci mila per la dispensa, che a lui si convenida come a Imperatore anticamente ne pagava 40/m che l'assolutione ne fu fatta a Ferdinando primo da Papa Pio Terzo. Possiede di pù lo satado di Milano, il quale contiene sotto di se quello di Siena dàto in feudo o sottoinfeudato alla Casa de Medici. Il Machesato di Finale, e la signoria di Pontremoli, i quali statu tutti sono tenuti en feudo libero dall'Impero. Possiede di più l'isola di Sardegna sotto nome di Regno, e satato libero, ma è poco prezzata da Sua Maesta, lasciando quella speso in preda a corsari mentre si serve delle loro galere per guardia della Cecilia, dovendo un falcone l'anno"[116].

Así las cosas, y con la intención de terminar con dicho problema, y con aquella primitiva flotilla asignada, compuesta por 6 galeras, al mando de las cuales se encontraba don Luis Fernández de Córdoba, gentilhombre de la cámara de don Juan de Austria; a ello habría que añadir treinta y un bajeles de guerra, y ocho de fuego, a cargo de don Jerónimo Gómez de Sandoval, del Consejo de Guerra y capitán general de la armada del Mar Océano. Allí se embarcarían tres mil quinientos treinta hombres de guerra y tres mil cuatrocientos veintisiete de mar.

La previsión era que más adelante se agregasen a aquellos navíos las galeras de las escuadras de Nápoles, Sicilia y Génova, además de la escuadra del general Masibradi,

"... habiendo prevenido Su Majestad su expedición al duque de Arcos, con advertencia de prevenirles la presteza posible en su viaje, y le hiciesen las galeras por Cerdeña, y los bajeles por fuera de la isla, a la parte de berbería, tomando de paso lengua en la costa de aquel reino, por si hubiese noticia de los andamientos del enemigo, o les hubiese deseado el señor don Juan alguna orden, para según ella torcer el camino a la parte que dispusiese..."[117].

Pronto zarparían hacia su destino italiano, entendiendo don Juan que cuanto antes saliesen hacia su misión mejor serían los resultados. En este sentido se puso proa hacia la isla de Menorca, pero sin olvidar la cercana presencia del enemigo francés. De este modo se interesó por cualquier noticia que pudiese llegar a sus oídos sobre la actividad de los navíos y tropas galas, aunque sin perder la vista del puerto de menorquí de Mahón:

"y puesto que su viaje había de ser en derechura a puerto Mahón, sin entrar con la armada en Cartagena, porque no causase retardación volver a salir, procurase no pasar de la costa de Valencia sin estas noticias, y caso que tomase la derrota de las islas antes de pasar la playa, avisase con salva o barco... al conde de Oropesa, virrey de Valencia, y a don Rodrigo de Borja, que gobernaba Vinaroz, su pasaje, pidién-

116 B.N., mss., 10.306, p. 106.
117 B.N., mss., 2.378, p. 49.

doles le enviasen con la misma embarcación los avisos que allí se hubiesen de todas partes, y que siempre que llegase cosa que era nueva, digna de la que supiese, se la remitiesen con las embarcaciones destinadas a aquellos parajes...”[118].

En la localidad de Cartagena, en donde se le unirían nuevas galeras a su flota, vinieron a darle la noticia de la llegada a Barcelona de una flota francesa, transportando un contingente de 8.000 hombres, cuyo previsible destino sería un ataque a las localidades de Tarragona o Tortosa. Don Juan se dirigió al Principado buscando el encuentro con sus enemigos, pero en Peñíscola tuvo noticia de que los franceses habían desembarcado para reforzar el asedio que tenían puesto sobre Lérida, y que los barcos habían retornado a Francia. Dichas noticias serían posteriormente confirmadas en Tarragona, donde había realizado una escala estratégica don Juan de Austria, motivada por la guerra que ya desde hacía años venía asolando aquellas tierras de Cataluña.

Existe un interesante documento que viene a narrar aquel intento de las tropas francesas de hacerse con el control de la localidad de Lérida, en donde vemos de primera mano la actuación heroica de aquellas tropas españolas, al mando de su gobernador Gregorio Brito, contra las pretensiones de tomar aquel lugar por las tropas mandadas por el príncipe de Condé[119], el cual les llegó a acusar de usar armamento no convencional contra sus hombres, y aunque páginas más tarde trataremos más profundamente la cuestión del intento de secesionismo catalán, no nos resistimos a introducir en este momento esta tan interesante narración:

“Relación fidelísima de todo lo sucedido en el sitio de Lérida este año 1647. La rota que dio el valor español al conde de Harcourt el año pasado de 1646, sobre Lérida, haciéndole perder el nombre de invencible, y a sus trincheras el de insuperables. Empeñó este año de 1647 al enemigo a situar otra vez esta plaza, aspirando a la bizarría francesa a cobrar el honor en el mismo puesto donde el año pasado lo había perdido.

A 12 de mayo con catorce mil infantes y tres mil caballos puso sitio el príncipe de Condé a esta plaza, habiendo hecho primero punta a varios puestos para divertir y engañar a Tarragona, por haber pasado nuestra cerca de ella un gran trozo de su ejército a Tortosa, porque tenía alojada a su contorno mucha caballería. Los de me-

---

118 B.N., mss., 2.378, p. 49v.

119 Luis II de Borbón, cuarto príncipe de Condé, llamado el *Gran Condé*. Nació en París en 1621. Militar francés que vino a ser considerado como uno de los más competentes y cualificados de su tiempo. Con 22 años, al mando de las tropas francesas, derrotó a los tercios españoles en Rocroi (1643), con lo que abrió el camino a una victoria francesa en la *Guerra de los Treinta Años* (1618-1648). Ello fue posible con sus nuevas victorias en Friburgo (1644), Nordlingen (1645) y Lens (1648), que condujo al Tratado de Westfalia (1648), éxitos militares que vinieron a acrecentar su poder. Durante la conspiración de *La Fronda* tomó partido por la Corona, pero Mazarino le hizo encarcerlar por sus elevadas pretensiones (1650). Liberado un año después, dirigió la “*Fronda de los príncipes*”. Más tarde, y en clara demostración por los apoyos dados por Felipe IV en aquellos momentos de prisión, se puso al servicio de los españoles compartiendo éxitos y derrotas al lado de Juan José de Austria, pero, después de la *Paz de los Pirineos* de 1659, retornó a Francia con todos sus honores y dignidades. Moría en Fontainebleau en 1686.

jor parecer creyeron que su intento era sitiar a Lérida porque el enemigo tenía gran apresto de víveres y municiones en Cervera, y barcas para echar puente al Segre.

Antes que el de Condé plantase el sitio, a 9 de mayo salió el invencible don Gregorio Brito, gobernador de Lérida con ochocientos caballos y mil y quinientos infantes de la guarnición de Lérida y Fraga, a quemar las barcas que tenía el enemigo en Cervera, mas por haberse ejecutado la marcha por rodeos, y descaminos a fin de obrar con secreto, y sin ser descubiertos tardó tanto que nos amaneció en Agramunt, y así por huir del peligro de ser cortados nos retiramos porque el enemigo estaba cerca con el grueso de su ejército. Marchó a Fraga la gente de su guarnición y la de Lérida se encerró en la plaza.

Domingo a 12 de mayo amanecieron batallones de infantería y caballería del enemigo, y cortaron la comunicación, y paso de Fraga, a tiempo que ya el gobernador de Lérida había guarnecido a orden con trescientos infantes escogidos y dispuestos, que los paisanos de la plaza de Lérida se encargasen del sustento de los soldados. Acudieron los paisanos con gusto la liberación y fineza grande, conociendo que de la conservación del soldado pendía la conservación de la plaza.

A 20 de mayo rindió el enemigo a Casteldases, sin otorgarles cuartel, a lo que se dice, a mayo de que un puesto tan flaco se hubiese costado tanto.

A 26 derrotó y dividió el puente el Segre, con una avenida, al enemigo. Don Gregorio Brito, que no pierde lance, ni sazón, considerando el puente interrumpido y dividido en dos metales salió con la caballería y doscientos infantes en grupa, dio sobre las tropas del enemigo que había ya pasado el río, y no podía ser socorridos de los otros que estaban de la otra parte del río, por no estar aun reparado el puente. Perdió el enemigo cien hombres y treinta caballos, hicimos veinte prisioneros. De nuestra parte murieron cinco, y el enemigo hizo ocho prisioneros. A la mañana remitió el gobernador los prisioneros al de Condé, y este al gobernador los ocho que tenía en su poder con una carga de nieve y cerezas, dando a entender que no están desavenidos los rigores de la guerra con la urbanidad y cortesía. Salía a este tiempo algunas veces nuestra caballería a forragear, y así era lance inevitable escaramuzas con el enemigo, y le cogimos algunos caballos y mulas e hicimos algunos prisioneros"[120].

Pero la crónica que analizamos continúa indicando lo acontecido en los días siguientes, haciendo mención que el:

"Lunes a 27, reparó y reunió el enemigo el puente y dio principio con tres mil hombres al ataque del castillo por lo más difícil e insuperable.

Martes a 28, hizo muestra artillería gran daño al enemigo, bien prevenido y arrogado de cortaduría.

Miércoles a 29, intentó ocupar el convento de San Francisco, mas el valor de sólo diez soldados les obligó a desistir de la empresa, con pérdida de gente y más de reputación, pues a tan corto número de gente halló tan valerosa resistencia.

---

[120] B.N., mss., 2.378, pp. 251 y ss.

Lunes a 30, perdió el enemigo en el avance casi todo un tercio, después de haberse peleado tres horas comenzó a minar el convento de San Francisco, pero los nuestros con bombas y granadas y guirnaldas trabajaban alentadamente en estorbar las minas, pero el enemigo obraba con tal tesón que voló el campanario. En esta ocasión murió el insigne capitán Ribagudo, asomándose para tirar una bomba. Plantó el francés la batería con otra el muro de San Martín, con siete gruesos cañones de 50 libras de bala.

Como el enemigo obraba con tanta violencia y continuación en los ataques, minas y baterías era fuerza que nuestra fortificación padeciese, y así la fatiga y trabajo de los nuestros en los reparos, y surtidas era grande y frecuente, de forma que algunos soldados de naciones fatigados y desmayados de la continua tarea buscaban el alivio en el escape, escogiendo antes huirse al enemigo en la campaña, que aguardarle victorioso dentro de la plaza. Barruntó la malignidad de estos designios el gobernador, como tan atento en todo y valiéndose de su prudencia y eficacia, alentó los ánimos caídos y redujo a los flacos" [121].

Ya entrados en junio:

"A los primeros de junio le entraron al francés grandes reclutas de soldados, que las había bien menester, por hallarse bien minorado de gente, que había perdido en los ataques. Envió el de Condé un trompeta al gobernador advirtiéndole que reparase no era buena la guerra que hacía, porque las balas que arrojaba de la plaza eran tan malignas, que heridas al parecer ligeras, y de poca monta pasaban fácilmente a mortales. Respondió el gobernador que las balas eran las que Su Majestad Católica le había enviado de Vizcaya, sin haberlas confitado ni dándoles otro baño diferente del que traían de allá, que holgara tener otras más ajustadas al gusto de Su Alteza.

A 4 y 5 de junio hicieron sortida los nuestros de noche por la puerta de los infantes con gran destrozo del enemigo, que desamparó el puesto, y le quemamos las galerías, mandándole más de 300 hombres, y otros tantos heridos. De los nuestros murieron don Antonio Palacios, don Miguel Sánchez, y el alférez don Juan Monterrey.

Como los nuestros hacían la sortidas de noche los tenían por avechuchos, y así acordaron los franceses velar algunas noches. Entendiolo nuestro gobernador e hizo este discurso: estos velan de noche, y así es fuerza duerman de día. Dispuso una salida a las doce de medio día, y estando a este tiempo el santísimo Sacramento patente, y asistido del clero, 200 hombres de los nuestros dieron repetidamente sobre tres regimientos del enemigo, que dormían como se había sospechado, y sucedió la facción tan dichosamente que perecieron casi los tres regimientos. Hicimos algunos prisioneros, y entre ellos el ingeniero mayor. Quedaron los franceses tan aturdidos y amedrentados que traerlos a los ataques era como llevarlos al suplicio.

El gobernador a vista de tan buen suceso hizo tañir las campanas de la plaza, para alentar y alegrar la gente con que todo era aclaratoria. Los ecos de estos aplausos y aclamaciones fueron lanzadas para el príncipe de Condé. Montó al instante a caballo

---

121 B.N., mss., 2.378, pp. 251 y ss.

y vino a reconocer sus trincheras y hállolas convertidas en sepulcros de muertos. Más de 500 murieron solo este día, y entre ellos gran número de sectarios y herejes, que había en los regimientos de suizos derrotados, con que el infierno acrecentó el número de sus habitadores con los nueve huéspedes. Con este suceso creció el temor y terror a los franceses, de forma que para arrastrar la infantería a los ataques no hallaban medio, sabiendo que lo mismo era venir a ellos que tomar pasaporte para la otra vida.

A 8 de junio por la tarde hizo amagos el enemigo de dar asalto general y entrar en la plaza por escalada, porque había ya reparado escalas, y venía avanzando con el grueso de su ejército hacia San Francisco. Estaba nuestro gobernador en el muro observando el camino del francés, llegó una bala del ataque que le pasó el sombrero y mató a sus espaldas a don Alonso de Vera, sargento mayor de Pedro Estéril. En esta ocasión se le pegó fuego al enemigo a unos barriles de pólvora, y así todo su aparato se resolvió en humo.

Para alentar la infantería desmayada, y asegurar su asistencia en los ataques, desmontó el de Condé la caballería, y la armó de picas y chusos para hacer rostro a los nuestros si salían. Sucedió así porque a 11 les embistieron los de la plaza, con tan buen suceso que se vio obligada la nobleza de Francia a de amparar el pueblo con muerte de 200. Apoderase nuestra gente de las minas, prendió los minadores y son cabos de importancia.

En esta ocasión salió nuestra gente armada con armas arrojadizas, de bombas y granadas, los que desbarataban escuadrones enteros. De nuestra gente hubo doce muertos, y 10 heridos. Esta sortida fue de tanta reputación como la de seis no por el estrago, que fue menor, sino por el valor con que se peleó, y por haber hallado al enemigo prevenido en velar y puesto en arma.

A doce dobló el enemigo la guarnición del ataque, mas fue para su mayor ruina, porque como la gente estaba espesa, apenas perdía tiro nuestra artillería. Llegó a pedir treguas el francés para enterrar los muertos, pero como las pidió de la campaña, y no con trompeta y por la puerta, como se usa no fue oído.

Aunque le costaron caros los avances, prosiguió el enemigo con bizarría a ganar tierra, formando nuevas galerías, y reparando las que le había deshecho. Voceaban los franceses, que presto acabarían de atacar una mina para volar el castillo, y que no habían de dar cuartel a nadie. El señor gobernador, sin hacer caso de estas voces, obraba con el valor y constancia que siempre. Dispuso una salida, que se ejecutó a 14 entre dos y tres de la tarde, saliendo el mismo por cabo sin que el riesgo de su persona ni los ruegos de los que sabían lo mucho que importaba su vida para la conservación de la plaza, le pudieron detener en esta ocasión.

También se retiró el enemigo con pérdida de mucha gente y reputación, obligándole a resistir de sus avances, con esto ganamos tiempo para reconocer las minas, cercárselas y ganarle trincheras y galerías..."[122].

Pero volvamos nuevamente al estado de las cosas de don Juan de Austria, en su marcha hacia tierras de Nápoles. Cuentas las crónicas que estando el hijo de Felipe IV

122 B.N., mss., 2.378, pp. 251 y ss.

en la ciudad de Tarragona fallecería un destacado oficial del príncipe, don Jerónimo Gómez de Sandoval. Este hecho llenaría de tristeza al hijo de Felipe IV, en particular, y al resto de sus fuerzas, en general. Después de aquel infortunio, y ante la apremiante situación de Nápoles, pronto saldrían nuevamente a la mar:

> "Después del reciente infeliz suceso que tenía don Juan se detuvo más algunos días en la costa, esperándose se le ofrezca algún lance que le diese bastante hábito para lo que se le proponía o (por mejor decir dio aquella poca dilación a los deseos y celo de tantos catalanes afligidos, sin embargo del conocimiento que tenía de que resolución tan grande necesitaba de mucho más tiempo y de otros instrumentos para su madurez y acierto). Declarase el desengaño al mismo tiempo que la armada reforzada de siete navíos de la de Nápoles, recibió Su Alteza orden de pasar con todas las fuerzas a los mares de Italia, tomando el rumbo por la parte que se juzgase poder encontrar la armada de Francia, y que donde quién que se hallase pelease con ella, y la siguiente hasta encerrarla en sus puertos, procurando aun dentro de ellos deshacerla o quemarla, y que llegando a Nápoles ajustase con el duque de Arcos, virrey de aquel reino, la forma de recuperación de Portolongón y Plombín, en conformidad de las órdenes que tenía".[123]

En su camino hacia tierras Italianas, y tras salir de puerto peninsular, llegaría en primer lugar a la ciudad de Palma, tras tres días de navegación, en donde se celebraría su llegada con salvas disparadas desde el castillo de Bellver. Allí serían recibidos por el conde de Montoso, virrey de aquel territorio; el obispo con su cabildo, la inquisición, los jurados y la nobleza más principal, juntamente con una enorme multitud de gentes de aquella isla. En aquella localidad permanecería durante tres días, en los que aguardó la llegada de noticias de la presencia de bajeles enemigos, antes de partir rumbo al puerto de Mahón. Cuentan las crónicas que durante ese tiempo que permaneció en la llamada isla de la calma, fue singular la aplicación del virrey de aquellas tierras, juntamente con toda la nobleza local, en procurarle el regalo y divertimiento posible en forma de paseos, fiestas y otros tipos de saraos, a las horas que mejor cabía cada uno de aquellos. Sin embargo, llegado el día de Nuestra Señora de agosto,

> "y habiendo descubierto las torres de hacia Tarragona, parte de los navíos, quiso Su Alteza, no obstante el viento contrario, embarcarse la noche siguiente para… a puerto Mahón"[124]

Efectivamente, desde el puerto de Palma partieron rumbo a Menorca, hacia la localidad de Mahón. El viaje no fue especialmente tranquilo, puesto que el estado de la mar y del viento no vinieron a acompañar a don Juan en ningún momento de aquel corto, pero como vemos tortuoso viaje:

---

[123] B.N., mss., 2.378, p. 113.

[124] B.N., mss., 2.378, p. 114.

> "Mas por otra parte se conjuraban los vientos para retardarlas, no pudiendo llegar a Mahón menos de tres días, donde le costó otros cuatro de inquietud hasta ver junta toda la armada, sin los que fueron menester después para aderezar lo que habían padecido algunos navíos en las borrascas pasadas, y en agravar que mejorase el tiempo"[125].

Señalan aquellas crónicas, que mientras se concentraba la flota en dicho puerto, que tuvo lugar el jueves 22, además de verificar el estado de la misma y efectuar las reparaciones que fuesen necesarias, llegó a aquel lugar el duque de Cursis, del Consejo de Estado, con orden de ponerse al servicio de don Juan de Austria. El viernes 23, hubo un consejo en donde se recomendó a Su Alteza que cambiase de navío, utilizando como transporte la capitana del Mar Océano, debido al riesgo que conllevaba en la Real, por tratarse de una galera vieja, además de tener que atravesar los golfos, sin perder de vista la posibilidad de un encuentro accidental con la armada francesa.

Pronto saldrían de nuevo aquellos ejércitos a la mar. En concreto el miércoles 28 se zarpaba rumbo a tierras italianas, aunque las tempestades hicieron volver nuevamente a puerto a esta expedición, dibiéndose esperar hasta al primer domingo del mes de septiembre. Durante la travesía se producirían algunas anécdotas y acontecimientos más allá de los típicos de un viaje en navío de guerra. Así, el 4 se septiembre se posó un águila en el barco, que fue abatida por don Juan de un arcabunazo. Tres días después se avistó un navío por la popa de la armada, que siendo reconocido se vio que era genovés. Al subir a bordo aquellas gentes, informaron a don Juan de que la armada francesa estaba en Puerto Longón, y que constaba de 30 bajeles y 18 galeras. Además les comentarían como había enfermado la gente de dicha armada.

El día 9, a seis leguas de la costa de la Francia, comenzó un temporal de tal magnitud que hizo que las galeras desapareciesen, y la capitana se atravesó por no descaer. Este acontecimiento haría que nuevamente volviesen los navíos al puerto de Mahón, entre otras cuestiones para reparar los enormes daños que habían sufrido. Durante estos días enfermó don Juan, teniendo que ser atendido –y sangrado– por sus médicos.

Con todo pronto volverían a salir a la mar, llegando finalmente su expedición a Nápoles el 1 de Octubre, con la clara intención de terminar con el motín popular que azotaba al territorio italiano:

> "Martes 1º de octubre, al amanecer se halló la armada a barlovento de la isla de Nisita, y este día, a las dos de la tarde a la vista de Nápoles, de donde se despachó en una faluca a don Luis de Guzmán, teniente de maestre de campo general más antiguo de la armada para que fuese por las cartas del correo de España, de que se hizo mención en Mahón, y volvió con ellas antes de dar fondo, y llegó toda la armada sobre Nápoles, tan junta e igual que hizo la más hermosa vista que se puede imaginar. Empezaron los castillos hacer salva real a la capitana, que respondió con cinco piezas, salieron las galeras de Nápoles a recibir y en su capitana venían su go-

[125] B.N., mss., 2.378, p. 117.

bernador general Joanetin Doria, el marqués de Zara, heredero del duque de Arcos, y su yerno el marqués de Lombay, heredero del duque de Gandía, don Juan Chacón, visitador del reino de Nápoles y otros muchos caballeros soldados y cortesanos del reino y españoles..."[126].

Como hemos advertido de la lectura de los textos precedentes, cuando arriba a aquellas tierras don Juan, en octubre de 1647, era virrey de Nápoles el duque de Arcos, llamado Rodrigo Ponce de León, quién informó con urgencia al hijo de Felipe IV de la situación que allí se vivía:

> "... y que por asistir a las cosas de la inquietud de la ciudad, no venía luego a besar la mano de Su Alteza. Ya se ha hecho relación del origen de estos tumultos y lo que después sucedía fue que el pueblo prosiguió en hacer desafueros y saquear las más casas de la nobleza y otras de hombres de negocios que se dijo lo robado y quemado importó muchos millones tres días antes de llegar la armada pidieron al duque le entregase los castillos, y acometieron al de Santelmo y empezaron a minarle y la noche antes que se descubriera la armada por las calles con una bocina iban pregonando quien supiese de ello lo dijese, que le darían 45.000 reales..., en este miserable estado se hallaba Nápoles cuando llegó el señor don Juan, con que los leales le aclamaban por su redentor, y los sediciosos quedaban temerosos de su castigo. Esta noche a las 9 vino el duque de Arcos a ver a Su Alteza, y con el príncipe de Ascudí, y otros caballeros fundando toda la restauración de la ciudad y reino en Su Alteza"[127].

El duque de Arcos, le transmitió datos de cómo había surgido una serie de caudillos populares, de cómo éstos ejercían su poder e influencia en determinados barrios de la ciudad, en particular, y del resto del territorio, en general, y de como en el trasfondo de todo ello se hacía sentir, una vez más para el pesar de la Monarquía Hispánica, la larga mano de Francia, en donde uno de cuyos objetivos políticos era desestabilizar este territorio español.

Resulta curioso observar, como el miércoles 2 por la mañana, numerosas falucas se acercaron al navío de don Juan de Austria, para aclamarle y darle la bienvenida. Una vez acabado de vestir, tuvo a bien dar audiencia a muchos caballeros, ministros y otras personas del pueblo napolitano. Tenían la idea de transmitir al hijo del Rey la situación existente en aquellas tierras italianas. Así, sobre las tres de la tarde de ese día fueron subiendo a La Capitana aquellas personas, según las crónicas casi cien, siendo recibidos unos cincuenta por don Juan en la cámara de popa. Una vez en su presencia se arrodillaron pidiendo perdón, y con lágrimas suplicaron el perdón por los hechos que venían aconteciendose, desde un tiempo a esta parte en el reino de Nápoles. Acabado el encuentro, entregaron como presentes a don Juan carnes, frutas y dulces que gratamente aceptó, y luego repartió entre los miembros de su tripulación.

---

126 B.N., mss., 2.378, p. 343v.

127 B.N., mss., 2.378, p. 333.

Esa misma tarde llegaba al puerto de la ciudad el cardenal Trivulcio, procedente de Santo Domingo Soriano, el cual se disculparía de acudir a besar la mano de don Juan hasta el día 3, cuando vino a verle con gran séquito de caballeros y criados, siendo recibido en audiencia con agrado y con las ceremonias dispuestas por las instrucciones del Rey. Una vez acabada la entrevista fueron citados numerosos nobles y ministros, además de plebeyos, que habían resultado afectadas por aquella revuelva popular en sus personas y bienes, para que informasen de los sucedido.

También fueron rápidamente recibidos por don Juan otros personajes. En este sentido, el viernes 4, cuando finalizaba el día, don Francisco Torralba acudió a la Capitana con unos cabos de los sediciosos, durando la entrevista entre ambos durante un largo rato. Finalizada la reunión pasarían todos a postrarse a los pies del bastardo regio.

Una vez convenientemente informado, don Juan redactaría un memorial dirigido a la Corte, en el que ponía en conocimiento de su padre las acciones que consideraba adecuado emprender, y en donde una disminución de las cargas tributarias conformaban un importante papel:

> "... parece de lo que públicamente se ve y oye a todos y las relaciones que se me han hecho, así por parte de la nobleza de esta ciudad, como de los ministros de Su Majestad, que lo que más conviene a su Real servicio, es acomodar las cosas de la misma ciudad de Nápoles y todo su reino, que se hallan en tanta desunión por haberse interpuesto el pueblo a la derogación de las gabelas y de todos los servicios que contribuyen a Su Majestad con las demás circunstancias y sucesos que ha habido..."[128].

Complicada era la realidad napolitana. El rigor de las exacciones fiscales de los últimos ejercicios se había convertido en la piedra angular de aquella revuelta popular. Las clases medias, además de la burguesía local rechazaban de plano el privilegio nobiliario que equivalía a su exención tributaria, no porque ello supusiera un agravio, sino porque ello significaba soportar mayores cargas[129]. Pero es que además, si todo aquel fuego era avivado por los intereses políticos y económicos de Francia, acabaría por convertir a dicho territorio en un auténtico polvorín.

Y así fue la opinión de muchos. O se actuaba rápidamente, o aquello podía tener un fin terrible. Así las cosas, el sábado 5 llegaba un mensaje procedente de Roma, en donde el embajador –conde de Oñate– avisaba sobre lo que ocurría en Nápoles, pidiendo al Santo Padre que interviniese en este conflicto, obviamente a favor de los intereses de Felipe IV. Sobre esta intervención, nos indica, desde unas perspectivas nada favorables a don Juan de Austria, el padre Alberto Risco lo siguiente: ". ...le quedaba a don Juan otro medio de buscar por sí mismo la concordia, el que había puesto en juego antes del trágico desenlace del príncipe, y era escribir al conde de Oñate, embajador de su padre ante el Papa, suplicándole obtuviera de éste el pronto

128 B.N., mss. 2.378.

129 Calvo Poyato, J., *Juan José de Austria...*, op. cit., p. 34.

envío de un legado que fuese medianero de paz. El Papa, los cardenales y el conde de Oñate aplaudieron la idea. Este, por su parte, notificaba enseguida al señor don Juan *que Su Santidad estaba informado de que el pueblo no se fiaría jamás del duque de Arcos, ni llevaría a efecto ningún tratado, mientras él no dejara el gobierno.* Era para el bastardo tocar a gloria, y aunque el conde nada le proponía de la destitución del virrey, don Juan la dio ya por hecha. *Decid a Su Santidad, escribía al embajador, que al punto que se reciba noticia de haber nombrado Legado, desistirá el duque en el ejercicio de su cargo y pasará a España en la primera ocasión*"[130].

Pero, además, ese mismo día se conoció la auténtica voluntad de los sublevados, que no era otra que la de entretener a los fieles a Felipe IV con sumisiones y rendiciones ficticias, además de vislumbrarse importantes intereses franceses y de potentados italianos en aquella revuelta.

La situación era explosiva en los barrios populares de la ciudad, como los del Mercado, de Lavinaro y de la Conchería, y para neutralizar aquellos actos don Juan ordenaba, el sábado 5, que bajasen a tierra 3.000 infantes de la armada, y juntamente con la gente de los castillos ocupar los lugares más conflictivos. Esa importante misión sería encomendada al barón de Batibila, en quién concurrían todas las dotes necesarias para dicha empresa. Pronto se puso en ejecución aquel plan con algunos tercios y compañías. Así, el marqués de Zara tomó el cuerpo de guardia de Santa Lucía, don Próspero Totabila tomaría Picifalcón, haciéndose fuerte en la casa del marqués de Bribico; los tercios de la armada fueron subiendo a ocupar San Martín y Santa Lucia del Monte, tomando también las bocacalles que entraban en la plaza de Palacio, a pesar de la numerosa gente que trató de impedirlo.

Se llegó a tal extremo que desde la flota se abrió fuego contra la población, y la lucha en las calles, a veces cuerpo a cuerpo, se convirtió en la estampa más corriente de la ciudad:

> "Las galeras remolcaron algunos navíos, haciendo frente a toda la parte de la ciudad del Torreón del Carmen, a donde los sediciosos tenían una fortificación con cuatro piezas, pusiéronse en ala 17 navíos y las galeras a lo largo, y empezaron a batir la ciudad una hora antes de amanecer"[131].

Fruto de esta primera acción bélica, no tardarían en aparecer los primeros en rendirse a las tropas de don Juan, al mismo tiempo que las tropas españolas iban haciéndose con el control de calles y cuarteles. ¡Cuán equivocados estaban!

El domingo día 6 de septiembre continuaría el bombardeo sobre la ciudad, reinando la confusión a la hora de recibir noticias fidedignas de lo que acontecía dentro del recinto napolitano. Lo que si resultó ser del todo cierto fue el hecho de haberse hecho con el control de las fosas del trigo, que estaban fuera de la puerta del Espíritu Santo. Al mismo tiempo, los napolitanos contraatacaban armados con mosquetes disparaban

---

130 Risco, A., *Don Juan de Austria, Hijo de Felipe IV. Juan de la Tierra*, Madrid, 1918.

131 B.N., mss., 2.378, p. 343.

a todo aquel que se presentaba delante de ellos, haciendo retroceder a las tropas españolas de algunos lugares. Incluso aquella misma noche pretendieron quemar las fosas del trigo, que previamente habían caído, ese mismo día, en manos de los españoles, haciéndose inútil aquel intento de los sublevados, debido a la férrea defensa que presentó un tercio de alemanes, al mando del conde Vizconde.

La tarde de ese domingo 6 de septiembre, nuevamente, se entrevistó don Juan de Austria con el cardenal Trivulcio, para tratar algunos temas relativos a aquella situación explosiva, que ambos vivían de primera mano. Entretanto, cuando ya llegaba la noche, las galeras tomarían la Casa de la Harina, retirando la misma a lugar seguro en los navíos españoles, al mismo tiempo que se continuaba con el bombardeo de la ciudad.

El lunes día 7 de septiembre, a eso de las ocho de la mañana, se acercaron tres capitanes representantes de los sublevados a solicitar entrevistarse con don Juan. Venían exhibiendo dos banderas, una de paz y otra con las armas del Rey, lo cual permitió que pudieran acercarse al lugar en donde se encontraba don Juan y sus fieles. Llevaban una carta de don Francisco Toralto, y representaron que ellos eran fieles vasallos del monarca español, el cual estaría sumamente dolido si viese como era deshecha la más hermosa ciudad de Europa. En esa entrevista solicitaban que se suspendiese el bombardeo, ya que todos estaban dispuestos a echarse a los pies de don Juan y rendir las armas.

Ante ello, la respuesta del bastardo fue la de aceptar aquellas loables intenciones, y para facilitarlo se ofreció bajar a tierra e instalarse en el palacio del virrey, lugar en donde esperaría con los brazos abiertos la entrega de las armas, además de negociar aquellos aspectos que así fuesen demandados por los sublevados.

Ese mismo día, sobre las once de la mañana fue don Juan a tierra, acompañado de sus criados. Antes de llegar a pisar la ciudad, vino navegando a su encuentro el duque de Arcos, y muchos caballeros que al verle volvieron a desembarcar, haciendo lo propio don Juan. A su alrededor se agolparon una infinidad de seguidores españoles y napolitanos, que por la seguridad se habían recogido con sus casas de Castelnovo. De ahí pasó a palacio, donde pronto llegarían numerosos príncipes y señores del reino para entrevistarse con el hijo de Felipe IV.

A pesar de todo ello, en seria controversia con las declaraciones de sumisión y de abandono de la violencia que previamente habían planteado, los sublevados se iban fortificando, además de continuar disparando desde las ventanas contra las tropas españolas, matando e hiriendo a muchos de ellos. Todo ello causaría un gran dolor a don Juan, al comprobar que nuevamente aquel acto de rendición había sido fingido.

Así las cosas, y tras visitar a la duquesa de Arcos y oír misa, volvió a embarcarse nuevamente. Al parecer los cañonazos no habían causado el fin deseado, posiblemente por tratarse de construcciones de mucha resistencia. Además, aquel pánico que al principio el bombardeo pudo tener en aquellos sublevados, se fue perdiendo tras tres días de asedio y lanzamiento de proyectiles. Esa misma noche, sobre las doce, en la puerta del Espíritu Santo y en la de Alba, en donde en un torreón y unas casas se habían fortificado los sublevados, se echaron 8 granadas provocando la muerte de 300 de los amotinados, además de un elevado número de heridos.

El martes 8 de septiembre continuaba la encarnizada lucha. Con todo, sobre las ocho de la mañana se observaron unas velas en el mar. Al principio parecían bajeles redondos, para asegurar más tarde que se trataba de velas latinas, contándose hasta diez. A medio día se descubrió que eran tartanas, y se iban a lo largo, enviándose una galera a reconocerlas, enviándose otra a los molinos por harina. En ese momento, la chusma se levantó y bajó a tierra con la galera, dando con ella a la banda y matando al capitán. Ante la situación planteada, se sacó la artillería pegando fuego contra ellos. Pronto acudiría a su socorro la capitana de Nápoles además de una fragata de Dunquerque, aunque la falta de viento impidió que la pudiesen arribar.

Parece ser que la causa de la pérdida de esta galera fue el hecho de haber desembarcado la infantería para la lucha que se mantenía en tierra, sustituyéndose aquellos hombres por alemanes, mucho menos partidarios del combate. Mientras tanto, se supo que aquellas tartanas eran gente que venía a Nápoles por la parte de Castelamar y otras marinas cercanas a la ciudad.

Después de comer, don Juan volvió a tierra, desembarcando por las atarazanas, de ahí pasó a palacio con el duque de Arcos y otros ministros, celebrándose acto seguido una junta en la cual participaría, una vez más, el cardenal Trivulcio. Cuando acabó todo aquello nuevamente volvió a la Capitana. Mientras, delante de la Casa de la Harina, había cavado la gente de las galeras una trinchera para poder conservar aquel lugar, amparado por el fuego de los navíos.

Sin embargo, los disparos de artillería que los sublevados napolitanos lanzaban desde el baluarte del Carmen afectaba tanto a aquella chusma, que la tripulación la de la Capitana, harta ya de aquel fuego enemigo, se quiso levantar y huir de aquel lugar. En ese momento, un hombre fiel de don Juan, Juanetín de Doria, y para evitar la deserción, dio algunas cuchilladas a los forzados. Pronto se avisó a don Juan de aquel problema, solicitando el envío de 200 soldados para mantener aquella posición.

El miércoles 6 de octubre, sobre las seis de la mañana, llegó un clérigo napolitano a bordo de la Capitana, diciendo que era importante que se reuniese con don Juan. Una vez a bordo, se vio con Melchor de Borja, además de con el conde de Eril, indicándoles que sabía de buena tinta que si se perdonaba al pueblo, este se rendiría a los pies de don Juan. Se le preguntó por la persona que le había informado sobre ello, a lo cual se negó a responder. Con todo, fue informado de que tuviese por cierto que don Juan siempre que se rindiesen admitiría a aquellas gentes en su gracia.

Aquella tarde, nuevamente, desembarcaría don Juan en la ciudad, entrevistándose en palacio con diferentes ministros hasta que a la noche, nuevamente, volvería a embarcarse. Allí llegarían dos clérigos, uno era el padre León Franco, confesor de Francisco Toralto; y otro era un cura de la Catena, en el barrio de Santa Lucía. La idea que traían era la exponer a don Juan la posibilidad de llegar a algún tipo de tratado, que permitiese el abandono de aquel sangriento enfrentamiento. Mientras los enemigos, desde el baluarte del Carmen, con su artillería hacían gran daño a los navíos, y desde la puerta del Espíritu Santo, en un breve espacio de tiempo, vinieron a levantar trincheras para hacer frente a las tropas de don Juan.

Por otro lado, se reconoció algo que cada vez parecía más evidente: los más de 160 cañonazos que se habían disparado desde los navíos habían causado pocos estragos, mientras que los que los españoles habían recibido, sin embargo, habían ocasionado importantes desperfectos.

Por aquel motivo se decidió hacer una trinchera en el muelle de la Torre de la Linterna, para ubicar allí la artillería y retirar las galeras y navíos del radio de acción de los cañones de los sublevados. Aquella acción sería realizada la noche que iba desde el jueves 10 al viernes 11.

A lo largo de los siguientes días continuaron las escaramuzas, los atentados, los apresamiento de sublevados y otras acciones de hostigamiento realizados por ambas partes en conflicto.

Los prisioneros ya comenzaban, además, a contarse por centenares. En este sentido, cuentas las crónicas como mientras el domingo día 20 se acercaban tanto el virrey como el cardenal Trivulcio a ver a don Juan, a bordo de una galera y numerosas malucas, llegaba el príncipe de Belmonte trayendo a 200 bandidos.

El sábado 26 de octubre los sublevados degollaron a dos religiosos, publicando unos manifiestos exhortando a la nobleza para que acudiese en ayuda de ellos. En la puerta de Medina, vino a hallarse un alférez napolitano que había escrito al populazo que le entregaría la puerta. Se supo por una mujer que traía un papel conteniendo dicha declaración. Una vez apresado fue ahorcado allí mismo.

El domingo 27 de octubre resultó crucial para los derroteros del conflicto napolinato, ya que los sublevados se declaraban como república independiente, bajo la protección de Francia, cuyo Rey en muestra de apoyo les enviaría soldados, dinero y municiones, además de 50 navíos y 30 galeras de armada. Ese mismo día corrió la voz de que después de la muerte de Toralto, había acudido el pueblo a Marco Antonio Brancacho para designarle como su general, sustituyendo a Toralto. Al preguntarle a aquellos ¿como se debía hacer aquella guerra, si de veras o de burlas?, vinieron a responder aquellos *que a sangre y fuego*, diciéndoles que entonces no había de quedar español con vida, gritando los presentes ¡*mueran los españoles*! Acto seguido comenzaron a quitar de las calles los retratos del Rey de España, despachando al embajador de Francia a Roma, dándose cuenta de su relación. Cuando recibieron la respuesta de aquel diplomático, la carta sería leída al pueblo napolitano, los cuales aclamaron a Francia.

El miércoles 6 de noviembre llegó un correo procedente de Sicilia, informando de la muerte del marqués de los Vélez, virrey de aquel territorio insular, decidiéndose que pasase el cardenal Trivulcio a ejercer aquella vacante.

El viernes 15 de noviembre se acercó a hablar con don Juan el Nuncio del Papa. La idea era involucrar, como así fue en efecto, a Su Santidad en las negociaciones de paz con los sublevados.

Una semana después, el 22 de noviembre, pasó eln clérigo de San Juan la Mayor, dando noticia del juramento realizado por el duque de Guisa, en virtud del cual se alzaba como primera autoridad de los sublevados, además de jurar sobre los evangelios guardar fidelidad al pueblo. Ese mismo personaje, el martes 26, había pedido a los rebelados que le autorizasen a ir a la búsqueda de la armada de Francia, para conducirla más rápidamente al enfrentamiento contra los navíos y tropas de España. Sobre este personaje, insiste Risco, que el tiempo corría. Pasó el mes de octubre y parte del de noviembre. Los alborotados napolitanos acababan de declararse abiertamente contra el Rey de España, aclamando por su Rey al duque de Guisa, don Enrique de Lorena, que a marchas forzadas llegó de incógnito a la capital, en tanto que las galeras francesas daban vista a Nápoles, dispuesta a sostener los fueros del descendiente de la casa d'Anjou[132].

El domingo 8 de Diciembre se avisó de que el duque de Guisa se encontraba muy enfermo, indicando algunos que le habían envenenado, y que a los letrados que movían las conversaciones de paz entre España y los sublevados los habían degollado.

El miércoles 18 de diciembre, a las 9 del la mañana, desde el castillo de San Telmo se descubrió la presencia de veintidós bageles en el mar, que venían hacia Nápoles con el viento en popa. En un principio pareció que se trataba de la armada francesa, lo cual preocupaba a los españoles, al estar sus navíos desprevenidos y desunidos, presunción que, efectivamente, poco después se confirmaría. Aquella armada de Francia, con viento de popa fue entrando en el puerto, contándose un total de 28 velas.

Con la premura que la situación demandaba, aquella tarde se realizarían las prevenciones más urgentes y posibles, por lo imprevisto y precipitado de esa presencia de tan poderoso enemigo. Esa misma noche se mandó una galera a Castelamar y otra a Baya, con el encargo de que avisaran a los navíos y galeras españoles que se encontraban en esos puertos, para que rápidamente viniesen a Nápoles a reforzar a los ejércitos de Felipe IV, encargo que solamente pudo cumplir la primera de ellas. Con todo aquella noche no desembarcó de aquellos navíos franceses persona alguna.

La noche del jueves 19 de diciembre se vio por la parte de Pusilico tres humaradas del pueblo, a la que respondió la armada francesa con otras tres. Entendiéndose por parte de los españoles que se iba a iniciar una batalla contra ellos por tierra y mar. Con todo, ordenó don Juan que se reconociese el estado en que se hallaba su armada, enviando relación el general Francisco Diez Pimienta, de que en toda ella no había embarcados 700 hombres, y que el galeón San Joseph tenía 50 palmos de agua sin tener un calafate que lo remediase. Pareció que todo se perdía, siendo menester esperar todas las fuerzas juntas la llegada de los refuerzos de Castelamar y de Baya. A pesar de todo, la victoria se decantaría hacia el lado de los españoles después de una batalla que se prolongó a lo largo de varios días, tal y como así narra el relato de los hechos de Nápoles del día veinticuatro:

---

132 Risco, Alberto, *Don Juan de Austria, Hijo de Felipe IV. Juan de la Tierra*, Madrid, 1918, p. 45.

"Llegó de Baya el príncipe de Abela con su capitana de Génova, y dio por nuevas que la armada enemiga iba muy forzada, por haberse visto en la parte de la mar, donde fue la pelea, árboles y antenas, y caballos muertos, y soldados franceses, y otros despojos de la mar, y que el enemigo iba la vuelta de Gaeta con su armada..."[133].

Con todo, los enfrentamientos entre navíos de España contra los insurrectos y sus aliados de Francia no quedarían ahí, siendo numerosos a lo largo de los siguientes días, en concreto hasta el día cinco del mes siguiente, momento en el cual se rumoreó que se habían marchado para Porto Longón.

El viernes 3 de enero continuaban los contactos para obtener algún tipo de tratado que satisficiese los intereses de don Juan. Así aquel día por la tarde fueron el duque de Cursis, acompañado de su nieto el príncipe de Abela y el Nuncio, a una iglesia en el barrio de Chaya, llamada Nuestra Señora de la Nieve, para tratar de encontrar alguna vía de diálogo que permitiese el acuerdo. Pero, sorprendentemente, aparecieron unos 400 hombres armados que les prendieron, escapándose casi de milagro el Nuncio por una puerta falsa. El duque fue alojado en la zona del Carmen, en calidad de preso obviamente, aunque algunos de los del pueblo le aclamaban por virrey.

El miércoles día 22 de enero la nobleza y sus comisarios, juntamente con un prior, llamado Carachulo, se acercaron a don Juan con la intención de narrarle la realidad tan cruel que padecía el reino de Nápoles, además de la ciudad principal del mismo. Para la solución de todo ello vinieron a proponerle que fuese él mismo, don Juan de Austria el que asumiese de manera directa el poder, en calidad de virrey. Ante dicha propuesta don Juan aceptó el reto, "y la oferta que el duque de Arcos había hecho de dejar el cargo, siempre que conviniese con esta respuesta".

Como muestra de que dicha idea parecía ajustarse a las pretensiones de la monarquía, en aras de conservar aquel territorio sublevado, el día siguiente se resolvió enviar a don Luis de Córdoba con sus galeras a España, a fin de que fuesen reparadas, llevando con ellos al duque de Arcos. Ese mismo día enviaba don Juan su pésame al de Arcos por la muerte de su cuñada, la condesa de Olivares. Con todo, y tras algunos días de retraso, el domingo 26 embarcaba el duque en la Real. Al despedirse de aquellos que le acompañaban, vino a pronunciar un pequeño discurso que se podría concretar en:

"que por el servicio de Su Majestad, y por el gusto de todo el reino había hecho dejación del gobierno de Nápoles, que tuviesen tan buenos sucesos como él deseaba, y se prometía de quedar Su Alteza gobernándolos".

Con toda esta operación se pretendía agradar, por un lado, al pueblo de Nápoles, y, por otro, al propio Papa, el cual entendía que difícilmente se podría llegar a un acuerdo mientras el duque siguiese siendo el virrey de aquel territorio. Alberto Risco, en relación a ello, indica lo siguiente: "Entraba la rebelión en una nueva y peligrosa

---

133 B.N., mss., 2.378, p. 333.

etapa. El pontífice negase entonces a mandar un Legado de paz, contentándose con despachar un breve a su Nuncio Colector de Nápoles, Mario Alfieri, manifestando que sentía los disturbios de la ciudad y que estaba dispuesto a favorecer a su muy amado hijo el Rey de España, pero nada más hizo. Frustrado este último medio indirecto de buscar para sí la gloria de la empresa pacificadora, el audaz joven se decidió jugar el todo por el todo. Llama de pronto a los ministros, les hace que depongan de su cargo al de Arcos, asume la dignidad de Virrey de Nápoles y escribe a su padre notificándole aquel hecho consumado"[134].

Pero el caos y el enfrentamiento seguían, tanto desde dentro como fuera de las filas de los insurrectos. Así, el martes 28 se supo que había entrado en el pueblo un tal Pulito de Pastina, acompañado de muchos bandoleros, y que estos hacían grandes robos y atrocidades. Por otro lado, se comenzó a rumorear que el duque de Guisa tenía intenciones de hacerse coronar como Rey de Nápoles.

Siguiendo con su idea de negociar con los sublevados, el miércoles 29 vino a celebrarse la primera audiencia general dirigida por don Juan. Primeramente fueron recibidos los títulos, a quienes ofreció asiento y mandó cubrir, conforme a la ceremonia ordinaria del virrey. Ese mismo día se publicaba un manifiesto en donde daba a entender su deseo de perdonar a los sublevados.

El sábado 1 de febrero, se informaba de que el manifiesto de don Juan se había puesto en el mercado en una pared, y que había sido quitado y rasgado por unos hombres del pueblo. Sin embargo los propios napolitanos la habían emprendido contra aquellos, castigándoles duramente. Luego cogieron los trozos del manifiesto y fueron a un notario para que fuese legalizada una copia, que más tarde sería fijada en el mismo sitio del pretérito.

Cuentan los textos que el día 3 de febrero bajó don Juan de Austria a tierra, a lomos de un caballo:

> "tan galán y tan airoso que a su natural agrado se le añadieron estas circunstancias con que se levó los ojos las aclamaciones y los aplausos de todos. Iba vestido de paño de Holanda de color de pasa, bordado de plata pasada, banda roja bordada de lamisca plata, y sombrero con plumas plateadas y rojas. El caballo era castaño y el mejor que se hallaba en Italia, de talle, movimiento y manejo. Acompáñole toda la nobleza de Nápoles que se hallaba en los cuarteles, obedientes con muy buenas galas y caballos, y los criados que Su Alteza tenía cerca de su persona, las guardas alemanas del virrey, y la española del señor don Juan... Salió de la puerta de palacio, a donde el cuerpo de guardia, y su maese de campo general, el príncipe de Asculi, estaban con las armas, cajas y banderas, que abatieron a Su Alteza, y pasó la calle de Toledo, donde el concurso de la gente que le seguía fue grande de las ventanas, aderezadas y con muchas damas, y los caballeros que no toparon caballos en que acompañar al señor don Juan. Con ese concurso y con mucha aclamación llegó hasta la Caridad, y no pasó a la puerta del Espíritu Santo, porque unas casas eminentes del pueblo solían

---

134 Risco, Alberto, *Don Juan de Austria, Hijo de Felipe IV. Juan de la Tierra*, Madrid, 1918, p. 45.

tirar algunos mosquetazos, que alcanzaban a la calle, allí le abatieron las banderas del Espíritu Santo... y llegó a Santa María la Nova, a donde estaba la gente de aquella trinchera con su cabo don Álvaro de la Torre, que también hicieron Salva, y volvió Su Alteza por el largo del castillo, y palacio viejo a palacio, con que se acabó el día, que fue el más alegre que tuvo Nápoles después de las inquietudes"[135].

El domingo dieciséis de febrero de aquel año llegaban noticias a don Juan de que había entrado en la ciudad un capitán francés, llamado Millares, que contaban con una gran experiencia en el arte de las armas. Su primera actuación fue la de prohibir a los sublevados que disparasen contra las trincheras, al considerar que era necesario ahorrar en munición. Aquel mismo día era degollado un teniente de maese de campo, que anteriormente había servido en las armas del Rey, pero que se había pasado al enemigo. Aunque no debemos olvidar que las deserciones fueron a lo largo de la campaña napolitana una práctica habitual, bastante común en los ejércitos que componían ambos bandos.

Mientras tanto, el duque de Guisa todavía continuaba con su idea de alzarse a las máximas dignidades en aquel territorio, y convertirse en el rey de Nápoles, idea que comenzaba a molestar a Francia. En este sentido, puede leerse en la documentación lo siguiente:

"... por avisos del pueblo se supo que el duque de Guisa había preso a Monsieur Barón, porque trataba de una conjura contra su persona a instancia del embajador de Francia, que estaba en Roma (que esta seguridad tiene la vida de los tiranos)" [136].

Pero las preferencias de los napolitanos sublevados no pasaban precisamente por designar al duque de Guisa como monarca, ya que el domingo 23 de febrero se reunían en junta, resolviendo la imposibilidad de mantenerse con el *status* de república, prefiriéndose la fórmula de la monarquía, y que dicho Rey debería ser Genaro Anesio. Además, con diez apoyos se prefería la parcialidad de Francia, y catorce la de España.

Con todo, los acontecimientos iban sucediéndose rápida y desordenadamente unos tras otros. El lunes 2 de marzo se hacía público como el conde de Oñate traía orden del Rey confirmando la retirada del cargo de virrey del duque de Arcos, asumiendo dicho cargo en sí el de Oñate, en perjuicio de don Juan, aunque éste tenía muy claro que la designación de este noble español sería más bien sobre el papel, ya que en la práctica seguía contando con el supremo mando del ejército y, como no, de la capacidad política de negociación con los sublevados. Cuentan sus partidarios que

"sin haber tomado Su Alteza en sí este cargo. La modestia del señor don Juan y el deseo de ejecutar las órdenes de Su Majestad obraron que luego hiciese dejación

135 B.N., mss., 2.378, p. 360.
136 B.N., mss., 2.378, p. 361.

de él, sin embargo de las réplicas y súplicas del conde de Oñate, del colateral, de toda la nobleza y cuarteles. Su Alteza mandó que el conde tomase posesión del virreinato, satisfaciendo los efectos de todos con que asistiría al conde y al reino con su persona y autoridad, hasta dejarle apaciguado, y siempre era virrey, pues tenía la plenipotencia para perdonar y hacer mercedes. Y así, ese día a las cuatro de la tarde dieron posesión al conde en la iglesia del castillo"[137].

Así las cosas, y como no podía ser de otra manera, las negociaciones continuarían canalizándose a través de la persona del hijo del Rey, y no con el nuevo virrey de Nápoles. En este sentido, el martes 10 de marzo llegaba a manos de don Juan un manifiesto, a través del obispo de Puzol, que había sido confeccionado por la ciudad de Cosencia y sus Casares, en defensa de la fidelidad y verdadera obediencia al Rey de España.

El miércoles 24, llegaba noticia como en la provincia de Montefusco, los de San Severino y otros lugares de aquel territorio sublevado, habían entrado en casa del gobernador, que era el duque de Balsas de Casa, sacándole a la plaza, donde dispararían sobre él para más tarde cortarle la cabeza. Igual trato recibirían el marqués de Bonalbergo, hijo del príncipe de San Jorge; el marqués de Bonito; y un auditor de aquella provincia llamado Mario Rosso, además de prenderse a numerosas personas, sobre las cuales recaía algún tipo de sospecha contra la viabilidad de la sublevación.

Espectacular resultó ser el Domingo de Ramos. Ese día decidió don Juan que ya era hora de bajar a tierra y obtener la rendición de los sublevados, haciendo caso también a diferentes confidencias que le habían llegado, en el sentido de que entre los sublevados se había impregnado la idea de terminar cuanto antes con aquel ya largo conflicto.

De este modo, el 6 de abril de 1648 se preparó su caballo con todas sus galas, y acompañado del virrey Oñate y otros caballeros, además de un nutrido escuadrón y bajó a tierra:

"Llegó Su Alteza al Jesús, donde se apeó, aguardando se acabasen de abrir las paredes de San Sebastián, y de la puerta del Espíritu Santo, a la casa del aceite, por donde había de salir nuestra gente para ir a embestir las fortificaciones de los inobedientes. Llegó el barón de Batibila a dar cuenta a Su Alteza del estado en que estaban las cosas, quedó Su Alteza en la iglesia con el conde de Oñate, y hizo subir el Santísimo Sacramento, habiendo dejado orden el palacio al padre fray Hernando Sanz de Cuellar, su confesor, para que en amaneciendo se hiciese exponer en todas las iglesias de nuestros cuarteles... siguió Su Alteza el avance, que aunque tiraban algunos mosquetazos de las casas dichas, ninguno hizo daño" [138].

En ese momento mismo,

---

137 B.N., mss., 2.378, p. 365.

138 B.N., mss., 2.378, pp. 367-368.

"Llegó aviso del barón de Batibila que estaba ganada la vicaría, y el cardenal Filo Manno, arzobispo de Nápoles, supo que Su Alteza entraba en aquellos cuarteles, y salió de su casa en su busca, y entregó a un capitán un caballero francés del hábito de San Juan que tenia en su casa, que hizo prisionero, y envió a Su Alteza... venía ya Su Alteza muy acompañado de pueblo, y aunque traían armas de fuego, y espadas desnudas en las manos, solo servían de triunfo, aclamando la paz y perdón, y de muchas ventanas y puertas sacaban lienzos blancos, y en banderillas pintadas las armas de Su Majestad. Y también colgaban algunos retratos suyos en diferentes partes en la calle de San Aniello... de aquí se adelantaron el cardenal y virrey al torreón del Carmen, a disponer con Genaro Anesio lo entregase y bajase a besar la mano a Su Alteza.

Ocurría a Su Alteza más y más multitud de pueblo con muchas aclamaciones, no teniéndose por dichoso el que no llegaba a besarle el pie o la mano, o tocar el caballo. Grande fue el aprieto por el concurso y grandísimas las descomodidades de los caballeros españoles y napolitanos que iban a pie, haciendo guarda a Su Alteza, en particular el prior Carachulo, que nunca se le apartó del estribo... llegó Su Alteza a la vicaría, que es la cárcel de Nápoles, y mandó soltar todos los presos, que los más estaban por seguir la voz de Su Majestad. Entre ellos había un soldado español que fue prisionero cuando se levantó la galera capitana de Nápoles, pasados algunos días quisieron que tomase las armas y sirviese al pueblo, y les respondió que *aunque le hiciesen pedazos no había de tomar armas contra su Rey*" [139].

Continúa la crónica indicando que:

"Pasó Su Alteza a la iglesia del Carmen, donde le esperaban el arzobispo cardenal, y conde virrey, y pareció imposible poderse apear y entrar en el templo por la multitud que aclamaban a Su Majestad y a Su Alteza. Llegó a la capilla de Nuestra Señora, que es la mayor, y de allí envió al cardenal y virrey al torreón por Genaro Anesio, que hasta llegar Su Alteza no se resolvió a bajar ni entregar el torreón... y Genaro Anesio se puso a los pies de Su Alteza con mucho arrepentimiento y demostración de ternura. Ocupó el torreón del Carmen el barón de Batibila, y dejó en él por cabo al teniente de maese de campo general don Álvaro de la Torre, y en el convento del Carmen al maese de campo don Diego de Portugal.

Vino Su Alteza a ponerse a caballo con el cardenal y virrey, y demás acompañamiento. Y también montó Genaro Anesio, aclamando a Su Majestad, provocando al pueblo lo hiciese, con que se multiplicó el concurso que en toda la plaza del Mercado y calles no se podía romper con los caballos..."[140].

La ya larga y más que difícil sublevación del territorio de Nápoles llegaba a su fin:

"Este día fue el más glorioso que han tenido las armas de Su Majestad, y principio de las heroicas victorias que Su Alteza ha de alcanzar de los enemigos envidiosos

---

139 B.N., mss., 2.378, pp. 367-368.

140 B.N., mss., 2.378, pp. 367-368.

de la grandeza de la Monarquía Española, logrando sus soldados lo padecido en 6 meses continuos de guerra la más desacomodada que se ha visto en estos tiempos, pues les faltó los bastimentos, los vestidos y zapatos, leña y municiones, embestidos de infinita multitud del pueblo por tierra, y de toda la armada francesa por mar...

Hizo mayor el triunfo el que sino fue la casa de monsieur de Guisa, que se mandó dar a saco, ni se entro en otra, ni se tomó una sola manzana de las tiendas y plazas en que andaban patentes, antes ofreciendo comida a los soldados...

Su Alteza ordenó al príncipe de Asculi (para honrar más a Genaro Anesio) lo llevase a comer consigo, y lo hizo con el gusto que siempre le obedecía. Esta tarde vinieron los más de la nobleza y pueblo civil de abajo, a besar la mano de Su Alteza, y dar la enhorabuena. También llegaron los síndicos de la ciudad...”[141].

Al día siguiente, el martes 7 de abril, se confirmaba la orden de prisión para el duque de Guisa, aunque no fue hecha pública, ya que al conocerse el fracaso de la insurrección de Nápoles planeó huir a Roma, siendo, sin embargo, arrestado sin que prestase resistencia alguna cuando todavía no se encontraba lejos de aquella ciudad. Tras ello, sería encarcelado y más tarde enviado a tierras de España. Este día cumplía don Juan 19 años y no podía haber recibido mejor regalo.

El 8 de abril de ese mismo año de 1648, don Juan de Austria escribía a su padre, el rey Felipe IV, haciendo patente la situación existente en aquellas tierras napolitanas, haciendo constar la llegada de tropas de refuerzo, al mando de don Alonso de Monroy, el control del territorio, o el intento de fuga del duque de Guisa, quien buscaría exiliarse en los Estados Pontificios; además del apoyo de numerosos notables:

“Copia de carta del señor don Juan de Austria, escrita a Su Majestad de 8 de abril de 1648. Reconociendo las pocas fuerzas que Vuestra Majestad tenía en este reino para sujetar el pueblo, procuré siempre evitar la discordia que había entre los que gobernaban estas inquietudes, y luego que tomé el gobierno con ofrecimientos y negociaciones fui disponiendo los ánimos para la reducción de la ciudad, o de lo menos para tener granjeada a la gente civil con la cual fuese más fácil la empresa de la invasión que intentaba.

Y esto se hubiera ejecutado a no haberse publicado el decreto por que forzosamente se manejó entre muchos. Con todo fui manteniendo la plática y alentando las personas bien afectas. Y habiendo llegado don Alonso de Monroy con 450 españoles que Vuestra Majestad se sirvió de enviar, aunque era corto el socorro, obligó la necesidad a venturar algo por no perderlo todo, porque considerando que no teníamos trigo, sino es para ocho días, y que según los avisos que de todas partes nos daban podíamos esperar por horas la armada de Francia, que a toda prisa se aprestaba de día y de noche, o algunos bajeles y generales con los cuales se cerraba la comunicación del mar trayendo víveres y echando gente en tierra, no solo era posible romper nosotros los puestos de la ciudad, sino que los nuestros eran perdidos, y consecutivamente la parte de el reino que quedaba con la seguridad que tenía la

141 B.N., mss., 2.378, pp. 367-368.

gente civil. Y con el tratado que puesto en que con Genaro Anes, que gobernaba el Torreón del Carmen, se resolvió con bastión a la cual quise asistir en persona, así por lo que debía a tan gran cuidado como para animar con mi presencia a los que allí estaban, cuya alegría era presagio de la felicidad, con que se allanó lo que estaba ya lleno de riesgos y dificultades.

Rompieronse las trincheras, y penetrando por varias partes de la ciudad, en todas uniformemente se comenzó a apellidar el nombre y vida de Vuestra Majestad la plebe que tenía tiranizado el dominio, viendo tan conforme aclamación se amedrentó, y así cuando llegué a los cuarteles obstinados del mercado no se halló resistencia ninguna.

Entregóme Genaro Anes el bastón de su gobierno bajando del torreón, y en cuatro horas tuvo Vuestra Majestad rendida y guarnecida de los españoles la ciudad, que siete meses estaba tan pertinaz y cerca de perderse.

Al triunfo de este día le añadió nuevo esplendor: la asistencia de toda la nobleza, parte de ella gobernando sus mangas y parte incorporada en ellos con grandísimo valor y demostraciones de muy seguro afecto al servicio de Vuestra Majestad.

Algunos caballeros rodearon a pie mi caballo, sin apartarse de mi lado un punto, y todos en este día dieron admirable testimonio de valor y fidelidad, como en carta aparte represento a Vuestra Majestad, con la nota de todos conforme sus méritos para que según ellos Vuestra Majestad les escriba dándole las gracias.

Y como halló este suceso a la ciudad cansada de las tiranías de la plebe, y escandalizada de la ligereza francesa, hizo mayor aprecio de la templanza de nuestra gente y del cariño con que la nobleza agradecía a todos, desmintiendo lo que les habían persuadido que entrando los españoles habían de degollarlos.

El clamor de todos a Vuestra Majestad fue increíble, y en todas las acciones de este día fueron tan dóciles los milagros de la Divina Providencia, que a nadie se han escondido. Yo quedo confundido delante de Dios por tan singular beneficio, y a los pies de Vuestra Majestad le rindo infinitas gracias por haberme dado ocasión de hacer este servicio a su real corona. Pero como yo no he tenido más parte que por hechura de Vuestra Majestad, suya es toda la gloria y mía la dicha de haber logrado tan felizmente los desvelos de siete meses que he meditado en este suceso, y los estrechos lances y cuidados que Dios sabe.

A las dichas de este día se añadió la prisión del duque de Guisa, el cual hallándose en presidio sabiendo la felicidad con que habíamos entrado se quiso escapar en el Estado del Papa, tuvo noticia de esta fuga Luis Poderico, que gobierna las armas de la campaña, y enviando gente a ocupar sus avenidas cayó en nuestra manos por la de Prospero Totavila, soldado de todo valor y buenas partes a quién por ellas debe Vuestra Majestad honrar mucho, con que no le ha faltado circunstancia de fidelidad de la victoria, de la cual doy a Vuestra Majestad el para bien con todo el alma.

Habiendo nombrado a don Fernando Carrillo para que de aviso principalmente de ella a Vuestra Majestad, y en tanto que esperase reales órdenes atenderé a la convalecencia de esta ciudad procurando que se vuelva a encadenar el reino.

Y en cuanto a las circunstancias de el suceso, remito a los despachos por la secretaría, acordando a qué a Vuestra Majestad la fineza y valor con que ha procedido en estas ocasiones Juanetin de Oria, imitando los servicios tan continuados de su casa, a quien se servirá Vuestra Majestad de dar las gracias.

Dios me guarde a Vuestra Majestad como he menester, y deje cumplir con los felices años que su monarquía desea y necesita, y a mí me conceda poder dar a Vuestra Majestad muchas nuevas como esta, cuyas ocasiones solicitaré como deseo. Su más humilde criado y vasallo de Su Majestad, don Juan"[142].

El viernes 10 continuaban llegando a don Juan de Austria noticias acerca de la rendición de diferentes ciudades y provincias sublevadas. Todo marchaba viento en popa para los intereses españoles.

La capacidad de negociación de don Juan de Austria tendría el reconocimiento y frutos esperados. Así, tras plantearse numerosas posibilidades por parte de Juan José de Austria y sus colaboradores, y en donde se llegó a buscar, como ya dimos debida cuanta de ello anteriormente, la colaboración del Papa, en un intento de poner fin a aquel complicado estado de cosas, que podía concluir, caso de no solventarse de manera positiva, con la pérdida de Nápoles, se comprendió por parte del bastardo que cualquier intento de controlar la situación pasaba por la destitución del virrey, y con ello calmar la animadversión que el populacho sentía contra él.

Se reunió con la nobleza y les garantizó sus privilegios, a la vez que mantuvo contactos con los sectores populares partidarios de la Monarquía Hispánica, y con el apoyo de todos ellos destituyó al duque de Arcos y asumió el gobierno de la ciudad. Cuando a la Corte de Madrid llegaron noticias de todo lo que realizaba el bastardo, Felipe IV sancionó y dio por buenas las disposiciones tomadas por su hijo, y aprobó su idea de ponerse al frente de aquel virreinato, aunque sin darle carácter definitivo a dicho nombramiento.

Como vimos, las demandas fiscales planteadas desde la Corte madrileña sobre dicho territorio, habían desempeñado un papel primordial en la historia del descontento napolitano. Don Juan de Austria, al igual a como haría a lo largo de su vida y en otros frentes, ya fuesen militares o políticos, comprendió el peligro que suponía el mantenimiento de una fiscalidad tan lesiva para las clases populares, decidiendo exonerar a los napolitanos de varias de aquellas gabelas, y cediendo a algunas de las demandadas pretensiones políticas que vendrían a aumentar la representatividad popular en los órganos de gobierno de la ciudad. A la nobleza, que se había mantenido fiel a la causa de Felipe IV aun en los momentos más difíciles del conflicto, don Juan de Austria simplemente les confirmaría sus pretéritos privilegios, además de otorgarles, adicionalmente, a algunos de los que más se habían significado en la defensa de los derechos de la monarquía, importantes mercedes.

Así, en este mes de abril de 1648 la Monarquía Hispánica volvía a controlar aquel territorio italiano. Para entonces se había escindido la dirección del movimiento popular, con Annese plenamente entregado a la alianza con Francia, mientras que Genoino se aferraba a su lealtad al Rey de España. Es por ello que nos resulte cierta-

---

142 B.N., mss., 2.379, p. 115.

mente irónico observar como rápidamente algunos de los jefes de la revuelta popular antiaristocrática, influidos por Genoino, vinieron a sentarse en la misma mesa con Juan José de Austria. También resulta sorprendente el hecho de que la relativa lealtad prestada por Geniono al Rey fuese premiada con su arresto y envío por mar a España, siendo encarcelado hasta el fin de sus días en una prisión de Málaga.

Con aquellos poderes en la mano, don Juan de Austria pactaría con los habitantes de Nápoles un punto y final a todo lo acontecido hasta ese momento, como si se tratase de una ley de olvido, tal y como vemos en el siguiente documento:

> "Don Philippus, etc., Don Juan, etc. Habiéndonos suplicado este fidelísimo pueblo que concediésemos algunas gracias e inmunidades, por las excesivas imposiciones de que se hallaba cargado, por las cuales dice ha tomado las armas, y suplicándonos por el indulto general, y vista la buena voluntad y afecto con que el dicho fidelísimo pueblo ha venido a nuestra obediencia con tanta prontitud y alegría universal, sin ninguna repugnancia, ni fuerza de armas, aclamando con reiteradas voces el glorioso y invicto nombre del Rey nuestro señor (que Dios guarde), no siendo jamás de su ánimo faltar a la obediencia debida de Su Majestad, su natural señor, ha parecido en virtud de la plena potestad que tenemos de Su Majestad conceder al dicho fidelísimo pueblo y ciudades las siguientes gracias, privilegios y inmunidades, de que queremos asimismo goce todo el reino, viendo (como esperamos) a la obediencia sin dilación ni repugnancia.
>
> Primeramente, concedemos en virtud de la plenipotencia dicha el indulto y absolución general y generalísima a los fidelísimos pueblos, así de esta ciudad de Nápoles, como de todo el reino, o sean dominiales o vasallos de barones de los delitos de *lesa majestad*, aunque sea *in primo lapite* incluyéndose los capítulos principales y los que requieren expresa mención de todas las sediciones, tumultos y revoluciones, tratados, monopolios, conventiculos y guerras hechas contra la persona de Su Majestad católica y sus ministros de las aclamaciones hechas, así en voz, como por escrito por dicha ciudad y reino de república y de otros potentados, y de los manifiestos precedentes y sucecuentes.
>
> Y asimismo de las monedas y estampas de libros y escrituras hechas por esa causa, las cuales se hayan de retirar dentro de ochos días como prohibidas, y la moneda dentro de un mes para deshacerla cuanto antes, o fundirla a elección de los dueños, y así mismo de todos los bienes tomados hasta hoy por otros con diversos pretextos de haber armado o maquinado contra el pueblo, y por los dineros y bienes tomados de efectos de la dicha ciudad y reino, y de la Corte y en particular de la regia teca y annona así para el socorro de la milicia y provisiones, como por cualquier otro gasto, queriendo de nuestra cierta ciencia y *motu propio*, que en ningún tiempo ni manera se les moleste, antes deba gozar el dicho pueblo el perdón general sin excepción ni réplica alguna, aun de cualquier otras cosas que requieren expresamente, tendiendo atención a la quietud común y par universal de la ciudad y reino, derogando las disposiciones de todas las leyes comunes, constituciones, pragmáticas y capítulos, y lo susodicho lo mandamos con atención a los bienes que han sido quitados, por cualesquier personas, aunque sean vasallos de varones, en caso que los dichos bienes

en cualquiera manera que hayan llegado a manos de otros no sean existentes, pero siéndolo se habrán de repartir con autoridad indiciaria y con mucho benévolo, pero no de hecho y autoridad propia, y en caso que los dichos bienes hayan sido vendidos se han de restituir a sus dueños, pagando a los compradores el efectivo precio que han desembolsado de los mismos arbitrios, que tomaron los ministros que se han de nombrar para restaurar las casas, y otros daños padecidos como en el tercer capítulo se declara".

Y como si de un plumazo se hubiese borrado todo lo anteriormente sucedido en aquellas tierras, don Juan de Austria indicaba que:

"Ytem, mandamos que en ningún modo ni manera se pueda hablar de palabra, ni por escrito en juicio, ni fuera del a ninguna persona de este fidelísimo pueblo, ni imputarle esta nota de rebelión, tumultos, exhibiciones y aclamaciones susodichas, so las mismas penas con las cuales leyes prohíben las injurias atroces y otras mayores a nuestro arbitrio reservadas, a fin que no se turbe la total quietud y paz de esta ciudad y reino tan considerada por las leyes y por nos, recibiéndolos en los brazos como vasallos recién nacidos, y como si los tales delitos no hubieren sucedido y ocurrido alguna duda se entienda siempre a facción de dichos ciudadanos y regnícolos.

Lo segundo, mandamos y hacemos gracia que todas las imposiciones y gabelas impuestas sobre las cosas comestibles, como grano, harina, cebada, avena, pescado, aceite, legumbres, huevos, cabritos, tocino, y carne salada y fresca, queso, fruta y vino, pero en cuanto a la gabela del ducado a bota se extingan y quiten, y que jamás se puedan imponer sobre cosas comestibles, por cualquier causa regentísima, aunque fuese por conservación de esta ciudad y reino, aunque requiriese expresa mención, pero en cuando a la sal, el precio del sea solamente a razón de diez carlines el túmulo.

Asimismo extinguimos todos los derechos de sellos de todos los tribunales del nuevo registro de la regia cámara de las sentencias del sacro consejo de las medias anatas impuestas sobre los oficios imposición sobre las provisiones de nuestros ministros, el sello de la vicaría, el nuevo derecho de las súplicas, los nuevos impuestos de la aduana desde el año de 1625, en que queriendo asimismo que no se puedan imponer adelante pero dejando todos los derechos que llaman *juspro y bendi*, y los fiscales por la suma de cuarenta y dos carlines a fuego, atendiendo a que las universidades del reino no tiene ni tendrían otro peso de imposición ordinaria, ni extraordinaria y por la refección universal de todos los que tienen renta así sobre las gabelas, y arrendamientos extintos, como sobre dichas gabelas, que no se extinguen los arrendamientos sobre los naipes, las imposiciones sobre la extracción del aceite, y todas las otras imposiciones de arrendamientos, que no toquen a la grasa, los cuales queden a disposición y arbitrio de los ministros que nombre Su Majestad, y sus virreyes de este reino con otros cuatro diputados, dos de la nobleza y dos del pueblo, para darles satisfacción de lo que han perdido sobre los arrendamientos extintos y bien situación sobre las gabelas.

Lo tercero, mandamos y hacemos gracia que se deba tomar expediente y arbitrio por los dichos ministros y diputados a beneficio de aquellos cuyas casas se hallan derrotadas y con los cañonazos, o por otros daños, que hayan padecido por cualquiera causa, y asimismo de los que son acreedores por haber dado dinero propio o tomándole de otras con obligación particular por servicio del Común y del pueblo en esta ocasión de tumultos y guerras, para el sustento de la milicia, o por otra causa, o finalmente a beneficio de los que con estos tumultos han perdido sus bienes muebles por haberlos tomado el pueblo y de los que han perdido sus dineros en los bancos atención a no turbar la paz y quietud universal.

Y lo cuarto, ordenamos y hacemos gracia que la pretensión que tiene el fidelísimo pueblo de la igualdad de votos a su elección como en las diputaciones de la ciudad y la mayoría de votos que pretende en el gobierno de la santísima Amuniada sin excluir al maestro del Sejio de Cupriana se haya de terminar dentro de breve término, lo que fuere de justicia, cancelando las resoluciones tomadas contra dicho fidelísimo pueblo por el serenísimo Rey don Federico de Aragón.

Y lo quinto, queremos y hacemos gracia al dicho fidelísimo pueblo que se observe inviolablemente la escala franca de la regia aduana de todas las mercancías que viniesen de fuera, pudiendo cualquiera nación forastera traer toda suerte de mercadurías como no sea enemiga.

Y lo sexto, queremos y concedemos que el electo del fidelísimo pueblo no pueda ser confirmado sino una vez por otros seis meses.

Y lo séptimo, queremos y concedemos a esta fidelísima ciudad, que pueda tener una gente en Madrid y mudarle cada tres años, por una vez lo mande elegir los sigios nobles y otra vez el fidelísimo pueblo, para suplicar a Su Majestad la observancia de dichas gracias concedidas, y por otra cualquiera causa.

Y lo octavo, hacemos también gracia a todos los casales de esta fidelísima ciudad de Nápoles, que puedan recomprar pagando el precio y mejoramientos hechos dentro de un año, que ha de correr desde el día de la publicación de estas gracias, no obstante que se haya pasado el año desde el día de la venta, o concesión dispensando esta vez a la regia pragmática, o a cualquiera otra ley contraria.

Lo nono, queremos y hacemos gracia al dicho fidelísimo pueblo, que si bien todos los oficiales de guerra que han tenido cargo por este fidelísimo pueblo con ocasión de estos tumultos están reformados, queremos en todo caso gocen las honras que gozan los demás reformados de nuestras milicias, hasta el puesto de Maestre de campo inclusive, pero sin sueldo.

Lo décimo, queremos y mandamos que ninguna persona de cualquier estado y condición que sea pueda traer armas prohibidas por las regias pragmáticas con ningún pretexto ni accidente, so las penas en ellas contenidas, pero las puedan tener en caso, como abajo se dice, y también las que han recibido de la Corte pagando el precio de ellas, y porque muchos las habrán perdido y otros alegarán lo mismo queremos, que estos tales no las puedan tener en casa so gravísimas penas a nuestro arbitrio reservadas.

Lo undécimo, queremos y prometemos por mayor satisfacción de las presentes gracias, y privilegios concedidos por Su Majestad, y concedemos facultad al dicho fidelísimo pueblo que pueda tener las armas y que después de venida y publicada la dicha confirmación, que será ante el eminente señor cardenal legado, hayan de restituir en el mismo día de la publicación las armas prohibidas por las regias pragmáticas, y todas las que les hubiere tomado, de la Corte restituyéndole el precio que hubieren desembolsado, pero que dentro de este término que se les concede para tener armas no las puedan tener y traer por la ciudad por ningún accidente, pero solo tenerlas en casa para usar de ellas cuando convenga al bien público, y se lo ordenaren superiores.

Dada en nuestro real palacio de Nápoles, a once de abril de mil y seiscientos y cuarenta y otro años. Don Juan. Por mandado de Su Alteza. Gregorio de Leguria"[143].

Tras los éxitos napolitanos Felipe IV decidía nombrar a su hijo Juan José como virrey de aquel territorio, en sustitución del de Oñate. En este sentido, el 15 de abril llegaba un correo de España, en donde se ordenaba que tomase en sí el gobierno y virreinato de Nápoles, por convenir así al servicio de la Monarquía. A pesar del deseo regio, la primera actitud de don Juan sería mantener en secreto aquella decisión de su padre. Aquella misma tarde, tenía una importante reunión con la nobleza napolitana en San Francisco de Padua, en donde fundamentalmente se plantearían dos significados puntos. Por un lado se suplicaba a don Juan que despachara un comisario al Rey suplicándole que nombrase al bastardo regio como virrey de aquellas tierras, al menos hasta que todo lo pretéritamente acaecido quedase atrás, y en segundo lugar se solicitaba la promoción del barón de Batibila.

Las cosas no podían esperar más. Así, un día después don Juan haría pública aquella decisión del Rey Felipe de designarle como virrey de Nápoles. Conocedor de la nueva, el conde de Oñate comenzaría a hacer los trámites necesarios para cederle rápidamente aquel virreinato. Sin embargo el bastardo no aceptaría dicha recompensa, entendiendo que sería mucho más útil en otras empresas:

> "Obró el señor don Juan la más heroica acción que de su edad se vio jamás ejecutar en ningún príncipe del mundo, pues siendo tan grande la merced que Su Majestad le había hecho del virreinato de Nápoles, con las circunstancias de la ocasión presente, halló por más conveniencia de su padre estar desembarazado de esta ocupación, para acudir con las armadas marítimas a otros progresos de no menor importancia, en asombro de Italia y grandeza de la Casa de Austria, y habiendo tomado por sí solo esta resolución, contra la opinión de los ministros, nobleza y pueblo que por efecto particular deseaban lo contrario, declaró al conde de Oñate su intento, y mandó prosiguiese en su gobierno, que él aunque con las descomodidades que se hallaba asistiría en Nápoles hasta que Su Majestad mandase cos en contrario, sacrificando también esta parte al real servicio publicose por todos admirando igualmente la magnanimidad de ánimo del señor don Juan, y la cordura y acierto con que gobernaba todas sus acciones"[144].

143 B.N., mss., 2.379, p. 109.

144 B.N., mss., 2.379, p. 368.

Sobre ello, muchos han venido a argumentar que esta acción se debió a su bastardía, sus complejos, su carácter, etc. A nuestro entender deberíamos ir a un estadío superior de todo ello, buscando un motivo mucho más simple, un motivo derivado de su posible deseo de protagonizar empresas mucho más elevadas que lo que para él simplemente pudiese ser el ejercicio de una misión política, quizá buscando la semejanza con el otro héroe que compartiese su nombre, el de Lepanto, una gran victoria contra el infiel, una gran victoria contra los que de manera permanente hostigaban la monarquía de su padre, y más tarde convertirse en un héroe de leyenda.

Con todo, y a pesar de la renuncia a asumir el cargo para el que el Rey le había designado, don Juan continuaría gobernando aquel territorio sin la losa que podría ser el ejercicio del título de virrey. Además, como decimos, le interesaba la acción política y militar sin ataduras, como no podía ser de otra forma en un joven de 19 años.

Además el territorio todavía no se hallaba totalmente pacificado, y las intentonas que llevasen a una nueva sublevación eran continuas, tal y como ocurrían el lunes 27 de abril, cuando cuatro napolitanos intentaban que la ciudad se sublevase nuevamente, motivo por el que acabarían siendo ajusticiados.

Pero todavía habría más. El jueves 11 de mayo se supo que Annese mantenía correspondencia con Francia, y que esperaba con su apoyo volver a apoderarse del reino de Nápoles, motivo por el cual sería llevado a prisión al día siguiente. Ese mismo día, su mujer intentó provocar un levantamiento popular en defensa de su marido, indicando que su prisión se debía a su lucha por defender la defensa y libertad del los napolitanos. Continuando con las indagaciones de tal suceso, el domingo 14 se supo que la correspondencia que había mantenido la armada francesa con gentes de Nápoles fue numerosa, y se contaban numerosos religiosos entre ellos.

El lunes 22 de mayo se ejecutó la muerte de Genaro Annese, sin haber confesado a pesar de haberle dado tormento, su participación en la traición contra el Rey español. Las crónicas nos informan de cómo fue su ejecución:

> "esta mañana en una silla se llevó a Genaro de la prisión del castillo, donde estaba, a la cárcel de Santiago, y se hizo un tablado en la plaza de Castilnovo, enfrente de la puerta de él, y de la chaza del olmo, en este tablado estaba fijo el rastrillo con que le habían de cortar la cabeza, pusiéronse dos horcas a los lados del tablado para los cómplices en el delito, y habiéndose formado escuadrón de ramos de tercios de hasta 500 infantes en el lugar del suplicio, y tomadas las calles con infantería, sacaron de la cárcel de Santiago a Genaro Anesio, y a otros 4 cabezas del pueblo, uno de los cuales era el embajador que despacharon de la armada con dichas cartas, y una joya de diamantes con el retrato del Rey de Francia, para Genaro Anesio de bien poco valor, tamaño y hechura. Llegaron todos el lugar del suplicio, y sin cosa particular le quitaron la cabeza del cuerpo a Genaro, y ahorcaron los demás. Y aunque su mujer e hijas de uno de los ahorcados, que era cabo del pueblo vieron vestidas de luto, llorando y dando voces, invitando al pueblo a la venganza, no hubo nadie que siguiese su voz.

Este fin tuvo el general del pueblo Genaro Anesio, en cuya casa se hallaron, entre otros papeles una licencia para poder entrar a ser artillero en Nápoles, y una carta del duque de Guisa, con media plana de posta dada de su mano, en que se trata de ejecutar y confiesa que su persona estriba todo el buen suceso que se promete en Nápoles. La cabeza de este hombre se llevó metida en un paño y se puso en el muelle y el cuerpo estuvo 24 horas en el tablado..."[145].

El jueves 23 de julio llegaba un correo de España, en donde se indicaba que el Rey había tenido a bien designar al conde de Oñate como virrey de Nápoles[146], asumiéndose por su parte aquella decisión de don Juan de Austria de renunciar al ofrecimiento que tiempo atrás había realizado en favor suyo. Con todo, en el mismo texto se indica al de Oñate que quedaba subordinado a su hijo bastardo, aunque los que leyeron aquel documento regio pensaban que se entendía del tenor del mismo la idea de que don Juan se hiciera cargo de la revuelta de Sicilia.

En Madrid, tras los acontecimientos que venían sucediéndose en Cataluña y Portugal, la salvación de un reino como el de Nápoles fue considerado un éxito de grandes proporciones y, por ello, la figura de don Juan José se enalteció de manera notable a la par que comenzaba, en su condición de hombre público, a presentar el perfil de una personalidad que no dejaría indiferente a nadie, y que le acompañaría hasta el final de sus días. En este sentido encontramos numerosa correspondencia entre el Rey y su hijo. En una de ellas, dada el 26 de agosto de 1648 y que a continuación reproducimos, Felipe IV entrega importantes poderes para la realización de ligas y confederaciones con príncipes y repúblicas de Italia:

> "Plenipotencia que dio Su Majestad en 26 de agosto, a su hijo don Juan de Austria para hacer liga y confederaciones con los príncipes y repúblicas de Italia. Don Felipe... Rey de Castilla, de Aragón... por cuanto conveniendo al servicio de Dios y mío procurar por todos los medios posibles que se asiente una paz firme y durable en Italia, y en todos los demás reinos y provincias de Europa, que es el fin que he tenido y tengo siempre, y siendo uno de los principales medios para conseguirlo hacer ligas y confederaciones, con que unidas las fuerzas de los príncipes y repúblicas que desean lo mismo, e pueda mejor encaminar y atender a la defensa y exaltación de nuestra Sagrada Religión Católica, quietud, y seguridad pública, y que cada uno goce pacíficamente sus reinos y estado, juzgando necesario que para mayor brevedad y firmeza en la conclusión de cualquier tratado que se mueva en esta razón, haya en Italia comisión y poder mío bastante.
>
> He resuelto que se le tenga a don Juan de Austria, mi hijo, Prior de la Orden de San Juan en mis reinos de Castilla y León, Gobernador General de todas mis armas marítimas por la autoridad que concurre en su persona, y por el celo y prudencia

[145] B.N., mss., 2.378, p. 376.

[146] Sobre el virreinato del conde de Oñate, vid. Minguito Palomares, A., *Linaje, poder y cultura: el gobierno de Iñigo Vélez de Guevara, VIII conde de Oñate, en Nápoles (1648-1653)*, Tesis doctoral bajo la dirección de Luis Miguel Enciso Recibo, Madrid, U.C.M., 2002.

con que estoy cierto procederá en una materia de tanta importancia, procurando no sólo el bien encaminamiento de mi servicio, seguridad y defensa de mis reinos y estados, sino juntamente el de la Santa Sede, y de los demás príncipes y repúblicas, mis amigos y aliados. Por tanto en virtud de la presente doy, y concedo al dicho don Juan de Austria, mi hijo, consigna, facultad y plenipotencia tan bastante como se requiere y es necesario, y como yo la hago para que por mi y en mi nombre pueda oír, proponer, tratar, asentar, concluir, firmar cualquiera confederación, unión, liga o ligas defensivas y ofensivas con cualesquier príncipe o príncipes, república o repúblicas de Italia, obligándome a mí a acudir con la parte y posición que se me señalare, y a el cumplimiento de lo que así concertare, capitularé y firmaré.

Y declaro y doy mi palabra de Rey que todo lo que el dicho don Juan lo tendré por firme y valedero en todo tipo, y desde ahora para entonces lo leo, ratifico y consiento y apruebo, y que pasaré por ello, como por cosa hecha en ni real nombre, por mi voluntad y autoridad, y que lo cumpliré entera y puntualmente, sin falta alguna, lo ratificaré y probaré en especial y conveniente forma con todas las fuerzas, juramentos, solemnidades, instrumentos y demás requisitos necesarios, que en semejantes casos se acostumbran hacer, para que sea permanente, válido y estable. En mía declaración he mandado despachar la presente, firmada de mi mano, sellada con mi sello secreto, y refrendada de mí infrascrito secretario de Estado. Dada en Madrid a XXVI de agosto de mil y seiscientos y cuarenta y ocho años. Yo el Rey. Pedro Coloma"[147].

Son numerosos los documentos que muestran a gentes de aquel territorio napolitano que, a pesar de los riesgos que ello conllevaba, se mantuvieron en todo momento fieles a su señor natural, Felipe IV. Uno de aquellos individuos fue el jurista Pablo Staivano, el cual, como prueba de agradecimiento por su actitud y fidelidad, sería promovido a la plaza de consejero de Santa Clara. El relato de los padecimientos lo encontramos plasmado del modo siguiente:

"Señor. El señor don Juan, en carta para Vuestra Majestad de 12 de septiembre de 1648 dice que entre los sujetos de la profesión de leyes que han servido a Vuestra Majestad, él es uno de ellos. Según está informado el doctor Pablo Staivano, que ha treinta y siete años que se graduó, y comenzó a servir en las plazas de auditor de provincia. Y que por la buena opinión con que estaba recibido le obligó el duque de Arcos, con ocasión de los tumultos, a que aceptase un judicato, de juez civil de vicaría, habiéndole asegurado que lo había nombrado y propuesto a Vuestra Majestad para la plaza de consejero, en lugar de don Aníbal Moles, y que hallándose dentro del pueblo donde vivía, cuando se rompió la guerra, por cumplir con las obligaciones de ministro y fiel vasallo, procuró pasarse a Castelamar con su casa y familia, desamparando su casa y hacienda.

Y que fue retenido de la gente popular, en la Torre del Griego, donde obró para que se reduciese a la obediencia de Vuestra Majestad, por lo cual poco después fue

147 A.H.N., *Estado*, Leg. 2.791

encarcelado con dos hijos y dos sobrinos, que trajeron a Nápoles, al Torreón del Carmen, y fueron condenados a muerte por rebeldes al pueblo.

Y que salvaron sus vidas mediante dinero.

Y que queda actualmente sirviendo la plaza de juez con general aprobación y satisfacción, de que le ha parecido dar cuenta a Vuestra Majestad, a que es muy benemérito de la merced y honra que Vuestra Majestad fuere servido hacerle..."[148].

Algunos meses después todavía se encontraba el doctor Staviano a la espera de aquella ansiada enhorabuena, que este fiel súbdito del Rey Felipe IV anhelaba profundamente, en forma de promoción a consejero de Santa Clara:

"El conde de Oñate en carta para Vuestra Majestad, de 31 de julio de 1648, y la ciudad de Nápoles en otra de 10 de Junio de 1647, escriben en la misma conformidad por el dicho doctor Pablo Staviano.

El Consejo, habiendo visto estas cartas, dice que de las partes, méritos y letras de este sujeto se tiene en él particular satisfacción, y la misma han tenido los virreyes de Nápoles, antecesores del que hoy lo es, y con atención de esto le han propuesto a Vuestra Majestad para la plaza de consejero de Santa Clara, como últimamente lo ha hecho el conde de Oñate, para una de las que están vacas al presente en aquel consejo, sobre que este hecho la consulta que está en manos de Vuestra Majestad, en que últimamente ha referido las partes en que en él concurren.

Y habiéndose ahora recibido las cartas referidas del señor don Juan, conde de Oñate y ciudad de Nápoles, ha parecido dar cuenta de ellas a Vuestra Majestad para que se sirva de tener entendida satisfacción que hay en Nápoles de este sujeto, y hacerle la merced que fuere servido. En Madrid a 11 de febrero de 1649" [149].

Don Juan de Austria y la familia Ribera

Conforme transcurrían aquellos acontecimientos napolitanos, vino a suceder un episodio que acabaría afectando la vida del bastardo en los años venideros, y que no fue otra que el hecho de conocer a José Ribera, más conocido en aquellas tierras italiana por *Il Spagnoletto*, en clara alusión a su origen español y a su reducida estatura. Este artista, que había nacido en la valenciana localidad de Játiva hijo de un zapatero, marcharía a Italia en torno a los años 1608-1610, de donde nunca más volvería. Consta que anduvo durante algún tiempo por Lombardía, y que en Parma llegó a realizar un encargo público que le valió admiraciones y rivalidades, pero fue en Roma donde se desenvolvió principalmente su actividad durante los primeros años italianos, hasta 1616. Más tarde pasaría a Nápoles, donde residiría hasta su muerte, y allí casó con la hija de un pintor local llamado Azzolino.

148 A.H.N., *Estado*, Leg. 2.054.

149 A.H.N., *Estado*, Leg. 2.054.

Amante de las artes, tal y como ya habían anticipado aquellos que le formaron en Ocaña, o simplemente motivo de la herencia genética de su padre que también lo era, Juan José de Austria no desaprovecharía su estancia en dichas tierras para perfeccionar su técnica con los óleos. A juzgar por los numerosos retratos oficiales que realizara este pintor valenciano a don Juan en aquellos años de la revuelta napolitana, entre ambos existió un importante vínculo emocional y artístico. Según González Asenjo, no resulta sorprendente aquella relación, ya que los principales protectores y clientes de este pintor fueron precisamente los virreyes españoles de Nápoles, desde el duque de Osuna, al conde de Oñate[150].

Según las noticias aportadas por De Dominici, sería Ribera el que se acercó a don Juan. Conocedor de las inquietudes artísticas de éste, le invitaría a visitar su casa, que parece ser se situaba en Santa María del Ángel, calle de Nardó, frente a la iglesia de San Francisco Severino, más tarde residencia de Luca Giordano. Dominici, quizá más preocupado por narrar la deshonra de Ribera, da a entender que don Juan volvió al día siguiente a visitar aquella casa con la excusa de admirar sus lienzos: "*sotto colore di ammirare le Picture del padre*", aunque quizá la verdadera intención fuese más bien otra: su hija.

En efecto, aquella relación entre Ribera y don Juan no resultaría simplemente artística, sino que se ampliarían a la esfera familiar, hasta tal punto que fue conocido por muchos el hecho de la existencia de relaciones entre don Juan José y una hija –o sobrina– del pintor, de la que, fruto de aquellos amores, nacería algún tiempo después una niña llamada Margarita de Austria. Infinidad de testimonios confirman la seducción de don Juan sobre aquella joven del entorno del pintor valenciano. Y es que durante mucho tiempo se admitió que aquella era su hija, llamada María Rosa, tal y como así afirmaron De Dominici, Fuidoro, Domingo Conforto y el mismísimo padre Everardo Nithard, del cual daremos buena cuenta a lo largo de todo este libro. Sin embargo, ciertas aportaciones posteriores vinieron a constatar que ninguna de las tres hijas del pintor valenciano Ribera venía a poseer aquel nombre.

Recientemente Benito Doménech, Pérez Sánchez y Spinosa, han aclarado, al menos en parte, este asunto. Indican que la amante de don Juan pudo ser una sobrina ahijada de Ribera, llamada Rosa Azzolino. Esta tesis, que aparece referenciada en la obra de González Asenjo y de la cual me hago eco, constata como en la noche del 24 de marzo de 1648 don Diego de Álamos y don Antonio Enríquez, hermano del marqués de Alcañíz, intentaron convencer a Rosa Azzolino que era "*mirata da tuti vagamente et chiunque pasada da quel loco contemplava le sue belleze, le quali erano tale che havessero rapito l'animo como si dice di Su Alteza, da cui era quella casa molto stimata et favorita*". Descubiertos por Fernando Carrillo, gentilhombre de la cámara de don Juan de Austria, se retaron a duelo de espada, para el día siguiente, en el jardín de la iglesia de Su Majestad degli Anteli de Pizzofalcone con Antonio Enríquez.

Continuando con lo que nos narra González Asenjo, aquella reacción de Carrillo, atendía a que él mismo trataba con la susodicha "nipote del Ribera y con una sorella

[150] González Asenjo, E., *Don Juan José de Austria y las Artes (1629-1679)*, Madrid, 2005, p. 76.

doncella D. Giovanni, la quale aveva ingravidata e que poi partorisse un figliuolo, que fu dato con la madre secretamente in custodia all'Aldobrandina duchesa di Mondragone". Resulta curioso ver como don Juan visitaría tiempo después a la citada duquesa de Mondragón, que vivía en la Torre del Greco.

González Asenjo, siguiendo a De Dominici, nos da más datos sobre la amante de don Juan, como es el hecho que al conocer el embarazo de la misma, vino a colmarla de preciosas joyas.

Cuando la pasión finalizó, el hijo bastardo de Felipe IV se desharía de aquella joven, siendo el propio Juan José de Austria el que vendría a propiciar para ella un matrimonio de conveniencia.

Por lo que a la niña respecta, ésta fue arrebatada de los brazos de su madre y entregada al conde de Eril para que se hiciese cargo de la misma. Más tarde sería internada en el convento de las Descalzas Reales[151] de Madrid con tan sólo seis años de edad, profesando allí a los dieciséis y pasando en el mismo lugar el resto de sus días hasta el mismo instante de su fallecimiento cuando contaba treinta y seis años, en 1686, siete años después de que lo hiciera su padre. Con todo, antes de ingresar en aquel convento, fue cuidada, como decimos, por el conde de Eril, marqués de Castelnou, sumiller de corps y mayordomo mayor de cámara de don Juan.

Don Juan nunca olvidó a su hija, teniéndo la constantemente en su mente, fundamentalmente cuando se acercaba el final de vida. Resulta ciertamente emotivo observar a Juan José de Austria como, en los últimos días de su vida, y siendo ya el todopoderoso rector del Imperio español, se acercaba a dicho convento a ver a su hija y pasar, a su lado en la tranquilidad que aquellas paredes propiciaban, largas horas. Además, en 1678, encontrándose al frente del primer ministerio, ordenó la realización en dicho convento de las obras de construcción de la capilla del Milagro. Además existen numerosos testimonios de continuos regalos y otras mercedes que don Juan hizo a su hija, tales como comida, ropa, etc., incluyéndose libros y pinturas de las colecciones privadas del bastardo regio.

Según González Asenjo, tampoco abandonaría don Juan a la familia Ribera, o al menos no sería así en términos absolutos, ya que no conviene olvidar la estrechez eco-

---

151 Este convento de las *Descalzas Reales* tiene sus orígenes en una casa-palacio que fuera propiedad de Alonso Gutiérrez, tesorero de Carlos I, situada en las afueras. A este lugar vino a trasladarse la emperatriz Isabel allá por el año 1535, con la intención de dar a luz a su hija Juana. Dicha persona sería a la postre la fundadora de este convento años más tarde, ya que después de consultar con su confesor, San Francisco de Borja, se decidió traer a Madrid un grupo de religiosas franciscanas descalzas de Santa Clara, las cuales tomarían posesión de aquel lugar el 15 de agosto de 1559, dando a aquel lugar el nombre de Nuestra Señora de la Consolación, aunque popularmente siempre se haya conocido como Descalzas Reales. Entre otras ilustres residentes de aquel lugar, y aparte de la ya mencionada Margarita de Austria, hija de don Juan de Austria, deberíamos citar a Juana de Austria, hermana de Felipe II; María de Austria, también hermana del rey Prudente; la archiduquesa Margarita, hija de María de Austria; Ana Dorotea de Austria, hija bastarda del Emperador Rodolfo; Mariana de Austria, hija bastarda del cardenal-infante don Fernando; la reina Margarita, esposa de Felipe III; Santa Teresa de Jesús, cuando marchaba rumbo a su fundación en Pastrana; sor María de Ágreda, aquella monja que fuese consejera del rey Felipe IV; y sor Juana de la Cruz, hermana de San Francisco de Borja y primera abadesa de aquel lugar.

nómica que marcaría los últimos años de *Il Spañoletto*. En este sentido, al primogénito del pintor, Antonio Simón Jacinto Ribera Azzolino, vino a concederle una ayuda de costa por el valor de mil reales de vellón, el 7 de junio de 1660. Por otro lado a Ana Lucía, una de las tres hijas del pintor, ayudaría a conseguir una licencia de la Reina regente, el 26 de enero de 1667, para contraer matrimonio con Juan Moreano, hijo del barón de Campo Florido.

Don Juan de Austria en Sicilia

Tras rechazar el bastardo el virreinato de Nápoles, tuvo que asumir idéntico cargo en Sicilia, y ahora no podía rechazar aquella misión. Hacia aquellas tierras se dirigió directamente desde Nápoles. El cardenal Trivulcio, de quién, no olvidemos, habíamos dado testimonio en páginas pretéritas, daba fiel testimonio de aquella designación en un despacho enviado al Consejo de Estado:

> "El Cardenal Trivulcio en una carta para Vuestra Majestad de 29 de diciembre del año pasado avisa de haber recibido por orden del de Albornoz los despachos de Vuestra Majestad en que ha sido servido de ordenar que el Sr. Don Juan gobierne el reino de Sicilia y él pase a asumir el cargo de virrey de Cerdeña, por cuyo mandado queda con el reconocimiento que es justo...."[152].

El levantamiento palermitano de 1647-1648, como dijimos prácticamente coetáneo a aquella revuelta napolitana de Masaniello, era la respuesta de Sicilia, tanto aristocrática como popular, una Sicilia a un tiempo urbana y ancestral, a las continuas exacciones tributarias[153]. La rebelión comenzó a ser dominada a lo largo del mandato interino de Vicente de Guzmán, marqués de Montealegre y, sobre todo, del cardenal Teodoro Trivulcio (1647-1648), quien había ya ostentado responsabilidades virreinales en Aragón, y concluiría por desempeñarlas en Cerdeña y Milán, en cuyo gobierno fallecería.

Los distintos avatares relativos a la marcha de don Juan de Austria desde el reino de Nápoles a aquellas de Sicilia tierra podemos analizarlos puntualmente conforme a documentación que obra en nuestras manos. Así, ante la insistencia cada vez más poderosa que desde Madrid llegaba, en relación a la necesaria presencia de don Juan en

---

[152] A.G.S., *Estado*, Leg. 2.669.

[153] Ribot García, L.A., "Las revueltas de Nápoles y Sicilia", Cuadernos de Historia Moderna 11. *La crisis hispánica de 1660*, Madrid, 1991, pp. 121-130: "... en Sicilia no hay un único modelo urbano sino que existe un bipolarismo Palermo-Mesina... Palermo es la capital político-administrativa, el centro de residencia de la potente nobleza feudal, la cabecera de la Sicilia cerealista; Mesina, por su parte, representa la Sicilia de la seda y aloja una burguesía mercantil que reivindica para la ciudad del estrecho una amplia autonomía basada en sus múltiples privilegios y compite con Palermo por la capitalidad del reino. No deja de ser curioso que en 1647-1648, mientras se produce la rebelión en Palermo y en otros muchos lugares de la isla, la oligarquía ciudadana logra controlar la situación en Mesina".

tierras de Sicilia, pronto veremos la oportuna respuesta de éste en forma de viaje hacia aquella isla mediterránea. En este sentido, el 14 de septiembre llegaba a presencia de don Juan el almirante don Martín Bañuelos, quién tras besar su mano le informó

> "que en sus navíos había pasado de España el correo Pedro Díaz, a quién don Juan había despachado después que Fernando Carrillo, y que este correo había dicho en numerosas ocasiones al hijo del Rey que éste era llamado para nuevas misiones, motivo por el cual le habían indicado, pena de muerte, no trajese más cartas que el del Rey, y que antes de llegar a Nápoles pasara por Génova, y dejase allí otro pliego del Rey, demorándose con ello la marcha de don Juan a Sicilia".

El 16 de septiembre comenzaban los napolitanos a despedirse de don Juan, ante su ya próxima partida para otras tierras de la Monarquía. Un día más tarde, acudía don Juan de Austria al arzobispado a hacer lo propio con aquella dignidad eclesiástica, acompañado por numerosos nobles fieles. Todos juntos oyeron misa en la capilla de San Jenaro, en cuyo altar se encontraba la cabeza y sangre del santo, viendo de primera mano como la sangre comenzaba a licuarse, conforme a la tradición que todavía hoy en día se preserva[154].

A partir del viernes 18 comenzaría a prepararse la expedición que llevase a don Juan y a todos sus hombres a Sicilia, a la vez que continuaban los actos de despedida, partiendo, finalmente, del puerto de Nápoles el martes 22.

El domingo 27 amanecía contemplándose en la lejanía el faro de Mesina, descubriéndose sobre las diez de la mañana aquella ciudad siciliana, entrando en puerto antes de mediodía:

> "vinieron luego embajadores de la ciudad a dar la bienvenida a Su Alteza. Siguiéronle el arzobispo, el secreto, y demás ministros. A la tarde vino la ciudad que se compone de seis jurados, con traje de gorras, cuellos abiertos, calzas, sayos a lo antiguo de España, y unas ropas cortas con brahones muy grandes arqueados, puños abiertos, y todo este traje era negro. El muelle se pobló de coches y estuvieron en él todo el día, y es el muelle de una de las más vistosas perspectivas que hay en Europa, porque son todas las casas iguales y de piedra, con 4 órdenes de ventanas con muchas molduras y arquitecturas tiene de largo lo que dura la ciudad, y remata en un torreón fuerte y de ancho caben seis coches, el hondo del agua es de manera que la capitana del mar océano, teniendo los corredores de la popa en tierra más de cuatro pasos dentro del paseo del muelle, estaba el vajo nadando en 40 brazas.
>
> La venida de Su Alteza fue tan de repente que ni estaba hecho el aposento ni otras prevenciones para su llegada, empezase una puente para desembarcar Su Alteza, aliñada de pirámides y banderolas con las armas reales y de la ciudad, el suelo y antepechos aforrados de terciopelo carmesí y verde. Sobre los despojos de esta puente

[154] San Jenaro, martir y patrón de Nápoles, es famoso por el milagro que generalmente ocurre cada año desde hace siglos, el día de su fiesta, el 19 de septiembre. Su sangre, se licúa ante la presencia de todos los testigos que esten presentes en aquel lugar.

y a quien tocaban hubo competencia entre los gremios de la casa Real de Su Alteza, los marineros de la capitana alegaban en su favor que el ejemplar del señor príncipe Filiberto, la maluca real lo mismo, el teniente de capitán de la guarda también hallaba razón para que le tocase, y sobretodo don Fernando de Monroy, que hacía oficio de caballerizo mayor, a quién se declaró le pertenecía, pero el pueblo fue el aprovechado, porque aun antes de acabar de salir Su Alteza de la puente saquearon todo lo que había, y la bandera la tomó el contramaestre de la capitana.

Subió Su Alteza a palacio con todo el acompañamiento, luego salió una compañía de la armada y entró de guarda en palacio, con gran lucimiento de capitanes y cabos que como soldados particulares tomaban las picas y arcabuces. Estuvo la ciudad en la punta del tablado, que confinaba con la escalera de la capitana, por debajo Su Alteza, y tomándole en medio subió a palacio con todo el acompañamiento como queda dicho...”[155].

El lunes 12 de octubre, por la tarde, llegaba a puerto un navío enviado por el gran duque de Toscana. Desde a bordo su embajador hizo una salva, a la cual se respondería desde todas partes. Tras ello vinieron a fondear en el muelle de la ciudad. Al día siguiente dicho embajador, acompañado de 20 caballeros florentinos, se acercó a palacio portando el estandarte del gran duque. En el cuerpo de guardia, como medida preventiva, se había dispuesto que aquellas personas no entraran dentro del inmueble portando armas, motivo por el cual aquellas quedaron en la entrada. Enseguida salió don Melchor de Borja a recibir a estos caballeros, mandándoles a la puerta de la ante cámara, entrando posteriormente a la sala de audiencias, donde ya se encontraba don Juan esperándoles. Una vez dentro, el embajador hizo entrega de tres cartas, una del gran Duque, y dos de los cardenales tío y hermano. Una vez finalizada dicha audiencia, pidió licencia para besarle la mano, siendo concedida inmediatamente dicha petición, volviendo a entrar nuevamente el embajador con los caballeros, y al unísono que iban llegando iban diciendo sus nombres. Acabado este acto, volvieron a su navío.

El viernes 16, por la tarde, entraba una galera de la escuadra de Sicilia, enviada para apoyar la tarea militar que don Juan tenía por delante. Esta comenzaba a hacerse efectiva el lunes 19, fecha en la que por la noche se hacía a la vela Melchor de la Cueva, hermano del duque de Alburquerque al mando de tres fragatas de Dunquerque y 700 soldados, con la intención de fortalecer las tropas existentes en Palermo.

El martes 20 se hacía a la mar el embajador del gran duque de vuelta a Nápoles, antes don Juan había hecho un presente para aquella alta dignidad de la nobleza, consistente en una joya de diamantes valorada en 2000 escudos.

Tres meses después de haber llegado don Juan de Austria a aquellas tierras, el 27 de diciembre, tomaba posesión oficial de su cargo, tal como recogen las crónicas:

“Y el día 27 de diciembre tomó posesión Su Alteza del dicho gobierno en la iglesia mayor, con el juramento y ceremonias acostumbradas a persona Real. Fue un día de

155 B.N., mss. 2.378, p. 377.

mucho concurso y muy gustoso para todos viendo lo dispuesto el que Su Alteza les asistiese más tiempo de lo imaginado. El cardenal Trivulcio vino a recibir de mano de Su Alteza los despachos para Cerdeña, y a besar la mano por la merced que le había hecho, así en este virreinato como en el pasado de Sicilia, pues entre ambos los obtuvo de mano de Su Alteza, y por su disposición"[156].

Una vez asumido el poder de manera oficial, la etapa de don Juan de Austria en aquella isla aparece caracterizada por el apaciguamiento del territorio, a la vez que realizaba numerosas reformas de índole diversa, entre las cuales cabría indicar las relativas a la hacienda y a las guarniciones militares, fundamentalmente por aquella falsa idea mantenida en la Corte de la existencia de un elevado número de soldados.

Pero también bajo su mandato aquella isla mediterránea tendría que hacer frente a uno de los periodos más calamitosos del siglo XVII, sucediéndose pérdidas consecutivas, año tras año, de cosechas, viendo aparecer el hambre en pueblos y ciudades. En un documento, de los muchos que podemos encontrar en los archivos, se nos indica que aquella meteorología adversa llegaba, en ciertas ocasiones, a impedir la recepción de noticias de aquella isla mediterránea:

"De la esterilidad de nuevas de Sicilia, se añade esta semana habernos detenido el tiempo, que ha sido ruinoso de nieves y aguas, la estafeta ordinaria, de manera que aun no han llegado cartas de Italia ni de otra parte. Cuyo accidente me difiere el favor que recibo con las de Vuestra Majestad, espero vendrá acompañando de buenas nuevas de su salud. Y porque mi solicitud entre a la parte en el merecimiento de él, escribo estos renglones y también para suplicar a Vuestra Majestad se acuerde de que siempre soy suyo. Deseo mucho que acabe Su Alteza de salir bien de los embarazos de su enfermedad. Dios guarde a Vuestra Majestad muchos años como deseo. Palermo a 16 de diciembre de 1641"[157].

Pero también tendría que hacer frente a una conjura de consecuencias imprevisibles, y en donde se divisaba la larga mano de Francia. Aquellos levantamientos venían gestándose desde hacía tiempo, pero cobrarían una especial virulencia durante el virreinato del marqués de los Vélez, el cual acabaría siendo despojado de su autoridad por un pueblo incontrolado, a la vez que capitaneados por Giuseppe d'Alesi, que, el 21 de mayo de 1647, le obligaría a salir del Palacio Real de Palermo y a firmar nuevos capítulos. Además aquella revuelta no afectaría sólo a aquella ciudad, sino que vinieron a reproducirse casi al unísono en lugares como Catania, Agrillento, Randazzo, Patti, Bonte, Siracusa, etc., y todo ello tenía un detonante básico: la carestía de los productos básicos de consumo, y las elevadas exacciones fiscales, además de ciertos brotes de peste que comenzaban a surgir. A la vez, como si se tratara de un efecto dominó, los hechos catalanes y napolitanos vinieron a influenciar a aquellas clases que se sublevaban.

---

156 B.N., mss., 2.378, p. 378.

157 A.H.N., *Estado*, Libro 983.

Los presidios de Toscana: el tercer reto italiano de don Juan de Austria y la recuperación de Piombino y Puerto Longón

Una vez pacificada Palermo, don Juan de Austria dedicaría gran parte de sus energías a dar cumplimiento a los importantes encargos que había recibido del monarca, y cuya viabilidad resultaba imposible si la isla siciliana no estaba tranquila y bajo control. Nos referimos a los presidios toscanos de Piombino y Puerto Longón, ocupados por los franceses.

Con dicho importante objetivo, el 11 de Mayo don Juan abandonó Sicilia al frente de una flota de 6 galeras y en una campaña rápida rindió aquellas dos plazas que constituían su objetivo militar. Primero cayó Piombino, era el 19 de Junio, y el 15 de agosto las tropas españolas entraban en Puerto Longón, que había capitulado dos semanas antes.

Pedro de Mota y Sarmiento, una de las personas de mayor confianza de don Juan, a la par que acompañante de éste en numerosas campañas, escribía sobre este hecho histórico, aun denotándose su ferviente admiración y respeto hacia la figura del hijo de Felipe IV, lo siguiente:

> "Diario de lo sucedido a Su Alteza, el señor don Juan en la navegación y conquista de las plazas de Pomblin y Longón. Escribió en diario el heroico suceso que Vuestra Alteza ha tenido con las armas de Su Majestad en los sitios de Pomblín y Longón.
>
> Tomando el origen desde el día que Vuestra Alteza salió de Mesina, a esta empresa hasta que gloriosamente volvió de ella, y entró triunfante en Palermo. Está discurrido de la suerte que la navegación, de Vuestra Alteza de España a Italia, y lo demás hasta que Vuestra Alteza tomó posesión en este gobierno. Obligome el mismo precepto de Vuestra Alteza a emprender el trabajo que pongo a sus reales pies con la circunstancia de mi desvelo, pues sirviendo a Vuestra Alteza de mayordomo semanero, después que salió de Ocaña, y casi el mismo tiempo gobernando su real casa sin mayordomo mayor, he procurado cumplir con unas y otras obligaciones, válgame de las de obediente para disculpa de cualquier hierro que tuviere esta obra, y aseguro el aplauso publicando al mundo acciones de Vuestra Alteza que guarde Dios los años que Su Majestad, sus católicas armas y los criados de Vuestra Alteza han menester. Palermo septiembre primero de 1650. Don Pedro de la Mota Sarmiento.
>
> Reconociendo Su Majestad, que Dios guarde, la importancia de las plazas de Puertolongón y Pomblín para la seguridad y quietud de los reinos y provincias que tiene en Italia, y para la buena vecindad y comercio de los puertos de los potentados y repúblicas sus conferedados, mandó el año pasado de 49 que en el reino de Nápoles les hiciesen las prevenciones necesarias para que estas plazas volviesen a sus reales coronas, y por mayor seguridad fuese a esta empresa Su Alteza el señor Don Juan" [158].

---

[158] B.N., mss., 2.068, pp. 56-80.

Continúa el, ya conocido por todos, cronista de don Juan de Austria indicando que:

> "La vigilancia y disposición del conde de Oñate, virrey de Nápoles, lució bien en esta ocasión, pues sin perder tiempo acudió a dar carena a un trozo de la armada real que fue a Nápoles después de el suceso de Cataluña, y a las levas de infantería y caballería, aprestos de bastimentos, y municiones y todos pertrechos y bienes de guerra. Lo mismo obraba Su Alteza en Mesina, con el resto de la armada que vino a aquel puerto, aunque con menos y más dificultosos medios, cuando tuvo aviso que en Palermo se amasaba una conjura contra la debida obediencia de Su Majestad, y estaba tan adelante que si no acudía luego al remedio lo tendría muy dificultoso.
>
> Al siguiente día del aviso se embarcó en la real de España, llevando consigo a don Melchor de Borja, y a don Antonio Briceño Ronquillo, y otros ministros del reino. En veinticuatro horas llegó a dar fondo en Palermo, cogiendo tan impensadamente a los de aquella ciudad, que hasta que llegó al muelle no supieron quién venía en las galeras, prontitud que les dio mucho que pensar.
>
> Las razones de esta sublevación. Las prisiones, justicias, castigos que Su Alteza obró en ella es para historia particular, a esta relación toca decir que desde 11 de diciembre de 49 que se hizo a la vela en Mesina para Palermo, hasta 23 de Marzo que volvió a dar fondo en aquel puerto, obró todo esto, y Su Alteza dejó aquella ciudad y el reino seguros y quietos en el servicio de su Rey, con que pudo abreviar el apresto de la armada y galeras y embarcarse para Puerto Longón..."[159].

Esta exitosa campaña reforzó la aureola de victorias de Juan José de Austria, quién ya se había convertido en el centro de una polémica cortesana, en donde filias y fobias se venían a enfrentar.

La lectura de lo inserto en la capitulación de Puerto Longón, caída en manos de don Juan de Austria resulta de lo más interesante:

> "Capitulaciones que don Juan de Austria, ha acordado con Monsieur de Ydubillas, gobernador de Porto Longón, y cabos que se hallaban en ella. La Elva y Campo sobre Longón a 31 de Julio de 1650. Primeramente está acordado que se dará el tiempo hasta el día de nuestra semana de agosto, 25 de dicho mes para ver si en dicho tiempo les viene socorro suficiente que obligue a levantar el sitio por mar o tierra, y en tal caso todos los capítulos siguientes quedarán nulos y los rehenes se volverán de las una y otra parte.
>
> Y viniendo dicho socorro podrán los sitiados mirar tanto a la armada de mar como de tierra como si no hubiera ningún tratado, y si el dicho socorro fuere rechazado o no pudiere entrar dentro de la dicha plaza, lo capitulado tendrá entero efecto.
>
> En el dicho día 15 de agosto próximo, en caso que el socorro no le entre en la forma dicha monsieur Ydubillas, gobernador de dicha plaza de Longón, con su guarnición, oficiales, soldados y generalmente cualquiera otros que al presente se hallen en la

[159] B.N., mss., 2.068, pp. 56-80.

dicha plaza, de cualquier modo o calidad que sean o que puedan ser, excepto los que fueren vasallos del Rey de España, saldrán por la puerta grande que baja al puerto para embarcarse el dicho día con armas, bajeles, tocando cajas, banderas desplegadas, cuerda encendida, balas en boca y generalmente todo lo que les pertenece a los señores dichos, dejando la fortaleza en el estado que esta al presente, con todos los pertrechos y otras municiones de guerra y víveres que se hallaren en el dicho día.

Asimismo que durante el tiempo de la capitulación no se puedan fortificar ni hacer otro trabajo ninguno tanto dentro como fuera de la dicha plaza, la cual se habrá de visitar cada día por los rehenes que están dentro.

Se concede darles dos piezas de artillería de bronce, marcadas con las armas de Francia a su elección, y les proveerán de municiones para otros tantos tiros, cuarenta libras de balas hubieren de peso, las cuales piezas serán obligados los sitiadores a hacerlas embarcar en las embarcaciones donde se embarcare la guarnición. Así mismo serán proveídos de carros y acémilas para llevar su ropa a la lengua de el agua donde se habrá de embarcar.

Serán proveídos de víveres, generalmente tanto para los oficiales, soldados y las demás personas que se embarcaren por todo el tiempo que tardaren en llegar a Tolón, y que podrán tardar por mal tiempo tanto en el viaje, como dentro en este puerto, y en caso de alguna tormenta, o que la parte sea en Tolón, podrá desembarcarse en cualquiera otro puerto de la provincia a elección de Monsieur de Ydubillas" [160].

Con respecto a la salida de aquel lugar, don Juan de Austria vino a indicar claramente que:

"Antes de partir de dicha guarnición, dejarán aquí dos oficiales en rehenes, hasta la vuelta de las embarcaciones que se les darán para hacer el viaje, a la vuelta de las cuales con toda fidelidad se les dará pasaporte a los dichos rehenes, para que se puedan ir libremente a Francia, y se les dará pasaje, se les dará navíos o otras embarcaciones suficientes para embarcar todos los oficiales y soldados y otros así sanos como enfermos y heridos, y para sus caballos y bajeles, y generalmente para todo aquello que les pueda pertenecer, y les será permitido de llevar todos los medicamentos necesarios para dichos enfermos y heridos, y se les darán algunos carneros para hacer caldo para los dichos enfermos y heridos, que los enfermos y heridos que no podrán embarcase por su indisposición serán proveídos de los sitiadores de alojamientos, víveres y medicamentos hasta que sanen de todo punto, y después se enviarán a Tolón, así mismo será permitido a los sitiados de hacer levantar un pequeño navío y dos barcos que están a fondo en el puerto, y que se los puedan llevar consigo a Francia.

Que todos los habitantes, tanto hombres como mujeres y muchachos de esta isla puedan volver a sus casas y gozar de sus bienes sin que sean molestados, entendiéndose esto con los que son naturales de la misma isla.

---

160 B.N., mss., 16.668.

Que los dichos sitiados con todo aquello que les pertenece serán conducidos y llevados a Tolón, en Provenza, por mar y por camino más derecho y corto, sin que pueda ser falsificado el camino, y que no se haga alguna falsa marcha ni se pierda un momento de buen tiempo, según es la declaración en el capítulo cuarto, y que finalmente todos estas cosas se hacen en buena fe, y que ninguno de estos capítulos pueda ser interpretado con doble sentido.

Que los dichos sitiados no sean inquietados de palabras ni de otras cosa alguna, en sus personas y en sus armas y bagajes, y ropa por los sitiadores cuando salgan de la dicha plaza, y se les dará heno y avena para el sustento de sus caballos durante la embarcación, que los sitiadores harán ver el estado de sus trincheras y minas, a fin de ver que no prosigamos en el trabajo de ellos.

Se dará pasaporte a los marineros que hallan al presente en Longón, en suficiente número para una maluca, los que irán por ella a Puerto Ferrara, y desde allí pasarán a Tolón con estas capitulaciones hechas en la Elba y Campo sobre Longón, a 31 de Julio de 1650"[161].

En la documentación también encontramos a las gentes que en nombre de Francia habían ocupado dicho territorio, sumamente estratégico para los intereses de la Monarquía Hispánica, así como el estado en el cual se encontraban: "Gente que salió rendida de Porto Longón:

Oficiales: 32
Soldados de tomar armas: 542
Criados y tambores: 66
Criados del gobernador y del teniente: 30
Oficiales heridos y enfermos: 7
Soldados heridos y enfermos: 283
Boticarios: 2
Médico: 1
Capellán: 1
Cirujano: 1"[162]

Distinta visión de lo narrado tuvieron los detractores de don Juan de Austria, los cuales aun sin tener muy claro aspectos tan elementales como la cronología de los acontecimientos, así como el itinerario que recorriese don Juan en su campaña en tierras de Italia –Nápoles, Sicilia, Presidios de Toscana, nuevamente Sicilia–, escribieron sobre la presencia y acciones desarrolladas por don Juan lo siguiente:

"El año de 1645, siendo el señor don Juan de 17 años de edad, se levantaron en Palermo y reino de Sicilia ciertos tumultitos e inquietudes, para cuyo sosiego mandó el Rey nuestro señor que Dios haya, despachar la armada Real, que entonces se hallaba en Cádiz, nombrando por su Capitán general al señor don Juan, y enviando con él al conde de Castrillo, para que le publicase por tal, y pusiese en sus manos el

161 B.N., mss., 16.668.
162 B.N., mss., 16.668.

bastón. Y habiendo el señor don Juan ya gustado algo de la ciencia astrológica, llevó consigo en aquella expedición dos astrólogos, que con sus engañosos pronósticos, le pusieron en su fantasía grandes alturas, hasta de coronas y cetros.

Llegó navegando felizmente a vista de Palermo, turbada con la conjuración urdida de diversos personajes de su posición de aquella isla, y cautelo su riesgo con tal cordura, que fue menester que todo el pueblo de aquella ciudad, mostrando su fidelidad, le hiciese señas desde la marina, para que se acercase a tierra, y que no se recatase de donde no había porque.

Y habiéndose compuesto aquellos tumultos, y castigándose algunos de los más principales delincuentes, anduvo el señor don Juan, el tiempo que se detuvo en aquella isla, tan inquieto e insolente que el cardenal Trivulcio, virrey de ella, y don Marín de Redín, se vieron no poco congojados, y obligados a escribir notables cartas a la Corte de Madrid, que se hallarán en la secretaría de Estado, y del despacho universal.

Poco después sucedieron los tumultos de Nápoles, para cuya pacificación fue mandado al señor don Juan, conferirse con la armada a aquella ciudad, donde habiéndose conseguido con felicidad, atribuyó el vulgo a la fortuna de su nombre, lo que se debió a la inteligencia, valor, y dicha del Conde de Oñate, contrastado de algunas imprudencias con que el señor don Juan le arriesgó la empresa, y deteniéndose algún tiempo en Nápoles empezó a darse a lascivos divertimientos, cuyos efectos testifica la prenda que después entró en el Real Convento de las Descalzas de Madrid, donde hoy se halla con el título de la excelentísima señora, siendo su Madre hija de un famoso pintor, llamado Joseph de Rivera. Además de esto, dio tales señas de su ambición y altivos pensamientos, que el Conde de Oñate escribió esta advertencia; "A este señor, la corona como un plato", motivo que obligó al Rey don Felipe 4º de sacarle de allí y ocuparle en otra parte..."[163].

Don Juan nuevamente en la isla de Sicilia

Fuera de los escritos de sus detractores, indicar que durante su labor político-militar al frente del virreinato siciliano, y aparte de la ya consabida pacificación del territorio, don Juan tendría tiempo de realizar importantes reformas en la administración, y en el mantenimiento inmueble de aquellas ciudades, como fue el afianzamiento de una política de fortificación de la isla, que ya había sido iniciada por los virreyes que le habían antecedido en el cargo.

Ello era consecuencia inmediata del conocimiento pleno que tenía don Juan de la fragilidad de la isla, ante posibles invasiones externas. En Palermo, a modo de ejemplo, el punto más crítico y delicado era el puerto, siendo por tanto Castello al Mare el lugar que centralizase todos los esfuerzos defensivos y constructivos. Pero no es menos cierto que aquella revuelta popular de 1648, vendría a motivar

163 B.N., mss. 8.344.

una cierta mutación en cuanto a las prioridades constructivas se refiere. Ahora el peligro ya no procedía en exclusiva del exterior, sino que también –y a los hechos nos remitimos- podía surgir desde el interior, a modo de revuelta o motín de los propios sicilianos. Por esta circunstancia el Palacio Real Nuevo o el "*Palacio de los Normandos*" cobraría un gran protagonismo en la política y en las inversiones de los virreyes, en aras a desarrollar en su perímetro un sistema de fortificación que impidiese un fácil asalto.

Durante su etapa siciliana, aparte de aquellas obligaciones políticas y militares, también tuvo tiempo para la realización de otras actividades, unas lúdicas, otras simplemente como consecuencia de su gran atractivo para las gentes, lo que le posibilitó a lo largo de toda su vida una gran masa de adeptos. En este sentido, hay constancia de que don Juan de Austria visitase algunas iglesias del territorio, acudiese a festividades de toda índole y, consecuencia inmediata de todo ello, tomase contacto directo con las gentes y costumbres de Sicilia.

Pero también celebraría con importantes festejos el matrimonio de su padre con Mariana de Austria, que había tenido lugar en Madrid el 22 de febrero de 1650, acontecimiento que resultaba sumamente importante para los sicilianos, que pensaban que no tardaría en llegar al mundo el legítimo sucesor al trono hispánico. La celebración duraría tres días y abarcaría desde el 26 de febrero hasta el 28 del mismo mes.

Resulta curioso observar a don Juan de Austria, en su tiempo libre, practicar en palacio el juego de la pelota, que era bastante común en determinados ámbitos[164], y que luego practicaría a lo largo de toda su vida, pero siendo en Sicilia el lugar en donde comenzó aquella afición.

También en estas tierras tendría tiempo don Juan para ciertos escarceos amorosos. En este sentido, y según la tradición literaria, don Juan mantuvo una relación sentimental con una noble de Mesina, con la que tuvo una hija bastarda a la que llamaron Ana Catalina de Austria. Cuando en 1653 la familia de don Juan partió rumbo a la nueva empresa que el Rey le había encomendado, aquella niña viajó hasta Barcelona, pero parece ser que pronto regresaría a Sicilia, puesto que Jacinto Merelli le pagó 300 escudos como ayuda de costa por este viaje, el 2 de agosto de 1658.

Existe también constancia de que en aquella etapa siciliana don Juan dispensó protección o apadrinó a un niño judío, que había venido de Jerusalén a recibir el bautismo. Este niño atendía al nombre de Juan de Austria y Carrillo. Por un memorial, vemos que la situación del niño y de la madre, que sin duda es la que promueve este asunto, no debió ser muy buena:

> "Don Juan de Austria, hijo espiritual de Vuestra Alteza dice como tiene representado pro varias veces las grandes miserias y trabajos que padece su madre, así en salud

[164] En este momento recordar, a modo de ejemplo, como las constituciones de muchas universidades hispánicas prohibían aquella práctica. Sobre ello, Vid. Ruiz Rodríguez, I., "Las reformas constitucionales de la Universidad Complutense en el siglo XVII: aproximación a su efectivo grado de cumplimiento", en *Actas de las I Jornadas sobre Universidad y Colonia: Las constituciones de la época de los Austrias*, Universidad de Alcalá de Henares, Servicio de Publicaciones, Alcalá de Henares, 1997, pp. 667-680.

por faltar el sustento y comodidades de su persona, como aflicciones de ánimo por lo mucho que debe, y en particular a la casa en que vive, y no es lamedor el hallarse lejos de la real persona de Vuestra Alteza, cuya cristiana piedad no permitiera que a quien dio remedio en lo más importante padezca necesidades tan indecentes. Por todo suplica humildemente a Vuestra Alteza se sirva apiadarse de ella y mandar se le paguen los tres meses que le deben, y además una ayuda de costa con que pueda remediar sus necesidades, pagar el alquiler de un año de casa y venir a Palermo, que en ello recibirá la merced que espera de la mano de Vuestra Alteza". Pronto llegaría la contestación de don Juan, porque al margen del documento consta: "hágase lo que dice"[165].

Sobre la salida de don Juan de Austria de aquel territorio, en el ánimo de hacerse cargo de nuevas empresas al servicio de la Monarquía Hispánica, cuenta Fabro Bremundán, en su *Historia de los hechos del Serenísimo Señor don Juan de Austria*, que

> "la felicidad con que se habían terminado las conmociones de la ciudad y reino de Nápoles de los años 47 y 48 con la asistencia, y dirección del señor don Juan, y la dicha igual con que su vigilancia y actividad había desvanecido el nublado que amenazaba a Sicilia con nuevas turbulencias, tenía a ambos reinos suspensos en admiración. Italia toda gozosa, como libre del yugo que se le había quitado de la cerviz, en la recuperación de Portolongón, celebraba con elogios a su bien hechor, al paso que desembarazados sus mares de los piratas, privados de aquel asilo, veía renacer el comercio en todos supuestos y plazas. Adelantada la fama, con noticias tan propias de su ministerio, las dilataba hasta las regiones más remotas, causando en el concepto universal la estimación de la vida a méritos tan aventajados"[166].

---

[165] La nota ha sido tomada de González Asenjo, E., *Don Juan José de Austria y las Artes (1629-1679)*, Madrid, 2005, p. 121.

[166] Fabro Bremundan, F., *Historia de los hechos del Serenísimo señor don Juan de Austria, en el Principado de Cataluña*, Zaragoza, 1673, p. 2.

CAPÍTULO TERCERO: EL SEGUNDO DE SUS RETOS: DON JUAN EN LA CAMPAÑA DE CATALUÑA

Los antecedentes de la sublevación del Principado de Cataluña. El fracaso de los proyectos de Olivares

Un decreto regio de 28 de octubre de 1622 dirigido a las ciudades representadas en Cortes examinaba la posibilidad de sustituir los hasta entonces habituales millones por un subsidio garantizado para mantener una fuerza de 30.000 hombres, y hacer extensivo el sistema a otras provincias: "Y la utilidad que se considera por mayor es la disposición para que las demás provincias, de Aragón, Portugal, Navarra, Vizcaya y Guipúzcoa, que hasta ahora siendo igualmente interesadas en la defensa y conservación de la monarquía han estado libres de las cargas con que se ha tratado de ella, hagan otro tal socorro de soldados, pues no les quedará razón de excusa, así por comprenderles igualmente los naturales que obligan a que concurran con igualdad en las cargas todos aquellos a quien de ser común el beneficio, como porque en este género de socorros no tienen fuero, ni leyes que lo ejecuten ni fuera justo que les aprovecharan, cuando los tuvieren"[167].

El objetivo pretendido por el Conde-Duque de Olivares no era otro que el racionalizar la maquinaria imperial, para convertirla en un instrumento eficaz de defensa. Sin embargo aquello únicamente podría ser conseguido unificando los recursos humanos y económicos de la monarquía para utilizarlos donde y cuando fuesen necesarios. Para tal fin sería necesario unificar el Imperio, y el obstáculo que lo impedía eran los diferentes ordenamientos jurídicos de los territorios que lo componían. El requisito para un reclutamiento y una fiscalidad uniformes sería la existencia de un cuerpo legal similar para todos aquellos territorios de la Monarquía Española, lo que, inevitablemente, sería la unificación normativa teniendo como modelo el sistema castellano.

Estas ideas hacían del Conde-Duque el defensor esforzado no de Castilla, sino de España, una España que aparecería ante todos como nueva y unificada, y en donde

---

167 Elliott, J.H., *El conde-duque de Olivares*, pp. 139-140, 205.

derechos y deberes fueran compartidos de manera análoga, ideas que serían plasmadas en una instrucción secreta, fechada el 25 de diciembre de 1624, y que presentaba al Rey en los primeros días de 1625[168]. El elemento central de su argumentación no era otro que la idea de la unificación de los territorios de la corona:

> "Tenga Vuestra Majestad por el negocio más importante de su monarquía, el hacerse Rey de España; quiero decir Señor, que no se contente Su Majestad con ser Rey de Portugal, de Aragón, de Valencia, Conde de Barcelona, sino que trabaje y piense con consejo mudado y secreto, por reducir estos reinos de que se compone España, al estilo de leyes de Castilla sin ninguna diferencia, que si Vuestra Majestad lo alcanza será el Príncipe más poderoso del mundo".

Como no podía ser de otro modo, los distintos territorios afectados por las medidas de Olivares, excepto Castilla evidentemente, pusieron el grito en el cielo rechazando de plano tal propuesta, que a todas luces resquebrajaba sus derechos históricos. Con todo, en territorios de Aragón, y tras rebajar sus iniciales pretensiones, el Conde-Duque conseguiría al menos ciertas compensaciones económicas. Mucho más difícil sería la cuestión referente a Cataluña, que ya había tenido un grave enfrentamiento con Felipe IV debido a su negativa a aceptar a un virrey nombrado desde la Corte madrileña, antes de que el monarca hubiera visitado tierras catalanas y hubiera realizado el juramento tradicional de observar sus leyes. El virreinato de Cataluña era el más antiguo de cuantos habían constituido la Corona Hispánica, y en donde el virrey, en su función de *alter nos* del monarca, también ejercía tareas de capitán general del territorio.

Así las cosas, en tierras de Cataluña el Conde-Duque de Olivares, para solventar la situación, había tenido que dar marcha atrás en dos importantes cuestiones que habían intentado introducirse en el reinado anterior, una a propósito de la prohibición de llevar armas y otra referente a los "*quintos*" de Barcelona[169]. Cuando el 28 de marzo de 1626, el Rey inauguraba en la ciudad condal las primeras Cortes en 27 años, los catalanes no mostraban la más mínima disposición a cooperar. Y es que aquellas Cortes catalanas, a diferencia de las de Castilla, poseían poderes legislativos y consideraban que la elaboración de las leyes era su principal función de ser, siendo la segunda la consecución de la reparación de agravios.

Únicamente después de haberse obtenido satisfacción en ambas materias, pasarían a la tercera fase de sus deliberaciones, que era la concesión de subsidios, para lo cual tenía que existir unanimidad entre los tres estamentos representados en Cortes y, por otra parte, debían venir acompañadas de la concesión de mercedes o favores regios.

Para hacer valer sus derechos legítimos, las Cortes catalanas contaban con un temible instrumento de resistencia: *el acto de disentimiento*. Este *acto* podia ser ejercido por cualquier miembro de las mismas en asuntos de gracia y justicia y que, si

---

168 Reproducida por Elliott, J.H. y Peña, J. F. de la, *Memoriales y cartas del Conde Duque de Olivares*, 2 vols., Madrid, 1979-80, I, pp. 49-100.

169 Elliott, J.H., *La rebelión de los catalanes*, op. cit., pp. 148-181.

era aceptado, detendría el conjunto de procedimientos. La Corona únicamente podría superar tal táctica si estaba dispuesta a hacer grandes concesiones para lograr así el anhelado acuerdo.

Olivares, que quería terminar pronto con todo aquello y obtener el tan deseado y necesario subsidio, operó con prudencia y terminó aceptando con un buen talante aquel orden procedimental, por más que todo ello viniera a suponer una rémora que dilatase la reunión. Con todo, el 18 de abril su paciencia comenzaba a agotarse, haciendo llegar a las Cortes un mensaje urgente del monarca: "Hijos, una y mil veces os digo y os repito que no sólo [no] quiero quitaros vuestros fueros, favores e inmunidades, sino añadiros otros muchos de nuevo... Consideréis que en servir con gente pagada como se os propone no sólo [no] hacéis contra fuero ni contra lo que tantas veces habéis hecho, sino que advirtáis que os propongo el resucitar la gloria de vuestra nación y el nombre que tantos años ha estado en olvido y que tanto fue el terror y la opinión común de Europa, deseando por este medio ver los primeros lugares de mis reinos vuestros naturales, como es cierto les podrá su valor y glorioso esfuerzo"[170].

Pero conocedores de los derechos que el sistema jurídico del Principado les proporcionaba, aquellas Cortes no se dejarían impresionar con dicho llamamiento regio, allanando sus pretensiones ante la presión del monarca, sino que, para mayor satisfacción de los pecheros catalanes, centrarían su atención en la cantidad económica que según Olivares se debía aportar, 16.000 hombres. Afirmaron dichas Cortes que aquella petición desbordaba la capacidad catalana, además de ser una violación de sus constituciones. Así pues, retornaron a la práctica del disentimiento, y una ciudad tras otra reclamaría concesiones fiscales y administrativas, convirtiéndose la ciudad condal en la primera en llevar a cabo la citada práctica.

Ningún monarca podía aceptar dichas exigencias si deseaba conservar su soberanía y su solvencia, aun dejando atrás aquellos proyectos que aparecían en el citado *Gran Memorial*. Lo más que Olivares estaba dispuesto a conceder a los catalanes era olvidar la petición de infantes pagados, aceptando en cambio un subsidio de 250.000 ducados anuales, durante quince años, "la cual cantidad haya de emplear Su Majestad forzosamente a su elección en esta provincia, en las fronteras, galeras o galeones, corriendo por naturales la cobranza y administración sin entrar en poder oficiales y ministros de Su Majestad"[171]. Pero para aquellas Cortes dicha novedosa propuesta sería tan inaceptable como lo había sido la anteriormente planteada.

Con todo, las estimaciones utilizadas por el Conde-Duque para plantear dichas exigencias resultaban contradictorias, cuando no sumamente defectuosas. Suponía Olivares que la población del Principado era de aproximadamente un millón de habitantes, cuando de hecho no debería superar los cuatrocientos mil[172]. Además, dichos catalanes aportaban unas 160.000 lliures al año en concepto de impuestos a la *Diputació*, comisión permanente de las Cortes. Pero ahora el valido de Felipe IV

170 Elliott, J.H., *La rebelión de los catalanes*, op. cit., pp. 230-231.

171 Elliott, J.H., *La rebelión de los catalanes*, op. cit., p. 237.

172 Nadal, J., y Giralt, E., *La population catalane de 1553 à 1717*, París, 1960, pp. 40-41, 341-344.

exigía 260.000 lliures adicionales cada año para el gobierno central. En todo caso, el Principado, aunque no tan rico como había llegado a imaginar el Conde-Duque, se encontraba en una situación de mayor prosperidad a como se hallaban los reinos de Aragón y Valencia, y estos territorios habían decidido, no sin prestar cierta resistencia, cooperar con el sostenimiento económico de la Corona Hispánica.

Aun a pesar de que a su regreso a la Corte madrileña el Conde-Duque de Olivares había declarado como inaugurada la *Unión de Armas*, el Principado de Cataluña seguiría resistiéndose, convirtiéndose, en su mismo aislamiento, en un problema político y fiscal. Desde ese instante, comenzaría a incrementar la presión sobre el Principado, reforzando así el cada vez mayor resentimiento existente en Cataluña contra la Corte madrileña, y, en correspondencia hacia aquello, un creciente sentimiento anticatalán que experimentaba la clase dirigente castellana, acusándoles de excusarse en sus constituciones históricas para desentenderse de la obligación de aportar recursos para el sostenimiento de la Monarquía Hispánica.

Con todo, el territorio del Principado, con Barcelona a la cabeza, se negaba obstinadamente a cooperar al sustento de las necesidades de la Corona. Olivares, nuevamente, decidió recurrir a las Cortes catalanas, siendo difícil de entender qué era lo que esperaba conseguir en esta ocasión. En lo concerniente a los fueros del territorio sólo había, con toda probabilidad, dos formas de actuar: por un lado dejar las cosas como estaban, o bien intervenir con rapidez y contundencia.

En cambio, era muy difícil que un debate prolongado permitiese alcanzar la deseada pacificación o una aportación económica. A pesar de ello, ahora Olivares estaba decidido a dar a aquellas Cortes aún más tiempo para que tomasen sus decisiones.

En dichas Cortes, el lugar reservado para el Rey sería ocupado por su hermano, el cardenal-infante Fernando, que actuaría simultáneamente como presidente de las Cortes y virrey de Cataluña, pasando el conde de Oñate a ser su consejero político. Pero los resultados no fueron los apetecidos. Las deliberaciones de las Cortes fueron interrumpidas, mientras la ciudad de Barcelona proseguía un conflicto interminable sobre sus derechos, privilegios y exigencias, negándose a hacer concesión alguna a la corona. A finales de octubre de 1632, las Cortes serían prorrogadas. El Principado de Cataluña permanecía todavía al margen de la *Unión de Armas*, convirtiéndose dicho territorio en el principal obstáculo para que el proyecto del Conde-Duque resultase viable.

Mientras tanto, y como hemos ido exponiendo en páginas anteriores, los problemas de la Monarquía eran ingentes en general, pero también, en particular, lo eran en el plano militar, máxime cuando se planteó desde la Corte madrileña utilizar al Principado de Cataluña como trampolín para la guerra que España venía manteniendo contra Francia. Ello fue el argumento utilizado por cabecillas que lideraron los primeros levantamientos contra la ocupación militar de dicho territorio catalán.

A finales de febrero de 1640, el Conde-Duque de Olivares había agotado definitivamente su paciencia, cuando indicaba "que se ha de mirar si la constitución dijo esto, o aquello, y el usaje, cuando trata de la suprema ley, que es la propia conservación de la provincia... Los catalanes han menester ver más mundo que Cataluña"[173]. Ante aquella situación el valido de Felipe IV ordenaría que se tomaran medidas más firmes respecto al alojamiento y al pago de las tropas en dicho territorio, así como para un nuevo reclutamiento. Pero también, y de manera correlativa, los catalanes considerarían que ya habían soportado bastante y, repentinamente, en las primeras semanas de mayo de 1640 los resentimientos reprimidos de los cuatro últimos decenios, y la cólera que habían provocado los ejércitos regios con su presencia, estallaron en rebelión abierta. Los campesinos de las zonas occidentales de Gerona y La Selva atacarían a los tercios allí acantonados. La violencia fue implacable, organizada y provocada por agitadores, pero no menos lo sería la represión desarrollada por los ejércitos del rey.

La guerra en el Principado de Cataluña

En aquellas tierras catalanas ya venían sucediéndose los enfrentamientos armados entre tropas de Felipe IV y Luis XIII, auspiciados por aquellos catalanes que habían abrazado la causa del monarca galo, huyendo de los planes de Olivares, y en la creencia de que bajo la protección del rey de Francia todo resultaría mejor.

La sublevación del Principado de Cataluña había quedado plenamente manifiesta el día del Corpus del año 1640, conocido con el nombre del *Corpus de Sangre*, y que terminarían con el asesinato del virrey de aquellos territorios, el conde de Santa Coloma. En cierto modo aquella situación no era otra cosa que el desenlace de un largo proceso de desencuentros entre los catalanes y los sucesivos gobiernos de la monarquía desde los comienzos de la centuria[174].

Esta grave crisis había tenido como introducción a la misma un ambiente enrarecido de incomprensión. Así las cosas, los franceses atacaron la importante fortaleza de Salces, que ya había sido escenario de enfrentamientos cruentos en época de Fernando *el Católico*. Un nutrido ejército al mando del príncipe de Condé tomó aquella estratégica plaza en el verano de 1639. Dicho ataque galo, unido al sentimiento de frustración que había producido el desastre de Leucata y Fuenterrabía, daría lugar al reforzamiento de la presencia militar en el Principado. Finalmente Salces sería recuperada el 6 de enero de 1640, pero, como muy bien se ha aseverado, "*el Rey de España había recuperado su castillo, pero había perdido en la empresa su principado*".

La figura de Condé era objeto de especial atención por parte de los ministros de Felipe IV, intentando por un lado controlar sus movimientos y, por otro, motivar su acercamiento hacia los intereses de la monarquía hispánica. Así, en el siguiente documento vemos al Gobernador interino de los Países Bajos informar al Rey sobre los movimientos de Condé en Cataluña:

173 Elliott, J.H., *La rebelión de los catalanes*, Madrid, 1977, p. 333.

174 Elliott, J.H., *La rebelión de los catalanes,* Madrid, 1977.

"El Rey. Marqués de Castel Rodrigo... agradeceros mucho el cuidado con que procuráis tener noticias de los principales designios de los franceses este año, y las que enviáis de las asistencias y séquito con que el príncipe de Condé cargaba a Cataluña, de que me dais cuenta en carta de 28 de febrero, punto que merece toda reflexión y así se procuran aplicar los medios posibles para conseguir una buena defensa, espero en Dios que se ha de hacer, y a vos os encargo que continuéis vuestro cuidado en avisar lo que de estas materias os pareciese digna de noticia. De Madrid, a 13 de mayo de 1647"[175].

A dicho ambiente de desconfianza había que añadir ahora la carga que vendría a significar el alojamiento de unos diez mil soldados, de toda clase, condición y calaña, pero unidos por puntos comunes: estar mal e irregularmente pagados, encontrarse muchas veces hambrientos y presentarse frente a una población enfurecida por sus exigencias cuando no por sus salvajadas, siendo plasmada dicha actuación en los famosos pillajes de la villa de Palafrugell.

En general, las clases dominantes de Cataluña se habían opuesto al alojamiento de tropas castellanas en su territorio. En este sentido había advertido el virrey que en "*Esta provincia está tan sentida de estos alojamientos que todos los ánimos están alteradísimos... no hay hombre seguro en toda la provincia*".

Dicha situación sería encarada y defendida por dos diputados catalanes, Pau Claris y Francesc de Tamarit, en clara oposición entre la Diputación y el virrey, conde de Santa Coloma. El enfrentamiento sería inmediato y el 18 de marzo de 1640 Tamarit, diputado por el brazo militar, sería encarcelado. Aunque Santa Coloma fue sustituído en su cargo por el duque de Cardona, ya los acontecimientos se habían desatado. El 7 de junio los *segadors*, que habitualmente acudían a Barcelona para ser contratados, se sublevaron y cometieron una serie de importantes desmanes, entre ellos el más grave sería matar a Dalmau de Queralt y Codina, Conde de Coloma, cuando intentaba huir en una galera genovesa, en la cual pretendía salir de aquellas peligrosas tierras. Fue el famoso *Corpus de Sangre*, que tan profunda huella dejaría en el Principado para los años venideros.

En junio, tras el asesinato del virrey, se hizo patente que los catalanes estaban también descontentos con sus propios líderes. Los grupos rebeldes, durante largo tiempo reprimidos, formaron un "*ejército cristiano*", comenzando a aterrorizar a nobles e hidalgos. Elliott nos relata con nitidez la indignación existente en aquella sociedad catalana, especialmente en su ámbito rural, al indicar que "el odio del campesinado bajo y de los sin tierra hacia el campesino acomodado y el noble; la amargura de los parados rurales; el deseo de venganza del elemento bandolero contra quienes lo habían reprimido; los viejos feudos de la ciudad frente al campo, de los ciudadanos más pobres contra las oligarquías municipales...: todo esto se hizo presente de manera súbita y explosiva en Cataluña"[176].

---

[175] A.H.N., *Estado*, Leg. 1.411.

[176] Vid. Elliott, J.H., *La rebelión de los catalanes*, op. cit.

Encrespados los ánimos en Cataluña y enfrentada ya abiertamente la *Diputació* con el poder central, el anciano duque de Cardona, último residuo de la autoridad de Felipe IV, moría en Perpiñán el 22 de julio. Al mismo tiempo, la revuelta *dels segadors* iba tomando mayor auge, terminando por convertirse en un amplio movimiento rural contra las tropas ocupantes. Ello tomaría a la Corte desprevenida y, como consecuencia de aquellos acontecimientos, se hundiría en un mar infinito de indecisiones.

Las posturas se fueron radicalizando progresivamente, y Pau Claris, en su carácter de presidente de la *Generalitat*, decidiría proceder a una alianza con Francia. Así, el 7 de septiembre de 1640, por medio de Vilaplana, sobrino de Claris, se establecerá un acuerdo con el duque de Espenan, que venía a representar la confirmación tanto del acercamiento de los rebeldes catalanes a Luis XIII como del correlativo distanciamiento de la Corte madrileña.

La rebelión se iba consolidando tanto desde un punto de vista real como institucional. En efecto, el 10 de septiembre se reuniría la Junta General de Brazos, que decidiría la constitución de una serie de órganos de gobierno encargados de hacer frente a esta nueva situación política. Al mismo tiempo, la *Generalitat* expresaría con nitidez su aspiración de llevar la rebelión más allá de la propia Cataluña, al escribir, el 19 de septiembre, tanto a Valencia como a Zaragoza y Mallorca poniéndoles al corriente de lo acaecido y solicitando su solidaridad. Afortunadamente para los intereses de la Monarquía Hispánica dichas misivas no obtendrían ningún tipo de respuesta por parte de aquellos territorios llamados a sumarse a la insurrección.

En el Principado se vivía una situación que cabe calificar de ambigua, cuando no de contradictoria, dado que, al mismo tiempo que se establecían relaciones muy estrechas con los franceses, se pretendía fundar una república independiente, mientras se intentaba que continuase abierto un resquicio por donde mantener las relaciones con Madrid.

A tenor de todo ello, podríamos deducir que existía tanta indecisión en un bando como irritación en el otro, al ver acrecentado el acoso francés por la rebelión catalana. También puede considerarse ambigua la postura del propio Pau Claris, cuyo proyecto político no quedaba desde luego muy claro. De una parte se rebelaba contra el hecho de que Cataluña fuera objeto de las tropelías y de los hombres de armas que, teóricamente, deberían luchar contra los franceses, y al mismo tiempo consideraba que las libertades y fueros catalanes eran violentados; pero por otro lado la propia revuelta iba contra el orden establecido. A tenor de todo ello no habría que considerar a Claris simplemente como pro francés, sino como quién consideraba que en aquellos momentos lo mejor para su país era una alianza con Francia.

Dicho planteamiento habría de contraponerlo a la exposición que ya el 29 de febrero de 1640 había hecho Olivares, diciendo "*verdaderamente... los catalanes han de menester ver más mundo que Cataluña*".

Llama nuestra atención, quizá a modo de anécdota, una batalla celebrada en las cercanías de Tamarite de Litera, en donde fueron apresados un grupo de soldados navarros, que se encontraban al servicio del Rey de España, y que fueron enviados a galeras. Tras una petición solemne ante el Rey, al cual se le informó debidamente de su penosa situación, éste decide poner en marcha toda su diplomacia para lograr la libertad de aquellos:

> "El Rey. Marqués de Castel Rodrigo... al archiduque mi primo escribo la carta que va aquí copia, encargándole procure, por los medios que se pudiere, el trueque y libertad de algunos soldados navarros que fueron prisioneros el año de 1640, en Cataluña, y franceses los traen al remo, ayudadle con vuestro consejo y medios para que con efecto se consiga la libertad de aquella gente, que está padeciendo por mi servicio, que estimaré por muy particular el que en ello me hicieres. De Madrid, a 15 de junio de 1647. Yo el Rey"[177].

Aquella carta, de la que hacía mención el Rey al duque de Castel Rodrigo, contenía muchos más detalles, en cuando a las gestiones que se demandaban a la diplomacia hispana:

> "Serenísimo señor archiduque Leopoldo Guillermo, mi primo, etc. Habiéndose entendido que se hallan bogando en las galeras de Francia algunos soldados navarros, que el año pasado de 1640 fueron derrotados y presos en Tamarite de Litera, en Cataluña, mandé hacer diligencias para su libertad. Y escribí al duque de Arcos dispusiese el trueque con los prisioneros que se hicieron en la ocasión de Ornitela, el cual responde que no había disposición para ello, respecto de que aunque se hicieron prisioneros de una y otra parte, se ajustó el trueque al mismo tiempo que el príncipe Tomás trató de embarcarse de vuelta de aquel puerto.
>
> Y porque convendría poner todos los medios posibles para la libertad de aquella pobre gente, que padece en galera después de haberse perdido en mi servicio, me ha parecido encargar a Vuestra Alteza (como se lo encargo) cuanto puedo que interponga todas las diligencias que fueren necesarias para ajustarla con el cardenal Mazarino[178], previniéndole que no se efectuando por los sueldos que disponen los

---

[177] A.H.N., *Estado*, Leg. 1.411.

[178] Mazarino había nacido en Italia en 1602, en el seno de una familia de origen siciliano, clientes de los Colonna. Antiguo estudiante en la castellana Universidad de Alcalá de Henares, fue diplomático de Roma en Avignon y Nuncio en París entre 1635-36, tomando la nacionalidad francesa en 1639, país en donde acabaría desempeñando importantes servicios como primer ministro de Luis XIII, de la regente Ana de Austria y de Luis XIV. Convertido en uno de los personajes más poderosos de aquella época, su labor politica aparece constituida en torno a la prosecución de la labor de su predecesor, además de amigo, Richelieu, en especial desarrollando por encima de cualquier consideración la expansión del Estado francés. Gracias a Richelieu obtendrá el capelo cardenalicio en 1641 y, un año más tarde, será el encargado en sucederle como primer ministro del Rey Luis XIII. A la muerte de este último, acaecida en 1643, apoyado por la regente Ana de Austria, continúa con la política emprendida por el cardenal Richelieu, prestando luego sus servicios al *Rey Sol* hasta el fín de los días de este prelado. En cuanto a la política exterior se refiere, y ahí será donde más afecte a la Monarquía Hispánica, su tarea se

placartes militares (o en otra forma amigable), se hará el mismo tratamiento a los franceses que fueren aprehendidos con mis armas marítimas, y a los que de presente hubiere en las armadas, echándolos al remo. Vuestra Alteza ordenará que luego se trate de esta negociación con todo calor, y me avisará de lo que en ella se fuere ofreciendo. Madrid, 15 de junio de 1647. Yo el Rey"[179].

El ejército que operaba en el frente catalán durante la guerra hispano-francesa de 1635-1652 estaba integrado por unos 20.000 soldados hacia 1640, pero la epidemia de 1647-1652 vino a repercutir negativamente en la recluta de nuevos miembros, al afectar a Valencia y Andalucía, zonas que tradicionalmente aportaban el grueso de las tropas. Con todo, durante las sucesivas guerras de 1672-78, 1683-84 y 1688-97 contra Francia el ejército estacionado en Cataluña alcanzaría en ocasiones los 26.000 hombres.

Don Juan de Austria rumbo al Principado de Cataluña

Pronto veríamos allí a don Juan de Austria, una vez hubo solventados los problemas en los territorios italianos a los que fue enviado por su padre. En este sentido Felipe IV, convencido de que su experiencia en tierras de Italia le habían proporcionado la solvencia necesaria para afrontar situaciones difíciles con éxito, optó por llevar a su bastardo a otro escenario de la Corona de Aragón, en donde también la situación era complicada en extremo: a Cataluña, territorio que desde hacía ya una década había declarado su secesión de la Corona Hispánica, gracias a Francia, que además con ello extendía sus tentáculos dentro de la Península Ibérica.

En ese sentido, un despacho firmado por el Rey, el 30 de diciembre de 1650 indicaba lo siguiente:

> "Don Juan de Austria, mi hijo, Gobernador General de todas mis Armas Marítimas, mi virrey y capitán general en el reino de Sicilia. Habiéndose de ejercitar el año que viene de 51, las operaciones militares en los reinos de España, que andan fuera de mi obediencia, tan cerca y a la vista de mi persona, y hallándose por ahora la Armada del Mar Océano, que es uno de los principales miembros de fuerzas marítimas de vuestro cargo, me ha parecido que no estaréis bien ocioso en parte tan remota como Sicilia, y que será más propio de vuestra persona, y obligaciones, continuar los generosos pensamientos que siempre habéis mostrado de adquirir gloria militar en el Mundo, como diversas veces me lo habéis hecho entender. Con esta consideración he resuelto

---

centra en evitar que Francia fuere aislada por sus dos enemigos tradicionales: los Habsburgo españoles y alemanes. Ello provocará la intervención de Francia en la contienda alemana, obligando al Imperio a firmar la paz de Westfalia, en 1648, lo que vendrá a situar al país galo en una posición de supremacía en el centro de Europa.

179 A.H.N., *Estado*, Leg. 1.411.

encargaros, y ordenaros (como lo hago) vengáis cuanto antes pudiéredes la vuelta de España, trayendo las escuadras de galeras de Sicilia y Nápoles, y las demás fuerzas de mar y tierra que he mandadazo prevenir al Conde de Oñate, con quien os corresponderéis en este propósito, estando pronto para partir de ahí, en avisándoos el Conde, que lo que le toca por hacerse a la vela, sin moveros hasta entonces, porque no sea necesario deteneros, sino proseguir el viaje luego que lleguéis a Nápoles" [180].

Continúa la carta del rey Felipe indicándose a su hijo, don Juan de Austria que:

"También os envío orden para que el marqués de Caracena remita la infantería, y demás cosas que pudieren del Estado de Milán, en las galeras de Génova y Cerdeña. Y porque saliendo vos de ese reino, es necesario que quede su gobierno en ínterin, a cargo de persona de satisfacción, juzgando que ninguna se halla más cerca ni a propósito que la de don Antonio Ronquillo, le dejaréis con nombramiento vuestro encargado el gobierno, en ínterin de ese mi reino de Sicilia, y en recibimiento este despacho me avisaréis de todo lo que se os ofreciere cerca de lo referido, diciéndome el tiempo para cuando juzgaredes poder hallaros en España, por ser muy conveniente que yo lo tenga entendido con anticipación, para que las prevenciones, y disposiciones de acá concurran en la misma razón, de manera que todo camine a un paso, para conseguir los buenos efectos que debemos procurar, y esperar, mediante el favor de Dios. En la costa de Cataluña o de Valencia, a donde aportáredes, hallaréis orden mía de lo que hubiéredes de ejecutar. Nuestro Señor os guarde como deseo. Yo el Rey. Pedro Coloma"[181].

Según Fabro, la anterior disposición regia que recibiese en Palermo, vino acompañada de otra de don Luis de Haro, con declaraciones sobre los motivos de estimación, y confianza por los que el Rey había tomado aquella resolución, que además había sido aplaudida por los Consejos.

Así las cosas, el 30 de diciembre de 1650 un despacho firmado por Felipe IV ordenaba a don Juan que interviniese en Cataluña. Dicho texto indicaba lo siguiente:

"Don Juan de Austria, hijo, Gobernador General de todas mis armas marítimas, mi Virrey y Capitán General en los reinos de Sicilia, habiéndose de ejercitar el año que viene de 1651 las operaciones militares en los reinos de España que andan fuera de mi obediencia.. Con esta consideración he resuelto encargaros y ordenaros (como hago) vengáis cuanto antes trayendo las escuadras de galeras de Sicilia y Nápoles... en la costa de Cataluña o Valencia a donde aportáredes, hallaréis orden mía de lo que hubiéredes de ejecutar..."[182].

---

[180] Fabro Bremudán, F., *Historia del los hechos del Serenísimo señor don Juan de Austria, en el Principado de Cataluña*, Zaragoza, 1673, pp. 15-16.

[181] Fabro Bremudán, F., *Historia del los hechos del Serenísimo señor don Juan de Austria, en el Principado de Cataluña*, Zaragoza, 1673, pp. 15-16.

[182] Fabro, F., *Historia de los hechos del Serenísimo señor Don Juan de Austria en el Principado de Cataluña*, Zaragoza, 1673, pp. 15-16.

Sobre la presencia de don Juan de Austria en tierras catalanas, opinaban los enemigos del hijo de Felipe IV, que más que un puesto de confianza, derivado de presuntos éxitos en tierras de Italia, era la consecuencia inmediata de sus desmanes en Nápoles, primero, y, ya más tarde, en Palermo:

> "...llamándole al sitio de Barcelona, donde con esta disciplina y experiencia militar del marqués de Mortara (que era pariente de parientes) se consiguió el rendimiento de dicha plaza, y se portó con tanto cuidado de su seguridad, que todo el tiempo que duró el sitio tuvo a la puerta de su tienda un caballo prevenido para la fuga..."[183].

Pero pronto comenzarían los preparativos de don Juan para marchar desde Sicilia a tierras de España. El 28 de mayo de 1651 una flota compuesta por once galeras y otros navíos de apoyo zarpaba de puerto de Palermo. El texto que resume este hecho histórico, además de la adecuación de la flota a este cometido, juntamente con los fastos relativos a la marcha de don Juan de Austria de aquellas tierras sicilianas, para hacerse cargo de esta nueva empresa, resultan del tenor siguiente:

> "Tomo tercero en diario de lo sucedido a Su Alteza, el señor don Juan en el sitio de Barcelona, y entrada de las armas de Su Majestad en dicha ciudad, con la navegación que hizo de Sicilia a España para este efecto. Este es el tercer tomo en diario señor de lo que Vuestra Alteza ha obrado desde 28 de mayo del año de 1651, que se embarcó en el puerto de Palermo, para venir a las costas de España, hasta 13 de octubre de 1652, que gloriosamente entró las armas de Su Majestad en la ciudad de Barcelona, cuyo sitio con tantas circunstancias de grande le realzan las acciones de Vuestra Alteza.
>
> Pues siendo su vida la esperanza del Rey nuestro señor para restaurar y ensanchar su monarquía la ha expuesto tantas veces al fuego y agua, peleando en mar y tierra, y al horror de una peste que a su vista y comunicación consumió más de 60 criados de su real familia, y más de 20.000 soldados de su ejército, pasando por las descomodidades y fatigas del más infeliz soldado de fortuna.
>
> Este escrito de orden de Vuestra Alteza, como los demás, y con la misma humildad se pone a los reales pies de Vuestra Alteza, que tanto campo ha de abrir a la fama para dilatar su nombre y sus victorias, dándole los años que vida que todos hemos menester. Barcelona, diciembre de 1652. Don Pedro de la Mota Sarmiento.
>
> Habiendo acabado Su Alteza, el serenísimo señor el señor don Juan la gloriosa conquista de Portolongón, hallándose gobernando los reinos de Sicilia, con el acierto que publicaba la paz, quietud y justicia que gozaban, asistiendo en la ciudad de Palermo (una de las más hermosas poblaciones de Europa por naturaleza y arte) le llegó orden de Su Majestad para que con las galeras de aquella escuadra, navíos y galeras de Nápoles viniese a las costas de España, señalándole término que casi era pasado cuando recibió el aviso.

[183] B.N., mss. 8344.

No embarazó a Su Alteza esto, ni hallarse las galeras sin aconchar, sin bastimentos y con total falta de medios para disponerlo, porque su agrado y el afecto con que sirven debajo de sus órdenes lo facilitó y allanó todo, y en menos de 40 días se compuso la Real lo más rica, aliñada y acomodada que se vio galera, hizose asiento para las de Sicilia, aconcháronse, armaronse y previniéronse".

Tras ello, todo quedaba preparado para partir de manera inmediata hacia su nueva misión:

"Envió 4 navíos fletados a los cargaderos de Sargento, Mazara y Jaca a embarcar 40.000 fanegas de trigo para traer a España, y a un tiempo se emulaba el gusto con que le obedecían, y al sentimiento de su ausencia.

Estando prevenido un trozo de su real casa para servirle en la navegación, se quedó el resto en Palermo, consuelo para aquella ciudad por fundar en esto la esperanza de la vuelta de Su Alteza, los criados más particulares que con él se embargaron fueron el Conde de Torralba, caballerizo mayor; don Fernando de Monroy, marqués de Garcillán, primer caballerizo y gentilhombre de la cámara mas antiguo que hacía oficio de sumiller de Corps; don Pedro de la Mota Sarmiento, mayordomo que hacía oficio de mayordomo mayor; el padre confesor fray Hernando Sáenz de Cuellar; el marqués del Espinar, gentilhombre de la cámara de Su Alteza, y su capitán de la guarda española; don Fernando Carrillo, gentilhombre de la cámara y cuatralbo de las galeras de Sicilia; don Francisco y don Antonio de Córdoba, gentilhombres de la cámara, hijos del conde de Torralba; el marqués de Cusano, gentilhombre de la cámara; don Diego Collazos de Mendoza, caballerizo más antiguo y teniente de la guarda española; don Diego Tello de Salinas, caballerizo; don Juan de Castañeda, caballerizo; seis pajes; el secretario de Estado y Guerra, Juan Bautista Arespacochaga; el secretario de cámara, don Simón de Billela, ayuda de cámara y guarda joyas; seis ayudas de cámara; y de todos los demás gremios y oficios, los necesarios también se embarcaron tres carrozas con sus tiros de seis mulas y diez caballos de aquel reino de Nápoles".

Y a aquellas tropas se vendrían a unir otras:

"Llegó de Nápoles con las galeras don Álvaro de Melo, a quién el conde de Oñate había nombrado por gobernador de ellas por ausencia de Juanetín Doria, y los navíos y otros que se habían fletado en Nápoles para conducir a Flandes 2000 napolitanos.

Partieron desde aquella ciudad con esta infantería y trigo para el ejército de Cataluña, en derechura a las costas de España, con don Juan Zapata de Tarsis, Caballero de la orden de San Juan, y mayordomo del conde de Oñate, que le hizo gobernador de ellas, y estando todo dispuesto".

Y, finalmente llegaron las tristes despedidas:

"Domingo 28 de mayo del año de 1651. Después de haber oído misa Su Alteza vinieron todos los tribunales y senado a palacio a besarle la mano, lo mismo hicieron los príncipes y demás nobleza de todas clases, asistiendo el protonotario para que se observase la ceremonia conforme al estilo del reino y la antigüedad de las casas.

Su Alteza les hizo el agasajo que acostumbra a todos los que le hablan, y en este acto con particulares circunstancias dándoles muy ciertas esperanzas de su vuelta, con que todos salieron enternecidos y consolados. A las 5 de la tarde se avisó podía Su Alteza ir a embarcarse.

Estaban en la antecámara todos y más de los que le habían besado la mano antes de comer, que al salir de la cámara volvieron a hacerlo, y acompañado de las guardas española, de la persona y tudesca de virrey, llevándole en medio el marqués de Irache, a la mano derecha, y el pretor a la sinistra, y los jurados detrás a un lado y otro de los caballeros de la cámara, bajó a tomar la carroza. Estrenó en esta ocasión una hecha en Nápoles, carmesí y oro de las más ricas que se han fabricado en Italia. Al salir de palacio hicieron salva la infantería del cuerpo de guarda y los baluartes nuevos de palacio (que dejó Su Alteza perfeccionados) y se encaminó a la iglesia mayor a despedirse y adorar las reliquias que tan veneradas se guardan en aquel santuario.

A la principal puerta estaban los tribunales y nobleza, y el arzobispo revestido con capa, asistido del cabildo, dio el agua bendita y cantando el *Tedeum* con infinito número de gente, llegó a hacer adoración a la capilla del Santísimo de ella, pasó a la de un crucifijo milagroso que hay observación... y después se encaminó a la capilla de las reliquias que es suntuosísima de jaspes de diferentes colores, fábrica de la ciudad de Palermo... llegó hasta el umbral de la puerta de la iglesia, y volviendo el rostro a todas partes para despedirse, tomó la carroza Su Alteza desde este sitio, empieza la calle... muy cerca de la puente llegó la carroza a donde estaban los que arriba se ha dicho para acompañarle, y de la misma forma entró en la Real, la hermosura y riqueza de esta galera requeriría relación muy particular y larga, y las grandezas no la embarazaron las comodidades, gran rato dura el despedirse de Su Alteza sin saberse apartar de su presencia pero fuera fuerza el hacerlo para que llegasen los tribunales a que Su Alteza les diere a entender la resolución de Su Majestad, en el gobierno de Sicilia el tiempo que Su Alteza faltase de él, hízoles un razonamiento muy entendido y sucinto, la sustancia fue que Su Majestad, con las experiencias tan continuadas que tenía del mando a Sicilia, y así le nombraba Su Alteza por tal gobernador.

En nombre de todos respondió el presidente del Consistorio Mareta, y el protonotario la pasó por hacerlo y anochecido se volvieron a tierra".

Y pusieron rumbo a tierras de España:

"Su Alteza cenó y a la prima rendida se hizo la vela para Trapiana siguiéronle el Marqués de Bayona, general de las galeras de Sicilia, con cuatro galeras de su escuadra, la capitana a la cuatroalba de que era cuatralbo don Fernando Carrillo, gentilhombre de la cámara de Su Alteza, la milicia y San Antonino, también fue acompañando a Su Alteza la patrona de Sicilia para llevar hasta Trapiana al marqués de Flores, del Consejo del patrimonio, a don Jacome Cadeopo, juez de la gran Corte, y asesor del bureo de palacio de Su Alteza, y al auditor general de la gente de guerra, para asistir a Su Alteza hasta que dejase Sicilia.

Las galeras de Nápoles eran seis, que como se ha dicho las gobernaba don Álvaro de Melo, y se llamaban la Capitana, la Patrona, San Miguel, Santa María, San Pacilino, y Santa Águeda, navegase aquella noche con viento corto y a dos horas se despidieron dos galeras de Florencia, que se hallaban en el puerto, habiendo conducido al cardenal Montalvo, que venía a estar en su arzobispado de Monreal…"[184].

Tras hacer, en primer lugar, escala en la mediterránea isla de Cerdeña con las clásicas

"… dificultades de la navegación… concluido por imposible el ir los navíos en conserva de las galeras, se resolvió prescribirles los rumbos, según las contingencias de la navegación, hasta tomar puerto en las islas o en España, dirigiendo las galeras su camino, por donde juzgaban poder más cubrirlos contra los peligros de los piratas… hasta arribar al seis del mes a Caller" [185].

En aquel lugar sería recibido por el gobernador de aquel territorio, don Pedro Martínez Rubio, tal y como vemos seguidamente:

"Gobernaba a la sazón el reino de Cerdeña don Pedro Martínez Rubio, deán de Teruel, auditor de la Sacra Rota Romana, que con oficio de visitador había pasado allá, de orden de Su Majestad, y a la partida del Cardenal Teodoro Trivulcio, había sido nombrado en ínterin, para el que entonces ejercía de virrey…

En todas las galeras no hubo quién no participase de la liberalidad de este virrey, habiéndose distribuido por su orden a cada galera copiosos y diferentes géneros de comidas, y vinos para los soldados y chusma, y a los oficiales de todas graduaciones, las señas correspondientes a sus puestos, como otrosi a la familia de Su Alteza, con particular distinción. Aquella noche (que fue la sola, que aquel ministro pudo obtener para gozar de la honra de servir en tierra al señor don Juan) le previno un sarao tan vistoso, que podía pasar por singular en cualquier Corte de las más famosas, siendo constante, que ni en el número, calidad y bizarría del concurso, ni en la multitud y precio de las galas y joyas quedó a la vista que desear…"[186].

Poco duraría la estancia en aquellas tierras de Cerdeña, ya que rápidamente pondría la proa de su navío en dirección hacia la balear isla de Mallorca:

"como los primeros días, obligándolas a ganar a puro sudor de las chusmas, en siete días, y noches, el puerto de Mallorca. Y como ya (así por su persona, como

---

184 B.N., mss., 2.068, pp. 81-230.

185 Fabro Bremudán, F., *Historia de los hechos del serenísimo señor don Juan de Austria en el Principado de Cataluña*, Zaragoza, 1677, p. 19.

186 Fabro Bremudán, F., *Historia de los hechos del serenísimo señor don Juan de Austria en el Principado de Cataluña*, Zaragoza, 1677, p. 19.

por su calidad) conocían a Su Alteza en esta isla, desde el año 1647, que pasando a Nápoles hizo el mismo viaje, parece suple la circunstancia, por dilación del alborozo superior, que causó en aquellos naturales, dando que sin género de lisonja (ni lo negará la emulación) jamás puso el pié en parte alguna, que no dejase impresa una voluntad y deseo indecible de volver a gozar su presencia...

Dos solos días fue su término, que lo más se gastó en despachar y repetir órdenes a las Torres, Atalayas y promontorios del circuito de la isla, a solicitar avisos de los navíos. Mas no pareciendo por ningún costado, ni dando nueva de ellos embarcación alguna que llegase, deliberó no dilatar más aquella suspensión, en razón ya madura para las operaciones de la campaña.... se le añadió en el tiempo que tratamos, a la duda del paradero de los bajeles, otro cuidado no menos trabajoso, en el aviso que le dieron de la peste, que infestaba casi generalmente a toda la provincia de Cataluña, y había penetrado hasta una legua de Tarragona, extendiéndose las sospechas (que raras veces engañan) por gran parte de la rivera de Valencia... mas aconsejándose con los generales y cabos más experimentados que le asistían, en ambos puntos, hacerlo admirablemente con los árbitros siguientes: sobre los navíos dejó encargado a los gobernadores de las islas *que en caso que llegasen a sus puertos, los detuviesen hasta tener órdenes de donde pudiesen aportar, y hallarse a la mano las provisiones, para cualquier empeño de sitio*"[187].

Desde aquella isla de Mallorca, el día 15 de ese mes, pusieron proa hacia Denia para evitar la costa catalana, pues, como hemos leído en el texto anterior, llegó a don Juan de Austria la noticia que avisaba de que una epidemia de peste afectaba a casi todo el territorio del Principado, aunque el estado del mar haría que aquella intención se frustrase, debiendo refugiarse en un cabo ibicenco, el conocido como *Tacomago*, tal y como nos relatan las crónicas:

"En el otro punto, halló por conveniente mudar la primera resolución de portarse derecho a Tarragona, y no tocar con sus galeras en parte sospechosa, hasta saber la voluntad de Su Majestad. Con esto, el día 15, según dando el tiempo medianamente su intención, volvió a la mar, las proas hacia Denia, cuya situación a más de la mitad de las riberas de Valencia, entre la ciudad de este nombre y la de Alicante, aseguraba su recato, sin apartarse mucho de su principal destino. Menos trabajosa fue la navegación aquella noche, y el día siguiente, que los pasados, ayudando algo el viento la faena del remo, mas a la tarde reforzó con asomos tan acelerados de borrasca, que fue forzoso abrigarse de la isla de Ibiza, dando fondo en el costado izquierdo del cabo que llaman de Tacomago, digno en verdad de que se le mudara el apellido en otro de significación más conocida, y propia de la dicha, que le cupo de servir a tan gran príncipe en esta ocasión..."[188].

---

[187] Fabro Bremudán, F., *Historia de los hechos del Serenísimo señor don Juan de Austria en el Principado de Cataluña*, Zaragoza, 1677, pp. 19 y ss.

[188] Fabro Bremudán, F., *Historia de los hechos del Serenísimo señor don Juan de Austria en el Principado de Cataluña*, Zaragoza, 1677, pp. 19 y ss.

Aquella situación suponía una paralización de su idea de entrar pronto en acción contra los franceses, aparte del gran disgusto que ocasionó a don Juan. Sin embargo, una importante novedad le volvería a dar bríos en su idea de acabar con los que ocupaban el territorio catalán: una información le daría cuenta de la presencia de un importante navío corsario francés fondeado en aguas de la vecina isla de Formentera. Pronto se vería un enfrentamiento entre don Juan y los galos, del cual resultaría victorioso el hijo de Felipe IV, aun a pesar de sufrir en aquella hazaña importantes bajas:

> "Sentía Su Alteza notablemente el verse juntar este nuevo embarazo al rodeo de Denia, cuando el sargento mayor, en nombre del gobernador de la plaza de Ibiza (avisado de sus atalayas del arribo de la armada a aquella ensenada) llegó con el cumplimiento de la bienvenida, y los ofrecimientos de la obligación de quién le enviaba. Pero si fueron aceptos por sí, a quien los recibía, mucho mejor los calificó la noticia que les añadió aquel oficial, de hallarse en la Formentera un navío corsario francés, de los más poderosos de la armada de su nación, refiriendo los daños, que tenía ejecutados en aquellos parajes, con 300 soldados de muy buena calidad, sin los marineros y 30 piezas de artillería que llevaba. Mucho se le alivió al señor don Juan, con esta nueva, el pesar de la detención, considerando lo que importaba al bien público quitar aquel estorbo al comercio entre España e Italia, y quizás la seguridad de los cuatro navíos.
>
> Mas ponderando era el lance digno de ser comunicado con los generales que le asistían, llamó al capitán Condena, piloto real de la Real, encargándole fuese con dos paisanos (que también habían traído a media noche el mismo aviso) a conferirles con el marqués de Bayona (entonces general de las galeras de Sicilia, y hoy marqués del Viso, y capitán general de las de España) y con don Álvaro de Melo y saber sus pareceres. Apenas le oyó el primero, que declaró era su opinión que se apease con este navío, y representándole el piloto, que el viendo daba por la proa, respondió: le mejoraría la fortuna de Su Alteza al amanecer, o al salir del sol.
>
> Y así fuese en hora buena, a decir lo mismo al señor don Álvaro de Melo, rogándole de su parte fuese del propio sentir, pues no dudaba guardaría Su Alteza esta atención a la superioridad de su puesto, y holgaría le consultasen ambos la resolución más gallarda, y adecuada a su valor. A estas últimas palabras no faltaba su poco de misterio, y era que como en diferentes ocasiones hubiese manifestado el señor don Juan sus ansias de encontrarse con los corsarios franceses, cuando no con sus armadas, no todos veían bien en que aventurase su persona, en facción como aquella, que juzgaban inferior a sus obligaciones soberanas, y que mejor le estaría cumplir a la letra las órdenes reales, que le llamaban a la Guerra de Cataluña.
>
> Pero los que llevaban diferente dictamen, no hallaban reparo suficiente a prescribir límites a sus bríos... y en esta confianza mandó Su Alteza zarpar. Al mismo tiempo se levó el navío francés, ya noticioso de lo que le había de ocurrir" [189].

---

[189] Fabro Bremudán, F., *Historia de los hechos del Serenísimo señor don Juan de Austria en el Principado de Cataluña*, Zaragoza, 1677, pp. 19 y ss.

Así las cosas, todos se preparaban para aquel enfrentamiento en el mar:

"Y saliendo de la Formentera, donde había estado ancorado, con una saetia, que habiéndose para el combarte. Entretanto fue faltando el viento y Su Alteza con las galeras, en toda orden llegándose a tiro corto de cañón del enemigo, que serían cerca las once del día, y en esta distancia se divisó claramente su determinación de vender lo más caro que pudiese su libertad, como lo declaró mejor, callando un tiro sin bala, con que le citó la real a dar razón de si confirmada en el rato bastante la desatención, determinó Su Alteza no dilatar el empeño, cuyo aviso fue tan festejado de la impaciencia que le aguardaba, que parecían hundirse las galeras al esfuerzo de las aclamaciones, y sonido de las trompetas y clarines. Fue pues la Real, seguida en batalla formada de las demás, mejorándose de puesto, y anticipando al francés el ganarla la popa (según lo procuraba) le disparó dos veces la artillería de aquella banda. Mas aunque se dejó adelantar de nuestra diligencia no fue tardo en responder, con todo su bronce, dando que engañado de la presteza de la operación, o del humo de los primeros tiros, pasaron las balas por encima de la mira, sin lesión alguna de las galeras. Pero como el género de agresión tampoco hiciese de nuestra parte, lo que requería para abreviarla, y reparando otrosí el señor don Juan, que el viento volvía a refrescar, y podía ayudar al escape de la presa, mandó extender un gallardete que la real llevaba plagado en el garcés del árbol mayor, para señal de abordar. Apenas estuvo al aire que la capitana de Sicilia, voló a amarrase por dos parte con el navío, y luego después la capitana de Nápoles y las demás galeras que hallaron cabida en la circunferencia.

Entonces lució el valor su esfuerzo con armas blancas, entre menos humo, pero entre cayos de fuegos artificiales, y el granizo de las granadas, ya hecho casi inútil el uso de los cañones enemigos, con tan inmediato asalto y no pudiendo valerse el bajel de la mosquetería, por la misma razón, salvo contra la real, que tuvo por blanco en todo el conflicto. De donde tomó argumento el marqués de Bayona, para decir después al señor don Juan, con respetuosa libertad, que se había hecho una gran temeridad, arriesgando tanto tiempo, y de tan cerca su real persona".

Pronto se verían los resultados del esfuerzo de aquellas tropas de don Juan de Austria:

"Y había durado la pelea más de hora y media, y duraría más si Su Alteza no enviara refuerzos de la Real, y de las galeras Patrona y San Miguel de Nápoles, que no habían tenido lugar para abordar. Mas con el último de reformados y voluntarios que fue al marqués de Bayona, desmayó la obstinación, muerto el comandante y rendidos los que le sobrevivieron. Pasaban de 300, antes del combate, y entre ellos cuatro caballeros de la Orden de San Juan, cuyos nombres callan las memorias que hemos visto... de aquel número murieron 98 y hubo 58 heridos, los demás se echaron al remo, a ley del Talión, por algunos vasallos de Su Majestad, que contra las de la guerra, padecían la misma pena en las galeras de Francia. Sin embargo, habiendo Su Alteza sabido que el uno de ellos era de su hábito (el único de los cuatro que escapó con vida, y harto mal herido) le mandó quitar la cadena y curarle con toda atención. De nuestra parte entre soldados y forzados perdimos 99..."[190].

Tras aquel duro enfrentamiento naval, estuvo tres días don Juan con las tareas relativas al apresto del navío, en el puerto de Ibiza. De ese lugar partirían el día 21 con destino a Denia, donde recibiría un despacho regio, en donde se indicaba que:

"... *confiaba Su Majestad en la misericordia de Dios, llegaría con feliz navegación a España con las galeras que traía, y que siendo muy de su servicio emplearlas aquel año, con las de España y con todas las demás fuerzas marítimas que se las pudiesen juntar, en infestar la costa de Cataluña, le encargaba ejecutarlo, y dejándose ver de la ciudad de Barcelona, sin excusar acto de hostilidad que le permitiese la posibilidad y la ocasión, mientras se determinaba a cual empresa más fructuosamente se pudiese ocupar el ejército de tierra.* Al mismo tiempo que se le entregó esta orden... supo de diferentes avisos, navegaban en su busca otras siete de la escuadra de España, que sin duda dirigirían su derrota conforme las noticias del paraje donde tocasen, y en la dilación probable de la venida de este refuerzo, también fue midiendo su ocupación, a lo que parando fuese de más provecho a los movimientos que meditaba..."[191].

Como vemos, finalmente había llegado don Juan al puerto alicantino, recibiendo órdenes expresas de marchar a Barcelona y controlar el litoral catalán. Entretanto llegó el duque de Alburquerque con las siete galeras referidas de su cargo (como general de las de España), y otras cuatro de la escuadra de Génova, cuyo número superaba al que se esperaba. Y hacia el norte, siguiendo las indicaciones del Rey, emprendió viaje la flota liderada por don Juan de Austria, que además se vio reforzada por otras once galeras, constituyéndose con ello una poderosa armada. Pronto arribarían a Tarragona, donde don Juan sería informado de la situación en la que se encontraban aquellas tierras, y del curso que llevaba la guerra. Era el 11 de Julio y pocos días después se darían cita junto a los que ahora llegaban, y en en aquella misma plaza, las tropas del marqués de Mortara, quién había ostentado hasta aquel momento el mando del ejército hispano en Cataluña.

La valoración que realizaran los dos jefes militares fue que la llegada de la flota mandada por Juan José de Austria rompía el equilibrio en que se encontraba aquella campaña militar y que, como consecuencia de ello, se podía proceder a dar un golpe importante contra el enemigo, que decantase definitivamente el curso de la guerra.

Con todo, cuentas las crónicas que una vez llegados a Tarragona, pronto desembarcarían en aquella histórica ciudad catalana, que en ese momento era:

---

[190] Fabro Bremudán, F., *Historia de los hechos del serenísimo señor don Juan de Austria en el Principado de Cataluña*, Zaragoza, 1677, pp. 19 y ss.

[191] Fabro Bremudán, F., *Historia de los hechos del serenísimo señor don Juan de Austria en el Principado de Cataluña*, Zaragoza, 1677, pp. 19 y ss.

".... Gobernaba a la sazón aquella plaza don Baltasar de Rojas Pantoja, graduado de general de la artillería del reino de León, sujeto, que así en los empleos que hasta entonces había tenido, como en los que después ha ocupado y todavía sirve, ha desempeñado las obligaciones de su sangre... fue pues quién primero dio a Su Alteza al punto de su llegada (juntamente con algunos pliegos de Su Majestad, semejantes a los que había recibido en Denia)...Así, dejando Su Alteza encargado a don Baltasar Pantoja que participase al marqués de Mortara su venida, y la causa que por entonces le había hecho dilatar su embarcación, mandó que luego pasasen todas las 22 galeras la vuelta de Mataró, pues también era camino de las de Génova. Pero apenas descubrió en ellas la Torre marítima de aquella villa, el peligro del Navío que con presteza emula del viento, que las llevaba, le vieron bajar en tierra, no solamente en puesto más arrimado al amparo de la artillería de la misma Torre, sino de otras tres baterías dispuestas con toda la ventaja que el terreno daba de sí, costeándole también casi abordo tres tartanas gruesas, y una trinchera de barcas mejores...

A las dos capitanas de España, y Nápoles y a la milicia, y Quatralba de Sicilia, tocó lo más principal de la facción, pues dando con las proas en tierra, a pesar de todo el fuego opuesto, desembarcaron hasta 600 hombres que con actividad e intrepidez igual, vencieron al contraste más reñido de tantos pertrechos y armas, restituyeron a la mar la prenda sobre que se porfiaba. Y es sin duda, la podían haber acompañado apresada, como lo habían hecho en la resistencia, o quedarse incendiadas las tartanas, y demás embarcaciones, si no hubieran prevalecido en el ánimo de Su Alteza las máximas de clemencia incluidas en el recado, que inmediatamente después del combate envió con un trompeta a los jurados de Mataró. Ello fue: *que el intento no había sido más que sacar el navío, por haber entendido había venido de Francia, y que aquellas armas no ofenderían a los naturales, sino solo a los que procuraban tenerlos oprimidos.* Respondieron: *había sido locura de los del navío ponerse en defensa, que holgarán estuvieran cargado de oro, y que si Su Alteza quería el esquife, se lo enviarían...* y tampoco recibieron las galeras, aun las mismas que embistieron, algún daño imaginable, particularidad que más regocijo al triunfo con que se dejaron ver la misma tarde delante de Barcelona, llevando a remolco la presa adornada de flamulas, y gallardetes, como ufana de haber mejorado de dueño... en dos días después se fue averiguando que ya no parecía en la costa embarcación de momento considerable, puesta las más en tierra, o cerradas en los puertos contrarios del escarmiento reciente, de suerte que Su Alteza hubo de considerar por escusado el fatigar sin fruto las chusmas, y que las galeras ya se hallaban escasas de agua, para subsistir en la mar. Pero el motivo más sensible y forzoso de suspender la infestación de aquellas playas, siendo no hallarse con cuerpo de infantería suficiente a echar en tierra, para allanar los lugares de ella... acordó volver a Tarragona a concertar con el marqués de Mortara la resolución, y medidas más ajustadas a los medios de la empresa..."[192].

---

[192] Fabro Bremudán, F., *Historia de los hechos del Serenísimo señor don Juan de Austria en el Principado de Cataluña*, Zaragoza, 1677, pp. 19 y ss.

Pronto llegaría la ansiada reunión con el marqués de Mortara[193], que tantos sufrimientos había vivido de primera mano, en aquella ya larga y sangrienta campaña del Principado, en un intento de atajar la sublevación de muchos de aquellos, además de hacer que el ejército francés abandonase las ciudades y villas de Cataluña. Y así se observa en el siguiente texto que ahora reproducimos:

> "Entretanto el marqués de Mortara, desembarazado o desengañado de lo que tenía trazado para la restauración de la villa de Cervera, en cuya cercanía le alcanzó el correo del general Pantoja, con la noticia de la parte fija donde se hallaba el señor don Juan, se dispuso a venirle a prestar el obsequio debido, como superior, a quien Su Majestad tenía apoyado el mando...escogió el marqués, virrey y capitán general, para esta función y para poder hallar a su alteza enterado de las cosas de su arribo, al marqués de Tenorio, uno de los tenientes generales de la caballería que le precedió, muy bien instruido de las cosas pertenecientes a su relación, y de las dilaciones, que según ellas podían conducir a abonar los dictámenes que entonces reinaban en los cabos superiores militares, para establecer su primera impresión en el de Su Alteza...
>
> Y finalmente encareciendo con ternura y expresiones propias de su buen natural, la dicha que le tocaba de servir a Su Majestad a los ojos y órdenes de Su Alteza, suspendió la plática, pidiendo al Cielo le diese muy buena fortuna, de que siempre se preciaría ser el mínimo instrumento. A esta afectuosa resignación, después del agradecídosela el señor don Juan, y juntamente la sinceridad del principio de su discurso, le dijo con la misma claridad: *era su sentir, que se emprendiese a Barcelona*".

Pero para un definitivo triunfo sobre los ejércitos enemigos era necesario contar con fuerzas suficientes:

> "Y respondiendo a la primera dificultad de la cortedad del ejército: no poderse dudar (salvo los riesgos de la mar) la venida de los tres o cuatro mil alemanes de Milán, cuya embarcación tenía orden de ajustar el marqués de los Balbases, y cuando no lo ejecutase con la brevedad que se deseaba, estar las galeras a la mano para ello.
>
> Y con ellos, la leva de mil hombres de Jaén, y los mil y quinientos de los presidios, constaría el ejército de diez mil infantes efectivos, cuyo pie se mantendría con las reclutas, que Su Majestad no dejaría de ordenar, para desempeño de la resolución

[193] Francisco de Orozco, marqués de Olías y de Mortara, vino a representar para aquella Monarquía el ejemplo típico del militar tradicional español. Combatió en Italia, donde conseguiría en 1639 la capitulación de las tropas francesas en Salses. Sin embargo, poco después siendo gobernador del Rosellón, en 1642, tuvo que rendirse a los ejércitos galos. Más tarde sería el encargado de tomar Lérida, en 1644, después de vencer a los franceses en el Segre un año antes. Convertido en Virrey de Cataluña en 1650, tomaba Tortosa ese mismo año, participando junto a don Juan de Austria en el sitio que acabó con la toma de Barcelona en 1652. A la marcha de don Juan a tierras de los Países Bajos sería designado nuevamente virrey de Cataluña (1656-1659), en donde continuaría defendiendo al territorio frente a las perennes hostilidades francesas, a quienes derrotaría en Camprodón, en 1658, y en el Ter, en 1659, año en el que sería promocionado al Consejo de Estado.

más gloriosa, y provechosa a sus armas, y a su corona. Lo mismo se debía entender de los medios, y en orden a los víveres, conociendo cuan esencial era el anticipar temprano su provisión (impracticable en España con la escasez de la cosecha del año antecedente) lo había procurado y logrado en mucha parte, en la de donde venía, trayendo cuatro navíos cargados de granos, sabiéndose haber ya llegado a Mallorca, donde les había mandado esperar sus órdenes, para enviárselos conformes a lo que se deliberase. Que el emplear este caudal (cuyo semejante entonces no se había juntado, ni quizás se juntaría en adelante para aquella guerra) en solo allanar a Balaguer, Cervera y Arbeca, no sería más que cebar el cáncer de la inobediencia y malograr la oportunidad de las solevaciones de Francia, la más cómoda, que podía ofrecerse para acabar de una vez, con la resistencia de aquel principado"[194].

La idea no era otra,

"Que viéndonos Barcelona, dueños de aquellos tres puestos, el día que se les añadiese una tepa de fortificación regular (pues hasta aquel tiempo los reputaba por sus antemurales) trataría a todo trance, aquel invierno y la primavera siguiente, de fortificarse, y prevenirse de gente y bastimentos de que a la sazón era probable se hallaba notablemente prevenida. A más de que si dilatábamos de visitarla de más cerca (supuesto lo inconstante de franceses, así en el mal como en el bien) era muy contingente se compusiesen sus inquietudes, y nos viésemos reducidos al pie de los años pasados, y aun más corto por agotarse siempre más los tesoros de Su Majestad. Que con moverse el grueso de nuestras tropas hacia Barcelona, necesitaría indispensablemente al enemigo a bajar a sus contornos, y dejar libres de vejación a muchos pueblos obedientes, y a otros que solo de miedo seguían la voz de Francia, con lo cual mudaría la guerra de teatro, y se haría sentir en la parte más importante, que aun no había si no muy ligeramente experimentado sus efectos.

Ser superfluo en la comprensión de S.E. acordarle que ninguna cosa grande jamás se intenta, sin dejar algo a la providencia superior, cuyo auxilio jamás se logra sin trabajo, y sin atropellar con muchas dificultades en cuyo vencimiento, consiste el mejor quilate del acierto y la gloria mayor. Y en conclusión, que si se juzgaba conveniente, pasaría en persona al final, por los alemanes y enviaría desde luego por la gente de Jaén... Otro correo llevó de la misma fecha de 21 la relación individual de todo a Su Majestad, *suplicándonos se sirviese mandar que la armada del mar océano, o la parte que estuviese pronta a navegar pasase luego a Barcelona. Que se fuese previniendo el mayor número de navíos, que se pudiese y remiténdolos aunque uno a uno porque no se hallaban en aquellas cosas del mediterráneo, ni en las islas, más que los tres navíos de la Armada de Nápoles, dos fragatas de Dunquerque, y los dos navíos de presa, que Su Alteza procuraba guarnecer y tripular de gente de mar y guerra, no obstante las dificultades, que se lo resistían, pues no había aplicación*

---

194 Fabro Bremudán, F., *Historia de los hechos del serenísimo señor don Juan de Austria, en el Principado de Cataluña*, Zaragoza, 1673, pp. 19 y ss.

más bien empleada que la que miraba al aumento de aquellas fuerzas marítimas, para ocupar como se debía una playa tan extendida como la de Barcelona..."[195].

Esa operación consistiría en poner sitio a Barcelona, porque con la caída de la ciudad condal, todo el principado pasaría rápidamente a poder de los españoles.

La tarea de defender la ciudad por parte de los sublevados se presentaba harto complicada. Primero por la superioridad en pertrechos de Juan José de Austria, y segundo por la falta de apoyos efectivos por parte de los franceses hacia la causa catalana, que más bien se habían dedicado a vulnerar los derechos y privilegios del principado durante aquellos años de acantonamiento.

Todos los intentos de los regidores catalanes por conseguir ayuda externa acabarían en fracaso, incluso los centenares de franceses que colaboraban en la defensa de la ciudad de Barcelona abandonaron la misma el 21 de marzo de 1652, debiendo sus gentes de valerse por sus propios medios[196]. Incluso una escuadra gala que intentaba introducir enseres en la ciudad condal renunciaría a sus intenciones tras comprobar que para ello habría de enfrentarse a las tropas de Juan José de Austria.

Carente de medios suficientes para asaltar la ciudad o bien, simplemente, renunciando a la idea de la auténtica carnicería que significaría un enfrentamiento armado casa por casa, don Juan de Austria, haciendo caso a sus asesores militares, prefirió la idea del cerco de la ciudad, esperando que pasado el tiempo se produjera la capitulación de Barcelona.

La llegada de los refuerzos de origen alemán, y lo que había ayudado a disponer al marqués de Mortara a mejorarse de puesto hacia Barcelona, "juzgó el señor don Juan por materia digna, y precisa que participase con extraordinarios a Su Majestad y a su primer ministro don Luis de Haro, con lo demás que se sabía del estado de los catalanes y franceses, y usando de la coyuntura para repetir sus instancias en orden a lo que tenía representado por el correo antecedente, y las nuevas razones, que se le ofrecían en abono de su opinión", y así se haría en forma de misivas enviadas a la Corte.

En esta cuenta entraban

> "los avisos más frescos, que confirmaban estar las cosas de Francia muy enconadas, y dispuestas a mayores revoluciones, por lo cual volvía a suplicar a Su Majestad se sirviese de disponer se hiciesen levas en todas partes, y mandar proveer de dinero el ejército, esperando que aun cuando no se lograse tan presto el intento principal, se conseguiría el detener al enemigo, encerrando en la ciudad, y que no estado los naturales acostumbrados a los excesos de la gente de guerra, era muy contingente el que se irritasen contra este género de huéspedes, con las consecuencias, que del coraje de unos y otros se podían conjeturar. No habiendo cosa que tanto pudiese aventajar los intereses de Su Majestad como reducirlos a aquel extremo, con ocupar las armas reales el corazón de la provincia, y tenerla toda suspensa, sin poderse dar

[195] Fabro Bremudán, F., *Historia de los hechos del serenísimo señor don Juan de Austria, en el Principado de Cataluña*, Zaragoza, 1673, pp. 19 y ss.

[196] Calvo Poyato, J., *Juan José de Austria...*, op. cit., pp. 45 y ss.

la mano con nadie, ni saber donde acudir. Lo cual quizá no sucedería, si se volviesen los pensamientos sobre Cervera, y Balaguer, pues siendo en la opinión de Barcelona, sus antemurales, era verosímil haría los últimos esfuerzos para su defensa, y hallándose Marchín, con más de 5.000 infantes veteranos, y cerca de 2000 caballo, podría engrosarse de manera que nos diese mucho cuidado..."[197].

Pronto llegaría la respuesta del Rey a las cartas que don Juan de Austria le remitía, informándole de todo cuanto acontecía en aquella campaña de Cataluña, tal y como perfectamente nos indica Fabro:

"A este tiempo llegó al señor don Juan la respuesta de Su Majestad a los primeros despachos, tocante a las operaciones de aquella campaña. Reducianse las órdenes reales, a que se viese si con los tres mil alemanes que habían llegado de Italia, cuatrocientos infantes irlandeses desembarcados en San Sebastián, otros trescientos hombres que se estaban levantando para la caballería, y los siete u ochocientos infantes del reino de Jaén, que ya estaban en marcha, para embarcarse en los navíos que habían ido por ellos a Málaga, y otras reclutas que habían comenzado a salir de Madrid (número que con las fugas, y otros achaques llegaría a 300) sería el ejército bastante a entrar en el empeño de Barcelona. Advirtiendo sería el empleo más conveniente: pues con su expurgación o reducción haría ejemplo, y consecuencia al resto de la provincia, para seguir el acuerdo más saludable. Pero cuando esto no se pudiese conseguir, era necesario ocupar país, que diese disposición para acuartelar el ejército, de manera que se pudiese excusar el pasarle a invernar a Aragón y Valencia.

Porque el mayor deseo de Su Majestad era aliviar de esta carga aquellos reinos. Para lo cual juzgaba que el medio más competente sería ocupar a Cervera y después a Balaguer, si bien no lo decía Su Majestad sino por vía de discurso, remitiendo la deliberación a Su Alteza como a quién estaba sobre el hecho, con comunicación del marqués de Mortara.

Y en fin, que si en la coyuntura presente con las fuerzas que se habían juntado de mar y tierra, y los movimientos internos, que se hallaban en Francia, no se aventajaban mucho nuestras cosas, esta campaña, en una de estas dos formas, sería grande el descrédito que se seguiría en todo lo universal..."[198].

Finalmente todos llegarían a contemplar una idea básica, casi única: la conquista del territorio pasaba de manera ineludible por entrar en Barcelona. Ante este hecho, el resto del territorio caería en poco tiempo en manos de don Juan. Incluso el monarca español vino a dirigirse a su hijo en términos semejantes. Con todo, se volvía a reclamar a la Corte, en el ánimo de poder hacer frente a la campaña en una posición más

---

197 Fabro Bremudán, F., *Historia de los hechos del Serenísimo señor don Juan de Austria en el Principado de Cataluña*, Zaragoza, 1673, p. 55.

198 Fabro Bremudán, F., *Historia de los hechos del Serenísimo señor don Juan de Austria en el Principado de Cataluña*, Zaragoza, 1673, pp. 55 y ss.

ventajosa frente al enemigo, mayores refuerzos en hombres, entre otras cosas para reemplazar las bajas, y pertrechos:

> "Habiendo visto el señor don Juan que Su Majestad en los despachos, que ahora se han recibido de 8 de agosto, después de insinuar que el empleo más importante y de mayores consecuencias, que hoy puede tener este ejército es la empresa de Barcelona, se sirve de remitir acá la resolución, poniendo en segundo lugar la expugnación de Cervera y Balaguer. Me manda Su Alteza decir a V.E. que su parecer es que se debe seguir conforme a lo resuelto en Tarragona, el intento de asediar a Barcelona. Pues de entonces acá no ha habido accidente que obligue a variarle, antes bien parece que hay nuevas causas que le refuerzan. Y dejando aparte la principal que todos conocemos, y que Su Majestad, pondera tanto, de las conveniencias que se siguen de la reducción de Barcelona..."[199].

Poco después se informaba al marqués de Mortara por parte de don Juan la llegada de nuevos despachos del Rey, en donde abiertamente se advertía de la imposibilidad de destinar nuevas partidas económicas a aquel territorio, más allá de las ya dispuestas:

> "Arribó el secretario de vuelta a Tarragona, en tiempo que Su Alteza acababa de abrir nuevos despachos de Su Majestad de 15 y 17 de agosto. En el primero, después de repetido lo que tenía participado en los antecedentes, en orden a la gente, se suplía lo que en ellos había echado menos, tocante, al dinero, diciendo Su Majestad *que además de los sesenta mil escudos, que se habían remitido aquellos días, no que daría diligencia por aplicar, y enviar las mayores cantidades, que se pudiese. Pero que el asegurar el número fijo desde entonces, no se podría sin gran dificultad, y que los doscientos mil juntos, que había pedido el marqués de Mortara desde luego en el estado que se hallaba la hacienda no era factible...*"[200].

En el mes de septiembre continuaban llegando misivas desde Madrid, dando respuestas a las previamente enviadas por don Juan de Austria. En este caso se ordenaba persistir en el cerco a la ciudad Condal, no debiendo abandonar dichas posiciones bajo ningún concepto:

> "A 11 de septiembre en cartas de 7, llego la respuesta de Su Majestad al correo de 26 de agosto, y motivo para ponderar la felicidad con que acertó el señor don Juan a cumplir la real voluntad en la expedición de las Malucas y Galeras a Italia. Y pondérese también la dicha con que según referimos la había participado el marqués de Mortara, en que bien claro se vio lo que el Cielo gusta de conformar los pareceres, donde lo merezca la rectitud de la intención".

---

[199] Fabro Bremudán, F., *Historia de los hechos del serenísimo señor don Juan de Austria en el Principado de Cataluña*, Zaragoza, 1677, pp. 60 y ss.

[200] Fabro Bremudán, F., *Historia de los hechos del serenísimo señor don Juan de Austria en el Principado de Cataluña*, Zaragoza, 1677, p. 60.

Decía en aquella misiva Su Majestad, el Rey Felipe IV:

> "que supuesta la resolución que tomó el marqués de Mortara, de pasar el río Llobregat, animado con los refuerzos de gente que vinieron de Italia, que prosiguió su marcha, encerrándose el enemigo dentro de las murallas de Barcelona, que tomó los puestos de la otra parte de la ciudad, que se fortificó en ellos, dio principio a la línea, hizo fuertes reales en ella, y persistiendo en esta forma más de 34 días, con que en el concepto del mundo, ya estaba puesto sitio a aquella ciudad, y empeñada la reputación de las armas reales, y reconociéndose el descrédito grande en que entrarían si desistiesen de un empeño tan adelantado, las malas consecuencias que esto influiría para retardar los progresos en las demás partes, donde se estaba con las armas en la mano, el aliento que cobrarían los enemigos, la ciudad y todo el Principado. En cuanto a las razones de honor y reputación se juntaba la desconveniencia notable del ejército en retirarse. Pues si el marqués se levantase de allí y desistiese de lo empezado, se enfriarían los ánimos de los solados de género que pocos de naciones repararían el Llobregat. Con que disminuido el ejército sin poder hacer operación alguna, aun de las menores, se hallaría obligado a reparar las riveras del Segre y Ebro sin honra alguna. No pudiéndose esperar efectos de consideración después de malogradas este año tantas prevenciones. Y que así supuesto que o bien persistiendo en el sitio, o encaminándose a las operaciones menores, se encontrarían tan graves dificultades, siendo preciso elegir uno de estos dos partidos, no siendo acción digna ni decorosa rehuir las dificultades del mayor empeño, para entrar en las que tema bien tenía el menor, había resuelto, que se prosiguiese el sitio empezado sobre Barcelona, y que así era menester que se continuase y persistiese constantemente en la empresa. Que el señor don Juan lo tuviese entendido para cooperar al intento, animando al marqués de Mortara, y dando por su parte todo lo que se prometía Su Majestad de su celo y obligaciones. Asegurando que se harían los esfuerzos posibles para asistir al ejército con los medios de gente, dinero y víveres que cupiesen en la posibilidad.
>
> Que en cuanto a cerrar la puerta de la mar, se había reconocido el acierto, con que Su Alteza lo discurría, y así había mandado Su Majestad que viniese el general Francisco Díaz Pimienta, y que desde Cádiz se enviasen algunos navíos, que incorporados con los que se hallaban en las costas de Cataluña, hiciesen un cuerpo de armada suficiente.
>
> Y que otrosi viniesen los barcos longos de Cádiz, y una armadilla de bergantines de Mallorca, y sobre todo había encargado se hiciesen oraciones a Dios, para que encaminase el acierto"[201].

Y todo ello tenía varias justificaciones de importancia, una de ellas era el hecho de que los consistorios habían recibido el 27 de julio una serie de despachos, en los cuales el Rey de Francia les indicaba que el duque de Elbeuf (a quién tenía nombrado para aquel virreinato), habiendo expuesto una serie de causas legítimas, se había ex-

---

201 Fabro Bremudán, F., *Historia de los hechos del serenísimo señor don Juan de Austria en el Principado de Cataluña*, Zaragoza, 1677, p. 93.

cusado de aquella empresa. Tras ello, el Rey Luis de Francia había decidido designar al conde de Marchín, encontrándose a la espera de la respuesta que sobre todo ello diese la Generalidad catalana, para hacer firme aquel nombramiento.

Ante dicha propuesta, los catalanes vinieron a responder de manera satisfactoria, tanto los diputados como los conselleres, encontrándose conformes en todo lo propuesto, tal y como aparece en la siguiente carta que le enviasen:

> "Señor. La elección que Vuestra Majestad ha sido servido escribirnos tiene hecha del excelentísimo señor de Marchín para virrey y capitán general de este Principado, y condados, ha sido para nosotros de grandísimo contento, por tenerse bien experimentadas las partes y calidades que en Su Excelencia concurren, y le hacen digno de este y de mayores puestos, y por el mucho amor, que le debe esta provincia, y ciudad, junto con los favores que continuamente recibimos de Su Excelencia, y con la confianza que nos asiste de vernos libres de los peligros que nos amenazan, por medio de la dirección y valor de Su Excelencia.
>
> Por cuya merced besamos a Vuestra Majestad la manos, reconociendo lo acertado de la elección, y asegurando a Vuestra Majestad estemos aguardando con ansias, que Vuestra Majestad se haya servido de mandarle enviar patente, despachada en la misma forma que a los virreyes y capitanes generales sus antecesores (esto se entiende sin ínterin, según consta por otro papeles de fe indubitable) para que más presto tengamos ocasión de lograr las ventajas, que con el buen gobierno de Su Excelencia nos prometemos. Y quedamos suplicando a Nuestro Señor guarde a Vuestra Majestad, como la cristiandad ha menester, y estos sus muy fieles vasallos deseamos"[202].

Sobre dicho nombramiento, nos cuenta Fabro, que como ya sabemos fue secretario de don Juan de Austria, teniendo por tanto conocimiento de primera mano de todo lo que acontecía, lo siguiente:

> "Pero como el alargarnos en las circunstancias de su jornada, y de los conatos con que procuró cumplir sus órdenes, no fuera más que repetir las mismas diligencias de su antecesor, mejor será dar un paso atrás a ponderar cual este se quedase al primer aviso que en la villa de Gien tuvo la Corte de Francia de la retirada del conde de Marchím, y lo que le valió su crédito contra la murmuración de los que sabían el empeño, con que se había empleado por él.
>
> Lo cierto es, que ni en la Reina ni en los ministros más íntimos cupo sospecha imaginable en agravio de su integridad, y mucho menos de los directores de Barcelona, que más largamente la tenían experimentada, aunque el dolor que tan fácilmente se desmanda a fingir sombrar en la misma luz, llegó a llenar en una y otra parte la medida que el caso merecía. Y si antes de este acontecimiento eran tan vivas las diligencias en solicitar algún alivio a sus males, bien claro está lo que las reforza-

---

202 Fabro Bremudán, F., *Historia de los hechos del serenísimo señor don Juan de Austria en el Principado de Cataluña*, Zaragoza, 1677, p. 97.

rían en este nuevo emergente, que la terquedad vuelta en sí del desmayo del golpe improvisto, mostró contra la expectación común haber cobrado nuevos alientos en su reparo"[203].

Además, una noticia llegaba a los oídos de los ministros españoles, y es que desde mediado octubre se había sabido en la Corte, y ejército de España la resolución de la Reina de Francia de volver a emplear al mariscal de la Mothe Hodancut, en la guerra de Cataluña. Un militar que dirigiría a las tropas francesas hasta la caída de Barcelona, y que para mejorar su ejército, y con ello vencer a los españoles llegaría a emplear parte de su propia hacienda.

Mientras tanto, en cinco partidas llegaron para ponerse al servicio de don Juan de Austria hasta 1700 infantes, procedentes de las levas de Castilla, Aragón, Valencia y Granada, cuya noticia participó Su Alteza al Rey con la individualidad acostumbrada, añadiendo

> "que en cuanto a bastimentos, entendería Su Majestad del marqués de Mortara el trabajoso estado en que se hallaban y convenía sumamente no alzar la mano de las diligencias para el remedio, porque no veía que de Italia pudiese venir nada, y que las ocho galeras que había en aquella cosa, andaban aventuradísimas por no tener que comer, no pudiéndoseles dar el bizcocho, que reproveía del ejército, sino de un día a otro, y si el tiempo las obligase a correr (según era muy factible en aquella razón) lo harían con conocido riesgo. Que muriéndose mucho por falta de vino y legumbres, sería muy del servicio de Su Majestad que se viese si había forma de socorrerlas, (particularmente a las de Nápoles y Sicilia) y ordenar a los asentistas de las de España, que las proveyesen con puntualidad, porque no cumplían con lo que debían en esta parte. Pues aun cuando se supiese (según se debía esperar con el divino amparo) de haberse de concluir brevemente aquella empresa, no por eso se debía dejar de atender a la conservación de aquellas galeras, poniéndose en duda el como podrían volver a Italia, y tolerar las necesidades que padecían, sobre el continuo trabajo de asistir en una costa brava, yendo y viniendo incesantemente a Tarragona, Tortosa, y demás partes necesarias[204].

De nuevo aparecerían los rasgos de benignidad de don Juan, que tan buenos efectos habían tenido en tierras de Italia. El hijo de Felipe IV entendió que la prolongación de las acciones bélicas únicamente iban a retrasar unos acontecimientos bien sabidos por todos, y que no eran otros que la rendición de Barcelona a manos de las tropas españolas. Pero si llegaban a un acuerdo previo a todo ello se ahorraría un inútil derramamiento de sangre. Para ello, entendió que había llegado el momento de escribir *un papel a la ciudad y Consejo de Ciento, en nombre del marqués de Mortara, y por*

203 Fabro Bremudán, F., *Historia de los hechos del serenísimo señor don Juan de Austria en el Principado de Cataluña*, Zaragoza, 1677, p. 111.

204 Fabro Bremudán, F., *Historia de los hechos del serenísimo señor don Juan de Austria en el Principado de Cataluña*, Zaragoza, 1677, p. 160.

orden de Su Alteza. Los términos que se planteaban en dicho documento eran los siguientes:

> "Su alteza me ha mandado, para que al mundo conste la real clemencia de Su Majestad, y la justificación con que sus armas proceden haga este último requerimiento a V.S. Y así visto el estado en que V.S. se halla, deseando excusarle la última ruina a que se encamina, digo que si V.S. atendiendo al cumplimiento de su obligación natural, y considerando la imposibilidad de los socorros, respecto del estado en que se hallan las tropas, en quién V.S. los podía esperar, y así mismo el que tienen las cosas de Francia, con las nuevas y grandes revoluciones que se han conmovido por la entrada del cardenal Nazarino, y la declaración de tantos príncipes a favor del señor príncipe de Condé, quisiere reducirse a la obediencia de Su Majestad., se le concederán los partidos y condiciones que parecieren justos, y decentes , con toda la seguridad que V.S. puede desear. Donde no se procederá con las hostilidades y rigores de la guerra, advirtiendo así mismo a V.S. que esta protesta se hace para que tenga entendido que no tomará luego resolución en esta materia, no se admitirá después en ningún tratado alguno, ni plática de concierto, sin mostrar primero 40 días de víveres suficientes para todas las personas, que se hallan en esa plaza, así de guerra como naturales.
>
> Y para tener más disposición el que V.S. pueda muy a su gusto tratar los ajustamientos por lo que deseo el bien de V.S. no puedo dejar de persuadirle que será de toda su conveniencia tratar luego de esta materia, y no guardarla para cuando no tenga más de los 40 días de víveres que digo. Nuestro señor guarde a V.S. muchos años.
>
> Del Campo, a 12 de marzo de 1652. El marqués de Mortara"[205].

Mientras tanto, don Juan de Austria, considerando la necesidad de reemplazar con nuevos soldados a los caídos en el asalto del Fuerte de San Juan, y habiendo representado al Rey la poca gente de que se disponía para asegurar el frente durante mucho tiempo, que más convenía atender a todo género de prevenciones, antes que el enemigo pasase a mayores intentos, respondería Felipe IV

> "que ya habría visto por los despachos antecedentes las apresuradas diligencias, que se hacían para adelantar los medios, que podían ayudar a facilitar la brevedad de aquella empresa, como era haber partido ya de San Sebastián más de mil infantes irlandeses, que iban marchando a largas jornadas, más había de 10 días. Que también había partido de Cádiz cuatro navíos de fuerza, sacados de los galeones de la plata, tripulados de infantería y marinería lo mejor que se había oído, y todo se podía esperar llegaría sin mucha dilación. Que además de esto se quedaban haciendo nuevas prevenciones de gente, ordenando al conde de Lemos, y al gobernador de Aragón, diesen prisa a la leva que les estaba encargada, y la conclusión del servicio de mil hombres, que tenía ofrecido aquel reino, y para alentar al gobernador, había

[205] Fabro Bremudán, F., *Historia de los hechos del serenísimo señor don Juan de Austria en el Principado de Cataluña*, Zaragoza, 1677, pp. 194-195.

hecho merced a don Juan de Heredia, su hermano de plaza de oidor en la contaduría mayor, y en Cerdeña y Mallorca, había mandado se continuasen las levas, y como fuesen llegando las de fuera de España iría pasando el mayor número de gente que se pudiese. Que en Madrid había ordenado, que por cuenta de los caballos que habían de dar los consejos el año siguiente, fuesen adelantando alguna cantidad, y que los prelados e iglesias sirviesen con granos para el abasto del ejército, que era lo que de presente se podía hacer, esperando lo demás de su valor y celo"[206].

Desde mediados de Julio la situación de Barcelona era tan difícil que cada vez eran más los que hablaban de capitulación. Las negociaciones tendentes a alcanzar la rendición de los sitiados se llevarían a cabo entre don Juan José y los representantes de la máxima institución de la ciudad, el *Consell de Cent.*

Ya desde una fecha tan temprana como octubre de 1651, el hijo bastardo de Felipe IV había pedido instrucciones a Madrid de cara a los términos en los que se podría establecer una posible negociación que condujera a la capitulación de Barcelona.

La respuesta del monarca a su hijo fue el otorgamiento pleno de poderes, sin reserva alguna, para poder respetar usos, constituciones y costumbres del Principado. También esta autorización se extendía a la concesión de privilegios, confirmación de actuaciones realizadas, independientemente del gremio o colegio que lo hubiese realizado, tal y como se transmite de la lectura del siguiente documento de Felipe IV:

"Don Felipe por la gracia de Dios, etc. A don Juan de Austria nuestro hijo de nuestro Consejo de Estado, nuestro Capitán General de todas las armadas marítimas. Porque hallándose Barcelona sitiada y en la estrecheza en que la tienen nuestras armas, así de mar como de tierra, podría ser que tratase de capitular, hemos resuelto daros y concederos (como por la presente os damos y concedemos) toda la plenitud y nuestra plenipotencia sin reservación de cosa alguna, para que en nuestro real nombre podáis capitular, jurar leyes, usajes, constituciones y costumbres de este Principado, perdonar, hacer mercedes, conceder privilegios, confirmar lo hecho y concedidos a cualesquier estado y condición que sean cuerpos, colegios, gremios y otros cualesquier que general y particularmente pueden ofrecerse con la mano y extensión que os pareciere, y con todas las facultades y plenitud que nos tenemos y todo lo demás que pudiéramos hacer y conceder si nos hallásemos presentes, y con las solemnidades que se requiere y es necesario para que no pueda dudarse del efecto, y todo lo que en nuestro real nombre hiciéredes, lo cual desde luego prometemos hacer por firme y valedero, y seguro (empeñando como empeñamos nuestra fe y palabra real), para ello mandamos al expectable nuestro Vicecanciller y Consejo de Aragón que por él se den respectivamente a todos los que convengan los despachos necesarios para el cumplimiento de todo lo que concediéredes con solo aviso nuestro que así es nuestra precisa y determinada voluntad. Nuestro Señor os guarde como deseamos.

---

206 Fabro Bremudán, F., *Historia de los hechos del serenísimo señor don Juan de Austria en el Principado de Cataluña*, Zaragoza, 1677, p. 295.

Dada en Buen Retiro, a diez y siete de julio de mil y seiscientos y cincuenta y dos años. Yo el Rey"[207].

A finales de septiembre la presión de los responsables de la resistencia de Barcelona sobre el virrey francés[208] acerca de la necesidad de alcanzar un acuerdo que les permitiese una capitulación honrosa de la ciudad era muy fuerte. Bajo ese efecto, el día 27 los *consellers* entregaron al virrey La Mothe un documento en el que le ponían de manifiesto la imposibilidad de continuar con aquella inútil resistencia. La situación de la ciudad condal era sumamente complicada y lo que era más grave todavía: no había ningún tipo de esperanzas de que la misma pudiese mejorar. Era, por tanto, inevitable iniciar conversaciones con el hijo bastardo de Felipe IV. El día 30 La Mothe, comprendiendo aquella realidad, aceptó el inicio de las conversaciones, comenzando las mismas de forma inmediata, y desarrollándose entre los días 2 y 8 de Octubre.

El resultado de dichas conversaciones sería el siguiente acuerdo de capitulación de los rebeldes catalanes, suscrito entre don Juan y el virrey francés pocos días después:

"Capitulaciones con las cuales el serenísimo señor don Juan de Austria ha ajustado con el excelentísimo señor mariscal de La Mothe, general de el ejército del cristianísimo Rey de Francia en Cataluña, la salida de la guarnición y tropas que se hallaron dentro de Barcelona, de cualesquier nación y condición que sean, ajustadas en 11 de octubre de 1652.

Su Alteza concede que el señor mariscal de La Mothe, general del ejército del Rey cristianísimo con los señores tenientes generales, mariscales de campo, oficiales, soldados de a caballo, de a pie, y otros con todas las personas de cualquier nación, calidad y condición que sean, que quisieren irse de su voluntad con la dicha guarnición, saldrán de la dicha plaza de Barcelona, con sus armas y bagaje, sin ser visitados ni escudriñado.

La infantería tocando sus lejas, banderas desplegadas, bala en boca y cuerda encendida, dos cabos con 6 piezas de artillería, tres gruesas y tres pequeñas, de aquellas que pertenecen a Su Majestad cristianísima, conducidas por los oficiales de la artillería de dicha guarnición, de cualquiera nación que sean con tres millares de pólvora, y los soldados así de a pié como de a caballo que habrán tomado servicio, y pasándose a servir de una y otra parte no serán pedidos por ninguna.

---

207 A.H.N., *Estado*, Leg 2.778.

208 A lo largo de un decenio vinieron a sucederse varios virreyes, esta vez nombrados por el soberano francés, comenzando por el marqués de Brezé, Urbain de Maillé (1642-1645), el conde de Harcourt (1645-1646), el propio príncipe de Condé (1647), Miguel Mazarino (1647-1648), Luis de Vendome, duque de Marceur (1649-1650), y el general Marchim (1651-1652), para un escenario bélico que únicamente a partir de ese año con la toma de Barcelona, comenzará a observar el final de un angustioso túnel. Resulta llamativo el hecho de que aquella Cataluña levantada contra el Rey español, y que llama en su auxilio a Francia, decida conservar la fórmula virreinal de gobierno, e incluso pretenda su expresa adopción por parte de su nuevo soberano.

Las tropas de caballería saldrán a caballo tocando sus trompetas y timbales, estandartes desplegados con sus armas, bagajes y municiones de guerra, y todos los caballos, mulas y otros bagajes que se hubieren cogido y apresado, así en la guerra como de rendidos no sean de pedir ni demandar, excepto aquellos que se hubieren cogido 24 horas antes que se firmare esta capitulación"[209].

También en aquel acuerdo se contemplaría la posibilidad de salir del lugar llevando sus pertenencias, sin que las tropas de don Juan hicieran algún tipo de hostilidad por ello:

"se permitirá a toda suerte de personas de cualquier grado, calidad, y condición que sean, así eclesiásticas como seculares, salir con la dicha guarnición, haciendo con ella las marchas que hiciere, sacando todos sus bienes muebles y bagajes, sin que se les pueda visitar, detener, ni escudriñar, ni tampoco repetir las dádivas, confiscaciones o otras presas que sea, habrán hecho a cualesquiera personas de cualquiera nación o condición que sean, hasta las últimas 24 horas antes de firmadas estas capitulaciones y para vender los bienes muebles y bagajes, que los susodichos no podrán llevar consigo, se les permite que puedan dejar poderes a cualquiera personas para venderlos por tiempo de seis meses, y se dará por los ministros de Su Majestad católica los pasaportes necesarios para la seguridad de el dinero para que se les remita a Francia o a la parte donde estuvieren sus dueños"[210].

Aquella idea de que cada persona no se viese afectada en sus bienes, también vendría a incluir los intereses que los particulares tuviesen en bancos, o similares:

"Y también podrán cobrar todos sus débitos, así los que tuvieren en el banco o tabla de Barcelona, como de otros particulares dentro del dicho término de seis meses, y el señor mariscal de La Mothe, mandará que se haga un pregón 24 horas antes que se salga de Barcelona, la gente que ninguno lleve consigo cosa que no sea legítimamente suya, y de aquellos que van con las tropas y de los que están ya fuera de Barcelona, y si se hallare algún engaño se podrá repetir, restituyendo lo hurtado dentro de los seis meses, y aquellos que lo tuvieren serán obligados a hacer la restitución"[211].

Este acuerdo se haría extensivo, también, a toda persona de Cataluña que deseara marcharse a Francia:

"Y asimismo que con los paisanos de la provincia de Cataluña, de cualquiera nación, o condición que sean, que se quisieren retirar a Francia, se hará con ellos lo mismo que con los de Barcelona"[212].

---

209 B.N., mss., 2.068, pp. 81-230.
210 B.N., mss., 2.068, pp. 81-230.
211 B.N., mss., 2.068, pp. 81-230.
212 B.N., mss., 2.068, pp. 81-230.

Con respecto al trato que se debía prestar a los prisioneros, el acuerdo indicaba que

> "todos los prisioneros que se han hecho, así de la una parte, como de la otra de cualquiera puesto, calidad, nación o condición que sean, después que se comenzó la guerra de Cataluña, que hoy se hallan dentro de esta provincia, y en los condados de Rosellón y Cerdaña, serán puestos en libertad, así los de la una parte como los de la otra, sin ser necesario canje ni pagar ninguna razón" [213].

Continúa el texto indicando que:

> "Su Alteza concede que las barcas que están dentro de el puerto y muelle de Barcelona, pertenecen a Franceses y a otras personas de cualquier nación que sean, saldrán de puerto y se harán a la vela siempre que el tiempo sea a propósito, con sus patrones para ir a Francia, sin que se les haga daño ni molestia ninguna, con que no embarquen piezas de artillería, municiones de guerra, más de aquellas que se han concedido a la guarnición, la cual podrá embarcar las dichas municiones y artillería, o llevarlas por tierra como quisieren, y embarcándose se desembarcarán en Francia, y por las pequeñas piezas de artillería, armas, municiones y bagajes pertenecientes a dicha barcas, también las podrán llevar con todas seguridad.
>
> Y asimismo las dichas barcas podrán llevar la ropa, bagaje y caballos de todos aquellos que salen con la guarnición, para ir a Francia, y todos los enfermos y heridos.
>
> Y Su Alteza nombrará persona que gustare, para que vea como no se embarcan otras piezas de artillería que aquellas que ha concedido, y 6 barcos solamente cargados de ropa de la guarnición, y de aquellos que van en ella, descargarán en Rosellón toda seguridad como los que pasaran a Francia, y antes de salir del puerto serán visitados para que no se embarquen soldados, municiones, ni artillería, si no lo perteneciente a dichos barcos para las cuales ha de dar pasaporte Su Alteza" [214].

Con respecto a las altas autoridades francesas, además de oficiales, soldados y demás personas que salgan de Barcelona, se indicaba que en

> "cuanto al señor mariscal de La Mothe, señores lugartenientes generales, mariscales de campo, y demás oficiales y soldados y las otras personas que saldrán con la guarnición de Barcelona, será por la puerta de San Antonio, marchando caballería y infantería, bagaje, municiones de guerra, y artillería, sin que se les pueda visitar ni estorbar, y irán a dormir el mismo día a San Feliu, el segundo a Martorell, el tercero a Piera, donde descansarán; el cuarto día y el quinto irán a Igualada, el sexto a Capons, y sus vecinos; el séptimo a Calafa, el octavo a Fenauja, el noveno a Pons, donde descansarán; el décimo día, y el onceno pasarán a Farques, Momestra y Comilles; el

---

213 B.N., mss., 2.068, pp. 81-230.

214 B.N., mss., 2.068, pp. 81-230.

doceno a Concas, y el décimo tercio a La Puebla, el décimo cuarto a Sorte, el décimo quinto a Libosí, el décimo sexto a Esterriz de Neo, donde descansarán; el décimo séptimo día y el décimo octavo pasarán a Alos; el décimo noveno el puerto de Salau, o el de Piedra Blanca, para ir a Francia.

Y si no se pueda pasar por las nieves, mal tiempo o lluvia, la persona que conduce el convoy y escolta de Su Majestad católica, en la marcha de dicha guarnición, será obligada de hacer abrir los puertos para que pasen a Francia a costa y expensas de Su Majestad.

Y si los dichos dos puertos no se pudieren pasar, se buscará otro camino dentro de Cataluña, por el puerto más cercano. Y si la persona que mandare las tropas de dicha guarnición marchando quisiere en más breve tiempo irse con ellas, lo podrá hacer y se les dará escolta para convoyarlos hasta Francia de 100 caballos, con un comisario general.

Y Su Alteza promete de mandar que se de el pan y cebada a la infantería y caballería que saldrá de la plaza y el dinero para la marcha.

Que no se podrá detener ningún oficial, ni soldados de a caballo, ni a pie por ninguna causa, ni hacerles dejación alguna, se dará a la dicha guarnición carros, mulas, caballos y bagajes para llevar la artillería, enfermos y heridos, municiones y ropas. Y los heridos y enfermos que quedaren en Barcelona, o en otras partes de Cataluña, se hayan de acudir con cuidado y después de curados mandarlos a Francia. Y para ello se les dará pasaporte y escolta si fuere necesario. Y los bagajes timbales y estandartes que se hallaren entre Barcelona y Rosas, se enviarán a Francia por mar o por tierra con toda seguridad.

El señor Mariscal de La Mothe, lugartenientes, generales, mariscales de campo y demás personas de cualquiera calidad que sean, saldrán de Barcelona con la dicha guarnición, armas, municiones y bagajes por la puerta de San Antonio, y el ejército de España se podrán en batalla cerca de la puerta del Ángel. Y el día antes de la dicha guarnición se avisará a Su Alteza, y los rehenes por la seguridad y fe pública serán enviados a Rosas al gobernador de aquella plaza, o al que mandare en ella, y quedarán allí hasta que tengan cartas de aquel que mandara las tropas de la guarnición de Barcelona, diciendo que ha llegado con ellas a Francia, y también de la llegada de dichos rehenes a Rosas, se avisará al que mandare las tropas los rehenes son don Carlos de Aragón, un capitán de caballería y dos de infantería, y los rehenes de la guarnición después de la ejecución de este tratado serán enviados a Francia por el camino real que va a Rosellón, con pasaporte y la seguridad necesaria.

Y los prisioneros que tiene Su Majestad católica en la provincia se enviarán por la misma marcha que ha de hacer la guarnición de Barcelona, a los cuales se les dará asimismo los víveres necesarios hasta llegar a Francia, y la guarnición del castillo y villa de Cardona se juntará con la de Barcelona en el lugar de Calafell..., así se hallaren dichas tropas del Rey cristianísimo, se juntarán con la dicha guarnición para ir a Francia con ella, y se dará a todos los libres por Su Majestad católica todo el tiempo que a los demás que firmada esta capitulación se dará cada día que se detuviere la gente en la plaza el pan, como si marchase toda junta la guarnición, la cual con la demás referida saldrá de Barcelona mañana sábado doce de octubre, a la una después de medio día por la parte señalada.

Y si en este tiempo entraren en la plaza barcas libres y bastimentos no por eso sea de dejar de cumplir lo referido y capitulado, no siendo el socorro de Dios mil cuarteras de trigo o socorro real, por mar rompiendo las armadas o por tierra rompiendo y penetrando las líneas.

Que no se pueda desperdiciar ningún género de municiones de guerra, ni armas en este tiempo de detención, y ha de hacer entrega el señor mariscal de La Mothe, con efecto a el señor don Juan Palabesín, capitán general de la artillería del ejército de España, toda la artillería, armas, municiones de guerra, y pertrechos de guerra que hubiere dentro de Barcelona, y en el fuerte de Montjuit, y demás puestos que ocupa la guarnición pertenecientes al Rey cristianísimo, excepto la artillería y municiones que se le permite sacar.

Su Alteza y el señor mariscal de La Mothe, cada uno por su parte prometen observar, mandar observar y cumplir los artículos sobredichos, sin reservación ni falta alguna. Don Juan. El mariscal de La Mothe"[215].

El 9 de octubre, tras leer una misiva enviada por don Juan de Austria un día antes, el *Consell* acordó que el *Conseller en Cap* saldría y se postraría a los pies de don Juan José de Austria, y le pediría "*perdón general en todos los errores cometidos desde el año 1640*". Dicha misiva decía lo siguiente:

"Carta escrita por el serenísimo señor don Juan de Austria a la ciudad de Barcelona, leída en el Consejo de Ciento, en 9 de octubre de 1652. Muy agradable ha sido la carta que me han escrito los consellers de la ciudad de Barcelona, que me ha dado Francisco Puigener, por la confianza que muestran de las veces con que deseo encaminar las materias en la forma que más convenga al servicio de Dios, de Su Majestad, y al muy beneficio de la ciudad.

Por que en eso me prometo acreditar mi voluntad, disponiéndolas de manera que todos reconozcan el beneficio con satisfacción pública, y para prueba de la verdad me reduzco a creer todo lo que me dice la ciudad en orden al punto de los víveres, porque aunque pudiera responder lo que se me ofrecía en este particular, como mi intento no es apartar del servicio del Rey, nuestro señor, y este se reduce a abrazar y admitir con amor de padre a sus vasallos arrepentidos, pesarosos de los yerros cometidos, no deseo dificultar nada si no antes bien procurar que la ciudad de Barcelona tenga muchos méritos que poner a sus reales pies, para que tanto más fácilmente consiga de su clemencia las gracias y conveniencias que pueden, desean, y pues muestra la ciudad querer caminar con brevedad a la conclusión de este negocio, y yo procuro verla cuanto antes libre de los trabajos que padece, y restituida a la obediencia de Su Majestad, y a su antiguo lustre, fácilmente parece que se pueda conseguir el deseo de todos, pues poniéndose la ciudad enteramente en manos de Su Majestad, pidiendo perdón de los yerros pasados, y admitiendo luego que salgan los franceses, guarnición dentro de ella y en Montjuit, cuyo sustento ha de correr por cuenta de Su Majestad, ofrezco perdón general de todos los excesos y delitos cometidos desde el

215 B.N., mss., 2.068, pp. 81-230.

año de 1640 hasta ahora, a toda satisfacción en virtud de la plenipotencia que tengo de Su Majestad, exceptuando solo a don Joseph Margarit[216], que como principal causa de todas las desdichas que ha padecido este principado no es digno de gozar de este beneficio.

Y también prometo echarme a los pies de Su Majestad, para que usando de su real grandeza conceda todo lo que se le suplicare por parte de la ciudad, sin poder duda en conseguirlo, debiéndose creer de su prudencia que no excederá en nada de lo que pidiere de los limites de la razón y del obsequio y reverencia que debe a su Rey.

Pero si la ciudad no hace este acto de confianza y repara en admitir la gente de guerra, cosa que no puede ni debe excusarse, así por que siendo frontera de las plazas que ocupa el Rey cristianísimo, sería el dejarla expuesta en evidente riesgo de ser invadida de sus armas, como porque el único medio de asegurar la quietud y reposo común, y de evitar misiones populares que originen de nuevo los daños que se han experimentado en el discurso de doce años, que es el solo fin que se lleva, y lo que debe desear y solicitar la ciudad para no llegar otra vez a ver tanta sangre inocente de su hijos derramada injustamente, tanta nobleza desterrada de su patria, tanta opresión y miseria del pueblo, tanta memoria manchada, y finamente tantos tesoros desperdiciados, digo hablando con toda ingenuidad que no sería posible que se luzcan mis deseos encaminados sin duda al mayor bien, quietud y seguridad de la ciudad, ni ella podía acreditar el afecto que muestra al servicio de Su Majestad y su propia conveniencia, nuestro señor guarde. Campo sobre Barcelona, 8 de octubre de 1652. Don Juan"[217].

En efecto, el 11 de octubre el *Conseller en Cap* salió fuera de las murallas de la ciudad y postrado ante don Juan José de Austria prestó obediencia a su padre en nombre de la ciudad de Barcelona. Según Fabro, don Juan de Austria le invitó a levantarse de inmediato y escuchó de su boca la solicitud que formulaba la ciudad "... *para explicar el pesar y arrepentimiento grande con que se halla dicha ciudad de los excesos y errores ocasionados de una conmoción popular cometidos contra el servicio de la Sacra, Católica y Real Majestad de los cuales está muy pesarosa y sentidísima*"[218].

En el texto que reproducimos, el hecho de ponerse a los pies del hijo del Rey es más bien en sentido figurado, sin desdeñar lo importante de aquel hecho, que no es otro que la intención de la ciudad de Barcelona, y con ello la totalidad del principado de Cataluña de volver al seno de la Monarquía Hispánica:

---

216 Nacido en La Bisbal, en 1602, cuando estallaba la guerra de separación del Principado de Cataluña, en 1640, se puso al mando de los miqueletes con los que entró en Valls, derrotando a las tropas del rey Felipe IV en Tarragona. Ferviente partidario de la unión política con Francia, fue nombrado gobernador de Cataluña por el rey Luis XIII (1641-1659) y, tras rechazar a las tropas castellanas en Hostalric, nuevamente el rey galo lo premiaría con el rango de mariscal del ejército francés. Después de la rendición de Barcelona en 1652, huyó a Perpiñán desde donde intentó organizar la invasión de Cataluña en varias ocasiones (1652-1656). La firma del *Tratado de los Pirineos* le hizo abandonar definitivamente sus proyectos políticos. Moriría en Perpiñán en 1685.

217 B.N., mss., 2.068, pp. 81-230.

218 Fabro, F., op, cit., p. 431.

"Copia de la carta de la ciudad de Barcelona, que llevó el *consejero en Cap*, estando en su cuartel. Serenísimo señor. El consejero *en Cap* de la ciudad de Barcelona, en nombre de la ciudad, con la reverencia, sumisión y obsequio debido a la grandeza de Vuestra Alteza, humildemente se pone a sus reales pies, para explicar el voto, pesar y arrepentimiento grande que tiene la dicha ciudad de los excesos y errores ocasionados de una conmoción popular cometidos en deservicio de la sacra católica y real majestad del Rey, nuestro señor, que Dios guarde, de los cuales esta muy pesarosa y sentida, pero de la mejor manera que pueda y debe con toda humildad y respecto, suplica a Su Majestad, que Dios guarde, y en su nombre a Vuestra alteza sea de su real servicio, benignidad y clemencia, mirar con afectuosos ojos los afectos de voluntad y cordial amor con que desea esta ciudad reducirse y tornar con toda fidelidad a la antigua obediencia de Su Majestad, poniéndose como buenos y fieles vasallos en los brazos paternales de su Rey y señor natural, y como a tal le suplica sea servido dignarse de admitir en su gracia la dicha ciudad, y sus ciudadanos, y de personas todos los delitos, excesos en que en este intermedio de tiempo cometidos desde el año de 1640, hasta hoy tenga por bien Vuestra Alteza otorgar y conceder a dicha ciudad y sus ciudadanos perdón, remisión y absolución general de todos y cualesquier excesos y delitos cometidos, en el curso de dicho tiempo, aunque sean de *crime lese mayestatis* en primera o segunda cabeza, ojos y otro género de delitos, dejando la presente ciudad y sus ciudadanos en el estado en que se hallaban en el principio del año de 1640.

Y se sirva da mandar que en forma legal sean hecho los actos necesarios, y que de aquellos que convengan se de copia autentica, franca de sello y derecho de cancillería.

Y considerando ha de ser gran servicio de Su Majestad y del bien público, suplica asimismo la dicha ciudad a Vuestra Alteza sea servido que para la defensa y seguridad de ella durante la guerra de Cataluña contra el cristianísimo Rey de Francia, hasta que sean cobradas las plazas de Rosas y Perpiñán, que se le ponga la guarnición necesaria de españoles, pagándose por Su Majestad en los muros de esta ciudad, y fuerte de Montjuit, de tal manera que no entre ejército ni mayor número de soldados del que sea menester para su guarnición, y que no puedan otros soldados ni oficiales algunos de guerra, ser alojados en las casas de los ciudadanos y habitadores de Barcelona, ni se impida la libre entrada y salida de los portales de la ciudad, en los cuales hayan de residir para como siempre han acostumbrado los portaleros y otros oficiales, para cobrar los derechos de la hacienda, generalidad y imperiaje de la Lonja de la Mar.

Y que también sea servido Vuestra Alteza que toda la gente de guerra que está hoy dentro del fuerte de Montjuit y la ciudad puedan salir de los puestos que ocupan con sus armas, y no se limitare y gozan de la remisión y beneficio como los demás ciudadanos.

Todo lo cual espera confiada dicha ciudad alcanzar del muy generoso ánimo de Vuestra Alteza, en virtud de la plenipotencias que Su Majestad, Dios guarde, le tiene dada, sometiéndonos en todo a la voluntad y gusto de Vuestra Alteza, de quién esperan recibirá estas y otras mercedes, reconociéndose por las ya recibidas perpetuamente obligada"[219].

De esta forma, el 13 de octubre de 1652 don Juan de Austria entraba en Barcelona, al frente de las tropas del Rey de España[220]. Tras la caída de la ciudad condal otras muchas localidades del Principado vendría a hacer exactamente lo mismo. El cansancio de tantos años de guerra, el hecho de tener que alojar al ejército francés, tanto o más gravoso si cabe que el hecho de hacerlo con los tercios españoles, la epidemia de peste de los años 1650-1651 y la certeza entre la clase gobernante de que el Principado únicamente era un satélite bajo la autoridad de Luis XIII, conducirían a ese desenlace. Aquella epidemia de peste bubónica de los años 1647-1652 llegó a afectar de manera cruel a las regiones que habían escapado de una importante plaga precedente, como fue la gran epidemia de 1597-1602. Cataluña, Levante y Andalucía iban a conocer una pérdida poblacional muy significativa. En Valencia, por ejemplo, se había producido una primera infección en 1647, arrasando la ciudad hasta octubre del año siguiente, causando más de 16.000 muertos.

Con todo y como hemos indicado, tras la caída de Barcelona continuarían cayendo, cuan fichas de dominó, muchas otras localidades del Principado, aunque no es menos cierto que aquella guerra, como desgraciadamente todos sabemos, perduraría muchos años más. Una de ellas sería la de Sant Boi, lugar muy cercano, entonces, a la Ciudad Condal y en donde las crónicas, que llaman al lugar *Samboy*, nos transmiten dicho acontecimiento:

> "Relación verdadera de lo sucedido en la toma del castillo y lugar de Samboy, junto al sitio de Barcelona.
>
> Viernes a diez y siete de noviembre, el señor marqués de Mortara envió a pedir licencia, con el teniente general don Juan de Balboa, a Su Alteza para tomar a Samboy, que tanto tiempo hacía se trataba de ello, para facilitar los forrajes y tener el enemigo lejos, y con su licencia su excelencia se vino al Cuarte de Sanz, donde se dio orden al maese de campo fray don Francisco de Sada, para que con su tercio, y quinientos hombres más de los demás, fuese a tomar aquel lugar, con la caballería de Flandes y Borgoña, y algunas compañías de las guardias viejas y las órdenes y Rosellón, con el teniente general de la caballería... y el mismo viernes a las ocho de la noche se marchó y se esguazó el río Llobregat, y entre dos y tres la infantería tomó sus puestos, bien apoyados al castillo, y la caballería a la campaña sus avenidas. Peleose hasta las diez de la mañana, y viéndose apretado de la infantería y maltratada la muralla de la artillería, el gobernador hizo llamada, y el maese el campo don Francisco de Sada envió su sargento mayor, don Joseph Temprado, para que capitulasen"[221].

---

[219] B.N., mss., 2.068, pp. 81-230.

[220] Sobre ello vid. *Relación de la entrada que el serenísimo señor don Juan de Austria hizo en la ciudad de Barcelona... el domingo 13 de octubre... de 1652, después de haverse rendido las catalanas a la voluntad de Su Majestad...*, Sevilla, Juan Gómez de Blas, 1652.

[221] B.N., mss., 2.381.

La revuelta catalana había durado doce años y el bastardo se había hecho con el control de casi todo el territorio, que volvía a la Monarquía Hispánica, sin apenas ceder en sus pretensiones originarias, aunque cierto es que permitió que dos personas acudiesen a la Corte a presentarle personalmente al Rey Felipe IV aquello que la ciudad condal venía a solicitar. Ese mismo día la Diputació General prestaría obediencia al monarca español.

En este sentido, la ciudad de Barcelona escribió al Rey, indicándole el envío de una embajada, que venía a representar la sumisión del territorio del principado catalán a Felipe IV:

> "Carta de la ciudad de Barcelona para Su Majestad. Aquesta fidelísima ciudad envía a Francisco Puig Gener, nuestro embajador, para suplicar y tener de Vuestra Majestad las mercedes, que representadas conforme las instituciones que esta ciudad le ha dado.
>
> Suplicamos humildemente, puestos a sus reales pies de Vuestra Majestad, se sirva de honrarle dándole audiencia, fe y crédito a lo que dijere, como lo confiamos de la real clemencia de Su Majestad.
>
> La Divina guarde la real persona de Su Majestad, como la Cristiandad ha menester y estos sus fidelísimos vasallos de Barcelona, 13 de 1653..."[222].

La respuesta del monarca no tardaría en llegar, acogiendo en sus reales brazos a este territorio, cuan si la vuelva del hijo pródigo se tratara:

> "El Rey. Amados y fieles nuestros, Francisco Puig Gener, enviado de esa ciudad me ha presentado la carta que don Juan, mi hijo, me escribe suplicando sea servido de admitiros a mi gracia, y la que me escribís en su creencia con el memorial de vuestras súplicas.
>
> Mi ánimo es y será siempre que conozcáis y experimentéis efectos de mi amor y clemencia, y que halléis en mi real piedad el reparo de tanto y tan graves daños, como se han ocasionado hasta ahora, y para que desde luego lo conozcáis y sea de mayor obligación en vosotros el solicitarla, he resuelto aprobar el perdón general que don Juan mi hijo os concedió en once de octubre de este año, en virtud de la plenipotencia que mande darle de todos los excesos y delitos cometidos desde el año de 40 hasta entonces, en la forma y modo que en él se contiene, pues nunca será mi intento que a esto se contravenga, y se os dará despacho mío por cancillería siempre que por vuestra parte se acudiere por él.
>
> En los demás cabos de vuestra súplicas quedo mirando y tomaré resolución con brevedad, y con deseo de que sea la más conveniente a vuestro bien, seguridad, y quietud y beneficio como todo lo entenderéis más largamente del marqués e Olías, y Mortara, mi lugarteniente, capitán general en ese principado y condados. Dada en Madrid, en 26 de noviembre de 1652. Yo el Rey"[223].

---

[222] B.N., mss., 2.068, pp. 81-230.

[223] B.N., mss., 2.068, pp. 81-230.

El final de esta experiencia vino a representar para la monarquía el cierre de una dolorosa intentona secesionista, pero también el inicio de una etapa de reconstrucción del territorio en todos los sentidos. Baste indicar el deplorable estado de la población civil que se encontraría Juan José de Austria en su entrada a Barcelona, en donde las gentes parecían cadáveres andantes. Pero también a partir de aquel momento comenzaría a ganar simpatizantes hacia su causa en aquellas tierras.

Don Juan de Austria, nuevo virrey del Principado de Cataluña

Nominalmente cuando don Juan de Austria llega a aquellas tierras el virrey del territorio catalán era el marqués de Mortara, aunque desde la llegada del bastardo, y fundamentalmente desde la victoria de sus tropas sobre los rebeldes, sería él quién tomase realmente las decisiones fundamentales de gobierno. Con todo, su nombramiento como virrey de Cataluña se produciría el 28 de enero de 1653.

De este modo, el virreinato de don Juan en Cataluña se desarrollará entre 1653 y 1656 y durante este trienio tendría que resolver dos cuestiones fundamentales. Por una parte, habría de hacer frente a las relaciones, siempre complicadas, entre el Principado y Madrid. Por otra, al hecho de que la guerra contra Francia continuaba siendo una realidad y la posición geográfica de Cataluña la convertía en una zona de enfrentamiento bélico importante en aquel largo y duro conflicto[224], siendo en todo caso muy difícil hacer de estas dos cuestiones compartimentos estancos.

Por otro lado continuarían suscitándole los pretéritos problemas que habíamos visto iniciarse tras la famosa *Unión de Armas*, aunque no es menos cierto que la experiencia anterior había, al menos, servido para buscar soluciones a los distintos problemas con un talante mucho más abierto. Para ello se buscaría siempre un punto de encuentro que hiciese posible compatibilizar el derecho tradicional y propio del territorio con las obligaciones que don Juan de Austria tenía como virrey, y en donde la convocatoria del Parlamento del territorio vendría a tener un protagonismo destacado.

Éste abrió sus sesiones el 31 de marzo de 1653, realizando don Juan de Austria en ese mismo acto una propuesta que gozaría del acogimiento positivo por parte de los estamentos que integraban esta institución. Aquella proposición venía a consistir en la entrega por parte del territorio de una cantidad económica para el sostenimiento del ejército. Con todo, la aceptación inicial de dicha propuesta quedaría paralizada en el momento de determinar las cantidades que deberían ser aportadas, siendo necesario el nombramiento de una comisión que se encargase de calcular su importe.

Las discusiones, casi de modo similar a como le ocurrió al Conde-Duque de Olivares años atrás, serían largas y complicadas. En muchas ocasiones llegaron a desesperar a don Juan, ya que tenía un enorme interés en resolver, de manera urgente, dicho asunto puesto que los franceses habían emprendido una nueva e importante

[224] Calvo Poyato, J., *Juan José de Austria...*, op. cit., pp. 61 y ss.

campaña de hostilidades sobre el territorio catalán. Tras largos meses de debate se llegó a un consenso, cifrando en 500.000 libras anuales la cantidad aportada. Sin embargo surgiría a última hora una importante dificultad: el brazo real del Parlamento exigió garantías a la hora de establecer aquella aportación, para la que indicaba un conjunto de actuaciones que deberían quedar en manos de sus diputados[225].

Para don Juan de Austria aquello significaría el hecho de tener que renunciar a determinadas prerrogativas regias, motivo por el cual el asunto nuevamente vino a paralizarse, y las sesiones del Parlamento serían interrumpidas. Nunca más volverían a reunirse, ni siquiera para el acto formal de su disolución.

La realidad de la guerra se imponía en el norte de Cataluña, marchando hasta aquel lugar el príncipe, no sin mostrarse decepcionado de la actitud de los representantes catalanes, que nuevamente rehuían sus obligaciones con respecto a la defensa de su territorio.

Los franceses tras su salida de Barcelona habían abandonado casi todo el territorio catalán, manteniendo en su poder, y como excepción, el Rosellón y la plaza de Rosas, en la actual provincia de Gerona. A comienzos del verano de 1653, al conseguir Mazarino una mejora sustancial en la gravedad de los problemas que la *Fronda* le había originado[226], un fuerte ejército invadiría la zona de El Ampurdán, apoderándose de una serie de plazas, que obligaron a los ejércitos españoles a buscar refugio en Gerona. Resulta curioso el resurgir de Mazarino cuan ave fénix, cuando sólo dos años antes, en diciembre 1651, se encontraba en una situación terriblemente complicada, tal y como vemos en el siguiente documento que reproducimos:

> "Copia de carta del Parlamento de París contra el cardenal Mazarino, declarado a 30 de diciembre de 1651…
>
> La Corte ha ordenado y ordena, declarado y declara que tiene hecha a 6 de diciembre de este presente año al cardenal Mazarino, y a todos sus adheridos aliados y correspondientes, por criminales de la serenísima majestad, por turbadores del

225 Calvo Poyato, J., *Juan José de Austria...*, op. cit., p. 63.

226 La *Fronda* vino a ser una sublevación contra Mazarino (1648-1652), que se extendió de París al resto del territorio francés, y en donde deberemos buscar las causas en los grandes y los administradores de las provincias, que habían aceptado mal la autoridad de Richelieu establecida por los intendentes, quisieron aprovechar la minoría de Luis XIV, la impopularidad de Mazarino y las medidas financieras rigurosas del superintendente de Emeri (impuesto sobre la renta, reducción de las rentas y aumento de los arbitrios). La causa más directa fue el edicto de rescate, por el que se suspendía por cuatro años el salario de los miembros de las Cortes soberanas, salvo el de los parlamentarios, a cambio de la renovación por nueve años de la Paulette, en abril de 1648. Pero la resonancia de la revuelta debe explicarse por causas más profundas y en particular por la lenta baja de precios, que comenzaría en 1630 y desembocó brutalmente en una crisis de subsistencias en 1648. A pesar de encontrar una afección de la misma al parlamento y los príncipes, la revuelta terminó en un fracaso que, a la postre, contribuiría a reforzar el poder regio, al revelar al pueblo el egoísmo, la versatilidad de los insurrectos y su falta de seriedad, demostrada por el papel de las mujeres en sus intrigas. Así se explica su nombre, análogo al del juego infantil (*fronde*, tirachinas). La *Fronda*, conjugada con las malas cosechas, acrecentó la miseria. Pero también provocaría una profunda transformación social y psicológica (nuevas distribuciones de las fortunas y cambios en la pirámide demográfica), que ejerció seguramente una considerable influencia en la Francia de Luis XIV.

reposo público, y manda y ordena a todos los gobernadores de plazas y provincias y a todos los señores y a todos los oficiales, así militares como políticos, de todo este reino que impídase los pasajes por cualquier parte que fuere.

Ordena también... que los bienes muebles del dicho Mazarino sean vendidos en pública almoneda, y las rentas de sus beneficios y otros cualesquier bienes que sea hallaren en el reino de Francia se embarguen. Se le ofrecen ciento y cincuenta mil libras a aquel o aquellos que presentaren la persona de Mazarino muerto o vivo, ante la justicia. Y en caso que los que le trajeren estuvieren de antes incursos de crimen *lese mayestatis*, y hubieren cometido delitos, por enormes que sean, se les perdonarán.

Ordena y declara a todos los oficiales del Rey y gobernadores de plazas que se hallaren en favorecer el pasaje al dicho cardenal, así por sus personas como por sus tropas o gente haciendo escolta, por criminales de *lese mayestatis*, despojados de todos sus cargos gobierno y privilegios de nobleza de todo lo demás que poseyere. Declaran también que se suplicará al señor Duque de Orleáns sea servido de interponer su autoridad para Su Majestad, y la implore para que conforme esta dicha relación y decreto, mande con su autoridad real se apunte inviolablemente ordena finalmente que serán enviados comisarios consejeros y otras personas a las provincias y lugares donde será necesario para la caución de este presente decreto, y se dará aviso a los demás parlamentos, y mandarán leerla y públicamente por todas partes que fuere menester para que ninguno pretenda ignorarla. Hecho en el Parlamento, a 30 de diciembre de 1651"[227].

Desde la catalana localidad de Gerona, los refugiados verían como con la llegada de las tropas de don Juan de Austria se les infringía una singular derrota, debiendo abandonar los galos las plazas que antes habían conquistado, retirándose más allá de la frontera, y resistiéndose únicamente en la localidad de Rosas y en Figueras, siendo aclamado por las gentes de la ciudad condal una vez enterados de los hechos. Con todo don Juan era consciente de la difícil situación que una vez más afectaba al territorio del Principado debido, entre otras cosas, a la inferioridad numérica y de pertrechos de sus tropas. Para solventar tal situación enviaría numerosas peticiones a la Corte madrileña, de donde esperaba recibir refuerzos con los que terminar con esta situación para siempre.

Todo ello podemos más ampliamente analizarlo en la "Relación verdadera de la famosa victoria que ha tenido el serenísimo señor don Juan de Austria, contra las armas de Francia en el sitio de Girona, y lo que ha sucedido en el Principado de Cataluña desde que Su Alteza rindió por la fuerza de armas la memorable ciudad de Barcelona, que fue a 13 de octubre de 1652, hasta el socorro de Girona, que se dio a 24 de septiembre de este año de 1653"[228], a cuya victoria parece ser que, según algunos, hasta llegaría a interceder San Narciso, enviando millones de moscas que entorpecieron las tareas de los franceses: "Relación auténtica de la especial protección de San Narciso,

[227] B.N., mss., 2.396, p. 92.
[228] B.N., mss., 2.384, p. 17.

con sus fieles hijos gerundenses, continuada en el prodigio de las moscas, contra las armas francesas, en este sitio de Gerona, por septiembre del año 1653"[229].

Pero también en aquel campo de batalla se vio una importante sublevación y posterior deserción de un nutrido grupo de soldados de origen irlandés, al mando de el maestre de campo Ricardo Graff, cuestión que motivó un manifiesto de los restantes maestres de campo de aquella nación, profundamente indignados por la acción realizada por su compatriota:

> "Manifiesto que hicieron los maestros de campo irlandeses que está sirviendo a Su Majestad (que Dios guarde) en el Principado de Cataluña, dice así:
> Los maestros de campo, y sargentos mayores irlandeses, que están sirviendo a Su Majestad católica en su real ejército de Cataluña, abominan de la perfidia del maestro de campo Ricardo Graff, y manifiestan al Mundo la disposición con que están de tomar satisfacción de la injuria que ha hecho a la nación irlandesa.
> El campo de Girona, vio no ha muchos días al maestre de Campo Ricardo Graff (a quién si entre sus desdichas dio nuestra patria el nacimiento, no el valor y ánimo de irlandés) que roto el militar sacramento con que se había obligado espontáneamente a la milicia del Rey católico, en guerra tan notoriamente justa, en el lance del combate, cuando más apretadamente obliga la fe, tocando las cajas y desplegando las banderas, como haciendo gala de su perfidia, se pasó desvergonzadamente, y sin color de causa alguna, con todo su tercio (que maliciosamente había corrompido) a la parte del enemigo, y antes de incorporarse con él previno en el mismo paso la hostilidad, despidiéndose de él con mosquetazos del ejército, de que tan vilmente se desmembraba, y después no solo continuando su intención dañada en su tercio, sino dilatándola con malear otros de la nación, los que fue solicitando por tratos secretos a traiciones indignas, para que entregasen los puestos y plazas de su guarda, y custodia se habían confiado... Cataluña, a 29 de agosto año 1653"[230].

Existe cierto documento en la Biblioteca Nacional, en donde se hace una mayor exposición de aquella toma de la catalana ciudad de Gerona, por los ejércitos de don Juan de Austria, titulada *Verdadera relación muy copiosa del socorro que ... don Juan de Austria... dio a la ciudad de Girona, el miercoles 24 de septiembre deste año de 1653, refierense las particularidades de la batalla, y lo que ha sucedido a nuestro exercito, en el seguimiento de los enemigos*, publicado en Sevilla, en la imprenta de Juan Gómez de Blas.

Tras la victoria sobre Gerona, don Juan acudiría a rezar y dar gracias a su muy venerada virgen de Montserrat:

> "Voto y juramento que el serenísimo señor don Juan hizo en el real, y religiosísimo monasterio de nuestra Señora de Monserrate, en defensa y obsequio de la Inmaculada

229 B.N., mss., 2.384, p. 19.
230 B.N., mss., 2.384, p. 75.

Concepción de la Reina de los Ángeles, María Madre de Dios Señora nuestra, en 13 de octubre de 1653.

En el nombre de la Santísima Trinidad.... El serenísimo señor don Juan, volviendo vencedor de las armas francesas en la ciudad de Gerona, para dar gracias a la soberana Reina de los Ángeles, por tan singular beneficio recibido de sus liberales y misericordiosas manos, y habiendo entendido que este santo y religioso monasterio deseaba votar, y jurar el misterio sagrado de la concepción de la Virgen María nuestra señora, quiso Su Alteza hacer todo y juramento de sustentar y defender este soberano misterio, siendo el primero y el Capitán General de tan religioso acto, para ser tan grande y esclarecido en las materias de la religión, como en las de la milicia, heredando este piadoso celo y ardiente devoción, con la purísima Concepción del Rey nuestro señor su padre y de los católicos y serenísimos abuelos y ascendientes suyos, reyes y emperadores...por tanto, pues, queriendo mostrar el agradecimiento grande que tiene y conserva en su pecho, a las mercedes y favores que ha recibido de la Emperatriz del Cielo, singularmente en esta gran victoria de la muy ilustre ciudad de Gerona, en memoria de tan singulares beneficios, derramados de las liberales manos de María, y para obligarla a que en otros lances arduos y dignos de su generoso espíritu, y valiente espada, le ampare, favorezca y patrocine. Determina y resuelve jurar y votar la pureza de la Virgen, y Madre..."[231].

Un año más tarde los franceses volverían a pisar tierras catalanas, esta vez con mayor número de efectivos, obligando al hijo bastardo de Felipe IV al empleo de técnicas meramente defensivas, con el ánimo de, al menos, contener al enemigo. Así las cosas, los ejércitos galos se apoderarían de la mayor parte del Ampurdán, del Conflent y de la Cerdaña, donde la resistencia española se concentraría en algunas plazas fuertes. En las últimas fases de la guerra los galos estuvieron muy cerca de la Plana de Vic, pero no llegarían a completar su intento de ocupación. A pesar de la grave situación existente en aquellas tierras, desde la Corte insistían en la falta de medios económicos para socorrer al bastardo y que, por lo tanto, debería hacer frente a aquella situación con los medios que hasta ese momento disponía.

Todo ello hacía que en la Corte madrileña, y pese a los notables esfuerzos que don Juan de Austria realizara en aras de la defensa del territorio, rondaba el mayor de los pesimismos, temiéndose lo peor: la llegada de los ejércitos franceses nuevamente a Barcelona, y la consecuente pérdida del territorio a manos del rey de Francia. Sin embargo, no llegaría la situación a tal extremo, limitándose los galos a la invasión del norte del Principado, llegando a ocupar Solsona y a amenazar directamente a Lérida, pero una reacción de las tropas de Juan José de Austria haría alejar a los franceses de la capital ilerdense y, además, recuperar Solsona.

Importante fue también la victoria de las tropas españolas contra las de Francia, en la actual barcelonesa localidad de Berga, tal y como así nos la relatan las crónicas analizadas: "Relación verdadera de la feliz victoria que han tenido las católicas armas

---

231 B.N., mss., 2.384, p. 21.

de Su Majestad, que Dios guarde, sobre el sitio de Berga, y otras plazas en los Estados de Cataluña contra los ejércitos de Francia".

Se indica en dicho texto la configuración urbana que tenía aquella localidad en ese momento histórico, así como los acontecimientos que allí tuvieron lugar:

> "es Berga lugar de cuatrocientas casas, situado en la falda de un monte de su nombre. La iglesia parroquial y un castillo derruido sirven de ciudadela, con áspera subida por la parte de la villa, y por la de la campaña de su naturaleza fuerte.
>
> Por mal entendido lo ocuparon los franceses el año pasado, y este de 55 intentó don Joseph de Pinós, general de la artillería de Granada, y gobernador de Vique, recuperarle.
>
> Con este intento salí de esta ciudad a los 29 de septiembre, con 400 infantes, y 50 caballos. Nombrando para gobernar en ella al maese de Campo don Juan Mata, que con el cuidado de ella, y de enviar asistentas, mostró su conocido valor y diligencia. En dos marchas de noche llegó a primero de octubre a salir de el Sol, a los muros de la villa, por ser tarde no se sorprendió como se intentaba, sino que se ocupó el burgo.
>
> Gobernaba esta plaza el capitán Francisco Rubio, napolitano, hombre que había servido a su Rey, al cristianísimo, a España y ahora a Francia. Tenía de guarnición algunos 50 hombres, pero estaba asegurado que los naturales a la ocasión suplirían la falta, como lo hicieron. Envió el General don Joseph un trompeta a los de la villa, ofreciéndoles buen trato, y no quisieron recibir las cartas. Descortesía que pagaron antes de amanecer el día siguiente, entrándoles con escalada, saqueando la villa, si bien con mucha moderación.
>
> Quedó el fuerte del todo sitiado, habiéndoles los tercios de Lisboa, y Barcelona, por la parte del poniente, y los valones del de don Ignacio de Clerch (con quién se unió después el barón de Capre con los suyos, por la de levante. Acercáronse los unos y los otros con valor grande, y a los ocho los españoles a medio día quemaron el rastrillo de la puerta del castillo, que tenía terreplanada el enemigo.
>
> A las 9 a la misma hora se intentó darles escalada, y el ver llevar las escalas, atemorizó tanto a los sitiados que hicieron llamada y se rindieron a partido con todas las honras militares, que no merecían, y se les concedieron por tener el socorro (y poderoso) a dos horas de camino, lo que ignoraron ellos. Hizo los pactos el maese de Campo don Joseph Sentís.
>
> Esta noticia obligó a que con la mayor diligencia se proveyese de víveres el fuerte. Y dejando por gobernador en él al capitán Juan de mira, cuyo valor mostró haber militado en la escuela de tan gran soldado, como es su maese de campo don Luis Ferrer. Salió nuestra gente a campaña aquella noche, y el día siguiente marchó a Girona, lugar a una legua de distancia y después a Vique.
>
> Domingo Diez de este llegó el enemigo a sitiarle, y hallole tan proveído que no pudo esperar ganarle a falta de esto. Y así empezó sus ataques en los mismos puestos, que nosotros los habíamos tenido. Y por la parte de levante dio martes a la noche asalto a una empalizada, y repitiéndole tres veces, fue valientemente rechazado con pérdida de un coronel, un capitán de caballos y otros oficiales, y soldados, que cuando de día pidieron lugar para enterrarlos, hallaron que fueron más de ochenta.

Escarmentados por esta parte, procuraron minarla por poniente, en las ruinas del castillo, como lo hicieron.

En este tiempo provenía don Joseph de Pinós, en Vique, el socorro, y para ello juntó 800 caballos y 800 infantes. Y determinado a marchar con ellos a los diez y seis, llegó la noche antes don Diego Caballero, general de caballería de este ejército con seiscientos caballos y doscientos infantes, con que marcaron juntos, siendo tan galante su excelencia, que toda la disposición dejaba al de Pinós.

Con esta gente, que toda sería dos mil y quinientos hombres llegaron a vista de Berga, domingo a medio día, a tiempo que el enemigo voló la mina en el castillo, do el asalto y fue rechazado, pero ocupole y retirose la guarnición a la iglesia, que es lo más fuerte.

Apresurose la marcha, y hallase el enemigo aguardando la batalla, ocupando con su infantería que llegaría a los dos mil y quinientos hombres, los puestos ventajosos, y con su caballería que serían 800 un pequeño llano rodeado de barrancos, capaz de poca más gente que la suya, y guardado de una ermita guarnecida de infantería"[232].

Pronto comenzaría un sangriento enfrentamiento entre tropas de Francia y de la Monarquía Hispánica:

"Dispusieron nuestros generales la batalla, enviando primero las tres compañías de Fadrines de los capitanes Joseph Horra, Joseph Espona, y Diego Esteban a echarle de la primera colina, donde se peleó media hora con valor grande, y llegando a reforzarles el sargento mayor Requena, del tercio de Lisboa, guiando unas mangas, lo consiguieron con muerte de un valiente francés, que la defendía, y tres capitanes heridos de los nuestros, que fueron don Diego Briñez, Miguel Martínez y Joseph Horra.

Ganado este puesto, avanzó el de Pinós la infantería hacia lo demás de la montaña, gobernando los escuadrones los maeses de campo don Joseph de Villalpando, don Joseph Rosell, y don Jerónimo Espinosa, y tres mangas de valones el sargento mayor de Clerch, y echaron al enemigo de todo, hasta de sus ataques y castillo, por donde los nuestros entraron en el fuerte.

En este mismo tiempo el general don Diego Caballero, con su caballería embistió la del enemigo, que defendida de un barranco y poco terreno, peleaba con ventajas y valor. Mas avanzando por aquella parte el barón de Capre con sus valones, le forzaron a dar lugar a que pasasen el barranco cuatro tropas de nuestros corazas, que fueron las de don Antonio Montenegro, don Jerónimo Campero, que fue herido, las de Belmar, y Angelo Ventura. Las cuales apenas hubieron doblado, cuando se mezclaron con el enemigo, que en breve rato volvió las espaldas, y huyendo se metió en la villa, y fue bien menester su diligencia, porque no le cortasen las tropas de don Joseph de Assa, por la parte de la montaña, y las de don Alexandro Morera por la otra, que ambas lo

[232] B.N., mss., 2.384, pp. 268 y ss.

procuraron, y al capitán Rabatón, que por estar más avanzado lo había conseguido le costó la vida, dejándola inmortal por su valor"[233].

El resultado de dicho enfrentamiento no puedo resultar más desolador:

"dejaron los franceses el campo sembrado de hombres y caballos, y muchos que no pudieron retirarse. Quedando tan aturdidos dentro de la villa que solo dominaba la confusión. Tanto que dejando los nuestros el castillo, y entrando los valones por la puerta de esta parte rindieron casi toda la infantería y mucha caballería. Despeñáronse por las murallas muchos de ellos, y don Joseph Dardena, su general escapó por un agujero del muro, dejando él y los demás todo el bagaje, ropa y cuanto tenían, que por confesión de Dardena valían más de 60.000 ducados de plata.

Retirose el enemigo a una eminencia áspera, que siempre la tuvo guarnecida con infantes, y caballos, Manuel Aux, y de allí a Borreda, con tanta prisa que dejó algunas cargas de pocas que llevaba, y con tan poca gente que no llegaban a 600, y la mitad heridos, experimentando que los españoles pelean como tales, y exceden en diligencia a los franceses, como dos veces se lo ha dado a conocer el general don Diego Caballero.

Perdió el enemigo entre muertos y prisioneros 1500 hombres y entre ellos un hermano del general de caballería, un coronel, dos tenientes coroneles, cinco capitanes de caballos, 32 de infantería, 34 tenientes, 33 alferes, 85 sargentos, y otros muchos. Quedaron destruidos los mejores tercios de Francia, que son Normandía, Reyna, Santumene, Arcurt, y Puita. Nuestros muertos en el sitio, y socorro no llegan a 25, y solo un capitán de caballos, y cuatro de infantería, el uno español y los tres valones del tercio de Clerch.

Demos muchas gracias a Dios y a los generales don Joseph de Pinós, mil enhorabuenas, que en 17 días sitió, ganó, proveyó y socorrió esta plaza, aumentándose victorias. Y a don Diego Caballero infinitos agradecimientos que con llegar a tan buen tiempo, lo aseguró todo, pues con venir, ver y vencer, dio colmo a tanta dicha. Vique 20 de octubre e 1655.

A 30 de octubre el príncipe de Montesarcho, y el maese decampo don Juan Salamanques cobraron las Medas, y ganaron la Torre de Bagur, que desampararon los franceses enclavada su artillería.

A 2 de este mes de noviembre tomó puerto acá nuestra armada, que consta de 16 grandes navíos y tres de fuego"[234].

Pero los estragos no sólo fueron en el campo de batalla, sino que también la situación económica del principado de Cataluña se resintió enormemente. Así las cosas, don Juan de Austria debió poner todos sus esfuerzos en su recuperación, y su primer punto de atención vino a dirigirlo, como no podía ser de otro modo, al estado calamitoso en que había quedado dicho territorio tras una sucesión de acontecimientos negativos, y

---

233 B.N., mss., 2.384, pp. 268 y ss.

234 B.N., mss., 2.384, pp. 268 y ss.

en donde los enfrentamientos bélicos, tanto internos como externos habían tenido un papel protagonista.

En un intento de hacer frente a dicha situación, Juan José de Austria en colaboración con las autoridades locales, elaboraría una serie de disposiciones que serían el punto de partida de la reconstrucción del territorio, y en donde se incluiría la devaluación de la moneda.

Con respecto a la situación política de Cataluña, quizá la acción más importante de cuantas se realizaron fue el control que la Corona se reservaría para el nombramiento de personas leales, con respecto a los representantes del *Consell de Cent* y de la *Diputació de la Generalitat*. Ello equivaldría inmediatamente a un perfecto control efectivo por parte de Felipe IV de los dos instrumentos más importantes de gobierno de Cataluña.

Como balance final, con respecto al virreinato ejercido por Juan José de Austria, indicar que, a pesar de la existencia de aspectos oscuros, podemos abrazar la idea de que el mismo fue positivo para los intereses del principado y de la propia monarquía. Así, cuando en 1656 concluía su mandado, y Juan José de Austria abandone dicho territorio la reconstrucción del Principado comenzaba a ser una realidad, sobre todo en las comarcas del sur, algunas de las cuales habían resultado ser las más afectadas por la devastadora actividad bélica que tuvo a aquellas localidades como escenario. La guerra contra los franceses se había sostenido con dignidad a pesar de la inferioridad.

Además, se había abierto una línea al pactismo entre las autoridades catalanas y la Corte madrileña que vino a servir para alejar al fantasma de una futura nueva insurrección contra los intereses del Rey español.

Con todo, las experiencias desarrolladas en Nápoles, Sicilia y Cataluña vinieron a otorgar a Juan José de Austria un profundo prestigio y popularidad que le acompañarían ya a lo largo de sus días.

CAPÍTULO CUARTO:
LA TERCERA EMPRESA DE DON JUAN AL SERVICIO DE LA MONARQUÍA: LOS PAÍSES BAJOS

Países Bajos: una guerra interminable

En el *Compendio de Historia de España*, se indica que "La guerra de Flandes entre las dos potencias también se hizo sin dejar de ser amigas. Pretendía Francia, o pretextaba, que España se había coligado con los hugonotes, concluyendo un tratado con el duque de Roan, Jefe de los rebeldes, por el cual se obligaba a ayudarles en la rebelión; y usando de represalias, se coligó la misma Francia con los holandeses, envió a Holanda al mariscal de Chatillón con tropas auxiliares, que juntas a las de aquellos sediciosos republicanos sitiaron y tomaron Boisleduc, Venlo, Ruremunda, Maastrich, y Limburg; juntándose a esto la desgraciada pérdida de dos numerosas escuadras, una de ochenta navíos, y otra menos considerable, que perecieron a impulso de dos violentas tempestades.

No era fácil, que Francia y España se estuviesen batiendo todos los días en el campo de sus aliados, y que al mismo tiempo se conservasen en paz, especialmente cuando solo faltaba el nombre de guerra al proceder de una y otra potencia. Al fin se declaró el rompimiento por parte de Francia, con el motivo del elector de Treveris, a quién tomó bajo su protección el Rey cristianísimo. Era el elector francés de corazón, y lo acreditó bien, sirviendo lo mejor que pudo contra el Rey de España. Mandó Felipe apoderarse de su persona, y de su Corte, lo que se ejecutó con tanta puntualidad, como dicha, siendo conducido prisionero a Bruselas. Demandó su libertad el Rey de Francia; y habiéndosele negado esta pretensión, declaró a España la guerra con toda solemnidad.

Fue muy obstinada por una y otra parte, durando veinte y cinco años con la mayor porfía, y con larga fusión de sangre, acreditando los dos príncipes el encono, o la animosidad con que se miraban uno a otro.

No fueron favorables a los españoles las dos primeras campañas; porque perdieron la batalla de Avíen, en el país de Lieja, otras dos en el Piamonte, y casi todo el Milanés.

En los sitios fueron varios los sucesos, alternándose con poca desigualdad por una y otra parte la felicidad, y la desgracia.
Sería inmensa la relación, si nos detuviéramos a describirlos con prolijidad. El ejército de Felipe *el Grande* hizo levantar el sitio de Thionvilla, ganó la batalla a los franceses: mas no por eso dejaron éstos de tomar a Arrás, y de apoderarse en las campañas siguientes de todo el país de Atois, una de las más bellas provincias entre las diez y siete, que componen los Países Bajos"[235].

Evidentemente, tal y como se cita en el anterior texto, Francia, al igual a como hicieran otros, incumpliría en las más de las ocasiones los distintos tratados que firmase, haciendo y obrando con ellos a su antojo. Resulta curioso analizar aquella carta que escribiese un oficial mayor del ejército del duque Weymar, en relación a la actitud observada por los monarcas franceses en aquellos años que durase la contienda en los Países Bajos:

> "Carta que un oficial mayor del ejército del difunto duque Bernardo Weymar escribió en forma de discurso a un íntimo amigo suyo, sobre el haberse introducido guarnición de franceses dentro de la fortaleza de Brysach, a exclusión de los alemanes.
>
> Representa los inconvenientes que han resultado del haberse tan mal observado y cumplido con la disposición que el dicho duque hizo antes de su muerte, aconsejando que los alemanes no se fiasen demasiado en potentados extranjeros, y no se dejasen engañar por ellos, para que no llegase en su poder lo que había ganado con la espada.
>
> Dice el mal que ha resultado de las discordias que han nacido entre los cabos del dicho ejército, luego después que vino a faltar su jefe, que fueron causa que el verano pasado las tropas de Weymar no han obrado nada.
>
> Y las finezas que usó Longevila para ganar con palabras engañosas, promesas de mercedes, y distribución de grandes sumas de dinero a los sobredichos cabos, particularmente al gobernador a quien se hizo merced del título de Barón, nombrando otro en su lugar, debajo de falsos pretextos, particularmente que no lo era quien por ínterin, y hasta que llegase el conde Palatino.
>
> Encarecer mucho la pérdida de esta fortaleza, que importa tanto, y que si hubiera quedado en poder de los protestantes de Alemania era de esperar mucho más una paz que fuese a favor de ellos, la cual fue siempre la única mira de Weymar.
>
> Declara las insolencias, los engaños y trampas de franceses, de las cuales habiendo tenido harta noticia el difunto duque, siempre rehusó de llegarse a la Corte de Francia, por más instancias que aquel Rey le hacía mercedes y títulos que le permitía, aunque todavía no supo escapar de ellas, atento que su muerte procedió de una ponzoña que franceses habían mandado mezclar con la sopa y manjar de pescado, que comió y tomó (como lo reconoció después, y lo confesó poco antes de su muerte).

[235] *Compendio de la historia de España. Quarta parte. Reyno de los príncipes franceses de las Casas de Bigorra, y de Borgoña*, 1740.

Hace sus excusas, que nunca fue de parecer que se entrase en tratados con franceses para que no se perdiese la libertad alemana, ni al Imperio llegase tanto perjuicio. Dice que entretanto los franceses han tomado preso al sobredicho conde Palatino, y puéstole en parte a donde haga camarada con el príncipe Casan de Polonia, y Juan de Pert, que el Rey de Suecia ha procedido con más lealtad que franceses. Hace una lamentación sobre lo mucho que padece la pobre Alemania por las de naciones extranjeras, que tratan de reducir los alemanes a una esclavitud y aniquila su libertad. Ruega a Dios les abre los ojos para que lleguen a conocer lo que conviene para su conservación"[236].

La existencia de dos Países Bajos, seis décadas después de la Unión de Arras y de Utrecht, cuando cada uno de ellos decidió seguir su propio camino (enero de 1579), constituiría un hecho casi totalmente aceptado. Ello supondría la afirmación de sus diferencias políticas y económicas, así como la de una distinta política en materia de religión pública[237]. La Unión de Arras de las provincias valonas católicas se había reconciliado con el Rey Felipe II, el príncipe legítimo de dichas tierras, unos meses después de separarse de las otras provincias rebeldes.

A pesar de la pérdida antes de 1589 de Flandes y Brabante, donde la revuelta se había desencadenado con una mayor virulencia que en las otras provincias, y donde el calvinismo se desarrollaría con más vigor en los años setenta y ochenta del siglo XVI, el resto de los territorios rebeldes mantendrían una actitud de oposición al Rey de Castilla. Actuaron como si de un territorio independiente de la Monarquía Hispánica se tratara, en la que el protestantismo de signo calvinista cobraría cada vez más fuerza. Brabante y Flandes, que se encontraban de nuevo bajo la Corona española después de su reconquista por los tercios hispanos, siendo integradas, junto con las ya citadas provincias valonas, en el País Bajo español. En dichos territorios, descritos en fuentes hispanas como "*las provincias obedientes*", dominaba de nuevo el catolicismo.

Curiosamente, ambos Países Bajos pretendían usar como propio el nombre de Nederlanden (Países Bajos) o Nederlant (País Bajo), pero en realidad se vinieron a distinguir por el adjetivo Koninglijck (País Bajo Real) y Vereenigt (País Bajo Unido)[238].

Aunque los Países Bajos reales gozaban de la conocida independencia formal y material con respecto al derecho castellano, dentro de una Monarquía en donde el Rey gobernaba sus territorios con distinta intensidad de poder, a nivel internacional los intereses diplomáticos y comerciales del patrimonio borgoñón seguían las directrices planificadas desde Castilla.

Por lo que a las decisiones de carácter militar se refiere con respecto al gobierno de las Provincias rebeldes en La Haya y de la defensa general de aquellas tierras, el gobernador general, el cardenal-infante don Fernando (1633-1641), hermano de Fe-

236 A.H.N., *Estado*, Libro 971.

237 Schepper, H. De, "Los Países Bajos separados y la Corona de Castilla en la década de 1640", en Elliott, J.H.; Villari, R.; España, A.M.; Anatra, B.; y otros, *1640: la Monarquía Hispánica en Crisis*, Barcelona, 1992, pp. 212 y ss.

238 Blaue, J., *Toonneel der steden van's Konings Nederlanden*, 1649.

lipe IV, y su gobierno de Bruselas tuvieron que aceptar los mandatos que les llegaban desde la Corte madrileña.

El Rey Felipe puso la responsabilidad política de las reformas institucionales de 1632, preparadas por Roose[239] en Madrid, en manos del nuevo gobernador general don Fernando y del presidente. Así, de este modo, las tropas españolas iban siempre acompañadas de un pequeño ejército de funcionarios y consejeros españoles, los cuales, desde finales del siglo XVI y aun en 1640, formaron el llamado "*ministerio permanente español*" en la Corte de Bruselas. Algunos de sus integrantes asistían, junto a Roose, a las consultas informales del gobierno y a las ocasionales juntas de gabinete, por ejemplo la Junta de Guerra, donde se trataban importantes asuntos políticos y militares.

A nivel de derecho internacional, las provincias rebeldes, la llamada *República de las Provincias Unidas*, era considerada por la mayoría de los Estados de Europa como un simple territorio del monarca español que se había sublevado a su legítimo rey. En este sentido, en el año 1640 apenas mantenía relaciones diplomáticas permanentes, exceptuando a Francia, Inglaterra, Dinamarca, Turquía y Venecia.

Con la intención de acabar con las Provincias Unidas, ya desde la década de 1630 la guerra era total. Se trataba del momento más duro, en donde el esfuerzo de la maquinaria bélica española se centró en la idea de causar un impacto definitivo en la economía de aquellos territorios insurrectos. En este sentido, hubo quién llegaría a sostener que todo barco construido en un astillero holandés era susceptible de apresamiento, cualesquiera que fuese su carga y sus lealtades[240].

Con todo, en 1640, la República y los restantes enemigos de España pudieron comprobar de primera mano el declive de la monarquía de Felipe IV. La tentativa desesperada del Rey hispano por destruir la flota holandesa enviando a todos sus barcos al Mar del Norte, en septiembre de 1639, llevó a una de las más grandiosas victorias republicanas: bajo el mando del almirante Maarten Tromp se destruirían más de sesenta naves de la flota española, compuesta por ochenta embarcaciones. También fracasaría en enero de 1640 la reconquista de ciertas provincias brasileñas que habían caído en manos de los holandeses, utilizando para ello medios marítimos, motivo por el cual la bandera republicana seguiría ondeando en Pernambuco.

Además, cuando en las últimas semanas de ese año estallaba la revuelta de Portugal, la República acudiría rápidamente en ayuda de los portugueses. Felipe IV no paraba de acumular problemas para mantener lo poco que le quedaba en los Países Bajos: tuvo que defenderse de los ataques procedentes de Francia y, a la vez, luchar contra el ejército rebelde. Federico Enrique llegaría a amenazar las posiciones de Brujas y Hulst en el norte de Flandes. Los insurrectos intentarían ante todo desviar la

---

239 Madrid contaba con un fundamental apoyo en aquellas tierras, el llamado *Consejo Secreto*. El presidente del mismo, Pieter Roose informaba fielmente sobre los acontecimientos más importantes acaecidos en aquellas tierras, para una posterior toma de decisiones.

240 Stradling, R.A., *La Armada de Flandes. Política naval española y guerra europea. 1568-1668*, Madrid, 1992.

atención de las tropas españolas hacia el norte para facilitar así las agresiones de sus aliados franceses[241].

En los años cuarenta del siglo XVII, España perdería Hulst y Sas-van-Gent ante la República. Después de la caída de Breda en 1637 se estableció una línea militar entre la República y los Países Bajos reales. Las grandes ciudades de Brabante, Flandes, Amberes, Malinas, Bruselas, Lovaina, Gante y Brujas se quedaron en manos españolas. En el norte, sin embargo, sólo pudieron reconquistar y mantener la Alta Güeldres como enclave gobernado desde Bruselas y Madrid. Que Felipe IV se viera obligado a aceptar todas las exigencias de los rebeldes en la Paz de Münster se debería en gran medida a las rebeliones portuguesas y catalanas. Aquella Paz de 1648 pondría punto y final a la guerra civil neerlandesa, que a la postre se había convertido en una guerra independentista frente a España.

Fue ésta una guerra de desgaste que, salvo la existencia de efímeras treguas, duraría ochenta años y costaría a la Monarquía Hispánica importantes sumas de dinero y hombres, lo que vino a suponer una pesada carga para las demás regiones de la Monarquía, fundamentalmente para las ya de por si cargadas espaldas de los pecheros castellanos. Todo ello además, en palabras de Parker, tendría unas connotaciones que traspasarían la línea de los Países Bajos, relacionándose aquella situación del norte de Europa con las agitaciones en Nápoles y Sicilia[242].

En la citada Paz de Münster, España también vino a aceptar los privilegios que la República otorgaba a las Compañías de las Indias Orientales y Occidentales, además de reconocer sus reconquistas en Ceilán, Formosa, las Islas Molucas, la Malasia Británica, Angola, Brasil y las Antillas, encumbrándose aquella República a la consideración de potencia de primer orden.

Cuenta un personaje anónimo, en relación a la situación que ordinariamente venía padeciéndose en aquellas tierras, lo siguiente:

> "Con los excesivos daños que los ejércitos han causado en Flandes se tiene por cierto ha padecido el país más de doce millones, el pueblo y los eclesiásticos, habiendo experimentado las extorsiones de los franceses, y viéndose imposibilitados de conservar la religión con los holandeses, desean mucho prevalecer en el dominio del Rey, Nuestro Señor. Y esos informado de personas de porte que para conseguirlo sustentarán ejército grande, o darán buena parte de sus haciendas como no se distribuya por ministros españoles (no se si se alentará tanto la nobleza), ni los más beneficiados de Su Majestad los pueblos muestran conveniente sus sentimientos de que las gabelas y impuestos los pagan solo ellos, y he entendido que esta desigualdad si se persigue puede ser muy dañosa, para cuya credibilidad basta con que se diga, aunque esto y otras cosas que se dicen no sea del todo justificados si en el año

---

241 Schepper, H. De, "Los Países Bajos separados y la Corona de Castilla en la década de 1640", en Elliott, J.H.; Villari, R.; España, A.M.; Anatra, B.; y otros, *1640: la Monarquía Hispánica en Crisis*, Barcelona, 1992, pp. 212 y ss.

242 Parker, G., *El ejército de Flandes y el Camino Español. 1567-1659. La logística de la victoria y derrota de España en la guerra de los Países Bajos*, Madrid, 2006.

que viene se hubiese de hacer por este país algún esfuerzo grande, según el caudal o renta de cada uno. Y es tan grande el deseo que tiene esta gente de librarme que abrazan todos medios"[243].

Pero también tendrían aquellos súbditos de Felipe IV que hacer frente a cierto hostigamiento, a la hora de poder vender sus productos en tierras de la monarquía, tal y como se desprende del siguiente documento:

"Memoria para el señor don Miguel de Salamanca, de lo que representan los armadores de particulares de Dunquerque, en razón de las molestias que se les hace en los puertos de España, particularmente de lo que con ellos se ha hecho este verano pasado con las presas que llevaron.

Primeramente que los de las aduanas o contratación no los dejan vender sus presas libremente, como se hace en estas partes, y que últimamente estando en Sanlúcar, y vendiendo una partida de azúcares, vendieron la arroba en 27 reales, e hicieron pagar a los compradores 37 reales de derechos de cada arroba.

2. Que al avenante hacen pagar de las demás mercadurías que traen.

3. Que lo mismo hacen de los turcos y moros que llevan de presa.

4. Que cuando hacen bastimentos les obligan a pagar diez ducados de derechos de cada pipa de vino, y al avenante de las otras cosas tratándoles como a marchantes y no como a gente de guerra.

5. Que quieren obligarles a que paguen el décimo en España.

Lo que piden los particulares:

Primeramente que esos derechos que se les hace pagar de las mercadurías que traen de presa se quite pues pagar el décimo a Su Majestad.

2. Que no paguen diezmo a Su Majestad de los turcos y moros que llevaren de presa, puesto que Su Majestad concede la gracia de no pagarlo a los que no navegan de España.

3. Que no se les obligue a pagar más derechos de los bastimentos que embarcaren que lo que pagan las armadas de Su Majestad.

4. Que no se les oprima a pagar el diezmo en España, puesto que lo han de hacer en estos Estados a vuelta de su viaje, y que deben dar sus cuentas en este almirantazgo"[244].

Don Juan de Austria en los Países Bajos

Ante el complicado panorama que exhibimos, y a la vista de un progresivo empeoramiento de la situación de aquellas tierras al entrar en lid ya no sólo los intereses de la República, sino también los de Francia e Inglaterra, don Juan de Austria se

[243] A.H.N., *Estado*, Leg. 1.411.

[244] A.H.N., *Estado*, Libro 971.

enfrentaría a un nuevo y complicado destino fuera ya de la Corona de Aragón, en ese año de 1656: el ejercicio de la gobernación general de los Países Bajos. Además, por primera vez en su vida ejercería de manera efectiva el cargo de Gobernador General que ya poseía desde hacía años, en este momento coincidiendo con los años finales de la guerra hispano-francesa.

A diferencia de lo ocurrido en 1645, cuando siendo apenas un niño su padre le había encomendado esta tarea más bien con la pretensión de dotarle de un puesto de prestigio en aquella administración polisinodial, idea que fuera rechazada frontalmente por parte de aquellos territorios. Ahora la situación había mutado considerablemente, siendo dicha designación acogida con un casi general aplauso. Ya no se trataba de un niño, ahora nos encontrábamos ante un forjado militar pese a tu todavía juventud, que además venía encumbrado por importantes éxitos militares forjados en tierras italianas o españolas, caracterizarse por su capacidad de negociación. Algunos creyeron ver en él una reencarnación del héroe de Lepanto, no ya sólo por el hecho de portar el mismo nombre, o ser ambos hijos bastardos de un rey, sino que la aureola de victorias de don Juan de Austria les hacía concebir ilusiones de una paz duradera.

Así las cosas, el 17 de febrero de 1656 el Rey había signado la orden de traslado de don Juan a los Países Bajos, para que tomase lo antes posible posesión efectiva del cargo de Gobernador General de aquellas tierras. En esta idea, el 4 de marzo iniciaría el viaje, abandonando el puerto de aquella ciudad de Barcelona que tan buenos –y tan malos– momentos le había reportado, para dirigirse a Génova y, desde allí, siguiendo el llamado *Camino Español*, ganar Flandes. Veamos sobre ello el siguiente documento:

> "El Rey, Nuestro Señor, en Madrid a 16 de febrero de 1656. Lleváronse estas instrucciones al señor duque de Sanlúcar, de orden de Su Majestad Que se junten y vean las instrucciones que dieron al señor Infante Cardenal, y al señor archiduque Leopoldo, para que se firmen las que hubiesen de enviar al señor don Juan.
>
> Vista en 17, y se acordó que se juntasen, además de los papeles que Su Majestad mandaban las instrucciones y demás despachos que se dieron al señor archiduque Alberto, Marqués de Castel Rodrigo, don Francisco de Melo, y también los que se dieron al señor don Juan, antes de ahora, se le mandaba pasase a Flandes, en dicho día...".

Continúa la crónica indicando que:

> "según la precisión con que están dadas las órdenes a don Juan de Austria, mi hijo, para su partida a Flandes, habiendo de hacer por Italia su viaje, es muy contingente que terciándole bien los tiempos tuviese tan feliz pasaje, además que con el favor de Dios se hallase con gran brevedad en aquella provincia, y con la misma en las del País Bajo, y si bien tengo por muy verosímil que en las instancias que últimamente hice al archiduque mi primo, en la carta de once de diciembre se habrá detenido en Flandes, todavía por si esto no sucediese así, y hubiese don Juan de encargarse desde

luego de aquel gobierno, conviniendo que se halle con las instrucciones y despachos necesarios en el ingreso de él para dirigirse y encaminarle a mayor servicio mío y consuelo y congruencia de aquellos vasallos, ordeno que luego se reconduzcan las instrucciones que se dieron, para el mismo gobierno de aquellas provincias al Infante Cardenal, mi hermano, y al archiduque Leopoldo Guillermo, mi primo, y a todos los demás por razón de esto hubiere y puedan conducir al propio fin.

Y que visto y examinado en el Consejo sin punto de dilación, se formen las instrucciones que se han de dar a don Juan, en conformidad de las referidas, y de lo que el estado presente de las cosas pidiere, para que se encaminen con tal presteza que lleguen a Flandes tan prontamente como don Juan, sin que puede hacerle falta esta prevención, y luego consultándole lo que se ofreciere y pareciere"[245].

Las crónicas nos transmiten fielmente lo peligroso y tortuoso que resultó aquel viaje hacia tierras del norte de Europa, en donde se llegaría al enfrentamiento cuerpo a cuerpo con unos musulmanes que intentaron asaltar los navíos españoles:

"Habiendo Su Majestad (Dios le guarde) dado orden al Serenísimo señor don Juan de Austria, dejase el gobierno político y militar que obtenía en el principado de Cataluña (para que sucediese en él el excelentísimo señor marqués de Mortara) y que se embarcase para el de los Estados de Flandes, en dos Galeras de Nápoles, que a la sazón se hallaban en el puerto de Barcelona, la una nombrada San Juan Bautista, y la otra Santa Ágata. Su Alteza cumpliendo con la puntualidad con que siempre obedece las órdenes del servicio de Su Majestad se embarcó en el dicho puerto en la galera San Juan, el día cuatro de marzo de este año, acompañado del marqués Francisco Serra, Luis Puderico, don Fernando Carrillo, y de otros muchos caballeros soldados de grande experiencia en el ejercicio de la guerra. En este viaje padecieron grandísimas tempestades de vientos las dichas galeras, pues se vieron diversas veces sumergidas debajo de las olas del mar. Perdióse la galera Santa Ágata, y la de San Juan, habiendo escapado de esta tempestad, se hallaron en medio de cuatro navíos de moros, que cruelmente la combatían por todos lados. Defendiese esta galera con grande bizarría, y el señor don Juan peleó con la espada en la mano todo el tiempo que duró la batalla, en cuya refriega recibieron los moros grandísimo daño, tanto que les fuera forzoso retirarse, dejando libre la galera, si bien murió en ella como famosísimo soldado el marqués Francisco Serra, y salí herido don Fernando Carrillo y otros caballeros".

Continúa la crónica indicándonos la fortuna que tuvieron de salir vivos de aquel trance, aun a pesar de las bajas que ello provocó, y de la llegada a Génova, desde donde sin apenas detenerse continuarían su peregrinación rumbo a su destino:

"Pero la Majestad Divina fue servida de sacar de tanto peligro al señor don Juan de Austria y llevarle con salud a Génova, a donde entró Su Alteza de incógnito, y

[245] A.H.N., *Estado*, Leg. 1.414.

> sin detenerse un punto. Pasó del mismo modo a Milán, llevándose consigo al señor marqués de Caracena, gobernador de aquel Estado, para que gobernase las armas de los Países de Flandes, en lugar del señor conde de Fuensaldaña, que baja al gobierno del estado de Milán, como ya se hijo en la relación antecedente a esta.
>
> No permitió Su Alteza, que en la ciudad de Milán, ni en las demás del país de Venecianos por donde iba pasando, ni aun en las del estado de Tiról (que es patrimonio de los señores Archiduques de Austria) se le hiciesen públicos recibimientos, porque los aprestos que el Rey de Francia hacían contra los estados de Flandes no daban lugar a dilaciones algunas"[246].

Tal y como vemos, a mediados de mayo el hijo bastardo de Felipe IV se entrevistaba en Lovaina con el archiduque Leopoldo, que había sido su antecesor en el cargo de Gobernador, y en donde sería informado de la situación que se encontraría en aquellos Países Bajos, que no era precisamente una balsa de aceite. En este sentido, junto a los ya importantes problemas de naturaleza religiosa, un importante enfrentamiento con Francia, además de los ya consabidos con las Provincias Unidas, hacían peligrar seriamente aquellas posesiones españolas.

Geoffrey Parker nos relata con sumo detalle los orígenes y utilización de dicho *Camino Español*, no ya sólo por parte de los ejércitos hispánicos, sino por otras muchas personas[247]. Sobre ello, insiste Parker, el Camino Español no fue descubierto ni monopolizado por los ejércitos españoles, siendo regularmente utilizado por mercaderes. Sin embargo, en 1566-1567, el duque de Alba y su comisario general enviarían a un ingeniero especializado, juntamente con 300 zapadores para construir caminos ensanchados en el valle que surca desde Novalesa por Ferreira hasta Mt. Cenis. En el año 1574 se proporcionaría al Rey Felipe II una vista panorámica de la Valtelina, realizada por un pintor que se trasladó a dicho lugar, además de una minuciosa descripción para ayudarle a concretar su vialidad para su utilización militar. En 1620, una vez ocupado el valle, fueron enviados al lugar ingenieros que se encargasen de ensanchar los caminos ya existentes, con la finalidad de facilitar el paso de los ejércitos del Rey[248].

Los itinerarios que eran habitualmente utilizados estaban constituidos por una serie de puntos fijos obligados, tales como puentes, etc., además de una serie de vías que unían a unos con otros, siendo posible la elección de itinerarios paralelos o cuasi paralelos[249].

---

246 B.N., mss., 2.384, pp. 395 y ss. "Relación verdadera de la felicísima victoria, que Dios Nuestro Señor se ha servido conceder a las católicas armas de Su Majestad, gobernadas del Serenísimo señor don Juan de Austria, contra las de el cristianísimo Rey de Francia, que se hallaba sobre el sitio de la ciudad de Valenciennes, ciudad del país de Henao, en los Estados de Flandes, sucedida el sábado 15 de julio de este año de 1656".

247 Parker, G., *El ejército de Flandes y el Camino Español. 1567-1659. La logística de la victoria y derrota de España en la guerra de los Países Bajos*, Madrid, 2006.

248 Parker, G., *El ejército de Flandes y el Camino Español. 1567-1659. La logística de la victoria y derrota de España en la guerra de los Países Bajos*, Madrid, 2006, p. 118.

249 Ibidem.

Para la defensa del territorio de los Países Bajos, don Juan de Austria disponía de unas fuerzas que rondaban los ochenta mil soldados entre infantería y caballería, y en donde se encontraría una oficialidad excesiva y un elevado grado de heterogeneidad de nacionales de distintos territorios de Europa, desde croatas a italianos, y desde irlandeses a españoles. Indica Parker que con la excepción del año 1577, momento en el cual el Ejército de Flandes fue desmovilizado en su totalidad, siempre hubo un significado contingente militar en aquellas tierras, que de manera permanente venía a rondar entre trece mil y quince mil soldados, incluyendo aquella etapa de paz que constituyó la *Tregua de los Doce años* (1609-1621), o la *Paz de los Pirineos* (1659)[250].

Llegando don Juan a los Países Bajos, muy pronto comenzaría a reunirse con las personas más significativas de cara a los intereses de su cometido, incluyéndose una reunión con el Rey Carlos de Inglaterra que se encontraba allí exiliado, víctima del dictador Cromwell. Cuentan las crónicas a este respecto, que don Juan entraba finalmente en Flandes el día 9 de mayo, alojándose en Montagu, a donde se entiende que se reunió secretamente con el archiduque Leopoldo, el cual habiendo dejado en manos de nuestro príncipe el gobierno de los Estados de Flandes se encaminaba, acompañado con un numeroso séquito de nobles y tropas hacia el arzobispado de Nassau, metrópoli de las Austrias, lugar en donde era esperado por su hermano, el Emperador.

Pocos después, el 11 del dicho mes, llegaba don Juan a Lovaina. Cuando se encontraba a dos leguas de aquella ciudad, salieron a recibirle los señores príncipes de Condé, el conde de Fuensaldaña, el príncipe de Legni, el magistrado, además de la nobleza, escuelas, y burgueses de aquella plaza. Al día siguiente entraba Su Alteza en Bruselas, Corte de los Países Bajos, cuyo recibimiento fue hecho por aquellas gentes de Flandes con la mayor ostentación y grandeza, que pudieron, y permitió la brevedad del tiempo.

Después de aquellos excelentes fastos protocolarios de bienvenida, tendría lugar una singular reunión entre don Juan y el exiliado Rey Carlos de Inglaterra,

> "se visitaron secretamente Su Alteza y Carlos Estuardo, segundo de este nombre, Rey de Inglaterra, Escocia e Irlanda (que desde mediado el mes de marzo pasado se hallaba en Brujas, ciudad populosa de los Países de Flandes, a donde de orden del Rey, Nuestro Señor, es aquella majestad asistida con todo cuidado en el interin, que consigue la restauración de su reino, y depone el gobierno que ha introducido en aquellas provincias la tiranía de Oliverio Cromwell, su protector). Asisten, además de esto, al Rey de Inglaterra Milord de Preston, vizconde de Toragh, el conde de Rochester, el marqués de Ormond, y otros muchos caballeros ingleses, que le van granjeando séquito de gente en los reinos de Inglaterra, y Escocia, acción que ha causado muchísimo recelo a Cromwell, y a los demás del Parlamento de Londres, sus secuaces"[251].

[250] Ibidem, p. 61.

[251] B.N., mss., 2.384, pp. 395 y ss.

Aun a pesar de haber obtenido amplísimos poderes para el desarrollo de sus tareas de gobierno, en las directrices que le entregaron se fijaban unas conductas en cuanto a las materias que conformaban su actividad como gobernante, además de lo referido a cuestiones de naturaleza internacional. Para mayor agravio de don Juan, y a pesar de lo curtido y experimentado de nuestro personaje, se le asignarían una serie de asesores, entre los cuales estaban el marqués de Caracena y el príncipe de Condé, con los que pronto tendría serías divergencias. Además de todo ello, también se encargaría a una serie de agentes la vigilancia de su actuación, los cuales quedaban obligados a informar puntualmente a la Corte de todo cuando hiciese el bastardo.

Un grave problema económico venía a agravar la situación de aquel territorio, teniendo don Juan de Austria que acudir a la práctica de solicitar donativos a las ciudades, tal y como ya había hecho en tierras del Principado de Cataluña en tiempos pretéritos.

Una vez puesto manos a la obra, en el ejercicio de este nuevo mandato, y a diferencia de aquellas realizaciones de Italia o Cataluña, aquí las cosas no tendrían un resultado tan positivo para nuestro príncipe, ya que apenas vendría a conocer los éxitos militares, salvo contadas ocasiones. A ello tampoco contribuirían mucho las tensas relaciones con los otros dos importantes generales de las tropas hispanas en aquellas tierras de Flandes: el marqués de Caracena y el príncipe de Condé, sin olvidar, como ya hemos citado, que la escasez de dinero y la inferioridad numérica del ejército hispano frente al francés. Todo ello sería más que suficiente para que la ya de por sí muy difícil situación, provocaran la ineficacia de toda posible actuación de don Juan en Flandes[252].

Bajo este hecho ya conocido narremos el acontecer de los hechos. Don Juan de Austria nada más llegar a Flandes, y con el ánimo de salvar la dramática situación existente en varios lugares del territorio se reunió con sus asesores militares, decidiendo acudir en auxilio de Valenciennes, en ese momento asediada por los galos. Se trataba de una plaza de considerable valor estratégico, pero con una capacidad de defensa muy limitada. Allí el bastardo obtendría una importante victoria, sufriendo el enemigo graves pérdidas y viéndose obligado a levantar el asedio. Aprovechando el momento de euforia derivado de aquella victoria, don Juan de Austria también atacaría la plaza de Condé, que retornaría a manos españolas en pocos días, tal y como vemos en el siguiente documento:

> "Luego que el serenísimo señor don Juan de Austria llegó a Bruselas, y tomó posesión del gobierno de las armas de los Países de Flandes, juntó las tropas de españoles, flamencos, valones, borgoñones, italianos, irlandeses, y las de alemanes, que mediado el mes de junio vinieron del Imperio, y de todas se formó ejército de

---

252 Resulta curioso observar como la escasez de tropas alimentó un deseo creciente de preservar a los hijos que todavía le quedaban a la patria de los campos de batalla extranjeros, y sobre todo de los Países Bajos, "*esa sepultura de españoles*", como había de llamarlos un escritos de fines del siglo XVII. Vid. Kamen, H., *El Siglo de Hierro*, Madrid, 1977, p. 65.

22.000 infantes y caballos, y con ellos se encaminó la vuelta de Henan, para observar el designio de los enemigos, los cuales habían entrado en aquel país con ejército de 30.000 hombres"[253].

Continúa la crónica indicando que

"pocos días después, el 17 de junio pasó don Juan de Austria por Malines, acompañado por el príncipe de Condé; el duque de Anguien, su hijo; el marqués de Caracena, que hacía las veces de nuevo Gobernador de las Armas de los Países de Flandes; del príncipe de Ligni, general de la caballería; de don Fernando de Solís, General de la Artillería; y de todos los demás cabos y oficiales del ejército que se había congregado para acabar con el enemigo. En aquel lugar visitó Su Alteza a la princesa de Condé, y después marchó el ejército para Hal. El día de dicho mes llegó a Granmont, y el 25 a Duay, cuya villa sirvió de plaza de armas para su ejército, y desde ella comenzaría a provocar graves daños a los enemigos, quitándoles los convoyes de bastimentos, que desde la Fera se encaminaban al sitio de Valenciennes"[254].

El ejército de los franceses estaba compuesto por más de 30.000 hombres, entre infantes y caballos, gobernados por los mariscales de Turena (hermano del difunto duque de Bullón, y de la Ferté Senetere, gobernador de la ciudad de Nancy, metrópoli de la Lorena. Los cuales habían entrado en el País de Henao habiendo dado muestras de sitiar a Duay. Continuando con sus ideas de ocupación, se inclinaron al asedio de Valenciennes, ciudad populosa y fuerte, además de ser plaza muy importante, ya que cubre y ampara gran parte de la frontera de Flandes. Para la defensa de aquel lugar, se hallaban en el interior de la plaza 2.000 infantes y 300 caballos de presidio, además de 6.000 burgueses que podía tomar las armas. Pronto comenzaría a formarse la línea para cercar esta plaza, concretamente el viernes 16 de junio a las 5 de la tarde.

A un lado del río Escalde formaron sus cuarteles las tropas en el mariscal de Turena, compuestas de los regimientos de infantería suiza, de Marine, y Rambure, que gobernaba el marqués de Varenes, de los regimientos del cardenal Mazarino, que estaba a cargo del señor de Vignera, de los regimientos del Rey, que gobernaba el señor de Campo Ferant, de los escuadrones de caballería de las guardas del Rey, del cardenal Mazarino, y asimismo de los de Coiseul, Gasion, Bourlemont, Roubray, y Feville. Estos cuatro estaban al cuidado del conde de Estrehes, comisario general de la caballería de Francia.

Más adelante, en la montaña que mira a San Amand, se alojaron las tropas lorenesas, gobernadas por el conde de Ligneville, capitán general de aquellas tropas, a donde asistieron personalmente el duque Francisco Lorena, y sus dos hijos, los príncipes Ferdinando y Carlos, los cuales después de la prisión que padeció el propio duque Carlos (que en cierto momento estuvo encarcelado en Toledo) habían hecho

---

253 B.N., mss., 2.384, pp. 395 y ss.

254 B.N., mss., 2.384, pp. 395 y ss.

pleito homenaje de servir siempre con lealtad bajo de las órdenes de Felipe IV, y sin embargo poco tiempo después desertarían para comenzar a servir al Rey de Francia, hallándose ahora en el sitio de Valenciennes, junto con las tropas galas. Según las crónicas, se estimaba que en los cuarteles del mariscal de Turena estaban alojados cerca de 20.000 hombres.

En cuanto a las tropas mandadas por el mariscal de la Ferté, en Senetere se alojaron los tercios de Borgoña, Champaña, y Bria, que gobernaban Monsieur de Lanon, y el marqués de Uxelles, teniente general del mariscal de la Ferté, y los regimientos de caballería de Briñón y de Fourille, y de las de la guarda de dicho mariscal, que estaban a cargo de los capitanes Quirac, y Pertuis, y otra mucha gente, con número de 10.000 combatientes.

Pronto comenzaría los movimientos bélicos. A primero de julio cerraron los enemigos la línea con una trinchera doble, llena de recintos y fuertes reales, para comunicarse los cuarteles del mariscal de Turena con los de la Ferté. Formaron un puente de barcas sobre el río Scalde, y desde este día se dio principio a batir la plaza con 55 piezas de cañón, 40 en los Cuarteles de Turena, y 15 en los de Ferté.

Estando, pues, el ejército del Rey de Francia tan fortificado, como se ha referido, parece que don Juan de Austria y el príncipe de Condé se encaminaron con el ejército católico al sitio de Valenciennes, y se alojaron a tan sólo una legua de distancia de las trincheras del enemigo, ocupando la montaña por la parte de San Amand, donde permanecerían cinco días, reconociendo los cuarteles enemigos hasta el sábado 15 de julio, en que se intentó introducir el socorro en esta plaza. Todo ello sucedería de la manera siguiente:

> "aquel día por la mañana salió nuestro ejército de sus fortificaciones, y se encaminó en forma de batalla hacia la de los enemigos, el señor don Juan de Austria les dio cuatro armas falsas por diferentes partes, con que desatinados los franceses, no sabían por donde los acometían. A este tiempo el señor príncipe de Condé embistió con mucho valor los cuarteles del mariscal de Ferté, y con el mismo fue rechazado Su Alteza por tres veces, hasta que al cuarto acometimiento, no pudiendo los enemigos resistir la fuerza de las armas católicas, cedieron de su orgullo, y desmayaron de su arrogancia, con que los nuestros penetraron la línea con esforzada valentía por tres diferentes partes a un mismo tiempo, por la primera entró el señor don Juan de Austria, por la segunda el señor príncipe de Condé, y por la tercera el señor marqués de Caracena, de modo que todos tres señores se hallaron dentro de la línea, los cuales derrotaron al ejército de Francia, degollando y prendiendo siete mil hombres de ellos, y los más quedaron muertos en la campaña, y entre ellos muchos títulos, Monsieures, cabos y oficiales. Quedó preso el mariscal de la Ferté, general de las armas de Francia, el conde Estrehés, comisario general de la caballería, del conde de Grandpré, gobernador de la ciudad de Arrás, que murió después de prisionero. Asimismo quedan presos el conde Moret, el duque de Navallar, el marqués de Lomber, y otros muchos señores de cuenta. Retirose el de Turena con sus tropas desbaratadas a Quesnoy, lugar distante cinco leguas de Valenciennes, y no se le pudo seguir el alcance, por ocasión

de estar el puente embarazado con los carros, cureñas, y bagaje de los enemigos, los cuales perdieron 46 piezas de artillería y grande cantidad de estandartes, banderas, bagaje, municiones, bastimentos y otras cosas de mucho valor.

Socorriese a Valenciennes con grande reputación de las armas de Su Majestad, y en aquella plaza quedan al presente los señores don Juan de Austria, y príncipe de Condé, y demás cabos del ejército, el cual está entero, porque fueron muy pocos los muertos de nuestra parte, y entre ellos no recuenta persona particular, con que se podrá intentar, ahora mediante Dios, cosas mayores" [255].

Cuentan las crónicas que ante la previsible magnitud de la derrota que sufrieron los ejércitos del Rey galo, Luis XIII ni tan siquiera se había atrevido a quedarse en aquellas tierras de Valenciennes, al haber tenido noticias de la resolución con la que venían don Juan de Austria y el príncipe de Condé, de socorrer aquella plaza o morir en en el intento, ante el temor de los riesgos de fallecer en la batalla, ser heridos, presos o derrotados. Y así

"se retiró con tiempo a la ciudad de la Fera, en compañía de su hermano, el duque de Anjou, y del cardenal Mazarino, juntamente con toda su Corte"[256].

Con todo, la falta de recursos económicos obligaría al príncipe español a tener que solicitar préstamos, pero la ya más que agotada hacienda hispana anunciaría a don Juan que ello resultaba en ese momento totalmente imposible. Pese a todo ello el hijo bastardo de Felipe IV iniciaría la campaña de 1657, comenzando con un ataque sobre la plaza de San Guillén[257], que caería rápidamente en manos de los ejércitos españoles. Tras dicha victoria vino a producirse la enemistad entre el bastardo y el príncipe de Condé, que terminaría con la ruptura de las fuerzas que defendían la causa española[258] y, a la postre, con la interrupción de la campaña.

---

[255] B.N., mss., 2.384, pp. 395 y ss.

[256] Aparte de lo contenido en el manuscrito 2.384, resulta interesante analizar otro documento impreso titulado *Relación verdadera de la felicísima victoria, que Dios Nuestro Señor se ha servido conceder a las católicas armas de Su Majestad, gobernadas del serenísimo señor don Juan de Austria, contra las de el Cristianísimo Rey de Francia, que se hallaba sobre el sitio de la ciudad de Valenciennes, ciudad del País de Henan, en los Estados de Flandes, sucedida sábado 15 de julio de este año de 1656*, Sevilla, 1656.

[257] *Relación verdadera de la felicísima victoria que han tenido las armas de Su Majestad (que Dios guarde) gobernadas de Sus Altezas los señores don Juan de Austria y príncipe de Condé, y del excelentísimo señor marqués de Caracena, y demás cabos del ejército católico, en la recuperación de la villa de San Guillén, plaza fuerte del País de Henao, en los estados de Flandes, sucedida el sábado veinte y cuatro de marzo de este año de 1657*, Sevilla, 1567.

[258] Parece ser que dicho enfrentamiento comenzaría por cuestiones protocolarias y de preeminencia. Condé era un príncipe de sangre, miembro de la casa reinante en Francia, aun a pesar de que ahora había jurado fidelidad al Rey de España contra su propio país, lo que en su opinión venía a situarle por delante de Juan José, que era como todos sabemos un "*simple*" bastardo. Aquello era algo que el hijo de *la Calderona* no podía soportar. Sobrellevaba aquella situación de ser hijo ilegítimo malamente en condiciones normales, pero cuando tal circunstancia se le echaba en cara su reacción podía ser terrible. Cuenta Mazzarino, en una misiva enviada a la reina de Francia, y en alusión a dicha enemistad que "Todos aseguran que entre el

Mientras tanto, los galos lanzarían una importante campaña militar, atacando los dominios españoles de los Países Bajos por dos lugares distintos. Turena[259], uno de los más destacados y experimentados caudillos militares franceses desembarcaba con un ejército de 25.000 hombres en las costas de Flandes, mientras que La Ferte invadía por tierra la frontera de Luxemburgo. Aquel doble ataque dirigido fundamentalmente hacia la plaza de Dunquerque, pieza clave en el sistema defensivo español, haría que dicha localidad quedase seriamente amenazada y, por un claro efecto dominó, otras muchas localidades se verían envueltas en similar situación.

A pesar de la división existente en los tercios españoles, procedente de la enemistad citada, el príncipe de Condé lograba frenar el avance de Turena, pero la amenaza era tan seria que Juan José de Austria haría llegar a la Corte madrileña una carta en la que puso de manifiesto aquella realidad, demandando angustiosamente ayuda para poder salvar a la Monarquía Hispánica de aquel desastre que parecía irremediable.

En noviembre de ese mismo año 1657, se otorgaría una plenipotencia a don Juan, para que pudiese ajustar una liga con los holandeses, y hacer frente a Francia, tal y como nos transmite el siguiente documento:

> "Don Felipe, etc., por cuanto siendo tan continuadas las hostilidades que los franceses hacen con sus armas en todas partes, y las extorsiones que han recibido y reciben de ellos los súbditos de los Estados Generales, de las Provincias Unidas del País Bajo en tanto perjuicio del bien público, y teniendo como tengo por conveniente acudir al reparo de esto y a la defensa y seguridad de mis reinos, y a la de mis amigos y aliados, como lo son dichos Estados Generales, y confiando que con el conocimiento de lo que importa prevenir, el remedio de tan graves daños agrazan los medios más proporcionados para conseguirlo, concurriendo con los deseos que

Príncipe de Condé y don Juan mediaron palabras gruesas, separándose muy enojados. Podéis si os place acomodarlos. Yo, que no profeso en tan alto grado la virtud de la caridad, opto por no intervenir". Con todo, a partir de este momento, don Juan de Austria sería despectivamente llamado por sus detractores en aquellas tierras como "*don Juanísimo*", haciendo alusión a sus ideas de liderar todo asunto que se pusiera en marcha en aquellas tierras, política y militarmente hablando.

259 Llamado Henri de la Tour d'Auvergne, había nacido en la localidad de Sedan en el año 1611. Era hijo de Enrique de Bouillon y de Isabel de Nassau, pasando a servir a la Corona de Francia en virtud del tratado suscrito entre su madre y Luis XIII. En las artes de la milicia vino a destacarse ya durante la Guerra de los Treinta Años. Como mariscal de campo ocupó Turín, en 1640, y Perpiñán dos años más tarde. Ascendido a mariscal de Francia en 1643, participó en las contiendas de Alemania, donde tomó Maguncia y Works, 1643. Dirigió las tropas que vencieron a los imperiales en Zusmarshausen y ocupó Munich en 1648. Enfrentado como muchos otros lo hicieran con el valido francés Mazarino, participó en la insurrección de *la Fronda*. En 1650 se puso al servicio de España, pero tras ser vencido en Rethel ese mismo año, volvería nuevamente a tomar partido a favor del rey de Francia. En este sentido, tras vencer a los frondistas combatió contra los españoles, venciéndolos en aquella dramática derrota para los españoles de Las Dunas, en 1658. Más tarde sería el responsable de las operaciones de la Guerra de la Devolución, que se desarrollara entre los años 1667 a 1668. Todavía le quedaria teiempo para liderar aquellos ejércitos que invadieron las Provincias Unidas en el año 1672. Su espíritu militar y aguerrido no impidió que fuese mortalmente herido en la batalla de Sasbach.

tengo de estrechar la amistad que entre mí y dichos Estados se profesa, con un nuevo vínculo de alianza y liga ofensiva, o defensiva contra franceses, como en la forma y con las condiciones que se afectare y capitulare, y siendo como es necesario para esto nombrar persona que con toda autoridad pueda tratar, asentar y capitular todo lo que fuere y pareciere conveniente, para el fin referido.

Por tanto, en virtud de la presente nombrar a don Juan de Austria, mi hijo, de mi consejo de Estado, mi Gobernador y Capitán General de mis Países Bajos de Flandes, y le doy, y concedo poder y plenipotencia, cuan cumplida y bastante hubiese menester, y fuere necesario para que pueda por mí y en mi real nombre convenir, capitular y concluir con los dichos Estados Generales de las Provincias Unidas, o con el ministro o ministros que eligieren, autorizasen para ello, con suficientes poderes, cualquier tratado de alianza y liga ofensiva o defensiva, contra Francia, en la forma, con las limitaciones y ampliaciones que tuviere por conveniente, prometiendo por mí y por mis sucesores de tener para siempre por firme y válido precisa y puntualmente, sin falta alguna todo lo que por el dicho don Juan, mi hijo, fuere convenido, asentado y capitulado en el dicho tratado con los dichos Estados Generales, o el ministro o ministros suyos, que para ello eligiesen y diputaren, y asimismo de aprobarlo y ratificarlo dentro del término que recíprocamente se señalare con todas las solemnidades en tal caso necesarias y acostumbradas. En fe de lo cual mandé despachar la presente, firmada de mi mano, sellada con mi sello secreto, y refrendada de mí infrascrito Secretario de Estado"[260].

Por otro lado, la invasión por la frontera de Luxemburgo daría como resultado más directo que los galos ocupasen Montmedy, aún a pesar de tener que soportar un importante número de bajas. Con todo, y a diferencia de lo que ello significaba para el caso de los españoles, los franceses recuperaban con rapidez dichas bajas, fundamentalmente gracias a la ayuda de las tropas inglesas enviadas por el dictador Cromwell, que ahora entraban en la lid apoyando a los galos. Más tarde los franceses se apoderarían de Saint Venant, puerta de entrada a Flandes.

El avance galo era ya incontenible, comenzando a airearse por el campo español toda clase de rumores, sin excluir la posibilidad de que los enemigos se adueñaran en pocos días de todo el territorio de los Países Bajos.

Una vez más escribiría don Juan de Austria a la Corte solicitando ayuda para la defensa de dicho territorio, sin cuya rápida asistencia el desenlace final no podría ser otro que la pérdida irremediable de aquellas tierras:

"...los evidentes riesgos a que están expuestas estas Provincias y cuan imposible defenderlas de la manera que yo he sido asistido este año, habiendo de guardar más de ochenta leguas de frontera, y en ellas tanto número de Plazas donde falta la mayor parte de lo necesario para su defensa, no bastando todas las fuerzas que se tienen en campaña a suplir la mitad de las guarniciones que les toca. No hablo de los accidentes del Imperio y la nueva guerra de Dinamarca, que nos han quitado a lo menos tanta

---

260 A.H.N., *Estado*, Leg. 2.778.

infantería cuanta Cromwell ha aumentado a los enemigos... que todo este tiempo se ha vivido sin un real para mantener y sustentar este ejército"[261].

En este paupérrimo estado, tanto en número de soldados como en su estado psicológico, se iniciaría la campaña de 1658, decisiva para el transcurso de la guerra. Por lo pronto la superioridad militar gala era evidente, contando además con el refuerzo de las tropas inglesas que les enviase en dictador inglés. A ello habría que añadir que los galos ya contaban en aquel territorio con una serie de plazas fuertes de un importante valor estratégico para poder lanzar cuantas ofensivas desearan.

Para los galos el objetivo prioritario sería el control de la plaza de Dunquerque, no ya por el valor estratégico que ella poseía, cuyo control del emplazamiento venía a resultar importantísimo para sus intereses anexionistas, sino porque en el acuerdo suscrito con los ingleses se había pactado que dicho territorio les sería entregado a cambio de su apoyo en aquellas operaciones.

Pese a los malos augurios que la situación presentaba, la campaña comenzaría con una victoria española en Ostende. Pero ahí acabarían los éxitos, ya que a partir de ese momento los franceses iniciaron el ataque por tierra sobre Dunquerque, mientras los ingleses bloqueaban la ciudad por mar. Ante esta situación, el gobernador de la ciudad, el barón de Leiden, lanzó un angustioso llamamiento de auxilio a Juan José de Austria, en el que indicaba su pretensión de resistir, pero que con los medios con que contaba difícilmente podría hacerlo durante un largo periodo de tiempo. El bastardo, desesperadamente, decidió acudir en auxilio de los sitiados, intentando para ello buscar un golpe de efecto, una acción que los asediantes no esperasen. El resultado no pudo resultar más nefasto para don Juan, sufriendo una derrota de proporciones dantescas. La perdida de aquella localidad a manos de Francia, que contaba con la inestimable ayuda de los roundheads del dictador Cromwell, vendría a convertirse en el futuro en una enorme losa para el prestigio de don Juan, en particular, y de toda la Monarquía Hispánica, en general.

Cuentan las crónicas, como ese año de 1658, la alianza de Francia con la Inglaterra del dictador Cromwell había permitido a los galos lanzar una ofensiva para tomar los puertos de Dunquerque, que pasaría a los ingleses, y Gravelines para Francia. Ante esta situación creada, don Juan de Austria reacciona y preparará un nutrido ejército de unos 14 000 hombres, con el ánimo de atacar por sorpresa a las fuerzas anglo-francesas y salvar Dunquerque. El Vizconde de Turena, alertado de la llegada de las tropas del Rey de España, decide atacar al día siguiente, dejando un mínimo contingente encargado de sitiar la ciudad. El 14 de Junio, los dos ejércitos se encuentran sobre las Dunas, al norte de Dunquerque. Los franceses cuentan con dos líneas de infantería de 19 batallones, de los cuales 7 eran ingleses, y 7 escuadrones de caballería entre medias más dos alas de caballería, lo que venía a conformar un total de 45 escuadrones, además de una reserva de 4 escuadrones de caballería.

---

[261] A.G.S., *Estado*, Leg. 2.093

Los ejércitos liderados por don Juan de Austria se articulan en dos grupos, con la infantería al frente y la caballería detrás en varias líneas: el primer grupo estaba bajo el mando directo del hijo del Rey, contando aproximadamente con unos 9.500, articulados en 10 batallones de infantería y 40 escuadrones; y el segundo bajo el mando del príncipe Condé, contaba con unos 4.500, articulados en 3 batallones y 22 escuadrones.

El ejército anglo-francés, contando con la importante ayuda de varios barcos ingleses, atacó el flanco derecho e izquierdo del ejército del Rey Felipe y rechazo las embestidas de la caballería que había lanzado el príncipe Condé. Finalmente, y tras sangrientos choques, las fuerzas españolas se retiraban apresuradamente, presas del pánico y abandonando allí mismo entre 3.500 a 4.000 prisioneros. Seis días después la plaza de Dunquerque capitulaba.

Desde este momento el potencial bélico de Francia "sembró en este triunfo los muchos que ha cogido en tantas y tan fuertes plazas, que después ha ocupado, como son Bergas, San Brinoco, Turnes, Dixmuda, Gravelinga, Aldenarde, y otras", tras las cuales el Rey de la Monarquía Hispánica se vería obligado a la firma de aquellas tan perjudiciales paces de *los Pirineos*, siendo, además, necesario para llegar a ellas dar en matrimonio al Rey de Francia la señora infanta María Teresa, lo que más tarde, una vez fallecido el Rey Felipe IV, justificaría la pretensión de los galos sobre los Países Bajos, y la consecuente invasión que Francia hizo de los mismos, entrando en ellos con un poderoso ejército, que ocuparía las ciudades, plazas y lugares de Lila, Duay, Orcheis, Tornay, Cortray, Atta, Carlerroy, y todo el condado de la Borgoña.

Las noticias que llegaban a la Corte de Madrid sobre la situación que se vivía en aquel territorio hicieron que se barajase la posibilidad de negociar la paz con Francia, si no se quería perder el conjunto íntegro de las provincias que componían los Países Bajos españoles. Además muchas localidades de aquellas tierras hablaban y meditaban abiertamente sobre la idea de abandonar a la Monarquía Hispánica, abrazando al monarca francés, acabando gracias a ello unas largas guerras que habían arruinado al territorio.

Ciertamente, aquel hecho se convirtió rápidamente en una rémora que impregnó el prestigio militar de Juan José de Austria, adquirido a lo largo de los muchos años que había servido a la Corona y en distintos lugares. Sus enemigos políticos aprovecharon el suceso para atribuirle las culpas de aquella derrota.

El reemplazo de don Juan de Austria

Desde la Corte madrileña muchas fueron las soluciones que se plantaron, y que iban desde la continuidad de aquella numantina resistencia a la invasión de Inglaterra. Sin embargo la realidad más inmediata nos informaría del reemplazo de Juan José de Austria en el ejercicio directo de su cargo de Gobernador General de aquel territorio, aunque no olvidemos que dicho honor lo ostentaba, y seguiría ostentando, de manera vitalicia por decisión de Felipe IV.

En este sentido, Felipe IV firmaba el 31 de octubre un despacho en el que le ordenaba su regreso a tierras ibéricas para que dirigiese las operaciones en tierras portuguesas, en donde desde hacía ya dos décadas existía un conflicto de tintes rupturistas. Su enemigo político, el marqués de Caracena[262], sería el encargado de dirigir interinamente dicho territorio que dejaba atrás el bastardo de Felipe IV, ya que el deseo del monarca, como hemos indicado, era el de mantener a su hijo en el cargo de manera perpetua, tal y como se refleja del tenor del documento que seguidamente transcribimos:

> "El Rey. Por cuanto estando don Juan, mi hijo, gobernando mis Países Bajos, mandé viniese a España para encargarle la recuperación de Portugal, la mayor conveniencia de mi servicio en una empresa tan importante, y de consecuencia; y esto fue sin hacer novedad en la propiedad de aquel gobierno, antes conservándole, lo declaro por este despacho, y que en esta conformidad la persona que hubiere de gobernar aquellos Países se le de título de ínterin, como lo tuvieron el marqués de Caracena, y el conde de Fuensaldaña, porque mi voluntad ha sido, y es, que se continúe el de la propiedad que tiene don Juan, y le quede reservada sin que en cuanto a ella haya ninguna innovación. Dada en Madrid a 15 de mayo de 1662. Yo el Rey. Gregorio de Tapia"[263].

En lo que respecta a los emolumentos que percibiría el marqués de Caracena, éste seguiría percibiendo las cantidades que gozaba anteriormente en su puesto de gobernador de Milán, además de unos pluses considerables mientras continuase siendo aquella tierra del norte de Europa un lugar conflictivo como era:

> "Por cuando habiendo nombrado al marqués de Caracena, gentilhombre de mi cámara por Gobernador General de las armas y ejército de Flandes, de que se le despachó título en forma, he resuelto que con esta ocupación haya y goce del mismo sueldo que gozó con la de Gobernador y Capitán General del Estado de Milán, que fueron veinte y cuatro mil ducados al año, y otros mil ducados más al mes por el tiempo que asistiere en campaña. Y no de otra manera, que asimismo fuera de lo referido goce también con su sueldo los cinco mil ducados de que tiene merced, sobresueldo por vía de encomienda, y que habiéndosele pagado en Lombardía los ducados en razón de once reales, los goce en Flandes de la misma manera, y que todo sea desde el día en que hiciere constar haberle cesado el goce de dichos sueldos en Milán.

262 De nombre Luis Benavides, el marqués de Caracena había nacido en la villa de Madrid. En su carrera militar combatió contra Francia y destacó, además, en las campañas de Italia. Tras la marcha de don Juan de Austria de tierras de los Países Bajos, y tras haber desarrollado la tarea de Gobernador de Milán entre los años 1648-1655, pasaría a sustituir al hijo del rey en aquellas tierras del norte de Europa.

263 A.H.N. *Estado*, Libro 269, p. 8v.

Por tanto mando que en esta conformidad y con las mismas circunstancias se le haga asiendo de dichos... ducados... Dada en Madrid a 12 de julio de 1657. Yo el Rey"[264].

Además, por si cabía la menor de las dudas sobre ello, el propio monarca se lo hacía saber al propio don Juan, tal y como nos indica el siguiente documento, además de indicarle que no volverá a dicho lugar hasta que el Rey así lo juzgue conveniente, además de suspenderle en la percepción de las rentas que dicho cargo tenía atribuidas:

> "El Rey. Don Juan de Austria, mi hijo, de mi Consejo de Estado, mi Gobernador y Capitán General de mis Países Bajos, mi Capital General del ejército de la conquista de Portugal. Por despacho aparte de la fecha de este, veréis la declaración que he hecho de que reside en vos la propiedad del gobierno de mis Países Bajos, y en este he querido reservadamente advertiros que no habréis de ejercer aquel puesto hasta que tengais nueva orden mía para ello, y entonces gozareis del sueldo que por él os tocare. Dada en Madrid a 15 de marzo de 1662. Yo el Rey. Gregorio de Tapia"[265].

Y es que aunque la primera opción que se había dispuesto para sustituir a don Juan al frente del territorio de los Países Bajos fue la del Marqués de Caracena, diferentes *accidentes* hicieron que fuese finalmente el conde de Fuensaldaña el que cogiese el testigo de la gobernación de aquellas tierras, tal y como nos lo muestra el siguiente documento:

> "Don Felipe, etc., por cuanto habiendo llegado la ocasión de tratar de la recuperación de mi reino de Portugal, para cuya empresa como tan importante tenía destinada la persona de don Juan de Austria, mi hijo, que se hallaba en el empleo de mi Gobernador y Capitán General de los Estados del País Bajo, y condado de Borgoña y Charloes, mandé que viniese a España, y que los quedase gobernando el marqués de Caracena en el *interin*, nombraba quién hubiese de hacerlo en propiedad, que no se ha podido aún disponer por diferentes accidentes que se han ofrecido".

Continúa el Rey Felipe IV indicando que

> "y ahora he ordenado al marqués se encargue de las armas del ejército de Galicia, y conviniendo elegir sujeto para el gobierno de los dichos mis estados, y capitán general de dichos mis estados del País Bajo, y condado de Borgoña, y Charloes, y os doy el mismo poder, comisión y autoridad que como su soberano y señor natural os puedo y debo dar, para que los rijais, goberneis y administreis, así en lo político como en lo militar, en todos los casos y cosas que se ofrezcan en orden a su buen gobierno y pública satisfacción, y a que se conserven y mantengan en paz y justicia, disponiendo, mandando y ejecutando general y particularmente todo lo que en esta

---

264 A.H.N., *Estado*, Libro 267, p. 8v.

265 A.H.N., *Estado*, Libro 269, p. 9r.

razón juzgades convenir, así en las cosas de la paz como en las de guerra, aunque sean tales y de tal calidad que requieran comisión y poder más especial mío, que el mismo que tengo, puedo y debo dar para el uso y ejercicio del dicho cargo, ese mismo os doy a vos el dicho conde de Fuensaldaña, con toda la mano, jurisdicción y autoridad que de derecho se requiere y es necesaria, sin restricción, ni limitación alguna.

Y mando a los mis consejos de estado privado, y de finanzas y a todos los demás consejos, tribunales y ministros de los dichos mis estados, y a todas las provincias, villas y lugares de ellos, castellanos de mis castillos, gobernadores de plazas, cabos y soldados de mis ejércitos y a todos los vecinos y moradores estantes y habitantes de los dichos mis estados del País Bajo, y condado de Borgoña, y Charloes, generalmente y a cada uno en particular, os hayan y tengan por tal gobernador y capitán general en mi nombre y como a tal os acaten, honren y obedezcan, cumplan y ejecuten vuestras órdenes y mandamientos, en todo y por todo, como si yo mismo los diera y emanaran de mi voluntad y resolución, según y como lo hicieron con los demás vuestros antecesores en el dicho gobierno, debajo de las penas que vos les pusiéredes, en que incurrirán no lo cumpliendo,

Y os encargo que con el cuidado y celo que confío de vos, atendáis al alivio y satisfacción de mis buenos y fieles vasallos de dichos países, y al orden y disciplina de mis ejércitos, y guardéis en el uso y ejercicio del dicho gobierno, así político como militar, las leyes, ordenanzas y loables costumbres de los dichos mis restados y ejércitos, que conforme a derecho y en orden a mi servicio y a la pública conveniencia se deben guardar, que tal es mi voluntad de lo cual mandé dar y di la presente, firmada de mi mano, sellada con mi sello secreto y refrendada de mi infrascripto secretario de estado. Madrid, a 14 de septiembre de 1661"[266].

Las otras tareas realizadas por don Juan de Austria en los Países Bajos

Pero para don Juan de Austria aquella estancia en tierras de los Países Bajos españoles, en el ejercicio de la gobernación general, no todo fue una continuada actividad militar, en la defensa del territorio. Los archivos están repletos de referencias a otras actividades realizadas en el ejercicio de su cargo de Gobernador de aquellos territorios, como no podía ser de otro modo. Llama nuestra atención aquella destinada a premiar y asistir a los que en cierto modo tuvieron conexión con aquel territorio, fundamentalmente a los soldados que prestaban sus servicios a las órdenes del hijo de Felipe IV, como fue el caso de don Carlos Ramírez de Ayala:

"El Rey. Por cuanto teniendo consideración a la calidad y buenas partes de don Carlos Ramírez de Ayala, y al deseo que muestra de servirme en los estados de Flandes, para que lo pueda hacer con más comodidad, he tenido por bien de hacerle merced (como en virtud de la presente le hago) de ocho escudos de ventaja al mes, de

[266] A.H.N., *Estado*, Leg. 1.414.

los cuales ha de gozar de más de su plaza ordinaria de soldado, residiendo y sirviendo en uno de los tercios de infantería española de mi ejército de los dichos estados... y que para su cumplimiento de las órdenes necesarias don Juan, mi hijo, de mi Consejo de Estado, mi gobernador y capitán general de dichos países, y que tome la razón de esta mi cédula Gregorio Ortiz de Santecilla, de la orden de Santiago, contador de las mercedes que se hacen por mi Consejo de Estado. Dada en Madrid a 6 de septiembre, digo de julio de 1657. Yo el Rey".[267]

Otro ejemplo singular de aquella actividad de compensar a aquellos que habían prestado sus servicios a la monarquía, en defensa de sus enemigos sería el de don Francisco Cobarén. En su persona vienen a plasmarse varios de los conflictos que el Rey tenía abiertos, además de haber vivido en carne propia los horrores de la guerra:

"Don Juan de Austria, mi hijo, etc. Don Francisco Cobarén, teniente coronel de infantería alemana en Cataluña, me ha representado la calidad y nobleza de su sangre, habiendo siempre servido todos los de su casa a la augustísima de Austria, y en particular el Conde de Miel, su abuelo, que fue mayordomo mayor de la serenísima Reina de Hungría, gobernadora de esos Países Bajos.

Que su padre murió en mi servicio y un hermano en la Batalla de Rocroy, que otro hermano ha veinte y seis años que sirve en esos Estados y en España, y lo está continuando en el puesto de coronel de un regimiento de alemanes, en el ejército de Cataluña, que él a imitación de su padre y hermano ha que sirve desde edad de quince años, habiéndose hallado en las ocasiones que se han ofrecido y, particularmente en la batalla de Lens, donde perdió el brazo derecho de un cañonazo... que después volvió a continuar sus servicios en Cataluña, hallándose en el sitio de Barcelona, donde le disteis patente de capitán, digo de teniente de coronel de un regimiento de alemanes, y que con este puesto ha servido cinco años, habiéndose hallado en las ocasiones que en aquel Principado se han ofrecido, que por la falta del brazo se halla imposibilitado de continuarlo en campaña..."[268].

Otro de estos casos, también sumamente interesante, tendría como protagonista a Juan Jerónimo Jáuregui, asistente del marqués de los Balbases, y que estuvo presente en multitud de batallas, además de colaborar en el desarrollo de las obligaciones del marqués:

"Don Juan de Austria... hábeme presentado de parte de Juan Jerónimo Jáuregui, que fue asistiendo al marqués de los Balbases a la conquista del Palatinado, habiéndose hallado en las campañas de Suliers, Burges y Breda, como también cuando pasó a ser gobernador de Milán, llevando a su cargo los papeles y registros de la justicia, dando buena cuenta de todo, como asimismo en una comisiatura que se le dio, asistiendo en Dama y Ostende para aviar las levas que venían a España y las

267 A.H.N., *Estado*, Libro 267, p. 1.
268 A.H.N., *Estado*, Libro 267.

que iban para esos estados de diferentes partes, que en comisión de los referido de tener tres hijos, el uno capitán en ese ejército y el otro en Cataluña, y cinco hijas por tomar estado..."[269].

Aparte de estos citados asuntos, relativos a la promoción de las tropas de la monarquía, también hubo don Juan de mediar en litigios de toda clase, incluyéndose aquellos relativos a la posesión de dignidades y rentas de la alta nobleza:

"Don Juan de Austria, mi hijo, etc. En nombre de doña Carolina de Austria se me ha representado los pleitos que de muchos años a esta parte le ha puesto a ella y a su nieto el conde de Santamur, sobre los estados y principado de Cantecroy, y sucesión de ellos. Que no obstante su calidad y partes el dicho conde con mano poderosa a obtenido diferentes autos en su favor, con gran perjuicio de su justicia, suplicándome que para que se la guarden los ministros ante quién pasa esta causa fuese servido de escribiros, encargándoos deis las órdenes que fueren necesarias para que el dicho conde de Cantamur, ni su hijo, no se atribuyan así, ni intitulen el dicho título y estado de Cantecroy, y que asimismo tuvieren por bien de mandar escribir al presente y oidores del gran Consejo de Malinas para que la guarden su justicia sin dar lugar a largas ni dilaciones, y con atención a lo que la marquesa representa y mucha calidad... Madrid, a 30 de octubre de 1567. Yo el Rey"[270].

Otra actividad, al margen de las anteriormente citadas y que también ha llamado nuestra atención, era la relativa al rescate de cautivos que obraban en manos de las potencias enemigas de España. Un caso curioso tendría como protagonista a fray Cristóbal de Morales:

"Don Juan de Austria, mi hijo, etc. Por mano del comisario general de Indias de la orden de San Francisco, se recibió una carta que había escrito fray Cristóbal de Morales, de la misma orden, su fecha de los diez y ocho de mayo pasado, en que representa que viniendo por custodio de la provincia de Tucumán, para el Capítulo General, y habiéndose embarcado en Cartagena de Indias en un navío de aviso, que salió para estos reinos con otros religiosos y un clérigo, encontraron con tres de guerra de ingleses en un paraje como veinte leguas de Finibusterra, en Galicia, en veinte de abril, donde se dio dicho navío a buen cuartel, y que las personas que venían en él, los echasen a tierra.

Y que aunque no solo no lo cumplieron sino que desnudándolos los pasaron al navío del capitán, y fueron presos a Londres, que habiéndolos desembarcado una legua de la ciudad los llevaron con una compañía de soldados cuatro millas, haciendo mucho escarnio de ellos, y particularmente de los religiosos, viéndolos vestidos en sus hábitos. Y los metieron en un castillo o coliseo donde quedaban presos más de doscientos españoles y flamencos, ponderando los malos tratamientos que les

---

[269] A.H.N., *Estado*, Libro 267.

[270] A.H.N., *Estado*, Libro 267.

hacían, suplicándonos el comisario general de Indias, que aunque se os había dado cuenta de lo referido, como también al gobernador de Dunquerque, y a don Alonso de Cárdenas para que se tratase de su rescate, fue servido de mandar aplicar todas las diligencias posibles para el efecto de ello. Y considerando los trabajos y necesidades que están padeciendo los dichos religiosos, deseando su alivio y libertad, he querido encargaros (como lo hago) tratéis del canje de estos religiosos y demás personas que con ellos se perdieron, procurando que salgan de aquella prisión... Madrid, a 1º de julio de 1657. Yo el Rey"[271].

Llaman también nuestra atención situaciones tocantes a la titularidad de las armas bélicas presentes en aquellos territorios, y en donde el monarca –o en su caso la Reina regente– deberían intervenir cara a su entrega al legitimado para la detentación de las mismas:

"La Reina gobernadora. Marqués de Castel Rodrigo, etc. Habiéndome suplicado por parte del duque de Neoburg fuese servida mandaros deis cumplimiento a diferentes órdenes que dice se dieron al marqués de Caracena, vuestro antecesor en ese gobierno, sobre que se entregue la artillería y demás municiones de guerra, que pareciesen ser suyas en el castillo de Juliers, al tiempo que en él entró guarnición española, ha parecido encargaros y mandados (como lo hago) dispongáis se le restituya al duque la artillería y demás municiones de guerra que parezcan ser suyas del tiempo que refiere, en la conformidad que se le ordenó al marques de Caracena, en 8 de enero del año pasado de 1661... dada en Madrid, a 9 de julio de 1666. Yo la Reina"[272].

Pero ello ya con nuestro protagonista fuera de aquellas tierras de donde continuó siendo durante toda su vida Gobernador General.

Don Juan de Austria, *abad de San Glaudio*

Don Juan ya sabía lo que era portar una alta dignidad vinculada a la Iglesia. Conocemos ya perfectamente su designación como Prior de la Orden de San Juan en tierras de Castilla, o aquella otra menos relevante como fue su promoción al cargo de Abad Perpetuo Comendatario de la Abadía de Santa María la Maggiore de Palermo. En estas tierras de los Países Bajos, el hijo bastardo de Felipe IV recibiría una tercera no menos significativa, por más que resulte más desconocida que las dos anteriores, como sería el nombramiento que vino a recibir don Juan de las manos de su padre, como abad de San Glaudio.

---

271 A.H.N., *Estado*, Libro 267.

272 A.H.N., *Estado*, Libro 271.

En virtud de ello numerosos serían los escritos dirigidos a Felipe IV para acceder a puestos al servicio de dicha abadía, con la certeza que el hecho de estar cerca del hijo bastardo del Rey mejoraría las haciendas de aquellos que optaran a aquellos puestos:

> "Señor. Miler Gaudio Froissand, primer consejero eclesiástico en el soberano tribunal del parlamento de Dola, canónigo y tesorero de la insigne iglesia metropolitana de Besançon, dice que habiendo llegado a su noticia que Vuestra Majestad ha sido servido de nombrar a Su Alteza, el señor don Juan de Austria, por abad de la abadía de San Glaudio, el celo que tiene de servir a Vuestra Majestad, le haga merced de instituirle por vicario general del dicho señor don Juan de Austria, en el temporal y espiritual de la dicha abadía, mandándole despachar por este efecto letras de institución..."[273].

En el mismo sentido nos encontramos con un más que destacado jurista de aquellas tierras, que ante la imposibilidad de percibir rentas por otro lado, debido a la importante crisis económica que habían generado las persistentes guerras, optaba por buscar una salida a su hacienda solicitando un cargo junto a don Juan de Austria en aquella abadía:

> "Henrique Coquelin, doctor en leyes y consejero en el magistrado de Salinas, en Borgoña, dice que ha empleado su mocedad en los estudios, y particularmente de 26 años a esta parte en lo de justicia, primeramente en calidad de abogado en la Chancillería de Dola, y después de consejero en dicho magistrado de Salinas... como dicho condado de Borgoña está arruinado a causa de las continuas guerras... se halla obligado a suplicar a Vuestra Majestad le haga merced del oficio de judicatura que está vaco en la abadía de San Glaudio (que Vuestra Majestad fue servido de hacer merced al señor don Juan de Austria) asegurando a Vuestra Majestad que cumplirá con sus obligaciones con entera satisfacción, beneficio y conservación de la justicia de Vuestra Majestad..."[274].

La vuelta de don Juan a España y los avatares del conflicto de los Países Bajos

Tras salir de Bruselas el 1 de marzo de 1659, llegaba a la Corte madrileña, en abril de ese mismo año, no sin antes haberse entrevistado en París, en el convento de Val-de-Grace con la hermana de su padre, Ana de Austria, Reina de Francia. Parece ser que a dicha reunión también acudió el joven Luis XIV. Tras aquel encuentro continuaría su camino hacia España, pudiendo atravesar dicho territorio aun a pesar del conflicto bélico que enfrentaba a la Monarquía Hispánica con Francia. Ello había sido posible

---

273 A.H.N., *Estado*, Leg. 1.411.

274 A.H.N., *Estado*, Leg. 1.411.

gracias a la obtención de un pasaporte especial para Juan José de Austria y su séquito, que le permitía cruzar aquellas tierras sin ser molestado. Pero tampoco conviene olvidar que pocos meses después se firmaría la *Paz de los Pirineos* entre España y Francia. Una vez en tierras ibéricas surgirían algunos conflictos entre nuestro príncipe y el Rey, como fue el hecho de que en un primer momento se le negase acercarse a Madrid o que se instalara en Ocaña, asignándosele como residencia El Escorial.

Aquellas tierras que dejaba atrás, los Países Bajos, contemplarían como la guerra continuaba, con más o menos intensidad, tras la marcha del hijo bastardo de Felipe IV. A pequeñas etapas de tregua pronto seguirían los enfrentamientos bélicos, incluso tras la muerte del propio monarca. Así, en época de Carlos II todo permanecería igual. Pronto cayó en manos galas Douai, Courtai y Lille y, a principios de 1668, ocuparon el Franco Condado. Ante el cariz que alcanzaban los acontecimientos, los viejos rivales, ingleses y holandeses, se apresurarían a firmar la paz y, poco después, establecían un acuerdo defensivo (23 de enero de 1668), que incluiría a Suecia formando la llamada *Triple Alianza*, con vistas a contener a Luis XIV en sus idearios expansionistas, además de presionar a España para que efectuase concesiones al monarca galo; sólo en el caso de que Luis XIV no las aceptara intervendrían del lado español para que fuesen restaurados los límites fronterizos de 1659.

Por el tratado de Aix-la-Chapelle de 2 de mayo de 1668, España recuperaba el Franco Condado, pero a cambio cedía toda una serie de plazas fuertes, tales como Charleroi, Tournai, Lille, Courtrai, etc. Este avance del *Rey Sol* hacia el norte había alarmado a los holandeses, que habían esperado que los negociadores españoles hubieran renunciado al Franco Condado y no a las plazas que abrían el camino hacia las Provincias Unidas. Éstas se convertirán en las principales garantes de la futura supervivencia del Flandes español, impermeabilizando la línea que separaba Francia de sus territorios.

Tras la paz, en 1671, la *Triple Alianza* se comprometería a ayudar a los Habsburgos españoles en el caso de una nueva agresión gala. Con todo, y coetáneamente a estos pactos, y en secreto, Carlos de Inglaterra firmaba dos tratados en Dover con Luis XIV de Francia, destinados a terminar con las Provincias Unidas. Negociados entre 1669 y 1670, estipulaban un apoyo naval francés a los ingleses y éstos, en contrapartida por tal prestación, facilitarían 6.000 soldados que lucharían al lado de los galos.

También se regularía en dicho tratado el reparto de aquellos territorios que fuesen anexionados: zonas claves destinadas a controlar el estuario del Schelde (Escalda) para los ingleses, y ganancias no limitadas para los franceses. Por su parte, Carlos II de Inglaterra recibiría un subsidio de 225.000 libras al año destinado a financiar la guerra, y 150.000 libras en contrapartida de su conversión al catolicismo. Para evitar posibles conflictos como consecuencia de ello, Luis XIV se comprometía al envío de 6.000 soldados si fuese necesario ayudar al monarca inglés.

En tratado públicamente conocido sólo hablaba de una alianza para atacar a los holandeses, ya que la parte secreta implicaba la independencia financiera de Carlos II de Inglaterra con respecto del parlamento, y el disponer de un ejército, lo que pudiera equivaler al restablecimiento nuevamente de una monarquía de Corte absolutista en tierras inglesas.

En todo caso, mientras en el mar el conflicto permanecía indeciso, los ejércitos del *Rey Sol* avanzaban rápidamente, tomando Utrecht. La apertura de los diques y la consiguiente inundación del territorio desde Schelde al Zuiderzee, ordenada por Guillermo de Orange, cortó el avance galo. Jan de Uit, partidario de las tesis no belicistas, sería asesinado en el motín de La Haya. Mientras tanto España, juntamente con el Emperador y algunos príncipes alemanes, también se veía envuelta en la lucha. La mezcla de la política interior con la exterior se puso de manifiesto.

En este sentido, Luis XIV ofrecía al de Orange convertirlo en príncipe heredero de las Provincias Unidas a cambio de que fuesen aceptadas las exigencias anglofrancesas. La campaña de Guillermo de Holanda en Inglaterra, tratando de convertir la guerra y la alianza inglesa con los galos en un complot contra la religión protestante y las libertades inglesas, y el matrimonio, apadrinado por Francia, del futuro Jacobo II con la católica María de Módena, posicionaron al parlamento inglés contra el conflicto. El tratado de Westminster celebrado en febrero de 1674 pondría fin a la tercera de las guerras celebradas entre Inglaterra y Holanda de manera poco favorable hacia los intereses de la primera. Resulta interesante observar como ese mismo año de 1674 el *Rey Sol*, convencido de la importancia que la marina representaba para el país galo, signaba un reglamento dedicado a la policía general de los arsenales navales[275].

Dicho cambio de actitud vino a manifestarse, además, mediante el matrimonio que se celebrara en noviembre de 1677 entre Guillermo de Orange con la mayor de las hijas de Jacobo, y en el acuerdo de mutua asistencia de enero de 1678. Al mismo tiempo, y nuevamente en secreto, Carlos II de Inglaterra negociaría un subsidio de Francia a cambio de su inactividad y, paralelamente, Luis XIV subvencionaba a todos aquellos que desde el parlamento inglés se oponían a que Carlos II de Inglaterra pudiese levantar un ejército de 40.000 soldados contra Francia.

El abandono inglés de su pretérita alianza con los galos daría la hegemonía de los mares a los holandeses. Ello complicaría el hecho de que éstos accediesen a las exigencias del *Rey Sol*. Éste concentró sus esfuerzos en tierra: Condé conquistó el Franco Condado español. El mariscal de Turena expulsó a los alemanes de Alsacia y cruzó el río Rin, y en el noreste todas las ciudades militarmente importantes, hasta ese momento en manos españolas, caerían en las francesas. Por su parte, Carlos XI de Suecia, aliado de Luis XIV, había invadido Brandeburgo desde la Pomerania sueca en 1675, pero fue derrotado en Fehrbellin.

En la localidad de Nimega, entre los años 1678 a 1679 y coincidiendo con el gobierno de don Juan de Austria en la Monarquía Hispánica, vendrían a celebrarse cuatro tratados que implicaban a holandeses, imperiales, franceses, suecos, españoles

---

[275] A.H.N., *Estado*, Libro 874: "*Reglamento hecho por el Rey Cristianísimo sobre la Policía General de los Arsenales de la Marina. En Versailles, a 6 de octubre de 1674*".

y brandeburgueses que vinieron a sancionar parte de los éxitos militares del monarca galo, fundamentados esencialmente sobre los territorios españoles[276].

Mediante el acuerdo con los holandeses, Luis XIV se retiraba de Maastricht, fortaleza clave para la defensa de las Provincias Unidas, y retrocedía a las fronteras anteriores al inicio del conflicto; España recuperaba algunas ciudades, como Charleroi, Oudenaarde, Binch, Courtrai, etc., pero a cambio cedía el Franco Condado. Con respecto al Imperio Alemán, los galos lograban mantener una cabeza de puente sobre el Rin en la localidad de Breisach, y el duque de Lorena, pro imperial, recuperaba parte de su ducado. Ya en el norte, se le devolvía a Suecia la mayor parte de la Pomerania occidental, que tras la batalla de Fehrbellin había sido ocupada por el elector Federico Guillermo de Brandeburgo.

Tras Nimega, Luis XIV emprendería una política de anexiones más o menos pacíficas a lo largo de la línea marcada por el río Rin. Así, en 1681 se anexionaba Estrasburgo; en 1684 ocupaba Luxemburgo, etc. España, enormemente afectada por la política expansionista del *Rey Sol*, declaraba la guerra a Francia en 1683, desconociendo la existencia de un nuevo tratado secreto entre los galos y Carlos II de Inglaterra, a pesar de la existencia entre España y los insulares de un acuerdo de ayuda mutua, firmado en junio de 1680. En el año 1684, en Ratisbona, España y el Emperador, éste obligado por la presión turca en Oriente y por sus conflictos con la nobleza húngara, tuvieron que aceptar estos hechos.

Curiosamente, tras los compromisos de Ratisbona, el panorama para las potencias europeas comenzaría a mutar, ahora de forma desfavorable para el *Rey Sol*. Así, los príncipes alemanes se agruparon en 1686 en la llamada Liga de Augsburgo, que pretendía mantener los acuerdos alcanzados en Westfalia, y de la que formaba también parte España y Suecia. Otro acontecimiento que vino a agravar la posición francesa sería el acceso al trono inglés de Guillermo III, que vino a significar el definitivo alineamiento de Inglaterra contra Francia.

Por su parte el *Rey Sol* trataba de aprovecharse de las dificultades del Emperador Leopoldo I en el Danubio, reivindicando para su cuñada Isabel Carlota, de origen palatino, parte del Palatinado. Las tropas galas invadieron Colonia, ocuparon Aviñón y arrasaron el Palatinado entre los años 1688 y 1689. Por su parte las Provincias Unidas, el duque Víctor Amadeo II de Saboya, que quería recuperar Pinerolo, e Inglaterra se adhirieron a la Liga de Augsburgo. El acceso al trono del antiguo estatúder holandés había acabado con las vacilaciones inglesas, situando a su territorio en la misma línea de política exterior seguida por Holanda, cuando menos desde 1672, que no era otra que la de contener a Francia. En ese siglo XVII, y con pequeñas y honrosas excepciones, toda Europa parecía encontrarse desollada por los efectos de la guerra.

---

[276] En A.H.N., *Estado*, Libro 876 encontramos el tratado de Paz que se ajustase, en aquella localidad de Nimega, entre el Emperador y el Rey de Francia (pp. 9-24); y el que suscribieron las Coronas de España y Francia (pp. 25-51).

La opinión de los detractores de don Juan de Austria, en relación a su actuación en aquellas tierras

Sobre la presencia y acciones realizadas por don Juan de Austria en aquellas tierras de los Países Bajos, sus detractores se mostrarían sumamente duros, convencidos de los graves daños que había ocasionado para la Monarquía Hispánica su gestión del conflicto, aseverando lo siguiente:

> "Hallábase por este tiempo el serenísimo y religiosísimo señor archiduque Leopoldo gobernando los Países Bajos de Flandes, y lleno de diversos achaques, que con su inexplicable trabajo y desvelo había contraído en defenderlos, por los cuales pidió con repetidas instancias licencia de Su Majestad para retirarse a su patria y estados de sus obispados, concediósela Su Majestad, si bien con gran sentimiento por reconocer la falta que se había de experimentar en aquellas partes de su ausencia, y pareciendo a Su Majestad que la podría suplir en parte el señor don Juan, le mandó partiese luego de Barcelona, embarcándose en dos galeras para Génova, como lo ejecutó por el mes de marzo de 1656, y en esta navegación, habiendo sido acometido de moros corsarios, murió por defenderle el marqués Serra, con todos soldados de inferior esfera, y perdió un ojo don Fernando Carrillo, su gentilhombre confidente criado, y el señor don Juan escapó a costa de dejar la una galera a los infieles, debiéndole a él este primer triunfo contra los de España" [277].

Con todo, en la crónica de aquellos detractores de don Juan, aparece perfectamente reflejada la sujeción que le afectaba a la hora de tomar decisiones:

> "En Flandes dejándose al principio gobernar de la destreza del príncipe de Condé y el marqués de Caracena, salió lúcidamente del empeño de socorrer a Valenciennes, siendo esta la única facción, de que salió sin desaire, si bien fue materia de disgustos, el que se quiso atribuir el lauro de la victoria" [278].

Pero a pesar de ello, don Juan aparece convertido en el punto neurálgico de todas las críticas a lo acontecido a aquellas tierras:

> "Estando en Flandes, dio muchas muestras de su rara ambición y ánimo altivo; disputó el lugar al Rey de la Gran Bretaña, que entonces se hallaba en aquellos países, y limaba las atentas instrucciones dadas por el Consejo de Estado, de cómo se había de portar con el Príncipe de Condé, y le meditaba desaires, que frustrados de los sublimes espíritus de aquel príncipe, caían sobre su familia, como el diente venenoso de la víbora, que no pudiendo herir al hombre, da en la piedra, y consiguió de Cromwell (que se había levantado con el despótico gobierno de Inglaterra) el que le intitulase en sus cartas con el nombre de la "*mayor alteza*", como haciendo

---

277 B.N. mss. 8.344.

278 B.N. mss. 8.344.

inferiores los altos príncipes, que entonces asistían en los estados de Flandes. En la ocasión del nacimiento del príncipe Felipe Próspero, no quiso se hiciese demostración alguna de regocijo, y sus criados (reprobando las fiestas que se hacían por este respecto en Bruselas) decían con desahogo, "*¿que más príncipe, que el que tenemos en el señor don Juan?*" [279].

Finalmente aparecen imputaciones enormemente duras hacia don Juan de Austria:

> "Al mismo tiempo había consultado a los astrólogos, que lisonjeros le anunciaban la corona, y además de esto mandó preguntar a los teólogos de la universidad de Lovaina, y aun a los de Roma, si por la conservación de un reino era posible la dispensación de casarse dos hermanos, aludiendo al casamiento con una de las dos señoras infantas hijas del Rey, que entonces todavía eran solteras. De esta misma raíz de su altivez nació, que mal satisfecho del título de serenidad, le trocó en Alteza, y del escudo de las armas reales quitó el banco, en que se significa el desigual nacimiento, y finalmente se portaba con tanta pompa, fausto, y majestad como quién lo quería ser, y por esto el Conde le llamaba don Juanísimo. En fin, manifestaba en todo tal orgullo y ambición a lo más encumbrado, que el marqués de Caracena escribió a don Luis de Haro estas palabras: "*No se canse V.E. que no le ha de tener contento, si no le entrega toda la monarquía*" [280].

Con todas las artes de la lengua, continúan los detractores de don Juan de Austria, aseverando que aquella presunción y altivez le despeñó, para perder la batalla de las Dunas de Dunquerque, no esperando como prudentemente le aconsejaban dos tan grandes cabezas militares como eran el príncipe de Condé y el marqués de Caracena, a que llegase la artillería y se agregasen todas las tropas, en el empeño de desalojar al ejército que se encontraba en Jurena, el cual reconociéndole inferior y desprevenido, le salió al encuentro, y

> "le rompió con lastimoso estrago de nuestro ejército, que allí murieron las esperanzas de defender los Países Bajos" [281].

Relatan esos antidonjuanistas, indicando que prueba evidente de esta actitud negativa de don Juan, se hallaba plasmada en las repetidas quejas y cartas que tanto el príncipe de Condé, como el marqués de Caracena, enviaron a la Corte, y "que se hallarán en la secretaría de Estado y del despacho universal", y el sentimiento de la nobleza que juzgaba intolerable su altivez, "y el descontento de la milicia, que por la mayor parte desnuda, se moría de hambre, y el pueblo, que gemía debajo del peso de sustentar

---

[279] B.N. mss. 8.344.

[280] B.N. mss. 8.344.

[281] B.N. mss. 8.344.

tan espléndida y numerosa familia, en que no bastando los sueldos, ni las cuantiosas remesas de dinero de España, se consumían las excesivas contribuciones".

Además se viene a criticar duramente el licencioso modo de vivir del señor don Juan,

> "de que se escandalizaban aquellas naciones, acordándose y haciendo comparación con el señor Archiduque Leopoldo, viendo que el palacio, que en su tiempo era como un convento religioso, se había trocado en teatro de Venus"[282].

Terminan su crítica a la gestión de don Juan de Austria en aquellas tierras, haciendo mención a la existencia de excesos de todo género. Todo ello acabaría con la paciencia del Rey, el cual en 1659 (que era el tercero de su morada en Flandes) le ordenaría volver a tierras de España, apartándole de aquel gobierno (a donde después no le quiso hacer volver, habiéndoselo consultado Su Majestad, a el conde de Castrillo, y a algunos otros ministros de Estado, respondiéndoles:

> "*como queréis que yo vuelva a don Juan a Flandes, donde se ha portado tan mal, y obligándome a recogerle de aquel gobierno? Y prohibiéndole por muchos días, el entrar en la cortes y ponerse en su presencia*"[283].

[282] B.N. mss. 8.344.

[283] B.N. mss. 8.344.

CAPÍTULO QUINTO: EL GRAN DESASTRE: DON JUAN Y LA CAMPAÑA DE PORTUGAL

Portugal: crónica de una difícil integración

El último descendiente legítimo de la casa de Avís, el cardenal Enrique, ceñiría la corona portuguesa entre los años 1578 a 1580, cuando contaba la edad de sesenta y seis años. Mientras tanto, el Rey Felipe II de España, nieto de Manuel *el Afortunado*, alegó derechos sucesorios por parte de su madre, Isabel, y fue reconocido heredero del trono en las Cortes de Almeirin en 1579; pero tuvo que enfrentarse con el prior de Ocrato, Antonio, sobrino de Enrique, quien, apoyado por el pueblo, se proclamó Rey en Santarén en1580, tras la muerte del monarca de la casa de Avís.

Para acabar con aquella resistencia a la dominación española, un ejército español, bajo mando del duque de Alba, invadió Portugal entre los años 1580-1581, tomando la capital de aquel reino, Lisboa, y derrotando en la batalla de Alcántara, que tuvo lugar en agosto de ese año de 1580 al prior, quien se refugió en la Corte de Francia. Felipe II se trasladó a Lisboa, y, en las Cortes de Tomar que tuvieron lugar el 15 de abril de 1581, fue reconocido Rey de Portugal; allí juró las condiciones en que había de reinar: unión personal de las dos Coronas, la Hispánica y la Portuguesa, en su persona y respeto a las libertades portuguesas.

En este sentido, la Gracia IIIª del *Estatuto de Tomar* establecía que para el gobierno superior, en ausencia del monarca, podía elegirse entre la designación de varios gobernadores, siempre que todos ellos fuesen portugueses o que la provisión del virreinato en un extranjero únicamente podría darse cuando dicha persona tuviese sangre "real, hijo, sobrino o hermano suyo". De este modo, tras la marcha de Felipe II de Portugal en 1583, y después de que la emperatriz María de Austria fuese descartada para el cargo, pasó a ocupar el gobierno su sobrino el Cardenal Archiduque Alberto de Austria, quién residiría en el reino lusitano durante la siguiente década, en calidad de virrey. Las funciones que poseía este personaje resultaban amplísimas, encontrándose entre ellas todas las que ordinariamente portaban los virreyes de otros territorios de la monarquía, pero, además, un amplio número de atribuciones extraordinarias. Ello le permitió presentar su cargo ante los portugueses como una prueba más de que este territorio se incorporaba a la Monarquía Hispánica como un elemento que no dejaba de ser "*reino de por sí*".

Sin embargo, en años posteriores, a la hora de exteriorizar aquellas gentes sus rencores contra España, este año de 1580 sería considerado por los portugueses como la confirmación de la decadencia portuguesa. En realidad, Portugal no perdió nada ya que la unión ibérica le permitió infiltrarse en las colonias españolas y explotarlas en provecho propio. Ahora bien, las circunstancias se hicieron menos favorables: el resurgimiento de la Persia de los *safawíes* con 'Abbas, la constitución del Imperio Mongol de la India y el triunfo del *shogunado* en Japón hicieron imposible que los portugueses continuaran comportándose allí como amos, etc.

Cuando Felipe II cerró el mercado de especias de Lisboa a los neerlandeses sublevados y a los ingleses hostiles, los marinos del Norte intentaron a su vez el viaje al extremo oriente, se instalaron al lado de los portugueses y arruinaron su monopolio, aunque no su comercio.

Poco a poco, los soberanos asiáticos, los ingleses y, sobre todo, los neerlandeses cercenaron la larga línea de factorías portuguesas; sin embargo dichas agresiones no triunfaron, y las pérdidas no fueron verdaderamente irreparables hasta después de 1640, cuando faltó la protección de las tropas de la Monarquía Española. En la época de la unión, Portugal no tuvo que lamentar en oriente más que la debilitación de su monopolio en las islas Molucas, la pérdida de Amboina en 1605 y de Ormuz en 1622, además del cierre de los puertos de Japón en 1637. Sin embargo continuaría con la posesión, al menos hasta 1642, de sus vínculos con Asia, gracias a la ruta Macao-Manila-Acapulco-Veracruz-Sevilla.

Cuando los neerlandeses crearon en 1630 centros comerciales en Brasil, y se instalaron en 1641en las factorías africanas de trata de esclavos (Sao Tomé, Sao Paulo de Luanda), los portugueses hicieron responsable de su derrota a la Monarquía Española.

Aunque aquel descontento se manifestó por algunos desde el mismo momento de la integración del reino luso en la Corona de los Austrias, las insurrecciones de mayor calado deberían esperar al siglo siguiente, en donde destacarían las revueltas anticastellanas de 1637. La política de Felipe II respecto a Portugal no fue seguida por sus sucesores, y el malestar estalló durante el reinado de Felipe IV debido a las ya conocidas medidas del Conde-Duque de Olivares, plasmadas en el *Gran Memorial*, y que venían a perseguir la fusión administrativa, contribución a las cargas financieras, etc.

Al producirse la sublevación de Cataluña en 1640, los portugueses se negaron a enviar tropas; la nobleza y la burguesía, acaudilladas por el duque de Braganza, apoyaron el movimiento secesionista, ayudados indirectamente por el cardenal Richelieu. Así las cosas, la regente Margarita de Saboya fue depuesta el 1 de diciembre; varios miembros del gobierno asesinados, entre ellos el ministro Vasconcelos[284], y el duque de Braganza, es coronado Rey el 15 de diciembre con el nombre de Juan IV, y reinaría, al menos para las mentes portuguesas entre los años1640 a 1656.

Este monarca tuvo que enfrentarse a varias conspiraciones nobiliarias procastellanas, que reprimió con energía, fruto de ello serían las ejecuciones del marqués de Vila Real y del duque de Caminha; prisión de por vida para el primado de Braga e Inquisidor General, etc.

Durante su reinado los portugueses consiguieron expulsar a los neerlandeses de sus factorías africanas (1643-1648), y, de Brasil en 1654, que se sublevó a favor de la Corte de Lisboa. Gracias a esto pudieron resignarse al hundimiento de sus posiciones de Asia (Malaca, 1641; Mascate, 1648; Tidore, 1657; Ceilán, 1658; y Cochín, 1663). La monarquía portuguesa cedió Tánger, Azemmur, y Bombay, en 1661, a Inglaterra, cuya flota la protegía contra los neerlandeses.

Al año siguiente, la boda de Catalina de Braganza con Carlos II de Inglaterra selló el apoyo de ésta a Portugal en favor de su independencia, por más que el monarca inglés fuese en épocas pretéritas un protegido del rey Felipe IV, cuando en sus tierras Cromwell dirigía el gobierno con mano férrea.

Alfonso VI (1656-1683), niño enfermizo, gobernó bajo la regencia de su madre. El ejército portugués, reorganizado por el general francés Schönberg, venció a los españoles en la batalla de Elvas en 1659[285]. Ese mismo año, y de hacer caso al conde de Pañaguión, Camarero Mayor de los Ministros de Lisboa; se planteaba trasladar el campo de operaciones de la guerra a tierras castellanas: "Parecer que dio el conde de Pañaguión, camarero mayor de los ministros de Lisboa, sobre sitiar a Badajoz o a Olivenza, el año de 1659".

Este personaje venía a plantear la campaña militar del modo siguiente:

> "... la campaña de este año se habría de hacer en esta forma...
> El conde de Castelmellor juntándosele lo que las provincias vecinas le pudiesen dar, con poco más que le fuese de Alentejo, y con dos tercios que Su Majestad tiene aquí, se debía poner sobre el fuerte que los gallegos hubieran dejando a su elección

---

284 Para muchos la muerte de este ministro sería el desencadenante último de la guerra de Portugal. Miguel de Vasconcelos o Vasconcellos era un estadista portugués al servicio de la Monarquía Hispánica. Con el apoyo del Conde-Duque de Olivares fue designado secretario de Hacienda de Portugal en 1634, ascendiendo al cargo de secretario de Estado un año después, justamente cuando Margarita de Saboya fue nombrada virreina del territorio lusitano. Su política represiva provocó el descontento de la nobleza, que apoyaba al duque de Braganza, y disturbios en Algarves, y Évora en 1637 y Vila Viçosa en 1638. Intentó paliar la situación, sin embargo coincidiendo con el estallido de la guerra de separación de Portugal fue acuchillado en Lisboa en 1640, muriendo a consecuencia de aquellas heridas.

285 Fréderic Armand, duque de Schömberg, había nacido en Heidelberg, en el año 1615. Al servicio del rey de Francia desde el año desde 1635, vino a naturalizarse francés en 1668. A las órdenes del rey galo, en el año 1660 pasó a Lisboa, donde participó activamente en la organización de la lucha de la independencia lusitana, destacando su participación en las victorias de Évora en 1663, y Villaviciosa en 1665. Años más tarde estaría al frente del ejército prusiano, en 1688, que apoyó al príncipe de Orange a conquistar el trono inglés.

la parte más conveniente, o fuese de la banda de Castilla, o de la de Portugal, y luego sin hacer más levas que las que bastasen, para rehacer los tercios de Alentejo, y sin remontar de la caballería más que aquellos que sin excesivos gastos se pudiesen hacer, y sin más tren de la artillería que ahora tenemos de presente, supuesto que no nos obligaba a más, el ejército castellano pues no lo había, vuestra señoría debían ordenar a Juan Emendez Basconcelos, que con este grueso se pusiese fuera de Yelbes, en parte donde le fuese necesario poquísimo carruaje, para conducir los bastimentos, y en lugar donde la caballería se aprovechase de los forrajes en esta manera.

Si las tropas de Extremadura acudiesen a Galicia, fácil le quedaba a Juan Emendez emprender cualquier facción y alcanzar buen suceso, sin conocido peligro, y cuando no acudiesen a Galicia lográbase el intento en el Miño, que no es de tan poca consideración, que no importe aquel fuerte la pérdida de aquella provincia.

Del modo que tengo representando a vuestra señoría deberían obrar las armas de Su Majestad este año, y obrarían sin enfado de los pueblos, sin queja de los tributos, y sin daño de los erarios. Y como estas fuesen las disposiciones no tendríamos que envidiar al Cardenal Richelieu, en el gobierno de su Patria (cuando vivía), ni a los romanos cuando mejor gobernaban la suya. Finalmente, señores, esta es la forma como había de ser…"[286].

Portugal y los efectos del *Tratado de los Pirineos*

Francia, que al principio de la causa independentista había apoyado a Portugal, tras el *Tratado de los Pirineos*, firmado con España en 1659, practicó una política tortuosa. A partir de ese momento Francia ocuparía un papel de primera potencia, mientras España profundizaría en aquella crisis de la que no saldría ya.

Con respecto a este Tratado, indicar que en noviembre de 1659, tras una serie de entrevistas personales entre don Luis de Haro y el cardenal Mazarino en la Isla de los Faisanes, en el río Bidasoa que separa ambos territorios, se estipularon las 124 cláusulas del *Tratado de los Pirineos*, en donde los resultados fueron, a modo de síntesis, los siguientes:

a) Por lo que se refiere a la reorganización territorial europea, dicho Tratado otorgaba a Francia una serie de posesiones en el norte, tales como el condado de Artois, excepto las bailías de Aire y Saint Omet, y el lugar de Renti; en Flandes las plazas de Gravelinas, Bourboug y Saint-Venat; en el Hainaut, las de Philippeville, Quesnoy y Marienburg; y en Luxemburgo las de Thiovile y algunas otras menores. Asimismo, se cedía Rocroi, dejando Alsacia y Lorena bajo su órbita. Dunquerque quedaba para Inglaterra.

b) A España se le devolvía Charolais, en el Franco Condado, y las últimas conquistas francesas en Italia. En el sur, Francia devolvía las plazas que ocupaba

[286] B.N., mss., 1.170, p. 52.

en Cataluña, pero se le reconocía el dominio del Rosellón, el Conflect y de una parte de Cerdaña.

c) Pero todavía mayores ventajas inmediatas reportarían a Francia las cláusulas comerciales insertas en aquella *Paz de los Pirineos*[287].

En los paréntesis de paz que se sucederían en el reinado siguiente, la exportación de mercancías a España y sus Indias fue una pieza esencial en el sistema de Colbert[288]; pero esto no puede ser considerado un defecto específico del Tratado, sino una consecuencia de la debilidad política y económica española que facilitaba la penetración extranjera, no sólo francesa, sino que también inglesa y holandesa.

Con respecto a las cláusulas de naturaleza netamente política, ambas monarquías se harían mutuamente importantes concesiones: Francia se comprometió formalmente a cesar en su ayuda a Portugal, cosa que después incumpliría; Felipe IV consiguió también el perdón completo para el príncipe de Condé, que había sido encarcelado, fruto de aquellas guerras civiles que arrasaban Francia, junto con el príncipe de Conti y el duque de Longavila, el 18 de enero de 1650; y por el artículo primero de los secretos, Francia pactó el no prestar ninguna clase de ayuda a Inglaterra si continuaba la guerra entre esta nación y España. Finalmente, ambas monarquías se comprometieron a desarrollar esfuerzos para lograr la paz en el norte de Europa.

Sobre la prisión que padecía el controvertido príncipe de Condé, resulta curioso analizar el contenido de aquella misiva que la esposa de este noble francés enviase desde Burdeos al Rey español, y en donde, tras criticar duramente la política del car-

---

287 Salrach, J.M. y Durán, E., *Història dels països Catalans. Dels Orígenes a 1714*, Barcelona, 1981, p. 1.108: "Als combats de Roselló i de Cerdanya la primera conseqüència política del tractat fou la dissolució, el 12 de juliol de 1660, de les institucions catalanes: la governació general dels comtats, el consell reial amb el mestre racional i el conjunt de l'administració del reial patrimoni, la Diputació del General de Catalunya, institucions aquestes darreres amb seu a Perpinyà des de la capitulació de Barcelona el 1652...".

288 La carrera política de Colbert se había iniciado en un momento especialmente delicado para la Monarquía Hispánica, en concreto en el año 1651 momento en el cual fue designado administrador privado del cardenal Mazarino. Su eficacia en los asuntos encomendados hicieron que fuese recomendado al *Rey Sol*, entrando en 1661 a formar parte del consejo de Finanzas, siendo nombrado supervisor general de Finanzas cuatro años más tarde. El espaldarazo definitivo llegó con su nombramiento como secretario de Estado y de Marina. A partir de ese momento, su principal interés estaría dirigido a la reforma financiera del Estado, y en donde su mano se sentiría presente entre otros aspectos en la contabilidad, que se haría más racional y se redujeron los gastos a la hora de recaudar impuestos. Además, gracias a la creación del monopolio de tabacos y al impuesto del timbre consiguió equilibrar la balanza de pagos. También vino a interesarse por la creación de nuevas industrias que produjeran beneficios al Estado, estimulando por ello el desarrollo de la marina mercante para fomentar la expansión colonial, en donde para tal finalidad se fundaron las Compañías de las Indias Orientales y Occidentales en el año 1664. Además, con el objetivo de fomentar el mercado interno y el desarrollo industrial se pusieron en marcha importantes obras públicas, como fue el caso del Canal del Midi. Sin embargo aquel programa económico se olvidaba, al menos en cierta medida, de la agricultura, lo que vendría a ocasionar un importante resquemor desde los primeros años del siglo XVIII. La doctrina económica realizada bajo su mano, conocida como "colbertismo", está basada en la idea de que la prosperidad y el poder de un país están íntimamente unidos a la cantidad de oro que el Estado tenga en sus arcas, además de la riqueza de sus ciudadanos, y en donde para llegar a tales situaciones habrá que fomentar el proteccionismo y el desarrollo de las industrias nacionales.

denal Mazarino y el estado en el que se encontraba la familia real francesa, suplicaba a Felipe IV su intervención directa en el asunto, para conseguir el perdón y la libertad de su encarcelado marido:

> "Burdeos, 20 de junio de 1650. Carta de la princesa de Condé, para el Rey Nuestro Señor, sobre la prisión de su marido. Traída por el embajador de los príncipes de Francia.
>
> Señor. Los efectos que cada día experimenta de la real benignidad de Vuestra Majestad, no permiten dilatar más el cumplir con la obligación de dar Vuestra Majestad las humildes gracias que deseo, y así he creído no poder salir mejor de este empeño que por medio del marqués de Silleri, digno heredero de virtud y fidelidad de sus antecesores, a quién envío a los reales pies de Vuestra Majestad, para suplicarle se sirva de creer que conservaré toda mi vida la memoria de las gracias que Vuestra Majestad es servido de quererme hacer, atajando el curso de la violenta opresión que padecen el príncipe mi marido, el príncipe de Conti, y duque de Longavila, mis hermanos, de orden del cardenal Mazarino, el cual abusando la autoridad del Rey, mi señor, tiene presos a los príncipes de la sangre contra las leyes del reino.
>
> Yo espero Señor que Su Majestad Cristianísima vengará un día en la criminal cabeza de este ministro esta insolente resolución, que perturba la quietud de sus estados, y el reposo de toda la Cristiandad, tan deseado del príncipe mi señor. Y como yo no deseo otra cosa más que imitar en todo su buena y sincera intención, me atrevo a suplicar con toda humildad a Vuestra Majestad, se sirva de contribuir de su parte todo lo que pudiere depender de su real autoridad, y poder que Dios le ha dado, en orden a conseguir una justa y segura paz que el dicho cardenal estorba tanto tiempo, a contra la voluntad de la Reina y de todos los buenos franceses.
>
> Esto, señor, es lo que pediría al Rey mi señor con lágrimas en los ojos y rodillas por tierra, si su edad le permitiera usar enteramente su autoridad, pero como esta se ve usurpada durante su menor edad, por este perturbador del reposo público, recurro a Vuestra Majestad, como lo dirá más particularmente el marqués, a quién suplico a Vuestra Majestad se sirva de dar entero crédito como a mí misma, que estaré toda mi vida con el respeto y rendimiento que pide la benignidad de Vuestra Majestad"[289].

Con todo, y en relación a las negociaciones que fructificarían en el ya conocido *Tratado de los Pirineos*, en la actualidad, y a través de diversos documentos custodiados en los diferentes archivos, podemos analizar gran parte de las conversaciones que tuvieron como protagonistas, aparte de los respectivos monarcas español y francés, a don Luis de Haro o a don Antonio Pimentel de Prado, por la parte hispana, y al cardenal Mazarino, por la parte francesa[290].

Finalmente llegaría el día de la firma del Tratado. En ese momento histórico los monarcas reunidos en la Isla de los Faisanes, en el curso del río Bidasoa que separa los territorios francés y español, signaban las cláusulas allí contenidas.

---

[289] B.N., mss., 2.381, p. 303.

[290] A.H.N., *Estado*, Leg. 8.778

Veamos sobre ello el juramento del Rey español, que una vez dado de manera oral quedaba recogido escrito prestaba el Rey español:

> "Copia del juramento original del Rey don Felipe 4º, sobre la observancia de los capítulos públicos y secretos de la paz con Francia, y la interpretación del 42 de ella, número 137 de la cuarta lista remitida por el excelentísimo señor don Sebastián de la Cuadra.
>
> Don Felipe por la gracia de Dios Rey católico de las Españas, prometo por mi honor y en fe y palabra de Rey, y juro sobre la cruz y los Santos Evangelios, y el canon de la misa que toco con mis reales manos, que observaré y cumpliré plena y realmente, y de buena fe todos y cada uno de los puntos y artículos contenidos en el tratado de paces, reconciliación y amistad hecha y concluida, y fenecido en mi nombre por mi muy caro y bien amado primo don Luis Méndez de Haro y Guzmán, marqués del Carpio, Conde-Duque de Olivares, y por mi muy amado primo el cardenal Mazarino, en nombre del muy alto y muy excelente y muy poderoso príncipe Luis décimo cuarto, también por la gracia de Dios Rey cristiano de Francia, mi muy caro y muy amado buen hermano, sobrino y yerno, a los siete días del mes de noviembre del año pasado en la Isla llamada de los Faisanes, en el río Bidasoa, en los confines de los Pirineos y después ratificado por mí y por el Rey cristiano, como también los artículos secretos en que entonces se convino por ambas partes, y asimismo el contenido del artículo concluido y fenecido en nuestros nombres, a los treinta y uno del mes de mayo pasado en interpretación del artículo cuarenta y dos del, sobre dicho tratado de paz.
>
> Y que todo lo haré guardar, mantener y observar de mi parte, sin contravenir jamás a ello, ni permitir que contravenga en ninguna suerte o manera que sea, en fe y testimonio de lo cual firmé la presente de mi propia mano, y mandé poner en ella mi sello secreto. Dada en la dicha isla de los Faisanes a seis de junio de mil y seiscientos y sesenta años. Yo el Rey"[291].

Don Juan y la guerra de Portugal

A pesar de no haberse prestado la atención que requería la situación portuguesa en el momento que ello fue necesario, corría el año 1659 cuando desde la Corte madrileña mutase dicha visión. Para ello, Felipe IV decidió que la persona más adecuada no era otra que su propio hijo don Juan de Austria, que en ese momento continuaba instalado en El Escorial, tras habérsele llamado como ya sabemos desde Madrid, teniendo que abandonar el mando directo de las operaciones bélicas que se venían desarrollando en los Países Bajos. La mácula de la derrota en las Dunas de Dunquerque seguía afectando al hijo del rey.

---

291 A.H.N., *Estado*, Leg. 8.778.

Mientras era ajustada entre España y Francia la ya citada *Paz de los Pirineos*, se iba organizando un ejército cuya dirección recaería en manos del bastardo. Dicho ejército, a diferencia de los liderados por don Juan de Austria en ocasiones anteriores, en donde primaban militares con experiencia, curtidos por las artes de la guerra, el que iba a participar en la campaña de Portugal estaba formado en número más que significado por hombres procedentes de levas forzosas, gentes sin apenas experiencia en el campo militar. Todos estos preparativos se harían con vistas a la campaña militar que se desarrollaría en 1661.

Don Juan de Austria, desde un primer momento, no se encontró a gusto con aquellas tropas. En este sentido, manifestaría en más de una ocasión su disposición a excusar aquella campaña, quedándose en la Corte, a la que acudía con cualquier pretexto cada vez que podía, posiblemente movido por el deseo de ver el desarrollo de los acontecimientos que allí se avecinaban, y en donde se planteaban importantes problemas de cara a la sucesión del Rey Felipe[292], asunto que abordaremos en páginas posteriores.

Resignado a su obligación de dirigir aquellas tropas que se enfrentarían a los sublevados portugueses, en un intento de hacer decaer sus pretensiones separatistas, pediría amplias facultades para dirigir a sus soldados, coordinar las operaciones y las previsibles negociaciones, cara a llegar a un acuerdo de paz. En marzo escribía a su agente en Madrid, Diego de Egues del modo siguiente:

> "Para mayor inteligencia de lo que os dije ayer en Atocha, y para mejor discreción tocante al ensanche y enmienda del título, me ha parecido advertiros, que no habléis en lo segundo hasta no tener la concesión o negativa de lo primero. Esto es, que solicitéis, con recuerdos, con D. Luis de Haro, en la forma que os dije, lo de la subordinación indeterminada dentro de Portugal, hablando también de mi parte (si os pareciere) a D. Juan de Góngora, a quien yo se lo comuniqué y ofreció representarlo y procurarlo con D. Luis. Después de saber la resolución que se tomare en ello, pasaréis a que se rehaga el título, ingiriendo en él las cláusulas de que así en el ejército donde yo asistiese, como en todos los demás dentro de Portugal o de las seis leguas, si se negare lo otro, me conceda Su Majestad la consulta y proposición de todos los cabos de Maestre de Campo españoles arriba, inclusive, valiéndoos también del complemento de instrucción que os comunicará Patiño"[293].

La campaña militar en Portugal comenzaría con un ejército integrado por unos 15.000 infantes y 6.000 jinetes, además de otras tropas adicionales a las que se encomendaría la vigilancia de determinados puntos clave a lo largo de la frontera. El primero de sus objetivos sería entrar en Portugal por Extremadura, haciéndose con una plaza fuerte que sirviese de punta de lanza de aquellas dos situadas en España: Badajoz y Alcántara.

292 Calvo Poyato, J., *Juan José de Austria...*, op. cit., pp. 85 y ss.
293 Maura, G., op. cit., p. 185.

Elegida, finalmente, por don Juan la plaza de Arronches, ésta sería ocupada con suma facilidad por los ejércitos del bastardo, dirigiendo él personalmente aquel ataque, conforme mandaban los cánones del honor militar. En el siguiente documento, una carta enviada desde el lugar de las operaciones bélicas, observamos nítidamente lo cómodo que resultó dicha ocupación militar:

> "Carta escrita de Badajoz, de 24 de junio de 1661. Día del *Corpus* por la mañana, marchó el ejército por la orilla de campo mayor a tiro de mosquete, tirándose algunos cañonazos sin muerte alguna, tuvieron tragado el asalto con que se retiraban al castillo, pasó adelante sin saber a donde los llevaban hasta que por la tarde Su Alteza mandó a don Juan Pacheco fuese a tomar los puestos de Arronches, hízolo y por la tarde llegó el ejército, envió Su Alteza un trompeta, diciéndoles se rindiesen, y les haría buen pasaje, respondieron les diese veinte días de término para avisar a su Rey, a que les volvió a decir que sola una hora les daba para la resolución. Entonces dijeron querían pelear, mandose plantar nuestra artillería, y por la brevedad ofreció Su Alteza a los artilleros doscientos ducados, con que a las once de la noche comenzaron a pelear duro cinco horas, y viéndoles habían abierto una brecha y volado dos o tres casas con las bombas se rindieron, con condición que cada uno sacase su ropa, dándoles siete días de termino en los que se salieron todos fuera de siete u ocho, y el gobernador que tenía la plaza"[294].

Continua el cronista indicando que

> "nuestros soldados sintieron no asaltarla por el pillaje, mas no les ha ido mal, porque dicen que hay mucha plata y oro. En el ejército tenían en ella las mujeres, y haciendas muebles de campo mayor, era villa de seiscientos vecinos. Rica de dinero y ganados, huertas, y tierra fresca, y lindas fuentes por ser sierra. También tenía dos conventos, uno de Austirnos (sic), que lo dejaron y lo han hecho hospital ahora, otro de Capachos (sic), fortifican la bien porque se dice la quieren hacer plaza de armas, para lo cual ha venido hoy casi todo el baje del ejército, carros a llevar municiones con cuatro mil caballos de convoy"[295].

Más adelante, el autor de la misiva nos da muchos más datos sobre aquella batalla, y sobre los planes futuros de aquel ejército hispano en tierras de Portugal:

> "Y pasando por Campo Mayor un balazo de artillería le mató el caballo a don Antonio de Ysassi, más no le hizo a él daño.
>
> Dicen se recogerá todo este país sin sangre por no estar fortificado, ni tener gente porque la del enemigo es mucho menos de la que se decía. Lo más que se ha hecho en esto es haber metido la guerra en Portugal, con que le tala los frutos y entierra la más fresca, que hay por aquí.

---

294 B.N., mss., 2.396, p. 220.

295 B.N., mss., 2.396, p. 220.

> Todo es blando ahora en Portalegre, ciudad como Badajoz, rica y fácil de ganar, episcopal, Dios nos de su amor, que con eso todo se hará bien.
>
> Ha llegado el señor don Diego Caballero, con el convoy y me ha dicho que el señor don Juan tiene la cara desollada de andar al sol y aire, porque no para, y así se ha llevado las voluntades de todos los cabos, están muy unidos también que la fortificación real, que hacen en Arranches cuesta cien mil ducados, y que presto tendremos cosas nuevas, han traído mucha hacienda a Badajoz los soldados"[296].

Este temprano éxito haría imaginar a más de uno, quizá llevado por una exacervada euforia, que la ocupación de Portugal sería fácil. Sin embargo no se dejó contagiar de ello don Juan de Austria, convencido de que la falta de preparación de sus tropas sería a medio y largo plazo una grave rémora en su campaña militar, contemplándose, además, algún que otro percance negativo para los intereses de la Monarquía Hispánica[297]. En todo caso, poco más de sí darían las jornadas del año 1661, limitándose las mismas a operaciones de escasa envergadura y a que los portugueses ajustasen la posición de sus ejércitos cara a acciones futuras.

Sin embargo un importante hecho, negativo para los intereses de la Monarquía Hispánica, vendría a producirse, y del cual ya hicimos mención en la introducción de este capítulo: el príncipe inglés al que Felipe IV había acogido años antes en Brujas, dándole asilo político, y del cual dimos debida cuenta de la reunión que don Juan mantuvo con él a su llegaba a tierras de los Países Bajos, había subido al trono de Inglaterra, tras la caída del dictador Cromwell, con el nombre de Carlos II. Aquel año contrajo matrimonio con Catalina de Braganza, hermana del Rey de Portugal, lo que vendría a significar inmediatamente un acuerdo político-militar entre ambos reinos. Dicho factor, imprevisto en la Corte madrileña, venía a sumarse a las ayudas que los rebeldes portugueses ya recibían del *Rey Sol*, pese al compromiso del mismo –y asumido como vimos en la *Paz de los Pirineos*– de no prestarles ningún tipo de colaboración.

Pero la guerra en tierras lusitanas continuaba. En principio la campaña de 1662 tampoco depararía grandes novedades, en donde las tropas lideradas por don Juan de Austria volvían a cruzar la frontera portuguesa, a la búsqueda de los ejércitos sublevados a la obediencia de Felipe IV, un enemigo que en todo momento eludiría el enfrentamiento en campo abierto. Dicha campaña, además, tuvo una escasa duración, apenas dos meses, sirviendo todo ello para que los españoles se apoderasen de una serie de plazas fronterizas, entre ellas la de Ocrato juntamente con doce villas perte-

---

[296] B.N., mss., 2.396, p. 220.

[297] Vid. *Relación verdadera de los sucesos de las armas de Portugal y Castilla, en la campaña del año 1661. Huída de don Juan de Austria... pérdida del marqués de Viana... retirada del duque de Osuna... y otras particularidades*, Lisboa, Valente de Oliveira, 1661.

necientes a su Priorato[298], y para comprobar de primera mano un significado rechazo de los regnícolas hacia el Rey español[299].

En este ambiente se llegaría a la campaña de 1663, que vendría a convertirse en la que determinaría el curso de la guerra. Con la pretensión de terminar con el enemigo, una de las primeras medidas a adoptar sería la preparación de una armada que terminase con el envío de soldados y otros medios que desde Francia e Inglaterra recibían los portugueses. También se autorizaría la guerra en corso[300], configurándose una importante flota a tal efecto, que colaboraría en tareas de hostigamiento con los barcos de la armada real.

Avanzada la primavera, a comienzos del mes de mayo, don de Austria iniciaba las operaciones militares partiendo, nuevamente desde Badajoz, en donde había establecido su cuartel de invierno. Sin una planificación precisa sobre donde atacar, la duda rondaba a muchos sobre cual sería el destino de aquellas tropas. En este sentido unos hablaban de Estremoz, otros hablaban de sitiar Yelves, mientras que otros simplemente hablaban de "*talar*" el territorio de Portugal, en el ánimo de provocar las calamidades derivadas de aquellas acciones.

Con todo y tras sopesar las distintas posibilidades, finalmente el hijo de Felipe IV marcharía sobre Évora, al frente de un ejército de más de 20.000 hombres. Pronto, sin embargo, replantearía aquellas intenciones al apercibirse que en dicha plaza aguardaba un ejército portugués de más de 10.000 hombres. Así las cosas, cambiando el destino de sus ataques bélicos, don Juan dirigiría sus ataques sobre Évora, otra de las plazas portuguesas de mayor importancia.

Su ocupación fue, con diferencia, la más importante de cuantas se realizaron a lo largo de las distintas campañas del hijo de Felipe IV en aquellas tierras. En dicha localidad don Juan se mostraría especialmente receloso ante cualquier posible desmán de sus tropas contra la población portuguesa, prohibiendo a tal efecto cualquier tipo de saqueo o alteración alguna, por muy popular que para los militares fuese aquello, se

298 *Relación verdadera, y cuarto diario de la feliz victoria que han tenido las católicas armas de Su Majestad (que Dios guarde), contra el rebelde de Portugal, gobernadas y asistidas por Su Alteza el serenísimo señor don Juan de Austria, en el sitio y toma de la villa de Ocrato con doce lugares de su priorato*, Madrid, Francisco Nieto, 1662.

299 Sobre la campaña militar de 1662, vid. *Relación verdadera y tercero diario de la feliz victoria que han tenido las católicas armas... contra el rebelde de Portugal, gobernadas... por... don Juan de Austria, 27 de junio de 1662*, S.l.: s.n., Madrid, Francisco Nieto, 1662.

300 A diferencia del pirata, bandido que "no reconoce fe ni ley", que ataca a propios y ajenos indistintamente, el corsario es aquel particular que, en virtud de contrato (carta de marca o patente de corso) estipulado con el estado bajo cuyo pabellón navega, persigue, captura o visita barcos mercantes de países enemigos, quedándose con las presas capturadas o parte de ellas, y sujetándose a reglas previstas por la legislación, por ejemplo en el *Libro del Consulado del Mar* o en el Código de las *Siete Partidas* aparecerán reglas relativas al corso. El corso venía a producir beneficios tales que la Corte y los ministros de los estados interesados en él adquirían participación en compañías comerciales fundadas con el objeto de explotarlo: así Isabel I de Inglaterra, *miss Elizabeth Tudor* en los registros de la asociación que financiaba las empresas de Drake. Los corsarios de mayor envergadura llegaban a detentar los más altos grados de la marina de sus respectivos países, y en este concepto participaron en empresas bélicas regulares.

repuso el ayuntamiento, se rebajaron los impuestos, y se trató de atraer hacia su causa, por todos los medios posibles, a la población de aquella localidad.

En la documentación almacenada en la Biblioteca Nacional, encontramos una importante masa documental de referencia, en donde se detallan de manera minuciosa los distintos elementos, tanto humanos como materiales, que venían a componer aquellas tropas que dirigía don Juan de Austria, con el ánimo de que aquel reino rebelde volviese a la senda de la Monarquía Hispánica.

Veamos el documento siguiente, en donde se nos da perfecta referencia sobre las dudas anteriormente planteadas, en relación al destino de las operaciones bélicas, además de enumerarse los distintos medios humanos y materiales de que se componían aquellas tropas:

> "No se sabe donde se encamina nuestro ejército. Unos dicen que a Estremoz, otros a encontrar la tierra adentro a talar el país, y otros a sitiar a Yelves, que en esto no hay certidumbre.
>
> De lo que se compone el ejército:
>
> Infantería. Cuarenta tercios de infantería, los veinte y seis de españoles, ocho de italianos, cinco de alemanes, y uno de franceses, y en ellos diez mil y quinientos hombres, sin las guarniciones que quedan en las plazas.
>
> Caballería. Once trozos de caballería, que se componen de ciento y treinta y nueve compañías, y en ellos siete mil y quinientos caballos, que los siete mil quedan en campaña, y los quinientos en guarniciones.
>
> Trenes de artillería, proveeduría que saca el ejército a campaña.
>
> Dos mil carretas de bueyes.
>
> Cuatro mil seiscientos y cincuenta y cuatro bagajes menores.
>
> Quinientas acemillas.
>
> Trescientos y cincuenta carros de a cuatro mulas.
>
> Doscientas mulas de tiro.
>
> Treinta y seis mil doscientas y cincuenta y dos arrobas de bizcocho, en seiscientos y dos cajones y sacos.
>
> Veinte mil novecientas y cincuenta y cinco arrobas de harina.
>
> Once mil y quinientas fanegas de cebada.
>
> Veinte y siete piezas de artillería, cuatro de a cuarenta libras de bala. Nueve medios cañones, seis sacres y seis malteses.
>
> Cuatro trabucos de echar bombas.
>
> Pólvora, balas y todo lo necesario.
>
> Treinta y seis hornos de hierro para cocer pan.
>
> Demas de los víveres que han salido a campaña, se previenen y están prevenidos en diferentes puestos cantidades de víveres, así de harina, y bizcocho, como de cebada para conducirlo al ejército, pues no es posible que el carruaje pueda llevar todo lo necesario para el tiempo que se ha de estar en campaña.
>
> Jueves y viernes, y cuatro de mayo se talaron los trigos en Yelves y Campomayor por nuestra caballería, diligencia conveniente para perturbación del rebelde.

Sábese por muy cierto que en Portugal no hay mucha unión, y siente el mal gobierno y peso de la guerra, y si este año tenemos algún suceso, se tiene por muy cierto nos haremos dueños de mucha parte de Portugal.

Dícese por algunos rendidos que vienen, que el pueblo se lamenta de que no son defendidos, siendo así que se destruyen para hacer la guerra.

El duque de Braganza, por sus desabrimientos y natural, está mal visto en Portugal, y particularmente en Lisboa. Todo es parcialidades y bandos, unos de parte de la madre y otros del hijo, que no es lo que más mal nos está.

Sábese esto muy cierto por varias cartas de confidentes de allá.

Dicen que el enemigo tiene tres mil caballos, y menos infantería que nosotros.

Esto es lo que hasta ahora puedo decir a Vuestra Majestad de novedad, y de lo que fuere habiendo iré dando cuenta, y en pago lo hará Vuestra Majestad de las novedades de esta Corte. Dios guarde a Vuestra Majestad muchos años, y a nosotros nos de buen suceso. Badajoz, cinco de mayo de mil y seiscientos y sesenta y tres años"[301].

Una vez que se hallaron ante las puertas de la ciudad de Evora, los españoles esperaron a que los lugareños se rindieran sin presentar batalla, ahorrando un inútil baño de sangre. Sobre ello resulta interesante el contenido de una misiva enviada por don Juan a los máximos mandos militares de la ciudad, inquiriéndoles a rendirse rápidamente:

"Carta de Su Alteza escrita al gobernador o cavo de la ciudad de Évora. Su Majestad no capitula con sus pueblos, y así a todos los puntos que tocaren al de esta ciudad de Évora, se le responde con decir que se les conceda perdón general, vidas, honras y hacienda, libres y todo buen tratamiento, y en lo demás pueden esperar con seguridad todo el favor que mereciere la fidelidad y fineza con que obraren en el servicio de Su Majestad.

A los moradores se les concede quince días de término para que se vayan los que quisieren, y se les permiten puedan sacar sus muebles y esclavos, excepto cualquier género de bastimento y el mismo término se concede para los moradores de afuera, buscando ellos bagajes para llevársela.

A los capítulos de ente de guerra se responde aparte. Campo sobre Évora ciudad, a 21 de mayo de 1663. Este término se ha alargado hasta fin de Julio"[302].

La Batalla de Estremoz

A igual modo a como ocurriese no mucho tiempo atrás en los Países Bajos, antes de la dura derrota de las Dunas de Dunquerque que vino a provocar la salida de don Juan de Austria de aquellas tierras, la victoria que habían obtenido los ejercitos del hijo de Felipe IV sobre los "*rebeldes*" portugueses en Évora, motivó que muchas localidades

301 B.N., mss., 2.390, pp. 153 y ss.

302 B.N., mss., 2.396, p. 216.

portuguesas vinieran a solicitar volver a la obediencia del rey Habsburgo. Este grato hecho para don Juan vino a significar un importante cambio en la situación existente en aquellas tierras.

Pero también aquellos acontecimientos fueron con probabilidad el detonante que hizo replantear a los lusos su táctica militar, decidiendo que había llegado la hora de presentar batalla, en lugar de ir eludiéndolas por sistema. El bastardo aceptaría el reto, marchando seguidamente hacia Estremoz a la búsqueda de aquel encuentro que se presentaba como definitivo para la victoria sobre los sublevados portugueses, y en donde, cual revés de la historia, tras una batalla dura y cruel, los lusitanos rompían las líneas españolas provocando un desastre militar de trascendencia inimaginable en aquel momento histórico.

Dicha batalla, aparte del número de bajas sufridas, vino a significar la ruptura de las esperanzas puestas en el ejército dirigido por el hijo de Felipe IV. Pero también las crónicas nos lo han presentado como un soberano acto de cobardía colectiva de un ejército, que no muchos años atrás se presentaba en todos los campos de batalla con reputación de recio e invencible.

El pesimismo de don Juan desde el inicio de su designación para los negocios militares de Portugal aparece recogido en una misiva enviada a su padre, en donde le comunicaba la vergonzosa derrota a manos de los portugueses, y de la que se harían múltiples copias que fueron distribuidas a los cuatro vientos:

> "Fácilmente creerá Vuestra Majestad que quisiera antes haber muerto mil veces que verme obligado a decir de Vuestra Majestad que sus armas han sido infamemente rotas de los enemigos, con la ignorancia más sin ejemplo que jamás ha habido; igual solo a mis pecados, que sin duda le han causado... Para decirlo de una vez, ningún hombre en el ejército cumplió con lo que debía, y yo el primero, pues no quedé hecho pedazos en aquel campo, para excusarme esta nueva pena de dar a Vuestra Majestad la que tendrá con estas noticias, al fin. Nuestra infantería ha dejado un ejemplar nuevo en las historias, pues no se hallará en ellas hasta hoy que haya sido roto un ejército por otro que no quiso dar batalla, ni tal intención tuvo, y que, después de ganada, no lo acertaba a creer... para acreditar más la vileza de nuestra gente es de notar, que ella misma saqueó el bagaje y todo lo que no se puedo retirar... Este, Señor, es el suceso.
>
> Las circunstancias de mi dolor solo se pueden escribir con pedazos del corazón; no es extraño la pérdida de una batalla, porque Dios, que es Señor de ellas, concede las victorias a quien es servido, y es menester conforme con su voluntad; lo que me ha llegado al alma es hacer la última experiencia de la vileza de nuestra nación y de la infamia con que se ha portado lo general de ella, descrédito que no se borrará jamás de la memoria de los tiempos"[303].

Pero más allá de aquella crónica que enviase don Juan de Austria a su padre, el Rey, venimos a encontrar otras numerosas, que también nos relatan aquellos dramáticos

303 B.N., mss. 18.735.

hechos acaecidos, y en donde, al menos en nuestra opinión, resulta muy significativa la siguiente:

> "Suceso que tuvieron los dos ejércitos de Castilla y Portugal, gobernando el uno el señor don Juan de Austria, y el otro don Sancho Manuel, conde de Villaflor, en 8 de Junio de 1663. En la provincia de Alentejo.
>
> En 6 del mes de mayo salió de Badajoz el señor don Juan de Austria, con cerca de siete mil caballos y doce mil infantes, muchos de ellos extranjeros, y con veinte piezas de artillería, y número excesivo de carruaje, prevenido de mucho tiempo, con todo cuidado, prevención que podía servir a un ejército de 25.000 combatientes.
>
> El portugués, no sabiendo donde sería la invasión, guarnecía sus plazas que por muchas no dejaban gente libre, para formar por entonces ejército. El ejército castellano, dejando a las espaldas las plazas en que imaginó hallar resistencia, pasó catorce leguas hasta Évora, cuidando que por estar tan adentro del país se hallaba sin fortificación de artillería, ni municiones, con que pudiese resistir al ejército, aunque fuera menos numerosos, no tenía más que trescientos caballos, seis mil infantes en orden, con poco recurso de caballería. Pero por ir el ejército castellano marchando muy despacio, por causa del excesivo carruaje, pudo el conde de Villaflor, gobernador de las armas de Portugal, meter en Évora de refuerzo otros cuatrocientos caballos y mil infantes con pocas municiones, para ver si con esto podía defenderse algunos días, hasta que juntando las guarniciones fuesen a socorrerla"[304].

Continúa la misiva indicando que

> "el ejército castellano la embistió con algunas avanzadas, y no tuvo necesidad de usar de más artes, porque la defensa no era mucho, si bien se defendía con valor, matándonos mucha gente, con que el ejército se vio obligado a formar baterías, y aproches, con que fácilmente la muralla vieja abrió brecha, con que se rindieron a partido, habiendo peleado seis días, con gran tesón y valor, supliendo las balas que les faltaron con todo el plomo que se hallaba en la ciudad, hasta sacarlo de los órganos de las iglesias.
>
> En este tiempo el conde de Villaflor marchó con diez mil infantes, y cuatro mil caballos, a socorrer la ciudad, y teniendo aviso en la marcha de que se había rendido, escogió sitio, para impedir los convoyes y la retirada al ejército castellano, para que la falta de víveres les obligase a salir de la ciudad, y no se pudiese retirar sin dar la batalla, aunque era desigual el poder de los portugueses.
>
> Pero no hallando sitio que pudiese impedir una y otra cosa, sino distante de la ciudad algunas leguas, les quedó lugar a las tropas castellanas para discurrir por diversos caminos, hacia lo interior de la provincia, procurando la obediencia de los lugares abiertos, enviando boletines a la ciudad de Béjar y a las villas de Evoramonte, y Avis, que eran defendibles. Los discursos de los soldados eran diferentes, acerca del intento que traía, y los mejores le daban por perdido, porque no hallaban razón bastantes

[304] B.N., mss., 1.170, pp. 66 y ss.

para haberse metido tantas leguas, por el país contrario, dejando a las espaldas plazas fuertes, y un ejército, teniendo por infalible que habían de parar todo, en una retirada ignominiosa, y muchos dudaban que se pudiese conseguir"[305].

Más adelante, se comienza a narrar las ventajas posicionales que va encontrando el ejército lusitano,

"entre tanto el portugués, viendo que si bien de aquel sitio en que estaba quitaba al castellano la comunicación con Castilla, todavía le dejaba lugar para las correrías, sin poder impedirlas todas (aunque había estorbado algunas tomándole buen número de caballos), escogió antes acercárseles porque el recelo de la vecindad no le permitiese dividir el poder, y por ver si le incitaba a pelear..."[306].

Y comenzaron los enfrentamientos:

"el domingo a 3 de junio llegó el Conde General, a media legua de Évora, tomó el cuartel junto a la rivera. El Serenísimo señor don Juan el lunes de mañana con todos su poder, excepto el carruaje, y muy pocos que dejó en la ciudad a la tarde, estaba ya de la otra parte de la ribera, allí formó sus baterías con diez y seis piezas arrojando cantidad de balas, aquella noche (que hicieron poco daño al portugués por estar apartado del terreno y cerró animosamente para pasar la ribera, que por pequeña y llevar poco agua se esguazó con facilidad). Pero el conde de Villaflor, general, se formó en batalla, y comenzase la pelea con grande vocería.

Don Luis de Meneses, general de la artillería, dispuso de suerte que impensablemente recibió de ella el ejército de Castilla grande daño, y continuó del mismo modo todo el tiempo que duró la refriega.

Jugó la mosquetería, y después de largo espacio fueron los muertos de una parte y de los otros muchos, porque todos en esta ocasión pelearon con gran valor.

El mismo día por la tarde volvió el señor don Juan con todo su poder, trayendo también el bagaje, y dejando en la ciudad más de mil infantes y 500 caballos, por guarnición... hizo el pueblo que rompió en furor y vocería, clamando por las calles todos que querían pelear con los castellanos, voz que cundió por todo el reino, y sobre todos la ciudad de Coimbra, que a toda prisa se iban juntando.

El conde de Villaflor le fue siguiendo por un lado, procurando cortarle el paso y obligarle a batalla"[307].

Pronto se verían nuevamente las caras aquellos ejércitos en Estremoz, ya que

"el lunes 8 de junio le dieron alcance media legua de Estremoz, y el portugués viendo que el ejército castellano, ocupaba un puesto llamado *El Cano*, tan superior

305 B.N., mss., 1.170, pp. 66 y ss.

306 B.N., mss., 1.170, pp. 66 y ss.

307 B.N., mss., 1.170, pp. 66 y ss.

que causaba gran reparo, y el número de infantes y caballos era superior. Aunque la infantería no lo era mucho superior, lo era en la caballería que constaba de seis mil caballos. En fin el conde de Villaflor, general, dispuso la batalla en la forma siguiente...

En este tiempo se publicó en el ejército castellano un papel de proclamación y se repartió en diferentes partes de él, encargando a todos los maestres de campo, coroneles de infantería, tenientes generales y comisarios generales de la caballería, que amonestasen y persuadiesen cada uno a sus oficiales y soldados que Dios les había puesto en las manos la mejor ocasión de que muchos años se había visto en esta monarquía, para aumentar la reputación de las armas católicas y la fama de cada uno..."[308].

Y comenzó el sangriento enfrentamiento entre las armas del Rey Felipe IV y las de Portugal:

"comenzose una furiosa pelea, recibiéndose recíprocamente tan grandes y furiosas cargas, a que parecía hundirse las esferas, y al punto que los generales de la caballería atacaron hacia el cuerno izquierdo, a ese mismo tiempo don Luis de Meneses, y Alfonso Hurtado de Mendoza con la primera línea de la vanguardia pudieron subir la artillería a una montañuela contra los tercios de la infantería castellana que la ocupaba, y a fuerza de cargas dejaron esta eminencia...

Del ejército castellano fue igual y aun mucho más, murió el general de la artillería y el conde Cherni, francés, y más de dos mil heridos y otros tantos prisioneros, y entre ellos mucho número de cabos y oficiales, y personas de cuenta, y en fin todo el ejército castellano quedó derrotado, muerto y prisionero, retirándose alguna caballería con el señor don Juan..."[309].

Sobre esta gran derrota de las tropas mandadas por don Juan de Austria, frente a los ejércitos sublevados de Portugal, resulta interesante analizar el contenido de cierto documento portugués, titulado *Relación de la famosa y memorable victoria que el ejército de el Rey de Portugal, gobernado por el conde de Villa-Flor, alcanzó del ejército del Rey de Castilla, gobernado por su hijo don Juan de Austria: es la Provincia de Alem-Tejo, en 8 de junio 1663*, el cual nos dará una perspectiva de lo que fue aquella batalla desde el punto de vista del adversario. Indicar que dicho documento se encuentra en la Biblioteca Nacional.

Después de esta derrota, don Juan de Austria se retiraba a Arronches, donde haría recuento de sus tropas. Mientras tanto los lusitanos avanzaban hacia Évora, ocupada todavía como sabemos por las tropas de don Juan, que no tardaría en caer en sus manos. Tras ello, marcharía el hijo de Felipe IV con los restos de su ejército hacia tierras de Extremadura, a Badajoz, a la espera de reorganizarlo y recibir refuerzos. Desde aquella localidad extremeña se remitía una carta al Rey español, rememorándose nuevamente

308 B.N., mss., 1.170, pp. 66 y ss.

309 B.N., mss., 1.170, pp. 66 y ss.

aquel desastre bélico, que había tenido como testigo impasible los campos de Estremoz, y en donde los ejércitos mandados por don Juan de Austria habían recibido un durísimo castigo:

> "No quiero excusar de dar cuenta a Vuestra Majestad de nuestro mal suceso, pues al paso que no lo esperábamos ha sido de los más lastimosos que han tenido las armas en el crédito, con el mejor principio que se puede decir. Y así por no gastar tiempo, digo señor, contando sus principios, que a siete de mayo salimos a campaña con catorce mil infantes y más de siete mil caballos, dimos vista a Yelves y Estremoz, a donde el enemigo hacía su junta.
>
> Hubo escaramuzas muy buenas, y pasamos Évora y la sitiamos y rendimos, haciendo prisioneros de guerra más de cuatro mil infantes y setecientos caballos. Comenzase a fortificar, y en este tiempo salió un pedazo de caballería a correr la tierra, y llegó cerca de Aldea Gallega. Venido esto fuimos nosotros por otro paraje, y nos alargamos tres leguas más allá de Évora, a donde hubo muchas presas. en este tiempo el enemigo se vino hacia Évora con su ejército, y nosotros venimos a toda prisa en busca suya, mejórense un puesto fuerte, de donde recibimos algún daño con su artillería, pues a don Gonzalo de Córdoba le llevó una mano, y a don Baltasar del Águila una pierna, que dicen morirán" [310].

Continúa la misiva enviada al Rey, indicando que

> "viendo esto Su Alteza movió el ejército para buscarle por otra parte, y hallase la misma dificultad. Viendo esto, y pareciendo que el enemigo no tiraba más que a entretener, se tomó resolución de venir marchando hacia nuestras plazas a tomar bastimentos, y tres mil hombres que estaban aguardando para incorporarse. Venimos por el mismo camino que habíamos hecho y el enemigo tomó su marcha por un costado nuestro. Llegamos a Estremoz y el enemigo se nos puso delante, más mejorado de puesto, presentámosle la batalla, y él no se quiso mover desde las ocho del día hasta las cuatro de la tarde, que viendo que tiraba a entretener se mandó que el bagaje comenzase a marchar, y al tiempo que nosotros comenzábamos con alguna tropa a marchar, se vino a darnos la batalla, y a nosotros se nos mandó que pasásemos al cuerno derecho con mucha prisa, que era a donde se encaminaba, a donde por tres veces pusimos en huída a caballería. Nuestra infantería estuvo tan poco firme, que al primer encuentro se la llevo la suya sin que fuese posible el volver a cobrarse" [311].

Pero el castigo no había terminado todavía, ya que

> "con que viendo esto, y anoche nos retiramos con Su Alteza y el general de la caballería, con una retirada tan larga que hizo más estrago en nuestra caballería que

---

310 B.N., mss., 2.390, pp. 271 y ss.

311 B.N., mss., 2.390, pp. 271 y ss.

el enemigo, pues causaron muchos caballos la pérdida, no ha sido grande de gente, fue lo de todo el carruaje, artillería, y otros pertrechos de guerra"[312].

Las pérdidas sufridas por los españoles fueron enormes:

"estamos aturdidos de una desdicha tan grande. Su ejército del enemigo constaba de más de diez y seis mil infantes, y tres mil y quinientos caballos, y a nosotros nos faltaba cuatro mil infantes y mil caballos, que dejamos de guarnición en Evora. Está disponiéndose se pueda volver a probar la mano o socorrer a Evora, y en este tiempo a puesto este ejército en las plazas y a la raya, no puedo asegurar a Vuestra Majestad la pérdida de la gente, lo que es cierto es que el enemigo perdió mucha pues con tan poco lucimiento hubo muchas cuchilladas y carabinazos, con mucho destrozo de su caballería.

A don Gabriel le mataron el caballo rucio, y un soldado se desmontó y le dio el suyo, y con él la vida porque fue en lo más apretada de la batalla, falta mucha gente particular, sin que hasta ahora se sepa si son muertos o prisioneros, de los cabos más señalados y sus puestos. Son estos el marqués de Liche, preso, y don Aniello de Guzmán, y también herido don Lope de Abrero muerto...Badajoz, y junio, a 16 de 1663 años"[313].

Don Juan en Madrid y su designación como Capitán General de la Mar

Aquella derrota, tan inesperada y tan grave de las tropas de la Monarquía Hispánica dañaron fuertemente el ya mermado prestigio de don Juan de Austria. Así las cosas, no tardaría en llegar desde la Corte madrileña un aviso para que emprendiese su camino hacia la ciudad del Manzanares.

Alojado en El Retiro, su presencia en Madrid estaba prevista para unos pocos días. Sin embargo la estancia se prolongaría mucho más, pese a que desde Portugal se reclamaba nuevamente con urgencia su presencia.

A pesar de encontrarse supuestamente aislado de la presencia de su padre, don Juan sería nombrado por aquellas fechas Capitán General de la Mar, lo cual da a entender dos cosas de suma importante, por un lado que las relaciones entre el Rey y su hijo bastardo no eran tan malas como algunos han llegado a afirmar sin justificación y, por otro, que la idea de controlar la situación que venía sucediéndose en el reino de Portugal no se había abandonado en aquellas fechas.

Con todo, veamos aquel nombramiento de don Juan de Austria, como Capitán General de la Mar:

---

312 B.N., mss., 2.390, pp. 271 y ss.

313 B.N., mss., 2.390, pp. 271 y ss.

"Copia del título que tuvo el serenísimo señor don Juan de Austria de Capitán General de la Mar, su fecha de 3 de septiembre de 1663.

Por cuanto Su Majestad (Dios le guarde) se ha servido de darme el cargo de General de la Mar, y para ello mandó despachar el título acostumbrado, que es el del tenor siguiente.

Don Felipe por la gracia de Dios Rey de Castilla... por cuanto estando vaco al presente el cargo de mi Capitán General de la Mar, y habiendo mandado dar orden en lo que toca a mis galeras, y crecer y acrecentar el número de ellas, y que todas anden bien armadas y proveídas de chusma, marinería, gente de guerra, municiones y otros pertrechos, teniendo fin a entretener el ordinario una gruesa armada de las dichas galeras... y siendo necesario proveer el dicho cargo por ser de la calidad, confianza e importancia que es, en persona que con mucho cuidado y vigilancia le sirva (como conviene), atendiendo a que en vos don Juan de Austria, mi hijo, de mi Consejo de Estado, Gobernador General de todas mis armas marítimas, mi Gobernador y Capitán General de mis Países Bajos de Flandes, Borgoña y Charloes, y mi Capitán General del ejército para la recuperación de Portugal, concurren todas las partes de prudencia, valor y experiencias militares que se requieren para el empleo que han estado a vuestro cargo, correspondiendo a las grandes obligaciones que residen en vuestra persona, en el celo de mi servicio, a que os obliga mi amor y confianza.

Por tanto he acordado y determinado de elegiros y nombraros, como en virtud de la presente os elijo, y nombro por el tiempo que fuere mi voluntad por mi Capitán General del Mar Mediterráneo y Adriático, de las galeras mías que al presente están armadas y se armen adelante... y distrito del dicho cargo de Capitán General de la Mar por la parte de África, se entiende hasta Larache, y que por la parte de España, ha de llegar y llega hasta Ayamonte, y el río Guadiana, que divide a Castilla de Portugal, y quiero y mando que habiendo vos el dicho don Juan, mi hijo, hecho primeramente el juramento que para eso se requiere, seáis habido y tenido por tal mi Capitán General... dada en Madrid a 3 de septiembre de 1663. Yo el Rey... por tanto ordenamos y encargamos en virtud de la presente al marqués del Viso y de Bayona, Capitán General de las Galeras de España, de la orden necesaria para que este despacho se note en los oficios del sueldo de ella, y que quede original en el de la Contaduría..."[314].

Pero lo que no deja de ser cierto es que don Juan de Austria estaba siendo humillado por algunos, reprochándole el haber protagonizado importantes desastres militares, aunque la más significativa de todas aquellas censuras procediese del hecho de que el Rey, su padre, no le llamase a su presencia, sino que los contactos entre padre e hijo vinieron a realizarse a través de interpósita persona. Dicha labor sería realizada por el duque de Medina de las Torres, uno de los personajes en quién Felipe IV había depositado en este momento su confianza.

---

[314] A.H.N., *Estado*, Leg. 3.489.

Don Juan nuevamente en la Campaña de Portugal

Pero la contienda portuguesa no parecía tener tregua. El 1 de octubre partía nuevamente hacia aquellas tierras, haciéndolo, nuevamente, hacia la extremeña localidad de Badajoz, convertida desde hacía tiempo en la lanzadera de los ejércitos de Felipe IV en aquellas operaciones militares. El pesimismo que en las ediciones pretéritas había mostrado don Juan de Austria ahora vino a incrementarse, comenzando esta campaña de 1664 con escasos ánimos y pocas esperanzas de conseguir los objetivos marcados por la Corona Hispánica.

Así las cosas, la campaña sería nuevamente negativa para los intereses de la Corte madrileña, sufriendo importantes derrotas los ejércitos españoles, confirmando lo acaecido en Estremoz. Ante esta situación a todas luces insostenible, don Juan de Austria solicitaba al Rey permiso para abandonar la campaña y retirarse a Consuegra, o a cualquier otro lugar de la orden de San Juan.

En este sentido, el desastre de la campaña portuguesa había acabado con el ánimo y la moral de don Juan, y no es para menos ya que el resultado de todo ello fue, que después de una larga y costosa guerra, y a pesar del apoyo de una importante fracción de la nobleza portuguesa, Felipe IV se viese incapaz de reincorporar a la Corona Hispánica el sublevado reino de Portugal. Con las citadas derrotas sufridas por Juan José de Austria y los otros generales españoles, hasta la postrera que soportase el marqués de Caracena en Villaviciosa[315], en el año 1665, se ponía fin al intento de unidad política: el 18 de febrero de 1668, y en virtud del *Tratado de Lisboa*, la entonces regente Mariana de Austria reconoció formalmente la independencia del reino de Portugal.

Las víctimas de aquella batalla de Villaviciosa serían numerosas, pero también se contaron entre los afectados por los horrores de la guerra numerosos heridos y cautivos, muchos de ellos de procedencia extranjera que se habían alistado en las numerosas levas que la Monarquía Hispánica realizaba en lugares de lo más variopinto. Uno de aquellos cautivos sería un noble de origen francés, el príncipe de Chaldis, que había jurado fidelidad a la causa hispánica debido a su enfrentamiento con el gobierno de Francia:

> "El príncipe de Chaldís me ha representado que deseando merecer en servicio de esta corona y de la augustísima causa, y no padecer debajo del gobierno de Francia, dejó sus estados para militar en la guerra de Portugal (como lo hizo) donde se halla prisionero. Y porque su ánimo fue hacer estado debajo de la protección del Imperio, me ha pedido escribir a Su Majestad en su reconocimiento, sobre la pretensión que tiene de ser declarado Príncipe del Imperio, en lo cual ha venido de buena gana interponiendo estos oficios con Vuestra Majestad (como lo hago) afectuosamente,

---

315 B.N., mss., 1.170, pp. 80 y ss. En las páginas de este manuscrito encontramos el "Suceso que tuvieron las armas de Castilla sobre la plaza de Villaviciosa, siendo gobernador y capitán general de ellas el marqués de Caracena. Año de 1665", en donde se dan importantes detalles de aquella importante batalla, tan nefasta para los intereses de la Monarquía Hispánica.

por concurrir en su persona todos los requisitos necesarios. Y así holgan muy particularmente que Vuestra Majestad se digne de tener especial atención en favorecer en este cautivo, pues por su mucha calidad y muchas y buenas partes será para mí de toda gratitud, mayormente añadiéndose a sus méritos el hallarse hoy prisionero en Portugal, habiendo quedado herido y prisionero en la ocasión de Villaviciosa, después de haber cumplido aventajadamente con las obligaciones de su vida y sangre. Dada en Madrid, a 30 de julio de 1666. Yo la Reina"[316].

Incluso llegaría a participar en la contienda de Portugal el hijo del Rey de Dinamarca, alistado en los ejércitos de Felipe IV, y al que se proporcionaría una importante suma económica, además de grandes dignidades, en compensación a su presencia en aquellas tierras:

"Al hijo del Rey de Dinamarca le dio Su Majestad quinientos ducados de sueldo, y otros quinientos ducados de sobresueldo, y ochomil ducados de ayuda de costa; que el señor don Juan de Austria le trate con los honores de Grande de España"[317].

Tras sus éxitos en tierras italianas y en Cataluña, que sirvieron para encumbrar a nuestro personaje, encontramos, por el contrario, como en estos dos últimos escenarios su gestión se cerró con sendas derrotas históricas: las Dunas, con la pérdida de Dunquerque en 1658, y Estremoz en 1663.

Resulta curioso observar como tras estas batallas, se promulgarían numerosos decretos, en el ánimo de hacer gravosa la pervivencia del reino segregado de la monarquía hispánica. Entre ellos podríamos citar una Real Cédula, dada el 27 de junio de 1663, prohibiendo el comercio con "los rebeldes" de Portugal[318]. Como también lo fue el hecho de que fuesen demandadas desde el territorio lusitano determinadas propiedades o indemnizaciones al Rey de España:

"Insta en el memorial incluso el conde de Miranda, embajador de Portugal, sobre que se entregue la casa y hospital de San Antonio de esta Corte a aquella Corona, a quién dice pertenece, y se restituyan a los vasallos de ella los juros que les pertenecen en Castilla, y se les quitaron en odio de la guerra; y el duque de Medinasidonia su estado, como antes tenía. Remítole al Consejo para que viéndose en él se me consulte sobre su contenido, lo que ofreciere y pareciere. En Madrid, a 17 de marzo de 1669"[319].

Significativo fue el contenido del tratado que firmarían Portugal y Francia en marzo de 1677, un año antes de que desde la Corte madrileña se reconociese la independencia del territorio lusitano, en donde se preveía una hostilidad permanente hacia Castilla, en

316 A.H.N., *Estado*, Libro 271.

317 B.N., mss., 2.390, p. 333.

318 A.H.N., *Estado*, Leg. 2.797.

319 A.H.N., *Consejos*, Leg. 7.179.

particular, y a España, en general, y en donde ambas naciones querían ocupar aquellos territorios de la Monarquía Hispánica a los que pretendían tener derecho:

"Copia de la liga que se ha tratado entre Portugal y Francia, en 24 del mes de marzo.

Viendo que por las injusticias de España las pretensiones del Rey de Francia, en cuanto al derecho de su reino en Flandes, le han sido negadas y pues que España ha rehusado de otorgar cualesquier términos de honra y seguridad al Rey de Portugal, no obstante una mediación continua del Rey de la Gran Bretaña, sobre este particular, lo han hallado ser necesario que Francia y Portugal, por fuerza de armas constituían a los castellanos (como siendo el enemigo común) a hacer justicia, y para conseguirlo que esta derecho que ambos a dos unánimes y conformes, junten en una liga defensiva y ofensiva, conforme al tenor de los capítulos siguientes:

Que si acaso la paz que ahora se trata entre Francia e Inglaterra se consiente y surte efecto, luego el Rey de Francia promete declarar la guerra contra Castilla, y proseguirla por mar y tierra.

Pero si no se consigue la dicha paz, sobre el dicho tratado, entonces la guerra se declara a los tres meses después de la data de la presente...

Que esta liga se ha de continuar contra Castilla y contra todos los demás, excepto la de Inglaterra o Francia, o hasta que España conceda al Rey de Francia lo que pretende de la parte de su mujer en Flandes, y trate con Portugal conforme a la majestad de un Rey, y como se usa y se hace entre otros reyes que no se excusan cualesquier términos de paces, con todo eso cumpliéndose las demandas y pretensiones sobredichas sea de concluir la paz, y entonces España volverá todos los lugares que pertenecen a Portugal, y el Algarbe.

Y asimismo al Rey de Francia todos los lugares que se tomaren en sus reinos, y la dicha paz que se ha de concluir así con Castilla, se tratará públicamente, y abiertamente tanto de la parte de Portugal como de la parte de Francia, con entera declaración que se hace en nombre de las dos coronas...

Que luego que la Francia declare la guerra, entrará Su Majestad cristianísima con un ejército poderoso, sea en Cataluña o en Vizcaya. Y el reino de Portugal dos veces cada un año entrará en campaña con un ejército de 12.000 infantes y 5.000 caballos, haciendo dos campañas, es a saber antes y después de los calores. Y si por venturas aconteciese que por cualquier ocasión notable la una faltare, entonces Portugal en lugar de ello hará cuatro incursiones en Castilla, empleando en ellas 4.000 en cada una...

Que no se ha de comunicar este tratado a ninguno, hasta que la Francia venga a declarar la guerra contra España, y que se ha de ratificar en París y en Indias, después de la llegada de la tal persona en la Corte de Francia, que vendrá empleado y finado a presentarla y firmado en la Corte de Lisboa a 31 de marzo de 1677, por el marqués de Niza, marqués de Goveat, marqués de Marialba, marqués de Jardel, conde de Carter Mellor..."[320].

---

[320] B.N., mss., 6.590, p. 1.

Y después de la independencia del Reino de Portugal…

Pero también conviene reflexionar sobre la situación en la que quedarían aquellas tierras fronterizas con el reino que ahora se había independizado. Como bien expone el profesor Kamen, durante más de un cuarto de siglo, desde los primeros momentos de inicio de la rebelión de Portugal, allá por 1640, hasta la firma de la paz definitiva en 1668, la mitad occidental de Castilla sería víctima incesante de todas las calamidades de aquel prolongado enfrentamiento bélico. En los momentos de mayor intensidad, aquel conflicto implicaba el movimiento de grandes ejércitos por las zonas fronterizas de los dos reinos. Pero, curiosamente, los largos años de bajo nivel de conflicto serían aún más ruinosos, dejándose sentir aquel impacto con la máxima dureza en las pobres llanuras de Extremadura. En este sentido, todas las poblaciones cercanas a la frontera se convertirían en fortalezas. Así las cosas, cuando aquellas localidades no padecían las exigencias de sus propias tropas, se convertían en víctimas de los ataques enemigos[321].

Pero el impacto de la guerra sobre las fronteras españolas no se limitaría a ese movimiento de militares a uno y otro lado de la línea divisoria de los dos reinos. Pronto llegarían a aquella zona las enfermedades, que por otro lado también afectarían a otros territorios de la monarquía. En el siguiente documento vemos perfectamente expresada aquella situación:

> "Con ocasión de lo que ha avisado don Luis Ferrer, que gobierna lo militar en Extremadura, de la enfermedad general que corre en aquellas fronteras, recelándose que sea contagiosa, ha hecho el Consejo de Guerra la consulta inclusa que remito al Consejo para que con noticia de lo que contiene vea lo que convendrá ejecutar en esta materia, y me represente sobre ello lo que pareciere. En Madrid, a 18 de septiembre de 1669"[322].

Pero aún habría más. El impacto de aquel conflicto bélico tendría un enorme coste económico, humano y material, y así se lo hizo saber el Consejo de Hacienda al monarca en un informe que aparece datado en 1664, y que tomamos de la obra del profesor Kamen:

> "Discurrido muy largo sobre ello, ha sido de gran sentimiento el reconocer el estado de las cosas de estos reinos y la despoblación y miseria en que los tiene la ocasión de la conquista del de Portugal; y aunque reconoce que la guerra trae consigo tantos daños que no es posible adir al reparo de todos, o saca de la obligación al Consejo y a los ministros y vasallos de Vuestra Majestad, de mirar en el que se pudiere por la Real Hacienda y por los pueblos y vecinos contribuyentes.
>
> Los alojamientos, Señor, en las provincias de Extremadura consumen lo que importan todas las rentas, y parece por las relaciones, y dice el Señor don Juan, que

---

[321] Kamen, H., *La España de Carlos II*, Madrid, 2005, p. 78.

[322] A.H.N., *Consejos*, Leg. 7.179.

no hay para dos meses de cuartel, y que cada año se han continuado cuatro meses y medio, y se han consumido los débitos atrasados y los efectos corrientes, y se han adelantado muchas cantidades de años venideros, empeñando los propios pósitos y haciendas particulares... y no sólo en este trabajo en los lugares de Extremadura, sino que entran en mucha parte de los lugares de La Mancha y Castilla la Nueva, donde también consumirán todas las rentas.

El deseo de hallar remedio a tan graves inconvenientes hace preciso representar a Vuestra Majestad que esto no es bien que corra como hasta aquí, ni se debe dar lugar a que la gente de guerra hagan tan excesivos gastos en los alojamientos"[323].

Incluso años más tarde, el padre Nithard contestando a aquella más que dura carta que enviase don Juan de Austria a la regente, indicaba el estado de postración y extrema pobreza que la guerra había provocado en aquellas gentes de Extremadura:

"Dejo, Señora, el que en este tiempo, ni después de la muerte del Rey, que está en el Cielo, tributo, o imposición nueva, no se ha visto, y habiendo durando las guerras hasta que el señor don Juan partió a La Coruña, si fueron pesados los tributos, lo eran por la pesadumbre de la guerra, que pedía todo eso, y mucho más, como constó , y consta claramente al señor don Juan del tiempo que la tuvo a su cargo en Portugal, y de las quejas continuas que dio de lo poco con que se le asistía, siendo considerabilísimas sumas de millones, que no alcanzaban a las pagas, a cuya causa en tiempo del señor don Juan se vio sumamente oprimida toda la Extremadura de los soldados, y alojamientos, de que son testigos todos los vivientes de aquella provincia, y las cartas del señor don Juan, y los libros del Consejo de Hacienda, donde consta la remisión de dinero que se queja siempre agriamente, que no era suficiente"[324].

Dentro de las llamadas "*Cartas de los difuntos a los vivos, halladas dentro del túmulo de la encarnación, al día de los difuntos*", encontramos una supuesta carta enviada por el marqués de Caracena para el Consejo de Estado, en relación a los sucesos acaecidos en aquella sublevación de Portugal:

"Carta del marqués de Caracena para el Consejo de Estado. Ahora conozco el fin que tuvo el señor don Juan en agenciar la paz de Portugal, a que contradije tanto, fue su intento de hallar ayuda en los contrarios, desbandar a los amigos, aumentar los odios, agregar los descontentos, y acostumbrar al pueblo a tolerar que a vista de Carlos 2º se corone otro en España. Con todo preví yo estos recelos y por esto intentó desacreditarme y tantos medios procurando que las armas no estuviesen en mis manos, temer de mi lealtad. Sabe Su Alteza que yo le describí las primeras líneas de tan altos pensamientos, revuélvaselos avisar y cotéjenos con el estilo de su carta los libelos escandalosos de los 24 capítulos contra mí, de las 33 proposiciones contra la Reina, y las cosas del estribillo, si cualquiera es mal suceso, que se le da al

---

323 Kamen, H., *La España de Carlos II*, Madrid, 2005, pp. 80-81.

324 A.H.N., *Estado*, Libro 1.009, pp. 298 y ss.

Rey de esto, publicadas a tiempo que el Rey se había indignado por pretensión que le declarase infante de Castilla, en ellas se dice Carlos 2º, no era para ser tenido por príncipe, y que era grande... tener en Consuegra a don Juan, refrésquese la memoria y verá que todo es agua de la misma fuente. Yo cumplo con avisar a Vuestra Majestad a quién guarde Dios"[325].

Pero también encontramos otra supuesta carta enviada desde el más allá al marqués de Caracena. Se trata de una misiva que tiene como remitente al antaño primer ministro de Felipe IV, don Luis de Haro, datada en el año 1665:

"Carta que escribió don Luis de Haro al marqués de Caracena en la ocasión de ir gobernando las armas de Castilla contra Portugal. Año de 1665.

Primo, esta carta no es de cumplimiento, véome obligado a escribirte desde este mundo a ese otro, por tu bien, no me he obligado aun de los puestos que por allá tuve, envidiábanme muchos mi fortuna, y te aseguro que no saben lo que es bueno, nunca tuve una hora de sosiego mientras viví. Las desconfianzas, los recelos, el rostro airado y una palabra de menos cariño de mi Rey bastaban para inquietarme. Lo que puedes asegurar a todos es que siempre tuve buena intención, menos algunas veces en lo que podía ser causa de mi caída, efectos solo de las pasiones de los que por allá viven. Procuré siempre adelantar en los puestos de consecuencia a los de más prendas, a algunos aparté de la Corte porque convenía al servicio del Rey y también a mis designios...

Después de esta rota clamaban todos por don Juan, fue necesario sacarle de Flandes, tenerle ocioso en la Corte, no convenido su sangre, puestos y experiencias de tantas campañas la autorizaban por generalísimo, yo tenía poca inclinación a ello, mis fines eran muchos y secretos, temíale armado en el campo, temíale también ocioso en la Corte. En esta por el cariño que sabía le tenía su padre, y así procuré sacarle de ella hasta que se determinase en lo que convenía.

Recelaba en el campo sus buenos sucesos, le conocía ofendido de mis recelos, y que si se hallaba victorioso podría darme en que entender, pudiendo después de conquistado Portugal, no me atrevía a manifestar mi parecer al que era mi Rey, y juntamente padre de mi competidor, cualquiera que conociese el natural fácil y amoroso de mi Rey hubiera hecho lo mismo.

Pensé desde entonces, oh marqués, traerte a Portugal. Decía que a un soldado de tus experiencias y fama, reservaba la conquista de aquel reino, no fue posible lograr mi intento.

Dispuse que entrase el duque de Sermoneta por Gobernador de Milán, en el interin que Fuensaldaña, sirviendo a nuestra infanta Reina de Francia hasta París, y que desde allí pasase a Flandes, a donde hallábase gobernando aquellas provincias, había determinado sacarte de allá, y traerte a España por virrey y capitán general de Galicia.

---

[325] A.H.N., *Estado*, Libro 1.009, p. 312.

Había traído de Flandes los mejores soldados y a otros había de traer, formándose con estos y los que se hallaban de fortuna, en aquel reino, y las milicias del país, un ejército de importancia.

Estaba pronto en San Sebastián y en La Coruña número suficiente de navíos, en que pudieses obrar por mar y por tierra. Las asistencias serían seguras, aunque faltasen a otra parte, y como de mi mano prometíame de estas disposiciones y de su valor, verme triunfantes.

En Braga y en Oporto tenía algunas inteligencias. Mal lo lograron todos estos designios con la muerte de Fuensaldaña. Pareció a los del Consejo de Estado (que no penetraban mis fines), no hacías falta aquí, que bastaban las fuerzas de Extremadura, por donde había de entrar don Juan con muchas y seguras asistencias.

Galicia gobernada por un soldado de fortuna haría diversión a Portugal, que no podría acudir a tantas partes, y había de echar lo mejor, por donde el peligro era mayor.

Prevalecieron estos consejos, poco ganaron nuestras armas contra el rebelde en todo el tiempo que yo me hallé por allá, algunos quisieron que yo cooperase a ello, y ahora no me confieso, ni me valiera la confesión, aunque la hiciera con toda verdad.

Murió el príncipe, vi luego nacer otro, tuve tal pesadumbre de la muerte del primero, que de ella con otras que la cargaron, morí yo también.

Hállome por acá mi estado no puedo decirlo, el tiempo lo dirá, que poco mundo queda para saberlo todos.

Los grandes ministros de los grandes príncipes vamos por acá juntos, este premio no puede faltar, mis ordinarias conversaciones son con el cardenal Mazarino, que ha sido la principal causa de que te escriba esta carta.

Un gran señor que llegó los días pasados por la posta de París le dio nueva como habías pasado a la ligera por Francia, y te habías detenido en aquella Corte algunos días, dióme luego cuenta y me dijo te había agasajado mucho el Rey cristianísimo, y que corría voz que los agasajos nacían de la estimación que hacía de su extremado valor, reconociendo en ti solo epilogada la gloria militar de España. Otros maliciosos han murmurado que quería comprarte, porque pudiera ofrecerse ocasión en que te hubiese menester. Los de por acá son la censura, no podemos decirlo por venir y nos registran las cartas con cuidado... si hubiera tenido paciencia no me hubiera muerto tan deprisa. Siempre tuve este dictamen, que Castilla no recobraría a Portugal, si tú no eras el conquistador, mucho lo deseché, aunque mis émulos decían no, no eran eficaces mis deseos, en parte decían verdad, y en lo sustancial mentían..."[326].

Continúa aquella interesante misiva indicando que:

"Y porque eches de ver con cuanta verdad yo deseo la conquista de Portugal, pedí licencia para escribirte, y no sólo me la concedieron, pero me lo mandaron expresamente. Marqués, con todo cuidado, has de asegurar las asistencias, y has de

326 B.N., mss., 1.170, pp. 28 y ss.

tenerlas tan ciertas como si tuvieras en tu poder las llaves del dinero, bastimentos y municiones.

Y que los cabos del ejército sean valerosos y de confianza, y que puedan aconsejarte sin recelarte de sus consejos, y que los sargentos mayores de batalla, maestres de campo, capitanes, y demás oficiales sean personas que merezcan los puestos que tienen, y has de tener cuenta con las naciones de suerte que ninguna de ellas se queje de ti, y te pierda el amor.

Nadie te culpará que vengas más afecto a la tuya, quejáranse si no hicieres caso de la extraña, la italiana que es la que puede pretender la vanguardia, puedes guardar la alternativa y consejo fue del Emperador Carlos Quinto, guardándola con los alemanes, españoles y italianos, tenía obligación de cumplir con todo, era Emperador de Alemania, Rey de España, y pretendió conservar el reino de Nápoles.

Importa mucho tener en la armada persona que te corresponda y pueda dar la mano con gente y municiones y no ofreciéndose la ocasión. Las pagas de los soldados que sean puntuales, hechas con agasajo y estimación de sus trabajos, y concederles algunos sacos de los lugares del rebelde, porque se alienten estos y aquellos se castiguen. Y que los soldados tengan entendido que como eres fiel en las pagas de los maravedíes, lo serás también en castigar los inobedientes y fugitivos.

La empresa en que te hallas es dificultosa, y de ella depende tu reputación, la de tu Rey y de toda la monarquía española, y todas las naciones de Europa están atentas a lo que obrares.

Echábanme la culpa cuando yo gobernaba lo de por allá, y me aseguran que está peor que estaba, no me alabo, digo la verdad. Dios te guarde. Don Luis"[327].

Pero más cartas serían enviadas al marqués desde el más allá, en donde resulta elocuente ver la del difunto cardenal Mazarino, que como consta en el texto anterior, fue quién le recomendó a don Luis escribir a Caracena.

La opinión de los enemigos de don Juan de Austria sobre su campaña en Portugal

Al respecto de la presencia y liderazgo de don Juan de Austria en la campaña de Portugal, sus enemigos políticos tenían una opinión muy clara a la hora de presentarle como el gran responsable de aquel desastre:

"...le fió la conquista de Portugal, esperando que con las puntuales asistencias, recobraría en España el crédito que había perdido en Flandes. Mandole pues llamar de Consuegra a Madrid, para encargarle esta expedición, e instruirle del modo y caminos de ejecutarla con felicidad, alojándole en el Buen Retiro, y no permitiéndole jamás que públicamente por la villa, sino solo por defuera, viniese a Palacio,

[327] B.N., mss., 1.170, pp. 28 y ss.

entrando por la priora, y escalera secreta al cuarto de Su Majestad, con quién tuvo algunas audiencias, y pretendió luego dos cosas: la una, que en el Retiro le sirviesen los mismos mayordomos del Rey, y la segunda, que Su Majestad le permitiese entrar en el Consejo de Estado (de que algunos años había, le hizo merced *ad honorem*), para conferir en él, con los demás ministros, sobre la forma y medios necesarios para aquella conquista, pero el Rey no vino, ni en lo uno, ni en lo otro, y sólo mandó formar una Junta de Guerra, de diversos ministros de estado y guerra, y que ésta se tuviese en el buen Retiro, presidiendo en ella el señor don Juan.

Repitiese esta Junta muchas veces, y concluidas las resoluciones que se tomaron, se puso en el camino para Badajoz, plaza principal de las armas, en que vino fácilmente don Luis de Haro, por apartarle del lado del Rey.

Aquí fueron tantos los gastos, que con asombro de los ministros, en breve tiempo consumió catorce millones de ducados, y tantas las vejaciones de la provincia, que los extremeños ponían los clamores en el cielo. Ajó a la nación española, quitándola la vanguardia, y ultrajándola, como si fuera la más abatida del mundo, y favoreció tanto a los extranjeros, que no sólo los moraba en desprecio de los españoles, sino que les permitió una tan absoluta impunidad, que castigaba con desaires y extorsiones a los que daban quejas de sus insultos.

Y en consecuencia de esto, respondió el señor don Juan a unos regidores, que le representaban los daños de sus pueblos: "*que era menester perder un reino para conquistar a otro*". Empeño a que correspondió en parte el señor don Juan, pues (aunque no conquistó a Portugal) destruyó casi de todo punto a Extremadura. La inutilidad de la fortificación de Arroches, y la cortedad de Jurumeña, fueron empleo de dos años, en los cuales con un mes de campaña, se recogió al descanso de tanta fatiga.

La tercera jornada fue a la conquista de Évora, y a la vuelta, cargado de cautivos y despojos de otros impedimentos, pudiéndose retirar, y engrosar el ejército con la recluta de cinco mil hombres que había en Badajoz, contra el parecer de todos los expertos, y en especial el duque de San Germán, porfió en precipitarse con tal disposición que recabó ser vencido de quién ni esperaba ni quería vencer, ni supo su buena suerte hasta muchos horas después del suceso. Los soldados para mostrar que no había tanto temor como enfado, se detuvieron a robarle su rica y aparatosa recámara, mostrando en esta acción el amor y el concepto que tenían de su general.

Fugitivo de la batalla escribió desde Arranches al Rey una carta, tan injuriosa a nuestra nación, que repetidas veces la llamó nación infame, vituperándola con tales hipérboles de cobardía, infidelidad y vileza como si los españoles fueran la hez de todo el universo, y así parece que se empeñó en apoyar su deshonra, pues avisándole del aprieto de Valencia de Alcántara, y de la facilidad del socorro, como príncipe magnánimo prosiguió jugando a la pelota, dejando perder la plaza, como si no le tocara el socorrerla.

Y éste es aquel príncipe benévolo, aquel capitán valiente, y aquel valeroso caudillo, por quién el pueblo suspira, como por su único amparo y restaurador de su honra.

La desconfianza de los españoles y el verídico informe averiguado por un visitador enviado a este fin de la causa de su pérdida, y la noticia que se tuvo de que en Zafra, y en los mismos patios del Palacio de Madrid había empezado a esparcir su familia, el falso rumor de que le habían trocado con el príncipe don Baltasar (y que así lo había dejado declarado el duque de Híjar) obligó al Rey a que le quitase el puesto, y retirarse a Consuegra, sin permitirle venir a la Corte, argumentó de su real indignación.

Y sin embargo quedo el señor don Juan tan ajeno de la moderación, que le persuadía su mala fortuna, que como si hubiera conquistado la tierra santa, y hecho otros más relevantes servicios, pidió a su padre por merced, que le diese los honores y preeminencias de legítimo infante de Castilla, y licencia de estarse en la Corte público, y andar como lo hacía el príncipe Philiberto de Saboya, nieto de Felipe 2º, e hijo de la señora infanta doña Caterina, y llamado a la sucesión de estos reinos. Siendo interlocutor en esta pretensión el duque de Medina de las Torres, como consta por su consulta, que original tengo en mi poder"[328].

Sin embargo, si hacemos caso a las noticias que nos transmiten los documentos sobre el funcionamiento de aquella Junta que pretendía aportar soluciones al problema portugués, la labor desarrollada por don Juan de Austria fue intensa:

"Novedades de la Corte de 11 de agosto de 1663. Don Juan de Austria continúa su asistencia en el Buen Retiro, donde los más de los días se tiene la Junta (que acá llaman Grande) mañana y tarde, en que se trata de los medios para continuar la guerra, y de los tiempos en que se han de emprender. Intervienen con Su Alteza los señores presidente de Castilla (a quién todo va a parar), duque de Medina de las Torres, marqués de Mortara, don Luis Poderico, don Vicente Gonzaga, Monsieur Marsin, el barón de Ausi, y el de Dativila, con el secretario don Pedro Fernández del Campo. Y no hay misterio en la asistencia del portero, más que haber de estar al mismo tiempo despachando con Su Majestad en lo universal el señor don Luis de Oyanguren, y si alguno escribiere diferente es cierto que se engaña.

Lo que en esta Junta se fuere ajustando y va saliendo poco a poco, pero muy aprisa todo aquello que tocare de las campañas de la otoñada, por que el portugués no se duerme, y antes se sabe que se previene para lo mismo. Tiénese por cierto que volverá el señor don Juan a Badajoz, y muy en breve, que aún por eso anda todavía vestido de color, y no esta permitido que ninguno de los criados que trajo consigo se vistan de negro.

De Lisboa se avisa que por la gran falta que tiene de dinero, el portugués resolvió imponer otro nuevo tributo sobre aquel reino, y que Lisboa en especial lo llevó tan pesadamente que se inquietó y estuvo a pique de amotinarse, y dejó de hacerlo por haberse pregonado para sosegarla que aquel intento no pasaría adelante.

Hase convenido en pedir por el reino un donativo voluntario, sin poner coto a nadie y que los asentistas sobre este arbitrio subieron algunas cantidades con que se socorrió a las tropas extranjeras, que por no haberles pagado lo que tenían servido y desvengado, hacían muchas insolencias y amenazas..."[329].

---

328 B.N., mss., 8.344.

329 B.N., mss., 2.396, p. 251.

CAPÍTULO SEXTO:
EL OCASO DEL REINADO DE FELIPE IV

La recta final de un dilatado reinado

En la esfera internacional, los años finales del reinado de Felipe IV suelen de manera tradicional aparecer representados por la continuidad de las campañas militares, esencialmente contra Francia –que concluirán con la conocida *Paz de los Pirineos*– y contra Inglaterra, además de las anteriormente citadas acciones bélicas emprendidas contra el reino de Portugal.

Sin embargo, suele pasar desapercibido el más que notable sacrificio fiscal que será exigido a los territorios peninsulares, sobresaliendo, una vez más, la corona de Castilla en dicho esfuerzo. Y es que la segunda parte del reinado de este monarca tendría consecuencias mucho más drásticas que el primero de ellos para la actividad económica, comercial y, como no podía ser de otra manera, monetaria de aquel territorio castellano. Fiel reflejo de todo ello sería un notable incremento del premio, el cual llegaría a alcanzar límites nada normales. Junto a él marchaban de la mano los precios, movidos en brúsquedas oscilaciones.

Sobre ello nos transmite Javier de Santiago[330] que la principal característica de estos años vendrá marcada por los cambios de valor de las especies monetarias de vellón. Así las cosas, Felipe IV había concluido con los tradicionales métodos de obtención de dinero, mediante la emisión masiva de moneda, lo que vino a provocar un profundo malestar en la población, singularmente agudizado a finales de los años cincuenta de ese siglo XVII.

Aquella necesidad financiera, que derivaba sin lugar a dudas de las empresas en las que la monarquía se veía inmersa, obligó a emplear moneda de vellón como fuente de ingresos, pero diversos factores como eran la fuerte devaluación de la moneda como consecuencia de acuñaciones masivas exigían una nueva fórmula para el mantenimiento de dicho recurso económico. Sobre ello continua informándonos Javier de Santiago, indicando que el nuevo procedimiento empleado para intentar salvar aquella situación

---

330 Santiago Fernández, J. de, *Política monetaria en Castilla durante el siglo XVII*, Valladolid, 2000.

consistiría en ordenar el incremento del nominal, y que quedaría referenciado a través de la estampación de un resello que acreditase aquella variación, y una vez realizada aquella acción en las cecas, el numerario sería devuelto a sus poseedores, aunque no entregando idéntica cuantía de monedas, sino el mismo dinero, es decir la Corona reintegraba la cantidad de acuerdo al nuevo valor nominal. Ello le permitiría quedarse con una cantidad significativa de lo recibido. En este sentido, muchas monedas de aquellas que se conservan en colecciones vienen a acreditar todo esto, a través de los resellos presentes en sus estampas.

Esto, sin embargo, tendría un resultado inmediato: el incremento de la inflación, aunque con ello se arreglase, al menos momentáneamente, las necesidades de la política exterior.

Esta aseveración no viene a significar que la monarquía se lanzara a una carrera frenética por la senda inflacionista. En cierto modo se observa que después de ello venía una deflación, única manera de poner fin a los problemas que ocasionaba aquel crecimiento de la moneda. Y es que aquella política que permitía la inflación ser articulaba como un recurso extremo, que se adoptaba en momentos puntuales de máxima necesidad de dinero, como fueron las campañas en tierras del la Europa central, los Países Bajos o, ya dentro de España, las campañas de Portugal o Cataluña. Perfectamente puede entenderse que con la deflación no perseguía, aunque a veces así fuese, colocar moneda en el territorio en disposición de ser aumentada nuevamente, sino más bien poner fin al desastre causado por la sobrevaluación.

Con todo, las necesidades económicas de la monarquía fueron ingentes, y para ello se acudió a todo lo que quedaba en manos de los gobernantes, incluyéndose la exigencia a los distintos territorios de la monarquía para que realizaran aportaciones económicas: Cataluña ofrecía en 1662 un donativo de 725.196 libras, además de 50.000 para las fortificaciones de dicho territorio; Zaragoza aporta diez mil hombres, aparte de mantenimientos, bagajes y alojamientos; Castilla, no obstante de la quiebra del sistema económico y financiero de la monarquía, aprueba en las Cortes de 1656 un servicio extraordinario que provocará un gran desasosiego entre los contribuyentes, con los consiguientes disturbios populares. Además continuaría la venta de oficios públicos, la concesión de un nuevo servicio de 600.000 escudos de vellón en 1661, de un tercer uno por ciento en ese mismo año, y de un cuarto uno por ciento en 1664, destinándose la recaudación de estos dos últimos tributos a satisfacer a los hombres de negocios afectados por la suspensión de pagos decretada en 1662 y el Medio General de 1664.

Don Juan de Austria en los últimos años del reinado de Felipe *el Grande*

Tras el desastre de Portugal, don Juan de Austria volvería a tierras de Castilla, comenzando a partir de ese momento histórico la que podíamos denominar su segunda trayectoria vital, en este momento singularizado por el ejercicio de cargos de naturaleza política, frente a la etapa anterior más bien caracterizada por las artes de la guerra, aunque no es menos cierto que junto a ella hemos narrado múltiples funciones de carácter político, a nivel de virrey o de gobernador general. Perfecto conocedor de la cada vez más avanzada edad de su padre, la muerte del príncipe Baltasar Carlos, la ausencia de un heredero directo, y otros asuntos de similar condición, don Juan pretendió, aunque más bien con poco éxito, un mayor reconocimiento por parte de su padre, solicitando, por ejemplo, plaza permanente en el Consejo de Estado. Otras pretensiones fueron la de obtener el título de infante; o cuando menos su ascenso a aquella tan ansiada por muchos condición de *Grande de España*[331].

Sin embargo el Rey parecía haber pedido buena parte de su confianza en él, aparte del hecho de que, demasiado influido por sus remordimientos, quizá observase en su hijo bastardo el fruto de aquellos desenfrenos de juventud[332]. Pero no es menos cierto que a aquellos recelos firmemente contribuyeron los últimos fracasos militares de don Juan, la presión de la Reina Mariana de Austria, o el simple hecho de que el rey Felipe IV comenzaba a temer la excesiva ambición de su hijo, que no cuadraba con los destinos propios de un hijo bastardo, quién –según algunos autores– soñaba con una corona, incluyéndose la Hispánica, y llegando a sugerirse que presentó una petición al monarca hispánico la pertinencia de su boda con su hermanastra, la infanta Margarita, asunto que en nuestra opinión vino a pertenecer a maquinaciones insidiosas propias de aquellos detractores de don Juan de Austria, quizá respondiendo a otras semejantes que éste hubiese hecho en contra de sus enemigos políticos.

Deseoso de frenar sus ambiciones de cara a la inminente regencia, Felipe IV siguiendo el consejo del Emperador Leopoldo, le ofreció altos cargos eclesiásticos como la mitra de Toledo o el puesto de Inquisidor General, propuestas que al parecer no agradaron a don Juan, por más que sobre sus espaldas ya recayese hace años el título de Prior de la Orden de San Juan en tierras de Castilla.

De hecho fue célebre la última de las reuniones mantenidas entre Felipe IV y su hijo don Juan. Ésta tendría lugar en Aranjuez en la primavera de 1665 Pidió el bastardo a Su Majestad, le diese licencia de llegarse a Aranjuez, donde se hallaba en la primavera del año 1665, último de su vida y la última vez que le vio. Cuentan que al encuentro llevó, según narran los detractores de don Juan, como presente a su regio padre un cuadro que afirmaba haber realizado de su propia mano, en donde aparecía

---

[331] La más significada nobleza del reino de Castilla y la nobleza de los restantes reinos y territorios de la península Ibérica y singularmente de Cataluña, Aragón y Valencia, alcanzó en la época de Carlos V un rango superior con el título de *Grande de España*, título que formaría la primera gran categoría de la jerarquía nobiliaria española. Aquel apelativo vino a configurar la más alta dignidad honorífica que podía alcanzar un vasallo de la monarquía española. Dicha distinción permitía a quien la recibía formar parte de un exclusivo y reducido grupo que se posicionaba en lo más alto de la pirámide social y la cercanía al monarca. Esta élite nobiliaria adquirirá notables privilegios en el ceremonial, como el no cubrirse en el interior del palacio regio, o en la audiencia que el Rey les diese.

[332] Sobre ello resulta muy significativo analizar la correspondencia que éste tuvo con su "*valido en la sombra*". Estamos hablando de sor María de Ágreda, a la que algunos han venido incluso a intitularla como un valido más en la historia de la Monarquía Hispánica.

representado Saturno[333] con el semblante de Felipe IV, junto a don Juan y la infanta Margarita, con las insignias y forma de los dos hermanos, y consortes Júpiter[334] y Juno[335]. Ante este hecho el Rey apareció sobresaltado, e indignado acabó volviéndole la espalda. No resulta descabellado dar por cierto el hecho de haber pintado un cuadro a su padre, ya que desde muy joven le fue inculcado a don Juan la afición a las artes plásticas, artes que no abandonaría a lo largo de su vida[336].

Con todo eso, templado su enojo con su amor de padre, trató de corregirle con piedad, pensando con saludables consejos reducir a moderación sus pensamientos altivos. Para ello, entre otros medios, el Rey mandó al conde de Peñaranda que informase de la intención que tenía con respecto a la promoción de su hijo. La idea era suplir la ausencia del cardenal Sandoval; quien ya contaba con una avanzada edad, además de estar mermadas sus facultades, por estar viejo y achacoso; con la promoción de don Juan de Austria al arzobispado de Toledo. A esta idea regia respondería su hijo bastardo con una lapidaria expresión: "*que no le llamaba Dios por aquel camino*".

Por otro lado, don Juan, y en base a multitud de actuaciones en su contra desarrolladas por Mariana de Austria, posiblemente aleccionada por su confesor, achacaba a ella el alejamiento que le dispensaba su padre. Resulta curioso observar como ya por el año 1652, el enfrentamiento con Nithard era un hecho, y así lo vemos en la misiva que el hijo de Felipe IV enviase al conde de Leting, embajador de Alemania:

> "Copia de carta que el señor don Juan de Austria escribió al Conde de Leting, embajador de Alemania, en 14 de junio de 1652. Habiendo recibido una carta del nuevo cardenal Nithard, en que con pretexto de participarme su exaltación ha querido burlonear mi ánimo, y juzgando yo deberle sacar cuanto antes de dudas con la que respondí, tengo por de mi precisa obligación poner en manos de V.E. las copias de ambas cartas, y también de la que escribí a don Diego de Velasco, con el motivo de esta novedad, para que por el medio de V.E. pueda llegar todo a la vista de el señor

---

333 Antiguo dios de la agricultura. En leyendas posteriores se lo identifica con el dios griego Cronos, quien, después de haber sido destronado por su hijo Zeus (en la mitología romana, Júpiter), huyó a tierras de Italia, donde gobernó durante la edad de oro, un tiempo de paz y felicidad completas. Durante las fiestas llamadas saturnales, cada 17 de diciembre se rememoraba la edad de oro durante siete días. Todas las actividades se suspendían y se postergaban ejecuciones y operaciones militares.

334 Soberano de los dioses, hijo del dios Saturno, a quien derrocó. Originalmente dios del cielo y rey del firmamento, Júpiter era venerado como dios de la lluvia, el rayo y el relámpago. Como protector de Roma se lo llama Júpiter Optimus Maximus (el mejor y más alto) y se lo veneraba en un templo sobre el monte Capitolino. Como Júpiter Fidius era guardián de la ley, defensor de la verdad y protector de la justicia y la virtud. Los romanos identificaban a Júpiter con Zeus, el dios supremo de los griegos, y asignaban al dios romano los atributos y mitos de la divinidad griega; el Júpiter de la literatura latina, por tanto, tiene muchas características griegas, pero el Júpiter del culto religioso romano se mantuvo esencialmente libre de la influencia griega.

335 Reina de los dioses, mujer y hermana del dios Júpiter. Era la protectora de las mujeres y se la veneraba bajo diferentes nombres: como Juno Pronuba presidía los casamientos, como Juno Lucina ayudaba a las mujeres en el parto, como Juno Regina era la consejera y protectora especial del Estado romano.

336 González Asenjo, E., *Don Juan José de Austria y las Artes (1629-1679)*, Madrid, 2005, p. 33.

embajador, así por lo que yo debo procurar que mis acciones en el mayor servicio de el Rey y Reina, merezcan su alta aprobación, como para que Su Majestad Cesaria, como tan eficaz medio se digne de aplicar a su santo y prudente celo, a que este purpurado no inquiete y perturbe la paz de estos reinos, con las nuevas maquinas que su natural le sugiere continuamente, de que él mismo nos ha querido dejar dudosos, pues en la carta de su mano que llegó, y está en mi poder, dice con palabras formales, entre muchas indignidades y falta de respeto hacia mi persona y nombre, *que la púrpura puede emplastar, pero no curar heridas*. Espero que el amor con que Su Majestad Cesarea mira al Rey mi señor, y a su monarquía, no verá su generosidad a este favorable fin, en que le deberemos todos los buenos españoles, y verdaderos criados de ambas majestades, hijo y madre, un gran beneficio, a que fío contribuirán mucho con atentos y acertados oficios de V.E., cuya vida guarde Dios. Zaragoza, y junio 14 de 1652"[337].

Quedaba claro que su situación personal había sufrido una importante merma desde la entrada de la Reina austriaca en la Corte de Madrid. Incluso de las palabras del monarca, insertas en cierta misiva que se hizo pública ya fallecido, se deduce con prontitud aquella tensa situación, además de reprocharle con dureza a su hijo su carácter y maneras exhibidos, además de cierta falta de agradecimiento al hecho de haber sido reconocido:

"Carta del Rey nuestro señor don Felipe 4º, que sea en gloria, a Su Alteza el señor don Juan de Austria. Si en la gloria cupiera pena, la tuviera grande por vuestra desatención. Yo os engrandecí más que a ningún bastardo de España, prefiriéndoos a otros que tuve mucho mejores que vos, y más ciertos, porque nunca pensé que habíais de perder el respeto a la Reina, mi esposa, mí sobrina y madre de vuestro Rey. Si os contentareis con vuestra fortuna os amarán los españoles, como prenda mía, mas si confesándome vuestro padre os perdí el cariño, por los símbolos de aquella pintura en que manifestasteis vuestra ambición, no es mucho que os abominen los vasallos.

Yo os excluí de las armas y el gobierno por justas causas, y no debéis anhelar a más de lo que yo os dispuse, a tales fines corresponden los medios. Yo veneré tanto a los sacerdotes que a ninguno me atreví a darle a besar la mano, y vos os lo tomáis para dar muerte a una persona tan sagrada como el confesor de vuestra Reina..."[338].

Cierto es que el bastardo había luchado en todos los escenarios posibles de aquellas guerras internas recientes que habían tenido a la Monarquía Hispánica como protagonista –Nápoles, Sicilia, presidios de Toscana, Cataluña, Países Bajos y Portugal–, y aunque en ninguna de ellas había obtenido un éxito impresionante, tampoco sería modesta la aportación realizada para la estabilidad de la Monarquía Hispánica en sus dos primeras empresas. Pero tras ello simplemente vendría a cosechar a la postre derrotas, por más que hubiese entre medias ciertos espejismos en forma de victorias

337 B.N., mss., 10.330, pp. 29-31.

338 A.H.N., *Estado*, Libro 879, p. 331.

(Valenciennes, Évora...). Lo que no deja de ser cierto es que su figura vino a representar aquellas virtudes militares que aún existían en España, ganándose por ello cierto prestigio popular. El vacío político que poco tiempo después dejase el Rey Felipe IV vendría a agudizar las pretensiones de su hijo ilegítimo.

El matrimonio de Baltasar Carlos y Mariana de Austria

El nacimiento de un príncipe español, Carlos, el 16 de noviembre de 1661, vino a representar para el monarca anciano la última esperanza en una difícil cuestión sucesoria, después de que los anteriores herederos, Baltasar Carlos (1629-1646) y Felipe Próspero (1657-1661) hubieran fallecido de manera inesperada, además de despertar en él una sensación de bienestar: la sucesión al trono por línea directa aparecía ahora más garantizada.

El príncipe Baltasar Carlos era hijo de Felipe IV y de su primera esposa, la francesa Isabel de Borbón. Su prematura muerte privaba a la monarquía española del que, a decir de todos cuantos le conocieron, iba a ser un gran Rey. Pero no conviene olvidar que su madre tuvo a lo largo de su vida 10 embarazos, de los cuales cuatro fueron partos prematuros y otros cuatro dieron lugar a niños débiles que murieron al poco de nacer. De todos ellos sólo Baltasar Carlos y la infanta María (futura esposa de Luis XIV) llegaron a la pubertad. El príncipe Baltasar Carlos había venido al mundo el 17 de octubre de 1629, habiendo sido nombrado *príncipe de Asturias* en 1632, cuando apenas si tenía los tres años. Aquel nacimiento se celebró con un *Te Deum* en la capilla real, seguido de mascaradas, luminarias, fuegos artificiales, hogueras, corridas de toros y juegos de cañas, tanto en la Corte como en muchas otras localidades de la Monarquía Hispánica, y tanto en las tierras de Europa, como en el resto de aquel imperio sujeto a la Corona Española *en donde todavía no se ponía el Sol.*

Por fin, y después de tantos intentos vanos, el Rey tenía un heredero que se hiciese cargo de la Monarquía Hispánica en el momento en el que falleciese el Rey, además, en su educación espiritual y política, se emplearía a los mejores profesores. Pronto lo veremos en las capitales de algunos reinos, como fueron las visitas a Zaragoza o a Lisboa, jurando el derecho propio de aquellas tierras. También de manera rápida se pondrían en marcha los contactos con otras casas regias con el ánimo de buscarle una esposa que, a su vez, le diese otros hijos que garantizaran la pervivencia del linaje, generación tras generación. Tras descartar algunas posibles candidatas, y con la notable presión ejercida por el Emperador en pro de dicho enlace, se tomaría una decisión que a la larga tendría una importante significación en la historia de la monarquía española: elegir a Mariana de Austria.

En el siguiente texto pueden verse reflejados con perfección los primeros movimientos del Emperador, en su pretensión de hacer cuajar aquella iniciativa matrimonial:

"El Rey. Conde de Peñaranda, etc., que el Emperador, mi hermano, le habló en el casamiento del príncipe mi hijo con la señora archiduquesa Mariana, mi sobrina, motivando muchas razones de conveniencia para todos. Esto es materia que yo había pensado mucho antes del accidente que ha obligado a mi hermano a proponerla, y tenía resuelto anteponer la persona de mi sobrina para esposa de mi hijo a todas las otras princesas en que había puesto la consideración, pero todavía he holgado mucho de ver movida la plática por aquella parte, y para responder formalmente, aguardo a que me hable en ella el embajador de Alemania, que quedó en Madrid, y se aguardó aquí. Tendréis lo entendido y con el recato que conviene para proceder con esta noticia, en la dirección de esos negocios en los lances que se ofreciesen de casamientos, sin empeñaros a cosa que embarace la resolución en que estoy respecto de mis órdenes antecedentes..."[339].

Con todo, antes de que se pudiera seguir adelante con los derroteros propios del enlace, habría de salvar los impedimentos de parentesco existentes entre la archiduquesa Mariana y el príncipe español. Para ello se acudiría al Consejo de Estado, en donde una serie de personajes notables se encargarían de señalar aquellos posibles impedimentos y, más tarde, conseguir la correspondiente dispensa papal:

"habiéndonos juntado el conde de Chinchón, el conde de la Roca, y don Diego de Saavedra Fajardo, en conformidad del orden que Vuestra Majestad, para ajustar los parentescos del príncipe don Baltasar Carlos, Nuestro Señor, con la señora archiduquesa Mariana, cuyo casamiento está tratado, para pedir la dispensación a su Beatitud, habiendo visto últimamente los árboles que desde el principio de esta orden tenemos, trabajados de dichos parentescos ha parecido para excusar confusión y equivocación, que se debe remitir el ajustamiento de los parentescos de la señora emperatriz (que esté en gloria) con el señor Emperador Ferdinando 3º, a la dispensación que de ellos se sacó, y se hallará en la dataría de Roma, añadiendo a aquella relación dos parentescos nuevos, que concurren en sus altezas. Conviene a saber el de primos hermanos, por ser hijos de hermano y hermana, y el de la Reina doña Isabel de Borbón, Nuestra Señora, por donde son primos terceros... En Zaragoza, a 16 de julio de 1646..."[340].

Pronto llegaría la respuesta de los embajadores españoles en los Estados Pontificios, de donde no se tardaría en transmitir al Rey Felipe la bendición del Papa a este enlace:

"El duque de Terranova me remitió la carta de Vuestra Majestad, de 13 de julio, con las que venían para su Santidad, dándole cuenta del casamiento de Su Alteza con la serenísima archiduquesa Mariana, de que doy a Vuestra Majestad muchas

339 A.H.N., *Estado*, Leg. 1.411.

340 A.H.N., *Estado*, Libro 2.779.

enhorabuenas por la ocasión que ha dado de que las tenga toda la Cristiandad, y las tengamos todos sus vasallos, como espero.

Luego pedí audiencia, e hice el oficio con su Santidad, que Vuestra Majestad me manda, que me respondió con todo el amor y ternura debido a Vuestra Majestad, y a sus benignas cartas. Ha se tratado del Breve de la dispensación con toda diligencia, y así va con esta, añadiéndose a los grados de parentesco entre sus altezas de segundo y tercero grado, el de haber sido la señora emperatriz madrina del bautismo de Su Alteza, que también es cosa que pide dispensación. Demás lleva la cláusula general de cualesquiera otros grados o impedimentos que pueda haber, porque no pueda causar inconveniente ninguna falta de noticia.

El original de esta dispensación, y la de la edad, remito a Alemania conforme dice el duque de Terranova, que Vuestra Majestad lo manda, y también el Breve de la apostólica bendición cometido al cardenal de Arrach, o al Nuncio, porque con esto se pueda hacer en Viena los desposorios, y otro Breve para esta misma bendición que despachará más despacio, cometido al arzobispo de Toledo, o al Nuncio para que puedan de nuevo dar esta misma bendición cuando ahí se ratifique el desposorio, y hagan las relaciones, que confío en Dios ha de ver Vuestra Majestad el feliz logro que merece su real piedad, y tan acertada elección.... Roma, 3 de octubre de 1646"[341].

San Diego de Alcalá y el fallecimiento del príncipe Baltasar Carlos

Pero la muerte del príncipe español, como si de una maldición bíblica, que de manera reiterada se presentase ante las puertas de Felipe IV, truncaría este enlace, además de las ilusiones puestas por todos los súbditos de la monarquía en aquella sucesión natural que se hubiese producido de vivir Baltasar Carlos.

Resulta incluso sorprenderte observar como, previamente a su muerte y en el ánimo de emplear todas las artes sanatorias posibles, había sido enviado desde Alcalá de Henares el cuerpo momificado de San Diego de Alcalá, que poseía, según la tradición, la aureola de santo milagrero. La idea era salvar al príncipe Baltasar Carlos y para ello todo valía, incluso si se trataba de meter al enfermo en la misma estancia en la que se encontraba una momia.

La devoción de la familia real hacia este santo alcalaíno fue siempre muy intensa, y de clara y sincera devoción. Felipe IV se encargó de donar las rentas suficientes para que en la antigua celda de San Diego se construyese una gran capilla o, más tarde en el año 1659, Mariana de Austria construyese la portada principal de aquel templo, asistiendo personalmente los Reyes a la inauguración del mismo. Para aquel beato momento, los monarcas vendrían acompañados por las infantas Mariana Teresa, que años más adelante fuese Reina de Francia, y doña Margarita. Es curioso observar como poco tiempo después, en una cofradía fundada en advocación de este Santo, vinieran a coincidir el Rey Carlos, Mariana de Austria y don Juan José. En este sentido, aquella

[341] A.H.N., *Estado*, Libro 2.779.

cofradía era erigida por Felipe IV, siendo por muchos conocido como en 1668 Carlos II era su prioste, según decreto guardado en el archivo de aquella institución, como también hay otro de aquel mismo año, dando fe de la incorporación de Mariana de Austria como congregante, o el la incorporación de don Juan de Austria datado el 24 de abril de 1669 desde Guadalajara.

Pero aquella devoción no fue exclusiva de la familia regia, siendo también partícipes de aquella cofradía, quizá a imagen y semejanza de aquellos, el duque de Alba, el duque de Huesca, el marqués de Taracena, además del conde de Medellín y otros altos nobles.

Sin embargo, y a pesar de todos los esfuerzos realizados en su sanación, ya fuesen médicos o religiosos, el destino quiso llevarse al príncipe español. La amargura del monarca se transmite en cada línea del siguiente documento enviado al marqués de Castel Rodrigo, que de manera interina continuaba gobernando los Países Bajos en nombre de don Juan de Austria:

> "Marqués de Castel Rodrigo, primo... teniente general de don Juan de Austria, mi hijo, en el gobierno de Flandes. Habiendo sobrevenido calentura maliciosa al príncipe mi hijo, el viernes cinco de este mes, a las nueve de la noche se continuó con tal vigor, y accidentes que el martes nueve, casi a la misma hora, fue Dios servido llevársele para sí, dejándome ya estos reinos con el dolor y desconsuelo que trae consigo una pérdida tan grande y tan sensible, por todos considerable.
>
> De manera que es bien necesario reconocer este suceso de la disposición divina (cuyos juicios siempre son justos y convenientes) para llevarle con entera resignación, como yo lo deseo. He querido avisároslo luego, y participarlo a esas Provincias, en las cartas que os remiten para ellas, como a quien toca tanta parte de la desdicha, en que vos, y ellas, estoy cierto acompañaréis mi sentimiento con las demostraciones que en casos semejantes, y yo fío de tan buenos vasallos. De Zaragoza, a 13 de octubre de 1646. Yo el Rey"[342].

El matrimonio entre el Rey y su sobrima Mariana de Austria

Con todo, la muerte del príncipe Baltasar Carlos nos traería una nueva sorpresa en forma de matrimonio. El entonces viudo Felipe IV desde el fallecimiento en 1644 de la Reina Isabel de Borbón, y alegando razones de Estado, se vino a convenir con el Emperador, para suceder como marido a su propio hijo, casándose con su sobrina Mariana. Pero, claro, para ello nuevamente habría de acudirse al Santo Padre para solicitar la correspondiente dispensa, que ahora parecía todavía más complicada que la anteriormente citada:

---

342 A.H.N., *Estado*, Libro 1.411.

> "A su Santidad. Por papel de don Fernando de Contreras, de 29 de enero de 1647.
>
> El conde de Oñate, mi embajador extraordinario dará cuenta a Vuestra Santidad, como después de la temprana muerte del príncipe mi hijo, estamos de acuerdo el serenísimo Emperador, mi hermano, y yo en que me case con la serenísima archiduquesa Mariana, hija de Su Majestad Cesárea, con quién estaba tratado de casar el príncipe, mi hijo.
>
> Heme obligado a esta resolución la grande instancia que mis reinos me han hecho, y el deseo de procurar dejar sucesión en ellos (pues Dios por su misericordia me los ha encargado), precediendo para la ejecución de este ajustamiento el beneplácito y dispensación de Vuestra Bondad, en el casamiento del príncipe mi hijo (como lo acusé a Vuestra Santidad) la principal atención que mi hermano y yo tuvimos hecho, la gloria de Dios y bien de su Iglesia, y ahora vamos con el mismo fin.
>
> Y la novia ha de ser tan obediente hija de ella como su padre y yo lo somos con el ejemplo y obligaciones heredadas de nuestros progenitores.
>
> Suplico a Vuestra Bondad oiga al conde lo que de mi parte representará sobre esto, y entendida gratamente la deliberación de mi hermano y mía de interponer su dispensación en los parentescos que tengo con mi sobrina, para que se pase luego a la celebración de las bodas, dándonos Vuestra Santidad benignamente su paternal y apostólica bendición, con que ambos y nuestra descendencia se empleen en la exaltación de nuestra Santa Fe, y defensa de ella, y de la sede apostólica..."[343].

Pronto llegaría a España esta princesa alemana. Y ahí vemos ya, entre los criados que le acompañaban en su traslado a estas tierras peninsulares, al padre Nithard:

> "relación de los criados que han de venir sirviendo a la Reina, Nuestra Señora, desde Alemania a España, y los que van desde España a recibir a Su Majestad con la Casa del Rey, Nuestro Señor, a los confines de Alemania... Capilla. El padre confesor de la Reina, Nuestra Señora, y sus compañeros de la Compañía de Jesús..."[344].

Este personaje tan interesante para el estudio de aquella época, había nacido en el seno de una familia católica procedente del Tirol. Más tarde, ayudando a su padre, se dedicaría a funciones misioneras y de control de la herejía. En un momento dado sería encarcelado en Neuhaus, siendo condenado a morir, tal y como recogen las crónicas: "... enterrándole hasta la garganta le diesen muerte, jugando con unas bolas tiradas a su cabeza hasta quitarle la vida"[345], aunque por suerte para él las tropas imperiales le librarían de aquel atroz final.

Poco después, y tras haber formado parte de los ejércitos de la Liga Católica en donde llegaría a ser alférez, cuando contaba 21 años ingresó en la Compañía de Jesús,

---

343 A.H.N., *Estado*, Leg. 2.779.

344 A.H.N., *Estado*, Leg. 2.779.

345 B.N., mss., 8.344, p. 46.

estudiando en el Colegio de Graz, en donde sería tiempo más tarde profesor, además del Colegio de Viena.

Continuando con una relación que ya venía de tiempo atrás, en cuanto a la vinculación de su familia con la imperial, el Emperador Fernando III le nombró preceptor de sus hijos Leopoldo y Mariana. Aquella afección vino a reconocerla expresamente el padre Nithard del modo siguiente:

> "... a que pudiera añadir la dignación de Vuestra Majestad con que no solamente me ha sufrido más de 24 años a sus reales pies, y nunca ha querido darme licencia, para poderme retirar a mi rincón, habiéndoselo suplicado con todas las veras de mi corazón, y repetidas veces instado a Vuestra Majestad en esto mismo, sino antes mandándome, y aún (si se puede decir) rogándome por el amor, que debo a Dios no hablase en eso palabra, ni la desamparase en el estado de su soledad, y viudez, continuando mi asistencia para el consuelo de su alma: ni son nuevos, ni los primeros estos, y semejantes favores, y honores que yo, mis padres, y abuelos hemos recibido de la clementísima mano de los gloriosos progenitores de Vuestra Majestad y de la Augustísima Casa de Austria; pues consta por diplomas cesáreos (cuya copia auténtica tengo en mi poder, y la ha visto Vuestra Majestad) en que se da testimonio de cómo desde el tiempo del señor Emperador Maximiliano Primero, padre del señor Rey Felipe I, y abuelo del señor Emperador Carlos V, se han servido Sus Majestades de ocupar, y emplear a los de mi familia en puestos nobles, y principales, así políticos, como militares en el Sacro Imperio, Italia, y otras partes, como consta por dicho diploma: y así a lo menos por estas dignificiones, nacidas de la grandeza, y clemencia de tantos, y tan soberanos príncipes..."[346].

De este modo, en calidad de confesor de la archiduquesa, vino a acompañar a ésta a España con motivo de su enlace con su tío, y pronto marido, Felipe IV.

Y el matrimonio vino a celebrarse ese mismo año. La necesidad casi urgente de contar con un heredero apremiaban al Rey Felipe, y aunque éste había demostrado sobradamente su solvencia a la hora de amar y engendrar a una mujer en sus años de juventud –no olvidemos la amplia nómina de hijos bastardos que había generado–, muchos de aquellos difíciles acontecimientos padecidos en los últimos años, además de contar con una edad mucho más avanzada, se presentaban como un duro impedimento a superar[347]. Por otro lado no conviene dejar de lado la gran diferencia de edad que separaba al rey de su nueva esposa.

---

346 A.H.N., *Estado*, Libro 1.009, pp. 298 y ss.

347 Sobre ello vid. Matos Fragoso, J. de, *Epithalamio en las bodas de las católicas majestades de Felipe IV, el Grande, y la muy Alta y Poderosa Señora doña Mariana de Austria, reyes de las Españas. Dedicado al Excelentísimo Señor don Gaspar Méndez de Haro*, Madrid, 1649.

El nacimiento del príncipe Carlos

En el seno de este nuevo, y endogámico, matrimonio del monarca español nacerían seis hijos de los que únicamente sobrevivirían dos: la infanta Margarita, luego emperatriz de Austria, y el futuro Carlos II. Con todo ello, las penas por el fallecimiento de sus pretéritos herederos se convertirían en regocijo tras el nacimiento del futuro Carlos II, por más que en el corazón del monarca siempre permaneciera el dolor por aquellas pérdidas. Este natalicio llenaría de alegría al ya anciano monarca español.

Esta felicidad intentaría transmitirla a todos aquellos que diariamente contribuían en los distintos territorios a la grandiosidad de su monarquía. Por citar un caso concreto, exponemos la misiva que el Rey enviaba al conde de Fuensaldaña, gobernador interino de los Países Bajos en ese momento:

> "Conde de Fuensaldaña, pariente, gentil hombre de mi Cámara de mi Consejo de Estado, mi gobernador y capital general de los estados de Flandes. Ayer, día de San Leonardo, seis del corriente, entre una y dos de la tarde, fue Dios servido de alumbrar a la Reina de un príncipe con parto tan feliz que madre e hijo están con muy buena disposición, y todos quedamos tan contentos como solicita este suceso, esperando de la Divina Bondad querrá que sea para mucha gloria suya, y bien de mis reinos y estados, de que he querido avisaros por el contento que os causará tan alegre nueva, por que a nuestro Padre debemos dar gracias, como yo se las doy muy afectuosas, pidiéndole la continuación de sus beneficios para emplearlos siempre en su servicio. Madrid a 7 de noviembre de 1661. Yo el Rey. Gregorio Tapia"[348].

Pero por más que se intentara ocultar, este recién nacido distaba mucho de ser un niño perfecto, al menos físicamente hablando. Así, la escasa vialidad que prometía el heredero resultó evidenciarse en todoas las capas sociales de España[349]. La prolongada endogamia practicada por la dinastía de los Austrias había llegado a sus máximos extremos, y la prueba evidente de ello parecía haberse plasmado en Carlos. Este muchacho, ya desde su tierna infancia, daría signos de enfermedad y retardo. Hubo de ser criado a base de numerosas nodrizas, abandonando este proceso de alimentación cuando casi tenía cuatro años, y por respeto a su condición de futuro Rey tras la muerte de su padre en el año de 1665.

Parece ser que el joven Carlos no comenzó a caminar hasta pasados los cuatro años de edad, tal y como nos relata el duque de Maura, al indicarnos que "*la Corona se asentaba con mayor firmeza sobre su cabeza que el suelo bajo sus pies*", eviden-

[348] A.H.N., *Estado*, Libro 269, p. 8v.

[349] Vid. Maura, G., *Vida y Reinado de Carlos II*, Vol. I, Madrid, 1942, pp. 21 y ss. Compárese el verso satírico, allí citado, dirigido al monarca español, que reinara como Carlos II:
"El príncipe, al parecer,
por lo endeble y patiblanco,
e hijo de contrabando,
pues no se puede tener".

ciándose con ello los síntomas primitivos de las deformaciones óseas. Pero también su mente aparece muy limitada: a los nueve años aún no sabía leer ni escribir. En abril de 1670, cuando ya contaba con más de ocho años, iría por primera vez a cazar, y hasta el 17 de mayo de 1671 no daría su primer paseo a caballo.

Cuando el joven Rey tenía veinte años, llegaría a impresionar al Nuncio del Papa. Su figura y deplorable estado nunca pasarían desapercibidos para aquellos que se encontraban en su presencia, como tampoco lo fue para este representante del Santo Padre: "El Rey es más bien bajo que alto, flaco, no mal formado, feo de rostro; tiene el cuello largo, la cara larga, la barbilla larga y como encorvada hacia arriba; el labio inferior típico de los Austrias; ojos azules no muy grandes, de color azul turquesa y cutis fino y delicado. Mira con expresión melancólica y un poco asombrada. El cabello es rubio y largo, y lo lleva peinado hacia atrás, de modo que las orejas quedan al descubierto. No puede enderezar su cuerpo sino cuado camina, a menos de arrimarse a una pared, una mesa u otra cosa. Su cuerpo es débil como su mente. De vez en cuando da señales de inteligencia, de memoria y de cierta vivacidad, pero no ahora; por lo común tiene un aspecto lento e indiferente, torpe e indolente, pareciendo estupefacto. Se puede hacer con él lo que se desee, pues carece de voluntad propia"[350].

Los Tratados de partición de la Monarquía Hispánica

El nacimiento de este príncipe español vino a abortar los afanes de Luis XIV de poseer el conjunto íntegro de la monarquía española, intentando desde entonces la plasmación de diversos acuerdos diplomáticos con las demás potencias interesadas en apoderarse, de ciertos territorios de la Corona de los Habsburgos españoles. Un tratado de partición, concluido en secreto con el Emperador Leopoldo I, y firmado el 19 de enero de 1668, proveía el reparto de los territorios hispánicos en el supuesto de que su joven y enfermizo Rey, Carlos II, no tuviese heredero. En este sentido al Emperador le correspondería España, las Indias y las posesiones italianas; el resto sería para Francia.

Pero un grave inconveniente surgiría en el ánimo de hacer valer aquellas pretensiones. Por un lado, el más importante sin duda de todos ellos, el rey Carlos II viviría más de treinta años y, por otro, los intereses políticos de otras potencias europeas deberían ser también tomados en consideración. Así las cosas, una serie de nuevos tratados de partición del Imperio español sucederían al de 1668, dando juego a aquellos Estados que en un principio habían sido ignorados en el reparto.

En aquellas maniobras diplomáticas, las potencias marítimas se convirtieron en árbitros de la lucha de intereses entre Francia y Austria. El objetivo era impedir la resurrección del Imperio de Carlos V, un Imperio hispano-alemán, pero también el nacimiento de un Imperio franco-español, dirigido, de cerca o de lejos, por Luis XIV.

---

[350] Pfandl, *Carlos II*, Madrid, 1947, p. 386.

Con todo, el orden sucesorio de la monarquía española estaba ya regulado en base a los artículos 12, 13, 14 y 15 del testamento de Felipe IV. En caso de fallecer Carlos II sin sucesión, excluida la rama francesa por razones de Estado, plasmadas en la renuncia de María Teresa, serían llamados en primer lugar los descendientes de la infanta Margarita, hija de Felipe IV y Mariana de Austria; en su defecto, los de la infanta María, hermana de Felipe IV, esposa de Fernando de Austria y madre del Emperador Leopoldo; finalmente, la descendencia de Catalina, Hija de Felipe II, casada con el duque Carlos Manuel de Saboya.

Después de la paz de Ryswick, con el beneplácito de Holanda e Inglaterra, Luis XIV y Leopoldo I acordarían la división general de la monarquía española. El tratado quedaba firmado en septiembre y octubre de 1698. Según él, el príncipe elector de Baviera recibiría España y sus posesiones de ultramar, dejando Milán para el archiduque Carlos de Austria y correspondiéndole a Francia los presidios de Toscana, las dos Sicilias y el País Vasco. Dicho pacto, tan sujeto a ulteriores conflictos como los anteriores tratados de partición, fue repudiado en España con indignación, y, por tanto, sus cláusulas quedarían sin efecto cuando, en febrero de 1699, moría el príncipe de Baviera.

El último de los tratados de partición, contratado entre Francia y las potencias marítimas, sería signado en marzo de 1700 sin la intervención del Emperador. De acuerdo con sus disposiciones, Francia añadía Lorena a sus anteriores incorporaciones y el duque de dicho territorio, en compensación por aquel hecho, recibía el Milanesado. El resto iría a parar a manos del candidato imperial, el archiduque Carlos.

La muerte de Felipe IV, *el Grande*.

El 17 de septiembre de 1665 fallecía Felipe IV, contando con 62 años de edad, y después de haber protagonizado unos de los reinados más largos de la historia de España. Tres días antes había recibido los últimos sacramentos y redactó su testamento secreto. Al día siguiente, el día quince, habían acudido a visitarle sus ministros y consejeros. También tuvo tiempo para tratar algunos temas con tu sobrina y esposa Mariana, además de indicar que otorgaba el Toisón a su hijo Carlos. Éste fue llevado a presencia de su postrado padre, el cual lo abrazó y expresó: "*¡Hijo mío! Dios, por su divina misericordia os haga más dichoso que a mí*". Cuando acabó aquel día nuevamente solicitó ser confesado. El penúltimo de sus días lo pasaría en soledad. Aquella mañana se acercó un enviado de don Juan de Austria, solicitando que su hijo bastardo pudiese acercarse a su lecho. Luego seguirían dos más. Tras esos atosigamientos, el monarca protestó diciendo: "*¿quién le mandó venir? Que se vuelva a Consuegra. Esta no es hora sino de morir*".

Resulta significativo, con todo, como en los últimos días de vida del Rey se siguen observando sus ganas de reconducir la monarquía. Lejos quedaban aquellos años de frenética juventud, junto a su en muchas ocasiones admirado y respetado Conde-Duque de Olivares. Con este animo, el 5 de noviembre, a menos de dos semanas de su muerte, se encuentra sumamente preocupado por el estado en el que se encuentra la armada. Está convencido de que únicamente se podrá disponer de una armada respetable y respetada si se fijan de manera permanente unas cantidades mínimas para ella, fuera de provisiones económicas parciales:

> "Su Majestad. Noviembre, 5 de 1665. Sobre que se apliquen a la dotación de la armada todas las mercedes que por vida que fueren vacando, y todas las rentas que tocaren a la Real Hacienda, por quiebras de millones.
>
> El formar y mantener una poderosa armada es el punto que se considera por más conveniente y preciso para la defensa y seguridad de la monarquía, y tenerla en el respeto y reputación de que tanto necesitan todas para su conservación.
>
> Y no pudiéndose conseguir este intento, si no es aplicando medios y dote fijo, con que poder ir aumentando bajeles, y acudir a su intento sin que dependa de provisiones sueltas e inciertas..."[351].

Cuando fallece el Rey Felipe dejaba a su monarquía sin un heredero capaz de asumir directamente el poder, ya que el príncipe Carlos no contaba ni tan siquiera con cuatro años de edad y, a tenor de lo estipulado en el testamento del Rey difunto, sólo a los 14 años podría hacerse cargo del gobierno, para más señas en noviembre de 1675. La España de los Austrias se encontraba por primera vez ante una regencia, que además no se presumía fácil, máxime cuando el Imperio español se encontraba en una importante crisis política y económica que se había iniciado en los años cuarenta, además del continuo fortalecimiento de nuestros vecinos franceses.

La crónica de aquel acontecimiento de exaltación del nuevo Rey, aunque sujeto a una minoría de edad que se prolongaría por espacio de diez años, aparece perfectamente narrada en el siguiente documento que transcribimos:

> "Aclamación al señor Rey Carlos 2º por la villa de Madrid. El jueves 8 de octubre de 1665 se levantaron pendones en la villa de Madrid por el señor Rey don Carlos Segundo, desde nombre por fallecimiento del señor Rey Felipe 4º, su padre, sucedida jueves 17 de septiembre a las cuatro y media de la mañana, dejándole en la menor edad de tres años, diez meses y doce días, y a la Reina doña Mariana de Austria, su mujer y sobrina, por gobernadora de estos reinos en su menor edad, y por tutora y curadora del Rey su hijo, hizo la función de llevar el pendón el duque de Medina de las Torres y de Sanlúcar, por elección que hizo la villa de Madrid de su persona, por haber muerto el conde de Chinchón, a quién tocaba por alférez mayor de ella, y habiendo el duque venido desde su casa a la de la villa, donde se le entregó el pendón con las ceremonias que en estos casos se acostumbraba, publicose en la Plaza Mayor en un tablado que se hizo para el caso, y de allí a otro que estaba hecho en la plazuela de Palacio, y de allí a otro que estaba en las Descalzas Reales, y últimamente a otro que estaba en la plazuela de la villa, donde los cuatro Reyes de armas,

351 A.H.N., *Estado*, Libro 881, p. 45.

con el duque, y el corregidor llamado don Francisco de Herrera Enriquez, con los dos escribanos del ayuntamiento, el Rey de armas más antiguo, empezó a pedir por tres veces al pueblo silencio, oyó y prosiguió el duque de Sanlúcar a promulgar por otras tres veces por su persona, Castilla por el Rey Carlos segundo, nuestro señor, batiendo por tres veces el estandarte que llevaba, el cual era de la forma que se usa en la caballería los estandartes, menos el no ser cuadrado, sobre campo carmesí las armas de Castilla y León".

Continúa aquella interesante crónica indicándonos que

"el acompañamiento se componía de tambores, trompetas y chirimías, a que seguían los alguaciles de la villa, y tras ellos caballeros particulares, títulos y grandes de España, y en su lugar los regidores de la villa con muchas señoras solas sobre vestidos negros, y todos los del acompañamiento iban en este traje por el luto del Rey, el corregidor llevaba a su mano derecha al duque, e inmediatamente a los dos iban los cuatro reyes de armas, y los maceros al principio, en que empezaba a formarse la villa, las calles por donde pasó el acompañamiento estuvieron muy ricamente colgadas, y los tablados cubiertos de paños, el pendón se puso en un balcón de la casa de la villa, debajo de un dosel rico, y se mantuvo en él nueve días, guardándole de noche".

Y por fin se pudo ver la imagen del nuevo monarca:

"el Rey se dejó ver en el balcón principal de palacio, al tiempo que se le aclamaba, y estuvo sentado en una silla que fue de Carlos 5º, su rebisabuelo, y a sus lados el duque de Montalvo, mayordomo mayor de la Reina; la marquesa de los Vélez, su aya; J. Antonio del Castillo, de la orden de San Francisco; todas las demás ventanas de palacio estuvieron cerradas sin dejarse ver nadie en ellas por el sentimiento de la muerte del Rey"[352].

El hecho cierto, fuera ya de conjeturas y volviendo a ese instante en el que moría el Rey Felipe IV, es que en ese momento histórico don Juan José de Austria era un hombre ambicioso, de treinta y seis años, y poseedor de un notable prestigio político y militar, contando por si fuera poco todo lo anterior, con el apoyo de importantes segmentos de la nobleza y del populacho, y no sólo en Madrid, sino que gran parte de sus incondicionales pertenecían a territorios periféricos.

Para él, supuestamente según la historiografía, sólo existían dos caminos: convertirse en el principal apoyo de su hermanastro el Rey, o encabezar la oposición a cualquiera que ocupase el poder. Una tercera opción, difícil, que atrajo, al parecer, a don Juan, en los primeros años del reinado de Carlos II, era la obtención del Emperador de algún feudo (como el Tirol), o la Corona de Polonia[353]. Pero en nuestra

[352] A.H.N., *Estado*, Libro 269, pp. 51-52.

[353] Ribot García, L.A., "La España de Carlos II", en Historia de España, t. XXVIII, *La transición del siglo XVII al XVIII*, Madrid, 1993, pp. 63-297.

opinión hubo una cuarta opción mucho más amplia que todas las tres anteriores: convertirse en el canalizador de los descontentos de aquella España que se derrumbaba en lo económico y en lo militar, convirtiéndose en el héroe que sacase a flote a la Monarquía Hispánica del desastre en el que se veía inmersa; ser, además, el que se presentaba ante todos como el salvador de su hermano Carlos, que se encontraba en opinión de muchos secuestrado en su minoridad de edad; y, finalmente, en el artífice de una *reconciliación* cuando menos duradera de los territorios que en un momento dado se hubían sublevado a la Corona. Pero además, aparecía como el personaje que pudiera terminar con las calamidades del momento, plasmadas preferentemente en forma de guerras interminables, o exacciones imposibles de soportar por afectar a los más pobres.

En fin, en resumidas cuentas y haciendo referencia a los intereses de don Juan de Austria, la muerte de su padre, en 1665, abriría al bastardo el camino para poder erigirse en uno de los personajes más importantes del último de los períodos del reinado de los Austrias menores, convirtiéndose durante la regencia de Mariana de Austria, y los comienzos de la mayoría de edad de Carlos II, en el catalizador de la oposición a los validos Nithard y Valenzuela.

Sobre el documento que contenía el testamento de Felipe IV hay que relatar una curiosidad, o tal vez maldad comentada por boca de los partidarios de don Juan de Austria, y que aparece citada en la documentación analizada:

> "... con entregar el testamento original para llevarle al archivo de Simancas, debiéndole enviar con la solemnidad acostumbrada a un correo de a pié, que emborrachándose le perdió cerca de Valdestillas[354], y permitió la providencia divina que se hallase un pastor por la importancia que tiene con el oficio de Rey, que con todo cuidado se le llevó y entregó a don Pedro de Ayala, secretario del archivo..."[355].

El profesor Tomás y Valiente nos indica que en este momento histórico cabrían tres posibles posiciones. Por un lado, el cumplimiento escrupuloso del testamento de Felipe IV, con la colaboración efectiva entre la Reina y la Junta de Gobierno recientemente erigida como forma de gobierno. Por otro, la conservación aparente de la Junta, y con ello el respeto para el testamento regio, pero otorgando el mando personal al padre Nithard, introducido en la misma bajo la figura de Inquisidor General, prolongando una situación ya existente. Por último, la defendida por Juan José de Austria y sus partidarios, consistente en la expulsión del jesuita y la entrega al bastardo del poder, prácticamente despreocupándose del cumplimiento de las disposiciones testamentarias[356].

En un documento, titulado *Novedades sucedidas desde el día 6 de noviembre del año 1675*, se volvería a incidir con mayor tesón en la situación que padecería la

354 Localidad que actualmente pertenece a la provincia de Valladolid.

355 A.H.N. *Estado*, Libro 880.

356 Tomás y Valiente, F., *Los validos en la monarquía española del siglo XVII*, op. cit., pp. 21-22.

Monarquía tras el fallecimiento del Rey Felipe, derivado de aquella larga regencia, aunque no es menos cierto que la hacienda regia se encontraba exhausta después de largos años de continuas guerras con frentes abiertos tanto dentro como fuera de la Península Ibérica:

> "Las cosas de la monarquía de España, que han ido en tanta disminución, desde que Dios Nuestro Señor fue servido de llevarse para sí al señor Rey don Felipe cuarto *el Grande*, han tenido en continuo cuidado los fieles pechos de sus leales vasallos. Cada uno según el tamaño y jerarquía de su representación, y los que con más eficacia se aplicaron a proponer al Rey, nuestro señor, el medio único para ocurrir a las calamidades presentes y daños futuros fueron su Maestro el Illmo. Señor don Francisco de Ramos del Manzano, del Consejo y Cámara de Castilla; el reverendísimo padre maestro fray Pedro Álvarez Montenegro, su confesor; y los señores conde de Medellín y Talara, sus gentiles hombres de cámara, que con la inmediación a la persona real, y el ardiente deseo que padecen sus corazones del bien público y conservación de la monarquía, representaron a Su Majestad la grande utilidad que se le seguiría al bien común de sus vasallos y reinos, si le ayudaba a llevar el peso de el gobierno de ellos el señor don Juan de Austria, su hermano, así por la sólida virtud, cristiandad, superiores talentos que adornan la persona de Su Alteza, y esmaltan los esclarecidos blasones de su regios progenitores..."[357].

---

[357] B.N., mss., 2.396, pp. 464 y ss.

CAPÍTULO SÉPTIMO:
LA LARGA Y DIFÍCIL REGENCIA DE MARIANA DE AUSTRIA

Los primeros años: entre la Junta de Gobierno y el Padre Confesor

El testamento de Felipe IV[358], aunque dejaba alguna duda sobre el sentido interpretativo de determinadas voluntades allí contenidas, dejaba perfectamente claro como se iba a desarrollar el gobierno de la Monarquía hasta el momento en que el joven príncipe Carlos llegase a una edad que se considerase suficiente para ejercer el poder él mismo. Pero hasta que ese momento llegara, su mandato era que las funciones de regente vinieran a recaer en su esposa, la Reina madre Mariana de Austria. Ésta, tenía autorización para ocuparse de los documentos de Estado y remitirlos, para su deliberación, a la Junta de Gobierno, también creada en virtud de las últimas voluntades del recién fallecido monarca.

En este sentido, la cláusula 25 del testamento del difunto Rey indicaba lo siguiente:

"Cláusula 25. Si Dios fuere servido que yo muera antes que el príncipe, mi hijo... tenga catorce años deseando como deseo para este caso proveer a la mejor gobernación de mis reinos y vasallos: nombro por gobernadora de todos mis reinos, estados y señoríos, y tutora del príncipe... a la Reina doña Mariana de Austria, mi muy cara y amada mujer, con todas las facultades y poderes que conforme a las leyes, fueros, privilegios, estados de cada uno de los dichos mis reinos... le puedo dar... también le encargo que atienda mucho a las consultas de los consejos, y que estime, y las que hicieren las Juntas y los ministros particulares, y las consultas, memoriales, y otros cualesquiera papeles sobre cualesquier materia, derechos y pretensiones, y la que tocaren a justicia, y gracia, y gobierno, tratados de paz y guerra, confederaciones de

[358] Felipe IV: "Copia de los capítulos del testamento del Rey Nuestro Señor que está en el cielo, concernientes a la afirmación de la Junta y a lo que ha de platicarse en ella", B.N., mss. 2.392, pp. 240 y 241. El original se encuentra en el Archivo General de Simancas, PR, serie XVI, Leg. 31. Pero también resulta interesante analizar el mismo en *Testamentos de los reyes de la Casa de Austria*, Madrid, 1982, con un estudio introductorio realizado por Antonio Domínguez Ortiz.

paz y alianzas, como de otros cualesquier negocios de cualquier calidad que sean, los remita a la Junta que quiero, y es mi voluntad, se forme..."[359].

Las razones que pudo esgrimir Felipe IV para la creación de dicha Junta de Gobierno, conociendo como conocía la situación de la Monarquía Hispánica en todos sus niveles fue, con toda probabilidad, la busqueda de una medida institucional que articulase la mejor de las soluciones a aquellos problemas que afectaban o, tras su muerte, pudiesen afectar a la Corona. La idea del Rey era que su esposa Mariana era la mejor garantía para la defensa de los interes de su hijo Carlos, tanto de enemigos externos como internos. Por otro lado resultaba obvio el gran desconocimiento que la alemana tenía sobre muchos de los asuntos de Estado, debiéndo apoyar sus decisiones en personas que, al menos al principio, se consideraban expertas, a la vez que venían en cierto modo a representar a las élites de aquella Monarquía. De esta manera,

> "instituyó una Junta o Consejo de muchas cabezas de genios opuestos, de profesiones y calidades diversas; de naturales y asuntos encontrados; de máximas desconformes y de ofensas recíprocas y no fáciles de personar; no para mejorar el estado con este gobierno, sino porque siendo imposible en lo humano y constitución actual hallar modo y personas que conspirasen al mayor bien, se consiguiese el menor mal; siendo tales las de que se echaba mano, que se embarazasen las unas a las otras por las oposiciones dichas, los designios particulares y los medios de enriquecerse y elevarse sobre su condición, con mayor ruina del estado público".

A ninguna eligió por la persona en sí, sino por el puesto o por el gremio al que representaba:

> "así para captar las comunidades y provincias, de quienes en lo general ni pudo tener queja, ni había recibido ofensa, como para facilitar el gobierno a la Reina Nuestra. Señora, a quién únicamente reservó, como era debido, la última decisión y suprema potestad en todo formando una Junta de personas no adictas a ella por sí mismas sino por sus ministerios o comunidades; para que si en alguna se reconociera especial embarazo, no se hallase Su Majestad con el de removerla y echar mano de otra, o jubilándola en la ocupación, o dándole otra, fuera de la Corte, o proveyendo el puesto, resoluciones que se facilitan tanto más con esta forma, cuanto debe ser menor la queja de la persona que no adquirió derecho de permanencia por sí misma, sino por el grado o por la ocupación, en caso de ser removida y dado que la forma es la queja singular y no de la Congregación o Provincia que representa; y tal, que es preciso, la acompañe el agradecimiento de la que entrare de nuevo, que compensa la del excluido, cuando la pudiera formar..."[360].

---

[359] A.H.N., *Estado*, Libro 880.

[360] B.N., mss., 8.345, p. 114r y v.

Dicha Junta estaría constituida por el presidente del Consejo de Castilla, el Vicecanciller de Aragón, el Arzobispo de Toledo, el Inquisidor General, un consejero de Estado y un Grande de España, aún por designar. Así, aunque la Reina madre detentaba legalmente el poder ejecutivo, ello no suponía un poder omnímodo, pues tenía que contar necesariamente con el parecer de la Junta, que para tal efecto, debía reunirse diariamente[361]. Concretando, los personajes que compondrían dicha Junta serían los siguientes:

- El conde de Castrillo, como Presidente del Consejo de Castilla
- Cristóbal Crespí de Valldaura, como Vicecanciller del Consejo de Aragón
- El Arzobispo de Toledo, Baltasar de Moscoso y Sandoval
- El Inquisidor General, Pascual Folch de Cardona i Aragón
- El conde de Peñaranda, en su condición de consejero de Estado
- El marqués de Aytona, como representante de los grandes de España
- Como Secretario de la Junta actuaría el recientemente nombrado Secretario del Despacho Universal, Blasco de Loyola.

La elección de dichos personajes según diversos autores, parece haberse realizado con el ánimo de conciliar los criterios institucionales con los estamentales, además de verse representados en la Junta de Gobierno gentes de procedencia geográfica heterogénea. Por ello se presenta como lógica la presencia de los máximos dirigentes de los consejos de Castilla y de Aragón.

El primero de ellos, don García de Haro Sotomayor y Guzmán, en ese momento era conde consorte de Castrillo desde 1630, hermano menor del marqués del Carpio y, según Pfandl[362], contaba con casi ochenta y cinco años en el momento de constituirse la Junta. Estudió en Salamanca en donde llegaría a ser catedrático de Clementinas y rector. Gracias a las prebendas otorgadas por su pariente el Conde-Duque de Olivares, entraría a formar parte del Consejo de Órdenes, del de Castilla y del de Cámara de Castilla. Fue también presidente del Consejo de Indias y consejero de Estado, ejerciendo la regencia en varias ocasiones, con motivo de viajes de Felipe IV y del Conde-Duque. Además ejerció de *Alter Nos* del monarca en Nápoles.

Con respecto al segundo de ellos, Cristóbal Crespí de Valldaura, había nacido en 1599 en el seno de una familia hidalga levantina. Bachiller por la universidad de Salamanca, había obtenido en Valencia los grados de licenciado y doctor en derecho

[361] Sobre esta cuestión, indicar como el testamento de Felipe IV decía sobre los asuntos atendidos por la reina regente y la obligación de tratar todo ello con la Junta de Gobierno: "... los remita a la Junta que quiero y es mi voluntad se forme; y concurra en ella el que es o fuere al dicho tiempo Presidente del Consejo de Castilla, el Vice-Canciller o el que presidiere en Aragón, el Arzobispo de Toledo, el Inquisidor General y el Grande que yo dexare nombrado en un papel que quedará con este mi testamento, o en el codicilo que hiciere; y si este papel no se hallare o yo no le hubiere nombrado por mi codicilo, o si hubiere muerto o muriere dicho Grande nombrado, oyendo la Reina a los de la Junta, podrá elegir la Reina el Grande que le pareciere ser conveniente [...] y así mismo es mi voluntad y mando que demás de los que dejó nombrados concurra y entre en esta Junta un consejero de Estado [...] Estos Ministros se han de juntar todos los días en la pieza de Palacio que la Reina señalare [...]. Los nombres del consejero de Estado y del grande elegidos no se especificarían hasta el testamento de 1665. Vid. Kamen, H., *La España de Carlos II*, op. cit., p. 520.

[362] Pfandl, L., *Carlos II*, Madrid, 1947.

civil. Había desarrollado una importante carrera en el seno de la Administración, en donde podríamos citar numerosos puestos en el reino de Valencia, regente en el Consejo de Aragón en 1642 y, en 1652, el de vicecanciller. Pertenecía también al Consejo de Cruzada desde 1647. Fallecería el 17 de febrero de 1671.

Baltasar Moscoso, que como hemos dicho era en el momento de la muerte de Felipe IV Arzobispo de Toledo, moriría escasas horas después a que lo hiciera el monarca, dejando vacante dicha plaza en la Junta de Gobierno prevista testamentariamente. Sobre dicho fallecimiento, cuentan Esteban Azaña[363], que "muerto el arzobispo don Baltasar de Moscoso y Sandoval, por los años 1665, sucedióle en la silla primada de España el eminentísimo señor don Pascual de Aragón, presentado por la Reina madre a consulta de Consejo de Estado, según costumbre del Arzobispado de Toledo. El Papa Alejandro VII, expidió bulas en 1º de febrero del 66, y el 14 de marzo tomó posesión de la iglesia magistral el nuevo arzobispo, que en muchas ocasiones honró con su presencia esta villa, asistiendo a los oficios de la iglesia, y visitando repetidas veces la villa...".

El otro personaje eclesiástico que formaría parte de la citada Junta sería el Inquisidor General, figura que recaía en Pascual Folch de Cardona i Aragón, conocido como don Pascual de Aragón, último hijo varón del duque de Cardona, que, como ya indicábamos en el apartado referente a Juan José de Austria y Cataluña, fuera virrey de aquel territorio tras el asesinato de su antecesor en el cargo, Santa Coloma, en 1640. Doctor en derecho civil y canónico por la universidad de Salamanca, era miembro del Consejo de la Inquisición y regente del de Aragón cuando, en 1660, a los treinta y cinco años fuese promovido al cardenalato, y nombrado embajador en Roma en épocas de Alejandro VII. De la embajada pasaría a ocupar el virreinato de Nápoles, en 1664. El propio Rey le nombraría consejero de Estado y, poco antes de su fallecimiento, Inquisidor General, en septiembre de 1665, aunque aquellos ambos no los llegaría a ocupar, ya que se encontraba en Italia en el momento del fallecimiento del monarca. Falleció el 28 de septiembre de 1677.

Gaspar de Bracamonte y Guzmán era hijo segundón de una familia hidalga salmantina. Graduado en cánones por la Universidad de Salamanca en 1618, no llegaría a recibir órdenes mayores. Olivares le nombraría miembro del Consejo de Órdenes y del de Castilla en 1635 y su Cámara en 1642. Gracias al matrimonio con su prima María acabaría convirtiéndose en conde consorte de Peñaranda. En 1648 fue nombrado consejero de Estado y, más adelante, desempeñaría la presidencia de Órdenes y del de las Indias. Fue virrey de Nápoles, en sustitución de su adversario el conde de Castrillo, entre 1658 y 1665, tras cuyo cargo volvería a la presidencia del Consejo de Indias. En 1645 había sido plenipotenciario del Rey en el Congreso de Münster y, en 1657, ostentaría nuevamente dicho rango en la Dieta Imperial que eligió a Leopoldo I. Se trataba de un gran experto en asuntos de Europa, además de hablar con perfección latín, toscano, alemán y francés. Falleció el 13 de diciembre de 1676.

---

363 Azaña, E., *Historia de la ciudad de Alcalá de Henares*, t. II., Madrid, 1883, p. 123.

Con respecto al *Grande de España* elegido por el testamento regio, Guillén Ramón de Moncada, quinto marqués de Aytona, inició de la mano de su padre su carrera militar cuando éste era gobernador de Flandes. Ya en la Corte y titular del marquesado desde 1635, lograría que Olivares elevase a su casa a la grandeza en la amplia promoción de 1640. Más adelante fue gobernador de Galicia y virrey de Cataluña. Nuevamente en la Corte, fue nombrado consejero de Estado y caballerizo mayor de la Reina.

Un primer análisis del testamento del Rey, señala una evidencia irrefutable: el fallecido Felipe IV no deseaba que su sobrina y esposa cediese el poder a terceros, lo que tanto él como su padre habían hecho de manera ligera. O lo que es lo mismo, no aparece por ningún lado el nombramiento de un nuevo valido que en cierto modo usurpase el poder a la ahora regente. Para evitarlo, la única solución era formar vía testamentaria un gobierno que ayudase a la viuda a gobernar tan vasto Imperio. Además, la creación de la citada Junta venía a ofrecer aspectos sumamente interesantes desde variados puntos de vista. En este sentido, la cláusula 30 del testamento del difundo Rey indicaba que "Encargo a los de la Junta y les mando tengan grande uniformidad por los inconvenientes que de lo contrario podría resultar..."[364].

Muchos son los autores que entienden que en la Junta de Gobierno faltaban dos personajes importantes. Por un lado don Juan José de Austria, a todos los efectos vetado, tanto por el Rey Felipe como por la regente[365] y, por otro, el duque de Medina de las Torres, decano del Consejo de Estado y personaje de enorme importancia en los últimos años del reinado de Felipe IV. Según Stradling, la exclusión de Medina de las Torres[366] se debió a su actitud a favor de la paz y del acuerdo con la coalición anglo-portuguesa[367]. Por otro lado, Álvarez-Ossorio considera que las exclusiones del bastardo y del duque respondía al intento deliberado de Felipe IV de alejar de la Junta de Gobierno a los que venía a considerar como dos líderes cortesanos, o que al menos arrastraban parte de las simpatías de los integrantes de la Junta, con la consiguiente posibilidad de alteración del cometido estricto de la Junta[368].

---

364 A.H.N., *Estado*, Libro 880.

365 Sobre ello, y las repercusiones que aquella acción tendrían en el futuro, vid. *Relación de los hechos acaecidos a la muerte de Felipe IV con motivo de las diferencias habidas entre la reina doña Mariana de Austria y don Juan de Austria, con copias de varias cartas y documentos*, S.l.: s.n., s.a.

366 Ramiro Núñez de Guzmán, perteneciente a la rama principal del linaje de los Guzmanes, contrajo matrimonio con la única hija del conde-duque, quién le elevó en 1626 al Consejo de Estado. Desempeñaría el cargo de virrey de Nápoles entre 1636 a 1644, casándose en segundas nupcias con doña Ana Caraffa, princesa de Stigliano. Ya en Madrid, y viudo de nuevo, se casó con la condesa de Oñate y Villamediana, a cuyo título estaba vinculado el oficio de correo mayor del reino. En tiempos de Haro, capitaneaba en la Corte el bando político de Olivares. De escasa fortuna, Medina de las Torres supo engrandecer su patrimonio con sus provechosos enlaces. El parecer, sus aficiones donjuanescas, compartidas con el Rey, fueron la causa principal de que a reina le excluya del Consejo, a pesar de su inteligencia, su experiencia política y sus buenas relaciones con el Emperador Leopoldo I.

367 Stradling, R.A., *Europa y el declive de la estructura imperial española, 1580-1720*, Madrid, 1983, pp. 212-213.

368 Álvarez-Ossorio Alvariño, A., *Un duende en la Corte*....

Sobre este asunto, los detractores de la presencia de don Juan en aquella Junta de Gobierno, indicaban lo siguiente:

> "Había el prudente Rey sucesivamente advertido y observado los pasos, que iba dando el señor don Juan en sus empleos, y tantas y tan manifiestas demostraciones de su desmedida ambición y altivez, y no pudiendo despreciar los frecuentes avisos, e informes de muchos ministros celosos de su servicio, y que preveían la nube donde se estaba fraguando la tormenta que estamos padeciendo, y acordándose del ejemplo de don Enrique 2º, que suministran nuestras historias, que siendo bastardo, quitó la vida y la corona al Rey don Pedro, su hermano legítimo, y de otras turbulencias de casi todas las minoridades de reyes en estos reinos, y deseando prevenirlo todo y asegurar la quietud y firmeza del futuro gobierno, que en su real testamento tenía dispuesto por medio de una Junta de tres principales ministros, que eran el Inquisidor General, don Diego de Arce Reinoso; el duque de Medina de las Torres; y el licenciado Joseph González; tuvo por conveniente y aun preciso, excluir (como excluyó) a don Juan, de su intervención y manejo, encomendándolo solo su persona a la Reina gobernadora, con los flojos y secos términos que consta por dicho real testamento.
>
> Y lo confirmó Su Majestad todo con una acción tan digna de singular reparo, como es que halándose ya desahuciado de los médicos, y habiendo venido don Juan por la posta a Madrid, dos días antes de su muerte, a pedir y recibir su última bendición, se la negó con gran resolución, mandándole decir por medio del conde de Castrillo, se volviese a Consuegra, repitiéndolo por dos veces en estas formales palabras: "*que se vuelva a Consuegra, que se vuelva a Consuegra*". Declaración evidentísima de su última voluntad, y de el ánimo determinado, de que en adelante se observase"[369].

Pfandl resaltó en su obra la personalidad política de Medina de las Torres, destacando su clarividencia en los asuntos de Estado. En en su opinión, era necesario llegar a la paz con Portugal y al entendimiento con Inglaterra, pues el principal enemigo de la Monarquía no era ninguno de estos dos países, sino que el enemigo a batir era fundamentalmente Francia. Continúa indicándonos que se trataba de un personaje que "*fue, sin ningún género de dudas, el único auténtico estadista que produjo la España de la decadencia*"[370].

Con todo ello se nos presenta ahora una pregunta importante que no es otra que, ¿hasta dónde se extendía la personalidad y la capacidad política de los miembros de esta recién creada Junta de Gobierno? Sobre ello podríamos señalar lo que los historiadores o personas coetáneas a aquellos personajes nos vienen a indicar. Maura aporta algunos datos sobre las dotes morales y políticas de cada uno de ellos. Eran, sin lugar a duda, gentes experimentadas en varias facetas de la política y la administración. Castrillo era un experto en política interior; Crespí de Valldaura, un jurista; el cardenal de Aragón, el Primado de España, además de tratarse de un personaje que había desempeñado importantes puestos políticos y diplomáticos; Peñaranda conocía

---

369 B.N. mss., 8.344.

370 Cfr. Pfandl, L., *Carlos II*, op. cit., pp. 114-115, 137-148.

el mundo de la diplomacia y las relaciones internacionales, además de hablar varios idiomas. Aytona poseía experiencia militar y política.

Sorprendentemente observamos la ausencia de la más rancia aristocracia de la Monarquía, ya que esta nueva Institución estaba compuesta, como nos viene a recordar con ironía el duque de Maura, por "tres segundones, un hidalgo de gotera y un grande de nuevo cuño"[371]. Puede que se tratase de una decisión tomada a conciencia por el difunto monarca, reforzando con ello el poder regio frente a un hecho perfectamente perceptible desde el final de la guerra: las pretensiones de la aristocracia de controlar de forma monopolista la dirección política de las más significativas instituciones de la Monarquía.

Es quizá por ello que la Junta estaba destinada a tropezar con la frontal oposición de importantes sectores de la oligarquía aristocrática, de no surgir, como ocurrió casi inmediatamente con la figura del padre confesor, un nuevo favorito que se convirtiese en blanco de los descontentos de todos aquellos resentidos..

En efecto, este favorito representado en la figura del confesor de la Reina, el jesuita Nithard, quién en enero de 1666 ya era nombrado consejero de Estado. Los motivos esgrimidos por la regente para dicha designación fueron los siguientes:

> "El primero por la grande estimación que hacía de su capacidad y méritos y lealtad, y por la confianza que tenía de su persona, juzgándola digna de ser condecorada con este puesto. Lo segundo, porque hallándose en él, pudiese con más autoridad y noticias, dirigir y asegura la conciencia de Su Majestad, en tan grave peso, como suponía el gobierno de la monarquía. Lo tercero porque el barón de Lisola había puesto en las reales manos de Su Majestad, un papel en que alegaba muchas y gravísimas razones, demostrando ser muy conveniente y necesario al servicio de toda la augustísima casa, el que el padre confesor asistiese en el Consejo de Estado"[372].

En este sentido, la influencia del austriaco venía a suponer en cierto modo la reducción del papel y de las competencias de la Junta de Gobierno, por más que en este personaje nunca encontrásemos pruebas que viniesen a evidenciar una ambición política, e incluso hay hechos más que relevantes para poder afirmar lo contrario, y que si se encontraba en aquellos lances políticos era por satisfacer los deseos de Mariana de Austria. Con todo la regente, para dar respaldo político a su favorito y cumplir a su vez con el testamento de Felipe IV, aprovecharía la vacante dejada por el Arzobispo

---

[371] Maura, G., *Vida y reinado*... op. cit., I, pp. 29 y ss.

[372] B.N., mss., 8.344, p. 100r. Lisola era embajador del Emperador en la Corte madrileña. El 12 de enero de 1666 este diplomático escribía a Leopoldo una misiva de tintes dramáticos, informando a su señor la situación que, al menos en su opinión, existían en tierras de España: "Esto es señor una verdadera Babilonia; el respeto y la obediencia cesaron, la justicia yace inerme, los castigos no se aplican, la hacienda es un embrollo sin clave. Culpan todos a un solo hombre, Nithard, quien con su honradez y su piedad ni logra esquivar las redes que por doquiera se le tienden, ni mira tan alto como lo piden las circunstancias. Su caída próxima o remota, es indefectible, y ella lo será también de la autoridad de la Reina, porque ya se propala de esta Señora que cura poco de los intereses españoles, atenta sólo a la suerte del Imperio, adonde envía cuanto dinero puede".

de Toledo para nombrar a don Pascual de Aragón como nuevo titular de la diócesis primada de España.

Tras conseguir la Reina su necesaria renuncia al cargo de Inquisidor General, la regente promocionaría acto seguido al jesuita a la dirección de dicha Institución. Antes tendría que salvar algunas dificultades importantes. La mayor de todas era sin género de duda la necesaria naturalización del padre Nithard, que se hizo efectiva el 20 de septiembre de 1666[373]; logrando que en octubre de dicho año un reacio Alejandro VII autorizara a que el jesuita ocupase el máximo cargo dentro de la Inquisición Española. Otro significado impedimento derivaba de su condición de jesuita, no pudiendo admitir dignidad alguna fuera de su religión, asunto que también hubo de ser solventado.

Tras asumir aquel relevante cargo, don Diego de Arce, su antecesor en tal puesto, escribía al padre Nithard haciéndole una serie de valiosas recomendaciones:

> "Carta exhortatoria de don Diego de Arce y Reinoso, Inquisidor General que fue escrita a su sucesor el padre Juan Everado, de la Compañía de Jesús.
>
> Oí decir al Rey don Felipe 4º (que haya gloria), cuando la causa del protonotario, que si su propio hijo delinquiera contra la fe, le entregará al tribunal y ayudará a su castigo. Palabras con que dejó dada la sentencia, para la ocasión presente.
>
> No soy teólogo de profesión, pero si de estudio, y no veo como se puede librar de censura vertical, el decir que le es lícito al que no tiene jurisdicción matar a un hombre, sólo por su antojo, pues que si es inocente, como acá consta en el campo de la verdad, pues que si es ministro del Rey, pues que si es Inquisidor General. Yo le prometo como buen español y como paisano de aquel célebre alcalde de Zalamea, que si eso fuera en mi tiempo, aunque fuera hijo del Rey, le había de echar a cuestas la bula con tal impedientes, y no se habría de ir alabando.
>
> Velad excelentísimo señor por cuanto desprecio de las censuras, y una acción que solo podría dar gusto a los infieles, es amenaza contra la fe católica. Dios libre a la Iglesia de tal, y a V.E., etc."[374].

Cuenta el profesor Kamen que nos encontramos con la prueba palpable de la decadencia que afectaba al prestigio del Santo Oficio, y en donde las viejas quejas por parte de aquellos que formaban la nómina de oficiales del mismo aparecían a cada momento. El encumbramiento de Nithard como Inquisidor General sería la gota que colmase el vaso: se trataba del primer y único jesuita que ocupase dicho cargo. Fuera de este alemán, los inquisidores generales que accedieron a tal dignidad durante el reinado de Carlos II portaban las más altas calificaciones. Fueron los siguientes:

---

[373] En este sentido, la cláusula 33 del testamento de Felipe IV impedía que los no naturales de España pudieran asumir dicho cargo, indicando lo siguiente: "porque en el modo de Gobierno no se introduzca novedad, declaro que la Reina ha de conservar y tener en pie todos los tribunales que hoy se hallan y están introducidos, (así en las cosas de Estado y Gobierno como de Justicia) sin que en ninguno de ellos se puedan meter personas, Ministros ni Jueces extraños de estos mis Reinos respective, conforme a las leyes, usos y costumbres de ellos".

[374] B.N., mss., 2.396, p. 241.

a.-Don Pascual de Aragón, cardenal Arzobispo de Toledo. Accedió al cargo en septiembre de 1665 al ser nombrado por la regente, dimitiendo más tarde a petición de la misma sin haber ejercido el cargo.
b.-El padre Nithard, confesor de la regente. Nombrado por éste. Las acciones, presiones y exigencias de don Juan de Austria provocarían su caída y salida de tierras de España.
c.- Don Diego Sarmiento Valladares, consejero de Estado, Gobernador de Castilla, Arzobispo de Toledo.
d.- Don Juan Thomás de Rocaberti, OP, general de su orden, arzobispo y virrey de Valencia.
e.- Don Alfonso Fernández de Córdoba y Aguilar, consejero de Estado, cardenal y arzobispo. Falleció antes de tomar posesión del cargo.
f.- Don Baltasar de Mendoza y Sandoval, obispo de Segovia. Tomó posesión el 3 de diciembre y dimitió por orden del Rey a inicios de 1705[375].

Mientras tanto, don Juan, que había sido excluido de aquellas dignidades (Junta de Gobierno, Consejo de Estado…) a tenor de lo contenido en el testamento del difunto monarca, recordaba a Mariana de Austria su dignidad, el estado de postración en que su persona se encontraba, además de la protección sobre su figura que el difunto Rey había encomendado a la Reina. Para tal fin, enviaba un sustancioso memorial a la regente, exponiéndole los muchos servicios que había prestado al Rey y a la Monarquía, además del amor que sobre el profesaba Felipe IV y la difunta Reina Isabel. El texto resulta del tenor siguiente:

> "Memorial que dio el señor don Juan de Austria a la Reina Nuestra Señora… quiso su divina majestad adornarla con otras muchas dichas temporales en gran servicio de esta monarquía, y crédito mío. Tomándome por instrumento para restituir a ella el reino de Nápoles, detener la infalible ruina de Sicilia, sosegar los dominios de Italia, con la expugnación de las dos plazas de Pomblín y Portolongón, y recuperar el principado de Cataluña, sin otras ínfimas ocasiones de no menos mérito, y riesgo aunque menos afortunadas… fueron medios para que Su Majestad me honrase con excesivos favores de mi primera infancia, a que a su imitación la señora Reina doña Isabel, el tiempo que pudo, me los repitiese sobre toda ponderación, siendo mi valedora para con Su Majestad para cuanto tenía uso de interés mío.
>
> Díganlo lo que debí a estas dos liberalísimas manos desde lo menos hasta lo más sustancial, los cariñosos tratamientos, las caseras atenciones, de circunstancias de la formación de mi casa y rentas, las dignidades, los empleos, la confiada comunicación de los negocios, la defensa y aliento de las falsas calumnias, las palabras con que dejó encargada a Vuestra Majestad mi persona, y conveniencias en las últimas disposiciones, y finalmente cuanto se puede imaginar en la mayor excepción del favor, ofrécese para único lunar, en esta, ver yo de beneficios el no haber Su Majestad (que Dios aya) acabado de resolver en su vida mi pública asistencia cerca de su

[375] Kamen, H., *La España de Carlos II*, Madrid, 2005, p. 297.

real persona, pero no motivó esta resolución el considerarla de su conveniente a su servicio y a mi autoridad, ni embarazo, o difícil fuste de mi resignación a su justo, o voluntad, habiendo testimonio de otras tres repetidas respuestas que verbalmente fue servido de darme en diferentes tiempos, y otros papeles firmados de su real mano, de que tengo en mi poder instrumentos auténticos, ni menos en no desear en esta como en todo lo demás del conocimiento de que no fuese muy justo, sino una pura atención a la real persona de Vuestra Majestad, a quién consiguientemente incumbe, y mayor obligación de satisfacerla, haciendo Vuestra Majestad; por el Rey nuestro señor cuando puede lo que Vuestra Majestad dejó de hacer por Vuestra Majestad cuando pudo…".

Continúa don Juan de Austria indicándole a la Reina regente, doña Mariana de Austria, que

"… es necesario, Señora, que en tal sustancia tenga el efecto que todo él juzga por justo para poner mi honra a cubierto de la malicia de las gentes, que no se dirá contra lo más sagrado de mi intención si viesen que Su Majestad me cerraba la puerta que Su Majestad que Dios haya me abrió para concurrir en los bancos de un Consejo, que es la puerta del toque de la confianza, y el aprecio de los más relevantes vasallos, ¿acaso lo e desmerecido después acá con mi proceder, o a se visto sombra o asomo que pueda oscurecerlo? No señora, ni esto ha sido, ni puede ser ni debe Vuestra Majestad permitir que me haga un disfavor de este tamaño, contra la real grandeza, y gracia de Su Majestad por escalón para aspirar, a otras más superiores que no he menester para nada ni tampoco genio, ni mi deseo es hacerme perpetuo cortesano, quiero verme desnudo de este afectuoso traje de delincuente…"[376].

En resumidas cuentas, y con respecto a don Juan de Austria, el testamento de Felipe IV, en su cláusula 60, simplemente se preocupa de demandar a la Reina viuda un trato de favor hacia su hijo bastardo, al que por cierto –y es una de las pocas veces así lo hace– llama "*don Juan José*" y no simplemente don Juan, conforme a su condición de hijo natural que era del Rey difunto. Veamos esas notas:

"Por cuanto tengo declarado por mi hijo a don Juan Joseph de Austria, que le tuve siendo casado, y le reconozco por tal, ruego y encargo a mi sucesor y a la majestad de la Reina… le amparen y favorezcan, y se sirvan de él como de cosa mía, procurando acomodarle de hacienda, de manera que pueda vivir conforme a su calidad, si no se la hubiere dado yo al tiempo de mi fin y muerte…"[377].

Con todo y como hemos ya indicado, dos días después de su naturalización, la Reina lo nombrada Inquisidor General. Crítico como no podía ser de otra manera a dicha designación, don Juan de Austria enviaría, a través de Blasco de Loyola, un

---

376 A.H.N., *Estado*, Libro 873.

377 A.H.N., *Estado*, Libro 880.

documento en el que apercibía de una serie de inconvenientes que reportaría dicho nombramiento:

> "Desde que vaco, todos han puesto los ojos en las personas del primer grado de la Monarquía; y sientes con dolor, que se quiera torcer esta elección, en perjuicio de sujetos de tan gran magnitud, contra razón y contra ley. No desacredite ni haga odioso su gobierno, con acción que ha de ser reprobada de todos los hombres de buen sentir... ninguna cosa ha alterado más los ánimos de los naturales de estos Reinos en todas edades, que el intentar gobernarlos por extranjeros, y se han reconocido siempre impacientes en este punto los que tan rendidamente consienten las inmensas cargas y gravámenes que los oprimen... es muy contrario a esto privarlos y a todos sus naturales de puesto tan grande que se puede estimar el primero de la Monarquía y que olvidados tan preeminentes servicios sea colocado el extraño sobre las cabezas de todos; y que estos reinos den la sangre, las vidas, los caudales tan superabundamentemente para el servicio de sus Reyes y defensa de su Real Corona, y que el mayor premio que tienen a sí mismos se les hubiese de arrancar para el forastero".

Continúa don Juan indicando que al respecto

> "no se debe atender menos que a la persona a quien se hace la merced a las de aquellos a quien deja de hacerse. Es ascenso y premio supremo para todos los mayores Prelados de España la Inquisición General, después de muchos años de Colegios, Cátedras, Tribunales, Consejos, Iglesias gobernadas con gran prudencia, crédito y satisfacción y después de tantos títulos y grados es muy superior ascenso. Cuando se da a un prelado, se honra en él a los demás prelados y a todo el estado eclesiástico. Desecharles a todos y anteponerles un particular no natural sería en todos queja universal de incomparable dolor... tienen asegurada estos Reinos con tanta sangre derramada y tantos tesoros arrojados a los pies de sus Reyes, la excepción y observancia de sus leyes y privilegios, y es tan principal entre todos ellos, el que extranjeros no gocen de sus dignidades, honores, puestos y emolumentos, que se debe temer que en contravención tan señalada resulten dificultades"[378].

A todo ello contestaría la Reina rebatiendo, punto por punto, todos los argumentos expuestos por el hijo bastardo de Felipe IV, defendiendo la pertinencia de la designación de su confesor para tales dignidades. Incidió fundamentalmente en el aspecto relativo a su origen extranjero, indicando que

> "¿Quién le ha dicho que en Alemania no nacen hombres capaces, que hablan con perfección todas las lenguas de Europa, que con profundo juicio penetran las costumbres y leyes de otras Naciones, y que con lealtad constante sirven a sus príncipes, mirando por el bien de sus vasallos? ¿Puede negar España, que tienen los alemanes buena mano para el cetro? D. Alonso el séptimo, Emperador de España, ¿no fue

378 B.N., mss., 8.344, pp. 170v-172v.

hijo de un borgoñón? ¿Y Carlos Quinto, Emperador de Alemania?, ¿no fue hijo de un Flamenco? ¿Puede negar, que en nuestros días, se han visto todos los ejércitos y todos los virreinatos en extranjeros? Pero que mucho si las almas grandes de los españoles, se emplean todas, en hacer coplas y en galantear damas, sin aplicarse a las artes de defender y gobernar la república. Y si le agradan los ejemplos de Francia vuelva los ojos al cardenal Mazarino, que también era extranjero"[379].

Finalmente, y tras aquellos salvables inconvenientes planteados, el padre Nithard tomaba posesión formal de su cargo de Inquisidor General el sábado 13 de noviembre de 1666. Al día siguiente hacía lo mismo en la Junta de Gobierno que fuese erigida conforme al testamento de Felipe IV. Junta a la que asistiría con regularidad, aportando sus opiniones o solicitando las de los otros miembros que la componían en los asuntos que allí eran tratados.

Es por ello que aunque con la aparición de la figura de un nuevo valido, que dirigiese los destinos de la Monarquía, pudiera parecer que aquella Institución llegaba a su fin, la Junta de Gobierno siguió funcionando muchos años más. Incluso algunos de sus cargos fueron renovados por motivos variados. Así, junto a la entrada de Nithard, en marzo de 1668, el octogenario conde de Castrillo se retiró, confiado en obtener la grandeza de España que persiguiera inútilmente durante el reinado de Felipe IV, muriendo el 24 de diciembre de 1670. Le sustituyó en la presidencia de Castilla y en la Junta de Gobierno el obispo de Palencia, Diego Riquelme de Quirós, quién murió casi inmediatamente, el 13 de mayo de 1668. Su baja sería cubierta por el inquisidor Diego Sarmiento de Valladares, fiel partidario del confesor de la Reina, quien fue consagrado al mismo tiempo como obispo de Oviedo. Valladares había sido colegial e inquisidor de Valladolid hasta su llegada a la Corte, en la que desempeñaría los cargos de fiscal y consejero de la Inquisición, bajo la presidencia de Nithard.

Según Maura, la designación de Valladares para la Presidencia de Castilla produjo un unánime descontento entre los cada vez más numerosos enemigos del confesor de la Reina. La promoción de su siempre fiel Valladares fue, en todo caso, la única baza política ganada por Nithard en la Junta de Gobierno. Tras su caída se producirían otra serie de cambios.

Así, en octubre de 1669 murió el secretario, Blasco de Loyola, quién sería sustituido por otro vasco, Pedro Fernández del Campo Angulo, secretario de Peñaranda desde el Congreso de Münster, quién había sido alcalde de Bilbao, al igual que su padre, alcalde y regidor en 1625-1626. Fernández del Campo era hasta este momento Secretario de Estado de la parte del Norte. En 1673 obtuvo el título de marqués de Mejorada[380]. El puesto dejado por Nithard al frente de la Inquisición fue cubierto por el ya citado Valladares, quien dejó libre la presidencia del Consejo de Castilla, aunque continuó en la Junta en su calidad de Inquisidor General. El nuevo titular de la más

379 B.N., mss., 8.347, p. 61r.

380 Sobre su carrera política como secretario, vid. Escudero, J.A., *Los secretarios de Estado y del despacho (1474-1724)*, op. cit., I, pp. 251-252, 262 y ss.

alta magistratura castellana fue Pedro Núñez de Guzmán, conde de Villaumbrosa, que había sido presidente del Consejo de Hacienda desde febrero de 1666 a septiembre de 1667, y a quien Maura describe como bibliómano y erudito, pero poco capacitado para la acción.

Tanto Valladares como Villaumbrosa eran abiertamente hostiles a Juan José de Austria, quien contaba en la Junta de Gobierno con un enemigo acérrimo: el marqués de Aytona. La muerte de este personaje, caballerizo mayor y, más tarde, mayordomo mayor de palacio y coronel de la Chamberga, se produjo el 17 de marzo de 1670, víctima al parecer de la gota, que atormentaba su voluminosa persona, o como sus enemigos indicaron:

> "... murió el marqués de Aytona de violenta enfermedad, y ha algunos que han dicho que expiró echando la lengua afuera"[381].

Su puesto en la Junta fue cubierto por otro Grande, adepto también de la Reina, el Condestable de Castilla y duque de Frías, Iñigo Melchor Fernández de Velasco, quién en 1653, a los veinticuatro años, había heredado los títulos de su padre. Antes fue capitán de corazas en Nápoles y en Cataluña; en este último lugar, participó en la batalla de Lérida y fue herido en el sitio de Gerona, logrando el ascenso a general de la caballería. Siendo ya condestable, fue gobernador de Galicia y gobernador de Flandes. El 13 de septiembre de 1669 pasaría a formar parte del Consejo de Estado[382].

El 22 de febrero de 1672 falleció el Vicecanciller de Aragón, Cristóbal Crespí. Le sustituyó en el cargo Melchor de Navarra y Rocafull, duque consorte de la Palata, quien tenía en aquel momento cuarenta y tres años y, al contrario que Crespí en su última época, era poco afecto a don Juan José de Austria. De la primitiva Junta de Gobierno sólo quedaban el cardenal de Toledo, Pascual de Aragón, que habría de tener un importante protagonismo político a lo largo de toda aquella regencia de Mariana de Austria, y el anciano conde de Peñaranda, poco sustituible en aquellos momentos en la dirección de la política exterior.

Mientras tanto, don Juan había perseguido obtener paulatinamente una serie de cargos públicos de relevancia, con el ánimo de engrandecer su Casa, por un lado, y, por otro y más importante todavía, su presencia en los engranajes de la corona. La idea que perseguía era su inclusión en aquella Junta de Gobierno que se crease conforme al testamento del difunto Felipe IV, o, al menos, su incorporación al Consejo de Estado, cuestión que ya ese mismo año de 1665 ansiaba de manera abierta, incluso con el envío de cierto memorial a la reina, en donde exponía los que en su opinión representaban argumentos definitivos sobre la pertinencia de su incorporación a aquella Institución[383].

---

381 A.H.N., *Estado*, Libro 880.

382 Sobre ello vid. Barrios, F., *El Consejo de Estado de la monarquía española (1521-1812): estudio histórico-jurídico*, Madrid, 1983, pp. 388-389.

383 B.N., mss., 1.170, p. 110: "*memorial que dio el señor don Juan de Austria a la reina, Nuestra Señora, sobre su pretensión de entrar en Consejo de Estado. Año de 1665*".

Para ello su tarea no fue otra que la de ganarse el favor de la Reina regente, haciendo una narración de los males que afectaban a la monarquía y sus proposiciones para sacarla adelante:

> "Copia de papel que se supone escrito por el señor don Juan de Austria a la Reina nuestra señora, antes de irse a Aranjuez, en 13 de abril de 1667, pero afirma Su Majestad que ni ha llegado a su mano, ni ha visto este papel hasta ahora, que se le ha leído. Señora, yo vine a esta Corte a algunas materias caseras que me han detenido hasta ahora, y dándome motivo para lograr repetidamente la duda de ponerme a los reales pies de Su Majestad, con que no me queda más que hacer en ella, y así parto para Aranjuéz, donde he resuelto ir a pasar este tiempo de primavera, pero antes de apartarme de la real presencia de Vuestra Majestad creería faltar a mi obligación sino hablase a Vuestra Majestad en las materias públicas de este desordenado gobierno... Bien de esta monarquía, y alivio de los pobres vasallos, oprimidos intolerablemente no menos con la sobrecarga de tributos que los molesta, que por la tiraría con que se les saca la sangre del corazón".

Continúa don Juan de Austria en aquella misiva enviada a su prima y regente, indicando que

> "y como quiera que yo, ni he menester, ni temo a nadie, ni pretendo nada más que estarme en la quietud del retiro que elegí, y a donde vuelvo muy gustoso, puedo con tanto más desembarazo decir a Vuestra Majestad que esta joya preciosa de la monarquía va a evidente ruina si Vuestra Majestad no aplica brevísimos y eficaces remedios sobre que he hablado a Vuestra Majestad más de una vez, pero con la poca fortuna de no haber sido atendido, considere señora Vuestra Majestad que no hay materia grande ni pequeña donde no esté arraigada la desorden, y la perdición, si que mira de puertas adentro de casa se verá la justicia sin cabeza, ni estimación, la hacienda confusa, divertida, y sin gobierno. La nobleza y la milicia que son las dos más grandes columnas de los reinos abatidas, sin aprecio, ni premios ordenados, aborreciendo el hombre de soldado como si fura de facineroso, o gente inútil.
>
> La mayor, y la mejor parte de los ministros (aunque muchos son buenos, y muy celosos) está llena de pasiones con que pervierten el conocimiento de los negocios que llegan a su voto, y estas producen monstruosas e inicuas resoluciones, si extendemos la vista afuera, veremos el nombre español (que ha sido siempre terror del mundo, desprecio y escarnio de su émulos todas las fronteras, así como marítimas como mediterráneas) expuestas a la voluntad de los que quisieren invadirlas, a tiempo que se puede tener por tan ciertas, la rotura de paz del Rey de Inglaterra, digo de Francia, según lo persuaden los avisos y las conjeturas, muchos menores males señora, bastan para echar a pique una monarquía. El origen de todos los que padecemos es uno sólo, que está en manos de Vuestra Majestad, el remediarle como se lo he dicho a Vuestra Majestad lo ejecutase lograrán mis obligaciones la mayor satisfacción de que son capaces. Y si no tendré a lo menos este papel por descargo de ellas mismas,

para ponerle en las reales manos del Rey nuestro señor, cuando Dios le saque de su menor edad..."[384].

Sin embargo no parecía que aquella estancia en el Real Sitio de Aranjuez se fuera a prolongar en demasía, puesto que el 22 de abril de ese mismo año, apenas nueve días después de anunciar a la Reina que marchaba para aquella localidad del Tajo, la Reina emitía un decreto en donde encomendaba al conde de Peñaranda la tarea de ordenar, de parte de la regente, a don Juan de Austria que se fuese a Guadalajara:

> "Copia de decreto de Su Majestad que contiene lo que en su nombre ha de decir al señor don Juan el conde de Peñaranda, de 22 de abril de 1667. Diréis a don Juan de Austria conviene a mi servicio ejecute la orden que le he dado, y doy en virtud de este decreto por vuestra mano, para que se vuelva a Guadalajara por ahora, que es lo que mira al mayor crédito de su persona, y a mí autoridad, y lo que tuviere que representar lo podrá hacer desde allí, creyendo que le honraré y emplearé como siempre lo he deseado, atendiendo a sus méritos. En Madrid a veinte y dos de abril de mil seiscientos y sesenta y siete. Al conde de Peñaranda"[385].

Ante esa orden, don Juan de Austria respondía a la Reina, nuevamente, su idea de partir para Aranjuez como ella había autorizado, agradeciendo, de paso, su participación en la limpieza de su honor:

> "Copia del papel del señor don Juan de Austria de 1º de mayo de 1667, en que declara al conde de Peñaranda la forma en que la Reina, nuestra señora, le honró en la audiencia de aquel día... reproducir a papel los puntos en que la Reina nuestra señora había ofrecido reservadamente honrarme, y en esta conformidad llevé firmado el adjunto, y después de haber oído Su Majestad toda la seguridad que aguardaba de su grandeza en lo que contiene se la leí, y pedí licencia para dejarlo en poder de Vuestra Excelencia como quién únicamente había tenido Su Majestad por bien de aprobarlo todo, le remito a Vuestra Excelencia con que no quedándome ya qué hacer aquí me estoy disponiendo a partir a Aranjuez, en ejecución del firmado que obtuve de Su Majestad, para ello y repito a Vuestra Excelencia muy afectuosas gracias por la parte que ha tenido en esta enmienda de mi deshonor... Buen Retiro, a 1º de mayo de 1667. Don Juan"[386].

Con todo, resulta cuando menos curioso, que ese mismo primero de mayo de 1667, don Juan hablase abiertamente de que la Reina regente le había ofrecido incorporarse al Consejo de Estado, fundamentalmente debido a su conocimiento de los asuntos de los Países Bajos, oferta que, dicho sea de paso, negaría Mariana de Austria:

---

384 A.H.N., *Estado*, Libro 873, p. 238r.

385 A.H.N., *Estado*, Libro 873, pp. 242-243.

386 A.H.N., *Estado*, Libro 873, p. 244.

> "Copia de papel. De primero de mayo de 1667, en que el señor don Juan de Austria declara la forma en que Su Majestad le ofreció llamarle y dar entrada en el Consejo de Estado... asegurándome debajo de su palabra real que dentro de cuatro o cinco semanas me mandará volver a esta Corte, donde me dará el efectivo ingreso en el Consejo de Estado, enviándome a llamar a este fin sin restricción o limitación alguna, ejecutando Su Majestad todo esto de su motu propio, sin nuevo recuerdo mío, para que quede tanto más resguardada su soberanía, y yo más favorecido y hábil a emplear después toda mi vida ciega y rendidamente a su real servicio. A primero de mayo de mil seiscientos y sesenta y siete. [A un margen] Estas palabras niega Su Majestad haberlas oído ni dicho"[387].

Pero nuevamente saldría a la luz el nombre de don Juan de Austria, en lo que a su incorporación al Consejo de Estado se trata, esta vez apoyado por el conde de Peñaranda. Para ello se aprovecharía la situación que desde hace tiempo acontecía en los Países Bajos, creyéndose encontrar en el hijo de Felipe IV al candidato ideal para la defensa de aquellas tierras[388]. Dicha recomendación sería asumida por Mariana de Austria, la cual no tardaría en seguir los consejos del conde de Peñaranda, llamando a don Juan el cuatro de Junio para que se incorporase al Consejo de Estado, en donde supuestamente aportaría su gran experiencia en los asuntos de los Países Bajos[389], tierras de la cuales seguía ostentando el cargo de Gobernador General, conforme a lo que dispuso su padre en su beneficio, al concedéselo de manera vitalicia.

Curiosamente, la respuesta dada por el hijo de Felipe IV desde el Real Sitio de Aranjuez, en donde continuaba pasando la primavera a pesar de sus pretéritas indicaciones de dejar de estar allí, no fue otra que la de hacerse rogar en cuanto a este ofrecimiento. Para ello indicaba que en ese momento quizá no poseía la capacidad suficiente para poder corresponder debidamente con las obligaciones que dicho cargo requerían:

> "Copia de carta del señor don Juan de Austria de cinco de junio de mil seiscientos y sesenta y siete, en respuesta de la referida de Su Majestad. Señora, recibo con la real carta de Vuestra Majestad de cuatro de este, toda la confusión de que es capaz mi conocimiento, pues teniéndole de las grandes honras que Vuestra Majestad me hace en ella, y asistiéndome al mismo tiempo el de mi corta suficiencia, es preciso que contengan la obligación y la imposibilidad de corresponder a ella debidamente, solo puede quedarme la confianza de que mediando mi celo en esta diferencia haga el milagro de suplir como falta para llenar el concepto que Vuestra Majestad por

387 A.H.N., *Estado*, Libro 873.

388 A.H.N., *Estado*, Libro 873, pp. 228-229: "Copia de consulta. Del conde de Peñaranda, de veinte y cuatro de mayo de 1667, siendo de parecer que con pretexto del rompimiento de Francia y la conclusión del tratado con Ingleses, llame su majestad al señor don Juan al Consejo de Estado".

389 A.H.N., *Estado*, Libro 873, p. 250: "Copia de carta de Su Majestad, de cuatro de junio de mil seiscientos y sesenta y siete para el señor don Juan de Austria, ordenándole venga a Madrid por pocos días para entrar en el Consejo de Estado".

su sola benignidad muestra tener mis buenos deseos, estos solo os puedo ofrecer a Vuestra Majestad sin ninguna desconfianza, y así lo hago con muy humilde rendimiento, gloria de Dios, la carta real para de Vuestra Majestad como he menester y más que a mí. Dada en Aranjuez, a 5 de junio de 1667. Su más humilde criado y vasallo. Don Juan"[390].

Finalmente, el 15 de junio de ese mismo año de 1667, don Juan de Austria entraba a formar parte, nuevamente, del Consejo de Estado.

El frustrado intento de enviar a Don Juan de Austria a Flandes. El comienzo del enfrentamiento directo y abierto entre el bastardo y el padre confesor

A lo largo del período que abarcó el reinado de Carlos II tres fueron las guerras que se mantuvieron con Francia. La primera de ellas respondía a los derechos que la Reina del país galo pretendía tener sobre Bravante, y otros dominios insertos en los Países Bajos; la segunda era consecuencia de la que el Rey Cristianísimo declaró a la República de Holanda, y en donde en una sola campaña les arrebataba Francia más de cuarenta plazas fuertes. Finalmente, emprendió el Rey francés una tercera campaña bélica con motivo de la famosa *Liga de Ausburg*, obra de Guillermo de Nasau, príncipe de Orange, generalísimo de las Provincias Unidas.

Con respecto a este momento histórico, la situación exterior de la Monarquía Española se veía fuertemente deteriorada, aunque aquello no tenía su origen en la época del confesor de la Reina, encontrándonos un antecedente bastante nítido desde la paz de Westfalia en 1648. Ahora bien, vinieron a coincidir en este momento importantísimos acontecimientos negativos para los intereses de la Monarquía Hispánica, donde Portugal y los Países Bajos, juntamente con la presencia más o menos contínua de los ejércitos franceses en tierras del Principado de Cataluña, fueron destacados protagonistas.

Uno de aquellos, tiene su origen como ya indicábamos en páginas anteriores, en la política internacional del monarca francés Luis XIV. Éste había iniciado en 1667 la llamada *Guerra de Devolución*, para intentar satisfacer sus aspiraciones políticas y territoriales en los Países Bajos españoles[391].

Sobre ello resulta especialmente significativo el siguiente documento que reproducimos, en donde se muestran con profusión los resultados que tan prolongadas y sangrientas guerras tenían en aquellos territorios:

> "Señora. Los tres Estados de la fidelísima provincia del País Ducado de Luxemburgo, y condado de Chiny. Dicen, que siendo así, que el único medio para la fertilidad

[390] A.H.N., *Estado*, Libro 873.

[391] Esta guerra se debe a los deseos de Luis XIV de expandir las fronteras de su reino hacia los de Flandes pertenecientes a la monarquía hispánica, en nombre de su esposa María Teresa, hija de Felipe IV.

de las Provincias de toda Europa, y el más experimentado es la paz, tranquilidad y reposo, gozándose de esta. Así, por no haber enemigos que invadan, desasosegando a los naturales, como por faltar amigos a quien alagar, y carecer de soldados a quien permitir tránsitos y alborotos, que de ellos se originan, gozando de alivio en las contribuciones y nuevos impuestos que ocasionaron las guerra, estos efectos tan deseados para dicha provincia totalmente faltan, y se echan de menos en dicho condado, hallándose por esta causa los naturales próximos a despoblarle por no poder tolerar efectos tan contrarios, como experimenta no valiéndoles para ser más aliviados que otra cualquier provincia, la consideración de tan señalados servicios como han hecho en todos tiempos".

Continúan los representantes de aquel territorio europeo indicando que

"Y quizás mayores por más frescos en las guerras próximas, perdiendo las vidas de sus deudas, y amigos, y menospreciando las haciendas propias, bien justo al cariño con que siempre Vuestra Majestad los ha tratado.

Y para que esto tenga remedio, le buscan donde solo le pueden y esperan hallar, recurriendo a Vuestra Majestad y representándole con individualidad el estado en que se halla aquel país, y en el que se ha hallado la falta y violación de sus franquezas, el quebrantamiento de sus reglamentos, lo exhausto de sus fuerzas y lo imposibilidad de su tolerancia.

Cuando aquel país se hallaba en su más dorado siglo, constituía su abundancia y oportunidad en cinco mil setecientos y treinta y dos vecinos, conforme a la matrícula que de orden de la Majestad, que Dios haya, se dio el año de 1624.

En este su más florido tiempo, aquella provincia solo concedía de gratuito donativo a sus soberanos príncipes cien mil florines, con cuya cantidad quedaban satisfechas, y demostraban insinuaciones de agradecimiento por sus reales cartas".

Pero las contínuas guerras estaban acabando con todo aquel período de esplendor:

"Aniquilose aquella provincia en el principio de la guerra, por concurrir allí tres ejércitos: el del señor Emperador, el del Rey nuestro señor, y el del duque de Lorena, los cuales se componían de polacos, húngaros, croatas y otra abundancia de extranjeras naciones, que al parecer solo servía de robar y talar todo aquel país..."[392].

Y tenían razón. Aquellas tierras europeas eran antes de la guerra auténticos paraísos terrenales. Veamos en el siguiente documento como era el territorio de Borgoña antes de que todos estos conflictos sangrientos que acabaran con su antaña prosperidad:

---

392 A.H.N., *Estado*, Libro 108.

"Breve descripción de Borgoña. Entre las provincias, que comprende la Galia céltica, es una de la de Borgoña, célebre por la potencia de sus antiguos duques, dividida en dos partes, el río Sona, la oriental se nombra condado, y la occidental ducado, que comienza desde los confines de Sangres, ciudad situada sobre un encumbrado cerro en los extremos del monte Boguero, y se dilata hasta el Gemes. Descubrense en las amenas riveras del referido río, gran copia de ciudades y fortalezas, a la mano izquierda Ausona, San Juan de Gana, Macón, Nalón; a la derecha Digion, y Autora, que si miramos su antigüedad, tiene entre todas el primer lugar, pero si la autoridad presente, la más estimada es Digion; aquella yace en la espaciosa falsa del monte Cenio, con mayor circuito que población, este es un delicioso y verde prado, cercado de apacibles y hermosos collados, que se extiende hasta Provenza. Era asiento de serenísimos príncipes, duques de Borgoña, por cuya causa la engrandecieron y fortificaron admirablemente, defiéndela su castillo asentado sobre una eminencia, y el lugar llamado Fontanes, patria del glorioso san Bernardo, también la maravillosa fortaleza de Falán, puesta en una inexpugnable altura.

No es de menor importancia, Beona, plaza que tiene cerca un lago, y dos fuentes, con que brotando continuamente líquidos cristales de dulces y regaladas aguas, abastecen toda la ciudad, fosos y cavas de ella.

Ni el fuerte Semur, metrópoli de su comarca repartido en Arrabal y Domión Castillo; produce preciosos guiños, pero la cosecha de pan limitadas; las dilatadas campiñas son montuosas, y en partes abundantes de herbajes, alimento de diversos géneros de ganados; sus habitadores dados a entretenimientos y placeres, inclinados naturalmente a las cazas de osos, jabalíes y venados de que copiosamente abunda.

El condado parte oriental, no es mucha tierra, pero de increíble fertilidad, regalado pan, generoso vino, gustosas carnes, fuentes de sal y gran cría de briosos caballos; poblada de gente magnánima y belicosa. Los principales lugares son: Vizanzon, ciudad fortísima por naturaleza, y Artes, llave del Condado, como también lo es Gray, presidio importante, y la Zonuela"[393].

Para frenar aquella constante agresión a la Monarquía Hispánica don Juan de Austria parecía ser el hombre ideal por varias y poderosas razones. Ya tenía experiencia en un nombramiento similar años antes, y aunque el resultado no había sido muy provechoso, en este momento, y el ánimo de inducirle a abandonar España, y así tranquilizar a los rectores de la Corte madrileña, se le otorgarían poderes sin precedentes. ¡Qué lejos quedaban ya aquellas peticiones insatisfechas que realizara cuando dirigía los destinos de aquel territorio en 1656!

Para comenzar, don Juan de Austria, tal y como se encontraban las cosas, no pareció tener nunca ningún interés en marchar nuevamente hacia aquellas tierras europeas, entendiendo que su auténtica guerra la tenía en el gobierno de Madrid, ese que él comenzaba a anhelar cada vez con mayor pasión, convencido de que bajo su autoridad las cosas necesariamente tendrían que mejorar. Por otro lado, estamos convencidos que don Juan de Austria veía en la empresa de los Países Bajos un final ya pronosticado,

[393] B.N., mss., 10.901, p. 84.

que pasaba por una nueva e inevitable derrota, que unicamente se podría evitar con la posesión de una fuerzas muy poderosas y bien pertrechadas. Y por si fuera poco, vino a exponer abiertamente que aquella situación era debida a "la monstruosidad del gobierno presente cual jamás creo yo que se habrá oído, desordenado y confuso en todas sus partes y murmurado y vituperado de los mismos que lo componen... múdese y compóngase este y yo iré a defender a Flandes y aun a Ibiza, si fuere menester"[394].

Con todo, en ese deseo de conseguir que don Juan de Austria se hiciera cargo de la defensa de los intereses de la monarquía en tierras de Flandes, se llegaba a aceptar por parte de la regente las pretensiones del hijo de Felipe IV, con respecto al deplorable estado de su Casa, cuestión que ya en cierto modo habíamos anunciado en el momento en el cual tratamos la constitución de la misma, en capítulos pretéritos.

En el siguiente texto descubrimos que, efectivamente, no era muy boyante el estado en la cual se encontraba:

> "Señora. Con indecible repugnancia tomo la pluma para hablar a Vuestras Majestades materia que aunque indirectamente sean también del real servicio de Su Majestad, tienen la apariencia de solo interés mío, y tan necesarias cuanto contrarias a mi condición el tratar de ellos. Esto es señora, representar a Vuestra Majestad mi cortedad de medios, no solo para conservar en Flandes una decencia que sin tocar en los términos de la superficialidad, no llegue a los de la miseria y deslucimiento, sino aún para poder hacer el viaje a aquellas provincias, llevar a ellas la posición de familia que me hubiere de servir, dejar forma de sustento en la que quedare en España, y hallar en ellas una cama y un bufete, en que comer y dormir.
>
> Las causas por las que me veo reducido a este estado, juzgo acreditan bastante, que no pondero esto a Vuestra Majestad con gana de venderme caro, ni ser de carga a la real hacienda, cuando mi verdad y mis obligaciones no desvariasen tanto, lo uno y lo otro".

Su estancia en tierras aragonesas no habían servido para enriquecer a don Juan de Austria, es más, la hacienda de nuestro personaje central se había resentido seriamente:

> "Cerca de seis años ha que estoy en Aragón, y aunque en este tiempo he recibido efectos de la real generosidad de Vuestra Majestad, en la ayuda de costa, que fue servido concederme los años pasados, y en las porciones de cruzada y cuarta décima, que estos últimos se me han concedido, si se atiende a que cada real de mis rentas que entra en Zaragoza me cuesta más de tres en Castilla... de este resumen comprenderá Vuestra Majestad mi gran desavío, y la mortificación que me costará manifestarle, y que por mi mismo no le pueda encomendar los medios para que esto sea, no permite mi confianza, ni la magnificación grande de Vuestra Majestad, que yo los desmenuce, ni tampoco podía hacerlo a tan punto fijo, como era necesario, para procurar no tener a Su Majestad un escudo más de coste de aquello que fuere indispensable, a cuyo fin

---

[394] B.N., mss., 8.345.

> propongo a Vuestra Majestad se sirva de dar orden que el Presidente de Hacienda confiera esta materia con don Diego de Velasco, mi mayordomo y contador mayor, por quién pasa la inspección de la mía, para que así, con las órdenes y noticias que yo le enviare como con las que él tiene, se llegue al conocimiento de las cantidades que serán necesarias para lo que apunto..."[395].

Pero aparte de ello, las peticiones de don Juan eran amplísimas, incluyéndose como condición para asumir dicho nombramiento concesiones hasta ese momento nunca planteado por otro que hubiese desempeñado el cargo de Gobernador General de los Países Bajos, tales como importantes medios materiales y humanos, así como poderes amplios. La idea no era otra que la de desestabilizar el gobierno que residía en la Corte madrileña a cualquier costa. Con todo se hicieron por parte de éstos todos los esfuerzos con objeto de satisfacer dichas demandas, entre otras cosas por el deseo de Mariana de Austria de conseguir la salida del bastardo de la Corte.

Así, aquella presión ejercida por don Juan de Austria tendría su recompensa, ya que las concesiones recibidas fueron de la magnitud siguiente: la autoridad para hacer la guerra y la paz, para otorgar títulos de nobleza, para disponer de un millón de pesos en efectivo y 780.000 escudos en títulos de crédito. Asimismo, se le asignaron unos emolumentos personales de 600.000 escudos, se prepararon los refuerzos y se dispuso un escuadrón naval, que esperaba en La Coruña[396].

Aquel esfuerzo económico sin parangón para financiar la campaña de Flandes, conforme a las peticiones del bastardo, unido a otros gastos adicionales para hacer frente a otras necesidades de la monarquía, motivarían aquella carta que en julio de 1668 enviara el presidente del Consejo de Hacienda, don Lope de los Ríos, a la regente, en respuesta a cierta consulta de Mariana de Austria:

> "En diferentes ocasiones he representado a Vuestra Majestad la imposibilidad que reconozco de asistir a tantos y tan crecidos gastos como concurren del servicio de Vuestra Majestad. Y particularmente representé a Vuestra Majestad en consulta de 31 de mayo de este año, que al tiempo que fue servida de mandarme honrar con la Presidencia de Hacienda, hallé distribuido por entero todo el caudal del año de 1667 y este de 1668"[397].

Y es que parecía haberse olvidado don Juan de Austria de que el último proveedor de aquellas cantidades económicas, no era otro que el ya empobrecido pechero castellano. Ese mismo que él contínuamente alardeaba defender a capa y espada, acusando de los males que les afectaba a los que desde Madrid dirigían los designios de la Monarquía, pero, a la vez, exigiéndoles cantidades económicas que difícilmente serían conseguidas si no se aumentaba la presión fiscal, o se dejaban de realizar otras actividades ordinarias, muchas de las cuales repercutirían directamente sobre aquellos necesitados pecheros, a

---

395 A.H.N., *Estado*, Leg. 1.637.

396 Lynch, J., *Los Austrias (1598-1700)*, op. cit., p. 321.

397 Kamen, H., La *España de Carlos II*, Madrid, 2005, p. 463.

los cuales, curiosamente, se les arengaba por los agentes de don Juan a dirigir sus iras contra el padre confesor, al cual se les presentaba como el auténtico culpable de todos sus males. Veamos lo que sobre ello opinaba Everardo Nithard:

> "... que yo no he sido, ni soy causa de las calamidades, y trabajos que padecen los vasallos, como me lo imputa el señor don Juan: porque desde los tiempos del señor Emperador Carlos V, Felipe II, y III, y IV, ha sido el clamor de España toda en su perdición, y destrucción por los tributos. Consta de consulta hecha por el Consejo Real de Castilla el año de 1619, que después comentó, y dilucidó eruditamente Navarrete en su libro, y pido a Vuestra Majestad, y a todos lo que quisieren ser enterados de esta verdad, se sirvan de leerla desde el principio. Consta también de los tiempos del seños Rey Felipe IV, que está en el Cielo, que para las proposiciones de tributos, y donativos, se propuso siempre a los teólogos, la extrema necesidad en que se hallaba la Monarquía; y en virtud de esta opinión se han impuesto los tributos, con que se hallan cargados los vasallos. Veanse las consultas hechas del reino en cortes, y tiempos antecedentes, que se hallan en diversas secretarías; de que se sigue, y infiere claramente, que yo no soy causa de estas calamidades, y trabajos: y por consiguiente queda sin fuerza este gravísimo..."[398].

Continuando con su análisis de aquella situación, el jesuita Everardo Nithard indicaba que

> "... algunos años antes que muriese el Rey, Nuestro Señor (que está en el Cielo) fue servido de nombrarme por uno de los que asistían en la Junta General de Medios, por haber reconocido en mi Su Majestad un ardiente celo (que por la misericordia de Dios me acompaña) del bien común, y alivio de estos reinos, y vasallos. Y todo lo que su favor he obrado, y votado constantemente, en dicha Junta dirán las consultas que la Junta hizo a Su Majestad, y se hallarán en las secretarías, que son instrumentos auténticos de la verdad, y que acreditarán lo que digo. Testigos hay vivos que son el duque de Medina, el conde de Castrillo, don Antonio de Contreras; fray Juan Martínez, confesor de Su Majestad; y otros que testificarán lo mismo. Y el duque de Medina sobre ciertos pareceres míos, encaminados a que no se impusiesen nuevos tributos, los alabó con palabras bien encarecidas, diciendo, que había hablado como un San Juan Crisóstomo, y lo refiero con confusión mía, aunque necesaria para testimonio de la verdad que aquí propongo, y defiendo, que le dará también el secretario Legasa, que lo era también de la Junta; de que se infiere, que las calamidades, y trabajos no se padecen por mí.
>
> Pruébase claramente esto mismo..., porque desde que murió Su Majestad, que goce de Dios, no se ha impuesto tributo general alguno en estos reinos, ni pedido donativo alguno en las ciudades, y reinos de Castilla, a que he asistido en todas las ocasiones que se trataba de esto con todas mis fuerzas, y razones que difundieron semejantes imposiciones y donativos, de que hago testigos a todos los que concu-

[398] A.H.N., *Estado*, Libro 1.009, pp. 298 y ss.

rrieron conmigo en los Consejos y Juntas, y otros muchos que me oyeron hablar de esto fuera de ellas, además que consta auténticamente de las consultas que se hicieron sobre dichas materias a que me remito"[399].

Incluso, en palabras de Nithard, observamos la creación de una Junta, llamada *del Alivio de los Tributos*, que se encargaría de velar por aquella enorme carga impositiva que soportaban los pecheros:

"...apenas murió el Rey, mi señor, cuando supliqué a Vuestra Majestad, a quien pongo por testigo, se sirviese de mandar formar una Junta de Ministros Celosos, e inteligentes que se llamó *del alivio de los tributos*, principalmente en las cuatro especies necesarias, que son la carne, pescado, vino, aceite, y vinagre; y Vuestra Majestad fue servida de conformarse con suma propensión de su Real voluntad, y nombrar para ella a Don Miguel de Salamanca, entonces Presidente de Hacienda; a don Manuel Pantoja; don Jerónimo de San Vítores; y a don Francisco de Herrera, corregidor de esta villa de Madrid, y a mí. Y habiéndose dispuesto muchas cosas por esta Junta, y entre otras más de veinte ciudades, y muchos arrendadores bajado la mitad de los precios de estas especies, ofreciendo la misma paga ajustada por su arrendamiento, y se hubiera ejecutado en todas, sino se hubieran ofrecido, y opuesto tantas dificultades, que fue fuerza a Vuestra Majestad desistir por entonces de su prosecución, con increíble dolor, y sentimiento suyo, y mío por verse frustrado mi celo, y entrañable deseo de ver aliviados los pobres vasallos, de que hago testigos a los sobredichos con el testimonio auténtico de las consultas que paran en las secretarías, y en especial en la de don Lorenzo de Jáuregui, que era secretario de dicha Junta. A que se añade, que en esta misma Junta procuré con todo esfuerzo persuadir que se quitasen las quiebras de millones, como tributo el más gravoso, y sensible para los vasallos, y mayormente pobres, y a este fin se han hecho muchas, y muy particulares diligencias para vencer las graves dificultades que se ofrecían contra su ejecución: y no habiendo sido posible por las urgentes necesidades (que entonces grandemente apretaban) el poderlas vencer, y quitar dicho tributo, se halló la Junta, y yo con ella obligado a desistir por entonces de ese santo intento, con increíble dolor, y sentimiento de todos, habiéndonos de consolar con saber que la buena voluntad, tiene su premio delante de Dios, y debe ser también estimada de los hombres, según el dicho del sabio, *in arduis voluisse sat est*, que en las cosas arduas, no es poco, sino mucho haber emprendido hacerlas"[400].

Más adelante, insistiendo en la necesidad de ser muy consecuentes con los horrores que plantea aquella situación, indicaba Nithard:

"... porque conociéndose ser un tributo tan cuantioso el de las medias anatas de los juros antiguos, y nuevos, nunca jamás fui de padecer, ni consentido por mi

399 A.H.N., *Estado*, Libro 1.009, pp. 298 y ss.

400 A.H.N., *Estado*, Libro 1.009, pp. 298 y ss.

voto, que esta medias anatas se quitasen a los juristas, por las razones, y motivos que me persuadieron a esto, de que hago testigos a cuantos hay que han concurrido conmigo en ocasiones en que se trataba este punto; y asimismo a las Consultas que se han hecho sobre él. Digo esto, por ser sabido, y público, porque a no serlo, ni lo dijera, ni pudiera decir: y no habiéndose conformado el Rey, ni Vuestra Majestad, juzgando debía seguir el parecer contrario de tantos, y tan grandes ministros, que yo también venero, y siempre he venerado, como a principio extrínseco, fundado en la autoridad, no se me puede hacer cargo por esta razón, ni imputar el que yo sea causa de las calamidades, y trabajos que se padecen"[401].

Pero es que de aquella situación, insiste Nithard, se había perfectamente percatado nada más pisar tierras ibéricas:

"... porque apenas llegué a España, sirviendo a Vuestra Majestad, cuando oyendo los clamaros, tributos, y cobranzas de ellos, por la multitud de ministros ocupados en ellas, que se contaba al parecer un número increíble, con las costas, y daños que hacían, cuando procuré se introdujese en España el modo de cobrarlas del señor Emperador, y otros potentados, para que los vasallos de España no sintiesen opresión de tanta molestia, y aun de tanto perjuicio a la misma cobranza; pero tampoco esto se ha podido conseguir por causas ocurrentes que lo estorbaron, con no pequeño dolor, y sentimiento de mi alma. De que se infiere, que no puedo yo ser la causa de las calamidades que se experimentan"[402].

Además alega en su defensa que:

"... habiendo llegado a mis manos un papel grave de una persona de letras, e inteligencia en materia de tributos, en que persuadía, que los que estaban puestos no eran conformes a la razón, necesidad, y tiempo; y que todos se podían, y debían reducir a uno, que carecía de todos los daños que se experimentan en los impuestos, con el grande deseo que tuve siempre del alivio de los pobres vasallos, bien probado en aquel papel, se lo dije, y representé al Rey Nuestro Señor; y después de su muerte a Vuestra Majestad, suplicándola insistentemente se sirviese de remitir dicho papel a la Junta General de Medios, y a los Consejos Real, y de Hacienda: y habiendo Vuestra Majestad venido en ello con mucho gusto, y examinádose en dichos Consejos, aunque en ellos se facilitaron algunas dificultades que se ofrecían en la ejecución; todavía para vencer las demás se formó una Junta, en que entraron el Presidente de Hacienda, don Antonio de Contreras, el conde de Villaumbrosa, don Jerónimo de San Vítores, don Juan de Góngora, y yo, que con sumo gusto, sin embargo de las continuas, y casi intolerables ocupaciones mías me ofrecí de asistir, por el deseo ardentísimo que siempre he tenido del alivio de los pobres vasallos, y se va trabajando en el modo de la ejecución, para que se consiga el alivio que Vuestra Majestad ha deseado, y yo

401 A.H.N., *Estado*, Libro 1.009, pp. 298 y ss.
402 A.H.N., *Estado*, Libro 1.009, pp. 298 y ss.

solicitando instantemente siempre. De esto hago testigos a todos cuantos Consejos tiene Vuestra Majestad, y a los de la Junta de Medios, de que son también auténticos testimonios, las Consultas de los Consejos, y de la Junta formada para esto. Luego yo no puedo ser acusado, ni condenado como causa de estas calamidades, y trabajos por nadie, y mucho menos por el señor don Juan, a quien se lo referí el año pasado en El Retiro, y alabó mucho mi solicitud, y celo, y no puedo dejar de alegarle por testigo, porque en esta causa no padece excepción"[403].

Todo ello se probaba con notoria nitidez,

"...por saberse constantemente en todos los Consejos las instancias que he hecho, para que no fuesen más vejados con algún tributo los vasallos, y juntamente instado varias veces, a que para este alivio, que con tantas veras he pretendido se cercenasen gastos superfluos, y se dedujesen a moderación competente, así en la Casa Real de Vuestra Majestad, como en los sueldos de Ministros y oficiales, en mercedes, raciones, y ayudas de costa, y otras cosas de que se podía recoger una suma considerable de dinero, sin los gastos, y perjuicios en su cobranza, que intervienen en los demás tributos; y de esta verdad son auténticos testimonios mi pareceres y votos en los Consejos, y Juntas, y las Consultas hechas sobre todo esto, y cada cosa en particular; y sobre ser notorio, y público, son testigos otros consejeros, que fueron del mismo parecer, y sólo a fin del alivio de los vasallos. De que se infiere, que el señor don Juan justamente no puede hacerme a mí este cargo *de las calamidades, y opresión de los vasallos*, ni tomarlo por motivo para la resolución que refiere en su carta, tomó contra mí"[404].

Pero todavía tenía más medios para probar su auténtica voluntad de beneficiar a los pecheros de verdad, y no de palabra como hacía don Juan de Austria:

"a estas pruebas añado otra... por ser de pública voz, y fama, y constante en esta Corte, que el señor don Juan, con otros de su séquito, fue de voto, y parecer, que Vuestra Majestad, en la venida de Galeones, se echase sobre seis millones de plata de los particulares. A que resistí yo con otros, porque esta era una aflicción gravísima de los vasallos, sobre la que padecían (de que hace motivos, y argumentos el señor don Juan contra mí) y se les quitaba no sólo a los dueños, pero a todos muchos la utilidad pública, y común que había de redundar de los seis millones en tantos, y todos quedarían por puertas; y porque era destruir, no sólo todo el crédito, pero el comercio de Indias, y a las Indias con España, y lo dependiente de este comercio, que todo se arruinaba con la toma de los seis millones de particulares. Y a esta causa nunca ha podido el señor don Juan hacerme este cargo de la opresión de los vasallos,

[403] A.H.N., *Estado*, Libro 1.009, pp. 298 y ss.
[404] A.H.N., *Estado*, Libro 1.009, pp. 298 y ss.

y mucho menos tomar motivo de ella contra mí, para la resolución que refiere en su carta, sabiendo lo que en esta parte obré por el consuelo de ellos"[405].

Pero aún había más:

"... que el señor don Juan antes de partir a La Coruña, pidió tales, y tantas cantidades de dinero, como consta de sus cartas, y es público; y después desde La Coruña, haciendo queja gravísima, de que no se le asistía más que con 400.000 reales de a ocho, habiéndosele ofrecido un millón, que se le cumplió en moneda labrada, barras de plata, y letras de cambio, fuera de 600.000 escudos de plata, y de todo lo hizo poco caso, pidiendo siempre más, y más, juzgando que era precisamente necesario todo lo que pedía para la defensa de Flandes a que iba, aunque no ignoraba, que era, y había de ser con nueva carga de los pobres vasallos sobre quienes había de cargar todo, añadiéndoles aflicción sobre aflicción; pero necesaria en juicio del señor don Juan para la defensa de Flandes. Y esto señora fue ayer, hecho del señor don Juan, no mío, como ni la guerra en que yo no he tenido culpa, ni me puede hacer cargo de ella el señor don Juan, ni tomarla por motivo, para la resolución que en su carta refiere ha intentado contra mí"[406].

Incluso se plasma por escrito uno de los principales asuntos que habían llevado a la Monarquía Hispáncia a aquella situación de prolongada crisis económica: la guerra de Portugal, y después la paz con el territorio lusitano,

"... porque desde la paz de Portugal, cuya guerra por la más mayor parte ocasionó las opresiones que se padecen, y para dicha paz hizo tantas instancias el señor don Juan, diciendo, era precisa para su jornada a Flandes, hasta la resolución, que tomó, de no ir, por acudir al alivio, como dice, de los pobres, y afligidos vasallos, no se contará que corrieron sino tres meses escasos, poco más o menos. En estos tres meses, Señora, ¿como he podido yo ser causa de esta opresión, no habiéndolo sido de las guerras? Ni en estos tres meses, ¿como he podido yo ser causa del alivio de los vasallos, que tantos años he buscado, pretendido, y deseado? Especialmente, no dependiendo de mí solo, como del más mínimo de los Mayores Ministros de nuestra Majestad. De que se sigue, que tampoco ha podido el señor don Juan hacerme a mí este cargo, tres meses después de la guerra, ni tenido motivo en ellos por la opresión que dice, para tomar, como tomó, contra mí la resolución que refiere en su carta, como el único autor de ella.

Dejo, Señora, el que en este tiempo, ni después de la muerte del Rey, que está en el Cielo, tributo, o imposición nueva, no se ha visto, y habiendo durando las guerras hasta que el señor don Juan partió a La Coruña, si fueron pesados los tributos, lo eran por la pesadumbre de la guerra, que pedía todo eso, y mucho más, como constó , y consta claramente al señor don Juan del tiempo que la tuvo a su cargo en

[405] A.H.N., *Estado*, Libro 1.009, pp. 298 y ss.
[406] A.H.N., *Estado*, Libro 1.009, pp. 298 y ss.

Portugal, y de las quejas continuas que dio de lo poco con que se le asistía, siendo considerabilísimas sumas de millones, que no alcanzaban a las pagas, a cuya causa en tiempo del señor don Juan se vio sumamente oprimida toda la Extremadura de los soldados, y alojamientos, de que son testigos todos los vivientes de aquella provincia, y las cartas del señor don Juan, y los libros del Consejo de Hacienda, donde consta la remisión de dinero que se queja siempre agriamente, que no era suficiente. Y sabiendo el señor don Juan, que esta guerra ha durado hasta su partida a La Coruña, y que la opresión nacía de ella, y que le parecía al señor don Juan que era necesario a cualquiera costa de cualquiera opresión de los pobres vasallos asistirle más, como puede ahora el señor don Juan hacerme a mí legítimamente este cargo, como autor de esta opresión, ni tomarla por motivo contra mí (como dice en su carta) para su resolución, y determinación"[407].

Finalmente expone un argumento demoledor contra sus adversarios políticos, esencialmente contra don Juan de Austria que acusaba a aquellos de enriquecerse mientras el pueblo pasaba hambre, además de ser el promotor o cuanto menos consentidor de aquellos desvaríos. El alemán alega con razones y argumentos que seguidamente se exponen, que no había aprovechado en ningún modo su privilegiada situación para enriquecer su hacienda o la de sus allegados:

"... confieso a Vuestra Majestad, la omitiera de muy buena gana, porque toca en mi persona; bien sabe el mundo, y la Corte, que si padecen opresión los vasallos, no es por interés, que yo perciba de ella, ni mis padres, ni hermanos, deudos, amigos, o paniaguados, en quien se derrame el dinero, que sale de dicha opresión. Por el Consejo de Hacienda consta el empleo de las rentas reales, saquese alguna partida librada por mí, o por consulta mía de algo, que haya sido consumido por mí, o por deudos naturales de estos reinos, o de fuera de ellos, que pues las rentas de Vuestra Majestad no las puedo yo cobrar, ni hacer invisibles, ni remitir por los aires a otras partes, sino que es fuerza, que por el Presidente de Hacienda, con cuenta, y razón, y con las notas del porqué, o para qué estén todas las partidas en los libros, sería muy fácil convencerme por ellos; pero aun no suficientemente para el cargo, que me hace el señor don Juan, y resolución, que tomó contra mí, como si yo fuese autor de la opresión de los pobres vasallos; pues no he podido serlo por no haber podido yo hacer el divertimiento dicho de la hacienda real, y a esa causa queda desvanecido todo el motivo, que tomó el señor don Juan, para lo que dice en su papel, pues de él constaba, que durando la guerra era caso imposible que yo fuese autor de la opresión que padecían por ella, constando también al señor don Juan, que yo no era autor de la guerra, y que ella trayendo la opresión que dice a los pobres vasallos, ningún fruto me había traído a mí, ni a mis padres, ni hermanos, ni deudos, ni amigos, ni confidentes propios de estos reinos, o extraños, como se hará demostración por los libros del Real Consejo de Hacienda de Vuestra Majestad"[408].

---

[407] A.H.N., *Estado*, Libro 1.009, pp. 298 y ss.

[408] A.H.N., *Estado*, Libro 1.009, pp. 298 y ss.

Pero es que en esta campaña orquestada por don Juan de Austria y sus seguidores, de criticar a todos los que asumían en ese momento el poder, también se dirigieron contra la regente y el Emperador:

"Señora, este punto del divertimiento de la hacienda Real le toman ahora por motivo nuevo, habiendo sido antiguo; pero siempre falso, fingido, y fabricado injustamente, no solo contra mi crédito (que importa poco) sino contra el de Vuestra Majestad, a fin de desacreditar el soberano gobierno de Vuestra Majestad tomándome como pretexto, y autores del divertimiento de la hacienda del Rey Nuestro Señor, divulgan ahora, y resucitan aquellas voces, que en los tiempos antecedentes, después de la muerte del Rey, que está en el Cielo, esparcieron, de que Vuestra Majestad remitía con ocasión de la ida de la Señora Emperatriz de Alemania, muchos millones de plata, y joyas, así para el señor Emperador, hermano de Vuestra Majestad, como también a fin de edificar, y fundar un convento para retirarse a él Vuestra Majestad, aun dejando y desamparando al Rey Nuestro Señor, su hijo, en esta su tierna edad. Desvanecido esta falsa voz, con la verdad deshecho, volvieron al mismo intento, con ocasión de haber nombrado Vuestra Majestad a don Diego de Castilla, diciendo, que Vuestra Majestad le había mandado con todo imperio, buscase tres millones de escudos, para remitírselos al señor Emperador de Alemania: y que a este fin, entre otros, principalmente le había hecho Presidente: y que habiendo él resistidose a este mandato, Vuestra Majestad había mostrado mucha indignación contra él, y encargádome a mí, procurase con todas veras hablar a dicho Presidente, e inducirle a la ejecución de este mandato de Vuestra Majestad. Y que habiéndolo hecho, llegamos a lance de perdernos el respeto. Desvaneciese de la misma manera este testimonio falso; y sosegado el mar por poco tiempo, vuelve ahora, como he dicho, otra vez a resucitarse la voz misma por los criados, aliados, y confidentes del señor don Juan (según se dice) divulgando por el pueblo, que Vuestra Majestad de nuevo había remitido millones de dinero al señor Emperador, su hermano; y que el señor don Juan había apresado grandes cantidades de esta remesa, de que se ha originado tal, y tan grande desconsuelo, y murmuraciones, y desabrimientos, que a no ser los españoles tan cordialmente reverenciadores, y amantes de sus Reyes, y especialmente de la virtud, y santidad, y benignidad de Vuestra Majestad, podía temerse algún desmán, y mal suceso. Y como para todo esto no se atreven a la Majestad, y Soberanía de sus reyes, por otra parte me tienen por el mayor confidente de Vuestra Majestad, y por cuya mano se encaminan estas sumas a Alemania, viene a ser, que todo el odio, rencor, y desabrimiento cae sobre mí, y esto tan pesadamente, que tenga milagro el vivir, y estar en pie, y esto es lo que el señor don Juan ha emprendido conseguir, así por su carta, como también por estas voces, no menos falsas, que injuriosas a Vuestra Majestad, al señor Emperador su hermano, y a mí: pero fuera de lo dicho ahora constará con claridad, y evidencia por los libros, y cuentas del Consejo de Hacienda esta verdad, y de la falsedad con que se imputa a Vuestra Majestad (tomándome a mí por pretexto) el divertimiento de la hacienda Real a las partes de Alemania, y la opresión, y calamidad, que de ahí dicen forzosamente padecen los pueblos de España"[409].

---

[409] A.H.N., *Estado*, Libro 1.009, pp. 298 y ss.

Con todo, y volviendo al asunto de la marcha de don Juan de Austria a los Países Bajos, indicar que a pesar de aquellas condiciones inusitadas, el bastardo, en el ánimo de desestabilizar el gobierno de Nithard, había afirmado que todo aquello resultaba insuficiente, planteando exigencias a todas luces imposibles, y que incluían el derecho de vender privilegios comerciales a los ingleses y de poder llegar a acuerdos financieros con los holandeses.

Además, por aquellas fechas se preparó todo lo necesario para acabar con la vida del padre confesor, en un complot en donde se preveía fuese asesinado en las calles de Madrid a manos de los agentes de don Juan, tal y como el propio Nithard da cuenta a Mariana de Austria meses después, tras haber guardado secreto sobre ello a la reina:

> "... en que el señor don Juan dispuso de darme muerte... De este cargo, que toca en mi muerte, intentada en 17 de febrero pasado, de que habla el señor don Juan como si no fuera el darme la muerte, sino otra cosa menos escandalosa. Puedo decir a Vuestra Majestad con verdad, que jamás he hablado, ni publicado este caso, y he tenido ánimo de dejarlo a los secretos consejos de Dios Nuestro Señor, como otras muchas cosas. Pero ya que el señor don Juan confiesa públicamente, no sólo en la carta para Vuestra Majestad, pero en copias de ella, enviadas a diversas personas, y conventos religiosos de Madrid, me parece me es lícito, y aun preciso el representar a Vuestra Majestad no lo mucho que podía decir sobre este designio, sino solamente lo que puede servir de legítima defensa mía, en orden a dar alguna satisfacción a dicho cargo, y así respondo a él.
>
> Lo primero, que habiendo tenido avisos de personas de mucha suposición, que aquel viernes 17 de febrero (que era del perdón de enemigos) me convenía estar en mi casa, y no salir por la tarde a la Junta del Gobierno; porque sin duda estaba dispuesta mi muerte al pasar por el convento de la Encarnación. Y aunque nunca me persuadía a temor, y fiaba en Dios Nuestro Señor sería servido de mirarme con ojos de piedad, y guardarme, todavía fueron tantos los que me dijeron, que era tentar a Dios el exponerme a ese riesgo sin especial necesidad; y por esta razón, y otras de conocido y forzoso impedimento de mi ocupación no fui a la Junta, y a esta llama el señor don Juan temor de mi mala conciencia..."[410].

Aquellos sucesos todavía habían contribuido mucho más a caldear el ambiente existente en la Corte. La aparente tranquilidad y armonía que pudiera suponerse en la Junta de Gobierno que crease el difunto Felipe IV no era más que eso, una apariencia. En este sentido don Juan José tenía cierto apoyo entre ellos, nobles que se referían a él como "*el hijo de nuestro llorado monarca*", y que creían que encarnaba las virtudes de la monarquía, en un momento en el que España carecía de un infante solvente, y en el que la imagen del futuro monarca, y su pervivencia en el tiempo quedaban en un más que maltrecho estado. Por otro lado, el gobierno del jesuita no salió reforzado en virtud de sus distintas actuaciones, incluida la de la guerra, en donde la Triple Alianza de Inglaterra, las Provincias Unidas y Suecia llevaría al *Rey Sol* a la mesa de las nego-

[410] A.H.N., *Estado*, Libro 1.009, pp. 298 y ss.

ciaciones, en 1668, y en donde España carecía de una posición sólida. En este sentido, a cambio de recuperar el Franco Condado tendría que ceder una serie de importantes puntos estratégicos en los Países Bajos.

El retraso de don Juan en asumir la dirección de aquella empresa resultaba tormentoso en la Corte, pronto tendría que acudir a aquel lugar en donde se preveía se concentraría la flota que trasladase a todos a tierras de los Países Bajos: La Coruña. La documentación nos cuenta dicho viaje a aquellas tierras gallegas:

> "Las plazas de pendían sin socorro alguno, por semanas y meses. Era preciso que con las fuerzas y socorros necesarios pasase a su defensa un general de experiencia y reputación. Y en este caso la Reina gobernadora dio sus órdenes para que marchase a don Juan de Austria como Gobernador General de aquellas provincias. Salió para La Coruña el Domingo de Ramos de 1668, y desde allí envía socorros con fragatas a la desilada, por haberse interpuesto una escuadra francesa en aquellos mares, con el fin de cortar el paso a la armada de España.
>
> Llegaron de Cádiz a la ría de Vigo, ocho navíos armados, la almiranta, tropa de transporte y novecientos mil escudos de plata. Don Fernando Carrillo, almirante de La Real, que mandaba él todo, burló los desvelos de la escuadra enemiga, compuesta de 36 bajeles. El almirante francés quiso vengarse y maniobró para empeñar la acción de tomar o quemar los nueve navíos, en una ría abierta como la de Vigo, que convidaba al empeño.
>
> La llegada de don Juan de Austria a Santiago y la de don Fernando Carrillo a Vigo, fue casi a un tiempo. Se pusieron en tierra 36 cañones y se hizo un fuerte. Los navíos se pusieron a su abrigo..."[411].

El propio don Juan, enterado de la paz con los galos, y consciente de que su cargo en Flandes era una rémora en sus pretensiones para conquistar definitivamente la Corte madrileña, además de entender que una nueva derrota en aquellas tierras europeas mermaría su prestigio militar y político, escribió a Mariana de Austria desde La Coruña, indicándole la inutilidad de su viaje, tal y como se encontraban las cosas: los preliminares de paz abiertos y una poderosa armada francesa, muy superior a la española, esperándole en aguas del Cantábrico. Con todo, Mariana de Austria le respondería que su presencia en Flandes era poco menos que vital para que se desarrollaran positivamente los acontecimientos que se vivían en dicho territorio. Por ello, y a pesar de que la paz de Aquisgrán era ya pública, el bastardo de Felipe IV seguía recibiendo instrucciones para que partiese.

En aquel ambiente de enfrentamiento entre, Juan José de Austria por un lado y la regente y Nithard, por el otro, vino a producirse un acontecimiento de cotas elevadas, derivado del odio que uno y otros se profesaban. El marqués de Saint Aunais vino a ser un personaje que a la hora de lucrarse había vendido sus servicios tanto a galos como a españoles, y tanto en tiempo de guerra como de paz. Vino, además, a involucrarse en

---

411 B.N., mss., 18.206, p. 6.

los enfrentamientos mantenidos entre Juan José de Austria y Nithard, convirtiéndose en informador de uno y otro.

Poco tiempo después llegaba la carta de respuesta a lo expuesto por Juan de Austria a aquel miembro de la Junta de Gobierno. En ella confesaba estar de acuerdo con lo expuesto, pero que se excusaba de participar activamente en todas aquellas acciones que se pusieran en marcha para desplazar del poder al jesuita:

> "Lo que se respondió a Su Alteza a esta carta fue aprobándola y alabándola mucho, y todo lo que en ella contenía, pero excusándose en el efecto de concurrir con Su Alteza a esta grande obra, por algunos recelos mal entendidos, originados más presto de la frialdad de la sangre que de falta de celo y deseo de verla ejecutada, con que Su Alteza se resolvió a despedirse de la jornada de Flandes, juzgando que desde Consuegra podía disponer la expulsión mejor porque siempre creyó que el padre Everardo le había de echar allá como sucedió"[412].

También habría tiempo para que don Juan pudiera hacer partícipe al Papa de sus intenciones, ya fuese en este momento como en un futuro próximo –que bien podría coincidir con su etapa de Zaragoza–, y la finalidad que pretendía con ellas:

> "copia de carta de Su Alteza para Su Santidad. Beatísimo Padre. Los flagelos continuados con que de algunos años a esta parte a castigado la recta justicia de Dios, Nuestro Señor, a esta catoliquísima monarquía, y en ella todo el orbe cristiano, han sido tales y sus principales raíces tan manifiestas que no dudo habrán no sólo llegado a los oídos de V. bondad, sino lastimándome en el mayor grado: ahora beatísimo padre me postro por medio de estos renglones a los pies santísimos de V. Bª., en tiempo que no tengo los míos en los estribos dispuestos a dejar el motivo en que la divina providencia me ha tenido hasta ahora para encaminarme a la Corte, asistido y apoyado de la primera nobleza de estos reinos, fieles vasallos del Rey mi señor, a volver por las causas de Dios y suya, que tan olvidadas han tenido los que más debían apoyarlas; parto con la presunta bendición de Vuestra Santidad a quién humildemente suplico me la hecho efectiva, pues mis acciones, mis pasos, no tienen ni tendrán jamás movimiento que no sea dirigido a la mayor honra y gloria de Dios Nuestro Señor, servicio de mi Rey y bien de esta corona, primera y más firme columna de la universal Iglesia. Prospere el Cielo la dilatada vida de Vuestra Santidad, si dignísima cabeza cuanto yo más, su obediente hijo deseo, etc."[413].

Así las cosas, y tal y como nos indica el anterior documento expuesto, don Juan enterró definitivamente las órdenes recibidas para que partiese cuanto antes para la defensa militar de los Países Bajos. Para evitar problemas mayores, utilizaría una práctica que repetiría en otras ocasiones con buen resultado: la de excusarse alegando

---

412 A.H.N., *Estado*, Libro 878.

413 A.H.N., *Estado*, Libro 878.

tener mala salud. De este modo, el 27 de junio comunicaba la imposibilidad de acometer aquella empresa asignada por motivos de enfermedad:

> "habrá algunos meses, y en particular desde que me detengo en las humedades de la marina, que se me ha ido aumentando en tanto grado la destilación que, años ha, padezco de la cabeza al pecho, que pasando a confirmarse salada, con un dolor continuo en él, llega a tener señales de manifiesto peligro de la vida, especialmente en el País Bajo, el cual, sobre todos los de Europa, es contrario a este achaque, por sus calidades fría y húmeda. Con esta imposibilidad involuntaria, y con mayor mortificación de la que sabría encarecer, me postro a los Reales pies de Vuestra Majestad y la pido excusarme de esta jornada"[414].

Comprendiendo que nunca partiría hacia aquellas tierras del norte de Europa, fue sustituido en tal cargo –lo que alegría enormemente a Juan José de Austria–, indicándole la regente que se trasladase a Consuegra inmediatamente, sin pasar en ningún caso por la Corte madrileña. La ira de la Reina regente no podía ser mayor, y así se desprende del tenor del siguiente decreto:

> "Copia del decreto que Su Majestad envió, en 3 de agosto de 1668 a los Consejos de Castilla, Aragón, Italia y Indias. Respecto del peligroso estado ha que se redujeron las cosas de los Países Bajos, por la invasión que el año pasado franceses hicieron en ellos, mandé a don Juan de Austria, que como su Gobernador y Capitán General, propietario fuese a gobernarlos y cuidar de su defensa, considerando éste ser el principal y más eficaz medio para la conservación de unas provincias en cuya seguridad interesa harto la de toda la monarquía"[415].

Además la Reina hacía mención de los enormes esfuerzos humano, materiales y, como no, económicos desarrollados a la hora de dar solvencia a esta empresa:

> "Y con este conocimiento se hicieron al mismo fin los últimos y mayores esfuerzos para juntar las asistencias necesarias de gente y dinero, que se dispusieron con el trabajo y gasto que es notorio, en que se consumió todo el caudal que se pudo recoger, pues desde el tiempo del señor Emperador Carlos Quinto no se ha hecho hasta hoy tal esfuerzo, ni juntándose cerca de nueve mil españoles como ahora se hizo; y habiéndose don Juan encaminado a La Coruña a embarcarse en los bajeles que habían de llevar su persona y los socorros prevenidos, después de la dilación de algunos meses que se ha detenido en aquella ciudad, finalmente cuando según lo que consecutivamente había ido anunciando se juzgaba que ya se habría hecho a la vela, y aguardaba por horas noticia de ello: se ha escusado de ejecutar su viaje a Flandes representando que el achaque de una destilación se lo impide"[416].

---

414 Maura, G., *Vida y reinado de Carlos II*, op. cit., p. 101.

415 A.H.N., *Estado*, Libro 878, pp. 16r y ss.

416 A.H.N., *Estado*, Libro 878, pp. 16r y ss.

Finalmente, la causa expuesta por don Juan para excusarse de aquella misión no convencía en manera alguna a la regente ni a sus asesores más cercanos:

> "Y no teniendo yo ésta por bastante causa, para determinación tan intempestiva, no pensada y del mayor perjuicio que podía recibir el real servicio, y la conveniencia pública en la coyuntura presentes: le he ordenado que sin llegar en distancia de veinte leguas a la Corte, pase luego a Consuegra, y se detenga allí hasta otra orden mía.
>
> He lo querido participar al consejo para que se halle enterado de mi resolución, y de las noticias que por ahora ha habido para ella. En Madrid, a 3 de agosto de 1668. Señalado de la real mano de Su Majestad"[417].

Tras ello don Juan José fue sustituido como gobernador de los Países Bajos por el condestable de Castilla y se le confinaría, como en el anterior documento hemos visto, en Consuegra, donde, no olvidemos, era Prior de la Orden de San Juan en tierras castellanas. Juntamente a ello algunos de sus partidarios, también, serían objeto de persecución, como sería el caso del duque de Pastrana y el conde de Castrillo, los cuales fueron separados de sus cargos[418].

El *caso* José Malladas

Cuentan algunas crónicas como el 19 de mayo de aquel año, mientras llevaban a un moribundo a su posada, antes de morir vino a confesar que le habían envenenado con una taza de chocolate, por haberse negado a la proposición que le hizo un tal Malladas para que asesinase al confesor de la regente, y que ese individuo era el que le había envenenado. Vino a asegurar, incluso, que dicha propuesta estaba instigada por el bastardo de Felipe IV.

José Malladas era un hidalgo de origen aragonés que había sido protegido durante cierto tiempo por el padre confesor. Sin embargo, su mala gestión en el empleo de recaudador de rentas que le habían conferido, así como la vida escandalosa que llevaba su esposa, al parecer con su consentimiento, hicieron que fuese cesado del cargo que ejercía. Más tarde, detenido el aragonés sin un motivo todavía claro, comenazon a imputársele posibles motivos. En este sentido, en una de aquellas imputaciones, Nithard fue de la opinión de que en la muerte del marqués de Saint Aunais nada tuvo que ver Malladas, sino que se trató de una más de las acciones detestables del que había muerto envenenado, siendo liberado Malladas.

Con todo, aquel asunto que en cierto modo pudo hasta llegar a engrandecer la figura del confesor de la Reina, como ser misericordioso y piadoso, no habría tenido mayor trascendencia, siendo incluso rápidamente olvidado, de no ser por lo ocurrido muy pocos días después. El 1 de junio el recién nombrado presidente del Consejo de

---

417 A.H.N., *Estado*, Libro 878, pp. 16r y ss.

418 Lynch, J., *Los Austrias (1598-1700)*, Barcelona, 1993, pp. 321 y ss.

Castilla, Diego Sarmiento de Valladares, que como ya sabemos era otro protegido de Nithard, que incluso había usado de todo su poder para conseguir dicha designación, ordenó verbalmente a un alcalde de Corte que detuviese a Malladas, en su casa del Postigo de San Martín de Madrid. Conducido a prisión y sin ningún tipo de procedimiento judicial, ni juicio, se le dio garrote en su misma celda en la madrugada del 2 de junio de 1668.

El texto que narra dicho asunto no puede ser más descriptivo, descubriendo los graves acontecimientos que terminarían con el ajusticiamiento de este personaje:

> "Muerte de don Joseph Malladas. Viernes en la noche 1º de junio de 1668, el señor don Diego Valladares Sarmiento, obispo de Oviedo, presidente de Castilla, hizo llamar al alcalde don Pedro González de Salcedo, y le dio orden de que prendiese a don Joseph Malladas, natural de Aragón y ejecutase en él pena de muerte, luego sin dilación alguna, en cuyo cumplimiento le sacó de su posada, que era en la calle de los Judescos, a más de las 12 de la noche, y le llevó a la cárcel de Corte, donde le recibió declaración, y acabado le dio sacerdote con quién se confesó, y sin otros autos ni diligencia le hizo dar garrote, de modo que se cobró todo en el término de dos oras poco más o menos, hecho esto le hizo poner en una sala donde le vieron todos los que quisieron".

En aquel lugar estuvo todo el sábado 2, tal y como continúa narrando la crónica de los hechos:

> "Allí estuvo todo el sábado 2 del dicho hasta las 12 de la noche, que cuatro esportilleros con la cruz y un sacerdote le llevaron a la parroquial de Santa Cruz (de cuyo distrito es la Cárcel de Corte), y en ella le enterraron sin otro acompañamiento, no se sabe la causa ni la calidad del delito, ni que escribiese en él, ni por qué tribunal corrió determinación. Era administrador de Millones de San Clemente, y vino a Madrid a la defensa de algunas quejas que se dieron de él, dejando allá su casa. La declaración que hizo ante el alcalde fue en orden a verificar la identidad de la persona, porqué a público decía el orden se verificase, le motivo de haber dado muerte a este hombre".

Y por fin apareció la entrevista entre Malladas y el padre confesor, en donde las acusaciones fueron terribles, incluyéndose la confesión de cierto rumor, en donde se aducía de cierta relación sentimental entre Mariana de Austria y Nithard, y que superaba las propias de un clérigo con sus feligreses:

> "díjose que fue por que habiendo hablado el padre Everardo, confesor de la Reina y Inquisidor General tocante a su conducta y descargo de su proceder, le dijo el confesor que contra él había muy malos informes por que todos aseguraban que era un ladrón, a que el respondió, ¡ay señor excelentísimo! que si hubiera de dar crédito a lo que se dice también asegurando que V.E. duerme con la Reina, Nuestra Señora,

de que irritado el padre Everardo le despidió con enojo, y aquel mismo día se le dio muerte".

Y se sigue con las tareas de doble agente que padece asumió este ajusticiado:

"Era Malladas aragonés partidario de don Juan de Austria de cuya orden se dijo había hecho algunas atrocidades, como el haber dado veneno a Saint Aunais, enemigo de don Juan, y espía del padre Everardo y otras cosas que se le imputaron..."[419].

Enterados los partidarios de don Juan de Austria de aquella violación de los más mínimos derechos jurídicos de Malladas, además del propio hecho de su ejecución sumaria, organizaron un auténtico escándalo en la Corte y fuera de ella. Madrid se llenaría de pasquines atacando a la regente, al valido y a todos aquellos que compartían el poder con ellos, siendo considerados todos ellos autores y cómplices de aquella muerte.

Al mismo tiempo se escribía a los miembros de la Junta de Gobierno, en donde se hacía una exposición de motivos de la situación de la monarquía hispánica, y del nefasto gobierno de Nithard. Todo ello venía a justificar de manera sobrada el cese del jesuita de sus tareas de gobierno, además de su expulsión de los territorios de España:

"Año 1668. Copia de carta del serenísimo señor el señor don Juan para uno de los señores de la Junta de Gobierno, para que la comunicase con otro de esta, y si le pareciese pasase a los dos restantes, a fin de que todos le ayudaren en el intento de echar de los reinos al padre Everardo, cuya empresa tuvo por forzosa, desde el día en que se supo de horrendo garrote de don Joseph Mallada, y aunque no se puede mejorar que fuese al señor cardenal de Aragón, y el otro confidente el señor conde de Peñaranda, se supone ser cierto por alguna evidencia como también que no se participó a los otros dos restantes, que son los señores vicecanciller y marqués de Aytona.

No dudo que a primera vista hará novedad a Vuestra Eminencia lo que contiene este papel, pero tampoco dudo que si Vuestra Eminencia carga la consideración sobre ello lo hallará tan natural y tan conforme a toda razón que extrañará mucho más el que yo no sintiese y pronunciase todo lo que expreso la abominable tiranía con que el confesor de Su Majestad acaba de ejecutar en el miserable hombre, a quién dio garrote sin oírle, o por decirlo mejor para que no le oyesen faltando en la forma de la ejecución a todas las leyes divinas y humanas, y a lo mismo que han observado, en todos casos, reyes propietarios de reinos, sin comunicación de ningún tribunal, a conmovido mi ánimo con tres diferentes motivos, de tal peso, que cada uno de por sí bastaría a empeñarme hasta el último trance de desagraviar en este padre, a todos los ofendidos y interesados, en tan nefanda acción, y en lo que de ella se puede inferir

[419] A.H.N., *Estado*, Libro 879, pp. 147r y ss.

que (a mi entender) lo somos cuantos respiramos el aire de esta monarquía, desde el Rey hasta el mozo de caballos"[420].

Y comenzó a exponer los dos importantes motivos que le movían a obrar como lo hacía, al cual seguiría un tercero:

"El primer motivo no es menos que toda la honra de nuestro difunto Rey, y señor, a cuya memoria debemos tanta adoración. El crédito del Rey Nuestro Señor (Dios le guarde) y el de la Reina, mío de caso por mujer de aquel, por madre de éste y por sí misma, y sus loables y piadosas cualidades nos debe ser tan recomendable. Lo segundo es que siendo yo uno de los que más decían desear y procurar la felicidad de esta corona, en su bueno y justo gobierno y la puntual observancia del testamento del Rey, nuestro señor que está en el cielo, defendiendo en toda mi sangre el menor de sus ápices y comas, veo violado uno y otro por un advenedizo, a quién la alta prudencia y conocimiento de Su Majestad, no solo no quiso dar el más ligero carácter de ministro, si no que le dejó virtualmente excluido, e inhábil para todo aquello que el mismo con universal escándalo y el asiento de su trono, de nuestra vileza y sufrimiento"[421].

Y continuaba incorporando al texto una tras otra el conjunto de sus quejas e iras contra el confesor de la Reina:

"¿Qué desaciertos no se experimentan en lo más y en lo menos de su ambición hipócrita y presumida ignorancia?, ¿qué injusticias? ¿Qué violencias? ¿No se oyen a cada paso? ¿Él acaba por sus caprichos de obligarnos (como consta a Vuestra eminencia) a hacer esta paz con Francia, en que hemos perdido a un mismo tiempo la honra y los estados de Flandes, cuando (como también consta a Vuestra eminencia) se podría haber salvado todo? Los niños de la calle conocen que es nuestra ruina, y lloran, y lo debiéramos llorar todos con lágrimas de pura sangre. ¿Que quiere decir ejecutar sin participación y consejo de la Junta una acción como la que se acaba de ver, sino tener por indiferentes los ministros y malos vasallos los que la componen, desmintiendo a el Rey de la elección que hubo de ellos, y desposeyéndoles de lo que les fió? ¿Puede haber materia cuyo examen y consulta tocase más a su instituto que este? ¿Y aun no fiarles la noticia de la declaración? ¿Como podrá Vuestra eminencia y los demás dar buena cuenta de lo que el Rey dejó a su cuidado cuando, no solo no intervienen en las más sagradas y delicadas resoluciones pero, aun se les recatan después de tomadas y ejecutadas? ¿Ni como cumplirán con sus conciencias, con su honra y con lo que deben al Rey difunto, y al Rey vivo, si dejan pasar esta infamia impune y en silencio? ¿Es acaso fidelidad al Rey, o respeto a la Reina sacrificar la pérdida de la propia reputación, a la de la corona, contentándose con andarse lavando las manos por los rincones?

420 A.H.N., *Estado*, Libro 878.
421 A.H.N., *Estado*, Libro 878.

Sabe Dios que no digo esto por irritar y mover a Vuestra eminencia, considerándole miembro de la Junta, si no por que lo entiendo así, en toda mi conciencia, y me parece que aun no pondero nada de lo mucho que el caso requería" [422].

En este momento don Juan exponía el tercero de los motivos citados:

> "El tercer motivo que por obligación y razón de naturaleza nos toca y obliga a todos, es el resguardo de la honra, vida y hacienda de cada uno. ¿Quien no puede asegurar que amanecerá mañana con alguna de estas alhajas, si las tuviese todas al arbitrio de un tirano, si no Dios, y si la ley? ¿Y si este riesgo, es común a todos, que diré de mí, a quién este tirano sabe que ha llenado tantas veces el rostro de afrentas y de escarnios? ¿Quien me asegurará que en Flandes, que en otra cualquiera parte, no me asesine o me de un veneno, o me haga una causa de traidor, si puede lo que quiere, y quiere lo que vemos? ¿Como esperaré yo, ni otro ningún vasallo que Vuestra eminencia y los demás ministros bien intencionados vuelvan por su razón y justicia contra las violencias de este extranjero, cuando son los primeros que se someten a ellas, y las consienten? ¿Qué tiranía ha abierto jamás mayores tragaderos que los que acaba de mostrarnos, despreciando preceptos divinos, las leyes humanas, la piedad de su estado, la circunstancia de las irregularidades y cuanto tiene en brida las conciencias más pérdidas? ¿Y a este ídolo de maldades, la escoria de los hombres, en todo estamos incensado y hincando la rodilla, unos con el sacrificio, y todos con el sufrimiento, faltando con esta abominación a otra ley de buenos españoles y fieles vasallos del Rey y no nos caemos muertos de vergüenza, a donde hemos de ir a parar, si no se pone en esto pronto remedio?" [423].

Y finaliza don Juan de Austria:

> "Pero dando fin a las ponderanzas donde nunca pudieran, ni debieran tenerle y resumiendo los tres motivos sobre que he discurrido, digo que en ellos hallo todas las razones y obligaciones de que un vasallo es capaz para salir a la defensa de la honra de sus reyes, de la conservación de la patria, y de la propia reputación, vida y hacienda, y siendo esto tan palpable y tan evidente, y hallándome yo más expuesto que otro ningún hombre a la furia de este tirano... Dios guarde a V. eminencia como deseo. Coruña, a 8 de Junio de 1668. A servicio de Vuestra eminencia, don Juan"[424].

Algún tiempo después, tras la fuga que pronto veremos de don Juan de Austria desde Consuegra a tierras de la Corona de Aragón, Nithard enviaría a Mariana de Austria las alegaciones en las que basaba su defensa ante tal número de acusaciones planteadas contra su persona por don Juan, y que concluyen con la idea de que él nada tuvo que ver en aquel asunto:

---

422 A.H.N., *Estado*, Libro 878.

423 A.H.N., *Estado*, Libro 878.

424 A.H.N., *Estado*, Libro 878.

"...aunque abiertamente el señor don Juan no me imputa el garrote dado a aquel inocente hombre, como dice el señor don Juan, que llama *horrible tiranía*, todavía se colige evidentemente, así del asunto, como de todo el contexto, y fin de su carta, que me le atribuye a mí, y que esto ha sido principal motivo de su detención en España, para apartarme del lado de Vuestra Majestad, pero para esta resolución tan notada de todos, y hacerme reo de este garrote, que como digo llama *horrible tiranía*, era necesario, según toda razón, y derecho, que el señor don Juan hubiese tenido lleno conocimiento del ajusticiado, y de toda su causa, y circunstancias de ella. Y siendo cierto que no lo tuvo, como era precisamente necesario, siguese que el señor don Juan, no me puede, ni debe hacer este cargo, ni tampoco valerse de este suceso, o motivo de su detención, para apartarme del lado de Vuestra Majestad, en la forma y modo, que dice tenía meditado y dispuesto"[425].

Continúa Everardo Nithard indicando,

"... que el garrote que se dio a aquel hombre, no tocó, ni pudo tocar a mi puesto, y estado; pues su causa había de ser criminal forzosamente: y al parecer exterior de crimen de lesa Majestad, ajustado en el modo que pedirían la razón, el derecho, el tiempo, y otras circunstancias, a cuya causa no se me puede a mí imputar este garrote, pues tocaba a la justicia ordinaria; por la cual se ejecutó a vista de Vuestra Majestad. Y debemos, según todas reglas de derecho, y razón natural, presumir de la justificación del Príncipe, y mucho más de la de Vuestra Majestad, de cuya virtud, benignidad, y clemencia, da testimonio todo el Mundo, como también del justo proceder de sus reales ministros, sus letras, ciencia, y temor de Dios. Luego el señor don Juan debió presumir lo mismo, y por consiguiente, no hacerme este cargo, ni tomarle por motivo para su resolución tomada contra mi persona"[426].

Seguidamente dirá,

"... que aunque todo lo dicho puede, y debe satisfacer a cualquiera desapasionado, para juzgar por ajeno de mí este cargo. Y por otra parte no tener yo obligación de probar mi inocencia en hecho ajeno, obrado por la justicia. Todavía por haberse constituido el señor don Juan, actor en esta causa, y héchome a mí reo (como queda dicho arriba) de este garrote, que llama horrible tiranía, a él como actor le incumbe la probanza del delito que acumula: sin embargo no me faltan argumentos positivos, y probanzas sólidas, y eficaces, con que pudiera hacer manifiesta mi inocencia, y no las produzco en este papel, por juzgar no ser necesario, reservándolas para cuando lo sea; poniendo en el interin a Dios, y a Vuestra Majestad por testigos de esta verdad, fiado la defenderán donde, y cuando conviniere a su servicio, y a mi amparo y consuelo. Por todo lo cual consta que el señor don Juan, no me debió hacer este cargo, ni tampoco tomarle por motivo para su enojo, y resolución, en cuya virtud dispuso

425 A.H.N., *Estado*, Libro 1.009, pp. 298 y ss.
426 A.H.N., *Estado*, Libro 1.009, pp. 298 y ss.

apartarme del sagrado lado de Vuestra Majestad, en la forma, modo que confiesa en su carta. Y si el señor don Juan por la justicia hecha en un hombre particular, no conocido, y de mediana esfera, y suposición, ni criado, ni amigo (al parecer) ni pariente suyo; y además de esto, sin la debida noticia, y conocimiento de esta causa, ha tomado motivo contra mí, para hacerme cargo tan pesado de una justicia que llama *horrible tiranía*; como también para tomar la resolución de apartarme tan violentamente de los reales pies de Vuestra Majestad que razón y justicia tendré yo para formar quejas, y sentimientos justísimos de esta resolución, y disposición tan rigurosa del señor don Juan, ocupando, como ocupo, a vista de Dios, y del mundo, los puestos públicos que se ven en su Santa Iglesia, y en esta Monarquía. Teniendo yo de mi parte tan manifiestos argumentos de mi justicia, y inocencia; de la cual no me pretendo valer, para más de lo que es precisamente necesario para mi defensa, y manifestación de la verdad, para lo que fueren siniestramente impresionados; porque todo lo demás lo remito a Dios, no a fin de que vengue la injusticia que se me hace, sino para que tenga de todos misericordia..."[427].

Y finaliza el padre Nithard indicando que,

"... supuesto que este garrote no es hecho mío, sino de justicia pública que tiene Vuestra Majestad con quien, como se debe suponer, y creer, se comunicó toda la causa, me causa horror, que dicha justicia llame el señor don Juan *horrible tiranía*, palabra que justamente pudo, y debió causar a Vuestra Majestad y a todos los jueces, y ministros de justicia entrañable dolor, y desconsuelo"[428].

Para concluir este breve apartado que viene a narrar el llamado asunto Malladas, es interesante analizar el contenido de una breve misiva que supuestamente envía este pobre sujeto, una vez ajusticiado, a don Pedro Pinilla, y que aparece dentro de aquellas misivas intituladas "*Cartas de los difuntos a los vivos halladas dentro del túmulo de la encarnación, al día de los difuntos*", en donde determinados fallecidos célebres por alguna causa vienen a dirigirse a personajes de la época:

"Carta de don Joseph Malladas para don Pedro Pinilla. Por vida del Diablo que vuestra merced ha sido muy dichoso, pues cuando monsiur de Santone, y yo, le esperábamos por acá, y le habíamos prevenido el nicho, sabemos que vive guardado como oro en paño hecho joya del tesoro. Ha reniego de mí ya que acá me han puesto mordaza para que no reniegue de otra cosa como acostumbraba en vida, que gran cosa fue dar en el medio. Santone porque no obedeció bien y previno al inquisidor por medio del de Castrillo y San Germán murió a mis manos con el veneno que mandó brindarle don Juan de Austria.

Yo morí, que si a mi alma con aquel fiero garrote, porque quise obedecer sus mandatos, y aunque el delito fue grave, tengo excusa de haberme mostrado pronto a su

[427] A.H.N., *Estado*, Libro 1.009, pp. 298 y ss.
[428] A.H.N., *Estado*, Libro 1.009, pp. 298 y ss.

precepto, porque como don Juan me debió tanto, cuando pretendió ser del Consejo de Estado, y yo me hallaba a tan inquisidor tan favorecido, nos tocaba igualmente el agradecimiento que se usa en el mundo. Vuestra Merced se puso en salvo, con que se libró de ese don Juan, y del rigor de la justicia, mas por lo que puede sucederme, mi consejo y guárdese, voto a Dios"[429].

De Consuegra a Barcelona. La huida de don Juan

En el interior de España, nuevamente los problemas de extendían por todos los sectores del territorio, además Nithard carecía por completo de la credibilidad y prestigio necesarios para gobernar. En efecto, no era noble y era extranjero, no contaba con apoyos políticos, dependiendo su posición exclusivamente del apoyo de la Reina gobernadora, etc., Además se había orquestado contra él toda una campaña de desacreditación.

Los partidarios de Juan José de Austria aprovecharon que por aquellas fechas, febrero de 1668, se había firmado la paz de Lisboa mediante la cual se reconocía finalmente la independencia de aquellos territorios lusitanos de la Monarquía Hispánica, aunque no es menos cierto que ya venían siéndolo de facto casi treinta años antes, para profundizar en sus ataques al gobierno de Madrid, presentando aquel hecho como una auténtica humillación para España.

Con todos estos ingredientes, el ambiente de agitación política que vivía Madrid era algo inusual. Por todos los lugares se veían rumores de conjuras y de enfrentamientos. Todo lo que antaño hubiese sido calificado como normal en un lugar como Madrid, ahora adquiría una trascendencia inusitada.

En 1668, el Consejo de Castilla dirigió una consulta a la Reina solicitándole que eligiera "*una persona por cuyas manos pasan los asuntos del gobierno*". Resulta lógico entender que en el interior de estas líneas se escondía la pretensión de que dicha persona resultase ser don Juan José de Austria. Sin embargo, en el seno del Consejo de Castilla no existía unanimidad: cuatro consejeros expresaron un punto de vista minoritario, argumentando que Felipe IV sabía lo que hacía cuando había decretado aquella forma de gobernar mientras el futuro Carlos II fuese menor de edad, evitándose por otro lado adjudicar todo el poder a una sola persona, con lo cual dicho argumento también sería válido para ser utilizado en contra del bastardo. En esta ocasión, Mariana de Austria se inclinaría del lado del informe minoritario, e intentaría mantener un equilibrio más ajustado entre la Junta y el valido.

Aquel mínimo acuerdo fue interpretado por Juan José de Austria como un respaldo a sus pretensiones, reanudando sus actividades conspiratorias en octubre de 1668. La Junta de Gobierno tuvo noticias de ello y ordenó su inmediata detención, pero los militares se resistían a cooperar en tal acto, al fin y al cabo se trataba del hijo del Rey,

---

[429] A.H.N., *Estado*, Libro 1.009, p. 314.

pese a su condición de bastardo. Una filtración de la Junta puso a don Juan en aviso, lo que le permitió huir a tierras de la Corona de Aragón, recorriendo primero el reino de Aragón, para más tarde continuar hasta el Principado de Cataluña, en donde denunciaría con notable éxito, como ya lo había hecho previamente con una carta divulgada a los cuatro vientos en el ánimo de que la tensa situación que vivía la Monarquía en muchos aspectos se convirtiese en odio contra el valido de la Reina, la "*tiranía y maldad execrables del padre Nithard*". Dicha estrategia le proporcionaría, las más de las veces, importantes réditos en aquellos territorios aragoneses.

Dicho texto que citamos, durísimo en cuanto a sus términos y formas, resultaba del tenor siguiente:

> "Copia de carta que el señor don Juan de Austria escribió a la Reina, nuestra señora. Señora, la tiranía del padre Everardo y la execrable maldad que he entendido ha forjado mi gran miedo, habiendo preso al hermano de mi secretario y hecho otras diligencias con dañado ánimo de perderme y esparcir en mi deshonra abominables voces, me obliga a poner en seguridad mi persona, y aunque esta acción parezca a primera vista de culpado no es sino de finísimo vasallo del Rey, mi señor, por quien daré siempre toda la sangre de mis venas, como siendo Dios servido conocerá Vuestra Majestad y el mundo más fundadamente de la parte donde me encamino" [430].

En aquella carta reconocía la falsedad del motivo expuesto para excusar su viaje a Flandes, donde debería haber asumido el cargo de Gobernador General, que le pertenecía perpetuamente por disposición de su padre, el Rey Felipe IV:

> "Y en prueba de ello declaro desde luego a Vuestra Majestad, y a cuantos leyeren esta carta, que el único motivo verdadero que me detuvo de pasar a Flandes, fue el apartar del lado de Vuestra Majestad esa fiera tan indigna por todas razones del lugar tan sagrado, habiéndome inspirado Dios a ello con una fuerza más que natural desde el punto a que hoy la horrible tiranía de dar garrote a aquel inocente hombre con tan nefandas circunstancias, hasta cuyo accidente, es cierto, estuve también en deliberado ánimo de pasar a aquellos estados, no obstante el conocimiento con que le hacía de lo que dejaba a las espaldas.
>
> Esta acción medité, dispuse y pensaba ejecutar sin escándalo, ni violencia, mientras no fuese necesaria la violencia que era precisa para conseguir el intento, y no su muerte. Con su mala conciencia teme porque según la mía y toda razón podía y debía quitarle la vida por las causas comunes del bien de esta Corona, y particulares míos, y para ello he tenido no sólo repetidas opiniones, sino instancias de grandísimos teólogos, no he querido nunca aventuras, la perdición de una alma y tan probablemente había de ser arrebata el en mal estado, anteponía trabajos de mi persona al deseo de hacer a Dios este sacrificio que espero en su infinita misericordia me pagará con dar logro a mi justa intención, que es y será la misma hasta perder el último aliento de mi vida, por hacer a mi Rey y a mi patria este gran servicio.

[430] A.H.N., *Estado*, Libro 1.009, pp. 296-297.

A este fin señora, y no por aprehensión de los peligros que podía correr en Consuegra, oía ponerme en paraje y postura a donde asegurado del traidor de ese vil hombre puedan ser más atendidas de Vuestra Majestad mis humildes representaciones que siempre serán encaminadas a la expulsión de esta parte sin más interés mío después de la reparación de mi honor, que el de librar a estos reinos de ella, y de las calamidades y trabajos que por su causa padecen los pobres y oprimidos vasallos, no he querido encaminarme a esta Corte, aunque he podido con sobrada seguridad porque la ligereza con que los pueblos se mueven y aprenden las cosas no sucediese algún escándalo de irreparable inconveniente al servicio de Vuestra Majestad" [431].

Nuevamente don Juan de Austria indicaba a la Reina regente la necesidad de apartar de su lado y del de su hermanastro el Rey al padre Nithard, pero esta vez lo hacía introduciendo una serie de amenazas directas, para el caso de que ocurriese algo al Rey, a su persona, o a aquellos que le seguían:

"Suplico a Vuestra Majestad de rodillas, y con lágrima del corazón que no oiga Vuestra Majestad ni se deje llevar de los perversos consejos de ese empecinado basilisco, porque si peligra la vida del hermano de mi secretario, o de cualquier persona que me toque, o a mi o a mis amigos, o los que adelante se declaren por míos, que es lo mismo, que por buenos españoles y fieles vasallos del Rey, si intentare con escritos, órdenes o acciones hacer la menor violencia o sinrazón, protesto a Dios y al Rey mi señor, a Vuestra Majestad y al mundo entero que no correrán por mi cuenta los daños que pudieren resultar a la quietud pública de la satisfacción, y me será preciso tomar en semejantes casos, poniendo en ejecución lo que sin alguno de estos motivos no pensaba jamás mover, al contrario, Su Majestad (como fío de la divina Misericordia la inspirará) suspendiere su juicio y las deliberaciones hasta recibir las segundas noticias mías, es cierto que todo se dispondrá a entera satisfacción de Vuestra Majestad, y se hará con quietud y consejo el mayor servicio de Dios, del Rey mi señor, y bien de los vasallos, cuya mira es y será la única de todas mis resoluciones.

Y a la hora que el más fiel amigo mío viere en mí la más leve muestra que desdiga esta obligación, le exhorto que será el primero a quitarme la vida. Dios guarde y prospere la de Vuestra Majestad, para bien de estos reinos. Consuegra, 21 de octubre de 1668. Humilde criado y vasallo de Vuestra Majestad. Don Juan" [432].

Enviada por Mariana de Austria aquella más que dura carta que le remitiese don Juan de Austria a su órgano asesor, la Junta de Gobierno, con la intención de que fuesen adoptadas las medidas que se juzgasen necesarias, ésta Institución, con la clara intención de quitarse de encima un asunto que tanto quemaba, la reenvió al Consejo de Castilla. El Consejo, a su vez, tampoco tenía la más mínima intención de comprometerse.

---

431 A.H.N., *Estado*, Libro 1.009, pp. 296-297.

432 A.H.N., *Estado*, Libro 1.009, pp. 296-297.

En este sentido, no vino a considerar la conducta del bastardo como traición, limitándose a señalar a Mariana de Austria que ejerciese su autoridad para resolver de forma apacible aquel contencioso existente entre su valido y el hijo de Felipe IV, recordando a la regente el dramático caso de Antonio Pérez, derivado de la traición a Felipe II, y la invasión del territorio del reino de Aragón por las fuerzas del *Rey Prudente*:

> "Respuesta del Consejo Real a un decreto de Su Majestad la Reina, nuestra señora, sobre las cosas del señor don Juan de Austria.
>
> Señora, en el Consejo se ha visto un real decreto de Su Majestad, de 25 de este mes del tenor siguiente:
>
> Habiéndome referido a boca un capitán las noticias individuales que tiene de lo que por parte de don Juan de Austria se intenta ejecutar en esta Corte, mandé se prendiese luego a don Bernabé Patiño, a quien daba por cómplice en ello, y que encontraríamos estos sujetos se pasase a hacer información de todo como se ejecuta. Al mismo tiempo llegaron a mis manos unos papeles que vinieron de Flandes, y que contienen un horóscopo que hizo allá el mismo don Juan, y con vista de todo tuve por conveniente asegurar su persona, y se dio para ello orden necesaria al marqués de Salinas, capitán de guardia española en conformidad de la instrucción que se le dio, y entregó, en cuyo cumplimiento fue a Consuegra, donde no le halló, de que dio aviso y de lo demás que había entendido de la forma en que se había ausentado don Juan, que me escribió una carta de los noticios que le obligaron a esta resolución, y de la intención que tenía en ella.
>
> Y siendo este accidente tan nuevo e imaginado, y de la gravedad y consecuencias que se reconocen, y deja considerar he querido remitir todos los papeles de esta materia, y una relación de todo lo que ha pasado con don Juan (desde que se ajustó él que se le dejase venir aquí) al Consejo, encargándole y ordenándole, como lo hago, que con la atención que pide su gran importancia se vea y examine muy maduramente la calidad de este delito cometido por la intervención de don Juan y otras personas, y se me consulte luego con toda reserva de qué género es, y que pena le corresponde y está establecida por derecho, y conforme a las leyes, para que enterada de lo que el celo y atención del Consejo me representase pueda con entero fundamento y acierto tomar yo en este negocio tan ardua la determinación que más convenga".

Continúa aquel escrito, indicando a la Reina regente doña Mariana que:

> "Y juntamente se han visto otros papeles que de orden de Su Majestad hizo el Presidente, se reconociesen en él unos judiciales y otros que no lo son.
>
> Y habiéndolos reconocido con la atención y celo que la gravedad de la materia pide, aunque el orden de Vuestra Majestad repetido se reduce, a que el Consejo califique la gravedad de las culpas de que se trata, y de las penas que por derecho les corresponden.
>
> Antes de responder a esto, le ha parecido al Consejo muy de su obligación representar a Vuestra Majestad que el accidente de haberse retirado el señor don Juan

de Consuegra *sub color* de asegurar su persona, y no poder asegurar su paradero, ni intento, debe prevenirse con muchas consideraciones de estado, porque aunque el público no peligre se debe por todos caminos cautelar, con diligencias continuas públicas y secretas a los pasos y acciones del señor don Juan.

Y pidiendo avisos ellas a todos los ministros de mayor a menor esfera, y dándoles a los puertos secos y mojados, y demás lugares las órdenes que convengan, de lo que pareciere para atajar cualquiera novedad que pudiere suceder, y esto espera el Consejo, que por la vía donde toca estará, y ha hecho y a no estarlo juzga el hacerlo por preciso.

Pues la menor edad del Rey, Nuestro Señor, la falta de medios en su real hacienda, el desbarato en que hoy se hallan las armas, las pocas fuerzas y mayor desconsuelo de los pueblos, la ligereza con que la plebe suele abrazar novedades, y lo principal es que los franceses abanderan a fomentar y lograr cualquier disensión interna, que nos trasluciesen son discursos que juntos y cada uno de por sí obligan a hacer de ellos grave estimación, pues la excusa de quien tal pensará no lo es en materias tales, y la obligación de los consejeros y ministros de Vuestra Majestad es como dice una ley de Partida, mirar del beneficio y de lejos, y arredrar el daño de su Rey y señor.

Con este supuesto todavía está el Consejo en grande confianza que este daño, o recelo, está muy lejos, y le tiene por especulativo y no práctico, y presume que el paradero del señor don Juan será entre Aragón y Cataluña, y así lo persuaden algunas noticias extrajudiciales, y por lo actuado se colige alguna particular correspondencia con los que gobiernan aquellos reinos.

También espera con mayor confianza de que el ánimo del señor don Juan en el servicio del reino sea y en guardarle aquella fe que debe a su real sangre, está puro y deshecho en lo especial, si bien el pretexto de poner en salvo su persona, y el excusar que con su prisión anduviese por el mundo en duda el crédito de Su Alteza le haya hecho salir de la raya y puntual observancia de lo que Vuestra Majestad le tenía ordenado, y acerca de esto no parece que desdicen hasta ahora sus palabras, ni sus acciones, descendiendo de este tan sagrado punto acuso son muy de notar y de gravísima censura, pues la retirada del viaje en Flandes, las intenciones que ha mostrado con el padre confesor de Vuestra Majestad y la carta de Consuegra de 21 de este, estas enormes irreverencias que faltan razones para ponderarla, y se conoce que el sumo escozor de su sentimiento le enajenó de sí, y le hizo olvidar su acostumbrada templanza, urbanidad y decoro.

Estos efectos de su sentimiento muy de afear son el dolor, al Consejo no le extraña, pues llegar a prender un sujeto de su grado, podía tenerse por víspera de total perdición de su honra y crédito" [433].

Continúa indicando que

"El que el señor don Juan haya dado crédito a algunos siniestros informes, que le hayan hecho del padre confesor, no acaba el Consejo de admirarse, pues en varón

[433] A.H.N., *Estado*, Libro 881.

tan grande por letras, virtud y demás prendas que le hacen dignísimo de la romana púrpura, y que Vuestra Majestad las tiene calificadas con los mayores puestos de la monarquía, y que él merece tanto de confianza, que no solo no pasa la raya de su obligación y ministerios, sino que elija de propósito de poner mano en lo que pudiera tenerlo muy sin nota, es cosa bien dura que el señor don Juan tenga tan si razón creído, le es adverso y opuesto, y que se muestre tan obstinado en este error..."[434].

Finaliza el Real Consejo permitiéndose hacer a la Reina la siguiente recomendación:

"Señora, con humildísimo rendimiento el Consejo suplica a Vuestra Majestad cargue toda su real consideración en que se halla en un punto, o lance muy cristiano, y que en tomar a una mano, o a otra puede ser de perjuicio irreparable, en que sola la estimación puede hacer cara, hoy parece conservarse el señor don Juan en ánimo sincero, y leal en lo esencial de su real servicio. Expuesto está muy próximo a precipitarse a si, y a otros muchos, y a causar una tan grande turbación, que sea muy difícil su remedio. No se le de ocasión ninguna en que deslice y no la tendrá si Vuestra Majestad le muestra que hallará abiertas las puertas de su real clemencia, y que será tratado con el decoro competente a su persona.

Pero si por el contrario hiciere Vuestra Majestad demostración de tenerle por reo consumado, y quedase calificada su culpa y pena, es dejarle sin esperanza de reconciliación, y sin miedo para cualquier daño.

La mala constitución de estos tiempos, lleva entre otros males la falta de secreto, con que al señor don Juan no se le ocultará la pregunta que Vuestra Majestad hace al Consejo, sus largas sesiones acerca de ella, y la resolución que Vuestra Majestad se sirviere tomar...

Piense también Vuestra Majestad en que se quiera sacar con mano poderosa al señor don Juan, de Aragón a Castilla, aunque hubiese delinquido, ¿si en los fueros de aquel reino sería esto fácil? ¿Traiga Vuestra Majestad a la memoria el caso de Antonio Pérez, del tiempo del señor Rey Felipe 2º, qué disturbios ocasionó aquel raro suceso? Y haga cotejo de él a la persona del señor don Juan, y de aquellos tiempos a estos, y sacará que no es atajo aplicar el yerro a cura, que con correctivos puede conseguirse sin meterse en peligro... Octubre, 29 de 1668"[435].

Sobre el asunto que hemos citado en el texto anterior, resulta sumamente curiosa aquella presunta carta que desde el mundo de los muertos enviara el propio Antonio Pérez al que en este momento hacía las veces de Justicia de Aragón, haciendo especial hincapié en los sucesos que la traición de Pérez supuso para el reino de Aragón, en general, y para Juan de Lanuza, *el Mozo*; en particular, el cual acabó siendo ajusticiado por su resistencia a la injerencia del Rey en asuntos que él consideraba internos del reino, demostrándose por su parte una especial falta de tablas de las artes de la

---

434 A.H.N., *Estado*, Libro 881.

435 A.H.N., *Estado*, Libro 881.

política. Aquella misiva aparece contenida en el contexto de las conocidas "*cartas de los difuntos a los vivos halladas dentro del túmulo de la encarnación, al día de los difuntos*", y que resulta del tenor siguiente:

> "Carta del secretario Antonio Pérez para el Justicia de Aragón. Prevengo a V.S. con el ejemplar de Lanuza, que por mí perdió la vida, y la gran preeminencia de su casa, nadie se diga exento de los rayos de Júpiter, y así mire V.S. como secta si contra mí no le valí al Rey el derecho de visitar a los de su casa: Son diversas las circunstancias del señor don Juan, porque ha administrado en muchas partes, casi con independencia los planes de la Corona. Y si tampoco valió contra mí la inquisición fue porque sólo se me achacaba la muerte de Escobedo, pero el señor don Juan está convicto, no sólo de la muerte de Santomé, sino de haber intentado tres veces la del inquisidor general, y afirma en su carta que es buena doctrina canonizar por santo un sacrilegio.
>
> A mí me dio aliento para esperar el matemático Remigifo, anunciándome que yo había de escapar por modo imaginable, pero a Su Alteza le engaña la lisonja del astrólogo Balign, en que le pronostica el reino. Más bien también afirme que ha alcanzado con su ciencia que hay en la luna ciudades y gente, y aunque dice que las ha visto, sospecho que debe de anunciarle el trono en el cóncavo de la luna.
>
> Tenga por cierto que Su Alteza se encamina a la Corona de Aragón para quedarse reinando a la luna de Valencia. Créame V.S. que para una vez que aciertan los astrólogos yerran muchas, pero V.S. no lo yerre así Dios le guarde"[436].

En relación al contenido afrentoso de la carta que enviase don Juan para terminar con el padre confesor, numerosos serían los que vendrían a dar su parecer. Cada vez era mucho más evidente la división entre los partidarios y los detractores de la figura de Juan de Austria. Incluso aparecen extractos que supuestamente pertenecen a personas anónimas, tal y como el que seguidamente narramos, en donde se critica abiertamente la actitud del hijo de Felipe IV:

> "Censura sobre la carta que el señor don Juan de Austria escribió desde Consuegra por octubre de 1668 a la Reina madre, nuestra señora, sobre apartar de sí al padre confesor Everardo. Respuesta que da un señor de esta Corte a otro que le preguntó su parecer acerca de la carta que el señor don Juan de Austria escribió a la Reina nuestra señora, sobre apartar de sí al padre Juan Everardo…"[437].

Otro documento del mismo sentido, aunque recogiendo con mucha más profusión la situación creada en el seno de la monarquía, es el siguiente:

> "Copia de carta, en que se discurren las materias presentes, sin pasión, ni enojo, sino con verdad y celo.

---

436 A.H.N., *Estado*, Libro 1.009, p. 314.

437 A.H.N., *Estado*, Libro 879, pp. 307 y ss.

Señor mío, he visto en la carta de Vuestra Majestad lo que el señor don Juan de Austria ha escrito en la suya a Su Majestad desde Consuegra, y la noticia de lo que quería hacer con el padre Juan Everardo, confesor de Su Majestad, transportándolo de Madrid a Roma, la resolución que se tomó de prender a Su Alteza, y la relación de todo lo demás que se discurre en esa Corte, sirviéndole de remitirme algunos papeles que han salido de apasionados de una parte, y de otra, que no he estimado por no ser del caso, ni traer en sí la decencia, y respeto que se debe a personas tan sagradas, y a materias tan de llorar. A todo quiero responder, y decir mi parecer ingenua, y desapasionadamente.

Que el señor don Juan inste a Su Majestad que aparte de sí al padre Juan Everardo, porque es un tirado (que así le llama) no tiene razón Su Alteza, pareciera que la tenía si dijera: Vuestra Majestad eche de sí a este religioso, porque es un hombre virtuoso, criado en una celda, moderadamente teólogo, que no ha manejado papeles, ni experimentado gobiernos, ni practicado políticas, que es extranjero y gobierna contra lo dispuesto en el testamento del Rey Nuestro Señor (que santa gloria haya), y no parece bien que Vuestra Majestad lo conserve en ese cargo, podía pasar porque verdaderamente era buen color; pero con nombre de tirano, precipitose Su Alteza, y con el enojo no reparó bien en el significado de la voz.

¿Señor mío, tirano se supone el que usurpa, no solo los reinos, y dominios ajenos, sino las haciendas, las honras, y las dignidades, pero este padre que mal ha hecho? ¿Qué cargos, o que rentas se ha aplicado a sí, y ha quitado a otros? ¿No hay quien le sirva, porque apenas hace por sus criados; qué sobrinas ha casado con los grandes? ¿Que casas ha labrado? ¿Qué mayorazgos ha fundado? ¿Antes es tan poco político (que ello es ser tirano) que no mira sus conveniencias, ni atiende a su conservación, y lo pruebo con lo que Vuestra Majestad me escribe, que anda ansioso buscando caminos para aliviar los vasallos: que más falta de política, y sobra de bondad? ¿Ahora que el señor don Juan alza la voz, y toma pretexto de que los pobres vasallos están oprimidos, los quiere aliviar el padre confesor?

¿No repara Su Excelencia que pensará que lo que su cuidado y desvelo ha hecho, lo han alcanzado las amenazas del señor don Juan, y le amarán y seguirán más? Eso no es ser tirano, sino bueno, y cristiano ministro, que antepone el bien público a su seguridad, y conveniencias, si el padre confesor tuviera la malicia, y bellaquería que supone el nombre de tirano, pues tiene ahora ocasión para hacerlo, había de traer a sí, y a su opinión toda la nobleza de España, paladeándola con puestos y honores, con premios, engrandeciendo y cubriendo las casas de los que lo pretendes: y no sólo poner la del Rey Nuestro Señor, pues ya es tiempo, podía contentar todos porque hay mayordomo mayor, sumiller, caballerizo mayor, gentiles-hombres, caballerizos, mayordomos, y otros oficios, con que se aseguraba y reía del señor don Juan, pero vemos que no lo hace, ¿puede ser tirano quien esto ignora?"[438].

Continúa indicando lo siguiente:

---

438 A.H.N., *Estado*, Libro 1.009, pp. 331-332.

"Y en lo que más muestra no ser político (pero que desconfía de sus acciones) es en que después que Su Alteza se retiró de Consuegra no ha faltado del Consejo de Estado y Junta de Gobierno, siquiera un día, hallándose en todo cuanto se ha tratado, aun en negocios tocantes a sí mismo: deje Su Excelencia que en estos dos areopagos discurran en su ausencia, y tendrá lugar el atribuir a sus justos procedimientos las consultas que en su favor se hicieren, pero cooperando Su Excelencia en ellas, aunque proceda bien, como procede, deja que dudar a los apasionados, y que murmurar a los maldicientes. ¿Política, dicen, que es un simulado engaño y maldad, con capa de bondad y celo: arte de disimular la llamaron otros; como puede ser buen profesor de ella quien no advierte que le conocen sus máximas, y dictámenes, por no saber equivocarlos siquiera: si tan mal observa Su Excelencia el arte de disimular, y fingir, como puede ser tirano, quien aún no es político?

De lo que más me he reído es del voto que anda por ahí, y Vuestra Majestad me remitió de don Antonio de Contreras, que aunque es hecho, y discurrido con buen celo, no es descaso; porque decir que al padre Everardo le suspendan todos los puestos, y que se quede con sola la Inquisición, es voto de buen cristiano; pero de mal estadista, por que habemos de suponer, primero, que esto que llamamos privanza, o valimiento, no es oficio, ni puesto que hay en los reinos, sino una inclinación connatural de los príncipes más a uno que a otro; que importa que el padre Juan Everardo deje de ser confesor, y no entre en palacio, ni en el Consejo de Estado, ni en la Junta de Gobierno, ni vea a Su Majestad, quedando en Madrid Inquisidor General si el acero de la voluntad de Su Majestad se inclina con vehemencia al imán de aquel sujeto; y estando retirado le podrá consultar por escrito, lo que ahora hace a boca"[439].

Pero también en su misiva habrá sitio para el famoso valido del rey de Francia y otros coetáneos:

"El cardenal Mazarino desde Brull, donde se retiró en Alemania, gobernaba Francia, como solía antes al lado de la Reina madre en París, siendo así que es incompatible que puedan estar ambos en España, declarado el señor don Juan contra el padre Everardo, ni que puedan quedar bien, ni del picado el uno, ni el otro, si esta incompatibilidad no se vence.

Que lo quería Su Alteza de repente transportar, teniendo paradas de mulas prevenidas hasta el embarcadero, no es nuevo, ni el mayor delito del mundo; porque quién lo hacía era un hijo del Rey, y quiso imitar a un Conde de Oñate, que siendo embajador en Alemania, y viendo que el cardenal Queserio, valido del señor Emperador Fernando, no era nada afecto a España, ni muy conveniente al Imperio, una noche, bien tarde, cuando salía de palacio, lo metieron en una carroza, y dieron con él en Milán, en tan breves cuando se echó menos en Viena, ya estaba en Roma. ¿Esto hizo un extranjero en país ajeno; que maravilla es, que el señor don Juan lo

[439] A.H.N., *Estado*, Libro 1.009, pp. 331-332.

haya querido hacer en país que es de su hermano, y su Rey, donde Su Alteza es un gran vasallo?"[440].

Más adelante indicaría que:

"También culpan a Su Alteza porque escribió la carta que llegó a manos de Su Majestad con voces algo descompuestas; tampoco es nuevo en estos reinos en personas de menos suposición, porque este ímpetu del dolor, y sentimiento nos los acuerdan las historias en muchas partes; lea Vuestra Majestad en la de Murcia la que escribió al Rey don Enrique Alonso Yáñez Fajardo, y en la de Nápoles la del Conde de Ribagorza, siendo virrey, a don Fernando el Católico; y para el mismo Rey, en la de España, la de un gran señor de estos reinos, y conocerá Vuestra Majestad que en todo tiempo ha habido sentimiento, y juzgará si Su Alteza teniendo más razón, ha sido el menos atento; y si no quisieren estos ejemplares, recíbase a cuenta (como dice Contreras) de la ir considerada resolución de intentar prender a un hijo del Rey, tan coronado de victorias, que ahora pide justamente satisfacción que equivalga a tan público ultraje.

Que suplique Su Alteza a Su Majestad con humildes instancias, que aparte de sí al padre Juan Everardo su confesor, se podía hacer, sino por los ruegos de Su Alteza por la quietud, y bien de los pueblos, que ya con desvergüenza lo piden, y hay muchos ejemplos en Divinas, y humanas historias, pero que para se han de buscar ejemplares, ni formas consecuencias, si hoy es necesario por el bien de la monarquía, y quietud de los vasallos. ¿O es razón, o no es razón? ¿Si no es razón, para que son los ejemplares? ¿Si es razón, de qué sirven las consecuencias? Porque es abusar de la justicia, y de los buenos dictámenes, guiarlos por los acaecimientos pasados; que no todos los sucesos, aunque se parezcan los unos a los otros son de una misma calidad, y compresión, ni todas las dolencias, y achaques de una monarquía se curan y remedian con unos mismos lenitivos, ni máximas de estado, que el tiempo, y la ocasión alteran lo esencial del más accidental acaso"[441].

Acto seguido alegará el autor del escrito que:

"Aquí señor mío quiero hacer un reparo político, porque si Vuestra Majestad diere esta carta a leer a otro, no la eche menos. Por condescender los príncipes con las instancias y voces de los pueblos, se les ha seguido algunas veces graves daños; el ejemplar aún vierte sangre en nuestra memoria: al Rey Carlos de Inglaterra, en lo primero que sus vasallos le descubrieron lo comenzaron a ultrajar la deidad que representaba, fue cuando a sus instancias apartó de sí al gobernador de Islandia; después ya un respecto, cuando el Rey apetecía le negaban, hasta quitarle la vida en un cadalso; no milita esto, ni adecúa en nada a nuestro caso, gracias a Dios, porque lo que aquí parece un accidente, es en realidad de verdad esencia; el señor don

[440] A.H.N., *Estado*, Libro 1.009, pp. 331-332.

[441] A.H.N., *Estado*, Libro 1.009, pp. 331-332.

Juan, vasallo de gran suposición, pide ya descubiertamente, y con empeño que Su Majestad se sirva de echar de su lado a este religioso; toda España, uniformemente, sin discrepar voz, pide lo mismo; si este padre no sale tiene pretexto Su Alteza para salvar cuanto sucediere, y el pueblo para honestar cualquier desacato.

Poco apetece la quietud, y sosiego quien a tan poca costa no la abraza. Por buena razón de estado se había de hacer; pero entran luego los malvados, y lisonjeros estadistas con aquello de la regalía, y que el mundo dirá, que violentan la voluntad de su príncipe los vasallos; que es contra el punto, y decoro de lo despótico; que la voluntad y gusto de los reyes es la razón que todos deben seguir, llamando grandeza lo que es terquedad, y soberanía lo que es pasión.

Muy soberano, valeroso y temido fue nuestro Rey don Alfonso, tan glorioso de victorias que será eterna entre otras la memorable de las Navas. A este gran príncipe vieron sus más nobles vasallos, no tan solamente, que había entregado el alma, el acuerdo y las potencias, pero el cetro y la corona a una hermosa hebrea en Toledo, y bramando como fieles canes los ricos-homes de aquellos tiempos (¡que gran falta nos hacen en estos!) por dar vida a su patria, dieron a Raquel la muerte: sentiríalo el Rey, claro está; ¿pero por eso faltáronle aquellos mismos a la obediencia, y vasallaje? Al Rey don Juan el Segundo, las instancias de los poderosos de Castilla le hicieron echar de sí a don Álvaro de Luna; pero volviéndolo el Rey a su valimiento, ocasionó en un público suplicio lástimas a la envidia, y temerosos respectos de la justicia del Rey a sus vasallos. ¿Al Rey de Francia, su valido Richelieu le apartó de su lado a su madre, y hermanos; dejó por eso de admirarlo su reino empuñando el cetro, y desnuda la espada de temerlo España? ¿Al duque de Lerma no quitaron del lado del señor Rey Felipe Tercero las súplicas de muchos grandes; y de la gracia del Rey Nuestro Señor (que esté en gloria) al conde duque de Olivares los lastimosos gemidos de los pueblos? ¿Perdieron por eso estos señores reyes algo de su soberanía y majestad? ¿No hay monarca sin vasallos, ni príncipe sin súbditos: que trabajos, y peligros no se padecen al conquistarlos? ¿Que desvelos y zozobras no cuesta el conservarlos? No hay medios que no se busquen, ni traza que no se ejecute, ni ocasión que se pierda. De una breve centella hemos visto grandes incendios"[442].

Y sobre ello había la Monarquía Hispánica conocido supuestos numerosos:

"En nuestro tiempo en Nápoles un pescador, y cuatro muchachos pusieron en grave peligro aquel reino. Menester es quietar a España; que su misma fidelidad es la que más insta a la expulsión del padre confesor. No ha muchos días que por quietar a cuatro panaderos en Madrid desterró Su Majestad sin oírlo a un hombre tan grande como el duque del Infantado, que importa más en la jerarquía de los españoles, que cuantos padres de la Compañía hay en el mundo; y pruébolo de esta manera. La jerarquía eclesiástica se forma , y considera así: el Sumo Pontífice en todo el Orbe; el obispo en su obispado, y el cura en su parroquia: aquí Vuestra Majestad no ha oído, que sea del orden de esta jerarquía padre de la compañía ninguno, pues atienda

442 A.H.N., *Estado*, Libro 1.009, pp. 331-332.

a la jerarquía seglar: el Rey, los reinos, y los magnates de ellos: en esta jerarquía, entre los señores, o magnates, considere Vuestra Majestad al duque del Infantado, y no es de los segundos en orden; pues a este gran personaje desterraron en cuatro horas, sin darle lugar, ni tiempo para que se mudase un vestido, por sosegar a cuatro hombres; y por toda esta monarquía a un padre de la Compañía no? No dudo yo, que si Su Majestad no se determina a tomar resolución, que nos hemos de arder en guerra dentro de nuestra saca, y habemos de dar lugar, y tiempo a nuestros enemigos, para que logren sus designios, y concluyan con lo poco que ha quedado fuera de los límites de España, y en tales ocasiones suele introducirle un tercero, y con capa de buena obra llevarle lo mejor; si Su Majestad por cuidar guerras en la menor edad de su hijo el Rey Nuestro Señor, ha permitido que a su vista se corone otro en Portugal, y ha cedido al de Francia lo más florido de los Países Bajos, porque, ¿ha de permitir que por un hombre sólo se pierda todo? O Dios nos socorra.

No me maravillo, señor mío, de lo que Vuestra Majestad me escribe, que oye decir que el dinero de España no parece, porque lo llevan a Alemania: no culparé a los que lo dicen, porque vimos en tiempos del Rey Nuestro Señor, que esté en el Cielo, revuelto a Nápoles, alzado Portugal, guerras en Cataluña, en Flandes, en Milán y introducidas dentro de Francia por Burdeos, y en todas estas partes numerosos ejércitos y gruesas armadas, y ahora que con todos tenemos paz, un reino menos, los Países Bajos disminuidos, poco dinero, y muchas gracias; a esto no se qué responder, porque no quiero hablar en materia tan peligrosa, pues no me toca: sólo el rogar a Dios que dé paz, y concordia a los príncipes cristianos es de mi obligación, y que a Vuestra Majestad guarde muchos años, etc."[443].

Como vemos, la actuación desarrollada tanto por la Junta de Gobierno como por el Consejo de Castilla no serviría para condenar la actitud mantenida por Juan José de Austria, y mucho menos para mostrar un apoyo claro y visible hacia el padre Nithard. Pero tampoco la actitud de Mariana de Austria fue digna de elogio. Sabía que tanto ella como su confesor eran extranjeros, y que ambos no gozaban del apoyo unánime de los españoles, así que su decisión no fue otra de dejar pasar las cosas, a la vez que mantenía su apoyo al jesuita.

Finalmente, aparece la gente de la Corte, en el sentido de transmitir su opinión acerca de todo este contencioso asunto. Sabemos que el pueblo apoyaría en su amplia mayoría a don Juan, al encontrar en su figura la reunión de los idearios tan comunes en épocas pretéritas, y que ahora tanto se echaban en falta. Pero también hubo importantes segmentos de cortesanos que apoyaban fervientemente a la Reina y al padre Everardo.

En el siguiente documento encontramos recogido al menos uno de los motivos que propiciaron el odio atroz que don Juan de Austria tenía al confesor de la Reina, que es la negativa del Nithard a armar un gran ejército para recuperar el Rosellón de manos francesas, al frente del cual se podría al bastardo de Felipe IV, aunque no debemos

---

443 A.H.N., *Estado*, Libro 1.009, pp. 331-332.

de olvidar que las diferencias ya habían surgido al poco tiempo de llegar a España, acompañando a Mariana de Austria:

"Respuesta de un señor de esta Corte a otro que le preguntó su parecer, acerca de la carta del señor don Juan de Austria a la Reina, nuestra señora. Pregúntame Vuestra Excelencia si he visto la carta del señor don Juan a la Reina, nuestra señora, y lo que me parece de ella, y de su contenido. Y digo señor, que la he visto, con aquel horror y espanto, que la verá cualquier verdadero español no engañado, y en quien hubiere alguna centella de amor al Rey, nuestro señor, y a la patria. Porque pasado a lo que me parece de su contenido ven todos su libertad y atrevimiento, pues ni se pudiera alargar a más la misma Reina, nuestra señora, escribiendo a Su Alteza, ni el cristianísimo, desde toda la altura de potencia, en que se halla pudiera protestar más, ni amenazar más ni pasar a tan imperiosos arrojos; y por lo que amenaza mandando que ni se obre, ni se resuelva, ni se escriba, ni se hable nada, ni contra él ni contra los suyos, ni aun contra quién por su misma confesión es tan enormemente delincuente, como el hermano de su secretario. Esto viene a ser mandar, que ni haya Rey, ni Reina, ni poder, ni justicia, ni razón, ni ley, ni mano, ni lengua, poniendo entredicho a todo y que sólo él queda árbitro universal y soberano del todo. Y si hoy que se halla en paraje de fugitivo se arroja a tanto su confiada presunción, que se puede esperar qué haría si se le comenzasen a lograr sus ambiciosos designios" [444].

Continua la narración indicándose que

"Es enorme error el pensar, que hoy se disputa entre Su Alteza, y el Inquisidor General, a quién escribe, a quién protesta, amenaza, y manda, y de quién con ignominiosas voces habla siendo persona de tanto agrado, y confianza de la Reina, nuestra señora, el inquisidor general. Quién así habla es don Juan de Austria, el cual por ningún derecho divino, ni humano tiene autoridad ninguna para contra Su Majestad, antes por todo derecho está obligado a obedecer, pues el Rey, Nuestro Señor, Felipe IV, que Dios goce, aunque era su hijo, como quién le tenía conocido, y experimentado, no le dejó, ni el todo, ni parte en el gobierno de estos reinos, ni le tuvo por a propósito para encomendarle la salud, y vida del Rey don Carlos II, nuestro señor, ni la felicidad de sus vasallos. ¿Quién pues le ha constituido libertador de la patria y protector del Rey pupilo? ¿Con qué autoridad, con qué derecho, y razón se atreve a ultrajar a la Reina, nuestra señora, y suya, y legítima tutora, y defensora del Rey su hijo? ¿Es acaso porque Dios mismo por alguna particular revelación, como en su carta insinúa por aquel impulso, e inspiración, más que natural, le ha dado algún derecho supremo en estos reinos para quitar, y poner a quién gusta, y amenazar, y mandar a la autoridad suprema en cuya obediencia vivimos.

Ninguno ignora el genio e ingenio de todos los perturbadores de los reinos, que siempre entran con los espaciosos pretextos de aliviar los pueblos, y enmendar el gobierno, protestando todo desinterés para sí mismos, encubriendo en estos engaños

---

444 A.H.N., *Estado*, Libro 1.009, pp. 310-311.

su oculta intención. La del señor don Juan en este tan lastimoso caso se manifiesta y descubre con muy mediano entendimiento. Hecha hoy en campo solamente al inquisidor general hombre sin aliados y forastero, creyendo que este cascabel de nación faltará fácilmente el pueblo, y será bien recibido este primer paso, y que la esperanza de poder ser subrogados en la gracia, y grado del inquisidor general le conciliará a otros demás entendimientos, y esfera, si prevalece en esta primera empresa, vendrá a ganar mucha reputación, y crecerá su partido, y potencia, y se atreverá a lo que el mundo entero, y su padre ha tenido, el todo de este negocio, es de manifestar su máquina a los que por sí mismos no discurren, y peligran en el engaño, vease manifiestamente todo esto, que hoy echan en campo es un mero artificio, y que acomete sólo al inquisidor general para ir por partes, y llegar a su fin de un paso en otro"[445].

Pero en aquella reflexión cabían muchos de los males que afectaban a la Monarquía Hispánica y a otros reinos:

"El levantamiento de Portugal empezó por la muerte de Vasconcelos. La fatalidad de Carlos Segundo, Estuardo de Inglaterra, comenzó por la muerte de su valido el virrey de Irlanda, las historias están llenas de estos ejemplares, y don Juan en la muerte del Inquisidor General camina por los mismos pasos, por conseguir los mismos intentos. Quien no sabe que el señor don Juan está ofendido, o mal satisfecho también de otros grandes ministros, los cuales en su dictamen tienen parte en el mal gobierno, que tanto llora, y quiere enmendar. Pues como a todos los pasa en claro, no sabe guarda para cada uno su día, y su tiempo. Véese también que todo ello es un fingido artificio, porque no ignora el señor don Juan, que es falso y supuesto cuando alega contra el inquisidor general. Pone toda fuerza en la opresión de los vasallos. ¿Que tributos ha puesto, ha añadido, o ha aconsejado el inquisidor general? No se sabe que es éste un cuento viejo de gobiernos pasados, y el pretexto de todos los tumultuantes. Quién ha influido más en la opresión de los vasallos, gozando tantas rentas, y haciendo gastos exorbitantes, con irrisión de las naciones nuestras émulas, siendo por esto su renombre don Juanísimo por toda la Francia, que veía morir de hambre los soldados, y llenas las campañas de sus carruajes y acemillas, en que se agosta el erario todo, y de donde nace la necesidad de los tribunos. Las cartas y lamentos del príncipe de Condé al Rey, nuestro señor, que Dios goce, son una larga y verdadera historia de lo que sus excesos han empobrecido estos reinos.

¿Además se desea saber, en qué le ha ofendido tanto el Inquisidor General? Es porque ha temido alguna alevosía, ciertamente esta su carta es harto sobrada prueba, de cuanta razón tenía para temerle y guardarle? Es porque dejando el Rey, nuestro señor y su mismo padre confinado en Consuegra, y apartado de todo sacrificando el amor natural al bien público, y a la seguridad del Rey, su hijo. El Inquisidor General (que no debiera) cooperó en que fuese restituido a la Corte y entrarse en el más soberano y reservado consejo. Así que no se halla motivo subsistente de su arrojada resolución y más afectado que verdadero odio, y que es pretexto, ficción y engaño, para comenzar

[445] A.H.N., *Estado*, Libro 1.009, pp. 310-311.

con este gran principio a revolver las cosas, poniendo en descrédito el partido de la Reina, nuestra señora, y poniéndose él sobre las cabezas de todos, y quitar hoy la demás confianza de Su Majestad, con tan imperiosos y horribles modos, y después con más facilidad abierta esta grande puerta, quitar y poner a su antojo" [446].

Pero aún habría para más, al indicarse que

"Vese más claramente esta ficción, y engaño, porque pregunto, ¿cuando el Inquisidor General empezó a ser peste y basilisco, o cuando Su Alteza se revistió de este tan ardiente celo del servicio del Rey, nuestro señor, y alivio de los pueblos? No ha un año que Su Alteza hacía grandes caricias al Inquisidor General, y enviaba regalos de casa a este emponzoñado basilisco que llama. ¿Que ahora un año era hombre, y después se ha convertido en basilisco y peste? O Su Alteza desde entonces comenzó a ser hermano del Rey nuestro señor, y concibió el celo del bien público, de que antes carecía. El cuanto es sabido quería Su Alteza ejércitos que mandar en España con el pretexto de hacer la guerra a Francia por el Rosellón. No fue mucho, que el Inquisidor General, como también otros y leales ministros, se recelasen de confiarle esta potencia dentro de España, y que temiesen lo que su mismo padre temió. Aquí comenzaron sus descontentos, aquí estas nuevas máquinas de intentar conseguir por otros caminos lo que con los ejércitos el Rey no podía" [447].

Y aparece un aviso a navegantes, al precisarse que

"Pero demos al señor don Juan todo lo que su ardiente celo desea, y quítese de España esta peste (como dice del Inquisidor General), quién querrá entonces que sea, o toda, o la mayor confianza de la Reina Nuestra Señora, o ha de ser Su Alteza misma, o algún su confidente, u otro, no querrá como es bien seguro, y bien pudiera nombrar aquí algunos de los cuales él ciertamente abominará, y con los mismos pretextos que ahora del Inquisidor General, y con más atrevimiento, como ya vencidos una vez querría que se quitase, y así la conclusión clara del todo es, que él por sí, o por alguno suyo, quiere dominar estos reinos.

Póngase cada uno en su cabeza, que ya el Inquisidor General está arrojado en Viena, y considere, que algún otro entre en su lugar, o sea declarado por primer ministro: ya hecho esto tocaría al señor don Juan, según el contenido de su misma carta, el estar quieto, y el callar, pues se le habría concedido todo aquello que según sus grandes protestaciones deseaba, que había de ser entonces Su Alteza. Contentaríase con que por lo pasado la Reina, nuestra señora, le recogiese en un castillo, o a lo menos pasaría con estarse olvidado en Consuegra, o con ser sólo un voto entre muchos en el Consejo de Estado. Y que será si el nuevo gobierno no aliviase los pueblos de la opresión, en que están, cuando Su Alteza desea y quisiera será fuerza en que consecuencia de los motivos y razones que hoy alega: también entonces querría remediar el gobierno y

[446] A.H.N., *Estado*, Libro 1.009, pp. 310-311.
[447] A.H.N., *Estado*, Libro 1.009, pp. 310-311.

aliviar los vasallos: de suerte que él tanto, y cuanto del gobierno y de los pesos, y alivio habrá de ser a su medida y gusto, y donde no tendrá el mismo derecho, que hoy para arrojarse y fingirse nuestro Rey, y dueño de todo, a cuya voluntad y gusto, cuando él mismo no gobierne, gobiernen otros" [448].

Y nuevamente aparece el caso Malladas, indicándose al respecto del mismo que

"Hace grandes excandecencias sobre aquel garrote, que los meses pasados se dio, y en persona del Inquisidor General reprende y abomina de la Reina, por cuyo decreto se obró. Aturdimiento o pasión es grande, que no advierta que pues Su Alteza ha hallado tantos teólogos y opiniones para sin potestad ninguna, sino es la que se usurpa con tan la seguridad de su conciencia puede quitar a inquisidores generales, y confesores de la Reina, y aun matarlos, si otro remedio no hubiese. Tampoco faltarían teólogos y mejores a la Reina, nuestra señora, que se halla con autoridad y potestad legítima. Caso raro piensa Su Alteza, puede matar a quién quisiere, y que haya teología para ello, y no habrá un poco de teología para la Reina, y dolerle tanto aquella justicia. Declara bien que le importaba mucho aquella que llama inocencia.

No se duda que Su Alteza hallará teólogos, como se han hallado para todos los tumultos. Hay tantos que esperan que ellos, o los suyos, o sus parciales entrarán en el lugar del Inquisidor General, o arrojado, o muerto. Pero yo aunque no soy teólogo, bien veo que ellos no lo excusarán en el juicio de Dios, pues dado que el Inquisidor General fuese cual él con rifa del mundo pinta, se sabe por el lumbre de la razón natural, que Su Alteza en España es como una persona privada, aunque eminente, sin jurisdicción, ni potestad sobre nadie, y como no puede mandar ahorcar a un ladrón, al más vil hombre, mucho menos puede tocar en el Inquisidor General, ni otro ministro. Y cuanto en esto se tomare es usurpado y tiránico, y sus teólogos serán aquellos cielos, los cuales y los que los siguen se precipitan y caen según irrefragable oráculo del Evangelio, que oímos en la milos que la oímos con atención. Mire Su Alteza, que los teólogos pueden engañarse, y engañar y mentir, y enredar como todos los demás hombres" [449].

Y va aportando sus definitivas y lapidarias conclusiones:

"Yo doy que nuestro gobierno vaya perdido, no hay mano que más se haya de temer para la cura que la del señor don Juan. Considere cualquiera que tiene uso de razón, o español o no español consigo mismo, y piense quién es en toda España, de quién podemos temer a nuestro Rey, y señor Carlos II. Clama la conciencia a cada uno, que de don Juan de Austria, así lo han temido todos, y el temor de todos nunca es vano. Ninguno le amaba más que su mismo padre, y este le dejó apartado y confinado. Ninguno amó tanto a nuestro Rey y señor que su padre, de quién más le resguardó fue de su hermano, y por esto le dejó sin armas, sin potencia, ni mano. Si

---

448 A.H.N., *Estado*, Libro 1.009, pp. 310-311.

449 A.H.N., *Estado*, Libro 1.009, pp. 310-311.

es posible que nos queramos engañar tan inconsiderablemente contra el clamor de nuestras mismas conciencias, y recelos de toda Europa, sea el Inquisidor General la ruina de la Corona, no debe ser removido por imperio del señor don Juan. Si en esto se le sujetan los consejos, va todo por tierra, y no habrá cosa que no mande. Cuando hubiese de ser quitado, no ha de ser por su mando, y nunca menos, que ahora, que él lo manda.

Sus amenazas tiran solo a espantar a los que no le entienden. Quien tanto se atreve a su soberano señor, y con descaro se ha hecho ya irreconfiable hubiera venido a Madrid, si tuviera la seguridad que protesta. A quien ha de tener en España, sino es algún desleal, y de genio turbulento, pues no hay español que ignore, que de él solo puede peligrar el Rey, nuestro señor, y su corona. Antes el verle por la misericordia de Dios tan fortificado en su vida, y salud le ha empeñado en la desesperación, y estuvo quieto un pedazo confiado, en que faltando Su Majestad, le vendría sin violencia la corona. Que se le da a don Juan que lo mande el Inquisidor General, u otro, sino es el mismo, nada. Quien no aturdido en la simpleza creerá que el corazón de Su Alteza, padece tanto por el dolor de los pueblos, y que esto es lo que le ha puesto en este paraje de desesperación, y precipicio. No faltan o sumas, o tesoros cuanto se han distribuido al alivio de los pueblos.

Un santo no se expone a tantos riesgos por las penas ajenas. Pues quien lo creerá de Su Alteza, su conclusión es una, y pues no le han faltado teólogos para lo que habla, también los tendrá para lo que calla, y en cuyo secreto consiste su salud, pues parece luego que es descubierto hasta que se calle en la postura que amenaza de aliados y potencia. Digo a Vuestra Excelencia esto poco, callando mucho más, y volviéndome a mi espacio del atrevimiento de la carta que yo he visto, y nosotros señor engañarémonos con todo el mundo el cual nunca se cohecha, temamos a quien toda Europa y su mismo padre temieron, no queramos, ni la salud misma de tan sospechosa mano"[450].

A finales de octubre llegaban a la Corte madrileña sugerentes noticias: se había localizado el paradero de don Juan de Austria. Éste había llegado hasta el reino de Aragón, habiéndose instalado en la localidad turolense de Pozondón[451]. Desde allí había enviado misivas a las autoridades de dicho territorio, indicándoles lo acaecido sobre su persona en Castilla, además de anunciarles su intención de continuar hacia tierras catalanas. Tras abandonar aquella localidad, Juan José de Austria, tal y como ya había advertido previamente, entraba en tierras catalanas, asentándose en la localidad leridana de Flix, aunque su destino claro parecía ser la ciudad condal, donde esperaba obtener un claro apoyo por parte de los barceloneses.

La ciudad de Barcelona había tenido noticias de la huída de don Juan de Consuegra a través de sus agentes de Madrid, en donde a través de una carta, fechada el 27 de octubre, enviada al Consejo de Ciento informaba sobre los rumores que corrían

---

450 A.H.N., *Estado*, Libro 1.009, pp. 310-311.

451 Localidad turolense situada en la sierra de Albarracín, habitada en la actualidad por algo menos de cien habitantes, y en donde, entre otros elementos dignos de ver, destaca su magnífica iglesia fortificada.

por la Corte, en los que se insistía en que "don Juan tenía dispuesto que se fuese, o enviar a Alemania al señor Inquisidor General. Y que habiéndose tenido este aviso se dio orden que fuesen algunos caballeros a prender a Su Alteza, pero que por haber tenido con tiempo esta noticia salió de Consuegra, diciendo que había salido a cazar y encaminó a Aragón[452].

En San Feliu de Llobregat sostuvo una larga entrevista con el duque de Osuna y, tras la misma, fijaba su residencia en el Tibidabo, en la Torre de Lledó, donde recibiría numerosas visitas de las gentes más significadas de la ciudad, además de continuas muestras de apoyo.

Cuenta Sánchez Marcos[453] que la decisión de don Juan de encaminarse hacia aquellas tierras no deja de ser razonable, y seguramente meditada, máxime cuando a principios del año 1667 ya había solicitado hacerse cargo del virreynato de Cataluña, habiéndose denegado tal pretensión. Así las cosas, tras doce años de ausencia de aquellas tierras, el hijo de Felipe IV volvía en busca de apoyo y refugio político en su lucha contra el padre confesor, haciendo uso del ofrecimiento realizado por los Consellers de Barcelona para ayudarle en cualquier asunto, adhesión que también había realizado a favor de su causa el Consejo de Ciento.

Así las cosas, el recibimiento de don Juan en la ciudad Condal sería multitudinario, tal y como nos relata Sánchez Marcos en su obra, sin olvidar los beneficios que años atrás había aportado nuestro personaje a aquellas tierras: "llegando la noticia a Barcelona, a 9 de noviembre visitóle todo lo notable, eclesiástico y secular. Salió el pueblo contento sólo por la vista de Su Alteza, concurrían a porfía, obligados todos de los agasajos que habían recibido de su grandeza, ofreciéndole cuanto quiso admitir. Además, al conocerse en otras partes de Cataluña aquella grata llegada, vinieron a concurrir en la ciudad Condal los síndicos de otros lugares, "*y muchos particulares obligados como los barceloneses*".

En la Corte, mientras tanto, no se encontraba solución al modo de operar ante esta importante crisis política. Algunos, incluso, temían que desde Barcelona Juan José de Austria pasara a Francia y que soliviantase a los catalanes, generándose así una nueva revuelta de este territorio contra Madrid.

En este estado de cosas, el 13 de noviembre Juan José de Austria escribía una serie de cartas, donde expondría a personas e instituciones más significativas su punto de vista sobre todo lo que estaba aconteciendo. Entre otros escribió a varios miembros de la Junta de Gobierno, a todas las ciudades de la corona de Castilla con voto en Cortes y a la propia Mariana de Austria, mostrándose como el más humilde de los vasallos de la regente, y culpando al jesuita de todos los males que afectaban a la Monarquía Hispana.

El contenido de dicha misiva es el siguiente:

---

452 A.H.B., *Cartes Comunes Originals*, X-95, p. 136.

453 Vid. Sánchez Marcos, F., *Don Juan de Austria y Cataluña: Cataluña y el gobierno central de 1653 a 1679*, Barcelona, 1975.

"Que Vuestra Majestad se digne de mandar al Padre Everardo que salga de los dominios de Su Majestad y se encamine a Roma, o a la parte que Vuestra Majestad, sea servida fuera de ellos;... rescatando al mismo tiempo Vuestra Majestad su propia libertad, y soberano juicio, y prudencia, para poderla aplicar al común beneficio de esta Corona, y emplear en esto el tiempo que el padre Everardo gasta solamente en discurrir, y ejecutar los medios de su particular conservación, valiéndose Vuestra Majestad (en conformidad de lo que el Rey nuestro señor fue servido de dejar dispuesto) de los ministros naturales de estos Reinos, en quienes debe solicitar su remedio, y el alivio de tanto pobre vasallo... seré yo el primero que desee y vote sea en la forma más decente y decorosa a la Real Soberanía de Vuestra Majestad, y al agrado con que ha tenido Vuestra Majestad por bien de favorecer a este Religioso, para lo cual sobran a la grandeza de Vuestra Majestad muchos caminos, y medios... y porque ha cesado ya todo motivo de tener preso al hermano de mi Secretario, no dudo que Vuestra Majestad se dignará de hacerme a mí la honra de ordenar se le ponga en libertad".

Continúa don Juan de Austria indicando que

"También estoy en precisa obligación de suplicar insistentemente a la suma justicia de Vuestra Majestad que así como los apasionados informes, y sugestiones violentas del padre Everardo han forzado (por decirlo como lo entiendo) la recta, y clementísima intención de Vuestra Majestad para que se aya procurado quitar el honor, y la reputación en todos los cuatro ángulos del mundo, con cuantas manifiestas demostraciones lo ha podido extender... se sirva Vuestra Majestad de restituirme también con demostraciones, y honras públicas estas preciosas prendas, que por tantas razones he antepuesto a la propia vida, y en cuya proporción me será todo lo demás despreciable... Dios guarde la C.R.P. de Vuestra Majestad como deseo, y he menester, Torre de Lledó a 13 de Noviembre de 1668. Su más humilde criado, y vasallo de Vuestra Majestad. Don Juan"[454].

Otra carta, también muy sugerente, fue enviada al Presidente de Castilla, indicándole con toda la seriedad y solemnidad que la situación requería, que recordase que antes debió a Dios el hecho de ser español y vasallo del Rey, que al padre confesor el puesto que en ese momento desempeñaba, y que no podría hacer cosa más loable que el hecho de no turbar el orden de aquellas obligaciones, reconociendo la primera no sólo por la mayor, sino por la más importante de todas.

Pero no podemos olvidar aquellas que enviase, sobre la misma materia, a los reinos de Aragón, Valencia, Principado de Cataluña, y otros territorios y provincias de España, fundamentalmente a aquellas localidades que tenían voto en las Cortes de Castilla.

Entretanto, consultados por la Reina los Consejos de Castilla y Estado para que los mismos diesen su parecer, además de acudir a la Junta de Gobierno, sobre el con-

---

454 B.N., mss., VE 67-26. Esta documentación conserva inserta una colección de cartas enviadas por don Juan de Austria a varias personas.

tenido de la carta que hubo previamente enviado el bastardo, y después de muchas deliberaciones, se decidió que la respuesta de la Reina debía ser la siguiente: "He recibido vuestras cartas de 21 de octubre y 13 de noviembre; y aunque su contenido y el término con que os dais a entender en ellas, me pudieran obligar a otras resoluciones, la particular inclinación que tengo a favorecer a vuestra persona y la memoria, que jamás faltará en mí, de que sois hijo del Rey nuestro señor, me obligan a desear, como afectuosamente deseo, proceder con vos como con hijo de vuestro padre, mientras vuestros andamientos no me obligaren ni forzaren (contra mi voluntad) a lo contrario. Al duque de Osuna escribo para que, en mi nombre, confiera con vos, sobre el modo que parezca más propio tratar y determinar este negocio. Daréisle entero crédito de cuanto os dijere, pues todo será conforme a las órdenes que tiene mías encaminadas siempre a vuestro beneficio"[455].

Cuando llega don Juan a aquellas tierras de Cataluña, en busca de un exilio seguro, el responsable del virreinato era Gaspar Téllez Girón Gómez de Sandoval y Enríquez de Ribara, duque de Osuna y Uceda, marqués de Peñafiel. Aquella presencia le haría convertirse en lo que Sánchez Marcos vino a definir con certeza como un virrey *entre dos aguas*, convirtiéndose en un árbitro de la situación, pudiendo, además, influir en el éxito o fracaso de la causa de don Juan en aquellas tierras. Cuenta este autor que el duque de Osuna era un hombre con un gran orgullo aristocrático, y que por ello se encontraba enormemente herido por lo que sobre sus espaldas había padecido en la campaña de Portugal. En ese mismo año de 1667 se había hecho cargo del virreinato de Cataluña, pero sus aspiraciones eran más elevadas, como pudiera ser el ducado de Milán. Además de que en aquellas tierras no se sentía excesivamente cómodo, al no ser sus relaciones con las autoridades regnícolas muy cordiales.

Así las cosas, aquella estadía de don Juan, su antiguo superior en la guerra en tierras lusitanas, podía suponer un obstáculo para el futuro político de aquel virrey, en el caso de prestar un apoyo abierto hacia su causa, máxime cuando se observaba desde la Corte, y a través de los agentes barceloneses del padre confesor, como el duque estaba "asistiendo al señor don Juan desde el principio de sus violentos y sediciosos movimientos"[456].

Mientras tanto, muchas fueron las posibilidades que ofertaba la regente al hijo bastardo de Felipe IV en el ánimo de terminar con esta nada plácida situación en la que se encontraban, desde volver nuevamente a Consuegra, asentarse en otras localidades de su Priorato de San Juan, o algunas de tintes similares.

Con todo, donde realmente se sentía seguro de las largas garras del jesuita era en la Ciudad Condal, y eso que en Madrid parecía no haber otro asunto del que hablar, y generalmente cuando se hacía, muchos de los que habitaban en la Corte lo hacían en favor de la causa del hijo bastardo del rey. Tan enrarecido era el ambiente que muchos fueron los que comenzaban a mencionar la proximidad de una guerra civil, cuestión

---

455 Maura, G., *Carlos II y su Corte...*, op. cit., t. I, p. 387.

456 B.N., mss., 8.351, p. 116.

que no solamente fue objeto de atención por las clases populares, sino que dicha posibilidad también sería tratada por relevantes órganos de la administración.

Así las cosas, y viendo la actitud mantenida por el hijo de Felipe IV, pronto se harían latentes aquellas ideas, que antes simplemente pudieran haber formado parte del fuero interno de muchos, que indicaban la necesidad de remover a Nithard de todos sus cargos públicos, aun a pesar de que en él la Reina no viese motivo alguno para cesarle y exiliarle fuera de España, conforme a las peticiones de don Juan de Austria.

En este sentido, y dando respuesta a la Reina Mariana sobre una consulta que presentase al Consejo de Estado, éste le respondía el 21 de diciembre recomendándole que "... mande Vuestra Majestad al Consejo de Castilla que, sobre los antecedentes, vote si convendrá o no aventurar a Vuestra Majestad a una guerra interna, que en el sentir del consejo será indubitable, o complacer al señor don Juan, aunque sea con algún desdoro de la autoridad real... En cualquier caso, el sentir del Consejo es: que Vuestra Majestad honrando y favoreciendo al Confesor, le emplee fuera de estos reinos, entendiendo el Consejo que en la coyuntura presente pudiera ser muy a propósito que Vuestra Majestad le condecorase con el grado de Embajador extraordinario al Señor Emperador"[457].

Nunca pudo imaginar don Juan José de Austria cuando salía a toda prisa de aquella localidad manchega de Consuegra, encaminándose a un seguro exilio en tierras de la Corona de Aragón, y en concreto en la ciudad de Barcelona, que tan sólo dos meses después el fin del más que criticado valimiento del jesuita Everardo Nithard estaba a punto de producirse, tras desencadenarse uno de los momentos más dramáticos de la historia de la Corte.

1669: la primera entrada de las tropas de don Juan en Castilla. ¿El primer intento de golpe de estado de la España Moderna?

A comienzos de 1669 Mariana de Austria seguía insistiendo al virrey de Cataluña de que debía convencer al bastardo para que regresara a la sede de su priorato. Todo sería un nuevo intento inútil. Como réplica, el 22 de enero escribía a Mariana de Austria indicándole como los Consejos habían informado a la regente sobre la necesidad de cesar al jesuita.

De paso indicaba a la misma su intención de marchar hacia tierras de Castilla, con un destino final que no era otro que Madrid:

> "Señora. A 12 del pasado respondí a la Real carta de Vuestra Majestad de 3 del mismo, excusándome con las humildes razones que entonces representé a Vuestra Majestad de dejar la seguridad de estos parajes, mientras el Padre Confesor de Vuestra Majestad no estuviere fuera de estos Reinos. Y habiéndome ponderado entonces

---

457 Maura, G., *Carlos II y su Corte...*, op. Cit., t. I, p. 404.

el Duque de Osuna, en el Real nombre de Vuestra Majestad cuanto deseaba Vuestra Majestad que yo me acercase a esa Corte, por lo mucho que convenía ganar el tiempo en la conclusión amigable de mis súplicas, motivando Vuestra Majestad únicamente esta insinuación, con la grande importancia de ahorrar la corta diferencia de oras que podría tardar más de un correo desde esta Ciudad, que de otro lugar menos distante, se han visto pasar tantos días (en que todo podría estar muchas veces ajustado) sin recibir respuesta alguna de Vuestra Majestad yo, ni los tres principales, y Supremos Consejos de Estado, Castilla, y Aragón, que con loable, y uniforme celo consultaron a Vuestra Majestad sobre su Real orden, y con las cláusulas, que nadie ignora, ser precisa la salida de estos Reinos del Padre Confesor; en cuyos votos se incluyen tres de los cinco de la Junta de Gobierno, sin que se deba hacer a los dos restantes el agravio de imaginar que le tuviesen diferente, conformándose tantos, y tan experimentados Ministros, por admirable influencia de Dios, con su Divina inspiración, y con el clamor universal de los Pueblos, que de ordinario es su misma voz.

Pero aunque la combinación de todas estas cosas podía y debía tenerme en justa sospecha, todavía oyendo las torpes voces, que con el motivo de mi asistencia en Cataluña, y venida de los Franceses a su frontera, se pretenden esparcir contra aquella innata, y primera obligación que me alimenta, mas por desengañar a los mismos Franceses (si acaso les ha pasado tal fantasía por la cabeza) que porque juzgue de mí el satisfacer a esta malicia (cuanto es cierto que los propios que se valen de ella, por suponerla útil a sus fines particulares, la creen menos, cuanto más la apoyan). He resuelto aceptar, y valerme de la Real palabra, y fe que Vuestra Majestad me tiene dada por mano del Duque de Osuna, sin pedir otra ninguna pleitesía, ni homenaje, y ajustarme al deseo, y gusto de Vuestra Majestad arrimándome a esa Corte, para que se acaben de concluir estas materias con la brevedad que Vuestra Majestad y todo el mundo conoce convenir"[458].

Nuevamente volvía a arremeter don Juan de Austria contra Everardo Nithard:

"Y porque el mortal odio, y espíritu de venganza del Padre Confesor contra mí se aumenta cada día, y sus violentos efectos (como tengo dicho) no los puede reprimir, ni resguardar, toda esta fe, y palabra Real que Vuestra Majestad me da; siendo ley indispensable de la naturaleza procurar cada uno no abandonarse de conocido a la pérdida de su honra, y vida, he pedido al Duque la escolta necesaria para este efecto, yendo muy alborozado de acercarme a la Real sombra del Rey nuestro Señor, y de Vuestra Majestad de quien espero recibir las honras que siempre he deseado merecer a Vuestra Majestad cuya Católica Real Persona guarde Dios muchos años, como deseo, y hemos menester. Del Iesus, junto a Barcelona, a 22 de Enero de 1669. Don Juan"[459].

---

458 A.H.N., *Estado*, Libro 1.009, p. 329.
459 A.H.N., *Estado*, Libro 1.009, p. 329.

Un día después, don Juan de Austria escribía a la ciudad de Barcelona, remitiéndole copia de aquella más que dura carta que había enviado a la regente:

"A la ciudad de Barcelona, y en la misma conformidad a la Diputación, Cabildo y Brazo Militar. En continuación de la confianza con que he tratado siempre a V.S. me ha parecido remitirle la copia inclusa de la carta que he escrito a la Reina nuestra señora. Y puede creer V.S. que es motivo universal del bien y quietud de esta Corona, que me ha obligado a tomar la resolución que V.S. verá en ella, no ha tenido la menor parte el deseo que me asiste, de no ser, ni aun indirectamente atractivo a esta nobilísima provincia, de las molestias de una guerra, cuando quisiera, a costa de toda sangre, adquirirla un reposo muy feliz, y seguro. Y este mismo afecto me deberá V.S. en cualquiera parte, y fortuna donde Dios me condujere.

Él prospere a V.S. en toda felicidad, del Iesus, junto a Barcelona, a 23 de enero de 1669. Don Juan"[460].

Aquellos acontecimientos movieron a recomendar a la Reina un cambio en la actitud de confrontación que hasta ese momento venía manteniendo con don Juan de Austria. En tal sentido se le invitaba a acercarse a la Corte, tal y como nos transmite la siguiente carta que escribe el hijo de Felipe IV desde El Jesús:

"Copia de carta del señor don Juan, escrito a la Reina, Nuestra Señora, desde El Jesús, junto a Barcelona, a 25 de enero de 1669. Señora. He holgado infinito de encontrar tan anticipadamente el real gusto de Vuestra Majestad no solo en la resolución de acercarme a esa Corte, sobre que encargaba Vuestra Majestad al duque de Osuna me hablase segunda vez, si no en las noticias de ella, en que Vuestra Majestad hace tan justo concepto de mi primera obligación, y estimo como debo la seguridad de Vuestra Majestad se sirvió volverme a dar de su real parte como en el real nombre de Vuestra Majestad me lo a repetido el duque, y no dudo señora que mis humildes súplicas desde más cerca tendrán el breve y buen despacho que tan preciso es para el universal bien, y quietud de España. Dios guarde la real persona de Vuestra Majestad"[461].

Acto seguido escribía, también, al reino de Aragón y a su principal ciudad, avisándole de su vuelta a la Corte madrileña:

"Copia de carta del señor don Juan escrita al reino de Aragón y ciudad de Zaragoza. Por la copia inclusa de lo que he escrito a la Reina nuestra señora, verá V.S. la resolución que e tomado y los motivos de tan precisa obligación mía, que me la han influido. Y puede creer V.S. que no a tenido la menos parte en ella el deseo de manifestar de más cerca de V.S. la constante voluntad y afecto que le profeso, y el sumo agradecimiento y confianza con que estoy de lo mucho que he debido y

460 A.H.N., *Estado*, Libro 1.009, p. 330.
461 A.H.N., *Estado*, Libro 878, p. 40r.

espero deberá a V.S. el Rey, Nuestro Señor (que Dios guarde), en el curso de estos negocios, asegurándome esto mismo el gran celo y consumada prudencia de V.S., y que continuará su humilde instancia con la Reina nuestra señora, para que nos consuele a todos, pues si V.S. con tan generosa resolución lo ejecutó, cuando era yo solo el que lo pronunciaba, hoy, que hablará por la boca de los mayores ministros y principales consejos de la monarquía, y especialmente por la del supremo de esta corona, ya se ve con cuantos más estrechos vínculos le incumbe la obligación de apoyar con sus reverentes instancias una resolución tan saludable como precisa en el estado de las cosas. Dios prospere a V.S. del Jesús, junto a Barcelona, a 25 de enero de 1669"[462].

Así las cosas, pronto haría honor a su palabra, al frente de una nutrida escolta de 300 jinetes que el duque de Osuna había puesto a su disposición[463]. El 4 de febrero partía don Juan de Austria de la ciudad condal, siendo despedido por todas las autoridades de la ciudad de Barcelona, y recibiendo a lo largo de todo su trayecto el fervor de todas aquellas localidades por las cuales discurriese su camino.

Ese mismo año, el de Osuna renunciaría expresa e irrevocablemente a su virreinato. No dejan la menor duda de su hastío político la lectura de aquellas cuatro misivas que enviase, a la Reina gobernadora, a don Blasco, al de Aytona, y al de Peñaranda:

"copia de cuatro cartas que el duque de Osuna escribió desde Barcelona en veinte de septiembre de mil y seiscientos y sesenta y nueve.

A la Reina Nuestra Señora.

Señora, mi poca salud, mi falta de hacienda, me ponen en precisa obligación de no poder proseguir en el real servicio de Vuestra Majestad y así suplico a Vuestra Majestad se sirva de mandarme dar licencia. Guarde Dios a Vuestra Majestad" [464].

"*A don Blasco.*

Señor mío, remito a V.S., esa carta, para que la ponga en las reales manos de Su Majestad, debiendo solo añadir en esta a V.S. que si se me niega la licencia, me iré sin ella, y sólo para esto despacho extraordinario yente, y viniente. Guarde dios a V.S." [465].

"*A Aytona.*

Señor mío, envío a V.E. copias de lo que escribo a la Reina, nuestra señora, y a don Blasco de Loyola, sin ser ya hora de decir a V.E. otra cosa, pues ya no es tiempo de nada. Guarde Dios a V.E." [466].

---

462 A.H.N., *Estado*, Libro 878, p. 40r.

463 A.H.N., *Estado*, Libro 879, p. 289r: "Carta a Su Majestad la reina gobernadora por el duque de Osuna, virrey de Cataluña. Año de 1665".

464 B.N., R., 38.033, p. 82.

465 B.N., R., 38.033, p. 82.

466 B.N., R., 38.033, p. 82.

"*A Peñaranda.*
Tío y señor mío, remito copias a V.E. de lo que escrito a la Reina nuestra señora, y a don Blasco, y porque ya no es tiempo de reconvenciones, ceso en esto. Deseando sólo que guarde Dios a V.E." [467].

Finaliza aquel documento, indicando que:

"Concediósele licencia, pero se le mandó que no dejase el puesto hasta que fuese el duque de Sesar, que estaba nombrado..."[468].

Pero continuemos con nuestro relato. Para acabar con ese apoyo que tanto dañaba la imagen de la reina, fueron enviadas unas instrucciones al conde de Aranda, en donde se le indicaba la necesidad de evitar todo aquello. Una vez más en Madrid molestaban las pruebas de fidelidad hacia la persona del bastardo. Pero todo ello parecía en este momento imposible de frenar.

Un día después, el 5 de febrero, llegaba a la catalana localidad de Lérida:

"El día cinco de febrero de 1669 llegó Su Alteza a la ciudad de Lérida, cuyos Paeres (que así se llaman los que la representan) salieron un cuarto de legua a caballo con todas las insignias, y demostraciones de mayor respeto, habiendo el día antecedente ido en busca de Su Alteza el cabildo y obispo, en cuyo palacio estuvo Su Alteza aquella noche, y el día siguiente"[469].

El día 7 marcharía hacia la localidad oscense de Fraga, aguardando a don Juan de Austria a la entrada del reino de Aragón, para rendirle los honores correspondientes, el

"capitán de la guarda de aquel reino con sus dos compañías de infantería y caballería, un juez del consejo y el comisario general del reino con otros ministros, enviados todos para que recibiesen, alojasen y acompañasen a Su Alteza por los tránsitos de Aragón"[470].

Continuando con su imparable avance hacia Madrid, con Juan de Austria

"entró en Fraga, y en todos los demás lugares hasta La Puebla, que dista dos leguas de Zaragoza, con excesos de alegría y general aclamación, pues gran trecho antes de entrar y mucho después de salir de ellos, no se oía, ni veía otra cosa que sombreros en el aire, y voces de viva, y vitor el señor don Juan, nuestro restaurador, que mira por la honra de España, con extraños vituperios y maldiciones al confesor"[471].

467 B.N., R., 38.033, p. 82.
468 B.N., R., 38.033, p. 82.
469 B.N., R. 38.033, p. 45v.
470 B.N., R. 38.033, p. 45v.
471 B.N., R. 38.033, p. 45v.

Cuentan las crónicas de esta aragonesa localidad de La Puebla de Alfindén, que "a don Juan José de Austria, nuestros antepasados le recibieron entre excesos de alegría y general aclamación, arrojando sombreros y capas al aire, y vitoreando al que consideraban el restaurador de la grandeza en España. Pernoctó en el pueblo, recibió cartas de los diputados del Reino y les contestó con otra que terminaba así: *La puebla a 9 de febrero de mill y seiscientos sesenta y nueve*. Al día siguiente, domingo, a las diez de la mañana, salió para Zaragoza"[472].

Pronto llegarían a don Juan las primeras noticias de las actuaciones que tenía el virrey de Aragón, el conde de Aranda, cumpliendo fielmente con todos los protocolos posibles para hacerle su eterno enemigo, el cual

> "había hecho notificar al reino y ciudad por mano del fiscal, y en suposición de ser orden de la Reina, Nuestra Señora, que no hiciesen demostración alguna con Su Alteza ni le visitasen. Extravagancia que recelada de Su Alteza la había prevenido de antemano, escribiendo al conde que la prisa con que pasaba, y los términos de incógnito en que iba no le permitían recibir agasajos públicos, y que lo previniese así a los cuerpos de ciudad y reino. Halló Su Alteza en La Puebla a los marqueses de Ariza, de Navarrés, y de Coscojuela, a los condes de Fuenclara, y de Castel-Florit, y otros caballeros, a quienes siguieron luego el Justicia, Cabildo de La Aseo, otros muchos particulares, y el virrey con número de nobleza. Dicen que deseó mucho justificar su intención y los procedimientos en el ánimo del señor don Juan, y Su Alteza le respondió que nunca había creído de él cosa que fuese contra la obligación que tenía de buen político, pues en obrar en contra los dictámenes de Su Alteza faltaría a ambas cosas, a la primera porque cualquiera que no adhiriese a ellos iría contra el Rey, y a lo segundo porque sería gran error de providencia embarcarse en una barca de caña, y arrimarse a un árbol tan flaco y poco seguro, como era el padre confesor, que mañana, o esotro le veríamos cortado por el tronco, o arrancado de cuajo. A la visita del virrey, y de la nobleza siguió en lo restante de aquel día gran cantidad de gente de la ciudad, de todos los estados, que con indecibles muestras de voluntad deseaban ver a Su Alteza. Al mismo tiempo que estaba con el virrey, dieron a Su Alteza una carta de los diputados del reino, en esta forma"[473].

En aquella misiva los Diputados aragoneses indicaba:

> "Serenísimo señor: Habiendo llegado a la noticia de este consistorio que Vuestra Alteza por venir de incógnito y pasar por esta ciudad con tanta prisa ha escrito al virrey (según se dice) mostrando gusto de que no le visitasen los pueblos, nos ha parecido ser muy de nuestra obligación, para no faltar a ella, asegurarnos en esta noticia, teniendo la de Vuestra Alteza para que según ella obremos cumpliendo con

---

472 Moliné, P., *La Puebla de Alfinden…*

473 B.N., R. 38.033, p. 45V.

el obsequio debido a la serenísima persona de Vuestra Alteza, que guarde y prospere el Cielo, como deseamos. Zaragoza, febrero de 1669..."[474].

No dejarían de escucharse aquellos vítores y aclamaciones. Cuando el bastardo acudió a visitar la Basílica de Nuestra Señora del Pilar, ya eran un clamor popular, uniéndose de paso los ataques al ya más que odiado por muchos valido austriaco y, de paso también, al arzobispo de Zaragoza, que no había recibido a Juan José de Austria.

Con todo el hijo de Felipe IV pronto continuaría camino hacia Madrid, entendiendo que aquella empresa no podía esperar. Pero la tarea de los agentes no tenía tregua, ya que antes de partir don Juan de tierras de Aragón la regente había sido informada sobre las intenciones que tenía el bastardo:

"copia de carta del reino de Aragón para la Reina nuestra señora, sobre las cosas que propone el señor don Juan de Austria. Día miércoles 2 del presente nos llegó a manos de mi secretario un pliego de carta cerrada, cuya cubierta manifiesta ser para mí... se reconoció por la firma era del señor don Juan de Austria... me ha parecido es de mi obligación ponerlas en las reales manos de Vuestra Majestad... y el que los enemigos de esta corona que sin duda estarán a la mira de lograr sus intereses no nos hallen embarazados en una guerra civil, y nuestras fuerzas enflaquecidas y débiles para oponerse a las suyas..."[475].

Muchos creyeron ver en esto como un asalto a Madrid, porque parecía exagerado el contingente militar que acompañaba a Juan José de Austria en este caminar. Contingente que iba en aumento conforme avanzaban hacia su objetivo, lo que provocaría la alarma en la Corte. Pero también llama la atención cómo aquellos soldados que acompañaban al hijo de Felipe IV pudiesen llegar a atemorizar a los gobernantes del Imperio. Un Imperio con miles y miles de soldados esparcidos por todos los lugares de la Tierra, se estaba asustando de un príncipe bastardo que se acercaba a la Corte acompañado por unos cientos de hombres.

Pero la decisión de marchar hacia Madrid ya había sido tomada por don Juan de Austria. Incluso una vez abandonado el reino de Aragón, y en claro agradecimiento de la solidaridad y apoyo prestado por dicho territorio hacia su causa, escribía a los diputados de Zaragoza, indicándoles su agradecimiento eterno a aquellas gentes. Muchos vemos en estos apoyos continuos hacia don Juan una de las causas que le movieron. Años más tarde cuando se había encumbrado al valimiento de la Monarquía Hispánica, a convocar Cortes, las únicas convocadas a lo largo del reinado de Carlos II:

---

474 B.N., R. 38.033, p. 45V.

475 A.H.N., *Estado*, Libro 879, p. 327r.

"Copia de carta que escribió el señor don Juan a los señores diputados de Zaragoza.

Saliendo hoy de este nobilísimo reino, creería faltar a todas las atenciones de agradecido si no la participase a V.S., y le asegurase que si hasta aquí he tenido su memoria en el lugar más estimable de mi voluntad, de hoy más llevo a V.S., y a cada uno de sus naturales en el seno más cariñoso de mi corazón, y aun con esto no me parece satisfago a las grandes y generales demostraciones de fineza que ausente y presente he debido a V.S. y a ellos. Pero si el tiempo me suministrare, como espero ocasión que poder desempeñarme y reducir a práctica este efecto, ni a él ni a V.S. les quedará más que desear.

Y prosigo mi viaje hacia la Corte con firmísima confianza de que la Divina Majestad y esa Soberana Señora de El Pilar, ha de ser en nuestra ayuda, mirando con piadosos ojos la inocencia de nuestro ángel Rey, las fatigas, desvelos y peligros a que me expone únicamente el deseo de su mayor servicio y a la reputación y felicidad de toda España, cada día que me llegan repetidas noticias de que el padre Everardo maquina nuevas alevosías contra mi honor y vida, pero no me inmutan nada sus inicuas trazas, y crea V.S. que la quietud y constancia que conservo en mi ánimo y en mi resolución se alimentan de considerar a V.S. el principal escudo y defensa de mi celo, y como tal le miraré siempre desde cualquiera parte donde me hallare.

Y si V.S. no se valiere de mí en todas, como del más obligado y seguro de cuantos nacieron en su terreno, hará gran ofensa a mi cordial afecto, esto dirá a V.S. más particularmente don Alberto Aramón, que vuelve a esa ciudad después de haberme conducido por este reino con sus compañías, y con la fineza de celoso vasallo de Su Majestad y buen aragonés, que es una cosa misma.

Dios conserve a V.S. con felicidad que deseo... febrero, a 17 de 1669"[476].

Ante dicha situación planteada, el Consejo de Guerra informó de que sería conveniente ordenar al bastardo la detención de su marcha a una distancia prudencial de Madrid, y desde ese lugar desarrollar todas cuantas conversaciones fuesen necesarias para dar por finalizada la tensa situación que existía desde la marcha apresurada de Juan José de Austria desde la sede de su priorato. Enviado un correo al hermano del Rey Carlos II, en donde se le indicaba la prohibición de entrar armado en tierras castellanas, el hijo de Felipe IV haría oídos sordos al mismo, continuando en su avance.

Pero también se alzaron voces, anónimas o no, intentando mediar en este enfrentamiento entre la regente y don Juan. Una de ellas, a la hora de resolver esos "*sucesos del gobierno*", proponía a la regente designar a don Juan como presidente de Castilla:

"Año 1669. Mi parecer, cumpliendo mi obediencia con el mandato de Vuestra Majestad, es que Vuestra Majestad haga presidente de Castilla al señor don Juan, bien veo que habrá muchos que lo resistan, pero serán los que aborrecen la justicia, los que aman la confusión, los atentos a sus conveniencias, los ambiciosos, los delincuentes

---

[476] B.N., mss., 6.590, p. 106.

y los que fundan sus aumentos en el desorden universal, estos a buen seguro que no lo desean, y a buen seguro que todos las demás voces y el amor incesable lo piden. Los verdaderos presidentes de Castilla son los reyes..."[477].

Y sobre todo ello iba recibiendo puntual información don Juan de mano de sus agentes, que proliferaban fundamentalmente en la Corte:

> "Papel de avisos que tuvo Su Alteza en el camino.
>
> Particípase a Vuestra Alteza como el Presidente de Castilla ha solicitado con todos los medios que caben en su puesto mover a esta villa, para que en oposición de Vuestra Alteza y defensa del confesor juntasen gente, armasen los vecinos, se fuesen a ofrecer en cuerpo de villa para esto, y que pasasen a sacar el pendón real.
>
> El mismo Presidente envió su caballerizo con mil doblones a los lugares circunvecinos a comprar caballos, también ha ido llamando a diferentes militares, y hablándolos para que se prevengan.
>
> Estos mismos oficios hacen de orden del confesor, y Presidente, Peñalba, Torresvedras, los sobrinos del Presidente, y para con los extranjeros Cascar en la casa del mismo presidente".

Los confidentes continúan con la fiel transmisión de todo cuanto acontece en la Corte, en prevención de la llegada de don Juan de Austria, indicando que el

> "Sábado en la noche 16 de éste, algunos sujetos de los apalabrados por él, concurrieron para la forma de ponerse a punto de marchar, y fueron festejados allí con escabeches, y chocolate, en gran grita, en que se dijeron bien desvergonzadas cosas.
>
> El maestro de Campo don Andrés de Robles, también anda comprando caballos para montar reformados. La forma en que a estos se le habla por Peñalba, Cascar y Torresvechas, y Isasi, que son los promotores, es que se prevengan para el aviso que se les diere, y que el que no tuviere caballo, ni medios para montarse se le darán, advirtiéndoles es por hacer oposición a Vuestra Alteza.
>
> Solicitados el Presidente, y Almirante (y este anda de casa en casa) han ido a ofrecerse a Su Majestad algunos señores, si bien hasta ahora han sido los de pocas canas, y los más sin saber a que, llevados del ejemplar.
>
> Peñalba está nombrado por cabo de las tropas, que se han de no ver en oposición de Vuestra Alteza, y a las que aquí juntan, han de agregarse las que están en Toledo, y los Carabancheles, y hartos sujetos han oído decir a Peñalba, que ha de traer al redopelo a Vuestra Alteza.
>
> Han ido a armas las compañías de Toledo.
>
> Todos estos aparatos, que ya a esta hora, y como se cree, sabrá por menor Vuestra Alteza de los que se sabe han partido de los mismos hablados, a participárselos.

[477] A.H.N., *Estado*, Libro 881.

> La formación de este ejército (que así le llaman) se dice saldrá el lunes, que solo se espera baje orden pública, y el despacho de Peñalba"[478].

Con todo el ambiente existente en Madrid era tan tenso que desde muchas instancias se barajaba la fundada posibilidad de que en algún momento podría estallar una sublevación popular, cansados desde hacía años de la situación que tenían que soportar en muchos sentidos, partidarios de Juan José de Austria y contrarios al valimiento del jesuita Nithard. Incluso, ante dicho temor, algunos nobles leales de Mariana de Austria, a cuya cabeza figuraba el Almirante de Castilla, comenzarían a elaborar un plan para la defensa militar de la Corte.

Mientras tanto el Nuncio vaticano se reunía con Mariana de Austria. En la misma le transmitió la preocupación de Clemente IX[479] por la situación que se vivía en tierras españolas. Puestos a colaborar, ofrecería su mediación en un afán de intentar resolver el problema y que, de no acabar rápidamente con el mismo, podría ser la antesala de una auténtica catástrofe. Así las cosas, el 19 de febrero, como si de un fantasma se tratara, circulaba por Madrid la falsa noticia de que Juan José de Austria ya se encontraba en la Corte. Sin embargo, éste todavía estaba a unas diez leguas de Madrid. Desde allí escribiría a la Reina poniéndose una vez más a sus pies, señalándole que con la actitud que exhibía no hacía sino que recoger el sentir general de todos los españoles para que se pusiese fin al desdoro de la monarquía, y que el único culpable de todo ello era el padre Everardo Nithard.

Continuó el bastardo regio su acercamiento a Madrid, y el 23 de febrero don Juan de Austria ya estaba en Torrejón de Ardoz, en donde se le unirían todavía más hombres. Entre ellos se encontraban muchos de sus partidarios madrileños, además de algunos veteranos que habían participado a su lado en alguna empresa militar, fundamentalmente de aquella triste campaña de Portugal, tras la cual se había perdido para la monarquía hispánica dicho reino.

En Madrid la situación era tan calamitosa que Nithard, no sin enormes dosis de aquella honestidad que le caracterizaba en la mayoría de sus actuaciones, vino a solicitar una vez más a Mariana de Austria que le liberase de sus responsabilidades de gobierno:

> "Señora: Vuestra Majestad se digne de acordarse, como en tiempos pasados, y aun en vida del Rey (que goce de Dios) diversas veces he pedido licencia a Vuestras Majestades para retirarme de la Corte y acabar los pocos días que me quedan de vida

---

478 B.N., R. 38.033, p. 52.

479 A la muerte de Alejandro VII, un breve concilio de dieciocho días eligió al cardenal italiano Julio Rospigliosi como ocupante de la silla de San Pedro. Antiguo Nuncio en Madrid, su elección fue bien acogida tanto por los Habsburgos como por Francia. Si bien su estancia al mando de la Iglesia Católica fue breve, no estuvo exento de problemas. Así, en 1669 firmó la paz y logró la sumisión de los cuatro obispos franceses que se habían opuesto a su antecesor. Por otra parte, ante la toma del fuerte de Candía, en la isla de Creta, por parte de los turcos, intentó reunir una flota cristiana, encontrándose con la oposición del Rey Francés Luis XIV y de su poderoso valido el cardenal Mazarino en 1669.

en algún colegio de mi sagrada religión, no habiendo sido servidas Vuestras Majestades de concedérmela, por hallarse (según me decían) enteramente satisfechos de mis largos servicios, y rendidos y fieles obsequios, y religiosos procedimientos.

Ahora, Señora, viendo lo que pasa, desde el día que don Juan de Austria (movido de su rencor y odio y de los fines que no se ignoran) se empeñó con tanta fiereza en perseguirme y apartarme de los reales pies de Vuestra Majestad tan sin causa de fundamento ni razón, como es notorio a Vuestra Majestad y lo testifican abiertamente sus reales y supremos Consejos en todas sus consultas, vuelvo de nuevo a hacer la misma súplica a Vuestra Majestad pidiendo su benigna licencia para retirarme"[480].

Ante todo aquello que se planteaba, y que tanta virulencia adquiría, la Junta de Gobierno que crease Felipe IV en su testamento se reunía de urgencia. Allí se aceptaría la mediación ofrecida por el Vaticano, encomendando al Nuncio que se dirigiese al encuentro de Juan José de Austria, que en ese momento se encontraba en Torrejón de Ardoz, y le propusiese su retirada a Guadalajara[481], y que diese un plazo de cuatro días para tratar de resolver el contencioso. Aquel mismo día, 24 de febrero, el Nuncio Federico Borromeo, salía hacia Torrejón de Ardoz, quedando reunido el Consejo de Castilla hasta que llegaran noticias de aquel encuentro. Borromeo, que pronto estaría junto al bastardo, no obtendría ninguna concesión, es más, Juan José de Austria le informaría que todos los plazos se habían ya agotado, y que su paciencia ya no daba más de sí. Acabaría indicándole que "si el lunes no salía el confesor por la puerta, entraría él el martes acompañado de su gente y le arrojaría por la ventana"[482].

Tras ello el Nuncio sugeriría al padre Everardo que meditase sobre su posible salida de tierras españolas, resolviéndose así dicho problema, y que el Papa podría concederle un capelo cardenalicio, a lo que parece ser respondió Nithard que "ni lo pretendía ni deseaba y además que no lo aceptaría a no ser que se lo ordenara el Sumo Pontífice so pena de pecado mortal"[483].

Esa misma noche el Consejo de Castilla sería informado sobre aquella reunión. Con ello, dicho órgano de la administración acordaba solicitar a Mariana de Austria, por el bien y sosiego de la Monarquía, el reemplazo inmediato del valido. Al día siguiente se reunían los miembros de la Junta de Gobierno, para que pudiesen pronunciarse sobre las recomendaciones que había realizado el Consejo de Castilla a Mariana de Austria, con respecto a la continuidad del jesuita Nithard.

También la prensa de aquella época vendría a participar en este asunto. Así, en un escrito dirigido al confesor de la Reina se le aconsejaba su marcha de España, ya que al fin y al cabo era un extranjero, y que recordase lo que vino a suceder en tiempos

---

480 Maura, G., *Carlos II y su Corte*, op. Cit., t. I, pp. 434-435.

481 A.H.N., *Estado*, Libro 878: "Copia de decreto de Su Majestad, que contiene lo que en su nombre ha de decir al señor don Juan, el conde de Peñaranda, es, su fecha, de 22 de abril de 1667, en Madrid… para que vuelva a Guadalajara…".

482 Maura, G., *Vida y Reinado de Carlos II...*, op. Cit., p. 113.

483 *Historia de España*, Madrid, 1893, pp. 528-529.

de Catalina de Médicis, Reina madre de Francia, con su valido el mariscal de Ancrè, a quién

> "por extranjero, y antojársele al pueblo que era causa de todos sus males, después de muerto y arrastrado por las calles de París, no se tenía por buen francés el que no llevaba un pedazo de su cuerpo para quemarlo en la puerta de su casa o en su pueblo, él que había venido de fuera y que tuviese cuidado pues lo mismo podía pasarle a él si porfiaba en no querer retirarse"[484].

Interesantes fue la participación del Nuncio Borromeo en la obtención de las llamadas *capitulaciones del señor don Juan*, quién obtuvo con este acto de presión sobre la regente importantes ventajas tanto para él como para su milicia, además de provocar la definitiva caída del confesor de la Reina:

> "Capitulaciones por el señor don Juan. Siendo el señor Nuncio de España que aquellas materias del señor don Juan cada día se empeñaban más y hacían peores tensos, resolvió valerse de Breve de su Santidad, de *legado ad latere*, que para este efecto tenía, y así el martes 26 de marzo se tomó la última resolución, nombrándose parte en la Corte para el señor don Juan, que fueron los señores Cardenal, duque de Montalto, conde de Castrillo y duque del Infantado y Alba, fue lo capitulado como sigue:
>
> 1º. Primero que Su Majestad en conformidad de las mercedes que el Rey nuestro señor (que goza de gloria) hizo al señor don Juan, su hijo, se vuelve al gobierno general de los Estados de Flandes, como lo tuvo el señor Cardenal Infante.
>
> 2º. Que Su Majestad empeñando su real palabra que el padre Everardo, su confesor, renunciará luego a todos los puestos que tiene y ocupa, en España, y que en toda la vida no volverá a ella.
>
> 3º. Que desde luego manda y declara por recusados el presidente de Castilla, que es y es el Marqués de Aytona, en todas materias mayores y menores que lo fueren del señor don Juan.
>
> 4º. Que todos los papeles y decretos, edictos contra el señor don Juan, desde 16 de octubre del año pasado de 668 hasta hoy se rompan y arranquen de los registros; y asimismo que en ningún tiempo se pueda hacer cargo a ninguno de los que se han sido sus parciales.
>
> 5º. Que a los cabos y soldados que le han asistido se les haga bueno el tiempo y sueldo, como si hubiese sido servicio hecho en campaña al Rey nuestro señor.
>
> 6º. Que el señor don Juan tenga facultad de poder vivir y asistir con su casa y familia donde le pareciere.
>
> 7º. Que la Junta para el Alivio de los vasallos se empiece desde luego, con obligación de admitir todos los papeles particulares y apuntamientos de pueblos y ciudades.

---

484 B.N. mss. 8.347, p. 256r.

Que Su Majestad, dé su real palabra directamente a Su Santidad para la seguridad de la persona del señor don Juan, y de mandar cumplir y guardar todas las cosas contenidas en este tratado, y así lo firmó...[485].

En relación a esta situación convulsa, resulta sumamente interesante reproducir una carta fechada el 24 de febrero de 1669 en Valladolid, en la cual se habla de la proliferación de pasquines por todas partes, de los errores del padre Nithard, de don Juan, de la regente, del caso Malladas, etc., y que resulta del tenor siguiente:

"Copia de carta que vino a la ciudad de Valladolid en 24 de febrero de 1669". En la misma, tras mencionar en concreto determinados parajes de la minoría de edad del Rey visigodo Amalarico, tras la muerte de Alarico II, viene a hacer una comparativa con aquella situación existente en los reinos de la monarquía hispánica, entrando a juzgar la situación que la misma padecer: "lo primero que se debe sentir y llorar es la verdad desenfrenada con que cada cual se ha tomado licencia para echar a volar papelones, sátiras, inventivas, injuriosas, libelos infamatorios abominables a Dios y a los hombres, timoratos y cuerdos, sin perdonar estados, dignidades, calidades, ni aun a lo más sagrado, unos en son de chanza, otros con capa de celo y advertencias, y todos llenos de malicia, de mordacidad, de ponzoña, dejándose llevar cada uno de la pasión letiva, sin discurrir más de aquello a que se le llama el afecto, y a llegado a tanto este desenfrenamiento que han juzgado sacrílegamente de la Sagrada Puritura, para formar con ella sus ordanidades y delirios, de aquí se ha seguido el inquietar los ánimos, alterar las voluntades y dar motivo para que cada cual se haga juez de lo que no entiende, y al cabo cada uno se encierra en aprobar, defender y acabar aquello que más frisa con su ingenio, sobre esto hay disputas, voces, conferencias y quebraderos de cabeza, aun entre gente que la tiene buena... apoya, aplaude y defiende el papel que se arroja a hablar contra el opuesto a aquel que es su genio".

Continúa la misiva indicando que

"El que está del lado del señor don Juan, cuando sale un papel contra el padre confesor, aunque sea todo lleno de mentiras, calumnias y falsas imposiciones, como un impreso en nombre de un tiatino. ¿Este es el dueño, el buscado, aplaudido, celebrado y trasladado... a los que se han arrojado a escribir contra los señores de la Junta de Gobierno, que aplausos les han faltado? Todo digno de sentir, y que más vivamente lastima a los que sienten mejor. Y cuando tales papeles se habían de quemar y hundir a los que los hacen, todo es sacar copias, y traslados para echar a volar, e inficionar los reinos. Este daño tan detestable se ha originado de la minoridad de Carlos Segundo, nuestro Rey...".

Y aparecen los orígenes y motivos de todo aquello que en aquellos tiempos acontecía:

---

[485] A.H.N., *Estado*, Libro 878, p. 42r.

"Pero veamos ya, ¿quien ha dado motivo a las desórdenes? Digo que el padre confesor de la Reina... enturbió el agua que al parecer corría clara, declárome y veraz seré veía ocasionó los papeles, los temores y las turbaciones que nos dan cuidado. El señor don Juan estaba en su consuegra quieto, al parecer, y aun que sintiera no tener mano en el gobierno callaba, para que no se le ofendía, no dándosela, pues no se la dio su padre.

El padre confesor le sacó de su retiro, trájole a la Corte, metiole en el Consejo de Estado, y esto fue el yerro, porque no previno que tanto nombre de tan vivo y bizarro espíritu no se había de contentar con ser como uno de los demás, sino que habría de descollar y sobresalir, y consecuentemente se abría de ver embarazos con él. Que a que no se descuidó de hacer amigos, aceleró los arrepentimientos de quien le trajo, y abrió los discursos para buscar modos decentes con que apartarle de la Corte, sin acordarse de que *furpios eijcitur quam nom rezipitus hospes*.

Todo fue despertar en aquel ardiente pecho aborrecimiento y espíritu de venganza, de los que le removieron. Luego se halló el padre confesor embarazado con el conde de Castrillo... otra culpa se imputa al padre confesor en que tuvo cómplices, sin duda, y fue aquel decreto que envió a la Reina a los concejos cuando el señor don Juan se excusó de la jornada de Flandes, en que les hacía saber se hallaba Su Majestad desobedecida de don Juan de Austria, ¿en que política se fundó tal decreto? ¿Qué estadista mediado le pudo aconsejar? ¿Es buena política despertar a un hombre tan grande? La Reina es un ángel, de su motivo, y sin consejo no obra cosa, ¿quién pues se le dio tan malo contra Su Alteza? ¿Qué quería que hiciera viéndose declarado inobediente a las reales órdenes? Y para acabarse de desesperar resolvieron su prisión públicamente en la Corte, y de suerte que antes de que ella saliera, Salinas, que la había de ejecutar, ya tenía Su Alteza cien avisos.

Había de dejarse prender demasiada bondad fuera, pero algunas han maliciado que de propósito se ordene el ruido de la prisión para que Su Alteza añadiera desaciertos, y se hiciera más digno de la indignación de la Reina... en estos decretos faltó la buena política, que huye de tener enemigos... faltó la buena razón de Estado si se procura destruir a un hombre tan grande, estos yerros se miran como el padre confesor"[486].

Pero en la carta también se habla abiertamente de los errores cometidos por el hijo bastardo de Felipe IV:

"El señor don Juan ha errado torpísimamente todas sus acciones sin controversia, el yerro que no dorará jamás fue aquella carta tan ajena de respeto y Cortesía, y estilo que escribió a la Reina, nuestra señora, llena de amenazas, de jactancia, de soberbia y vana presunción... escribióle colérico, dicen algunos que no puede Su Majestad ignorar que no es cólera la que muestra un vasallo a su Rey, sino locura... erró mucho a las imposiciones que hizo el padre confesor de tirano, y fiera, y todas las demás voces tan disonantes con que le afrenta, y carpa, quitándole la honra, el crédito, y

486 A.H.N., *Estado*, Libro 873.

lastimándole la conciencia tan temerariamente... lamentase de que se echó garrote a Malladas sin darle cargo, ni oírle, y quiere que sin oír al padre confesor le den muerte civil... Malladas era un hombre particular, y sin embargo, para justificar la Reina su género de muerte, consultó juristas, teólogos, y es verdad constante que así teólogos como juristas le hallaron reo incurso en uno de los delitos en que se puede y debe usar el príncipe de la soberanía, y execrar tal género de castigo, y antes que le prendiesen le hicieron reconocer su firma para mayor justificación de la muerte, y castigo que merecía, la impiedad de la Reina y su mucha cristiandad, no cave pensar que mandara ejecutar tal muerte sin asegurar mucho su conciencia como lo hizo, con uno sino con muchos votos... el pueblo no alcanza esto, y así a bulto aplaude los intentos del señor don Juan.

Errose al modo y medio, porque por donde creyó facilitar la ruina del padre confesor la hizo tan importante como lo es posible las calumnias que le impone... Nada basta para que Su Alteza temple el rigor, antes está tan lejos de eso que escribe ahora a los grandes, pues que el padre confesor no quiere salir por la puerta habrá de salir por la ventana, ya se ve que todos estos son esfuerzos que no tienen más fundamento que el ardimiento de su generoso corazón. Sin embargo se ha llegado a dudar si pueden tener algunos valedores... otros discurren que se valdrán del confinante poderoso, el francés como dice que habrá terribles partos, son los del temor quién podrá llegar a imaginar tal resolución del señor don Juan, porque si intentare introducir en España las armas francesas era declararse enemigo mortal de su patria, y traidor mortal a su Rey"[487].

Las actuaciones de don Juan José de Austria contra Nithard terminarían con la destitución que realizara directamente la Reina regente de éste último, para satisfacción de muchos, tristeza de algunos, y alivio del propio cesado. Destitución que en todo caso presenta enormes evidencias de que la misma se había producido como consecuencia de la coerción recibida, más que a tenor de obedecer a deseos internos: "... atendiendo a sus instancias [las de Nithard] y por otras justas consideraciones, concederle la licencia que pide para poderse ir a la parte que le pareciere".

Tras ello, la Reina hizo saber públicamente la salida del jesuita, indicando que lo comunicaba "... para que lo tengan entendido y se desengañen si sobre las controversias que se traían entre el Sr. Don Juan y él [Nithard], fundaban los émulos de esta Corona algunas ventajas". Tampoco ocultaba Mariana de Austria el resquemor que esta actuación. Obligada y más que contraria a su voluntad le había provocado, al indicar que "... la pura necesidad y la violencia me han obligado a venir en lo que pasa conmigo y con vos", y más adelante "... ya que la violencia nos aparta y separa...".

Con un más que notable aire de crítica a este histórico personaje, el duque de Maura nos relata la salida del poder del padre Nithard y su posterior extrañamiento de España: "Noche desvelada e inquieta fue para Madrid la de aquel famoso lunes 25 de febrero, en que el padre Nithard salió de las casas de la Inquisición, desterrado de la Corte y aun de España, camino de Fuencarral. Desbandáronse los ociosos, lacayos y rufianes

---

487 A.H.N., *Estado*, Libro 873.

reunidos para darle vaya, y se repartieron por bodegones y tabernas, trocando dineros que les granjeó su alistamiento entre los voluntarios de la grita por azumbres de Colmenar o de Arganda, refrigerio de los enronquecidos graznates; y entre trago y trago desbordó grosera con la hartura del estómago de la de la envidia, cebada aquella tarde en desgracia de poderoso. Holgaron las rondas, desmoralizados Alcaldes y alguaciles; camparon a sus anchas en las oscuras calles de la Corte mendigos y tahúres, ladrones y damas alegres; mas fue corta la ganancia de la chusma, porque los vecinos de la Villa recogiéronse temprano a sus posadas, para rumiar cejijuntos anhelos o congojas"[488].

Es más que notorio el rechazo que produce a Maura la figura de don Juan José de Austria a lo largo de lo que es el conjunto de su obra, ya sea de manera incidental, ya sea de forma mucho más directa y específica. En este sentido, continúa el duque del modo siguiente: "Por primera vez, desde la calamitosa era de Enrique IV, el capricho de un vasallo, esgrimiendo, no razones sino amenazas, se imponía a la majestad de la Corona, y esta flaqueza del Poder público era presagio de próxima ruina mucho más cierto que la penuria económica o la escasa fortuna militar. El doloroso espectáculo entristecía por igual a quienes fiaban la enmienda del advenimiento de D. Juan y a quienes la esperaban de su castigo, porque, a la cuenta, ambos remedios encenderían guerras civiles, acicate de codicias extranjeras que estimularon los reveses de Portugal y de Flandes…"[489].

Tras la marcha del confesor, se presenta el momento del balance de su tarea de gobierno, y en donde, a pesar de los errores propios de cualquiera que venga a desarrollar dichas lides, no saldría tan mal parado, máxime en un momento en el que la monarquía se encontraba hostigada desde muchos frentes.

Resulta cierta la afirmación que expusieran muchos para criticar al confesor, insertándose en la misma una repulsa generalizada hacia este personaje, acerca de su desconocimiento de los problemas de la monarquía, pero también es cierto que desarrollo verdaderos intentos por ganarse a las gentes, rebajando algunos impuestos y adoptando ciertas medidas de clemencia. En este sentido baste recordar el indulto del duque de Híjar, a quien Felipe IV había mantenido en prisión, aunque no se le pudo probar que hubiese pretendido sublevar Aragón. Se pretendía dar la impresión de que aquel nuevo gobierno estaría más atento a las necesidades de sus gentes y trataría de aliviar sus tremendos sacrificios. Otras medidas, sin embargo, hicieron que se soliviantasen los ánimos, como fueron aquellas que vinieron a prohibir ciertos actos sociales como el teatro.

Con todo, en este momento, nos viene a la mente la tarea que Nithard desarrolló el beneficio de la formación intelectual del clero hispano, en la noble tarea de adiestrar en el conocimiento teológico a muchos de los que más tarde participarían en la labor de evangelización del continente americano, a través de la fundación de unas cátedras para la Compañía de Jesús en la Universidad de Alcalá de Henares, por más que en-

488 Maura, G., *Carlos II y su Corte*, op. cit., t. II, p. 5.
489 Maura, G., *Carlos II y su Corte*, op. cit., t. II, pp. 4-5.

contrase múltiples inconvenientes en el seno del claustro complutense[490]. O la tarea inacabada, al parecer una de sus empresas más queridas, de expulsar a la comunidad judía de Orán, decretada el 31 de octubre de 1668 después de un prolongado debate por espacio de casi dos años, y ejecutada el 31 de marzo de 1669, una vez enviados los esfuerzos militares solicitados por el gobernador del presidio, cuestión que no supondría cambios radicales en el gobierno de la monarquía.

Perfecto conocedor de aquella situación, entre otras cosas por ser parte activa en aquella trama, Juan José de Austria pronto se acercaría a la regente ofreciéndole sus servicios, convencido de que él y no otro sería el que sucedería al jesuita en el gobierno de España, incluso sus partidarios esperaban que avanzara rápidamente hacia la Corte madrileña, y tomase la ciudad, además del control político de la Monarquía Hispánica. Sin embargo no haría nada de eso, incluso se dejaría convencer por el cardenal Aragón para retirarse a Guadalajara y proseguir en aquella localidad las negociaciones. Además, con todo, Juan José de Austria se sabía vencedor de aquella contienda. Había logrado la destitución del confesor de la Reina, y contaba con muchos argumentos para hacer valer sus pretensiones para alcanzar el poder.

Con todo el acercamiento entre Juan José de Austria y la Reina no sería acudiendo a palacio a entrevistarse con Mariana de Austria, sino que éste se realizaría a través de una misiva que data del 26 de febrero de 1669:

> "Habiendo entendido del Nuncio de Su Santidad que Vuestra Majestad fue servida de mandar salir de estos reinos al Padre Juan Everardo, en conformidad con la consulta uniforme de todos los primeros Tribunales y Ministros, y que en ejecución del orden Real de Vuestra Majestad partió ya este religioso de esa Corte, juzgo de mi obligación ponerme a los Reales pies de Vuestra Majestad con el mayor rendimiento y gozo de que es capaz el corazón de un buen vasallo, rindiendo a Vuestra Majestad sumas gracias por el alegre día que Vuestra Majestad se ha dignado dar al clamor público con esta acertada y útil determinación; de que fío en Dios que así como resultará en la Real persona de Vuestra Majestad un loor inmortal en la memoria de toda la Monarquía, ha de ver Vuestra Majestad tan dichosos sucesos en ella, que la restituyan a su mayor felicidad.
>
> Después que he tenido esta noticia, me ha parecido conveniente ir a Guadalajara, para desde allí representar a Vuestra Majestad lo que se me ofrece, y debiendo tanto solicitar el consuelo de postrarme personalmente a los reales pies del Rey, nuestro señor, y de Vuestra Majestad. Suplico a Vuestra Majestad se sirva de permitirme cumplir luego con este obsequio tan propio de mi respeto y mayor obligación. Dios guarde la C.R.P. de Vuestra Majestad como deseo, y hemos menester. Torrejón de Ardóz, a 26 de febrero de 1669"[491].

Nítido es el gozo que Juan José de Austria debía tener al escribir estas letras, en donde se observan nuevas embestidas contra el padre Everardo Nithard, y en donde

---

[490] Ruiz Rodríguez, I., *Fuero y derecho procesal universitario complutense*, Alcalá de Henares, 1997.
[491] A.H.N., *Estado*, Libro, 1009, p. 288.

se presenta no sólo como el candidato idóneo, sino simplemente como el único que hiciese posible el hecho de poder sacar adelante la monarquía. Queda claro que gran parte del perfil negativo que el padre Nithard ha arrastrado hasta nuestros días es una consecuencia directa de la tremenda campaña propagandista que en su día lanzara Juan José de Austria contra su persona.

En aquellos tiempos Madrid sería literalmente inundada de pasquines y sátiras, algunas de ellas con una crueldad inimaginable. En este sentido, don Juan de Austria tenía una excelente habilidad a la hora de inspirar muchos de dichos instrumentos propagandísticos, y sobre la persona del confesor de la Reina solía decir el bastardo que era avaro y corrupto, incapaz y traidor. Además vino a tacharlo de acaparador de cargos, diciendo que estaba "*tan poseído del abominable vicio de la avaricia que el corazón lo tenía en los talegos*".

Los acontecimientos que desembocaron en la caída de Nithard, fueron un importante triunfo para don Juan y los partidarios de expulsar a aquel extranjero que había controla gran parte del poder, pero resulta más que necesario reseñar que el decreto que viniese a apartar al jesuita del poder le es arrancado a la regente contra su voluntad. Es por ello que resulta evidente el hecho de que doña Mariana de Austria no es quién destituye a Nithard, sino don Juan José de Austria, que le obliga a ello mediante amenazas y coacciones. Era la primera vez que en la Monarquía de los Austrias un valido caía en contra de la voluntad de aquel que le había ubicado en dicho puesto.

En efecto, el Consejo Real y la Junta de Gobierno también vinieron a sumarse a la vorágine, haciéndose cargo de la situación peligrosa creada por don Juan José, evidenciándose una importante quiebra de los argumentos justificativos de la razón de ser del valimiento: estamos ante la caída del primer valido contra la voluntad del monarca o, en este caso, de la Reina regente, habiéndose utilizado para ello la fuerza de la opinión, por un lado y, por el otro, la presión de un hijo bastardo[492].

Resulta con todo sumamente interesante analizar una de las muchas referencias a las actuaciones realizadas por don Juan, su viaje desde Zaragoza y la llegada a las cercanías de Madrid y, a la postre, la caída y salida del padre Everardo, que existen recogidas en la documentación del Consejo de Estado:

> "Relación puntual y verdadera de la salida del padre Juan Everardo, confesor de la Reina nuestra señora, en lunes, 25 de febrero de este año de 1669. Habiendo el señor don Juan conformándose con la orden de Su Majestad de acercarse a la Corte para que más de cerca se confiriesen sus pretensiones, y se resolviese si había de salir de España el padre Confesor, pidió al duque de Osuna la escolta necesaria para la seguridad de su persona. Y habiéndosela concedido y no reprobándola el Consejo de Estado, vino marchando a cortas jornadas, gozando de los aplausos y aclamaciones de los pueblos, y en especial de la ciudad de Zaragoza, donde se hicieron singulares demostraciones de afecto al señor don Juan, y de aborrecimiento al padre confesor.

[492] Maravall, J.A., *Teoría española del Estado en el siglo XVII*, Madrid, 1944, pp. 305-306.

El eco de estas noticias aumentado con los rumores del vulgo, causó recelos de algún grave desorden en la Corte de Madrid. Y habiéndolo consultado, los regidores de la villa, viernes 8 de febrero, enviaron cuatro comisarios al Presidente que fueron don Juan de Tapia, don Gonzalo Pacheco, don Joseph de Arnalte, y don Jerónimo Casate, y le representaron los inconvenientes que se podrían seguir acercándose el señor don Juan con gente armada a la Corte, estando tan desprevenida y tan dispuesto el pueblo para un tumulto que aunque el señor don Juan quisiese no podría reprimir las insolencias de los soldados, y de la multitud quejosa del gobierno y envidiosa de las comodidades de los ministros.

El Presidente, con todo, del Consejo Real hizo consulta a la Reina para que escribiese al señor don Juan, que dispusiese la escolta. Y en conformidad se le despachó correo en 9 de enero, ordenándole Su Majestad que despidiese la escolta en llegando a los términos de Castilla. Recibió Su Alteza esta orden, y doblando las marchas se trajo consigo el correo dos días, y al tercero le dio un recibo de la carta, y el remitió sin respuesta.

Esperábase en la Corte la resolución del señor don Juan, y viendo que se detenía el correo más tiempo del necesario para ida y vuelta, muchos de los señores se fueron al Presidente, y se ofrecieron a ejecutar cualquiera orden del servicio de Su Majestad, se referían a poner tales medios que Su Majestad quedase libre para disponer lo que juzgase conveniente a su real servicio.

Propuso el Presidente a la Reina la lista de señores que se habían ofrecido, y lo que representaban conveniente para la ocasión. Y el Presidente ordenó que el marqués de Peñalba juntase la caballería que está en los contornos de Madrid, y agregando los reformados y los demás que se ofrecían, fuese a intimar al señor don Juan el decreto de que se despidiese la escolta, y que le obligare a obedecer.

En virtud de esta orden, se empezaron a prevenir las armas y a disponer lo necesario para salir a la oposición. Pero como los señores no se movían por desafecto que tuviesen a la persona del señor don Juan, sino solamente por el celo de defender la autoridad de la Reina, esperaron decreto real en forma para la ejecución de lo que prevenían, pero el del despacho general rehusó abiertamente que no había de escribir tal decreto, alegando que la Reina no podía tomar resolución ninguna, que no hubiese pasado por la Junta de Gobernación.

Y apoyando esta réplica el señor cardenal de Aragón, el conde de Peñaranda, y el Vicecanciller, hicieron poderosas representaciones a Su Majestad, para que se había salido de semejante orden, y disponía ejecutarle.

Y habiendo el señor cardenal sacado del pecho el testamento del Rey, hubo grandes alteraciones sobre su inteligencia. Con estas y otras contradicciones de los ministros tuvo por bien Su Majestad que se suprimiese la orden que había dado, y para quitar el recelo de Su Majestad y de la Corte, se publicó luego que el señor don Juan ya había obedecido y despedido la escolta, y que cuando lo hubiese dilatado, con un simple recado de Su Majestad obedecería sin duda.

Resuelto pues el que no hubiese defensa conformándose con la Junta, el marqués envió a la Reina a don Diego de Velasco, criado muy favorecido del señor don Juan, con una carta muy benigna, instándole y aun rogándole que despidiese a los soldados, y no se acercase a la Corte con gente armada.

Había estado Su Alteza en la Corte de secreto, y oído el domingo misa en el Rosario, según se dice, con que vista la disposición de las cosas, y lo que le aconsejaban los amigos, respondió a Su Majestad una carta con más resolución y claridad que todas las precedentes. Desde este día dieron todos por perdido al confesor, y él dándose por entendido de su riesgo, repitió con Su Majestad las instancias, que otras veces le había hecho para que le diese licencia de retirarse sin poder recabar de Su Majestad más que lágrimas y desconsuelos, al oír semejante proposición...

Luego se publicó en la Corte que el lunes 25 de febrero había de salir el confesor de la Reina, llevándole en su coche el señor cardenal Aragón...

Así el mismo día del domingo, después de haber confesado a la Reina, se le hincó de rodillas, y la suplicó que atendiese a su real autoridad, y a la quietud de la Corte, y se lastimase del riesgo de su persona y desaire de su religión, y que le diese grata licencia de partirse...

La Reina le respondió, con lágrimas, que no se hablase de eso, que no estaba de este parecer... aquella tarde hubo Consejo Real, que duró hasta la noche, en que se resolvió consultar a la Reina que convenía la retirada del padre confesor. Juntose la gobernadora por la mañana para examinar esta consulta, y faltando el marqués de Aytona, por estar indispuesto, se hallaron el señor cardenal y vicecanciller, que instaban en que Su Majestad debía conformarse con la consulta del Consejo Real, y el Presidente de Castilla y el conde de Peñaranda replicaron que cuales parecía conveniente ponderando los unos el empeño del señor don Juan el aplauso y séquito del pueblo, y que si entraba en Madrid le sucedería lo mismo que al duque de Guisa, que entró por las puertas de París con seis caballos, y luego al palacio con 20.000 hombres, que amenazaba un tumulto en que saqueasen a Madrid, y padeciesen todos los ministros reales por defender a un religioso extranjero, que él mismo deseaba irse... y los otros se oponían exagerando la sinrazón de que se obrase atropelladamente por un temor afectado que tenía tan fácil remedio que en dos horas se podía disponer. Que era un hombre de vida inculpable, modesto y verdaderamente virtuoso. Que a todos constaba que estaba inocente... y que no tuviese la Reina católica poder ni autoridad para ser obedecida de un vasallo en cosa tan justificada, como no acercarse con armas a la Corte, ni amenazar a Su Majestad con la violencia, que sería escándalo y risa de las otras naciones, que los Consejos de España se rindiesen a los rumores del vulgo, aprobándolos con su consentimiento, y que la Corte de Madrid, ni el poder del Rey de España tuviese resistencia contra 300 caballos"[493].

Resulta curioso que en estos momentos el padre Nithard rompiese una importante regla, que se había mantenido en el seno de la monarquía, durante el período en el que el jesuita había sido primer ministro, consistente en que aquellas personas que tuvieran algo que ver en los asuntos que se trataban tuviesen que ausentarse de aquellas deliberaciones, cuestión que motivaría una seria protesta por parte de los ministros:

---

[493] A.H.N., *Estado*, Libro 881, pp. 191 y ss.

"No es bien que se pase en silencio la última muestra que el padre Everardo acaba de darnos, de la malignidad y violencia con que dirige todas sus máximas y acciones. Es constitución indispensable en el Consejo de Estado, y en todos los demás tribunales, que cuando se ha de tratar, o votar materia que toque a alguno de los ministros que los componen, se sale fuera, y no asiste, ni tiene noticia de nada que pertenezca a aquel negocio.

Y el mismo padre hizo que la Reina, Nuestra Señora, observase este estilo tan puntualmente con el señor don Juan, que el día que se trató en el Consejo de Estado, de formar las instrucciones que había de llevar Su Alteza a Flandes, recibió orden de Su Majestad para ausentarse de concurrir en el Consejo; no obstante que las reverendas de su persona, y no tener ningún interés en el negocio, podían con tan justa razón haberle exceptuado de esta generalidad. Ahora atropellando dicho padre Everardo por todo esto, asiste, y concurre en la Junta y Consejo de Estado, cuando se trata de su expulsión, siendo él inmediatamente interesado en ella.

Haciendo el decano del Consejo este justo reparo, se le respondió que había orden particular de Su Majestad para ello. Dejase al mundo desapasionado el juicio de esta monstruosidad, y las consecuencias que de ella se pueden inferir.

Son con estas manifiestas señales de la tiranía de este advenedizo (sobre las que ya nos tiene dadas), y con haber resuelto hacer de la Corte cuartel de gente de guerra, cosa de tan graves inconvenientes que causa horror el considerarlos, no abriesen los ojos, así ministros como nobles, militares, y pueblos, para distinguir el verdadero servicio y fidelidad de nuestro Rey (que Dios guarde), de la vil idolatría de este hombre, y conocieren que su dañado fin no es otro que encender un sangriento fuego que lo turbe todo, despreciando la ruina de estos reinos, para conservarse a tan costoso precio, cuatro días más en su trono.

Será evidente prueba de que Dios nos quiere castigar, y que experimentemos los efectos más funestos que en España se han visto. El, por quién es, desvíe de nosotros su indignación y alumbre a los que sólo con la voz lo pueden remediar"[494].

Con todo Mariana de Austria, a pesar de su intenso dolor por tener de desprenderse de aquel hombre que la había acompañado durante la práctica totalidad de su vida, en los momentos de soledad, y confidente de sus más profundas intimidades, ese mismo 25 de febrero acabaría firmando el decreto que le mandaba fuera de las tierras españolas:

"Decreto de la Reina, nuestra señora, para la salida del padre Everardo, su confesor, de estos reinos. Juan Everardo de la compañía de Jesús, mi confesor, del Consejo de Estado, y Inquisidor General, me ha suplicado le permita retirarse de estos reinos, y aunque me hallo con toda la satisfacción debida de su virtud y a sus buenas prendas que concurren en su persona, y del celo y atención con que se ha empleado en mi real servicio, atendiendo a sus instancias y por otras justas consideraciones he venido en concederle la licencia que pide, para poder ir a la parte que le pareciere, y deseando

---

494 B.N., mss., VE-67-26.

sea con la decencia y decoro que es justo y solicitar su grado y particulares méritos, he resuelto que se le de título de embajador extraordinario, o en Alemania, o Roma, donde eligiere, con retención de todos sus puestos y lo que goza por ellos. En Madrid, a 25 de febrero de 1669"[495].

En ese mismo documento que citamos, aparece una pequeña adenda, en donde se indica que ese mismo día salió el padre confesor de la Corte, a cosa de las tres o cuatro de la tarde, en coche desde palacio, acompañado del Cardenal de Aragón, que le acompañaría hasta Fuencarral, donde pernoctaría aquella noche.

Con este hecho, el de haber sido el más firme opositor y coadyuvante para la salida del padre Everardo, el tiempo daría a don Juan una nueva lección. En este sentido, resulta curiosa la misiva que don Juan escribe a Diego de Velasco en 1672, a raíz de haber recibido una carta del Nithard con motivo de su ascenso al cardenalato, y en donde se traslucía por parte de este último una gran ausencia de animadversión hacia aquel sujeto que fue el principal protagonista de su caída y expulsión de tierras hispanas:

"Copia de carta escrita por el señor don Juan de Austria a don Diego de Velasco. Bien impensadamente me he hallado hoy en mis manos con una carta del nuevo cardenal, padre Everardo, avisándome de su exaltación a la púrpura. Juzgué no poderme excusar a responderle en la conformidad que veréis por la copia inclusa, a que también acompaña la de su carta, paréceme conveniente que las mostréis a los cinco ministros de la Junta, para que estén en cuenta de la realidad de mi proceder, y reconozcan que así como hasta ahora he perseverado sin vos ni acción por el mayor servicio de Dios y del Rey por la misma causa, si la desdicha común fuere al que me obligue a decir y hacer, no seré perezoso en mostrarme segunda vez al mundo con igual resolución y constancia, y con no menos seguridad de que Dios, Nuestro Señor, ha de ayudar siempre mi buena intención, que os guarde mil años. Zaragoza, 7 de junio de 1672"[496].

Sin embargo pronto acabarían las ilusiones de Juan José de Austria de hacerse con el poder de la Monarquía Hispana. En este sentido su triunfo cabría de definirse como parcial o, como lo interpreta el profesor Tomás y Valiente, negativo, ya que si logró forzar la caída del confesor de la Reina, no consiguió adquirir para sí mismo el poder, teniéndose que retirar unos meses más tarde nuevamente a tierras aragonesas, habiendo aceptado el nombramiento de vicario general de Aragón y Cataluña, a pesar de los numerosos intentos frustrados de acercarse a la Corte a besar las reales manos de su hermanastro y de la madre de éste:

"Respuesta de Su Alteza de 26 de febrero de 1669. Su fecha a Don Juan de Austria, mi primo del Consejo de Estado, General de la Mar, y Gobernador General de todas

---

495 A.H.N., *Estado*, Libro 1.009, p. 283.
496 A.H.N., *Estado*, Libro 1.009, p. 285.

las armas marítimas. Por mano del Patriarca de Alexandría, Nuncio de Su Santidad he recibido vuestra carta de 26 del pasado en que instáis sobre venir a besar la mano al Rey mi hijo, y a mí, y no siendo posible que lo ejecutéis por ahora, lo excusaréis, y os volveréis luego a distancia de diez o doce leguas de la Corte, al paraje que os parecieres, por lo que conviene que lo cumpláis así...[497].

Notablemente enojado por no poder acercarse a la Corte, don Juan contestaba la misiva de la Reina del modo siguiente:

"Carta de Su Alteza en satisfacción a la antecedente, su fecha en 4 de marzo de dicho año. Señora... que no llegue por ahora a besar la mano al Rey nuestro señor, y a Vuestra Majestad, mortificando que me ha sido tanto más sensible cuanto menos esperada y merecida, confío que la brevedad con que Vuestra Majestad me permitiere este justo consuelo, y la satisfacción que aguardan los grandes ajamientos que he padecido acredite en este mundo que ni este último, ni los antecedentes no se han originado de disfavor de Vuestra Majestad hacia mi persona, pues siendo todas mis acciones encaminadas al mayor servicio del Rey nuestro señor, ya se ve cuan preciso es que lo sean también del de Vuestra Majestad y el de su real gusto..."[498].

La carta que se cita en el documento anterior, que tenía como fecha el 1 de marzo de 1669, era la siguiente:

"Carta (que es la que cita a la antecedente) para Su Majestad, su fecha en primero de Marzo. Señora. Las dilaciones que se han interpuesto en responderme a la carta que escribí a Vuestra Majestad a 26 del pasado, me han dado lugar para formar ésta, que ofrecí a Vuestra Majestad enviar desde Guadalajara, y por convenir tanto que se ganen las horas en la deliberación de lo que contienen, he juzgado a propósito remitirla a Vuestra Majestad desde aquí, y luego que reciba la citada respuesta de Vuestra Majestad, y logre el consuelo que he solicitado, y espero de besar la mano al Rey, Nuestro Señor, y a Vuestra Majestad, pasaré hacia aquella ciudad a aguardar la de esta carta, como en la mía dice a Vuestra Majestad"[499].

Tras ello, comienza don Juan de Austria a arremeter nuevamente contra el padre confesor, insistiendo que la

"asistiendo cerca de la real persona de Vuestra Majestad, y siendo director de sus soberanas acciones el padre Juan Everardo (confesor que fue de Vuestra Majestad) toda España, y toda la monarquía a una voz, daba por imposible el remedio de su honor, y de sus males, pero no los aliviará la salida sola del padre Everardo, si las cosas de hoy en adelante no tomaren diferente forma; por que con la ausencia de este

---

497 A.H.N., *Estado*, Libro 878, p. 44.

498 A.H.N., *Estado*, Libro 878, p. 45v.

499 A.H.N., *Estado*, Libro 1.009, pp. 289-291.

religioso, no se ha conseguido más que restituir a España su perdida reputación, libertad de un cautiverio tan duro la voluntad santa, y recta de Vuestra Majestad, y poner en términos hábiles y posibles la pública salud. Y así, señora, habiéndonos quitado Vuestra Majestad delante con tan loable y ejemplar magnanimidad este estorbo, y introducido con esta acción en los corazones de todos los vasallos del Rey, Nuestro Señor, eternas prendas de amor, y respecto a la persona real de Vuestra Majestad, es menester que los frutos que todos ellos esperan de esta gran determinación, acredite las utilidades que en ella se encierran.

Estas juzgo consisten en considerar que la insoportable carga y excesos de tributos tiene a esta monarquía en términos de una próxima ruina, siendo su peso tal que aun fuerzas para el gemido la faltan, y así el alivio de ellos minorándolos y poniéndolos en un estado de fácil y unida cobranza, no sólo se debe a la lástima y a la conciencia, sino a su propia conservación, y al aumento de las mismas rentas; porque es máxima muy errada suponer, que hacen más ricos a los reyes la multiplicidad de las cargas de los vasallos.

La igualdad de contribuir en los que fueren inexcusables, y los suaves medios en la cobranza de lo que fructificaren, se debe observar y practicar en tal forma, que conozcan acuden a lo preciso, como vasallos, y no a lo superfluo, pues ver abundar a unos, cuando lloran ellos y que su sudor se queda, por la mayor parte entre los cauces, por donde le vierten, multiplica justamente su desconsuelo, tanto más hallándose hoy esta monarquía en una paz general, y no gozando los vasallos el fruto de ella, cuando tanto le debían esperar.

El reparo y reintegración de la Real Hacienda en su buena, y atenta economía y consumo pide todo el cuidado y desvelo el gobierno, para alivio de las calamidades que se padecen, y de los accidentes que pueden sobrevenir.

No menos debe atenderse a la buena distribución de las mercedes, y elección de los empleos, en que tantas veces se ha visto trastornada la equidad de las justas balanzas.

La milicia (brazo diestro de las monarquías) está hoy defraudada de aquella grande estimación y premios que la son debidos e instituidos, y el volverla a exaltar será medio de que la protesten muchos, y entre ellos los de mejor sangre, y de que éste en disciplina y florezca.

La buena y recta administración de justicia, es tan principal punto, que pide infatigable cuidado, siendo cierto que Dios castiga pronta y visiblemente sus relajaciones.

Nada de esto es imposible, sino se quiere mirar a esta luz, como se ha hecho hasta ahora, y consta de lo mismo que el padre Everardo sacó a ella en sus papeles impresos, donde dice que h*abiendo procurado con mucho celo vencer las dificultades, que se ofrecían para aliviar a los pueblos de tributos, las halló vuestra majestad tan insuperables que fue preciso desistir del intento*; máxima impía, escandalosísima y falta de subsistencia, pues de ella se deberá inferir no ser posible este alivio de cartas. Y cuando esto es tan lejos de la verdad, se sigue, que jamás se trató de veras de ello, siendo cierto que con buena intención se puede brevemente disponer y ejecutar, y que esto debe ser preferido a otras cualesquiera conveniencias políticas. A cuyo fin suplico a Vuestra Majestad rendidamente, y con toda la aflicción, y lástima de los pueblos de Castilla, y como quién la ha tocado con las manos, más inmediatamente en mis peregrinaciones por ella, que Vuestra Majestad se sirva de nombrar luego una junta de los mayores, más experimentados, celosos y desapasionados ministros, donde por único instituto se traten estas materias de día, y de noche se oigan y reciban las proposiciones y papeles que a este intento se presentaren en ella. Y sobre todos los puntos dichos, y los demás que ocurrieren a la alta prudencia de Vuestra Majestad, se tomen las resoluciones prontas y efectivas que pide el peligro de tan graves daños, para mayor gloria de nuestro señor, bien de los pobres, y firme conservación de esta monarquía, que es la columna más estable de su Fe"[500].

Continúa don Juan haciendo referencia al joven Rey Carlos, su hermano:

"La buena educación del Rey, nuestro señor (Dios le guarde), demás de ser la piedra fundamental de las dichas de esta monarquía, y en que no puede haber leve descuido, de que no resulten funestos afectos a toda ella, requiere tanto mayor cuidado cuanto Su Majestad (por nuestra gran desgracia) se halla hoy sin la presencia y respeto de su santo padre, siendo común el natural de todos los hombre, cuando desde la tierna edad no se corrige, instruye y endereza. Juzgo importantísimo, que mande Vuestra Majestad aplicar luego los medios que pudieren ser más convenientes, y eficaces a estos fines, creyendo yo que cualquiera hora que se difiriere será de sumo perjuicio al general interés de los vasallos"[501].

Para volver, nuevamente a incidir sobre la persona de Nithard, y de aquellos que viven a su sombra, incluyéndose el ejercicio despotico del poder, sin olvidar el ya conocido ajusticiamiento del aragonés José Malladas:

"Los puestos de Inquisidor General y confesor de Vuestra Majestad son de la grande suposición que se sabe, y importa mucho poner luego en ellos sujetos naturales de tan relevantes prendas, que les hagan dignos de estas altas dignidades, y que quién confesare a Vuestra Majestad se abstenga en los términos de este ministerio, sin pasar de ellos a la introducción y manejo de negocios.

Acuerdo a Vuestra Majestad que don Diego Valladares, obispo de Plasencia, fue exaltado al puesto de presidente de Castilla, por inmediata dirección del padre Everardo. Que se estrenó en este cargo de rectitud, y de justicia con el garrote de Malladas, habiendo sido el único partícipe, consultor y dispositor que aquel religioso eligió para esta acción, pudiéndose decir que buscó un hombre hecho según su corazón. Que en todo lo demás ha manifestado una parcialidad tan ciega hacia el padre Everardo y sus intereses que por mantenerle y mantenerlos ha despreciado la quietud de toda España, de que son recientes testigos aquellas escandalosas máquinas, convocaciones y movimientos con que puso a esa Corte el día lunes 18 del pasado, tan a los

500 A.H.N., *Estado*, Libro 1.009, pp. 289-291.
501 A.H.N., *Estado*, Libro 1.009, pp. 289-291.

umbrales de una fatalidad irreparable, contra el respeto real de Vuestra Majestad, y la atención del gobierno y tribunales. Y finalmente, que el paraje de donde le sacó el padre Everardo para los supremos asientos en que hoy le vemos y oímos hablar es tan distante de ellos, que no nos dejó dudar esta monstruosidad de los intentos a que se encaminaba. Mi dictamen sería que Vuestra Majestad mandase al obispo de Plasencia, que se vaya a su iglesia, y que ocupe la presidencia de Castilla sujeto digno, y proporcionado a la difícil calidad de los tiempos; y me atrevería a asegurar que si Vuestra Majestad manda consultar esto con desapasionados ministros han de ser del mismo parecer" [502].

Finaliza don Juan, reflexionando sobre todo lo expuesto a la Reina Mariana:

"Estos son, Señora, los principales puntos, y que por ahora me ocurren del servicio del Rey nuestro señor, y del común de estos reinos. Confio que Vuestra Majestad se servirá de considerarlos y resolverlos con la brevedad que han menester, y pide la general expedición. Y aunque en ningún tiempo pudieran exceder mis proposiciones de aquellos respetuosos límites que se deben a la real persona de Vuestra Majestad, en éste he juzgado con mayor razón, que no es bien pasen de ellos, así por excusar cualquiera motivo de turbación, como por no dejar en duda la sinceridad de mis interesados fines, y mostrar al mundo, que soy consecuente en lo que he ido escribiendo a Vuestra Majestad. Si se ejecutare lo que propongo, cogerán estos reinos el deseado fruto de la ausencia del padre Everardo, y si no se hiciere, se conocerá a lo menos mi buen celo, y que todavía tenemos la indignación de Dios sobre nuestras cabezas" [503].

Tras ello, don Juan de Austria reivindica una vez más la reinstauración de su honor, al lugar que por su rango corresponde:

"En cuanto a la reparación de mi honor en tan diferentes, e injustas maneras ultrajado, sería mucha mi presunción, y no menos culpable de mi desconfianza, si pasase a proponer a Vuestra Majestad individuales medios, y resoluciones. Vuestra Majestad sabe a que grado se han extendido las sinrazones que se me han hecho, y la publicidad con que se han afectado. Todo lo pongo en las reales manos de Vuestra Majestad como debo, y he ofrecido en mis cartas antecedentes, con gran confianza de esta misma franqueza, sobre los demás motivos y razones que hay para que Vuestra Majestad me honre y favorezca mucho, no estrechará el caudal de su magnificencia, y que Vuestra Majestad se servirá de tomar en esta materia tales, y tan prontos temperamentos que acrediten esta misma confianza, e introduzcan en mi ánimo el consuelo y quietud de que necesita, después de unas agitaciones tan turbulentas y sin ejemplar.

---

502 A.H.N., *Estado*, Libro 1.009, pp. 289-291.

503 A.H.N., *Estado*, Libro 1.009, pp. 289-291.

Si Vuestra Majestad no tuviere a bien de mandar al presidente de Castilla, que se retire de este puesto, estoy en precisa obligación de suplicar a Vuestra Majestad por lo que dejó dicho de este sujeto, y por lo que me consta cooperó a mi ruina en todos los antecedentes, y subsecuentes a mi intentada prisión, que Vuestra Majestad me haga la justicia de tenerle desde hoy en adelante por sospechoso en cuanto me perteneciere, y como a tal no permita Vuestra Majestad que tenga noticia, parte ni asistencia en materia, o negocio en que se oyere mi nombre, o me pudiere tocar directa o indirectamente de cualquier género que sea, o del servicio de Su Majestad, o de mi personal interés, protestando yo esta instancia delante del Tribunal de Dios, siempre que por Vuestra Majestad (lo que no creo) o por la suya pública, o reservadamente se contraviniere en algo a ella, pues (como va dicho) es de justicia innegable a cualquier vasallo.

La misma recusación, y con las propias expresiones, y palabras debo en conciencia hacer, en lo tocante al marqués de Aytona, el cual no sólo ha hallado en la suya ensanches para fraguar, y solicitar mi perdición en estos últimos lances, sino para haberse esmerado, en ser mi antiguo o inflexible opuesto, en cuanto ha podido mostrarlo antes, y después de la muerte del Rey nuestro señor (que está en el Cielo), procurando hacerme pasar en el concepto de Su Majestad, y en el común, por poco seguro en lo más sagrado de la fidelidad, ambicioso, violento, y otras falsas imposturas de que dejo a Dios el juicio, cuando fuere su voluntad declararle. El guarde la C.R.P. de Vuestra Majestad como deseo, y hemos menester. Torrejón de Ardoz, a 1 de marzo de 1669"[504].

Con todo, y tras marchar desde Torrejón de Ardoz hacia la ciudad del palacio del Infantado, durante los primeros días de ese mes de marzo de 1669 se encontraba don Juan de Austria en Guadalajara, sin haber disuelto aquella milicia con la que había entrado en tierras de Castilla para afincarse en Torrejón de Ardoz, a las mismas puertas de la Corte, alegando que aún no se había cumplido el compromiso de que el padre Nithard hubiese sacado sus pies de España, alegando el peligro que para su propia vida suponía el hecho de quedarse sin protección militar, y para tal finalidad enviaría cartas a Mariana de Austria, al Nuncio del Papa y al arzobispo de Toledo:

"Cartas del señor don Juan de Austria para la Reina, señor Nuncio de Su Santidad y para el cardenal de Aragón, arzobispo de Toledo, escritas desde que Su Alteza llegó a Guadalajara.

Carta para la Reina. Señora. He recibido la real carta de Vuestra Majestad, de 8, en que se sirve Vuestra Majestad de decirme haber llegado a sus reales manos las mías antecedentes, de primero y cuatro. Y que aunque contienen máximas propias de mi celo, no puede Vuestra Majestad, dejar de extrañar el término y la ocasión en que las propongo. Que según lo que tantas veces he publicado y escrito, era la salida del confesor de Vuestra Majestad, el único objeto de todas mis demandas, que me

504 A.H.N., *Estado*, Libro 1.009, pp. 289-291.

parece muy impropio el de tenerme esta escolta, y hacer nuevas y tan importantes proposiciones.

Que consultando mi grande obligación al servicio del Rey, ha acordado Su Majestad remitir mis cartas a los consejeros, y Junta de Gobierno, y que sobre su parecer tomará Vuestra Majestad la resolución más conveniente. Estos son los puntos que contiene la carta de Vuestra Majestad a que satisfaré por la misma orden"[505].

Así, continúa don Juan de Austria enumerando los distintos puntos sobre los que basaba su discurso:

"En el primero, de haber extrañado Vuestra Majestad el término y la ocasión de mis proposiciones, debo decir a Vuestra Majestad que es de mucho sentimiento para mí el no haberlas sabido explicar al mayor agrado de Vuestra Majestad, el cual procuraré y desearé siempre. Pero la ocasión señora no acierto a hallarla impropia, pues en lo que tanto conviene al servicio de Dios, del Rey nuestro señor, y del público. Creí y creo que cualquier día de la dilación es pérdida considerable.

Al segundo punto, de que el único objeto de mis demandas era la salida del confesor de Vuestra Majestad respondo: que no presumo haya inconsecuencia entre lo que anticipadamente he escrito, y lo que después he representado a Vuestra Majestad, pues el deseo de procurar el público beneficio de la monarquía es una obligación tan natural y inseparable de las mías, que cuando no fuese quién soy, sólo por el carácter ordinario de ministro, debía en estrechos términos de conciencia (a vista de las comunes lástimas y desórdenes) suplicar a Vuestra Majestad se sirviese de mandarlas reconocer y remediar, que es sólo lo que he hecho, sin más empeño que el de una humilde representación, que es tan manifiesto a cualquier juicio, que la salida del padre Everardo (aunque ha sido la disposición esencial para el alivio de nuestros daños) no será por sí sola el total remedio de ellos.

La recusación de dos ministros, conocidos de mí, y de todos por declarados opuestos míos, tampoco contradice a lo que hasta ahora se me ha oído. Antes, los antiguos y nuevos motivos que a cada paso tengo para echar mano de esta natural defensa, la hacen más inexcusable en la recta justicia de Vuestra Majestad y menos dispensable en mi instancia.

La satisfacción particular de mis ajamientos y ultrajes, sabe Vuestra Majestad que la he considerado siempre subsecuente a la ausencia del padre Everardo, y inseparable de Vuestra Majestad y de su justificación.

Al tercer punto, de que parece impropio tener esta escolta, y hacer nuevas y tan importantes proposiciones, digo: que tengo muy sensible mortificación, de ver que se pretenda hallar concordia entre dos cosas tan distintas, pues jamás pudo pensar mi atención y respeto a Vuestra Majestad en hacer prenda de la asistencia de esta gente, para que Vuestra Majestad diese a mis súplicas más breves, o más favorables resoluciones.

---

505 B.N., mss., 10.930, p. 190.

Suposición que me hace horror sólo en pronunciarlas, y mucho mayor desconsuelo el juzgar capaz de tales impresiones al soberano concepto de Vuestra Majestad.

Al cuarto punto, de que consultándolo con mi gran obligación al servicio del Rey, licencié estas tres compañías, diré a Vuestra Majestad que cuando el cardenal Aragón y el Nuncio estuvieron conmigo en Torrejón, hablándome sobre este particular, le respondí que estaba en apartarlos de mí, luego que supiese haber salido de España el padre Everardo, pero que no permitía mi propia seguridad, que lo ejecutara antes, porque me debían ser muy sospechosas la lentitud y pausas de su camino, la pública voz de que se ha de detener en el hacer no sé qué ejercicios, y las justas premisas que tengo, para pensar en que mientras no sacare los pies de estos reinos no ha de acabar de perder las esperanzas de volver a ellos, al ejercicio de los puestos de que blasona conservar la propiedad, y que mi perdición es lo que más le puede facilitar este intento.

Esto mismo representó a Vuestra Majestad, y escribo difusamente sobre ello al cardenal Aragón, no dudando que Vuestra Majestad se servirá de tener a bien que yo me asegure estos recelos por los pocos días que tardaré en llegarme el aviso de que este religioso está fuera de España, en conformidad de lo que declaré al cardenal y al Nuncio.

Gran deliberación de Vuestra Majestad en querer oír a los consejos, y Junta de Gobierno, es muy digna de la suma prudencia de Vuestra Majestad y fío de la de tan celosos ministros, que la mostrará a todas luces tan importantes y útiles.

Dios guarde la católica y real persona de Vuestra Majestad. Guadalajara, a 10 de marzo de 1669. Don Juan"[506].

Por lo que a los seguidores de don Juan de Austria respecta, estos no formaban una oposición compacta que fuese capaz de sustituir a los ministros principales y a los miembros de los consejos, de manera que seguirían sirviendo de idéntico modo a como lo habían venido haciendo hasta la fecha a sus superiores. En todo caso, lo que si vino a evidenciarse fue como desde mediados de 1669 a 1673, Mariana de Austria gobernaría con el asesoramiento de la ya citada Junta de Gobierno y con su colaboración, lo que parecía dar a entender que se cumplía lo establecido en el testamento del difunto Felipe IV[507].

Queda claro que aquel presunto intento de golpe Estado de 1669 no había podido ser aprovechado por el legitimado hijo de Felipe IV, quizá debido a cierta desunión por parte de la nobleza a la hora de apoyar a nuestro personaje, algunos de los cuales ya habían conocido los desaires de la expulsión de la Corte por prestar apoyo a los intereses de don Juan de Austria, tal y como aparece reflejado en el siguiente documento:

"Año de 1667. Destierro de varios señores. Copia de auto del Consejo pleno, en que habiendo consultado con la Reina, nuestra señora, mandaron a don Antonio de

506 B.N., mss., 10.930, p. 190.

507 Lynch, J., *Los Austrias (1598-1700)*, Barcelona, 1993, pp. 323-324.

Toledo, hijo mayor del duque de Alba; el conde de Miranda; el conde de Alcontín, hijo mayor del conde de Medellín; el marqués del Valle, hijo mayor del conde de Baños; el conde de Cifuentes; y don Fernando de Toledo, hermano del duque de Alba, salgan de esta Corte dentro de seis días, y se vayan a los lugares que eligieren, en los estados de sus padres, o de los suyos, o 20 leguas de la Corte al lugar que escogieren, y no vuelvan a ella en manera alguna sin tener licencia expresa de Su Majestad, y la ejecución se comete a la sala de alcaldes de esta Corte"[508].

Merece nuestra atención una carta que el duque de Alba envía a don Juan, haciendo relación de la amistad que les une, además de lo entristecido que se halla por lo que afecta a su hijo Antonio:

"Copia de carta del duque de Alba. Serenísimo señor. Recibo carta de Vuestra Alteza de doce de este mes, en que me favorece, sintiendo el disgusto en que se ha metido Antonio mi hijo, hele enviado a casar, y para huir de la justicia ha necesitado de pocos favores, con que no le he procurado ninguno, pareciéndome para no presentarle en la cárcel, que de la autoridad de vasallo como él, resulta la mayor autoridad de los príncipes. En particular de los negocios de Vuestra Alteza siento quien ha faltado, Dios, razón y justicia, para tratar en una reputación tan sagrada, como la de Vuestra Alteza de que Dios hizo dueño a Vuestra Alteza sólo deponer, y no a otro ninguno dueño de quitársela, atropellarán lo mismo para quitar la vida a Vuestra Alteza que no es más que a lo que han tirado hasta aquí, habiendo declarado todos los tribunales, y la aclamación de todos la verdad, no hallo que pueda haber nadie tan ruin, que al hermano del Rey, e hijo de su mismo padre le haya de dejar cargado de razón y de celo de su servicio, por el confesor de la Reina, y aunque por el gusto de los reyes se puede arriesgar mucho, por el gusto que es contra los intereses comunes, y beneficio de la Corona, no es de servicio suyo seguirle su gusto.

Este padre vive tan mal informado que le ha parecido posible que la nobleza de estos reinos tengan caudillo sin ser elección suya, y esta fantasía tan vecina en él que la pensó amanecer, diciendo que es Dios Padre, le ha cascabeleado, como si pudiera tener algún fundamento, siendo así que si se llegara a declarar, se hallara castigado, viéndose escupir de hidalgos de privilegio. Yo confieso a Vuestra Alteza que creo que con haber pocos desvergonzados, hubiera menos, si no se hallaran tan consentidos, y que puesto que Vuestra Alteza en esos confines se extinguieran con gran facilidad, pues los mantiene la ruin atención que se profesa sin ningún otro motivo justo, ni leal. Vuestra Alteza perdone lo que le he cansado, y crea que mientras sea puesto en término de poderme hallar, no faltaré a todo lo que fuere de mayor servicio suyo. Madrid, 27 de enero de 1669"[509].

Con todo, y antes de contemplar y analizar las nuevas andanzas de nuestro personaje por tierras aragonesas, a donde volvería inmediatamente tras este estruendoso

---

[508] A.H.N., *Consejos*, Libro 1.421, p. 45.

[509] B.N., R. 38.033.

fracaso, deberíamos añadir una serie de consideraciones acerca del momento histórico en el que nos encontramos, fundamentalmente acerca de si realmente estábamos o no ante el primer intento de golpe de estado de la España Moderna.

En primer lugar deberíamos reflexionar sobre la presión empleada por don Juan sobre la Reina regente, su valido, y el conjunto de las instituciones de la Monarquia Hispánica que trabajaban, con mayor o menos agrado, y con mayor o menor acierto, con la idea de que las cosas continuaran funcionando. Aquella presión tuvo un carácter doble. Por un lado mediante la presión militar, más bien simbólica pero con una trascendencia importantísima, ya que el que realizaba la actuación era el hijo del rey, un sujeto que se había convertido en el símbolo de muchos, en el sujeto que haría que las cosas volvieran a ser como lo eran en tiempos de prosperidad de la Monarquía. Aquí encontramos, si observamos detenidamente los hechos, cierta similitud con los ya conocidos pronunciamientos militares de la España del siglo XIX. Sobre ello nos indica la *Nueva Enciclopedia Larousse* lo siguiente: "el término pronunciamiento nació en España en el siglo XIX, para designar las ocasiones en que un jefe militar se valió del apoyo de sus tropas para subvertir el orden político establecido. El pronunciamiento no es una mera rebelión militar, como de ordinario lo define, sino que implica siempre una intención de actuar sobre el gobierno,y presupone unas conexiones con las fuerzas políticas del país: es la manifestación exterior y visible de un movimiento político que suele abarcar a muchas fuerzas que no aparecen a la luz en el primer momento, sino que aguardan a conocer la respuesta que hallará el gesto inicial del jefe o los jefes militares pronunciados, quienes, por su parte, suelen tener preparada la salida del país para el caso de que el movimiento fracase"[510].

Y la idea de don Juan de Austria no era otra que provocar con su acción militar, junto con el apoyo de la periferia, el seguimiento de gran parte de la nobleza, y casi todo el respaldo de las clases populares esencialmente de Madrid, la caída de Everardo Nithard y su toma del poder, en nuestra opinión respetando la figura del rey y de la regente. Otra cosa es que Carlos II hubiese fallecido durante su ministerio.

Por otro lado debemos recordar las precauciones que se tomaron por parte del Estado, fundamentalmente en los valimientos de Nithard y, también, con Valenzuela para evitar manifestaciones populares de descontento por vías legales, o lo que es lo mismo: impedir que las gentes saliesen a la calle y derribaran el gobierno que tanto criticaban, pero fueron incapaces de evitar que ello se realizara, y además de manera generosa, por numerosas vías ilegales. Es curioso observar como el reinado de Carlos II, que viene a resultar con diferencia el más pobre de todos desde el punto de vista de la literatura histórica, en cambio, se convertiría en el más importante y abundante en sátiras, panfletos y otros géneros de literatura clandestina.

Los manuscritos de esta clase circularon de mano en mano, inundando aún hoy en día muchas bibliotecas y archivos. Sus autores son desconocidos. Sus patrocinadores son fácilmente adivinables. Ante todo, don Juan de Austria, aunque también en aquellas artes participarían sus enemigos políticos.

---

510 *Nueva Enciclopedia Larousse*, t. 16.

El bastardo de Felipe IV tenía muy clara la importancia que asumía la opinión pública y la manera de instrumentalizarla. Nunca dejaría de existir una opinión pública, de la que los gobernantes hacían más o menos caso, según el grado de su poder; cuando éste decaía, la influencia de dicha opinión aumentaba, manifestándose en los sermones, las tertulias, los panfletos y los corrillos.

Don Juan de Austria se percató rápidamente de la posición de debilidad en la que se encontraba Nithard, y para acabar con él utilizaría con pasión inusitada estos medios propagandísticos arremetiendo contra el austriaco y, de paso, ganando adeptos a su causa. Con todo, como hemos ya indicado, no sólo el austriaco fue objeto de este tipo de manifestación ilegal. De ello participarían todos, incluyéndose, como no, los acérrimos enemigos del bastardo. Los había entre los nobles comprometidos con el régimen anterior, y entre los jesuitas que creían injusta la persecución del padre Nithard. Algunos de los seguidores de San Ignacio de Loyola serían desterrados de la Corte madrileña, y entre el diluvio de sátiras que circulaban, algunas de la cuales vinieron a atribuirse al padre Juan Cortés Osorio, de las que reproducimos un fragmento como muestra soez y desvergonzado estilo propio de esta subliteratura:

"Chilindrón, que el hijo de puta
con potestad disoluta
prende sin ton ni son.
Chilindrón, que engañó al mundo
y al mismo Carlos II
le tiene puesto en prisión.
Chilindrón, que ha desterrado
a la madre, que a su lado
Le advirtiera la traición.
Chilindrón, que están armadas
muchas hidalgas espadas
contra el que fuera Nerón...".

Pero también objeto de los escritos de burla serían la Reina regente, y el resto de los personajes más destacados de aquella época. Tampoco las instituciones se librarían del escarnio:

"Ay de ti España, que desde que
te gobierna mujer en tu gobierno
Injustísimo porque la ambición,
el exceso, la vanidad, la lujuria
el odio, la impiedad, y la avaricia
son el zeptro de su rectitud y
del auxilio que ha necesitado

de tantos para obrar lo que
no puede por sí sola, se ha
seguido necesaria la
Reina de tu estado"[511].

"Ay de ti España, que gobernándote
el oro son tus leyes menosprecio
y las razones del pobre
escándalo. Los más afectados
en la parsimonia te venden
hasta las palabras. Tus tribunales
son pública almoneda
de la justicia, y sentándose en
ellos los señores, prueban los
señores que han comprado
los tribunales"[512].

Finalizamos las referencias a la caída del padre confesor, aportando tres presuntas cartas enviadas por Mazarino, Cisneros y don Diego de Arce Reinoso a Nithard, dentro de las misivas que aparecen intituladas como "*Cartas de los difuntos a los vivos, halladas dentro del túmulo de la encarnación, al día de los difuntos*".

La primera de ellas, la del cardenal Mazarino, resulta del tenor siguiente:

> "Yo fue extranjero de Francia, y subí a la grandeza que V.E. de mucho menos fortuna porque la supe mantener sin enconamiento, hice amigos y enemigos, y me sirvieron todos, unos por temor, otros por esperanza. Casé mis sobrinas con los de la sangre real, serví bien a mi Rey, y más a mí, enriqueciéndome de suerte que los tesoros públicos que muchos me galanteaban porque los hiciese cómplices. Autoríceme con la púrpura que vestí, y con la sangre que derramaron mis enemigos, con que fue el ministro más dichoso de ese siglo (porque de este otro no hablo), V.E. se ciñe tanto a la modestia religiosa que nadie presume creer por servirle, y ajustarse tanto a la razón que los muchos es difícil que le amen, porque los malos siempre son los más, y viéndole tan de símil no lo deje todo a la providencia, porque no juzgue tan fácil gobiernan con la benignidad de la ley de Dios, a tantos hombres del diablo.
>
> No será V.E. más santo que Moisés, y con todo fueron menester milagros para que no peligrase en los tumultos del pueblo. Vale"[513].

La otra de las cartas que citamos, la del gran regente de aquella España de los Reyes Católicos, es la que sigue:

---

511 A.H.N., *Estado*, Libro 267, p. 254.

512 A.H.N., *Estado*, Libro 267, p. 254.

513 A.H.N., *Estado*, Libro 1.009, p. 312-313.

> "He sabido que escriba a V.E. Mazarino, y temo de su cautela quiera introducir en España su política. No es lo mismo gobernar una monarquía católica, que una sentina de ateístas y sectarios. Dios quiso en mí declarar sus máximas: fui confesor de la Reina católica, y por su gracia subí a privado, cardenal y gobernador de estos reinos, nunca salí de la humildad religiosa, y siendo fraile menor me hice mayor, que los grandes quisieron quitarme el gobierno, y sin exceder de la modestia con empuñar el cordón los obligué a obedecer y a temblar: no desdice de la observancia religiosa la constancia y valor de servir a Dios y al Rey, quisieron darme alevosamente la muerte, y defendióme la providencia divina sin tener yo más armas que mi inocencia, con la cual vine a conseguir tal superioridad en todos, que en la conquista de Orán, me obedeció el mismo Sol. Dios guarde a V.E."[514].

La tercera y última de ellas, que aparecería firmada por don Diego de Arce, es la que sigue:

> "Oí decir al Rey Felipe 4º, mi señor, cuando la causa del Protonotario que si su propio hijo delinquiese contra la fe le entregaría al tribunal, y ayudaría a su castigo, palabras con que dejó dada la sentencia para la ocasión presente. No soy teólogo de profesión, pero si de estudio, y no hallo como se pueda librar de censura herética l el decir que le es lícito el que no tiene jurisdicción matar a un hombre sólo por su antojo, pues que si es inocente, pues que si es sacerdote, pues que si es Inquisidor General. Yo le prometo como buen español, y como paisano de aquel célebre alcalde de Zalamea, que si esto fuera en mi tiempo, aunque fuese hijo del Rey, le había de echar a cuestas la bulla. Contra impedientes, y no se había de ir alabando. Velar, excelentísimo señor, que por tanto desprecio de las censuras, y una acción que sola podía dar gusto a los infieles, es amenaza contra la fe católica. Dios libre a V.E."[515]

---

514 A.H.N., *Estado*, Libro 1.009, p. 313.

515 A.H.N., *Estado*, Libro 1.009, p. 314.

CAPÍTULO OCTAVO:
DON JUAN EN ZARAGOZA Y EL *DUENDE* EN LA CORTE

Don Juan en Zaragoza

Tras los sucesos que habían terminado con la caída de Everardo Nithard, Mariana de Austria había decidido firmemente que había que apartar a don Juan de los asuntos de la Corte. Así, y con tal fin, el 3 de junio de 1669 se dirigió por carta a su primo, que como sabemos todavía se encontraba en Guadalajara, y por tanto relativamente cerca de Madrid; y especialmente de su hermano Carlos, indicándole que su decisión era nombrarle para el cargo de virrey de Aragón, además de *Vicario General de los reinos de la Corona de Aragón.* Con ello venía a conferirle la representación del monarca en todos los territorios de dicha Corona, lo que venía a encumbrarle al más importante rango de la administración en aquellos territorios, siendo superior, jerárquicamente hablando, a los virreyes de Cerdeña, Mallorca, Valencia, Aragón y Cataluña: "los despachos del cargo de Virrey de Aragón, con el Vicariato sobre los Reinos que penden de aquella Corona, deseando que ejecutéis luego vuestra jornada... 4 de junio de 1669. Yo la Reina".

Cuatro días después, Mariana de Austria participaba al Consejo de Castilla esta designación:

> "Madrid, 8 de junio de 1669. Participación de Su Majestad al Consejo ha nombrado al señor don Juan por Virrey y Capitán General de Aragón, con título de Vicario de los reyes dependientes de aquella... Habiéndose continuado las representaciones de don Juan de Austria, mi primo, sobre diferentes puntos, que se originaron de los lances que precedieron, y después se han ido interponiendo, resolví hacer repetidas expresiones de mi gratitud en su persona, atendiendo a la memoria del Rey, mi señor, y a lo que deseo que las experimente en crédito del aprecio que le tengo, y de lo que fío de su celo y grandes obligaciones, por remover cualquiera otra contraria inteligencia por los accidentes pasados, a cuyo fin le he nombrado por virrey y capitán general de Aragón, con título de vicario en los reinos dependientes de aquella Corona, en la forma que ha parecido conveniente, para que estando en la cercanía se

halle con más oportuna disposición en los casos en que puedan ser útiles al servicio del Rey, mi hijo, sus muchas experiencias. Particípolo al Consejo para que se tenga entendido en él. Madrid a 8 de junio de 1669"[516].

También podemos analizar el contenido de la carta que enviase don Juan a la regente, aceptando el cargo que le había sido ofrecido por su prima, Mariana de Austria, pero en donde también se atrevía a pedir una bajada de impuestos que aliviase a los más desvalidos, a la población que se moría de hambre por falta de alimentos, olvidándose de que él había sido durante mucho tiempo un *pozo sin fondo*:

"Carta del señor don Juan de Austria, de 8 de Junio de 1669. El Nuncio de Su Santidad me acaba de avisar los motivos y fortuna y satisfacción con que Vuestra Majestad se digna de mandarme que vaya a servir al Rey, nuestro señor, y a Vuestra Majestad en el gobierno de Aragón con el vicariato general de aquella Corona. Y cuando sobraba la menor demostración de que se pudiese inferir que Vuestra Majestad me ha restituido a su real favor y confianza para que yo conociese con cuan justas razones había puesto toda la mía a sus reales pies, no me quedará que decir en esta parte, si no postrarme a ellos con rendido silencio, y desear ser de algún útil al Rey, nuestro señor, en aquella a donde Vuestra Majestad me destina.

No me deja menos reconocido y consolado la expresión y certeza con que el Nuncio me asegura que al haberse meditado los modos de dar verdadero y efectivo alivio a los pueblos, por cuya nueva me postro otra vez en la presencia real de Vuestra Majestad, y la verdad señora como el mismo Nuncio me diese con el fervor que le asiste de buen vasallo de esta Corona, la conciencia y la conveniencia muestran a un mismo tiempo y aconsejan la precisa necesidad de dar remedio a las públicas calamidades, tan grandes y tan compaginas, que no ha cuatro días llegó a mi noticia que en un lugarcillo de estos se hallaron tres muchachos muertos de hambre, en el campo, llenas las manos y las bocas de la tierra y hierba de que habían procurado hacer alimento, cuando veo y oigo lástimas tan extraordinarias, doy mayor alabanza al prudente celo con que la ciudad de Sevilla, respondiendo a lo que Vuestra Majestad la preguntó con las demás del reino sobre las formas de aliviarle, remite a Vuestra Majestad con carta de 2 de abril de este año copia de la consulta que ha visto en Cortes hizo al Rey nuestro señor, que está en el cielo, en 11 de febrero de 1662, en ella se asienta no solo por necesario sino por útil a la misma real hacienda, el bajar a la mitad todas las sisas impuestas por cualquier causa o razón que sea, sobre las cuatro especies comestibles, fundando lo inexcusable en la imposibilidad de que los pobres se puedan sustentar de otra manera, y lo útil en la experiencia de haberse visto en Sevilla que la renta del vino, bajada a la mitad por los arrendadores, creció mucho en valor".

Continúa don Juan haciendo mención de la situación existente en otros lugares de la Monarquía:

---

516 A.H.N., *Consejos*, Leg. 7.179.

"En Córdoba las carnes en tiempo de la peste, y en Madrid las sisas del aceite. Señora, Dios y el Rey, nuestro señor, que santa gloria haya constituyeron a Vuestra Majestad en madre y protectora de estos reinos, confío que así como en tantos otros beneficios, que han recibido de su real magnificencia les ha dado a Vuestra Majestad señales tan manifiestas de estos piadosos atributos, mostrará Vuestra Majestad en esta ocasión ser su verdadera madre, mandando que este alivio, u otro que lo sea, se ponga en práctica sin las tardas y demasiadas consideraciones que hasta ahora pueden haberlos embarazado, porque al juicio de cualquier buen católico, es cierto señora, que hará más feliz, más poderoso, más temido de sus émulos a nuestro monarca, el aplacar la ira divina donde continuamente está pidiendo satisfacción tanto clamor de pobres afligidos, que el caudal que se saca de la vida y de las venas del necesitado labrador, y de las desconsoladas viudas, aunque fuese mucho más cuantioso de lo que hoy se percibe.

En derecho a Vuestra Majestad, con rendida y cristiana claridad, juzgo que hago lisonja a su real y compadecido corazón, de la sinceridad del mí para Dios testimonio, cuando fuere su santa voluntad, entre tanto, siguiendo la de Vuestra Majestad, y su real orden quedo disponiendo mi pasaje a Aragón para ejecutarlo sin tardanza. Dios guarde la C.R.P. de Vuestra Majestad. Guadalajara, etc."[517].

A ello vino a responder la Reina que, en efecto, una premisa que asumía en su regencia era el bienestar de sus vasallos, y que para ello se había formado la Junta que don Juan había recomendado a la regente –la junta de Alivios–, pero que ahora debía salir cuanto antes para su destino en Zaragoza:

"Respuesta de la Reina, Nuestra Señora, 4 de Junio de 1669. Don Juan de Austria, mi primo, etc. Habiendo recibido por mano del Nuncio de Su Santidad vuestra carta de 8 de este, en que respondéis a la que os mandé escribir, y dando luego orden para que se formen los despachos del cargo de Virrey de Aragón, con el vicariato sobre los reinos que penden de aquella Corona, deseando que ejecutéis luego vuestra jornada.

Y el conde de Aranda se le ha avisado con correo esta resolución.

Y con la misma buena voluntad con que he venido en daros este empleo me hallaréis siempre para honraros y favoreceros.

Por lo que toca a aliviar estos pueblos y vasallos, debéis estar cierto de que este cuidado ocupa el primer lugar entre todos los que Dios ha puesto a mi cargo, y no dudo que sabréis cuan sin alzar la amo se trata de esto en la Junta que he mandado formar, pues así como no se puede dudar que el más interesado en el alivio de tan buenos y fieles vasallos es el Rey, mi hijo, también se debe creer que no hay quién me compita en el deseo de que lo consigan, y de verlos en toda felicidad y descanso. Nuestro Señor os guarde como deseo, etc."[518].

517 A.H.N., *Estado*, Libro 1.009, p. 275.

518 A.H.N., *Estado*, Libro 1.009, p. 276.

Y así sería, ya que no tardaría en ponerme en camino hacia su nuevo cometido en tierras aragoneses. En este sentido, el 19 de Junio de 1669 don Juan de Austria volvía de nuevo a tierras de la Corona de Aragón, desde donde había iniciado unos meses antes atrás su ya conocida marcha hacia la Corte, con el objetivo de provocar, como así fue, la caída del gobierno del padre Everardo Nithard. Resulta curioso observar que, al igual a como le había sucedido unos meses antes al jesuita, ahora era el hijo del rey el que también salía, al menos en cierto modo, el que se alejaba de Madrid, marchando para tierras aragonesas en donde asumiría sus nuevos cargos al frente del Vicariato General. Atrás quedaba una Corte en donde continuaba imperando un sistema de gobierno tan vulnerable como lo había venido siendo en tiempos anteriores, y donde todavía faltaban seis años para que el joven Carlos adquiriese la mayoría de edad, conforme al testamento del difunto rey Felipe.

En efecto, una vez obtenidos los pertinentes reales despachos, se encaminó hacia dichos territorios, siendo recibido nada más entrar en tierras aragonesas por los guardas del reino con los más elevados protocolos, el Capitán de aquellos y el Juez del crimen en nombre de la Audiencia. Conforme iba transcurriendo su viaje, cuentan las crónicas que era recibido con regocijo por todas aquellas localidades que iba encontrándose a su paso. Resulta obvio el enorme prestigio personal que gozaba Juan José de Austria en aquellos territorios aragoneses, y más ahora después de haberse adjudicado el mérito de haber desplazado del poder al padre confesor.

Muy cerca de la entrada de Zaragoza, en la actual Cuarte de Huerva, recibió la visita de las máximas autoridades regnícolas: el Virrey, el Justicia de Aragón, el Zalmedina, y el Arzobispo de Zaragoza. Sobre este último personaje, indicar que se trataba de aquel famoso fray Francisco de Gamboa quién a los requerimientos meses antes realizados por don Juan de Austria, para unir su voz con la de los enemigos del padre Nithard, le respondiese con evasivas, y que incluso vino a permitirse el lujo de darle una serie de consejos a don Juan –quizá animado por el hecho de haber sido antaño su confesor–, y al que el bastardo respondió de manera enérgica en la siguiente carta:

> "Copia de carta del señor don Juan de Austria para el señor fray Francisco de Gamboa, arzobispo de Zaragoza, que había sido su confesor: escribiola Su Alteza a noviembre de 1668... porque juzgué siempre que vuestros años, vuestro estado y las grandes obligaciones que teníais al Rey mi señor (que está en el Cielo) y a mí os influyesen más celo y más vigor, sin dejaros llevar con tan arrebatado ímpetu de la temporalidad del siglo. No dejaré de deciros que quizás podía ser mala vereda para esto mismo la que según, y que muchas veces la que juzgamos nos guía a nuestras mayores conveniencias, nos conduce a lo que nos está peor. Para conocer yo que en la expulsión de quién vos llamáis primer ministro consiste el mayor servicio de el Rey nuestro señor (que Dios guarde) el bien, honor y felicidad de toda España, y el mismo crédito y dichoso gobierno de la Reina nuestra señora. No he menester más consejo, ni consejeros que la obligación con que nací, ni para creer firmemente que Dios y su Santísima Madre me han de ayudar en el intento necesito de más inspiración que saber que el mío es únicamente de satisfacer su divina justicia y hacer a mi Rey

y a mi patria este gran servicio, que es preciso aprueben debajo de vuestra muceta, vos primero, y cuantos se tuvieren por buenos españoles y vasallos de nuestro dueño. Dios os guarde, etc. Don Juan"[519].

La aceptación, más o menos forzosa de este nombramiento, más o menos del agrado de don Juan de Austria, suponía fijar su residencia en Zaragoza. Y allí permanecería, por espacio de casi siete años, desde junio de 1669 hasta octubre de 1675, tiempo más que suficiente para convertir a aquel reino en algo fundamental en su forma de contemplar la vida, y en donde realizaría importantes tareas en beneficio del territorio. Aunque resulta curioso observar que aquel destino para el que había sido nombrado tenía, en principio, una duración de tres años.

Con respecto a su capacidad de mando, indicar que la misma aportaba jurisdicción sobre el clero, sólo en la medida en que se vieran afectados por problemas de disciplina interna y de orden público (tenencia de armas, ejercicio del comercio, derecho de exención o deber de contribución). En las cuestiones propiamente eclesiásticas, los arzobispos, obispos, abades..., dependían directamente de la Corona, y por ello se les daría un tratamiento diferenciado. También las órdenes de caballería dependían directamente de la Corona, ya que era el Rey el que ostentaba la presidencia de las mismas.

El ejército quedaba, a su vez, bajo el poder del virrey, con la excepción de aquellas campañas militares que fueran efectuadas fuera del territorio de la Corona de Aragón, cuyo mando quedaba, nuevamente, reservado a la Corona. Asimismo el virrey ostentaba el poder ejecutivo, debiendo dar cumplimiento, además de observar, las disposiciones procedentes del gobierno central. Finalmente, su rango permitía el derecho de nombrar a los cargos y puestos subalternos, el derecho de propuesta de candidatura para los grandes, a los que él haría entrega a la Corona de su "*terna*".

Con la experiencia de muchos años, don Juan José no se presentó en ese momento como un represor de sus antaño o nuevos enemigos en aquel territorio en donde se elevaba como la máxima autoridad después del rey, sino más bien todo lo contrario. En este sentido, en el caso del arzobispo Gamboa, al indicarle que "... Serenísimo Señor: muchas veces he tenido a Vuestra Alteza a mis pies y le he absuelto de sus culpas; ahora Vuestra Alteza me tiene a mí a los suyos, suplicándole, como lo hago, me absuelva de los cargos en que he podido incurrir sin conocerlos", a lo que don Juan de Austria le respondería que: "Ya os habréis desengañado de los enormes yerros que concebisteis acerca de mis operaciones y de mis intentos; y porque así me lo persuado, no tenéis para qué hablarme más en la materia. Mirad si tenéis otra cosa que decirme". Tras contestarle aquel arzobispo de Zaragoza que no, e inmediatamente fue despedido por el bastardo.

Distinta sería la entrevista mantenida con el Santo Oficio de Aragón. En este sentido, los miembros de esta Institución tras deliberar al respecto, optarían por enviar al decano de ellos, un tal Juan Zalameros, ha hacer los presentes a don Juan José. Así las cosas el hijo bastardo de Felipe IV sería recibido en el magno palacio de la Aljafería,

---

519 A.H.N., *Estado*, Libro 878.

en donde se encontraba la sede de aquella Institución. El 29 de Junio se celebraron tres actos, siendo cantados, según nos relata Maura[520], por una poetisa llamada Eugenia Buesso de la que Latassa[521] indica que era "aragonesa, fácil en la composición de versos".

Dice el romance, refiriéndose a la relación que Juan José de Austria mantenía con los zaragozanos, lo siguiente[522]:

"Ordenaron una entrada
Tan ostentosa, que ha sido
Gala heroica del ingenio,
Prenda grave del cariño.
Iba delante la guarda
Del reino, de cinco en cinco,
Con capotes, de los celos
Que se tienen a sí mismos.
Detrás de la infantería,
En hileras divididos,
Iban del mismo color
Los de a caballo vestidos,
Con su Capitán, haciendo
Gala cortés de su oficio.
Seguíanle ciudadanos
Con costosos atavíos,
Todos con cadenas de oro,
Confesándose cautivos;
Iban todos a caballo,
En caballos tan castizos,
Que, aunque varios en colores,
Parece son uno mismo,
En la vanidad con que
Ostentan jaeces ricos.
La Ciudad y los Consejos
Iban, con el propio estilo,
Un jurado entre dos jueces.
Hasta que vino quien vino:
El magnánimo, el valiente,
El generoso, el invicto,
El valeroso, el osado,
El pacífico, el benigno,

520 Maura, G., *Carlos II y su Corte*, op. cit., t. II., pp. 91 y ss.

521 Latassa, *Bibliotecas antigua y nueva de escritores aragoneses*, t. I, p. 247.

522 Maura, G., *Carlos II y su Corte*, op. cit., t. II, pp. 91 y ss.

El Señor Don Juan, que todo
Cabe en él, más poco he dicho,
De él dimana, y como el Sol
Reparte a los astros fijos
Sus candores de virtudes.
Va sembrando desperdicios
En un caballo que el viento,
El agua y el fuego le hizo.
Lleva por acompañado
El Jurado en cap, que ha sido
Tan dichoso, que le toca
Este puesto por su oficio.
El Gobernador del Reino
Ocupaba el otro sitio,
Y le llevaban en medio,
Y si con razón decimos
Que en medio está la virtud,
Nunca con mayor se dijo.
Llevaba la retaguardia
Su guarda, con el antiguo
Color de la Casa de Austria:
Blanco, carmesí y pajizo;
Detrás iban tres caballos
De conserva, del Sol hijos.
Seguíanse labradores,
Que en escuadras divididos,
Llenos de galas y plumas,
De branchas y cabestrillos,
Volvieron en primavera
Los rigores del estío;
Con un estandarte blanco,
Señal de escuadrón pacífico,
Y las espadas desnudas,
Que parecen rayos vivos
De los luceros, que aceros
Se vuelven con tales bríos.
Iban detrás tres carrozas
Que ser solio merecido
Del Sol, sirviendo de nubes
A sus rayos siempre activos.
Entró con gran majestad
Por el rumbo prevenido,

Que, según está adornado
De colores y de vivos,
Parece la vía láctea,
Del Sol cándido camino.
Vino a parar a la Seo,
Salomónico edificio.
Celebrose el solemne acto,
Grave, célebre y magnífico,
Con todas las ceremonias,
Cláusulas y antiguos ritos,
Y acabando, se partió
Este Fénix a su nido.

Después de leer este más que largo texto, que sólo viene a resultar ser una parte del total, no cabe la menor duda del destacado grado de esperanzas que el bastardo había depositado entre aquellas gentes de Aragón y, recíprocamente, de aquellas gentes en el príncipe don Juan.

Como hemos indicado, el 29 de junio había entrado en la ciudad del Ebro tomando, en una ceremonia solemne, posesión del cargo de Virrey y del Vicariato General de Aragón, aunque a estas alturas de su vida ni una ni otra de sus nuevas responsabilidades satisfacían sus ya más que demostradas expectativas y, por qué no decir también, ansias de poder. Además, por orden de la regente, desde el Consejo de Aragón, se le vendría a ejercer una fortísima fiscalización, recortándose además todos los poderes inherentes a su cargo, en la medida de lo posible.

Con todo, su presencia en Zaragoza tuvo destacados aspectos positivos no solo en la gestión del territorio, sino que también en un sentido particular, comenzando por la captación de nuevos adeptos hacia su causa, ya que desde aquella ciudad impulsó, cultivó y canalizó las múltiples adhesiones que había recibido en los territorios de aquella Corona de Aragón, encargándose sus partidarios de ir sumando voluntades para aquel día en que tomase las riendas del poder. Por otra parte, la actitud de los aragoneses, en general, y de los zaragozanos, en particular, hacia su persona fue de permanente reconocimiento, con la notable excepción del conde de Aranda, que había sido el anterior Virrey y era enemigo jurado de don Juan, juntamente con su entorno, los cuales serían los principales protagonistas del intento de acabar con la vida de don Juan poco tiempo después.

En efecto, las citadas malas relaciones empeoraron más si cabe cuando Juan José de Austria tuvo noticia, a través de sus agentes en la Corte, que le mantenían perfectamente informado de todo cuando en ella acontecía, de ciertos asuntos de extrema gravedad. En marzo de 1670 le llegaba una noticia alarmante: en Madrid se había diseñado una operación que tenía como objeto acabar con su vida. En el centro de dicha conspiración se encontraba el marqués de Aytona, uno de los mayores enemigos que tenía en la Corte y la persona a quién doña Mariana había encomendado el mando de la *Chamberga*. Con todo, en páginas siguientes daremos más datos sobre este intento de acabar con la vida del hijo bastardo del Rey Felipe, y donde el veneno se había convertido en el elemento básico para dar muerte a don Juan.

El *Regimiento de la Guarda del Rey*, *La Chamberga*, y su primer Coronel: el marqués de Aytona

Tras los sucesos acaecidos con la presencia de don Juan de Austria en las cercanías de la Corte, la caída del padre confesor, y la marcha del bastardo hacia tierras de Aragón, el marqués de Aytona convenció a la Reina de la necesidad de contar en la Corte con un regimiento que hiciera más difícil que se repitieran situaciones similares. De este modo, el regimiento de la Chamberga fue creado en 1669 por Mariana de Austria para que desempeñara las funciones de cuerpo de guardia real en Madrid. Dado que la Corte se hallaba tradicionalmente desprovista de guarnición militar, Mariana de Austria creó este regimiento con el fin de no hallarse, como decimos, indefensa ante un posible avance sobre Madrid de las tropas mandadas por don Juan de Austria o por cualquier otro sujeto que tuviese nuevas intenciones golpistas. El vistoso uniforme que lucían sus miembros, imitado del de las tropas del mariscal francés Schömberg, al que vimos en la guerra de Portugal, dio origen al apelativo de Chamberga.

Con respecto de este regimiento, los seguidores de don Juan de Austria indicaban que con la formación de este instituto armado nos encontrábamos ante el último extremo de la sagacidad y del escándalo, al que llamaban *monstruoso cuerpo de infantería* dentro de las tapias de Madrid, siendo más horrible todavía el hecho de denominarlo Regimiento de la Guarda del Rey. La creación de Aytona como coronel de la Chamberga, según ellos, era contra la honra de la nación y la buena disciplina militar, pero también lo era contra la economía, la política y el reposo y seguridad pública. La erección de dicho cuerpo militar había sido planteada previamente ante la Junta de Gobierno, el Consejo de Estado y el Consejo Real de Castilla, además de otros consejos, presentándose ante la Reina los daños que habían de resultar en el caso de seguir con la intención de poner en marcha este cuerpo armado. Con protestas orales, además de los consiguientes escritos, suplicaron a la Reina no continuar con ello, puesto que claramente se observaba un fin particular en contra del bien común.

En este asunto llegaría a intervenir el propio pontífice, Clemente IX, indicando a la Reina, en una misiva enviada el 9 de marzo de 1669, "... desistiese Su Majestad de proseguir con esta empresa... pero el padre Everardo y el marqués de Aytona fue su parecer que era veleidad (estas fueron sus voces) que la Reina retrocediese de su resolución empezada a ejecutar, solo porque su santidad lo pidiese... "[523].

[523] A.H.N., *Estado*, Libro 880.

El profesor Kamen nos transmite en su obra *La España de Carlos II*, y en relación a los niveles de delincuencia en España, una situación de relativa seguridad a lo largo y ancho del territorio. Con todo, y a pesar de que determinados elementos vienen a dar cuerpo a esta aseveración, no faltan crónicas que nos indiquen focos de insurrección, bandolerismo o delincuencia que impregnaban territorios concretos. Con todo, la gran excepción a aquel clima de relativa tranquilidad fue la villa de Madrid, en donde determinados informes oficiales y otras crónicas nos hacen pensar que se trataba de un lugar nada seguro para las personas.

Acerca de ello, y en relación también a *la Chambega*, resulta sumamente interesante analizar la respuesta que el Consejo de Castilla daba a las diferentes consultas presentada por la regente, la Reina Mariana de Austria:

> "Señora. Diferentes consultas han hecho el Consejo a Vuestra Majestad representándose los daños e inconvenientes que resultan de la formación de la Coronelia, y asistencia de tantos soldados en esta Corte, y el tenor que se causa en ella de su continuación.
>
> Y de ellas algunas han bajado resueltas, diciendo Vuestra Majestad las queda mirando para tomar breve resolución. Y a otras, en que se repitieron nuevos accidentes, que habían sobrevenido (capaces de poder persuadir a Vuestra Majestad a mandar salir de esta Corte las compañías, y que hasta ahora no han bajado respondidas), y aunque la falta de salud de Vuestra Majestad, que tanto sienten el Consejo y sus vasallos, debía obligar a no participar ninguna cosa que le pueda ser de desazón, van creciendo tanto los inconvenientes cada día, que no cumpliera el Consejo con su obligación, ni con la confianza que Vuestra Majestad le hace de los que concurren en él, si dejara de repetir las instancias para que Vuestra Majestad se sirviera de resolver cosa de tanta importancia, y en que va el sosiego de esta Corte, y la restitución del descrédito que se parece en poner guardas al palacio de Vuestra Majestad, sobre las ordinarias que los antecesores de Vuestra Majestad han tenido señora" [524].

Continúa aquel Consejo indicando los grandes males que afectan a la corte como consecuencia de los efectivos de aquel regimiento:

> "No hay día ni noche que no sucedan en esta Corte delitos, muertes, robos y pendencias ocasionadas por soldados de la Coronelia y regimiento. Y son tantas que las más aun no llegan a los oídos de la justicia, porque aunque las claman los que las padecen, no dan cuenta de ellas por ver que no se consigue el remedio, ni la satisfacción de sus daños, de que son los más vivos testigos las quejas universales que dan los trajinerosos caminantes, de lo que a las entradas a Madrid les sucede, quitándoles lo que traen, y a los que no tienen los maltratan y maniatan, dejándoles desnudos.
>
> Los frutos de las viñas los han talado, las huertas las han destruido, a muchos les ha obligado antes de estar de sazón la uva por el temor de que se la robaban.

[524] A.H.N., *Consejos*, Leg. 7.179.

De ganado que se apacentaba en los prados en contorno de esta villa, les han quitado muchas cabezas, y tratado mal a los pastores, con que los obligados de la carnicería y los abastecedores del rastro han acudido al Consejo con su recurso, sin haber hallado camino para asegurarse.

Las casas de los hombres de negocios depositarios y asentistas, no se ven libres de tiento y papeles en que les piden socorros con amenazas, y les obligan a cerrar las puertas antes de anochecer, y a tener personas y armas prevenidas.

Y sin esto general que se tiene por cierto, hay lo particular, en las relaciones de las rondas que cada día hace la sala de los alcaldes, en que vienen repetidos insultos de los soldados... Madrid, a 4 de noviembre de 1669"[525].

Pero aquella hostilidad representada por *la Chamberga* también sería objeto de intento de reconducción por el propio marqués de Aytona, tal y como aparece en el siguiente documento:

"El marqués de Aytona, en la consulta inclusa, representa algunos puntos que se le ofrecen, y tiene por conveniente, para la quietud y buena disciplina de los soldados del regimiento de la guardia. Véase en el Consejo, y dígase luego sobre su contenido lo que se ofreciere y pareciere. En Madrid, a 22 de agosto de 1669"[526].

Muchas serían las fórmulas utilizadas por Juan José de Austria contra este adversario, una de ellas, una vez más contra aquellos que deseaba desprestigiar públicamente, sería la utilización de los pasquines y otros libelos similares. En este sentido, comenzó a circular por la Corte un famoso estribillo del tenor siguiente:

"El Marqués de Aytona,
gordo como una bestia,
mas no es novedad
serlo Su Excelencia"[527].

Pero no sería únicamente la Corte la receptora de esta ingente actividad escrita de los partidarios de don Juan. Los pasquines y otros tipos de artes similares se extenderían por todos los territorios. Y así lo vemos en Granada, en donde en la puerta del Sagrario de la iglesia de la Mayor fue encontrado un pasquín contrario a la Reina regente:

"hallase en la puerta del sagrario de la iglesia mayor a 5 de enero [1669]. Sepan todos los vecinos de esta ciudad como el señor don Juan de Austria, movido de su santo celo ha escrito a todas las ciudades de estos reinos su justa pretensión, movido de ver lo oprimido de estos pobres vasallos. Se advierte que en esta ciudad habrá

525 A.H.N., *Consejos*, Leg. 7.179.

526 A.H.N., *Consejos*, Leg. 7.179.

527 El estribillo ha sido tomado de: Maura, *Carlos II y su Corte*, op. cit., t. II, p. 43.

quién salga a la defensa, cortando cabezas a estos tiranos, presidentes y oidores, poniéndoles en almenas para castigo de otros. Y lo mismo se hará con los 24 que no hicieren razón, y que no volvieren por su república.

Estas y otras cosas se remediarán en empezando, y no ha de ser como la otra vez en que se empieza y se dejan al mejor tiempo, pues Sevilla no quiere pagar millones ni cientos añadidos. Todo se remediará queriendo Dios"[528].

Pero resulta también interesante analizar el contenido de cierta misiva que don Juan enviase a este marqués, justamente cuando se encontraba a las puertas de la Corte, en aquel frustrado intento de tomar el poder, y en donde le hacía saber que no tenía nada en absoluto contra su persona, aunque criticaba abiertamente sus actividades políticas:

"Carta para el marqués de Aytona. Porque sepa Vuestra Excelencia de mí, antes que de otros la justicia que he pedido a la Reina, nuestra señora, le remito inclusa copia de lo que se escribió a S. Majestad, creyendo yo que solo esta diligencia podría afianzar el olvido de lo que siempre ha obrado Vuestra Excelencia contra mí, y la amistad que en todos tiempos he deseado mostrarle, la cual se hallará de hoy más Vuestra Excelencia muy fina en cuantas ocasiones quisiere experimentar porque mi desamor no ha sido nunca contra su persona, sino contra sus dictámenes. Dios de a Vuestra Excelencia mucha salud y vida, con toda la felicidad que se desea, etc. Torrejón de Ardoz, a 4 de Marzo de 1669"[529].

En aquella carta recordaremos que don Juan solicitaba a la regente que mantuviese bajo control y fiscalización al marqués, al ser este uno de los más férreos enemigos que el hijo bastardo del Rey tenía, y que ese hecho se había venido demostrando desde la muerte de Felipe IV.

Mucho peor parado sale el marqués de Aytona en aquella obra titulada "*La Ruina de España*", en donde se indica respecto al este personaje que

"Todas estas tropelías se empezaron a hacer con el señor don Juan después de la salida del padre Everardo, sugiriendo a la Reina la violencia de tales deliberaciones el marqués de Aytona, con aquella antigua y terca antipatía con que siempre procuró y deseó la aniquilación de Su Alteza, pasando tan delante las máximas ambiciosas y apasionadas de este sujeto, y la desmedida ansia de lograr su particular odio o venganza a precio de toda la quietud de España..."[530].

Finalmente, indicar la más que lapidaria crítica que sobre la creación de este regimiento efectuaron los detractores de Aytona, todos ellos fervientes seguidores de don Juan de Austria:

---

528 A.H.N., *Consejos*, Leg. 7.179.

529 A.H.N., *Estado*, Libro 878, p. 53r.

530 A.H.N., *Estado*, Libro 880.

"... pasó al último extremo de la sequedad y del escándalo que encierra en sí la formación de un mostruoso cuerpo de infantería dentro de las tapias de Madrid, con el especioso título de Regimiento de la Guarda del Rey, y la elección del coronel de este regimiento en el marqués de Aytona, siendo no menos contra la honra de la Nación, y buena disciplina militar, que contra economía, la política, y el reposo y seguridad pública, y que de memoria de los hombres no se ha visto en Castilla.

Y aunque la Junta de Gobierno, y todos los demás Consejos, y la villa de Madrid repuntaron a esta Reina los daños que habían de ocultar si se llevase adelante tal resolución, y con protestas en voz y en escritos suplicaron a Su Majestad tuviese por bien que no prevaleciesen en aquel caso los fines particulares, contra la conveniencia común... añadiéndose a esto el haber la Santidad del Pontífice Clemente, que sobre lo mismo suplicado a la Reina, en carta de 9 de marzo de 1669... desistiese Su Majestad de proseguir con esta empresa... pero el padre Everardo y el marqués de Aytona fue su parecer que era veleidad (estas fueron sus voces) que la Reina retrocediese de su resolución empezada a ejecutar, solo porque Su Santidad lo pidiese..."[531].

Y siguió coleando el intento de envenenamiento...

Con todo, varios meses después de haberse dado a conocer este suceso, don Juan seguía quejándose de la pasividad del gobierno en un asunto tan grave como aquel, en donde se había pretendido acabar impunemente con la vida del hijo del rey. Con todo don Juan aprovecharía aquel escándalo para difundir a los cuatro vientos que sus enemigos acechaban contra su integridad, convirtiéndose de paso en una víctima propiciatoria de un gobierno cruel y tiránico, de un gobierno que no tenía escrúpulos para acabar con la vida de cualquier persona. Incluso, yendo todavía más lejos, en ese talante de supervivencia que caracterizaba al bastardo, daba al duque de Estrada las siguientes instrucciones:

"Habiendo sido Nuestro Señor servido de que se descubra una traición alevosa que se maquinaba contra mi vida, y conviniendo en adelante resguardarse por todos los medios posibles, he resuelto que os juntéis con fray Agustín Antolinez y don Melchor Portocarrero en presencia de Maza, para reconocer aquellas cosas de que de ordinario me sirvo, en que hay capacidades de hacer algún maleficio así de la comida como de la ropa, y discurrir y ajustar la mejor forma que se pudiere dar para evitarlo, procurando que las manejes las menos personas y de mayores obligaciones que fuera posible"[532].

531 A.H.N., *Estado*, Libro 880.

532 Castilla Soto, J., *Don Juan José de Austria (hijo bastardo de Felipe IV): su labor política y militar, Madrid*, 1992, p. 239.

A ello seguirían otras medidas, entre las cuales se incluiría la entrada en la morada del conde de Aranda, a la búsqueda del famoso veneno que pudiera ser utilizado para acabar con su vida, y que curiosamente nunca aparecería, aunque si lo harían las pruebas evidentes de dicha pretensión y del método elegido para acabar con su vida, tal y como lo relata el propio don Juan de Austria:

> "Cartas del señor don Juan de Austria contra el conde de Aranda sobre los indicios del veneno. Año de 1670. A cada uno de los cuatro de la Junta de Gobierno que fueron el conde Villaumbrosa, presidente de Castilla; el cardenal don Pascual de Aragón, arzobispo de Toledo; don Cristóbal Crespi, vicecanciller de Aragón; y el conde de Peñaranda es la misma. En estos pocos renglones que escribo a don Pedro Fernández del Campo hallará V.S. una nueva maldad de más de marca, e yo en su afecto espero hallar lo que siempre bien conocerá V.S. que no es fácil ni aun posible navegar entre tantos escollos, ni la defensa natural lo permite, don Diego de Velasco dirá más a V.S. Dios nos alumbre a todos y guíe a V.S. Zaragoza, 10 de Marzo de 1670"[533].

Acto seguido aparece la citada carta enviada a Pedro Fernández del Campo, que resulta del tenor siguiente:

> "Carta de Su Alteza a don Pedro Fernández del Campo. Habiendo confirmado pocos días ha largas y fundadas presunciones de que el conde de Aranda, o por diabólica sugestión o por agora influencia tenía muy adelantada mi muerte. Juzgué de precisa conciencia hacerle tomar sus papeles reservados, como se puso por obra con toda la quietud y moderación que encargué a los que lo ejecutaron. Y porque podrá ser que llegué ahí esta noticia en traje adulterado, y es bien esteis en cuenta de lo cierto para poderlo decir y defender donde convenga, me ha parecido daros esta noticia… relación de el hecho. Muchos días ha que Dios dispuso por caminos admirables de su providencia que Su Alteza tuviese noticia de que el conde de Aranda trataba con gran calor de darle muerte por complacer a los que juzgan se la desean… esta alevosía que fue reconocer los papeles del conde de Aranda, donde se vería la raíz de todo el negocio, y a los cómplices hallándose descubiertos podrían ser presos y castigados… y habiéndose unido con los primeros criados de Su Alteza para este efecto, se puso por obra la noche del martes 10 de marzo de 1670, en la forma que V.S. habrá entendido. Los papeles que hasta ahora se han reconocido desvanecen los indicios y noticias antecedentes, antes quizá las confirman de manera que dejan poca duda en ellas. No se valió Su Alteza del medio jurídico por el reparo de ser preciso hacerse públicos los papeles a los ministros y personas que los habían de inventariar, lo cual tendría gravísimos inconvenientes…"[534].

De importancia también resulta el contenido de una complementaria misiva que fuese enviada por don Juan de Austria a Pedro Fernández del Campo, en donde se

---

533 A.H.N., *Estado*, Libro 878, p. 283.

534 A.H.N., *Estado*, Libro 878, pp. 283 y ss.

contiene un resumen de las "*noticias*" que hasta ese momento se tenían, en relación al intento de envenenamiento, además de irse perfilando los autores intelectuales y materiales del mismo:

"Carta de Su Alteza a don Pedro Fernández del Campo, de 14 de abril de 1670... Resumen de las noticias que se pueden declarar por ahora. Por marzo del año pasado se empezaron a tratar con gran esfuerzo dar muerte a Su Alteza por medio de N. y dirección de N. N. N. N. tuvo escondido en su misma casa N. a N. para el intento dispuso buscar gente facinerosa, hablóse a algunos y N. que era uno de los principales promovedores ofreció montes y valles a los que lo habían de ejecutar, abenciábalo con ello motejábamos de poco véricos, o pusilámines porque retardaban y facilitábales el efecto para Aragón, para donde puesto participa Su Alteza con la asistencia del conde, elegido Su Alteza a Zaragoza se valió de N. para que con gente de su devoción lo tomase a su cargo, y habiendo reconocido y avisado que no era posible la ejecución por aquellos medios violentos, hizo N. demostraciones de rabia por esta noticia, o desengaño, desde últimos de octubre se volvió a comenzar la alevosía por medio de veneno. Buscase artífice cuya patria y señas son conocidas a quién pidió N. con otro sibilino pretexto advirtiéndole había de ser de género que nadie conociese la calidad de la muerte, sino que tuviere apariencia de natural. Escribió N. al conde de Aranda buscase modo para darle, y él se ha empleado en esta diligencia todo este tiempo. A trece de febrero, día más o menos, partió de la Corte el veneno en un frasquito cuyas señas se saben dirigido al conde de Aranda, en suposición de tener persona ganada para darle luego sin distinguir si era de casa de Su Alteza o de fuera. Este aviso se retardó a Su Alteza por particulares accidentes hasta el día siete de marzo de 1670, que se le llevó persona expresa con señas indubitables. Esto es lo que de presente puede decirse, lo demás queda a Dios y al tiempo..."[535].

Ese mismo día 14, don Juan escribía a la Reina recordándole las circunstancias de ese intento de asesinado que había sido urdido contra su persona, incluyendo en la misma la nómina de personas que, según sus conocimientos del asunto, habían participado de manera activa:

"El Señor don Juan de Austria, abril, 14, de 1670. Ordenome Vuestra Majestad, en despacho de 31 del pasado, que participase las noticias que pudiese sobre la alevosía meditada contra mi persona, a las que las di a Vuestra Majestad el mismo día que la recibí, dando noticia a Vuestra Majestad de todo lo que poder, sin faltar a la conciencia ni al honor, y envié a sus reales manos copias de instrumentos cuyos originales están en mi poder, en que con circunstancias muy individuales se hace manifiesto haberse ido trazando esta maldad desde el mes de marzo antecedente, por la violencia y el veneno, encargándose la ejecución al conde de Aranda, por medio del marqués de Aytona, que Dios perdona, y es éste y el Inquisidor General Valladares, los principales directores de ella, fabricándose el veneno en esa Corte,

535 A.H.N., Estado, Libro 878, pp. 289 y ss.

y enviándose a esa ciudad. Propuse también a Vuestra Majestad los caminos por donde se podía llegar a mayores evidencias de todo, y sobrando la mayor parte de este material a lo menos para suspender indiferentes las rectas balanzas del juicio hasta mayor calificación del delito.

Y esperándolo así, aunque Vuestra Majestad se olvidase de que era su sangre la que se quería verter, y no considerase en mí otra calidad que la del más despreciable vasallo, se me avisa que ha admitido Vuestra Majestad al conde de Aranda, a una favorecida confiada audiencia, y permitido a los principales ministros que se dejen visitar de él, que viene a ser lo mismo que haberle declarado por inocente, o inculpable, sin que haya dado lugar a algunas de las diligencias que podía poner en claro la comprobación del hecho, como si hubiese habido gran dificultad en que con el motivo de falta de salud, u otro, que no fuese en descrédito del conde le definiese Vuestra Majestad esta pública absolución, si quiera hasta examinar lo que se proponía para comprobación de cargos tan execrables y feos...[536].

La carta de don Juan trasluce por todos sus costados el gran enojo que tiene, ante la actitud tomada por la regente en tal asunto, continuando sus párrafos tal y como se cita seguidamente:

"Y si estas acciones han podido tan justamente, llenarme de sentimiento, y de admiración, mucho mayor aún, me la debe causar, el que (según también se me avisa) haya permitido Vuestra Majestad que el Inquisidor General, asistiese en la Junta a la lectura, e inspección de mis despachos, y papeles, sobre negocio en que es acusado de principal cómplice. Y después este ministro, no intervendrá en materia alguna que me toque, reconociéndole Vuestra Majestad y dándole por sospechoso en todos mis intereses, y en este caso ha sido tanto más perjudicial, e irreparable su noticia, cuanto ha oído los medios por donde se empezó a descubrir esta máquina, y los que se subministraban para acabarla de aclarar, con que se han puesto en sus propias manos las armas que le habían de ofender, y dándole disposición seguir el camino de la comprobación, se hallen zanjadas, y ciegas todas las veredas que pudieran conducir a él.

Los quilates de estas demostraciones (que juzgo no deslucen a mi razón) no es menester que yo los toque, ni descubra, pero no he podido dejar de ellos sentida, y rendidamente a los Reales pies de detrimento contra justicia, ante Dios me confunda que esto suceda, por lo que por todas razones debo desear, es, que Vuestra Majestad quede enterada de la verdad; y así como hasta la presente hora, por Divina misericordia, no tengo el más leve escrúpulo de haber obrado con ligereza, o prisa en estas materias, antes quizás le podría tener de demasiada lentitud, y confianza, el día que me hallase con fundamentos, para disculpar a los mismos que ahora acuso, sería el primero que los publicase inocentes.

Vuestra Majestad lo consultará todo con su soberana obligación, y recto ánimo, que el mío está quietísimo, en la Fe, y en las experiencias, de que el Señor que no

[536] A.H.N., *Estado*, Libro 1.009, p. 281.

puede engañar, ni ser engañado, me asistirá, y defenderá mi vida, si conviene para su santo servicio, y honra, y si no, ni la quiero, ni la deseo, él conserve, y prospere la de Vuestra Majestad felicísimos años, para bien universal de la Cristiandad, etc."[537].

Nuevamente, y a la vista de la prácticamente nula defensa que su prima Mariana de Austria hace sobre la causa de don Juan, el 5 de abril de 1670 escribía nuevamente a la Corte haciendo patente su malestar:

> "Recibí el real despacho de Su Majestad, de doce, a tiempo que tenía firmado el adjunto, y cotejado ambos, casi podía servirle de respuesta. Veo, que se da por inverosímil y débil todo lo que he hablado, y que se pasa por alto lo que he callado. Y ser yo quién lo calla y confieso señora, a Vuestra Majestad que no me ha hecho novedad por que mi fortuna me tiene muy a crédito, adivino de cuanto me sucede, y de que ni mi acción quedaba desempeñada, ni satisfecha la justicia en el buen ejemplo, y causa pública.
>
> Con todo nada me apartará del rendimiento que profeso a Vuestra Majestad, ni de la confianza de sus honras. Guarde Dios la católica y real persona de Vuestra Majestad"[538].

Pero todavía aguardaban mayores afrentas a don Juan. El *castigo*, que recibirían los presuntos instigadores del intento de envenenar a don Juan, sería la promoción del conde de Aranda a la gobernación de Galicia, y a Joseph de Zelada con otro gobierno en tierras italianas.

El *caso Antonio de Montemayor y Córdoba*

Volviendo al grave asunto de la conspiración contra la vida de don Juan de Austria, todas las miradas se dirigían a Mariana de Austria, al Marqués de Aytona, a Valladares, al Padre Nithard, y a otros confidentes como Joseph de Zelaya, y al desdichado Antonio de Córdoba, quién acabaría degollado, siendo el ejecutor de todo ello el propio conde de Aranda.

En la figura de este personaje, Antonio de Córdoba, parecen representarse muchas de las circunstancias e intrigas de aquel momento histórico que venimos narrando, y en donde se dan la mano tanto intereses cortesanos, como rivalidades, odios, amistad, espionaje, y un largo etc. El caso es que en un momento dado este sujeto aparece convertido en espía doble, transmitiendo informes a la regente y a sus seguidores, por un lado, y a don Juan por el otro. Finalmente dará con sus huesos en prisión, y, haciendo las veces de chivo expiatorio, su muerte para muchos sería la forma de acabar con el suceso del intento de dar muerte al bastardo regio.

537 A.H.N., *Estado*, Libro 1.009, p. 281.
538 A.H.N., *Estado*, Libro 1.009, p. 282.

Veamos a través del siguiente documento el discurrir de los acontecimientos:

"Querella y acusación fiscal por don Joseph Beltrán, que lo era del real, contra don Antonio de Montemayor y Córdoba, sobre diferentes falsedades y mentiras contra la Reina, nuestra señora (que Dios guarde), y su gobierno. Año 1670.

El licenciado don Joseph Beltrán de Arrendó, caballero de la orden de Santiago, fiscal del Consejo, en la mejor vía y forma que puedo y debo, ante V.A. me querello y acuso criminalmente a don Antonio de Córdoba Montemayor, preso en la cárcel de Corte. Y poniéndole por acusación la culpa y cargo que contra el susodicho resultan de los autos.

Digo que estando preso en la cárcel de Corte... para efecto de liberarse de ellas y salir de la prisión en que estaba, maquinó y supuso falsamente y con dolo y malicia que el marqués de Aytona, el Inquisidor General, don Diego de Valladares, el Almirante de Castilla, el Marqués de Castel Rodrigo, y el Conde de Melgar habían tratado de dar muerte violenta al señor don Juan" [539].

Y comienza su alegado indicando que:

"Primeramente por medio de asesinos, que el dicho don Antonio de Córdoba había de buscar valiéndose de la cuadrilla de don Jaime Ruiz de Castilblanque, y que no pudiendo tener esto efecto con la brevedad que se le encargaba respecto de la mucha guarda que tenía el señor don Juan de ordinario, dispusieron que se confeccionase y preparase un veneno que lentamente le acabase la vida, sobreviniéndole una enfermedad que los médicos no pudiesen conocer... y que el dicho veneno lo había llevado un mozo llamado Alonso, cuyo apellido no sabía, en un cofrecillo cerrado y sin llave, el cual había de entregar con las cartas que llevaba del marqués de Aytona a don Jaime Ruiz de Castilblanque, para que lo hiciese llevar a Zaragoza, a poder del conde de Aranda, por cuya mano había de correr la ejecución. De todo lo cual dio cuenta al señor don Juan por una carta que le escribió estando preso en la cárcel de Corte, ofreciéndole que estando en parte segura diría el nombre, calle y casa del alemán que había confeccionado el veneno, y darle modo para coger las cartas que sobre estas materias se escribían al conde de Aranda, y las que él enviaba, y al mismo tiempo dio estas noticias de don Diego de Bracamonte, don Juan de Santa Cruz, don Juan Domeb y don Duarte Correa, y dos criados de los Bracamontes, ofreciéndoles que si le sacaban de la cárcel daría al señor don Juan todas las noticias necesarias para la seguridad de su vida" [540].

Tras ello, y habiendo afirmado que daría toda la información que se demandaba por don Juan, Antonio de Montemayor y Córdoba fue rescatado de su prisión y llevado a Zaragoza, donde vendría a protagonizar unas declaraciones lapidarias contra muchos

---

539 A.H.N., *Estado*, Libro 881.

540 A.H.N., *Estado*, Libro 881.

de los enemigos del hijo bastardo del rey, y en donde el padre confesor aparecía en el centro de sus acusaciones:

"Y con este motivo le sacaron el jueves santo en la noche del año pasado de 1670, y le llevaron a Zaragoza ante el señor don Juan, a quien dijo que la persona que había confeccionado el veneno era el alférez Ferrier, alemán de Nación. Y no contento con la carta y noticia extrajudicial sobre dicha, siendo preguntado legítima y judicialmente, y ente juez competente en 18 de abril de 1679, que lo era en la dicha ciudad de Zaragoza, el doctor don Gregorio Xulbe, regente de la Real Cancelaría del Reino de Aragón, y ante Juan Francisco Calbera, escribano principal de la General Gobernación, y con juramento que hizo a Dios y a una Cruz de decir verdad, dijo falsa y supuestamente lo arriba referido, afirmando que los dichos marqués de Aytona, Inquisidor General, Almirante de Castilla, marqués de Castel Rodrigo, conde de Melgar, y conde de Aranda maquinaban y solicitaban por diferentes medios la muerte del señor don Juan, ofreciendo muchas mercedes a las personas que lo ejecutasen, y para seguridad de su falsedad y suposición, decía que don Diego Sarmiento Valladares, siendo vuestro Presidente, le había mandado soltar de la prisión en que había estado antecedentemente sobre cierta comunicación que tenía con una mujer casada, dándole salvoconducto para que viniese con ella públicamente, sin que se lo impidiese la justicia, y anduviese por las calles, sin embargo de sus delitos" [541].

Más tarde, el fiscal de la causa indica que:

"Y continuando su mal natural dado a falsedades, y añadiendo delito a delito, habiéndole traído preso a la cárcel de la Corte, en la declaración que se le tomó en 10 de diciembre del año pasado de 1670, por el licenciado don Antonio de Vidaña y don Lorenzo Santos del vuestro Consejo, y ante el licenciado don Juan del Corral, alcalde de Corte, que hacía oficio de notario, habiendo jurado a Dios y a una Cruz de decir verdad, declaró que la carta que escribió al señor don Juan... es cierto que la escribió y firmo de su nombre, pero que fue en Zaragoza, habiéndole tenido el señor don Juan encerrado nueve días, y dándole un borrado don Mateo Patiño, su secretario, para que de él copiase dicha carta, como con efecto lo hizo por la fuerza y violencia.

Y asimismo que la declaración que hizo ante el dicho regente, fue cierto que la hizo y firmó, pero que fue habiéndole llamado el señor don Juan, junto a una pieza de su retrete... y por cuanto en todo lo referido ha cometido el dicho don Antonio de Córdoba Montemayor gravísimos delitos, dignos de ejemplar castigo... le corresponde a este reo pena capital... que le corresponde porque haciendo oficio de espía doble, a un mismo tiempo se correspondía con el señor don Juan, y con don Diego de Valladares, Presidente que era entonces, y el marqués de Aytona, suponiendo maquinaciones de unas partes con otras..."[542].

---

541 A.H.N., *Estado*, Libro 881.

542 A.H.N., *Estado*, Libro 881.

Con todo, era necesario ejecutar a este sujeto, y así se hizo. Resulta interesante la carta que mandase al Justicia de Aragón, y que le llegó una vez había sido degollado en la plaza de Madrid el jueves 12 de febrero de 1671, y en donde reconocía que era degollado por denunciar aquella trama contra Su Alteza:

> "Carta de don Antonio de Montemayor y Córdoba, que murió degollado en la plaza de Madrid, jueves 12 de febrero de 1671, escrita desde el cementerio de San Ginés, donde está su cuerpo, al Justicia Mayor de Aragón.
>
> Muy ilustre señor.
>
> Por haber encerradome hasta ahora, haciendo declaraciones en esta vida, descargando al marqués de Aytona, que en nada fuese parte, como lo hizo en esotra con los que lo fueron, no he avisado antes de mi persona que en Madrid hicieron justicia de ella, pero ahora que he visto, no han querido llevar a la plaza de vicecanciller justicia mayor, porque allá hay hartas, he querido escribir a V.S. estos renglones avisándole de todo lo que se dice por acá, pues lo menos es que por aquellos precisos agasajos que así por supuesto como por su persona, y como buen aragonés hizo al recibimiento del señor don Juan en estos reinos, y por estar a su lado, ahora se ha cerrado el ser de la Junta de Gobierno, y la cosa que había de hacer en el viaje a Madrid, don Antonio Morquecho, yerno de V.S. dicen le habló a la Reina nuestra señora, ponderando los servicios de su casa, y suyos, y los que han hecho V.S. y al presente hace... el duque de Medinaceli ha dicho acá que es descendiente suyo, y de la casa de Lerma, aunque más por fuerza ya, que por grado, y que se puede temer que escarmentado de lo mal que le premian de ser tan buen despachador de abastos, pide licencia para retirarse al consejo de la Real Cámara de Castilla, presidencia... ahora conocerá el señor don Juan que no era tan malo Pedro Querardo, pues aunque ha faltado nos va paseando a todos los que anduvimos en la mesa, como hicieron conmigo, enviándome por embustero del campo de la verdad, sin querermela oír, cuando me vi apretado, castigándome tanto, porque no hablase tanto como lo que había hablado, acallándome con un degüello, pensando me hacían mucha merced en no dejarme vivo... y di a entender sin provecho se violentaba mi causa, y enredaría al señor don Juan, a que volviese por ella como por la de Malladas... pues aunque hubiera política razón que persuadiese por cosa necesaria asegura la persona del señor don Juan, aunque no se haya intentado se dio que sospechar a los malcontentos, mal intencionados y amotinadores que son la parte de la república..."[543].

La influencia negativa de don Juan sobre la Corte madrileña, y el perdón de la Reina por sus pretéritos actos contra el gobierno

Ante al cariz que tomaban aquellos acontecimientos que nuevamente tenían al bastardo regio como protagonista, la regente consideró que don Juan, pese a estar en

---

[543] A.H.N., *Estado*, Libro 881.

Zaragoza, continuaba siendo una amenaza para los intereses de los que gobernaban el Imperio Hispánico, por lo que decidió alejarle con un destino fuera de la Península. Se le dieron órdenes para que se trasladase a Flandes y asumiese el cargo de Gobernador de aquellas provincias, tal y como ya lo hiciese años antes, reemplazando al Condestable de Castilla que en ese momento asumía dichas funciones. La respuesta de don Juan de Austria sería tajante: rechazaba de plano el cumplimiento de una orden, cuyo objetivo básico no era otro que el alejarle de la Corte, donde representaba una amenaza para unos pocos, pero ello significaba que otros muchos continuasen padeciendo las negligencias de aquellos nefastos gobernantes. Para evitar reacciones enérgicas contra su persona, una vez más volvía a utilizar la excusa de su mala salud para justificar aquella negativa.

Desde la Corte no se aceptó el pulso planteado por el hijo bastardo de Felipe IV, ante el temor de enfrentarse a la opinión de una sociedad que apoyaba cada vez con más fervor a Juan José de Austria. Así las cosas, el 5 de Julio doña Mariana de Austria aceptaba las excusas sobre aquella campaña en tierras del norte de Europa, y le eximía de la obligación de tener que salir de España, a asumir las obligaciones lógicas del cargo de Gobernador General de los Países Bajos:

> "Copia de despachos de Su Majestad por la vía reservada y estado, en que admite la excusa del señor don Juan, para no pasar a Flandes. Don Juan de Austria, mi primo. Por la respuesta que habéis dado en carta de 22 de junio a la que os escribo sobre una ida al gobierno de Flandes, veo las razones que representáis, en orden a no pasar a servicio a él, y aunque fue mandado que por estado se os responda, sin embargo he querido también deciros por esta vía reservada, que quedo advertida de ello, sintiendo que la causa sean los achaques en que lo fundáis.
>
> Por lo que estimo vuestra salud, y atendiendo a ella, vengo bien en admitiros la excusa cuanto quisiera, que lo que principalmente había movido mi ánimo a aquella resolución fue por favoreceros más, y mirar a lo que juzgo sería mayor servicio de el Rey mi hijo, decoro y conveniencia vuestra, a quién siempre atenderé con muy particular agrado, deseando complaceros cuanto sea posible en todas las ocasiones de vuestra mayor satisfacción.
>
> Dios os guarde muchos años. Madrid a 5 de Julio de 1670. Yo la Reina. Don Pedro Fernández del campo y Angulo"[544].

A esta carta respondería rápidamente don Juan de Austria. En concreto, tres días después nuevamente se ponía a los pies del Rey y de su madre:

> "Respuesta. Señora. No se prometía mi rendimiento menos honras de las que Vuestra Majestad se digna hacerme en su real despacho de 5, compadeciéndose Vuestra Majestad de mi quebrada salud, y admitiendo la excusa de pasar a Flandes.
>
> Lo que debo asegurar a Vuestra Majestad es que en el deseo de recuperarla tendrá siempre la principal parte, el de emplearla toda en el real servicio de el Rey, nuestro

544 B.N., mss., 10.330.

señor, y en el de Vuestra Majestad especialmente, así no querré con el entendimiento, lo que procuró acertar con la voluntad. Guarde Dios. Zaragoza, 8 de julio de 1670"[545].

Don Juan permanecería, pues, en Zaragoza hasta que llegó la expiración del trienio de su mandato, que se le renovó sin dificultad por otros tres años más, lo que significaba que continuaría siendo el Vicario General de Aragón entre los años 1672 y 1675. Mientras tanto en la Corte madrileña un nuevo acontecimiento vino a plantear un conflicto que no hizo sino acrecentarse con el paso del tiempo.

Comentaba el marqués de Villars, en sus *Memorias de la Corte de España*, que cuando por primera vez la visitó en 1668, aconsejaban a la Corona ministros bien reputados y dignos de serlo, de los cuales en 1672 apenas si halló testimonio. Si los Reyes Católicos habían hallado generales, diplomáticos y otros regidores con que dirigir su Administración central y periférica, sin tener que salir de la península; Carlos I y Felipe II vinieron a traerlos de tierras alemanas, de Italia o de Flandes; Olivares ya lamentó la falta de sujetos solventes; pero, en palabras de Maura, con dichos retales hubiese querido quedarse Carlos II.

Narra el duque de Maura que en aquella época de descalabros para los intereses españoles, en lugar de grandes líderes políticos había, para mayor desgracia de España, simples aprendices: "Al duque de Medina de las Torres, que supo preservar de la relajación de sus costumbres, si no la rectitud de la voluntad, el fulgor del entendimiento, había sucedido el marqués de la Fuente, que en la deshonrada alcoba de sus amores seniles descubría secretos de Estado, objeto después de lucros infames. Al marqués de Aytona, soldado no ciertamente invicto, pero sí leal, obediente, virtuoso, reemplazaba al Condestable de Castilla, inepto, disoluto y descontentadizo. Debió este caballero, en tiempos de Nithard, el Virreinato de Galicia a su linaje, cualidad que, como no se gana ni se pierde, poseía; debió el gobierno de Flandes al acaso de poder asumir sin dilación, en Coruña, el mando que declinó don Juan de Austria, próxima ya a zarpar la escuadra con las tropas. Para este Gobernador General, como para casi todos los Grandes de España contemporáneos suyos, residir en la Corte en expectativa de destino era insufrible humillación y muestra notoria de la impiedad del Soberano, cuyos abuelos tanto debían a los del cesante; ¡ah! Pero el obtener el puesto mendigado y servirlo, era abrumar al Rey con nuevos y muy mayores créditos de gratitud, que sin espera se presentaban al cobro. Su desdichadísima gestión en el País Bajo valió al Condestable una plaza de Consejero de Estado y la vacante de Aytona en la Junta de Gobierno..."[546].

La nómina de afectados directamente por la crítica viene a resultar amplísima. Así, uno tras otro los máximos responsables de la Administración española de aquella época son calificados de manera muy negativa.

---

545 B.N., mss., 10.330.

546 Maura, G., *Carlos II y su Corte*, op. cit., pp. 155 y ss.

Se acerca el tiempo de Valenzuela

Tras la caída de Nithard la soledad de la regente para asumir las tareas de gobierno, aunque estuviese continuamente asesorada por la Junta que en su testamento había dejado dispuesta Felipe IV, era patente. Quizá por ello poco a poco fuera abriéndose paso hacia confianzas cada vez mayores un oscuro personaje, a quién empezó a conocerse con el nombre del *Duende de Palacio*[547]. Estamos hablando de Fernando de Valenzuela. La razón de este singular apelativo estaba relacionada con el hecho de que doña Mariana, aislada por su posición y su temperamento de los rumores y comentarios que circulaban por la Corte, resultaba estar puntualmente informada de todo lo que acontecía, tanto en cuestiones relevantes como lo relacionado con las más pequeñas e insignificantes minucias. Pero la ira popular se plasmaría en numerosas obras que satanizaban a este personaje, entre las que cabría citar la que rememora, desde un tono despectivo, el origen y ascenso de este valido, titulada "*La pérdida de España*"[548], cuyo autor sería un tal Mariana. Y ya en la introducción encontramos los fines de la misma: "Escríbela la pluma del tiránico parecer de Eugenio, de que al poder del dominio nada es injusto siendo útil. Dedicada al excelentísimo señor don Fernando Valenzuela. Imprímese en la Casa de la Contratación. Imprenta Real a costa de la abandonada honra y servil sufrimiento de los españoles, venderase en Ginebra, y en todas las partes donde hubiere libertad de conciencia..."[549].

Pero mucho más crítico, a nuestros ojos con este personaje será la obra "*La Pérdida de España*", dedicada a satanizar a Valenzuela, en donde a la hora de introducirnos a este personaje se indica lo siguiente:

> "Fenecidas por entonces las materias de Su Alteza mirándole con la estimación de sus lejos, corría el gobierno sin lengua y sin voz, como ofuscado entre escondidas entrañas de ambición y pasiones desenvueltas... la majestad de su poder encendió las ansias de su odio para la satisfacción de intentar la fábrica de un monstruo aborto de la tiranía y de la deshonra de España. Empezose a manifestar en los principios con título de Duende (presagio de creación del demonio), corriendo por su manufactura los negocios de las ventas de oficios. Sintió este primer efecto el Consejo de Indias... y hallaban su inclusión sin causa de entendimiento, ni mérito. Unos decían que había

---

547 En algunos versos, de los muchos que circulaban por aquella Corte madrileña, se apodaba con notoriedad a Valenzuela como *el Duende de palacio*:
"Qué Valenzuela a lo pícaro
aquel Duende tan fantástico
sin tener nada de místico
se introdujo a ser gramático.
De los grandes era un tósigo
Y de la corona y látigo
De Carlos segundo, un duende
Y de la Reina un preámbulo".

548 A.H.N., *Estado*, Libro 880.

549 A.H.N., *Estado*, Libro 881.

> sido el trujamán del padre Everardo para sus inteligencias secretas, y que esta habilidad le había adquirido la singular recomendación que hizo el padre Everardo con la Reina al tiempo de su expulsión... pero los padres de la compañía han querido desmentir esto con decir que antes don Fernando Valenzuela fue el único instrumento que venció a la Reina para apartar de su lado y de España al padre Everardo, para levantarse él únicamente con la voluntad de la Reina..."[550].

Pero todavía hay mucho más. Ciertos partidarios de don Juan de Austria calificaban a Valenzuela, y a sus méritos para haber logrado su meteórica ascensión del modo siguiente:

> "... don Fernando de Valenzuela, cuyos méritos y experiencias grandes son el calificarles sus principios de paje, sus medios el haber sido bufón de las conversaciones, el de alquilarse amoderado precio para festejar las damas cortesanas de otros, cantando sus tónicos, el de andar hambreando con ostentación de palillo y regüeldo de berzas, el haber encontrado con la del buen Ucedo para matrimoniarse, y las artes mágicas de su tía la azafata, el continuar las penitencias de su estómago con el mediano alivio del cuartillo de vino y panecillo que le solía dar el sacristán de San Jerónimo, en la ocasión de hallarse Su Majestad en El Retiro que fue la que más descubre los principios de su elevación, y la deshonra de España.
>
> Manifestándose entonces profanado aquel templo, el más soberbio y absoluto infame con sacrilegios, descargos que se les acusan las losas y tribunales de la reprehensión y amenazas del sacristán, y la confusión de algunos monjes santos y doctos que tuvieron noticia. La transformación que hizo de hombre en perro, el respeto y lealtad del que le vio a deshora en las salas de palacio, el carabinazo tan mal tirado que le dieron en castigo, las voces exclamatorias que le oyeron muchos al duque de Montalvo, de que Dios no le quitase la vida hasta verle a este pícaro bañado en la sangre del color de su púrpura, el haber adolecido de la herida para mayor desvergüenza, el ser el entremetido, la dueña y el soplón de las confidencias y atrocidades del padre Everardo, el ser duende, o demonio para vender la justicia, todos los puestos seculares y dignidades sagradas, y el haber tenido esta infeliz monarquía en su menor edad una Reina tutora y gobernanta que a menudo, aborreciendo a su hijo y su reino, y teniendo teatino que la confiese ha procurado para saciar su hidropica avaricia y libertad de conciencia en soberanizar este monstruo..."[551].

El duque de Maura nos rememora los orígenes de esta familia hidalga, en la malagueña ciudad de Ronda, en donde indica como entre la nómina de aquellos que reconquistaron en 1485 aquella difícil plaza se hallaba un tal Fernando de Valenzuela y que, una vez realizado el reparto correspondiente entre aquellos que participaron en la gesta, obtendría como recompensa una casa en la calle de la Caridad, junto a la iglesia que antaño fuese mezquita. Allí, en el dintel de dicha morada labraría los cuarteles

550 A.H.N., *Estado*, Libro 880.
551 A.H.N., *Estado*, Libro 880.

repetidos de su escudo: "en el alto, un león rampante coronado y, a los ángulos, cuatro cruces en aspa; en el bajo, entre dos grifos tenientes, sobre un castillo, una copa".

Sin embargo la falta de medios haría que a mediados del siglo XVI los Valenzuela fuesen desprendiéndose de los bienes familiares, incluyendo aquella casa familiar. Más tarde, Francisco de Valenzuela, a inicios del siglo XVII, valiéndose de su espíritu aventurero acabaría sirviendo más de treinta años en los ejércitos de Felipe III y IV; estuvo en Milán, en Flandes, en Nápoles, y en Marruecos en la toma de la Mamora. Además participaría contra los ingleses en la defensa de Cádiz. Casado durante un breve espacio de tiempo con la rondeña Ana de Montoro, y asentado en aquella ciudad de la serranía, pronto tendría que abandonar nuevamente aquellas tierras por asuntos sangrientos.

En 1634, mientras servía como capitán en Nápoles, contraería segundas nupcias con Leonor Enciso, de la que nacería en 1636 el futuro valido de Mariana de Austria. El 17 de enero de 1636 era bautizado en la iglesia de Santa Ana de la ciudad de Nápoles con los nombres de Fernando, Félix, Domingo, Antonio, Valenzuela y Enciso, siendo padrinos del recién nacido Sancho de Leiva, conde de Baños y Victoria de Aragón y de Appiano.

Viuda Leonor Enciso, volvía en 1640 a la Corte madrileña, contrayendo nuevamente matrimonio con Juan de Escobar, aposentador del Rey, el cual vino a hacerse cargo de Fernando de Valenzuela. Así las cosas, cuando en 1648 marchaba éste a Sicilia, donde había sido designado como virrey, llevaba consigo al futuro valido de Mariana de Austria, que por entonces contaba tan sólo doce años. Tras sus primeros cargos en aquella administración siciliana y tras un tiempo en la península Itálica, en aquella ciudad de Nápoles que le viese nacer, pronto entendió que su futuro estaba en Madrid, en donde conoció a María Ambrosia Ucedo y Prada, dama del entorno de la Reina Mariana de Austria con la que contraería matrimonio en 1661. De ahí, y con su ambición permanente, llegar a la Reina no sería más que cuestión de tiempo, y no de mucho precisamente.

Sobre este personaje, cuenta Gabriel Maura como "a los veintitrés años era, pues, don Fernando de Valenzuela y Enciso un paseante en Corte, sin oficio ni beneficio, tolerado en casa del tercer marido de su madre, caballerizo del Almirante"[552].

En el ejercicio de algunas de sus funciones Valenzuela mostró un excelente talante. Así, frente a la rigidez y sobriedad de la Corte en épocas de Nithard, abundaban ahora los regocijos y las representaciones de comedia, lo que vino a conseguirle un importante apoyo popular. Lejos quedaban aquellos compromisos que Juan José de Austria exigía en Torrejón de Ardoz, cuando señalaba, como uno de los pilares de su programa, la necesidad de contar con ministros celosos, competentes y honrados.

Pero si Valenzuela se iba ganando al populacho con aquellas nuevas medidas, el odio que la nobleza acumulaba contra su persona crecía proporcionalmente a ello. Éstos no llegaban a comprender como Mariana de Austria había puesto progresivamente el control de la monarquía en manos de un sujeto con sus orígenes y antecedentes. El

[552] Maura, G, *Carlos II y su Corte...*, op. cit., p. 145.

rencor que recibiría acabaría superando al que en su momento se tuvo al confesor de la Reina. Era un intrigante cuyo único mérito para conseguir aquella posición que ahora ocupaba era el haberse convertido en el confidente de la Reina. En efecto, aquella situación no dejaba de llamar la atención de unos cortesanos, que habían llegado ya a la conclusión de que la regente conseguía aquella información a través de un confidente que la mantenía informada puntualmente, y que dicho personaje no era otro que el *Duende de Palacio*.

Si la Reina había buscado en Nithard el apoyo a su soledad de viuda, el consejo teológico y el consuelo del confesionario, en el nuevo privado buscó la información del día a día, de la que sus consejeros y cortesanos la tenían en ayunas. Otra vez, como en el caso del jesuita, su soledad ante la inmensa responsabilidad que la tarea de gobierno había echado sobre sus hombros, así como la educación de un niño débil y enfermizo para quién había de conservar la corona, la obligaron a buscar un apoyo que, a los ojos de los engreídos cortesanos madrileños, había de resultar cuando menos estrafalario.

Así las cosas, en 1673 Valenzuela aparecía ante los ojos de la Corte como el nuevo valido de la Regente, si bien mientras ésta gobernó en nombre del futuro Carlos II, *el Duende* no obtuvo nombramiento de primer ministro, ni ningún otro que le facultase para gobernar directamente, aunque ello parecía no hacerle falta.

O lo que es lo mismo, estamos nuevamente ante un hecho novedoso en el mundo del valimiento en la época de los Austrias se estaba produciendo: Fernando de Valenzuela estaba demostrando como el éxito podía conseguirse con un determinado tipo de talento, ya no era necesario pertenecer a la alta nobleza para alcanzar la mayor de las dignidades.

Mientras estos sucesos tenían lugar en la Corte, donde el encumbramiento de Valenzuela había logrado algo poco común, como era la unión de toda la aristocracia en torno a un mismo objetivo: la caída del nuevo valido, por cuanto su presencia y el cargo que ostentaba suponía no sólo un agravio para ellos, sino una humillación insoportable. Aquella reivindicación se convirtió en una especie de razón de Estado, a la que se concedió prioridad por encima de cualquier otro asunto por grande que fuese. Para ello contaban como no podía ser de otra forma con la colaboración directa de don Juan de Austria, cuyas condiciones de liderazgo, aunque aquellas familias linajudas no asumiesen enteramente la idea de tener que reconocérselo, era una realidad incuestionable. Si en ese momento histórico había un hombre de acción, con experiencia, reputación y apoyo popular capaz de llevar a cabo las acciones necesarias para poner fin a aquel estado de cosas era, sin lugar a dudas el vástago de *la Calderona*.

La designación de Valenzuela como conductor de embajadores, aunque fuese de manera interina, no dejaba de resultar sorprendente a ojos de muchos que creían tener más meritos a ello:

> "En Madrid, a 9 de mayo de 1671. El Consejo de Estado pone en las reales manos de Vuestra Majestad los inclusos votos proponiendo personas para el ínterin del puesto de conductor de embajadores. Nombró a don Fernando de Valenzuela. Por cuanto

habiendo quedado vaco el ínterin de conductor de embajadores, por ausencia de don Manuel Francisco de Lilra, que le tiene en propiedad, y conviniendo proveerle en persona de calidad, prudencia, agrado e inteligencia en las lenguas, para tratar con los embajadores de príncipes que vienen a esta Corte, referirlos, guiarlos y anotar los días en que hubieren de ser admitidos a las audiencias, hacer sus entradas, y lo demás que en orden a su agasajo y noticia de lo que deben hacer fuere menester, concurriendo estas y otras muy buenas partes en la de vos, don Fernando de Valenzuela, por las experiencias que habéis adquirido en las partes donde habéis servido fuera de España, obrando en todo lo que ha estado a vuestro cargo con mucha vigilancia, dando muestras de vuestro celo en la buena cuenta de lo que os ha tocado del real servicio, y a que habéis ejercido el puesto de mi Caballerizo de más de 10 años a esta parte.

Por tanto atendiendo a estos motivos y esperando que en lo que se os encargare, cumpliréis muy enteramente con vuestras obligaciones, y nuestro servicio, he tenido por bien de deciros y nombraros, como por el presente os elijo y nombro por conductor en ínterin, de embajadores que hay y vinieren a esta Corte. Por tanto tengo por bien que uséis y ejerzáis este oficio según y como lo haría el dicho don Manuel Francisco de Lira, gozando del salario y demás emolumentos que por razón de él le pertenecían, y os de son pertenecer, y mando que se os guarden todas las honras, gracias, exenciones, prerrogativas e inmunidades que por el os tocaren, y deban ser guardadas según y como se guardaron al dicho don Manuel de Lira, y sus antecesores, sin que se innove en parte ni cosa alguna con vos, que tal es mi voluntad y conviene al real servicio, y en el uso y ejercicio de este puesto, guardaréis lo contenido en la instrucción aparte que os he mandado dar. En Madrid a mayo de 1671"[553].

Pero la cosa fue a más, incluso llegaría a encargar que se realizara una dudosa cuando no inventada genealogía sobre su familia, con el motivo de hacer valer a todos el alto linaje que poseía, vinculando su origen con el infante don Sancho:

"Es tan claro, generoso y antiguo el origen de la casa de Valenzuela, que cuando no se acompañará de los señoríos, heredamientos y grandes haciendas que posee el largo número de señalados varones que ha producido los repetidos casamientos, que ha celebrado con casas de la primera magnitud y el sucesivo lustre, con que se ha propagado no sólo en sus parientes mayores en las diversas ramas que se referirán bastaba por firmísimo argumento de su condigna estimación tuvo por progenitor al infante don Sancho, señor de Aguilar de Campoo, Monteagudo, hijo segundo del señor Rey don Fernando Segundo de León y Galicia, y de la señora Reina doña Teresa su segunda consorte, a quien mató un oso en los montes de Cañamero, y si bien no la bastó a la casa de Valenzuela tener tan gran progenitor para que no la comprendiesen las controversias de los genealogistas y historiadores en opinar los orígenes de los linajes de estos reinos (que a ninguno de los antiguos perdonaron) por carecer de escrituras de los siglos pasados, y por el corto lugar que tuvieron de vacar a la pluma, necesitándole todo para la espada en el continuado opositor a la ambición que trajo a

553 A.H.N., *Estado*, Leg. 4.826.

> España tanta diversidad de naciones como desearon y tuvieron parte de sus dominios, y más que a las demás a los moros que por cerca de ocho siglos la oprimieron de que es fundar los genealogistas sobre conjeturas todo lo que antecedió a las alcurnias que llamamos apellidos, haciendo los cómputos y calculaciones por los patrimonios y tiempos, sin poder superar precisas contingencias de equivocaciones en los progenitores, y atribuyendo a una casa los que a otra pertenecen, porque como no pudieron excusar los linajes a uso de los propios nombres de que se formaron los patronímicos así no pudieron evitar la confusión de tomar unos por toros ascendientes para que el de Valenzuela tenga por progenitor al infante don Sancho, se probará con autoridad muy recibida y clásicas y instrumentos…"[554].

En 1674, y continuando con su meteórica carrera política, entraba a formar parte del Consejo de Italia, limitándose su función en el mismo al manejo de los fondos de aquella institución. Ese mismo año pasaría, por orden de Mariana de Austria, a ejercer interinamente las funciones de alcalde del castillo, montes y bosques del real sitio de El Pardo, sustituyendo mientras durase su ausencia al titular del cargo, el marqués del Carpio, que era trasladado a Roma, tal y como puede leerse en el siguiente documento:

> "Pardo. Título de Alcalde del Castillo, Montes y Bosques del Pardo, a don Fernando de Valenzuela, por el tiempo y durante la ausencia del marqués del Carpio, que pasa a servir a la embajada de Roma. 16 de abril de 1674"[555].

En general la opinión sobre este nuevo valido no venía a centrarse tanto en su persona como en su actuación. La ira contra este personaje derivaba de ser considerado por la mayor parte de la nobleza como "*intruso*", un personaje que se había colado en un lugar donde no correspondía, habiendo utilizado para ello las más criticables artes.

Ello hipotecaría gravemente su futuro político. Muchos e interesantes son los comentarios que sobre su persona realizaran sus contemporáneos, en general denostando su figura, aunque no faltan algunas voces que proclaman las virtudes de este personaje.

Según el embajador inglés Godolphin, el *Duende* tenía poder decisorio, brillo intelectual y modestia. Mayor elogio todavía le otorgaría Núñez de Castro, quién aprovechó la tercera edición de su libro *Sólo Madrid es Corte* para hacer una gran loa de Valenzuela[556].

---

[554] B.N., mss., 11.633. Origen de la casa de Valenzuela.

[555] APR, caja 1.069, 9.

[556] Núñez de Castro, A., *Libro Histórico-Político. Sólo Madrid es Corte…*, 31.675, dedicatoria, en la que la base del poder de Valenzuela, que no iba a ser nombrado primer ministro hasta 1676, todavía tiene que ser descrita en términos acumulativos. En la cuarta edición de 1698, ya no aparecerá la dedicatoria.

El intento fallido de enviar a don Juan a los Países Bajos

El año 1675 resultaría importante para la Monarquía Hispánica. En Flandes y Mesina quedaban importantes cuestiones por resolver, relacionadas con el sempiterno conflicto con Francia y la sublevación siciliana[557]. Así, a pesar de la aparente tranquilidad con que don Juan José de Austria se mantenía en sus tierras aragonesas, en la Corte eran conscientes de que en cualquier momento el bastardo haría bueno el menor de los pretextos para actuar en la dirección que conviniese a sus intereses. Por eso no se dejaba de plantear, una vez más, la posibilidad de alejarle de la península Ibérica con el pretexto de un destino urgente en alguno de los dominios de la monarquía.

La posibilidad de materializar ese deseo de la regente y de sus enemigos se presentó en otoño de 1674 cuando quedó vacante el puesto de gobernador de Flandes. Una vez más, era la tercera, Mariana de Austria planteaba a don Juan su deseo de que de hiciera cargo del gobierno de aquellas provincias:

> "Señora. Esta tarde se ha visto en el Consejo (como Vuestra Majestad se sirve de mandarlo, con decreto de este día) los despachos que se han enviado al señor don Juan, insinuándole cuan grato sería a Vuestra Majestad fuese a servir el cargo de gobernador de Flandes (que tiene en propiedad), y las cartas que así llegado respondiendo a ellos.
>
> Y hallándose en el Consejo el conde de Peñaranda, el duque de Alburquerque, el conde de Ayala, y el Almirante, ha parecido que por la gravedad e importancia de el mayor acierto en esta materia, sería muy conveniente que al consultar sobre ella concurriesen todos los del Consejo que puedan asistir, y que se avise vengan a él el martes próximo, y que el marqués de Castel Rodrigo, que por sus indisposiciones e impedimentos no podrá concurrir, se le pida su parecer por escrito... en Madrid, a 3 de noviembre de 1674"[558].

En aquellas misivas, aparece perfectamente reflejada la intención de Mariana de Austria, de que don Juan de Austria se instalase, de manera urgente, en tierras de los Países Bajos. Queda claro que don Juan de Austria había ya estado en aquellas tierras en jornadas muy difíciles, además ostentaba de manera permanente el cargo de Gobernador General de estos territorios por nombramiento del difundo Felipe IV, lo que le otorgaba una importante ventaja frente a otros que desconocieran aquellas tierras. Ya sólo por aquellos motivos su candidatura era digna de ser estudiada, pero ha de sumar a todo aquello las ansias de Mariana de Austria y de los que la rodeaban de alejarlo de Madrid, y con ello de toda posibilidad de influenciar en los acontecimientos que pronto llegarían a la Monarquía Hispánica, en forma de mayoría de edad del Rey Carlos, el resultado no era otro que el que todos los dedos le señalarían.

---

557 Maura, G., *Carlos II y su Corte*, op. cit., t. II, pp. 215 y ss.

558 A.H.N., Estado, Leg. 1.637.

Y así se observa con total claridad en el siguiente documento, en donde se da cuenta de la existencia de ciertas cartas, donde, a los ojos de muchos, don Juan parece asumir su destino próximo, y sin embargo en el trasfondo nos damos cuenta que sus deseos son otros:

"Copia de carta para Su Majestad, del señor don Juan. En Zaragoza, a 30 de noviembre de 1674. Considerando con cuanto acierto tiene Vuestra Majestad comprendida la gran importancia de poner luego persona que gobierne a Flandes, en el ínterin que (con el favor Divino) llegue yo a aquellos estados, y que en él pasaré a ellos de cualquiera que Vuestra Majestad eligiere, ha de haber necesariamente mucha mayor dilación de la que permite esta misma urgencia, que habiendo de ser su gobierno tan temporal y breve, puede presumirse que rehúsen su aceptación los que se hallan en otros empleos, y que para poder dar yo mejor cobro a aquellos negocios, es preciso que quien se pusiere en el ínterin empiece desde luego a informarse de ellos, y seguir mis advertencia, y direcciones en lo que el tiempo y los antecedentes permitieren para las prevenciones de la futura campaña, cuyas subordinaciones podría parecer más dificultosa al que fuese de afuera, además de que llegando nuevo, y sin noticia del estado de las cosas de Flandes, tardaría mucho tiempo en hacerse capaz de ellas, así para adelantarlas por sí, como para participarlas con algún fundamento, remito a la real mano de Vuestra Majestad la proposición que me ha mandado. Dios guarde, etc."[559].

Pero además vemos la reacción que su primo don Juan toma ante tal proyecto:

"Señora. Como Vuestra Majestad fue servida de mandarlo por decreto de tres del presente, se han visto en el Consejo las 4 cartas inclusas del señor don Juan, para Vuestra Majestad y el marqués de Mejorada, de 30 del pasado y primero del corriente, que las dos vinieron con el correo yente y viniente, que se despachó a Su Alteza, y las otras dos con el que le siguieron inmediatamente.

Dice el señor don Juan (en la que llegó al Consejo por copia) que remite a la real mano de Vuestra Majestad la proposición que se le pidió para el ínterin gobierno de Flandes, pareciéndole que habiendo de ser tan temporal podría rehusar su aceptación los ministros que se hallaren en otros empleos, y que para que pudiese Su Alteza dar mejor cobro a aquellos negocios es preciso que quien se pusiese en ínterin, empiece desde luego a informarle de ellos, y seguir sus advertencias y direcciones para las prevenciones de la futura campaña, cuya subordinación podía parecer más dificultosa al que fuese de afuera, además de que llegando nuevo y sin noticia del estado de las cosas de Flandes, tardaría mucho tiempo en hacerse capaz de ellas, así para adelantarlas por si, como para participárselas con algún fundamento.

En la carta para el marqués de Mejorada de Su Alteza (con el motivo de acompañar la referida) que su celo quedaba con disgusto de haberle sido inexcusable hacer tales proposiciones, que en la su sola inspección haya sido necesario gastar tantos

559 A.H.N., *Estado*, Leg. 1.637.

días, y que no siendo su deseo engañar ni de ser engañado, hallaba por preciso que así a los puntos que penden de ajena deliberación, como a los demás de su puntual y categórico cumplimiento, porque sentirá en el alma que por hallar en ellos ambigüedades o dudas, se viene en imposibilidad de dejar su rincón, habiendo hecho al servicio del Rey la nula obra de tener empantanado este negocio tanto tiempo, y dando motivo a la malicia para que pretenda buscar segundas intenciones, donde no hay sino realidad y celo.

Refiere Su Alteza en la última carta lo que había pensado en orden a facilitar los embarazos, que se le podría ofrecer al príncipe de Orange, en someterse a sus órdenes, o privarse de asistir personalmente en las operaciones de la campaña, tanto más en la aplicación que ha mostrado el príncipe al ejercicio y gloria de las armas, y el deseo de adelantarse en esta noble ciencia, y que juzgando Su Alteza que Vuestra Majestad se servirá de resolver el escribir cuanto antes sobre esta materia, y lo que pertenece a las tropas cesáreas, le había parecido del real servicio anticipar esta representación...

Vuestra Majestad resolverá lo que fuere servida, en Madrid, diciembre de 1674"[560].

Pero en aquellas fechas llegaba a manos de Mariana de Austria una misiva del Embajador Extraordinario de los Estados Generales de las Provincias Unidas del País Bajo, rogando que la persona que debería estar en aquellas tierras, ejerciendo las funciones de Gobernador General, no fuese otro que el conde de Monterrey[561]:

"Señora. Como pretende el infraescrito embajador extraordinario de los señores Estados Generales de las Provincias Unidas del País Bajo, de ingerirse en los negocios domésticos de esta Corte, que no son del interés común de esta Corona, y de sus altipotencias, así confiado en la seguridad de Vuestra Majestad llega sin escrúpulos a representarla negocios, que aunque dependientes de la sola disposición de Vuestra Majestad, tienen sin embargo grandes influencias en los intereses comunes de este tiempo.

Con esta confianza, pues dice el infrascrito embajador, que habiendo sus altipotencias entendiendo, no sin pensar, que Vuestra Majestad había de deliberar para enviar al País Bajo de Su Majestad Católica a un otro gobernador por lugar del señor conde de Monterrey, le mandaron representar a Vuestra Majestad con toda eficacia, que en la presente coyuntura no se podría hacer esto sin el mayor perjuicio a la causa común, no sólo por estar ya concertado con el señor conde de Monterrey muchos negocios sobre la guerra común, pero también por hallarse enteramente noticioso de todo lo que toca a la causa común en los Países Bajos, que de nuevo se lo habría de informar el gobernador que Vuestra Majestad nombraría, lo cual no se haría sin pérdida de tiempo, cuyos momentos son muy preciosos, y según esto sin muy considerable perjuicio de la próxima campaña, a lo cual se halla obligado el infrascrito embajador

560 A.H.N., *Estado*, Leg. 1.637.

561 Juan Domingo de Haro fue Gobernador General de Flandes entre los años 1671 a 1675, pero también lo sería más tarde del Principado de Cataluña entre los años 1677 a 1678. Indicar que fue conde de Monterrey gracias a su matrimonio con Isabel Zúñiga Fonseca.

de añadir, que es negocio de no poca importancia en la presente guerra que el señor conde de Monterrey haya conquistado por su cuerdo, y avisado de proceder.

Además de la buena voluntad de sus altipotencias, el afecto y cariño de los súbditos de su gobierno, que por esta razón llevarán de mejor gana los cargos de la presente guerra, considerando que aunque no pudiera parecer de tanto peso, y que también fuera de esto se haya de presuponer que no faltaría al nuevo gobernador el talento para ganar el afecto de los vasallos del País Bajo de Su Majestad Católica, y el de los aliados, sin embargo bien comprenderá Vuestra Majestad, que esto se requiere siempre tiempo, que en otras coyunturas no será tan preciso como es la presente, en que todo debe estar pronto y prevenido para obrar contra el enemigo común.

Por cuya razón suplica a Vuestra Majestad el infrascrito embajador, en nombre y virtud de las expresas órdenes de sus altipotencias, se sirva por las alegadas consideraciones, y según estas por la evidente ventaja de la causa común, de continuar el señor conde de Monterrey en el dicho gobierno. Madrid, 4 de diciembre de 1674. A. Paets"[562].

Sin embargo la decisión de enviar a aquel territorio a don Juan de Austria estaba tomada. Además, y contra todo pronóstico el bastardo había aceptado la proposición, lo cual ya era bastante. Y por si fuera poco se señalaba para ello que la situación militar por la que pasaban los Países Bajos no era tan precaria como en las anteriores y que su salud, excusa fundamental en las ocasiones precedentes, estaba por completo restablecida. En la Corte produjo perplejidad aquella respuesta. Sin embargo, se equivocaban los que pensaban que todo iba a resultar tan fácil puesto que, conocedor de las necesidades de dicha empresa, ahora sus exigencias serían elevadas: plena capacidad de mando para las tropas que estuviesen bajo su jurisdicción, además de los adecuados medios materiales y humanos.

Se estaban dando los pasos necesarios para cumplir con sus exigencias cuando un suceso inesperado vino a modificar los planes. A Madrid llegaron noticias de que en la siciliana Mesina se había vuelto a producir una sublevación popular. Las razones eran, una vez más, las que muchas otras veces habían provocado el levantamiento de aquellas gentes: la escasez de subsistencias y las pesadas cargas impositivas. Pero muy pronto dicha revuelta adquiriría un cariz político, cuyo último objetivo era sacudirse el dominio español. Para tal finalidad, los rebeldes reclamaron el auxilio de Francia y de su Rey.

Ante el curso que tomaban los acontecimientos, todas las miradas apuntaron hacia don Juan. El conflicto surgido en Sicilia se había convertido ahora por su entidad, en la mayor urgencia de la Monarquía Hispánica y, además, aquel era un destino que también le alejaba de la Corte, según los deseos de la regente. A justificar su envío a Italia se sumaba el hecho de que era una de las personas que mejor conocía los entresijos de la política italiana, en general, y de Sicilia, en particular. Cuando llegó a Zaragoza el requerimiento que se le hacía para que se marchase a Italia, también manifestó su disposición a ponerse en camino, pero igual que en el caso de Flandes ponía una serie

562 A.H.N., *Consejos*, Leg., 1.637.

de condiciones para asumir aquella responsabilidad. Dichas condiciones se resumen en el siguiente documento, que recoge una consulta ante el Consejo de Estado de 6 de Enero de 1675, y que en muchos textos aparece atribuído a la primera de las ideas de mandar a don Juan a tierras de los Países Bajos, cuando en realidad por su fecha hay que adjudicarla necesariamente al tercero de los intentos:

> "Al señor don Juan. Consulta de 6 de enero.
> Don Juan de Austria, primo, etc., habiendo visto con toda atención el contenido de vuestras cartas de 23 y 25 del pasado sobre vuestro pasaje a Flandes, y lo que representáis de nuevo al marqués de algunos puntos que se expresaron en despacho de 19 del mismo, he tenido por bien de resolver en cada uno lo que se sigue:
> En cuando al primero, que mira a las asistencias de Flandes, ha parecido deciros cuan presente tengo la importancia de esta materia, así para la conservación de aquel ejército como por lo gastado que se halla el país, y necesidad de hacer las reclutas, y demás prevenciones que son precisas para el logro de la próxima campaña, en cuya atención (como ya os lo tiene participado de mí orden don Pedro Coloma) se remitieron en el penúltimo ordinario trescientos mil ducados, y con el último que partió a 31 del pasado ochocientos y cinco mil, de los cuales iban órdenes para que se pasasen prontamente ciento y treinta y dos mil ochocientos y treinta, por si fuesen necesarios para las mesadas de los aliados, aunque se suponía no serían menester más de ciento y vente mil, sobre los sesenta mil que se había aplicado para lo mismo, el conde de Monterrey.
> Y en la propia ocasión se enviaron a Viena letras de cien mil para dos mesadas del Emperador, mi hermano, y juntamente órdenes para que pagasen en aquella Corte cuarenta mil novecientos y noventa y seis, que se debían de las atrasadas. Y se está con particular cuidado de adelantar todo lo posible los socorros, para que sea asistiendo puntualmente, con que se viene a haber ejecutado lo que proponéis, pues el duque de Villahermosa podrá valerse de los trescientos mil reales de a ocho, que apuntáis se envíen en contado para emplearlos en levas, reclutas, remonta, y demás prevenciones para las campañas. Y se queda disponiendo el buscar de pronto otros trescientos mil reales de a ocho, cumpliendo a los 600 mil, que se consideraron (así en vuestra instancia como en mi resolución) debíais llevar con vos, y en orden a que esto tenga efecto y se prevengan otras dos mesadas para mi hermano y los aliados, de manera que también las llevéis con vos, he mandado repetir las órdenes con mucho aprieto a los Consejos y Junta de Medios, para que se propongan y faciliten todos los extraordinarios que se ofrecieren y cupieren en el arbitrio, reconocimiento que no se debe omitir esfuerzo alguno, por ser esta la campaña que ha de dar la ley con los ventajosos logros de la guerra o ajustes de una decorosa y permanente paz, que es la mayor prenda que se os puede dar de que seréis asistido como lo pide y requiere lo que ha de estar vuestro cargo, y aparecido noticiaros que los ciento y cuarenta mil patacones que referís en vuestra carta, pasaron por esa ciudad a Cataluña, era caudal de los asentistas y no nuevas asistencias por cuanta de la Real Hacienda"[563].

[563] A.H.N., *Estado*, Leg. 1.637.

Continúa, con respecto al segundo de los puntos, indicando que:

"Conformándome con lo que proponéis en el segundo, cuanto al mando de las tropas, se ofrece deciros que he mandado despachar correo con órdenes a los ministros del Rey, mi hijo, que residen en Viena y en La Haya, para que pasen con toda instancia y expresión los oficios que apuntáis, no sólo por su imposibilidad, sino por ser en quién ha de tener a vuestro cargo aquellas armas. Pero hallándose el tiempo tan adelante, como conocéis, y siendo preciso que paséis con anticipación a aquellos Países para la dirección de lo que conviniese ejecutar, no debe detener vuestra jornada la disputa de estos oficios, pues no podéis dudar que se han de solicitar por mi parte, como convenientemente en que tanto interesa el real servicio" [564].

Ya respecto al tercero de ellos, se indicaba que:

"Por lo que toca al tercero, podréis dar el mismo tratamiento que al príncipe de Condé, al de Orange, y Carlos de Lorena, ejecutando con éstos lo que con el otro en las concurrencias que se ofrecieren" [565].

Igualmente, con respecto al cuarto de aquellos puntos:

"Sobre lo perteneciente al cuarto, me remito a lo que tengo resuelto y se os participó en el despacho a que respondéis" [566].

El quinto de ellos:

"En lo que mira a los sujetos que deseáis pasen de Cataluña con vos a Flandes (de que trata el quinto) he mandado dar las órdenes al duque de San Germán, como lo propusisteis al principio" [567].

Ya el sexto hacía referencia a:

"En cuanto al sexto, he mandado a don Manuel de Lira que pase oficios con los Estados Generales, pidiendo el número de fragatas que proponéis para vuestro pasaje, y que lo ejecute sin aguardar para ello la respuesta en lo que toca al mando de las tropas, porque (como va tocado en el 2º apartado de este despacho) sería perder tiempo esperar la determinación de aquella referencia en un negocio que no puede resolverse sin comunicación y concurrencia de todas las provincias. Y cuando insta tanto la necesidad de vuestra jornada, no puede estarse pendiente de aquella respuesta, sino que antes bien os dispongáis a ejecutarla, sin en esta intervención, pues instando tanto

---

564 A.H.N., *Estado*, Leg. 1.637.

565 A.H.N., *Estado*, Leg. 1.637.

566 A.H.N., *Estado*, Leg. 1.637.

567 A.H.N., *Estado*, Leg. 1.637.

la necesidad de vuestra jornada no puede estarse pendiente de aquella respuesta, y si en este intermedio se ofreciese ocasión en los puertos de España, de embarcación segura (repitiéndose las órdenes a don Baltasar Pantoja y Conde de Aranda), será bien que os dispongáis a ejecutar vuestro pasaje. Y habiéndose entendido que con la ropa del conde de Monterrey vienen dos fragatas de Ostende, se prevendrá al gobernador de Guipúzcoa que si llegaren a San Sebastián procuré otras dos, o cuatro de las que pueden hallarse en aquel puerto, y por este medio se podría disponer fácilmente embarcaciones pronta para vuestro pasaje" [568].

Ya sobre el siguiente, venía a indicar que:

"Sobre el séptimo, se ofrece deciros que al presidente de Castilla, en lo tocante al estado de vuestra hacienda, de que se previno a don Diego entonces, y ahora se advertirá lo mismo, al presidente para que le llame y pueda adelantarse en este punto, remitiéndome en el octavo a lo que tengo resuelto, he querido aseguraros la particular reflexión con que siempre se atenderá a vuestra mayor satisfacción de que podéis estar muy cierto" [569].

En cuanto al noveno,

"Comprendiéndose en mi resolución antecedente (cuanto al noveno) todo lo que mira a vuestra mayor satisfacción y seguridad de lo mismo a que se reduce vuestra instancia, no se ofrece que añadir a lo que está resuelto" [570].

Los décimos y undécimos indicaban lo siguiente:

"En el décimo, no queda qué hacer respecto de ajustaron en vuestra respuesta a mi resolución.

Remítome en lo que se sigue (número once) a lo que sobre él se os tiene participado, pudiéndose asegurar de nuevo (como hago) que mi ánimo es teneros siempre aplicado, y que el lugar de vuestra habitación será conforme a los cargos cuya propiedad conserváis, o los parajes en que la precisión de los accidentes hicieren necesaria la autoridad de vuestra persona y residencia" [571].

Finalmente, y para terminar, se indicaba que:

"Agradeciéndoos la prontitud que mostráis (en el último punto) de ejecutar la jornada en desechura por lo mucho que interesa en ello el real servicio, a vista de la gran falta que hacéis en Flandes para anticipar las disposiciones de salir en campaña,

568 A.H.N., *Estado*, Leg. 1.637.

569 A.H.N., *Estado*, Leg. 1.637.

570 A.H.N., *Estado*, Leg. 1.637.

571 A.H.N., *Estado*, Leg. 1.637.

antes que el enemigo, de que se sigue la suma importancia de se deja considerar, ha parecido deciros que así por lo que esto prepondera a la causa pública, no porque ha dado si más la materia, será bien que sin distinción de puntos ni más representaciones en ellos, respondáis (con este correo que se os despacha yente y viniente) que os disponéis a la jornada, y que con efecto la ejecutaréis luego que la embarcación esté pronta, porque ya en los términos a que se han reducido las cosas no caben más dilaciones. Y yo en vuestro breve pasaje tendré motivo para hacer expresión de mi gratitud, con el tratamiento que se os está ofrecido y de continuaros las demás que corresponden a la estimación que haré siempre de vuestra fineza, y atención en lo que es tan inmediatamente del servicio del Rey, mi hijo, y tan conforme a vuestras grandes obligaciones…”[572].

En este sentido, pedía total libertad de acción. Asimismo exigía medios materiales para el viaje, señalando el nombre de la persona que habría de sustituirle en su cargo de Vicario General de Aragón, el marqués de Híjar, lo cual sí era algo insólito. Con todo, una vez más en Madrid trataron de satisfacer sus deseos, tal y como nos relata un documento oficial del Consejo de Estado:

"... Vuestra Majestad se sirva de mandar se den los despachos con la extensión y declaraciones que Vuestra Alteza pide pues de su amor, celo, y experiencias se debe fiar que usará de todo lo que la grandeza de Vuestra Majestad, le concediere con la atención y reserva que más pueda conducir al logro del real servicio, como Vuestra Alteza lo explica en esta carta y debe esperarse de su prudencia..."[573].

A tal fin se iniciaron las gestiones necesarias para conseguir que una flota holandesa –ahora aliados de España– acudiese a aguas italianas. Aquello era algo que requería necesariamente de cierto tiempo. La batalla política sostenida por la regente y el hijo bastardo del Felipe IV estaba demorando de tal forma la partida de este último, que lo más probable era que en el transcurso de aquellas semanas el conflicto de Sicilia se resolviese en algún sentido.

Mientras transcurría de este modo el verano de 1675, en Mesina la situación de los españoles era cada vez más comprometida ante el bloqueo que sobre la ciudad ejercía la flota francesa. A pesar de que desde Madrid se daba una respuesta afirmativa a casi todas las exigencias y pretensiones de don Juan, salvo lo referente al nombramiento del duque de Híjar, este retrasaba una y otra vez su partida. Incluso se habían culminado con éxito las gestiones realizadas con los holandeses para que una flota de esta nación marchase a Italia, al mando de la cual estaba el almirante Ruyter, y en ella embarcaría el príncipe Juan José, en el puerto de Barcelona[574].

Con aquella suprema concesión se habían superado todos los obstáculos planteados por el bastardo, y se consiguiría alejarle de España con un destino más o menos justifi-

---

572 A.H.N., *Estado*, Leg. 1.637.

573 A.G.S., *Estado*, Leg. 2.701.

574 Calvo Poyato, J., *Juan José de Austria...*, op. cit., pp. 181-182.

cado. La salida del hijo ilegítimo de Felipe IV se había convertido en una cuestión que había que resolver necesariamente con urgencia, ya que era un problema de Estado. Con todo, habían acertado aquellos que desde el primer momento habían sostenido que, en ningún caso y bajo ningún pretexto don Juan abandonaría Zaragoza y saldría de la península. En un momento determinado del largo forcejeo que mantenía con la Corte, don Juan alegó que su salud era magnífica y que no suponía obstáculo alguno para asumir aquellas responsabilidades que se le adjudicaban, y de las que él debería necesariamente atribuirse. Ahora, cuando ya había agotado todos los recursos a su alcance, señaló, de repente y de manera inesperada, que su salud había sufrido un grave quebranto, por lo que se veía en la obligación de tomar unos baños que le aliviasen del mal que le aquejaba.

En Madrid, después de tantos esfuerzos para satisfacer sus demandas, una excusa como aquella causó verdadero estupor. A la falta de originalidad de la excusa presentada, se sumaría aquella sensación de que Juan José de Austria estaba preparando alguna acción importante, que justificara su actitud, en donde arriesgaba de aquella forma su fama y credibilidad. Muchos, a tenor de lo sucedido, relacionarían aquellas formas con el ya próximo catorce cumpleaños del joven Carlos, que le otorgaría automáticamente, según el testamento de Felipe IV, la mayoría de edad.

En relación a esta situación anteriormente planteada, la tesis mantenida por el profesor Graf von Kalnein viene a incidir en la generalizada creencia de que este nombramiento, que realizaba la regente a favor de don Juan, no era más que una medida con la que mantenerle alejado de la Corte, y que el propio bastardo regio había entendido así este importante problema. Es por ello que para muchos autores la situación de la isla de Sicilia no vino a representar para don Juan de Austria una cuestión principal para sus objetivos, o lo que es lo mismo, para el bastardo regio nunca tendría un interés real por la situación de Mesina. Sin embargo ello no acaba de convencernos, al menos del todo.

Y es que si el nombramiento de don Juan de Austria, como Vicario General para los territorios itálicos no hubiese sufrido tanta demora, al menos en nuestra opinión tanto la isla de Sicilia como Madrid se habrían beneficiado de ello. Pero inquietos por el inminente catorce cumpleaños del futuro Carlos II, la regente y el Consejo de Italia se mostrarían demasiado meticulosos en las negociaciones, lo que impediría a la postre soluciones constructivas.

Una carta de Juan José de Austria remitida al marqués de Mejorada sugiere esta interpretación[575]. En ella indica que el mando que se le había ofrecido en aquellos territorios representaba un honor para él, pero que antes de llegar a ocuparlo se le debía asignar una tropa mayor y mejor equipada, puesto que una guerra sólo podría ser ganada estando en posesión de buenos pertrechos, sobre todo si el enemigo gozaba del aval y apoyo de los ejércitos franceces.

Solicitaba, además, obtener poderes suficientes para desempeñar dicho cargo. Sólo entonces podría salir victorioso en el terreno militar. Según don Juan de Austria de

[575] A.G.S., *Estado*, Leg. 2.701 (carta del 5-VII-1675, 13 pp.).

nada serviría que se le otorgase nuevamente un Vicariato General si sólo adornaba, como el anillo al dedo, si no se le proveía de verdadera autoridad e instrumentos necesarios para llegar a la victoria. El nombramiento de un dócil Portocarrero había sido una afrenta para él. Todo dependía en última instancia de si "se fía de mi prudencia que sabe valerme de estas facultades... es mala bestia la desconfianza y muy enemiga de los aciertos".

Luego, en la posdata de aquella misiva, aparecen otros móviles, ahora personales:

> "Salgamos de esta vez por amor de Dios de este negocio dentro o fuera que es ya el juguete de Europa y ni está bien al crédito de la Monarquía ni al mío. Prevengoos que la merced que Su Majestad ha hecho al duque de Híjar queda reservada en mí hasta que se deba publicar".

Coincido, por tanto, con la tesis de Graf von Kalnein en el sentido que de la expedición italiana era verdaderamente del interés de Juan José de Austria, pero que éste no iba a claudicar ante peticiones que le mandasen al desastre, como había ocurrido en épocas pretéritas en los Países Bajos o en Portugal. Las crónicas coetáneas, que narran la situación existente en aquella isla siciliana son muy numerosas. Nos quedamos con una que hace referencia a don Plácido Bellusso, clérigo de menores órdenes, hijo que fuese de don Antonio Bellusso Messines:

> "El sargento mayor don Juan Simón de Torres, gobernador de la plaza de Melaço, etc. A don Plácido Bellusso, clérigo de órdenes menores, hijo de Antonio Belluso Messines. He visto asistir en esta plaza con mucha vigilancia y puntualidad en todas las ocasiones que se han ofrecido, particularmente cuando el enemigo ha intentado invadirla, y me costa que cuando se sublevó la ciudad de Mesina, se retiró al castillo del Salvador de dicha ciudad, por lo que, y ser buenos vasallos de Su Majestad, que Dios guarde, no habiendo podido retirarse a ningún castillo le ahorcaron los rebeldes a su madre y abuelo, quitándoles toda su hacienda. Y para que conste donde convenga a su pedimento, di la presente. En Macaço, a 15 de agosto de 1676"[576].

Pero todo ello tendría su incidencia negativa en la ya de por sí maltrecha hacienda de la Monarquía Hispánica, teniéndose que tomar medidas excepcionales, a través de un decreto, para evitar el hundimiento económico:

> "Decreto. Al paso que los empeños de la monarquía han ido creciendo aminorando la Real Hacienda, de manera que se halla totalmente apurada para poder acabar de proveer las provisiones que faltan de cubrir del año pasado, y disponer y ajustar las generales y particulares que se tienen por necesarias para este, dentro y fuera de España, de que únicamente pende la común defensa, y no pudiéndose fiar de los

[576] A.H.N., *Estado*, Leg. 840.

medios extraordinarios que pueden ofrecerse para asistir a tanto como es menester, y especial en lo adelantado del tiempo y en lo que insta el peligro que nos amenaza considerando que la conservación del Estado y la Causa Pública deben preferir a la particular, y para suplir un todo no puede salir su reparo de otra parte que de los mismos efectos del real patrimonio, he resuelto que por este año solo se suspenda generalmente la paga de todo lo que monta las mercedes hechas sobre la Real Hacienda, tanto en las que hoy están situadas sobre sus rentas y servicios, que le administran por el Concejo de Hacienda, sala de millones y tribunales, cuanto de todas las otras que demás de las que hay sentadas ahora en los libros de aquel Consejo pasaren en el discurso del año.

Y así mismo de todas las que por diferentes bolsas se gozaren dentro y fuera de estos reinos y salieren de la Real Hacienda, por cualquier causa o razón que sea, sin excepción de personas, y sin que se conceda reserva de ninguna, con ningún motivo y causa que sea. Madrid, a 6 de enero de 1676"[577].

[577] B.N., mss., 6.590, p.38.

CAPÍTULO NOVENO: LA MAYORÍA DE EDAD DEL REY CARLOS

La ansiada mayoría de edad

"Carlos Segundo, *Carlos el Paciente*
de la Austriaca, Augusta, Imperial gente
El último en España, con vehemencia
armó contra la Francia su potencia,
Y el que a la Francia odió con tal constancia
dejó en muerte sus Reinos a la Francia"

Conforme se acercaba la fecha de la mayoría de edad del Rey Carlos crecía la tensión política que se vivía en la Corte, donde todo el mundo tomaba posiciones. El acontecimiento tendría lugar el 6 de noviembre, de acuerdo con lo dispuesto en el testamento de Felipe IV: aquél día en el que Carlos II cumpliese catorce años[578].

Mariana de Austria deseaba, por encima de cualquier otra consideración, que cuando llegase ese momento el hemano del rey, don Juan de Austria, estuviese lejos de Madrid y, si ello fuese posible, de tierras de España, y pruebas de ello daría en múltiples ocasiones. Por el contrario éste, sabedor de los cambios que la mayoría de edad iba a producir en el futuro rumbo de la Monarquía Hispánica, deseaba estar lo más cerca posible de dicha Corte, para poder influir en el desenlace de los acontecimientos.

Lo que muchos sospechaban, pero muy pocos sabían era que el bastardo estaba moviendo sus peones, en forma de agentes, misivas, y otros instrumentos, para encontrarse en una posición de privilegio en aquel decisivo momento.

---

578 Mucho ha sido denostado por los historiadores el reinado de Carlos II: monarca asociado a la decadencia más absoluta, enfermizo, ausente, incluso con facultades mentales mermadas. En nuestra opinión, aunque ello pueda ser cierto, al menos en parte, la gran tragedia de esta época es que por primera vez en la monarquía de los Austrias españoles se rompe la secuencia hereditaria, teniéndose que acudir a herederos externos. Carlos II no se hallaba en muchos aspectos en peores condiciones que Fernando VI y, sin embargo, rara vez aparece su persona con ataques del tamaño de los recibidos por *el Hechizado*.

Y lo que, también, muy pocos conocían era que don Juan había acercado hacia su causa a aquellas personas más cercanas su hermano, y que habían jugado con habilidad sus bazas de cara a aquel tan importante 6 de noviembre. Éstos le presentarían ante su hermano como la única persona con capacidad, experiencia y méritos demostrados para sacar a la Monarquía del atolladero y estado de postración en la que se encontraba. Don Juan debió padecer ante una mente tan infantil como la de Carlos II, como una especie de héroe capaz de las mayores proezas y de los más grandes sacrificios[579].

Aquella especie de conspiración dio en un principio los frutos apetecidos. En medio del forcejeo que el bastardo mantenía con la Corte sobre su partida, primero a los Países Bajos y luego, más tarde, a tierras de Sicilia, don Juan José de Austria recibió, secretamente[580], instrucciones del joven Rey Carlos, en las que le señalaba que en ningún caso partiese para Italia, y que aguardase en Zaragoza a la espera de recibir instrucciones suyas:

> "... porque había resuelto le viniese a asistir cerca de su persona en cumpliendo los catorce años, y convenir así a su servicio, y que esta noticia la venerase con el silencio que Su Majestad la trataría hasta que llegase el tiempo forzoso de manifestarlo... escribió la última carta a Su Alteza mandándole estuviese el día seis de noviembre en su presencia, advirtiéndole que le intimaba que esta era verdadera voluntad suya, y que aun que se hallase con otra orden real contraria de ella, solo ejecutase la primera, habiendo asimismo escrito Su Majestad al cardenal Aragón, Arzobispo de Toledo, para que se hallase aquél día a esta función..."[581].

El viaje de don Juan a la Corte y la reunión de los dos hermanos

Don Juan lo dispuso todo para iniciar en secreto su viaje desde Zaragoza a la Corte, incluso así se lo hizo saber al Justicia de Aragón, cuando le escribía el 13 de octubre para comunicarle que su viaje no sería a Italia sino a Madrid, siguiendo órdenes expresas de su hermano Carlos:

> "Así como es tan singular el afecto que V.S me debe, deseo también lo sea ahora V.S. en la noticia que anticipo. La jornada no es a Italia sino a Madrid a donde el Rey (Dios le guarde) me manda ir para servirse de mí cerca de su Real Persona, habiendo resuelto tomar el Gobierno el día seis, y que yo me halle allá el mismo. Lo demás

579 Vid. Calvo Poyato, J., *Juan José de Austria...*, op. cit..

580 B.N., mss., 18.740, expediente 29, p. 5: "Día seis de noviembre, juro y entro al Gobierno de mis estados, necesito de vuestra persona a mi lado para esta función y despedida de la Reina mi Señora y madre y así miércoles a diez y tres cuartos, os hallareis en mi antecámara y os encargo el secreto, Dios os guarde. Yo el Rey".

581 A.H.N., *Estado*, Libro 880.

queda para la visita: V.S. lo reserve en sí hasta que lo oiga de otros, y que dé Dios mucho amor, 31 de octubre de 1675".

Mientras tanto en Madrid, Mariana de Austria, perfecta conocedora de la debilidad física y emocional de su hijo, realizaba numerosas gestiones que pudieran plasmarse en una prórroga de la minoría de edad de aquel rey-niño, continuando ella con las obligaciones que hasta ese momento había asumido, o lo que es lo mismo: prolongar un tiempo adicional la regencia. Todo ello resultó infructuoso. Fracasada aquella acción, la Reina se dirigió por escrito al Consejo de Estado, comunicándole que a partir de la proclamación de la mayoría de edad de su hijo todos los despachos habrían de hacerse a su nombre, y que sería a él a quién habían de remitírsele todos los asuntos propios de un monarca ya mayor de edad.

En este ambiente de tensión, donde la Corte era un hervidero de intrigas de todo tipo, se llegó a la víspera del 6 de noviembre, el día en el cual el joven Carlos se desprendería de las ataduras de tan larga regencia[582]. Don Juan, que había logrado mantener para todavía muchos el secreto de sus actuaciones, aunque no es menos cierto que ya había había puesto en aviso sus futuras acciones a varios de los pertenecientes a los *Grandes de España*. De este modo, y tal y como se lo había demandado su hermano, se desplazó desde Zaragoza hasta Madrid en la creencia de que por fin había llegado su hora de ocupar el gobierno del Imperio Español.

Mientras, en la ciudad del Manzanares, se celebraban importantes fastos en homenaje a la mayoría de edad del Rey, y de la confiada llegada de don Juan de Austria: "El pueblo la festejó [entrada en Madrid de don Juan José] con indecible confianza, y amor, por lo que la voz pública sabe, y pregona de los Reales méritos, y sumo celo del Señor don Juan. Apenas se divulgó, que todos los Grandes, y principal nobleza, incrédulos en el fervor de su deseo, corrieron a confirmarse con la vista en la mayor alegría. Hallaron, pues, que Su Alteza ya había entrado a besar la mano al Rey"[583].

Por fin tuvo lugar la reunión entre los dos hijos de Felipe IV. Tras ella Carlos II dispuso que don Juan se aposentase en el palacio del Buen Retiro y que allí aguardase instrucciones. Todo hacía pensar que su llamada a la Corte y el recibimiento que su joven hermano le había dispensado eran el preámbulo de su conversión en el nuevo primer ministro de la Monarquía Hispánica. En el momento que don Juan de Austria se encaminaba a la residencia que le habían asignado, el joven Carlos II acudía a la capilla del Alcázar Real para la celebración de la solemnidad religiosa, en lo que ya para muchos significaría la asunción de las funciones regias[584]. Terminado dicho acto se produjo una dramática entrevista de más de una hora de duración entre el Rey y su madre con un resultado que no podría ser más adverso para los intereses de la causa de don Juan.

---

[582] Recordemos que Carlos II comenzaría su reinado, libre de las ataduras propias de una regencia, aquel día en que cumpliese los 14 años, fecha que resultaba ser el 6 de noviembre de 1675.

[583] Mariana, J. De, *Historia General de España*, 1678, p. 614.

[584] Maura, G., *Carlos II y su Corte...*, op. cit., t. II, pp. 240 y ss.

Sobre dicho encuentro, vayamos directamente a lo que sobre ello informan los documentos históricos: "Y juntando sus caricias las más tiernas, con las demostraciones más vivas de sentimiento, consiguió perder en el ánimo del Rey, a su enemigo. Carlos cedió pues a los sentimientos de su madre, menos que a la desconfianza que supo inspirarle contra un bastardo ambicioso, que apenas se habría apoderado de la autoridad Real (colmándole de beneficios) cuando la volvería contra el mismo Rey, para no dejar más que la vanidad, o la sombra del título..."[585].

Más duros, y en un sentido bastante distinto, son los términos que sobre dicha reunión nos transmiten los adeptos de don Juan de Austria:

> "... pero todo este suceso tan felizmente logrado, y que se admiró como disposición de providencia divina, apenas pasó el Rey al cuarto de Su Majestad para despedirse de ella, y participarla la resolución de haber llamado a su hermano, cuando la Reina disimulada y prevenido, y a su odio y terquedad de traidoras influencias, inficionó de temores indignos y contra la honra y lealtad más sagrada de sus vasallos... pues con el aviso que la noche antes del día seis Su Alteza, escribiendo a todos los grandes de su entrada la mañana siguiente, llamado del Rey nuestro señor, habiendo el duque del Infantado (que fue gran químico en quintas esencias de ganancias), contemplando su lealtad con el valor de sus intereses, puso en manos de la Reina su carta, que pasando a las de su primer ministro don Fernando Valenzuela, y de los demás de la parcialidad, le prepararon al Rey en aquel breve tiempo una confección de compuestos violentos y blandos, con que la Reina le tiranizase los sentidos y le entorpeciese el juicio"[586].

Continúa la narración de los partidarios de don Juan, indicando la presión que hubo de recibir el joven Rey de su madre para que este se apartara de su hermano, que bajo ningún concepto debería nombrarle primer ministro so pena de perder, incluso, el trono y su propia vida. Y para ello la Reina estaría dispuesta a utilizar todas las armas de persuasión que estaban en su mano, incluyendo el llanto:

> "¿Qué baldones no oyó de niño rapaz y necio, y que como tal le habían engañado para quitarle la corona, y con ella la vida?. Y pareciéndola que el Rey a sus oprobios y rigores mostraba entereza en su dictamen soberano, que encantos de halagos y cariños esforzados de las armas poderosas del llanto no vertieron sus astutas blanduras para maleficiar el purísimo candor de su corazón, representado con rendimiento, y persuadiendo con lástimas que no merecía aquel pago y agradecimiento el desvelo de una madre con tan entrañable amor y celo a la consideración de su reino había procurado defender la vida y sus estados, que se lo hubiera usurpado tiranamente don Juan, auxiliado de los que lo seguían, a no haber vivido con atenta vigilancia en su defensa, y que atendiese a los ejemplares que ponderan las historias de tantos hijos no legítimos de Reyes, que con cautelosos pretextos de conservación del bien común

585 B.N., mss., 18.206, pp. 121v y 122r.

586 A.H.N., *Estado*, Libro 880.

han desposeído y alzádose con las coronas y las vidas de los sucesores legítimos, granjeando a los pueblos con dádivas y mercedes, y quitando tributos, y que esto era lo que había de ejecutar don Juan...”[587].

Para justificar, aún más si cabe, su servicio a la Corona y a su hijo como única finalidad en sus actuaciones, Mariana de Austria aseveraría que si todo lo que movía al Rey Carlos para aceptar a su lado a don Juan en aquel momento era su odio contra Valenzuela, se comprometía a apartar al *Duende* de su lado, mandándolo lejos de la Corte si aceptaba sus peticiones:

“... y que si esta determinación había procedido del odio que tenía a Fernando Valenzuela, por lo que le favorecía, y si era contra su servicio el tenerle en los puestos que ocupaba, que empeñaba su palabra de que retirándose don Juan le apartaría de la Corte, pero que tuviese entendido que a su cuidado, lealtad y sagacidad le había debido en muchas ocasiones la conservación de su vida, de que eran testigos algunas de aquellas mujeres que estaban presentes, por cuya causa le había honrado con tantas mercedes, habiendo experimentado en su fidelidad ser el primer ministro de confianza, y amor a su Rey que se hallaba en la monarquía...”[588].

Al término de aquélla reunión entre madre e hijo, con claros síntomas en el rostro de lo tensa de la misma, de las lágrimas vertidas, además de el miedo haberse apoderado del joven Rey, le confiaron al duque de Medinaceli el encargo de ordenar a don Juan José de Austria que, sin demora alguna, ejecutase el pretérito encargo de viajar a tierras italianas, para hacerse cargo de la pacificación de la isla de Sicilia.

El duque partió a toda prisa a cumplir dicho mandato y, una vez llegado al Buen Retiro en donde se encontraba don Juan, vino a relatarle lo acontecido, exponiéndole las circunstancias que ahora se presentaban. Una vez concluido todo ello le transmitía la nueva orden del Rey:

“a donde se hallaba el señor don Juan, que haciéndole notorio con circunstancias indignas en las voces de un duque de Medinaceli, pero muy propias al oficio que ejecutaba...”[589].

Don Juan procuró, a la hora de dar su respuesta inmediata a dicha orden, donde lo lógico hubiese sido dirigir una acusación directa a la Reina por haber ejercido su poder de madre contra el Rey, hasta que éste declinase sus deseos de entregar el poder a su hermano, dejar una abertura para que su hermano volviera a aquellas primeras resoluciones que le había hecho viajar a Madrid. En base a ello, el bastardo indicó al duque de Medinaceli que tenía toda una serie de dudas razonables sobre el carácter del decreto firmado por el rey Carlos, fundamentalmente en el orden de que el mismo

587 A.H.N., *Estado*, Libro 880.
588 A.H.N., *Estado*, Libro 880.
589 A.H.N., *Estado*, Libro 880.

respondiese a un acto de voluntariedad, máxime cuando tenía orden expresa para no dejar de obedecerle, y asistirle en Madrid, "con precisión de no obedecer otro decreto que fuese contra este deseo".

Ante tales palabras, volvió el duque de Medinaceli a palacio, en donde dio cuenta al Rey, Reina y otros que habían tramado aquel asunto de su comisión ante don Juan de Austria. Allí, en joven rey nuevamente sería violentado en su débil voluntad, volviendo a firmar un nuevo decreto, en donde se expresara clara y notoriamente que venía a revocar todas aquellas órdenes que había dado a don Juan, para que viniese a Madrid, y que era su voluntad que pusiese en marcha su viaje a Sicilia.

La tensión en la Corte aumentaba por momentos, donde fundamentalmente se planteaba la pregunta de si don Juan José acataría la orden de abandonar Madrid y dirigirse a Sicilia. Aunque con total seguridad la autoridad regia no estaba amenazada por este hecho, si entraba dentro de las posibilidades que los conflictos entre la Corte del Rey y los nobles pudiesen manifestarse en el estallido de las tensiones. En el aire se encontraba el rechazo generalizado a Valenzuela, la actitud de reserva frente a Mariana de Austria, o las esperanzas depositadas en la persona de don Juan.

Pero aún había más. Después del último decreto pasarían a intimar a don Juan amenazas de prisión, como aquellas que le hicieron huir de Consuegra a Barcelona, o incluso muerte la muerte si voluntariamente no cumplía lo establecido por el monarca, por más que aquel decreto se hubiese obtenido mediante el ejercicio de una gran presión. Cuentan al respecto los partidarios de hermano del Rey que

> "... aunque se tiene por cierto que estas amenazas pasaron a ejecuciones de querer darle muerte, porque el celo grande del conde del Montijo y el conde de Aguilar, al servicio de don Fernando Valenzuela, fueron en su compañía con disfraz y embozo aquella noche del día seis al Retiro, y pretendieron con don Álvaro Alemán les entregue la llave doble de la cámara de Su Alteza, que no habiéndose la dado, o porque no la tenía, o porque aunque la tuviese su leal corazón y cristiandad temió alguna violencia bárbara contra la vida de este príncipe, y le asistió Dios con razones y resistencia para no entregarla. Y viendo los agresores heroicos de esta fechoría que se les había frustrado sus intentos, y descubierto su piadosa generosidad le hicieron hacer a don Álvaro pleito homenaje de guardar secreto de lo que había pasado entre los cuatro"[590].

Con todo, reunidos con urgencia los Consejos de Estado y Castilla, decidieron ratificar la orden dada por la regente Mariana de Austria al hijo bastardo de Felipe IV.

Don Juan no podía dar crédito a las nuevas instrucciones recibidas, que sin lugar a dudas procedían de la violencia que recibía el Rey de aquellos que se encontraban a su lado, y fundamentalmente de su madre. Aquella misma noche convocó a sus más cualificados partidarios para analizar la situación. Se planteó la posibilidad de dar un golpe de mano contra doña Mariana de Austria, con el claro convencimiento

---

590 A.H.N., *Estado*, Libro 880.

de contar con el apoyo de las clases populares, que habían manifestado de forma inequívoca sus preferencias sobre quién debía asumir el gobierno de la Monarquía en este tan delicado momento. Es muy probable que en tales circunstancias, al igual a como había ocurrido en los días anteriores a la caída de Nithard, al bastardo le hubiese resultado relativamente fácil hacerse con el poder. Sin embargo, por muy dolido y colerizado que se encontrase don Juan de Austria, aquella posibilidad fue desechada por muchos de sus asesores ya que, por muy forzado que hubiese sido el ánimo del Rey, una acción de fuerza hubiese sido interpretada como un rechazo a la voluntad no de Mariana de Austria, sino del monarca, un auténtico golpe de Estado. Aunque, una vez más, no conviene perder la perspectiva de los hechos acontecidos allá por 1669, y la consiguiente caída del padre Nithard.

Al final, el parecer mayoritario de los que acudieron a la reunión fue asumir la obediencia debida al soberano, por encima de cualquier otra consideración:

> "... y no haber hallado la unión de dictámenes en los señores que manifestaban celo grande, ni el señor cardenal aquella resolución con que la autoridad de su púrpura podía asegurar en la que Su Alteza instaba de volver aquella tarde antes de irse a besar la mano del Rey, le obligaron a resolver su partida sin dejarse ver en la Corte, que toda la gente de ella le esperaba en las calles, habiendo prevenido la astucia infame del engaño de mandar limpiarlas, echando voz de que aquella tarde que se fue había de salir a palacio en público"[591].

En otra serie de documentos, conservados estos en la Biblioteca Nacional e intitulados "*novedades sucedidas desde el día 6 de noviembre del año 1675*", viene a contemplarse y narrarse aquellos hechos acaecidos de una manera muy similar, motivo por el cual damos perfecta validez a los mismos. La única diferencia la encontramos en que cuando el duque de Medinaceli vuelve nuevamente a palacio, después de haber llevado a don Juan la primera misiva del Rey, se le exige al monarca que introduzca, en el documento que posteriormente le volvería a llevar el duque al bastardo, una contraseña secreta que había pactado con su hermano. Con todo, para que el lector pueda hacer cotejo de ambos y similares documentos, lo venimos a reproducir seguidamente:

> "Con estas y otras cristianas razones se movió tan vivamente la tierna edad de Su Majestad, que determinó llamar, como de hecho llamó por diferentes cartas suyas al señor don Juan, su hermano, ordenándole se hallase en la Corte el día 6 de noviembre, que cumplía los 14 años, para que desde aquel en adelante le asistiese al régimen y gobierno de sus reinos y dominios, cuya determinación calló el Rey con tanto secreto que no tuvo noticia de ella persona alguna de la Corte, ni la Reina, Nuestra Señora, hasta que supo había venido a palacio Su Alteza, y le había conducido a él el conde de Medellín, por orden del Rey, Nuestro Señor, con quién estuvo el señor don Juan largo tiempo, y porque ejecutaba él que había de asistir Su Majestad a la

[591] A.H.N., *Estado*, Libro 880.

capilla real, no habiendo podido con su madre el que diese lugar a que Su Alteza le besase la mano, mandó al príncipe de Astillano llevase y aposentase en el Retiro a su hermano, el cual salió para el por la puerta del parque a fin de excusar aplausos comunes del pueblo, que a porfía ocupaba los patios de palacio, y toda su plaza por ver el que tenía tan deseado.

Acabada la fiesta de la capilla volvió Su Majestad a ver a su madre, cuyas persuasiones y lágrimas triunfaron de 14 años escasamente cumplidos, y así consiguieron que el Rey nuestro señor enviase luego a la tarde orden a su hermano, con el duque de Medinaceli, para que hiciese la jornada de Mesina, a cuya facción había procurado con instancia la Reina nuestra señora fuese Su Alteza a fin de apartarlo más.

Y para ello le habían ido diferentes órdenes, que difirió el señor don Juan ejecutar con bastantes pretextos por dar cumplimiento al que secretamente le había dado el Rey, Nuestro Señor de que viniese a asistir desde el día que cumpliese los catorce años.

Hecho saber por el duque al señor don Juan el orden nuevo del Rey, Nuestro Señor, le respondió que Su Majestad le había dado otros en contrario del que entonces le enviaba, y que hasta que le diese la contraseña con que se había prevenido no podía dar cumplimiento al que le llevaba el duque, el cual volvió a palacio con esta respuesta, que motivó nuevos ruegos y aprietos para que el Rey declarase la contraseña que había dado a su hermano, lo cual se consiguió de Su Majestad, y así como con ella se repitió el orden de que se volviese el señor don Juan"[592].

Don Juan nuevamente en Zaragoza

Aquellas crónicas que narran lo acaecido en aquellas tan trascendentales fechas, también nos comentarán los distintos pasos dados por don Juan de Austria una vez dio por bueno el último de los mensajes que recibiese de un Rey, al que consideraría en términos absolutos manejado por su madre.

Tal y como ya hemos indicado, y sometiéndose a las recomendaciones de sus asesores, don Juan de Austria finalmente optaría por evitar la confrontación, una posible guerra civil que llenase, fundamentalmente, las tierras de Castilla de sangre, y en donde los bandos a enfrentarse serían, por un lado, los pocos que se aglutinaban en el lado de la regente, mientras que por el otro se encontraban sus partidarios, que se contaban por millares tanto en la Corte y en la Corona castellana, en particular, como en los reinos periféricos, en general. En medio de todo ello se encontraría en Rey, en nombre del cual ambos colectivos decían desarrollar sus acciones:

"Y Su Alteza, habiendo fundado la voluntad de los señores reconociese que los más no se determinaban, a lo que despidió acá se han aplicado con tanta eficacia y empeño, puso luego en ejecución su jornada, partiendo de la Corte el día 7 por la

[592] B.N., mss., 2.396, pp. 464 y ss.

tarde, sin dar noticia a nadie de esta determinación, porque no se alborotase el gran número de gente que aquella misma le habían salido a ver a las calles y plazas, por donde se dijo había de pasar a palacio, a cuya causa y por excusar del todo movimientos populares, como la cuerda, resolución de salir por el campo a cumplir con el orden de Su Majestad..."[593].

Con todo don Juan José de Austria salía de Madrid tomando el camino no de tierras italianas, sino nuevamente hacia Aragón, cosa que haría el día siguiente, el 7 de noviembre, saliendo de la Corte una vez más derrotado[594]. Dos días después, por su parte, don Pascual de Aragón volvía a Toledo sin haber conseguido sus objetivos, produciéndose una oleada de destituciones y nuevos nombramientos.

En este sentido, la tarde del mismo día en que se producía la salida de don Juan, fue llamado el cardenal por la Reina, diciéndole que le había llamado para que le entregue un recado al Rey, diciéndole que si era su voluntad nombrar primer ministro para asistirle, que eligiese al que hallase de su mayor agrado y servicio. A ello Pascual de Aragón respondería que en el estado en que se habían puesto las cosas de este gobierno, que la embajada de aquel recado era querer que Su Majestad entrara con gente ajena cuando había salido ya con la suya. No obstante, el cardenal aceptaría dicho encargo.

Pero también la marcha de don Juan vino a suponer la opresión y arrinconamiento, cuando no la expulsión de la Corte, de muchos de sus partidarios. Así ocurriría con don Juan Francisco Ramos del Manzano, fray Pedro Álvarez Montenegro, o los condes de Medellín y Talara.

En este sentido, cuentan los partidarios de don Juan, que apenas hubo este salido nuevamente para tierras aragonesas,

> "... empezaron a sacar las cabezas entronizadas los triunfadores de la resignada obediencia de Su Alteza, que se fue..., dejó al Rey sin honra, ya los vasallos abofeteados y hechos dominguillos de las naciones, bien se lo supo explicar el embajador de Inglaterra a la Corte de su Rey; pues dicen le participó la sincopal efímera del día seis, empezando su carta con estas palabras: ayer nació Carlos 2º. El mayor monarca del mundo, y a las seis de la tarde se le declaró que era niño..."[595].

Con todo, el verdadero vencedor de aquel dramático 6 de noviembre fue, probablemente, el duque de Medinaceli, pues había sabido situarse en una postura intermedia entre los pocos partidarios de Valenzuela y sus opositores. Aquello le otorgaría la oportunidad, como *sumiller de corps* del Rey, no solo de permanecer en el entorno

---

593 B.N., mss., 2.396, pp. 464 y ss.

594 Juan José de Austria, indicaba a este respecto que "... como estos movimientos populares pasan de ordinario a lo ilícito y pernicioso, procuré evitar todas las ocasiones de que pudieran originarse, eligiendo antes yo pasar en el mundo por menos eficaz en las ejecuciones que hubieran sido convenientes a la persona y servicio de Su Majestad". Cfr. B.N., mss., 18.655, expediente 20.

595 A.H.N., *Estado*, Libro 880.

del monarca, sino que además había conseguido acercarse todavía más al centro del poder: él fue el encargado de llevar a don Juan José de Austria la orden de abandonar la Corte. Algunas semanas más tarde sería llamado al Consejo de Estado, iniciándose así su posterior encumbramiento político: en febrero de 1680, justamente al poco de fallecer don Juan, y vacase por tanto el cargo de primer ministro, sería llamado a ser su sustituto al frente de la Monarquía Hispánica[596].

Pero aquella crisis política que se había presentado ante todos con la proclamación de la mayoría de edad de Carlos II había tenido una clara triunfadora: Mariana de Austria, la cual, además, conseguiría prorrogar las funciones de la Junta de Gobierno bajo su propia presidencia. Carlos II, a pesar de la mayoría de edad que acababa de adquirir, seguiría bajo la tutela de su madre, siendo Rey sólo nominalmente hablando, mientras sus funciones quedaban todavía en manos de aquella Junta que surgiese del testamento de Felipe IV.

Valenzuela y su exilio ficticio

El 20 de diciembre de 1675 Fernando de Valenzuela continuaba en plena escalada de puestos y dignidades en la Monarquía Hispánica. Ese día el Rey Carlos firmaba el decreto que le otorgaba el marquesado de Villasierra:

> "Título de marqués de Villasierra, a don Fernando de Valenzuela. Don Carlos por la gracia de Dios Rey de Castilla, de León... por cuanto he tenido consideración a la calidad, méritos y servicios de vos, don Fernando de Valenzuela, caballero de la Orden de Santiago, primer caballerizo de la Reina mi madre y señora, consejero y conservador perpetuo de mi consejo de Italia, superintendente de las obras reales de mi Alcázar Real de Madrid, y casas de su contorno y mi embajador a la república de Venecia, por decreto señalado de Su Majestad, siendo gobernadora de mis reinos de 3 de noviembre de este año, os hizo merced de título de marqués en Castilla a la villa de San Bartolomé de Villa Sierra (que decís ser vuestra) para vos y los sucesores de vuestra casa y conformándose con ello, y a que en ejecución de las órdenes que tiene dadas el Rey, mi padre y señor (que está en gloria) para que a las personas a quien se diese título de marqués o conde haya de preceder primero el de vizconde, y que haya de quedar suprimido el vizconde, por otro despacho del día de la carta esta os he dado el título de vizconde, el cual queda roto y cancelado en la secretaria de la cámara y estado de Castilla, y notado en el libro lo conveniente para que no valga el expresado título de vizconde.
>
> Mi voluntad es que de aquí adelante voz, el dicho don Fernando de Valenzuela y los dichos vuestros sucesores, cada uno en su tiempo perpetuamente para siempre jamás, os podáis llamar e intitular, os llamaréis e intituléis, llamen e intitulen marqués de la villa en Villa Sierra, y por este mi despacho mando a los infantes, prelados,

596 Vid. Tomás y Valiente, F., *Los Validos*... op. Cit., pp. 29 y ss.

duques, marqueses, condes, ricoshombres...que os hayan y tengan por tal marqués en Castilla de la Villa de Villasierra, y usen con vos en el dicho título...dada en Madrid, a 20 de diciembre de 1675"[597].

Ante los sucesos acaecidos, además de la marcha de don Juan fuera de la Corte lo que venía a proporcionar a la austriaca cierta tranquilidad, la Reina gobernadora entendió que debía apartar algún tiempo de su lado a Valenzuela. Además con ello cumpliría aquella promesa que hizo al joven Rey de apartar al *Duende*, si accedía a sus deseos de impedir la presencia de don Juan en la Corte.

Para tal finalidad vino a nombrarlo embajador en Venecia, pretendiendo con ello correr una cortina de humo sobre su persona, a quién muchos apuntaban como el verdadero instigador, junto con la Reina, de la situación padecida por don Juan de Austria. Sobre el devenir del *Duende*, en estos momentos de apartamiento de la Corte, cuentan las crónicas de la época lo siguiente:

"... hallábase ya marqués de Villasierra y amaneció para este logro embajador de Venecia. Con esta novedad de alivio a la cercanía de las insolencias precedentes... pues doraba el celo de la Reina, entrañas de tirano disimulo, y en sus consejeros de ambición insaciable... a quién cualquiera apariencia de arrepentimiento consuelas que su jornada sería muy breve, y todo se iría remediando... y que la ponderación sus interesados consistía en apartar de su lado a don Fernando Valenzuela, la impeliese por entonces a mudar de condición esta virtud como violentada no tendría subsistencia alguna, estando su poder armado de intrepidez cruel, y su pecho con temple de juego que le traspasaría la más penetrante saeta como era la esperanza de fundamentar su pasión y defender su autoridad... aunque todo el mundo le vio en la Corte hechas las prevenciones de embajador de Venecia, la Corte de Venecia se quedó sin verle de embajador... el duque de Medinaceli, y el conde de Villaumbrosa que brujuleaban el valimiento de primer ministro, pareciéndoles que las dilaciones de la partida en don Fernando se consultaban con resistencias de la Reina, vieron sus virtudes secretas (algunos dicen que entró por acompañado don Pedro Fernández del Campo por la seguridad que tenían de que era pericón que hacía a todos palos), digerido lo que se había de representar a la Reina (que sería ponderarla todo lo que fuese de poderoso esfuerzo que la obligase a mandar salir a Valenzuela)... tomó por su cuenta hacer esta función y lo cuente al duque de Medinaceli, excusándose de ella el Presidente, como gato morlón que acechaba la presa para estar al salto, y no maullarla..."[598].

Finalmente se produciría la salida de la Corte de Valenzuela, pero no partiendo hacia Venecia, sino que pronto se hallaría en Málaga ostentando el cargo de Capitán General de la costa de Andalucía. Más tarde pasaría a Granada, en donde fue nombrado Capitán General del reino, además de alcalde de la Rambla, para que en el ínterin de

597 B.N., mss., 11.051, p. 74.

598 A.H.N., *Estado*, Libro 880.

ese litigio cortesano aquella ciudad le hiciese las veces de exilio forzado, acompañado de soldados y algunos caballeros.

Su estancia en aquellas tierras, según lo narrado por los partidarios de don Juan de Austria, se hizo notar:

> "... la maldad que con diligencias de majestad soberana allí cometió todos lo saben. Él intentó confundir la autoridad del Rey, representada en la veneración de aquel senado, y en la grandeza de aquella ciudad... (contra todos los privilegios, y estados que siempre ha observado) con su soberanía desvergonzada. Él agotó las cajas reales, alborotó el pueblo, de suerte que si la prudencia de los ministros no le hubieran templado se hubiera encendido un tumulto grande entre vecinos y la escolta de soldados y parciales que llevaba de guardia... Después puso sitial y puso teatino porque no le faltase circunstancias de rebelde a Dios y al Rey, y al reino, que le predicase proezas de coronas que imitar. Últimamente llegaron sus desafueros a tanto exceso porque hallaron defensa y armonía gustosa en el poder de la Reina (pues fueron castigos de suspensión a los oidores y condenación de dinero a los caballeros regidores) que puesto que el pueblo ya en la razón de desbocado si su excelencia no se escapa una noche, amanece su excelencia como la noche en la profundidad de los infiernos..."[599].

Con esta narración continúan los partidarios de don Juan mencionando su desaparición de la Corte, y la pléyade de confidentes y estómagos agradecidos que dejaba en Madrid, amén de otras *exquisiteces* de Valenzuela:

> "Es cierto que la noche de la víspera del día que se desapareció don Fernando, estuvo su excelencia en casa del presidente de Castilla por espacio de más de seis horas, solo para imponerle y dejarle por sustituto de sus mañosas inteligencias, calificase esto con que después de ausentado don Fernando asistió muchas noches continuadas don Pedro Fernández del Campo en casa del Presidente, corriendo por una voz general que se había ido el duende y había quedado otro, en el conde de Villaumbrosa"[600].

Ante tales intrigas, y temeroso de perder la situación de privilegio que había últimamente labrado ante la Reina, el duque de Medinaceli:

> "se dispusieron las negociaciones de suerte que la Reina les penetró los intentos y los calificó de sospechosos con que el duque de Medinaceli perdió todos los servicios del día seis de noviembre del año pasado, y don Fernando de Valenzuela, aun estando en Granada se quedó siendo el árbitro de todas las resoluciones de este gobierno, experimentando en estas dilaciones que tenía en los puestos que se proveyeron, y

---

599 A.H.N., *Estado*, Libro 880.

600 A.H.N., *Estado*, Libro 880.

asentando todos por indubitable ser así que todos los días se le despachaban correos a su excelencia..."[601].

La vuelta del *Duende* a la Corte y su encumbramiento

En efecto, desde aquellas tierras de Andalucía y contando con el apoyo de Mariana de Austria pronto regresaría a Madrid. Como si hubiese ya pasado el efecto de una epidemia que afectase a aquellas tierras granadinas, los lugareños no podían estar más satisfechos de la marcha de Valenzuela, aunque el asunto ahora afectase a Madrid. Y ello queda perfectamente patente en una misiva procedente de las manos de Francisco de Borja, y que fuera escrita en Madrid un 9 de abril de 1676:

> "Las inquietudes de Granada con la salida del Duende han cesado, dicen que barrió el dinero de todas las arcas sin haber hecho levas, dejando orden que no se pagase adelante en ellas, y sin decir a donde huía... las quedaba haciendo por que el servicio del Rey no se atrasase, y de aquí han salido paradas para este príncipe, y se cree que llegará hoy, si no ha llegado ya aunque podrá huir a Aranjuez a festejar a Su Majestad, y proveer la mayordomía mayor, vaca por Alburquerque, con la cual ya está todo proveído... y todos los demás generales, pueden estar sin cuidado, el Rey está bueno y en las mismas ocupaciones, aunque ya dicen que su confesor tiene algunas tardes con Su Majestad para instruirle, hasta ahora no vemos los esfuerzos"[602].

En un primer momento parece ser que se ocultó su presencia a los más influyentes personajes de la Corte, aunque no para la Reina. Y es que antes de mostrarse públicamente, dicen que tuvo una reunión con el duque de Osuna, Condestable, conde de Aguilar y otros, en donde se ofrecieron todos ellos a asistirle, pactando con el *Duende* que las mayordomías mayores del Rey y Reina se habrían de otorgar del modo siguiente: la del Rey al condestable, y la de la Reina al duque de Osuna. Pronto llegaría la interesante y fructífera, para los intereses de Fernando de Valenzuela, jornada de Aranjuez.

En dicha jornada se producirían hechos que tendrían una especial repercusión en el futuro de la monarquía, en general, y en el del propio Valenzuela, en particular. Analicemos lo que sobre ello nos relatan los partidarios de don Juan:

> "Esta jornada estando resuelta de hacerse estuvo con repetidos accidentes de jaqueca en la Reina, para no efectuarse, ocasionándolo el no tener digerido bastantemente los temores del día seis de noviembre del año pasado, pues concurriendo unas voces había de venir a Aranjuez a libertar a su hermano no debieron de hacer tan poca armonía en la Reina, según el origen de su nacimiento. Preguntándoselo a los alcaldes de Corte, que tuvieron orden de visitar todas las posadas y mesones para

601 A.H.N., *Estado*, Libro 880.
602 B.N., mss., 2.412, pp. 178-179.

> saber que gente entraba forastera, y de donde eran, dígalo don Juan Lucas Cortés, como hechura confidente del presidente, que la noche tenebrosa de agua anduvo toda su ronda acechando la calle del Prado, hasta el amanecer, para descubrir quién entraba o venía en casa de don Diego de Velasco, y dígalo también el mandar venir la caballería de Toledo a Madrid, con so color de pasarla a Cataluña.
>
> Bien cierto es que el ánimo de la Reina siempre fue resistir esta jornada con estos sobresaltos, pero el Rey viendo que su madre dilataba la resolvió para día fijo, que se ejecutó con felicidad, desembarazándose la Reina de sus miedos, pues las voces que corrieron, y tuvieron en la Corte en mayor suspensión de amagos muchos que salieron de los mismos, que abrasan el monte porque temiendo la confidencia de los parciales de don Fernando y la Reina por esfera de su actividad la ambición como no se de aumento donde no hay movimiento, amagan el movimiento para subir de precio el aumento…"[603].

Continúa la narración de los hechos relativos a aquella jornada de Aranjuez, indicando que

> "finalmente Sus Majestades fueron a Aranjuez, y don Fernando les acompañó. Procuró la Reina con sus artes, auxiliados del Almirante de Castilla (que desde que murió el Rey nuestro señor se ha dicho por indibutable, ha sido el oráculo del Alcóran de la Reina, con quién como rapaz de tan buena ley se han consultado todas las resoluciones), introducirle en el cariño del Rey. Algo debió de conseguir, pues le hizo la merced de que cuidase de los festejos, y estuvo con el desembarazo y asistencia gloriosa que merecían las heroicas acciones que había obrado en Granada, sólo el duque de Medinaceli dicen se declaró por enemigo, pero la templanza de no poder más por haberse acordado ya de que era duque de Medinaceli…"[604].

Así su retorno triunfante a la Corte se producía en abril de 1676, conquistando pronto el favor de Carlos II, quien el 14 de junio le nombraba caballerizo mayor[605] como primera prueba de amistad. Más tarde bajó un decreto al Consejo de Guerra, para que se consultare el puesto de Capitán General de la Costa de Andalucía. Allí las palabras que se contenían eran del tenor siguiente: "Por cuanto la Reina nuestra señora, mi madre, ha nombrado por su caballerizo mayor al marqués de Villasierra, me consultaréis el puesto de General de la Costa, como le tuvo el marqués de las Navas".

Dicha confianza se vería pronto plasmada en dos decisiones que tuvieron una enorme resonancia: su nombramiento como *Grande de España* y el de primer ministro[606].

---

[603] A.H.N., *Estado*, Libro 880.

[604] A.H.N., *Estado*, Libro 880.

[605] APR, caja 1.060: "*A don Fernando de Valenzuela, marqués de Villasierra, en consideración de sus méritos y servicios, le hago merced del puesto de mi Caballerizo Mayor. Tendrálo entendido el Bureo para recibirle el juramento y hacerle el asiento en la forma acostumbrada y que se practica en estos casos. De no haber Mayordomo Mayor en mi Real Casa, ejecutarase así...*".

[606] Tomás y Valiente, indica al respecto que Maura y Cánovas han aludido a estos sucesos, pero sin transcribir las fuentes de donde los toman, ni citarlas en concreto. Para salvar esta situación, expone un

Atrás quedaban aquellas tierras granadinas, en donde su breve estancia dejaría como resultado enormes tensiones, consiguiendo la animadversión, más que justificada, hacia su persona por casi todas las autoridades de Granada.

Pero también pretendió Fernando Valenzuela ser Alcalde de El Escorial, en la intención de adueñarse de los bosques y montes de aquel lugar. Ante dicha noticia, el prior y el convento le dieron a entender a don Fernando su legítima oposición para negarle la posesión por todos los medios divinos y humanos, pues para hacerlo les defendía la justicia de las escrituras y cartas de dotación y fundación que les había otorgado Felipe II, y que hasta ese momento habían venido observando de manera reiterada los Reyes que habían venido sucediendo al Rey prudente. Entendida esta resolución por parte del Duende, vino a suspender su intento de posesión, pero a través de decreto regio consiguió usurpar a dicho monasterio la jurisdicción que tenía en los bosques, tomando posesión de ellos, y disponiendo de guardas del Rey. Cuentan los contrarios a Valenzuela que

> "no tan presto tuvo noticia de este decreto el prior y convento, cuando al instante vino el prior a Madrid, trayendo consigo sus escrituras y bulas pontificias, y formando según dicen un memorial. Dicen que habló al Rey... le dijo el Rey ¿yo también estoy excomulgado? Y respondió el prior, no señor, Vuestra Majestad no lo está, pero lo que se lo han aconsejado, y dispuesto el decreto lo están. Acabó su función, y pasó al cuarto de la Reina a quién habló y representó lo mismo... informado de la monstruosidad del decreto el reverendísimo padre fray Tomás Carbonel, confesor de Su Majestad, que le autorizó con decir lo mismo, de que solo en Inglaterra se pudiera haber dado... determinó... que no se pusiese en ejecución..."[607].

A ello seguiría otro abominable acto de discrecionalidad, como fue la publicación de las bodas del Rey con su sobrina, la hija del Emperador de Alemania, que en ese momento contaba con siete años. Todo ello sería calificado como "perniciosa, detestable y sacrílega el que ni el Rey se case ni tenga sucesión, para perpetuar ellos su

---

fragmento de una relación anónima de la menor edad de Carlos II: "*... Movido por un par de accidentes, ajenos a la voluntad real, Carlos II otorgó a Valenzuela las mercedes que más ambicionaba éste: la una fue hacerle Grande y la otra declararle Primer Ministro, con orden de que se aposentase en Palacio en el cuarto de los infantes; efecto que así como causó la admiración de todos, provocó la indignación de los señores;... fue asimismo consiguiente a la declaración de Primer Ministro, el que por medio de un decreto se extinguiese y disolviese la Junta del Universal Gobierno*", continua dicha relación del modo siguiente: "*... volviéronse los reyes a Madrid, y, hospedado Valenzuela en Palacio, empezó a usar su oficio de Ministro, doblándose toda la Corte la rodilla, aunque con violenta y servil adoración; pero al querer usar de la grandeza en la capilla, apenas hubo Grande que concurriese, y, repetido esto algunas veces, se vio el Rey sin asistencia, y las funciones sin lustre. Siguióse a esto enviar el Rey orden a los Presidentes que fuesen al cuarto de don Fernando a consular y conferir las materias que se ofreciesen, que mal obedecido de algunos, y resistido del Duque de Osuna y Conde de Peñaranda, éste Presidente de Italia y aquél de Órdenes, dio motivos a que tomasen abiertamente el partido de los quejosos*".. Vid. Tomás y Valiente, F., *Los validos en la monarquía española del siglo XVII*, Madrid, 1982, p. 27.

607 A.H.N., *Estado*, Libro 880.

solio, o que por la menor cuando llegue a estar los matrimonio tener estos reinos tan arruinados y destruidos que solo tengan que gobernar páramos y desiertos…"[608].

Entretanto, en una carta dirigida al Rey, fechada el 27 de Noviembre de 1675, encontramos a un Juan José de Austria todavía indignado, que puntualizaba a su hermano Carlos que, entre sus actividades, ya no habría ninguna oficial al servicio del Gobierno. Volvía a negarse a asumir la misión italiana e insistía en que veía a Carlos II como un prisionero. Citaba también lo mucho que le habían afectado los sucesos acaecidos el 6 de noviembre, pues atacaban de manera importante "*a la sagrada dignidad, persona y fe de Vuestra Majestad*". Continuaba indicando que, en adelante, le sería imposible aceptar cualquier encargo regio "*mientras sea violentada la ejecución de sus santos dictámenes*", pues temía que a causa de ello se produjeran desórdenes en Italia, de los que él no quería resultar ser el responsable.

Pero parece ser que había otra razón adicional: "que mi honra y mi vida son prendas tan propias de Vuestra Majestad que no tiene parte en ellas otro humano poder, ni yo en ley de conciencia y de la naturaleza debo exponerlas a más arbitrio que el de Vuestra Majestad,... Y así, señor, declaro y protesto a Dios, a Vuestra Majestad y al mundo que en cualquiera hora en que dependieren [su reputación y su vida] sólo de Vuestra Majestad las emplearé y me emplearé en su real servicio, no solamente en Italia, sino en las minas de azogue, si Vuestra Majestad entendiere le puedo servir más en ellas"[609].

Con los ánimos caldeados, y con la finalidad de terminar con el poder de Valenzuela, una vez más los *Grandes* recurrían a don Juan, que continuaba con cierta tranquilidad instalado en la capital del Ebro, negándose a cumplir los requerimientos que se le hacían para que pasase a Italia, y se pusiese al frente de aquella operación de acoso y derribo del *Duende de Palacio*.

Mientras tanto Fernando de Valenzuela comienza a realizar reformas en la administración, en donde se verían afectados los tribunales, el Consejo de Hacienda, etc. A la vez que, para ganarse la pasión del populacho, celebrará numerosas corridas de toros, comedias y otros tipos de fiestas. Pronto llegaría *la Jornada* de El Escorial.

La *Jornada* de El Escorial

En aquella localidad madrileña, vino a celebrarse una montería, en donde el joven Rey fallará su tiro, hiriendo a Fernando de Valenzuela. Cuentas las crónicas que

> "… queda herido don Fernando, atúrdese el Rey, suelta el arcabuz, exclamándose por desgraciado, piden los coches, acuden a socorrer a don Fernando, que se dejó caer para levantarse más. Entra el Rey temeroso a ver a su madre, que se halló

608 A.H.N., *Estado*, Libro 880.

609 Maura, G, *Carlos II y su Corte*, op. cit., t. II, pp. 254 y ss.

llorando del susto. Siéntelo el Rey, repitiendo tres veces que le pesaba del suceso, y mucho más por lo que se diría en Madrid. Desagravia el Rey el tiro con cubrir a don Fernando sobre la grandeza de los señores, por dejar a los señores de castilla, mayordomo mayor del Rey, comprado de don Fernando, y el Almirante de Castilla por el precio de dos mil y quinientos doblones, con que compró el salir de Madrid para esta ocasión, habiéndoles sacado del hambre con que han dejado pereciendo los reformados del Consejo de Hacienda..."[610].

La consecuencia inmediata de esa jornada de caza en El Escorial, sería el alzamiento de Valenzuela como *Grande de España*, además de resultar designado por la Reina como primer ministro único de la monarquía. En este sentido, dentro de las "*novedades sucedidas desde el día 6 de noviembre del año de 1675*", se cuenta el ascenso meteórico de Fernando de Valenzuela, olvidando que con ello se iba generando el odio del conjunto de la nobleza. Perfectamente puede ser definido como el elemento mágico que hizo que prácticamente toda la nobleza se uniese para un fin común: su derrocamiento como primer ministro.

Veamos la crónica al respecto:

"Hizo Su Majestad la jornada del Escorial el 19 de septiembre del año pasado de 1676, y por decreto de 22 de aquel mes se mandó extinguir la Junta Grande de gobierno, en el ínterin que Su Majestad volvía a la Corte, la cual no se volvió a formar, con que se continuó más despótico el gobierno de la Reina, Nuestra Señora, y que otro de 15 de el mismo mes, que se publicó el día 10 de octubre, ordenó la reforma del Consejo de Hacienda, dejándolo sólo con el número de ministros que tenía cuando entró a Reinar el señor don Felipe 4º, que Dios tenga en el Cielo.

El día 2 de noviembre del mismo año de 1676, hizo Su Majestad merced de *Grande de España* al marqués de Villasierra, don Fernando Valenzuela de la orden de Santiago, habiéndole hecho la de título de tal marqués el día 6 del año antecedente, a quién antes de titularle y después de titulado hasta que subió a la grandeza, se le hicieron tantas, tan grandes y repetidas, que sucediéndose atropelladamente unas a otras en tan poco tiempo, apenas le había para contarlas, porque después de haberle dado la Reina nuestra señora otras cosas de menor importancia, y mano para conciliar mucho dinero, le hizo merced de una plaza de caballerizo, de los cuatro que sirven este ministerio a Su Majestad, y luego que juró de heredad la de conservador del Consejo de Italia, y le hizo superintendente de las obras de palacio, con llave en él, luego embajador en Venecia, a donde no fue, y así que vacó el generalato de la costa de Granada, Málaga y Vélez Málaga, también le dio este puesto, que tuvo poco tiempo, porque volvió a la Corte a servir el oficio de caballerizo mayor de la Reina nuestra señora, de que luego consecutivamente le hizo merced".

Continúa aquella crónica indicando que

610 A.H.N., *Estado*, Libro 880.

"E hecha esta consiguió también la de gentilhombre de cámara del Rey, cuyo ejercicio tuvo suspenso, por no haberle querido recibir juramento el duque de Medinaceli, habiendo sido pocos años antes doña María de Uceda, su mujer, de la cámara de la Reina.

En estos oficios fue graduado don Fernando Valenzuela cuando hizo con Sus Majestades la jornada referida al Escorial, de donde volvió hecho Grande a la Corte, con pasmo y admiración de toda ella, y sentimiento de los más de los señores, que como nunca lo juzgaron tampoco quisieron concurrir con él en banco que está disputado en la Real Capilla para los Grandes".

Pero parece ser que don Fernando Valenzuela necesitaba más, mucho más:

"No habiendo todavía saciado don Fernando el apetito desordenado de ascender, sin embargo de hallarse en la cumbre de rico hombre de Castilla, procuró añadir a su grandeza el último esmalte en que espera la mayor de España, que es el de valido. Porque no contentándose con haberlo sido de rebozo, o entre dos luces, quiso que campease a todos el aborto de su descabellada fortuna, y así consiguió e intentó aplausos y veneraciones de primer ministro con cuarto en palacio, ocupando el que vivió el señor infante don Carlos (de gloriosa memoria), no trayendo don Fernando a la suya ejemplares de fortunas derechas, que han parado en verse muy derechas, por cuya consideración pudiera haber prestado atento oído a las repetidas voces, que mudamente le daban siempre que salía de su casa unos caracteres grabados en el frontispicio de una antigua de la que entonces habitaba, pues bien expresos y legibles le decían a todas horas *teme el día que es circunstancia bien singular y digna de reparo haberse esculpido tantos años*, antes las letras referidas en aquella lámina de piedra, para continuo despertador de un corazón endurecido, y tan del todo sumergido en el embeleso e insaciable hipocresía de adquirir, y en la ambición desordenada de subir.

Desvanecido pues de verse en tanta altura, obtuvo decreto de Su Majestad para que todos los Presidentes, menos el de Castilla, fuesen a su cuarto siempre que él los llamase, para tratar negocios del real servicio, el cual orden sintieron los Presidentes en sumo grado, y más que todos el conde de Peñaranda, que había sido su jefe por Presidentes, y que era de Italia, y como estaba hecho el conde al viento galerno, que siempre había tenido a popa de los crecidos aplausos y veneraciones conciliadas en los grandes puestos que había tenido, y graduación en que se hallaba, fue quien con una y otra consulta procuró deshacer el nublado de la novedad, y sin ejemplar que había intentado don Fernando, y lo continuó el buen conde hasta que pagó a la muerte irrefragable tributo de la suma naturaleza"[611].

---

[611] B.N., mss., 2.396, pp. 464 y ss.

La unión de nobleza y clases populares contra Fernando de Valenzuela

Por primera vez en los años de lucha y de intrigas que habían presidido la vida política madrileña desde la muerte de Felipe IV, las preferencias de las clases populares madrileñas y de las de un importante sector de la nobleza vendrían a coincidir casi de manera unánime. Para el pueblo de Madrid el príncipe don Juan José era el ídolo en el que tenían depositadas grandes esperanzas, con las que poner fin a la ya larga etapa de dificultades por las que atravesaba la Monarquía. Para los *Grandes* el que don Juan se convirtiese en primer ministro era considerado un mal menor, frente a individuos como Nithard, un odiado extranjero, o Valenzuela, un don nadie.

Entre las *Novedades sucedidas desde el día 6 de noviembre del año 1675*, encontramos un fiel reflejo de los preparativos y desarrollo de aquella conjura de los *Grandes* contra el gobierno de Fernando Valenzuela, hartos ya de que una persona como él, al que consideraban inmerecedor e indigno para dirigir el gobierno de la Monarquía, fuese el director de los designios de España. Incluso determinaron financiar conjuntamente los gastos necesarios para que don Juan de Austria viniese a la Corte a asumir el gobierno.

Ello se desprende con nitidez en el siguiente documento:

> "Ofendidos los señores, y lastimados en lo más vivo de su inmunidad y sagrado que es la grandeza de sus casas, con la merced que se le hizo a don Fernando para cubrir la suya, y atosigados de las muchas y descompasadas que se le habían hecho a este caballero, sin más merecimiento que querer la Reina, hasta colocarlo en la sede de primer ministro. Y considerando asimismo los repetidos desórdenes de que adolecía el gobierno, por faltarle al Rey Nuestro Señor, en su menor edad, persona que con autoridad, celo y experiencia asistiese a su lado, determinaron valerse de las de Su Alteza, y de la dirección de sus prudentes y acertados dictámenes, para ocurrir al cúmulo de daños, y tropezando unos con otros, combatía de presente y amenazaban de futuro a la monarquía"[612].

Continúa el texto indicando:

> "Y para este efecto, reconociendo en la Reina la buena voluntad que la Santa Señora ha tenido de gobernar perpetuamente, y cuanto había repugnado y había de repugnar en adelante la venida del señor don Juan, resolución los más viniese para conseguir el fruto de sus deseos. Y así, habiéndose juramentado con pleito homenaje de asistirle hasta poner al Rey en libertad, apartándole del lado de su madre, llamaron a Su Alteza que todavía se hallaba en Zaragoza, contribuyéndole con dineros y gente a fin de que trajese la necesaria para el resguardo de su persona, cuya noticia llegó a la del Consejo de Castilla.

---

612 B.N., mss., 2.396, pp. 464 y ss.

Y habiéndose juntado los presentes, el día 19 de diciembre del dicho año de 1676 a conferir lo que debían representar a Su Majestad en esta materia, y estado, encerrados hasta cosa de las dos de la tarde para tomar resolución de lo que se había de hacer en ella, enviaron aquella hora a pedir audiencia al Rey, Nuestro señor. Y habiéndosela negado la primera y segunda vez, se la concedió a la tercera, porque replicaron diciendo que estaban con resolución de no salir de allí hasta haber hablado a Su Majestad., porque la gravedad y urgencias del negocio lo pedía. Y habiendo besado todos la mano al Rey nuestro señor, duró cerca de media hora el señor don Cristóbal del Corral, a que tocó esta función"[613].

Seguidamente el documento indica que:

"Aquella misma tarde se juntó para el mismo efecto el Consejo de Estado, el cual hizo a Su Majestad también por medio del señor condestable las representaciones convenientes, para la tranquilidad pública y quietud de los vasallos.

De todo lo cual resultó que el Rey Nuestro Señor por decreto especial, y harto honorífico alzase el entredicho a los señores condes de Medellín y Talara, para que volviesen a su ejercicio de gentiles hombres de cámara, y asimismo el que Sus Majestades llamasen al señor cardenal arzobispo de Toledo que se hallaba en su iglesia.

Y habiendo entrado en la Corte el día 22 de dicho mes de diciembre, se formó por orden de Su Majestad Junta Especial, que se compuso de su eminencia y de los señores duques de Medinaceli, condestable, y almirante de Castilla, para la conferencia y expediente de las proposiciones de los consejos de Estado y Castilla, y otros que los grandes juramentados habían hecho.

Y como en ellos era la primera basa que se asentaba para la quietud y deseaban la salida de don Fernando Valenzuela, tomó el dicho don Fernando, viendo el pleito mal parado, la determinación de desaparecerse de Palacio, y el Rey Nuestro señor la de llamar al señor don Juan, su hermano, para que le asistiese por carta que le escribió acompañada de otra de la Reina nuestra señora, fechas de 27 de diciembre.

Pasados algunos días en que se continuaron las juntas de los cuatro señores referidos, resolvió el Rey Nuestro Señor salir con todo secreto de su palacio, dejando en él decorosamente a su madre, e irse al Retiro como lo ejecutó con todo silencio el jueves 14 de enero de este año de 1677.

Después de las 10 de la noche que estaban todos recogidos, llevando consigo solo al duque de Medinaceli, al conde de Talara, dos ayudas de cámara y un guardarropa, y dejando encerrados con harto donaire en un camarín a los criados de Medinaceli y de Talara, porque no pudiesen participar la noticia. Y habiéndosela dado el Rey sólo dos horas antes el príncipe de Astillano para que le hiciese prevenir su cuarto en el retiro, entró en él Su Majestad a las once de la noche en punto, de donde fue a oír misa el día siguiente a San Jerónimo, dejando mandado que el presidente de Castilla fuese a palacio, entre ocho y nueve de la mañana, a hacer saber a la Reina,

---

613 B.N., mss., 2.396, pp. 464 y ss.

Nuestra Señora, la determinación que había tomado. Y que Su Majestad no saliese de palacio hasta que el Rey la enviase otra orden" [614].

Pero aquella tarea encomendada al Presidente no era nada fácil, optando por mandar antes a una interpósita persona:

"El Presidente, por dar cumplimiento al que tuvo de Su Majestad, envió (antes de ir en persona) al muy reverendo padre Mateo de Moya, de la Compañía de Jesús, confesor de la Reina madre, para que le diese la noticia que nadie le había querido participar, de lo sucedido y templase con sus cristianas y discretas razones, y consuelos el sentimiento que necesariamente había de tener Su Majestad con nueva de caso tan inopinado.

Y luego que el señor Presidente reconoció se habría mitigado el dolor de noticia tan amarga a Su Majestad le hizo saber la orden del Rey Nuestro Señor, cuya real persona salió el día siguiente sábado 16 a caballo a nuestra Señora la Real de Atocha, con gran comitiva de señores que lo han continuado asistiendo, y con sumo regocijo de todo el pueblo que deseaba tomase el Rey tan generosa determinación, para quietud de la república universal de los vasallos, teniendo entendido que de ella han de resultar los aciertos y favorables sucesos que esperamos, con la asistencia de un padre tan cabal como Su Alteza, a que aludió discretamente don Pedro de Aragón, hermano del señor cardenal arzobispo de Toledo, enviando a Su Alteza el viernes 15 de dicho mes de enero, una colgadura muy rica, toda de imaginería... por feliz pronóstico de los que esperaba había de tener en su reinado con la asistencia del señor don Juan su hermano"[615].

En efecto, los nobles se habían unido constituyendo un bloque decidido y prácticamente compacto, presentándose en abierta batalla. El 15 de diciembre de 1676 redactaron un manifiesto, en el cual exigían a Carlos II "...separar totalmente y para siempre de la cercanía de Su Majestad a la Reina su madre, aprisionar a don Fernando Valenzuela y establecer y conservar la persona del Sr. Don Juan al lado de Su Majestad". La causa alegada por estos eran "las malas influencias y asistencia" de la Reina madre, de lo cual "como de primera raíz" se desprendían "pérdidas y ruinas y desórdenes experimentados, y la mayor de todas, la execrable elevación de don Fernando Valenzuela..."[616].

Continúa dicho documento, redactado por aquel poderoso elenco de nobles de alta alcurnia del que damos cuenta, del modo siguiente:

"...y porque mientras Su Majestad no está libre de la engañosa violencia que padece, sea en la voluntad, o sea en el entendimiento, se debe atribuir cuanto firmare, o pronunciare en desaprobación de nuestras operaciones, no a su voz y Real ánimo, sino

614 B.N., mss., 2.396, pp. 464 y ss.

615 B.N., mss., 2.396, pp. 464 y ss.

616 B.N., mss., 18.206.

a la tiranía de aquellos que le dominan... Asimismo declaramos que cualesquiera que intentare oponerse a nuestros designios, encaminados a el Mayor servicio de Dios, de Su Majestad el Rey Nuestro Señor. Y bien de la causa pública, los tendremos, y trataremos como enemigos jurados del Rey, y de la patria, uniéndonos todos contra ellos... Todo lo cual cumpliremos inviolablemente, de modo que no habrá motivo, o interés humano que nos aparte de este entender, y común obrar, y esta alianza y unión común entre nosotros, ha de ser firme, y puntualmente observada sin interpretación alguna... En testimonio de lo cual firmamos con nuestras manos y lo sellamos con el sello de nuestras Armas... El Duque de Alba, El Duque de Osuna, El Duque de Uceda, el Duque de Híjar, El Duque de Arcos, El Duque de Medina-Sidonia. El Duque de Vejar, El Marqués de Villena. El Duque de Gandia. El Marqués de Alcanzas, El Conde de Monterrey. Esta consideración se hizo y formó en casa del Duque de Alba. Año de 1677"[617].

El móvil no era otro que la necesidad que sentía la nobleza de derribar un gobierno presidido por un personaje de origen oscuro, que había alcanzado un *status* inapropiado a sus ojos, y que era incapaz de aglutinar ideas novedosas para que la Monarquía superase su profunda y general crisis. No hubo un levantamiento por el restablecimiento de una institución o contra el propio monarca, sino que el objetivo básico era que personas del origen y talante de Valenzuela no dirigiesen los destinos de España.

El predominio de los intereses de la alta nobleza, al menos desde 1665, cuyos territorios se aprovechaban constantemente del debilitamiento de la autoridad regia, se habían convertido en un fortísimo elemento de presión contra el gobierno del valido y que, en el citado manifiesto de 16 de diciembre de 1676, prácticamente había eliminado cualquier disidencia entre las grandes familias nobiliarias, incluyendo a antiguos aliados de la Reina regente o del mismísimo Fernando de Valenzuela. Ejemplo de ello son las firmas de los duques de Osuna y Pastrana, que en el verano de ese mismo año todavía eran partidarios del valido. Pastrana, posiblemente por respeto a su padre, el cual había sido caballerizo mayor de la Reina; Osuna, como agradecimiento por haber obtenido el cargo de presidente del Consejo de Órdenes.

Otro caso demuestra lo poco que este llamado "*compromiso de los grandes*" reflejaba la situación real, así como el poco valor político que albergaba, y era que dos de los enemigos declarados de Valenzuela, como eran Oropesa y Medinaceli, no figuran entre los adherentes al mismo. Su postura se había plasmado ese mismo año al negarse don Juan Tomás de la Cerda, duque de Medinaceli y Alcalá a recibir al favorito. Con todo, en noviembre de 1675 se mostraba especialmente cauteloso: no era de esperar que precisamente en este difícil momento quisiera quedar ante el Rey como un conspirador. Curiosamente, el destino de ambos se encargaría de mostrar lo acertada de su posición y de su estrategia, ya que Medinaceli llegaría, como dijimos, el 21 de febrero de 1680 a convertirse en primer ministro de España, mientras que Oropesa, en junio de 1684 a presidente de Castilla, y sucediendo, por último, al primer ministro[618].

617 B.N., mss., 18.206.

618 Kamen, H., *La España de*..., op. cit., pp. 585 y ss.

La lectura de aquel manifiesto de 16 de diciembre, en donde los llamados *grandes* arremeten directamente contra el *Duende de Palacio* resulta sumamente interesante, y en donde encontramos la fiel plasmación de aquel brutal odio de aquellos contra Fernando de Valenzuela:

"Por cuanto las personas cuyas firmas y sellos van al fin de este papel, reconociendo las obligaciones con que nacimos, reconocemos también el estrecho vínculo con que Dios Nuestro Señor por medio de ellas nos ha puesto, de desear y procurar toda la extensión de nuestras fuerzas el mayor bien y servicio del Rey, Nuestro Señor (D. l. g.), así por lo que mira a su soberano honor, y al de sus gloriosos ascendentes, como a su real dignidad y persona; y que Su Majestad, y consiguientemente sus buenos y leales vasallos, padecemos hoy grandísimo detrimento en todo lo dicho por causa de las malas influencias y asistencia al lado de Su Majestad de la Reina su madre, de la cual, como de primera raíz, se ha producido y se producen cuantos males, pérdidas, ruinas y desórdenes experimentamos; y la mayor de todas, la execrable elevación de don Fernando Valenzuela.

De todo lo cual se deduce con evidencia que el mayor servicio que se puede hacer a Su Majestad, y en el que más lucirá la verdadera fidelidad, es separar totalmente y para siempre de la cercanía de Su Majestad a la Reina su madre, aprisionar a don Fernando de Valenzuela, y establecer y conservar la persona del señor don Juan al lado de Su Majestad"[619].

Continúa el manifiesto indicando que:

"Por tanto, en virtud del presente instrumento, decimos que nos obligamos debajo de todo nuestro honor, fe y palabra de caballeros (la cual recíprocamente nos damos) y del pleito homenaje que unos para otros hacemos, de emplearnos con nuestras casas, estados, rentas y dependientes a los fines dichos y a cuantos medios fueren más eficaces para su cumplido logro, sin reserva alguna.

Y porque mientras Su Majestad no estuviere libre de la engañosa violencia que padece, sea en la voluntad o en el entendimiento, se debe atribuir a cuanto firmare o pronuncie en desaprobación de nuestras operaciones, no a su real voz y mano, sino a la tiranía de aquellos que en vilipendio de esas sacras prendas se las usurpan, para autorizar con ellas sus pérfidos procedimientos, declaramos también que tendremos todo lo dicho por subrepticio, falsificado y procedido, no de la real y verdadera voluntad de Su Majestad, sino de la de sus mayores y más domésticos enemigos; y que en esta consecuencia será todo ello desatendido de nosotros"[620].

Además introducen en el mismo una directa amenaza a todos aquellos que se opongan a esta declaración:

[619] B.N., mss., 18.206.
[620] B.N., mss., 18.206.

"Asimismo declaramos que cualesquiera que intentaran oponerse o embarazar nuestros designios, encaminados al mayor servicio de Dios, de Su Majestad y bien de la causa pública, los tendremos y trataremos como enemigos privados del Rey y de la patria, poniéndonos todos contra ellos; que si se intentare algún agravio, ofensa, vejación, contra cualquiera de nosotros, la tendremos hecha a todos en común, y unidamente saldremos a la indemnidad y defensa del ofendido, sacando sin dilación la casa en cualquier hora que esto suceda, antes o después de haber ejecutado los designios referidos. Todo lo cual cumpliremos inviolablemente, de modo que no habrá motivo o interés humano que nos aparte de este entender y obrar; y esta alianza y unión en nosotros será firme e indisolublemente observada sin interpretación ni contento que mire a desavenencia o disminuirla en el rigor y amplitud, sino en la buena fe que sujetos tales y en negocios de tanta gravedad debemos observar.

En cuyo testimonio lo firmamos de nuestra mano y sellamos con el sello de nuestras armas. Y el señor don Juan en particular, declara que el haber concurrido en el último de los tres puntos dichos, que toca a su persona, es por haberlo juzgado lo más conveniente al servicio de Dios y del Rey, pues de su motivo propio protesta delante de su Divina Majestad no viniera en ello por muchas razones. Dado en Madrid a 15 de diciembre de 1676…"[621].

Los días de Valenzuela al frente del gobierno tocaban a su fin. Después del *manifiesto*, los firmantes del mismo volverían a recurrir al probado método de atraerse a la población urbana de Madrid, indicando los autores que

> "Los propios grandes corrieron la voz de que don Juan venía para no coger por sorpresa al pueblo y poder tantear los ánimos; mandaron decir que destituiría a Valenzuela, asistiría al Rey en el gobierno y socorrería al pueblo y a los oprimidos"[622].

Convencido de que definitivamente había llegado su momento, don Juan de Austria prepararía con sumo cuidado la operación política que le diese definitivamente el poder. Con este fin, sus agentes recorrieron los territorios de la Corona de Aragón en busca de apoyos, y los encontraron en múltiples lugares. Sobre Madrid planeó, una vez más, el miedo a una confrontación armada, de una guerra civil. Los Consejos iniciaron una actividad frenética, elevando consultas para encontrar un punto de acuerdo que permitiese una solución pacífica al conflicto. Las respuestas y recomendaciones que dieron los Consejos de Castilla y de Estado fueron contundentes: proponían la prisión de Fernando Valenzuela y que se conminase a don Juan José de Austria a no marchar sobre Madrid, amenazándole con acusarle, en caso de hacer lo contrario, de delito de alta traición.

Sin embargo, el devenir de los acontecimientos era imparable. El hecho de que estos organismos se limitaran de nuevo a reaccionar da cuenta del papel de segundo orden que desempeñaban en la regencia, y que los futuros acontecimientos se encargarían de poner de relieve. De hecho, más allá de ese año de 1669 el Consejo de Castilla no volvería a controlar la situación en términos similares. Pero, en todo caso

---

621 B.N., mss., 18.206.

622 Mignet, M. (ed.), *Négociations relatives...*, t. IV, p. 635.

serían los propios aristócratas, con toda probabilidad con el ánimo de salvaguardar sus intereses y como respuesta a su clara indignación hacia el favorito, los que apelaron a las clases populares y los que dieron los pasos definitivos para acabar con el poder de Fernando de Valenzuela.

En aquella Corte se prepararon para los peores acontecimientos. Prueba palpable de ello fue la actividad desarrollada por el Almirante de Castilla, enemigo jurado del bastardo. Éste era partidario de defender la capital de la monarquía con las tropas que había en ella, ante un posible ataque de tropas lideradas por don Juan José. En nuestra opinión se trataba de una posibilidad remota, no olvidemos que en otras ocasiones esta acción pudo haberse ejecutado con idénticos motivos, 1669 y 1675, y no se puso en práctica. Mientras tanto, las clases populares y el conjunto del reino de Aragón estaban de su parte, y las noticias que llegaban de numerosos lugares de la Península señalaban que allí también contaba con importantes respaldos.

Por otro lado, en la semana anterior a las navidades, Mariana de Austria intentaría desesperadamente defenderse, ordenando en reiteradas ocasiones al presidente del Consejo de Castilla que apresara a los cabecillas de la revuelta contra sus intereses –Alba, Osuna y Medina-Sidonia–. Desde una postura desafiante, los tres hicieron saber que presentarían resistencia a dicha orden. Pero las horas del poder de la austriaca llegaban a su fin, ya que hasta el presidente, Villaumbrosa, se negaba ya a ejecutar sus órdenes, en este caso inspirando aquella negativa, con toda probabilidad, la enemistad manifiesta hacia Valenzuela, además del comportamiento expuesto por la Reina en el otoño de 1676. Y por si todo ello fuera poco, se unía a lo anteriormente expuesto el temor a una posible guerra civil[623].

Facilitaría mucho más la causa de don Juan el hecho de ver como Valenzuela se retiraba a El Escorial juntamente con su mujer embarazada, además de sus dos hijas, don Alonso de los Herreros y una escolta de veinte *chambergos*. Allí el *Duende* quedaría amparado por el asilo eclesiástico[624], aunque de dicho recinto eclesiástico sería sacado violentamente por el duque de Alba, al mando de unos trescientos hombrea a caballo, lo que producirían una amarga y contundente reacción por parte de las autoridades de la Iglesia[625].

---

623 Mignet, M. (ed.), *Négociations relatives...*, t. IV, p. 636.

624 Llegó a esta casa con esta orden día de Navidad del año 1676: Y de allí a pocos días vino su mujer con la familia. Viendo esto los señores de la Liga y que su Alteza no podía tardar, pues por cartas particulares de sus Majestades, Rey y Reina, le avían mandado que viniese, dispusieron juntar hasta unos trescientos hombres a caballo, los más soldados, y gente de armas, y venir al escorial y prender a don Fernando pareciéndoles que con esta diligencia lisonjeaban a su Alteza, pues se le daban preso antes que llegase a la Corte y se acreditaban de cuidadosos y diligentes. Para hacer esta acción salieron de Madrid el día diez y siete de enero del año siguiente de 1677, don Antonio de Toledo, hijo mayor del duque de Alba, y el duque de Medinasidonia, con los trescientos hombres de a caballo que he dicho poco más o menos. A.P.R., caja 1.069, nº 9: "Relación sumaria de la prisión de don Fernando Valenzuela. Marqués de Villasierra".

625 Resulta curioso poder indicar al lector que, como producto de dichos sucesos, hoy, en ese mismo monasterio de El Escorial, podemos recrear nuestra mirada con una bella sacristía que tiene parte de su origen el aquellos altercados. En este sentido, dicha sala fue construida porque Juan José de Austria, juntamente con el duque de Medinasidonia y otros nobles, al perseguir a Valenzuela, asediaron El Escorial y penetraron

Resulta en todo caso curioso observar como en una consulta al Consejo de Estado se había recomendado al Rey Carlos que Fernando de Valenzuela debería instalarse en un lugar más lejano de la Corte:

> "...y es que el primer paso que se debe dar es apartar y asegurar la persona del marqués de Villasierra, porque estarse en El Escorial, no es tan apartado ni asegurado, porque no basta que no sea cierto que viene a palacio, si es posible que venga, bien se experimenta este inconveniente, pues comúnmente se cree que ha estado en palacio, después que salió de él, soy de parecer que Vuestra Majestad le mande salir de San Lorenzo, y que un alcalde, u otro sujeto le lleve al Alcázar de Segovia, y con guarda suficiente le entregue al alcalde para que esté en esta custodia. No porque yo le califico por reo judicialmente, pues esto no es de mi conocimiento, ni de mi instituto, sino porque miro a esta resolución como medio eficacísimo de la quietud que se desea, y el más necesario para aquietar al señor don Juan de la desconfianza que tanto manifiesta, y el menos costoso, pues no es desestimación alguna el que padezca esta detención, mayormente cuando es el interesado en ella, pues se le asegura la vida..."[626].

Con todo, y después de haberse elegido como refugio la localidad escurialense, el Rey enviaría una carta, de fecha de 23 de diciembre, al padre fray Marcos de Herrera, prior del Real Convento de El Escorial, pidiendo que allí fuese recibido y acogido en aquel lugar don Fernando de Valenzuela:

> "Carta del Rey nuestro señor don Carlos Segundo al padre Fray Marcos de Herrera, prior del Real Convento del Escorial. El Rey. Venerable y devoto fray Marcos de Herrera, prior del convento Real de San Lorenzo. En caso en que don Fernando de Valenzuela, marqués de Villasierra vaya a ese convento, os mando le recibáis en él

---

desmandados, quebrantando la santidad del lugar. El entonces prior, Marcos de Herrera, los excomulgó y, para poder obtener el levantamiento de dicha sanción eclesiástica, el Papa les impuso la penitencia de erigir una nueva y suntuosa capilla. Carlos II, posiblemente espantado por dicha sanción, prometió cumplir la penitencia, inaugurándose dicha capilla en 1684.

La sacristía es una hermosa sala profunda, contenida entre los luminosos tonos de los mármoles de la solería y de los grutescos de la bóveda. Uno de sus lados está ocupado por una magnífica cajonería de maderas finas embutidas y adornadas con mosaicos. Sobre los cajones, de tan enormes proporciones que admiten extendidas las capas del coro, se levanta un cuerpo de alacenas para los vasos y ornamentos sagrados, en el que se intercalan espejos con bellos marcos de chapa de plata; el espejo central, regalo de Mariana de Austria, destaca de los demás por su hermoso marco barroco de plata con adornos de cristal de roca.

No conviene obviar tampoco las obras de arte, que vienen a reflejar dicha época del Rey Carlos II, destacando las pinturas y el altar de la Sagrada Forma. Este altar, que ocupa el frontal sur, capta enseguida la atención del visitante y parece prolongar la profundidad del recinto, pues el fondo del cuadro que lo preside reproduce la propia sala. El cuadro de la Sagrada Forma es una de las mejores realizaciones de la pintura española, y desde luego la obra maestra de Claudio Coello. Representa a Carlos II y sus Cortesanos adorando la Sagrada Forma, siendo en realidad un cuadro que incorpora un motivo devoto, un hecho histórico y una galería portentosa de retratos de la época.

[626] A.H.N., *Estado*, Libro 881.

> y le aposentéis en los aposentos de Palacio, que se le señalaron cuando yo estuve en ese sitio, asistiéndole en todo cuanto hubiere menester para la comodidad y seguridad en su persona y familia, y para lo demás que pudiere ofrecérsele, con el particular cuidado y aplicación que fío de vos en que me haréis servicio muy grande. Madrid, a 23 de diciembre de 1676. Yo el Rey"[627].

El lugar era magnífico y conocido por Valenzuela, amén de que los clérigos no dudarían en obedecer los deseos del monarca, pero en cuanto a lo que a la seguridad del *Duente* se refiere aquel monasterio dejaba mucho que desear, fundamentalmente por su cercanía a la Corte. En este sentido, a pesar de esos avisos, y como seguidamente analizaremos, don Fernando de Valenzuela haría caso omiso a tales advertencias, quizá en la idea errónea de que su elevada posición y su pertenencia a la grandeza de España se convertirían en elementos coadyuvantes del debido respeto a su persona, además del más que significativo elemento de encontrarse bajo la protección de aquella institución religiosa.

Los hechos relativos a la detención del *Duende de Palacio* se sucederían del modo siguiente: cuando estos aproximadamente trescientos jinetes llegaron al monasterio escurialense, cercaron el inmueble por todas partes. Más tarde acudió a hablar con ellos el prior, al que exigieron la entrega de Valenzuela por orden de don Juan de Austria. El máximo mandatario del monasterio les respondió que para ello sería necesario que le entregasen una orden escrita del mismo Rey. Al no tenerla, vinieron a alegar que dicho mandato había sido realizado de manera oral, ante lo cual fray Marcos de Herrera se negó en rotundo a entregar a aquel que había recibido el amparo eclesiástico, advirtiéndoles de que no perturbaran la paz de aquel sacro recinto, tal y como nos indican los textos:

> "Llegaron a esta casa a poco más de las tres de la tarde y de improviso la sitiaron y cercaron cogiendo todas las entradas y salidas sin dejar entrar ni salir a nadie hasta hacer volver de la herrería al convento a unos religiosos que iban a La Granja. Sus excelencias los duques tomaron la campaña y el aposentillo del padre administrador por cuartel suyo, y mandaron entrar fuera de las caballerizas las mulas del convento para que estuviesen allí sus caballos. Luego corrió la voz de que venían a prender a don Fernando de Valenzuela, y no obstante esta voz quedamos admirados todos los religiosos de que para esto se sitiase el convento con soldados cargados de pistolas como si hubiesen de combatir alguna ciudad de enemigos.
>
> Su Reverendísima Señor el Padre Prior bajó a la compañía acompañado de algunos padres para hablar a aquellos señores y saber qué era su pretensión. Habloles y respondieron que venían por don Fernando Valenzuela. Díjoles su Reverendísima que don Fernando había venido a esta casa con carta especial de Su Majestad, en que mandaba y encargaba la asistencia y custodia de don Fernando, que si sus excelentísimas traían otra orden de Su Majestad en contra que se sirviesen de mostrarle. Respondieron que el que había era de palabra, y no por escrito. Replicó su Reveren-

---

627 B.N., mss., 11.051, p. 76.

dísima que aunque eso sería así como sus excelentísimas lo decían pero que teniendo su Reverendísima la carta que tenía de Su Majestad y no viendo otra en contrario, no podía ayudar, ni cooperar a la acción. Aquí pasaron otras razones, y por último les dijo el Padre Prior que sus excelentísimas se sirviesen de no molestar al convento, ni que se hiciese agravio a persona alguna del ni a los criados, y que de lo contrario protestaba los daños y extorsiones que se hiciesen. Con esto se despidieron y aquella noche pusieron dos soldados de centinela en la reja de la botica, que da paso a la compañía y en todas las demás entradas y salidas sin dejar entrar ni salir aun a los mismos religiosos"[628].

Poco después, y todavía con el monasterio cercado, se haría entrega de un escrito al prior escurialense, en donde venían a solicitar una entrevista privada con Fernando Valenzuela, buscando con toda seguridad que éste voluntariamente saliese de dicho lugar y se entregara. En la misma, el *Duende* nuevamente se negó a salir del monasterio, indicando que se encontraba allí en virtud de una licencia otorgada por el Rey y que, para retirarse, sería necesaria una carta en contra que procediese de la misma persona.

En vista de aquella rotunda negativa, al día siguiente, entraron por la fuerza en dicho lugar las tropas acantonadas en el exterior. Tras un minucioso registro no encontraron al *Duende*, el cual se había escondido en el desván. De allí pasaría a la celda de un religioso, en donde, por fin, fue encontrado y apresado.

Una vez en manos de los asaltantes, el confidente de Mariana de Austria sería llevado, primero, preso a Consuegra[629], y más tarde –tras la intervención del Papa– sería

---

628 A.P.R., caja 1.069, nº 9: "Relación sumaria de la prisión de don Fernando Valenzuela. Marqués de Villasierra".

629 Coincidiendo con la llegada de Fernando de Valenzuela a Consuegra, el 27 de enero, el monarca decretaba la nulidad de todas aquellas mercedes concedidas al mismo, haciendo una mención expresa al título de Grande de España: "no habiendo concurrido en las mercedes que consiguió Don Fernando Valenzuela aquella libre y deliberada voluntad mía, que era necesaria para su validación y permanencia, ni en él los méritos y servicios personales ni heredados, que le puedan hacer digno para obtenerlas, y por otras justas causas que me mueven. He resuelto declarar por nulas dichas mercedes, y los títulos y despachos que de ellas se hubieren expedido. Mando se recojan, anoten y glosen, ejecutando las demás prevenciones necesarias en la forma que convenga, para que en ningún tiempo valgan ni se puedan usar de ellas.

Y porque entre ellas una es el título de Grandeza para él y sus sucesores, que bajó a la Cámara en el decreto de dos de noviembre del año próximo pasado, y que original se ponga en mis manos, recogiendo y testando todos los papeles e instrumentos en que se hace mención de esta merced. Porque mi intención y voluntad es que no quede memoria de ella en ninguna parte, queriendo yo, por este medio, conservar a la primera nobleza de mis Reinos y a los que de ella están condecorados con el honor de Grandeza, en el esplendor que han tenido en todos tiempos, del cual descaecería si se le incluyera en el número delos Grandes un sujeto en quien no se hallan ninguna de las circunstancias que deben concurrir juntas a los que llegan a obtener este honor.

Y atendiendo como los reyes mis predecesores lo hicieron en sus tiempos, a todo lo que puede ser mayor estimación de mis vasallos, y al desconsuelo en que se hallarán viendo a Don Fernando tan desproporcionadamente incluido en su línea, he tomado esta resolución, quedando según ella privado de todos los honores, preeminencias y prerrogativas que gozan los Grandes, lo entendido en la Cámara, para ejecutarlo así, dándome aviso de haberlo hecho. Buen Retiro 27 de enero de 1677 años.

trasladado a la iglesia del Tembleque, en donde sería entregado al vicario general de Madrid, siéndole comunicado en aquel lugar que estaba en libertad. Allí solicitó la guardia y custodia de la Iglesia.

Así las cosas, el marqués de Villasierra, ahora contando con la protección de la jurisdicción eclesiástica, volvería nuevamente a Consuegra, tal y como narran los documentos:

> "Hoy llegó a esta Corte D. Francisco Forteza, Vicario de Madrid, de vuelta de Consuegra, que fue a poner a Valenzuela en prisión por parte de la Iglesia, en el Inter. Que se ve si debe gozar de la inmunidad o no. La forma fue llevándosele a Tembleque los guardias, en cuya iglesia se le entregaron, y el Vicario le recibió, y le dijo supiese que estaba en libertad; a que replicó Valenzuela e hizo protesta de que no estaba, respecto de que estaba cercada la iglesia de los mismos guardias que le habían traído; a que respondió el Vicario, que si le parecía no estaba seguro diese petición, pidiendo le pusiesen en guardia y custodia por la Iglesia para resguardo de su persona, como lo hizo; con que le volvió el Vicario en la misma litera que le trajeron, y le dejó en Consuegra en la misma prisión, entregado a las mismas guardias por parte de la Iglesia"[630].

En la sección de Consejos del Archivo Histórico Nacional, encontramos un decreto del Rey, de 20 de febrero de 1677, en donde designa

> "para actuar y sustanciar las causas de don Fernando Valenzuela a don Juan Lucas Cortés, alcalde de corte, y manda se despache notaría de los reinos para que pueda escribir las disposiciones de los testigos en los casos que conviniere. Publicado en la Junta a 23 de febrero de 1677"[631].

De tintes sumamente duros fue la misiva que mandase el Papa Inocencio XI[632] al Rey, a través de su Nuncio Vaticano, en donde hacía mención de su inmenso dolor por aquellos acontecimientos, y singularmente por la vulneración de un sagrado lugar como era el Monasterio de El Escorial:

---

630 CODOIN, 67, pp. 119-120.

631 A.H.N., *Consejos*, Leg. 12.585.

632 Conocido como Benedetto Odescalchi antes de alzarse a la jefatura de la Iglesia, había nacido en Como, en 1611. Llegó al pontificado un año antes de que don Juan de Austria lo hiciese al primer ministerio de la Monarquía Hispánica, ocuparía la silla de San Pedro entre los años 1676 a 1689. Nombrado cardenal por Inocencio X, pronto iniciaría una tarea depurativa de la Iglesia, mediante la adopción de duras medidas, entre las que se podría citar la creación de un tribunal que velase de la equidad y la justicia en el seno de la Iglesia, leyes contra el uso de vestidos lujosos, además de la predicación del catecismo y de la comunión diaria. Su pontificado, contó pronto con la oposición de Luis XIV de Francia que, temeroso de la reconocida austeridad de este Papa, trataría de obstaculizar su carrera.

"Carta de Su Santidad de Inocencio XI a la majestad de Carlos Segundo, Rey de las Españas, sobre que se restituya al marqués de Villasierra a la Iglesia.

Nuestro muy amado hijo, salud, etc.

Con lágrimas en los ojos nacidas del sentimiento más íntimo del corazón y movidos del celo de la casa de Dios, y su custodia damos noticia a Vuestra Majestad como hemos tenido aviso que contra la voluntad de Vuestra Majestad ha sido violado y sacrílegamente profanado el serenísimo templo de San Lorenzo el Real a quién vuestra majestad por herencia con singular afecto, reverencia y de la debida reverencia a la inmunidad de la iglesia, llegando a tanto la temeridad que perdiendo la reverencia a la más sagradas aras y insignes reliquias de los santos impíamente atropellaron con el sagrario en que se guarda el augustísimo sacramento del altar, en cuya presencia las columnas más firmes del cielo se estremecen y los espíritus más encumbrados tiemblan, a vista pues a tan horrendo espectáculo que si las piedras del templo no carecieran de sentido se arrojaran sobre las cabezas tan sacrílegas para tomar justa venganza a tan execrable maldad. Deseamos que vuestra majestad tengan entendido que el deseo que arde en nuestros pechos de establecer la paz universal de su reino no es menos que el que a Vuestra Majestad asista y que desde el principio de mi pontificado le he procurado conciliar sin omitir diligencia alguna ni con el favor divino omitiere poner todos los medios hasta conseguir fin tan deseado, pero es necesario que Vuestra Majestad advierta que a ninguna suerte se puede alcanzar intento tan piadoso con el desprecio de los sagrados cánones y autoridad en la iglesia, sino castigando a sus sacrílegos violadores y ejecutando con prontitud y respeto las piadosas exhortaciones y saludables consejos del que tiene Vuestra Majestad en lugar de amantísimo padre de que debe fiar Vuestra Majestad su bien, y el modo su reino, y teniendo entendido que nada aprovechará a vuestra majestad el dominio de los reinos de la tierra si pierde el reino de los cielos, muy patentes han sido los castigos con que la divina indignación ha castigado a los que se han atrevido a profanar el templo de Dios, y dejan en silencio muchas de que están llenas las sagradas escrituras, bien sabido es como experimentó el rigor divino el que alargó su mano al arca del testamento solo para detenerla, estando para caerse.

Esperamos, pues, que Vuestra Majestad y sus reinos estarán muy lejos de semejantes riesgos, con tal que insistiendo en el ejemplo de los muy religiosos reyes antepasados de Vuestra Majestad declare muestras de su justa indignación contra los que con suma maldad, despreciando las censuras eclesiásticas, pusieron manos violentas en el marqués de Villasierra, en el templo de Dios, de donde violentamente le sacaron agravio que se debe satisfacer, puestos consta que si en la casa de vuestra majestad se cometiera menor delito, no lo deja Vuestra Majestad sin grave castigo. El arzobispo de Cesaria, que entregará a Vuestra Majestad estas mis letras, dirá a vuestra majestad de palabra más por extenso noticia de nuestros sentimientos, y juntamente dará la confianza que nos da la piedad de Vuestra Majestad de que por mucho tiempo no dure nuestro dolor, sino que dará satisfacción de agravio tan conocido, sin que desesperado de remedio sea necesario arrojarnos a los pies de Cristo Crucificado, y con todas las ansias de corazón pedir al Rey de los reyes, y señor de los señores con las palabras de real profeta, que se levante y juzgue su causa.

A Vuestra Majestad muy amado, damos nuestra bendición apostólica. Dada en Roma a 3 de Marzo de 1677 años"[633].

Con todo pronto veríamos a Fernando de Valenzuela nuevamente en la cárcel de Consuegra, bajo la protección de la iglesia, y pendiente de la solicitada causa de inmunidad del Nuncio del papa. Sin embargo la idea que en la Corte se tenía no era otra que el mandarlo lejos, y así sería, a pesar del anterior documento del Papa, de 3 de marzo de ese año:

"Cédula de Su Majestad en cumplimiento del despacho del Nuncio de Su Santidad para la relegación de don Fernando de Valenzuela, caballero del Orden de Santiago. El Rey. Mi gobernador y capitán general de las islas Filipinas, hallándose don Fernando de Valenzuela en la villa de Consuegra, debajo de la protección de la iglesia y pendiente la causa de la inmunidad del Nuncio de Su Santidad, en virtud de comisión particular que para ello tuvo la Santa Sede Apostólica en vista de los autos que contra él se habían escrito por los ministros seculares y considerando que de la residencia el dicho don Fernando de Valenzuela en estos reinos puede resultar perjuicio a su persona, y también a la quietud pública, y pareciendo se al servicio de Dios nuestro Señor, y mío, cuando de la facultad que le está concedida en dicha comisión, despacho, mandamiento dado este mes de febrero, relegando al dicho don Fernando de Valenzuela a estas islas donde ha de estar por tiempo de 10 años, para que durante ellos no pueda salir del Fuerte de Cavite, que se le señaló por su morada, y habitación, por el dicho tiempo, y se le manda no salga de él pena de excomunión mayor, y otras al arbitrio del Nuncio lo contrario haciendo, y para que tenga cumplimiento lo referido mandé que el dicho don Fernando de Valenzuela con dos criados fuese llevado al puerto de la Veracruz, y que mi virrey de la Nueva España diese las órdenes que conviniesen para que en el primer navío que del puerto de Acapulco saliera para estas islas vaya embarcado con dos criados que permito llevar pueda.

Y os mando que luego que llegue deis orden al castellano del castillo de San Felipe del Puerto de Cavite, para que le reciba en el dicho castillo con toda seguridad y sin permitir que para efecto alguno alga de él ni sus criados, ni que a él ni a los de su familia les permita escribir ni recibir cartas hasta nueva orden mía. Y para que tenga lo necesario para su manutención, os mando que le hagáis acudir con lo que juzgáredes necesario, e inexcusable con que no exceda de lo que importa el salario de un oidor de mi Audiencia de Manila. Y como quiera que para este efecto os mando que de cualquier caudal que me pertenezca le hagáis acudir y que se le acuda, os encargo que en las primeras vacantes que hubiere de encomienda a vuestra distribución apliquéis a este gasto lo necesario para excusarle a mi real hacienda, fiando a vuestro celo y aplicación, y puntualidad lo que os mando, y que en la primera ocasión que podáis me daréis cuenta remitiendo testimonio auténtico de quedar en dicho castillo, y de lo que hubieseis dispuesto así en cuanto a la forma de asistirle, como en las prevenciones con que ha de estar. Hecha en Madrid a 28 de febrero de 1678 años"[634].

633 B.N., mss., 11.051, p. 76

634 B.N., mss., 11.051, p. 80.

Como vemos, pronto sería enviado a las Islas Filipinas, en un largo viaje que vendría a durar casi dos años. Para tal fin, éste salía de la prisión de Consuegra el 2 de abril y fue llevado al fuerte del Puntal, en Cádiz, donde permanecería hasta el 14 de julio. En la cédula real se notifica que Valenzuela había sido desterrado a Filipinas y que podrán acompañarle su mujer e hijos, aunque éstos nunca llegarían a partir hacia dichas tierras asiáticas.

Mucho tuvo que ver, para la obtención del favor eclesiástico en esta causa, la participación activa de la mujer del *Duende de Palacio*. Una prueba palpable de ello la vemos en el siguiente documento que reproducimos:

> "Beatísimo Padre. Doña María de Ucedo, marquesa de Villasierra, mujer legítima de don Fernando de Valenzuela, caballero del orden de Santiago, por su derecho y en nombre de su marido. Postrada a los pies de V.B. dice que por el año pasado de 1677, hallándose don Fernando en la villa de Madrid, Corte de la católica Majestad del Rey de España, se concitó contra él una declarada persecución de diferentes sujetos, émulos de su fortuna, que le obligó a juzgar que para defender su vida del peligro evidente en que lo habían puesto sus asechanzas necesitaba de recurrir al sagrado de la inmunidad de algún tempo que le presidiare hasta que la inocencia de sus procedimientos exístase la justicia de la majestad católica de favorecer su causa.
>
> Y pareciéndole que el más a propósito para este fin sería el Real Convento de San Lorenzo del Escorial... que esta poco distante de aquella Corte, se retrajo a su clausura, creyendo que aquel respeto contendría la precipitada pasión de sus contrarios, llevando consigo a su familia y a los bienes con que se hallaba (parte de ellos propios de la suplicante y parte comunes...), más ni la protección de aquel templo, ni la notoriedad de que don Fernando no había cometido delito alguno que le hiciese indigno, e incapaz de la inmunidad que estaba gozando, ni mereciese pena o extorsión, fueron suficientes a refrenar el ardor con que diferentes sujetos solicitaron por extraordinarios medios sacarle violentamente de aquel sagrado refugio, hasta que lo consiguieron, llevándole preso con numerosa custodia de hombres armados al castillo y fortaleza de Consuegra, donde fue encerrado en un estrecho retiro con continuas guardas de vista, privándole absolutamente de todo comercio y comunicación, habiéndole despojado a un mismo tiempo de todos los bienes y hacienda que llevó consigo... con cuya noticia el cardenal don Pascual de Aragón de buena memoria, arzobispo de Toledo y ordinario diocesano por el quebrantamiento que se había hecho de la inmunidad eclesiástica en su persona procedió contra los ministros y sujetos que habían intervenido en aquel atropellamiento, y después le continuó con especial comisión de Vuestra Santidad que se sirvió de ordenar al Nuncio apostólico que residía en Madrid, absolviese a diferentes personas de las censuras en la que habían incurrido por este exceso, imponiéndoles penitencias saludables... y conveniente a la seguridad de su persona, usando de el todo de la facultad contenida en aquella comisión relegaba y relegó a don Fernando a las islas Filipinas por tiempo y espacio de diez años, para que durante ellos no pueda salir del fuerte de Cavite, que le señaló por morada y habitación..."[635].

[635] A.H.N., *Consejos*, Libro 878, pp. 201v y ss.

En 1687 se cumplían los diez años de destierro a los que había sido condenado, quedando entonces en libertad. El Rey ordenaba en ese momento su traslado al puerto de Acapulco, y de allí a la ciudad de México, dotándole del dinero necesario para su viaje. Con todo, el 4 de octubre de 1688 enviaba al Rey un memorial poniéndose a los pies de Carlos II, narrándole las penalidades que había padecido a lo largo de tanto tiempo de injustificada prisión:

> "Memorial presentado en Madrid al Rey nuestro señor don Carlos Segundo, por parte del marqués de Villasierra.
>
> Señor. Don Fernando de Valenzuela, caballero del orden de Santiago, marqués de Villasierra, caballerizo mayor de la Reina madre nuestra señora dice: que el presente año de 1684 se le concedió facultad de poder escribir y recibir cartas, punto prohibido en los antecedentes de su prisión, con cuyo permiso y por este medio se poner a los pies de vuestra majestad, diciendo que el año de 1676 se apartó de ellos con su real beneplácito, e intervención para el convento de San Lorenzo, a cuyo prior y comunidad recomendó vuestra majestad por carta particular, la asistencia y resguardo de su persona, con obstante la cuenta de diversos caballeros de la Corte fueron con 300 hombres y le sacaron violentamente de dicho monasterio diciendo tener orden de boca de Vuestra Majestad para ejecutarlo, sin bastar a reprimirlos el hacerles dicho don Fernando Valenzuela manifiesta una cédula de Vuestra Majestad en que resguardaba su persona de semejantes atentados, anulando otras cualesquiera ordenes en contrario (excepto la que incluyese la circunstancia que a vuestra majestad consta) todo en fin lo atropellaron, desposeyéndole asimismo de la cédula referida y conduciéndole preso a la villa de Consuegra, de donde después de 7 meses de prisión sin auto ni instrumento alguno judicial, y extrajudicial por donde le constase las causas o motivos para dicha prisión, ni extracción violenta de la inmunidad (en que por orden de vuestra majestad estaba) una noche 2 de julio del dicho año a las 12 de ella le transportaron (hallándose gravemente enfermo) al lugar de Tembleque, pretextando le restituían a la iglesia donde (pidiendo fuese a la misma de San Lorenzo o a Talavera de la Reina) se lo negaron con presupuestos nulos en todo derecho y le volvieron al mismo castillo de Consuegra, en la propia forma y manera de prisión, con que estaba antes, en cual perseveró hasta 2 de abril de 1678, que sin preceder hacérsele cargo o ser oído en tribual alguno eclesiástico o secular, y sin notificarle auto o sentencia o decreto le condujeron al fuerte del Puntal, extramuros de la ciudad de Cádiz, donde residió hasta 14 de julio de dicho año, que le enviaron en la capitana de galeones, flota a tierra firme con la misma violencia, e ignorancia de causa o orden que en las antecedentes ejecuciones, conduciéndole preso hasta la aguada de la Isla de Puerto Rico, donde (en la forma referida) le conmutaron a la capitana de la flota de Nueva España, y en ella llegó al puerto de la Veracruz, y como preso le entregaron al castellano del castillo de San Juan del Alba, donde estuvo desde 15 de octubre de 1678 hasta 20 de febrero de 79, que (con el estilo referido) le condujeron al puerto de Acapulco, y en él a su castellano, donde le embarcaron día 29 de marzo del dicho año en el galeón de las Islas Filipinas, en el cual navegó hasta 29 de noviembre que llegó al puerto de Cavite, en dichas islas, donde luego le entregaron preso al castellano

del castillo de San Felipe, y en él le tienen, y ha estado hasta el presente día en tan rigurosa prisión que no se le permitía ver ni hablar a persona alguna sin guarda en visita, ni salir de los aposentos que tiene por habitación, con todos los gravámenes que caben en los crímenes más execrandos.

Estos sobre tantos y tan continuos trabajos y necesidades como ha pasado desde que le sacaron del Escorial, pues para la embarcación y viaje (no menos que de 50 leguas) no se le dio un real ni un vestido, en cuyas circunstancias tan nunca vistas le fuerzan a ponerse de nuevo a los reales pies de vuestra majestad...

Nota. El caso del desgraciado Valenzuela fue uno de los que más eco y ruido hicieron en el mundo, principalmente en España, viéndole caer de la cumbre y rodar hasta un rincón de las Islas Filipinas, sin hacerle cargo alguno público, ni secreto de su conducta"[636].

Poco tiempo después el Rey enviaba una cédula para que Valenzuela fuese puesto en libertad plena y absoluta:

"Cédula de Su Majestad para que a don Fernando Valenzuela, caballero del Orden de Santiago se ponga en plena y absoluta libertad. El Rey... a mi ánimo es que quede en su plena y absoluta libertad, dispongáis a costa de mi real hacienda se embarque para Nueva España, dándole los medios de que necesitare para su viaje de tierra, desde aquel puerto hasta la ciudad de México, asegurándole que en la Nueva España hallará buena acogida, y las órdenes que convengan tanto a mi servicio como a su misma conveniencia, a cuyo fin se enviarán las necesarias al conde de la Monclava, mi virrey en México, para que las observe como se le previene y vos me daréis luego cuenta por las vías más seguras, y breves del cumplimiento de este despacho, como lo fío de vuestras aplicaciones que así es mi voluntad. De Madrid a 7 de junio de 1687. Yo el Rey"[637].

Además, poco tiempo después, se dirigía una Real Orden al virrey de Méjico señalando una renta a Fernando de Valenzuela:

"Por Real Orden de Su Majestad dirigida al excelentísimo señor conde de Galve, virrey de Nueva España, por mano de don Manuel Francisco de Lira, secretario del despacho universal se decretó:

Que al arribo don Francisco (sic) de Valenzuela a México le pusiese su excelencia que resolviendo mantenerse en aquel reino, transportando a el de su casa se le señalaría renta perpetua para su manutención, y decencia correspondiente a su calidad, conservándole todos los honores a título de Castilla en que correrían las demás mercedes que se le habían hecho, y que viniendo don Francisco en ellos, y escribiendo en esta conformidad a su mujer, podría su excelencia permitirle estar en público, y que le visitasen dándole el debido tratamiento y que si no se conformase en esta

636 B.N., mss., 11.051, p. 81.
637 B.N., mss., 11.051, p. 76.

disposición le dijese su excelencia se estuviese en México hasta nueva orden de su Majestad, cuyo orden habiéndosele hecho saber dijo: respondiendo ala orden de Su Majestad que vuestra excelencia en voz se sirvió de insinuarme digo que soy esclavo de Su Majestad y mi obediencia la más postrada como lo admitían los efectos de que sin replica me he sacrificado a cuantos trabajos ven sin constarme categóricamente el que eran por su real orden, como también en la ejecución de este viaje de Filipinas a la Nueva España, pues cuando Su Majestad (como consta de su real orden) mandó se me pusiese en plena y absoluta libertad, por se su voluntad, no contravenir a lo dispuesto por el Nuncio de su Santidad pude haber ejecutado mi viaje a Europa por la India, en que se me seguían muchas conveniencias de brevedad y seguridad, a lo cual aunque antepuse el oír en el real despacho, que en México me esperaban órdenes pertenecientes al servicio de Su Majestad, por las cuales me expusiera de nuevo a tanto padecer, con el pasado" [638].

Continúa indicando,

"Pero debo representar a vuestra excelencia que el punto de transportar mi casa a la Nueva España no consta de mi albedrío, pues en conciencia y según derecho canónico no puede el marido obligar a que su mujer le siga en camino donde se interponga mar de por medio, ni ella en tal caso tiene obligación de seguirle, y así yo como puedo responder a semejante proposición, por mí solo, ignorando la voluntad de la mía. Y cuando habiéndoseme propuesto a la propartida de España que si conducía mi mujer me quedaría en las Islas de Canaria tan solamente (más cercanas) no quiso ella venir en ello, con lo cual me es imposible dar respuesta fija a lo propuesto, si asegurárselo escribiré. De más de que siendo posible, suplico a vuestra excelencia se sirva insinuar a Su Majestad que mi único anhelo es pasar a morir en el honor que ya se me ha restituido, sin otras dependencia que la de solicitar acertarlo como mi único fin, y de descanso de las bondades del mundo, etc."[639].

Nunca en la historia de España la caída de un valido había sido tan violenta, ni tampoco se habían ensañado hasta este extremo los nobles contra el caído, a pesar de la ya conocida inquina que inspiraban en muchos de aquellos que había ostentado el poder, en perjuicio de otros que creían tener mayor derecho a ello. Además, y con el mismo golpe, lograron los nobles la ansiada separación del Rey Carlos y de su madre. Un Real Decreto tendría como objetivo básico arrebatar al caído Valenzuela su título de Grandeza:

"Real decreto por el que se le deshonra de la grandeza y demás mercedes a don Fernando de Valenzuela. No habiendo concurrido en las mercedes, que consiguió don Fernando de Valenzuela, aquella libre y deliberada voluntad mía que fuera necesaria para su validación y permanencia, ni en los méritos y servicios personales,

---

638 B.N., mss., 11.051, p. 88.

639 B.N., mss., 11.051, p. 88.

ni heredados que le pudiesen hacer digno para obtenerlas; y por otras justas causas que nos mueven: he resuelto declarar por nulas dichas mercedes y los títulos y despachos que de ellas se hubieren expedido, mando que se recojan, anoten y glosen, ejecutando las demás prevenciones necesarias, en la orma que convengan para que en ningún tiempo vayan ni se puedan usar de ellos; y porque entre ellas es uno el título de grandeza, para él y sus sucesores, que bajo a la cámara el decreto de dos de noviembre del año próximo pasado: mando que original se ponga en mis manos recogiendo y testando todos los papeles y instrumentos en que se hiciere mención de esta merced, porque mi intención y voluntad es que no quede memoria de ella, en ninguna parte, queriendo yo por este medio conservar a la primera nobleza de mis reinos, a los que en ella están condecorados con el honor de la grandeza, en el esplendor que han tenido en todos tiempos, el cual descaeciera si se incluyere en él número de los grandes un sujeto en quién no se hallan ninguna de las circunstancias que deben concurrir juntas en los que llegan a obtener este honor. Y atendiendo como los reyes mis predecesores lo hicieron en sus tiempos, a todo lo que puede ser mayor estimación de tales vasallos, y a el desconsuelo con que se hallaban, viendo a don Fernando de Valenzuela tan desproporcionadamente incluido en su línea, e tomando esta resolución quedando según ella, privado de todos los honores, preeminencias y prerrogativas que gozan los Grandes"[640].

Curiosamente, ya previamente el Consejo de Estado había informado a la Reina sobre la necesidad de revocar los títulos de grandeza de Valenzuela:

"Quietas ya estas turbulencias, también me parece que baje que baje un decreto a la cámara para que no se le de despacho de título de grandeza, que por su parte se solicita, y que se vuelva a las reales manos de Vuestra Majestad original el que bajo porque habiendo sido esta merced la que hizo el sentimiento más eficaz en la nobleza, y en su primera jerarquía, y habiendo tantos motivos para que por su misma desproporción no pueda subsistir será muy conveniente que Vuestra Majestad de este principio, y esta esperanza a su desconsuelo..."[641].

Inmediatamente se formaría un gobierno provisional compuesto por los ya pocos fieles de la aristocracia que quedaban a doña Mariana, aunque su funcionamiento sería más bien escaso debido a la incompatibilidad de carácter que marcaba a cada uno de sus miembros, básicamente resignados a la pronta e irremediable entrega del poder a don Juan de Austria. Pese a la gravedad de aquella situación, y que a la postre mantenía a la monarquía sin gobierno, dicho asunto no era considerado el más importante de los problemas a que había de enfrentarse la Corte. Todas las miradas se dirigían hacia Aragón, donde don Juan José de Austria se mantenía, no sin ciertas dosis de regocijo, en una actitud expectante.

640 A.H.N., *Estado*, Libro 878, p. 199r y ss.
641 A.H.N., *Estado*, Libro 881.

Y después de Fernando de Valenzuela...

Como ejemplo de todo lo anteriormente narrado, no podemos proseguir sin citar un texto redactado en tiempos de Valenzuela, que terminaba con estos versos dirigidos al Rey:

"Hermoso como Cupido
de tu madre estás hallado,
por eso no ves, vendado,
que está tu reino vendido.
Llama a Juan tu precursor
Si quieres bien gobernar,
Que para entrar a reinar
Hizo lo mismo el Señor"[642].

El destino quiso que no volviera a pisar tierras europeas, ya que una vez en México, la coz de un caballo acababa con su vida un 7 de enero de 1692. Antes, en noviembre de 1691, había plasmado en testamento sus últimas voluntades, aun a sabiendas de la ignorancia del destino final de aquellos bienes que le fueron arrebatados:

> "Copia del papel, de mano propia escrito y firmado en Méjico, última voluntad de don Fernando Valenzuela, Marqués de Villasierra. En la ciudad de Méjico, domingo diez del mes de noviembre de este presente año de mil seiscientos y noventa y uno, día del soberano patrocinio de María Santísima Madre de Dios, Reina de los Ángeles y Señora Nuestra.
>
> Yo don Fernando de Valenzuela, estando en el entero juicio cual nuestro Señor fue servido de darme, digo que por cuanto las dependencias todas pertenecientes a mi persona, estado, bienes, honores, etc., se hallan sin certidumbre real de el final paradero que pueden y deben tener, cuyo obstáculo no permite hacer jurídicamente testamento para disponer de lo que al presente tengo y poseo. Declaro que este papel todo de mi letra y firmado de mi mano, que cerrado y lacrado parecerá pase por última voluntad y tenga toda la fuerza que de derecho se requiera, sin ir ni contravenir a su contenido los albaceas que nombrare cuando llegare el caso de ser necesario...
>
> De mi cuerpo (si falleciere en Méjico) ordeno sea depositado en el hospicio de Santo Tomás de Villanueva, orden de Ermitaños de Nuestro Padre San Agustín, sujeto a la provincia de el santo nombre de Jesús, en las Islas Filipinas, y que sea sin ostentación ni pompa alguna, antes bien llevado de noche en secreto, y con el mismo se deposite donde haya de estar hasta que haya ocasión de remitirle a España, para que mi señora mujer (o hijo) le sepulten en la capilla que tengo en Talavera de la Reina, o en la parte que gustaren.

---

642 La nota procede de Maura, G., *Carlos II y su Corte*, op. cit., II, pp. 508-509.

Ordeno que se me digan mil misas... Declaro que no me hallo con gravamen de deuda alguna, aquí en España, ni en otra parte... Declaro por mi universal heredero a don Fernando de Valenzuela, mi hijo único..."[643].

Sobre la muerte del malogrado Fernando de Valenzuela, un texto nos narra lo acontecido:

"Méjico 9 de enero de 1692 años. Atento el fallecimiento de D. Fernando de Valenzuela, Caballero de la Orden de Santiago, y haberle sobrevenido en esta ciudad hallándose en ella de tornaviaje de Filipinas y esperando ocasión y orden de Su Majestad para su pasaje a los reinos de Castilla, a los 7 del corriente, y resultándole del violento accidente del golpe de un caballo, para que en todo tiempo conste y se dé cuentas a Su Majestad de lo referido con la comprobación que a su Real servicio conviene, el Sr. D. Francisco Fernández Marmolejo, Oidor de la Real Audiencia de esta Corte, a quién se la someto en virtud de este decreto que sirve de despacho, procederá a ella, examinando los domésticos del difunto, médicos y cirujanos que asistieron a su curación, con toda distinción y claridad, sobre los puntos y circunstancias del dicho accidente y acaecimiento, y ejecutado en forma bastante, pondrá los autos originales de la materia y su testimonio por duplicado en mi Secretaría de Cámara"[644].

Otro texto, mucho más amplio, narra con mayor profusión las circunstancias de su muerte, así como transmitirnos los últimos momentos de su vida:

"Lunes 7 de enero de 1692, a las diez de la noche falleció el excelentísimo señor marqués de Villasierra, don Fernando de Valenzuela, hallándose a su cabecera más de treinta sacerdotes del orden de San Agustín y San Francisco, y entregó su alma a el Criador, pronunciando estas palabras (que no se oyeron otras por mucho tiempo): *Iesus misere mei*; y se ocasionó su muerte, de una coz que le dio un caballo. Domingo treinta de diciembre, entre doce y una del día. Fue su entierro deposito en la iglesia de nuestro padre San Agustín de Méjico, miércoles 9 de dicho mes de donde se trasladara al hospicio de San Agustín de la provincia de Filipinas, intitulado Santo Tomás de Villanueva; y es de advertir que se le cantó el Credo por todo el número referido de religiosos, y el cántico de *Benedictus Inunc dimino ser vumtium*; y el Salmo *Yn Domine Speravi*; y en la medianía de el *Magnificat* dio su alma a Dios"[645].

Tras su muerte, sin la existencia de ningún tipo de sentencia que le hubiese condenado a pena alguna, su viuda solicitaría al Rey la devolución de aquellos bienes, mercedes y títulos que a su entender habían sido injustificadamente arrebatados:

---

643 A.H.N., *Estado*, Libro 878, pp. 201v y ss.

644 CODOIN, 67, p. 363.

645 A.H.N., *Estado*, Libro 878, p. 223v.

"Pretende la viuda que se le restituyan todos los bienes, dineros, joyas y alhajas que se le quitaron a su marido en el convento de San Lorenzo del Escorial, y en las casas que tenia en esta villa, que en el papel del padre Valdés dice llega su valor a cerca de seiscientos mil pesos.

Más un censo o efecto sobre la villa de Madrid de 100.000 ducados.

Más las rentas que le valían las dos villas, que están ya restituidas.

La merced de título de Castilla.

La plaza de juez conservador del Consejo de Italia, perpetúa para su Casa.

La merced de la Grandeza de España, para sí y para su Casa..."[646].

Preguntado el Secretario del Despacho la opinión que todas estas peticiones le merecían, su respuesta sería la siguiente:

"Y pasando a cumplir en todo con lo que entiendo es de mi obligación poner a los reales pies de Su Majestad, sobre la forma en que este negocio puede componerse, para que a ninguno ejecute lo que fuere acertado (como lo será lo que resolviere).

De no hacerlo, entiendo de que lo que mira a la grandeza, no tiene duda que se debe quitar y recoger su privilegio. Y que se debe hacer lo mismo en cuanto al oficio de conservador de los reinos de Italia, y lo demás que a Su Majestad pareciere, que a mí no se me ocurre.

Pero que en cuanto a la merced del título, y de los lugares que se le dieron, y bienes que se le imputaron (que entre otros expresa el censo de 100.000 ducados), no entiendo que para esto último hubo ni pudo haber justo motivo; juzgo que podría Su Majestad, manteniéndole lo referido, darle justa equivalencia de lo que se le deba dar.

Pero con inteligencia, que para recompensas y satisfacción de los bienes que se le quitaron, propios suyos, se haga cómputo y justa estimación de la merced del título y los lugares y sus rentas. Y habiendo de ser la prudencia la que regule esta satisfacción, ya que para que él y su madre se contenten con ella, y ya que para Su Majestad quede sin algún escrúpulo, es fuerza que quede a la justa, cristiana y alta capacidad de Su Majestad, que Dios le guarde. Y siendo esto lo que mi dictamen me ha ofrecido... su atento servidor Gil de Castejón"[647].

La cuestión seguirá debatiéndose, a la búsqueda de alguna solución sobre este problema planteado por los herederos del malogrado Valenzuela. Para ello se acude a Juan Lucas Cortés, pidiéndole la confección de un dictamen. Sus conclusiones serán las siguientes:

"Y que esta recompensa se pudiera reducir a revalidar Su Majestad su merced de título de Castilla en el hijo de don Fernando, para él y sus sucesores; y que esta merced se le estimase en 20.000 pesos o 30.000 ducados de vellón, en que por el año de

646 CODOIN, 67, p. 417.

647 CODOIN, 67, pp. 414-415.

1674 ó 75 en que se debió hacer, se beneficiaron las mercedes de títulos de Castilla, y aun mucho después se beneficiaron en mayores cantidades; y que Su Majestad también revalidase la restitución de las dos villas y sus rentas; y que al hijo de don Fernando se le hiciese merced del puesto de Gentilhombre de la Boca de Su Majestad, y se le diese alguna encomienda de las tres Órdenes; o se le ofreciese la primera que vacase, de la cantidad que a Su Majestad le pareciere; y que a él y a la viuda, por mitad, se le hiciese merced de 3 ó 4.000 pesos de renta perpetua, sucediéndose el uno al otro, en las Cajas Reales de Méjico o de Lima, con calidad de que muriendo doña María o su hijo, sin descendientes legítimos, vuelvan a la Real Corona; y que con esta recompensa se apartasen perpetuamente de cualquier derecho o acción que pudiere tener la restitución que piden, así de las mercedes como de los bienes..."[648].

Finalizamos este apartado con un epitafio, que a modo de soneto, aquellas gentes que le habían rodeado vinieron a dedicar al *Duende de Palacio*:

"De tu fin Valenzuela condolidos
De todos nos avisas inconstante:
Aquí yace aquel abismo
De valor, y prudencia, sepultado:
Requiero fortuna, que de atlante
A los hombres suspende embebecidos,
El vivir, y los puestos más subidos,
Con el bien que se goza más constante,
Cuando más permanece, es un instante
Y acaban cuando empiezan más crecidos.
Con morir, tus trabajos se acabaron
Y los casos, que adversos te siguieron,
De tu infausta fortuna publicaron,
Que del fin lastimoso que tuvieron,
De una Reina las manos te encumbraron,
Y de un bruto los pies te deslucieron,
Aunque a tan frágil rueda atropellado,
En su oriente, y ocaso siempre el mismo,
A sus encomios faltará guarismo
A ser en las edades celebrado,
Que mayor gloria le solicitas
En el que envidia se labro otraicismo,
Ningún triunfo en su muerte conseguiste,
Cuando más enconado lo intentaste,
Porque tus golpes de valor resiste,
Tan cobarde, en efecto, te miraste,

648 CODOIN, 67, pp. 424-425.

Que cuando derribado le atendiste,
No por ti, por un bruto lo lograste".

Y llegó el llamamiento de Carlos II y Mariana de Austria a don Juan de Austria...

Antes de que finalizara el año don Juan José recibiría dos cartas de gran importancia. La primera de ellas la remitía el mismo Rey, invitándole a que acudiese a la Corte para asistirle en los asuntos relativos al gobierno de la monarquía. La segunda venía escrita por doña Mariana de Austria. En ella se decía que vería con agrado su presencia en Madrid, por la necesidad que el Rey tenía de que una persona de su experiencia le asistiese en los asuntos de gobierno. Pronto llegaría la hora del por muchos ansiado gobierno de don Juan José de Austria.

En efecto, por consejo de Pascual de Aragón y del Almirante, Carlos II enviaría el 27 de diciembre a Juan José de Austria el billete siguiente:

> "Don Juan de Austria, mi hermano: habiendo llegado las cosas universales de la Monarquía a términos de necesitar de toda mi aplicación y dar cobro ejecutivo a las de mayor importancia, en que os hallo tan interesado; debiendo fiar de vos la mayor parte de mis resoluciones; he resuelto ordenaros vengáis sin dilación alguna a asistirme en tan grave paso, como lo espero de vuestro celo a mi servicio, cumpliendo en todas las circunstancias de la jornada lo que es tan propio de vuestras obligaciones"[649].

Con respecto a la misiva que le enviase a Juan José de Austria su eterna enemiga, pero también prima Mariana de Austria, indicar que en ella básicamente encontramos una ratificación de la orden de su hijo:

> "Don Juan, mi primo: el Rey, mi hijo, ha resuelto, como entenderéis por la que os escribe, que vengáis luego a asistirle al expediente de los negocios universales; y yo he querido deciros de cuanto agrado y gusto me será que lo ejecutéis con la brevedad que solicita el estado de las cosas de la Monarquía, como lo fío de vuestro celo é intención; pudiendo aseguraros de lo que siempre atenderá a todo lo que fuera de vuestra mayor satisfacción"[650].

Poca vida le quedaba ya a nuestro arzobispo de Toledo, ya que apenas unos meses más tarde fallecería, envenenado según algunos: "don Pascual de Aragón dejó de existir a fines de setiembre de 1677, según Portilla, a consecuencia del veneno sumi-

---

649 Maura, G., *Carlos II y su Corte*..., op. cit., t. II, p. 323.

650 Maura, G., *Carlos II y su Corte*..., op. cit., t. II, p. 323.

nistrado por un médico judío que le asistía, el cual huyó de España sin que pudiese ser castigado"[651].

Quizá en este momento, a diferencia de 1669 y 1675, Juan José de Austria no viese con la misma actitud su demandada presencia en la Corte. Tras haber visto frustrado dicho intento en pretéritas ocasiones (1669 y 1675), puede que se viese como un mero instrumento que los *Grandes de España* utilizaran para su beneficio particular, cuando no simplemente para haber desplazado del poder a su odiado Valenzuela. De ahí que, al contrario a lo que se hubiese podido esperar, éste se pasase los meses anteriores entregado plácidamente a otras ocupaciones, manteniendo únicamente contactos con Madrid de manera esporádica. Eso sí, sus agentes continuaban enviándole todo tipo de informaciones, acerca de los distintos acontecimientos que acontecían en la Corte.

Con todo, y en secreto, don Juan realizaría los preparativos oportunos para poder dar una respuesta afectiva a aquel ofrecimiento procedente de la Corte. De ayuda le sería la posición que se había forjado en Aragón durante sus dos virreinatos, como padrino de la nobleza y del tercer estamento. Empezó a reunir soldados y pertrechos, se hizo con el control de la línea postal entre Cataluña, Aragón y Madrid, y avivó su apoyo a los diputados del reino[652].

También en el Principado de Cataluña la mayoría de los soldados estaban de su parte. Estos jinetes, a las órdenes de don Gaspar Sarmiento representaban un importante refuerzo para las tropas que se iban aglutinando en torno a don Juan. Bajo su mando marcharán rumbo Oeste, en una contínua afluencia hasta que el hermano del Rey Carlos hizo parada en la zaragozana localidad de Ariza, a fin de organizar sus unidades. Como ya sucediese en febrero de 1669, cuando se hospedó don Juan José en la torre de Sanz de Cortes, tampoco ahora la elección del lugar era fruto de la casualidad. Señor del lugar y territorio era don Francisco de Palafox y Cardona, marqués de Ariza[653], hermano del que, en septiembre de 1676, había sido el embajador aragonés en Madrid y un decidido "*donJuanista*".

Los datos, que las distintas crónicas y autores aportan sobre el real número de efectivos con que contaba don Juan de Austria, discrepan a la hora de ponderar la fuerza y el número de su tropa. Un cronista adverso le atribuye 3.000 soldados de infantería y 1.000 de caballería; 7.500 y 1.600 son las cifras aportadas por un seguidor de Juan José de Austria[654]. En Madrid corrían rumores de que llevaba consigo hasta un total de 15.000 hombres; aunque poco después se decía que sólo eran 1.000 soldados de infantería y 600 de caballería[655].

El profesor Alemán Graf von Kalnein introduce como elemento justificativo de dichas oscilaciones dos importantes factores. Por un lado el temporal y, por otro, el psicológico del miedo que invadió a los detractores madrileños de don Juan José. El

651 Azaña, E., *Historia de la ciudad de Alcalá de Henares*, t. II, Madrid, 1883, p. 123.

652 CODOIN, vol. 67, f. 19.

653 Maura, G., *Carlos II y su Corte*..., op. cit., t. II, p. 327.

654 CODOIN, vol. 67, f. 20.

655 B.N., mss., 17.482, pp. 73 y ss.

primero de ellos se basaría en la presunción de buena y correcta equipación militar de los hombres del príncipe, además, por otro lado, del hecho de unírsele en su camino hacia la Corte soldados procedentes de Valencia y de Castilla oriental[656].

Una valoración más cercana al número real de las tropas que acompañaron al bastardo la expone Galaretto en una carta fechada el 13 de enero[657], y en la que narra como en Ariza se pasó revista a las tropas y don Juan José supo por ello que tenía más de 3.000 jinetes y 6.000 infantes. Que a don Joseph Pinós se le ordenó dejar en Cataluña otros 2.300 jinetes más que tenía a su mando, así como que la caballería al completo estaba compuesta por veteranos, mientras que los restantes eran reformados (reservistas, veteranos, etc.) venidos de Aragón, Valencia y Castilla. Monterrey llevaba las armas (parece ser que artillería), Franque la infantería y Montesarcho la caballería, a quienes acabaron por unirse con sus respectivos séquitos el conde de Benavente y el duque de Gandia.

Todo ello venía a manifestar la gran capacidad de convocatoria que en ese momento histórico poseía don Juan de Austria, máxime cuando ante situaciones mucho más gravosas, al menos a nuestro entender, como fueron los problemas de Flandes, Italia, Cataluña o Portugal, la Monarquía Hispánica había tenido importantísimas dificultades para reclutar ejércitos. Además, frente al tradicional recelo de la periferia de aportar hombres a los ejércitos regios, en este momento eran ellos los que en grado mayoritario engrosaban dichas fuerzas militares, hecho que aun hoy no deja de sorprender, y que en alguna medida responde a una reacción periférica contra el agobiante centralismo que desde aquella *Unión de Armas* de Olivares, se había intentado introducir en tierras de la Corona de Aragón.

Un análisis del componente aragonés viene a confirmar esta aseveración. Los partidarios de don Juan José de Austria en aquel histórico reino de Aragón, movidos en igual medida por la gratitud y las fuertes expectativas que había generado el príncipe, habían contribuido con el grueso de las tropas. D. Artal de Azlor había llegado con 60 jinetes[658], don Pedro Dolz había traído consigo desde Teruel 400 hombres armados, al tiempo que don Félix Medel aportó 18 de Zaragoza, con 28 jinetes acudió don Alberto Arañón. El duque de Híjar reclutó 200 soldados de a pie, y 150 Felipe Bardaxí. Hasta 300 tenía a su mando el conde de Erill, mientras que la ciudad de Calatayud aportó 56. El barón de Berbedel, así como don Martín J. de Fuentes, aportaron otros contingentes.

Miles de aragoneses fueron movilizados de este modo; a cambio de ese servicio, sus élites regnícolas sin duda esperaban en un futuro recibir de don Juan de Austria una multiplicidad de compensaciones. El bastardo, por su parte, necesitaba dicho apoyo, que parece haberse ganado a base de prometer gratificaciones de todo tipo. Esta obligación mutua fortalecía, por un lado, la posición de éste frente de los *Grandes*, al tiempo que la nobleza aragonesa se aseguraba un extraordinario peso a la hora de

---

656 Cfr. Graf von Kalnein, A., *Juan José de Austria*..., op. cit., pp. 412 y ss.

657 B.N, mss., 17.482, p. 88v.

658 Vid. Su memorial conservado en la R.A.H., mss., 11/7.946.

intervenir en los futuros planes de quien no tardando llegaría a ser el gobernante de los territorios de la monarquía. Pronto llegaría una nueva e insólita realidad en aquella España de los Austrias: un bastardo regio acabaría gobernando el Imperio desde aquel Madrid que un día le viese nacer.

En ese momento de total degradación de la vida política, en general, y de la dirección de los asuntos de la monarquía en particular, el Rey y, como no, también su madre habían consultado antes de hacer cualquier movimiento de tal trascendencia al Consejo de Estado sobre la pertinencia de llamar a don Juan de Austria para que asumiera el cargo de primer ministro:

"Papel del Presidente del Consejo a Su Majestad el Rey nuestro señor, sobre las cosas del señor don Juan de Austria. Año 1677.

Señora: El Presidente del Consejo da cuenta a Vuestra Majestad por escrito de lo mismo que le presentó a boca esta tarde, puesto a los reales pies de Vuestra Majestad, sobre las materias presentes, en ejecución de lo que se sirvió mandarle.

Habiendo representado a Vuestra Majestad.... lo que se me ofrecía acerca de la jornada del señor don Juan a esta Corte, con vista de los papeles que anoche me comunicó don Jerónimo del Guía, y habiéndome mandado Vuestra Majestad pusiese por escrito lo que represente a sus reales pies esta tarde, lo ejecuto repitiendo que debo por su ministro y por su vasallo... diré hoy lo que según el estado de este día me parece, si tuviere accidente nuevo en otro quizá será menester variar de dictamen.

Ocioso es ya discutir los motivos con que el señor don Juan justifica su resolución, ni las circunstancias con que la ejecutan, el fin en la sustancia mira al mayor servicio de Su Majestad, y a hacer representación que conduzcan a este intento, los medios le honestan con el motivo de la seguridad de su persona, y finalmente todo muda de especial, haciéndole Vuestra Majestad venga a esta Corte a asistirle.

Y antes de dar mi parecer en la forma que convendrá dirigir la venida de Su Alteza no puedo excusarme de representar a Su Majestad lo que he observado en las justicias de los reyes más valerosos y más sabios en el arte de reinar... con este presupuesto paso a discutir en lo que Vuestra Majestad me ha mandado y tengo por el punto capital el poder en segura confianza al señor don Juan de los recelos que tiene aprehendidos contra la seguridad de su vida, y que le obligan a venir con el resguardo que trae, porque mientras esto no sea queda inútil para el mismo fin para que Vuestra Majestad se ha servido de llamarle"[659].

Continúa el Consejo indicando lo siguiente a la Reina doña Mariana de Austria:

"Ajustado este punto por aquellos medios que se han asegurado a unas personas de menores jerarquías, debe pasarse luego a vencer el que todos los militares, así de regimiento como de caballería de Toledo, marchen al ejército de Cataluña, como todos los demás que aquí estuviesen estrechando a los que estuviesen en esta Corte, con rigurosos bandos para que se vayan a donde hacen falta, y salgan de donde es-

[659] A.H.N., *Estado*, Libro 881.

torban, y a los bandidos y delincuentes, que a la voz de estos disturbios han acudido, despidiendo al mismo tiempo el señor don Juan la gente que le sigue a la Corte, y que se les perseguirá y castigará por la justicia hasta que se ahuyenten.

Convendría también que los nobles que se han incluido con el señor don Juan, siguiendo su opinión en estos lances, logren aquel agrado y honras que han merecido siempre, a Vuestra Majestad y al Rey nuestro señor, que haya gloria, sin que por estos accidentes descaezcan de la gracia de Su Majestad, y de la que le han merecido sus personas y casas, y que de estos se asegure el señor don Juan para lograr todo lo referido, o por mejor decir para no malograrlo, acuerdo a Vuestra Majestad lo que representó el Consejo en consulta de 11 de diciembre pasado..."[660].

Pero el Consejo de Estado continuaba informando al Rey y a su madre sobre las posibles actuaciones que, a su juicio, debería realizar mientras se iba acercando la hora de que don Juan asumiera las riendas del gobierno de la monarquía, tal y como seguidamente vemos en el siguiente documento:

"... Siendo el que juzgo es el principal que trae el señor don Juan en su empeño este es, el que se aparte de Su Majestad la Reina, nuestra señora, y que deje el gobierno, el motivo de esto no ha morado singularmente a Su Majestad, sino que juzgando que difiere tanto a los dictámenes del marqués de Villasierra, que prácticamente se entiende que estando la Reina, Nuestra Señora, en el gobierno, ha de tener el marqués la parte que ha tenido hasta ahora, y que trascendiendo a Vuestra Majestad en tanta influencia con la fuerza del miedo irreverenciar con que atiende a su madre, se saca la consecuencia de que Vuestra Majestad está violentado, y no gobierna por sí.

No se puede quitar la fuerza a este argumento mientras pareciere se defiende promiscuamente la causa de la Reina nuestra señora, y la manutención del marqués de Mirasierra... y quedaba sola la causa de la Reina nuestra señora, que el señor don Juan, y todos han de atender con toda veneración y respeto, siendo para mí de gran mortificación el pasar delante de este discurso...y es que si la Reina nuestra señora está resuelta a apartarse del gobierno, como lo tengo entendido, Vuestra Majestad lo publique con decretos a los Consejos con las palabras de mayor cariño, y estimación, que sean propias de tal hijo a tal madre"[661].

No queremos finalizar este capítulo, sin incorporar al texto un documento recogido de la Sección de Estado del Archivo Histórico Nacional, en donde bajo la intitulación "*Novedades sucedidas desde el día 6 de noviembre del año de 1675*" se hace mención a algunos de los derroteros por los que deambulaba la monarquía hispánica, tras entrar a controlarla directamente Fernando de Valenzuela:

"... y con ella se repitió el ordenamiento de que se volviese el señor don Juan. Y Su Alteza, habiendo fondeado la voluntad de los señores reconociese que los más,

---

660 A.H.N., *Estado*, Libro 881.

661 A.H.N., *Estado*, Libro 881.

no se determinaba a lo que después acá se han aplicado con tanta eficacia y empeño. Puso luego en ejecución su jornada partiendo de la Corte el día 7 por la tarde, sin dar noticia a nadie de esta determinación, porque no se alborotase el gran número de gente, que aquella misma le había salido a ver a las calles y plazas por donde se dijo había de pasar a palacio... y continuó su jornada hasta llegar a la ciudad de Zaragoza, cabeza del reino de Aragón, habiendo antes luego que salió de la Corte escrito de Cabanillas una carta a los diputados, donde se ha estado Su Alteza sin haber querido tener parte ni arbitrio en cosa alguna del gobierno, hasta que la urgencia de experimentar desórdenes, y la de mayores daños que estaban temiendo dieron motivo...

Hizo Su Majestad la jornada del Escorial, el día 19 de septiembre del año pasado de 676, y por decreto de 27 de aquel mes se mandó extinguir la Junta Grande de Gobierno, en el ínterin que Su Majestad volvía a la Corte, la cual no se volvió a formar, con que se continuó más despótico el gobierno de la Reina...

El día 2 de noviembre del mismo año de 676 hizo Su Majestad merced de Grande de España por marqués de Villasierra a don Fernando Valenzuela...

Como el señor don Juan dio principio a su jornada saliendo de Zaragoza a dos de dicho mes de enero, y luego le envió Su Majestad el orden referido para que la acelerase, juzgaron fuese su llegada a la Corte algunos días antes del, en que pudo entrar en ella, Su Alteza cuyo imán y suave atractivo de las voluntades encendió los fervientes deseos de la coronada Mantua Carpentana, en tanto grado que las tardes de aquellos que duró esta expectación se matizaron los campos de numerosas como brillantes animadas flores cortesanas y racionales planteles de nobles y plebeyos, que calzándolos de pluma procuraban aporfia en concursos crecidos, hacer examen de su finura, al toque de la dulce fatiga con que cada uno solicitaba adelantarse a todos para lograr la dicha de verle el primero.

Estas alegres marchas pausaron por algunos días a causa de que no habiendo encontrado el señor Cardenal, como juzgó en la ciudad de Guadalajara, a Su Alteza, pasó a Hita, lugar distante de ella tres leguas y 13 de esta Corte, donde tuvieron algunas sesiones, en que confirió el señor don Juan con su eminencia las propuestas que, antes de venir a Madrid, se habían de hacer al Rey nuestro señor... para cuya determinación volvió a la Corte el señor Cardenal, y entró en ella el día 21 a las 7 de la noche"[662].

La crónica continúa indicando que

"Y habiendo estado inmediatamente con el Rey, Nuestro Señor, en El Retiro, pasó a palacio a entrar y ver la Reina madre. Y después de haber hablado con Su Majestad algún tiempo, volvió al Retiro, de donde se recogió a su casa a las once de la noche.

Las propuestas que el señor Cardenal hizo al Rey, nuestro señor, de parte de Su Alteza no se han sabido finamente, aunque se han dilucidado de los efectos que después se han visto. Porque aquella noche revalidó Su Majestad con decreto firmado de

662 A.H.N., *Estado*, Libro 877, pp. 201 y ss.

su real mano, la orden que a boca había dado para prender al marqués de Villasierra, y dio otro para que el regimiento de la Chamberga, que constaba de 1.600 hombres, saliesen luego para Cataluña, el cual se ejecutó puntualmente el día inmediato siguiente, 22 que fue, el fatal para don Fernando Valenzuela, porque ese mismo día a las 7 de la mañana le prendieron en El Escorial.

Hecha la prisión se participó la noticia de haberle preso a Su Majestad, pasando un propio por la posta, a llevarla al señor don Juan, el cual luego que la tuvo se puso en camino con muy pocos caballeros de los muchos que le asistían.

Y salió el mismo día 22 a las doce de la noche de Meco, lugar distante 7 leguas de esta Corte, dejando allá el resto del ejército, por excusar marciales estruendos de la mucha gente que se le había agregado, cuyo número por la muestra que se hizo en Ariza, llegó a 73.400 infantes, y 13.600 caballos, sin las tropas con que los señores y caballeros de su séquito. Fueron después a Hita a recibir a Su Alteza, que como el fin del señor don Juan era tan santo y ordenado, sólo a poner al Rey en libertad.

Y Su Alteza está tan amado de todos, apenas quedó título ni caballero en los reinos de Aragón, Valencia y Navarra que no le viniese asistiendo, a cuya causa fue el tercio de la gente muy lucida que se ha visto por muchos años en España, porque como se compuso de tanta nobleza...

Habiendo pues encaminado el señor don Juan todo el resto de la noche, llegó al Retiro el siguiente día 23, a las cinco y media de la mañana, y a la misma hora avisaron al Rey, nuestro señor, que le recibió con indecible gusto y alboroto, y así fueron a medida de él las honras y favores que le hizo durante esta primera audiencia cinco cuartos de hora, de la cual salió Su Alteza a misa a San Jerónimo, recogiéndose a descansar luego que la hubo oído.

El mismo día que llegó el señor don Juan, le envió la bienvenida con un mayordomo suyo la Reina madre, y el siguiente se firmó un decreto para que dentro de cuatro días saliese 40 leguas de la Corte el Almirante de Castilla, habiendo dado orden Su Majestad la tarde antes para que volviese a ella el reverendísimo padre fray Pedro Álvarez Montenegro, su confesor; y el Ilustrísimo señor don Francisco Ramos de el Manzano, su maestro...

El mismo día 28 se publicó el decreto en que Su Majestad privó a don Joseph Pacheco... de los oficios de secretario del Rey... de cámara y de la estampilla...

El día 29 subió otro... restituyendo al señor conde de Talara en el oficio de primer caballerizo del Rey...

El día 30 se publicó un bando con grandes penas para que cualquier persona que tuviesen dinero u otros efectos tocantes a don Fernando Valenzuela lo manifestasen dentro de ocho días.

El día 1º de febrero se publicó la determinación que ha tomado la Reina, nuestra señora, de retirarse de la Corte, y ha elegido para su morada el Alcázar de Toledo, que se está previniendo para el efecto.

Este mismo día salió por la tarde el señor Almirante de Castilla de Madrid, a cumplir su destierro.

Después acá se han publicado otros decretos, apeando de diferentes oficios y ocupaciones a algunas personas, confidentes, amigos y dependientes de don Fernando de Valenzuela, a quién se le nombraron por decreto, que se publicó el día 7 de dicho mes para que conozcan y determinen sus causas los jueces siguientes:

El señor don Francisco de Arce, el señor don Antonio Sevil de Santelices, el señor don Cristóbal del corral, todos del Consejo Real de Castilla; y del de Aragón, el señor don Pedro Bujados; del de Indias el señor don Pedro Gamarra; y del de Órdenes el señor don Pedro Sarmiento de Toledo; y fiscal de la causa, el señor don Pedro de Ledesma, que lo es del Consejo de Castilla.

También se publicó un decreto a once de este mes privando al señor don Melchor de Navarra de la plaza de Vicecanciller del Consejo de Aragón..."[663].

[663] A.H.N., *Estado*, Libro 877, pp. 201 y ss.

CAPÍTULO DÉCIMO:
EL GOBIERNO DE DON JUAN JOSÉ DE AUSTRIA: UN MITO DEL PUEBLO ANTE UN RETO IMPOSIBLE

La conquista del poder

> "Aquí tenemos un teólogo, un poeta, y
> un político, que luciendo a la par sus
> doctrinas, sus licencias y sus preceptos
> deduce muy buenos, y sanos documentos
> dara el señor don Juan, desde el punto
> en que toma a su cargo las riendas del gobierno
>
> Ya llegó la hora que tanto
> cuidado, a tantos costó:
> no se quede en esperanza;
> logremos la posesión
> meterse en tantos cuidados
> por solo la obligación
> es desdicha: y es locura,
> si concurre otra razón.
> Ahora viene la experiencia
> de que nadie le ocupó
> que pueda llegar su carga,
> sin briosa presunción
> y disculparéis despacio,
> lo que aprisa condenó
> más que la recta justicia
> la política razón
> de Felipe Cuarto *el Grande*
> y entre grandes el mayor,
> sois imagen, como el padre
> que también os engendró..."[664].

[664] B.N., mss., 18.206, p. 47.

Mientras se cumplían todas aquellas exigencias de carácter político que don Juan de Austria había demandado a la hora de aceptar el ofrecimiento de asumir el primer ministerio, éste recorría los cientos de kilómetros que separaban la ciudad del Ebro de Madrid en olor de multitudes que permanentemente le aclamaban. Lo hacía lentamente, saboreando aquel triunfo que ahora tenía de cara, y que en los años 1669 y 1675 se le había negado. Cuentan las crónicas como por el camino se le iban sumando gentes sin cesar, engrosando las filas de lo que empezaba a ser un verdadero ejército, integrado por tropas regulares de caballería e infantería y por numerosos voluntarios procedentes sobre todo de Cataluña y de Valencia. Resulta curioso observar como el bastardo regio había adquirido su fama preferentemente en territorios externos a Castilla, y sin embargo tenía en el pueblo de Madrid a uno de sus principales valedores.

Cuando cruzó la raya de Aragón y entraba en tierras de Castilla algunas voces madrileñas mencionaban que a su lado tenía no menos de quince mil hombres[665], y estaba rodeado de lo más granado de la nobleza castellana[666]. Aquella nutrida milicia hacía parecer que don Juan no acudía a la Corte respondiendo a la llamada que le había hecho el Rey, sino que marchaba en son de guerra para apoderarse de la misma al mando de un ejército nutrido preferentemente por gentes originarias de los reinos periféricos.

Entretanto, el Consejo de Estado recomendaba al Rey el envío del Cardenal de Aragón al encuentro de don Juan, antes de que directamente hiciese su aparición en la villa de Madrid. La idea era convencerle de que no entrase en la Corte con el grueso de sus tropas, por los inconvenientes de naturaleza diversa que ello podría causar. Baste simplemente imaginar a la sede de aquella Monarquía *en donde no se ponía el Sol*, ocupada por unas fuerzas nada fieles a los que hasta ese momento la habían gobernado, para imaginar las posibles consecuencias: "Y porque es necesaria conveniencia autorizada

---

665 Como indicábamos con anterioridad, los datos que las distintas fuentes transmiten resultan discrepantes a la hora de ponderar la fuerza militar que quedaba bajo su mando. 3.000 soldados de infantería y 1.000 de caballería le atribuía un cronista adverso; 7.500 y 1.600 son las cifras aportadas por uno de sus seguidores. En la Corte corría el rumor de que llevaba consigo hasta un total de 15.000 hombres; aunque ya poco después se decía que sólo eran 1.000 soldados de infantería y 600 de caballería. Vid. B.N., mss., 17.482, pp. 73 y ss.

666 Resulta con ello obvio la existencia de un enfrentamiento entre los linajes más nobles de España, quizá con ello esperando desplazar a sus enemigos del poder. Este enfrentamiento, fuera de cuestiones meramente políticas, también tiene tintes de carácter económico. Para ello baste recordar el elevado estado de empobrecimiento que les afectaba. En este sentido, los nombres de los más *Grandes de Castilla* –duques de Alburquerque y Osuna, los condes de Benavente y Lemos, los marqueses de Santa Cruz y Aguilar– figuran en la lista de deudores de la burguesía vallisoletana. Sus razones para solicitar préstamos son de lo más interesante: Alburquerque pidió dinero prestado en 1597 para pagar las costas de un pleito, Aguilar lo hizo en ese mismo año para pagar un tributo al Rey, Benavente en 1581 (la no despreciable suma de cuarenta y cinco mil ducados) para pagar la dote de su hija. Fueron, en parte al menos, estos apuros económicos que soportaba la nobleza los que provocaron que en 1639 estos se negasen a contribuir a los costes de la campaña del Conde-Duque de Olivares contra Francia. Cuando, además de lo anteriormente citado, también se negaron a servir personalmente en la guerra, Felipe IV denunció en enero de 1640 su falta de cooperación con las empresas de la Monarquía Hispánica. Huelga decir que los acreedores de dicha nobleza eran burgueses y funcionarios.

para sentar los medios de la seguridad del señor don Juan, y conseguir de Su Alteza que no permita que se acerquen más las tropas que parece toca al cardenal de Aragón hacer a Vuestra Majestad este gran servicio, yendo a abocarse con el señor don Juan en la parte que citaren, insinuando no marchen entretanto tropas algunas a la cercanía de esta Corte por los irreparables daños que se pueden seguir de lo contrario.

Y compuestas estas materias como se puede esperar del gran talento del señor don Juan, y de la gran autoridad y celo del cardenal podrá Vuestra Majestad, teniéndole a su lado, servirse de su gran representación y experiencias, discurriendo en las cosas que hubiere que remediar, y asista gozando esta monarquía de un gobierno regular, maduro y cristiano en que Vuestra Majestad se hubiere, y su gran capacidad se vaya cebando en el gusto de sus mismos aciertos…"[667].

En la madrugada del 23 de enero, a las cinco horas, el hijo bastardo del difunto rey Felipe hacía finalmente su entrada triunfal en la Corte con objeto de tomar el poder, a la vez que la práctica totalidad de las gentes de la ciudad del Manzanares comenzarían a movilizarse. Querían ver, por fin juntos, a Carlos II y a Juan José de Austria, de quienes muchos esperaban lo que era imposible[668].

Ya, en un informe del Consejo de Estado se había informado al Rey la forma más recomendable de cómo debería producirse el primer encuentro entre ambos hermanos, un encuentro en donde Mariana de Austria no estaría presente, es más, debería estar lejos de su hijo Carlos: "… también convendría que mientras delibera Su Majestad sobre si quiere elegir otra habitación, y para recibir Vuestra Majestad al señor don Juan, pase Vuestra Majestad al Buen Retiro, quedando la Reina, nuestra señora, en el palacio, mientras no se sirve de elegir otra habitación, o tienen ajuste o composición esta materias, y en aquel sitio hospede Vuestra Majestad a su hermano y trate con él la platica que se haya de dar al gobierno, donde con la estrecheza de los vínculos del parentesco, y el haber quitado otros impedimentos, que perturbaban aquellos efectos naturales de la sangre, debemos esperar que todo se reduzca a la confianza que asegure la quietud pública y los aciertos de Vuestra Majestad, en los cuales consiste el bien universal de la Cristiandad…"[669].

Su momento había llegado. Don Juan de Austria fue recibido en Madrid como el libertador de España, surgiendo a través de su persona una nueva figura en el arte de gobernar. Si a lo largo de los reinados de Carlos I y Felipe II la figura del secretario había adquirido cierta relevancia política, con Felipe III surgía la del valido, cuya significación superaría a la del secretario y perduraría más en el tiempo. Ahora nos encontramos con una nueva figura, ya que con la toma del poder de don Juan observamos la plasmación de la idea de un primer ministro que no ostenta el poder como consecuencia de la amistad o el favor del rey, sino que la llegada al mismo se ha conseguido fundamentalmente con el apoyo del favor popular, la presión política y militar, y la enemistad de las clases más poderosas con el pretérito valido. En este

---

667 A.H.N., *Estado*, Libro 881.

668 R.A.H., mss., 9/3.746, núm. 54.

669 A.H.N., *Estado*, Libro 881.

sentido, nos ha resultado curiosa la definición que ha realizado el profesor Contreras sobre su figura, cuando indica que el hijo bastardo de Felipe IV ejercería su tarea de gobierno no como un valido sino más bien como un "*otro yo*" regio[670]. Con todo, lo que no deja a nadie indiferente es que nos hallamos ante una fórmula más que novedosa en ese momento histórico para hacerse con el poder.

Como veremos más ampliamente en el capítulo trece de esta obra, el valido consigue el poder con amabilidad y astucia, incluso con servilismo, como pudo ser el supuesto que podríamos imputar al Conde-Duque de Olivares. La idea es ganar la voluntad del Rey que, como consecuencia directa de ello, vendrá a situarle en el valimiento. El valido es el amigo del Rey, es aquella persona que goza de tu entera confianza, y cuando deje de tenerla se produce de forma inexorable su caída. Sin embargo, don Juan de Austria llega al poder de manera distinta, utilizando distintos elementos de presión sobre el monarca, ya sean políticos, propagandísticos, amenazas, hastío de los gobernados, etc. Y para ello contará con el apoyo fundamental del pueblo, ya no sólo del más que importante de Madrid, sino que éste se propagará por todos los territorios de la Monarquía, singularmente de los territorios de la Corona de Aragón[671]. Cuenta Sánchez Marcos con respecto al principado de Cataluña, en general, y a la ciudad de Barcelona, en particular, que la exaltación de la persona de don Juan, ante el hecho de haberse conocido el 29 de enero de 1677 su toma del poder fue apoteósica, causando gran júbilo. En este sentido, los Consellers de Barcelona, en carta enviada a don Juan el 3 de febrero de ese mismo año escriben, "la alegría y consuelo tant universal ha cabut axí al comú de esta ciutat, com al particular de... resolutió és estat servit prènder sa majestad, Deu lo guarde, e haver elegit la persona de vostra altesa per lo govern de sa monarquia", expresando, además, la firme esperanza y confianza en su gobierno: "y donantse assí mateas mil enorabonas puix del assertat govern de vostra altesa ha de conseguir la real monarquia sa total reintegració, tornant en son prístino estat"[672].

Con todo, tampoco conviene dejar de lado que el protagonista de todos estos acontecimientos no es otro que don Juan de Austria, quién a pesar de todas y cada una de las críticas que puedan serle aplicadas, con o sin razón, no deja de ser un hijo legitimado de Felipe IV y, por tanto, hermano del Rey Carlos II.

La llegada de don Juan al poder en 1677, cuando éste tenía 48 años de edad y una dilatada experiencia en los más variados campos de aquella Monarquía, tanto en su primera época que podría denominarse fundamentalmente militar, como en

---

670 Contreras, J., *Carlos el hechizado. Poder y melancolía en la Corte del último de los Austria*, Madrid, 2003, pp. 166-167.

671 Los fastos fueron multitudinarios en muchos de los territorios de la monarquía, tanto en Castilla, y fundamentalmente en la Corte, como en los periféricos. Un ejemplo de ello sería la celebración multitudinaria que se realizó en Zaragoza o en Barcelona. Sobre este último territorio, vid. Sola y Segura, J. de, *Bosquejo breve y epítome de las glorias consagradas a la Majestad del católico monaraca Carlos Segundo... por haber llamado al peso de su gobierno al serenísimo señor don Juan de Austria, su hernano, por la fidelísima, noble y atenta ciudad de Barcelona..*, Barcelona, Rafael Figuero, 1677.

672 D.A.C.B., v. XIX, pp. 329-330. La nota ha sido tomada de Sánchez Marcos, F., *Don Juan de Austria y Cataluña...*, p. 237.

la segunda, caracterizada preferentemente por el ejercicio de empleos de gestión, vino a suponer un verdadero acontecimiento histórico, no sólo por las consecuencias que se derivaron del mismo, sino por el desarrollo de los acontecimientos que le condujeron hasta allí.

Aún a pesar de las múltiples cesiones territoriales que se habían producido hacia una serie de Estados enemigos, fundamentalmente hacia Francia, y de que el declive de la Monarquía Hispánica era un hecho por muchos admitido, los territorios que tendría que gobernar, ya fuese por sí mismo, ya fuese por interpósita persona a través de aquella enorme maquinaria polisinodial de la administración, iban desde tierras de Filipinas a Sicilia, desde Andalucía a Canarias, y desde Mallorca a Galicia, sin olvidar otros restos en Europa, África u Oceanía. Todos aquellos territorios permanecían unidos bajo un mismo monarca, pero con una situación jurídica, política, económica y social diferente, y en donde el monarca seguía gobernando, ahora a través de don Juan de Austria, con distinta intensidad de poder.

Y a ello se dedicaría en cuerpo y alma, pero también a educar y proteger, al menos en cierta medida, al Rey Carlos. En efecto, cuando don Juan llegaba a la cúspide del poder era un hombre maduro, mientras que su hermano Carlos sólo tenía quince años. Frente a la debilidad extrema física y emocional del joven Rey, el hijo de la *Calderona* era una de las personalidades más recias y curtidas de aquella época. Y por si fuera poco había que realizar urgentemente importantes reformas, incluyendo el destierro de un buen número de personajes que hasta ese momento habían controlado el poder de la Monarquía, incluyendo a la Reina Mariana de Austria. En efecto, en relación a ésta última, la llegada de don Juan al gobierno supuso inmediatamente el alejamiento de la Reina madre, la cual era enviada a residir al Alcázar de Toledo. Pero sus miradas irían también hacia otros, simplemente recordemos los trances padecidos por el anterior valido, don Fernando de Valenzuela. Cuentan las crónicas que don Juan de Austria obtuvo el definitivo apoyo del pueblo de Madrid cuando, tras haber embargado las riquezas acumuladas por Valenzuela, fueron éstas transportadas a Madrid en diversos y pesados carros, y expuestas ante muchos como prueba más notoria de su corrupto paso por el poder[673].

La inmensa fortuna que Fernando Valenzuela había amasado a lo largo de su privanza estaba compuesta por joyas y dinero, además de otros numerosos bienes. Un inventario realizado sobre la misma, a efectos de tasación, mostraría lo abultada de la misma:

"Dinero en vellón, oro y plata	2.865.262 reales de vellón
Joyas, bandas y aderezos	3.352.512 reales de vellón
Alhajas de playa y oro	717.219 reales de vellón
Tapicerías y alfombras	189.878 reales de vellón
Pinturas e imágenes de escultura	146.742 reales de vellón
Relojes y escritorios	154.581 reales de vellón

673 Maura, G., *Carlos II y su Corte*, vol. II, pp. 389-397.

Colgaduras de cama y almohadas	211.898 reales de vellón
Telas de oro y plata en piezas	53.492 reales de vellón
Guantes de ámbar de Roma	6.975 reales de vellón
Vestidos de hombre y mujer	29.924 reales de vellón
Ropa blanca	70.867 reales de vellón
Cama de hierro, pistolas y aderezos	12.368 reales de vellón
Caparazones de caballo	8.600 reales de vellón
Azúcar y chocolate	22.382 reales de vellón
Total	7.833.200 reales de vellón

En cuanto a Mariana de Austria se refiere, no podía el bastardo actuar con el mismo ensañamiento, por más ganas que hubiese tenido, debido a su condición de Reina, además de ser su prima, la madre de su hermanastro, y de viuda del Rey Felipe IV, su padre.

Con dicho condicionante, y como ya dijimos, Mariana de Austria fue alejada de la Corte siendo enviada a su "*exilio*" en el Alcázar de Toledo. Resulta curioso observar como algunos embajadores, descontentos con el hecho de haberse adoptado tal medida, anunciaron que a partir de este momento para ellos la Corte de la Monarquía Hispánica había quedado instalada en Toledo[674]. Además, aquella "*otra Corte*" sería el lugar de peregrinación de todos los que estuviesen descontentos con la política que comenzaría a desarrollarse o, simplemente, con la propia figura de don Juan de Austria. Aquella peregrinación iría en aumento conforme pasaba el tiempo de gobierno del hermano del Rey, y su incapacidad manifiesta para reconducir rápidamente el estado de la Monarquía, fundamentalmente ya en 1679, cuando muchos de los que le habían aupado al poder le habían retirado su apoyo. Pero, además, la existencia de ese *lugar de peregrinación* política podría de manifiesto, una vez más, que la Reina Mariana de Austria era tanto en ese momento histórico como en épocas pretéritas un importante elemento de unión de todos los detractores de don Juan.

Pasado un primer momento de soledad, con la asistencia del marqués de Mansera[675], pronto Mariana encontraría actividades de entretenimiento, convirtiéndose pronto en camarera de la Virgen del Sagrario, acudiendo todos los sábados a visitarla. Allí oiría las crecientes quejas hacia la labor de Juan José de Austria.

Entre las personalidades que le visitarían encontramos al representante del Emperador, o al marqués de Villars, embajador de Francia en Madrid, quién tenía como tarea, entre otras, la de conocer las intrigas que se producían en la Corte. En aquella orden de Luis XIV de visitar a Mariana de Austria, que recibió Villars, se decía: "Por

674 CODOIN, vol. 67, pp. 25 y ss.; Maura, G., *Carlos II y su Corte*..., op. cit., vol. II, pp. 353-357. Sobre todo, el embajador del Imperio, conde de Trautson, pero también el veneciano se mostraban perplejos. Vid. Graf von Kelnein, A., *Juan José de Austria*..., op. cit., p. 428.

675 Cuenta Gabriel Maura que Mariana de Austria tuvo que prometer a este personaje, para que aceptase el cargo, alguno de los ascensos que ambicionaba el marqués: el sombrero de *Grande de España* o, como alternativa, un puesto en el Consejo de Estado.

más que la Reina de España esté alejada de su hijo, no quiere Su Majestad faltar a la cortesía que impone su estrecho parentesco con esta Princesa, viuda del Rey, su suegro, y madrastra de la Reina. Su deseo es que, apenas el marqués de Villars haya concluido con las ceremonias de Madrid, pase a Toledo, notificándolo a Don Juan, si le visita, o al Rey mismo, en caso contrario. Tal vez este cumplido se interprete entre los parciales de don Juan como una muestra de hostilidad, y entre los de la Reina como un estímulo. Para prevenir tan errónea conjetura hará público el marqués que el único objeto de la visita es saludar, en nombre de Su Majestad, a un Princesa parienta suya muy próxima. Se limitará, además, durante la audiencia a entregar cargas de Su Majestad y de la Reina y a expresar la alegría entrambos porque la paz les permite hacer al Embajador intérprete de su sincera amistad, guardándose mucho de introducir en la plática temas diplomáticos o de política española, y de comentarios, si la Reina se adelantase a proponerlos. Cumplido este deber, dará cuenta detallada a Su Majestad, y, sin prolongar su estancia en Toledo, regresará a Madrid"[676].

Pero volviendo al tema de las destituciones y la configuración del nuevo gobierno de la Monarquía Hispánica. Siguiendo a Maura[677], observamos como don Juan de Austria se emplearía hasta límites amplios contra el resto de sus enemigos políticos. Así la nómina de castigados resulta de lo más interesante: el Almirante, desterrado a sus estados de Rioseco; Melchor de Navarra, destituido de su cargo de vicecanciller de Aragón; Lope de los Ríos, cesado en la presidencia de Hacienda; el príncipe de Astillano, desterrado y sustituido en la presidencia del Consejo de Flandes, a pesar de la protección de su suegro, el duque de Alba; el conde de Aguilar, teniente coronel de la *Chamberga* –cuyos soldados fueron enviados a servir en aquella sublevada Sicilia–, desterrado en primer lugar a Orán y, posteriormente tras rebajársele la pena, a Logroño; el conde de Aranda, que en su día fuese ese gran enemigo que tuviese en tierras aragonesas, sería cesado en el gobierno de Galicia; y el príncipe de Parma, en el virreinato de Cataluña.

Los tres capitanes de la guardia *Chamberga* en 1675, cuando se produjo la mayoría de edad del Rey: el conde de Cifuentes, capitán general de Granada, Félix Nieto de Silva, gobernador de Cádiz, y el conde de Montijo, gobernador de Badajoz, fueron cesados también en sus cargos. Diversos amigos y colaboradores de Valenzuela corrieron la misma suerte y, además, fueron desterrados de la Corte. El confesor del Rey, y de Valenzuela, Ramírez de Arellano, fue sustituido por quien ya lo fuera hasta finales de 1675, fray Pedro Álvarez de Montenegro.

Otros cesados serían el príncipe de Astillano, desterrado a León; Lope de los Ríos, experto financiero del Consejo de Hacienda, perdió su cargo en dicha institución. Gran sorpresa causaría la destitución del presidente de Castilla, el conde de Villaumbrosa, llevada a cabo a finales de julio de 1677, a quién habrían de suceder el duque de Osuna y el marqués de Mondéjar. Don Juan trató también de procesar

---

676 Maura, G., *Vida y reinado de...*, op. Cit., pp. 232-233.

677 Maura, G., *Carlos II y su Corte…*, op. cit., vol. II, pp. 347-349.

al Inquisidor Valladares, pero, transcurridos los primeros meses de su gobierno, abandonó tal propósito.

A través de aquellas medidas practicadas don Juan realizaba un verdadero desmoche de la anterior cúpula del poder de la Monarquía Hispánica, ubicando en aquellos puestos de responsabilidad a gentes de fidelidad reconocida hacia su causa. Sin embargo, no es menos cierto que con ello también se acrecentaría la nómina de enemigos de primer orden hacia su persona. Para evitarlo multiplicó la red de espionaje que tan buenos resultados le había dado siempre. No tardarían las gentes de Madrid en observar dichas prácticas. Pronto todo el mundo se sintió escuchado, cundió el miedo a ser espiado, valiendo, como si de un perfecto seguidor de lo inserto dentro de *El Príncipe* de Maquiavelo, prácticamente todo para conseguir, tras haber ya alcanzado el poder, las reformas que él entendía necesarias para salvar la Monarquía del azote que venía consumiéndola desde hacía años.

Algunos vinieron a acusar a Juan José de Austria de aprovechar su posición de poder para acabar con todos sus enemigos políticos. Sobre este particular, el embajador veneciano Cornaro, le tachó de ser "*implacable en el odio y la venganza*".

Queda claro que no fue un vencedor generoso, como tampoco lo fueron, comparativamente hablando, muchos coetáneos suyos en los distintos lugares de Europa, como pudieran haber sido Cromwell, Mazarino o Valenzuela. El exilio forzoso de Mariana de Austria, el destierro de la Corte de algunos jesuitas y la privación de cargos a los nobles más comprometidos con el régimen anterior fueron prácticas que entraban dentro de las costumbres de aquella época.

Con todo, resulta evidente observar como el nuevo gobernante de los territorios de la Monarquía trataba de ajustar el funcionamiento de los órganos de la administración a su pensamiento político, utilizando para ello el nombramiento para la dirección de dichas instituciones a sus fieles colaboradores, a pesar de que algunos de estos careciesen de capacidad suficiente para desarrollar tareas eficientes al frente de los mismos, por más fidelidad que prestasen a Juan José de Austria.

El ejemplo más paradigmático de esta práctica que narramos se daría en el Principado de Cataluña, donde como consecuencia de los múltiples nombramientos realizados a la hora de tomar don Juan el poder se producirían graves problemas para la estabilidad de la Monarquía. Uno de ellos aparece plasmado directamente en el hecho de que, como consecuencia directa de cambiar el mando supremo de las tropas, cuando éstas se hallaban en el Rosellón en plena guerra con Francia, se produjeron importantes pérdidas para España[678].

Pero también vemos a don Juan remodelando las cúspides de algunas de las más señaladas instituciones de la monarquía, como son las Chancillerías o las Audiencias:

> "Habiéndose tenido por conveniente nombrar personas para visitadores de las Chancillerías y Audiencias de estos reinos, y siendo necesario que en las que se hubieren de elegir concurran las partes de actividad, celo y independencia que se

678 CODOIN, vol. 67, pp. 35 y ss.

requiere, he nombrado para la de Valladolid a don Francisco Antonio Caballero, para la de Granada al doctor don Pedro de Herrera Soto, ambos a dos presidentes de ellas, pues por las representaciones de sus grados se ha cometido en otras ocasiones este mismo empleo a sus antecesores. Para la Audiencia de Sevilla a don Juan de Isla, obispo de Cádiz; y para la de La Coruña a don Juan Martínez de Aparicio, obispo de Orense, ambos prelados de toda integridad y aprobación. Y asimismo tengo por bien que para que se continúen estas visitas en las Chancillerías y Audiencias referidas se señale el término de cada seis años, si antes no hubiere causa tan grave que obligue a anticiparla donde se ofreciere, tendrase entendido en la Cámara y daráseles para su cumplimiento los despachos necesarios. En Madrid, a 11 de marzo de 1678. Al Gobernador del Consejo"[679].

Algunos vinieron a referirse a la política de nuevos nombramientos de don Juan, a la hora de hacer balance, del modo siguiente:

"Dio la Presidencia de Castilla a don Juan de la Puente, trasladando todo el orden regular de la graduación; la Comisaría General de España a don Manuel Portocarrero, antiguo criado y valido suyo; el Arzobispado de Palermo a don Jaime de Palafox, Prior de Santa Cristina y embajador de Aragón; el Priorato al doctor Frías, su confesor; la artillería de Sicilia a don Francisco Franquet, la de Cataluña a don García Sarmiento; la Armada del Mar, al marqués de Villafiel; plaza de el Consejo de Hacienda a don Alberto Arañón, capitán de las guardias de Aragón; el puerto de San Lucas al conde de Escil; el gobierno de Barcelona, a don José de Borjas; el título de marqués de Villasierra, que poseyó Valenzuela, a don Diego de Velasco; el gobierno de Canarias, a don Jerónimo, su hermano; y otros a criados y dependientes suyos, hasta a un oficial de la estafeta de Aragón dio 300 ducados de pensión eclesiástica..."[680].

Una vez finalizada la redistribución de los cargos, el gobierno de Juan José de Austria se embarcaría en aquella política reformista que tantas veces había propuesto a la Reina Mariana, y con la que ahora se proponía realizar rápidamente en el ánimo de acabar cuanto antes con las pretéritas irregularidades, y que estaba inspirada, el menos en parte, en las proposiciones de los debates en torno a la Junta de Alivios. Además, el bastardo retomaría algunas de las reivindicaciones formuladas en los ya famosos manifiestos de 1669.

Las reformas de don Juan de Austria

Con respecto a la Junta de Alivios que surgiera allá por 1669 por recomendación suya, don Juan de Austria propondría una serie de disposiciones que la hicieran más

679 A.H.N., *Consejos*, Leg. 12.585.

680 B.N., mss., 6.641, pp. 66-68.

ágil, fundamentalmente en orden a mejorar el cobro de los tributos, además de pretender atajar determinados fraudes –se sugirió, por ejemplo, moderar las sisas que se percibían en las ciudades, medida que ya fuese aconsejada por el bastardo desde Zaragoza–, reducir la presión fiscal, perdonar todas las cantidades que se adeudaban a la hacienda por los donativos de 1625 a 1658, moderar en un tercio el repartimiento del servicio de ocho mil soldados y en cuatro puntos los intereses que pagaban los lugares por los préstamos recibidos, etc. Pero los resultados obtenidos ni fueron notables ni duraderos por no disponer de autoridad suficiente, y porque Mariana de Austria no adoptó los mecanismos adecuados para hacer operativas aquellas resoluciones acordadas. Ni siquiera la Sala de Millones, adscrita al Consejo de Hacienda, tenía fuerza suficiente como para imponer su criterio en un asunto de tanta trascendencia, pues su propuesta de 1669, encaminada a reducir el valor del servicio de millones, por considerar que sólo así descenderían los precios de los bienes más consumidos, y en donde el fraude era mayor (vino, vinagre, aceite y carne) y con ello las ganancias que obtenían los metedores, no prosperó al prevalecer el dictamen de don Lope de los Ríos, presidente del Consejo de Hacienda, el cual era partidario de soportar aquellos fraudes antes que moderar o suprimir el tributo[681].

También se presentaron algunas iniciativas para atajar el contrabando de artículos sujetos a monopolio, las cuales serían también rechazadas, como aquella que fue formulada el 13 de junio de 1669 por el Consejo de Hacienda para que los delatores del comercio ilegal de naipes entre Aragón y Castilla permaneciesen en el anonimato, quedando a salvo de cualquier represalia por parte de los denunciados o sus familiares, una práctica habitual en los tribunales del Santo Oficio.

Para ello don Juan José de Austria no dudaría en involucrarse directamente en aquellos temas que afectaban directamente a la monarquía, trabajando en ello hasta la extenuación. Esta actitud despertaría la admiración general. Como si del *Rey prudente* se tratase, de nuestro personaje se decía que dedicaba 13 horas a los asuntos de gobierno, aparte del tiempo adicional que empleaba junto a su hermano el Rey Carlos, cuyo favor y simpatía le era preciso asegurar para garantizar la tranquilidad de su gestión[682]. En reiteradas ocasiones se decía que este celo y dedicación le estaban agotando y minando su salud. Maura nos habla en alguna ocasión sobre ello, indicándonos que se aplicaba tanto el príncipe al cuidado de su hermano, en el ánimo de seguir o recuperar caso de haberse perdido este dominio sobre su voluntad, que no se apartaba del joven Rey ni aun en las horas de esparcimiento, imponiéndose, aparte de sus tareas de gobierno, un ajetreo similar a Carlos, el cual únicamente se dedicaba a cuestiones frívolas y de esparcimiento[683].

Además de ello, estuvo dispuesto incluso a poner su escasa fortuna personal al servicio de la política monetaria. Su proyecto de reforma monetaria ideaba desarrollarlo enviando, incluso, su propia vajilla de plata a la fundición para remediar así la

---

681 B.N., mss., 19.700/6. Consulta de don Lope de los Ríos, 12 de junio de 1669.

682 Graf von Kalnein, A., *Juan José de Austria…*, op. cit., p. 429.

683 Maura, G., *Carlos II y su Corte*, vol. II, p. 477.

escasez que había de metales preciosos[684]. Evidentemente con ello no iba a remediar el problema, sin embargo se convertía en un auténtico acto simbólico con repercusiones generales. ¡Lástima que otros no siguieran aquel ejemplo para bien de la monarquía!

Y es que la situación económica del momento era nefasta. Ello llevó al inicio de lo que el profesor Domínguez Ortiz denomina "*década trágica de Castilla*"[685]. Esta tendría su origen en una serie reiterada de malas cosechas y epidemias de peste. Esto ocasionaría un importante desabastecimiento de granos, debiéndose ello no sólo a la escasez, sino que también estaba provocado por la dificultad en las comunicaciones como consecuencia de las prevenciones establecidas para impedir el contagio de aquel terrible mal. Consecuencia más inmediata de aquella situación sería un importante alza en los precios, que se sumó al ocasionado por la pertinaz desvaloración del vellón.

La situación de la Corona de Castilla quedaba reflejada en la pragmática de 10 de febrero de 1680: "La carestía de todo el comercio, el excesivo precio de los mantenimientos, la desigualdad y falta de fe pública en los contratos, hacese intratable y gravosa la vida humana de mis buenos vasallos amigos, la suma dificultad recubrir las provisiones, asistencia que para su defensa son precisas dentro y fuera de España, por el exorbitante premio de la plata y su reducción, a que no alcanzan las rentas reales ni contribuciones de estos reinos; y lo que es más, se cometen graves ofensas de Dios Nuestro Señor. Y es frecuente el delito de la usura, y logro y todo el comercio está reducido a tal confusión y desconfianza que por ella se padece una general carestía, penuria de los frutos con que liberalmente ha socorrido la Divina misericordia"[686].

Con todo, los ejes fundamentales de su reforma política quedarían articulados en torno a tres segmentos fundamentales:

- la agilización de la administración y el fortalecimiento de la justicia real,
- la política fiscal
- la reforma política y moral de España

Con respecto al primero de estos grandes asuntos de Estado, la reforma de la administración, vino a constituir un proyecto de gran envergadura, dirigido tanto a la administración central como a las de los territorios de la Corona de Aragón. Así las cosas, las medidas adoptadas pasaban por disolver el Consejo de Flandes, la reducción de los ministros en activo, y la idea de disolver la Cámara de Indias[687].

Además se actuaría con mayor eficiencia en los procedimientos para los nombramientos, corrompidos por la venta de cargos y los favoritismos. Era apenas febrero de 1677 cuando el Gobierno ordenó que para los puestos de los reinos de la Corona, en caso de duda, se diera preferencia a los soldados veteranos; al Consejo de Guerra en julio de 1678 se le ordenaba proponer únicamente a antiguos militares para los puestos

---

684 B.N., mss., 17.482, p. 193v (carta del 15-IV-1678).

685 Domínguez Ortiz, A., "La crisis en Castilla en 1677-1687", en *Crisis y decadencia en la España de los Austrias*, Barcelona, 1973, pp. 197-217.

686 A.H.N., *Inquisición*, Leg. 3.583.

687 Vid. Castilla Soto, J., "El valimiento de don Juan de Austria (1677-1679)...", pp. 199-201.

vacantes. Pero la cosa no quedaba ahí, puesto que dichas modificaciones acabarían afectando a los niveles intermedios del Gobierno en los reinos de la Corona[688].

También bajo el gobierno de don Juan de Austria se adoptarían una serie de medidas de naturaleza económica respecto otros temas como: la gran cantidad de tierras despobladas que se extendían por todo el territorio peninsular, esencialmente en Castilla; las dificultades a las que se tenía que enfrentar la Casa de la Contratación desde su sede de Sevilla; la administración de las salinas, la reforma de la Junta de Milicias y la creación de una Junta de Minas; sin olvidar la afección negativa que las enfermedades, singularmente la peste, y las condiciones climáticas negativas para la agricultura venían a representar para aquel gobierno.

Con respecto a los despoblados, don Juan hacía lo necesario para que fuese expedida una pragmática, fechada a 14 de junio de 1678, dirigida a alcaldes y corregidores, en el ánimo de que informaran sobre los despoblados existentes, localidades con reducido números de habitantes, gentes que se necesitarían para habitarlos, términos de realengo, señoríos existentes, etc.[689]. Aquel mismo día, nuevamente a través de pragmática, se dirigió a los habitantes de Burgos, Vizcaya, León, Asturias y Galicia que quisieran viajar a Castilla para establecerse en aquellas tierras, conduciéndoles a éstos exención de alcabalas por diez años, cientos, moneda forera, servicio ordinario y extraordinario, además de otros tributos, respetándose a los de origen vizcaíno que cambiasen su residencia por tierras de Castilla, sus privilegios y franquezas[690].

Con respecto a la Casa de la Contratación de Sevilla, el profesor Domínguez Ortiz nos describe ampliamente la problemática que afectaba a dicho puerto andaluz[691], singularmente derivada de la cada vez más difícil navegación del Guadalquivir, embarrancando continuamente los navíos que realizaban aquella travesía, y que motivaron el desarrollo del puerto de Cádiz. Con todo, aquella ciudad hispalense obtuvo en 1664 una Cédula, en virtud de la cual los galeones deberían salir y llegar exclusivamente a Sanlúcar, arrebatándole, además, a Cádiz el Juzgado y el tercio del tonelaje de la Flota, aunque en 1679 vendría a restituirse, nuevamente, a Cádiz aquel Juzgado y el tercio.

Respecto a las salinas, y siguiendo a Castillo Soto, resulta necesario indicar, a modo recordatorio, que el impuesto de la sal, había sido una regalía de la Corona ya desde épocas de Felipe II. Sobre ello, en una consulta del Consejo de Hacienda, de 9 de septiembre de 1677, vino a contemplarse una nueva manera de administrar aquellas explotaciones[692]. Además se decidió, a instancia del Rey, bajar los derechos de la sal en un cincuenta por cierto, con el fin de facilitar la saca de este mineral para Holanda[693], y es que se esperaba que fructificase un proyecto de vender unas 500.000 fanegas de sal al año a este país.

[688] Vid. Graf von Kalnein, A., *Juan José de Austria...*, op. cit., pp. 429 y ss.

[689] A.H.N., *Consejos*, Libro 1.474.

[690] A.H.N., *Consejos*, Libro 1.510.

[691] Domínguez Ortiz, A., *Orto y ocaso de Sevilla*, Sevilla, 1946.

[692] A.G.S., C. y J.H., Leg. 1.368.

[693] Castilla Soto, J., *Don Juan José de Austria: su labor política y militar*, Madrid, 1992, p. 310.

Con todo, el 5 de noviembre de 1678 se suspenderían los pagos de cualquier tipo de deuda que hubiese sido causada hasta el fin de 1677, con las excepciones de aquellas dependientes de asientos y casas reales, ejércitos y armadas:

> "Sobre que por ahora se suspenda la paga de cualesquier género de deudas causadas hasta fin del año 1677, excepto las que dependan de asientos y casas reales, ejércitos y armadas. Respecto de las necesidades presentes de la real hacienda, y precisa la obligación de acudir a la defensa de la monarquía, y que cualquier caudal hace falta para ayudar a este fin, he resuelto se suspenda por ahora la satisfacción de todas las deudas causadas hasta fin del año próximo de 1677, de cualquier calidad que sean, excepto las que dependieren de los ordinarios de las dos casas reales y de provisiones de asientos, ejércitos y armadas, y si por las instancias de las partes se librare alguna cantidad que tenga otro origen, antes de ejecutarlo, se me dará cuenta para que si fuere servido dispense esta orden general, pues puede ser obligue a ello la justificación de alguna deuda particular. Señalado de Su Majestad, en Madrid a cinco de noviembre de 1678"[694].

Cinco días más tarde, el 10 de noviembre de ese mismo año, se trataba de regular el ajuste de los pagos: "Sobre que los pasos dados en las libranzas no pasen adelante, y se ajusten sus cabimentos como refiere. Habiéndose reconocido algunos inconvenientes para el mejor cobro de mi real hacienda, en dar libranzas en ella con pagos de unos a en otros, he resuelto se revoquen todas las que hasta aquí se han concedido a hombres de negocios y otras personas, y a los interesados acudan con sus libros oficios donde se justifique en año en que caben, conforme al último valor que hubiere en ellos, y se note en el mismo despacho para pasar a otro. Y si por algún accidente dejare de caber alguna cantidad acudirá a pedir satisfacción a la presidencia de hacienda, y de aquí adelante no se podrá conceder esta calidad de pago con ningún pretexto ni motivo, por justificado que parezca. Tendréis entendido en el Consejo de Hacienda y ejecutabase así..."[695].

Otro medio de frenar la arbitrariedad de la oligarquía local lo constituía la reforma de los juicios de residencias que tuvo lugar en octubre de 1678. Hacía bastante tiempo que este sistema de fiscalización se había desprestigiado por culpa de prácticas compensatorias irregulares como consecuencia de la proximidad social de ambos funcionarios. La orden de que fuesen única y exclusivamente los abogados nombrados por el Consejo de Castilla los que llevasen a cabo estas residencias era un intento de impedir que se produjeran tales desviaciones.

Precisamente a los niveles medio e inferior de la administración de la Corona iba también encaminado el intento de reducir a toda cosa la venta de oficios. El decreto de 9 de mayo de 1679 estaba pensado para ser un tanteo; una vez se consiguiera reducir aquellas prácticas a nivel local, se intentaría aplicar también en las grandes ciudades del reino[696].

---

694 A.H.N., *Estado*, Libro 881.

695 A.H.N., *Estado*, Libro 881.

696 Vid. Graf von Kalnein, A., *Juan José de Austria...*, op. cit., pp. 430-431.

El profesor Graf von Kalnein enumera una serie de decretos que vendrían a consolidar las ansias reformistas de don Juan, en su ideario de transformar la decadente situación de la monarquía, en un intento de elevar España a aquel lugar que por derecho merecía. Aquellos decretos enumerados por este hispanista alemán son los siguientes:

Correspondientes al año 1677:

- 21 de enero. Destitución y confiscación de los bienes de Valenzuela[697].
- 10 de febrero. Disposición sobre la corrección de falta de limpieza de los ministros[698].
- 19 de febrero. Disposición "*sobre la limpieza que deben tener los Ministros (...) la gran obligación que os incumbe de portarse en este punto con la exactitud que debéis por Cristianos y Ministros míos*"[699].
- 19 de febrero. Decreto sobre los nombramientos de los ministros en la Corona de Aragón, dándose preferencia a todos aquellos que hubieran prestado servicio militar[700].
- 23 de febrero. Orden al Consejo de Castilla de castigar "*los fraudes que se hacen por los taberneros de Madrid en la venta de vino*"[701].
- 27 de marzo. Orden al Gobernador de Aragón para que imponga "la corrección de pecados y a que se administre justicia en los distritos de vuestro gobierno sin excepción de personas inclinando al amparo de los pobres en resguardo de la opresión de los poderosos"[702].
- 10 de abril. Orden al Consejo de Castilla de reducir los portazgos de Madrid[703].
- 20 de abril. Orden a las autoridades castellanas de reforzar la justicia "*en los distritos de su gobierno sin excepción de personas inclinado al amparo de los pobres, en resguardo de la opresión de los poderosos*"[704].
- 23 de mayo. Mandato contra el excesivo número de clérigos y de bienes de manos muertas en Castilla[705].
- 6 de julio. Reducción del número de funcionarios en los Consejos "*para obviar la larga demora en el despacho de los negocios que causa el número crecido de ministros*"[706].
- 2 de agosto. Orden al Consejo de Aragón de despachar en el plazo de 15 días las "*copias de la instrucción y ordenanzas dadas para el ejercicio de su ministerio,*

697 A.H.N., *Consejos*, Leg. 7.187.
698 B.N., mss., 18.443, p. 227.
699 A.H.N., *Consejos*, Leg. 2.252, p. 152.
700 A.C.A., CA, Leg. 1.
701 A.H.N., *Consejos*, Leg. 7.187.
702 A.H.N., *Consejos*, Libro 2.252.
703 A.H.N., Consejos, Leg. 7.187.
704 B.N., mss., 4.466.
705 A.H.N., *Consejos*, Libro 1.474.
706 B.N., mss., 2.289, pp. 135 y ss.

notando al margen (...) lo que está en observancia, lo que no se practica (...)" así como la lista de todos los salarios que les toca pagar[707].

- 31 de agosto. Orden de aplicar también a los soldados la pragmática [del 8-III-1674] contra los vestidos de lujo[708].
- 20 de septiembre. Orden de "*ponerse de aquí adelante por Vuestra Majestad secretarios a todos los Virreyes, Gobernadores, Capitanes Generales y Embajadores*"[709].
- 28 de septiembre. Expulsión de los franceses: "que todos los franceses que se hallan en los puertos (...) que no estuvieren ocupados en ministerios serviles (...) salgan luego de ellos"[710].
- 31 de octubre. Notificación a los virreyes y gobernadores de la Corona de Aragón que en adelante será el Rey quién nombre a sus secretarios[711].
- Octubre. Orden al Virrey de Flandes de enviar a España expertos de la industria sedera[712].
- Noviembre. Reforma en el nombramiento de los tenientes de corregidores: "*los nombre la Cámara de Castilla al mismo tiempo que en aquel Consejo se publique la merced del Corregimiento*"[713].
- 9 de Noviembre. Orden a todos los obispos y arzobispos de examinar rigurosamente el nuevo establecimiento de los monasterios.
- 17 de diciembre. Prohibición de especular con el grano[714].
- 20 de diciembre (aproximadamente). Creación de una Junta de Minas para el fomento de la minería[715].
- 28 de diciembre. Orden de proceder contra la "*relajación de costumbres*", así como contra "*los vagamundos, juradores, y blasfemos*"[716].
- diciembre. Orden a los Virreyes y Gobernadores de dejar todos los documentos oficiales en las oficinas competentes, "*para excusar el reparo de que vayan a parar en poder de criados y herederos, como se experimenta*"[717].

Ya con respecto a su segundo año de gobernación, 1678, el profesor Graf von Kalnein viene a aportar los siguientes decretos de don Juan de Austria:

- 2 de enero. Orden al Consejo de Castilla para impulsar la repoblación de Castilla[718].

---

707 A.C.A., CA, Leg. 144.
708 A.G.S., *Estado*, Leg. 4.128.
709 A.G.S., *Estado*, Leg. 4.128.
710 A.H.N., *Consejos*, Libro 1.474.
711 A.C.A., CA, Leg. 144.
712 A.G.S., *Estado*, Leg. 2.739.
713 A.H.N., *Consejos*, Libro 1.474.
714 A.H.N., *Consejos*, Libro 1.474.
715 B.N., mss., 17.482, p. 123.
716 A.H.N., *Consejos*, Leg. 7.187.
717 A.G.S., *Estado*, Leg. 2.739.
718 A.H.N., *Consejos*, Leg. 7.188.

- 15 de enero. Disposición de reactivación del comercio, industria y agricultura. Todos los altos funcionarios deben presentar en el plazo de 40 días listas sobre la situación en que se encuentran sus territorios[719].
- 7 de marzo. Orden a los obispos de Castilla de dar cuentas de todos los sínodos que se celebren en su diócesis.
- 14 de marzo. Reducción de todos los intereses de los censos a un 5%, con efecto retroactivo al 1 de enero de ese mismo año[720].
- 23 de marzo. Orden a todos los obispos y arzobispos de presentar informes sobre todos y cada uno de los sínodos que tengan lugar en su diócesis.
- marzo. Reducción de las pensiones derivadas de puestos vacantes[721].
- 22 de abril. Prohibición sobre el "*frecuente abuso que hay en los juramentos y blasfemias*", a aplicar sin distinción de la persona[722].
- 26 de mayo. Creación de una Junta para el fomento de la construcción naval en Tortosa[723].
- 14 de junio. Orden de elaborar un inventario de las despoblaciones, teniéndose 40 días para presentar las listas[724].
- 16 de julio. Prohibición de emplear mulos y asnos para los coches, destinándose éstos a la agricultura[725].
- 21 de julio. Orden al Consejo de Guerra de que "*no consulten a nadie por calidad de sus predecesores, sino por el mérito personal*"[726].
- 10 de agosto. Orden al ayuntamiento de Madrid de presentar un inventario de la hacienda municipal.
- 13 de agosto. Prohibición sobre vestidos de lujo.
- 18 de agosto. Prohibición a los habitantes de Madrid de utilizar coches tirados por más de un caballo.
- 6 de octubre. Prohibición de celebrar duelos[727].
- 15 de noviembre (aproximadamente). Reforma del sistema de juicios de residencia en Castilla: "*que ningún corregidor, gobernador ni alcalde mayor residencia a su antecesor sino los abogados que el Consejo nombrare*"[728].
- 21 de octubre. Orden a los funcionarios de Aragón de que miren por el enriquecimiento del Patrimonio Real[729].

---

[719] B.N., mss., 4.466, pp. 5 y ss.
[720] B.N., mss., 4.466, p. 8.
[721] B.N., mss., 17.482, p. 138.
[722] A.H.N., *Consejos*, Libro 1.474.
[723] A.C.A., CA, Leg. 170.
[724] A.H.N., *Consejos*, Libro 1.474.
[725] A.H.N., *Consejos*, Libro 1.474.
[726] B.N., mss., 17.482, p. 117.
[727] A.C.A., CA, Leg. 145.
[728] B.N., mss., 17.482, p. 161.
[729] A.C.A., CA, Leg. 171.

Finalmente, y ya con respecto al último de los años de gobierno de don Juan de Austria, 1679, el profesor Graf von Kalnein nos muestra en su obra los siguientes decretos:

- 29 de enero. Creación de una Junta de Comercio General[730].
- 14 de abril. Prohibición de sacar ganado mular de Castilla[731].
- 19 de mayo. Prohibición con efecto retroactivo de la venta de oficios, se contará como "*año cero*" 1602. De aplicación, primero a las pequeñas poblaciones de Castilla. En el caso de las ciudades, se elaborará una relación de cargos vendidos para su futura deliberación[732].
- 11 de julio. Nombramiento de D.L. de los Ríos como juez conservador de la fábrica de vidrios erigida por el francés D. Lambot[733].
- 29 de noviembre. Orden de poner los puestos de los monederos bajo jurisdicción del erario público[734].

Fuera de la obra del ya citado hispanista alemán, encontramos otra serie de reformas emprendidas por el gobierno de don Juan de Austria, y que afectarían, incluso, a los alcaldes de Casa y Corte, y así lo observamos anotado en las "*Advertencias para el ejercicio de la plaza de Alcalde de Casa y Corte*"[735], y que fueron incorporadas a lo largo de los años 1677 a 1679, a aquellas normas propias del cargo.

El conjunto de tales reformas puede ser resumido en los siguientes apartados que citamos:

a) Altares. Año de 1678. No se puedan hacer en las calles a las cruces, ni otras imágenes, sino es la iglesia[736].
b) Arca de tres llaves de la Sala. Dicho año. Los señores que han de tener las llaves de ellas[737].
c) Boteros. Año de 1678. Los maestros ni oficiales no trabajen en casa de taberneros, ni otras personas, sino es en tienda pública[738].
d) Curtidores. Año 1677. Pueden vender en sus casas badanas sueltas y cordobanes a los zapateros y otras personas[739].
e) Corregidor de Madrid don Francisco Herrera y Enríquez. Año 1677. Orden del Consejo para que en la sala, con la calidad por ahora no conociese de las apelaciones y recursos de las causas que hiciere sobre mantenimientos, posturas y pesos de ellos, en la parte que toca, y las apelaciones fuesen al Consejo[740].

---

730 A.H.N., *Consejos*, Libro 1.515.
731 A.H.N., *Consejos*, Leg. 7.189.
732 A.H.N., *Consejos*, Libro 1.474.
733 A.H.N., *Consejos*, Leg. 7.189.
734 A.H.N., *Consejos*, Leg. 7.189.
735 A.H.N., *Consejos*, Libro 1.420.
736 A.H.N., *Consejos*, Libro 1.420, p. 205.
737 A.H.N., *Consejos*, Libro 1.420, p. 205.
738 A.H.N., *Consejos*, Libro 1.420, p. 207.
739 A.H.N., *Consejos*, Libro 1.420, p. 212.
740 A.H.N., *Consejos*, Libro 1.420, p. 212.

f) Casas de Posadas. Año de 1678. Los que las tuvieren dentro de segundo día registren los huéspedes, y asimismo lo ejecute cualquiera persona que los tenga[741].
g) Corregidor de Madrid. Año de 1678. Licencias que había dado a los bodegones se recogieron[742].
h) Casas de juego. Año dicho. Los que las tuvieren se les castigue. Es orden de Su Majestad[743].
i) Señoras Descalzas Reales. Año de 1678. Los pasos que salen los tres días de cada semana santa entren en su convento (sic)[744].
j) Consejo de Guerra. Año de 1679. En la mejora que despachare no ponga la cláusula de "No Innove"[745].
k) Cabrito. Dicho año. Los figoneros no lo puedan comprar fuera de esta Corte, sino si en la plaza Mayor de esta Corte, después de dadas las doce del día[746].
l) Señoras Descalzas Reales. Año de 1678. Los pasos que salen los tres días de semana santa, entren en su convento[747].
m) Guadarrama, Espinar, Navas y Villacastín. Año de 1678. Abran los caminos para que puedan pasar los arrieros con la harina[748].
n) Galeotes y presidiarios. Dicho año. No se ponga en visita los sábados, así condenados en visita como en revista[749].
o) Oficiales de la sala. Año de 1679. Siempre que salgan fuera entreguen las causas a los escribanos de cámara, y el que fuere semanero de estos, nombre cada día dos oficiales que estén de guarda en la sala, y en dicho año al folio 69, los que hubieren estado de reposo el lunes siguiente pongan en poder del oficial mayor los libros de penas[750].
p) Oficial mayor de gobierno. Dicho año. Al fin de cada mes entregue al señor fiscal todas las fees de causas que hubieren dado los oficiales de la sala[751].
q) Posturas. Año de 1678. Todo género de tratantes que tengan de manifiesto, y en los repesos, no las lleven por ellas o por testimonios que les dieren mercedes, ni por derechos algunos[752].
r) Presidiarios. Año de 1678. Véase galeotes[753].

---

741 A.H.N., *Consejos*, Libro 1.420, p. 212.
742 A.H.N., *Consejos*, Libro 1.420, p. 212.
743 A.H.N., Consejos, Libro 1.420, p. 212.
744 A.H.N., Consejos, Libro 1.420, p. 212.
745 A.H.N., Consejos, Libro 1.420, p. 212.
746 A.H.N., *Consejos*, Libro 1.420, p. 212.
747 A.H.N., *Consejos*, Libro 1.420, p. 217.
748 A.H.N., Consejos, Libro 1.420, p. 223.
749 A.H.N., *Consejos*, Libro 1.420, p. 223.
750 A.H.N., *Consejos*, Libro 1.420, p. 231.
751 A.H.N., *Consejos*, Libro 1.420, p. 231.
752 A.H.N., *Consejos*, Libro 1.420, p. 236.
753 A.H.N., *Consejos*, Libro 1.420, p. 236.

s) Pintores. Año de 1679. No háganla ni vendan retratos de Su Majestad[754].

t) Repeso de Maderas. Año de 1677. El alguacil mayor le haga traer a la plaza dentro de 4 días, y ponerle donde era costumbre[755].

Con respecto a la Hacienda Pública, Juan José de Austria intentó en una primera fase llevar a cabo una severa política de ahorro, ordenando para tal fin que en Castilla se redujeran los sueldos de los funcionarios y las pensiones que de estos puestos quedaban para sus deudos; en Aragón ordenó la elaboración de listas detalladas sobre los ingresos y gastos del fisco, quizá como paso previo para adoptar medidas más amplias.

Todavía a mediados del 1679 se seguían haciendo reformas para hacer la hacienda de la monarquía mucho más eficaz, además de controlar mejor aquellos cargos que tenían contacto directo con las cuentas. Así, el 4 de julio de 1679 se insistía en la prohibición de nombrar contadores con el título de interno de millones: "Sobre que no se pueda nombrar ningún contador con el título de interino de millones, por ninguna causa ni pretexto que sea, como está resuelto. De las ocho plazas que hay de planta fija de contadores de resultas de millones, han vacado dos por promoción a las de resultas de hacienda de don Fernando del Campo y Juan Moreno, que las ejercían, y siendo necesario nombrar otros dos en su lugar, para que continúen en tomar y fenecer las cuentas de millones y poner cobro en los alcances que de ella resultaren, se mandó traer al Consejo todos los papeles que pudiesen conducir para este intento..."[756].

El registro de despoblamientos en Castilla, que tuvo su continuación en los decretos para el desarrollo del reino, venía a coincidir por otra parte, con las advertencias hechas frente al incremento de los bienes de manos muertas. Un lugar común entre los arbitristas fue que la exención fiscal del clero y de sus innumerables fundaciones llevaban a una considerable merma del patrimonio estatal.

Un punto culminante de aquellos esfuerzos reformadores podría haber sido la Junta de Comercio General, creada en 1679, pero la premura que exigía la boda de Carlos II y la muerte de de Juan de Austria, el 17 de noviembre, hicieron que quedase a mitad de camino, ya que aun a pesar de haberse puesto en marcha, poco tiempo después, en abril de 1680 era suspendida de forma indefinida.

Los cometidos de la misma habían sido enfocados en el desarrollo de la industria, a pesar de tener una intitulación que parece enfocar su finalidad a otros menesteres. La idea era fomentar y asegurar el desarrollo de una floreciente industria que proporcionase, vía impuestos específicos, nuevas rentas a aquella tan necesitada monarquía.

Respecto a la Real y General Junta de Comercio que era como se venía a denominar realmente, indicar que aunque tradicionalmente había sido imputada su erección al duque de Medinaceli, el decreto fundacional tiene fecha de 29 de enero de 1679, momento en el cual todavía regía los destinos de la Corona don Juan de Austria. Además se trasluce su protagonismo en el hecho de haber erigido otra de tintes similares en 1674 en tierras de Aragón. Venía a componerse por cuatro ministros, procedentes cada

[754] A.H.N., *Consejos*, Libro 1.420, p. 236.

[755] A.H.N., *Consejos*, Libro 1.420, p. 242.

[756] A.H.N., *Estado*, Libro 881.

uno de ellos de los Consejos de Castilla, Guerra, Hacienda e Indias. Nuevamente, en las navidades de 1682, el duque de Medinaceli volvería a ponerla en marcha, en donde a aquellas cuatro personalidades procedentes de los Consejos se le uniría en 1684 un miembro del Consejo de Aragón.

Con respecto a la política fiscal, indicar que aquellas cargas afectaban directamente a los castellanos. Las fuertes quejas de las clases pecheras contra la situación había favorecido a don Juan en su conflicto con el padre Nithard e, incluso en ocasiones, con la propia Mariana de Austria, los cuales eran acusados de asfixiar a las clases populares con tan elevada presión fiscal. El propósito en este momento era procurar el alivio de aquella situación de los pueblos que estaban sometidos a los desafueros de los ejecutores por no estar al corriente de sus contribuciones; un decreto de 7 de agosto de 1677 facultaba al presidente del Consejo de Hacienda para que dispusiera con ellos un arreglo según la posibilidad de cada uno, ordenándose una encuesta, que debían contestar todos los lugares del reino, acerca de su situación económica real para procurar su restablecimiento.

Con todo, el gobierno no se mostró muy activo en este punto, centrándose, por razones de política interior, principalmente en Madrid a la que ordenó reducir a arbitrios municipales las cargas contributivas. Además, se decretó una rebaja en la tasa de interés de todos los censos de los municipios de Castilla, que, no obstante, no tuvo aplicación sobre los juros. Así las cosas la cuestión del número y tipo de tributos, además de las distintas formas de recaudación, tocaba a la esencia del sistema social, de ahí que fuera la más indicada para provocar la ira de la nobleza, el clero y las oligarquías urbanas. Ello explica el lento comienzo de este Gobierno, cuya influencia se extendió también a la política fiscal. Un alto grado de estabilidad tanto en la política exterior como en la interior se convirtieron en condiciones básicas para llevar a cabo un proyecto realista de reforma fiscal[757].

En ese mismo aspecto, la reforma monetaria suponía una necesidad urgente, y don Juan de Austria estaba en el ánimo de realizarla. Aquella modifcación se planificó en varias etapas, que luego serían puestas en práctica. En las dos primeras de ellas se reduciría el valor de la moneda, primeramente, para luego acuñarse una nueva que viniese a sustituir a la de molino, que se debería ir consumiendo, después. Según Javier de Santiago[758] es probable que ambas fuesen concebidas como parte de un plan conjunto, y diseñadas para ser concretadas en fases sucesivas, y como complemento nos encontraríamos con la desmonetarización de *la de molino*. A pesar de estos intentos, la corona mostraría cierta indecisión en aquella política, ya que más tarde se vería obligada a autorizar la circulación de la moneda que había previamente prohibido.

También el hijo bastardo de Felipe IV pondría coto a las mercedes y privilegios de los cortesanos y de la alta burocracia: cuando la viuda de un alto funcionario reclamó las cantidades acostumbradas en estos casos, se le denegó la petición porque "nunca ha llegado la estrecheza de la real Hacienda al estado que ahora"; pero otro abuso per-

[757] Vid. Sobre todo ello a Graf von Kalnein, A., *Juan José de Austria...*, op. cit., pp. 432-433.

[758] Santiago Fernández, J. de, *Política monetaria en Castilla durante el siglo XVII*, Valladolid, 2000.

viviría todavía largo tiempo: que al ascender de categoría un alto funcionario siguiera cobrando el sueldo del puesto anterior.

Una importante preocupación de don Juan también era el constante aumento de precios que asolaba a la monarquía, crecimiento que era superior al de los salarios. Para afrontar aquella situación, a partir de 1679, los Consejos comenzarían a plantearse como hallar la fórmula para resolver el problema monetario. A partir de ese momento las consultas con ministros y hombres de negocios serían constantes, además de las fórmulas ideadas. Todo ello, y en opinión de Javier de Santiago, se puede resumir en tres: extinción de toda moneda de molino, tanto la batida en las cecas como la falsa que carecía de liga de plata y la de *soplillo*; reducción del valor de la moneda falsa, manteniendo el de la ligada, ya que el de ésta venía a corresponderse con su valor intrínseco; y, finalmente, la disminución del nominal de todas, auténticas y falsas, que parecía ser la solución preferida por la mayoría de aquellos consejeros.

En todo caso aquellos que venían a proponer la baja, en uno u otro modo, venían a hacerlo convencidos de que con ello se estaba ante el mejor medio para lograr la extinción total de forma suave y progresiva. Éstos consideraban que el hecho de desmonetizar el numerario de vellón, sin una reducción previa, mediante el hecho de prohibir su circulación representaría un daño de tintes irreparables para el reino, desde el momento en que la situación en la cual se encontraba la hacienda regia hacía imposible que asumiese la carga que vendría a suponer tal extinción. De manera que si se llevaba a cabo sin unas medidas que lo atemperasen, sería el pueblo el que cargara con las consecuencias que a corto plazo acarrease aquella deflación.

Pero también don Juan de Austria pondría en marcha una ofensiva frontal contra el fraude y el contrabando. En este sentido cabría mencionar un Real Decreto de 1677 que previene disminuir los derechos de extracción de las salinas de Andalucía (las situadas en la costa) a la mitad de lo que antes se cargaba, porque los holandeses habían extraído de España, por vía ilegal, 500.000 fanegas de sal adquiridas a varios propietarios particulares.

Pero no todo fueron éxitos en esta materia. Uno de los sucesos más significativos tendrá lugar en Álava, donde sus habitantes, con el pretexto de sus fueros, pretenden obviar el registro en las aduanas de todas aquellas mercancías que producen, ya sean para su consumo o para vender fuera de la provincia, y en donde las primeras se encontraban libres de cargas y gravadas las segundas. El conflicto, iniciado en noviembre de 1678, finalizaría dos años después, tras concertar los diputados con la Real Hacienda la entrega de 2.000 doblones de oro a cambio de aceptar su exigencia de no acudir a las aduanas para el registro de los géneros consumidos por los naturales, con lo que implícitamente se venía a hacer la vista gorda con respecto al comercio clandestino de artículos procedentes de Guipúzcoa, a cambio de la cantidad económica citada[759].

---

[759] Sánchez Belén, J.A., "1679: un conflicto antifiscal en la provincia de Álava", *Fiscalitat estatal i Hisenda Local (ss. XVI-XIX): Funcionament i repercussions socials*, Palma de Mallorca, 1988, pp. 401-413.

Análogamente se actuará con el comercio galo, pues tras haberse ordenado en junio de 1678 confiscar sus mercancías se decretará el desembargo, meses más tarde, tras haberse ajustado el pago de 230.000 pesos.

Las necesidades de la hacienda hicieron necesarios aquellos indultos. Con todo, resulta muy interesante, también, el análisis de la política monetaria, en donde muchos de los problemas que afectaban a la monarquía encontraban su origen. El alto endeudamiento estatal en moneda de oro y plata, que encontraban su causa principal en los dominios hispanos de fuera de la península Ibérica, y las constantes inflaciones del vellón, ponían serios límites a toda iniciativa económica o fiscal que pretendiese desarrollar Juan José de Austria. Además, el hecho de intervenir de manera torpe en aquellas materias podría tener consecuencias imprevisibles. También, los hombres de negocios a cuyo cargo quedaban las rentas eran conscientes de dicho problema, y así se comprende que en 1679 el arrendador de los almojarifazgos, Báez Eminente, establezca con los mercaderes franceses, ingleses y flamencos unos convenios especiales que contemplan el pago de unos derechos específicos aplicados a determinados productos, al margen de las rebajas ya mencionadas en lo que respecta a las demás mercancías.

En el reino de Aragón la cosa fue distinta. Un dictamen confeccionado por expertos en la materia, y que obraba en manos de don Juan de Austria, planteaba algunas soluciones para atajar la crisis que afectaba al territorio aragonés, y que orbitaba en la idea de fomentar la producción de telas, vedar la entrada de bienes manufacturados y abolir las cargas aduaneras. En las Cortes de 1677, de las que daremos debida cuenta en páginas siguientes, dicho asunto sería abordado nuevamente, promulgándose una serie de leyes proteccionistas, entre las que se deben citar necesariamente la prohibición de introducir cualquier tipo de telas de lujo y la subida de los aranceles del 10 al 20 % sobre los demás artículos que se importan y exportan, lo que, según Diego Dormer, vino a provocar la ruina del territorio en los seis años que estuvieron vigentes[760].

En otro lugar de la Península Ibérica ocurría lo contrario. Las bajas tasas que se establecían en el puerto de Bilbao, con respecto al comercio directo que éste mantenía con las colonias inglesas, especialmente con la americana de Virginia, de donde obtenía tabaco, cacao y otros productos coloniales, y el tráfico ilegal de géneros suministrados por ingleses y holandeses contribuyeron al crecimiento económico de la ciudad, de tal manera que llegaría a dominar al comercio lanero castellano[761].

Con todo, los esfuerzos de Juan José de Austria, en los años que estuvo al frente del gobierno de la Monarquía Hispánica, en estos aspectos hacendísticos, debieron centrarse en obstaculizar las donaciones de bienes raíces que los campesinos acaudalados hacían a favor de sus hijos o parientes ordenados de menores, así como en impedir que a través de ellos vendiesen sus cosechas y ganados evadiendo el pago de los tributos. A este tenor, y tras las pertinentes consultas realizadas ante el Consejo

[760] Kamen, H., *La España de Carlos II*, op. cit., pp. 550-552.

[761] Fernández de Pinedo, E., "Un cas regional avec faible presión fiscale: le Pays Basque peninsulaire", *Review*, vol. III, núm. 1 (1979), pp. 75-96.

de Castilla, los días 9 de diciembre de 1677 y 18 de diciembre de 1678, el monarca firmará un auto a instancia de su hermanastro, en donde se hace especial hincapié en la necesidad de extremar la vigilancia de tales transmisiones patrimoniales, recabando el auxilio de los obispos a los que se ordenará que en adelante observen lo establecido en el Concilio de Trento, y no admitan clérigos de menores salvo si se reconoce "que no intentan aplicarse al ministerio eclesiástico con ánimo de defraudar el fuero secular con sus personas y bienes, y señalándoles tiempo preciso en que hayan de pasar a las órdenes mayores, porque de no ejecutarse así hay muchos que se quedan en ellas, mostrando que en su ánimo no es más de que les sirva este estado de color a sus acciones"[762].

Aquellos autos permitieron a la hacienda castellana intervenir contra los infractores, sancionándose incluso a notables personajes de aquella época, como el regidor de Carmona, don Diego Correa Rosón, ya que la vía del castigo riguroso, incluso a gentes de alto linaje, serviría de escarmiento para frenar conductas análogas[763].

La pérdida de buena moneda y el endeudamiento obligaron a que en 1665 el Gobierno tuviese que efectuar amonedaciones en las que, por decreto, el valor nominar superaba al valor efectivo de la llamada "*moneda de molino*", una moneda falsa que circulaba por aquella época, inequívoca señal de la crisis financiera y monetaria que azotaba a Castilla. En este sentido Henri Kamen nos indica que entre 1660 y 1668 se acuñaría "*moneda de molino*" por valor de 16 millones de ducados, lo que reportaría al Estado ganancias de 9,4 millones[764].

A la vista de dicha crisis económica, el gobierno de Juan José de Austria venía desarrollando una serie de actuaciones con objeto de implantar una importante reforma monetaria. En abril de 1678 se decía que estaba trabajando en ello, y que las monedas de cobre serían pronto retiradas de la circulación, "por estar adulterada y expuesta a que con facilidad se contrahaga"[765].

Un año más tarde, don Juan creaba una Junta de Moneda que el 13 de agosto decidía la devaluación. En noviembre, ya después de la muerte del bastardo, se comenzó a actuar, pasando los puestos de monederos en Castilla a la jurisdicción estatal. En este sentido, sería el 10 de febrero de 1680 cuando se anunciase una drástica reforma monetaria que llevó a término estos trabajos. En una primera fase daría lugar a un terrible caos en el reino, llevando a muchas personas a la ruina. Sin embargo, hay que decir que junto con la devaluación de la moneda de plata efectuada en octubre de 1686, esta drástica y dolorosa reforma sentaría las bases para la estabilización del sistema monetario español y, por consiguiente, para el auge económico que siguió en el siglo XVIII.

---

762 *Nueva Recopilación*, auto IV, tít. I, lib. IV.

763 Sánchez Belén, J.A., *La política fiscal en Castilla durante el reinado de Carlos II*, Madrid, 1996, p. 154.

764 Kamen, H., *La España de Carlos II*, op, cit., pp. 166-170.

765 B.N., mss., 17.482, p. 144.

En Cataluña, en general, y en Barcelona, en particular, cuya economía y moneda tuvieron que pagar caro las consecuencias de la guerra por la independencia, que durase doce años, intervendría políticamente don Juan de Austria a través de dos importantes decisiones: en abril de 1653, cuando era virrey de aquel territorio, se decretaba una devaluación del 75% de su moneda, además de la eliminación de las monedas de cobre para el pequeño tráfico de mercancías. Poco después se publicaba un edicto de los precios máximos que debía respaldar estas medidas. En noviembre de 1654 decretaba una nueva disposición monetaria que reforzaba la primera y que al mismo tiempo reducía el *ardit* a la mitad de su valor. Con dichas medidas se volvía por la fuerza a los valores de antes del estallido de la Guerra de los Segadores[766].

Con ello se demuestra como durante su virreinato en el reino de Aragón, don Juan de Austria ya se mostraba igualmente preocupado por la cuestión monetaria. A diferencia de Cataluña, el reino de Aragón no disponía de un sistema monetario propio, sino que obtenía de tiempo en tiempo privilegios limitados para la acuñación de ciertas cantidades convenidas. Después de que la licencia de 1651 hubiese vencido, en Zaragoza se venía pensando ya, desde el año 1672, en la posibilidad de obtener un nuevo privilegio. En las negociaciones con Madrid sobre dicho asunto, don Juan desempeñaría un destacado protagonismo, primero como virrey del territorio y, luego más tarde, como primer ministro. Gracias a sus intervenciones este reino obtenía en la primavera de 1677 dicho privilegio.

Además, y si todo ello no fuese bastante con problemas que se amontonaban uno encima de otro, vinieron a juntarse en aquellos años de gobierno de don Juan importantes desastres naturales y humanos, y en donde las malas cosechas y las epidemias camparon a sus anchas, afectando la peste a numerosos lugares en aquel decenio que abarca entre 1676 a 1686, y que afectaron a casi toda la Península. En 1677 la carestía afectó tanto a la Monarquía que fue necesario importar grano de la tradicional enemiga del otro lado de los Pirineos.

Haciendo referencia a la primera de aquellas calamidades citadas, las hambrunas derivadas de las malas cosechas habidas en determinados territorios, y en donde aparecía afectando especialmente al territorio del Principado de Cataluña, indicar que a esta catastrófica situación acompañaría otra de manera simultánea: el aumento de los precios. Ante ello don Juan no tendría más remedio que intervenir directamente para contrarrestar aquellas subidas. Veamos todo esto plasmado en el siguiente documento:

> "Que respecto de la corta cosecha que ha habido en este año en aquel Principado es preciso introducir en él casi todas las provisiones de otros reinos, se ha de servir Vuestra Majestad de darles licencia para sacar, conducir y llevar de estos reinos de Castilla, Orán, Cerdeña, Mallorca, Aragón, Valencia, Navarra y Italia 60.000 caiçes, los 30.000 de trigo y los otros 30.000 de cebada, o lo que corresponde a ellos según las medidas de los dichos reinos, pagando los derechos acostumbrados en Orán y

---

766 Sánchez Marcos, F., *Cataluña y el Gobierno central tras la Guerra de los Segadores (1652-1679)*, Barcelona, 1983, pp. 92-95 y 128.

Cerdeña, tan solamente y en las demás partes ha de ser sin pagar derechos de generalidades, peajes, ni otros algunos, ni en Barcelona y su partido por entrada de dichos granos, el derecho que llaman de cops, ni otro género alguno por ser los dichos granos para el servicio de Vuestra Majestad. Para lo cual se ha de servir Vuestra Majestad mandar bajar las órdenes necesarias a los Consejos de Guerra, Cámara y Real de Castilla, Aragón, Italia, para que se les despache las licencias de sacar en cada parte las que pidieren hasta el cumplimiento de los dichos 60.000 caiçes. Y asimismo para poderlos sacar del reino de Murcia y partido de Cartagena. Y que los corregidores y demás ministros obedezcan las órdenes que sobre esto se dieren sin replica alguna. Madrid a 16 de noviembre de 1677"[767].

Con respecto a la segunda de aquellas calamidades, la peste, el profesor Kamen nos informa como en la primavera de 1678 el contagio afectaba ya a Murcia y Valencia, en donde parece ser que se había estacionado en un perímetro que abarcaba las localidades de Cartagena, Murcia, Elche, Orihuela, Tabarra, Cieza, Mula y Totana. Durante el verano de ese mismo año, aparecía otro brote hacia el oeste, ya en tierras andaluzas. En la primavera de 1679 la plaga continuaba en la Andalucía oriental, afectando a ciudades como Málaga y Ronda, de donde pasaría también a afectar, ya en junio, a Granada[768].

Un método siempre seguido para intentar impedir que aquella enfermedad se extinguiese como un reguero de pólvora, consistía en habilitar una especie de cordón sanitario, evitando a toda costa cualquier tipo de contacto con las zonas afectadas, imponiendo fuertes sanciones a los que incumplían aquellas exigencias. Un caso singular lo vemos en el siguiente texto, en donde se informa de un marino que importa ropa de zonas afectadas, y la introduce en tierras peninsulares: "De un cautivo que se halla en Tetuán, se ha tenido aviso que Pedro Mencionel, francés, casado en el Puerto de Santa María, y patrón de un barco luengo, comercia en Alcázar, distante diez y seis leguas de aquella plaza donde se padece contagio. Participo esta noticia al Consejo para que haga investigar quién es este sujeto, que se le dé el castigo que corresponde a delito tan grave, y se aplique el remedio conveniente para que no se introduzcan en estos reinos ropas de partes donde haya epidemia, por los grandes daños que de ello pueden resultar. En Aranjuez, a 11 de Mayo de 1678. Al gobernador del Consejo"[769].

La primera de las tres largas salidas del Rey: las Cortes de 1677 en el reino de Aragón

La conocida delicada salud que padeció el Rey Carlos II a lo largo de toda su vida, le impidió emprender largos viajes. Cuentan las crónicas que, aparte de acercarse a

767 A.H.N., *Consejos*, Leg. 12.585.

768 Kamen, H., *La España de Carlos II*, Madrid, 2005, pp. 64 y ss.

769 A.H.N., *Consejos*, Leg. 12.585.

descansar a localidades cercanas a la villa de Madrid, generalmente a los llamados *Reales Sitios* (Aranjuez, El Escorial, El Pardo...), únicamente realizó tres viajes: dos serían para recibir a sus futuras esposas que procedían del extranjero, y un tercero para asistir a la apertura de las Cortes de Aragón, en 1677, en Zaragoza.

Es por ello que este último monarca de la dinastía Habsburgo en España, tan sólo conocería de primera mano el reino de Aragón, por más que hubiese planes para que su presencia estuviese prevista en otros lugares de la Corona Aragón, en concreto en los territorios de Cataluña o Valencia, en donde juraría los fueros regnícolas a través de apoderados.

Todos los monarcas que habían antecedido a Carlos II, en la dinastía de los Habsburgos españoles, estimaron siempre como asunto necesario el hecho de visitar sus reinos de la Corona de Aragón y realizar, en ellos, la ceremonia solemne de jurar el ordenamiento jurídico de dichos territorios.

Los llamados *fueros* y *observancias* articulaban una serie de normas legales entendidas como leyes fundamentales, las cuales, muchas de ellas al menos, eran concebidas como privilegios; y se originaron como resultado del forcejeo histórico del conjunto de estamentos que formaban aquella comunidad política, por un lado, y del Rey, por el otro. Se trataba de un pacto estructural y explícito entre ambas partes, viniendo a legitimar la tradición y la memoria de dichas leyes o privilegios. Además, y junto a la obligación moral que pesaba desde hacía años en la persona de don Juan de Austria, de recompensar el cariño y apoyo recibido por los regnícolas durante largos años, era un magnífico espejo en donde demostrar que no tenía secuestrado al Rey.

Sin embargo, como acertadamente afirma la profesora Castilla Soto[770] la convocatoria de Cortes para Aragón traería de su mano un enorme agravio comparativo con la ausencia en otros territorios, singularmente en Castilla, pero sin olvidar los casos de Valencia o Cataluña. Para el caso castellano, y según Maravall, se había llegado a la convicción de que venían a constituir un instrumento inútil, además de costoso.

Sin duda alguna, este viaje del Rey Carlos a tierras aragonesas, aparte de la ya histórica obligación que sobre su persona recaía, tiene origen en una embajada de aragoneses que vinieron a la Corte a solicitar la presencia regia en Zaragoza:

> "... vinieron embajadores de Aragón, con consecuencia de que el Rey fuese a jurar sus fueros para poder ejercer jurisdicción en aquel reino. Hablan al Rey representándole sus razones con las cartas de creencia y memoria, pidiendo que se remita al Consejo de Estado..."[771].

El Rey, como no a través de la sugerencia de su hermano Juan José, y atendiendo a las peticiones de los diputados del reino, tras la precedente consulta al Consejo de Aragón, en la primavera de 1677 mandaba convocar las Cortes del Reino, a cuya

[770] Castilla Soto, J., *Don Juan José de Austria: su labor política y militar*, Madrid, 1992, pp. 270 y ss.

[771] A.H.N., *Estado*, Libro 880.

apertura él en persona, acudiría para jurar observar sus fueros y libertades, tal y como nos indican los documentos analizados:

> "...a Aragón. El Rey. Magnífico y amado consejero. He resuelto salir de esta Corte el día 21 de éste para esa ciudad, a jurar los Fueros de ese reino, y convocar Cortes el día 10 de mayo, en Calatatud, de que he querido avisaros, para que lo tengáis entendido, y participéis a los Diputados, Jurados de esa ciudad y demás puestos, dándoles las cartas que escribo en la materia. Y deseando yo tanto, que se excusen gastos en la solemnidad de mi entrada en esa ciudad, les daréis a entender (como también se lo digo) que será esto en lo que más me podrán agradar, pues por esta misma consideración, hago mi viaje tan a la ligera, debiendo aplicarse el caudal en las ocurrencias presentes, a cosas más precisas de mi servicio, y de la defensa de los reinos de esa Corona, como fío lo ejecutarán y que vos lo procuraréis con celo, que tenéis de mi servicio. Dado en Madrid, a 10 de abril de 1677. Yo el Rey"[772].

Detrás de aquella declaración de regias intenciones, estaba presente, como no podía ser de otra forma, la mano de su hermano don Juan de Austria.

Fueron muchas las razones que abrazaba tal empresa. En primer lugar, la presencia del bastardo juntamente con el Rey en aquellas sus queridas tierras de Aragón venía a generar el aplauso general de los regnícolas, los cuales a pesar de los pesares veían en don Juan de Austria un defensor de los fueros e intereses del territorio. Posiciones, desde luego, no radicales como aquellas que se sucedieron en la Cataluña de 1640, pero posiciones forales en todo caso.

Después de todo lo acontecido en tiempos pretéritos, el hecho de ver ahora al Rey Carlos convocar Cortes en Aragón, manifestado además a través de su expuesto interés para "*pasar después a los demás reinos*", cuando se lo permitiesen, eso sí, los muchos trabajos universales de la Monarquía, provocaba en las gentes de aquella Corona un interés generalizado.

Se pensaba, una vez más, que había llegado el momento tan ansiado de aquella anhelada la armonía entre el absolutismo regio y el foralismo de los reinos periféricos, en donde del sangriento enfrentamiento de la revuelta catalana de épocas pretéritas se pasaba ahora a una etapa de encuentro basada en el diálogo y el consenso.

Don Juan de Austria, acompañando al Rey Carlos II en la jornada aragonesa, parecía lanzar este mensaje: la Corona Hispánica entendía las necesidades constitucionales y buscaba los medios, abandonados o perdidos, para insertarlas en el espacio de la soberanía. En eso tal vez, y no en otra cosa, consistió el neoforalismo de don Juan[773]. Además, desde tiempos de Felipe IV, y en concreto desde 1646, no se habían celebrado Cortes en el territorio aragonés.

---

[772] Fabro Bremudán, F., *Viaje del Rey nuestro señor don carlos II, al reino de Aragón. Entrada de su majestad en Zaragoza, juramento solemne de los fueros, y principio de las Cortes Generales del mismo reino, el año 1677*, p. 3.

[773] El concepto de "*neoforalismo*", término empleado para definir una "*reactivación política*" de los territorios de la Corona de Aragón, en relación con las instituciones principales de la monarquía, ha sido

Con todo, la "*Jornada de Aragón*", que se desarrollaría a lo largo de los meses de abril a junio de 1677, vino a configurarse como uno de los más significativos aciertos políticos de cuantos tuviese a don Juan de Austria a lo largo de su gobierno, y en el que sin lugar a dudas conseguiría cimentar las relaciones entre la Corte y los territorios periféricos. Mientras, en Madrid, comenzaba el descontento y las críticas hacia su persona. Detrás estaban sus enemigos políticos, muchos de ellos circundando o asentados en la ciudad de Toledo, con la Reina Mariana de Austria a la cabeza.

Quedaba el gobierno de Madrid confiado al Cardenal de Aragón, al presidente de Castilla, al duque de Alba y al conde de Medellín. El viaje hacia tierras aragonesas vino a servir, también, para que Carlos II conociera de primera mano a aquellos súbditos no cortesanos. En su trayecto visitaría los palacios de algunos grandes señores, como el de Guadalajara, perteneciente al Infantado; pernoctó en las casas consistoriales de muchas localidades; le agasajaron los diputados de diversas jurisdicciones, visitó iglesias, conventos y monasterios. Un largo viaje en el que gozaría de su afición a los toros, de los ejercicios de equitación y de su pasión por el ritual de las ceremonias religiosas[774].

Nada mejor que seguir a Fabro Bremudán, en su obra *Viaje del Rey nuestro señor don Carlos II…*, quién nos comentará día a día los lugares y paradas que realizara aquella regia comitiva, además de los fastuosos recibimientos que el rey y sus acompañantes iban recibiendo de sus súbditos castellanos y aragoneses, tanto en el viaje de ida a tierras del Reino de Aragón, como en el de vuelta, sin olvidar un cambio de última hora como fue el trasladar la reunión, inicialmente prevista para la localidad de Calatayud, a la de Zaragoza. Así las cosas, y convencido de la fiabilidad de este autor, seguiremos su obra a la hora de narrar aquel itinerario que llevase al Rey Carlos a la capital del Ebro, así como para informar del regreso a Madrid.

Narra Fabro como el día 21 de abril, según lo determinado (quedando ajustadas las jornadas en 9 de camino y una de descanso en las 50 leguas que hay de Madrid a Zaragoza) partió la comitiva de Su Majestad, a las 10 de la mañana por la puerta de palacio, aquella que era conocida como la de *la Priora*, a fin de evitar el concurso popular, aunque no es menos cierto que una masa significativa de súbditos les acompañarían los primeros kilómetros de viaje "… a gran parte de ellos llevó su afecto hasta Alcalá y Guadalajara, y algunos más adelante mientras remplazaba a los que volvían atrás, la multitud de los lugares de a cuatro y más leguas distantes de la marcha, despoblándolos a todos su amorosa curiosidad".

---

relativizado en los últimos años a la luz de ciertas investigaciones, entre las cuales podríamos citar las siguientes: Sánchez Marcos, F., *Cataluña y el gobierno central...*, op. cit; Molas Ribalta, P., *La Monarquía española: siglos XVI-XVIII*. Historia 16, Madrid, 1990; Álvarez-Osorio, A., "Neoforalismo y Nueva Planta. El gobierno provincial de la Monarquía de Carlos II en Europa", etc.

774 Vid. Fabro Bremudán, F., *Viage del Rey Nuestro Señor Don Carlos II al Reyno de Aragón. Entrada de Su Majestad en Zaragoza, juramento de los Fueros y principio de las Cortes Generales del mismo reino, el año 1677.*

El fervor popular haría que en los campos y caminos que la comitiva iba recorriendo todo fuesen bailes, músicas, voces, aplausos y bendiciones, como expresión del gozo que aquellas gentes experimentaban. Todo aquello era visto por el joven Rey Carlos con semblante benigno y agradable, "de que tan pródigamente le dotó el Cielo", causando admiración y consuelo, en retorno de aquellos tributos de veneración. En este ambiente de felicidad para todos se daría por terminada la primera de las jornadas, cuando se entró en la ciudad complutense, habiéndose calculado la marcha, para llegar a las tres de la tarde. Allí, en la ciudad que viese nacer al inmortal Miguel de Cervantes, los festejos preparados para agasajar al Rey y a cuantos le acompañaban, fueron de lo más vistosos, y en donde la corrida de varios toros tuvo un papel central.

Aquel mismo día se ordenaba que todos los que formaban el cortejo regio, nada más amanecer el día siguiente deberían estar preparados para continuar la marcha. Esa demanda regia fue cumplida con exactitud, aunque antes todavía partirían aquellos oficiales, a quienes tocaba dar el aviso correspondiente a los de Guadalajara, siguiente parada, para que tuviesen todo preparado para la pronta llegada del Rey.

Desde Guadalajara partió Su Majestad a las tres de la tarde, dirigiéndose a la villa de Torija[775], a unas cuatro leguas de camino, que en gran parte se hizo con el sol por una frondosa vega, en cuyos espesos árboles parecían haberse congregado de propósito los ruiseñores de más de una región.

Desde Torija pasó a comer a Grajanejos, y a dormir a Torremocha, "villa más capaz para el alojamiento, que aun se pudo desahogar, pasando parte de la gente, carruaje y acemilería a una pequeña aldea distante cuarto de legua". De allí, el día veinte y cuatro, se prosiguió a hacer mediodía en la villa de Alcolea, y noche en Maranchón[776].

El día veinticinco se llegaba, pasando por Tartanedo, a Tortuela, villa que reunía todo lo necesario para poder alojar al Rey y cuantos le acompañaban, "cuyo pueblo se esmeró mucho en festejar su buena dicha con bailes y otras demostraciones tan aceptas como proporcionadas a su posibilidad". Sobre los tres primeros días de viaje, resume Fabro que "no habiéndose ofrecido cosa particular, que la diferencie, más

---

775 La localidad de Torija fue siempre de historia larga y densa, y ello quizá se deba a su situación privilegiada como cruce de caminos y tránsito natural cómodo hacia Aragón, ha hecho que desde tiempos inmemoriales se presuma la presencia del hombre en su entorno. Con todo, su valor estratégico, al final de un amplio valle, hizo que desde muy tempranas fechas se construyera una atalaya de vigilancia alrededor de la cual se levantaron, una a una, el resto de las edificaciones del municipio. Es por ello que la historia de esta localidad corra pareja a la de su castillo, que en su actual planta data del siglo XV y fue obra de la familia Mendoza. Posee tres cubos cilíndricos y una esbelta torre del Homenaje, donde en tiempos se alojaron los señores del castillo. Pasando a su interior, encontramos un patio de armas que tuvo un pozo con agua en el centro. Dejó de ser habitada a finales del siglo XVI y sólo en ocasiones excepcionales fue usada durante el XVI para albergar a los reyes Carlos V o Felipe II, y a visitantes ilustres.

776 La localidad de Maranchón perteneció, desde ya tiempos de la Reconquista, al Común de Villa y Tierra de Medinaceli, y desde el siglo XV, estuvo bajo el señorío de los duques de Medinaceli.

que el haber Su Majestad mudándose tal vez del coche a caballo, y aun andando algo a pié, porque en todas maneras se conociese el gusto que le llevaba a una función de tan de su real dignidad".

Apareció la primera incidencia del viaje en forma de cierta calentura, que sobrevino al Condestable en la localidad de Torremocha, "obligándole a sangrarle prontamente". Ante tal situación, y para que pudiese ser atendido con las garantías suficientes, fue llevado a Sigüenza hasta que sanara de sus males. Cuando vino a recuperar su buen estado, inmediatamente, marchó al encuentro del Rey, llegando a Zaragoza antes de que la comitiva volviese de la ciudad del Ebro rumbo a Madrid.

Estando el Rey en Tortuela, llegó a su presencia el corregidor del Señorío de Molina, con tres diputados de la villa, "...asimismo, por ser la penúltima villa de Castilla, hubo afluencia de naturales, mayor que en otra alguna del camino de los tres días antecedentes...".

Desde allí partió el Rey, entre las seis y las siete de la mañana del día veintiséis, llegando en poco más de una hora de camino a vislumbrar ya las tierras del reino de Aragón, "...en campos muy dilatados, que la vista sin embarazo de árboles o desigualdades del terreno, corría dos leguas largas, hasta rematar la perspectiva (más grata y alegre con la serenidad del día) en unas colinas todas vestidas y coronadas de altas y fructíferas plantas...".

Nada más entrar en aquellas tierras aragonesas, y parando el coche Su Majestad, acudieron a su presencia el regente don Gregorio Xulve, acompañado por los oidores, don Jerónimo Marta y don Bartolomé Pérez de Nueros, deseosos de ser los primeros en tener la honra de besar su real mano.

Tras hacerse efectivo aquel trámite protocolario, emprenderían nuevamente su camino el Rey y los demás que formaban su comitiva, además de aquellos que les habían esperado en la *raya de Aragón*, juntamente con "los ministros de la ciudad y comunidad de Daroca, tomando el más breve sobre la mano derecha... de vuelta a sus casas, a anunciar el gozo de que iban llenos".

Prosigue su narración Fabro, indicando que "Llegó Su Majestad de Used, a las diez de la mañana, donde los naturales desmintiendo generosamente el concepto de aldea, en la celebración de su buena dicha, se compitieron con las mejores villas, en todo linaje de prevenciones, así para ostentación de su alborozo, como de la fertilidad de la tierra... para abreviar la ponderación, es Used el primer lugar de la Comunidad de Daroca, lo mismo que decir de una arcadia llena de cuanto la naturaleza más benigna puede producir". Pero también destacaba en aquel lugar su iglesia parroquial de San Pedro y San Pablo, de estilo gótico levantino, que fuese levantada en el siglo XVI, además de su ayuntamiento o algunos palacios.

Desde esta localidad aragonesa había una distancia de dos leguas hasta el siguiente destino, Daroca[777], pero "la una vale por dos, en el rodeo forzoso a los coches, y en lo

[777] Muchas veces había estado ya don Juan de Austria en esta localidad zaragozana, fundamentalmente en aquella época de destierro dorado en tierras de Aragón, alojándose en la llamada "*Casa del Archiduque*", también conocida como "*Casa de los Luna*".

agrio del puerto, por donde se baja a la ciudad... partió, pues, Su Majestad de Used a Daroca a las dos de la tarde...". Al día siguiente, que en la cronología del viaje aparecía señalado como de descanso, hizo por la mañana la ciudad su presente a Su Majestad, compuesto de los dulces más exquisitos que se pudieron hallar, además de otras suntuosas viandas "proporcionadas a la misma atención, que don Pedro Pérez Lop, Jurado y regidor Mayor, puso a sus reales pies...". Esa misma mañana fue el Rey, juntamente con don Juan y otros de su Corte, a visitar la colegial de Santa María, lugar en donde se conservan –aun en la actualidad– unos santos corporales, en donde se observan en el mismo seis formas consagradas bañadas en sangre, que la tradición adjudica a Jesucristo.

La mañana después, nuevamente, se volvía a madrugar para continuar la marcha hacia el lugar de celebración de aquellas Cortes. Así, sobre las 7 salían de Daroca, por la famosa cava, que en esta ocasión sirvió de arco.

A medio día se llegaba a Mainar, "donde la providencia de los que corrían con el cuidado de los víveres, suplió copiosamente lo poco que podía prestar la villa, corta para tanta multitud, aunque no desigual a otras en voluntad, y ánimo, con que llevó su afectuoso desempeño más allá de sus fuerzas". Resulta curioso que aquella escasez de víveres que poseía esta localidad estaba en seria disputa con su glorioso pasado, y el magnífico entramado urbano que todavía hoy le caracteriza, y en donde destaca su hermosa torre mudéjar, en cuyo interior se custodian retablos y tallas de los siglos XV al XVIII.

Sigue contándonos Fabro, como la marcha de esta localidad se hizo pronto, "por excusar al carruaje el cansancio de la prisa, midiendo con tiempo y a espacio, buena parte del camino algo trabajoso, hasta vencer la cuesta que baja a Cariñena, si bien (como en todo lo demás dependiente de la Comunidad de Daroca) se halló muy diferente de lo que se había recelado... para llegar con el Sol al cuartel, y gozar de el lúcido recibimiento que aquella noble villa previno a Su Majestad, y a por sí una de las ciudades más populosas...". Aquella misma noche hubo en la plaza de aquella localidad una vistosa corrida de toros, de los que en aquella época llamaban en Aragón *encabillados*, que parece ser encantaron al Rey Carlos.

El día veintinueve, entre las seis y las siete de la mañana, continuó la marcha desde aquella localidad de Cariñena hacia Muel, que se encontraba a cuatro leguas de buen camino, llegando sobre las once de la mañana a su destino. Sobre la importancia de la misma dice el cronista que

> "si no es de las mayores del reino, llena está de desigualdad, con las otras dotes naturales de su situación, en la orilla del río Huerva, que enriquece a todo lo que bañan sus aguas. Por esto bien codiciadas, pues llega tan desvalijado al Ebro, junto a Zaragoza, que de verano apenas le queda un corto manantial, con que tributar a aquel Rey de los ríos de Aragón...".

Poco después, sobre la una de la tarde se prosiguió el viaje otras tres leguas en dirección a Santa Fe, "monasterio insigne de la orden del Cister, costeando por la orilla izquierda a la huerta, que en la otra, ofrece a los pasajeros una continua perspectiva de árboles, viñas, campos, y colinas, interpoladas de diferentes lugares, dotados de las mismas ventajas, que Muel, como de el río que las reparte...".

Resulta curioso observar como a la hora de planificar el viaje en Madrid no se había contemplado la idea de que pudiese la comitiva pernoctar en aquel lugar. Sin embargo, "habiéndoselo el aposentador significado así en Muel, a los que acudieron por esta noticia, no solamente no cuidaron los monjes de prevención, que correspondiese al soberano hospedaje, sino que el abad don Fray Martín del Corredor, desahuciado de esta honra, ejecutó con algunos vocales su viaje al Capítulo Provincial, convocado en la Real Abadía de Rueda, para primero de mayo. Sin embargo, luego que llegó al padre don Fray Josef Vicente (que en ausencia del abad ejercía sus veces) el aviso de haberse mudado la primera disposición, se dio tan buena maña, en sólo doce horas, que no faltó cosa a lo preciso, y bastante para la ocasión, de suerte que el aposentador, seis horas antes, que llegase el Rey, halló celdas capaces y decentemente alhajadas para Su Majestad, y el señor don Juan, con la circunstancia de estar enfrente una de la otra, que hizo presentir al cuarto abadial, que no prestaba la misma comodidad para aposentar a Su Alteza tan inmediato a Su Majestad...".

Sobre las ocho de la mañana del treinta de abril se partía de Santa Fe para cubrir las dos leguas de distancia que restaban hasta Zaragoza, cuya vista, según se fue descubriendo a poco menos de medio camino, prendó en sumo agrado a los que hasta ese momento nunca la habían contemplado, "sin que nada embarazase la pomposa perspectiva de sus encumbradas torres, templos, y otros suntuosos edificios, que por lo largo explaya su dilatada población".

El cronista, quizá pecando de fervor hacia todo aquello que les acontecía, indica que ante la llegada del Rey la ciudad prácticamente había quedado despoblada, al estar impacientes de poder ver al monarca y a los que con él marchaban rumbo a aquella ciudad, "saliendo los más a costear casi desde Santa Fe, el camino que llevaba Su Majestad al palacio de la Alfajería", donde puso pie a tierra, siendo aproximadamente las nueve y media de la mañana, junto a la escalera principal. Allí se encontraban los inquisidores con el propósito de recibirle, juntamente con lo más selecto de la Corte, además de numerosos nobles aragoneses, que querían participar en aquella demostración de fidelidad que hacía mérito el Santo Tribunal. Poco después "subieron los inquisidores, sirviendo a Su Majestad, hasta dentro de su cuarto, y le asistieron todo el tiempo, que le tuvieron en su casa, con la mayor asiduidad día y noche, de la cual también participó el señor don Juan...".

Más tarde, "llegada la hora prescrita a la ciudad, subió el Rey al salón dorado (amplísimo para la insigne ceremonia, muchas veces celebrada en él, donde casi inmediatamente acudieron el Zalmedina[778] (corregidor o juez ordinario, según la sig-

[778] Históricamente, en el Aragón musulmán, el oficial que realizaba funciones de "jefe de la ciudad" era llamado *sahib al-madina*, y contaba con atribuciones administrativas, defensa del orden público y cometidos judiciales, en que coincide con el zabalzorta. Sus funciones e intitulación vienen a corresponder con el conocido en el mundo romano y luego visigodo "comes civitatis", que luego más tarde pasará, ahora con el nombre de *zalmedina*, al municipio cristiano de Aragón.

nificación de aquella voz arábiga) y los cinco jurados o regidores, ocupando aquella primera dignidad (anual como las demás del gobierno de la ciudad) don Joseph Ejea, y Tornamira; la de Jurado en Cap, o primer jurado, don Ignacio Garcés; Jurado segundo, don Juan Francisco del Río; tercero, don Alejandro Talayero; cuarto, el doctor don Lamberto Vidaña; y quinto, don Bernardo Sarasa. Todos (menos el Zalmedina) con Gramallas, género de vestidura larga, y colorada, de seda, que imita al Lato Clavo de los antiguos senadores romanos, o menos ligera, según la razón, pero en ésta fue de riquísimo brocato de oro...".

Tras ello, y como si de un besamanos se tratara, fueron acercándose al monarca los más significados cargos y personajes del reino de Aragón, tal y como señala Fabro:

"El gobernador de Aragón, con los tribunales vienen a prestar el debido obsequio a Su Majestad...

El Arzobispo y cabildo metropolitano hacen la misma función...

La asamblea de la religión de San Juan acude a prestar el propio obsequio...". Aquella misma noche acudiría el Rey, sin otra compañía que la de su hermano don Juan, el duque de Medinaceli y el conde de Talara, a depositarlos a los pies de la Virgen del Pilar.

El día siguiente, primero de mayo, fue un día radiante, muy hermoso y sereno, "y mientras se vestía y adornaba de toda su luz, como convidado a apadrinar la solemnidad de la primera entrada pública de el Rey, en su ciudad de Zaragoza, también Su Majestad previniéndose para ello". Para hacer frente a la repleta agenda que tenía por delante, se levantó pronto el monarca, a eso de las siete. Más tarde, sobre las nueve se fue a oír, desde la tribuna de la iglesia de San Martín, para más tarde la reliquia del Santo Mártir Inquisidor. Don Juan, con una agenda todavía más repleta, había hecho lo propio más temprano en la misma iglesia[779].

Una vez recibida nuevamente la Santa Misa, subió el Rey a un rico tablado que se había dispuesto, al efecto de que el monarca jurase los Fueros de Aragón. Allí, sentado en su real trono, se dio al duque de Híjar el estoque desnudo que puso entre las dos piernas, la punta en la almohada, que tenía a sus reales pies. Al mismo tiempo, que lo hacía Su Majestad fueron subiendo, por la mano derecha el Gobernador de Aragón y los jurados de Zaragoza, mientras que por la izquierda lo hacían el Justicia de Aragón y los diputados. También subieron otros personajes, que según Fabro "aquí no se hace individual mención, por no haber sido disposición de Su Majestad, ni estilo admitido el que interviniesen, porque el puesto que ocuparon al lado derecho del Rey, solo tocaba al duque de Híjar por Camarlengo".

En aquel lugar se acomodaron en una hilera, cada uno por su orden los diputados, y al costado izquierdo los jurados, unos y otros en pie, y descubiertos. A esta sazón, don Jerónimo de Villanueva Fernández de Heredia, marqués de Villalba, del Consejo de Su

---

[779] Fabro Bremudán, F., *Viaje del Rey nuestro señor don Carlos II al reino de Aragón. Entrada de Su Majestad en Zaragoza, juramento solemne de los Fueros, y principio de las Cortes Generales del mismo reino*, el año 1677, pp. 14 y ss.

Majestad, y su Protonotario de los reinos de la Corona de Aragón, leyó el juramento en voz alta, e inteligible, y, nada más acabar aquella lectura, "volvió Su Majestad el estoque al duque de Híjar, y se arrodilló en un sitial, puesto delante del trono, tocando el misal, y la gran cruz de oro de la Seo, dedicada a este ministerio, y el Justicia de Aragón en pie, aunque inclinado para tener el misal de la mano, dijo al Rey: ¿Así lo jura Vuestra Majestad? A que respondió en voz alta: así lo juro"[780].

Acto seguido, y respondiendo a sus obligaciones derivadas del cargo que ostentaban, el Protonotario de Aragón pidió licencia para hacer el correspondiente auto certificando el juramento, como también hizo lo propio don Juan Lorenzo Sanz, notario que era de las Cortes, para que de ello constase al reino. Tras ello, el 2 de mayo, los diputados se acercaron a dar las gracias por haber jurado los fueros, protocolo que también cumpliría un día después el cabildo metropolitano, además de los jurados, capítulo y concejo, como asimismo la asamblea de la religión de San Juan.

Pero en este momento se va a producir un importante cambio en cuanto a la reunión de Cortes. Sobre ello nos relata Fabro que "habiéndose (como queda dicho a su lugar) intimado de orden del Rey, las Cortes, en Calatayud, y comenzado ya muchos de los convocados a obedecer su real mandado, sin embargo, atendiendo Su Majestad a las representaciones de Zaragoza y otros tribunales, apenas llegado, mudó la primera disposición en congregarlas, en esta última ciudad, cometiendo al doctor don Antonio Blanco, de la Audiencia Civil, fuese a Catalayud a hacer la prorrogación, y por hallarse el Justicia de Aragón algo indispuesto, nombró para lo mismo a don Miguel Mateo, lugarteniente decano de su Corte, los cuales a diez de mayo cumplieron la diligencia en Calatayud, publicando un edicto, inserto en la comisión, fijando en los parajes acostumbrados de la ciudad, en que se publicaba de orden de Su Majestad, la prorrogación (o traslación) de las Cortes, y su continuación en Zaragoza, para el día catorce del mismo mes de mayo".

Sobre aquella novedad con respecto al lugar último de celebración de aquella reunión de Cortes, continua Fabro indicando que "habiéndose hecho un tratado, con trono en la Iglesia Colegial de el Santo Sepulcro de Calatayud, según el Rey lo tenía señalado en la comisión, fue el doctor don Antonio Blanco, a aquella iglesia, y subiendo al tablado, con el notario de las Cortes, se leyó la real comisión que prevenía y autorizaba la prorrogación…".

Resulta curioso que, a diferencia a como ocurre en la actualidad, las reuniones de los representantes poseen edificios permanentes, ya se trate de Congreso, Senado o parlamentos de las distintas comunidades autónomas de España, en aquellas históricas fechas las reuniones de Cortes venían a celebrarse en iglesias, catedrales, u otras

[780] En relación a la presencia –e importancia– del Justicia de Aragón en aquellas Cortes de 1677, indicar que durante siglos fue el encargado de presidir las Cortes de Aragón en ausencia del Rey, tomó juramento a todos los Reyes del territorio en la Catedral de La Seo de Zaragoza, además de desempeñar las funciones de un Magistrado y asumió la interpretación del Derecho Aragonés. Con todo, su función más significativa y prestigiosa consistía en recordar a quien gobernaba que las leyes debían ser cumplidas por todos, incluyéndose a aquel que las promulgaba. La fórmula que empleaba a la hora de tomar el juramento de los Reyes de Aragón decía: "*Te hacemos Rey si cumples nuestros Fueros y los haces cumplir, si no, no*".

sedes que en un momento dado eran designadas para ese acto, de manera más o menos puntual. De este modo, consecuencia de la determinación, de que la reunión de Cortes se celebrara en la capital del Ebro, se dispuso en la sala de San Jorge de la Diputación de Zaragoza, "un rico trono, para el día catorce de mayo... y después de sentado Su Majestad en la silla, se lo entregó del modo propio, que en la función antecedente del juramento...".

Allí, sentados, cubiertos y atentos, los procuradores que habían acudido en representación de los cuatro brazos que tenían cabida en toda celebración de Cortes en el Reino de Aragón, leyó el Protonotario la siguiente propuesta regia: "La obligación en que la Majestad Divina fue servido constituirme, y el cordial amor, que os tengo, han movido mi real ánimo a venir a favoreceros, con mi presencia, y daros el consuelo que tanto habéis solicitado, y esto entre los gravísimos negocios que ocurren en lo dilatado de mi monarquía, que para su expedición requieren mi precisa asistencia en la Corte, posponiéndolos todos, para que experimentéis los efectos de mi gratitud, que tan merecidos tienen la lealtad y fineza, que en todas ocasiones habioseis mostrado, en servicio de mis gloriosos progenitores, y mío, con tan reiteradas demostraciones, que tengo y tendré siempre presentes para cuanto fuere del mayor lustre y aumentos de vasallos tan beneméritos de mi real gracia. Esta misma propensión que os tengo y el reconocimiento que me asiste han motivado a procurar vuestra defensa, paz y quietud, ocurriendo con todas las fuerzas de mi corona a las insinuaciones de Cataluña y demás dominios, sin límites de gastos, y tan crecidos empeños de mi Real Hacienda, con segura confianza de que, con la fidelidad y valor que residen en vuestros pechos, puedo oponerme al mayor poder, y aun restaurarlo separado de mi corona".

Continuaría el Monarca indicando que: "Deseando, también, acreditar estas atenciones con oficios de padre, mirando por vuestra conservación y vuestras conveniencias, y como Rey y señor por la administración de la justicia, fundamento el más sólido y eficaz para la estabilidad de los reinos, mediante los fueros y leyes que se establecen en Cortes. Imitando lo que mis reales ascendientes usaron con tanta frecuencia, he resuelto celebrar estas, para que en ellas según dictare la razón, y la pública utilidad necesitare, los fueros, y leyes ya hechas, se confirmen, moderen, corrijan, o deroguen, y lo que no estuviere prevenido, y el curso del tiempo ha mostrado que conviene estatuir de nuevo, rehaga para el mayor bien y conservación de este reino, paz y quietud de vasallos, que tanto estimo. Y siendo estas las consideraciones, y motivos, que me han obligado a juntar estas Cortes, y el que en ellas me prestéis el juramento acostumbrado. Espero que como mis deseos van dirigidos al mayor acierto, ayudaréis por vuestra parte, al mismo fin.

Y porque la ocasión presente, y tiempo de tantos movimientos insta más pronta la resolución que en otros, os encargo mucho que procuréis la brevedad en todas las materias, que se trataren, aunque con la premeditación que requieren. Lo cual confío conseguir por lo mucho que atendéis a todo lo que es de mi mayor agrado y servicio".

Una vez leída esta declaración de intenciones del monarca, dijo el abogado fiscal: "que habiéndose convocado legítimamente las Cortes, para el día catorce de Mayo, en aquella ciudad, y no habiendo venido a ellas los que habían sido llamados, pedía al Justicia de Aragón, que como juez de las Cortes les declarase la contumacia, y se procediese con los que habían acudido, a todo lo que fuese necesario, hasta el último término, y fin de ellas...".

Tras ello, el Rey propuso como presidente de aquella reunión de Cortes a don Pedro de Aragón, declarando su real ánimo en los términos siguientes: "Habiendo entendido, por don Juan mi hermano, el estado de este reino, y que se había tenido diferentes Juntas, para acudir a su reparo, poniendo buena orden en los comercios, cuyo grave perjuicio no sólo influye en él, sino que trasciende a los demás de mi monarquía, y que no se podrá atajar y remediar si no es con mi real intervención y concurrencia de las Cortes...".

Acto seguido, vino a designar como *Tratadores de las Cortes*, al Regente, don Gregorio Xulbe; al Gobernador de Aragón, a Martín Francisco Climente; Regente de la Real Chancillería; y a don Jerónimo Marta y Mendoza, de su Consejo Civil. Más tarde, "habiendo Su Majestad mandado precediese el regente Xulbe al Gobernador en la Junta, se ejecutó así, no obstante haber protestado el Gobernador, con deseo de representar las razones que suponía le asistían, para preceder a los ministros del Consejo Supremo, aun cuando no presidiese en la Real Audiencia...[781].

Como decimos, aquellas Cortes de Aragón darían comienzo el 10 de mayo de 1677 en el salón de San Jorge, de las casas de la Diputación de la capital del Ebro, siendo presididas como así había propuesto el Rey Carlos por don Pedro de Aragón, el vicecanciller del Consejo, gentilhombre de la cámara, noble con decenas de títulos y, como presumía, nieto "del Rey don Fernando el Primero de Aragón", en la sexta generación de descendientes. Un día antes, y en la ceremonia más solemne, Carlos II había jurado los fueros de Aragón en la catedral de la Seo de Zaragoza.

Dicen las crónicas que "... tocando con su mano diestra el misal y la cruz de oro grande de la Seo, leyó el Protonotario de Aragón la fórmula breve de respeto a los fueros; y preguntó el Justicia de Aragón al monarca: "¿así lo jura Vuestra Majestad?". A ello el Rey Carlos indicó que, "¡Así lo juro! –contestó el Rey en voz alta–"[782].

Durante nueve meses dichas Cortes permanecieron abiertas constituyendo las mismas una magnífica ocasión para que el conjunto de las instituciones aragonesas expresaran sus iniciativas y demandas. En esta reunión de Cortes, a diferencia del brazo nobiliario, los caballeros y las ciudades mostraron su preocupación por la agresividad comercial de los mercaderes galos, hasta el punto de formular para su aprobación un programa que tenía como punto de inicio la prohibición de la importación de productos franceses. Además, otras medidas planteadas serían la inhabilitación para el trabajo a

---

781 Fabro Bremudán, F., *Viaje del Rey nuestro señor don Carlos II al reino de Aragón. Entrada de Su Majestad en Zaragoza, juramento solemne de los Fueros, y principio de las Cortes Generales del mismo reino*, el año 1677, pp. 14 y ss.

782 Maura, G., *Carlos II y su Corte...*, op., cit., p. 376.

todas aquellas personas originarias del país vecino. Todas estas medidas planteadas, que venían a demostrar, eso sí, la repulsa hacia los galos, no darían los resultados económicos esperados, pero pondrían de manifiesto el gran predicamento que tenían entre los productores textiles y de otras manufacturas, los programas mercantilistas[783].

Y es que en aquellas Cortes se trató directamente, también, el tema de la inmigración de más allá de los Pirineos, que tantos problemas producían en muchos lugares de España. Resulta curioso indicar como a lo largo del siglo XVII la población procedente del norte de Europa, que se hallara asentada en los territorios de la península Ibérica, vino a representar el principal contingente de inmigrantes. Éstos constituían tradicionalmente lo que podíamos denominar una auténtica masa proletaria, generalmente desprovistos de cualificación para el trabajo venían a ocupar los puestos laborales más ínfimos, aunque también encontramos a un buen número de artistas y de mercaderes italianos. En ciudades como Barcelona, Valencia, Sevilla, o Cádiz se asentarían numerosos comerciantes galos con notoria facilidad, a pesar de que la mayoría de los procedentes de Francia lo hacían huyendo de la miseria o las guerras religiosas. El apogeo de la inmigración viene a situarse en los años 1580-1600, representando hacia finales del siglo XVI el 20% de la población catalana. Igualmente fueron muy numerosos en Aragón y en Valencia. A partir del siglo XVII dicha inmigración gala vino a orientarse hacia el territorio castellano, y no ya preferentemente hacia el aragonés, como había venido siendo hasta entonces habitual.

Hacia 1640 las condiciones, hasta entonces apetecibles, que fomentaban dicha inmigración comienzan a diluirse. Muchos de ellos eran sospechosos de herejía, fundamentalmente si procedían del la zona de Verán o del Languedoc. Por otro lado, los salarios comienzan a ser pagados en moneda de cobre, sin valor en Francia.

En otro orden de cosas, en aquellas Cortes Aragonesas el Rey obtenía de dicho territorio la dotación de 750 infantes que deberían emplearse en la defensa de la frontera de Cataluña, zona de la Monarquía en donde la presión militar del monarca Francés Luis XIV se hacía sentir en aquellos años con mayor virulencia.

La presencia de Carlos II y de su hermano y primer ministro, don Juan de Austria, parece claro que no deberían haber terminado en tierras del reino de Aragón, sino que dicho viaje debería haber continuado, luego, por Cataluña y Valencia, como en páginas siguientes veremos más ampliamente, puesto que el compromiso y lazos que unían a Juan José de Austria con dichos territorios periféricos era notable, aparte del debido agradecimiento por el apoyo que habían prestado hacia su causa a lo largo de muchos años. En este sentido, aún se encontraba el monarca en Zaragoza cuando se presentó ante él una delegación catalana, al frente de la cual se encontraba un tal José de Pinós, en la cual solicitaba la presencia regia en Barcelona, tal y como nos relatan los textos: "La ciudad de Barcelona y el Principado de Cataluña enviaron embajadores pidiendo que pasase Su Majestad para favorecerlos, y buscase representación que no halló lugar. Mandaba las armas en Cataluña el Príncipe de Parma, y en la jornada de vuelta a Madrid hizo seguir a la caballería, detrás del séquito real. Enviaron al Conde

783 Kamen, H., *La España de…*, op. cit., pp. 548-556.

de Monterrey y lo acompañó José de Pinos. Al pasar por Zaragoza se les unió un tercio de Navarra y otro de la ciudad de Zaragoza"[784]. Joseph Galceràn de Pinós era uno de los más fervientes partidarios barceloneses de don Juan de Austria, tanto en la época de exilio en tierras catalanas, como ahora en 1677, el cual residía en ese momento en Zaragoza.

Cuenta Sánchez Marcos, que el 15 de mayo se venía a leer en el Consejo de Ciento una carta de Pinós, en la que se indicaba que había entregado al rey Carlos aquel memorial de Barcelona, relatando cómo había instado a don Juan a que su hermano el rey viniese a Barcelona, así como las respuestas dilatorias del mismo, en donde indicaba que en ese momento era imposible, puesto que era urgente volver a la Corte, pero que iría a Barcelona para el mes de octubre. El Consejo, con la intención de conseguir aquella visita regia, encargó rápidamente a Pinós que prosiguira sus gestiones hasta conseguir su objetivo, incluso si para ello era necesario viajar a Madrid. Sin embargo, en lugar de ello, marcharía a Barcelona. Allí, ante el Consejo de Ciento indicaría en una sesión celebrada el 28 de mayo que tenía esperanzas de que aquella regia visita viniese a efectuarse "por la primavera del invierno".

Así las cosas, y aunque la reunión de Cortes continuaría ahora sin la presencia regia, al término de dichas fructíferas jornadas en Zaragoza, y ante el temor fundado de posibles altercados en Madrid, el joven Carlos II y su hermano don Juan de Austria regresaban a la Corte, ya iniciado el verano "con igual concurso de gentes y no menos fervorosas muestras de amor que a la llegada".

Y así se operaría, ya que el día 2 de junio, a las cinco de la mañana, acudieron todos los ministros reales a la antecámara del Rey, para irle sirviendo hasta ponerse en la carroza. Al conocerse de que al mismo punto de su llegada bajaba el Rey al jardín, con la intención de salir por la puerta pequeña que mira al Ebro, encaminándose a la Santa Iglesia de Nuestra Señora del Pilar, fueron todos a esperarle en ella, "concurriendo a lo propio los jurados con sus gramallas, y los demás pertenecientes a su más decorosa representación...".

Momentos más tarde, con todos aquellos que le acompañaban, además de su propia Corte, juntamente con el cabildo pleno de la Iglesia Metropolitana, salió a la orilla de Ebro, donde se puso en su carroza con la ya declarada intención de iniciar el camino de regreso hacia Madrid. Los allí congregados se contaban por cientos, "que con lágrimas de amor y aclamaciones afectuosas, pagó por entonces a su real presencia los últimos tributos de veneración".

Así las cosas la comitiva regia se pondrían finalmente en marcha hacia Madrid. El tiempo de aquel verano era hermoso y templado, y les acompañaría hasta la localidad de Alagón, villa cinco leguas distante de Zaragoza, a donde se llegaría en 4 horas.

Al día siguiente, tres de junio, por la mañana, se madrugo un poco más para poder evitar los calores de aquel verano. Se partió de Alagón rumbo a Mallén. Aquel trayecto fue calificada por Fabro como un mero "paseo, junto con la bonanza del tiempo, la

[784] B.N., mss., 6.641, pp. 56 y ss.

brevedad y la llanura del terreno". Gracias a este *madrugón*, sobre las diez de la mañana se llegaba a la villa de Mallén[785].

El día cuatro vino a operarse de igual modo para no ser afectados por el rigor de aquel mes de junio, aprovechando la frescura de la mañana, pero también por las ansias de ver Tarazona, lugar en donde pernoctarían aquel día, "que con tantos títulos de prerrogativas naturales, antigüedad, y otras de mayor aprecio, justificaba aquella curiosidad..."[786]. Al igual a como viniese a ocurrir en otras localidades que aquel regio cortejo visitara, en la documentación existente en la localidad del río Queiles la noticia aparece en numerosos textos, y allí fueron a tener su refrendo en la obra de José María Sanz Artibucilla[787], en donde se indica que pronto tendría ocasión la ciudad de lucir unos flamantes tapices, que habían sido adquiridos "por 145 libras, pagaderas en septiembre de 1665 con la ganancia que este año resulte del granero". Estas telas adornarían la fachada de su restaurada lonja, que actualmente es el magno Ayuntamiento de Tarazona, con motivo de tan grata visita. A tal fin se había habilitado para su pernocta el palacio de los señores de Eguarás, celebrándose grandes festejos, entre ellos la muerte de doce toros en la plaza de La Seo.

Ya al día siguiente, cinco de junio, entre las cuatro y cinco de la mañana, se puso el Rey en camino desde Tarazona a Ágreda, primera villa de Castilla, "por aquella parte". Sobre las siete de la mañana se llegaba a la línea que delimitaba ambos territorios históricos, a donde poco rato antes de acaecer esto, "se habían anticipado el doctor don Antonio Blanco, del Consejo Civil (que había servido a Su Majestad desde Zaragoza, hasta allí, haciendo oficio de Regente) y el capitán de la guarda don Alberto Arañón, con sus soldados, que por despedida, besaron la real mano". Cumpliendo con el protocolo, en aquel mismo lugar en donde se habían detenido, se testificó un acto de cómo el Rey Carlos salía de tierras de Aragón, "e inmediatamente con correo expreso se remitió al señor don Pedro de Aragón, para que S.E. pudiese jurar de virrey"[788].

Sobre don Pedro se había planteado un serio problema, derivado de que no era natural del reino de Aragón, cuestión planteada en aquella visita de Carlos II a aquellas tierras, "en que reparó el consistorio de los diputados, cuando a tres de el propio mes de junio, se presentó el abogado fiscal, el privilegio de Virrey, en persona de Su Excelencia alegando ellos, haber fenecido la disposición foral del Virrey Extranjero, del año 1646, con el primer acto de las Cortes, que se estaban celebrando, y que el reino

---

785 En esta localidad aragonesa, aparte de destacar la importancia de su entramado urbano, indicar, a modo de anécdota, que fue el lugar elegido por el rey Pedro II de Aragón y Sancho VIII de Navarra, en junio de 1201, para mantener un importante encuentro en el cual solucionar sus diferencias.

786 Fabro Bremudán, F., *Viaje del Rey nuestro señor don Carlos II al reino de Aragón. Entrada de Su Majestad en Zaragoza, juramento solemne de los Fueros, y principio de las Cortes Generales del mismo reino*, el año 1677, pp. 14 y ss.

787 Sanz Artibucilla, J.Mª., *Historia de la fidelísima y vencedora ciudad de Tarazona*, Madrid, 1930, t. II, pp. 266-267.

788 Sanz Artibucilla, J.Mª., *Historia de la fidelísima y vencedora ciudad de Tarazona*, Madrid, 1930, t. II, pp. 266-267.

volvía a su antigua pretensión de un virrey natural. Mas como vasallos finos, deseando por otra parte complacer a Su Majestad, ordenaron una junta de ocho abogados, que discurrieron diferentes medios, para que sin perjuicio de los derechos del reino, pudiese jurar el señor don Pedro de Aragón. Aquellos medios, después de conferidos, con el abogado fiscal, pareció comunicasen los diputados su dictamen (favorable a la materia) a los cuatro brazos, los cuales muy conformes vinieron en que se prorrogase el fuero del año 1646, hasta el último acto de las presentes Cortes, y que para este fin, se celebrase Solio, antes de jurar Su Excelencia. Mas con esto sucedió después de salido el Rey Nuestro Señor de Aragón…"[789].

Pronto llegarían a la primera localidad de Castilla, tras superar el puerto que desde Tarazona se tiene que salvar para llegar hasta allí. Sobre este lugar, cuenta Fabro que "el honor de la villa de Ágreda, sufragan muchos de los preclaros requisitos, que a algunas de las ciudades más insignes de estos reinos…". Una vez allí, se acercaría el Rey a visitar la iglesia y convento de la Inmaculada Concepción, de las religiosas de San Francisco, fundación de la madre María de Jesús, aquella mujer que durante años se había carteado con el Rey Felipe IV, y que tan buenos consejos había prestado a la Monarquía Hispánica, hasta el fin de sus días acaecido el año de 1665, el día de Pascua del Espíritu Santo, cuando contaba 63 años de edad, y que había empleado desde su niñez al servicio de la Iglesia.

Aquellas religiosas de Ágreda habían sido avisadas de la llegada de la comitiva regia, y que tenían ansias de ver el cuerpo de aquella venerable madre, a lo cual vinieron a acceder las monjas. Con todo, y en el ánimo de dar mayor reverencia a aquella regia visita, además de por lo sacro del lugar, vino a limitarse el número de visitantes a la persona de Carlos II, además de ser acompañado por don Juan, juntamente con el condestable de Castilla, y el duque de Medinaceli, ordenándose que no se dejara entrar más número de personas en la cripta donde reposaban los restos de María de Jesús. Esta prohibición no tendría efecto para la iglesia de aquel lugar, en donde fue permitida la visita de aquellos que conformaban la comitiva[790].

Como prueba de afecto a los dignos visitantes, se sabe que a don Juan de Austria vinieron a regalarle esas monjas de Ágreda varios objetos que habían pertenecido a sor María de Jesús, entre ellos un relicario de acero y, más tarde, le fueron enviados otros enseres de la misma, como fueron un relicario de tres hojas, un pedazo de sus ropas, un rosario original y una cuenta gruesa, además de una letanía y otras cosas de devoción.

La marcha hacia la Corte de Madrid continuaba sin descanso, así el 6 de junio en la forma y hora acostumbrada se continuó el camino en dirección a Almenar, donde se pasó la tarde y la noche. Al día siguiente, día 7, sobre las diez de la mañana se llegaba

[789] Fabro Bremudán, F., *Viaje del Rey nuestro señor don Carlos II al reino de Aragón. Entrada de Su Majestad en Zaragoza, juramento solemne de los Fueros, y principio de las Cortes Generales del mismo reino*, el año 1677, pp. 14 y ss.

[790] Fabro Bremudán, F., *Viaje del Rey nuestro señor don Carlos II al reino de Aragón. Entrada de Su Majestad en Zaragoza, juramento solemne de los Fueros, y principio de las Cortes Generales del mismo reino*, el año 1677, pp. 14 y ss.

a la soriana localidad de Almazán, en donde fueron recibidos, tanto el Rey como todos los que formaban parte de su comitiva con importantes agasajos.

El día 8 llegaban a la histórica e importante localidad de Atienza, que fue albergue de la Corte, en donde fueron recibidos de un modo muy similar al que habían gozado cuando llegaron a Almazán, "en orden a la abundancia y regalo…".

El día 9 se llegaba a la villa de Jadraque, "lugar del señor duque de Pastrana, y del Infantado, cuyos naturales muy loablemente se compitieron con otros de su esfera en obsequiar al Rey…". Indicar sobre esta localidad, que el cardenal Mendoza había dejado estas tierras, integradas en abultado y riquísimo mayorazgo, a su hijo Rodrigo, a quien curiosamente llamaría, posiblemente por estar en la creencia de descender en línea recta del Cid Campeador, Rodrigo Díaz de Vivar y Mendoza. Este recibió, tras su participación en la guerra de Granada, el título de marqués de Zenete, y en ocasión de su boda con Leonor de la Cerda, hija del duque de Medinaceli, fue mejorado con el título de conde del Cid. Al unirse el marquesado de Zenete, en el siglo XVI, con el mayorazgo de la casa de Mendoza, duques del Infantado, esta casa quedó en señorío.

Al día siguiente, 10 de junio, y continuando la marcha hacia Madrid, se llegaba a Junquera, la actual Yunquera de Henares[791], "encontrándose a media legua de la villa el río Henares, que en esta ocasión pareció haber humillado adrede su ordinario orgullo, a proporción vadeable al carruaje. Sin embargo usó Su Majestad el pontón muy capaz que la villa le tenía prevenido…".

Madrid cada día estaba más cerca, ya que la estancia del día siguiente tendría lugar en la villa de Meco, siendo "con las mismas circunstancias que la antecedente".

Desde allí partirían, y siguiendo con la práctica de madrugar que les había acompañado todo el camino, ya que ese día la hora de partida fue establecida a las 5 de la mañana. Ese día el Rey, don Juan y el resto de la comitiva, "con paradas que en tres horas, (siendo siete leguas el camino) los llevaron a los umbrales del milagroso Santuario de Atocha, en cuyo devotísimo Templo, dieron a Nuestro Señor y a su Inmaculada Madre durante una misa rezada, las gracias de la felicidad con que se había concluido la jornada".

Acabada la misa, se trasladaría el Rey al palacio del Buen Retiro, en donde comió y descansó hasta la tarde, mientras el resto de la comitiva que había acompañado al monarca durante los meses que había durado la *Jornada de Aragón* acababa de llegar a la capital de la Monarquía Hispánica, "y como ya se hubiese divulgado pasaría el Rey públicamente a Palacio, apenas hubo alma en toda la villa que no acudiese a lograr su parte del consuelo, que a todos prometía su real vista…"[792].

---

[791] Para diferenciarlo de otros lugares de España con el mismo nombre, se añade "de Henares", río que pasa por el término municipal, conforme a lo establecido por el Real Decreto de 27 de junio de 1916.

[792] Fabro Bremudán, F., *Viaje del Rey nuestro señor don Carlos II al reino de Aragón. Entrada de Su Majestad en Zaragoza, juramento solemne de los Fueros, y principio de las Cortes Generales del mismo reino*, el año 1677, pp. 14 y ss.

Los días siguientes el monarca recibió los parabienes "de los consejos, tribunales, nobleza y ministros extranjeros, y al mismo paso, con la asistencia de Su Alteza volvió a la tarea de los negocios, aumentando la carga, con los que su ausencia tenía forzosamente suspendidos, o atrasados, sin los que cada día se recrecían de las guerras encendidas en tantas partes".

Así las cosas, "entretanto fue caminando la otra dependencia, que Su Majestad dejó entablada de las Cortes Generales de Aragón, debajo de la acertada dirección del excelentísimo señor don Pedro de Aragón, y con el entrañable celo de los Brazos, de que se componían", en donde el fruto de aquellas Cortes fueron "la oferta del servicio voluntario (bien considerable, respecto a la calamidad de los tiempos) de la leva y sustento de dos tercios de infantería aragonesa, setecientos y cincuenta hombres cada uno, por el tiempo de 20 años, a venir con las calidades expresadas en los nuevos fueros, que se estatuyeron en las mismas Cortes, y ya salieron a la pública luz, debiéndose esperar de la actividad y capacidad conocida del cronista de Aragón, el doctor don Diego Iosef Dormir, la historia distinta de lo que pasó en ellas, entre las demás muestras que promete su erudita pluma, y la legalidad y estudios firmes, y seguros, que profesa bien dignos de la mayor aprobación[793].

Aquellas Cortes, a pesar de las pretensiones iniciales de la Corona en cuando a evitar gastos inútiles superfluos, vinieron a suponer un importante coste económico, contabilizado en 34.694 escudos de plata y 28.315 de vellón, importando ambas partidas, reducidas a vellón, un total de 80.356 escudos de a diez reales que hacen 13.392 doblones y 40 reales de vellón que corresponde a 252 doblones al día, en los 53 que duró aquella jornada[794].

La vuelta a la normalidad y a los problemas de la Monarquía. Las peticiones de celebración de Cortes en Cataluña y Valencia

Pero al regreso a la Corte los problemas no habían desaparecido, entre ellos el enfrentamiento bélico, que en tierras del Principado de Cataluña, llenaba los campos de batalla de franceses y españoles, indicándonos sobre ello Risco lo siguiente: "El inteligente marqués de Castel Rodrigo, virrey de Sicilia, acababa de morir, y hubo de dársele por sustituto al pacífico cardenal Portocarrero. En Cataluña no ganaba grandes lauros el conde de Monterrey, dejándose engañar por su adversario el de Noailes, y entretanto Luis XIV en persona tomaba, al frente de sus tropas, a Valenciennes en Marzo y a Cambray en Abril, mientras su hermano el duque de Orleáns se apoderaba aquel mismo mes de Saint Omer. Era tiempo de tomar ya una resolución definitiva"[795].

---

[793] Fabro Bremudán, F., *Viaje del Rey nuestro señor don Carlos II al reino de Aragón. Entrada de Su Majestad en Zaragoza, juramento solemne de los Fueros, y principio de las Cortes Generales del mismo reino*, el año 1677, pp. 14 y ss.

[794] A.H.N., *Estado*, Leg. 4.823.

[795] Risco, A., *Don Juan de Austria, Hijo de Felipe IV. Juan de la Tierra*, Madrid, 1918, p. 262.

Y es que la situación siciliana se iba prolongando ya durante demasiado tiempo, interviniendo en aquella crispación las diferencias existentes entre nobles y plebeyos, las tensiones dentro de la propia nobleza isleña, y finalmente, quizá la más incisiva para las clases más desfavorecidas, la carestía y falta de alimentos, o la guerra. Recordemos que esta inestabilidad había estado en mente de Mariana de Austria, en aquel momento inmediatamente anterior y posterior a la llegada de Carlos II al trono, cuando se propuso a don Juan la marcha a aquellas tierras con el ánimo de que se convirtiera en el pacificador de Sicilia.

Por lo que al Principado de Cataluña se refiere, el conde de Monterrey, virrey del territorio, padeció importantes derrotas en el Ampurdán y la Cerdaña, siendo sustituido por don Juan de Austria, y tras la pérdida de Puigcerdá, por Alejandro de Bournonville, siendo reforzado el territorio con ciertas tropas procedentes de Sicilia.

Tras aquella *Jornada de Aragón*, otros territorios de aquella Corona de Aragón, en concreto catalanes y valencianos, y como ya habíamos anticipado en páginas anteriores, reivindicaron un idéntico trato por parte de la monarquía, siendo especialmente firme por parte del Principado de Cataluña el deseo de contar con aquella regia presencia, lugar en el que don Juan de Austria mantenía todavía en este momento un fuerte apoyo popular, apoyos que se habían manifestado en varias ocasiones a lo largo de su vida.

Así las cosas, a principios de 1679, vino a plantearse la idea de celebrar Cortes en estos dos reinos de la Corona de Aragón, especialmente como decimos en el Principado, aprovechando la entrada de su futura esposa, María Luisa de Orleáns, en tierras de España, a cuya venida perfectamente podría realizarse por la frontera de Cataluña. A tal finalidad, en enero de ese año citado, las consultas del Consejo de Aragón sobre aquel asunto serían remitidas al de Estado, donde se discutiría sobre la conveniencia de aquellas Corte en el Principado, además de las valencianas[796].

Los consejeros de Estado no vinieron a mostrarse especialmente animosos por esa idea, ante las presuntas aspiraciones que los catalanes pudiesen presentar en las Cortes, en donde se podría exigir la vuelta a la situación anterior a la crisis de 1640, tal y como perfectamente se aprecia en las siguientes aseveraciones: "... siempre que se celebran Cortes es más en beneficio de las mismas provincias, pues todas las pretensiones que se sucintan en ellas, van encaminadas a minorar la autoridad y las regalías de Vuestra Majestad[797].

Aquel asunto colearía a lo largo de aquel invierno y primavera de 1679, presentándose el 9 de marzo nuevos argumentos que contraindicaban la celebración de Cortes en Cataluña y Valencia.

Finalmente, el Rey, previo consejo de su hermano don Juan, zanjaba la controversia sobre la celebración o no de Cortes en aquellos territorios, indicando que "quedo en cuenta del dictamen del Consejo, y con agrado del celo con que discurre. Y como

---

[796] A.G.S., *Estado*, Leg. 4.129. Consulta del Consejo de Estado, de 30 de enero de 1679.

[797] A.G.S., *Estado*, Leg. 4.129. Opinión del Condestable de Castilla, en la consulta del Consejo de 30 de enero de 1679.

quiera que para la deliberación que hubiere de tomar en este negocio, darán mucha luz las primeras noticias que se tuviesen sobre la apertura que se ha encargado al marqués de los Balbases haga en París, parece conveniente aguardarlas, y entre tanto, he mandado repetir las órdenes para que se adelanten todas las disposiciones que conducen a mi casamiento"[798].

Por otro lado, había en la panorámica del gobierno de don Juan asuntos aparentemente más importantes que la celebración de Cortes en aquellas tierras, teniendo presente que las que se celebraran en 1677 en Aragón respondían, a todos los efectos, a un intento de compensar a esas tierras por el apoyo que había obtenido de ellas durante largos años.

En este sentido, la crisis económica se hacía patente por todos los lados, incidiéndose por don Juan, en la idea de atajar y eliminar de raíz todo aquello que hiciese patente el lujo y la ostentación que algunos todavía pretendían exhibir, incluyéndose una importante reforma sobre las vestimentas de los acaudalados, en orden a prohibir toda posible ostentación en aquellos momentos de crisis, y lo afrentoso que ello era para los que apenas si tenían para cubrir las más mínimas necesidades:

> "Su Majestad. Sobre la reforma de trajes. Madrid, 28 de julio de 1677. Ejecútese lo que Su Majestad manda. Y pase esta noticia a los demás tribunales de este consejo y a la Sala de Millones. Habiendo yo hecho reparo los días de concurso en que he asistido a funciones públicas, en lo que generalmente se faltaba a la observancia de la última pragmática con el uso de la plata, oro, puntas y demás géneros, prohibidos en los trajes de hombres y mujeres, mandé al Consejo de Castilla que por todos los medios convenientes y eficaces atienda a que no se observe inviolablemente como lo ejecutará. Y porque la disposición de la ley en las materias comunes se facilita y afianza con el ejemplo, y este es más poderoso resultando de lo que en sus personas, casas y familias, practicarán mis principales vasallos y ministros, he ordenado se advierta a los que asisten cerca de mi persona, y he querido encargarlo a los consejos que dando persuadido aquel celo de los ministros de que se componen, no permitirá que en sus casas y familias haya la menor relajación, como se lo ordeno y encargo al Consejo de Hacienda. En Madrid, a 26 de julio de 1677. Al conde de Humanes"[799].

A pesar de ello, parece ser que el grado de cumplimiento no sería universal, puesto que a esta disposición citada, que venía a reproducir una nacida el 8 de marzo de 1674, se añadiría una nueva el 3 de agosto de 1677 con términos semejantes:

> "Manda el Rey, nuestro señor, que por haberse experimentado contravención a la pragmática que se promulgó en ocho de marzo de año pasado de mil seiscientos y setenta y cuatro, sobre la reformación de trajes lacayos y coches, así en esta Corte como fuera de ella, se guarde, cumpla y ejecute inviolablemente lo dispuesto en la referida pragmática, por todas y cualesquier personas de cualquier estado, calidad y

[798] A.G.S., *Estado*, Leg. 4.129.

[799] A.H.N., *Estado*, Libro 839.

condición que sean, con apercibimiento que en lo que contravinieren se ejecutarán irremisiblemente las penas impuestas, y que los alcalde de esta Corte y demás justicias de estos reinos pongan todo cuidado en la inviolable observancia, ejecutando puntualmente las dichas penas contra los transgresores. Mandase pregonar para que llegue a noticia de todos. En Madrid, a tres días del mes de agosto de mil y seiscientos y setenta y siete años"[800].

Con todo, poco tiempo restaba para el fin de aquellas históricas instituciones de la Corona de Aragón. La muerte del Rey Carlos II sin descendencia directa, y la designación de Felipe d'Anjou como heredero de los territorios de la Monarquía Hispánica, vendría a provocar un sangriento enfrentamiento bélico en tierras, preferentemente, de España, y en donde las grandes potencias europeas intervendrían. Las tropas de Felipe V entrarán en aquellas tierras y, a la vez que determinadas circunstancias alejaban al pretendiente Carlos de sus pretensiones sobre España, a través de una serie de decretos –los conocidos Decretos de Nueva Planta– vendrán a abolir el derecho público y privado de Valencia, y el público de Aragón, Cataluña y Mallorca. Y con ello las reuniones de Cortes.

La política de don Juan de Austria en relación a los asuntos religiosos

Teniendo presente que don Juan de Austria tenía un status eclesiástico, al ser Prior de la Orden de San Juan de Jerusalén en tierras de Castilla, al menos en principio pudiera parecer que la política desarrollada durante su mandado viniera a favorecer las relaciones entre la Monarquía Hispánica y la Santa Sede, en particular, o la Iglesia, en general. Sobre todo ello, la profesora Castilla Soto[801], en sus estudios sobre don Juan de Austria, viene a tratar con solvencia este apartado tan interesante del gobierno del hijo de Felipe IV, y en donde el excesivo número de clérigos vino a suponer un importantísimo problema, que contaba, además, con una difícil solución.

Pertenecer a ese estamento eclesiástico suponía de partida obtener mayores oportunidades, en cuanto a movilidad social se refiere, además de significar la obtención del goce derivado de la inmunidad eclesiástica y la exención tributaria, amén de otras prebendas. Evidentemente, este panorama de beneficios hacía que el profesar en alguna orden religiosa no fuese plato desagradable para muchos, gentes que en más de una ocasión traían a sus espaldas un pasado nada loable.

Sobre todo ello trató de intervenir el gobierno de don Juan de Austria, existiendo lo que Castilla Soto ha venido a definir como "un claro intervencionismo estatal para tratar de introducir reformas en un estado clerical"[802]. La idea no era reformar únicamente a la Iglesia, sino que aquella intervención se plasmaría en la defensa de los intereses

800 A.H.N., *Consejos*, Leg. 12.585.

801 Castilla Soto, J., *Don Juan José de Austria: su labor política y militar*, Madrid, 1992, pp. 276 y ss.

802 Castilla Soto, J., *Don Juan José de Austria: su labor política y militar*, Madrid, 1992, p. 277.

de la sociedad civil, en donde abundaban en demasía los eclesiásticos, contándose, además, con que una parte significativa de aquellos poseían un bajo nivel cultural y moral, cuestión que ya previamente había sido planteada en épocas pretéritas. En este sentido, ya en épocas del Rey Prudente se observa dicha situación existente, o como en 1619 el Consejo de Castilla informaba de que aquel excesivo número de clérigos e instituciones de la iglesia afectaba muy negativamente a España.

El problema, a pesar de todo ello, seguía presente. Dos años después, en 1621, las Cortes de Castilla venía a proponer que no fuese autorizada la erección de ninguna capellanía colativa que no tuviese asignada una renta mínima de 200 ducados[803]. Años más tarde, en 1645, en una consulta dirigida al Consejo de Castilla, se indicaba que "en todos tiempos ha causado graves inconvenientes el excesivo número de clérigos que hay en estos reinos y en éste, se llegan a reconocer más de cerca tales daños, que junto con ofender al estado secular, desacreditan el eclesiástico"[804]. El problema era acuciante, y de difícil solución, planteándose, además, importantes problemas a las propias instituciones religiosas.

Bajo la regencia de la Reina Mariana de Austria, y en un claro intento de buscar algunas soluciones al problema, vinieron a prohibirse a aquellas gentes que profesaban órdenes, la representación de los negocios seglares, excluyéndose obviamente los relacionados con los asuntos de índole religiosa, por que ello incidía negativamente en el buen cumplimiento de las costumbres.

Con todo, una vez conquistado el poder por don Juan, el 23 de mayo de 1677, se plantearía en el Consejo una consulta dirigida a establecer una serie de modificaciones en la institución, que pudiesen resolver los graves problemas de masificación que afectaba a la Iglesia:

> "Reconociéndose que los abusos que en él se han introducido producen graves daños, habiéndose los eclesiásticos extendido tanto en jurisdicción y posesiones, número de religiosos y de conventos, en estos reinos, al paso que se ve minorada su población, incultos los campos y desatendido el comercio con sumo perjuicio de la Causa Pública, he considerado que es necesario atajar tan esenciales inconveniencias"[805].

Sobre ello el Consejo analizaría tres cuestiones planteadas, y sobre las cuales intentaría buscar una solución viable:

a) La aplicación de la jurisdicción eclesiástica, repleta de violaciones interesadas al privilegio del fuero por parte de eclesiásticos.
b) Relajación en lo relativo a las costumbres por los eclesiásticos, faltando en numerosas ocasiones a las obligaciones derivadas de su condición.

---

803 Castilla Soto, J., *Don Juan José de Austria: su labor política y militar*, Madrid, 1992, p. 277.
804 A.H.N., *Consejos*, Leg. 7.158.
805 A.H.N., *Consejos*, Libro 1.474.

c) Los daños que se ocasionaban a la causa pública, todo ello derivado de una desordenada adquisición por las instituciones religiosas de bienes raíces.

Cuenta Castilla Soto, que en ese mismo año de 1677, y realizando una especial incidencia en la obligatoria labor pastoral que tenían los obispos, se otorgaría un Real Decreto haciendo mención de aquellas obligaciones que debían asumir los sínodos diocesanos, según lo establecido por el Concilio de Trento. Poco tiempo después, se enviaría una circular a todos los obispos recordándoles que informasen sobre los distintos sínodos que hubiesen celebrado en sus diócesis.

Sin embargo la respuesta no fue nada positiva, pues todos informaron de manera muy distinta, aunque la norma fue en la línea de haberlo celebrado o estar celebrándolo[806], aunque lo cierto es que existía un miedo generalizado a aquellas celebraciones por las quejas, oposiciones y pleitos que con numerosa frecuencia surgían de la celebración de los mismos.

Otros dos temas de suma importancia, que en cierto modo tuvieron cierta unión en un momento, serían los relativos a la Inquisición Española, por un lado, y a la Compañía de Jesús por otro, derivados del enfrentamiento frontal que había tenido con uno de los miembros destacados de ambas instituciones: el padre Nithard.

Cuando don Juan accede al poder, el cargo de Inquisidor General recaía sobre don Diego Sarmiento de Valladares, una persona catalogada como poco grata al considerarse que su promoción se debía al antiguo confesor de la Reina, además de tratarse, como vimos en capítulos anteriores, de aquella persona señalada por don Juan de Austria como uno de los protagonistas directos del ajusticiamiento de Malladas.

Para acabar con este personaje que tanta animadversión producía a don Juan, acudió al Papa Inocencio XI a fin de lograr que éste comisionase a un eclesiástico, que habría de ser elegido por él mismo, para que se encargara de procesar al Inquisidor, siendo finalmente nombrado el Nuncio Mullini para tal finalidad[807].

Parece ser que dicho proceso se puso en marcha, aproximadamente en abril de 1678, siendo abandonado más tarde. Con todo, lo que si es cierto es que el 23 de febrero de 1677 Valladares propondría la reforma del Santo Oficio, en un intento claro de reducir la nutrida burocracia que poseía, haciendo muy difícil el mantenimiento de la misma por el elevado coste económico que exigía, y que se podía plasmar en los siguientes aspectos, según nos cita Castilla Soto:

a) La renta de Nithard, que se cifraba en 6.000 ducados anuales, no saldría en delante de los fondos de la Inquisición.
b) En número de miembros del Consejo de la Inquisición se reduciría a cinco miembros, en lugar de los ocho que hasta ese momento existían.
c) Se reducirían las ayudas de costa y gastos extraordinarios, en el conjunto de la Institución.
d) Finalmente, se reducirían los oficios en los distintos tribunales de la Inquisición.

---

806 A.H.N., *Consejos*, Leg. 15.272.

807 Castilla Soto, J., *Don Juan José de Austria: su labor política y militar*, Madrid, 1992, p. 283.

Pero aún habría más, ya que se pretendería limitar la capacidad jurisdiccional del Inquisidor General, a través de un Real Decreto que prohibía que éste pudiese censurar ninguna ley dirigida a sujeto o materia temporal.

Con respecto a la Compañía de Jesús y los que la venían a componer en tierras de España, indicar que aquella tirantez existente procedía y existía desde los tiempo del gobierno de Everardo Nithard, baste recordar que nada más acceder al poder vendrá a expulsar a cuatro jesuitas, como fueron los Padres Nájera, que sería enviado a Peña del Monte; Oma, a Alcalá; Salinas, a Guadalajara; y Juan Rodríguez, a Navalcarnero; ordenándose al provincial que facilitara aquellos destierros.

Los otros problemas del gobierno de don Juan

En otros campos de su actuación como primer ministro de la monarquía, nuevamente llama la atención que, habiendo desempeñado importantes cargos militares a lo largo de su vida, no emprendiese ninguna reestructuración del ejército, lo que habida cuenta de las derrotas sufridas en 1677-1678 en Flandes (Valenciennes) y Principado de Cataluña (Puigcerdá) mostraba que era un importante y necesario punto de actuación. Y es que el hecho de acceder Juan José de Austria al poder no supuso, en ningún caso, la paralización de las actividades bélicas en las que España se veía inmersa desde años atrás. En este sentido, cuando el bastardo de Felipe IV asumía el gobierno del Imperio Hispánico ya estaban reunidos los representantes de los Estados enfrentados en Nimega con la finalidad de llegar a un tratado de paz[808]. Así las cosas, mientras España y Alemania se negaban al envío de representantes, Francia aprovechaba la coyuntura para seguir con sus campañas militares.

Pero el enfrentamiento bélico haría mucho para cambiar aquella actitud, ya que la situación no podía ser más negativa para los intereses españoles: en Cataluña se desarrollaba una guerra defensiva, Sicilia estaba a punto de perderse, mientras el Franco Condado ya había sido arrebatado por los franceses a la Monarquía Hispánica.

A pesar de todo ello, España mantenía su pretérita pretensión de exigir a Francia la restitución de todos los territorios ocupados por los galos desde el año 1665, la reparación de todos los daños y la cumplida satisfacción a sus aliados. De este modo, en 1676 se iniciarían las conversaciones con la esperanza de una paz duradera, siendo enviados a aquel Congreso de Nimega los siguientes embajadores:

En representación de España: Pablo Espínola, marqués de los Balbases, consejero de Estado y embajador en Alemania; Pedro Ronquillo, caballero de la Orden de Alcántara, consejero de Castilla e Indias, además de enviado extraordinario en Inglaterra; Juan Bautista Christien, consejero del de Flandes; y Gaspar de Teves y Córdoba Tello y Guzmán, consejero del de Guerra y general de artillería.

---

[808] El texto del Tratado de Nimega podemos encontrarlo en A.H.N., *Estado*, Libro 876.

En representación de Francia: conde de Estradas, mariscal de Francia; monsieur Colbert Caballero, consejero de Estado; y monsieur de Mesmes, consejero.

La idea de la restitución territorial aparece con notoriedad en aquella nota que entregase Pedro Ronquillo a los plenipotenciarios de Nimega: "Que se restituyan todas las provincias, plazas, ciudades, villas, señoríos y territorios que han ocupado las armas de Francia en los reinos, provincias y dominios comprendidos en la Monarquía de España desde el 17 de Septiembre del año de 1665 sin reserva alguna. Que se dé cumplida reparación de todos los agravios recibidos por incendios y ruinas y castillos desmantelados, con la restitución de la artillería y municiones y otros pertrechos de guerra, y se dé cumplida satisfacción de los gastos hechos, así por tierra como por mar, en las guerras que después de 1665 se han tenido con Francia. Que a los aliados de España se les dé justa y cumplida satisfacción de los daños recibidos, y de lo ocupado por las armas de Francia".

Evidentemente, y ante dichas pretensiones catalogadas por Francia como absurdas, los galos contestaron que habiendo sido atacado su país por España, en contra de lo firmado en Aquisgrán, "debía quedar todo como lo dejase la fuerza de las armas".

Con todo, los franceses enviaron a la Corte madrileña sus particulares propuestas de paz, en donde llegaron a ofertar lo siguiente: "Me ha dicho don Juan de Austria –escribía Godolphin en despacho de 12 de enero de 1678– que ha recibido de Francia proposiciones reservadas, en que en sustancia son estas: España entregará todo Flandes y el Franco Condado, recibiendo en cambio el Rosellón, las plazas de Sicilia y doce millones de libras. Al Emperador se devolverá la Alsacia, excepto Felipeburgo, y se reintegrará el Duque de Lorena en sus estados. Con esos doce millones podrá Su Majestad Católica restaurar su Hacienda y disponerse a la reconquista de Portugal, en vez de arruinarse en la guarda de Flandes que sólo aprovecha a Holanda e Inglaterra. Posteriormente me ha revelado que le prometen cuatro millones de libras para su bolsillo si remata el negocio, pero que no se dejará sobornar y que, fiel a la voluntad del Rey su padre, no consentirá en ceder ni un palmo de tierra flamenca"[809].

En el estado en que se encontraban las cosas, a don Juan no le quedaba otra opción que no fuese la de continuar con la guerra, al mismo tiempo que intentaba negociar con Inglaterra, reino que se convirtiese en aliado de Holanda desde comienzos de 1678. Por su parte, en 1677 las tropas francesas tomaban Frigurgo, y poco después, en marzo de 1678, se entregaban las localidades de Gante y de Ipres. Ese mismo mes, y en concreto el día 30, el duque de Villahermosa escribía a Madrid indicando la única solución a aquella trágica situación pasaba por firmar un acuerdo de paz, independientemente de las cesiones que ello supusiera para la Monarquía Hispánica:

> "... no hallo tengamos otro recurso para evitar el último golpe, sino el de una afrentosa paz, tal cual nos la quisiere dar el enemigo"[810].

---

809 Maura, G., *Carlos II y su Corte...*, op. cit., p. 423.

810 A.G.S., *Estado*, Leg. 2.136.

En este sentido, las quejas y peticiones de ayuda procedentes de dichos territorios eran contínuas, al tenor de la documentación analizada:

> "a lo que podía recelarse... de las grandes prevenciones y designios de franceses y de nuestra suma flaqueza por no haber llegado los medios a tiempo de poderlos emplear tan útilmente como conviniera para hacer alguna oposición a los enemigos y librar aquellas plazas del riesgo a que están expuestas no solo por faltarles lo que han de menester para su defensa, y el despecho en que pone a los soldados la retardación de las asistencias, sino porque los franceses nos tienen cortadas las villas más capitales de aquellos Países..."[811].

Mientras tanto Francia, continuando con sus campañas de acoso a la Monarquía Hispánica, tomaba el 28 de Marzo de 1678 la localidad catalana de Puigcerdá, que no había sido auxiliada por la persona llamada a ello: el conde de Monterrey. Aquella inacción vino a suponer que un airado don Juan ordenase su fulminante cese.

Mientras tanto, en agosto de 1678, Holanda firmaba la paz con Francia y, un mes más tarde, el 17 de septiembre, lo hacía con España. La derrota ante los ejércitos galos vino a significar el intercambio de una serie de plazas fuertes que beneficiaban a esta potencia; entre otras, pasaban a su poder Valenciennes, Condé, Saint Omer, Bouchain, Ipres, Warwik, etc., mientras que España recuperaba Gante, Binch, Oudenarle, Courtray, Limburgo, Charleroi, Puigcerdá, etc. Con todo, lo más duro para la Monarquía Hispánica sería la pérdida del Franco Condado, que tradicionalmente se constituyó como una plaza fuerte y estratégica en el sistema de comunicaciones militares de los españoles. La firma del *Tratado de Nimega* vino a significar un duro golpe para Juan José de Austria, y sus enemigos políticos no tardarían en usarlo, como si de un arma arrojadiza se tratara, contra los intereses del bastardo.

Pero los frentes militares se reproducían por momentos: Países Bajos, Mesina y Cataluña, y también las derrotas. Las pérdidas de Flandes habían dañado gravemente su prestigio personal, pues seguía siendo gobernador vitalicio de aquellos territorios. Mesina se había rebelado contra España en 1674, y bajo el mando del duque de Vivonne había logrado derrotar a las fuerzas navales hispano-holandesas en marzo, abril y junio de 1676. Pero, con todo, la situación más alarmante no dejó de ser la de Cataluña, empeorando gravemente a partir de 1675, cuando los franceses cruzaron la frontera con 12.000 soldados de infantería y 3.000 jinetes. En octubre de aquel año, las tropas españolas desertaban para pasarse al bando galo y, en mayo de 1678, los franceses habían tomado Puigcerdá.

En los distintos archivos, y singularmente en la Biblioteca Nacional de Madrid, o el Archivo Histórico Nacional, podemos encontrar numerosas referencias al día a día en aquella ya larga contienda entre España y Francia en tierras de Cataluña:

---

[811] A.G.S., *Estado*, Leg. 2.133.

"Relación del ejército del enemigo hasta el día de hoy a 2 de mayo de 1676. Primero está en los mismos parajes que se puso el día que entró que fue a 22 de abril. El general de Francia está dentro de Figueras. En los arrabales de dicha villa de Figueras están acuartelados 1.500 suizos y alemanes que fueron los primeros que entraron.

Miércoles a 29 entraron tres regimientos de franceses, que son el de Picardía, el de Marín, y el de Navarra, consisten entre todos tres de veinte y seis compañías de cuarenta hombres cada una, poco más o menos, que serán mil hombres.

El 30 de dicho entró el regimiento de la Champaña, que serán 700 hombres, todos los sobredichos cuatro regimientos de infantería están alojados en el lugar de Vilaveitian, que está a un cuarto de camino de Figueras, la caballería serán de 1500 a 2000 caballos, y están alojados en los olivares delante de Figueras, camino de Vilabeitian.

Tienen 250 miqueletes que están alojados en el lugar de Alfar y Molino de la Torre... también avisan que quieren asistir Gerona y también Puigcerdá"[812].

Finalmente, tras la firma de la paz se devolvieron los territorios catalanes, pero Francia ya había demostrado a toda Europa el potencial que en ese momento tenían sus ejércitos. Con ese panorama, reproduce el consiguiente cansancio en la población de la monarquía, además de un acusado escepticismo en los estratos superiores, concretamente en la Iglesia, pues difícilmente podía sostenerse que en las guerras con el Rey Cristianísimo, en las que éste luchaba codo con codo con los holandeses y otros heréticos, se estuviera ventilando el nombre divino y la prosperidad de la religión católica. Exceptuando un reducido número de militares y diplomáticos que conservaban la tradición de la idea imperial, la aspiración generalizada era la paz exterior, aunque fuera a costa de que la corona de los Austrias perdiera algunos de sus florones.

Pero aún así se observan numerosas acciones, a pesar de la escasez de medios económicos, por parte de don Juan para fortalecer los ejércitos, fundamentalmente con respecto a los asentados en tierras catalanas. En este sentido observamos la formación de un tercio de la Costa del Reino de Granada, que iría a servir al ejército de Cataluña:

"Teniendo resuelto que se trate luego de la formación del tercio de la costa del reino de Granada, para pasar a servir al ejército de Cataluña, mando que por el Consejo se expidan sin dilación los despachos y provisiones que otros años se han dado para este mismo efecto. Y se entregarán a don Juan Antonio de Zárate, mi secretario de guerra de tierra, para que se encaminen con las demás órdenes que han de ir por aquella dicha, ejecutárase así. En Madrid, a 4 de enero de 1678. Al gobernador del Consejo"[813].

O la compra de caballos para suplir las pérdidas habidas en los enfrentamientos bélicos acaecidos en tierras de Cataluña: "Siendo justo y conveniente adelantar por

---

812 B.N., mss., 10.901, p. 399.

813 A.H.N., *Consejos*, Leg. 12.585.

todos medios la remonta de la caballería para el ejército de Cataluña, he resuelto que por el Consejo se despache cédula a Gaspar, Juan y Pedro Delgado, hermanos vecinos de Granada, para que puedan comprar doscientos caballos en las ciudades de Sevilla, Córdoba y Jaén, y otras villas y ciudades de Andalucía, por el término de dos meses próximos, y mando se ejecute así. En Madrid a 29 de enero de 1678"[814].

Los que si recibieron aquellos impulsos renovadores por parte del gobierno de don Juan de Austria serían el Estado y la Iglesia, conceptos muy cercanos en la España de aquella época. Como ya ocurriese en 1670 y 1674 volvería a hacer misiones en sus territorios. A una mayor instrumentalización de la iglesia en tales fines le correspondía el énfasis que se intentaba dar a la autoridad estatal en las cuestiones relacionadas con la administración y contribución eclesiástica. Una a una, don Juan José de Austria trató de recuperar las atribuciones cedidas a la iglesia durante los años de la regencia de Mariana de Austria. Consiguió, gracias a la intervención del Vaticano, volver a comprometer al clero a pagar las "*tres gracias*", según lo dispuesto en un breve de 5 de noviembre de 1677.

Del mismo modo se promulgaron decretos que daban al Estado el control de los sínodos de las órdenes en España, que en el caso de las carmelitas, en 1678, llegaron tan lejos que provocaron el enfrentamiento abierto entre el Nuncio y el Consejo de Castilla[815]. Otras resoluciones fueron dirigidas a reducir el número de fundaciones y de nuevos conventos.

Un terreno fronterizo entre esta reforma exterior e interior y la política de ahorro era el de las pragmáticas del vestir, de las que hubo más de un decreto. Con un afán que hoy en día resulta grotesco, los ministros dedicaron igual atención a asuntos tales como la reconstrucción de Castilla, el endeudamiento del Estado o la moda de la época; apelando a argumentos católico-morales se exhortaba a los españoles a vestir de manera sencilla y decente. Sin embargo, estas amonestaciones piadosas no parecían garantizar de forma alguna que se pondría freno a esta forma de exhibir las posiciones jerárquicas y sociales[816].

Alberto Risco[817], desde una postura ciertamente *antidonjuanista*, se encarga de relatar en su obra otros tipos de actividades reformistas de don Juan de Austria, y que sin género de dudas responden mucho más a la crítica que a hacer un análisis sobre la gestión que realizara: "Una de ellas se compendia en un decreto de 1º de abril, en donde el Rey ordena que *para dar forma a la concurrencia que habrá de tener en público don Juan de Austria con mi persona, he ordenado que vaya don Juan delante de mí, con preferencia a los Grandes de España, y que en la capilla se ponga a don Juan silla de brazos con almohada para arrodillarse*. Ello era privilegio de los príncipes, y solo se le había concedido antes a los príncipes de Parma y de Florencia".

---

814 A.H.N., *Consejos*, Leg. 12.585.

815 Vid. Castilla Soto, J., "El valimiento de don Juan de Austria...", pp. 202 y ss.

816 Vid. La obra de Fray Juan G. Sicardo, *Juicio theológico moral que haze de las galas, escotados y afeites de las mugeres el Maestro J.B.S.*, Madrid, Sanz, 1677. La obra va dedicada al Cardenal de Aragón.

817 Risco, Alberto, *Don Juan de Austria, Hijo de Felipe IV. Juan de la Tierra*, Madrid, 1918, p. 260.

Continua Risco citando otro decreto, en donde don Juan ordenaba que la estatua ecuestre de Felipe IV, que Valenzuela había encaramado en el arco que daba acceso a la plaza de Palacio, fuese eliminada de aquel emplazamiento y devuelta a los jardines del Retiro, de donde se sacó, "para que no quedase ni rastro de la maldecida memoria del antiguo Valido". A esta acción citada aludía un pasquín, que apareció en las puertas de la panadería de la plaza Mayor:

¿A qué vino el señor don Juan?
A bajar al caballo y subir el pan.

Concluye este autor indicando que el conjunto de medidas de don Juan, en relación a sus actuaciones urbanísticas en la Corte "... se redujo, en limpio, a introducir en Madrid el alumbrado público, en que no se trataba de una instalación muy costosa; 12 faroles de aceite puestos en las galerías de la plaza de Palacio, dos en la calle del Tesoro, y los que pusieron por cuenta propia las Comunidades y los ricos en la puerta de sus casas".

La boda del Rey Carlos II

Y finalmente la ansiada boda del Rey. En efecto, la boda del monarca se había convertido en un asunto de suma importancia para los intereses españoles, y ello en principio era incompatible con el malestar que vendrían a generar aquellas medidas. El propio Carlos, incluso, asumía la necesidad de contraer matrimonio cuando venía a indicarle claramente a Mariana de Austria, en aquellas misivas que se dedicaban madre e hijo entre el destierro toledano y la Corte: "en cuanto a mi casamiento, reconozco también lo mucho que conviene no dilatarlo ya, y tengo muy presente lo que te he escrito a ti y a mi tío, y está cierta que si, por precisas consideraciones de conciencia y obligación propia, hubiere de pensar en sujeto que pueda, mediante el favor divino, darme prontamente sucesión, serás tu y mi tío los primeros, no sólo que se conformen con ello, sino que la aprueben; y porque en breve espero escribirte sobre este negocio, sólo te pido ahora que lo encomiendes a Dios, que te guarde".

Con todo, y aunque muchas serían las candidatas que se barajaron como posibles esposas para el Rey de España, el bastardo de Felipe IV intervendría directamente en dicho asunto. Por lo pronto el origen de la futura Reina no sería austriaco, sino francés. Se trataba, de una costumbre, poco asentada, y que no obligaba a nada.

Don Juan conocía muy bien aquel hecho, e interesado como estaba en disminuir la influencia de los Habsburgos en tierras ibéricas, maniobraría con habilidad para disponer las voluntades de los miembros del Consejo de Estado, las del propio Rey, además de la de Mariana de Austria, dirigiéndolas hacia una princesa de Francia, lugar en donde se determinaban todas y cada una de las decisiones principales.

En ese verano madrileño, entrado el mes de julio, cuando llegaba a la Corte por la posta de Francia el secretario del marqués de los Balbases, portando la noticia del ajuste definitivo de la boda del joven rey Carlos, se sucederían luminarias y regocijos. Antes, el 25 de abril dicho marqués llegaba a París enviado por don Juan de Austria, con la misión de solicitar la mano de María Luisa de Orleáns, aunque la ceremonia pública, así como la presentación de credenciales se demoraría hasta junio.

Y es que en contra de las recomendaciones que don Juan de Austria recibiese del Consejo de Estado, hizo valer su decisión última y concertaría con Francia la boda del monarca español con la gala. La elegida sería María Luisa de Orleáns. Esta princesa había nacido en París, en 1662, y era hija de Felipe de Orleáns y sobrina, nada menos, de Luis XIV, Rey de Francia. Parece ser que fue éste el encargado final de concertar su matrimonio con el joven Rey Carlos II. Así las cosas, aquella boda se contraería en París, el 31 de julio 1679 cuando contaba tan sólo 17 años.

Antes, el 12 de junio Carlos II escribía a Mariana de Austria, quién venía desde hacía tiempo interesándose por la boda de su hijo: "Quedo muy gustoso de que te halles mejor, después de los remedios. Yo estoy bueno, a Dios gracias, y aunque ha hecho algunos días buenos para el, no he podido salir por las funciones que ha habido estos días, que se han hecho muy bien. En cuanto a mi casamiento no ha habido novedad, porque Balbases aguardaba los papeles y cartas que se le enviaron, y yo te avisaré cuando es tiempo de que escribas al Rey y al duque, no dudando de tu atención lo que dices tocante a no dar a entender la mortificación que puede haberte causado el que Dios haya dispuesto diferentemente esta materia; pues este sentimiento es tan natural como de tu prudencia no manifestarle".

Diez días después, el 22 de junio, escribía el Rey a su madre indicándole que "Balbases escribe que ha entregado ya las cartas y que queda aguardando la respuesta, habiendo sido oída su proposición con todo agrado y estima".

La impaciencia del monarca iba en aumento conforme iban sucediéndose los días. En este sentido el 29 de junio escribía a su madre indicándole que "No ha llegado carta de Balbases. El tiempo más propio para el agasajo que dices a la que ha de ser mi mujer será cuando entre en España, que yo entonces estoy también en enviar algún regalo, y te avisaré de lo que fuere, porque no se encuentre con el tuyo…".

Por fin, el 13 de julio remitía el Rey un billete a Toledo, en donde indicaba que "acaba de llegar el secretario de Balbases con aviso de haber venido el Rey y su hermano en mi casamiento con su hija". Según lo publicado en la *Gaceta Oficial* podemos ver con nitidez aquello que aparecía a los ojos de Carlos II como de un asunto de tan suma importancia, aunque, como no podía ser de otra forma, detrás estuvo siempre don Juan de Austria: "Jueves, a las diez de la mañana, llegó por la posta de la Corte de Francia que se hallaba en San Germán en Laya, don Francisco de Urbina, caballero de la Orden de Santiago, Secretario de Su Majestad en aquella embajada, despachado a 2 por el señor Marqués de los Balbases con la noticia de estar ajustado el casamiento de nuestro monarca. Por la tarde, a las seis, fue Su Majestad a dar gracias a la Divina Providencia en el Santuario de Atocha, y a la noche hubo una famosa máscara, que corrieron 56 caballeros, y ésta y las dos siguientes se pusieron luminarias. Su Majestad, nombró al señor Duque de Pastrana Gentilhombre de su Cámara, para llevar la joya a la Reina nuestra señora con carácter de embajador extraordinario al Rey cristianísimo".

Sin embargo no todo eran alegrias ya que en aquellos momentos de felicidad del Rey Carlos, don Juan de Austria se encontraba enfermo, teniendo que guardar cama. Los médicos indicaron que se trataba de una terciana sencilla que llegaba apretada de fiebres. No fue así, puesto que de inmediato vinieron a presentarse continuos vómitos, sufriendo el bastardo unos fuertes dolores de hígado. Pero si terribles eran los dolores físicos, peor lo serían los psicológicos, procedentes del olvido y la soledad en la ahora que se hallaba.

Antes de la celebración nupcial, habían venido las previas capitulaciones matrimoniales, que fueron firmadas el 9 de julio en París, y obtenida la dispensa de parentesco por el Papa. Con todo, aquel enlace vino a celebrarse por poderes, respondiendo a una práctica bastante común entre las familias regias de Europa, primero en tierras galas, en Fontainebleau, el 31 de agosto de aquel año, en donde el Rey Carlos estaría representado por el príncipe de Contí; y luego fue ratificada el 19 de noviembre ante el patriarca de las Indias en Quintanapalla, en la actual provincia de Burgos.

La primera entrada pública de esta real pareja en aquella localidad castellana tendría lugar al día siguiente, mientras que la llegada a Madrid debería esperar hasta el 2 de diciembre, siendo celebrada la entrada solemne de la reina el 13 de enero del año siguiente. Con respecto a la adaptación de la mujer del Rey Carlos, cuentan las crónicas que nunca se adaptó bien a la vida en la Corte española, y que tampoco congeniaría con su suegra, Mariana de Austria.

Sobre dicho matrimonio, Maura habla abiertamente de una unión de funestas consecuencias para España, no fue obra de patriotismo, ni se vino a inspirar en razón alguna de interés público, sino en la "torpe ambición del primer ministro de colocar junto al Rey a una hechura suya que le protegiese contra doña Mariana"[818]. De este modo la separación entre madre e hijo sería casi absoluta, y Carlos II estaría totalmente en manos de su hermano.

Existe un interesante documento impreso, titulado "*relación verdadera, donde se da cuenta de la real jornada que ejecutó el Rey nuestro señor, don Carlos Segundo (que Dios guarde), el día 21 de octubre de este presente año de 1679, para salir a recibir a la Reina, nuestra señora, doña María Luisa de Borbón. Refiérese a la grandeza, majestad, y aparato regio que Su Majestad lleva, y los grandes, títulos y caballeros que van asistiendo a su real persona*", en donde se pone de relieve aquella segunda de las importantes salidas de la Corte que hiciera del Rey a lo largo de su vida, tras aquella que realizara en 1677 que le llevó a tierras del reino de Aragón:

> "El día cuatro de este presente mes salió de esta Corte el último séquito de la real familia de la Reina nuestra señora, en que fue su caballerizo mayor con el lucimiento que ya se ha referido, y es notorio; y el día cinco inmediato se dio principio

[818] Maura, G., *Carlos II y su Corte...*, op. cit., pp. 448-449.

a la marcha de la real familia de nuestro gran monarca, con treinta briosos caballos, precedidos de dos trompetas, y todos encubertados de ricos terciopelos carmesíes, bordados maravillosamente de finísimo realce de oro, y con hermoso dibujo grabadas las reales armas, siendo los jaeces preciosos, y de inestimable valor, como las alhajas de tan invicto dueño, y a cada uno llevaba un palafrenero, vestidos todos de regia librea, y luego los demás días hasta el de la feliz jornada de Su Majestad fue saliendo sin cesar carruaje de azemilas, galeras, y bagajes, en que se conducía todo lo necesario a la real familia"[819].

De esta forma,

"el día 20, a las cuatro de la tarde, salió la recámara del señor condestable de Castilla, mayordomo mayor de Su Majestad católica, la cual se componía de azemilas con ricos reposteros de sus armas, llevando delante dos clarines, con vaqueros azules, y hermosas guarniciones, y pasamanos encarnados, y a cada azemila llevaba un mozo, vestido de la misma librea, y para su cuidado iban de retaguardia dos ayudas de cámara de su excelencia, y el guardarropa, costosamente vestidos de azul, y plata; y a ellos seguían veinte y cuatro lacayos en sus mulas, vestidos de la misma librea. Y luego seis pajes, con sus libreas de azul, y plata, botas y espuelas, y con vistosos plumajes en los sombreros de blancas y azules plumas, a que se siguió el caballerizo y demás familia.

Con esta misma orden salió la recámara del excelentísimo marqués de Guevara, llevando diez azemilas, con resposteros de terciopelo carmesí, bordados de realce de oro, y en todos ellos las armas de su casa, y después de ellas muchos criados a caballo de alta y baja esfera, todos con vistosas galas, y plumas de diversos colores, manifestando todos la grandeza y liberalidad de sus nobilísimos dueños"[820].

Y por fin se pusieron en camino:

"Llegó el feliz y deseado día en que Su Majestad había de ponerse en camino, y siendo así, que todos los antecedentes fueron lluviosos, oscuros y tristes, durando su tesón, con tempestad de truenos y aguaceros hasta el sábado 21, al amanecer rompió el alba este día tan hermosa y serena, que anunció claridades y luces. ¡Que mucho! ¡Si había de salir el gran sol de España a regocijar con lo resplandeciente de sus rayos los dilatados espacios del horizonte español! Que previsto por el Planeta Mayor, rompiendo los estorbos todos de la diáfana esfera, desterró con vigoroso esfuerzo lo denso de las nubes, y se dejó ver tan bello como el mismo, dando a entender el Mundo, que día en que salía el Sol de la Cristiandad a recibir a su amada esposa, no era justo dejase él de mostrar benignas sus influencias, para tener su parte en tan debido obsequio"[821].

---

819 A.H.N., *Estado*, Libro 1.009, pp. 508-509.
820 A.H.N., *Estado*, Libro 1.009, pp. 508-509.
821 A.H.N., *Estado*, Libro 1.009, pp. 508-509.

En este sentido,

> "a las ocho de la mañana estaba la de palacio tan llena de carrozas, y coches de señores títulos, y nobleza, que apenas se podía romper, unos que eran de jornada, y otros que iban a despedirse de Su Majestad. Y a las nueve en punto subió un desayuno para el Rey nuestro señor, a que asistieron muchos señores, sirviéndole la copa el señor conde de Monterrey. Y a las diez se dispuso la marcha, que fue en este forma"[822].

Y la marcha no pasaría inadvertida para nadie:

> "iban dos trompetas delante, que eran de Su Majestad, con sus vaqueros de color amarillo, y fajas de terciopelo carmesí, libera sólo concedida a los criados de su real familia, y después de ellos el teniente de la guarda alemana, en un bizarro caballo tordillo, vestido su dueño de lana pasada, de color anteado, todo bordado de realce de plata y oro, a quien acompañaban soldados de las guardas española y tudesca, abriendo por todas partes franco el paso. Y después se seguían seis coches de Su Majestad, que los ocupaban los señores duques de Medinaceli, duque de Pastrana, el señor don Antonio de Toledo, primogénito del señor duque de Alba; los señores marqueses de Guevara; marqués de Ariza; marqués de Castelnovo; conde de Baños; conde de Altamira; conde de los Arcos; capitán de la guarda española; y otros señores. Y asimismo los caballeros pajes, y otras personas de cuenta de la real casa. Y después de todos iba el coche de Su Majestad, llevando a los caballos a los señores Condestable, y Almirante de Castilla, mayordomo mayor uno, y caballerizo mayor otro de Su Majestad católica, y al estribo de la mano derecha al señor don Joseph de Sandoval Silva y Mendoza, primer caballerizo"[823].

Pero sobre todos ellos destacaba el Rey Carlos:

> "Llevaba el Rey, nuestro señor, un vestido de precioso paño de su nombre de color de ámbar, primosoramente bordado y matizado de hermosos ramos de oro, y lazos de plata, si bien en los generosos de su real presencia deslucía su vestido, porque a vista del Sol cualquiera luz es tinieblas"[824].

Aunque no dejaban, tampoco, de destacar aquellos altos nobles que le acompañaban en esta feliz jornada:

> "El señor condestable llevaba un vestido del mismo color, y tela bordado de oro tan estrechamente, que apenas se divisaba el fondo, y el señor duque de Medinaceli era de la misma calidad, y sólo se difería en que se miraban a trechos, entre el bor-

822 A.H.N., *Estado*, Libro 1.009, pp. 508-509.
823 A.H.N., *Estado*, Libro 1.009, pp. 508-509.
824 A.H.N., *Estado*, Libro 1.009, pp. 508-509.

dado de oro, ramos y matizadas flores de argentada plata, con admirable concierto y compostura.

Y para decirlo de una vez, todos los señores salieron con tan ricas y preciosas galas, tan bizarros de adornos, cabos, bandas, plumas y joyas, que se competían sin excederse, no dejando que desear al más melindroso gusto, ni que hacer a la envidia, pues si alguno de estos héroes fuera capaz de tenerla, había de ser de sí mismo, siendo tanta la grandeza de todos, que ninguno pudo adelantar al otro, y todos tiraron la última línea para igualarse, dando su majestuosa pompa copioso asunto a la inmortalidad; bariles al bronce y voces a la voladora fama, para que en repetidos ecos de su sonora trompa resuene en todo el ámbito terrestre, anunciando hasta el clima más recóndito las grandezas de España, y de sus ilustres hijos" [825].

Con respecto a los que le asistían, cuentan las crónicas que:

"Asistía a nuestro gran monarca la noble guarda de a caballo, por tocarle precisamente la función de reales bodas. Todos llevaban lanza en mano, y morrión claro en la cabeza, con plumas blancas, amarillas y encarnadas, librea real amarilla, y tocas y espuelas. Y los caballos con sus penacheras de plumas del mismo color, que formaban un país muy bello" [826].

Y detrás del Rey venían los restantes que conformaban su séquito, todos camino de la iglesia de Santa María, en donde esperaba la Reina Mariana de Austria:

"Después del coche de Su Majestad iba la recámara del señor duque de Medinaceli, que se componía de veinte azemilas, con reposteros de color verde, y en ellos de buena pintura las armas de su excelencia, llevando cada azemila un mozo, vestido de paño verde, con galones de seda encarnada, y blanca, y delante de ellas iban dos trompetas con vaqueros verdes, guarnecidos hasta abajo del mismo galón.

Seguíanse luego doce lacayos con la misma librea, y detrás de ellos iban seis pajes, vestidos de paño de Holanda de color perla, con encajes encarnados, todos a caballo, y muy bizarros de cabos, bandas y plumas de varios matices.

Luego iba una calesita de camino muy aseada, toda adornada de pintura, y tras ella una litera y dos coches, rematando todo este aparato los ayudas de cámara, guardarropa, y demás criados de su excelencia, y detrás de todos sus caballerizo, vestido de amusco y plata, con todo primor y costa excesiva.

A este equipo seguía número crecido de carrozas y coches de señores y títulos, que afectuosos y leales seguían a Su Majestad, que se encaminó desde palacio a Santa María, plazuela de la villa, platería, puerta de Guadalajara, plaza Mayor y calle de Atocha, hasta llegar a la presencia de la divina y celestial imagen de este nombre, en cuyo santuario oyó con suma devoción el sacro santo sacrificio de la misa; y

825 A.H.N., *Estado*, Libro 1.009, pp. 508-509.

826 A.H.N., *Estado*, Libro 1.009, pp. 508-509.

despedido de tan Divina Señora, pasó al Buen Retiro, a donde gozosa le aguardaba la Reina madre, nuestra señora"[827].

Tras ello, comenzaría la jornada que le conduciría al encuentro de María Luisa de Orleáns:

"Y después de un cariñoso coloquio, comieron juntos ambas majestades. Y habiendo tomado el Rey nuestro señor la bendición de su heroica madre, dio principio a su primera jornada, que se dirige a hacer noche en Alcalá de Henares, a donde se dice le tienen prevenidos todos, fuegos, y una gallarda Suiza de bizarros soldados.

Después de estar Su Majestad en Atocha pasó por la calle Mayor la recámara del señor conde de Oropesa, llevando dos trompetas delante, con sus vaqueros de paño verde, con encajes de encarnado y blando, a quien seguían veinte y cuatro azemilas; las doce primeras con reposteros de terciopelo carmesí, con las armas de su casa, bordadas de realce de oro; y las otras son de la misma tela y porte, pero de más valor y estimables primores, y todas con garrotes y medallas de plata. Y luego iban seis caballos encubertados de lo mismo, que los llevaban seis mozos montados en sus mulas y vestidos de la misma librea, y a todo esto seguía la familia de pajes, lacayos, ayudas de cámara, guardarropa y caballerizo, vestidos todos airosamente cada uno según su grado y esfera.

Siguiese a poco espacio de tiempo la recámara del Rey nuestro señor, precedida de dos trompetas, vestidos de la real librea, y tras ellos iban treinta azemilas, con riquísimos reposteros, unos de terciopelo amarillo, y otros de carmesí, con finísimo realce de oro, y en todos grabadas con todo el rigor del arte, las armas de Su Majestad. Y luego iban doce caballos encubertados con ricos terlices de terciopelo amarillo, recamados de finísimo oro, y así los caballos, como las acémilas llevaba su mozo cada una, con la misma real librea, y luego todos los criados de la real caballería, asistidos de su jefes".

Continúa la crónica indicando que:

"Los señores y demás familia que van sirviendo a Su Majestad en esta jornada son: el señor patriarca, el padre confesor, los capellanes de honor, ayuda de oratorio, los señores Condestable de Castilla, Mayordomo Mayor; duque de Medinaceli, sumiller de corps; conde de Baños; marqués de Castelnovo; marqués de Ariza; conde de los Arcos; capitán de la guarda española; conde de Oropesa; don Antonio de Toledo, primogénito del señor duque de Alba; duque de Híjar; conde de Talara, primer gentil-hombre que lleva 30 lacayos y gran lucimiento; conde de Altamira; y marqués de Guevara; y el señor don Jerónimo de Eguía, Secretario del Despacho Universal; y el Maestro de la Cámara; y el Contralor; y don Bernabé de Ochoa; y los tres caballerizos de Su Majestad; los caballeros pajes; los médicos de cámara; los médicos de familia; el licenciado Oliver; el licenciado don Diego Serrano; los barberos de cámara; los

[827] A.H.N., *Estado*, Libro 1.009, pp. 508-509.

sangradores; el comprador; las lavanderas; los ugieres de cámara; los ugieres de Saleta; el cortacallos; los alguaciles del Bureo; el parte y el aposentador.

Esto es cuanto se ofrece decir del viaje de nuestro católico monarca, que la divina majestad de Dios traiga a su Corte, en compañía de su amada, y esclarecida esposa, como ansiosamente desea la lealtad española"[828].

Con todo, un fin trágico esperaba a la Reina de España, falleciendo a los 27 años, en 1689. Parece ser que después de un paseo a caballo la Reina empezó a sentir un fuerte dolor de estomago, que la tuvo postrada en la cama por la tarde, falleciendo al anochecer. Se han barajado numerosas hipótesis sobre su muerte como el envenenamiento pero en la actualidad parece ser que murió de una apendicitis con trastorno peritoneal[829].

Con todo, aquella relación matrimonial no daría el tan ansiado heredero al Rey Carlos, siendo más que famosa aquella rima que pedía a la Reina que engendrase un hijo viable:

"Parid, bella flor de lis,
que en aflicción tan extraña,
si parís, parís a España,
si no parís, a París".

---

828 A.H.N., *Estado*, Libro 1.009, pp. 508-509.

829 Sobre ello, vid. Vera Tassis y Villarroel, J. de, *Noticias historiales de la enfermedad, muerte y exsequias de la esclarecida reyna de las Españas, doña María Luisa de Orleáns, Borbón Stuart y Austria... dignísima consorte del Rey... don Carlos Segundo de Austria...*, Madrid, Francisco Sanz, 1690.

CAPÍTULO ONCE:
UN FIN INESPERADO:
LA MUERTE DE DON JUAN EN PLENO EJERCICIO DEL MINISTERIO

Los últimos días de don Juan José de Austria

En el último de los años de su vida, 1679, cuentan las crónicas que el la tradicionalmente fastuosa procesión del *Corpus*, don Juan de Austria, a diferencia a lo exhibido en el año anterior, portaba en opinión de muchos de los que le vieron un semblante agotado, además de sentirse afectado por la soledad del poder, por más que su capacidad de acción continuase siendo grande. En efecto, desde que a finales de 1676 apareciese ante muchos como el cerebro e instigador de los actos que llevaron a la tan dura caída de Fernando de Valenzuela y obligaran a Mariana de Austria a "*exiliarse*" en el alcázar toledano, desafiando de paso la legalidad vigente, contando además con el aplauso de las clases populares, venía ostentando un poder *cuasi* infinito.

Pero es que además don Juan de Austria contaba como elemento básico a su favor con el apático carácter de su hermano el Rey Carlos, inhabilitado para mantener todo criterio personal, en cualquier acto que supusiera pasar el filtro de la recia personalidad de su hermano.

El Rey Carlos sentía verdadero pánico cuando se le obligaba a fijar la atención en un asunto concreto y, seguramente por ello, aborrecía, como años antes había ocurrido con su madre, lo tedioso de los asuntos de gobierno. Además, la bondad infantilizada de su persona y la irascibilidad caprichosa de su temperamento le empujaban a estar siempre asistido y acompañado. Y eso precisamente fue lo que hizo siempre don Juan de Austria, desde aquel mismo instante de la mañana del 23 de enero de 1677 cuando el bastardo se presentase en el Buen Retiro para asumir el poder, proclamándose allí mismo, y ahora de manera efectiva a diferencia de lo acontecido en 1675, la mayoría de edad del Rey Carlos al librarle de las influencias de su Madre y de aquella camarilla de gentes que liderase don Fernando de Valenzuela.

Un buen ejemplo de todo esto que narramos lo vemos personificado en la figura del marqués de Mancera, del cual es interesante leer con detenimiento:

"Papel del marqués de Mancera al secretario del despacho sobre las cosas que le pasaron con su Alteza.

Señor mío. Obedeciendo la orden del Rey nuestro señor (Dios le guarde), digo que el motivo que tuve ayer para ponerme a los reales pies de Su Majestad, y suplicarle me permitiera dejar el servicio de la Reina nuestra señora, fue haber intentado esa misma pretensión de Su Alteza el señor don Juan desde el mes de octubre de 1677, y no poder conseguirla.

Y las principales causas que me obligaron a moverla fueron:

La primera, haber reconocido a poco tiempo de mi llegada a Toledo, contra la palabra que pedí al señor don Juan, y me dio Su Alteza, cuando admití aquella ocupación, quedaba oídos, cuentos y chismes que debían despreciarse, y eso se percibirá de algunas cartas que se me escribieron de orden de Su Alteza.

La segunda, haberme escrito don Isidro de Angulo, secretario de la Reina nuestra señora, en 18 de octubre de 1677, constándole no ser conforme al agrado de Su Alteza restituir a su oficio en aquella caballeriza un sujeto de cuyo nombre no me acuerdo, por dependiente de don Fernando de Valenzuela, y representando a don Isidro, como tuvo noticia de la voluntad de Su Alteza, me respondió que por habérselo escrito de su orden don Francisco de Almolaez, su secretario, quedando yo por este medio humillado a recibir las órdenes de Su Alteza por mano o voz de don Isidro de Angulo..."[830].

Continúa dicho documento indicando que:

"La tercera, que habiendo algunos días que Su Majestad (que Dios guarde) se hallaba en el sitio de Aranjuez, pedí licencia a la Reina nuestra señora, con el justo título que la vecindad me permitía, para irme a poner a los reales pies de su hijo, pero con ánimo de no apartarme de ellos hasta conseguir la licencia. Mandome la Reina nuestra señora, con esta ocasión, llevase una carta, y que de palabra significase a Su Majestad sus ardientes, cariñosos y maternales ansias de verle, y abrazarle, aunque no fuese por más tiempo que una hora en aquel paraje, medio de la casa de la acequia. No me prohibió Su Majestad que lo propusiese también al señor don Juan, el cual me mandó expresamente no dar al Rey nuestro señor el mensaje de su madre, permitiéndome solamente entregar la carta. Y no pudiendo oír de Su Alteza sobre este y otros particulares desde las diez del día hasta la dos, que el Rey nuestro señor salió del campo, no se sirvió de hacerlo, señalándome hora para las tres, constando a Su Alteza y a todos los más que aquellos días precedentes había Su Alteza salido al campo a las dos, de que forzosamente quedaría la Reina nuestra señora, aunque no me lo ha dado a entender, con bastante mortificación, y yo con empacho de no ser mejor tratado de Su Alteza, por enviado de Su Majestad, y por mi nacimiento y proceder a la vista y censura de tantos como lo notaron"[831].

---

[830] A.H.N., *Estado*, Libro 875.

[831] A.H.N., *Estado*, Libro 875.

Acto seguido dirá que:

> "La cuarta, del suceso del decreto de la Reina nuestra señora, a favor de la mujer de don Fernando de Valenzuela, en el cual habiendo yo cumplido exactísimamente con mi obligación desde el instante que llegó a mi noticia, como lo sabe Su Alteza, y consta de instrumentos, me veo reprehendido del Rey nuestro señor, por carta de V.S. sin que baste a consolarme de esta ceniza no merecida en el discurso de más de 40 años de este servicio muy aceptos a su real padre, que goza de Dios, el poder de discurrir en que la carta de V.S. se escribió a intento de que la pudiese ver la Reina nuestra señora..."[832].

Después dirá que:

> "La quinta, haber tolerado el Rey nuestro señor, y Su Alteza que don Francisco de Bajadas, corregidor de Toledo, me sindicase y procesase sobre el cumplimiento de la obligación de mi empleo y puesto, de que me quejé a Su Majestad y a Su Alteza, pidiendo pública satisfacción, que nunca se me ha dado, ni lo es el haberle enviado sucesor porque lo estaba declarado mucho tiempo, antes dije a V Señoría el principio que explicaría las causas principales que me necesitaban a pedir licencia y así omito ahora lagunas ocasionadas como inferiores que expresaré a su tiempo, ni lo fuere por dejar el servicio de mi ama el no haber cumplido Su Alteza lo que me ofreció, que es que la lleve de entrada para mí y un hábito o título de secretario del Rey nuestro señor, para don Jerónimo Carrillo mi secretario, ambas cosas con el plazo de 15 ó 20 días de mi llegada a Toledo, y que Su Majestad, Dios le guarde, no concedería la del consejo de Estado a otro antes que a mí nada de esto me apartara como dejo dicho, a los reales pies de Su Majestad la Reina, nuestra señora, viendo que me causaba mucho desconsuelo de tal desprecio y que el marqués de Cerralvo por caballerizo mayor de Su Alteza se ha preferido el mayordomo mayor de la Reina nuestra señora, que le prefirió con tan grande distancia en antigüedad y consecuencia de servicios y no le exceda otra calidad, y requiriese lo que únicamente me obliga de la representación hecha y asistir en ella con todo rendimiento es el del honor de mi sangre que repugna toda acción digna y más la de ser ruin criado de la Reina nuestra señora, por obedecer tan diferentes mandatos como los de Su Alteza, y tan opuestos a la ternura maternal y filial, y al consejo y edificación universal de estos reinos de toda la república cristiana.
> Dios guarde a V.S. los años que le deseo, Madrid, a 2 de febrero de 1679"[833].

En todo caso, y como veníamos indicando, en la procesión del *Corpus* de 1679, el envejecimiento del bastardo resultaba evidente. Y si el Rey Carlos portaba elegantes bordados y tafetanes, y orgulloso de la famosa *Peregrina*[834], mostrándose exultante,

---

[832] A.H.N., *Estado*, Libro 875.

[833] A.H.N., *Estado*, Libro 875.

[834] Esta perla, llamada *Peregrina*, fue pescada en el mar del Sur en 1515, perteneció a un antepasado de los condes de Puñonrostro, luego a doña Isabel de Bobadilla, de la casa de Chinchón, y, finalmente, a la emperatriz Isabel, que la incorporó al patrimonio de la Corona de España. Pesaba 52 quilates y tres gramos,

feliz, un adulto capaz de asumir sus responsabilidades como rey..., su hermano don Juan carecía ya del brío necesario para lucir su magnífico traje. Cuan diferente era ahora de épocas pretéritas, épocas de juventud cuando se paseaba por media Europa en busca de aquel lugar que por su origen creía le pertenecía[835].

En este momento don Juan aparece y se siente más frágil que nunca. El desengaño asaltó su espíritu y, aun sin querer reconocerlo, sentiría que el peso del hastío y de la melancolía se presentaban ahora muy cercanos a él, adueñándose de su espíritu que antes fue altanero y ahora veía como se postraba a su languidez. En este momento observa con relativo desprendimiento, las miradas entre agresivas y torvas de aquellos que no mucho antes le alababan; y percibe de primera mano la fragilidad de la ambición, lo vano de los sueños.

Cuentan las crónicas que el verano del año que vio morir a don Juan fue fresco. En este sentido nos relata Maura como el hijo bastardo del rey Felipe IV, en ese intento de acompañar al joven Carlos hasta casi en los momentos más íntimos de su vida, ante el temor de que su frágil carácter se viese expuesto a cualquier perturbación por parte de terceros, y con ello perder su afecto, continuaba a su lado a pesar de no hallarse en buen estado de salud.

Ese notable afán por acompañar al joven Carlos, quizá en ese intento ya observado por controlar su voluntad, le acarrearía, obviamente, a don Juan de Austria no pocas críticas por parte de sus adversarios políticos. Así rezan numerosos pasquines que circulaban por aquel Madrid que le vio desarrollar sus tareas de gobierno:

> "colocado Don Juan en el alto ministerio, no pudo corresponder a los buenos deseos, ni a las esperanzas de la Nación. Se le censuró que se ocupara más de procurarse las distinciones de su empleo, que en buscar la felicidad de los pueblos ya que las desgracias que padecía la Monarquía en su tiempo eran todavía mayores que las que habían padecido en los años antecedentes" [836].

Pero su salud seguía empeorando. En este sentido, el jueves 24 de agosto de 1679 sintió don Juan a su regreso de esos paseos campestres, una ligera destemplanza acompañada de dolor de cabeza, retirándose a su habitación para descansar. Ya al día siguiente no pudo levantarse, debiendo continuar con su recuperación.

Cuenta un texto de la época, que ya el 27, a las dos de la tarde, le repitió crecimiento manifiesto con leve frío en los extremos y algún quebranto en todo el cuerpo, que terminó después de ocho horas de calentura con un sudorcillo universal, quedando

---

y como en tiempo de Carlos II las perlas que excedían de 20 gramos se tasaban a razón de cinco reales de plata por gramo, el valor de entonces de dicha perla serían unos 222.605 reales de plata.

835 Nos viene ahora a la mente la descripción que de Juan José de Austria hiciese una dama de la Corte francesa, cuando éste volvía a España tras los desastres de los Países Bajos: "Vino vestido de camino con grueso traje gris, coleto de terciopelo negro y botones de plata, todo ello a usanza francesa. El príncipe nos pareció pequeño de estatura, pero bien formado. Tenía rostro agradable, cabellos negros, ojos azules llenos de fuego; sus manos eran bellas y su fisonomía inteligente".

836 . B.N., mss., 18.206.

libre todo el día siguiente, en el cual se sangró, precediendo la seguridad del vientre. Y ya nunca más volvería don Juan a recuperar la salud por completo, continuando en ese trance cuando el 31 de agosto se celebrase la ceremonia del juramento de las paces entre las monarquías de España y Francia.

Poco tiempo después, el 7 de septiembre, y a la vista de que la enfermedad de don Juan de Austria continuaba agravándose por momentos, vino éste a realizar testamento[837], en donde disponía sus últimas voluntades. Cuenta el duque de Maura que se hallaba atormentado por los cirujanos con purgas, sangrías, sajas, sedales y "cuantas puertas fueron posibles para dar éxito a tanta y tan maligna materia". La cosa se agravó cuando el lunes 11 de ese mismo mes hizo mella en su espalda y tórax una erisipela, que vino a durarle dos días. A partir del día 13 no cesaría su situación de delirio, repitiéndose constantemente ataques compulsivos.

Ese mismo día, y aun a pesar de las difíciles circunstancias en las que se hallaba el primer ministro de la Monarquía Hispánica, Mariana de Austria escribía a su hijo Carlos interesándose por su situación personal, amén de indicarle el interés que tenía el hecho de engendrar un futuro sucesor: "Hijo mío de mi vida: te estimo mucho que me enviases la relación de todo lo que pasó en tu desposorio, que me he holgado mucho de saberlo. Yo estoy buena, a Dios gracias, que la jaqueca de ayer fue bien grande. También te estimo infinito que hayas perdonado a Mancera y que vuelva a servirme en su puesto, y con tu permiso se lo dije luego a su mujer para que le despachara propio con el aviso. También ha sido muy de tu grandeza el perdonar a los demás desterrados, como el Almirante, Astillano y Aguilar, que la ocasión ha sido muy a propósito para ello. Como don Juan se halla indispuesto, aunque me holgaré pase adelante la mejoría que dices tenía, no le escribo ahora por no embarazarle, dándome por servida y estimándole lo que ha hecho de su parte por Mancera, y estando mejor lo haré. Muy bien hicistes en celebrar esta buena noticia, que la máscara debió de ser muy buena; acá también he tenido tres días de luminarias, con toda la festividad posible...".

---

837 Aparte de lo contenido en el documento que seguidamente expondremos, resulta interesante analizar lo que aportan las dos obras siguientes, que podemos encontrar en los anaqueles de la Biblioteca Nacional: *Testamento que ordenó el serenísimo señor don Juan de Austria, segundo de este nombre*, S.l.: s.n., s.a.; y *Testamento del serenísimo señor don Juan de austria (segundo de este nombre) y fervoroso acto de amor de Dios, que antes de recibir el divino Sacramento, hizo Su Alteza y el despedimiento amoroso de su hermano don Carlos Segundo, con las demás particularidades que verá el curioso lector*, Valladolid, imp. De Fernando Santarén, s.a.; *Despedimiento que hizo del Rey, Nuestro Señor (que Dios guarde) el serenísimo señor don Juan de Austria, su hermano, antes de su muerte. Testamento que ordenó, y fervoroso acto de amor de Dios que al tiempo de espirar executó Su Alteza delante del Devotísimo Christo del Amparo*, S.l.: s.n., s.a.

La muerte de don Juan de Austria

El sábado 16 de septiembre de 1679 don Juan de Austria agonizaba en su lecho, muriendo al día siguiente, catorce años después de que lo hiciese su padre, el Rey Felipe IV. Tenía don Juan la edad de cincuenta años.

A tenor de los resultados de la autopsia del cuerpo de don Juan, algunos de sus partidarios vinieron a atribuir su fallecimiento al veneno, como si aquel intento que años atrás protagonizara el conde de Aranda o Aytona ahora se hubiese manifestado nuevamente. En este sentido, los forenses, tras analizar su cadáver nos proporcionan algunos datos relevantes: "halláronse en la vejiga de la hiel dos piedras blancas, redondas y leves como piedra pómez: la una del tamaño de una nuez de especia, la otra del de una avellana; ésta tapaba el ducto o vena por donde se expurga la cólera en su estado natural, y se halló muy enviscado y teñido el hígado de este humor y difundido por la masa de la sangre. Ha causado admiración el no haber visto en el hábito del cuerpo ni en la orina (que siempre estuvo natural) señal de ictericia, y no menos el haber hallado gangrenado por lo interno del tórax, en correspondencia de la erisipela, sin haber precedido dolor ni dificultad de respiración. En las venas de la cabeza se halló la sangre concreta; mucha hubo extravasada en los ventrículos y demás espacios".

Mientras tanto el Rey Carlos, como si la cosa no fuese con él, seguía su actividad ociosa, incluso se dice que no se acercó a su lecho a lo largo de toda su enfermedad, o, tras esta, a su ataúd. Juan José de Austria murió solo y olvidado por muchos que en otras épocas aprovecharon su poder. Carlos había alegado temores de contagio.

Un día después de la muerte de don Juan de Austria, al mismo tiempo que su cadáver era embalsamado conforme a los mandatos del propio Carlos II, un correo portaba un billete del Rey a Mariana de Austria, su madre: "Madre y señora mía: ayer no pude escribirte por la muerte de don Juan, que se le llevó Dios a las dos, y ahora te despacho con este aviso, y después de él responderé a tus cartas. Tu hijo que más te quiere, Carlos".

Se acercaba la hora de que la antaño regente de la Monarquía Hispánica regresara a la Corte, dejando atrás su destierro dorado en el Alcázar de Toledo. Esa misma noche contestaba a su hijo dándole a entender sus pretensiones: "Hijo mío de mi vida: no he querido dilatar el responder a tu carta, que recibí poco ha, con el correo que me despachaste avisándome de la muerte de don Juan. Dios le haya dado el Cielo, que nada se le podía desear mejor. Me avisarás si haces alguna demostración por su muerte, para que haga yo lo mismo, pues no quisiera errar en nada...

Hijo mío: con el cariño de madre que te tengo, no puedo dejar de decirte que, ya que Dios ha permitido la muerte de don Juan, y tu por ti mismo puedes ya entrar en el conocimiento de todo, estoy con grande confianza que has de reconocer lo que por malos consejos e intención me han hecho padecer tan sensiblemente después que me aparté de tu compañía, que estoy con tan segura confianza de que te he de deber mi restauración en todo y por todo, que me pongo en tu voluntad para que dispongas lo que fuere de tu mayor gusto y servicio, que ése será el mío siempre, como has podido reconocer siempre; y obrando por ti, pues tienes tanta capacidad y conocimiento en todo, Dios te asistirá con su claridad para tus aciertos".

Como si se tratara de un símil de lo narrado por el *Cantar del Mío Cid*, cuando nos narran el hecho de ganar victorias después de muerto, Carlos II esperaría al día siguiente del entierro del bastardo para salir al encuentro de su madre[838], anunciándolo así el mismo día del entierro de don Juan de Austria: "madre y señora de mi vida: he recibido tu carta, de ayer, y no dudando de que te habrá causado todo el gusto que dices la noticia de habernos de ver tan presto, puedo asegurarte que no es menor el mío. Yo llegaré a esa ciudad, queriendo Dios, mañana a las once, y no tienes que salir de casa, sino aguardarme en ella, y si hubieras de responder me enviarás la respuesta a Aranjuez, donde dormiré esta noche".

En este sentido, el martes 19 de septiembre sus restos mortales, excepto su corazón que volvería a sus amadas tierras de Aragón para que encontrase su cobijo en la basílica de El Pilar de Zaragoza, serían introducidos en una caja de plomo, y ésta en otra de madera forrada en brocado rojo, metiéndose en la bóveda abierta bajo el coro de la iglesia del convento de las Descalzas Reales de Madrid.

Llevaba por mortaja el mismo traje que lució la boda de Carlos II, además del bastón y el manto capitular de la Orden de San Juan. Esa misma noche partirían sus restos mortales en dirección al monasterio de El Escorial, para depositar su cadáver en el pudridero, siendo acompañado en este su último viaje por sus más fieles partidarios.

Hoy día podemos acercarnos visitar los restos de este estadista de la segunda mitad del siglo XVII, en ese magno monasterio de El Escorial. En su tumba puede verse la inscripción "*Philippi IV filius notus*".

Con todo el programa diseñado por Carlos II, que ahora se sentía libre de las ataduras de su hermano, fue desarrollándose con precisión en lo que a la nueva relación con su madre se refiere. La visita no fue larga, ya que madre e hijo estaban en connivencia para el retorno de ella[839]. El sábado 23 ya estaba Carlos II de retorno a la Corte, aunque nuevamente lo encontramos en Aranjuez el miércoles 27 en donde una vez más se reunía con su madre. A media tarde del día siguiente ambos entraban en Madrid.

Con cierta nostalgia el duque de Maura nos transmite la idea de la superficialidad de aquellas gentes, que ahora aclamaban el regreso de Mariana de Austria, antes seguramente hubiesen apedreado a su antaño favorito, el jesuita Nithard cuando salía

---

838 Maura nos indica como el mismo día 19 de septiembre Mariana de Austria escribía al Rey un billete del tenor siguiente: "Hijo mío y de mi vida: aunque te escribí esta mañana, no he querido dejar de volver a escribirte, aunque no te tope ya en Madrid, para volverte a significar con cuanto consuelo estoy de haberte de ver tan presto, que apenas puedo aguardar la hora de que llegue tan deseado día de mí y que vengas bueno y no cansado".

839 Maura, G., op. cit., p. 483, nos transmite todo ello a través de la siguiente carta que Mariana envía a su hijo: "Hijo mío de mi vida: esta mañana, cuando desperté, tuve la carta de Medina, holgándome infinito de saber que llegases bueno, aunque tarde, a las nueve, porque no te hiciese descomodidad. Me holgaré que hoy lo pases muy entretenido en ese sitio y la jornada de mañana la hagas muy bien; también me harás gusto de enviarme a decir cómo llegaré a Madrid, porque salga del cuidado cuanto antes, y bien puedes considerar, hijo mío, que cada instante es mayor mi gozo y consuelo de haberte visto y con alborozo de volverlo a conseguir muy presto...".

desterrado de tierras de España en 1669, o hubiesen vitoreado a Valenzuela, o hubiesen aclamado a don Juan de Austria en 1677, cuando éste se hacía definitivamente con el poder de la Monarquía Hispánica.

No podríamos terminar este capítulo sin incluir, al menos en parte, el testamento de don Juan de Austria, en donde plasmará sus últimas voluntades, dejando como albaceas a algunos de aquellos personajes que más cerca había tenido en sus últimos años: el duque de Alba, duque de Medinaceli, don Juan de la Puente y Guerra, presidente de Castilla; cardenal de Portocarrero; además del padre fray Francisco Reluz.

No debemos olvidar que para testar, el hijo de Felipe IV, que por su condición de Prior de la Orden de San Juan de Jerusalén, en tierras de Castilla había profesado órdenes a lo largo de casi toda su vida, debía, previamente a la realización de su testamento, obtener licencia del pontífice para aquella finalidad, tal y como se define en los Capítulos que rigen la Orden, y que aparecen en la obra del hispalense Fernando de Escaño: "El capítulo quinto trata la cuestión de si los religiosos del Orden de San Juan pueden hacer testamento, y si después de hecho les sobreviniere licencia del Superior, si el testamento hecho será válido?... y se reduce a referir dos opiniones, y sus fundamentos. Y se resuelve que no pueden hacer testamento como los religiosos de otras religiones, en fuerza del voto de la pobreza no lo pueden hacer, y que así lo determinó el Estatuto de la Orden, que respeto de estar aprobado por Bulas Pontificias, prueba plenamente y decide la cuestión..."[840].

Con todo, veamos los aspectos más significativos del testamento de don Juan de Austria:

> "Testamento del serenísimo señor el señor don Juan de Austria. Hijo del señor Rey don Felipe 4º. Falleció Su Alteza el día 17 de septiembre. Año de 1679.
>
> En el nombre de Dios Nuestro Señor todo poderoso, que vive y reina para siempre sin fin; sea notorio a los que vieren este público instrumento testamento de Su Alteza el serenísimo señor don Juan de Austria, gran Prior de Castilla y de León, de la orden de San Juan, del Consejo de Estado de Su Majestad, Gobernador General de los Países Bajos de Flandes, Charalois y Borgoña, Generalísimo de la Mar, y Gobernador y Capitán General de las Armas Marítimas...
>
> En la villa de Madrid, Corte del Rey nuestro señor don Carlos Segundo, que Dios guarde, y ensalce felices años, estando en su real palacio a siete días del mes de septiembre de 1679 años, el serenísimo señor don Juan de Austria... hallándose en su cuarto enfermo en cama de la enfermedad que Dios nuestro señor fue servido de darle, en su bien juicio, memoria y entendimiento natural, creyendo, como firmemente cree Su Alteza en el misterio de la Santísima Trinidad... y deseando disponer Su Alteza desear cosas como conviene, y por que el tiempo para hacer y disponer su testamento con la enfermedad que padece es breve, para que se pueda hacer con buen acuerdo.
>
> Usando como Su Alteza usa del breve y bula que tiene de Su Santidad para poder disponer de sus bienes a su voluntad, y en la vía y forma que mejor haya lugar de

840 Escaño, F. de, op. cit., p. 18.

derecho y más firme sea otorga Su Alteza que da todo su poder y facultad cumplida en forma cuan bastante de derecho se requiere y es necesario al Ilustrísimo señor don Juan de la Puente y Guerra, del consejo de Su Majestad, y su presidente en el Real de Castilla, y al eminentísimo Señor Cardenal Portocarrero, Arzobispo de Toledo, y al reverendísimo Padre Fray Francisco Reluz, de la orden de Santo Domingo, confesor que al presente es de Su Majestad, y al que adelante lo fuere, y al excelentísimo señor duque de Alba, y al excelentísimo señor de Medinaceli, a todos los cuales y a cada uno in solidem Su Alteza da su poder cumplido, en forma para que pueda hacer, ordenar, otorgar y disponer su testamento y última voluntad, disponiendo de sus bienes en la forma que mejor convenga y les pareciere, haciendo mandar legados, memorias, y obras pías, según y como Su Alteza lo podía y debía hacer, que para todo y lo anejo y dependiente les da este poder *in solidum* con libre, franca y general autorización para que lo puedan hacer después del fallecimiento de Su Alteza, en el término que les pareciere, aunque sea pasado el de la ley"[841].

Pronto llegarán las primeras disposiciones, en este caso sobre su entierro o el reparto de sus bienes:

"Entierro. Cuando Dios nuestro señor fuere servido de llevar a Su Alteza de esta presente vida, es su voluntad se haga en la parte y lugar que Su Majestad mandase y fuere servido. Que esa elige desde luego.

Ítem. Dispone Su Alteza que las joyas que tenía ideadas para poner a los pies de la Reina nuestra señora se entreguen a Su Majestad en demostración de su rendimiento.

También es voluntad de Su Alteza se entregue a la Reina nuestra señora doña Mariana de Austria la alhaja que Su Majestad se sirviere de elegir.

Y respecto de que Su Alteza tiene comunicadas todas sus cosas con el doctor don Miguel de Frías, su confesor, es su voluntad que oyéndole sobre todo lo que le ha comunicado de su última disposición, los dichos señores, a quién da este poder Su Alteza, puedan disponer lo que mejor convenga y que se guarden y cumplan todos los papeles que de mano de Su Alteza y del dicho doctor Frías hubiere, menos en aquellos en que hubiere puesto y alterado.

A don Diego de Velasco, marqués de las Cuevas, de todo lo que ha sido a su cargo de los bienes de hacienda y rentas de Su Alteza, por la mucha confianza y satisfacción que ha tenido y tiene del dicho don Diego y de su verdad, y proceder no se le pida me de más cuenta de la que diere sin otra alguna de que le releva. Y continúe en cobrar las rentas y hacienda de Su Alteza hasta que disponga otra cosa.

Y para cumplir y ejecutar lo contenido en este poder, y en el testamento que es su virtud se hiciere Su Alteza deja y nombra por sus albaceas y testamentarios a los dichos ilustrísimos señor don Juan de la Puente y Guevara, eminentísimo señor cardenal Portocarrero, y reverendísimo padre maestro fray francisco Reluz, confesor de Su Majestad...

[841] B.N., mss., 10.901, pp. 1 y ss.

Y respecto de los empeños, que considera Su Majestad espera de su benignidad se ha de servir de mandarlos satisfacer, y atendiendo al desabrigo en que queda su familia también la pone a los reales pies de Su Majestad, para que con su real protección ponga el alivio que se promete.

Y por este presente Su Alteza revoca y da por ningunos, y de ningún valor ni efecto todos y cualquier testamentos, codicelos, poderes para testar y otras disposiciones que antes de este haya hecho...

Primeramente encomiendo mi alma a Dios, nuestro señor, y muy humilde y afectuosamente suplico a su divina majestad, que pues la crió a su imagen y semejanza..."[842].

En su testamento también viene a reconocer don Juan de Austria su falta de rigor, en lo que se refiere al cumplimiento de sus deberes religioso, especialmente en una persona como él, que desde la mocedad había sido designado como Prior de la Orden de San Juan en tierras de Castilla:

"Reconozco la demasiada profanidad con que he vivido, especialmente en el estado de religioso militar que he profesado, por tanto pido a Nuestro Señor perdón por lo mucho que he excedido en esta parte, ojalá Señor no hubiera sido así, sino siempre vivido con la debida templanza y moderación que nos persuade la doctrina, que con tan sagrados ejemplos nos dejó vuestro hijo y nuestro redentor. De lo dicho nace otra pena y confusión mía por haber profanado las rentas eclesiásticas, en gastos de banal ostentación del mundo. Verdad es que precediendo consulta de hombres doctos, que se contentaron con señalar una porción de ellas destinada para hacer limosnas a iglesias y a pobres, como se ha procurado ejecutar, mas como no pocas veces he excedido los límites de la cristiana moderación, confieso que ha faltado mucho y así humilde y dolorosamente pido a nuestro señor perdón, y también a las iglesias pobres, a quienes no he socorrido por no haberme mortificado y ajustado más de lo que la prudencia humana y dictámenes políticos me han persuadido, y el mismo perdón pido a los acreedores que en la propia conformidad debía y podía haberles pagado con puntualidad.

Como en tantos años he tenido gobierno y jurisdicción temporal, recelo mucho de la justicia...digo que es cierto que por la misericordia de Dios Nuestro Señor no me acuerdo de haber cooperado o permitido con cierta ciencia que se haya hecho agravio o injusticia a alguien. Pero como no era nuestra intención los hombres, y si mi vida ha sido tan mala temo y con mucha razón que se habrán dado algunos por ofendidos de disposiciones mías, y particulares operaciones y otros por lo mismo, escandalizándose a todas pido perdón por el amor de Dios, Nuestro Señor, y les aseguro que toda la culpa que en estas cosas hubiere habido no la ha sido en cuanto puedo creer de la voluntad, sino error del entendimiento..."[843].

---

842 B.N., mss., 10.901, pp. 1 y ss.

843 B.N., mss., 10.901, pp. 1 y ss.

Con respecto a su cuerpo, don Juan indicaba que su voluntad era: "En cuanto en las primeras disposiciones de mi cuerpo, quiero que no se me separe del cuello el Santo Cristo de Bronce que traigo a él, y del brazo las señales de la esclavitud de la Reina de los Ángeles, porque es mi voluntad ser enterrado como uno y otro, y que el dicho mi cuerpo sea vestido y sepultado con el manto y el hábito de mi sagrada religión de San Juan, cuyo hijo soy, aunque muy indigno, por no haber guardado los votos y demás obligaciones de mi verdadero religioso militar, y que debajo se ponga el hábito santo de mi padre San Francisco"[844].

Pero también preveía el hecho de dar la noticia a su hermano, en rey Carlos:

> "Darase luego noticia al Rey mi señor, de mi fallecimiento, remitiendo a sus reales manos la carta inclusa para Su Majestad, y pedirase su real orden para la forme y parte"[845].

Pero también en aquel documento que recogía sus últimas voluntades, indicaba expresamente que su deseo era que el funeral que se le dispensara no fuera en ningún caso suntuoso:

> "En que manda sea conducido y sepultado mi cuerpo, lo cual se ejecutará sin aparato ni ostentación, y mientras viniere el dicho orden si mi muerte fuere en Zaragoza, se depositará dicho mi cuerpo en el interior que está en la Santa Capilla de Nuestra Señora del Pilar, si falleciere en otra parte y yo no hubiere declarado aquella donde se me hubiere de depositar se hará donde pareciere a mi confesor o a quién le sustituyere al tiempo de mi muerte, y es mi voluntad que después cualquiera lugar donde fallezca se traiga y entierre mi corazón en la dicha angelical capilla de Nuestra Señora del Pilar, lo más cerca que se pudiere de su sagrada imagen...
>
> Y respecto de que Su Alteza falleció en esta Corte, en la posada que tenía en el palacio y Alcázar del Rey, nuestro señor, que Dios guarde, declaramos que luego que nuestro señor fue servido de llevar a Su Alteza dio cuenta de su fallecimiento a Su Majestad, que fue servido de mandar no se hiciese novedad con su cuerpo hasta haber pasado veinte y cuatro horas de su fallecimiento, y habiéndose ejecutado así, y pasádose el término referido, continuando Su Majestad su real benignidad, se sirvió de mandar que el cuerpo de Su Alteza se embalsamase, armase y vistiese, y pusiese en público dentro del real palacio, en la posada de Su Alteza, y que juntamente con esta honra remitiese la de mandar sepultar su cuerpo en el Convento Real de San Lorenzo del Escorial, en el panteón viejo, que se ejecutó así yendo acompañado con orden de Su Majestad el cuerpo de Su Alteza la cruz de la parroquia del real palacio, las religiones, la guarda de Su Alteza, y sus criados, a quienes se dio licencia en cumplimiento de su voluntad, y el corazón de Su Alteza se llevó a la Santa Capilla de Nuestra Señora del Pilar de Zaragoza, y en la forma referida se ejecutó el entierro de Su Alteza..."[846].

---

844 B.N., mss., 10.901, pp. 1 y ss.

845 B.N., mss., 10.901, pp. 1 y ss.

846 B.N., mss., 10.901, pp. 1 y ss.

Con respecto a sus bienes y reliquias, don Juan de Austria indicaba que:

> "La distribución de las reliquias la hará mi confesor o quién entonces me confesare, repartiéndolas o colocándolas como más prudentemente le pareciere, y la cruz grande del *Lignum Crucis* que traigo conmigo se dará a sor Margarita.
>
> Del dinero que se hallare en ser se satisfará las misas y gastos del entierro, y a los criados se les de tres meses de goce, como en Zaragoza, para que se vayan a donde les conviniese...
>
> A las señoras sor Dorotea de Austria, sor Mariana y Sor Margarita dejo en señal de amor tres imágenes que tengo en la alcoba... Las dudas se resuelvan por pluralidad de votos. Como sospecha que su alma habrá menester de alivios en la otra vida, encarga urgencia a los testamentarios..."[847].

Ahora veamos aquella carta inclusa de la cual nos ha adelantado la existencia de la misma el propio don Juan de Austria en su testamento:

> "Carta al Rey. Señor. Doy gracias a Nuestro Señor porque, así como necesito únicamente de su misericordia y bondad infinitas para que me perdone lo mucho que he pecado contra Él, y me haga digno de las promesas de Jesucristo, su Hijo, nuestro Redentor, así también haya menester y dependa únicamente de la benignidad Real de Vuestra Majestad en la muerte, como he dependido en la vida. Toda ella, señor, puedo y debo afirmar a Vuestra Majestad que ha respirado mi corazón en ardiente deseo del mayor servicio de Vuestra Majestad, del bien de la Monarquía y de la más alta reputación y aciertos del Gobierno y persona real de Vuestra Majestad, sin tener mira o conveniencia propias, y no hago esta declaración porque crea haber hecho mérito en ello, sino por cumplir con la verdad que en el lance para que escribo esta carta debe tratarse. ¡Oh, señor! Que Vuestra Majestad, por quien es y sin ponerle delante otros motivos, ejercitará su Real Piedad concediendo al reposo de mi alma lo que suplicaré aquí a Vuestra Majestad humildemente".

Continúa don Juan indicando que:

> "Aunque no fue jamás conforme a mi natural desinterés, ni me acusa la memoria de escrúpulo en orden a haberme valido de la Hacienda Real de más de lo que han importado mis sueldos sin la noticia y aprobación del Rey, mi señor (que está en el Cielo); todavía, como ésta es una materia tan delicada, no sólo en la usurpación y extravío, sino también en la menos justificada distribución, y la cuenta que ha de tomar Dios es tan estrecha, y yo tan malo, suplico a Vuestra Majestad, por consuelo mío, se sirva de absolverme en virtud del soberano poder que reside en su real persona de cualquier cargo u omisión que en este particular pudiere haber tenido.
>
> Entre otras calumnias que en varios tiempos ha querido el Señor padezca, ha sido una suponerme muy adinerado, y ha sido y es tan al contrario, que siempre he vivi-

---

[847] B.N., mss., 10.901, pp. 1 y ss.

do con escasez de medios y embarazado en deudas de obligación y conciencia; de las que líquidamente quedaren en ser después de haberse empleado en su extinción cuanto puede tener nombre mío, como lo ordeno en mi testamento, dejo orden a mis testamentarios para que pongan una puntual nota en las reales manos de Vuestra Majestad, de cuya magnanimidad espero me aliviará de una carga, si en todo tiempo pesada, en el fin de la vida pesadísima, y porque deseara ser lo menos molesto que fuese posible al Patrimonio Real, propongo a Vuestra Majestad y suplico de rodillas se digne interponerse con el Sumo Pontífice para que permita que después de mi muerte prosiga en mi nombre y útil el sueldo que he gozado en la Santa Cruzada por los meses que fueren necesarios para que se acaben de satisfacer mis deudas; y que se dé alguna porción de dinero, según el Real arbitrio de Vuestra Majestad, para que hagan sufragios por mi alma, pues en lo primero de las deudas favorecerá este recomendación el haber de servir una principal parte de este caudal para pagar a mi sagrada Religión de San Juan lo que la debo por razón de las responsiones, lo cual se trata de convenir en la fortificación y defensa de la isla de Malta, en que está interesada toda la Cristiandad, y por esta parte tan conforme al instituto de la Santa Cruzada, donde está situado mi sueldo; y en lo segundo, de los sufragios, el que sin esta liberalidad de Vuestra Majestad y de su beatitud, queda mi alma en esta parte casi con el mismo desamparo que la de un pobre a quien entierran de limosna, lástima que debe mover tanto más el real ánimo de Vuestra Majestad y el del pontífice, cuanto yo, como mayor pecador, saldré de esta vida más necesitado de ayudas que alivien las penas que padeceré en el Purgatorio, a donde confío me llevará la Sangre preciosísima de Jesucristo Nuestro Señor por la intercesión de su Santísima Madre".

Pero también mostraba una especial preocupación por el futuro de sus criados:

"Con gran dolor partiré de este mundo dejando en él tantos y tan buenos criados que me han servido con lealtad y fineza, pudiendo decir que los más de ellos quedan huérfanos y destituidos de todo amparo y forma de poder sustentarse a sí y a sus familias, si no me alentase la confianza de que en las piadosísimas entrañas de Vuestra Majestad les queda tanto más seguro y poderoso patrimonio de dos especies; es mi cuidado en esta obligación, la una, de los criados de mayor esfera que recurrieran a los reales pies de Vuestra Majestad, confiados en la recomendación de haberlo sido míos, para experimentar efectos de la Real grandeza de Vuestra Majestad en el adelantamiento de su fortuna; y la otra, de los inferiores, que el día que yo les falte habrán de mendigar su sustento; por los primeros suplico a Vuestra Majestad, con la mayor eficacia que puedo, se sirva Vuestra Majestad de favorecerles y darles empleos y adelantamientos, en que puedan servir a Vuestra Majestad y realzar sus méritos heredados y adquiridos, y graduando los que han hecho cerca de mi persona con su más larga y fina asistencia a ella, que yo afirmo a Vuestra Majestad, con la verdad que siempre he profesado, que ninguno de ellos ha reconocido cosas que desdigan de sus obligaciones ni desmerezca este favor de Vuestra Majestad, antes en todos un gran celo a cuanto ha podido tocar a su Real servicio; y lo mismo puedo decir a Vuestra Majestad de cuantos han dado muestras de afectos allegados o dependientes míos, debiendo aseverar esto de unos y otros por descargo de mi obligación y de las suyas, como quien ha examinado de más cerca sus acciones e intenciones.

De los criados de inferior esfera darán memoria mis testamentarios para que, adoptándoles Vuestra Majestad, en cuanto a huérfanos y desamparado, por hijos de su piedad, se conduela Vuestra Majestad de las miserias que padecerán cuantos días se retardare en darles alguna forma de sustentarse, que será tanto menos difícil a la generosidad de Vuestra Majestad cuanto es más dilatada la extensión de su poder real y las muchas partes y modos que hallará la clemencia de Vuestra Majestad para distribuirlos y acomodarlos, haciendo Vuestra Majestad en ello una obra de incomparable mérito para con Dios Nuestro Señor".

Y como no, también don Juan de Austria pediría al rey por su hija Margarita:

"Sor Margarita de la Cruz, mi hija, ha recibido de Vuestra Majestad tan singulares honras, que ellas mismas me dejan en segura confianza de que Vuestra Majestad se las continuará todo lo que se le ofreciere y hubiere menester, que bien poco será en el estado en que Dios la ha puesto, no dudando yo que ella obedecerá a Vuestra Majestad, mostrándose todavía más esclava y sierva suya y encomendando toda su vida a Dios Nuestro Señor las mayores felicidades de Vuestra Majestad Su más humilde criado y vasallo de Vuestra Majestad. Don Juan".

Del análisis de este testamento vienen a deducirse múltiples singularidades en lo que a las aportaciones del mismo se refiere, y que no vendremos a abundar en ellas, excepto dos puntualizaciones. Una de ellas, inmediata incluso si me apuran, es el hecho de que don Juan de Austria, a diferencia de sus antecesores en el cargo de primer ministro de la Monarquía Hispánica, no vino a amasar riquezas y engrandecer su linaje, baste recordar el inventario de los bienes que fueron embargados a Fernando de Valenzuela, por no hablar de aquel valido del rey Felipe III, el duque de Lerma. Aunque su modo de vida no tuvo nada de clerical –aun sin parecerse en lo más mínimo a su padre–, había recibido órdenes menores, lo que le habilitaba para percibir cuantiosas rentas eclesiásticas, pero le impedía engendrar una prole legítima, y aquí, en este testamento, observamos un caso de primera mano como era el de su hija sor Margarita de la Cruz.

Otro aspecto significativo es la preocupación por el futuro de todos aquellos que dedicaron sus esfuerzos a las distintas tareas que les encomendase Juan José de Austria, y para los que ahora pedía la protección del monarca para su ya próximo desamparo.

CAPÍTULO DOCE:

LA *REBELIÓN DE LOS MUERTOS*: LOS SUCESOS DEL MONASTERIO DE EL ESCORIAL

Los sucesos de El Escorial

Como si de una película de terror se tratara, en donde apareciesen personajes vivos junto a otros de ultratumba, don Juan de Austria sería supuestamente el protagonista de una vuelta desde el más allá, juntamente con su padre el Rey Felipe. Retorciéndose en su cripta ante el conocimiento de los sucesos que en ese momento acontecían en el gobierno de la Monarquía Hispánica, además de las penurias que soportaban los más desfavorecidos, llamaría don Juan la atención mediante ruidos y otros artefactos, para que se personase en aquellos santos lugares el primer ministro del Rey Carlos, el duque de Medinaceli.

Con este nuevo valido tendría que tratar de manera directa algunos asuntos concernientes a la pertinencia o no de yacer en el Palacio de San Lorenzo de El Escorial, o de aquellas cuestiones de Estado que habían tenido lugar en vida del bastardo. Pero también sería allí tratada, y esto es lo más importante del documento que seguidamente expondremos, la situación en la cual se encontraba la Monarquía Hispánica en aquel momento histórico, dándose la oportunidad tanto a don Juan como al duque de hacer sus alegaciones, haciendo las veces el difunto Rey de moderador de aquella acalorada trifulca.

El ascenso al poder del duque de Medinaceli se había ido fraguando a lo largo de varios años, baste recordar el destacado papel que desarrolló en los sucesos acaecidos en torno a los días anteriores y posteriores a la mayoría de edad del Rey Carlos, y fundamentalmente en el hecho de convertirse en el mensajero de las órdenes que a don Juan de Austria le mandaba un Rey mediatizado por su madre Mariana de Austria, además de otros que la acompañaban; además de las respuestas que su hermano bastardo le enviaba. Finalmente, recordemos una vez más, todo concluiría con la salida de don Juan de la Corte hacia tierras de Aragón, y el rápido ascenso al poder de Fernando de Valenzuela.

Por otro lado, para el duque de Medinaceli, ese contínuo estar junto al poder tendría sus réditos palpables en todo momento, y fundamentalmente tras la muerte de don Juan de Austria, momento en el cual se convertiría en el nuevo primer ministro de la Monarquía Hispánica.

La Casa de Medinaceli, aun a pesar de las críticas a sus orígenes que imputa el documento que posteriormente veremos, era una importante familia de la aristocracia castellana, iniciada con la unión de Isabel de la Cerda, bisnieta del infante Alfonso de la Cerda, con Bernal de Foix, hijo natural de Gastón Febo de Foix. Enrique II otorgó en 1368 la localidad de Medinaceli a aquel matrimonio (1368), con título de condes, tras confirmar a Isabel el dominio del Puerto de Santa María y las propiedades de la zona de Jerez de la Frontera.

Su hijo, Gastón de Foix sirvió a Juan I, y durante el siglo XV ocuparían aquel condado Luis de la Cerda, que adoptó el apellido de la Cerda y luchó contra Granada y contra Aragón; y Gastón de la Cerda. El quinto conde de Medinaceli, Luis de la Cerda, fue elevado a duque en virtud de decisión expresa de los Reyes Católicos en 1479, motivo por el cual el linaje fue engrandeciéndose.

Juan, hijo natural de Luis de la Cerda, sirvió a los Reyes Católicos en la invasión de Navarra de 1512. A la muerte de Gastón de la Cerda, acaecida en 1552, aquel título nobiliario pasaría a su hermano Juan de la Cerda y Silva, que años más tarde sería virrey en lugares tan importantes como Sicilia y Navarra, además de Gobernador General en los Países Bajos. Nuevos puestos de relevancia esperaban a esta familia. En este sentido don Juan Luis de la Cerda y de Portugal (1544-1594) ocuparía el cargo de embajador extraordinario en Portugal. Años más tarde, después de los duques Juan de la Cerda y Aragón (?-1625) y Antonio Juan Luis (?-1671), que fuese Capitán General de Valencia, llegaría en momento de nuestro personaje: don Juan Francisco Tomás de la Cerda y Enríquez (1637-1691).

Este duque de Medinaceli, en virtud de su matrimonio con doña Catalina Antonia de Aragón, duquesa que fuese de Segorbe y de Cardona, vino a convertirse en uno de los aristócratas más poderosos de Europa. Pero su mayor éxito recaería en el ya anunciado encumbramiento como primer ministro de aquella Monarquía tras la muerte de don Juan de Austria. Las escasas dotes políticas, de este VIII duque de Medinaceli, no impidieron que iniciara una política económica de claro carácter reformista, desarrollada a través de la Junta de Comercio y Moneda. Lo curioso es que la devaluación monetaria que puso en marcha llevó al colapso de precios y al acaparamiento de granos por parte de muchos, lo que tendría como resultado indirecto diversas bancarrotas.

El estallido de motines en varias ciudades y la pésima actuación militar en la guerra con el ya tradicional enemigo francés –finalizada con la Paz de Basilea de 1684– motivó el abandono del gobierno por parte del duque, y su posterior retirada a su casa de Guadalajara, donde vivió separado del poder hasta su muerte que acaeciera en 1691.

Pero no olvidemos que hasta ese momento en el cual abandonaba el poder tuvo tiempo suficiente para enriquecerse y promocionar a su familia y allegados.

Pero volviendo a los sucesos de El Escorial, indicar que este supuesto acontecimiento que tuvo lugar, como no puede ser de otra manera siguiendo los derroteros de la lógica, en la mente de algunos seguidores de don Juan de Austria, por más que de este documento existan copias, al menos, tanto en el Archivo Histórico Nacional como en la Biblioteca Nacional, comienza con la denuncia por parte de algunas personas de la existencia de ruidos y gritos en la cripta y aledaños del panteón de el Palacio de El Escorial. Esta denuncia llegará a oídos del propio monarca, el cual, ante aquella situación planteada, insta al duque de Medinaceli y el prior del Monasterio sobre la necesidad de investigar esta denuncia. Así las cosas vendrán a personarse de noche en aquellos lugares de donde supuestamente proceden los ruidos. La idea es trasladar a don Juan de aquel lugar a otro distinto, por encontrarse en situación de excomulgado desde el momento en que prendieron en aquel recinto a Valenzuela.

Al abrir su sarcófago éste se levanta, y comienza una persecución que terminará delante del lugar en donde reposaba el Rey Felipe IV, que también se levantará de su tumba para dar lugar a un durísimo debate, en donde se plasmarán los hechos y las miserias de unos y otros. Finalmente, todos se volverán a sus lugares de procedencia, dejando todo como se encontraba en un principio, como si de un mal sueño se hubiese tratado. Ustedes juzguen.

Dice lo siguiente este más que interesante documento:

> "La Junta de vivos y muertos en el panteón del Escorial. Por los continuos asombros que había en El Escorial, afirmando unos que habían oído a deshoras tristes gemidos, otros que pasos como de personas que se paseaban con botas, y afirmando los religiosos que en las tumbas del panteón habían oído grandes golpes, contándose también que se había visto pasear por aquellos cuartos un hombre armado que parecía cosa de otra vida. Avivándose con la facultad de la señora doña Manuela de Velasco la memoria del rayo que el año pasado, por este tiempo, cayó en aquel sitio. Dieron en decir así los religiosos como muchos de los cortesanos que aquellos eran efectos de haber enterrado, en aquel sitio a don Juan de Austria, que habiéndole profanado con gente armada con que le sitió, atreviéndose la insolvencia de los que envió hasta el mismo Sagrario del Santísimo Sacramento, habiendo muerto sin la absolución de esta censura, sentía aquel sagrado verse segunda vez profanado con su cuerpo.
>
> Y los catolicísimos reyes allí enterrados mostraron horror de ver cerca de sí al que había muerto fuera de la Iglesia.
>
> Llegó este rumor a los oídos de Su Majestad, que se hallaba ya cuidadoso con tan espantosas demostraciones, y pareciéndole digno de remedio, después de haberlo consultado con los de su gabinete, mandó que a deshoras por excusar la publicidad, sacasen el cuerpo de don Juan para llevarlo a otra parte fuera del sitio, pues con esto se esperaba cesarían estas visiones y desgracias, y podrían sus majestades gozar sin susto de aquel sitio.

En ejecución de este decreto, viernes un cuarto antes de la una de la noche, cuando la gente de palacio estaba recogida, y la comunidad de religiosos en maitines, bajaron al panteón antiguo el prior, el duque de Medinaceli (a quién lo había cometido Su Majestad) y el dopo portero, alumbrándoles el pino con una hacha, y llegando a la tumba de don Juan, al abrirla (cosa notable) se levantó vivo el cuerpo que estaba difunto, y saltó en un punto al suelo con rostro enojado diciendo: que no me han de dejar ni muerto? ¿Qué queréis de mí? Cayó tal asombro en ellos de despavoridos dieron a huir, corrieron a la puerta (que fue milagro diesen con ella), bajaron la escalera y tropezando unos con otros, los vivos y el muerto tras ellos, dieron consigo, con gran atruendo en el panteón nuevo de los reyes.

A este ruido multiplicándose los prodigios sonó una voz gruesa y majestuosa desde la urna de Felipe cuarto. ¿Qué ruido es ese? Y en un punto abriéndose la urna se posó en el suelo vivo este Rey, muerto de tantos años, y con un semblante real y severo, a que se compusieron el muerto y los vivos, dijo, ¿qué es esto don Juan? ¿Qué es esto duque?

Señor, respondió sacando fuerzas de flaqueza el duque, no hago más que ejecutar lo que me mandó Su Majestad (no es esta la primera vez que este falso ministro autoriza con la voluntad del Rey sus violencias, queriendo que pasen por decretos reales los que son efectos de su pasión). Callad don Juan, dijo el Rey, que yo os oiré después. Y vuelto a Medinaceli dijo, ¿y qué os mandó el Rey? Señor, respondió el duque no habiendo otra causa a que se atribuyan los repetidos asombros y desgracias que padece este real, caso a que ha sentimiento de Dios de ver en este sagrado lugar el cuerpo de don Juan, que murió descomulgado por haberle profanado y haber agraviado la iglesia, con tantos destierros de eclesiásticos, como mandó ejecutar y a horror que tienen tan católicos difuntos de ver en compañía suya cuerpo tan execrable para desgraciar lo sagrado, y aplicar los muertos, me mandó Su Majestad sacarle del sepulcro que indignamente ocupaba este bastardo regio.

Decimos señor, que es injuria de tanto real cadáver la compañía del de uno que aunque el respeto de vuestra declaración nos haga le creamos su hijo, la vileza de su nacimiento, de una vil comediante, María Calderón, le hace indigno de tales reales lados, y debe Vuestra Majestad aprobar esta expulsión, pues cuando no lo hiciera, como tan venerable hijo de la iglesia, debía en la muerte apartar de sí (como hizo en la vida) al que habiendo recibido el honor de su hijo, salió tan bastardo que habiendo hecho infeliz el reinado de Vuestra Majestad con sus afrentosas cobardías.

Inquietó el de vuestro hijo (que Dios guarde) con sus movimientos antes, y después con su tiránico gobierno ofendió. Traidor a vuestra real casa, atreviéndose a la soberana persona de vuestra esposa y Reina, nuestra señora, con las conjuras y destierro, que el mundo todo miró con horror y escándalo. ¿Como no ha de sufrir cerca de sí Vuestra Majestad al que con su cobardía perdió el reino de Portugal? ¿Al que con libelos sediciosos inquietó a Castilla? ¿Al que con malos tratos conmovió la nobleza? ¿Al que con hipocresías engañó la plebe? ¿Al que dos veces entró con armas por Castilla? ¿Al que desterró vuestra mujer y su Reina? ¿Y al que si la justicia de Dios no le hubiera precipitado a la muerte temíamos de sus maquinas que aspiraba traidor a la Corona? Como leal suyo le abominé cuando vino, y como ministro de mi Rey ejecuto el desterrarle de este sitio cuando muerto.

Atento estuvo el Rey al razonamiento del duque, y al acabarle vuelto a don Juan le dijo: don Juan, el oculto destino que cuando vino me incluso a honraros más que a los otros hijos que tuvo mi fragilidad, mereciéndolo menos, me mueve a no desatenderos, cuando muerto veis lo que os supone el duque.

Hablad si tenéis algo en vuestra defensa, y entender que en este estado no os he de disimular padre, lo que como Rey contra vos averiguare.

Señor, respondió don Juan con postrado rendimiento, agradezco a Vuestra Majestad la singular benignidad con que correspondéis a las honras que me hizo vivo, se sirve de atenderme muerto, seguro de que he de hallar en vuestro real pecho acogida en la porfiada persecución con que mis enemigos, no cansados de haberme perseguido vivo, aun no me dejan descansar muerto. Y valiéndome de la licencia que me dais, responderé por partes a lo que la malicia del duque, sin atender al sagrado de vuestra presencia, y a que goce el honor de hijo vuestro, se atreve a suponer que pudiera dejarme ya, pues no puede temer de mi le asalte su posesión, pero las desconfianzas que juntamente tiene de sus méritos hace que como injusto poseedor se tema de todos los vicios, y no se asegure de los muertos, y perdonadme señor si alguna vez la fuerza de mi defensa y el sentimiento de la insolencia del duque me deslizara a alguna razón más viva, pues por muerto que esté no puedo tener paciencia para sufrir injurias tan desmesuradas.

Y empezando por el fin de su razonamiento, con que cara se atreve a decir en mi presencia el duque, que como leal me abominó y huyó siempre cuando sabe las ocultas inteligencias que conmigo conservó siempre. Bien las sabe don Diego de Velasco por miedo de que pasaba. Es verdad que por hacer a dos caras y engañar a la Reina, me llevó al Retiro el recado de que me volviese, pero sabe también que al mismo tiempo que me intimó aquella salida, se me ofreció para disponerme a más presto la vuelta, no firmó con los demás señores el papel de su cobardía, pero fue dándome a entender que aunque él no firmaba con letras estaba por mí más firme, en las obras y que me importaba que asistiese al Rey entonces para mejor disponerle en mi favor para adelante.

Y jugando a dos manos a un tiempo, conmigo se entendía, y engañaba a la Reina, y cumplió así pues que él que aconsejó al Rey se fuese sin noticia de su madre al Retiro, y dispuso en secreto esta retirada, él me hizo en mi venida con mayores rendimientos las primeras ofertas, él viendo a la Reina caída por no hacérseme sospechoso no la asistió, ni con un recado ninguno hizo en mi cortejo más vilezas, con todos mis criados, conservaba íntima confidencia, plantó en su sala, por pública profesión de mi partido, mi retrato, y más a vista y con más adornos que el del Rey.

Todo por asegurarme, y lo consiguió, porque venciendo su malicia a mi ingenuidad, me sacó la presidencia de Indias, consiguió las violencias que hice se obrasen en Cataluña en su pleito con la duquesa de Frías, me adormeció tanto que le dejé al lado del Rey, con que tuvo su falsedad lugar de disponerme el tiro, aprovechándose de el lugar en que incauto le dejé para pretender desviarme del mío, yéndome enajenando poco a poco el ánimo real, y estrechándose por varios medios en la real gracia.

Y siendo esto así se atreve ahora a decir, en mi presencia, que me abominó y huyó siempre, podía yo estar desengañado para no fiarme de este monstruo de dobleces y malignidades que no ha tenido nunca más fin que su conveniencia, engañando a todos para derribarlos, marginándoles, ruina con rostro afable de sirena.

Dígalo la Reina madre, tantas veces burlada y no se si desengañada, dígalo Valenzuela, a quién habiendo sacado en la conferencia que dos leguas de Madrid para mayor disimulo tuvieron el oficio de sumiller, fue el primero que le vendió para la expulsión, dígalo Oropesa, a quién prometió que si le pusiese en el lugar de primer ministro, la daría el arbitrio de todo, gobernándose por él en todo, y puesto en él no sólo le ha desatendido con ingratitudes, sino que celoso de él ha intentado con malicia el desviarle, díganlo sus antiguos amigos, a quienes tantas veces dijo que solo estimaba tener el universal manejo, para poder emplearlo en sus aumentos, y después nada ha hecho por ellos.

No es singular mi queja, hizo conmigo lo que con todos los que conmigo, que es engañarlos.

Quiere sacarme de sagrado por descomulgado, como si fuera la iglesia más severa para los descomulgados muertos, que para los descomulgados vivos, si este sitio se profanó cuando Valenzuela, no fue mi mandato, ni ejecución mía. Yo envié a que le prendiesen, si los que vinieron allanaron el convento, profanaron la iglesia, y se atrevieron a la custodia, acción fue de ellos, no comisión mía.

Hice que salieran de la Corte unos pocos jesuitas, de cuyo ánimo inquieto y estremecido me recelaba por las largas experiencias que tenía de lo que con pláticas y libelos contra mí, la adulación de su Everardo había obrado, pero no se hizo esto metiendo el cuchillo de la jurisdicción seglar en lo eclesiástico, porque fue por vía del buen gobierno, por mano de sus prelados.

Y de la misma manera se obraron los destierros de los otros eclesiásticos que salieron por la misma causa, cuanto más descomulgado estará el duque, en cuyo tiempo se ha atrevido la justicia seglar, no a cuatro jesuitas o frailes, sino a lo más sagrado y venerable de lo eclesiástico.

En su tiempo se ha desterrado por autos jurídicos seglares, un arzobispo de Palermo, se ha preso un Inquisidor de Cerdeña. Por la audiencia seglar se ha dado con ejemplo nunca visto un auto de extracción y temporalidades contra otro inquisidor en Granada, se perdió el respeto con horroroso escándalo al inquisidor general en la Corte.

¿En cuantas excomuniones estará incurrido el duque por la permisión que ha hecho y falta de satisfacción en todas?

¿Y él que obvió está en la iglesia con tantas verdaderas excomuniones escrupuliza que esté yo muerto, en sagrado, con tan desigual que me atribuye?

A una violencia antigua de lo sagrado atribuye los infortunios presentes, cuando hay de presente tantas más feas que los ocasionen, bien se conoce en las calamidades tan continuas de esta monarquía, que un descomulgado la gobierna, ¿qué le puede suceder, de bueno, a un Rey asistido de un descomulgado?

Desvergüenza a darme en rostro con la bastardía de mi nacimiento, como si la declaración de mi padre no fuere bastante a ilustrar las sombras de mi madre, con qué cara se atreve el duque a motejarme la bastardía, cuando no de un monarca tan grande como Su Majestad, sino de Monsieur de Foix, un francecillo bastardo es toda su baronía.

¿Piensa que porque no se llame el Foix de su bastardía y baronía sino él Cerda que le viene una remotísima abuela, le ha de borrar de la memoria?

Las bastardías en Castilla, donde el caballo lleva la silla, no son afrentosas, pero fuera de España, aun la de los hijos de los mayores príncipes, se desprecian como ruindad, ¿qué será un bastardo de la casa de los Foix, escudera de la de Moncada? ¿Y como se atreve en darme en rostro con mi madre *La Calderona*, no acordándose de su abuela *La Orejona*? ¿Qué hace ascos en mí, de la que fue cuatro días comediante, el que hiede todavía a la pescadera?

No lavará toda el agua del mar de aquella mancha. Y confieso que me saca los colores a mi rostro muerto cuando me da en cara, con más procedimiento, y cuando vino con la Reina madre culpa es esta señor que agravo, más mi conciencia.

Qué más ínfimo mi memoria, y que ni mi propio amor se atreve a excusarla par ella, es menester toda vuestra piedad por ello me quitó Dios la vida, y por ella llena de desgracias mi memoria. Obre señor sentido de verme siendo hijo excluido del gobierno, y metidos en él no solo los extraños, pero aun los extranjeros. No me atreví al principio a tan soberano sujeto, tirando solo a despegar de aquel son las nubes que me parecía se me interponían que yo gozase sus luces.

Fuime empeñando habiendo conseguido el quitarle los que me juzgaba adversos lados, juzgando la irritada de tenor, intenté la división de hijo y madre, para esto me precipité en el horrible destierro. Una vez caído en este aviso, no hallé como salir del, porque la conciencia de mi culpa me ponía por delante, que no podía haber restituido de la Reina, que no fuese peligro de mi vida, atormentado con estas congojas, viví una vida de infierno entre el horror de mi culpa y la desesperación del perdón. Esto es lo que allá más pequé, y esto lo que acá más he penado.

Pero intolerable desvergüenza es que se atreve el duque a darme en cara con aquellos de que se halla más feamente cargado. No ha desterrado él a la Reina, antes conociendo que la sinceridad de esta gran señora no había conocido sus dobles tratos con ella, y que había conseguido él engañarla, cuando asistiéndola en el exterior había sido, en lo oculto más de mi parte, y que juzgándolo tan obligado de sus reales mercedes le tendría siempre por confidente, y su favor le pondría en el valimiento.

Aplaudió y solicitó su venida, y ha querido siempre tenerla por escudo. Pero monstruo de ingratitud, al mismo tiempo la ha hecho hostilidades, no la ha desterrado, pero tiénela en la Corte con indignidad sitiada y como presa. Valióse de una de sus criadas, cuya vanidad le fue fácil conquistar, con una o otra demostración de estimación y confidencia, y la tiene por guarda de vista, de su ama sin que sea señora de que la hablen una palabra que no lo sepa luego el duque.

Y conociendo la natural inclinación y cariño del Rey a su madre, para que no se gobierne por ella o la de mano alguna con el gobierno, se vale de su timidez, insinuándole grandes inconvenientes en todo lo que por su parte de su madre se le propone por él mismo, caso que una pretensión venga favorecida de la Reina madre, o sea de persona que la toque, se tiene por cierto el mal despacho, y una mujer tan grande y que tantas mercedes hizo al duque, siendo tan amada de su hijo se halla por las impresiones del duque sin poder lograr en la gracia de su hijo una pequeña merced, para los que la sirvan o se valen de su favor, y se ha acortado de manera que nada se atreve ya a pedir, escarmentada de la indignidad de tantos desaires como ha padecido, en lo que ha pedido.

No tuve yo ánimo para tener a la vista a tan gran Reina cuando no había de ser señora de todo, pero a la desvergüenza del duque no se le da nada de tenerla a la vista, sin que sea señora de nada.

Parecióme que sería imposible que tratase un hijo a tal majestad, y no la diese gusto en todo, y la malicia del duque ha podido hacer que también su hijo en nada atendiese al gusto de su madre, mas ha obrado él con su oculta malignidad, que me prometió yo con mi abierta deficiencia semejantes indignidades, ya con la Reina reinante que no solo la tiene en todo excluida del manejo, pero no ha dejado al arbitrio de una gracia, teniéndola tan desairada que causa vergüenza, ver una Reina de España en tal indecencia. No pide cosa por fácil que sea que no le represente, al Rey tiene grandes inconvenientes, y cuando para los de su casa corren sin límite las mercedes, para cualquier encomendado de la Reina, o del todo se niegan o rara vez y con muchas dilaciones se conceden.

Y se ha atrevido alguna vez, la loca de su mujer, a decir con desvergüenza que por más que haga la Reina no ha de salir con su gusto contra el de su marido, y faltando al decoro de su Rey, si este ha concedido sin noticia suya, por intervención de la Reina, alguna gracia, hace que se revoque solo porque no fue por su medio, y porque conozca la Reina que nada se ha de negociar que no sea por su mano, lastimando con justa indignación a todos ver una tan grande Reina, por todas partes tan amable, en tal vilipendio de un vasallo, protestando con lágrimas que ella es nada porque Medinaceli lo es todo, que más vale ser criada de medina que suya.

Y siendo esto así, publican él y su mujer en la Corte, por hacer odiosas las Reinas que lo quieren disponer todo, que él no es más que ejecutor de las voluntades de ambas, al que se queja de no haber salido con alguna pretensión, le dicen esto.

Y es todo por dos plazas muy cortas que después de muchas dilaciones se han dado a los maridos de dos criadas de la Reina, cuando para las criadas de Medinaceli concurren mercedes de oficios de la casa real, de rentas de secretarías de raciones, casándose todas ellas muy a costa del Rey, cuando si las criadas del Rey piden alguna corta merced para casarse dice que por los empeños de la hacienda no está Su Majestad para poder hacerlas.

Ha pretendido mover los confesores de ambas Reinas, con el título de ausencias y futuras por poner confidente suyo, queriendo dominar a estas pobres señoras, hasta en lo secreto de sus conciencias.

Culpa mi ambición de mandar el que es la misma ambición, confieso, que la tuve y me valí de todos los medios para lograrla, pero en mí fue esta pasión menos culpable, pues me hallaba hermano de un Rey graduado de puestos, habiendo pasado por los supremos de toda la monarquía, lleno de servicios, experiencias y méritos, pues desde los quince años me había ocupado en gobiernos, así militares como políticos, pasando por mi mano las mayores empresas de Europa, y consiguiéndose con mis auspicios las más gloriosas victorias de estos reinos.

Y si en algunas facciones tuve siniestros sucesos, no fue como se desvergüenza al decir por cobardía, sino porque yo solo no podía ganar batallas, faltando la obediencia a mis órdenes, y divididos por disensiones o por envidias, los cabos de los ejércitos, no es mucho no las lograse.

Pero que este nieto de *La Pescadera*, sin más servicios, sin más empleos que pasearse por la Plaza del Puerto, sin más ejercicios que los de Venus, sin noticias, sin experiencias, sin aplicación, haya aspirado al universal manejo de una monarquía, como la de España y en tales tiempos, esta sí que es ambición temeraria y monstruosa, y si reconociendo su cortedad la procurase suplir (como se esperó) con el subsidio de consejos ajenos y los negocios a que se halla tan desigual, lo repartiese en personas capaces, no sería su ambición tan a costa del reino, pero es igualmente presumida por desconfiada.

Presume vanamente de si que podrá gobernarlo todo, y teme de todos los que pueden ayudarle, no le quiten el gobierno de algo, con que de todo se carga y todo lo pierde.

Y conocésele a la monarquía la incapacidad del que la gobierna, en el miserable estado en que se halla, muy mala estuvo en mi tiempo, no lo dudo, pero comparada con el estado presente los de mi gobierno pueden llamarse siglos de oro.

Hállase sin crédito, sin poder, sin fuerzas, el Rey de Francia hace lo que quiere y a su arbitrio, toma o deja las plazas, ha tomado las puertas de Italia con el Casal, amenaza al final, y a Milán, triunfa en Roma, un escarabajo como el rebelde de Portugal porque defendíamos que se apoderase de lo que era nuestro, hecho bravatas, y la vileza de este ministro, y buena ley (que con Portugal como hijo de su padre) guarda, lleno de temor, le envió a ofrecer satisfacción con mil indignidades, restituyoles la isla de San Gabriel que era nuestra[848], demoliendo por complacerles la fortaleza que habíamos hecho en nuestra plaza, castigando en lugar de premiar a nuestro cabo que la había defendido, los príncipes de Italia, como andan siempre al aire de la fortuna, viendo a España tan miserable la dejan.

Amenaza el francés a todas partes con guerras, y no tiene este hombre en parte alguna defensa, con que si le da gana de venir a Madrid, y hacer San Domis de este templo, se saldrá con ello ni hay armas en la mar, ni ejércitos en tierra, azótanos el francés con mofa, hácenos hostilidades Brandemburg con insolencia quiere ser nuestro juez ya prevaricado, el inglés, con malicia, Suecia y Dinamarca contra nosotros se coaligan.

Estamos a la protección del holandés, que nos burla, y a este paso si dura dos años este hombre en el ministerio ni habrá Italia, ni habrá Flandes, ni habrá Indias, y plegue a Dios que habrá España.

Claman todos los consejos con consultas, y sin que deje llegar al Rey ninguna, porque no conozca en qué estado le tiene, y busque quién le saque del, él las detiene

[848] Esta isla, llamada tambien de Sacramento, se encuentra ubicada en la desembocadura oriental del río de La Plata, en la divisoria entre los actuales Estados de Argentina y Uruguay. Históricamente fue objeto permanente de disputas entre Portugal y la Corona Hispánica.

todas, enviándole solo algunas de cajón, en que se entretenga. Empezó su gobierno derribando por el pié la monarquía con la baja de la moneda que tanto rehusé siempre, por más que me la propusieron, aunque fue con el artificio de que se publicase dos días antes de su valimiento, porque no se le atribuyese como si esta acción no fuese resolución suya, o como si no hubiera gobernado, como valido, más de un mes antes de la formal declaración.

Con esta mudanza destruyó, de suerte, a todos que hoy los más ricos no tienen de que sustentarse, han cesado los tratos, arruinándose los comercios, perdídose las rentas, porque en ninguna parte hay dinero, el que está lleno de frutos no tiene de ellos salida, y el pobre no tiene con qué comprarlos, con que todos igualmente pobres, perecen, no oyéndose otra cosa que clamores de maldiciones contra este hombre y su gobierno.

A nadie paga el Rey, y siendo rentas de más de las tres partes de su reino, los créditos reales no pagando a nadie, no hay con qué cultivar las tierras, con que si diera Medinaceli, será justicia de Vuestra Majestad, Rey de criazos y desiertos, claman los pobres, impacientase la nobleza, inquietase el vulgo, y Medinaceli solo piensa en como ha de casar sus hijas y aumentar su casa, bien la casa real experimenta el hambre, pues los más de los criados se pasan muchos meses sin ver una ración, cumplida años enteros sin que les den una paga, no hay en el bolsillo del Rey para dar un doblón de limosna, solo en casa de Medinaceli se ven las abundancias, pues desde que es valido, pasa de medio millón lo que ha dado a sus hijos, y lo que es de mortal dolor para todos, que se mueren los soldados de hambre, y andan con las carnes de fuera por no pagados, perecen los juristas, porque el Rey les toma su hacienda, y al mismo tiempo, en el gobierno de este hombre, son más de seis millones los que de la hacienda del Rey se han dado de dádivas graciosas a los suyos.

Alteró por su arbitrio todo lo regular de las proposiciones, cosa señor que con tanta exacción observó Vuestra Majestad en su gobierno. Puso con agravio de tantos, porque era su hechura, advertía en la suprema del despacho, y porque se quejó de este agravio Coloma, y dio algo recio la queja, se la juró, y en la primera ocasión sobre si leyó o no leyó la carta, después de tantos servicios y méritos, le privó de su secretaría por poner a un portugués en ella, no haciéndole disonancia, que los negocios de estado en Castilla se den ahora a un portugués, como si no hubiera castellanos en Castilla.

Danse los puestos no por el mérito, sino por el interés o la gracia. Están las catedrales de España llenas de grandes sujetos, en virtud y letras. Da un buen obispado a un clérigo modorro, Torrero, sin tener más méritos que haber sido maestro de leer de sus hijas, es el amor común que todo se vende hasta lo más sagrado, y que la loca de Medinaceli, y sus hijas, de todas las mercedes y oficios hacen mercancía, nada se consulta, en todas las cámara que no se hallen los camaristas con papeles de estas mujeres, pidiéndoles con grande empeño por algún pretendiente, a todo hacen grande y pequeño, si un corregidor ha de dar una vara, un administrador un oficio de guarda, un secretario ha de recibir un paje, se hallan con un papel pidiéndolo, con que todo lo violentan con sus empeños, y de todo sacan interés, porque el barbirrubio del duque nada sabe negar, que le piden sus mujeres, aunque es un pecho de bronce para el cargado de méritos, ve, perecen por falta de medios.

Y es tan desvergonzada su codicia que poseyendo tantos estados y rentas, reuniendo los gajes de sumiller, no quiso cuando entró a ser primer ministro dejar el título de presidente de Indias, por no dejar los gajes, añadiendo a la real hacienda este gasto tan considerable por la sed insaciable de su codicia.

Del valimiento solo toma el interés para sí, la malignidad para vengar sus pasiones, cuando don Luis de Haro entró a ser primer ministro mandó a sus agentes que no siguiesen pleito alguno de sus intereses, porque no pareciese que con él poder de su puesto violentaba la justicia, esto fue temer a Dios, y los dichos de los agentes, pero el duque, atento sólo a su conveniente, nada se le da de la fama, los pleitos de su casa que estaban dormidos, desde que se vio valido, los ha avivado, apresurando que se vean, por lograr en las sentencias la fuerza de su poder, que paso poco ha, en el pleito de Lerma con el de Pastrana, porque el pueblo lo dice a voces, no lo repito.

Viose necesitado el de Pastrana, viéndose oprimido de la violencia del interés a sacar una paulina del Nuncio, que se leyese en Valladolid, compeliendo con censuras a que declarasen los que lo supiesen, las promesas de mercedes de plaza que se habían hecho a aquellos oidores, para que diesen sus votos. La infidelidad con que se abrieron los que los ausentes habían dado.

Por una carta de favor que dio el de Villaumbrosa, para unos jueces de Granada, para que favoreciesen el derecho de un sobrino suyo, le quité la presidencia de Castilla.

Ahora fueron cartas vivas del primer ministro, para todos porque fue su hijo Cogollado a hacer ofertas, y sembrar amenazas, esta, señor, no es ya injusticia, solo sino tiranía.

Y porque podría ser que por más que el reino atienda a lo vivo de tantos clamores, llegase a sus oídos, lo tiene sitiado de suerte que nadie pueda hablarle sin que él lo sepa, tiénele cercado de sus paniaguados que hablen siempre de cosas de burlas, desterrando siempre toda platica de importancia, impresiónale para que tenga horror a los que podían darle alguna luz y desengaño, si algún predicador dice algo de la falta de justicia, o de los trabajos del reino, se le dice que para que es afligir al Rey, si los consejos hacen alguna representación da grandes quejas, el valido y amenaza con destierros, por que quiere que el Rey vive a ciegas, y que no sepa se le cae la casa hasta la tenga sobre sí.

Hasta el sagrado de la confesión profana, halló confesor del Rey al maestro Reluz, hombre santo y entero, docto, y porque decía debía el Rey gobiernan por sí, pues este era su oficio, sin otra causa le quitó, fuese confesor del Rey, con sumo escándalo de todo el reino de que quitasen un confesor, solo porque era bueno y de que tiranizase, de suerte el valido la voluntad del Rey, que estando contento con su confesor, solo porque Medinaceli no le quería, le hiciese quitar.

Trajo después a Bayona que era hechura suya, pero porque iba abriendo los ojos y no lo aprobaba todo, y sentía mal de muchas cosas, cayó en desgracia, y que sabemos si murió de achaques de confesor.

Después ha jugado la pieza más fina de su astucia, que no la tiene más milagrosa Maquiavelo, porque conociendo que el obispo de Sigüenza, Carbonel, tenía fama de ajustado y empero, pero que por falta de conocimiento de las cosas de la Corte y de las finezas de sus engaños sería fácil el engañarle, le trajo para que su crédito excusase sus acciones y su sinceridad no las conociese, con que quitó un buen obispo y hizo un mal confesor, pero no es nuevo en el duque hacer negociación de la confesión, habiendo sido toda su vida, como hijo de su padre, adverso a los jesuitas y huido siempre de tratarlos.

Cuando vino a la Corte sabiendo que uno de ellos era confesor y se decía que podía mucho con don Pedro Fernández del Campo, que tenía entonces todo el manejo (porque no había valido) le tomó por su confesor, para insinuarse por este medio en la confidencia de don Pedro, y echando yo de la Corte al tal confesor (porque aquella confesión no era más que negociación), caído don Pedro porque le juzgo, en mi desgracia, no me habló por él una palabra, y después aunque volvió no se confesó con él, dando a entender había hecho razón de estado del sacramento.

Pero lo que no puedo tolerar es quiera ofuscar la luz de mí lealtad, con nubes de sospecha de traición cuando todo el discurso de mi vida me acreditó, lealísimo vasallo.

Es verdad que moví algunos tratados, pero nunca contra mi Rey, y no va contra la cabeza, sino la defiende quien la quita un mal lado, cuanto más fundamentado señor hay para temer que no esta segura la cabeza de nuestro hijo, o por mejor decir en su cabeza la corona estando a su lado, dueño de su persona y reino, un hombre que en la Corte oyeron decir al embajador de Francia, cuando le suponían que por medio de la Reina pretendía derribar al duque del valimiento, que se engañaban los que tan pensaban, pues ninguna negociación mejor para su Rey, que la conservación del duque en el manejo, pues mientras le tuviesen nada tendrían que temer los franceses de España, antes lo podían esperar todo.

No se que da que sospechar el ver el descuido del duque en el extremo cuidado de todos, el no tomar providencia alguna para la defensa, cuando por todas partes está la monarquía amenazada, el no querer se labre moneda, como todos los consejos lo consultan, cuando por falta de ella todo el reino perece, el dejar apurar este cuerpo para que no pueda tener fuerzas, el tener desmantelado y sin fuerza todas las fronteras, el haber agotado el real erario con gastos superfluos, y prodigalidades, y esto en el que pretende, derecho a la corona, y dicen aquello del memorial de cada año, descuido puede ser, pero algunos lo juzgan cuidado.

¿Es posible señor, que no se hace reflexión en el modo de proceder de este hombre, que rescatándose de los españoles, y teniendo retirados los primeros hombres, pase toda su inteligencia y confidencia con los extranjeros? ¿Qué ha visto en el consejo de Indias, a un italiano en el gobierno de Flandes, a otro en las costas de Andalucía, a otro que se estreche con buñuelos, dando sus hijas a Colona y Balbases? ¿Qué es esto, no hay españoles en el mundo? Plegue a Dios que no lleve misterio al mismo tiempo, tenga virrey en México, a un hermano, ponga a un cuñado en Nápoles y otro en Milán, plegue a Dios no sea ir poniendo cimientos para alguna maquina.

Siempre los señores reyes han tenido apartados de sí, y lejos del manejo a los de este linaje, y aun el estado que les dieron fue dividido para que no pudiesen juntar sus fuerzas, no se como duerme tanto el Rey, que hallándose sin sucesión, pone su vida y su reino en el duque Cerda, que ha juntado de los mejores estados de Andalucía, de Castilla, de Valencia, y de Cataluña, que busca alianzas extranjeras, que se asegura de las provincias más distantes, poniendo a los suyos todas las fuerzas, y esto con el genio turbulento de Cogolludo, a propósito para cualquiera turbación señor, lo le vuelvo al duque lo que se dejó decir contra mí, su atrevimiento, pero si su obrar no le prueba traidor, harto fundamento hay para temerle, y perdóneme Vuestra Majestad que tan largo le haya hablado, que todo ha sido justa defensa contra quién ni en el descanso de una pobre tumba de madera me deja.

Por todas estas razones verá Vuestra Majestad cuantas más razones hay para sacarle a él de Palacio, que a mí de la sepultura, pues los espantos de este sitio, y golpes son para despertar al Rey, a que advirtiendo su cierta perdición, y la del reino, abra los ojos para apartar de sí al que le arruina, qué sentimientos de verme arrinconado en una tumba llena de telarañas.

Atento estuvo el Rey muerto a todas las razones de don Juan, aunque con aquella inalterable firmeza de semblante que cuando vivo, todavía parece habían hecho en él impresión las razones de su hijo, pues vuelto a él le dijo: andad a vuestra tumba y descansad, que yo cuidaré de que no os inquiete, y vos prior, contad fielmente a mi hijo lo que habéis oído, y decirle de mi parte que no duerma tanto, si no quiere despertar sin reino

Que pues es Rey que reine, y trate de gobernar por sí, pues es su oficio, que a mi en esta vida no me han hecho penar tanto por las flaquezas en que caí, como por las omisiones con que goberné, que el gobernarse por uno solo no es gobierno, sino esclavitud, que no piense que cumple con su obligación sentándose un rato en el despacho, o hacer cuatro decretos de cajón, y firmar todo lo que el valido, que vea, que averigüe, que examine, que consulte y firme juicio de lo que le consultan, leyéndolo, que mire, que no es tipo de burlas y entretenimiento, pues el reino se le viene a plomo encima, que menos golpes me hicieron abrir los ojos para apartar de mi lado al conde de Olivares, por ver que en su conducta se me iba perdiendo el reino, que con la presente no se va perdiendo, pero que puede temerlo por perdido.

Dijo, y sin hablar palabra al de Medinaceli que estaba de confuso más muerto que vivo, volviendo las espaldas se entró en su urna, diciendo pobre Rey, pobre reino. Don Juan se metió en la suya, y el duque y el prior, llenos de confusión y miedo se volvieron a sus posadas"[849]

[849] A.H.N., *Estado*, Leg. 4.817.

CAPÍTULO TRECE:
DON JUAN DE AUSTRIA: ¿VALIDO, DICTADOR O PRIMER MINISTRO?

Don Juan de Austria: ¿valido, dictador o primer ministro?

No deja de ser cierto que la Monarquía Hispánica, a lo largo del tiempo, y de manera muy similar a como ocurriese en otros territorios europeos en mayor o menor medida, vino a acompañarse por personajes que, ya sea ocasionalmente ya sea con un carácter más prolongado, suplían a la realeza en el ejercicio de ciertas parcelas del poder atribuido por el derecho regnícola a éstos.

Sin contar en la mayor parte de las ocasiones con amor del populacho[850], a los primeros ministros se les encomendaron preferentemente aquellos asuntos más farragosos, principalmente asumiendo el más que complicado mundo de la Administración[851].

Así, las críticas del populacho o de las clases análogas en Gran Bretaña a Macaulay a Buckingham y a Bute no son exclusivas de ese lugar y de ese tiempo. Muchas otras vinieron a salpicar a numerosos personajes a lo largo y ancho de Europa, procedentes de manera directa de sus adversarios políticos, quienes criticaban abierta o veladamente lo injusto de dichos nombramientos, frente a las presumidas competencias que estos, sus adversarios, poseían. En este momento vienen a nuestra memoria aquellas que afectaron

---

[850] La mala fama del favorito se hace latente en todas las capas de la sociedad. En este sentido, sobre su persona, y nunca sobre la del monarca, recaerían las iras populares en casos de desastres, mal gobierno o descontentos en general. Sobre ello resulta interesante el artículo de Antonio Feros, "Imágenes de maldad, imágenes de reyes: visiones del favorito real y el primer ministro en la literatura política de la Europa Moderna, c. 1580-c. 1650", en Elliott, J. (Dir.), *El mundo de los validos*, Madrid, 2000, pp. 293 y ss. Otros autores también nos relatan la extensa literatura que transmitía dicha fobia al valido, sin olvidar que otros autores vinieron a alabar las virtudes del valido, en donde singularmente exponían la idea de "que es justo y lícito que haya valido, porque el Rey tiene necesidad de amigos, y todavía más de un solo y verdadero amigo, con quien compartir secretos, alegrías, esperanzas y fracasos".

[851] En este sentido no deja de ser cuanto menos significativas las letras que en 1844 escribía Lord Macaulay sobre el conde de Bute, elegido primer ministro por un entonces joven Jorge III, en donde se mostraba sumamente desdeñoso: "Era un favorito; y los favoritos siempre han sido odiosos en este país. Ningún simple favorito había dirigido el gobierno desde que el puñal de Felton llegara al corazón del duque de Buckingham". Ensayo sobre "The Earl of Chatham", *Essays and Biographies*, en *The Compete Words of Lord Macaulay*, ed. Albany, 12 vols, Londres, 1898, x, p. 315.

a sujetos como Piers Gaveston, en la Inglaterra de Eduardo II, o al siempre recordado y malogrado don Álvaro de Luna[852], en la Castilla del siglo XV. El dramatismo que acompañaría sus vidas políticas quedaría plasmado por el final de las mismas: la muerte.

En ese mismo orden de cosas nos encontramos en numerosas ocasiones la alegación por parte de sus enemigos políticos de que el monarca era víctima del ejercicio de artes mágicas, arma muy utilizada con objeto de criticar el gobierno del valido sin subvertir la majestad de la realeza. Así las cosas no resultaba asimilable a nobles y grandes del reino el hecho de aceptar que, por voluntad del propio rey, hubiese depositado toda su confianza en una sola persona, un ministro omnicompetente. Si además, como ocurría en la España de Olivares, dicho ministro siguiera dominando año tras año, pese a todos sus errores y fracasos, era natural el hecho de determinar que el valido había adquirido cierto poder oscuro e impropio sobre el monarca. Esta conclusión haría, en todo caso, más explicable lo que de otra manera resultaría difícil de entender: su sostenida incapacidad para desplazar del regio favor a un ministro impopular[853].

Pero tampoco olvidemos la actuación empleada a lo largo de toda su vida política por don Juan de Austria, en relación a la Reina regente o los validos Nithard o Valenzuela, indicando constantemente en sus escritos la situación de secuestro en la que supuestamente se encontraba el joven Rey Carlos.

La aparición del término *favori* hacía furor en la Corte francesa de principios del siglo XVI, y puede quizá ilustrar algo del impacto que tuviese el espectacular ascenso y caída de Olivier Le Daim en la conciencia colectiva francesa[854]. En la Corte hispana, la denominación equivalente sería la de valido o privado. "A un favorito se le llama privado", explicaba el historiador boloñés Virgilio Malvezzi, apologista de Olivares, "porque será partícipe Privado de su voluntad, de todos sus afectos, de todas sus pasiones, y sólo transformado en servicio de Dios y su Señor"[855].

Dirigentes de los destinos de la monarquía ante la inactividad creciente de los monarcas, y ante una cada vez más enmarañada organización administrativa, podría indicarse abiertamente como los siglos XVI y XVII fueron épocas en donde surgen nuevas y más complejas formas de organización burocráticas. Sin embargo, ellas

---

852 Sobre la vida del Condestable don Álvaro de Luna, vid. Calderón Ortega, J.M., *Álvaro de Luna: riqueza y poder en la Castilla del siglo XV*, Madrid, 1988. Resulta sumamente interesante recordar el origen de la amistad del que fuese condestable de Castilla con el futuro Juan II, del cual sería una de sus principales figuras. Nacido en la década de 1380, hijo bastardo de una prominente familia, y sobrino de Benedicto XIII, llegaría a la Corte de Castilla en 1408. en 1410 se convirtió en paje del Rey niño. Cuando Juan II alcanzó la mayoría de edad a los catorce años, Álvaro de Luna era ya el favorito indiscutible. Durante los tres decenios siguientes, y aun después, don Álvaro de Luna se mantendría como privado del monarca. En agradecimiento a sus servicios fue nombrado condestable de Castilla y maestre de la Orden de Santiago. Dicho esplendor quedaría eclipsado por el espectacular horror de su final.

853 Vid. Elliott, J., "Conservar el poder: El conde-duque de Olivares", en *El mundo de los validos*, op. cit., pp. 165 y ss.

854 Arlette Jouanana, "Faveur et favoris: l'exemple des mignons de Henri III", en Robert Sauzet, ed., *Henri III et son tempos*, París, 1992, pp. 155 y ss.

855 Malvezzi, V., *The Purtract of the Politicke Christian-Favourite*, Londres, 1647, p. 59.

dependían en gran medida de la capacidad de príncipes y ministros para manipular en beneficio de la corona un sistema de relaciones sociales, en donde la lealtad familiar y personal tendrá un enorme peso[856]. En este sentido, el funcionamiento de redes familiares y sistemas clientelistas, que se extendían desde la Corte a todos los lugares de los territorios de la monarquía, era un hecho por todos constatado. Además de ello, el valido vino a actuar no sólo insertando a estos *clientes* en puestos clave de la organización administrativa, sino también desviando asuntos esenciales de los canales formales, e institucionalizados, hacia juntas o comisiones informales y designadas a su libre albedrío.

La variedad de asuntos competencialmente atribuidos y que deberían ser tratados en el seno de los Consejos, hacía que fuese prácticamente imposible el hecho de ser despachados con la prontitud deseada. Ello propiciaría la creación de pequeños comités o *Juntas*, siempre con la temporalidad como elemento básico, cuya finalidad sería la resolución de las cuestiones más urgentes que se planteaban en los consejos sin necesidad de convocar y reunir a todos sus miembros, o que afectaban al conjunto de la Monarquía, facilitándose de paso la tarea de gobierno. Curiosamente, sin embargo, la proliferación de las juntas vino a tener un origen muy distinto de aquella teoría bucólica, debiéndose su desarrollo desorbitado al deseo de los validos de no someter a los consejos determinados asuntos sobre los que tuviesen un especial interés.

En esta línea de actuación encontramos al Conde-Duque de Olivares. Como decimos, la tipología de las juntas era sumamente variada. Mientras que unas eran únicamente de carácter consultivo, proponiendo al monarca lo que según su parecer se debía ejecutar respecto a los asuntos consultados, otras, en cambio, gozaban de amplias competencias aunque teóricamente dependientes de un consejo. Pero también llegaríamos a encontrar algunas que estaban revestidas de las mismas competencias que los consejos de los cuales teóricamente dependían, actuando con total independencia, a veces, incluso, convertidas en tribunal judicial, con jurisdicción propia sobre determinadas materias, como fue el caso, entre otras, de la Junta de Obras y Bosques[857].

En todo caso no deja de ser ilustrativa aquella carta privada, que enviase Felipe IV a la que durante años fuese su confidente, sor María de Ágreda, en donde trataba de justificar las razones que le habían movido a designar otro valido, tras la caída del Conde-Duque de Olivares: "Habréis entendido de la prudencia y satisfacción con que el Rey don Felipe segundo, mi abuelo, gobernó esta Monarquía, el cual en todos tiempos tuvo criados o ministros de quién hizo más confianza, y de quién se valió más para todos los negocios... Este modo de gobierno ha corrido en todas cuantas Monarquías, así antiguas como modernas, ha habido en todos tiempos, pues en ninguna ha dejado de haber un ministro principal o criado confidente, de quién se valen más sus dueños, porque ellos no pueden por sí solos obrar todo lo necesario"[858].

---

856 Elliott, J., *El mundo de los validos*, Madrid, 2º ed., 2000, p. 15.

857 Díaz González, F.J., *La Real Junta de Obras y Bosques en la época de los Austrias*, Madrid, 2002.

858 Tomás y Valiente, F., *Los validos en la monarquía española del siglo XVII*, Madrid, 1963, p. 181.

Ciertamente no andaba muy desencaminado el Rey hispano, puesto que aparte de aquellas históricamente conocidas figuras castellanas como la del alférez real o, más adelante, la del condestable, muchas otras figuraron junto a la persona del monarca, desde la propia Reina o las amantes regias, a los propios integrantes de su séquito personal.

En aquella misma misiva que citamos, Felipe IV explicaba algunas de las funciones que no deberían ser delegadas por un monarca: "A éste [al valido] se suele encargar el oír a ministros y negociantes para informar a la cabeza de sus pretensiones; también el solicitar los negocios más graves, y que se ejecuten con puntualidad lo que se resuelve, cosa tan necesaria en todos tiempos, y particularmente en los presentes, en que tanto importa la brevedad de las ejecuciones de lo que está resuelto. Esto difícilmente puede correr por la mano del Rey, pues no es lícito de su dignidad andar de casa en casa de ministros y secretarios a ver si ejecutan con puntualidad lo que les ordena; y por estas noticias que recibe por medio de los ministros o criados de mayor confianza, puede ordenar lo que debe hacer y saber lo que se hace"[859].

Si mirados detenidamente, observamos en esta actuación regia una notable dependencia del Rey con respecto a la figura del valido. Una efectiva necesidad de contar con una persona que directamente se enfrente a los retos y problemas derivados del gobierno, a la vez que, paralelamente el monarca se encomiende a tareas simplemente protocolarias o, las más de las veces, de ocio.

Con todo, tras la admisión final del retiro que Olivares le había solicitado en varias ocasiones, acaecida en enero de 1643, anunciaba Felipe IV su intención de gobernar desde ese mismo momento por sí mismo, explicando en una carta enviada al yerno del Conde-Duque que "el peso del gobierno y la dirección de los negocios ha de ser más inmediatamente por mi persona, que faltándome el conde no me atrevo a fiar a nadie lo que de él"[860]. A pesar de estas nobles y loables intenciones, y la firmeza con que sobre ello nos traslada el examen de aquella correspondencia que mantenía con la monja de Ágreda, cuando le indicaba que "no faltan personas que quieran ostentar algún valimiento [pues es cosa muy natural en los hombres], viven engañados; que yo procuro valerme de todos, cada uno en lo que le toca…"[861], aquella actitud no duraría demasiado.

El caso es que a lo largo de la segunda mitad de su reinado se esforzó en ese objetivo, aunque en la práctica es conocido por todos como don Luis de Haro vino a desempeñar, aunque con ingentes dosis de discreción, muchas de las funciones pretéritamente ejercidas por el Conde-Duque de Olivares.

Veamos sobre ello un más que interesante documento:

> "… días ha que me hace instancias continuas el Conde Duque para que le de licencia de retirarse por hallarse con gran falta de salud, y juzgar él que no podrá sa-

---

859 Tomás y Valiente, F., *Los validos en la monarquía española del siglo XVII* ..., op. cit., p. 181, carta del 30 de enero de 1647.

860 Elliott, J., *El Conde-Duque de Olivares*, Barcelona, 1990, p. 627.

861 *Cartas de Sor María de Jesús de Ágreda y Felipe IV*, ed. De Carlos Seco Serrano, *Biblioteca de Autores Españoles*, 108, Madrid, 1958, p. 7, carta del 16 de octubre de 1643.

tisfacer conforme sus deseos a la obligación de los negocios que le he encomendado. Yo lo he ido dilatando cuanto he podido por la satisfacción grande que tengo de su persona, y la confianza que tan justamente hacía de él, nacida de las experiencias continuas que tengo del celo, amor y limpieza e incesante trabajo con que me ha servido tantos años.

Pero viendo el aprieto con que estos últimos días me ha hecho viva instancia para esta licencia he venido en dársela, dejando a su albedrío el usar de ella cuando quisiese.

Él ha partido ya apretado de sus achaques, y quedo con esperanzas de que con la quietud y reposo cobrará salud para volverla a emplear en lo conveniente a mi servicio. Con esta ocasión me ha parecido advertir al consejo que la falta de tan buen ministro no la ha de suplir otro sino yo mismo, pues los aprietos en que nos hallamos piden toda mi persona para su remedio. Y con este fin he suplicado a nuestro Señor que me alumbre y ayude con sus auxilios para satisfacer a tan grande obligación, y cumplir enteramente con su Santa Voluntad y servicio, pues sabe que es este mi deseo único, y juntamente ordeno y mando expresamente al secretario que lo que es de su parte me ayude a llevar esta carga, como lo espero de su celo y atención, y le encargo en primer lugar el cuidado y vigilancia en evitar ofensas de Dios y en que se guarde firmemente su Santa Ley, sin que por ningún caso de la tierra se dispense esto en la más mínima parte, pues más quiero perder todos mis reinos juntos, guardándola que recobrar cuanto está perdido, si ha de ser con riesgo de pilar la raya de los divinos preceptos.

En segundo lugar os ordeno que pongáis gran atención en la administración de la justicia, sin mirar a respecto humano ninguno, ni dejar de ejecutarla por fines particulares, pues si en esto hubiese algún descuido de más de la cuenta tan estrecha que habéis de dar a Dios, o la tomare yo también, y la castigaré con gran rigor a cualquiera que entendiere que no cumple con lo que debe a Dios y a su Rey.

Y en tercer lugar, os mando con toda precisión que siempre me tratéis verdad lisamente, aunque os parezca que sea en cosa contra mi gusto, y aunque estoy cierto que si Dios no me dejó de su mano, yo no le tendré en nada que sea contra lo que os digo. Como hombre puede ser que falte en algo y para en este caso es cuando más he menester que mis ministros me hablen claro, y no me dejen errar. Y mirad que os pediré estrecha cuenta a todos si habiendo yo declarado de esta forma mi voluntad, vosotros no cumplís con ella también mando que se tenga gran cuidado en el secreto, porque sin él nada se puede gobernar como se debe, y creo que ha habido poco cuidado en esto, que se habla fuera de los tribunales en los negocios más de lo que fuera razón. Fuera de esto que atenderá con todo cuidado a ejecutar inviolablemente lo que le ordeno, y que con el amor que me tiene y celo de mi servicio obrará de modo en mí ayuda que yo y vosotros descarguemos nuestras conciencias, y se abra puerta al bien y quietud de esta monarquía. Espero en nuestro Señor que ha de usar de misericordia con nosotros, y que a mí me ha de dar luz para acertar a ejecutar mis deseos, y a vosotros para aconsejarme lo mejor y para cumplir enteramente con vuestras obligaciones. En Madrid a 24 de enero de 1643. Al conde de Monterrey"[862].

---

862 A.H.N., *Estado*, Leg. 193.

En cierto modo, resulta interesante indicar como el propio don Luis de Haro no quería admitir que en la Corte se le llamase el primer ministro o *el valido del Rey*. Dicha modestia y comedimiento vendría a extenderla a otras facetas personales, tales como la no utilización de ciertos títulos heredados de su tío, etc. Con todo, y a pesar de dicha intención de mantenerse en un escrupuloso anonimato, el propio Rey Felipe acabaría llamándole primer ministro, incluso con mayor solemnidad si cabe a como lo había venido haciendo con pretéritos validos. Cuando en 1661 venía a fallecer don Luis, el Rey Felipe IV debió sentirse desamparado. Quizá fuese porque a su alrededor no hubiese nadie juzgado como competente por el Monarca hispano, o más bien porque logró vencer su resistencia al trabajo, el caso es que en los cuatro años que Felipe IV sobrevivió a su último primer ministro se hizo aconsejar por varios y servir por muchos, nunca por uno solo, recordándonos esta acción a aquel sabio consejo que el Rey Felipe II dio a su hijo y futuro rey, cuando le mandó llamar a su lecho de muerte, y que tan pronto incumplió al dar todo el poder al duque de Lerma.

Tras la muerte de don Luis de Haro, el Rey Felipe afirmaría que "Yo ya tengo edad para abrir los ojos, y cualquier cosa que necesitare de remedio en mis servicios, avísenmela y adviértanmela [los ministros y consejeros en general], que yo oiré con todo cuidado a quien me advirtiese lo que conviniere, y sabré remediar lo que necesitase de remedio, que no ha de ser como hasta aquí"[863]. Y, en efecto, el Rey en este caso cumpliría con su palabra. En este sentido, dividiría entre varios lo que antes hiciese uno solo, el valido, manteniendo hasta el fin de sus días la dirección de la monarquía de manera personal, tal y como nos relata el profesor Tomás y Valiente[864].

La figura institucional del valido en la Monarquía Hispánica

Sin perjuicio a lo que de manera excelente se expone en la obra coordinada por el profesor Escudero, *Los Validos*[865], en donde se contiene a nuestro entender el más perfecto elemento definitorio de este histórico personaje, preferentemente en la introducción que realiza este mismo profesor, y con todo lo anteriormente expuesto, dibujamos que en aquella Monarquía Hispánica dirigieron tres monarcas los designios de los distitos territorios adscritos a su Corona, en el siglo XVII. Estos son Felipe III (1598-1621), Felipe IV (1621-1665) y Carlos II (1665-1700). A diferencia de lo practicado hasta el último de los *Austrias Mayores*, éstos llamados *Austrias Menores* ejercerían el poder a través de diferentes validos[866], tales como los duques de Lerma o Uceda, el Conde-Duque de Olivares, don Luis de Haro, el padre Nithard, Fernando

863 Barrionuevo, J., *Avisos*, t. IV, p. 380.

864 Tomás y Valiente, F., *Los validos en la monarquía española del siglo XVII...*, op. cit., p. 18.

865 Escudero, J.A. (Coord.), *Los Validos*, Madrid, 2004.

866 Muchos han sido los autores que, de manera genérica o particularizada, han indagado en la figura del valido a lo largo de los tiempos, y en donde tuvo un papel singular la obra del profesor Tomás y Valiente, *Los validos en la monarquía española del siglo XVII*, que publicara allá por 1982.

de Valenzuela o don Juan de Austria, considerado por algunos como un valido con ciertos elementos de distinción, mientras que para otros nos encontramos ante la encarnación de un golpista.

Tras la muerte de don Juan de Austria otras figuras vendrán a ocupar el gobierno de la Monarquía ante la ausencia tácita o expresa de interés por parte del Rey de hacerse cargo de dicha actividad, pero es más que evidente que tras él, y sin ningún género de dudas, pronto surgirá una figura diferente que acabará por desembocar definitivamente, y de manera progresiva, en aquellas piezas claves de la gestión de la administración, como fueron los ministros, convertidos en aquel elemento fundamental de los gobiernos hispánicos a partir del siglo XVIII[867].

Adentrándonos en la figura del valido español del siglo XVII, observamos como ya desde finales del reinado del *Rey Prudente* la Monarquía Hispánica venía presentando unas progresivas señales de debilidad a la hora de asumir sus funciones con respecto a la administración. Es quizá por ello que, debido a la incapacidad de los soberanos para cumplir sus cometidos, comenzarían a ceder, y a privatizar, competencias de naturaleza netamente estatal, preferentemente aquellas enmarcadas en los campos militares y navales. De este modo nos encontramos ante una cierta *refeudalización*, pero no como vuelta de dominio de una clase, si no de individuos dentro de una nueva situación creada, y que a la postre todos entendían como irreversible.

Con respecto al valido o privado, indicar que la elección de éste dependía únicamente del Rey, constituyendo la privanza una institución irregular, incluso pudiera ser que contiviese ciertas dosis de ilegalidad, suponiendo la unión de dos elementos de los que muchos monarcas no podían prescindir: amigo íntimo y trabajador eficaz.

Es por ello que hasta aquella famosa cédula de 1612, no existe, al menos hasta la fecha, ningún tipo de documento anterior que de respaldo legal a esta más que controvertida figura, por más que por todos fuese asumida la vinculación directa que existía entre la actividad política desarrollada por el favorito y la voluntad del monarca de que ello así fuese. El texto de dicha cédula es el siguiente: "Copia de lo que Su Majestad ordenó al Consejo de estado por Cédula de 1612 tocante al duque de Lerma. El original se envió por Su majestad en conformidad de lo que manda en la orden que está aquí. Desde que conozco al duque de Lerma le he visto servir al Rey mi señor y padre, que aya gloria, y a mí con tanta satisfacción de entrambos que cada día me hallo más satisfecho de la buena cuenta que me da de todo lo que le encomiendo y mejor servido de él; y por esto, y lo que me ayuda a llevar el peso de los negocios, os mando que cumpláis todo lo que el duque os dijere o ordenare, y que se haga lo mismo en ese Consejo, y podrásele también decir todo lo que quisiere saber de él, que aunque esto se ha entendido así desde que yo sucedí en estos Reinos, os lo he querido encargar y mandar ahora"[868].

---

867 Vid. Escudero, J.A., *Los secretarios de Estado y del Despacho (1474-1724)*, Madrid, 1969.

868 A.G.S., *Estado*, España, Leg. 4.126.

Es, por tanto y como indica con certeza el profesor Thompson, que los validos operaron en muchísimas ocasiones fuera (o al lado) de los canales institucionales establecidos, sin tener en ocasiones ningún tipo de rango ministerial formal[869].

El valido se diferenciaba de un secretario privado o de cualquier otro tipo de consejero real en que interfería en los procesos normales del funcionamiento de los consejos, interrumpiendo la actuación ordinaria de los mismos, y desviando a través de su persona la información al monarca[870]. Aunque, evidentemente, no todos los validos actuarían según unos esquemas idénticos, en cuanto a lo que vino a ser su cometido, linaje u origen, y actividad desarrollada, etc. Baste citar los casos de Lerma o de Olivares, frente a los de Nithard, Valenzuela o el bastardo regio don Juan de Austria.

A la búsqueda de su origen, éste habría de ser analizado y hallado en la propia mecánica burocrática, además de en la ineptitud de algunos monarcas para el ejercicio de las tareas propias del poder, como fue el caso de Felipe III. Es en su época cuando se inicia el auge de este personaje que podría hincar sus raíces, como vimos, en el propio medievo, con figuras tales como el Alférez Real, o el propio Condestable, y que ahora evolucionadas, surgen nuevamente y con mayor ímpetu.

El profesor Thompson viene a aportar una explicación más rígida con respecto al origen de esta figura, y no es otra que el hecho de encuadrar al valido como respuesta a una crisis de crecimiento del gobierno. La cada vez más amplia complejidad del Estado que, con la expansión de sus esferas de intervención, había desbordado a los pretéritos métodos personales de gobierno. Baste recordar la frenética actividad burocrática que en la monarquía hispana tuvo que desarrollar Felipe II a lo largo de su reinado, y que el profesor José Antonio Escudero nos transmite con brillantez en su obra *Felipe II. El Rey en el despacho*[871]. Se había acumulado una carga demasiado gravosa para una sola persona, y especialmente para un príncipe educado para la Corte, no para el despacho. Igualmente, aquel desbordante énfasis en la majestad de la monarquía haría que pareciera inapropiado para el monarca el hecho de verse implicado en las menudencias del detalle administrativo.

Cierto es que las instituciones de gobierno de la Monarquía Hispana tenían un carácter claramente diferente a las poseídas por Francia o Inglaterra. En parte por razones jurisdiccionales, las instituciones centrales eran más numerosas y estaban más formalizadas y diferenciadas unas de otras, no habiendo en España una institución madre con competencias semejantes al Consejo Privado inglés. Pero también es cierto que dicha institucionalización y especialización conllevaba numerosos problemas, asociados a la rutina burocrática, a la rivalidad institucional y al corporativismo.

La búsqueda de un mecanismo que resultase efectivo para resolver dichos problemas había constituido una constante preocupación al menos a partir de la década de

---

869 Thompson, I.A.A., "El contexto institucional de la aparición del ministro-favorito", en *El mundo de los validos*, op, cit., pp. 25 y ss.

870 Escudero, J.A., *Los secretarios de Estado y del despacho (1474-1724)*, Madrid, 1969.

871 Escudero, J.A., *Felipe II. El Rey en el despacho*, Madrid, 2003.

1540, agudizándose la misma a comienzos de la década de 1580 por la combinación de sobrecarga administrativa y debilidad del monarca. Así las cosas entre los años 1590-1600 aparecerá el valido como una solución a un prolongado problema de control.

Con respecto a las funciones propias del valido, estas podrían ser resumidas en las siguientes: supervisar los Consejos, manejar los instrumentos adcritos al gobierno y, finalmente, aconsejar al Rey.

Cuando la Corona delega competencias a éstos, lo hace buscando un primer ministro, pero al mezclarse poder y patronazgo la Corona pierde independencia, o lo que es lo mismo: lo que empezó como delegación de poder acabará como abdicación del control y pérdida de dicho poder. Pero bajo el condicionante de que la pérdida de dicha confianza vendría a suponer que el mismo revierta nuevamente en el monarca, o en quién éste decida.

Con todo, resulta evidente que el ascenso del valido tendría como contrapartida más inmediata la decadencia del secretario, pasando muchas de sus antiguas atribuciones, tanto en el gabinete privado del Rey como en la secretaría de Estado, a manos del privado[872].

Muchos historiadores han venido a presentar sus opiniones con respecto a la aportación que estos validos han realizado en el gobierno de aquella más que amplia Administración hispánica del siglo XVII. En este sentido, Fernández Álvarez, aludiendo a la caída de Lerma, afirmaba que "*caía Lerma pero no el sistema. El régimen de validos continuará a lo largo del siglo con la serie de Reyes holgazanes, abúlicos o enfermizos que se suceden en el trono español durante los últimos Austrias*"[873].

El profesor Domínguez Ortiz, con respecto a Felipe IV indica lo siguiente: "*...sostuvo a Olivares como Luis XIII a Richelieu: por que lo creyó el hombre más indicado para desarrollar su política, no por pereza o incapacidad mental*"[874]. Con respecto a este mismo personaje, Elliott opina del modo siguiente: "*Si existía en España un hombre preparado para luchar contra los enormes problemas del momento, ese era el Conde de Olivares*"[875].

En otro orden de cosas, y en aras a diferenciar valido y primer ministro, figuras ya tratadas en este capítulo, de aquel personaje que denominamos dictador; y en el ánimo de poder diferir más claramente en qué lugar vino a posicionarse el personaje central de esta obra, don Juan de Austria, indicar que con respecto a este último, la definición del término *dictador* hace referencia a aquel sujeto que recibe o se arroga el derecho a asumir el conjunto de los poderes del Estado: "Nuestro futuro dictador aprovechará

---

872 Bermúdez de Pedraza, F., *El Secretario del Rey* (1620), edición facsímil (Madrid, 1973), f. 12v: "VM no ha tenido Secretario privado porque los Grandes de España afectos de su servicio toman este cuidado, despachando con su Real persona a boca las consultas y los expedientes del Secretario, con que en la realidad y en la sustancia el privado viene a ser el Secretario, pues el ejercicio es el que le hace, y no el nombre".

873 Fernández Álvarez, M., "Las instrucciones políticas de los Austrias Mayores: problemas e interpretaciones, en *Gesammelte Aufsätze zur Kulturgeschichte Spaniens*, 23, 1967.

874 Domínguez Ortiz, A., *Crisis y decadencia de la España de los* Austrias, Madrid, 1969.

875 Elliott, J.H., *Richelieu y Olivares*, Barcelona, 1984.

con maravillosa astucia los enconos y las simpatías de los otros para mover... la rueda de su ambición", indicaría al respecto Gregorio Marañón.

Los orígenes de este modo de hacer política se pierden en los más recónditos orígenes de los tiempos. Ya en la antigua Roma, el término dictador se empleaba para hacer referencia a aquel magistrado supremo y extraordinario nombrado en circunstancias difíciles, e investido de poderes excepcionales.

En aquella Roma la dictadura era ejercida –únicamente en el interior de la península Itálica– por un dictador, magistrado único elegido por los cónsules a petición del senado en circunstancias excepcionales. Una vez nombrado por los cónsules, el dictador era investido del poder dictatorial (potestas). Era dueño de la totalidad del poder ejecutivo, y, salvo en lo que concernía al tesoro público, no tenía que rendir cuentas a nadie, ni antes ni después del ejercicio de su función. No podía ser llevado a juicio más que después de un voto de censura por parte de los censores. El expirar su mandato, los magistrados, según la ley, volvían a encargarse de sus funciones.

Con el transcurso de los años, y con ese mismo concepto de concentración del poder en manos de una persona, nuevos tiranos vinieron a tomar las riendas del poder en los más variados territorios y en las distintas culturas, y en donde incluso los extremismos políticos tendrán mucho que ver en ello.

En nuestra opinión, don Juan de Austria pudo utilizar a lo largo de su vida los métodos propios de los famosos pronunciamientos militares del siglo XIX, pudo utilizar pasquines, escritos injuriosos e irreales, etc., pero la figura de dictador, en su sentido literal, no casa en el conjunto de sus actuaciones. Cierto es que todo ello fue utilizado en un momento dado para acceder al poder, pero a la hora de tomar ese poder respetaría profundamente el ordenamiento jurídico vigente, así como las instituciones de la Monarquía.

CAPÍTULO CATORCE:
DON JUAN DE AUSTRIA EN LA HISTORIA: ENTRE LAS FILIAS Y LAS FOBIAS

Don Juan de Austria en la historia: entre las filias y las fobias

Queda claro que la llegada al poder de don Juan en 1677 despertó, salvo contadas excepciones, el entusiasmo y las esperanzas no sólo en muchos de los que formaban las distintas clases sociales de la Corte de Madrid, sino que se haría extensivo a múltiples territorios de la Monarquía. Recordemos el apoyo de los nobles a través de su famoso manifiesto, los pasquines fijados en las iglesias, las oleadas de gentes que le acompañaron en sus distintas iniciativas, o el apoyo de la periferia, especialmente de la Corona de Aragón en el conjunto de sus empresas. Es por ello que en muchos lugares siempre fue considerado como un salvador de la Monarquía, frente a los que ocupaban el poder en contra de la voluntad del pueblo.

Para muchos de los súbditos del Rey Carlos, don Juan de Austria sería aquel lider político-militar esperado con ansias, y que se encargaría de enderezar los destinos de aquella Monarquía en donde todavía *no se ponía el Sol*. Sobre ello traemos el siguiente texto: "Todo era esperanza en la Corte: esperaban todos con igual suspensión, pero con distintos fines; el pueblo, el esperado y tan ofrecido alivio en las contribuciones y moderación de precios en los comercios; los señores y ministros juiciosos y neutrales, la restauración de la monarquía con deseo y la caída de sus puestos con temor; las milicias ríos de oro en los ejércitos; los señores coligados de Castilla y los secuaces de Aragón, premios condignos al servicio"[876].

Entre sus numerosas acciones políticas la idea fundamental era sanear por un lado la administración del Estado, reestructurando los órganos de gobierno, reduciendo personal y dando mayor agilidad a los trámites administrativos, y por otro reduciendo los salarios y los gajes de quienes trabajaban en la pesada burocracia y el gigantesco aparato administrativo que el paso del tiempo había generado en la monarquía de los Austrias[877].

---

[876] CODOIN, vol. 67, p. 26.

[877] Los temas principales de una reforma política eran la agilización de la administración y el fortalecimiento de la justicia real; la reforma de la Hacienda Pública, y el fomento del desarrollo del reino; la política fiscal; y la reforma política y moral de España.

Don Juan vino a encarnar la oportunidad para muchos de aquellos que buscaban ansiosamente aquellas posibles alternativas políticas, que prepararían el final de los que hasta entonces habían venido a constituír un más que aturdido gobierno de la regente Mariana de Austria.

Con su idea de solventar la crónica situación de pobreza que embargaba a las clases más desfavorecidas, aunque a veces olvidando de que él también debería predicar con el ejemplo, se convirtió en el artífice de la Junta de Alivios, que aspiraba a conseguir una mayor justicia fiscal y eficiencia en la administración. En este sentido, don Juan Austria estaba detrás de la insistencia de los reinos periféricos de que el Rey ratificara los fueros y convocara las Cortes. Pero él sería además el protagonista de aquellos esfuerzos políticos que buscaran remedio en la situación de miseria económica que afectaba al reino de Aragón, y para ello no tenía más remedio que poner antes bajo su control aquello que ocurriese en la Corte madrileña.

Muchas de las actuaciones de don Juan de Austria no tendrían otra finalidad que la de intervenir en las decisiones del gobierno al precio que fuese, y para este objetivo se hizo eco de las penurias de las clases más desfavorecidas, preferentemente de las clases bajas urbanas, los cuales nunca dejarían de seguir y comentar, desde una posición crítica, los acontecimientos presentes y futuros. Pero a todo ello, insisto, hay que añadir que había sido el propio don Juan quien había reivindicado ambiciosos programas de reformas –sobre todo aquellos de su manifiesto del 1 de marzo de 1669–, a los cuales se acudió después para contrastarlos con su labor práctica como primer ministro de la Monarquía Hispánica.

Por otro lado, estaban los *Grandes de España*, la alta nobleza: la que ya bajo Felipe IV era y seguía siendo la fuerza decisiva, y que había experimentado a raíz de los acontecimientos de noviembre de 1675 y diciembre de 1676 una fuerte dosis de politización. Poseedora ya de por sí de la mayoría de los cargos, los estos *Grandes de España* representaban, con toda probabilidad, tanto por el poder que detentaban en Castilla como por su disposición a formar facciones, el grupo más determinante en la política de Madrid. La unión de muchos de ellos para acabar con el primer ministro Valenzuela sería letal para este personaje.

Pero no es menos cierto que don Juan de Austria simplemente vino a representar un mito político y, como casi la totalidad de los mitos estaba destinado a fracasar, ya que por mucho que pretendiera hacer difícilmente satisfaría el conjunto íntegro de las expectativas creadas. Además, para mayor desgracia, su actuación política se desarrolló en un período cronológico en donde imperarían las crisis económicas, sociales, y otras dificultades de lo más variopinto, y en donde aparecerían por todas partes las referencias a las malas cosechas, las epidemias, la inflación, etc. Además, por si fuera poco, su espíritu de trasladar a la realidad su programa político se vería truncado por su muerte, cuando apenas si llevaba dos años en el poder.

Además el ejercicio del poder siempre conlleva el lógico desgaste. Así las cosas, el número sus enemigos se vería incrementado a lo largo de su mandato, al mismo tiempo que también lo hacía el grupo de los desencantados y descontentos. Pronto comenzarían a aparecer por todas las calles y tabarnas las quejas en forma de sátiras y panfletos, artes que en tiempos pretéritos tan hábilmente había sabido utilizar especialmente contra los validos de la Reina, ahora se cebarían en su persona y acompañantes, recordando, una y otra vez, su filiación ilegítima[878]. Pero también venían a representar la plasmación de las frustraciones de la gente, o la forma con que sus enemigos políticos respondian a su toma del poder, en contra de sus intereses. Reproduzcamos algunos de ellos:

"Vino S.A., sacó la espada,
y no ha hecho nada"

Otro titulado "*Las erratas de don Juan*" aparecía el 28 de Marzo y decía lo siguiente:

"La carne el año pasado
valía á solo catorce;
el pan se vale á sus once;
y en este no se ha bajado
más que el caballo de bronce"

Con ello se pretendían mofar de lo que, se decía, había sido la única medida *efectiva* del gobierno de don Juan de Austria.

Otro escrito venía a incidir con mayor intensidad en la frustración que recaía sobre las gentes de Madrid, en particular, y del conjunto de los reinos de la monarquía, en general: "... Ya arrancó esta raíz y, apartando a la Reina, consiguió el señor Don Juan, cuanto deseaba. ¿Pues como retirada la causa de los bienes de Su Alteza se ven tan contrarios efectos que nunca se han padecido estas calamidades, más pérdidas y más lamentables ruinas que después que empezó a gobernar el Sr. Don Juan? Esto no tiene solución, si no el decir, o que nos engañamos en pensar que el Sr. Don Juan era capaz de remediar los males de la Monarquía, o que maliciosamente él nos ha engañado obrando de manera que el Rey y el Reino no puedan resistirle, cuando sea tiempo de mayores designios... Desde la llegada de Don Juan, no sólo no haya remediado nada si no empeorándolo todo, de tal manera que desde la pérdida general de España, no ha padecido jamás nuestra Nación mayores calamidades y mayores ignominias. ¿Para que hemos traído al médico afamado a tanta costa, si en lugar de sanar nuestras dolencias, o por lo menos curarlas mejor que otros, nos ha empeorado de suerte que ha dado a la Monarquía en la Sepultura?

Vuelvo a argüir, el que no cumple con su promesa, o es infiel, o es ignorante..."[879].

---

878 Ribot García, L.A., "La España de Carlos II", op. cit.

879 B.N., mss., 18.206, pp. 197 y ss.

Detrás de buena parte de aquellas sátiras estaban los jesuitas, y en particular los padres Liébana y Juan Cortés Osorio, autor éste último de las invectivas más certeras contra él. Varios padres de la Compañía y parece ser que el propio Cortés Osorio fueron desterrados de la Corte, al igual que otros escritores de la oposición a don Juan de Austria. Nada más acceder éste al poder, ya habían sido desterrados los padres Nájera, Oma, Salinas y Rodríguez Coronel.

Pero también autores extranjeros como el mismísimo Maquiavelo llegaron supuestamente a escribir desde la sepultura a don Juan de Austria, en el ánimo de dar su opinión sobre su forma de hacer política, y dentro de un sugestivo elenco de misivas intituladas "*Cartas de los difuntos a los vivos, halladas dentro del túmulo de la encarnación al día de los difuntos*", tal y como se desprende del siguiente texto:

> "Carta de Maquiavelo para el señor don Juan de Austria. No porque sucedan mal dejan de ser prudentes los consejos, y así venero el ingenio de Vuestra Alteza, que atropellando por las supersticiones de los ánimos plebeyos ni de igualmente con la conveniencia lo sagrado y lo profano, sin hacer más escrúpulo de la muerte del Inquisidor General, que de la de santones, y sin que tales intentos interrumpan la devoción de comulgar a menudo, es simple quién puede y no se corona, y muy porsilanime (sic) quién por escrupulizar en los medios pierde tan gloriosa empresa. Todo me agrada cuanto vuestra alteza dispone, emprende y medita, y sobre todo valerse de tan prudentes teólogos que no dudo que son los de mi escuela, solo no alcanzo como se puede zurcir la inconsecuencia de escribir un día que sí, y el siguiente que no, y como entonces se dio un motivo, y ahora se confiesa que no fue verdadero, que aunque el arte de reinar lo es de fingir, si se descubre el engaño es peligroso, lo que se me ofrece apuntar a Vuestra Majestad es el bien de todo y sin servidores tendremos el gusto de verle por acá"[880].

La afición y habilidad con la pluma de don Juan de la que ya hemos dado debida cuenta a lo largo de toda esta obra, juntamente con su hábil manejo de la opinión y de la propaganda política, vinieron a convertirle en la considerada única esperanza de volver a épocas de esplendor, fundamentalmente por aquellos que formaban la gran masa de la población, las clases más populares. Don Juan de Austria fue amado, seguido ciegamente y exaltado por sus partidarios, a la vez que correlativamente y en la misma medida en que era odiado por sus enemigos.

Con total seguridad don Juan de Austria fue el lider político del siglo XVII que más ilusiones y esperanzas suscitó entre aquellos que venían a conformar las clases más populares de Madrid, en particular, y de los distintos territorios españoles de la Monarquía. Sobre su personalidad, nos recuerda el profesor Ribot como Henri Kamen le ha considerado el primer líder real de la historia de España y el primer caudillo español. En cualquier caso, sí fue uno de los primeros gobernantes conscientes de la importancia de la periferia en la política española, y en ellos basaría sus más

---

[880] A.H.N., Estado, *Libro* 878.

importantes elementos de apoyo. Pero tras su toma de poder, en enero de 1677, los acontecimientos que se escapaban de su control harían que se convirtiera en un primer ministro bastante inoperante, gobernandor de una Monarquía Hispánica que en un momento tan complicado que su actividad política que para muchos simplemente serviría para enfriar muchos de los entusiasmos que suscitara, aunque no es menos cierto que durante su gobierno no dejó de haber importantes iniciativas reformistas en la Administración de la Monarquía.

Cuando don Juan de Austria expiraba en ese fatídico mes de septiembre de 1679, su hermano el Rey Carlos se divertía viendo unos fuegos de artificio en la plaza de palacio. Allí le llegó la noticia del fallecimiento de su hermano, y como si la cosa no fuera con él parece ser que no se sentiría muy afectado, por más que luego más tarde hiciese lo posible para que se llevase a efecto aquella misiva rogatoria de determinadas actuaciones que le enviase don Juan. En este sentido, cuentan las crónicas que no se acercó a visitar su cuerpo, disponiendo que se diese sepultura a su cadáver embalsamado en el Panteón Real de El Escorial, si bien antes del entierro sus restos mortales quedarían expuestos al público durante tres días en el Alcázar Real de Madrid, conforme el testamento de su hermanastro.

Todavía le quedaban muchos años de vida al siempre demacrado Rey Carlos y a su madre, puesto que el primero de ellos viviría hasta el día de todos los santos de 1700, con la ausencia ya conocida por todos de un heredero directo, la Reina Mariana de Austria lo haría hasta el 16 de mayo de 1696[881].

En efecto, el día 16 de mayo fallecía la Reina madre tras verse afectada por un cáncer de pecho, siendo sepultado su cuerpo el domingo siguiente en el monasterio de El Escorial. Cuenta el profesor Kamen que durante la mayor parte de aquel año de 1696 tanto Rey como Reina estuvieron enfermos de manera intermitente, incluso cita en su obra la información que Stanhpe transmitía a Shrewsbury en relación a la enfermedad del Rey: "le cortan el cabello, lo que casi ya ha hecho por anticipado la postración de su naturaleza, pues tiene toda su corona calva. Tiene un estómago voraz y traga entero todo lo que come, pues su quijada inferior sobresale tanto que sus dos filas de dientes no pueden coincidir…"[882].

Finalizando nuestra obra no podemos dejar de indicar que para la historiografía contemporánea don Juan de Austria ha aparecido con ciertas dosis de injusticia olvidado en unos casos, por más que ya hayamos indicado el magno corpus documental que sobre su persona se almacena en los distintos anaqueles de los archivos históricos

---

881 Sobre la muerte de doña Mariana de Austria, así como los actos realizados en su honor, vid. López de Cuellar y Vega, J., *Batallas y triunfos de doña Mariana de Austria, reina madre de España. En la pompa funeral que el día 18 de junio celebraron los Tribunales de Navarra*. Pamplona, 1696; Arteaga y Dicastillo, J. de, *Oración fúnebre en las honras de la serenísima señora doña María-Ana de Austria: que celebró la… ciudad de Ávila en la Santa Iglesia Catedral el día diez de julio de 1696*, Ávila, s.a.; Hebas, J. delas, *Paregyrico fúnebre en las honras de la reyna madre… doña María-Ana de Austria…* Madrid, 1696; Interián de Ayala, J., *Relación de las reales exequias que la… universidad de Salamanca celebró a la… memoria… de la… reina doña María-Anna de Austria, esposa… que fue del señor Phelippe IIII…*, Salamanca, 1696.

882 Kamen, H., *La España de Carlos II*, Madrid, 2005, p. 502.

de manera ingente. Además, si figura político-militar ha sufrido directamente, cuando no la falta de interés, algo bastante común durante mucho tiempo a todos los hechos y personajes del siglo XVII español, el desprecio de buena parte de los estudiosos de aquella época tan importante para la historia de España, aunque no es menos cierto que en estos últimos años su figura haya comenzado a interesar a los historiadores.

Sobre su herencia, no dejan de ser curiosas, por ejemplo, las opiniones que Gabriel Maura introduce en su obra sobre el reinado y Corte del Rey Carlos II, teñidas en las más de las ocasiones de un marcado prejuicio hacia don Juan de Austria, por no hablar de la franca antipatía que le tiene Ludwig Pfandl.

Esta actitud notoriamente negativa hacia su lo que fue su historia personal podemos observarla con nitidez en muchas de las páginas que le dedica el duque de Maura, incluso en uno de los escasos párrafos en que reconoce algunos valores en el hermanastro de Carlos II: "Cuantos coetáneos suyos le conocieron, legando a la posteridad testimonio de su opinión, atribuyen al de Austria no sólo gran valor personal, repetidamente acreditado, en efecto, sino simpática presencia, rica imaginación, fértil ingenio, fácil palabra y muy atractivo trato, cuando no le estorbaba el complejo de suspicacias y vanidades propio de su irregularidad social, único defecto de volumen que entre todos señalan. Los textos de su minerva (casi siempre de su puño) llegados hasta nosotros nos le revelan escritor suelto de pluma, aunque frecuentemente conceptuoso; dialéctico hábil, aunque a menudo sofístico; polemista eficaz, aunque en ocasiones pérfido; poco estudioso y no muy culto, aunque lo bastante desenfadado para fingir que sabe o disimular que ignora. Poseía, en suma, cualidades más brillantes que sólidas, tan susceptibles de ser discutidas y menospreciadas por los contrarios como superestimadas y enaltecidas por los propios...".

Este autor viene a valorar con tintes muy negativos la trayectoria política de don Juan de Austria, especialmente en los años que de manera directa ejercerá el poder en la Monarquía Hispánica, aunque no es menos cierto que reconoce que vino a ejercer una provechosa y educadora influencia sobre su hermano Carlos, a pesar de que no llegó a organizar la reanudación de los deficientes estudios del Rey[883].

Y por si fuera poco, junto al tradicional antidonjuanista Maura aparecerá coetáneamente otro autor, que vendrá a coincidir plenamente con él, como fue Alberto Risco, quien resume toda su actividad política como gobernante en la ya conocida Paz de Nimega de 1678, calificada por muchos como "*la más delicada paz conocida hasta entonces en nuestra historia*", aunque como ya hemos expuesto con anterioridad dicho tratado no era más que la expresión formal de una calamitosa gestión iniciada muchos años antes.

En efecto, a una similar conclusión llegaría Alberto Risco, en cual afirma que el epitafio final del hijo bastardo de Felipe IV bien pudiera ser escrito anotándose los más célebres hechos y acciones de su vida, en esta forma: "En Nápoles, le hizo célebre la hija del Españoleto; en Flandes, las Dunas de Dunquerque; en Portugal, Estremoz; en Madrid, Nithard; en su privanza, la Paz de Nimega. Consultad a la historia lo que

---

883 Ribot García, L.A. "La España de Carlos II", op. cit.

significan cada una de estas palabras, y sabréis lo que España le debe al soñador de cetros y coronas"[884].

En conclusión, la mayoría de los autores han expuesto reiteradamente en sus escritos la ambición que portaba el bastardo, su escasa capacidad, el complejo de su origen, la obsesión por imitar las glorias de su homónimo –el de la batalla de Lepanto–. Y aunque en muchas de sus afirmaciones obran con dosis de certeza, no es menos cierto que con una más que manifiesta injusticia se han resaltado sus fracasos en Flandes y Portugal, olvidándose de sus éxitos en Italia y Cataluña, sus ideas novedosas, algunas de las cuales darían sus frutos más allá de su muerte; su más que correcta gestión política en sus períodos de estancia en Aragón o Principado de Cataluña, y algo que muchas veces ha pasado desapercibido: su capacidad de ilusionar a los más necesitados, por más que ellos fueran después los que más duramente sentirían sus fracasos.

Últimamente, contrarios a las tesis de Maura, Pfandl o Risco, algunos autores, como Kamen, García Martínez, Sánchez Marcos, Calvo Poyato, Graf von Kalnein, o Castilla Soto han venido a mostrar el lado más positivo de la figura de don Juan de Austria hablando abiertamente de la importancia del personaje y de su tiempo. Así las cosas, entre los que portan su a veces extrema fobia, y los que nos trasladan su filia, nos quedamos con unas palabras del profesor Domínguez Ortiz que, al respecto de la figura histórica de don Juan de Austria, quizá nos transmite una posición intermedia: "No fue un hombre vulgar, y de haber vivido en tiempos mejores hubiera dejado tras sí un excelente recuerdo. Si sus dotes como político eran discutibles, no pueden ponerse en duda su capacidad de trabajo, su multiforme curiosidad y su papel de mecenas; quizá fue el más destacado de los que en aquellas décadas sombrías querían preparar mejores destinos a España... A pesar de sus defectos, no hubiera sido malo que la vida y el Gobierno de don Juan se hubieran prolongado más tiempo"[885].

Tras la muerte de don Juan José de Austria, y hasta el 1 de noviembre de 1700 en que fallecía Carlos II, observamos como personajes como el duque de Medinaceli o el conde de Oropesa vienen a actuar de modo semejante a los validos tradicionales propiamente dichos, aquellos pertenecientes a la alta nobleza y que gozaban del favor regio además de su amistad. El parecido deriva, obviamente, en que unos y otros gobiernan supliendo con su labor la que el Rey debería realizar. Y es que la desaparición de don Juan no supuso en ningún caso la de las intrigas palatinas como elemento característico de la vida política típica del reinado de Carlos II.

Dos partidos se enfrentaban en ese momento por el control del poder, encabezados respectivamente por el duque de Medinaceli y el Condestable de Castilla, lo que venía a suponer una cierta prolongación de los bandos existentes en épocas pretéritas. Los del Condestable habían sido adeptos de la Reina madre, mientras que los de Medinaceli habían formado parte como ya vimos en páginas anteriores de los seguidores de don

[884] Risco, Alberto, *Don Juan de Austria, Hijo de Felipe IV. Juan de la Tierra*, Madrid, 1918, p. 275.

[885] Domínguez Ortiz, A., "Carlos II", en *La crisis del siglo XVII*, t. 6 de la *Historia de España*, Madrid, 1989, p. 144.

Juan, a pesar de que su muerte enfriaría aquella polarización de las actitudes que había generado en torno a su protagonismo.

Tras la desaparición de Juan de Austria se vislumbraba un estado ruinoso en los ya débiles cimientos de aquella Monarquía Hispánica, y ello se hacía sentir en todos los sitios, fundamentalmente en los más débiles económicamente, las clases populares. En cierto escrito del Consejo de Estado se traslada todo este pesar:

> "Papel. Sobre la fe pública de estos reinos. Año de 1681. Estos reinos de Castilla se hallan sin fe pública. Donde falta aunque hubiese moneda bastante, que no hay, como la desconfianza la tienen parada, y sin giro, estrecha el uso común y el comercio de las gentes. El origen de todo lo que se padece ha sido no por estar dotada la causa pública con calidad correspondiente, a lo que es menester, con plantas y números ciertos. Esto falta más ha de treinta años, con que fue preciso asistir a ella, revivir leyes de la necesidad, que con opuestas a las de la justicia distributiva, conmutativa, que administrada con igualdad da duración a las monarquías, y sin ella mucho riesgo..."[886].

Después de Oropesa ni siquiera hubo ya un primer ministro con poder destacado y superior, disputándose los aspirantes al puesto el poder entre los candidatos. En los últimos días de su vida quizá fuese el cardenal Portocarrero la persona que más influyese en el Rey. El 29 de octubre de 1700 firmaba Carlos II un decreto en el que mandaba

> "que en el interín que Nuestro Señor dispone de mí y llegue el caso de concederme la salud que más convenga, o de que falte y se abra mi testamento, gobernéis en mi nombre y por mí todos los mis reinos, así en lo político como en lo militar y económico, en la misma forma que yo he hecho hasta aquí y puedo hacerlo en adelante, sin excepción ni reserva alguna".

Sin embargo poco duraría la efectividad de dicho nombramiento, ya que tres días después fallecía el último de los Austrias españoles, quedando constituida, a la espera de la llegada del futuro Felipe V, una Junta de Gobierno que se encargase de regir los destinos de los territorios hispánicos.

Finalizamos nuestra obra con una supuesta carta, en la que el inmortal autor, y antiguo colegial de la Universidad de Alcalá, don Francisco de Quevedo disculpaba a don Juan de sus desaciertos, y en donde transmitía ciertas profecías fruto de un sueño que tuvo:

> "Misteriosa carta en que disculpa don Francisco de Quevedo y Villegas al señor don Juan de Austria, en lo que parece temeridad a su grandeza y entendimiento, siendo celo y cariño de la patria y de su reino. Remítela a su corresponsal, a un amigo previniéndole sea servido de estas profecías... nunca en los reinos de España faltará

---

[886] A.H.N., *Estado*, Libro 876.

un don Juan que venza al moro, que al cristiano ampare, que al rebelde sujete, que al vasallo premie, antes bien, rendidas las armas lo que contra su padre las tomaron, nunca se vence la ira que cuando al criado le vieren levantado el brazo de la justicia... vérase así en este príncipe para amainar estas velas que en próspero viento navegan hacia la perdición, le enviaron a que enarbole las suyas en La Coruña, para Flandes" [887].

Seguidamente el autor de *El Buscón* indica que:

"No todos serán de un parecer, pues en tanta hostilidad tendrá amigos que le prevengan riesgos. No hay gente más desgraciada que los ilegítimos y particularmente si el que le engendró fallece, quedando expuesto a expensas de huir de quién le ha deseado matar... Halcón sangriento es la autoridad real, pues no perdona la más altanera águila ni garza más bulliciosa. A Cataluña, pues, dará con su persona segunda demostración de sus hechos, y benévola la parcialidad de los naturales y le admitirán como señor, quien los libertó antes del yugo francés, con tanta bizarría que su nombre le tendrán escrito como oráculo, como libertador de la patria, ya pues desterrado le considerarán en España como muerto, pero (cosa rara) que los que no cabe en el corazón protervo del más obstinado bruto, pues su saña no pasa de los umbrales de la muerte, si la mujer se deja vencer de su pasión, aun en las cenizas le quisiera esparcir por el aire, bien se verá en el suceso que pronostico, pues habiéndole muerto civilmente hará que le esparza el viento en cenizas de discretos por todas las cuatro partes del mundo...yo sé vencerá al sufrimiento y a la pasión, que dará deseos de redimir su deshonra, y pondrá espuelas a la imaginación para conseguir medios a su desgracia, escribirá algunas cartas que quien prudentemente las leyere prevendrá por arrojas sus avisos, no será imprudencia cuando el riesgo esté a los ojos en lo que suplica que se desmande algo, no será soberbia poner preceptos a la sinrazón, no será deslealtad prevenir azares que sucedidos totalmente destruyen, y prevenidos con rigor alivian" [888].

Continúa indicando que

"El más sabio admite consejos de un ignorante, el Rey de su vasallo, el príncipe de su súbdito y el amo de su criado... calumniaranle a este príncipe lo que en su carta propone a Su Majestad sobre la razón que tendría si algún arrojo intentase contra el oráculo de su grandeza a que satisfizo diciendo que en divinas y humanas letras sea permitido perezca un inocente para redimir las vidas de todo un pueblo... cuanto más por una monarquía tan dilatada como la de España... no deshagáis pues a quien os sirve, y os ha servido con tan bizarra y fidelidad, y si os pareciere arrojo esta proposición dígalo Cataluña, Nápoles, Flandes, y toda Italia donde a desvíos de su reposo franqueó las puertas de tan tiranos aprietos. Esto os digo que si acaso

---

[887] A.H.N., *Estado*, Libro 873.

[888] A.H.N., *Estado*, Libro 873.

sucediere, que lo dudo, en la lealtad, fineza y fidelidad de los españoles, cuanto más quien de vos tan próximos se halle, como es la rama de tan sublime tronco no se finja, si acaso resolviereis a echar de vuestro lado a quien os asiste poco fino que es... y si cartas del francés enemigo solicitares en el Rey despachos, júzguelos como paz de Francia, porque previniendo el riesgo el general francés querrá quitar de los ojos a quién para conseguir la victoria le embaraza, y aunque del enemigo muchas veces se ha de admitir el consejo, no ha de ser militarmente, que este más vence con la industria que con las armas. No para en esto la calumnia que se adelantará a imaginar en este príncipe varios excesos, previniendo que la razón de no ir a Flandes será querer conducir las armas de Castilla por Rosellón contra Francia, con este pretexto ha ser numerosas tropas con que se levantase su ánimo desbaratadamente infausto a la mayor altura, a que se responderá el señor don Juan, que en barias ocasiones pudo hacerlo, y no solo no le pasó por la imaginación, porque divirtió ejércitos numerosos que a su lado le pudieran ayudar, por que la envidia no tuviese de que morder, esto se ve en el retiro que hizo a Consuegra voluntariamente, sin que precepto humano le obligase queriendo morir religiosamente, quién en la militar escuela aprendió tan contingentes riesgos, buen paso a tanto afán y buen logro a tanto desasosiego, Mundo al fin..."[889].

Finaliza la misiva diciendo que

"Esto es en suma todo lo que por justos juicios de Dios a mí me ha rebelado, y aunque mediante estos avisos pudieran ser menores los riesgos, tengo previsión especial de que a luz no salgan hasta el tiempo calamitoso en que se vean para que sirvan de escarmiento a España y horror de todas las naciones extranjeras"[890].

---

889 A.H.N., *Estado*, Libro 873.

890 A.H.N., *Estado*, Libro 873.

ANEXOS

ANEXO I
PRESIDENTES DE LOS CONSEJOS MÁS SIGNIFICATIVOS DE LA MONARQUÍA HISPÁNICA EN ÉPOCAS DE FELIPE IV Y CARLOS II

Consejo de Castilla

1.- Francisco de Contreras (1621-1627)
2.- Gabriel de Trejo Paniagua, obispo de Málaga (1627-1629)
3.- Miguel Santos de Sampedro (1629-1633)
4.- Fernando de Llano y Valdés, arzobispo de Granada (1633-1639)
5.- Diego de Castejón y Fonseca, obispo de Lugo (1640-1643)
6.- Juan Chumacero de Sotomayor (1643-1648)
7.- Diego de Riaño y Gamboa (1648-1661)
8.- García de Haro y Avellaneda, conde de Castrillo (1662-1668)
9.- Diego Riquelme de Quirós (1668)
10.- Diego Sarmiento de Valladares (1668-1669)
11.- Pedro de Guzmán, conde de Villaumbrosa (1669-1677)
12.- Juan de la Puente Guevara (1677-1680)
13.- Juan de Asensio, obispo de Ávila (1680-1684)
14.- Manuel Joaquín Álvarez de Toledo, conde de Oropesa (1684-1690)
15.- Antonio Ibáñez de la Riva Herrara (1690-1692)
16.- Manuel Arias (1692-1696)
17.- Antonio de Argüelles y Valdés (1696-1698)

Consejo de Órdenes Militares

1.- Luis Carrillo de Toledo, marqués de Caracena (1615)
2.- Enrique Dávila y Guzmán, marqués de Pobar (1628)
3.- Iñigo de Vela de Guzmán, conde de Oñate y Villamediana (1638)
4.- Antonio Dávila y Toledo, marqués de Mirabel (1645)
5.- Gaspar de Bracamonte y Guzmán, conde de Peñaranda (1651)
6.- Enrique Pimentel y Moscoso, marqués de Tabara (1660)
7.- Duarte Fernando Álvarez de Toledo Monroy y Ayala, conde de Oropesa (1663)
8.- Pedro Portocarrero y Aragón, conde de Medellín (1669)
9.- Iñigo Melchor Fernández de Velasco, condestable de Castilla y duque de Frías (1671)
10.- Gaspar Téllez Girón, duque de Osuna (1675)
11.- Francisco Fernández de Córdoba, duque de Sesa (1677)
12.- Juan Alonso de Guzmán, conde de Talara (1688)

Presidentes del Consejo de Inquisición (Inquisidores Generales)

1.- Luis de Aliaga Martínez (1619-1621)
2.- Andrés Pacheco, obispo de Cuenca y patriarca de las Indias (1622-1626)
3.- Antonio de Zapata Cisneros y Mendoza, arzobispo de Burgos (1627-1632)
4.- Antonio de Sotomayor, prior de Santo Domingo (1632-1643)
5.- Diego de Arce y Reinoso, obispo de Tuy, Ávila y Plasencia (1643-1665)
6.- Pascual de Aragón y Fernández de Córdoba, arzobispo de Toledo (1665)
7.- Juan Everardo Nithard, arzobispo de Edessa (1666-1669)
8.- Diego de Sarmiento de Valladares, obispo de Oviedo y Plasencia (1669-1695)
9.- Juan Tomás de Rocaberti, prior de Santo Domingo y arzobispo de Valencia (1695-1699)
10.- Alonso Fernández de Córdoba y Aguilar (1699)
11.- Baltasar de Mendoza y Sandoval, obispo de Segovia (1699-1705)

Presidentes del Consejo de Aragón

1.- Andrés Roig (1612/22)
2.- Pedro de Guzmán (1622-1623)
3.- Garci Pérez de Aracil
4.- Juan de Mendoza y Luna, marqués de Montesclaros
5.- Enrique Pimentel, obispo de Valladolid
6.- Francisco Fernández de la Cueva, duque de Alburquerque (1632-1637)
7.- Gaspar de Borja y Velasco, arzobispo de Sevilla y Toledo (1637/46)
8.- Matías de Bayetola y Cabanillas (1646-1652)
9.- Cristóbal Crespi de Valldaura (1652-1671)
10.- Angelo de Guzmán y Carrafa, príncipe de Stigliano (1671)
11.- Melchor de Navarro y Rocafull, príncipe de Massa (1690-1691)
12.- Gaspar Téllez Girón, duque de Osuna (1692-1694)
13.- Fernando de Moncada, duque de Montalto (1695-1698)
14.- Rodrigo Manrique de Lara, conde de Frigiliana (1698-1700)

Presidentes del Consejo de Hacienda

1.- Juan Roco Campofrío (1621-1632)
2.- Antonio de Mendoza y Luna, marqués de Montesclaros (1623-1626)
3.- Baltasar Gilimón de la Mata (1626-1629)
4.- Francisco Dávila y Guzmán (1629-1634)
5.- Francisco Antonio de Alarcón (1643-1647)
6.- José González (1647-1651)
7.- Antonio de Camporredondo (1651-1652)
8.- Juan de Carvajal (1652-1658)
9.- Juan de Góngora (1658-1663)

10.- Miguel de Salamanca (1663-1666)
11.- Pedro Núñez de Guzmán, conde de Villaumbrosa (1666-1667)
12.- Lope de los Ríos y Guzmán (1667-1673)
13.- Diego Zapata (1673-1674)
14.- Pedro Gil de Alfaro (1674-1676)
15.- Lope de los Ríos y Guzmán (1676-1677)
16.- Gonzalo de Córdova (1677)
17.- Conde de Humanes (1677-1678)
18.- Antonio de Monsalve (1678-1680)
19.- Carlos Herrera Ramírez de Arellano (1680-1684)
20.- Juan del Corral Paniagua (1684-1685)
21.- Conde de Humanes (1685-1687)
22.- Pedro de Oreitía (1687)
23.- Ginés Pérez de Meca (1687-1691)
24.- Bartolomé Espejo (1691-1692)
25.- Conde de Adanero (1692-1695)
26.- Sebastián de Cotes (1695-1698)
27.- Manuel de Arce y Astete (1698-1699)
28.- Francisco Miguel de Pueyo (1699-1700)

Presidentes del Consejo de Indias

1.- Fernando Carrillo (1617-1622)
2.- Juan de Villela (1623-1626)
3.- Juan de Mendoza, marqués de La Hinojosa (1626-1628)
4.- Lorenzo de Cárdenas y Balda, conde de La Puebla del Maestre (1632-1637)
5.- García de Avellaneda y Haro, conde de Castrillo (1632-1659)
6.- Gaspar de Bracamonte, conde de Peñaranda (1660-1671)
7.- José González Caballero (1660-1662)
8.- Francisco Ramos del Manzano (1662-1664)
9.- Pedro Portocarrero y Aragón, conde de Medellín (1671-1679)
10.- Juan Francisco de la Cerda y Aragón, duque de Medinaceli (1679-1687)
11.- Príncipe Vicente Gonzaga (1680-1685)
12.- Fernando Joaquín Fajardo, marqués de Los Vélez (1687-1693)
13.- Fernando de Aragón y Moncada, duque de Montalbo (1693-1695)
14.- José Solís y Valdenaharro, conde de Montellano (1695)
15.- Pedro Núñez de Prado, conde de Adanero (1696-1699)

Presidentes del Consejo de Cruzada

1.- Diego de Guzmán y Benavides (1620-1626)
2.- Fray Antonio de Sotomayor (1636-1647)

3.- Diego de Riaño y Gamboa (1646-1648)
4.- Pedro Pacheco y Girón (1648-1662)
5.- José González (1662-1668)
6.- Antonio de Benavides y Bazán (1668-1691)
7.- Gonzalo Fernández de Córdoba (1691-1701)

Presidentes del Consejo de Italia

1.- Juan Alonso Pimentel de Herrera, conde de Benavente (1622)
2.- Baltasar de Zúñiga, comendador mayor de Castilla (1622)
3.- Manuel de Zúñiga, conde de Monterrey (10-X-1622/1630)
4.- Francisco Fernández de la Cueva, duque de Alburquerque (1630-1632)
5.- Diego Felipez de Guzmán, marqués de Leganés (14-IV-1653/16-II-1655)
6.- García de Avellaneda y Haro, conde de Castrillo (3-III-1655)
7.- Ramiro Felipe Núñez de Guzmán, conde de San Lúcar y Medina de las Torres
8.- Duarte Álvarez de Toledo Monroy y Ayala, conde de Oropesa (23-VII-1669)
9.- Gaspar de Bracamonte y Guzmán, conde de Peñaranda (12-VII-1671/?-VII-1677)
10.- P. Álvarez de Toledo, conde de Alba (25-VII-1677/1689)
11.- Manuel Joaquín Álvarez de Toledo y Portugal, conde de Oropesa (9-VIII-1690/?-X-1698)
12.- Fadrique de Toledo y Ossorio, marqués de Villafranca (9-X-1698/21-II-1701)

Presidentes del Consejo de Portugal

1.- Carlos de Borja y Aragaó, duque de Villahermosa (1617-1633)
2.- Supresión del cargo de presidente (1633)
3.- Carlos de Borja y Aragaó (decano) (1633-1639)
4.- Carlos de Borja y Aragaó (presidente) (1641-1658)

ANEXO II
GRANDES DE ESPAÑA EN EL ANTIGUO RÉGIMEN

Duques

1. Arschot. Carlos V
2. Bivona, 1ª. Carlos V
3. Denia. Carlos V
4. Montalto. Carlos V
5. Sessa, 1ª. Carlos V
6. Alburquerque, 1ª. 1520
7. Alba, 1ª. 1520
8. Arcos, 1ª. 1520
9. Bejar, 1ª. 1520
10. Cardona, 1ª. 1520
11. Escalona, 1ª. 1520
12. Frías, 1ª. 1520
13. Gandia. 1520
14. Infantado, 1ª. 1520
15. Medinaceli, 1ª. 1520
16. Medinasidonia, 1ª. 1520
17. Medina de Rioseco. 1520
18. Segorbe. 1520
19. Nájera, 1ª. 1521
20. Sanlúcar la Mayor. 1525
21. Maqueda, 2ª. 1530
22. Veragua, 1ª. 1537
23. Alcalá de los Gazules, 1ª.1559
24. Feria, 1ª. 1561
25. Terranova. 1561
26. Osuna, 1ª. 1562
27. Huéscar. 1563
28. Baena, 1ª. 1565
29. Pastrana. 1572
30. Croy, 1ª, Felipe III
31. Lerma, 2ª. 1599
32. Peñaranda, 1ª. 1608
33. Uceda, 1ª. 1609
34. Monteleón. 1613
35. Híjar, 1ª 1614

36. Braciano. Felipe IV
37. Havre. Felipe IV
38. Paliano. Felipe IV
39. Sermoneta. Felipe IV
40. Tursis. Felipe IV
41. Olivares. 1625
42. Medina de las Torres, 2ª. 1628
43. Nocheras. 1640
44. Camiña, 1ª. 1641
45. Abrantes, 1ª. 1642
46. Montoro, 1ª. 1660
47. San Pedro Galatino, 2ª. 1679
48. Santiesteban del Puerto, 1ª. 1696
49. Baños, 1ª. 1699

Marqueses

1. Cenete. Carlos V
2. Pescara. Carlos V
3. Tarifa. Carlos V
4. Vélez. 2ª. Carlos V
5. Aguilar. 1ª. 1520
6. Astorga. 1ª. 1520
7. Santa Cruz. 2ª. 1583
8. Castel Rodrigo. Felipe III
9. Velada. 2ª. 1614
10. Camarasa. 2ª. 1620
11. Balbases. 2ª. 1621
12. Alcañices. 2ª. 1626
13. Carpio. 1ª. 1631
14. Aytona. 2ª. 1640
15. Leganés. 2ª. 1640
16. Priego. 1ª. Carlos V, 1655
17. Villescas. 2ª. Felipe IV
18. Manceras. 2ª. 1687
19. Montealegre. 2ª. 1697
20. Mondéjar. 1ª. 1529-1724
21. Vasto. 1ª. Carlos V 1762
22. Castromonte. 1ª. 1698-1771
23. Villafranca. 2ª. 1535 Felipe V

Condes

1. Lerín. 1ª. Carlos V
2. Módica. Carlos V
3. Lemos. 1ª. 1520
4. Chinchón. 1ª.1520
5. Miranda. 1ª. 1520
6. Alba de Liste. 1ª. 1548
7. Oropesa. 1ª. 1577
8. Santa Gadea. Felipe III
9. Altamira. 1ª. 1614
10. Aranda. 1ª. 1626
11. Aguilar. 2ª. 1640
12. Aytona. 2ª. 1640
13. Fuensalida. 2ª. 1640
14. Oñate. 2ª. 1640
15. Peñaranda. 3ª. Carlos II
16. Baños. 2ª. 1691
17. Benavente. 1ª. 1691
18. Paredes. 2ª. 1692
19. Arcos. 2ª. 1697
20. Montijo. 1ª. 1697
21. Palma del Río. 2ª. 1697

También venían a tener consideración de *Grande de España* las siguientes personas, por el hecho de desempeñar un reconocido cargo:

1. Gran Prior de Castilla y León de la Orden de Santiago y San Juan de Jerusalén, concedida por Carlos V y declarada de 1ª clase por Carlos II.
2. El General de la Orden de Santo Domingo. Inmemorial. Confirmada en 1660, 1700 y 1761.
3. El General de la Orden de San Francisco. Inmemorial. Confirmada por Felipe II y Felipe IV.
4. El General de los Capuchinos. Concedida por Felipe III y confirmada en 1677.
5. El General de la Real y Militar Orden de Nuestra Señora de la Merced.
6. La Priora del Real Convento de la Encarnación de Madrid.

ANEXO III
VIRREYES Y GOBERNADORES GENERALES DE LA MONARQUÍA HISPÁNICA EN TIEMPOS DE FELIPE IV Y CARLOS II, DE TERRITORIOS EUROPEOS

VIRREYES DE CATALUÑA

1.- Fernando Afán de Ribera y Enríquez, duque de Alcalá (1619-1622)
2.- Juan Sentís, Obispo de Barcelona (1622-1626)
3.- Luis Diez de Aux de Armendáriz, obispo de Urgel (1626-1627)
4.- Miguel Santos de San Pedro, obispo de Solsona (1627-1629)
5.- Gómez Suárez Figueroa y Córdoba, duque de Feria (1629-1630)
6.- Enrique de Aragón Folc de Cardona y Córdoba (1630-1632) (1ª Vez)
7.- Fernando de Austria, *El Cardenal Infante*, (1632-1633)
8.- Enrique de Aragón Folc de Cardona y Córdoba (1633-1638) (2ª Vez)
9.- Dalmacio de Queralt, conde de Santa Coloma (1638-1640)
10.- García Gil Manrique, obispo de Barcelona (1640)
11.- Enrique de Aragón Folc de Cardona y Córdoba (1640) (3ª Vez)
12.- Pedro Fajardo Requesens y Zúñiga, marqués de los Vélez (1640-1641?)
13.- Felipe de Silva (1642-1644/5)
14.- Guillermo Ramón de Moncada, marqués de Aytona (1647-1648)
15.- Juan de Garay (1648-1650)
16.- Francisco de Orozco, marqués de Mortara (1650-1653) (1ª Vez)
17.- Don Juan José de Austria (1653-1656)
18.- Francisco de Orozco, marqués de Mortara (1656-1663) (2ª Vez)
19.- Francisco de Moura y Corterreal, marqués de Castel Rodrigo (1663-1664)
20.- Vicente de Gonzaga y Doria (1664-1667)
21.- Gaspar Téllez-Girón, duque de Osuna (1667-1669)
22.- Francisco Fernández de Córdoba, duque de Sessa (1669-1673)
23-. Francisco de Tutavila y del Rufo, duque de San Germán (1673-1675)
24.- Juan Antonio Pacheco Osorio Toledo, marqués de Cerralbo (1675-1676)
25.- Alejandro Farnesio, duque de Parma (1676-1677)
26.- Juan Domingo de Haro (1677-1678)
27.- Diego Felipe de Guzmán, marqués de Leganés (Interino) (1678) (1ª Vez)
28.- Alejandro de Bournonville, duque de Bournonville (1678-1684)
29.- Diego Felipe de Guzmán, marqués de Leganés (1685-1688) (2ª Vez)
30.- Juan Tomás Enríquez de Cabrera, conde de Melga (1688)
31.- Carlos de Gurrea Aragón y Borja, duque de Villahermosa (1688-1690)
32.- Juan Alonso Pérez de Guzmán, duque de Medina Sidonia (1690-1693)
33.- Juan Manuel Fernández Pacheco Cabrera, duque de Escalona (1693-1694)
34.- Francisco de Agurto, marqués de Gastañaga (1694-1696)
35.- Francisco de Velasco y Tovar, conde de Melgar (1696-1697)
36.-. Jorge de Darmstadt, Landgrave de Hesse (1698-1701)

VIRREYES FRANCESES DE CATALUÑA

1. Urbain de Maillé (1641-1642)
2. Philippe La-Mothe-Houdancourt (1642-1645) (1ª Vez)
3. Henri Harcourt de Lorena (1645-1647)
4. Luis de Condé, príncipe de Condé (1647)
5. Miguel Mazarino (1647-1648)
6. Luis de Borbón, duque de Mercoeur y Vendome (1649-1651)
7.- Philippe La-Mothe-Houdancourt (1651-1652) (2ª Vez)

VIRREINATO DE ARAGÓN

1. Fernando de Borja y de Aragón, marqués de Esquilache (1621-1632)
2. Jerónimo Caraffa Carraciolo, marqués de Montenegro (1632-1635)
3. Pedro Fajardo Requesens y Zúñiga, marqués de los Vélez (1635-1638)
4. Francisco María de Caraffa y Caraffa, duque de Nochera (1639-1641)
5. Antonio Enríquez de Torres, obispo de Malaga (1641-1642)
6. Teodoro Trivulcio, cardenal (1642-1644)
7. Bernardino Fernández de Velasco y Tovar, duque de Frías (1644-1647)
8. Francisco de Melo, marqués de Villanueva (1647-1649)
9. Francisco Fernández de Castro Andrade, conde de Lemos (1649-1652)
10. Francisco Pignatelli, duque de Monteleón (1654-1657)
11. Juan Cebrián Pedro, arzobispo de Zaragoza (1657-1658)
12. Nicolás Ludovisi, príncipe de Pomblín (1658-1664)
13. Francisco Idiáquez Butrón, duque de Ciudad Real (1664-1667)
14. Héctor de Pignatelli Aragón, duque de Monteleón (1667-1668)
15. Pedro Pablo Jiménez de Urrea, conde de Aranda (1668)
16. Don Juan José de Austria (1669-1678)
17. Lorenzo Onofre Colonna (1678-1681)
18. Jaime Fernández de Híjar, conde de Salinas (1681-1687)
19. Carlos Antonio Spinelli, príncipe de Cariati (1688-1691)
20. Baltasar Cobos y Luna, conde de Castro (1692-1693) (1ª Vez)
21. Antonio Ibáñez de la Riva Herrera, arzobispo de Zaragoza (Interino) (1693) (1ª Vez)
22. Juan Manuel Fernández Pacheco Cabrera, duque de Escalona (Interino) (1693)
23. Domingo Iudice, duque de Inverazzo (Interino) (1693)
24. Baltasar Cobos y Luna, conde de Castro (1693-1699) (2ª Vez)
25. Marqués de Camarasa (1699-1702)

VIRREINATO DE VALENCIA

1.- Antonio Pimentel y Toledo, marqués de Tavara (1618-1622)
2.- Enrique de Ávila y Guzmán, marqués de Povar (1622-1627)
3.- Luis Ferrer de Cardona (Interino) (1627-1628)
4.- Luis Fajardo Requesens y Zúñiga, marqués de los Vélez (1628-1631)
5.- Pedro Fajardo Requesens y Zúñiga, marqués de los Vélez (1631-1635)
6.- Fernando de Borja y de Aragón, marqués de Esquilache (1635-1640)
7.- Federico Colonna, príncipe de Butera (1640-1641)
8.- Antonio Juan Luis de la Cerda, duque de Medinaceli (1641-1642)
9.- Francisco de Borja, duque de Gandia (1642)
10.- Rodrigo Ponce de León, duque de Arcos (1642-1645)
11.- Duarte Fernández Álvarez de Toledo, conde de Oropesa (1645-1650)
12.- Pedro de Urbina y Montoya, arzobispo de Valencia (1650-1652)
13.- Luis Guillem de Moncada, duque de Montalto (1652-1659)
14.- Manuel Pérez de los Cobos, marqués de Camarasa (1659-1663)
15.- Vicente de Gonzaga y Doria (1663)
16.- Basilio de Castelví y Ponce (Interino) (1663-1664)
17.- Antonio Pedro Álvarez Ossorio, marqués de Astorga (1664-1666)
18.- Gaspar Felipe de Guzmán y Mejía, marqués de Leganés (1666-1667)
19.- Diego Felipe de Guzmán, marqués de Leganés (1667-1669)
20.- Vespasiano Manrique de Lara Gonzaga, conde de Paredes (1669-1675)
21.- Francisco Idiáquez Butrón, duque de Ciudad Real (1675-1678)
22.- Juan Tomás de Rocabertí, arzobispo de Valencia (1678-1679) (1ª Vez)
23.- Pedro Manuel Colón de Portugal, duque de Veragua (1679-1680)
24.- Rodrigo Manuel Fernández Manrique de Lara, conde de Aguilar (1680-1683)
25.- Juan Tomás de Rocabertí (1683) (2ª Vez)
26.- Pedro José de Silva, conde de Cifuentes (1683-1688)
27.- Luis de Moscoso y de Osorio, conde de Altamira (1688-1690)
28.- Carlos Homo Dei Moura y Pacheco, marqués de Castel Rodrigo (1691-1696)
29.- Alfonso Pérez de Guzmán (1696-1700)
30.- Antonio Domingo de Mendoza Caamaño y Sotomayor, marqués de Villagarcía (1700-1705)

VIRREINATO DE NÁPOLES

1.- Antonio Zapata, Cardenal (1620-1622)
2.- Antonio Álvarez de Toledo y Beaumont de Navarra, duque de Alba (1622-1629)
3.- Fernando Afán de Ribera y Enríquez, duque de Alcalá (1629-1631)
4.- Manuel de Acevedo y Zúñiga, conde de Monterrey (1631-1636)
5.- Ramiro Núñez de Guzmán, duque de Medina de las Torres (1636-1644)
6.- Juan Alfonso Enríquez de Cabrera (1644-1646)
7.- Rodrigo Ponce de León, duque de Arcos (1646-1648)
8.- Don Juan José de Austria (1648)
9.- Íñigo Vélez de Guevara, conde de Oñate (1648-1653)
10.- García de Haro-Sotomayor y Guzmán, conde de Castrillo (1653-1658)
11.- Gaspar de Bracamonte y Guzmán, conde de Peñaranda (1658-1664)
12.- Pascual de Aragón, cardenal (1664-1666)
13.- Pedro Antonio de Aragón (1666-1671)
14.- Fadrique de Toledo y Osorio, marqués de Villafranca del Bierzo (Interino) (1671)
15.- Antonio Álvarez Osorio, marqués de Astorga (1672-1675)
16.- Fernando Fajardo y Álvarez de Toledo, marqués de los Vélez (1675-1683)
17.- Gaspar de Haro, Marqués del Carpio (1683-1687)
18.- Francisco de Benavides, Conde de Santisteban (1687-1696)
19.- Luis Francisco de la Cerda y Aragón, Duque de Medinaceli (1696-1702)

VIRREINATO DE SICILIA

1.- Francisco Ruiz de Castro (1616-1622)
2.- Filiberto de Saboya (1622-1624)
3.- Juan Doria, Cardenal (1624-1626) (2ª Vez)
4.- Antonio Pimentel y Toledo, Marqués de Tavora (1626-1627)
5.- Enrique Pimentel, Conde de Villada (1627)
6.- Francisco de la Cueva, Duque de Alburquerque (1627-1632)
7.- Fernando Afán de Ribera y Enríquez, Duque de Alcalá (1632-1635)
8.- Luis de Moncada, Duque de Montalvo (Interino) (1635-1639)
9.- Francisco de Melo, Marqués de Villanueva (1639-1641)
10.- Juan Alfonso Enríquez de Cabrera (1641-1644)
11.- Pedro Fajardo Requesens y Zúñiga, Marqués de los Vélez (1644-1647)
12.- Vicente de Guzmán, Marqués de Montealegre (Interino) (1647)
13.- Teodoro Trivulcio, Cardenal (1647-1648)
14.- Juan José de Austria (1648-1651)
15.- Rodrigo de Mendoza, Duque del Infantado (1651-1655)
16.- Juan Téllez-Girón, Duque de Osuna (1655-1656)

17.- Martín de Redín (1656-1657)
18.- Pedro Rubeo (Interino) (1657-1660)
19.- Fernando de Ayala, Conde de Ayala (1660-1663)
20.- Francesco Caetani, Duque de Sermoneta (1664-1667)
21.- Francisco Fernández de la Cueva, Duque de Alburquerque (1667-1670)
22.- Claudio Lamoral, Príncipe de Ligné (1670-1674)
23.- Francisco Bazán de Benavides (Interino) (1674)
24.- Fadrique de Toledo y Osorio, Marqués de Villafranca del Bierzo (1675-1676)
25.- Anielo de Guzmán, Marqués de Castel Rodrigo (Interino) (1676)
26.- Francisco de Gattinara, Marqués de San Martín (Interino) (1676-1677)
27.- Luis Fernández de Portocarrero, Cardenal (Interino) (1677-1678)
28.- Vicente Gonzaga, Duque de Guastalla (1678)
29.- Francisco de Benavides, Conde de Santisteban (1678-1687)
30.- Juan Francisco Pacheco, Duque de Uceda (1687-1696)
31.- Pedro Colón, Duque de Veragua (1696-1701)

VIRREINATO DE CERDEÑA

1.- Alonso de Eril, conde de Eril (1617-1623)
2.- Luis de Tena (Interino) (1623)
3.- Juan Vives de Canyamás, barón de Benifayró (1623-1625)
4.- Diego de Aragall (Interino) (1625) (1ª Vez)
5.- Pedro Ramón Zaforteza, conde de Santa María de Formiguera (Capitán General) (1625-1626)
6.- Jerónimo Pimentel, marqués de Bayona (1626-1631)
7.- Diego de Aragall (Interino) (1631) (2ª Vez)
8.- Gaspar Prieto, arzobispo de Alguer (Interino) (1631-1632)
9.- Antonio de Urrea, marqués de Almonacir (1632-1637)
10.- Diego de Aragall (Interino) (1637-1638) (3ª Vez)
11.- Juan Andrea Doria Landi, príncipe de Melfi (1638-1639)
12.- Diego de Aragall (Interino) (1639-1640) (4ª Vez)
13.- Fabricio Doria, duque de Arellano (1640-1644)
14.- Luis Guillem de Moncada, duque de Monalto (1644-1649)
15.- Bernardo Matías de Cervelló (Interino) (1649) (1ª Vez)
16.- Juan Jacobo Teodoro Trivulzio, príncipe de Trivulzio (1649-1651)
17.- Duarte Álvarez de Toledo, conde de Oropesa (1651)
18.- Beltrán Vélez de Guevara, marqués de Campo Real (1651-1652)
19.- Pedro Martínez Rubio, arzobispo de Palermo (1652-1653)
20.- Francisco Fernández de Castro Andrade, conde de Lemos (1653-1657)
21.- Bernardo Matías de Cervelló (Interino) (1657) (2ª Vez)
22.- Francisco de Moura y Corterreal, marqués de Castel Rodrigo (1657-1661)
23.- Pedro Vico, arzobispo de Cáller (Interino) (1661-1662)

24.- Nicolás Ludovisi, príncipe de Pomblín (1662-1664)
25.- Bernardo Matías de Cervelló (Interino) (1664-1665) (3ª Vez)
26.- Manuel de los Cobos, marqués de Camarasa (1665-1668)
27.- Francisco de Tutavila y del Rufo, duque de San Germán (1668-1672)
28.- Fernando Joaquín Fajardo de Zúñiga Requesens, marqués de los Vélez (1673-1675)
29.- Melchor Cisternes de Oblite (Interino) (1675) (1ª Vez)
30.- Francisco de Benavides de la Cueva, marqués de las Navas (1675-1677)
31.- Melchor Cisternes de Oblite (Interino) (1679-1680) (2ª Vez)
32.- José de Funes y Villalpando, marqués de Ossera (1680)
33.- Felipe de Egmont, conde de Egmont (1680-1682)
34.- Diego Ventura, arzobispo de Cáller (Interino) (1682)
35.- Antonio López de Ayala Velasco, conde de Fuensalida (1682-1686)
36.- José Delitala y Castelví (Interino) (1686-1687)
37.- Nicolás Pignatelli Aragón, duque de Monteleón (1687-1690)
38.- Carlos Homo Dei Moura y Pacheco, marqués de Castel Rodrigo (Interino) (1690)
39.- Luis Moscoso Ossorio, conde de Altamira (1690-1696)
40.- José de Solís Valderrábano Dávila, conde de Montellano (1697-1699)
41.- Fernando de Moncada, duque de San Juan (1699-1703)

VIRREINATO DE NAVARRA

1.- Juan de Mendoza y Velasco, marqués de Hinojosa (1620-1623)
2.- Bernardino González de Avellaneda, marqués de Castrillo (1623-1629)
3.- Fernando Girón, duque de Nemeses (1629)
4.- Juan Carlos de Guzmán y Silva, marqués de Fuentes (1629-1631)
5.- Luis Bravo Acuña (1631-1634)
6.- Francisco González de Andía, marqués de Valparaíso (1634-1637)
7.- Fernando de Andrade y Sotomayor, arzobispo de Burgos (1637-1638)
8.- Pedro Fajardo Requesens y Zúñiga, marqués de los Vélez (1638-1640)
9.- Francisco María de Carrafa y Carrafa, duque de Nochera (1640-1641)
10.- Enrique Enríquez Pimentel, marqués de Tabara (1641)
11.- Sebastián Suárez de Mendoza, conde de La Coruña (1641-1643)
12.- Duarte Fernández Álvarez de Toledo, conde de Oropesa (1643-1646)
13.- Andrea Castelmo, duque de Populi (1646)
14.- Luis de Guzmán y Ponce de León (1646-1649)
15.- Diego Roque López Pacheco, marqués de Villena (1649-1653)
16.- Diego Benavides de la Cueva y Bazán, conde de Santisteban (1653-1661)
17.- Antonio Álvarez de Toledo, marqués de Villanueva del Río (1661-1662)
18.- Antonio Pedro Gómez Dávila, marqués de San Román (1662-1664)
19.- Francisco de Tutavila y del Rufo, duque de San Germán (1664-1667)

20.- Diego Caballero de Illescas y Cabeza de Vaca (1667-1671)
21.- Alejandro Farnesio, duque de Parma (1671-1676)
22.- Antonio de Velasco y Ayala, conde de Fuensalida (1676-1681)
23.- Íñigo de Velandia Arce y Arellano (1681-1684)
24.- Diego Felipe de Guzmán, marqués de Leganés (1684)
25.- Enrique de Benavides de la Cueva y Bazán, marqués de Bayona (1684-1685)
26.- Ernesto Alejandro de Ligné y Croy, príncipe de Chimay (1685-1686)
27.- Alejandro de Bournonville, duque de Bournonville (1686-1691)
28.- Juan Manuel Fernández Pacheco Cabrera, duque de Escalona (1691-1692)
29.- Baltasar de Zúñiga y Guzmán, marqués de Valero (1692-1697)
30.- Juan Carlos de Batevile, marqués de Conflans (1697-1698)
31.- Pedro Álvarez de Vega, conde de Grajal (1698-1699)
32.- Domingo Pignatelli y Vagher, marqués de San Vicente (1699-1702)

VIRREINATO DE PORTUGAL

1.- Alberto de Austria, Cardenal (1583-1593)
2.- Junta de Gobierno (1593-1599):
  Miguel de Castro, arzobispo de Lisboa
  Juan da Silva, conde de Portalegre
  Francisco Mascarenhas
  Duarte Castelo-Branco, conde de Sabugal
  Miguel de Moura
3. Cristóbal de Moura, marqués de Castel Rodrigo (1600-1603) (1ª Vez)
4. Alfonso Castelo-Branco, conde de Coimbra (1603-1604)
5. Pedro Castilho, obispo de Leiria (1605-1607)
6.- Cristóbal de Moura, marqués de Castel Rodrigo (1608-1613) (2ª Vez)
7.- Alejo de Meneses, obispo de Guarda (1614-1615)
8.- Miguel de Castro, arzobispo de Lisboa (Interino) (1615)
9.- Diego de Silva y Mendoza, conde de Salinas (1615-1621) (1ª Vez)
10.- Junta de Gobierno (1621-1633):
  Martín Alonso de Mejía (1621-1622)
  Diego de Castro y Nuño Álvares de Portugal (1622-1623)
  Diego de Castro y Diego de Silva y Mendoza (2ª Vez) (1623-1626)
  Diego de Silva y Mendoza y Alfonso Furtado de Mendonça (1627-1630)
  Antonio Ataide y Nuño de Mendoza (1631-1633)
11.- Juan Manuel, arzobispo de Lisboa (1633)
12.- Diego de Castro, conde de Basto (1633-1634)
13.- Margarita de Saboya, duquesa de Mantua (1634-1640)

VIRREINATO DE MALLORCA

1.- Francisco Juan Torres (1618-1621)
2.- Jerónimo Agustín (1622-1628)
3.- Baltasar de Borja y de Velasco, obispo de Mallorca (Interino) (1628-1629)
4.- José de Monphaon (1629-1630)
5.- Pedro Ramón Zaforteza,, conde de Santa María de Formiguera (1630-1633)
6.- Alonso de Cardona y Borja (1633-1640)
7.- Lope de Francia y Gurrea (1640-1644)
8.- José Pérez de Pomar y Torres (1644-1645)
9.- Tomás de Rocamora, obispo de Mallorca (1645-1646)
10.- Vicente Ram de Montoro, conde de Montoro (1646-1651)
11.- Lorenzo Ram de Montoro (1651-1657)
12.- José de Lanuza y Rocabertí, conde de Plasencia (1657-1663)
13.- Rodrigo de Borja y Llançol (1663-1667)
14.- Miguel Salvá de Vallgornera (1667-1671)
15.- Juan Francisco Cebrián (1671-1675)
16.- Gaspar Pardo de la Casta, marqués de la Casta (1675-1678) (1ª Vez)
17.- Baltasar López de Gurrea, conde de Villar (1678-1681)
18.- Manuel de Sentmenat y Lanuza (1681-168.)
19.- Marqués de Castelldosrius (168.-1688)
20.- Gaspar Pardo de la Casta, Marqués de la Casta (1688-1691) (2ª Vez)
21.- José de Castelví y Alagón, marqués de Villatorcas (1691-1698)
22.- José Galcerán Cartellá de Çabastida, barón de Albi (1698-1701)

GOBERNACIÓN DE LOS PAÍSES BAJOS

1.- Isabel Clara Eugenia (1621-1633)
2.- Francisco de Cabrera, marqués de Aytona (Interino) (1633-1634)
3.- Fernando de Austria, *El Cardenal-Infante*, (1634-1641)
4.- Francisco de Melo, marqués de Villanueva (1641-1644)
5.- Manuel de Moura Corterreal, marqués de Castel Rodrigo (1644-1647) (1ª Vez)
6.- Leopoldo Guillermo de Habsburgo (1647-1656)
7.- Don Juan José de Austria (1656-1659)
8.- Luis de Benavides Carrillo, marqués de Caracena (1659-1664)
9.- Manuel de Moura Corterreal, marqués de Castel Rodrigo (1664-1668) (2ª Vez)
10.- Íñigo Melchor Fernández de Velasco, duque de Feria (1668-1670)
11.- Juan Domingo de Zúñiga y Fonseca, conde de Monterrey (1670-1675)
12.- Carlos de Gurrea Aragón y Borja, duque de Villahermosa (1675-1678)
13.- Alejandro Farnesio, duque de Parma (1678-1682)
14.- Otón Enrique, marqués de Carreto (1682-1685)
15.- Francisco Antonio de Agurto, marqués de Gastañage (1685-1692)
16.- Maximiliano de Wittelsbach, elector de Baviera (1692-1702)

GOBERNACIÓN DEL MILANESADO

1.- Gómez Suárez de Figueroa, duque de Feria (1618-1625)
2.- Gonzalo Fernández de Córdoba, príncipe de Maratra (1626-1629)
3.- Ambrosio Spinola Doria, marqués de los Balbases (1629-1630)
4.- Álvaro de Bazán, marqués de Santa Cruz (1630-1631)
5.- Gómez Suárez y Córdoba, duque de Feria (1631-1633)
6.- Fernando de Austria, *El Cardenal Infante*, (1633-1634)
7.- Gil de Albornoz, cardenal (1634-1635)
8.- Diego Felipe de Guzmán, marqués de Leganés (1635-1641)
9.- Fernando Afán de Ribera y Enríquez, duque de Alcalá, Gobernador Interino por ausencia, en 1636
10.- Juan Velasco de la Cueva, conde de Siruela (Interino) (1641-1643)
11.- Antonio Sancho Dávila, marqués de Velada (1643-1646)
12.- Bernardino Fernández de Velasco y Tovar, duque de Frías (1646-1648)
13.- Luis de Benavides Carrillo, marqués de Caracena (1648-1656)
14.- Alonso Pérez de Vivero, conde de Fuensaldaña (1656-1660)
15.- Francesco Caetani, duque de Sermoneta (1660-1662)
16.- Luis Guzmán Ponce de León (1662-1668)
17.- Francisco de Orozco, marqués de Mortara (1668)
18.- Pablo Spinola Doria, marqués de los Balbases (1668-1670)
19.- Gaspar Téllez-Girón, duque de Osuna (1670-1674)
20.- Claudio Lamoral, príncipe de Ligné (1674-1678)
21.- Juan Enríquez de Cabrera, conde de Melgar (1678-1686)
22.- Antonio López de Ayala Velasco, conde de Fuensalida (1686-1691)
23.- Diego Felipe de Guzmán, marqués de Leganés (1691-1698)
24.- Carlos Enrique de Lorena, príncipe de Vaudemont (1698-1706)

GOBERNACIÓN DE GALICIA

1.-. Rodrigo Pacheco Osorio, marqués de Cerralbo (1615-1624)
2.- Juan de Alonso Idiáquez y Butrón, duque de Ciudad Real (Interino) (1624-1625)
3.-. Diego Sarmiento de Acuña, conde de Gondomar (1625-1626)
4.- Juan Fajardo de Guevara, marqués de Espinardo (1626-1631)
5.- Pedro de Toledo y Leyva, marqués de Mancera (1631-1638)
6.- Francisco González de Andía, marqués de Valparaíso (1638-1641)
7.- Vicente de Gonzaga y Doria (1641) (1ª Vez)
8.- Enrique Pimentel, marqués de Távora (1641-1642) (1ª Vez)
9.- Martín de Redín (1642-1643)
10.- Agustín Spinola, arzobispo de Santiago (Interino) (1643)
11.- Enrique Pimentel, marqués de Távora (1643-1645) (2ª Vez)

12.- Guillermo Ramón de Moncada, marqués de Aytona (1646-1647)
13.- Fernando de Andrade, arzobispo de Santiago (Interino) (1647) (1ª Vez)
14.- Diego Benavides de la Cueva y Bazán, conde de Santisteban (1647-1649)
15.- Fernando de Andrade, arzobispo de Santiago (Interino) (1647-1652) (2ª Vez)
16.- Vicente Gonzaga y Doria (1652-1658) (2ª Vez)
17.- Rodrigo Pimentel Ponce de León, marqués de Viana (1658-1661)
18.- Pedro Carrillo y Acuña, arzobispo de Santiago (Interino) (1661-1663)
19.- Luis de Poderico (Interino) (1663-1665)
20.- Íñigo Fernández de Velasco, duque de Frias (1665-1667)
21.- Diego Antonio Felicio de Croix, conde de Santisteban (1667-1668) (1ª Vez)
22.- Pedro Zúñiga Enríquez, marqués de Aguilafuente (1668)
23.- Baltasar de Erzao y Toledo, conde de Humanes (1668-1670) (1ª Vez)
24.- Andrés Girón, arzobispo de Santiago (Interino) (1671-1673)
25.- Baltasar de Erzao y Toledo, conde de Humanes (1673) (2ª Vez)
26.- Pedro Jiménez de Urrea, conde de Aranda (1673-1677)
27.- Diego Antonio Felicio de Croix, conde de Santisteban (1677) (2ª Vez)
28.- Pedro Manuel Colón de Portugal, duque de Veragua (1677-1679)
29.- Fernando Carrillo y Manuel, marqués de Villafiel (1679-1680)
30.- Juan Arias Pacheco, conde de Puñoenrostro (1680-1681) (1ª Vez)
31.- Antonio López de Ayala Velasco, conde de Fuensalida (1681-1682)
32.- Juan Francisco Pacheco, duque de Uceda (1682-1685)
33.- Diego Ros de Medrano, obispo de Orense (1686-1687)
34.- Juan Arias Pacheco, conde de Puñoenrostro (1687-1692) (2ª Vez)
35.- Juan Fernández Portocarrero, conde de Palma (1692-1696)
36.- Melchor de Guzmán Álvarez Osorio, marqués de Astorga (1696-1700)
37.- Gaspar de Zúñiga Enríquez, príncipe de Brabanzón (1700-17..)

ANEXO IV

"Copia de una consulta que hizo el señor Inquisidor General, confesor de la Reina, Nuestra Señora, respondiendo a una carta que escribió a Su Majestad el Señor don Juan, de Consuegra, en 21 de octubre de este año, satisfaciendo a los cargos, que le hace en ella[891].

En 21 de este mes escribió a Vuestra Majestad el señor don Juan de Austria de Consuegra una carta, cuya copia vino a muchos de esta Corte, y una de ellas también a mis manos. Lo que contiene, se reduce a cinco puntos principales. El primero, toca en las palabras muy ignominiosas, y muy injuriosas a mi persona. El segundo, en que da noticia de su fuga, para ponerse en salvo. El tercero, es la confesión que hace de su determinación, a desviarme de los reales pies de Vuestra Majestad. El cuarto, contiene amenazas a Vuestra Majestad si se hace demostración contra el hermano de su secretario, o hacia sus amigos, que hoy lo son, o se declararen en adelante por suyos. El quinto, contiene una protesta que hace a Vuestra Majestad, y al mundo entero, que no correrán por su cuenta los daños que pudieren resultar. El sexto, en que alega diversos cargos contra mí; y los toma por motivos de la resolución que ha tomado en orden a desviarme de los reales pies de Vuestra Majestad.

Y aunque por mis obligaciones a Dios, y a mis puestos, en que sin méritos míos, me ha puesto Nuestro Señor, la Sede Apostólica y Vuestra Majestad, estuve determinado a ningún género de respuesta, ofreciéndolo a Nuestro Señor, y suplicándole se sirviese de persona con su infinita piedad, cualquier ofensa, que de esta carta hubiere resultado al servicio de Dios, de Vuestra Majestad y bien común, pero habiéndolo considerado, y encomendándolo mucho a Dios, me ha parecido ser de su servicio, y del de Vuestra Majestad y su Corona, representarla con todo rendimiento, brevedad, verdad y claridad, lo que hay, y me parece acerca de lo que contienen estos seis puntos, siguiendo el consejo de San Pablo, que dice a sus discípulos: *providentes bona non solum coram Deo, sed etiam coram hominibus*, que quiere decir, que tenemos obligación de parecer, no sólo bien a Dios, pero también a los hombres.

En cuanto al primero tocante a las palabras tan ofensivas, y injuriosas a mi persona y crédito, sembradas por toda la carta del señor don Juan, no me parece propio de mi vocación y profesión volverlas a repetir a Vuestra Majestad (cuya Real persona, en sentir de todos, está padeciendo hoy la enfermedad que lloramos, originada de haberlas oído, con la demás, que contiene la carta) mucho menos dar respuesta a ellas, siguiendo la doctrina del Apóstol, donde dice: *Maledicimur, et beneficimus, blasphemamur, et obsecramus*. Y el ejemplo de Cristo Señor Nuestro, de quien dice San Pablo: *Cum malediceretur non contradicebam. Y el profeta: Tamquam ovis ductus ad occissionmnon aperuit os suum*, dejándolo todo en las manos y sabiduría de Dios, que escudriña el corazón, y intentos interiores de los hombres; no deseando, ni pidiendo venganza, sino perdón, y misericordia al que las pronunció, imitando al Santo Rey David, que fugitivo de la persecución de su hijo Absalón, injuriado sea, y gravemente de palabras de Semey, queriendo sus soldados vengarle, prohibióselo, y dijo: *Sinite illam vi maledicat mihi, si fortè Deus pro hac maledictione mihi retribuat benefictionem*, que quiere decir: no le hagáis

---

[891] A.H.N., *Estado*, Libro 1.009, pp. 298-308.

mal, y dejarle decir lo que quisiere contra mí, porque acaso Dios me quiere echar su bendición por estas maldiciones de Semey; por lo cual paso a lo que se sigue.

El segundo punto en que confiesa el señor don Juan, y da cuenta de su retirada, justificándola por los motivos que refiere, y los tocaré abajo. En este punto tampoco quiero representar a Vuestra Majestad lo que pudiera, remitiéndolo al sapientísimo juicio de Vuestra Majestad, y de sus consejeros, y ministros, que (miradas todas las circunstancias) preguntados dirán a Vuestra Majestad lo que puede contener, o argüir esta resolución, en sus antecedentes, concomitantes y subsecuentes, de que constará a Vuestra Majestad lo que arguye, o no, esta acción en las circunstancias presentes.

En cuanto al tercer punto en que el señor don Juan confiesa, que la acción dispuesta por él, y encaminada su ejecución por don Bernardo Patiño, hermano de su secretario (temiendo, que éste la había declarado en la prisión) *de desviarme de los reales pies de Vuestra Majestad la meditó, dispuso, y pensó ejecutar, sin escándalo, ni más violencia (mientras no fuese necesaria) que la precisa, para conseguir el intento, aunque podía y debía quitarme la vida por las causas comunes del bien de esta Corona, y particulares suyas*, que a refiriendo. Tampoco de estas palabras, ni de esta acción, quiero hacer ponderación alguna a Vuestra Majestad, remitiéndolo todo al juicio de Vuestra Majestad y de sus reales ministros; y sobre todo a la infinita soberanía y clemencia de Dios, a quien suplico entrañablemente se sirva de perdonarle esta acción, juzgando, como juzgo, que lo habrá emprendido el señor don Juan por falta de luz de la verdad de las cosas, y influido también por ventura de engañados.

El cuarto toca en las amenazas con que previene a Vuestra Majestad, *para que no pase a demostración alguna, ni en hecho, ni en órdenes, ni en escrito, contra el hermano de su secretario, o otra cualesquiera persona, que le toque, o hacia sí, o sus amigos, o los que en adelante se declararen por suyos*. Este punto tiene tanto, que no es para este breve papel, ni mi intento de entrar en él; y a esta causa lo remito a Dios, y a Vuestra Majestad y a sus reales consejos y ministros, a quien toca el examen de esta proposición.

El quinto punto contiene *la protesta que el señor don Juan hace a Dios, al Rey, y Vuestra Majestad, y a todo el mundo entero, que en caso de hacer Vuestra Majestad alguna demostración de las referidas en el punto antecedente, que no correrán por su cuenta los daños, que pudieren resultar a la quietud pública, de la satisfacción que le será preciso tomar en semejantes casos*. También esta protesta Señora, y su contenido pertenece a la gran providencia de Vuestra Majestad, de sus reales consejos y ministros. Lo que a mí me toca es suplicar a Dios, Nuestro Señor, les de la luz, y acierto conveniente para negocio de esta calidad.

El sexto y último punto del señor don Juan toca en los cargos, que me hace, y dice, han sido motivos para tomar contra mí la resolución, que confiesa, y refiere. A estos Señora, me hallo precisamente obligado y necesitado a responder con la brevedad posible, para que papel tan esparcido, no haga alguna impresión dañosa, no sólo a mi persona y crédito (que es lo menos) sino al servicio de Dios, al del Rey Nuestro Señor, y Vuestra Majestad del bien público de esta Corona.

El primer cargo que el señor don Juan me hace, le propone con estas palabras: *La tiranía del padre Everardo, y la execrable maldad, que he entendido ha forjado contra mí, habiendo preso a un hermano de su secretario*. A que digo a Vuestra Majestad lo primero, que esta cargo es ajeno de todo lo que pasó en realidad del hecho, y se prueba lo contrario evidentemente con la misma verdad del hecho: porque sábado 13, de este mes por la tarde a las cuatro me hallé en el Consejo de Estado hasta las siete, sin saber alguno de nosotros la menor cosa de lo que en este tiempo pasó, *acerca de la Audiencia, que pidió un soldado, y la tuvo con Vuestra Majestad*, de que son testigos todo el Consejo, de donde derechamente me vine a casa, hallando en ella diferentes personas, que me querían hablar; y entre otras al conde de Medellín, que después de haberme propuesto un negocio suyo, me refirió lo que había pasado con dicho soldado, en orden a obtener la audiencia con Vuestra Majestad, sin discurrir, o decirme nada de lo que podía haber ocasionado la audiencia: y aunque lo extrañé, y juzgué, que sería cosa tocante al servicio de don Juan, o al hermano de su secretario. Y así pasé a oír a los demás, que me quisieron hablar: y después de esto al rezo de mis horas, y maitines del día siguiente; y últimamente al despacho de las cosas tocantes a mi oficio, como suelo, y debo hacerlo todas las noches, en que estuve hasta las diez. En todo este tiempo se detuvo don Blasco de Loyola en palacio (fuera de lo acostumbrado) ocupado (a lo que después me refirió) en dar órdenes concernientes a esta materia; y a la prisión de don Bernardo Patiño, hermano del secretario del señor don Juan; y a la vuelta a su casa se pasó por la mía, diciéndome por mayor lo que había pasado, y pasaba en esta materia. Y esta es la verdad del hecho, de todo lo cual se convence evidentemente, *que yo no prendí, ni tuve arte, ni parte, ni noticia de la prisión de don Bernardo*: y de esta verdad tan clara, y manifiesta pongo con humilde reverencia a Vuestra Majestad por testigo a don Blasco de Loyola, y a todos los que intervinieron *en esta prisión*, y disposición; con que queda desvanecido totalmente el cargo, que el señor don Juan rehace: y por consiguiente no subsiste el motivo que el señor don Juan alega a favor de su resolución, tomada contra mí por esta causa.

Lo segundo, este cargo, no puede subsistir, porque ni es de mi obligación, ni de mi jurisdicción y potestad (como de Ministro de Vuestra Majestad) el prender, ni mandar prender personas por delitos que no sean de la jurisdicción de Inquisidor General: y así diciendo el señor don Juan, *que yo había preso al hermano de su secretario*, dice una cosa, que no puede caber en mí, ni serme imputada: pues es manifiesto, que (aunque yo hubiera pasado los límites de mi obligación, y poder mandado tal prisión, nadie me obedecería, ni podía obedecer, sin especial comisión de Vuestra Majestad que ni la he tenido, ni la tengo.

Lo tercero, porque dado que yo hubiese tenido noticia de la relación de aquel soldado, y en virtud de ella concurrido en alguna manera a dicha prisión de don Bernardo Patiño, hermano del secretario del señor don Juan, no podía yo por esto ser justamente culpado; pues hubiera en tal caso cumplido con las obligaciones de buen vasallo, criado, y ministro, y cooperado a una justificada resolución de Vuestra Majestad, como se debe suponer; pues caía sobre una prisión de un hombre, que era cómplice, mandatario, y ejecutor de la acción (en juicio común contra todo derecho) que el mismo señor don Juan confiesa en su carta, diciendo, *la tenía meditado, dispuesto, y pensado* ejecutar contra mi persona, queriendo apartarme de los reales pies de Vuestra Majestad, con sacarme violentamente de Madrid, y de España, o (si esto no bastaba) con quitarme la vida; fuera de que a cada uno es lícita, y conforme al derecho natural, *la defensa legítima* de su persona; y así no alcanzo como el señor don Juan (aun en este caso, dado, y no concedido) pudo llamar tal acción mía, tiranía, y execrable maldad, y menos forjada contra él.

Lo cuarto, y pasando más adelante, digo Señora, que aun dado que yo, no solamente hubiese concurrido a dicha prisión de don Bernardo, y que ésta (lo que Dios no permita) hubiera sido menos justificada, todavía no podía, ni debía el señor don Juan tomar contra mí aquella fuerte resolución, que confiesa, pues para ella no tenía, ni tiene autoridad, ni jurisdicción, como se dría más abajo. Y si el señor don Juan ha tenido tan grande sentimiento, y por él tomado una resolución tan pesada contra mí, sin tener sólida, y verdadera noticia de lo sucedido en este caso, y solo por alguna relación engañada; con cuanta más razón podría yo tener queja, y sentimiento del señor don Juan por haber tomado dicha resolución con tanta gravedad, constándome claramente de la verdad de ella, por su misma confesión. Pero también esto lo pongo a los pies de Cristo crucificado, pidiéndole, *ne statuit illis hoc peccatum*.

El segundo caso es, que yo he hecho otras diligencias con dañado ánimo de perderle. A que respondo lo primero, porque, ¿o el señor don Juan habla de diligencias hechas por mi, en orden a la prisión del hermano de su secretario, o de otras ordenadas a fin de perderle a él? Si habla de aquellas, ya consta de lo referido arriba, que en orden a esta prisión, y perder por ella al señor don Juan, no ha hecho, ni obrado alguna diligencia; y así cosa el cargo: y si el señor don Juan me hace cargo, y habla en su carta de otras diligencias hechas por mi, a fin de perderle, debía según razón, y derecho, no solamente especificarlas, pero también claramente probarlas, para hacerme, y publicar un cargo de tanto peso, y motivo de resolución semejante. Y no habiendo hecho el señor don Juan, ni lo uno, ni lo otro, debo yo no ser condenado de él, ni de nadie por este cargo, hasta que se me haya legítimamente probado. Y si acaso el señor don Juan en estas palabras alude, y habla de otras *diligencias*, que de orden de Vuestra Majestad se han hecho con él, para avisar a Flandes, y a la defensa de aquellos países, como se tiene por constante, y lo comprueba un papel escrito en La Coruña, y remitido a esta Corte, que va de mano a manos, y se divide en seis puntos, en que se dan graves, y repetidas quejas contra el gobierno de Vuestra Majestad, y de sus ministros, acusándolos de apasionados, y malévolos, y que buscaron pretextos, y ocasión para *echarle de Madrid, y arrojar de España, y perderle aun a costa de la pérdida de los Países Bajos*. Respondo lo primero, que este cargo ya no es contra mí solo, sino contra todos los demás ministros, y aun contra la real persona de Vuestra Majestad, pues todos han hecho diversas diligencias, cada uno por su parte, para que el señor don Juan pasase a Flandes a defender, y conservar aquellos países; y así el señor don Juan me hace este cargo, por haber concurrido yo a estas diligencias, y de aquí ha tomado motivo para desviarme de los reales pies de Vuestra Majestad por medios tan violentos, también podía hacérsele a los demás ministros que concurrieron a las mismas diligencias, y aun a Vuestra Majestad, que se conformó con su parecer, y mandó pasar al señor don Juan a Flandes, pues fue esta la mayor, y más eficaz diligencia entre todas las demás; y no pudiendo, ni debiendo el señor don Juan alargarse a esto, ¿como a mí solo me imputa el cargo? Lo segundo, si pudiera constar al señor don Juan que yo por ventura en ciertas ocasiones no hubiese hecho estas diligencias, para aviarle a Flandes, en tan caso ya no tenía fundamento de hacerme este cargo, y mucho menos de tomar una tan fuerte resolución contra mí, y lo que ha pasado en esto lo sabe Dios, y Vuestra Majestad y otros ministros suyos: yo ni lo afirmo, ni lo niego por amor de un secreto. Lo tercero, el mismo señor don Juan después de haberse escusado de ir a Flandes la primera vez, y Vuestra Majestad admitido su excusa, hizo de propio motu *diversas diligencias*, ofreciéndose espontáneamente a la ida a Flandes, como es notorio, y a esa causa parece no debía hacerme este cargo, ni haber tomado aquella tan sensible resolución contra mí, supuesto que igualmente hemos concurrido a estas diligencias en orden a su pasaje a Flandes. Últimamente la ida del señor don Juan a Flandes se ha juzgado en común opinión de casi todos ser no solamente convenientísima, pero también necesaria para la defensa, y conservación de aquellos Estados, y por esta razón se han hecho tantas, y tan exactas diligencias en orden a las asistencias necesarias para su ida a Flandes, y así confieso que no alcanzo como las diligencias hechas, y ordenadas a un fin tan conveniente, y necesario para la defensa de aquellos Países, y bien de esta Monarquía, pueda ser materia para hacer cargo a nadie por haber hecho algunas diligencias a este mismo fin, y mucho menos para ejecutar una resolución tan dura, y desviada. A que se atañe, que cuando yo por mi desgracia, por haber hecho algunas diligencias semejantes hubiera delinquido, no tocaba al señor don Juan el disponer, y resolver un castigo tan riguroso como el que confiesa en su carta haber meditado, y dispuesto contra mí, pues le falta la autoridad suprema, necesaria para tal ejecución. Finalmente, suponiendo que yo he hecho algunas diligencias para promover el pasaje del señor don Juan a Flandes, no se sigue, ni puede inferir, que las hubiese hecho con ánimo dañado de perder al señor don Juan, pues podía haberlas hecho con el celo, y intención que semejantes acciones piden delante de Dios, y no con ánimo dañado depender al señor don Juan, ni al menor de la República, como fío en la misericordia de Dios me le hubiera dado, y no me hubiera dejado de su Divina mano, para faltar a tantas obligaciones como me corren; con que este cargo no subsiste, ni ayuda a la justificación de la resolución tomada. Y si por diligencias, que se me imputan como hechas con ánimo dañado de perder al señor don Juan, y no se prueban, ni podrá probar el señor don Juan, tomó la resolución de desviar, y perderme, ¿cuanto más podía yo hacer cargo al señor don Juan de haber manifiestamente intentado contra mí todo lo que confiesa en su carta, y es verdad constante? Pero de esta defensa (aunque tan justa) también me abstengo, remitiéndola a Dios, y al justo juicio de los que saben dar peso a la razón y verdad.

El tercero cargo es, que he esparcido en deshonor del señor don Juan abominables voces. A que se responde lo primero, que si este cargo mira a lo sucedido en la prisión, ya está respondido a él, por todo lo dicho arriba; y si mira a otros tiempos, será a cargo del señor don Juan el proponerlo a Vuestra Majestad, y probarlo antes de haber pasado a una resolución de este género, para la cual era necesaria más justificación, y autoridad suprema, que no tiene, como se ponderará más abajo.

El cuarto cargo que me hace el señor don Juan en su carta, en que me imputa el garrote que se dio en la cárcel de corte (a primeros de junio) a un hombre, que llama inocente, y lo propone con estas palabras: *Declaro desde luego a Vuestra Majestad cuantos leyeren esta carta, que el único motivo verdadero, que me detuvo de pasar a Flandes, fue el de apartar del lado de Vuestra Majestad a esa fiera tan indigna por todas razones de lugar tan sagrado, habiéndome inspirado Dios a ella con una fuerza más que natural desde el punto que si la horrible tiranía de dar garrote a aquel inocente hombre, con tan nefandas circunstancias.* A este cargo Señora, respondo lo primero confesando a Vuestra Majestad que por todas razones me reconozco indigno de estar a los pies de Vuestra Majestad, y que sólo me pudo habilitar, y hacer idóneo para estar a ellos la grandeza del señor Emperador Ferdinando III, padre de Vuestra Majestad, que se sirvió de elegirme, y nombrarme para este ministro, y consta por derecho civil, y razón natural, que el favor, y la elección del Príncipe dignifica la persona elegida, como también la continuación de esta elección, y ocupación con que el rey, que está en el Cielo, se sirvió de honrarme, con muy especiales y singulares demostraciones de satisfacción, que repetidas veces manifestó a Vuestra Majestad, a quien pongo por testigo, y otras muchas personas; sirviéndose de mi corta suficiencia en muchas cosas tocantes a su real servicio: y con muy singular confianza encargándome la defensa de palabra, y por escrito del sagrado Misterio de que hay hartos testigos, y decretos en la Real Junta de dicho Misterio, y es bien notorio en la Europa y América, donde llegaron mis libros. Y no será difícil de persuadir el que estos favores Imperiales, y Reales, continuados por tantos años, y aprobados con tantas demostraciones, me hayan dignificado y siquiera en alguna manera suplido la pequeñez, e indignidad de mi mérito, y persona; y esta dignificación y habilitación de príncipes, hecha a tantas personas de suyo bien desproporcionadas, la confesarán como yo con todo rendimiento, y reconocimiento de su corazón. A que pudiera añadir la designación de Vuestra Majestad con que no solamente me ha sufrido más de 24 años a sus reales pies, y nunca querido darme licencia, para poderme retirar a mi rincón, habiéndoselo suplicado con todas las veras de mi corazón, y repetidas veces instado a Vuestra Majestad en esto mismo, sino antes mandándome, y aun (si se puede decir) rogándome por el amor , que debo a Dios no hablase en eso palabra, ni la desamparase en el estado de su soledad, y viudez, continuando mi asistencia para el consuelo de su alma: ni son nuevos, ni los primeros estos, y semejantes favores, y honores que yo, mis padres, y abuelos hemos recibido de la clementísima mano de los gloriosos progenitores de Vuestra Majestad y de la Augustísima Casa de Austria; pues consta por diplomas cesáreos (cuya copia auténtica tengo en mi poder, y la ha visto Vuestra Majestad) en que se da testimonio de cómo desde el tiempo del señor Emperador Maximiliano Primero, padre del señor Rey Felipe I, y abuelo del señor Emperador Carlos V, se han servido sus Majestades de ocupar, y emplear a los de mi familia en puestos nobles, y principales, así políticos, como militares en el Sacro Imperio, Italia, y otras partes, como consta por dicho diploma: y así a lo menos por estas dignificaciones, nacidas de la grandeza, y clemencia de tantos, y tan soberanos príncipes, cesa el cargo que me hace el señor don Juan en esta parte, como también el motivo de querer apartarme del lado tan sagrado de Vuestra Majestad por esta razón.

Respondo lo segundo, que aunque abiertamente el señor don Juan no me imputa el garrote dado a aquel inocente hombre, como dice el señor don Juan, que llama *horrible tiranía*, todavía se colige evidentemente, así del asunto, como de todo el contexto, y fin de su carta, que me le atribuye a mí, y que esto ha sido principal motivo de su detención en España, para apartarme del lado de Vuestra Majestad, pero para esta resolución tan notada de todos, y hacerme reo de este garrote, que como digo llama *horrible tiranía*, era necesario, según toda razón, y derecho, que el señor don Juan hubiese tenido pleno conocimiento del ajusticiado, y de toda su causa, y circunstancias de ella. Y siendo cierto que no lo tuvo, como era precisamente necesario, sí-guese que el señor don Juan, no me puede, ni debe hacer este cargo, ni tampoco valerse de este suceso, o motivo de su detención, para apartarme del lado de Vuestra Majestad, en la forma y modo, que dice tenía meditado y dispuesto.

Respondo lo tercero, que el garrote que se dio a aquel hombre, no tocó, ni pudo tocar a mi puesto, y estado; pues su causa había de ser criminal forzosamente: y al parecer exterior de crimen de lesa Majestad, ajustado en el modo que pedirían la razón, el derecho, el tiempo, y otras circunstancias, a cuya causa no se me puede a mí imputar este garrote, pues tocaba a la justicia ordinaria; por la cual se ejecutó a vista de Vuestra Majestad. Y debemos, según todas reglas de derecho, y razón natural, presumir de la justificación del Príncipe, y mucho más de la de Vuestra Majestad, de cuya virtud, benignidad, y clemencia, da testimonio todo el Mundo, como también del justo proceder de sus reales ministros, sus letras, ciencia, y temor de Dios. Luego el señor don Juan debió presumir lo mismo, y por consiguiente, no hacerme este cargo, ni tomarle por motivo para su resolución tomada contra mi persona.

Lo cuarto respondo, que aunque todo lo dicho puede, y debe satisfacer a cualquiera desapasionado, para juzgar por ajeno de mí este cargo. Y por otra parte no tener yo obligación de probar mi inocencia en hecho ajeno, obrado por la justicia. Todavía por haberse constituido el señor don Juan, actor en esta causa, y héchome a mí reo (como queda dicho arriba) de este garrote, que llama horrible tiranía, a él como actor le incumbe la probanza del delito que acumula: sin embargo no me faltan argumentos positivos, y probanzas sólidas, y eficaces, con que pudiera hacer manifiesta mi inocencia, y no las produzco en este papel, por juzgar no ser necesario, reservándolas para cuando lo sea; poniendo en el interin a Dios, y a Vuestra Majestad por testigos de esta verdad, fiado la defenderán donde, y cuando conviniere a su servicio, y a mi amparo y consuelo. Por todo lo cual consta que el señor don Juan, no me debió hacer este cargo, ni tampoco tomarle por motivo para su enojo, y resolución, en cuya virtud dispuso apartarme del sagrado lado de Vuestra Majestad, en la forma, modo que confiesa en su carta. Y si el señor don Juan por la justicia hecha en un hombre particular, no conocido, y de mediana esfera, y suposición, ni criado, ni amigo (al parecer) ni pariente suyo; y además de esto, sin la debida noticia, y conocimiento de esta causa, ha tomado motivo contra mí, para hacerme cargo tan pesado de una justicia que llama *horrible tiranía*; como también para tomar la resolución de apartarme tan violentamente de los reales pies de Vuestra Majestad que razón y justicia tendré yo para formar quejas, y sentimientos justísimos de esta resolución, y disposición tan rigurosa del señor don Juan, ocupando, como ocupo, a vista de Dios, y del mundo, los puestos públicos que se ven en su Santa Iglesia, y en esta Monarquía. Teniendo yo de mi parte tan manifiestos argumentos de mi justicia, y inocencia; de la cual no me pretendo valer, para más de lo que es precisamente necesario para mi defensa, y manifestación de la verdad, para lo que fueren siniestramente impresionados; porque todo lo demás lo remito a Dios, no a fin de que vengue la injusticia que se me hace, sino para que tenga de todos misericordia.

Y supuesto que este garrote no es hecho mío, sino de justicia pública que tiene Vuestra Majestad con quien, como se debe suponer, y creer, se comunicó toda la causa, me causa horror, que dicha justicia llame el señor don Juan *horrible tiranía*, palabra que justamente pudo, y debió causar a Vuestra Majestad y a todos los jueces, y ministros de justicia entrañable dolor, y desconsuelo.

El quinto cargo le toma de mi mala conciencia, de que remordido dice me huí de cierta ocasión diferente de la presente, en que el señor don Juan dispuso de darme muerte, y le propone con las palabras siguientes: esta acción medité, dispuse, y pensaba ejecutar sin escándalo, ni más violencia (mientras no fuese necesaria) que la precisa para conseguir el intento, y no su muerte, como su mala conciencia le ha hecho temer. De este cargo, que toca en mi muerte, intentada en 17 de febrero pasado, de que habla el señor don Juan como si no fuera el darme la muerte, sino otra cosa menos escandalosa. Puedo decir a Vuestra Majestad con verdad, que jamás he hablado, ni publicado este caso, y he tenido ánimo de dejarlo a los secretos consejos de Dios Nuestro Señor, como otras muchas cosas. Pero ya que el señor don Juan confiesa públicamente, no sólo en la carta para Vuestra Majestad, pero en copias de ella, enviadas a diversas personas, y conventos religiosos de Madrid, me parece me es lícito, y aun preciso el representar a Vuestra Majestad no lo mucho que podía decir sobre este designio, sino solamente lo que puede servir de legítima defensa mía, en orden a dar alguna satisfacción a dicho cargo, y así respondo a él.

Lo primero, que habiendo tenido avisos de personas de mucha posición, que aquel viernes 17 de febrero (que era del perdón de enemigos) me convenía estar en mi casa, y no salir por la tarde a la Junta del Gobierno; porque sin duda estaba dispuesta mi muerte al pasar por el convento de la Encarnación. Y aunque nunca me persuadía a temor, y fiaba en Dios Nuestro Señor sería servido de mirarme con ojos de piedad, y guardarme, todavía fueron tantos los que me dijeron, que era tentar a Dios el exponerme a ese riesgo sin especial necesidad; y por esta razón, y otras de conocido y forzoso impedimento de mi ocupación no fui a la Junta, y a esta llama el señor don Juan temor de mi mala conciencia. Digo, pues, Señora, que aunque entonces por la benignidad de Dios no tuve remordimiento de mi conciencia de pecado grave, sin embargo, *non in hoc iustificatus sum*, como dijo el apóstol de sí mismo, sabiendo muy bien lo que dice el Espíritu Santo, y por el Concilio de Trento, *quod nescit homo, an odio, vela more dignus sic, nisi speciali revelatione, id didicerit*, que quiere decir, que no sabe el hombre si es digno de odio, o de amor de Dios, sino que se le revele el Espíritu Santo. Si bien por algunas señales (de que tratan los teólogos, y especialmente el padre Hieremias Drexelio de mi sagrada religión en su Zodiaco) puede conjeturar, y tener alguna certeza moral, de que está en la gracia de Dios, y a quien su Majestad ama: y no digo esto, porque yo juzgue, que a mí me asistiesen semejantes señales, *quia non in iustificationibus meis sid in multis Dei miserationibis proster no ante faciem eius deprecationem meam*; y así confiado en estas mismas misericordias de Dios, anduve con seguridad de mi conciencia, ni tuve particular temor de la muerte, que sabía se me intentaba.

Respondo lo segundo, que habiendo esta meditación, y disposición, y resolución del señor don Juan, precedido en los 17 de febrero, como queda dicho, y antes ordenada a darme la muerte, y por este medio apartarme de los reales pies de Vuestra Majestad, manifiestamente se ve, que ni el motivo de la prisión del hermano de su secretario, que a mí me imputa, ni el garrote de aquel hombre que llama inocente, que fue a principios de junio, le pudieron indicar a dicha resolución de darme la muerte, o desviarme de los reales pies de Vuestra Majestad, pues dicha resolución fue meditada, dispuesta y pensada mucho antes de dicha prisión y garrote, que fue tres meses antes, por lo cual consta con claridad, que dichos motivos alegados del señor don Juan, para la resolución de su acción no subsisten, y debo yo ser absuelto de este cargo.

Respondo lo tercero, que se sabe, y bien, que el mandato, y disposición del señor don Juan para 17 de febrero era no sólo para desviarme de los reales pies de Vuestra Majestad, sino para quitarme la vida, de que consta, que la resolución que el señor don Juan dice tenía meditada, dispuesta, y pensada se extendía a más daño mío de el que refiere ahora en su carta.

Lo cuarto responde, que el huir de la muerte, y más de la violenta, no es argumento siempre de mala conciencia; pues la muerte natural la temen todos, aun los más buenos, como consta de la vida de San Hilarión, y de otros innumerables santos.

Lo quinto, si la huida de la muerte, fuera argumento de mala conciencia, fuera culpable Cristo, que se escondió diversas veces, cuando le quisieron dar la muerte, y decir esto, fuera blasfemia: y el mismo Señor mandó a sus Discípulos, que cuando los persiguiesen en una ciudad, se huyesen a otra; punto, que elegantemente le trata San Atanasio, y los demás Padres y teólogos. Finalmente, el señor don Juan, ahora en su fuga se condena de mala conciencia, si fuera verdad el cargo que me hace. Y como no querrá que le hagan cargo de mala conciencia por haber huido, por solo un aviso, y sola una detención, y aseguración de su persona, ordenada por una santa Reina, y señora soberana; tampoco debe querer hacerme a mí este cargo de mala conciencia, y tomarla por motivo de la justificación de su resolución, por haber excusado el ir a la Junta de Gobernación, y esto tanto más, que no dejé de ir a ella, por temor de la muerte, sino por otros motivos, y embarazos que ocurrieron, como arriba dije.

El sexto cargo que me hace el señor don Juan en su carta, es decir: que según su conciencia, tenía algunos motivos para quitarme la vida, por las causas comunes del bien de esta Corona, y particulares suyas, etc. A esto respondo. Lo primero, que en particular no refiere el señor don Juan ninguna causa del bien común de esta Monarquía, y mucho menos la prueba, como en todo derecho Divino, y humano es necesario para a un hombre la vida; y mientras el señor don Juan no hace demostración de ellas, no entiendo como según su conciencia, y toda razón podía, y debía quitarme la vida.

Lo segundo, que no será bien oída esta doctrina de los que saben, como, y en que casos es lícito el homicidio; porque persona particular ninguna puede conforme al Mandamiento de Dios matar a otro por causas comunes, cuya solicitud, y cuidado toca a los príncipes. Y lo tercero, mucho menos, sin haber precedido acusación de delitos ante jueces competentes, y probanza de ellos. Lo cuarto, porque sería lo contrario, introducir contra la ley de Dios una doctrina del perjuicio que se sabe, y se ve. Lo quinto, el particular, que puede sólo en su defensa, con la moderación de defensa inculpable, ha de ser en caso que no tenga otro remedio su vida inocente. Pero en sólo el bien común no puesto en cargo, ni descargo, ni ante el que le tiene a su cuenta, e imperio, inaudita la parte con autoridad propia, matar, o mandar matar, no lo puede dictar ninguna sana conciencia.

Lo que el señor don Juan añade, y particulares mías, no veo como se pueda verificar en muerte de hombre particular, y mucho menos en un Consejero de Estado, Confesor de una Reina de España, Inquisidor General, Delegado de la Sede Apostólica, para la defensa y conservación de nuestra Santa Fe Católica en estos reinos, y Ministro de la Gobernación Universal de esta Monarquía, títulos, y oficios todos con que sin méritos míos, y por sola la divina gracia estoy condecorado por el vicario de Cristo, y de los Reyes Católicos; y tales, que ni el Rey Nuestro Señor pudiera, ni ningún Emperador, ni Príncipe seglar, ni eclesiástico, darme muerte, sin conocimiento de causa, ni notoriedad de hecho constante que la mereciese.

Lo segundo, menos pudo sin haber dicho a Vuestra Majestad las causas, y delitos míos, y a los que podía conocer de ellos, para examinados Vuestra Majestad procediese a lo que ellos pedían. Pero el señor don Juan, no me ha probado delito contra su persona, en particular digno de muerte; y creo que si yo le hubiera cometido, no se me hubiera dejado encubierto: pues se saca en esta carta aplaza una justicia en que hago testigo a Dios, que nos ha de juzgar, estoy ajenísimo de ella. Luego si el señor don Juan tuviera causas particulares suyas, dignas de mi muerte, bien se puede creer que se supieran, y dijeran, y el no habérseme imputado hasta en este papel, creo que Vuestra Majestad y sus reales ministros, y Consejos, lo tendrán por bastante prueba de mi verdad.

Añade diciendo: y para ello he tenido no sólo repetidas opiniones, sino instancias de gravísimos teólogos. Señora, los teólogos, responden a los casos conforme se los pintan, como los confesores absuelven de los pecados en la calidad, y modo que los refiere en que los confesó. Para que debiera el señor don Juan quitarme la vida; no creo que hay teólogo, que lo sea, que pueda sentirlo; y así creeré que de relaciones (que hicieron al señor don Juan, los que no tuvieron atención a la realidad de verdad, sino a sus sospechas, sin bastante fundamento, y juicios desviados de la razón) se formaría la que el señor don Juan hizo a los teólogos, que engañados, y prácticamente erróneos, dijeron lo que el señor don Juan refiere; y a esa causa no puede tener su parecer peso, porque le dieron sin debido conocimiento de causa, y sus circunstancias.

El séptimo cargo, y motivo que el señor don Juan procure, en orden a justificar su *resolución, meditada, dispuesta, pensada*, tanto antes diciendo, que no ha querido la condenación de mi alma, creyendo que estaba en mal estado, y así prosigue el señor don Juan diciendo: *no he querido nunca aventurar la perdición de una alma, que tan probablemente había de ser arrebatada en mal estado, anteponiendo los riesgos, y trabajos de mi persona al deseo de hacer a Dios este sacrificio, que espero de su infinita misericordia me pagará en dar feliz logro a mi justa intención*. Todo esto Señora, que toca al celo que el señor don Juan ha tenido, de que yo no muriera en pecado mortal, por el mal estado en que probablemente juzgó entonces estuve, se lo debo agradecer como lo hago. Y el estado, y conocimiento de mi conciencia, le dejo a Dios, que ha de manifestar lo más escondido de los corazones, y juzgará a cada uno según sus obras, como dice San Pablo: sólo debo reparar en que el señor don Juan no sólo llama justa la intención de matarme; pero que espera de Dios el conseguir lo que pretende, por este sacrificio que le hace. Señora, diré a Vuestra Majestad con San Pablo amenazado de muerte: *non facto animam meam pretiosicrem, quam me*. Más estimo mi alma, que mi vida: y el mismo apóstol, que él, y los demás apóstoles estaban *morti destinati*; no sólo amenazados de muerte; pero señalados para la muerte; y dijo Cristo Señor Nuestro, que los que les quitasen la vida habían de pensar que hacían grato sacrificio a Dios: *et cum intersecerint vos, artitrabuntur se obsequium praestare Deo*. A mí no me toca el defenderme más que con la verdad de mis procedimientos, que por la misericordia de Dios, he vivido a la vista de Dios, y de los hombres.

El octavo cargo, que me hace el señor don Juan, y motivo para persistir en su intención, que es según dice: *la expulsión de esta peste* (así me llama) *para librar estos reinos de ella, y de las calamidades, y trabajos que por su causa padecen los pobres y oprimidos vasallos*. Si este cargo Señora, tuviera subsistencia, confesara yo públicamente era justa mi expulsión y destierro de estos reinos, y yo el primero me condenara a este castigo, y pena: pero seguro en Dios, y en mi conciencia, espero me absolvieran de este cargo, todos los que conocieren, y quisieren sin pasión, instruirse, e informarse de mis procedimientos, de que luego apuntaré algo. Por ahora digo, que aunque esto fuera así, mi expulsión había de ser por el camino, forma, y modo que prescriben la ley natural, divina, y humana; y que nada de esto asiste hoy a la resolución, y intención del señor don Juan; pues ni Dios, ni Vuestra Majestad hasta ahora le han dado esta potestad, derecho, o comisión: siendo así, que *omnis potestas est a Deo*. Y que yo no soy *causa de las calamidades, y trabajos que hoy padecen los pobres, y oprimidos vasallos de estos reinos*. Lo pruebo en primer lugar con el argumento que llaman negativo, y es en el caso presente, afirmarlo, y decirlo el señor don Juan, y no probarlo, como es preciso, según todo derecho, y especialmente en cargo de tanto peso, y consecuencia, que aun de su sola pretensión, se pueden originar, y mucho más si fuere creído. Por lo que siendo actor contra mí el señor don Juan, le incumbe la probanza, y que ésta sea manifiesta de este cargo: y mientras no le probare en esta forma, no debo ser condenado de nadie que tema a Dios, que dijo: *Nolite secundum faciem iudicare*, y San Pablo, *ne que ante tempos*. Nadie juzgue, dice Cristo Señor Nuestro, a otro por la apariencia de las cosas, ni tampoco antes del tiempo en que sea convenido, y especialmente en materia tan grave. Y en segundo lugar se prueba, que yo no he sido, ni soy causa de las calamidades, y trabajos que padecen los vasallos, como me lo imputa el señor don Juan: porque desde los tiempos del señor Emperador Carlos V, Felipe II, y III, y IV, ha sido el clamor de España toda en su perdición, y destrucción por los tributos. Consta de consulta hecha por el Consejo Real de Castilla el año de 1619, que después comentó, y dilucidó eruditamente Navarrete en su libro, y pido a Vuestra Majestad, y a todos lo que quisieren ser enterados de esta verdad, se sirvan de leerla desde el principio. Consta también de los tiempos del seños Rey Felipe IV, que está en el cielo, que para las proposiciones de tributos, y donativos, se propuso siempre a los teólogos, la extrema necesidad en que se hallaba la Monarquía; y en virtud de esta opinión se han impuesto los tributos, con que le hallan cargados los vasallos. Véanse las consultas hechas del reino en cortes, y tiempos antecedentes, que se hallan en diversas secretarías; de que se sigue, y infiere claramente, que yo no soy causa de estas calamidades, y trabajos: y por consiguiente queda sin fuerza este gravísimo, y perjudicialísimo cargo que el señor don Juan rehace para mi descrédito, y separación del lado de Vuestra Majestad.

Lo tercero, algunos años antes que muriese el Rey, Nuestro Señor (que está en el Cielo) fue servido de nombrarme por uno de los que asistían en la Junta General de medios, por haber reconocido en mi su Majestad un ardiente celo (que por la misericordia de Dios me acompaña) del bien común, y alivio de estos reinos, y vasallos. Y todo lo que su favor he obrado, y votado constantemente, en dicha Junta dirán las consultas que la Junta hizo a su Majestad, y se hallarán en las secretarías, que son instrumentos auténticos de la verdad, y que acreditarán lo que digo. Testigos hay vivos que son el duque de Medina, el conde de Castrillo, don Antonio de Contreras; fray Juan Martínez, confesor de Su Majestad; y otros que testificarán lo mismo. Y el duque de Medina sobre ciertos pareceres míos, encaminados a que no se impusiesen nuevos tributos, los alabó con palabras bien encarecidas, diciendo, que había hablado como un San Juan Crisóstomo, y lo refiero con confusión mía, aunque necesaria para testimonio de la verdad que aquí propongo, y defiendo, que le dará también el secretario Legasa, que lo era también de la Junta; de que se infiere, que las calamidades, y trabajos no se padecen por mí.

Pruébase claramente esto mismo, lo cuarto, porque desde que murió Su Majestad, que goce de Dios, no se ha impuesto tributo general alguno en estos reinos, ni pedido donativo alguno en las ciudades, y reinos de Castilla, a que he asistido en todas las ocasiones que se trataba de esto con todas mis fuerzas, y razones que difundieron semejantes imposiciones y donativos, de que hago testigos a todos los que concurrieron conmigo en los Consejos y Juntas, y otros muchos que me oyeron hablar de esto fuera de ellas, además que consta auténticamente de las consultas que se hicieron sobre dichas materias a que me remito.

Lo quinto, se prueba esta verdad, porque apenas murió el Rey mi señor, cuando supliqué a Vuestra Majestad, a quien pongo por testigo, se sirviese de mandar formar una Junta de Ministros Celosos, e inteligentes que se llamó *del alivio de los tributos*, principalmente en las cuatro especies necesarias, que son la carne, pescado, vino, aceite, y vinagre; y Vuestra Majestad fue servida de conformarse con suma propensión de su Real voluntad, y nombrar para ella a Don Miguel de Salamanca, entonces Presidente de Hacienda; a don Manuel Pantoja; don Jerónimo de San Vítores; y a don Francisco de Herrera, corregidor de esta villa de Madrid, y a mí. Y habiéndose dispuesto muchas cosas por esta Junta, y entre otras más de veinte ciudades, y muchos arrendadores bajado la mitad de los precios de estas especies, ofreciendo la misma paga ajustada por su arrendamiento, y se hubiera ejecutado en todas, sino se hubieran ofrecido, y opuesto tantas dificultades, que fue fuerza a Vuestra Majestad desistir por entonces de su prosecución, con increíble dolor, y sentimiento suyo, y mío por verse frustrado mi celo, y entrañable deseo de ver aliviados los pobres vasallos, de que hago testigos a los sobredichos con el testimonio auténtico de las consultas que paran en las secretarías, y en especial en la de don Lorenzo de Jáuregui, que era secretario de dicha Junta. A que se añade, que en esta misma Junta procuré con todo esfuerzo persuadir que se quitasen las quiebras de millones, como tributo el más gravoso, y sensible para los vasallos, y mayormente pobres, y a este fin se han hecho muchas, y muy particulares diligencias para vencer las graves dificultades que se ofrecían contra su ejecución: y no habiendo sido posible por las urgentes necesidades (que entonces grandemente apretaban) el poderlas vencer, y quitar dicho tributo, se halló la Junta, y yo con ella obligado a desistir por entonces de ese santo intento, con increíble dolor, y sentimiento de todos, habiéndonos de consolar con saber que la buena voluntad, tiene su premio delante de Dios, y debe ser también estimada de los hombres, según el dicho del sabio, *in arduis voluisse sat est*, que en las cosas arduas, no es poco, sino mucho haber emprendido hacerlas.

Pruébase lo sexto, porque conociéndose ser un tributo tan cuantioso el de las medias anatas de los juros antiguos, y nuevos, nunca jamás fui de padecer, ni consentido por mi voto, que esta medias anatas se quitasen a los juristas, por las razones, y motivos que me persuadieron a esto, de que hago testigos a cuantos hay que han concurrido conmigo en ocasiones en que se trataba este punto; y asimismo a las Consultas que se han hecho sobre él. Digo esto, por ser sabido, y público, porque a no serlo, ni lo dijera, ni pudiera decir: y no habiéndose conformado el Rey, ni Vuestra Majestad, juzgando debía seguir el parecer contrario de tantos, y tan grandes ministros, que yo también venero, y siempre he venerado, como a principio extrínseco, fundado en la autoridad, no se me puede hacer cargo por esta razón, ni imputar el que yo sea causa de las calamidades, y trabajos que se padecen.

Pruebase lo séptimo, porque apenas llegué a España, sirviendo a Vuestra Majestad, cuando oyendo los clamaros, tributos, y cobranzas de ellos, por la multitud de ministros ocupados en ellas, que se contaba al parecer un número increíble, con las costas, y daños que hacían, cuando procuré se introdujese en España el modo de cobrarlas del señor Emperador, y otros potentados, para que los vasallos de España no sintiesen opresión de tanta molestia, y aun de tanto perjuicio a la misma cobranza; pero tampoco esto se ha podido conseguir por causas ocurrentes que lo estorbaron, con no pequeño dolor, y sentimiento de mi alma. De que se infiere, que no puedo yo ser la causa de las calamidades que se experimentan.

Pruébase lo octavo, porque habiendo llegado a mis manos un papel grave de una persona de letras, e inteligencia en materia de tributos, en que persuadía, que los que estaban puestos no eran conformes a la razón, necesidad, y tiempo; y que todos se podían, y debían reducir a uno, que carecía de todos los daños que se experimentan en los impuestos, con el grande deseo que tuve siempre del alivio de los pobres vasallos, bien probado en aquel papel, se lo dije, y representé al Rey Nuestro Señor; y después de su muerte a Vuestra Majestad, suplicándola insistentemente se sirviese de remitir dicho papel a la Junta General de Medios, y a los Consejos Real, y de Hacienda: y habiendo Vuestra Majestad venido en ello con mucho gusto, y examinádose en dichos Consejos, aunque en ellos se facilitaron algunas dificultades que se ofrecían en la ejecución; todavía para vencer las demás se formó una Junta, en que entraron el Presidente de Hacienda, don Antonio de Contreras, el conde de Villaumbrosa, don Jerónimo de San Vítores, don Juan de Góngora, y yo, que con sumo gusto, sin embargo de las continuas, y casi intolerables ocupaciones mías me ofrecí de asistir, por el deseo ardentísimo que siempre he tenido del alivio de los pobres vasallos, y se va trabajando en el modo de la ejecución, para que se consiga el alivio que Vuestra Majestad ha deseado, y yo solicitando insistentemente siempre. De esto hago testigos a todos cuantos Consejos tiene Vuestra Majestad, y a los de la Junta de Medios, de que son también auténticos testimonios, las Consultas de los Consejos, y de la Junta formada para esto. Luego yo no puedo ser acusado, ni condenado como causa de estas calamidades, y trabajos por nadie, y mucho menos por el señor don Juan, a quien se lo referí el año pasado en el Retiro, y alabó mucho mi solicitud, y celo, y no puedo dejar de alegarle por testigo, porque en esta causa no padece excepción.

Esto se prueba lo nono con claridad manifiesta, por saberse constantemente en todos los Consejos las instancias que he hecho, para que no fuesen más vejados con algún tributo los vasallos, y juntamente instado varias veces, a que para este alivio, que con tantas veras he pretendido se cercenasen gastos superfluos, y se dedujesen a moderación competente, así en la Casa Real de Vuestra Majestad, como en los sueldos de Ministros y oficiales, en mercedes, raciones, y ayudas de costa, y otras cosas de que se podía recoger una suma considerable de dinero, sin los gastos, y perjuicios en su cobranza, que intervienen en los demás tributos; y de esta verdad son auténticos testimonios mi pareceres y votos en los Consejos, y Juntas, y las Consultas hechas sobre todo esto, y cada cosa en particular; y sobre ser notorio, y público, son testigos otros consejeros, que fueron del mismo parecer, y sólo a fin del alivio de los vasallos. De que se infiere, que el señor don Juan justamente no puede hacerme a mí este cargo *de las calamidades, y opresión de los vasallos*, ni tomarlo por motivo para la resolución que refiere en su carta, tomó contra mí.

A estas pruebas añado otra, que es la 10, por ser de pública voz, y fama, y constante en esta Corte, que el señor don Juan, con otros de su séquito, fue de voto, y parecer, que Vuestra Majestad, en la venida de Galeones, se echase sobre seis millones de plata de los particulares. A que resistí yo con otros, porque ésta era una aflicción gravísima de los vasallos, sobre la que padecían (de que hace motivos, y argumentos el señor don Juan contra mí) y se les quitaba no sólo a los dueños, pero a todos muchos la utilidad pública, y común que había de redundar de los seis millones en tantos, y todos quedarían por puertas; y porque era destruir, no sólo todo el crédito, pero el comercio de Indias, y a las Indias con España, y lo dependiente de este comercio, que todo se arruinaba con la toma de los seis millones de particulares. Y a esta causa nunca ha podido el señor don Juan hacerme este cargo de la opresión de los vasallos, y mucho menos tomar motivo de ella contra mí, para la resolución que refiere en su carta, sabiendo lo que en esta parte obré por el consuelo de ellos.

Lo 11 se prueba, que el señor don Juan antes de partir a La Coruña, pidió tales, y tantas cantidades de dinero, como consta de sus cartas, y es público; y después desde La Coruña, haciendo queja gravísima, de que no se le asistía más que con 400.000 reales de a ocho, habiéndosele ofrecido un millón, que se le cumplió en moneda labrada, barras de plata, y letras de cambio, fuera de 600.000 escudos de plata, y de todo lo hizo poco caso, pidiendo siempre más, y más, juzgando que era precisamente necesario todo lo que pedía para la defensa de Flandes a que iba, aunque no ignoraba, que era, y había de ser con nueva carga de los pobres vasallos sobre quienes había de cargar todo, añadiéndoles aflicción sobre aflicción; pero necesaria en juicio del señor don Juan para la defensa de Flandes. Y esto señora fue ayer, hecho del señor don Juan, no mío, como ni la guerra en que yo no he tenido culpa, ni me puede hacer cargo de ella el señor don Juan, ni tomarla por motivo, para la resolución que en su carta refiere ha intentado contra mí.

Pruebase lo 12, porque desde la paz de Portugal, cuya guerra por la más mayor parte ocasionó las opresiones que se padecen, y para dicha paz hizo tantas instancias el señor don Juan, diciendo, era precisa para su jornada a Flandes, hasta la resolución, que tomó, de no ir, por acudir al alivio, como dice, de los pobres, y afligidos vasallos, no se contará que corrieron sino tres meses escasos, poco más o menos. En estos tres meses, Señora, ¿como he podido yo ser causa de esta opresión, no habiéndolo sido de las guerras? Ni en estos tres meses, ¿como he podido yo ser causa del alivio de los vasallos, que tantos años he buscado, pretendido, y deseado? Especialmente, no dependiendo de mí sólo, como del más mínimo de los Mayores Ministros demuestra Majestad. De que se sigue, que tampoco ha podido el señor don Juan hacerme a mí este cargo, tres meses después de la guerra, ni tenido motivo en ellos por la opresión que dice, para tomar, como tomó, contra mí la resolución que refiere en su carta, como el único autor de ella.

Dejo, Señora, el que en este tiempo, ni después de la muerte del Rey, que está en el Cielo, tributo, o imposición nueva, no se ha visto, y habiendo durando las guerras hasta que el señor don Juan partió a La Coruña, si fueron pesados los tributos, lo eran por la pesadumbre de la guerra, que pedía todo eso, y mucho más, como constó , y consta claramente al señor don Juan del tiempo que la tuvo a su cargo en Portugal, y de las quejas continuas que dio de lo poco con que se le asistía, siendo considerabilísimas sumas de millones, que no alcanzaban a las pagas, a cuya causa en tiempo del señor don Juan se vio sumamente oprimida toda la Extremadura de los soldados, y alojamientos, de que son testigos todos los vivientes de aquella provincia, y las cartas del señor don Juan, y los libros del Consejo de Hacienda, donde consta la remisión de dinero que se queja siempre agriamente, que no era suficiente. Y sabiendo el señor don Juan, que esta guerra ha durado hasta su partida a La Coruña, y que la opresión nacía de ella, y que le parecía al señor don Juan que era necesario a cualquiera costa de cualquiera opresión de los pobres vasallos asistirle más, como puede ahora el señor don Juan hacerme a mí legítimamente este cargo, como autor de esta opresión, ni tomarla por motivo contra mí (como dice en su carta) para su resolución, y determinación.

La última prueba, confieso a Vuestra Majestad, la omitiera de muy buena gana, porque toca en mi persona; bien sabe el mundo, y la Corte, que si padecen opresión los vasallos, no es por interés, que yo perciba de ella, ni mis padres, ni hermanos, deudos, amigos, o paniaguados, en quien se derrame el dinero, que sale de dicha opresión. Por el Consejo de Hacienda consta el empleo de las rentas reales, saquese alguna partida librada por mí, o por consulta mía de algo, que haya sido consumido por mí, o por deudos naturales de estos reinos, o de fuera de ellos, que pues las rentas de Vuestra Majestad no las puedo yo cobrar, ni hacer invisibles, ni remitir por los aires a otras partes, sino que es fuerza, que por el Presidente de Hacienda, con cuenta, y razón, y con las notas del porqué, o para qué estén todas las partidas en los libros, sería muy fácil convencerme por ellos; pero aun no suficientemente para el cargo, que me hace el señor don Juan, y resolución, que tomó contra mí, como si yo fuese autor de la opresión de los pobres vasallos; pues no he podido serlo por no haber podido yo hacer el divertimiento dicho de la hacienda real, y a esa causa queda desvanecido todo el motivo, que tomó el señor don Juan, para lo que dice en su papel, pues le constaba, que durando la guerra era casi imposible que yo fuese autor de la opresión que padecían por ella, constando también al señor don Juan, que yo no era autor de la guerra, y que ella trayendo la opresión que dice a los pobres vasallos, ningún fruto me había traído a mí, ni a mis padres, ni hermanos, ni deudos, ni amigos, ni confidentes propios de estos reinos, o extraños, como se hará demostración por los libros del Real Consejo de Hacienda de Vuestra Majestad.

Señora, este punto del divertimiento de la hacienda Real le toman ahora por motivo nuevo, habiendo sido antiguo; pero siempre falso, fingido, y fabricado injustamente, no sólo contra mi crédito (que importa poco) sino contra el de Vuestra Majestad, a fin de desacreditar el soberano gobierno de Vuestra Majestad tomándome como pretexto, y autores del divertimiento de la hacienda del Rey Nuestro Señor, divulgan ahora, y resucitan aquellas voces, que en los tiempos antecedentes, después de la muerte del Rey, que está en el Cielo, esparcieron, de que Vuestra Majestad remitía con ocasión de la ida de la Señora Emperatriz de Alemania, muchos millones de plata, y joyas, así para el señor Emperador, hermano de Vuestra Majestad, como también a fin de edificar, y fundar un convento para retirarse a él Vuestra Majestad, aun dejando y desamparando al Rey Nuestro Señor, su hijo, en esta su tierna edad. Desvanecido esta falsa voz, con la verdad deshecho, volvieron al mismo intento, con ocasión de haber nombrado Vuestra Majestad a don Diego de Castilla, diciendo, que Vuestra Majestad le había mandado con todo imperio, buscase tres millones de escudos, para remitírselos al señor Emperador de Alemania: y que a este fin, entre otros, principalmente le había hecho Presidente: y que habiendo él resistidose a este mandato, Vuestra Majestad había mostrado mucha indignación contra él, y encargádome a mí, procurase con todas veras hablar a dicho Presidente, e inducirle a la ejecución de este mandato de Vuestra Majestad. Y que habiéndolo hecho, llegamos al lance de perdernos el respeto. Desvaneciese de la misma manera este testimonio falso; y sosegado el mar por poco tiempo, vuelve ahora, como he dicho, otra vez a resucitarse la voz misma por los criados, aliados, y confidentes del señor don Juan (según se dice) divulgando por el pueblo, que Vuestra Majestad de nuevo había remitido millones de dinero al señor Emperador, su hermano; y que el señor don Juan había apresado grandes cantidades de esta remesa, de que se ha originado tal, y tan grande desconsuelo, y murmuraciones, y desabrimientos, que a no ser los españoles tan cordialmente reverenciadores, y amantes de sus Reyes, y especialmente de la virtud, y santidad, y benignidad de Vuestra Majestad, podía temerse algún desmán, y mal suceso. Y como para todo esto no se atreven a la Majestad, y Soberanía de sus reyes, por otra parte me tienen por el mayor confidente de Vuestra Majestad, y por cuya mano se encaminan estas sumas a Alemania, viene a ser, que todo el odio, rencor, y desabrimiento cae sobre mí, y esto tan pesadamente, que tenga milagro el vivir, y estar en pie, y esto es lo que el señor don Juan ha emprendido conseguir, así por su carta, como también por estas voces, no menos falsas, que injuriosas a Vuestra Majestad, al señor Emperador su hermano, y a mí: pero fuera de lo dicho ahora constará con claridad, y evidencia por los libros, y cuentas del Consejo de Hacienda esta verdad, y de la falsedad con que se imputa a Vuestra Majestad (tomándome a mí por pretexto) el divertimiento de la hacienda Real a las partes de Alemania, y la opresión, y calamidad, que de ahí dicen forzosamente padecen los pueblos de España.

Pero confío, Señora, en la misericordia de Dios Nuestro Señor, que ha de manifestar a los corazones de todos la verdad, y suma inocencia de Vuestra Majestad y de este su mínimo, y fidelísimo capellán, y criado; y confundir, y cerrar las bocas de los que hablan semejantes maldades, enderezadas, o ignorante, o maliciosamente a turbar el gobierno, y quietud pública de estos reinos, y hacerme odioso a los pueblos, cuyo alivio, y consuelo, con tantas veras, y desvelo, siempre he procurado, y procuraré en cuanto me fuere posible.

Todo esto Señora, he querido, y aun debido decir a Vuestra Majestad, no porque lo ignora Vuestra Majestad, sino porque lo acredite con su real aprobación, y autoridad, ni tanto para mi defensa, cuanto para la de Vuestra Majestad y en apoyo de la verdad, y conservación de la paz, y quietud pública, mayormente constado que se han esparcido en todos estos reinos por el señor don Juan, y sus confidentes un sin número de copias de su carta, con las cuales (en común sentir de todos) ha querido escandalizar, y concitar contra mí, en apariencia, pero en realidad de verdad, contra el gobierno, y los demás ministros de Vuestra Majestad, así los ánimos quietud, y pacíficos, y más lo que con falta de luz de la verdad, creen todo lo que se dice, sólo porque se dice, como también fortificar, y alentar los que tenían los ánimos turbados, y inquietos por sus influencias.

A todo lo cual era necesario ocurrir de mi parte con la verdad, que este papel brevemente represento, que pongo en sus reales manos con todo rendimiento, y peso que le diere, será justo, y digno de toda veneración, y reverencia. Madrid, y octubre 25 de 1668".

FUENTES Y BIBLIOGRAFÍA

FUENTES

A.C.A.	Archivo de la Corona de Aragón, Barcelona
A.D.A.	Archivo de la Diputación de Aragón, Zaragoza
A.G.S.	Archivo General de Simancas, Valladolid
A.H.B.	Archivo Histórico de Barcelona, Barcelona
AHPM	Archivo Histórico de Protocolos, Madrid
A.H.N.	Archivo Histórico Nacional, Madrid
A.S.N.	Archivo di Stato, Nápoles
B.E	Biblioteca del Monasterio de El Escorial, Madrid
B.N.	Biblioteca Nacional, Madrid
B.P.R.	Biblioteca del Palacio Real, Madrid
R.A.H.	Real Academia de la Historia, Madrid

BIBLIOGRAFÍA

Obras de Consulta

Alenda y Mira, J., *Relaciones de solemnidades y fiestas públicas de España*, Madrid, 1903.

Correa Calderón, E., *Registro de Arbitristas, Economistas y Reformadores Españoles (1500-1936)*, Madrid, 1981.

Diccionario de Historia de España, edición de G. Bleiberg, 3 vols., Madrid, 1979.

Gran Enciclopedia Aragonesa, Zaragoza, 1981 y ss.

Historia de España, Barcelona, 12 vols., 1997.

Historia Universal Planeta, Barcelona, 12 vols., 1992.

Nueva Enciclopedia Larousse, Barcelona, 1984.

Sánchez Alonso, B., *Fuentes de la Historia española e hispanoamericana*, 3 vols., Madrid, 1952.
Sánchez Alonso, C., *Impresos de temática madrileña. Siglos XVI y XVII*, Madrid, 1981.

Monografías

- Aulnoy, condesa de, *Un viaje por España en 1679*, Madrid, 1932.
- Arteaga y Dicastillo, J. de, *Oración fúnebre en las honras de la Serenísima Señora doña María-Ana de Austria: que celebró la... ciudad de Ávila en la Santa Iglesia Catedral el día diez de juliio de 1696, díxola... Juan de Arteaga y Dicastillo; mandose imprimir de orden de la misma muy ilustre ciudad*, S.l.: s.n., s.a.
- Azaña, E., *Historia de la ciudad de Alcalá de Henares*, Madrid, 1883.
- Barcia, Ángel M., "Algunas obras artísticas de aficionados reales", *Revista de Archivos, Bibliotecas y Museos*, Madrid, 1906, t. XIV, pp. 31-41.
- Barrio Moya, J.L., "Libros aragoneses, catalanes, mallorquines y valencianos en la biblioteca de don Juan José de Austria", en *Rev. De Llibreria Antiquària*, nº 12, Barcelona, 1986.
- Barrios, F., *El Consejo de Estado en la monarquía española (1521-1812): estudio histórico-jurídico*, Madrid, 1983.
- Baviera, Adalberto de/ Maura Gamazo, Gabriel, *Documentos inéditos referentes a las postrimerías de la casa de Austria*, 3 vols., Madrid, 1927-1931.
- Becerra y Serrano, P., *Panegírico legal y político sobr las dos resoluciones que... se han obrado en el retiro de... Carlos Segundo y feliz venida de... don Juan de Austria a esta Corte del Reyno de Aragón.... Compúsolo... Pedro Becerra y Serrano...*, S.l.: s.n., s.a.
- Bermúdez de Pedraza, F., *El secretario del rey*, edición facsímil, Madrid, 1973.
- Biason, A., *Una tentativa de reforma política en la España de Carlos II: Don Juan José de Austria en los despachos de los embajadores venecianos y en la historiografía de la época*, tesis de licenciatura inédita de la Universidad de Venecia, 1988-1989.
- Blaue, J., *Tonel der steden van's Kinings Nederlanden*, 1649.
- Brito de Castelbranco, J. de, *Relación de las fiestas con que la ciudad de Porto, solenizó el felice nacimiento del príncipe Baltasar Carlos Domingo, nuestro señor, hijo primogénito del augustísimo Rey delas Hespañas don Fhilippe IIII. En el día de la expectación del parto de nuestra señora de 1629*, Lisboa, 1888.
- Brunel, Antoine de, *Voyage d'Espagne*, Colonia, 1666.
- Calderón Ortega, J.M., *Álvaro de Luna : poder y riqueza en la Castilla del siglo XV*, Madrid, 1988.
- Calvo Poyato, J., *Del siglo XVII al XVIII en los señoríos del sur de Córdoba*, Córdoba, 1985; *Carlos II el Hechizado y su época*, Barcelona, 1991; *Felipe IV y el ocaso de un Imperio*, Barcelona, 1994; *Juan José de Austria. Un bastardo regio*, Barcelona, 2002; *De los Austrias a los Borbones*, Madrid, 2005.
- Carballido y Losada, D. de, *Relación del sitio y rendición de Barcelona por don Juan de Austria al mando del ejército de Felipe IV, contra los catalanes y franceses, en*

1652, por don Diego de Barballido y Losada, dirigida a don Luis Enríquez de Guzmán, conde de Alva de Aliste, Madrid, 1653.
- Castilla de Soto, J., "La revuelva napolitana de mediados del siglo XVII y don Juan José de Austria, *Espacio, Tiempo y* Forma, nº 4, Madrid, 1988; *Don Juan José de Austria (hijo bastardo de Felipe IV): su labor política y militar, Madrid*, 1992.
- CODOIN, *Colección de documentos inéditos para la Historia de* España, vols. XIII y LXVII, Madrid, 1842-1895.
- *Compendio de la Historia de España. Quarta parte. Reyno de los príncipes franceses de las Casas de Bigorra, y de Borgoña*, 1740.
- Contreras, J., *Carlos II El Hechizado. Poder y melancolía en la Corte del último Austria*, Madrid, 2003.
- Cortés Cortés, F., *Guerra en Extremadura: 1640*-1668, Badajoz, 1982.
- Cortés Osorio, J., *Invectiva política contra don Juan José de Austria*, Madrid, 1984.
- Costa, R., *Oración panegyrica, en acción de gracias a la Santísima Trinidad, de la gloriosa elección de la Católica Majestad de Nuestro Rey Carlos Segundo... en laa persona de su hermano el... Príncipe... don Juan de Austria, en primer ministro de su dilatada monarquía, díscola el M.R.P. maestro fray Raymundo Costa, de la Orden de Predicadores...*, Madrid, 1677.
- Díaz González, F.J., *La Real Junta de Obras y Bosques en la época de los Austrias*, Madrid, 2002.
- Domínguez Ortiz, A., *Ordo y ocaso de Sevilla*, Sevilla, 1946; *Crisis y decadencia en la España de los Austrias*, Madrid, 1973; *La sociedad española del siglo XVII;* "La crisis en Castilla en 1677-1687", en *Crisis y decadencia en la España de los Austrias*, Barcelona, 1973.
- Egido, T., *Sátiras políticas en la España m*oderna, Madrid, 1973.
- Elliott, J. H., *La rebelión de los catalanes (1598-1640)*, Madrid, 1977, *El conde-duque de Olivares*, Barcelona, 2005; *La España Imperial*, Barcelona, 2006.
- Elliott, J.H., y Peña, J.F. de la, *Memoriales y cartas del Conde Duque de Olivares*, 2 vols., Madrid, 1979-80.
- Escaño, F. de, *Al serenísimo señor don Juan de Austria, gran prior de San Juan... y a la sacra Asamblea de su Capítulo, memorial y compendio del libro intitulado propugnáculo de la Sagrada Religión Militar de San Juan de Jerusalem*, Sevilla, 1662.
- Escudero, J.A., *Los secretarios de Estado y del despacho (1474-1724)*, Madrid, 1969; (Coord), *Los Validos*, Madrid, 2004.
- Fabro Bremundán, F., *Historia de los hechos del serenísimo señor don Juan de Austria en el Principado de Cataluña*, Zaragoza, 1673; *Viaje del Rey... don Carlos II al reino de Aragón: entrada de Su Majestad en Zaragoza, juramento solemne de los fueros y principio de las Cortes Generales, el año MDCLXXVII*, Madrid, 1680.
- Fernández de Pinedo, E., "Un cas regional avec faible presión fiscale: le Pays Basque peninsulaire", *Review*, vol. III, nº 1, 1979.
- García Cárcel, R., *Pau Claris. La revolta catalana*, Barcelona, 1980.
- García Martínez, S., "Sobre la actitud valenciana ante el golpe de Estado de don Juan de Austria (1668-1669)", *I Congreso de Historia del País Valenciano*, Vol. III, Valencia, 1976.

- Gómez Centurión, C., "La Guardia Chamberga, don Juan José de Austria y la opinión pública madrileña", *Temas de Historia Militar. Actas del I Congreso de Historia Militar*, 2 vols., Zaragoza, 1986.
- Gómez de Blas, J., *Verdadera relación muy copiosa del socorro que... don Juan de Austria... dio a la ciudad de Girona, el miércoles 24 de septiembre deste año de 1653: refierense las particularidades de la batalla, y lo que ha sucedido a nuestro exército, en el seguimiento de los enemigos, Sevilla, Juan Gómez de Blas*, 1653.
- González Asenjo, E., *Don Juan José de Austria y las artes (1629-1679)*, Madrid, 2005.
- González de Villagante, F., *Al Rey nuestro señor don Felipe IV... con la serenísima Reina... doña Mariana de Austria... acerca del nacimiento oculto que se pretende de una persona eclesiástica de estos reinos.*
- Graf von Kalnein, A., *Juan José de Austria en la España de Carlos II. Historia de una Regencia*, Lleida, 2001.
- Hebas, J. de las, *Panegyrico fúnebre en las honras de la reyna madre... doña María Ana de Austria... dixola el doctor don Juan de las Hebas*, Madrid, 1696.
- Interián de Ayala, J., *Relación de las reales exequias que la... universidad de Salamanca celebró a la... memoria... de la... reyna doña María-Anna de Austria, esposa... que fue del señor Felipe IIII...*, Salamanca, 1696.
- Juanini, J.B., Señor, *el doctor don Juan Bautista Juanini, cirujano de cámara, que fue, de Su Alteza el señor don Juan de Austria... idce: que luego que llegó a esta Corte el año de 1677...*, España, 1690.
- Juderías, J., *España en tiempos de Carlos II el Hechizado*, Madrid, 1912.
- Kamen, H., *El Siglo de Hierro*, Madrid, 1977; *La España de Carlos II*, Barcelona, 1981.
- Koenigsberges, H.G., *La práctica del Imperio*, Madrid, 1989.
- Latassa, *Bibliotecas antiguas y nueva de escritores aragoneses.*
- Leti, J.G., *La vita di don Giovanni d'Austria, figlio naturale di Filippo IV, Ré di Spagna*, Colonia, 1686.
- López de Cuellas y Vega, J., *Batallas y triunfos de doña Mariana de Austria, Reina madre de España. En la pompa funeral que el día 18 de junio celebraron los tribunales de Navarra*, Pamplona, 1696.
- Lynch, J., *Los Austrias (1598-1700)*, Barcelona, 1993.
- Maravall, J.A., Teoría española del Estado en el siglo XVII, Madrid, 1944; *La oposición política bajo los Austrias*, Barcelona, 1976.
- Marqués, J.Mª., *La Santa Sede y la España de Carlos II. La negociación del nuncio Millini (1675-1685)*, Roma, 1981-1982.
- Mascareñas, J., *Campaña de Portugal por la parte de Extremadura, el año de 1662*, Madrid, 1762.
- Matos Fragoso, J. de, *Epithalamio en las bodas de las católicas majestades de Felipe IV, el Grande, y la muy alta y poderosa señora D. Mariana de Austria, reyes de las Españas*, Madrid, 1649.
- Maura Gamazo, G., *Carlos II y su Corte*, 2 vols., Madrid, 1911-1915; *Vida y reinado de Carlos II*, 3 vols., Madrid, 1942.

- *Memorial Histórico Español, Papeles de Jesuitas*, vols. XVII y XVIII, Madrid, 1851-1918.
- Minguito Palomares, A, *Linaje, poder y cultura: el gobierno de Iñigo Vélez de Guevara, VIII conde de Oñate, en Nápoles (1648-1653)*, Tesis doctoral, Madrid, U.C.M., 2002.
- Mora, J. de Dios de, *Doña Mariana de Austria: novela histórica*, Madrid, 1854.
- Nadal, J., y Giralt, E., *La population catalane de 1553 à 1717*, París, 1960.
- Núñez de Castro, A., *Libro Histórico-Político. Sólo Madrid es Corte...*, Madrid,1698.
- Parker, G., *El Ejército de Flandes y el Camino Español. 1567-1569. La logística de la victoria y derrota de España en la guerra de los Países Bajos,* Madrid, 2006.
- Pfandl, L., *Carlos II*, Madrid, 1947.
- Puyol, B., *Carlos, Inquisición y política en el reinado de Felipe IV*, Madrid, 1993.
- Ribot García, L.A., "las revueltas de Nápoles y Sicilia", Cuadernos de Historia Moderna, 11, *La crisis hispánica de 1660*, Madrid, 1991; "La España de Carlos II", en Historia de España, t. XXVIII, *La transición del siglo XVII al XVIII*, Madrid, 1993; El arte de gobernar. Estudio sobre la España de los Austrias, Madrid, 2006.
- Risco, A., *Don Juan de Austria, hijo de Felipe IV. Juan de la Tierra (narración histórica)*, Madrid, 1918.
- Ruiz Rodríguez, I., *Fuero y derecho procesal universitario complutense, Alcalá de Henares*, 1997; *Juan José de Austria: un bastardo regio en el gobierno de un Imperio*, Madrid, 2005.
- Salrach, J.M., y Durán, E., *Història dels països Catalans. Dels Orígenes a 1714*, Barcelona, 1981.
- Sánchez Belén, J.A., "La Junta de Alivios de 1669 y las primeras reformas de la regencia", Espacio, Tiempo y Forma, nº 4, Madrid, 1988; *La política fiscal en Castilla durante el reinado de Carlos II*, Madrid, 1996.
- Sánchez Marcos, F., *Don Juan de Austria y Cataluña: Cataluña y el Gobierno Central de 1653 a 1679*, Barcelona, 1975; *Cataluña y el gobierno central tras la guerra de los segadores (1652-1659). El papel de don Juan de Austria en las relaciones entre Cataluña y el Gobierno central, 1652-1679*, Barcelona, 1983.
- Santiago Fernández, J. de, *Política monetaria en Castilla durante el siglo XVII*, Valladolid, 2000.
- Sanz Artibucilla, J.Mª., *Historia de la fidelísima y vencedora ciudad de Tarazona*, Madrid, 1930.
- Sarthou Carreres, C., "Juan José Ribera, el Españoleto, su vida, su obra y su familia en Italia y su siglo XVII", *Boletín de la Sociedad Española de Excursionismo*, Madrid, 1952.
- Silvela, F. de, *Cartas de la venerable sor María Jesús de Ágreda y del Rey nuestro señor don Felipe IV*, 2 vols., Madrid, 1885-1886.
- Sola y Segura, J. de, *Bosquejo breve y epítome de las glorias consagradas a la majestad del católico monarca Carlos Segundo... por haber llamado al peso de su gobierno al serenísimo señor don Juan de Austria, su hermano, por la fidelísima, noble y atenta ciudad de Barcelona... divídese en dos partes, y saca a luz la primera*, Barcelona, 1677.

- Soto Avilés, J. I. de, *Memorial que la muy noble y muy leal ciudad de Cádiz consagra a los reales pies de la Reina nuestra señora Mariana de Austria, en su feliz y acertado gobierno, porla menor edad del monarca don Carlos II, su hijo*, Cádiz, 1668.
- Stradlindg, R.A., *La Armada de Flandes. Política naval española y guerra europea, 1568-1668*, Madrid, 1992.
- *Testamentos de los reyes de la Casa de Austria*. Estudio introductorio de Antonio Domínguez Ortiz, Madrid, 1982.
- Thompson, I.A.A., "El contexto institucional de la aparición del ministro-favorito", en *El mundo de los Validos.*
- Tomás y Valiente, Francisco, *Los validos de la monarquía española del siglo XVII*, Madrid, 1963.
- Urbina, P. de (arzobispo de Valencia), *Relación verdadera del feliz suceso que ha tenido Su Alteza el serenísimo señor don Juan de Austria, en el parage de la Fermentera, embiada por el excmo. Señor don Fray Pedro de Urbina, Arzobispo de Valencia... al... conde de Lemos... en 22 de junio de 1651*, Sevilla, 1651.
- Vera Tassis y Villarroel, J. de, *Noticias historiales de la enfermedad, muerte, y exequias de la esclarecida Reina de las Españas doña Maria Luisa de Orleáns, Borbón Stuart y Austria...dignísima consorte del Rey... don Carlos Segundo de Austria...*, Madrid, 1690.
- Villari, R., *La revuelta antiespañola de Nápoles. Los orígenes (1585-1649)*, Madrid, 1981.
- VV.AA., *1640: La Monarquía Hispánica en crisis*, Barcelona, 1991.

CRONOLOGÍA DE LA ÉPOCA DE DON JUAN DE AUSTRIA

1605

- Nace en Valladolid, hijo del Rey Felipe III y de su esposa Margarita de Austria el futuro Felipe IV, padre de Juan José de Austria

1611

- Nacimiento de María Inés Calderón, conocida en los ambientes de la farándula como *la Calderona*. Madre de don Juan de Austria.

1621

- El entonces príncipe Felipe es coronado como Rey de la Monarquía Hispánica.

1629

- 7 de abril. Nacimiento de don Juan José de Austria, en la calle Leganitos de Madrid.
- 21 de abril. Bautizo de Juan José de Austria, bajo la afrentosa reseña de "hijo de la tierra" en la parroquia de San Justo y Pastor.
- Nacimiento de Baltasar Carlos, hijo legítimo de Felipe IV

1636

- Enero. Nacimiento de Fernando de Valenzuela en Nápoles.
- 17 de enero. Bautismo de Fernando de Valenzuela en la iglesia de Santa Ana de la ciudad de Nápoles.
- Ruptura con Francia.
- Grave descenso del comercio americano.

1637

- Motín de Évora.

1639

- La escuadra española es aniquilada en Las Dunas.

1640

- 7 de junio. *Corpus de Sangre* en Barcelona como consecuencia de la reacción al proceso de centralización emprendido por Olivares, además de los desmanes de los ejércitos de la Corona. Se asesina al virrey Santa Coloma, iniciándose la Guerra de Cataluña que durará doce años.
- 1 de diciembre. Rebelión de Portugal. El duque de Braganza es proclamado por los portugueses como Rey, con el nombre de Juan IV.

1641

- Movimiento secesionista en Andalucía dirigido por el Marqués de Ayamonte y el duque de Medinasidonia.

1642-1648

- Cromwell, *Lor Protector* de Inglaterra, Escocia e Irlanda.

1642

- Felipe IV reconoce oficialmente a don Juan José de Austria como hijo natural.
- Muerte del cardenal Richelieu.
- Creación de la *Casa* de don Juan de Austria.

1643

- Se le concede a Juan José de Austria el Gran Priorato de Castilla y León de la Orden de San Juan. Obtiene la intitulación de "*Serenidad*".
- 9 de Mayo. Derrota de los tercios españoles en Rocroi, iniciándose la decadencia militar.
- El Rey autoriza al Conde-Duque de Olivares a dejar el ministerio.

1644

- Fallece la Reina Isabel de Borbón, esposa de Felipe IV.
- Don Juan es designado como Abad Perpetuo Comendatario de la Abadía de Santa María *la Maggiore* de Palermo.

1645

- Don Juan es trasladado a la localidad de Ocaña, comenzando su formación intelectual en aquella localidad.
- Designación de don Juan de Austria como Prior de la Orden de San Juan en tierras de Castilla.

1646

- Intento de independencia de Aragón (duque de Híjar) y de Navarra.
- Fallecimiento de Baltasar Carlos, hijo legítimo de Felipe IV

1647

- 28 de Marzo. Felipe IV otorga a Juan José de Austria el título de Príncipe de la Mar.
- 16 de Julio. Asesinato de Thomas Aniello.
- Se le encomienda al recientemente nombrado Príncipe de la Mar sofocar la revuelta de Nápoles.
- Sublevación en Sicilia.

1648

- Paz de Münster.
- Independencia de Holanda.
- 22 de mayo. Ejecución de Genaro Annese.
- 27 de septiembre. Don Juan de Austria en Sicilia.
- Boda de Felipe IV con Mariana de Austria, su sobrina.

1648-1652

- *La Fronda* francesa.

1649

- Carlos I es ejecutado.
- Batalla naval de las Dunas.

1650

- Nacimiento de Margarita, hija de Juan José de Austria.
- Don Juan de Austria recuperando los presidios de Toscana, que se encontraban en manos de Francia.
- 30 de diciembre. Despacho de Felipe IV encomendándole a Juan José de Austria que se hiciese cargo de la sublevación catalana.

1652

- 13 de octubre. Juan José de Austria pone fin al levantamiento de Cataluña.

1653

- Reconocimiento por parte de Felipe IV de la Generalitat de Cataluña.
- Nombramiento de Juan José de Austria como Virrey de Cataluña.
- Abril de 1653. Juan José de Austria decreta la devaluación de la moneda catalana en un 75 %.

1653-1656

- Virreinato de don Juan de Austria en el Principado de Cataluña.

1653-1659

- Cromwell contra la Monarquía Hispánica.

1656

- Don Juan José de Austria es enviado a Flandes, para hacerse cargo de la gobernación general de dicho territorio.
- Victoria de don Juan de Austria en Valenciennes.

1656-1683

- Reinado de Alfonso VI de Portugal.

1657

- Nacimiento de Felipe Próspero, hijo legítimo de Felipe IV.

1658

- Segunda batalla terrestre de Las Dunas.
- Pérdida de Dunquerque.

1659

- Paz de los Pirineos.

1660-1685

- Restauración de los Estuardo: Carlos II, Rey de Inglaterra, Escocia e Irlanda.

1660

- Don Juan de Austria es enviado a Portugal para reprimir la sublevación de aquel territorio.

1661-1715

- Gobierno personal de Luis XIV en Francia.

1661

- Fallecimiento de Felipe Próspero, hijo legítimo de Felipe IV.
- 6 de noviembre. Nacimiento del futuro Carlos II.
- Muerte de Mazarino.
- Colbert, primer ministro en Francia.
- Nacimiento del príncipe Carlos, futuro Carlos II.

1663

- Derrota de Juan José de Austria en Ameixial (Portugal).
- Pérdida de Estremoz.
- Don Juan de Austria es designado como Capitán General de la Mar por su padre, el Rey Felipe IV.

1663-1664

- Se le ofrece a Juan José de Austria el arzobispado de Toledo.

1665

- 14 de septiembre. Testamento de Felipe IV.
- 17 de septiembre. Muerte de Felipe IV.
- 27 de septiembre. Decreto ordenando la disolución de las Cortes de Castilla.
- Regencia de Mariana de Austria.
- Creación de la Junta de Gobierno.
- Derrota de Villaviciosa.

1666

- Enero. Nombramiento oficial del padre Nithard como consejero de Estado.
- 22 de septiembre. Nithard es nombrado Inquisidor General.
- 13 de noviembre. Nithard toma posesión oficial de su cargo como Inquisidor General.

1667

- Tratado entre Portugal y Francia contra España.

1667-1668

- Guerra con Francia. Paz de Aquisgrán.

1668

- Febrero. Luis XIV de Francia concluye con Austria un tratado secreto de partición de la Monarquía Hispánica.
- Febrero. Firma de la Paz de Lisboa, que venía a reconocer la independencia de Portugal.
- Intento frustrado de enviar a don Juan de Austria a los Países Bajos.
- *Caso* José Malladas.
- Octubre. Huida de Juan José de Austria a Cataluña, ante la inminente llegada de las tropas de Mariana de Austria a Consuegra, con el ánimo de prenderle.

1669

- Creación de la Chamberga.
- Creación de la Junta de Alivios.
- 22 de enero. Juan José de Austria escribe a la Reina anunciándole su inmediato viaje a la Corte.
- 4 de febrero. Don Juan parte de Barcelona hacia Madrid.

- 23 de febrero. Don Juan establece su base de operaciones en Torrejón de Ardoz.
- 25 de febrero. Firma por parte de la Reina del decreto que permitía a Nithard "poderse ir a la parte que le pareciere...", lo que podría ser definido como la destitución del confesor de sus cargos políticos.
- 3 de junio. Don Juan José de Austria es nombrado virrey de Aragón y vicario general de los reinos de la Corona de Aragón.
- 29 de junio. Llegada de Juan José de Austria a Zaragoza.

1670

- Trama para intentar asesinar envenenado a Juan José de Austria.
- Don Juan es perdonado por Mariana de Austria, en relación a su negativa de haber viajado de los Países Bajos.

1671

- 12 de febrero. Antonio de Montemayor y Córdoba es degollado.
- 9 de mayo. Valenzuela es designado como conductor de embajadores.

1672-1678

- Guerra con Francia. Paz de Nimega, pérdida del Franco Condado.

1673

- Valenzuela es nombrado consejero de la Reina.

1674

- Valenzuela es designado Alcalde del Castillo, Montes y Bosques de El Pardo.
- Nuevo intento de enviar a don Juan de Austria a los Países Bajos.

1674-1678

- Gran Alianza de La Haya contra el Rey de Francia Luis XIV.

1675

- 1 de noviembre. Llega, procedente de Zaragoza, don Juan José de Austria a Madrid.
- 6 de noviembre. Carlos II es declarado, a la edad de 14 años, mayor de edad conforme a lo establecido por el testamento del difunto Felipe IV.

- 7 de noviembre. Don Juan José regresa a Zaragoza en donde viviría retirado y sin asumir cargos políticos.

1676

- Vuelta a la Corte de Fernando de Valenzuela.
- Valenzuela *Grande de España.*
- 15 de diciembre. Manifiesto de los nobles exigiendo la remoción de Valenzuela.

1676

- Llamamiento a don Juan de Austria por parte del Rey Carlos y de su madre, Mariana de Austria, para que se haga cargo del gobierno de la Monarquía.

1676-1689

- Pontificado de Inocencio XI.

1677-1679

- Gobierno de Juan José de Austria.

1677

- Gobierno de don Juan de Austria.
- Primavera. Convocatoria de Cortes de Aragón que contarán con la presencia de Carlos II y Juan José de Austria.
- 10 de mayo. Apertura de las Cortes de Aragón en el salón de San Jorge de las casas de la Diputación, presididas por el cardenal don Pedro de Aragón.
- 12 de junio. El Rey Carlos y don Juan de Austria están nuevamente en Madrid.
- 9 de Noviembre. Orden a todos los obispos y arzobispos de examinar rigurosamente el nuevo establecimiento de los monasterios.

1677-1678

- Derrotas militares de Juan José de Austria en Valenciennes y en la localidad catalana de Puigcerdá.

1678

- 10 de agosto. Orden al ayuntamiento de Madrid de presentar un inventario de la hacienda municipal.

- 13 de agosto. Prohibición sobre vestidos de lujo.
- 18 de agosto. Prohibición a los habitantes de Madrid de utilizar coches tirados por más de un caballo.
- Tratado de Nimega.

1679

- 31 de agosto. Boda de Carlos II por poderes en Fontainebleau.
- 17 de septiembre. Muerte de Juan José de Austria, hijo del Rey Felipe IV. Hermano de Carlos II.
- 19 de noviembre. Boda del rey Carlos en Quintanapalla, Burgos.
- 29 de noviembre. Orden de poner los puestos de los monederos bajo jurisdicción del erario público.

1680

- 21 de Febrero. El duque de Medinaceli es nombrado primer ministro de España.

1686

- Muere Margarita de Austria, hija de Juan José de Austria.

1687

- Valenzuela obtiene la libertad, tras diez años de reclusión sin causa justificada.

1689

- Muerte de la Reina de España, a la edad de veintisiete años.

1692

- 7 de enero. Muere, como consecuencia de una coz propinada por un caballo, Fernando de Valenzuela en México.

ÍNDICE ANALÍTICO

. **Abela**, príncipe de: 102.
. ***Acapulco***: 212, 422, 425, 426.
. ***Adriático***, Mar: 230.
. ***África***: 74, 230, 445.
. **Aguilar de Campoo**, señor de: 379.
. ***Agramunt***: 89.
. ***Ágreda***: 38, 40, 479, 480, 531, 532.
. **Ágreda**, sor María de: 38, 40, 532.
. ***Agrillento***: 123.
. **Águila, Baltasar del**: 228.
. **Aguilar**, conde de: 398, 405, 447, 505.
. **Aguilera Barchet, B.**: 27.
. ***Aire***: 214.
. ***Aix-la-Chapelle***: 22, 203.
. ***Alagón***: 478.
. **Álamos, Diego de**: 118.
. ***Álava***: 460.
. **Alba**, duque de: 68, 187, 211, 249, 347, 414, 417, 447, 469, 498, 500, 508, 510.
. **Albornoz**, cardenal de: 120.
. **Albret**: 38.
. ***Albuñuelas del Valle***: 73.
. **Alburquerque**, duque de: 40, 122, 184, 443.
. **Alburquerque**, duquesa de: 40.
. ***Alcalá de Henares***: 27, 248, 334, 498.
. ***Alcalá la Real***: 73.
. ***Alcántara***: 212, 218, 239, 488.
. **Alcanzas**, marqués de: 414.
. **Alcañíz**, marqués de: 118.
. ***Alcarria***: 45.
. ***Alcázar***: 465.
. ***Alcázar de Toledo***: 403, 420, 439, 446, 507, 511, 543, 544.
. ***Alcázar la Real***: 395.
. ***Alcolea***: 469.
. **Alcontín**, conde de: 347.
. ***Aldea Gallega***: 228.
. **Aldea Vaquero, Q.**: 21.
. ***Aldenarde***: 196.
. **Alejandro VII**: 262, 266.
. **Alemán, Álvaro**: 398.
. ***Alemania***: 50, 56, 57, 67, 78, 176, 240, 243, 246, 267, 281, 282, 298, 300, 305, 326, 390, 471, 572,
. ***Alentejo***: 213, 225.
. **Alexandría**, patriarca de: 340.
. ***Alfar***: 491.
. **Alférez Real**: 532, 536.
. **Alfieri, Mario**: 103.
. **Alfonso V de Aragón**: 75.
. **Alfonso VI de Portugal**: 213.
. **Alfonso VII, Emperador de España**: 269.
. ***Algarbe***: 233.
. ***Alhama***: 73.
. ***Almazán***: 481.
. ***Almeirin***: 211.

. *Almenar*: 480.
. **Almirante de Castilla**: 37, 78, 316, 355, 356, 389, 392, 394, 399, 418, 480.
. *Alos*: 163.
. *Alpes*: 21.
. *Alsacia*: 205, 214, 489.
. **Altamira**, conde de: 497, 500.
. **Altamira**, príncipe de: 75.
. **Álvarez Montenegro, fray Pedro**: 258, 401, 439, 447.
. **Álvarez-Ossorio, A.**: 263.
. *Alvernia*: 51.
. *Amalfi*: 49.
. *Amberes*: 33, 183.
. *Amboina*: 212.
. *América*: 73, 575.
. *Amposta*: 51.
. *Ampurdán*: 170, 172, 483.
. **Analfi**, duque de: 61.
. **Ancrè**, mariscal de: 329.
. *Andalucía*: 33, 51, 59, 60, 72, 74, 75, 139, 162, 387, 388, 389, 425, 442, 446, 474, 510
. **Anesio, Genaro**: 104, 106, 107, 113.
. *Angola*: 183.
. **Anguien**, duque de: 190.
. **Aniello, Thomas**: 81, 82, 83, 84, 85.
. **Anjou, Carlos de**: 74.
. **Anjou**, casa d': 101
. **Anjou**, duque de: 192.
. **Anjou, Felipe d'**: 485.
. **Anjou, Juan de**: 75.
. *Antillas*: 183.
. **Antolinez, fray Agustín**: 365.
. *Aquisgrán*: 288, 489.
. **Aragón y Appiano, Victoria de**: 377.
. **Aragón, Catalina Antonia de**: 516.
. **Aragón, Federico de**: 112.
. **Aragón**, gobernador de: 454, 473, 474, 477.
. **Aragón, Pascual de**: 262, 265, 265, 271, 352, 384, 385, 405, 412, 413.
. **Aragón, protonotario de**: 143, 144, 264, 337, 455, 456, 458.
. **Aragón**, vicecanciller de: 261, 272, 366, 447.
. *Aragón*: 19, 20, 21, 22, 33, 50, 51, 71, 72, 75, 77, 114, 119, 131, 132, 134, 151, 154, 275, 285, 287, 288, 292, 294, 295, 296, 305, 307, 309, 310, 312, 313, 314, 322, 327, 341, 342, 345, 346, 347, 352, 356, 358, 384, 399, 409, 413, 414, 415, 417, 418, 422, 429, 430, 437, 439, 440, 443, 445, 446, 447, 448, 449, 451, 453, 454, 455, 456, 459, 461, 462, 464, 465, 466, 467, 479, 491, 501, 502, 527, 528, 533.
. **Aragón y de Appiano, Victoria de**: 377.
. **Aranda, conde de**: 322, 323, 332, 337, 361, 362, 363, 364, 365, 366, 380, 427, 489.
. *Aranjuez*: 23, 243, 273, 274, 275, 276, 405, 406, 465, 502, 506, 507.
. **Arañón, Alberto**: 435, 449, 479.
. *Arbeca*: 151.
. **Arce Reinoso, Diego de**: 264, 264, 350, 351.
. **Arce, Francisco de**: 440.
. **Arce, Pedro de**: 56.
. **Archiduque Alberto**: 57, 185, 212.
. **Archiduque Leopoldo**: 67, 138, 185, 186, 187, 207, 209.
. **Arcos**, duque de: 80, 81, 84, 86, 87, 89, 93-96, 98, 99, 102, 105, 109, 115, 138, 396.
. *Arcurt*: 176.
. **Arellano, Ramírez de**: 447.
. **Arespacochaga, Juan Bautista**: 142.
. *Arganda*: 333.
. *Argentina*: 523.
. *Ariza*: 434, 438.
. **Ariza**, marqués de: 323, 434, 497, 499.
. **Arnalte, Joseph de**: 336.
. *Arrabal*: 277.
. **Arrach**, cardenal de: 248.
. *Arranches*: 220, 228.
. *Arronches*: 227.
. *Arrás*: 67, 180, 191.
. *Artes*: 277.

. *Artois*: 65, 66, 214.
. **Arzobispo de Toledo**: 243, 258-260, 263-265, 331, 352, 378, 394, 395, 405, 413, 492.
. **Asculi**, príncipe de: 103.
. **Astillano**, príncipe de: 400, 412, 447, 448, 505.
. **Asturias**, príncipe de: 30, 246.
. **Assa, Joseph de**: 175.
. *Asturias*: 452.
. *Atienza*: 481.
. *Atta* : 196.
. *Augsburgo*: 21, 206, 207.
. **Ausi**, barón de: 240.
. *Ausona*: 277.
. **Austria y Carrillo, Juan de**: 129.
. **Austria, Alberto de**: 211.
. **Austria, Ana de**: 67.
. **Austria, Ana Catalina de**: 129.
. **Austria, Ana Dorotea de**: 119.
. **Austria, Carolina de**: 201.
. **Austria, Dorotea de**: 512.
. **Austria, Juana de**: 119.
. **Austria, Margarita de**: 29, 118.
. **Austria, María Teresa de**: 67.
. **Austria, Mariana de**: 21, 22, 30, 59, 129, 231, 245, 246, 248, 250, 251, 255, 257, 258, 261, 263, 269, 271, 272, 275, 277, 282, 288, 289, 293, 296, 298, 300, 301, 306, 309, 316-318, 321, 323, 324, 326, 331, 332, 341, 347, 348, 354, 357, 361, 362, 364-367, 377, 378, 380, 382, 385, 388, 399, 402, 412, 413, 416, 423, 425-428, 430, 440, 449, 465, 468, 475-448, 481, 485, 489, 490, 491, 493, 501, 527, 531.
. *Autora*: 277.
. *Auvernia*: 50, 51.
. **Aux, Manuel**: 176.
. *Avíen*: 179.
. *Ávila*: 543.
. *Aviñón*: 206.
. *Avis*: 225.
. **Ayala**, conde de: 381.
. **Ayala, Inés de:** 43
. **Ayala, Pedro**: 257.
. **Ayamonte**, marqués de: 33.
. *Ayamonte*: 230.
. **Aytona**, marqués de: 261, 262, 265, 271, 293, 321, 329, 337, 344, 360, 361, 363-365, 368, 370-372, 374, 506.
. *Azemmur*: 213.
. **Azlor, Artal de**: 435.
. **Azzolino, Rosa**: 118.
. *Babilonia*: 265.
. *Badajoz*: 213, 218, 219, 220, 223, 225, 227, 228, 229, 236, 237, 447.
. **Báez, Eminente**: 462.
. ***Bagur*, torre de**: 176.
. *Balaguer*: 153, 154, 155.
. **Balbases**, marqués de los: 150, 200, 484, 488, 494, 526.
. **Balboa, Juan de**: 167.
. **Balsas de Casa**, duque de: 105.
. **Baltasar Carlos**: 26, 30, 243, 246-249.
. **Baños**, conde de: 347, 377, 497, 499.
. **Bañuelos, Martín**: 121.
. *Barcelona*: 23, 34, 69, 89, 127, 131, 132, 134, 136, 141, 146-152, 154-165, 167-169, 180, 181, 195, 201, 291, 305, 306, 309-311, 372, 382, 424, 429, 444, 459, 460.
. **Bardaxí, Felipe**: 435.
. **Barón**, monsieur: 104.
. *Basilea*: 516.
. **Batibila, barón de**: 97, 105, 106, 112.
. *Baviera*: 57, 254
. **Baviera**, príncipe de: 254.
. *Baya*: 101, 102.
. **Bayona**, marqués de: 143, 145, 146, 230, 525.
. **Beamonte, L.M.**: 27.
. *Béjar*: 225.
. **Belluso Messines, Antonio**: 390
. **Bellusso, Plácido**: 390.
. *Bellver*, castillo de: 93.
. **Belmonte**, príncipe de: 100.
. **Beltrán, Joseph**: 370.

. **Benavente**, conde de: 435.
. **Benavides, Luis**: 197.
. **Benedicto XIII**: 530.
. ***Beona***: 277.
. **Berbedel**, barón de: 435.
. ***Berga***: 174, 175.
. ***Bergas***: 196.
. ***Besançon***: 203.
. ***Bilbao***: 270, 462.
. **Billela, Simón de**: 142.
. ***Binch***: 206, 490.
. **Blanco, Antonio**: 474.
. ***Blois***: 38, 75.
. **Bobadilla, Isabel de**: 503.
. ***Boguero***, monte: 277.
. ***Boisleduc***: 179.
. ***Bombay***: 213.
. **Bonalbergo**, marqués de: 105.
. ***Bonte***: 123.
. **Borbón, Isabel de**: 30, 50, 246, 247, 248.
. **Borbón, María Luisa de**: 495.
. ***Borgoña***: 167, 190, 196, 198, 199, 203, 230, 276, 277, 492, 508, 589.
. **Borja**, cardenal de: 56, 57.
. **Borja, Francisco de**: 405.
. **Borja, Melchor de**: 91, 125, 127.
. **Borja, Rodrigo de: 88.**
. **Borja, San Francisco de**: 119
. **Borjas, José de**: 449.
. ***Borreda***: 176.
. **Borromeo, Federico**: 328, 329.
. ***Bouchain***: 490.
. **Bouillon, Enrique de**: 193.
. ***Bourboug***: 214.
. ***Bourlemont***: 190.
. ***Brabante***: 183, 184, 185.
. **Bracamonte, Diego de**: 260, 370.
. ***Braga***: 213, 237.
. **Braganza, Catalina de**: 213, 219.
. **Braganza**, duque de: 33, 66, 213, 214, 223,
. **Brancacho, Marco Antonio**: 100.
. **Brancia**: 77.
. ***Brandeburgo***: 205.
. **Brandeburgo, Federico**: 195
. ***Brasil***: 184, 213, 214.
. ***Breda***: 33, 183, 200.
. ***Breisach***: 206.
. **Bremudán, Fabro**: 34, 130, 140, 153, 156, 165, 168, 469-474, 478, 480.
. **Brezé**, marqués de: 160.
. ***Bria***: 191.
. **Brianda de Olivera**: 45.
. **Briceño Ronquillo, Antonio**: 125.
. **Briñez, Diego**: 175.
. ***Briñón***: 191.
. **Brito, Gregorio**: 89, 90.
. ***Brujas***: 182, 188, 220.
. **Brull**: 306.
. **Bruselas**: 179, 181, 182, 187, 189, 201, 206.
. ***Buckingham***: 529.
. ***Buen Retiro***: 160, 239, 240, 273, 395, 397, 443, 481, 499, 502.
. **Buesso, Eugenia**: 358.
. **Bujados, Pedro**: 440.
. **Bullón**, duque de: 190.
. ***Burdeos***: 215, 216, 309.
. ***Burges***: 200.
. ***Burgos***: 452, 495.
. **Bute**, conde de: 529.
. **Caballero, Diego**: 175, 176, 221.
. **Caballero, Francisco Antonio**: 449.
. **Cadeopo, Jacome**: 143.
. *Cádiz*: 71, 125, 153, 155, 283, 361, 405, 406, 427, 429, 433, 450, 583,
. ***Calafa***: 162.
. ***Calafell***: 162, 163.
. ***Calatayud***: 435, 468, 474.
. **Calbera, Juan Francisco**: 376.
. **Calderón, María Inés -*la Calderona*-**: 30, 40, 41-45, 445, 514, 516.
. **Calderón Ortega, J.M.**: 27.
. **Calvo Poyato, J.**: 35, 545.
. ***Cambray***: 482.
. **Caminha**, duque de: 213.
. **Campero, Jerónimo**: 175.
. **Campo Ferant**, señor de: 190.

. *Canarias*: 445, 449.
. *Candía*, fuerte de: 327.
. *Cantecroy*: 201.
. *Cañamero: 379.*
. *Capace*: 77.
. *Capons*: 162.
. **Capre**, barón de: 174, 175.
. **Caracena**, marqués de: 140, 187, 188, 189, 190, 191, 192, 197, 198, 202, 207, 208, 231, 235, 237.
. *Carabancheles*: 326.
. **Caraffa, Ana, *Princesa de Stigliano***: 263.
. **Carbonel, fray Tomás de**: 407, 526.
. **Cárdenas, Alonso de**: 68, 202.
. **Cárdenas, Magdalena de**: 46.
. *Cardona*: 163, 516.
. **Cardona, duque de**: 136, 137, 260.
. ***Cariñán*: 66**.
. *Cariñena*: 471, 472.
. **Carlos de la Faille**: 46.
. **Carlos I**: 18, 358.
. **Carlos II**: 19, 21, 22, 27, 30, 42, 71, 198, 244, 247, 249, 252, 264, 272, 292, 302, 304, 314, 315, 334, 335, 348, 358, 362, 373, 377, 379, 385, 389, 391, 395, 406, 412, 423, 424, 439, 446-449, 458-462, 465, 467, 476-478, 489-491, 518, 532, 534.
. **Carlos II de Inglaterra**: 20, 22, 205, 206, 207, 214, 220.
. **Carlos V, Emperador**: 51, 80, 246, 249, 276, 564, 568.
. **Carlos VIII de Francia**: 75.
. **Carlos XI de Suecia**: 205.
. **Carlos**, príncipe: 247, 250, 257.
. *Carmona*: 463.
. **Carpio**, marqués del: 217, 261, 380.
. **Carrillo, Fernando**: 109, 118, 120, 142, 143, 181, 182, 201, 283.
. *Cartagena*: 89, 465, 466.
. *Cartagena de Indias*: 201.
. **Casado Arboniés, M.**: 23.
. *Casal*: 67, 68, 507.
. **Casán de Polonia**, príncipe: 181.
. **Casate, Jerónimo**: 336.
. **Cascar**: 326.
. **Castañeda, Juan de**: 142.
. **Castañeda**, marqués de: 55, 56.
. **Castejón, Gil de**: 431.
. **Castel Rodrigo**, marqués de: 60, 62, 63, 136, 138, 185, 202, 249, 370, 371, 381, 482.
. *Castelamar*: 99, 101, 102, 115.
. *Casteldases*: 90.
. **Castel-Florit**, conde de: 323.
. **Castelmellor**, conde de: 213.
. **Castelnou**, marqués de: 119.
. *Castelnovo*: 79, 98.
. **Castelnovo**, marqués de: 480, 482.
. *Castilla*: 19, 20, 22, 31, 34, 38, 48, 50, 51, 55, 56, 58, 71, 74, 75, 114, 131, 132, 154, 177, 196, 209, 220-222, 226-230, 232, 237-239, 251, 253, 258, 275-277, 285, 296, 300, 305-309, 315, 330, 331, 351, 384, 386, 392, 393, 407, 410, 414, 422, 430-437, 439, 440, 444, 445, 447, 451, 461, 462, 467, 468, 475, 492, 493, 504, 506, 508, 510, 513, 527, 528, 534, 536, 568, 569.
. **Castilla Soto, J.**: 35, 57, 58, 70, 466, 485, 486, 487, 545.
. **Castillo, Antonio del**: 256.
. **Castrillo**, conde de: 125, 203, 259, 260, 262, 267, 277, 286, 291, 318, 320, 568,
. *Cataluña*: 19, 21, 26, 33, 34, 68, 69, 72, 74, 75, 77, 89, 114, 123, 129, 131, 132, 134-140, 142, 144-148, 151, 153, 154, 157, 158, 159, 161, 162, 164, 165, 167, 168, 171, 181, 184, 194, 195, 208, 210, 226, 227, 238, 241, 260, 261, 265, 268, 272, 292, 295, 300, 305-307, 309, 327, 341, 369, 370, 389, 413, 414, 416, 418, 421, 424, 427-429, 444, 445, 447, 448, 457, 459, 465-467, 471, 473, 474, 505, 510, 533, 535.
. *Catania*: 123.
. **Castañeda, Juan de**: 142.
. **Castañeda**, marqués de: 55, 56.

. **Castel-Florit**, conde de: 323.
. *Cavite*: 423, 425.
. *Ceilán*: 183, 213.
. *Cenio*, monte: 277.
. **Cerda, Gastón de la**: 516.
. **Cerda y Aragón, Juan de la**: 516.
. **Cerda y Enríquez, Juan Francisco Tomás**: 516.
. **Cerda y Portugal, Juan Luis de la**: 516.
. **Cerda, Alfonso de la**: 516.
. **Cerda, Antonio Juan Luis**: 516.
. **Cerda, Isabel de la**: 516.
. **Cerda, Leonor de la**: 481.
. *Cerdaña*: 162, 172, 214, 465.
. **Cerdeña**: 88, 118, 120, 139, 142, 143, 154, 465, 515
. **Cerdeña**, virrey de: 120, 353.
. *Ceriñola*: 75.
. **Cervantes, Miguel de**: 469.
. *Cervera*: 90, 150, 151, 152, 153.
. **Cesaria**, arzobispo de: 422.
. **Chacón, Juan**: 83, 95.
. **Chaldis**, príncipe de: 231.
. *Champaña*: 67, 196, 491.
. *Charleroi*: 206, 208, 490.
. **Chatillón**, mariscal de: 179.
. **Cherni**, conde: 227.
. **Chinchón**, conde de: 247, 255.
. *Chipre*: 50.
. **Christien, Juan Bautista**: 488.
. **Cid Campeador**: 49.
. **Cid, Nicolás**: 48.
. *Cieza*: 465.
. **Cifuentes**, conde de: 347, 447.
. **Cisneros, cardenal**: 350.
. **Claris, Pau**: 137, 138, 139.
. **Clemente IX**: 327, 359.
. *Clerch*: 176.
. **Clerch, Ignacio de**: 174.
. **Clerch**, sargento mayor: 175
. **Climente, Martín Francisco**: 476.
. **Cobarén, Francisco**: 200.
. *Cochín*: 213.
. **Coello, Claudio**: 418.
. *Coiseul*: 190.
. **Colbert**: 215.
. **Collazos de Mendoza, Diego**: 142.
. *Colmenar*: 333.
. **Coloma**, conde de: 136.
. **Coloma, Pedro**: 71, 116, 140, 385.
. *Colonia*: 18, 206.
. **Colonna**, familia: 138.
. *Comilles*: 162.
. *Concas*: 163.
. *Condé*, 185, 490.
. **Condé**, princesa de: 190.
. **Condé**, príncipe de: 90, 91, 92, 135, 136, 155, 183, 184, 185, 186, 187, 188, 191, 199, 201, 202, 211, 302, 369,
. **Conde-Duque de Olivares**: 29, 31, 32, 33, 34, 40, 45, 48, 74, 131, 132, 133, 134, 135, 138, 165, 208, 213, 250, 259, 260, 261, 300, 358, 415, 424, 474, 510, 514, 515, 516, 517, 519, 520, 522,
. **Condena**, capitán: 145.
. **Condestable de Castilla**: 271, 272, 289, 357, 359, 388, 394, 451, 462, 466, 479, 480, 482, 513, 514, 516, 520, 534
. *Conflent*: 173, 219.
. **Conforto, Domingo**: 118.
. **Constantina**, gobernador de: 76.
. *Consuegra*: 49, 51, 231, 236, 238, 240, 254, 264, 289-291, 295, 298, 300-302, 304, 306, 311, 312, 315, 317, 318, 331, 398, 420, 421, 423-425, 548.
. **Contí**, príncipe de: 495.
. **Contreras, Antonio de**: 280, 281, 301, 302, 578, 580.
. **Contreras, Fernando de**: 250.
. **Contreras, J.**: 444.
. **Coquelin, Henrique**: 203.
. *Córdoba*: 73, 355, 488.
. **Córdoba, Antonio de**: 142, 370, 371, 372.
. **Córdoba, Francisco de**: 142.
. **Córdoba, Gonzalo de**: 228.
. **Córdoba, Luis de**: 102.
. *Corona de Aragón*: 24, 33, 44, 74, 76, 77,

139, 180, 290, 292, 297, 309, 341, 343, 344, 347, 398, 415, 424, 432, 434, 435, 447, 448, 455, 465, 467, 527.
. **Corral, Cristóbal del**: 412, 440.
. **Corral, Juan del**: 371.
. **Correa, Duarte**: 370.
. **Correa Rosón, Diego**: 463.
. **Corredor, fray Martín del**: 472.
. **Cortés Osorio, Juan**: 542.
. ***Courtray***: 62, 191, 490.
. **Coscojuela**, marqués de: 323.
. ***Courtrai***: 196, 198.
. **Crespí de Valldaura, Cristóbal**: 261, 265.
. ***Creta***: 327.
. **Cromwell, Olivier**: 19, 188, 194, 195, 207, 213, 220, 448.
. **Cronos**: 244.
. **Crouzet, M.**: 35
. **Cruz, sor Margarita de la**: 514.
. ***Cuarte de Huerva***: 356.
. ***Cuarte de Sanz***: 167.
. **Cueva, Melchor de la**: 122.
. **Cursis**, duque de: 94, 102.
. **Cusano, marqués de**: 142.
. **Daim, Olivier le**: 530.
. ***Dama***: 200.
. ***Danubio***: 206.
. **Dardena, Joseph**: 176.
. ***Daroca***: 470, 471.
. **Dativila**, barón: 240.
. ***Del Iesus***: 319.
. **Delgado, Juan**: 492.
. **Delgado, Pedro**: 492.
. **Delgado; Gaspar**: 492.
. **Denia**: 145.
. **Díaz, Pedro**: 121.
. **Díaz de Vivar y Mendoza, Rodrigo**: 481.
. **Diez, Domingo**: 174.
. **Diez Pimienta, general Francisco**: 101.
. ***Digion***: 277.
. ***Dinamarca***: 182, 194, 523.
. **Dinamarca**, rey de: 232.
. ***Dixmuda***: 196.
. ***Djerba***: 75.
. ***Dola***: 203.
. **Dolz, Pedro**: 435.
. **Domeb, Juan**: 370.
. **Doménech, Benito**: 118.
. **Domínguez Ortiz, A.**: 451, 452, 537, 545.
. **Dominici, de**: 118, 119.
. ***Domión***: 277.
. **Doria, Joanetín**: 84, 94, 99, 142.
. ***Dos Sicilias***: 254.
. ***Dover***: 204.
. **Drake, Francis**: 221.
. ***Duay***: 190, 196.
. ***Dunas, Las***: 190, 202, 213, 218, 226, 533.
. **Eduardo II de Inglaterra**: 530.
. ***Egipto***: 49.
. **Ejea, Joseph**: 473.
. ***El Ampurdán***: 170, 172, 483.
. ***El Cano***: 226.
. ***El Escorial***: 27, 49, 54, 204, 217, 407-410, 417, 418, 421, 424, 426, 431, 438, 439, 466, 507, 511, 515, 517, 543.
. ***El Pardo***: 380, 466.
. ***Elche***: 465.
. **Elliott, J.H.**: 31, 136, 537.
. ***Elva, La***: 125.
. ***Elvas***: 34, 213.
. **Enciso, Leonor**: 377.
. **Enciso Recibo, L.M.**: 115.
. **Enrique II**: 516.
. **Enrique IV**: 333.
. **Enrique, Federico**: 182.
. **Enríquez, Antonio**: 118.
. **Erill**, conde de: 119, 435.
. ***Escalda***: 204.
. **Escaño, F.**: 508.
. **Escil**, conde de: 449.
. ***Escocia***: 50, 188.
. **Escudero, J.A.**: 23, 27, 534, 536.
. **Espenan**, duque de: 137.
. ***Espinar***: 458.
. **Espinar, marqués del**: 142
. **Espínola**, cardenal: 56, 57.
. **Espínola, Pablo**: 488.

. **Espinosa, Jerónimo**: 175.
. **Espona, Joseph**: 175.
. **Esteban, Diego**: 175.
. **Estéril, Pedro**: 92.
. ***Esterri d'Aneu***: 163.
. **Estradas**, conde de: 489.
. **Estrehes**, conde de: 191.
. ***Estremoz***: 221-229, 231, 232, 235, 236.
. **Estuardo, Carlos**: 188.
. ***Europa***: 19, 25, 35, 49, 59, 66, 67, 69, 98, 114, 120, 133, 141, 177, 179, 181, 183, 192, 201, 211, 231, 238, 242, 260, 267, 273, 285, 304, 357, 373, 407, 425, 428, 458, 474, 478, 487, 502, 507, 513, 564,
. ***Évora***: 221, 222, 224-226, 236, 245.
. ***Evoramonte***: 225.
. ***Falán***: 277.
. ***Farques***: 162.
. ***Fehrbellin***: 205.
. **Felipe II**, 17, 18, 19, 21, 30, 69, 176, 182, 207, 208, 249, 276, 294, 358, 390, 423, 433, 518, 520, 568,
. **Felipe III**, 17, 18, 19, 29, 37, 276, 361, 423, 497, 518, 520, 568,
. **Felipe III, *el Atrevido***, 75.
. **Felipe IV**: 17, 18, 19, 22-24, 27, 29-31, 33-37, 39, 40-44, 46-49, 53, 55, 58, 59, 61, 63, 67, 71, 74, 75, 88, 92, 94, 96, 98, 101, 107, 109, 112, 114, 115, 117, 123, 132, 133, 135-137, 139-141, 145, 152, 154-157, 163, 168, 171, 177-179, 182, 186, 187, 191-194, 197, 198, 208, 209, 211, 213, 215-219, 221, 222, 224-226, 229, 235, 237, 239-242, 224, 225, 247, 249, 250, 252, 253, 257, 259-261, 263, 265-267, 269, 271, 275, 276, 282, 283, 286, 292-294, 297, 301, 305, 308, 310, 313-315, 317, 320, 322, 333, 335, 345, 350, 357, 359, 366, 371, 372, 377, 379, 382, 385, 393, 423, 424, 426, 441, 449, 462, 468, 471, 475, 476, 487, 489, 492, 503, 515, 518, 522, 528, 533, 568.
. **Felipe Próspero**: 208.
. ***Felipeburgo***: 489.
. **Felton**: 529.
. ***Fenauja***: 162.
. ***Fera***: 190, 192.
. **Ferdinando III**: 88, 247, 572.
. **Ferdinando**, príncipe: 88, 190.
. **Fernández Álvarez, M.**: 537.
. **Fernández de Córdoba, Alfonso**: 267.
. **Fernández de Córdoba, Luis**: 88.
. **Fernández del Campo, Pedro**: 240, 268, 352, 373, 387, 509.
. **Fernández Marmolejo, Francisco**: 430.
. **Fernando I de Aragón**: 75.
. **Fernando II de León y Galicia**: 379.
. **Fernando VI**: 394.
. **Fernando, cardenal-infante**: 60, 134, 181, 329.
. **Fernando, *el Católico***: 75, 135, 307.
. ***Ferreira***: 187.
. **Ferrer**, Luis: 174, 234.
. **Ferrier**, alférez: 371.
. **Ferté**, mariscal de la: 190-192.
. ***Feville***: 190.
. ***Figueras***: 171, 491.
. **Filiberto**, príncipe: 52, 122.
. ***Filipinas***: 424, 425, 426, 427, 430, 445.
. ***Finibusterra/ Finisterre***: 201.
. **Flandes**: 21, 44, 59, 60, 62, 66, 68, 69, 142, 167, 179, 181-183, 185-190, 193, 194, 198, 199, 204, 207-209, 214, 230, 233, 236, 239, 249, 252, 263, 271, 275, 278, 279, 284, 288, 289, 290, 294, 295, 299, 301, 302, 309, 329, 331, 333, 338, 373, 374, 377, 381, 382, 384-387, 345, 447, 451, 455, 488-490, 508, 523, 526, 544, 547, 548.
. ***Florencia***: 75.
. **Flores**, marqués de: 143.
. ***Foix***: 520.
. **Foix, Bernal de**: 516.
. **Foix, Gastón Febo de**: 516.
. **Folch de Cardona, Pascual**: 261, 262.
. ***Fontainebleau***: 495.
. ***Fontanes***: 277.
. ***Formentera***: 146.

. ***Formosa***: 183.
. **Forteza, Francisco**: 421.
. **Fortunato, Francesco**: 78.
. ***Fraga***: 90.
. ***Francia***:19, 20, 21, 22, 34, 39, 50, 51, 59, 61, 62, 67-69, 71, 73, 76, 77, 89, 92, 94-96, 100-102, 104, 107, 109, 113, 123, 124, 125, 134, 135, 137-139, 146, 148, 151, 153-155, 157-159, 162-164, 166, 168-170, 175, 176, 178, 180, 182, 186-191, 197-201, 207, 210-213, 216, 225-227, 230, 237, 244, 249, 250, 262, 267, 270, 272, 288, 298, 300, 302, 303, 306, 318, 336, 365, 368, 377, 425, 427, 429, 459, 471-474, 476, 477, 488, 507, 509, 521, 536.
. ***Franco Condado***: 21, 204-206, 214, 288, 488, 489, 490.
. **Franco, León**: 99.
. **Françoise D'Abigné, marquesa de Maintenon**: 38.
. **Franque**: 435.
. **Franquet, Francisco**: 449.
. **Frías**, doctor: 449.
. **Frías**, duque de: 271.
. ***Friburgo***: 90, 489.
. **Fuenclara**, conde de: 323.
. **Fuentes, Martín de**: 435.
. **Fuensaldaña**, conde de: 187, 188, 197, 198, 236, 252.
. ***Fuenterrabía***: 34, 135.
. **Fuidoro**: 118.
. **Gabriel**, don: 229.
. **Galaretto**: 435.
. **Gales**, príncipe de: 29.
. ***Galia***: 277.
. ***Galicia***: 75, 193, 201, 210, 230, 261, 359, 364, 425, 432.
. **Galicia**, capitán general de: 236.
. **Galicia**, gobernador de: 263, 271, 354, 427
. **Gamarra, Pedro**: 440.
. **Gamboa, Francisco de**: 356-358.
. **Gandía**, duque de: 94, 435.
. ***Gante***: 183, 489, 490.
. **Garcés, Ignacio**: 473.
. ***Garellano***: 75.
. ***Gasion***: 190
. **Gaudio Froissand, Miler**: 203.
. **Gaveston, Piers**: 530.
. **Geleota**: 77.
. ***Gemes***: 277.
. ***Génova***: 45, 77, 78, 89, 102, 119, 140, 147, 181, 182, 201.
. **Genoino, Giulio**: 81, 83-85, 107.
. **Gerardo**, beato: 49.
. ***Gerona/ Girona***: 75, 135, 170-173, 271, 491.
. **Giordano, Luca**: 118.
. **Giraffi, Alessandro**: 85.
. Glamont
. **Godolphin**, embajador: 380, 489.
. **Gómez de Blas, Juan**: 172.
. **Gómez de Sandoval, Jerónimo**: 89, 93.
. **Góngora, Juan de**: 218, 282.
. **Gonzaga, Carlos**: 66.
. **Gonzaga, Vicente**: 240.
. **González Asenjo, E.**: 35, 47, 118, 119.
. **González Diez, E.**: 27.
. **González, Joseph**: 264.
. **González de Salcedo, Pedro**: 292.
. **Goodwyn**: 19.
. **Goveat**, marqués de: 233.
. **Graf von Kalnein, A.**: 35, 389, 390, 434, 454, 455, 545.
. **Graff, Ricardo**: 172.
. **Gramont**: 37.
. ***Grajanejos***: 469.
. **Gran Bretaña**, rey de la: 201, 226.
. ***Gran Capitán***: 75.
. ***Granada***: 75, 154, 169, 350, 387-390, 392, 427, 429, 446, 463, 474, 502, 505, 509.
. **Grandpré**, conde de: 191.
. **Granmont**: 190.
. ***Gravelinas***: 214.
. ***Gravelinga***: 67, 196.
. ***Gray***: 277.

. *Graz*: 251.
. *Guadalajara*: 45, 249, 273, 328, 334, 340, 344, 346, 353, 355, 438, 468, 469, 488, 498, 516.
. *Guadalquivir*, río: 452.
. *Guadarrama*: 458.
. *Guadiana*, río: 230.
. *Güeldres*: 183.
. **Guevara**, marqués de: 496, 497, 499.
. **Guía, Jerónimo del**: 436.
. **Guillermo III**: 206.
. *Guipúzcoa*: 131, 387, 461.
. **Guisa**, duque de: 69, 101, 103, 104, 107, 108, 113, 325.
. **Gutiérrez, Alonso**: 119.
. **Guzmán, Aniello de**: 229.
. **Guzmán, Enrique de**: 29.
. **Guzmán, Ramiro de**: 43.
. **Guzmán, Vicente de**: 120.
. *Hainaut*: 214.
. *Hal*: 190.
. **Harcourt**, conde de: 90, 160.
. **Haro, Luis de**: 74, 75, 140, 150, 202, 210, 212, 214, 229, 231, 261, 508, 517-519.
. *Heidelberg*: 213.
. **Heredia, Juan de**: 159.
. **Hernando de Gullar**: 55.
. **Hernando Sáenz de Cuellar**: 59, 106, 142.
. **Herrera Soto, Pedro**: 449
. **Herrera y Enríquez, Francisco**: 256.
. **Herrera, Francisco de**: 256, 281, 579.
. **Herrera, Marcos de**: 418, 419.
. **Herrera Soto, Pedro**: 449.
. **Híjar, duque de**: 33, 232, 322, 371, 372, 373, 396, 415, 455, 482.
. **Hobsbawm**, E.: 35.
. *Holanda*: 19, 61, 67, 68, 104, 175, 199, 201, 249, 272, 433, 472, 473.
. **Honrra, Joseph**: 175.
. **Howell, James**: 85.
. **Huesca**, duque de: 249.
. *Hulst*: 182, 183.
. **Humanes**, conde de: 484.
. **Hungría**, reina de: 200.
. *Huntington*: 19.
. **Hurtado de Mendoza, Alfonso**: 227.
. *Ibiza*: 145-147, 278.
. *Ifriqiya*: 74.
. *Igualada*: 162.
. *Imperio Alemán*: 21, 206.
. *Imperio Mongol*: 212.
. *Imperio Otomano*: 19.
. *India*: 427.
. *Indias*: 18, 46, 77, 183, 201, 215, 233, 253, 283, 290, 495, 508.
. *Indias Occidentales*: 183.
. *Indias Orientales*: 183.
. **Infanta doña María Teresa**: 21, 30, 67, 196, 254.
. **Infanta Margarita**: 243, 243, 251, 253.
. **Infantado**, duques del: 309, 340, 389, 468, 482.
. **Infante don Sancho**: 380.
. *Inglaterra*: 19, 20, 21, 50, 69, 73, 76, 178, 180, 183, 184, 190, 192, 198-202, 209-211, 215, 216, 227, 237, 249, 262, 270, 283, 299, 302, 385, 390, 471, 472, 513, 521.
. **Inocencio II**: 75.
. **Inocencio X**: 54, 421.
. **Inocencio XI**: 421, 487.
. **Inquisidor General**: 209, 239, 253, 258, 259, 260, 262-264, 266-268, 287, 291, 298, 301-305, 326, 329, 337, 353, 355, 356, 428, 470, 530, 560, 562, 567.
. *Ipres*: 489, 490.
. *Irlanda*: 50, 188, 311.
. **Isabel Carlota**: 206.
. **Isabel I de Inglaterra**: 221.
. **Isabel, emperatriz**: 117, 487.
. **Isasi**: 326.
. *Isla de los Faisanes*: 214, 216, 217.
. *Isla de San Gabriel*: 523.
. **Isla, Juan de**: 449.
. *Islandia*: 307.
. *Islas Molucas*: 183, 212.
. *Italia*: 22, 40, 50, 56, 57, 65, 67-69, 73,

77, 80, 88, 92, 104, 112, 114, 116, 123, 124, 125, 128, 139, 141, 142, 145, 151, 152, 154, 181, 210, 246, 260, 265, 285, 358, 364, 368, 372, 373, 378, 386, 391-393, 411, 414, 445, 507, 508, 510, 533, 535, 564.
. **Jacobo II**: 20, 204.
. ***Jaén***: 150, 152, 492.
. ***Japón***: 212.
. **Jardel**, marqués de: 233.
. **Jáuregui, Juan Jerónimo**: 200.
. **Jáuregui, Lorenzo de**: 281, 579
. ***Jerusalén***: 49-51, 129.
. **Josef Dormir, Diego**: 483.
. **Juan I**: 516.
. **Juan II**: 308, 530, 531.
. **Juan IV de Portugal**: 213.
. **Julián, hijo bastardo de Olivares**: 48.
. ***Juliers***: 202.
. **Juno:** 244.
. ***Junquera/ Yunquera de Henares***: 481.
. ***Júpiter***: 244, 296.
. ***Jurena***: 208.
. **Justicia de Aragón**: 303, 356, 369, 378, 455-458.
. **Kamen, H.**: 73, 234, 235, 265, 362, 463, 464, 542-544.
. **Koenigsberges, H.G.**: 18.
. ***La Bisbal***: 165.
. ***La Coruña***: 228, 230, 276, 279, 280, 283, 285, 289, 359, 429, 535, 563, 570, 571.
. ***La Granja***: 419.
. ***La Haya***: 177, 199, 369.
. **La Mothe**, mariscal: 157, 158, 161-163.
. ***La Puebla***: 163, 312, 313.
. ***La Selva***: 135.
. ***La Valetta***: 51.
. **Lambot, D.**: 457.
. **Lancia, Conrado**: 74.
. ***Languedoc***: 477.
. **Lanon**, monsieur de: 191.
. **Lanuza, Juan de**: 303, 304.
. ***Larache***: 230.
. ***Las Medas***: 176.
. ***Las Navas***: 308.
. **Las Navas**, marqués de las: 406.
. **Latassa**: 358.
. **Lauria, Roger de**: 75.
. **Ledesma, Pedro de**: 440.
. **Legni**, príncipe de: 188.
. **Leguria, Gregorio de**: 113.
. **Leiden**, barón de: 195.
. **Leiva, Sancho de**: 377.
. **Lemos**, conde de: 158.
. ***Lens***: 67, 200.
. ***León***: 45, 49, 386, 428, 432.
. **Leopoldo Guillermo, archiduque**: 138, 181.
. **Leopoldo I, Emperador**: 204, 253, 264.
. ***Lepanto***: 24, 34, 51, 69, 114, 185, 533.
. **Lérida**: 89, 90, 173, 271, 322.
. **Lerma**, duque de: 19, 21, 30, 37, 300, 357, 497, 509, 518, 519, 520, 521.
. **Leting**, conde de: 244.
. ***Levante***: 167, 174.
. ***Libosí***: 163.
. **Liche**, marqués de: 229.
. **Liébana**, padre: 542.
. ***Lieja***: 179.
. **Ligneville**, conde de: 190.
. **Ligni**, príncipe de: 190.
. ***Lila*** : 196.
. ***Lille***: 204.
. ***Lima***: 432.
. ***Limburg/ Limburgo***: 179, 490.
. **Lira, Manuel Francisco de**: 386, 426.
. ***Lisboa***: 169, 170, 207-209, 218, 225, 227, 232, 242, 292.
. **Lisola**, barón de: 265.
. **Llerena de Bracamonte, Pedro**: 46.
. **Bracamonte, Pedro de**: 46.
. ***Loeches***: 45.
. ***Logroño***: 447.
. **Lomber**, marqués de: 191..
. ***Londres***: 188, 200.
. **Longavila**, duque de: 215, 216.
. **Longón/ Puertolongón/ Puerto Longón**: 93, 94, 102, 122-125, 128, 141, 265.

. *Lora*: 53.
. *Lorena*: 57, 185, 210, 250.
. **Lorena, Carlos de**: 386.
. **Lorena**, duque de: 186, 200, 273, 472.
. **Lorena, Enrique de**: 101
. **Lorenzo Sanz, Juan**: 474.
. *Lovaina*: 183, 187, 188, 206.
. Loyola, Blasco de: 259, 266, 268, 311, 562.
. **Loyola, San Ignacio de**: 349.
. **Lublinskaya**: 35.
. *Lucena*: 73.
. **Luis XIII**: 39, 68, 135, 137, 139, 160, 162, 187, 188, 522.
. **Luis XIV**: 19, 20, 21, 39, 69, 71, 139, 165, 166, 197-200, 242, 249, 272, 316, 403, 427, 459, 465, 477.
. **Luna y Arellano, Miguel de**: 63.
. **Luna, Álvaro de**: 308, 530.
. *Luxemburgo*: 188, 189, 200, 210, 273.
. *Lyón*: 75.
. *Maastricht*: 179, 204.
. *Macao*: 212.
. *Macón*: 277.
. **Macaulay, Lord**: 529.
. *Macón*: 277.
. *Madrid*: 18, 22, 24, 25, 36-38, 40-42, 45, 46, 55, 56, 61, 63, 64, 69, 71, 78, 109, 112, 115-117, 119, 120, 128, 129, 136-139, 153, 154, 159, 168, 169, 182, 183, 185, 196-202, 204, 217, 218, 222, 229, 230, 232, 237, 239, 245, 247, 252, 255, 256, 264, 273, 277, 279, 281, 287, 291-293, 298, 305, 306, 308, 314, 315, 317, 318, 322, 324, 325, 327, 332, 335-337, 339, 347, 348, 353-356, 360-363, 365, 372, 373, 377-381, 383, 384, 388, 389, 391, 393-395, 398, 401, 403-407, 409, 411, 416, 419, 421, 423-426, 431, 433, 434, 436, 438, 439, 442-449, 453, 454, 457, 458, 460, 464-468, 470, 477, 478, 480, 481, 484, 485, 489-493, 495, 503, 504, 507, 508, 515, 524, 534, 539-543, 545.
. **Magdalena**: 45.
. *Maguncia*: 193.
. *Mahón*: 88, 92, 93.
. **Maillé, Urbain de**: 160.
. *Mainar*: 471.
. *Malaca*: 213.
. *Málaga*: 109, 151, 387, 392, 446.
. *Malasia*: 183.
. *Malinas*: 183, 201.
. **Malladas, José**: 291-293, 297, 313, 330, 331, 342, 372, 487.
. *Mallén*: 478, 479.
. *Malón*: 27.
. *Malta*: 50, 513.
. **Malvezzi, Virgilio**: 530.
. *Mamora*: 377.
. **Mancera**, marqués de: 501, 502, 505.
. *Manila*: 213, 423.
. *Mantua*: 34, 67, 68, 69, 417.
. **Manuel *el Afortunado***: 207.
. *Manzanares*: 21, 37, 38, 223, 379, 423.
. **Maqueda**, duque de: 56.
. *Maquiavelo*: 448, 519, 540.
. *Maranchón*: 469.
. **Marchín**, conde de: 153.
. **Marchín**, general: 160.
. *Mardick*: 67.
. **Margarit, Joseph**: 165.
. **Marialba**, marqués de: 233.
. **Mariana Teresa**, infanta: 22, 67, 196.
. *Marienburg*: 214.
. *Marine*: 190.
. *Marruecos*: 377.
. **Marsin**, monsieur: 240.
. *Marston Moor*: 19.
. **Marta, Jerónimo**: 470, 477.
. **Martínez de Aparicio, Juan**: 449.
. **Martínez Diez, G.**: 27.
. **Martínez Llorente, F.**: 15, 27.
. **Martínez Rubio, Pedro**: 144.
. **Martínez, fray Juan**: 280, 449, 578.
. **Martínez, Miguel**: 175.
. *Martorell*: 162.
. **Marsin**, monsieur: 240.

. **Masaniello**: 85, 86, 119.
. ***Mascate***: 213.
. **Mata, Juan**: 174.
. *Mataró*: 147.
. **Mateo, Miguel**: 474.
. **Maura, duque de**: 248, 262, 268, 321, 345, 358, 361, 362, 427, 430, 478, 487, 488, 491, 532, 533.
. **Maza**: 351.
. **Mazarino, cardenal**: 90, 138, 165, 166, 185, 187, 188, 210, 211-213, 230, 231, 267, 298, 316, 336, 337, 428.
. **Mazarino, Miguel**: 160.
. ***Meco***: 439, 481.
. **Medel, Félix**: 435.
. **Medellín**, conde de: 244, 253, 333, 383, 385, 394, 449, 561.
. **Médicis, Catalina de**: 329.
. **Médicis, María de**: 38.
. **Medina de las Torres**, duque de: 31, 42, 43, 44, 224, 232, 251, 261, 262, 358
. **Medina**, duque de: 78, 277, 568,
. ***Medinaceli***: 512
. **Medinaceli**, duque de: 26, 52, 357, 381, 383, 385, 387, 388, 389, 392, 394, 395, 396, 440, 454, 462, 463, 480, 481, 482, 491, 492, 501, 502, 503, 507, 508, 510, 534, 568,
. **Medinasidonia**, duque de: 33, 74, 226, 396,
. ***Mediterráneo***, mar: 51, 228.
. Mejorada, marqués de: 268, 366, 367, 373.
. **Melgar**, conde de: 370, 371.
. **Melo, Alvaro de**: 142, 143, 144, 145.
. **Mencionel, Pedro**: 465.
. **Mendoza**, cardenal: 463.
. **Mendoza y Sandoval, Baltasar**: 265.
. **Mendoza, Joseph de**: 480.
. **Meneses, Luis de**: 227.
. ***Menorca***: 93.
. **Mercurio**: 77.
. **Merelli, Bernardo Jacinto**: 55, 129.
. **Mesa, A.**: 27.
. ***Mesina***: 119, 120, 123, 127, 365, 368, 371-373, 383, 473.
. **Mesmes**, monsieur de: 489.
. ***México/ Méjico***: 406, 407, 409-411, 510, 596.
. **Miel**, conde de: 200.
. ***Midi***, canal del: 215.
. **Milán**: 25, 71, 74, 77, 78, 119, 140, 149, 182, 192, 193, 195, 230, 249, 299, 300, 361, 507, 510.
. ***Milanesado***: 254.
. **Millares**: 105.
. **Mingo Revulgo**: 72.
. **Minguito Palomares, A.**: 115.
. **Mira, Juan de:** 174.
. Miranda, conde de: 226, 333.
. **Módena, María de**: 205.
. **Moles, Aníbal**: 116.
. ***Molino de la Torre***: 491.
. ***Molucas***, Islas: 183, 213.
. ***Momestra***: 162.
. **Mondéjar**, marqués de: 447.
. **Mondragón**, duquesa de: 119.
. ***Monferrato***: 66.
. **Monreal**, arzobispo de: 144.
. **Monroy**, Alonso de: 107.
. **Monroy, Fernando de**: 120, 142.
. ***Montagu***: 188.
. **Montalvo**, cardenal: 144.
. **Montalvo**, duque de: 251, 360.
. ***Montefusco***: 105.
. **Montemayor y Córdoba, Antonio**: 369-371.
. **Montenegro, Antonio**: 175.
. **Monterrey, alférez Juan de**: 91.
. **Monterrey**, conde de: 78, 91, 367-370, 396, 414, 459, 465, 473, 480, 517.
. **Montesarcho**: 435.
. **Montesarcho**, príncipe de: 176.
. **Montespan**, madanme: 39.
. **Montijo**, conde de: 382, 427.
. ***Montjuit***: 164, 166.
. ***Montmedy***: 193.
. **Montoso, conde de**: 93.
. **Montpellier**, marqués de: 55.

. *Monzón*: 66.
. *Mora-aux-Bois*: 67.
. **Morales, Cristóbal de**: 201, 202.
. **Moreano, Juan**: 119.
. **Morera, Alexandro**: 175.
. **Moret**, conde: 191.
. **Morquecho, Antonio**: 372.
. **Mortara**, marqués de: 141, 147, 148, 150-155, 163, 164, 181, 232.
. **Moschetola**: 83.
. **Moscoso y Sandoval, Baltasar**: 262, 263.
. **Mota y Sarmiento, Pedro de**: 142.
. **Mouk**, general: 20.
. **Mousnier, Roland**: 35.
. *Mt. Cenis*: 187.
. *Muel*: 471.
. *Mula*: 465.
. *Munich*: 193.
. *Münster*: 37, 66, 178, 179, 260, 268.
. *Murcia*: 207, 465, 466.
. **Nájera**, duque de: 55.
. **Nájera**, padre: 470, 542.
. *Nalón*: 274.
. *Nancy*: 190.
. *Nápoles*: 25, 27, 31, 34, 69, 74, 76-78, 80, 82-89, 92-96, 98, 99, 101-116, 118, 119-121, 123, 125, 126, 128, 140-144, 146, 147, 149, 154, 171, 179, 181, 231, 241, 259, 269, 261, 265, 268, 299, 300, 361, 510, 533, 535.
. *Nassau*: 188.
. *Nassau*, Guillermo de: 272.
. **Nassau, Isabel de**: 193.
. *Navalcarnero*: 488.
. **Navallar**, duque de: 191.
. *Navarra*: 18, 50, 51, 74, 131, 418, 445, 459, 474, 502.
. **Navarra, Melchor de:** 271, 440, 447.
. **Navarrés**, marqués de: 323.
. *Navas*: 458.
. **Neoburg**, duque de: 200.
. *Neuhaus*: 250.
. **Nevers**, duque de: 65, 66.
. **Nieto de Silva, Félix**: 447
. **Nieto, Francisco**: 220.
. *Nimega*: 22, 204, 471, 473, 542, 543.
. *Niort*: 38.
. *Nisita*, isla de: 94.
. **Nithard, Everardo**: 26, 117, 228, 240, 246, 252, 253, 263-265, 267, 268, 276-278, 280, 282-284, 286-288 , 290-293, 301, 308, 309, 316-319, 321-325, 327, 329, 331, 334-336, 341, 343, 354, 362, 382, 393, 440, 469, 470, 491, 514, 519, 520, 533.
. *Niza*: 21.
. **Niza**, marqués de: 233.
. *Noailes*: 482.
. *Normandía*: 176.
. *Nordlingen*: 34, 89.
. *Novalesa*: 187.
. *Nueva España*: 423, 425, 426.
. *Nuevo Reino de Granada*: 23.
. **Nuncio Panfili**: 45.
. **Núñez de Guzmán, Ramiro**: 263.
. **Nye**: 19.
. *Ocaña*: 46, 47, 116, 123, 198.
. *Oceanía*: 445.
. *Ocrato*: 216.
. **Ocrato**, prior de: 207.
. **Odescalchi, Benedetto**: 421.
. **Olías**, marqués de: 168.
. **Olivares**, condesa de: 102
. *Olivenza*: 213.
. **Oma**, padre: 542.
. **Oñate**, conde de: 56, 57, 96, 104, 105, 112, 114-116, 123, 126, 134, 140, 142, 245, 261, 298.
. **Oñate**, condesa de: 263.
. *Oporto*: 237.
. *Orán*: 322, 337, 447, 465.
. **Orange, Guillermo de**: 205, 276.
. *Orcheis*: 196.
. **Orense**, obispo de: 449
. *Orihuela*: 465.
. *Orleáns*: 494.
. **Orleáns**, duque de: 482.
. **Orleáns, Felipe de**: 494.

. **Orleáns, María Luisa de**: 483, 487, 494.
. **Ormond**, marqués de: 188.
. *Ormuz*: 213.
. **Oropesa**, conde de: 88.
. **Ortiz de Santecilla**, Gregorio: 194.
. **Ortiz Vivanco, Francisco**: 55.
. *Ostende*: 190, 195, 370.
. **Osuna**, duque de: 83, 116, 215, 305, 307, 309-311, 324, 388, 390, 396, 399, 422, 428.
. *Oudenaarde*: 206.
. *Oudenarle*: 490.
. **Oyanguren, Luis de**: 240.
. **Pacheco, Gonzalo**: 336.
. **Pacheco, Joseph**: 439.
. **Pacheco, Juan**: 219.
. **Paets, A.**: 384.
. *País de Henao*: 190, 193, 195.
. *País Vasco*: 254.
. *Países Bajos*: 20, 22, 24, 26, 58, 60, 61, 71, 74, 136, 148, 173, 175-180, 182-184, 188, 189, 191-195, 197, 198, 201, 202, 213, 215, 218, 224, 238, 241, 245, 247, 271, 272, 274, 275, 282-286, 300, 357, 365-368, 373, 378, 473, 487, 492, 502, 563, 582.
. **Palacios, Antonio**: 91.
. **Palafox y Cardona, Francisco**: 434.
. **Palafox, Jaime de**: 449.
. *Palafrugell*: 136.
. *Palatinado*: 202, 206.
. *Palermo*: 54, 55, 78, 81, 119, 121-123, 125, 126, 128, 140-142, 197, 429, 515.
. **Pantoja, Baltasar**: 147, 148, 370.
. **Pantoja, Manuel**: 277, 569.
. **Pañaguión**, conde de: 213.
. *París*: 166, 197, 227, 230, 298, 318, 325, 466, 477, 478, 482,
. **Parker, G.**: 183, 184, 187.
. **Parma**, príncipe de: 445, 477.
. **Pascual II**, papa: 50.
. **Pastina, Pulito**: 103.
. **Pastrana**, duque de: 118, 286, 396, 463, 478, 480, 509.
. **Patiño, Mateo**: 371.
. *Patti*: 123.
. **Pedro II de Aragón**: 75, 481.
. *Peña del Monte*: 488.
. *Peñalba*: 326.
. **Peñaranda**, conde de: 240, 242, 259, 260, 262, 268-271, 288, 311, 317, 325, 352, 365, 390, 393.
. **Pérez-Bustamante, R.**: 27.
. **Pérez de Nueros, Bartolomé**: 470.
. **Pérez Lop, Pedro**: 471.
. **Pérez Sánchez**: 118.
. **Pérez, Antonio**: 301, 303.
. *Pernambuco*: 182.
. *Persia*: 212.
. **Pert, Juan de**: 181.
. **Pertuis**, capitán: 191.
. *Perú*: 18.
. *Philippeville*: 214.
. *Piamonte*: 179.
. *Picardía*: 66, 491.
. *Piedra Blanca*: 163.
. *Piera*: 162.
. **Pimentel de Prado, Antonio**: 216.
. **Pimentel y Fonseca, María**: 29
. *Pinerolo*: 206.
. **Pinilla, Pedro**: 297.
. **Pinós, José de**: 174, 175.
. **Pinós, José Galcerán de**: 414, 459, 460.
. **Pío II**: 75.
. *Pirineos*: 21, 34, 69, 71, 77, 183, 191, 198, 210, 212, 213, 216, 237, 445, 458.
. *Plana de Vic*: 173.
. *Plombín*: 93.
. **Poderico, Luis**: 108, 240.
. *Polonia*: 256.
. **Polonia, príncipe Casan de**: 181.
. *Pomerania*: 205.
. *Pons*: 162.
. *Portalegre*: 220.
. **Portocarrero**, cardenal: 373, 465, 491-493, 534.
. **Portocarrero, Manuel**: 449.
. **Portocarrero, Melchor**: 365.

. **Portugal, Diego de**: 106.
. ***Portugal***: 20, 22-24, 30, 33, 34, 50, 60, 67, 68, 71, 73, 75, 76, 106, 114, 131, 178, 192, 193, 205, 207-211, 213-231, 237, 238, 241, 262, 272, 280, 300, 302, 307, 317, 322, 347, 373, 414, 472, 502, 504, 507, 533, 542, 549, 571.
. **Poza Peñalba, M.**: 27.
. ***Pozondón***: 314.
. **Presidente de Castilla**: 232, 287, 307, 315, 318, 325, 330, 352, 370, 387, 395, 397, 428, 449, 491.
. **Preston**, Milord de: 188.
. ***Proenza***: 277.
. ***Provenza***: 50, 76, 125.
. ***Provincias Unidas***: 20, 177, 178, 182, 188, 189, 198-201, 272, 283, 367.
. **Puderico, Luis**: 186.
. **Puente, Juan de la**: 449.
. ***Puerto de Santa María***: 465, 516.
. ***Puerto Rico***: 425.
. **Puig Gener, Francisco**: 168.
. ***Puigcerdá***: 490.
. ***Puita***: 176.
. **Pulgar, Hernando del**: 72.
. **Puñonrostro**, conde de: 503.
. ***Quenoca***: 67.
. **Querardo, Pedro**: 372.
. **Queserio**, cardenal: 206.
. ***Quesnoy***: 191, 218.
. **Quevedo, Francisco de**: 546.
. ***Quierasco***: 66.
. ***Quintanapalla***: 495.
. **Quirac**, capitán: 191.
. **Quiroga**, cardenal: 57.
. **Rabatón**, capitán: 175.
. ***Rambure***: 190.
. **Ramírez de Ayala, Carlos**: 199.
. **Ramos del Manzano, Francisco**: 253, 385.
. ***Randazzo***: 123.
. ***Ratisbona*: 206**.
. **Redín, Martín de**: 151, 159.
. **Reluz, fray Francisco**: 509-511.
. **Remigifo**, matemático: 304.
. ***Rems***: 67.
. ***Rethel***: 69.
. ***Renti***: 214.
. **Reyes Católicos**: 18, 337, 358, 502, 567.
. ***Rethel***: 67.
. ***Reyna***: 176.
. **Ribagorza**, conde de: 307.
. **Ribagudo**, capitán: 91.
. **Ribera Azzolino, Antonio Simón Jacinto**: 120.
. **Ribera, José**: 117, 118, 119.
. **Ribót, L.A.**: 24, 542.
. **Richelieu**, cardenal: 39, 139, 165, 208, 210, 532.
. ***Río Ebro***: 471.
. ***Río Henares***: 463.
. ***Río Huerva***: 471.
. ***Río Llobregat***: 156, 167.
. ***Río Queiles***: 479.
. ***Río Rin***: 206, 207.
. ***Río Scalde***: 190, 191.
. **Río, Juan Francisco del**: 473.
. **Ríos, Lope de los**: 276, 427, 428, 430.
. **Riquelme de Quirós, Diego**: 270.
. **Risco, A.**: 30, 35, 45, 96, 101, 103, 465, 475, 532, 533
. **Roan**, duque de: 179.
. **Robles, Andrés de**: 326.
. **Roca**, conde de la: 247.
. **Rocaberti, Juan Thomás**: 267.
. **Rochester**, conde de: 188.
. ***Rocroy***: 68, 69, 195.
. ***Rodas***: 50.
. **Rodas**, príncipe de: 51.
. **Rodríguez, Diego**: 49.
. **Rodríguez Coronel**, padre: 542.
. **Rodríguez, Juan**: 488.
. ***Roma***: 29, 54, 77, 96, 100, 104, 107, 116, 138, 240, 243, 244, 260, 297, 299, 306, 326, 364, 404, 426, 507, 522.
. ***Ronda***: 361, 446.
. **Ronquillo, Pedro**: 488, 489.
. **Roose, Pieter**: 182.

. ***Roqueta***: 67.
. ***Rosas***: 162, 165, 168, 169.
. **Rosell, Joseph**: 175.
. ***Rosellón***: 67, 68, 77, 158, 159, 163, 165, 170, 210, 301, 303, 429, 472, 536.
. **Rospigliosi, Julio**: 327.
. ***Roubray***: 190.
. **Rubio, Francisco**: 174.
. ***Rueda, Real Abadía de***: 472.
. **Ruiz de Castilblanque, Jaime**: 370.
. **Ruiz Rodriguez, I.**: 23, 35, 127, 322.
. ***Ruremunda***: 179.
. ***Ryswick***: 21, 249.
. **Saavedra Fajardo, Diego**: 247.
. ***Saboya***: 21.
. **Saboya, Víctor Amadeo II de**: 206.
. **Saboya, Carlos Manuel de**: 254.
. **Saboya**, duque de: 56, 57.
. **Saboya, Margarita de**: 212.
. **Saboya, Philiberto de**: 240.
. ***Sacramento***: 517.
. **Sada, Francisco de**: 167.
. **Sáenz de Cuellar, fray Hernando**: 142.
. **Saint Aunais**, marqués de: 288, 291, 292.
. ***Saint Omer***: 490.
. ***Saint Venant***: 194, 219.
. ***Salamanca***: 261, 262.
. **Salamanca, Miguel de**: 60, 179, 277, 569.
. **Salamanques, Juan**: 176.
. ***Salau***: 163.
. ***Salinas***: 203.
. **Salinas**, marqués de: 301, 331, 489.
. **Salinas**, padre: 542.
. ***San Amand***: 190.
. ***San Agustín***: 430.
. ***San Brinoco***: 196.
. **San Diego de Alcalá**: 248.
. ***San Feliu de Llobregat***: 162, 315.
. ***San Francisco***: 92.
. ***San Glaudio***: 202, 203.
. ***San Germán en Laya***: 494.
. **San Germán**, duque de: 239, 386.
. ***San Germán en Laya***: 494.
. ***San Guillén***: 192.
. **San Jorge**, príncipe de: 105.
. ***San Juan de Gana***: 277.
. **San Narciso**: 171, 172.
. ***Saint Omer***: 490.
. ***San Sebastián***: 105, 151, 155, 230, 370.
. ***San Venancio***: 67.
. **San Vítores, Jerónimo de**: 277, 278, 569, 570.
. ***Sant Boi***: 167.
. **Sánchez, Miguel**: 91.
. **Sánchez Marcos, F.**: 315, 317, 424, 460, 533,
. **Sancho VIII de Navarra**: 481, 482, 484.
. **Sandoval Silva y Mendoza, Joseph de**: 497.
. ***Sanlúcar***: 56, 179, 181, 251, 433.
. **Sanlúcar**, duque de: 256.
. **Santa Coloma, conde de**: 135, 136, 260.
. **Santa Cruz, Juan de**: 370.
. **Santa Cruz**, marqués de: 55, 56,
. ***Santa Fe***: 472, 473.
. **Santamur**, conde de: 201.
. ***Santarén***: 211.
. **Santiago, J. de**: 241, 441.
. **Santiago**: 113, 288.
. ***Santamur***: 201.
. ***Santumece***: 176.
. **Sanz Artibucilla, J.Mª.** : 479.
. **Sanz de Cuellar, Hernando**: 105.
. ***Sao Paulo***: 212.
. ***Sao Tomé***: 212.
. **Sarasa, Bernardo**: 473.
. **Sarmiento de Toledo, Pedro**: 440.
. **Sarmiento Valladares, Diego**: 267, 371.
. **Sarmiento, García**: 449.
. **Sarmiento, Pablo**: 41.
. **Sarmiento de Toledo, Pedro**: 440.
. ***Sasbach***: 193.
. ***Sas-van-Gent***: 183.
. **Saturno**: 244.
. **Scarron**, poeta: 38.
. ***Schelde***: 205, 206.
. **Schönberg**, general: 213.
. ***Sedan***: 193.

. *Segovia*: 418.
. *Segre*: 90, 150, 156.
. *Semur*: 277.
. *Senetere*: 191, 192.
. **Sentís, Joseph**: 174.
. **Señorío de Molina**: 470.
. **Sermoneta**, duque de: 236.
. **Serra, Francisco**: 186, 187.
. **Serra**, marqués: 207.
. **Sevil de Santelices, Antonio**: 440.
. *Sevilla*: 33, 51, 167, 208, 342, 350, 429, 432, 459, 474.
. **Shrewsbury**: 543.
. *Sicilia*: 17, 22, 34, 55, 76-78, 80, 89, 100, 114, 118-123, 125-128, 139-143, 145-147, 154, 171, 179, 241, 249, 265, 361, 365, 368, 371-373, 378, 381, 425, 427, 429, 465, 471, 472, 502.
. *Siena*: 75, 86.
. *Sierra Morena*: 74.
. *Sierra Nevada*: 74.
. *Sigüenza*: 470.
. **Sigüenza**, obispo de: 528.
. **Silleri**, marqués de: 216.
. *Simancas*: 24, 257.
. *Siracusa*: 123.
. *Siria*: 50.
. **Solimán *el Magnífico***: 51.
. **Solís, Fernando de**: 190.
. *Sona*, río: 277.
. *Solsona*: 173.
. *Sorte*: 163.
. **Spinosa**: 118.
. **Staviano, doctor Pablo**: 116.
. **Stanhpe**: 543.
. **Stradling, R.A.**: 263.
. *Suecia*: 19, 66, 176, 198, 200, 283, 508.
. *Suiza*: 190.
. *Suliers*: 200.
. *Suza*: 66.
. *Tabarra*: 465.
. *Tacomago*: 145.
. **Talara**, conde de: 253, 385, 394, 395, 418, 454, 482.
. *Talavera de la Reina*: 425, 429.
. **Talayero, Alejandro**: 473.
. **Tamarit, Francesc de**: 136, 138.
. *Tamarite de Litera*: 137.
. *Tánger*: 213.
. **Tapia, Gregorio**: 197, 252.
. **Tapia, Juan de**: 336.
. *Tarazona*: 27, 479.
. **Tarento**, príncipe de: 75.
. *Tarragona*: 89, 90, 92, 93, 144, 147, 148, 151, 152, 154,
. *Tartanedo*: 469.
. *Teba*: 73.
. **Tello de Salinas, Diego**: 143
. *Tembleque*: 421, 422, 425.
. **Temprado, Joseph**: 167.
. **Terranova**, duque de: 247.
. *Teruel*: 435
. **Teruel**, deán de: 144.
. *Tetuán*: 465.
. **Teves, Gaspar de**: 488.
. *Thionvilla*: 180, 219.
. **Thompson, I.A.A.**: 69, 536.
. *Tidore*: 213.
. *Tirol*: 250, 256.
. *Toledo*: 186, 240, 300, 316, 384, 389, 416, 418, 425-427, 449, 477, 486, 487, 490.
. **Toledo, Fernando de**: 347.
. *Tolón*: 126.
. *Tomar*: 211.
. **Tomás y Valiente, F.**: 257, 339, 534.
. **Toragh**, vizconde de: 188.
. *Toral*: 43.
. **Toralto, Francisco**: 98-100.
. *Torija*: 469.
. *Tornay*: 196.
. *Toro*: 55.
. **Torralba**, conde de: 142.
. *Torre de Bagur*: 176.
. *Torre de Lledó*: 315, 317.
. *Torrejón de Ardoz*: 316, 317, 323, 331, 350, 362.
. *Torremocha*: 469, 470.
. **Torres, Juan Simón de**: 390.

. **Torresvechas**: 326.
. ***Tortosa***: 89, 90, 154, 436.
. ***Tortuela***: 469.
. **Toscana**, gran duque de: 122.
. ***Toscana***, presidios de: 26, 76, 123, 125, 241, 249.
. ***Totana***: 465.
. ***Tournai***: 204.
. **Trento**, concilio de: 463, 487, 573.
. ***Treveris***: 67, 68, 179.
. **Trivulcio**, cardenal: 95, 97, 99, 100, 119, 121, 126, 143.
. **Tromp, Maarten**: 182.
. ***Tucumán***: 201.
. ***Túnez***: 74, 75.
. ***Turquía***: 182.
. ***Turnes***: 196.
. **Ucedo y Prada, María Ambrosia**: 376, 377, 424.
. **Uit, Jan de**: 205.
. **Urbina, Francisco de**: 494.
. **Urso**: 77.
. ***Uruguay***: 523.
. ***Used***: 470, 471.
. ***Utrecht***: 181, 204.
. **Uxelles**, marqués de: 191.
. ***Val-de-Grace***: 203.
. **Valdés**, padre: 431.
. ***Valdestillas***: 257.
. ***Valencia***: 259, 265, 297, 307, 341, 414, 418, 421, 445, 446, 447, 459, 465-467, 510.
. ***Valencia de Alcántara***: 236.
. ***Valenciennes***: 184, 185, 465, 471, 473,
. **Valenzuela, Fernando de**: 23, 252, 334, 359-365, 380, 382, 385-388, 391-411, 413, 417, 418, 425, 427-429, 434, 465, 475, 485, 486, 491, 501, 503, 505, 514, 519, 520, 528.
. **Valette, fray Jean de la**: 50.
. **Valladares, Diego**: 265, 268, 286, 287, 330, 353-356, 428, 470.
. ***Valladolid***: 16, 21, 24, 29, 37, 268, 319, 429, 507.
. ***Valle de Utande***: 44.
. **Valle, marqués del**: 347.
. ***Valtelina***: 187.
. **Vasconcelos, Miguel de**: 213, 310.
. **Vela, Lope de**: 41.
. **Velasco, Diego de**: 241, 275, 325, 327, 352, 389, 429, 493, 504
. **Velasco, Isabel de**: 29.
. **Velasco, Manuela de**: 517
. **Velasco, Pedro de**: 30
. ***Vélez Málaga***: 409.
. **Vélez, marqués de los**: 100, 123.
. **Vélez**, marquesa de los: 256.
. **Vendome, Luis de**: 160.
. ***Venecia***: 75, 178, 386, 387
. **Venecia**, embajador de: 387, 392, 428, 578.
. ***Venlo***: 179.
. **Ventura, Angelo**: 175.
. **Vera, Alonso de**: 92
. **Vera, Melchor de**: 43.
. ***Veracruz***: 212, 423, 425.
. ***Verán***: 477.
. ***Versalles/ Versailles***: 205.
. **Vicencio Juta Villa**: 62.
. **Vicente, fray Josef**: 472.
. **Víctor Amadeo II de Saboya**: 201.
. **Vidaña, Antonio**: 371.
. **Vidaña, Lamberto**: 473.
. ***Viena***: 248, 251, 306, 312, 385.
. **Vignera**, señor de: 190.
. ***Vigo***: 288.
. **Vila Real**, marqués de: 213.
. **Vilaplana**: 137.
. **Velasco, Diego de**: 449.
. ***Villacastín***: 458.
. **Villafiel**, marqués de: 449.
. **Villaflor**, conde de: 225, 226.
. **Villahermosa**, duque de: 55, 56, 385, 489.
. **Villalpando, Joseph**: 175.
. **Villalba**, marqués de: 474.
. **Villanueva Fernández, Jerónimo**: 474.
. **Villaret, fray Foulques de**: 50.
. **Villaumbrosa**, conde de: 268, 278, 352,

387, 399, 428, 509, 570.
. *Villaviciosa*: 34, 231, 232.
. **Villena**, marqués de: 414.
. **Villiers, fray Philippe de**: 50.
. *Vinaroz*: 88.
. *Vique*: 175, 176.
. *Virginia*: 462.
. **Viso**, marqués del: 145, 224.
. **Vivonne**, duque de: 490.
. *Vizanzon*: 277.
. *Vizcaya*: 34, 91, 131, 227, 432.
. *Warwik*: 490.
. *Westfalia*: 206, 275.
. *Westminster*: 205.
. **Weimar, duque Bernardo de**: 180.
. *Works*: 193.
. **Xulve, Gregorio**: 371, 470.
. **Yáñez Fajardo, Enrique Alonso**: 307.
. **Ydubillas**, monsieur de: 125.
. *Yelbes*: 214.
. **Ysassi, Antonio de**: 219.
. *Zafra*: 239.
. **Zalamea, alcalde de**: 266, 351.
. **Zalameros, Juan**: 357.
. **Zapata de Tarsis, Juan**: 142.
. **Zara**, marqués de: 95, 98.
. *Zaragoza*: 24, 26, 27, 35, 62, 137, 238, 341-243, 245, 273, 284, 310, 312-314, 324, 327, 339, 341-347, 352, 355-358, 366, 368, 372, 378, 379, 384, 394, 414, 415, 417, 430, 445-447, 449, 451, 453-461, 491, 494, 495, 548.
. **Zárate, Juan Antonio de**: 491.
. *Zusmarshausen*: 193.
. **Zenete**, marqués de: 481.
. **Zeus**: 244.
. *Zonuela*: 277.
. *Zuiderzee*: 205.
. **Zúñiga, Baltasar de**: 29.
. **Zúñiga, Bernardino de**: 53.